SCHOLIA GRAECA IN HOMERI ILIADEM

II

SCHOLIA GRAECA
IN HOMERI ILIADEM

(SCHOLIA VETERA)

RECENSVIT
HARTMVT ERBSE

VOLVMEN SECVNDVM
SCHOLIA AD LIBROS E—I CONTINENS

BEROLINI
APVD WALTER DE GRVYTER ET SOCIOS
MCMLXXI

Adiectae sunt quattuor tabulae phototypicae

ISBN 3 11 003 882 X

©

1971 by Walter de Gruyter & Co., vormals G. J. Göschen'sche Verlagshandlung —
J. Guttentag, Verlagsbuchhandlung — Georg Reimer — Karl J. Trübner — Veit & Comp.,
Berlin 30
Printed in Germany

Druck: Walter de Gruyter & Co., Berlin 30

In hoc volumine edendo easdem rationes tenui, quas in primo sequendas mihi proposueram. Ipsa verba nonnullorum articulorum Etymologici Genuini, quod vocatur, benigne mecum communicavit K. Alpers, vir doctissimus, qui schedis Adae Adler usus ad antiquissimum illud opus publici iuris faciendum fortiter aggressus iam specimen nuper foras dedit. Bibliopola liberalissime concessit, ut tabulam compendiorum emendarem ac supplerem et in volumine extremo nonnulla eorum corrigerem, quae in primo peccavi. Plura menda ibi latere haud ignoro.

Supplementum testimoniorum, si vita suppeditabit, in fine totius operis dabo; molestissime enim fero, quod frustra usque adhuc studui, ut omnes locos similes, qui apud veteres auctores exstant, ad unumquodque scholium explicandum arcesserem. Neque culpam in eos conferam, qui tales thesauros antea instituebant; meam illam indiligentiam esse certo scio. Sed hoc quaeso Tecum, lector candidissime, consideres: Rem magnam complexus sum, si non gravem at certe plurimi oti, quo ego his quidem temporibus inquietis atque ab humanitate alienis maxime egeo. Qua de causa peto a Te, ut rationem testimonia disponendi minus commodam magno animo mihi condones; neque enim scholia edenda, ut illis locis nimia diligentia congerendis vacem, usque ad rogum proferre licet.

In plagulis corrigendis iterum mihi adfuit K. Nickau nunc Gottingensis. Cuius sagacitati ac curae quantum debeam, verbis definire nescio. Valde autem doleo, quod librum gravissimum, quem de Zenodoti ratione Homerum enarrandi conscripsit, in testimonium vocare non potui; nondum enim emissus est. Restat ergo, ut humanissimo viro pro tanta opera, quam in hoc volumen emendandum impendit, gratias agam singulares.

Scribebam Bonnae mense Februario a. D. 1970

ARGVMENTVM VOLVMINIS SECVNDI

COMPENDIA

SCHOLIA GRAECA

COMPENDIA

1. Auctores[1])

Ael. D.	= Aelii Dionysii et Pausaniae atticistarum fragmenta, coll. H. Erbse in libro, qui inscribitur: Untersuchungen zu den attizistischen Lexika, Berol. 1950, 94—151
Aesch.	= Aeschylus
A. G.	= Anecdota Graeca, ed. P. Matranga, Romae 1850
Alex.	= Alexionis grammatici quae supersunt, ed. R. Berndt (= De Charete, Chaeride, Alexione grammaticis eorumque reliquiis, Pars posterior), Progr. des Königl. Gymnasiums Lyck 1905/06, Regiomonti 1906
Alex. rhet.	= Ἀλεξάνδρου Περὶ σχημάτων, ed. L. Spengel in: Rhetores Graeci III (Lipsiae 1856), 7—40
Amer.	= Fragmenta Ameriae libri, qui inscribebatur Γλῶσσαι Ὁμηρικαί, ed. O. Hoffmann, Die Makedonen, Gottingae 1906, 2—15
Amm.	= Ammonii qui dicitur liber De adfinium vocabulorum differentia, ed. K. Nickau, Lipsiae 1966. Interdum notae editionis Valckenaerianae laudantur (Ammonius, De adfinium vocabulorum differentia, vulg. L. C. Valckenaer, Lugd. Bat. 1739)
An. Ox.	= Anecdota Graeca e codd. man. bibliothecarum Oxoniensium, ed. J. A. Cramer, vol. I—IV, Oxon. 1835—7
An. Par.	= Anecdota Graeca e codd. man. Bibliothecae Regiae Parisiensis, ed. J. A. Cramer, vol. I—IV, Oxon. 1839—41
Anon. barb. sol.	= Tractatus anonymi cuiusdam de barbarismo et soloecismo, ed. A. Nauck (pone Lex. Vind., p. 290—293)
Anon. fig.	= Anonymi libellus Περὶ τῶν τοῦ λόγου σχημάτων, ed. L. Spengel in: Rhetores Graeci III (Lipsiae 1856), 110—60
	= Anonymi commentarius Περὶ τῶν σχημάτων τοῦ λόγου, ed. L. Spengel in: Rhetores Graeci III (Lipsiae 1856), 174—188
Anon. Graev.	= Anonymi (Κορνούτου Graeveni) Τέχνη ῥητορική, ed. L. Spengel-C. Hammer in: Rhetores Graeci I (Lipsiae 1894), 352—98
Anon. incred.	= Anonymi libellus De incredibilibus, ed. N. Festa in: Mythographi Graeci III 2 (Lipsiae 1902), 88—99
Anon. ποσ.	= Anonymi liber, qui inscribitur Περὶ ποσότητος, ed. J. A. Cramer in: An. Ox. II (1835), 283-318
Anon. sol.	= Anonymi commentarius, qui inscribitur Περὶ σολοικίας, ed. L. C. Valckenaer in editione Ammonii p. 197—204
Antiatt.	= Antiatticista, ed. I. Bekker in: B. A. I (Berol. 1814), 75—116
Antim.	= Antimachi Colophonii Reliquiae, collegit disposuit explicavit B. Wyss, Berol. 1936
Ap. Dysc.	= Apollonii Dyscoli quae supersunt rec. R. Schneider et G. Uhlig, Lipsiae 1878—1910 (= Grammatici Graeci II 1—3)

---

[1]) Auctorum nomina, quorum compendia facile agnoscuntur, in hoc indice **non** apparent.

Ap. H.   = Apio et Heliodorus (Herodorus)
Apio   = Apionis quae ad Homerum pertinent fragmenta, ed. H. Bau-
                 mert, Diss. Regiomonti 1886
Apio 74 et 75 = Apionis Glossae Homericae, ed. A. Ludwich (Über die ho-
                 merischen Glossen Apions), Philol. 74, 1917, 205—47 et ib.
                 75, 1918, 95—127 (= Lexica Graeca Minora 283—358)
Apoll. Chaer. = Fragmenta Apollonii τοῦ Χαίριδος, ed. R. Berndt in Disser-
                 tatione, quae inscribitur: De Chaerete, Chaeride, Alexione
                 grammaticis eorumque reliquiis, Pars prior, Regiomonti 1902,
                 50—67
[Apoll.] bibl. = Apollodori Bibliotheca, ed R. Wagner in: Mythographi
                 Graeci I, Lipsiae 1894
App. Prov.   = Appendix Proverbiorum, ed. Leutsch et Schneidewin in:
                 Paroemiographi Graeci I 379—467 (vide C. P. G.)
Ap. Rh. fr.   = Apollonii Rhodii fragmenta, ed. I. Michaelis in Dissertatione,
                 quae inscribitur: De Ap. Rh. fragmentis, Hal. Sax. 1877
Ap. S.   = Apollonii Sophistae Lexicon Homericum, ed. I. Bekker, Be-
                 rol. 1833
Ap. S. . . . Stein. = Apollonii Sophistae Lexicon Homericum, litteras α—δ ite-
                 rum ed. K. Steinicke in Dissertatione typis non descripta,
                 Gottingae 1957
Ar.   = Aristophanes comicus
Ar. Byz.   = Aristophanis Byzantii Fragmenta, coll. A. Nauck, Halis
                 1848. Vide Miller, Mél. 427—434 (= Lexica Graeca Minora
                 273—80)
Arcad.   = Arcadii Ἐπιτομὴ τῆς καθολικῆς προσῳδίας Ἡρωδιανοῦ,
                 ed. M. Schmidt, Ienae 1860
Ariston.   = Aristonici Περὶ σημείων Ἰλιάδος reliquiae emendatiores, ed.
                 L. Friedlaender, Gottingae 1853, et Aristonici Περὶ σημείων
                 Ὀδυσσείας reliquiae emendatiores, ed. O. Carnuth, Lipsiae
                 1869
[Ariston.]   = Fragmentum anonymum ante scholia in codice Ven. A
praef.   traditum, vol. I, p. LXV
Aristot.   = Aristoteles
Aristot. fr.   = Aristotelis qui ferebantur librorum fragmenta, coll. V. Rose,
                 Lipsiae 1886
Aristox.   = Aristoxeni Fragmenta, ed. F. Wehrli in libro qui inscribitur:
                 Die Schule des Aristoteles II, Basil. 1945
Asc(alonita)   = vide Ptolem. Asc.
Asclep.   = Asclepiades Myrleanus, Fragmenta ed. C. Mueller, F. H. G.
                 III, Lut. Par. 1869, 298—301; cf. K. Lehrs, De Asclepiade
                 Myrleano (commentatio fragmentorum) in: Lehrs, Hrd.
                 (infra p. XXIV) 428—48. Vide Mueller, Asclep. (p. XXV)

Ba.   = Anecdota Graeca I, ed. L. Bachmann, Lipsiae 1828
B. A.   = Anecdota Graeca I—III, ed. I. Bekker, Berol. 1814—21

Call.   = Callimachus
Callistr.   = Callistratus, vide R. Schmidt, Commentatio de Callistrato
                 Aristophaneo in: Aristophanis Byz. fragmenta coll. A.
                 Nauck, Hal. Sax. 1848, 307—338
Cert.   = Certamen Homeri et Hesiodi, ed. U. de Wilamowitz-M.
                 in: Vitae Homeri et Hesiodi, Bonnae 1961, 34—45
Chaeris   = Chaeridis grammatici reliquiae, ed. R. Berndt in Dissertatione,
                 quae inscribitur: De Charete, Chaeride, Alexione grammaticis
                 eorumque reliquiis, Pars prior, Regiomonti 1902, 31—50

Chares	= Charetis grammatici reliquiae, ed. R. Berndt (l. c., vide Chaeris) 18—31
Choer. Ep. Ps.	= Choerobosci Epimerismi in Psalmos, ed. Th. Gaisford (= G. Choerobosci Dictata in Theodosii Canones necnon Epimerismi in Psalmos III), Oxon. 1842
Choer. O.	= Choerobosci Orthographia, ed. J. A. Cramer in: An. Ox. II (1835), 167—281
Choer. Th.	= Choerobosci scholia in Theodosii Alexandrini canones, ed. A. Hilgard, Lipsiae 1889—94 (= Grammatici Graeci IV)
Choer. Th. . . . Gaisf.	= G. Choerobosci Dictata in Theodosii Canones (necnon Epimerismi in Psalmos), ed. Th. Gaisford, I—II Oxon. 1842
Choriz.	= Chorizontum fragmenta collegit J. G. Kohl (De Chorizontibus, Diss. Giess., Darmstadii 1917)
C. P. G.	= Corpus Paroemiographorum Graecorum, ed. E. L. Leutsch et F. G. Schneidewin, I—II, Gottingae 1849—51
Crat.	= Crates, vide infra Mette, Parat.; Mette, Sphairop.; Helck; Wachsmuth, Crat.
Cyr.	= Cyrilli lexicon, cf. (1) An. Par. IV 177—201 — (2) Excerpta Cyrilli glossarum e codd. Vindobb. Mosq. Leyd. all. vulg. M. Schmidt, He. IV (Ienae 1862) — (3) B. A. Drachmann, Die Überlieferung des Cyrillglossars, Hauniae 1936, 60—139 (specimina glossarum a litteris B, Θ, Λ incipientium) — (4) A. Burguière, Rev. Et. Anc. 63, 1961, 345—61; 64, 1962, 95—108 (glossae selectae e codd. p [= Par. Graec. 2655] et s [= Par. suppl. Graec. 1195] descriptae)
D	= Scholia in Homeri Iliadem, quae vocantur Didymi (Σχόλια ψευδεπίγραφα Διδύμου), ed. Janus Lascaris, Romae 1517
Demetr. Ix.	= Demetrii Ixionis fragmenta, ed. T. Staesche in Dissertatione, quae inscribitur: De Demetrio Ixione, Hal. Sax. 1883
Demetr. Sc.	= Demetrii Scepsii quae supersunt, ed. R. Gaede, Diss. Gryphiswaldae 1880
Demo Hom.	= Fragmente der Homerdeuterin Demo, ed. A. Ludwich in: Festschrift zum 50jährigen Doctorjubiläum von L. Friedländer, Lips. 1895, 297—321; ed. altera in: Index lectionum in Regia Academia Albertina I (Regiomonti 1912/3) et II (ib. 1914)
Did.	= (1) Didymi fragmenta, coll. M. Schmidt, Lips. 1854; — (2) Didymi commentarii qui inscribebatur Περὶ τῆς Ἀρισταρχείου διορθώσεως fragmenta, ed. A. Ludwich in: Aristarchs Hom. Textkritik I (Lipsiae 1884), 175—631
[Did.]	= Didymi Περὶ τῶν ἀπορουμένων παρὰ Πλάτωνι λέξεων fragmenta, ed. E. Miller (Mél. 399—406 = Lexica Graeca Minora 245—52)
Diog.	= Diogenianus
[Dion. Hal.] rhet.	= Dionysii Halicarnassei quae vulgo ferebatur Ars rhetorica, ed. H. Usener et L. Radermacher in: Dion. Hal. Opusc. II (Lipsiae 1904—29), 253—387
Dionys. auc.	= Dionysii Ixeuticon seu De aucupio, ed. A. Garzya, Lipsiae 1963
D. Thr.	= Dionysii Thracis Ars grammatica, ed. G. Uhlig, Lipsiae 1883 (= Grammatici I 1); eiusdem studiorum Homericorum fragmenta collegit M. Schmidt in: Philol. 7, 1852, 370—381
Ecl.	= Ἐκλογὴ διαφόρων λέξεων, ed. J. A. Cramer in: An. Ox. II (1835), 427—487

EM.   = Etymologicum Magnum, ed. Th. Gaisford, Oxonii 1848
Ep. alph.   = 'Επιμερισμοὶ κατὰ στοιχεῖον, ed. J. A. Cramer in: An. Ox. II
                   (1835), 331—426
Epaphr.   = Epaphroditi grammatici quae supersunt, ed. E. Luenzner,
                   Diss. Bonnae 1866
Ep. Hom.   = Epimerismi Homerici, ed. J. A. Cramer in An. Ox. I (1835)
                   et An. Par. III (1841), 294—370
Ep. Ps.   = vide Choer. Ep. Ps.
Eran. Phil.   = Eranii Philonis libellus Περὶ διαφορᾶς σημασίας, ed. L. C.
                   Valckenaer pone Amm. (1739), 155—174 (cf. Amm.)
Erot.   = Erotiani vocum Hippocraticarum collectio, ed. E. Nachman-
                   son, Upsaliae 1908
Et. Cas.   = Il frammento dell' Etymologicum Casulanum, ed. O. Paran-
                   gèli, in: Bolletino della Badia Greca di Grottoferrata, VII
                   (1953), 115—126 et VIII (1954), 97—112
Et. Gen.   = Etymologicum Genuinum
Et. Gen. . . .   = Etymologici Genuini littera Λ, ed. K. Alpers, in: Bericht
  Alp.   über Stand und Methode der Ausgabe des Etymologicum
                   Genuinum (Det Kongelige Danske Videnskabernes Selskab,
                   hist.-filos. Medd. 44,3, Hauniae 1969), 25—57
Et. Gud.   = Etymologicum Graecae linguae Gudianum, ed. F. G. Sturz,
                   Lipsiae 1818
Et. Gud.   = id., glossas ἀάλιον — ζειαί continens, ed. A. De Stefani,
  . . . Stef.   Lipsiae 1909—20
Et. Parv.   = Etymologicum parvum quod vocatur ('Ετυμολογίαι διάφο-
                   ροι ἀπὸ διαφόρων ἐτυμολογικῶν ἐκλεγεῖσαι), ed. E. Miller,
                   (Mélanges 319—340)
Et. Sym.   = Das Etymologicum Symeonis (α — ἀίω), herausgegeben
                   von H. Sell (Beiträge zur klass. Philologie 25), Meisenhemii
                   1968. Vide Sym.
Euphron.   = Euphronii fragmenta, ed. C. Strecker in Dissertatione, quae
                   inscribitur: De Lycophrone Euphronio Eratosthene comi-
                   corum interpretibus, Gryphiswaldae 1884
Eur.   = Euripides
Eust.   = Eustathii Commentarii ad Homeri Iliadem ad fidem exempli
                   Romani editi, I—IV, Lipsiae 1817 et
                   eiusdem Commentarii ad Homeri Odysseam, ad fidem exem-
                   pli Romani editi, I—II, Lipsiae 1825
Eust. D. P.   = Eustathii Commentarii in Dionysium Periegetem, ed. G.
                   Bernhardy in: Dionysius Perieg. I (Lipsiae 1828), 83—316

FGrHist   = Die Fragmente der griechischen Historiker, ed. F. Jacoby,
                   Berol. 1923—30; Lugd. Bat. 1940—
F. H. G.   = Fragmenta Historicorum Graecorum, ed. C. et Th. Mueller,
                   Lut. Par. 1841—70
F. P. G.   = Fragmenta Philosophorum Graecorum, coll. F. G. A. Mul-
                   lach, I—II, Lut. Par. 1860—7

Galen. gloss.   = Galeni linguarum seu dictionum exoletarum Hippocratis
                   explicatio, ed. C. G. Kuehn (Claudii Galeni Opera omnia
                   XIX), Lipsiae 1830, 62—157
Gramm. Gr.   = Grammatici Graeci I—IV, ed. A. Hilgard, A. Lentz, R.
                   Schneider, G. Uhlig, Lipsiae 1867—1910

Habr.   = Habronis grammatici fragmenta, coll. R. Berndt in: BphW.
                   35, 1915, 1451—55. 1483—88. 1514—20

Harp.	= Harpocrationis Λέξεις ῥητορικαί, ed. I. Bekker, Berol. 1833
Hdt.	= Herodotus
[Hdt.] vit. Hom.	= Vita Homeri Herodotea, ed. U. de Wilamowitz-M., Bonnae 1916, 3—21
He.	= Hesychii Alexandrini Lexicon, ed. M. Schmidt, I—V, Ienae 1858—64; ed. K. Latte, Hauniae 1953—
Hellad.	= Helladius, cf. H. Heimannsfeld, De Helladii Chrestomathia quaestiones selectae, Diss. Bonnae 1911
Heph.	= Hephaestionis Enchiridion cum commentariis veteribus, ed. M. Consbruch, Lipsiae 1906
Heracl. Mil.	= Heraclidis fragmenta, ed. L. Cohn in: L. C., De Heraclide Milesio grammatico, Berliner Studien für Philol. I 2 (1884), 609—717 (fragmenta p. 643—717); opus etiam seorsum expressum est, Berolini 1884 (p. 1—111)
[Her.] Qu. Hom.	= Heracliti personati Quaestiones Homericae, ed. Societatis Philologae Bonnensis sodales, Lipsiae 1910
Heracleo	= Heracleonis fragmenta, ed. R. Berndt in: Die Fragmente des Homererklärers Heracleo, Progr. Insterburg, Insterburgi 1914
Hrd.	= Herodianus; Herodiani Technici reliquiae, ed A. Lentz, Lipsiae 1867—70 (= Grammatici Graeci III, vol. I—II)
Hrd. διχρ.	= Herodiani Περὶ διχρόνων, ed. A. Lentz in: Hrd. II (1868), 7, 1—20, 6
Hrd. ep.	= Herodiani Ἐπιμερισμοί, fragmenta coll. A. Lentz in: Hrd. I (1867), praef. XVII—XXXIII
Hrd. Il. Pros.	= Herodiani Περὶ Ἰλιακῆς προσῳδίας, ed. A. Lentz in: Hrd. II (1868), 22—128
Hrd. καθ.	= Herodiani Καθολικὴ προσῳδία, ed. A. Lentz in: Hrd. I (1867), 1—547
Hrd. μον.	= Herodiani Περὶ μονήρους λέξεως, ed. A. Lentz in: Hrd. II (1870), 908—952
Hrd. Od. Pros.	= Herodiani Περὶ Ὀδυσσειακῆς προσῳδίας, ed. A. Lentz in: Hrd. II (1868), 129—165
Hrd. ὀρθ.	= Herodiani Περὶ ὀρθογραφίας, ed. A. Lentz in: Hrd. II (1868), 407—611
Hrd. παθ.	= Herodiani Περὶ παθῶν, ed. A. Lentz in: Hrd. II (1868), 166—388 (389)
Hrd. ῥημ.	= Herodiani Περὶ ῥημάτων, ed. A. Lentz in: Hrd. II (1870), 787—824
Hrd. rhet. fig.	= Ἡρωδιανοῦ Περὶ σχημάτων, ed. L. Spengel in: Rhetores Graeci III (1856), 85—104
[Hrd.] Phil.	= Le „Philétaeros" attribué à Hérodien, ed. A. Dain, Lut. Par. 1954
[Hrd.] sol.	= Herodiani personati opusculum, quod inscribitur Περὶ σολοικισμῶν καὶ βαρβαρισμῶν, ed. A. Nauck (pone Lex. Vind. p. 294—312)
Hsd.	= Hesiodus; Fragmenta Hesiodea ed. R. Merkelbach et M. L. West, Oxonii 1967
Hyp. Iliad.	= Hypomnema in Iliadem ab Et. Gen. laudatum (fort. commentarius Ap. H.), cf. Beiträge 123
I. G. M.	= vide infra p. XXIII
Io. Alex.	= Ioannis Philoponi Alexandrini Τονικὰ παραγγέλματα, ed. G. Dindorf, Lipsiae 1825

Io. Char.   = Ioannis Characis Περὶ ἐγκλινομένων, ed. I. Bekker in: B. A.
                   III (Berol. 1821), 1149—1157
Io. Phil. coll. = Ioannis Philoponi collectio vocum quae pro diversa signi-
                   ficatione accentum diversum accipiunt, ed. P. Egenolff,
                   Vratisl. 1880 (= Lexica Graeca Minora 359—72)

Lesbon.   = Λεσβώνακτος Περὶ σχημάτων, rec. R. Mueller, Lipsiae 1900
Lex. Αἴμ.   = Lexicon, quod e prima voce (αἰμωδεῖν) nominatur, ed. F. G.
                   Sturz pone Et. Gud. (1818), 617, 30—631,2
Lex. Cant.   = Lexicon rhetoricum Cantabrigiense, ed. E. O. Houtsma,
                   Diss. Lugd. Bat. 1870 (= Lexica Graeca Minora 61—139)
Lex. Greg.   = Anonymi Oxoniensis lexicon in orationes Gregorii Nazian-
                   zeni, ed. I. Sajdak in: Symbola Grammatica in honorem
                   Rozwadowski, Cracoviae 1927, 153—77 (= Lexica Graeca
                   Minora 166—190)
Lex. Hdt.   = Ἡροδότου λέξεις, ed. H. Stein in: Herodoti Historiae II
                   (Berol. 1871), 449—70 (= Lexica Graeca Minora 197—218).
                   Interdum laudatur H. B. Rosén, Eine Laut- und Formen-
                   lehre der herodotischen Sprachform, Heidelbergae 1962,
                   222—231
Lex. Herm.   = Fragmentum lexici Graeci, ed. G. Hermann in: G. H., De
                   emendanda ratione Graecae grammaticae I, Lipsiae 1801,
                   319—53; cf. Παρακολουθήματα καὶ Ζητήματα γραμματικὰ
                   ἀναγκαῖα, e cod. Par. Graec. 2720 ed. J. A. Cramer in: An.
                   Par. IV, 1841, 245—64
Lex. Mess.   = Lexicon Messanense, ed. H. Rabe in: Mus. Rhen. 47, 1892,
                   404—13 et 50, 1895, 148—52
Lex. Sabb.   = Lexicon Sabbaiticum, ed .A. Papadopulos-Kerameus in: Anna-
                   les Ministerii Institut. publ. Russiae, vol. 280, 39—48; vol.
                   281, 49—60, Petropoli 1892—3 (= Lexica Graeca Minora
                   39—60)
Lex. spir.   = Lexicon De spiritu (Περὶ πνευμάτων), ed. L. C. Valckenaer
                   pone Amm. (1739), 205—42
Lex. Vind.   = Lexicon Vindobonense, rec. A. Nauck, Petropoli 1867
L. G. M.   = Lexica Graeca Minora, Hildeshemi 1965
Licymnius   = Licymnii fragmenta, ed. L. Radermacher in: Artium scrip-
                   tores (Sitz. Ber. Akad. Wien 227, 3), Vindobonae 1951,
                   117—9

Melet.   = Meletii tractatus Περὶ τῆς τοῦ ἀνθρώπου κατασκευῆς, ed. J. A.
                   Cramer, in: An. Ox. III (1835), 1—57
Meth.   = Methodius
Moer.   = Μοίριδος ἀττικιστοῦ Λέξεις Ἀττικαί, ed. I. Bekker pone
                   Harp. (1833), 187—214

Nic.   = Nicanoris Περὶ Ἰλιακῆς στιγμῆς reliquiae emendatiores, ed.
                   L. Friedlaender, Regiomonti 1850, et Nicanoris Περὶ Ὀδυσ-
                   σειακῆς στιγμῆς reliquiae emendatiores, ed. O. Carnuth, Be-
                   rolini 1875
Nicandr.   = Nicandrea (Nicandri Theriaca et Alexipharmaca), rec. et
                   emend., fragmenta coll. . . . O. Schneider, Lipsiae 1856; cf.
                   Nicander, The Poems and poetical Fragments by A. S. F.
                   Gow and A. F. Scholfield, Cantabrigiae 1953
Nicias   = Niciae fragmenta, ed. R. Berndt, Die Fragmente des Gram-
                   matikers Nicias, BphW. 30, 1910, 508—12 et 540—2

O. G.	vide infra p. XXVI
Or.	= Orionis Thebani Etymologicum, ed. F. G. Sturz, Lipsiae 1820
Or. Koes.	= G. H. C. Koesii excerpta e codice Regio MMDCX Περὶ ἐτυμολογιῶν κατὰ στοιχεῖον ἐκ τοῦ κατὰ ᾽Ωρίωνα τὸν Θηβαῖον, in Or. ed. Sturz (1820), 174—83
Or. Werf.	= Orionis lexici excerpta, ed. F. G. Sturz pone Et. Gud. (1818), 611—7
Ori ἐθ.	= Ori liber qui inscribebatur Περὶ ἐθνικῶν, cf. Reitzenstein Gesch. 316—32
Ori ὀρθ.	= Ori liber qui inscribebatur Περὶ ὀρθογραφίας, cf. Reitzenstein Gesch. 290—316
Parm.	= Parmenisci fragmenta, coll. M. Breithaupt in Dissertatione, quae inscribitur De Parmenisco grammatico (Stoicheia 4), Lipsiae 1915
Part.	= Ps.-Herodiani Partitiones, ed. I. F. Boissonade, Londinii 1819
Paus. att.	= Pausaniae atticistae fragmenta, coll. H. Erbse (Berol. 1950; vide Ael. D.), 152—221
Ph.	= Photii lexicon, ed. R. Porson, I—II, Lipsiae 1823
Ph. . . . R.	= Photii lexicon, ed. R. Reitzenstein (Der Anfang des Lexikons des Photios), Lipsiae 1907
Philarg.	= Iunii Philargyrii Explanatio in Bucolica Vergilii, ed H. Hagen in: Appendix Serviana, Lipsiae 1902, 1—189
Philit.	= Philetae Coi reliquiae, ed. G. Kuchenmueller, Diss. Berol., Bornae 1928
Philod. De regno Hom.	= Philodemi Περὶ τοῦ καθ᾽ ῞Ομηρον ἀγαθοῦ βασιλέως libellus, ed. A. Olivieri, Lipsiae 1909
Philox.	= Philoxenus, vide Kleist (infra p. XXIII)
Philox. ῥημ.	= Philoxenus in libro, qui ῾Ρηματικόν inscribebatur
Phot. bibl.	= Photii Bibliotheca, rec. I. Bekker, I—II, Berol. 1824—5 et R. Henry, Lut. Par. 1959—
Phryn. ecl.	= Phrynichi ecloga nominum et verborum Atticorum, ed. C. A. Lobeck, Lipsiae 1820
Phryn. praep. soph.	= Phrynichi praeparatio sophistica, ed. I. de Borries, Lipsiae 1911
Phylot.	= Phylotimus, vide Praxag.
Pind.	= Pindari carmina ed. B. Snell, I⁴-II³, Lipsiae 1964
Pis.	= Pisandri fragmenta, ed. E. Heitsch in: Die griechischen Dichterfragmente der röm. Kaiserzeit II (Gottingae 1964), 44—7
Pius	= Pii grammatici fragmenta, coll. E. Hiller in: Der Grammatiker Pius und die ἀπολογίαι πρὸς τὰς ἀθετήσεις ᾽Αριστάρχου, Philol. 28, 1869, 86—115
[Plut.] v. p. Hom.	= Ps.-Plutarchi libellus, qui De vita et poesi Homeri inscribitur, ed. G. N. Bernardakis (Plutarchi Moralia VII), Lipsiae 1896
Polem.	= Polemonis Periegetae fragmenta, collegit digessit notis auxit L. Preller, Lipsiae 1838
Poll.	= Pollucis Onomasticon, ed. E. Bethe, I—III, Lipsiae 1900—37
Polyb. barb.	= Polybii De barbarismo et solecismo tractatus, ed. A. Nauck (pone Lex. Vind., p. 283—289)
Polyb. rhet.	= Polybii Sardiani Περὶ σχηματισμοῦ, ed. L. Spengel in: Rhetores Graeci III (Lipsiae 1856), 105—109

Porph.   = Porphyrii Quaestionum Homericarum reliquiae, collegit
                    disposuit edidit H. Schrader, I—II, Lipsiae 1880—90
Porph. abst.   = Porphyrii De abstinentia (Περὶ ἀποχῆς ἐμψύχων), ed. A.
                    Nauck in: Porphyrii Opuscula, Lipsiae 1886, 83—270
Porph. . . . Bid. = J. Bidez, Vie de Porphyre . . . avec les fragments des traités
                    Περὶ ἀγαλμάτων et De regressu animae, Gandavi 1913
P. Ph. F.   = Poetarum Philosophorum Fragmenta, ed. H. Diels, Berol.
                    1901
Praxag.   = The Fragments of Praxagoras of Cos and his School, col-
                    lected, edited and translated by F. Steckerl, Lugd. Batav.
                    1958
Praxiph.   = Praxiphanis fragmenta, ed. F. Wehrli in: Die Schule des
                    Aristoteles, Texte und Kommentare IX, Basil. 1957, 93—100
Procl. . . . Sev. = Procli excerpta, ed. A. Severyns in: Recherches sur la
                    Chrestomathie de Proclos, IV: La vita Homeri et les som-
                    maires du Cycle, Lut. Par. 1963, 67—97
Prov. Bodl.   = Proverbia Bodleiana, ed. Th. Gaisford in: Paroemiographi
                    Graeci I, Oxon. 1836
Ptol. Asc.   = Ptolemaei fragmenta, ed. M. Baege in Dissertatione, quae
                    inscribitur: De Ptolemaeo Ascalonita, Hal. Sax. 1882
Ptolem.   = Ptolemaei libellus Περὶ διαφορᾶς λέξεων, ed. G. Heylbut in:
                    Hermes 22, 1887, 388—410 (cf. Amm. ed. Nickau)
Ptolem. Ch.   = Ptolemaei Chenni fragmenta, coll. A. Chatzis in: Der Phi-
                    losoph und Grammatiker Pt. Ch. I (= Studien zur Ge-
                    schichte und Kultur des Altertums 7, 2), Ad Fontes Paderae
                    1914
Pyth.   = Pitagorici, Testimonianze e frammenti, ed. T. Cardini,
                    I—II, Florentiae 1958—62

Rhian.   = Rhiani fragmenta grammatica ad Homeri carmina spectan-
                    tia, collegit C. Mayhoff in libello, qui inscribitur: De Rhiani
                    Cretensis studiis Homericis, Commentatio ex Programmate
                    Gymnasii Vitzthumiani Dresdensis anni MDCCCLXX seor-
                    sum expressa, Lipsiae 1870

Σᵃ   = Lexicon in cod. Coisl. Graec. 347 servatum, quod Synagoge
                    vocatur. Glossas a litt. α incipientes ed. C. Boysen, Lexici
                    Segueriani Συναγωγὴ λέξεων χρησίμων inscripti pars pri-
                    ma, Ind. Lect. Marpurg. 1891/2, Marpurgi 1891 (= Lexica
                    Graeca Minora 12—38)
Sch. α 1—ω 539 = Scholia Graeca in Homeri Odysseam, ed. G. Dindorf, I—II,
                    Oxonii   1855
Sch. α 1—309   = Scholia in Homeri Odysseae α 1—309 ed. A. Ludwich, Regio-
 Ldw.   monti 1888—90 (iterum typis expressa Hildeshemi 1966)
Sch. Ael.   = Scholia Graeca in Aelium Aristidem, ed. G. Dindorf (in:
 Aristid.   Aristides ex recensione G. D., vol. III), Lipsiae 1829
Sch. Aesch.   = Aeschyli tragoediae superstites, rec. G. Dindorf, III: Scholia
                    Graeca ex codicibus aucta et emendata, Oxon. 1851
Sch. Aesch. Pers. = Scholia in Aeschyli Persas, ed. O. Daenhardt, Lipsiae 1894
Sch. Ap. Rh.   = Scholia in Apollonium Rhodium vetera, rec. C. Wendel,
                    Berol. 1935
Sch. Ar.   = (1) Scholia Graeca in Aristophanem, ed. F. Dübner, Lut.
                    Par. 1883
                    (2) G. Stein, Scholia in Aristophanis Lysistratam, Diss.
                    Gottingae 1891

(3) W. J. W. Koster, Scholia in Aristophanis Plutum et Nubes, Lugd. Bat. 1927

Sch. Ar. Equ. . . . = Scholia vetera in Aristophanis Equites ed. D. Mervyn Jones
J.-W.   et Scholia Tricliniana in Aristophanis Equites ed. N. G. Wilson, Groningae 1969

Sch. Arat.   = Scholia in Arati Phaenomena, ed. E. Maass in: Commentariorum in Aratum reliquiae, Berol. 1898, 334—555

Sch. Bern.   = Scholia Bernensia ad Vergili Bucolica et Georgica, ed. H.
Verg. B. et G.   Hagen in: Jahrbücher für class. Philol., Suppl.-Bd. 4, Lips. 1861—7, 749—983

Sch. Clem.   = Scholia in Clementis Alex. Paedagogum, ed. O. Stählin, Cle-
Paed.   mens Alexandrinus I (Lipsiae 1936), 319—40

Sch. Clem.   = Scholia in Clementis Alex. Protrepticum, ed. O. Stählin, l. c.
Protr.   295—318

Sch. D. Thr.   = Scholia in Dionysii Thracis Artem grammaticam, ed. A. Hilgard, Lipsiae 1901 (= Grammatici Graeci III)

Sch. Dem.   = Scholia in Demosthenem (Scholia Graeca ex codicibus aucta et emendata), in: Demosthenes, rec. G. Dindorf, vol. VIII—IX, Oxon. 1851

Sch. Dion. Per.   = Scholia in Dionysium Periegetam, ed. G. Bernhardy, I (Lipsiae 1828), 317—63

Sch. Eur.   = Scholia in Euripidem, coll. rec. ed. E. Schwartz, I—II, Berol. 1887—91

Sch. Greg. Naz.   = Scholia in orationes Gregorii Naz. e codice Laur. plut. 8, 7
. . . Piccol.   ed. E. Piccolomini, in: Annali delle Università Toscane 16, 1 (Scienze noologiche), Pisae 1879, 231—275 et 331—338

Sch. Greg. Naz.   = Scholia in orationes Gregorii Naz. e codice Laur. plut. 4, 13
. . . Punt.   ed. V. Puntoni, in: Studi di Filologia Greca I, Augustae Taurinorum 1882, 133—180 et 207—246

Sch. Hsd. opp.   = Scholia vetera in Hesiodi Opera et Dies, ed. A. Pertusi, Mediol. s. a. (1956)

Sch. Hsd. th.   = Scholia vetera in Hesiodi Theogoniam, ed. H. Flach in: Glossen und Scholien zur Hesiodeischen Theogonie, Lipsiae 1876, 207—291

Sch. Lyc.   = Scholia in Lycophronem, ed. E. Scheer in: Lycophronis Alexandra II (Berol. 1908)

Sch. min.   = Scholia minora in Homeri Iliadem, ed. V. De Marco, Pars prior, fasc. primus (continens glossas a litt. α—ε incipientes), Romae 1946

Sch. Nic. al.   = Scholia in Nicandri Alexipharmaca, rec. U. C. Bussemaker in: Nicandrea rec. O. Schneider II (Lipsiae 1856), 75—111

Sch. Nic. th.   = Scholia in Nicandri Theriaca, rec. H. Keil in: Nicandrea rec. O. Schneider, II, Lipsiae 1856, 1—74

Sch. Opp.   = Scholia in Oppiani Halieutica, ed. U. C. Bussemaker in: Scholia in Theocritum ed. F. Duebner, Lut. Par. 1849, 260—364

Sch. Opp. . . .   = Parerga Oppianea: I. Scholia in Oppiani Halieuticorum
Vári   libros I—IV Ambrosiana, ed. R. Vári in: Egyetemes Philologiai Közlöni 33, 1909, 17—32; 116—125; II. Scholia in Oppiani Halieuticorum librum quintum ad fidem codicum recensita, ed. R. Vári ib. 125—131 (edita sunt scholia ad versus 1—153)

Sch. Pind.   = Scholia vetera in Pindari carmina, ed. A. B. Drachmann, I—III, Lipsiae 1903—27

Sch. Plat.   = Scholia Platonica, ed. G. C. Greene, Haverfordiae 1938

Sch. Soph.   = Scholia in Sophoclis tragoedias vetera, ed. P. N. Papageor-
                       gios, Lipsiae 1888
Sch. Soph. O. C. =   Scholia in Sophoclis Oedipum Coloneum, rec. V. De Marco,
                       Romae 1952
Sch. Theocr.   = Scholia in Theocritum vetera, ed. C. Wendel, Lipsiae 1914
Sch. Thuc.   = Scholia in Thucydidem, ed. C. Hude, Lipsiae 1927
Sch. Ver.Verg. A. = Scholiorum Veronensium in Vergili Aeneidem fragmenta, ed.
                       H. Hagen in: Appendix Serviana, Lipsiae 1902, 413—450
Schem. Hom.   = Aelii Herodiani Schematismi Homerici ('Εκ τῶν Αἰλίου
                       Ἡρωδιανοῦ σχηματισμῶν Ὁμηρικῶν κατὰ στοιχεῖον),
                       opusc. spurium 117 glossas complectens, e cod. Darmst. 2773
                       ed. P. Egenolff (Zu Herodianus Technicus), Jahrb. class.
                       Philol. 40 (149), 1894, 337—45
Script. rer. mir. = Scriptores rerum mirabilium Graeci, ed. A.Westermann,
                       Brunsvigae 1839
Seleuc.   = Seleuci fragmenta, ed. M. Mueller in: De Seleuco Homerico,
                       Diss. Gottingae 1891. — Editionem novam praeparat E. Duke,
                       femina doctissima Oxoniensis
Serv. Verg. A.,   = Servi grammatici qui feruntur in Vergilii carmina Commen-
   E., G.   tarii, rec. G. Thilo, I—II, Lipsiae 1881—4
Serv. auct.   = Servius auctus vel Danielis
S. G. D. I.   = vide infra p. XXVIII
Soph.   = Sophocles
Sophr.   = Sophronii Patriarchae Alexandrini Excerpta ex Ioannis
                       Characis Commentariis in Theodosii Alexandrini Canones,
                       ed. A. Hilgard in: Gramm. Gr. IV 2, Lipsiae 1894, 373—434
Steph. B.   = Stephanus Byzantius, ed. A. Meineke, Berol. 1849
Su.   = Suidae Lexicon, ed. A. Adler, I—V, Lipsiae 1928—38
Suet. (Mill.)   = Suetonii fragmenta Περὶ βλασφημιῶν, ed. E. Miller (Mél.
                       413—26); Περὶ παιγνιῶν ed. id. (Mél. 435—6) = Lexica
                       Graeca Minora 259—72 et 281—2
Syll.³   = vide infra p. XXVIII
Sym.   = Symeonis Μεγάλη γραμματική cum additamentis et inter-
                       polationibus, cf. Reitzenstein, Gesch. 254—86
Synag.   = Συναγωγὴ λέξεων χρησίμων ἐκ διαφόρων σοφῶν τε καὶ ῥη-
                       τόρων πολλῶν, cf. Ba. et Σ^a

Theo   = Theonis fragmenta, coll. C. Giese in: De Theone grammatico
                       eiusque reliquiis, Diss. Monasterii 1867
Theo ... Guhl   = C. Guhl, Die Fragmente des alexandrinischen Grammatikers
                       Theon, Hamburgi 1969 (Dissertatio photomechanice im-
                       pressa)
Theogn.   = Theognosti Canones, ed. J. A. Cramer in: An. Ox. II, Oxon.
                       1835, 1—165
Theogn. ...   = Theognosti canones 1—84, iterum edidit K. Alpers in Disser-
   Alp.   tatione, quae inscribitur: Theognostos, Περὶ ὀρθογραφίας,
                       Überlieferung, Quellen und Text der Kanones 1—84, Ham-
                       burgi 1964
Titanom.   = Titanomachia, ed. T. W. Allen in: Homeri Opera V, Oxon.
                       1911, 110—11
Tryph.   = Tryphonis grammatici Alexandrini fragmenta, ed. A. de
                       Velsen, Berol. 1853; cf. E. Schwabe, Aelii Dionysii et Pau-
                       saniae Atticistarum fragmenta (Lipsiae 1890), 69—74 et G.
                       Pasquali, Herm. 45, 1910, 465—7

Tryph. II   = Ps.-Tryphonis (vulgo Gregorii Cor.) tractatus, qui inscribi-
                   tur Περὶ τρόπων, ed. M. L. West in: Class. Quart. 59, 1965,
                   236—248
Tryph. fig.   = Tryphonis rhetorici libellus, qui inscribitur Περὶ τρόπων, ed.
                   L. Spengel in: Rhetores Graeci III (Lipsiae 1856), 191
                   ad 206, cf. ib. 215—26. Vide C. E. Finckh, Philol. 24,
                   1866, 337—43 et 732—4
Tryph. Lond.   = Tryphonis Grammatica in Pap. Lond. 126 servata, ed. F. G.
                   Kenyon in: Classical Texts from Papyri in The British Mu-
                   seum, Londinii 1891, 109—16
Tyrann.   = Tyrannionis fragmenta, coll. H. Planer in dissertatione,
                   quae inscribitur: De Tyrannione grammatico, Jahresb.
                   Königl. Joachimsthalsches Gymnasium, Berol. 1852
Tz. Ar.   = Ioannis Tzetzae Commentarii in Aristophanem (scil. Plut.,
                   Ran., Nub.), ed. L. M. Positano, D. Holwerda, W. J. W.
                   Koster (= Scholia in Aristophanem IV), Groningae 1960—64
Tz. ex.   = Ioannae Tzetzae Exegesis in Homeri Iliadem, ed. G. Her-
                   mann (Lipsiae 1812, pone Draconem Stratocinensem)
Tz. Hsd. opp.   = Ἐξήγησις τοῦ σοφωτάτου γραμματικοῦ Ἰωάννου τοῦ Τζέ-
                   τζου εἰς τὰ Ἔργα καὶ τὰς Ἡμέρας τοῦ Ἡσιόδου, ed. Th.
                   Gaisford in: Poetae Minores Graeci II, Lipsiae 1823, 10—447
Tz. Hsd. sc.   = Ἰωάννου τοῦ Τζέτζου ἐξήγησις εἰς τὴν τοῦ Ἡσιόδου Ἀσπίδα,
                   ed. Th. Gaisford in: Poetae Minores Graeci II, Lipsiae 1823,
                   609—54
Tz. Lyc.   = Scholia Ioannis Tzetzae in Lycophronis Alexandram (Εἰς
                   τὸν Λυκόφρονα σχόλια Ἰσαακίου γραμματικοῦ τοῦ Τζέτζου),
                   ed. E. Scheer (= Lycophronis Alexandra II), Berol. 1908

Vors.⁶   = Die Fragmente der Vorsokratiker, ed. H. Diels et G. Kranz,
                   I—III, Berol. 1951

Zen.   = Zenodotus
Zenob.   = Zenobius grammaticus
Zenob. Ath.   = Zenobius cod. Athoi, ed. E. Miller (Mél. 341—84)
Zenod.   = Ζηνοδώρου τῶν Περὶ συνηθείας ἐπιτομή, ed. E. Miller (Mél.
                   407—12 = Lexica Graeca Minora 253—8)
Zon. Lex.   = Io. Zonarae Lexicon I—II, ed. I. A. H. Tittmann, Lipsiae
                   1808

2. Tituli librorum

Ahrens, G. L. D. = H. L. A., De Graecae Linguae dialectis, I—II, Gottingae
                    1839—43
Ahrens, Hiat.   = H. L. A., De hiatus Homerici legitimis quibusdam generibus,
                    Progr. Lyc. Hannover 1851 (= Kleine Schriften I [Hanno-
                    verae 1891] 123—43)
Allen, Origins   = T. W. A., Homer: The Origins and the Transmission, Oxon.
                    1925
Allen, The schol. = T. W. A., The Homeric Scholia, in: Proceedings of The Bri-
                    tish Academy 17, 1931, 1—31
Amoneit   = H. A., De Plutarchi studiis Homericis, Diss. Regiomonti
                    1887
Ἀντίδωρον   = Ἀντίδωρον, Festschrift Wackernagel, Gottingae 1923

Baar   = J. B., Untersuchungen zur Terminologie der Iliasscholien,
                    Diss. Hamburgi 1952 (typis non descripta)
Bacher   = W. B., De Pausaniae studiis Homericis, Diss. Hal. Sax. 1919
Bachmann, Ar.   = W. B., Die ästhetischen Anschauungen Aristarchs in der
                    Exegese und Kritik der homerischen Gedichte, I (Beilage
                    zum Jahresbericht des Königl. Alten Gymnasiums in Nürn-
                    berg), Norimbergae 1901/2
Baege   vide Ptol. Asc.
Baumert   vide Apio
Beccard   = T. B., De scholiis in Homeri Iliadem Venetis (A), Pars prior,
                    Diss. Berol. 1850
Bechtel, Dial.   = F. B., Die griechischen Dialekte, I—III, Berol. 1921—4
I—III
Bechtel, Lex.   = F. B., Lexilogus zu Homer, Hal. Sax. 1914
Bechtel, Voc.   = F. B., Die Vocalcontraction bei Homer, Hal. Sax. 1908
Beiträge   = H. Erbse, Beiträge zur Überlieferung der Iliasscholien (=
                    Zetemata 24), Monaci 1960
Berndt   vide Alex., Apoll. Chaer., Chaeris, Chares, Habr., Heracleo,
                    Nicias
Bethe, Diss.   = E. B., Quaestiones Diodoreae mythographae, Diss. Gottin-
                    gae 1887
Bidder   = H. B., De Strabonis studiis Homericis capita selecta, Diss.
                    Regiomontana, Gedani 1889
Bidez   vide Porph. . . . Bid.
Bk., H. Bl. I—II = I. Bekker, Homerische Blätter, I—II, Bonnae 1863—72
Blass-Debr.[7]   = F. B. et A. Debrunner, Grammatik des neutestamentlichen
                    Griechisch[7], Gottingae 1943; vide Blass-Debr.-Funk
Blass-Debr.-   = F. B. and A. D., A Greek Grammar of the New Testament:
Funk   a translation and revision of the ninth-tenth German edi-
                    tion incorporating supplementary notes of A. Debrunner,
                    by R. W. Funk, in urbe Chicago 1962
Blau   = A. B., De Aristarchi discipulis, Diss. Ienae 1883
Bolling A. L.   = G. M. B., The Athetized Lines of the Iliad, in urbe Baltimore
                    1944
Bolling, Ext. Ev. = G. M. B., The External Evidence for Interpolation in Homer,
                    Oxon. 1925
Boudreaux   = P. B., Le texte d'Aristophane et ses commentateurs, Lut.
                    Par. 1919
Brandes   = A. B., De formis dualis Homericis, Diss. Gottingae 1907
Breithaupt   vide Parm.
Brugman, Probl.   = K. B., Ein Problem der homerischen Textkritik, Lipsiae 1876
Buchholz I—III   = E. B., Die homerischen Realien, I—III, Lipsiae 1871—84
Buck, Dialects   = C. D. B., The Greek Dialects[2], Cantabrigiae 1955
Buehler,   = W. B., Beiträge zur Erklärung der Schrift vom Erhabenen,
    Beiträge   Gottingae 1964
Buffière   = F. B., Les mythes d' Homère et la pensée grecque, Lut. Par.
                    1956
Buttmann   = Ph. B., Lexilogus oder Beiträge zur griech. Worterklärung,
                    hauptsächlich für Homer und Hesiod[2], I—II, Berol. 1860—5

Cange   = vide Du Cange
Cantarella   = R. C., L'edizione polistica di Omero, Salerni 1929
Carnuth   vide Ariston. et Nic.
Cauer   = P. C., Grundfragen der Homerkritik[3], Lipsiae 1923

Chantraine, Et. = P. C., Études sur le vocabulaire grec (Études et Commentaires 24), Lut. Par. 1956

Chantraine,   = P. C., La formation des noms en Grec ancien (Collection Lin-
Form.   guistique publiée par la Société de Linguistique de Paris 38),
                   Lut. Par. 1933

Chantraine, Gr. = P. C., Grammaire homérique, I³—II, Lut. Par. 1953—58
Hom.

Chantraine,   = P. C., Morphologie historique du Grec², Lut. Par. 1947
Morph.

Chatzis   vide Ptolem. Ch.

Citti   = V. C., Le edizioni omeriche ,,delle città", Vichiana 3, 1966,
                   227—267

Classen, Beob.   = J. C., Beobachtungen über den homerischen Sprachge-
                   brauch, Francofurti ad M. 1867

Clausing   = A. C., Kritik und Exegese der homerischen Gleichnisse im
                   Altertum, Diss. Friburgensis, in urbe Parchim 1913

Cobet, Miscell. = C. G. C., Miscellanea critica, Lugd. Bat. 1876
crit.

Cobet, Nov.   = C. G. C., Novae Lectiones, quibus continentur observationes
Lect.   criticae in scriptores Graecos, Lugd. Bat. 1858

Cobet, Observ.   = C. G. C., Observationes criticae in scriptores Graecos, Lugd.
crit.   Bat. 1854

Cobet, V. L.   = C. G. C., Variae lectiones, Lugd. Bat. 1873

Cohn   vide Heracl. Mil.

Companion   = A Companion to Homer edited by A. J. B. Wace and F. H.
                   Stubbings, Londinii 1962

Cuillandre   = J. C., La droite et la gauche dans les poèmes homériques, in
                   capite Redonum 1943

Dachs   = H. D., Die λύσις ἐκ τοῦ προσώπου, ein exegetischer und kri-
                   tischer Grundsatz Aristarchs und seine Anwendung auf Ilias
                   und Odyssee, Diss. Erlangae 1913

Dahlmann   = H. D., Varro und die hellenistische Sprachtheorie (Proble-
                   mata 5), Berolini 1932

Degenhardt   = D., De veterum grammaticorum scholiis, Diss. Monacensis,
                   Lipsiae 1909

Deecke   = W. D., Auswahl aus den Iliasscholien (zur Einführung in die
                   antike Homerphilologie), Kleine Texte für Vorlesungen und
                   Übungen herausgeg. v. H. Lietzmann, Nr. 111, Bonnae 1912

Del Corno   = D. Del C., I papiri dell' Iliade anteriori al 150 a. Cr., Rendi-
                   conti del Istituto Lombardo, Accademia di Scienze e Lettere,
                   vol. 94, Mediolani 1960, 73—146

De Marco I et II   vide de Marco

Denniston, Part. = J. D. D., The Greek Particles², Oxonii 1954

Dimpfl   = C. D., Beiträge zu Aristarchs homerischer Wortforschung,
                   Diss. Monaci 1910

Doederlein   = L. D., Homerisches Glossarium, I—III, Erlangae 1850—8
Gloss.

Du Cange   = D. Du C., Glossarium ad scriptores mediae et infimae Grae-
                   citatis, Lugduni 1588

Duentzer, Abh.   = H. D., Homerische Abhandlungen, Lipsiae 1872

Duentzer, Zen.   = H. D., De Zenodoti studiis Homericis, Gottingae 1848

Egenolff, Die orthogr. Stücke = P. E., Die orthographischen Stücke der byzan-
                   tinischen Literatur, Wissenschaftliche Beilage zum Progr.
                   Gr. Gymnasiums Heidelberg, Lipsiae 1888; vide Io. Phil. coll.

Euler   = K. E., Über die angebliche Farbenblindheit Homers, Jah-
                   resbericht des Königl. Gymnasiums zu Marburg 1902—3,
                   Marpurgi 1903

Fellner   = S. F., Die homerische Flora, Vindobonae 1897
Forsman   = C. F., De Aristarcho lexici Apolloniani fonte, Commentatio
                   inaug. Helsingforsia, Berol. 1883
Fraenkel   = Ed. F., Review of Servianorum Commentariorum editionis
                   Harvardianae vol. II, in: Kleine Beiträge zur Klassischen
                   Philologie II (Romae 1964), 339—90 (primum editum in
                   Journ. of Rom. Studies 38, 1948, 131—143 et ib. 39, 1949,
                   145—54)
Fraenkel,   = Ernst F., Geschichte der griech. Nomina agentis, I—II, Ar-
  Nom. ag.   gentorati 1910—12
Franz   = M. L. von F., Die ästhetischen Anschauungen der Iliasscho-
                   lien (im Cod. Ven. B und im Townleianus), Diss. Tigurina,
                   Turici 1943
Friedel I, II   = O. F., De philosophorum Graecorum studiis Homericis, I, in:
                   Progr. Gymnasium Merseburg, Marsipoli 1879; II, in: Wis-
                   senschaftliche Beilage zum Progr. des Gymnasium zu Sten-
                   dal, Stendali 1886
Friedl., Ariston. = L. Friedlaender in libro, qui inscribitur Aristonici Περὶ
                   σημείων Ἰλιάδος reliquiae emendatiores, Gottingae 1853
Friedl., Nic.   = L. Friedlaender in libro, qui inscribitur Nicanoris Περὶ
                   Ἰλιακῆς στιγμῆς reliquiae emendatiores, Regiomonti 1850
Friedl., Zoil.   = U. Friedlaender, De Zoilo aliisque Homeri obtrectatoribus,
                   Diss. Regiomonti 1895
Friedrich   = W.-H. F., Verwundung und Tod in der Ilias, (Abh. Akad.
                   d. Wiss. in Göttingen, Philol.-hist. Kl. 3, 38), Gottingae 1956
Friedrich, R.   = R. F., De libro Iliadis XXIV, Diss. Lipsiae 1872
Frölich   = H. F., Die Militärmedicin Homers, Stutgardiae 1879

Gaede   vide Demetr. Sc.
G. E. L.   = Greek-English Lexicon by H. G. Liddell, R. Scott, H. S.
                   Jones, Oxon. 1940
Germain   = G. G., Homère et la mystique des nombres, Lut. Par. 1954
Giese   vide Theon.
Gladstone   = W. E. G., Der Farbensinn (mit besonderer Berücksichtigung
                   der Farbenkenntnis des Homer), Vratislaviae 1878
Goebel, Lex.   = A. G., Lexilogus zu Homer und den Homeriden, I—II, Be-
                   rol. 1878—80
Goedhardt   = B. J. G., De Aristarchi commentatione Περὶ τοῦ ναυστάθ-
                   μου instauranda, Traiecti ad Rh. 1879
Griesinger   = R. G., Die ästhetischen Anschauungen der alten Homer-
                   erklärer, dargestellt nach den Homerscholien, Diss. Tubin-
                   gae 1907

Hefermehl   = E. H., Studia in Apollodori Περὶ θεῶν fragmenta Genavensia,
                   Diss. Berol. 1905
Hehn   = V. H., Kulturpflanzen und Haustiere[8], Berol. 1911
Heitsch   = E. H., Aphroditehymnos, Aeneas und Homer (= Hypo-
                   mnemata 15), Gottingae 1965
Helck   = J. H., De Cratetis Mallotae studiis criticis, quae ad Iliadem
                   spectant, Diss. Lipsiae 1905
Hendess   vide O. G. (infra p. XXVI)

Hiller	vide Pius
Hintenlang	= H. H., Untersuchungen zu den Homer-Aporien des Aristoteles, Diss. Heidelbergensis anni 1961
Hirzel, Them.	= R. H., Themis, Dike und Verwandtes, Lipsiae 1907
Hoffmann	= O. H., Die Makedonen, ihre Sprache und ihr Volkstum, Gottingae 1906; vide Amer. (supra p. IX)
Hoffmann, Ilias	= C. A. J. H., Φ und X der Ilias, in urbe Clausthal 1864
Hoffmann, Gr. D.	= O. H., Die griechischen Dialekte in ihrem historischen Zusammenhang, I—III, Gottingae 1891—8
Hofmann, Ar.	= P. H., Aristarchs Studien „de cultu et victu heroum" im Anschluß an K. Lehrs, Progr. K. Ludwigs-Gymnasium München, Monaci 1905
Humbert	= J. H., Syntaxe grecque², Lut. Par. 1954
I. G. M.	= Inscriptiones Graecae Metricae ex scriptoribus praeter anthologiam collectae, ed. Th. Preger, Lipsiae 1891
Jachmann	= G. J., Vom frühalexandrinischen Homertext, Nachr. Ak. Wiss. Göttingen, phil.-hist. Kl. 1949, 7, Gottingae 1949
Jachmann, Schiffskat.	= G. J., Der homerische Schiffskatalog und die Ilias, Colonia Agrippinensi 1958
Kaibel, ep.	= Epigrammata Graeca ex lapidibus conlecta, ed. G. K., Berol. 1878
Kayser	= K. L. K., Homerische Abhandlungen, herausgeg. von H. Usener, Lipsiae 1881
Keller	= O. K., Die antike Tierwelt, I—II, Lipsiae 1909—13
Kleist	= H. K., De Philoxeni grammatici Alexandrini studiis etymologicis, Diss. Gryphiswaldae 1865
Koerner, Ärztl. Kenntn.	= O. K., Die ärztlichen Kenntnisse in Ilias und Odyssee, Monaci 1929
Koerner, Bienenk.	= O. K., Die Bienenkunde bei Homer und Hesiod: Dichtung oder Forschung? (Sitzungsberichte und Abhandlungen der Naturforschenden Gesellschaft zu Rostock, 3. Folge, Bd. II, 1927/8), Rostochii 1929, 66—82
Koerner, Heilk.	= O. K., Wesen und Wert der homerischen Heilkunde, Ad Fontes Mattiacos 1904
Koerner, Sinnesempf.	= O. K., Die Sinnesempfindungen in Ilias und Odyssee, Jenaer medizin-historische Beiträge von Th. Meyer-Steineg, H. 15, Ienae 1932
Koerner, Tiersystem	= O. K., Das homerische Tiersystem und seine Bedeutung für die zoologische Systematik des Aristoteles, Ad Fontes Mattiacos 1917
Koerner, Tierwelt	= O. K., Die homerische Tierwelt (ed. alt.), Monaci 1930
Koestler	= R. K., Homerisches Recht, Viennae 1950
Kohl, Choriz.	= J. G. K., De Chorizontibus, Diss. Giess., Darmstadii 1917; vide Choriz.
Koster	vide Sch. Ar., Tz. Ar.
Kretschmer, Vaseninschr.	= P. K., Die griechischen Vaseninschriften ihrer Sprache nach untersucht, Gueterslohae 1894
Kullmann	= W. K., Die Quellen der Ilias (Hermes-Einzelschriften 14), Ad Fontes Mattiacos 1960
Kurz	= G. K., Darstellungsformen menschlicher Bewegung in der Ilias. Heidelbergae 1966

La Roche, Did. = J. La R., Didymus über die aristarchische Recension der Homerischen Gedichte (9. Progr. des k. k. Gymnasiums in Triest), Tergestae 1859

La Roche, H. T. = J. La R., Die homerische Textkritik im Alterthum, Lipsiae 1866

La Roche, = J. La R., Text, Zeichen und Scholien des berühmten Codex
T. Z. Sch.   Venetus zur Ilias, Ad Fontes Mattiacos 1862

Latacz = J. L., Zum Wortfeld Freude in der Sprache Homers, Heidelbergae 1966

Leaf = W. L., The Iliad, edited with apparatus criticus, prolegomena, notes and appendices, I—II, ed. alt. Londinii 1900—02

Leeuwen, Ench. = J. Van Leeuwen, Enchiridium dictionis epicae², Lugd. Bat. 1918

Lehnert = G. L., De scholiis ad Homerum rhetoricis, Diss. Lipsiae 1896

Lehrs Ar.³ = K. L., De Aristarchi studiis Homericis³, Lipsiae 1882

Lehrs, Hrd. = K. L., Herodiani scripta tria emendatiora, Regiomonti 1848 (= ed. alt. Berol. 1857)

Lehrs, = K. L., Quaestiones epicae, Regiomonti 1837
Quaest. ep.

Lenz, Aristeides-   F. L., Untersuchungen zu den Aristeidesscholien, Problemata
scholien   = 8, Berolini 1934

Lévêque = P. L., Aurea catena Homeri, Lut. Par. 1959

Leumann = M. L., Kleine Schriften, Turici 1959

Leumann, H. W. = M. L., Homerische Wörter, Basileae 1950

Leyde = L. L., De Apollonii Sophistae lexico Homerico, Diss. Lipsiae 1885

Lipsius = I. H. L., Das attische Recht und Rechtsverfahren, Lipsiae 1905—15

Lobeck, Paralip. = C. A. L., Paralipomena grammaticae Graecae, I—II, Lipsiae 1837

Lobeck, = C. A. L., Pathologiae Graeci sermonis elementa, I—II,
Pathol. elem. = Regiomonti 1853—62

Lobeck, = C. A. L., Pathologiae sermonis Graeci prolegomena, Lipsiae
Proll. path. 1843

Lobeck, Rhem. = C. A. L., ῬημαΤικόν, Verborum Graecorum et nominum verbalium technologia, Regiomonti 1846

Locher = I. P. L., Untersuchungen zu ἱερός, hauptsächlich bei Homer, Diss. Bernae 1963

Lorimer = H. L. L., Homer and the Monuments, Londinii 1950

Lotz = E. L., Auf den Spuren Aristarchs, Diss. Erlangensis, in oppidulo Kirchhain 1910

Ludwich, = A. L., Adnotationes criticae ad scholia in Homeri Iliadem
Adn. sch. Gen. Genavensia, I—II, in: Ind. Lect. I (1892) et II (1892/3), Regiomonti 1892

Ludwich, = A. L., Aristarchs Homerische Textkritik, I—II, Lipsiae
A. H. T.   1884—5

Ludwich, = A. L., Anekdota zur griech. Orthographie, I—XIV (Verzeich-
Anecd.   nisse der auf der Königl. Albertus-Universität zu Königsberg zu haltenden Vorlesungen), Regiomonti 1905—14

Ludwich, = A. L., Homerica I—V, in: Ind. Lect. II (1893—4), Regio-
Homerica I—V monti 1893

Ludwich, = A. L., Homerica VIII—XII, in: Ind. Lect. II (1896—7),
Homerica   Regiomonti 1896
VIII—XII

Ludwich, Homervulg. = A. L., Die Homervulgata als voralexandrinisch erwiesen, Lipsiae 1898

Ludwich, Pap.-Comm. = A. L., Über die Papyrus-Commentare zu den homerischen Gedichten, in: Ind. Lect. I (1902), Regiomonti 1902

Luenzner — vide Epaphr.

De Marco I = V. de M., Sulla tradizione manoscritta degli „Scholia Minora" all' Iliade, Atti della Reale Accademia Nazionale dei Lincei, Ser. VI, vol. IV (Romae 1932), fasc. 4, p. 1—37 (= p. 373—410)

De Marco II = V. de M., Da un manoscritto degli „Scholia Minora" all' Iliade, Atti della Reale Accademia d'Italia, Rendiconti della Classe di Scienze morali e storiche, Ser. VII, Suppl. al vol. II, Romae 1941, 125—145

Martinazzoli I—II = F. M., Hapax legomenon, I, Romae 1953; II (Il Lexicon Homericum di Apollonio Sofista), Barii 1957

Maschke = R. M., Die Willenslehre im griech. Recht, Berol. 1926

Mayhoff = C. M., De Rhiani Cretensis studiis Homericis, Lipsiae 1870; vide Rhian.

Mayser, Gramm. = E. M., Grammatik der griech. Papyri aus der Ptolemäerzeit, I—II, Berol. 1923—38

Meineke = A. M., Analecta Alexandrina, Berol. 1843

Meinel = R. M., Κατὰ τὸ σιωπώμενον, ein Grundsatz der Homer-erklärung Aristarchs (Progr. des K. human. Gymnasiums in Ansbach), Ansbachii 1915

Meister, Dial. = R. M., Die griechischen Dialekte, I—II, Gottingae 1882—89

Meister, H. K. = K. M., Die homerische Kunstsprache, Lipsiae 1921

Menradt = J. M., Ein neuentdecktes Fragment einer voralexandrini-schen Homerausgabe, Sitz. Ber. der Königl. Bayer. Akade-mie d. Wissensch., phil.-hist. Kl., Monaci 1891, 539—52

Merkel = R. M., Prolegomena ad Apollonii Argonautica, Lipsiae 1854, p. V—CXC

Mette, Parat. = H.-J. M., Parateresis, Untersuchungen zur Sprachtheorie des Krates von Pergamon, Hal. Sax. 1952

Mette, Sphairop. = H.-J. M., Sphairopoiia, Untersuchungen zur Kosmologie des Krates von Pergamon, Monaci 1936

Meyer, Patr. = G. M., De Homeri patronymicis, Diss. Gottingae 1907

Michaelis vide Ap. Rh. fr. (supra p. X)

Miller, Mél. = E. M., Mélanges de littérature grecque, Lut. Par. 1868; vide Ar. Byz., [Did.], Et. Parv., Suet. (Mill.), Zenob. Ath., Zenod.

Monro, Gramm. = D. B. M., A Grammar of the Homeric Dialect², Oxon. 1891

Muehmelt = M. M., Griechische Grammatik in der Vergilerklärung, Zete-mata 37, Monaci 1965

Mueller = O. M., Über den Papyruskommentar zum Φ der Ilias (Ox. Pap. II 56 ss.), Diss. Monaci 1913 (vide vol. I, p. XLII)

Mueller, Asclep. = B. A. M., De Asclepiade Myrleano, Diss. Lipsiae 1903; vide Asclep.

Mueller-Boré = K. M.-B., Stilistische Untersuchungen zum Farbwort und der Farbe in der ältesten griech. Poesie (Klass.-philol. Studien 3), Berol. 1922

Mueller, Sel. vide Seleuc.

Muenzel, Apoll. = R. M., De Apollodori Περὶ θεῶν libris, Diss. Bonnae 1883

Muenzel,   = R. M., Quaestiones mythographicae, Berol. 1883
   Quaest. myth.

Naber   = S. A. N., Quaestiones Homericae, Amstelodami 1877
Nauck   vide Ar. Byz., Lex. Vind., Porph. abst.
Niese   = B. N., Der homerische Schiffskatalog als historische Quelle,
                    Kiloniae 1873

O. G.   = Oracula Graeca, quae apud scriptores Graecos Romanosque
                    exstant, collegit R. Hendess, in: Dissertationes philologicae
                    Halenses 4, 1, Halis Sax. 1880
Overbeck   = I. O., Die antiken Schriftquellen zur Geschichte der bilden-
                    den Künste bei den Griechen, Lipsiae 1868

Panzer   = I. P., De mythographo Homerico restituendo, Diss. Gry-
                    phiswaldae 1902
Parangèli   vide Et. Cas.
Parry   = M. P., L'épithète traditionelle dans Homère. Lut. Par. 1928
Pasquali, Storia = G. P., Storia della tradizione e critica del testo², Florentiae
                    1952
P. G. L.   = A Patristic Greek Lexicon, ed. by G. W. H. Lampe, Oxonii
                    1961
Philippi   = A. P., Quaestionum Aristarchearum specimen prius, Diss.
                    Gottingae 1865
Pfeiffer   = R. P., History of Classical Scholarship from the Beginnings
                    to the End of the Hellenistic Age, Oxonii 1968
Planer   vide Tyrann.
Pluygers   = G. G. P., De carminum Homericorum veterumque in ea
                    scholiorum post nuperrimas codicum Marcianorum colla-
                    tiones retractanda editione, Progr. sch. Lugd. Bat. 1847
Pluygers, Zen.   = G. G. P., De Zenodoti carminum Homericorum editione,
                    Lugd. Bat. 1843
Preger   = vide I. G. M. (supra p. XXIII)
Pusch   = H. P., Quaestiones Zenodoteae, Diss. Hal. Sax. 1889, in:
                    Diss. phil. Halens. XI, 1890, 119—216
P.-W.   = H. W. Parke and D. E. W. Wormell, The Delphic Oracle,
                    I—II, Oxonii 1956

Rabe   vide Lex. Mess.
Raeder   = H. Raeder, Ein Problem in griech. Syntax, Dan. Hist. Filol.
                    Medd. 33 no. 5, Hauniae 1953
Reinhardt   = K. R., De Graecorum theologia capita duo, Diss. Berol.
                    1910
Reinhardt, Ilias = K. R., Die Ilias und ihr Dichter, Gottingae 1961
Reitzenstein,   = R. R., Geschichte der griech. Etymologika, Lipsiae 1897;
   Gesch.   vide Ph. . . . R. (supra p. XV)
Ribbach   = W. E. R., De Aristarchi Samothracis arte grammatica,
                    Progr. Domgymnasium Naumburg, Numburgi 1883
Risch   = E. R., Die Wortbildung der homerischen Sprache, Berol. 1937
Roemer   = A. R., Die exegetischen Scholien der Ilias im Codex Venetus
                    B, Monaci 1879
Roemer, Ar.   = A. R., Die Homerexegese Aristarchs in ihren Grundzügen
                    dargestellt (bearbeitet und herausgegeb. v. E. Belzner), Ad
                    Fontes Paderae 1924
Roemer, Athet.   = A. R., Aristarchs Athetesen in der Homerkritik, Lipsiae 1912

Roemer, Krit. Ex.	= A. R., Zur Kritik und Exegese von Homer, Euripides, Aristophanes und den alten Erklärern derselben, Abh. Bayer. Ak. Wiss., 1. Kl., 22, 3, Monaci 1904
Roemer, Zen.	= A. R., Über die Homerrecension des Zenodot, Abh. der Königl. Bayer. Akad. d. Wissensch., philos.-philol. Classe 17, 639—722, Monaci 1886
Rosén	vide Lex. Hdt.
Ruschenbusch	= E. R., ΣΟΛΩΝΟΣ ΝΟΜΟΙ: Die Fragmente des solonischen Gesetzwerkes mit einer Text- und Überlieferungsgeschichte (Historia, Einzelschriften 9), Ad Aquas Mattiacas 1966
Rzach, Gr. St.	= A. R., Grammatische Studien zu Apollonios Rhodios (Sitz. Ber. der kais. Ak. d. Wiss. 89, 1878, 429—599), Viennae 1878
Schadewaldt	= W. S., Ilias-Studien, Abh. Sächs. Ak. d. Wiss., vol. 43,6, Lipsiae 1938
Scheibner	= G. S., Der Aufbau des 20. und 21. Buches der Ilias, Lipsiae 1939
Schimberg, Diss.	= A. S., Analecta Aristarchea, Diss. Gryphiswaldae 1878
Schimberg I	= A. S., Zur handschriftlichen Überlieferung der Scholia Didymi, Philol. 49, 1890, 421—56
Schimberg II, III	= A. S., Zur handschriftlichen Überlieferung der Scholia Didymi, II—III, in: Wissensch. Beilage zu dem Progr. d. K. Ev. Gymnasiums zu Ratibor 1891/2, Gottingae 1891 et 1892
Schmidt, R.	vide Callistr.
Schmiedeberg	= O. S., Über die Pharmaka in der Ilias und Odyssee (Schriften der Wissensch. Gesellschaft in Strassburg 36), Argentorati 1918
Schneider, Bodl.	= R. S., Bodleiana. Insunt: I. Additamenta ad vol. alterum Anecdotorum Oxoniensium Crameri. — II. De Arcadii qui fertur codice Bodleiano disputatio. — III. Excerpta e libris Bodleianis, Lipsiae 1887
Schoemann, Redeth.	= G. F. S., Die Lehre von den Redetheilen nach den Alten, Berol. 1862
Schrader	vide Porph.
Schulze	= W. S., Kleine Schriften[2], Gottingae 1966
Schulze, Quaest. ep.	= W. S., Quaestiones epicae, Gueterslohae 1892
Schwartz	= E. S., De scholiis Homericis ad historiam fabularum pertinentibus, Jahrb. class. Philol. Suppl. 12, 1881, 405—63
Schwartz, Advers.	= E. S., Adversaria (Ind. lect.), Gottingae 1908
Schwartz, Entst.	= E. S., Zur Entstehung der Ilias, (Schriften der Wissensch. Gesellsch. in Strassburg), Argentorati 1918
Schwartz, Ges. Schr.	= E. S., Gesammelte Schriften, I—V, Berol. 1938—63
Schwarz	= W. S., Marginalien zur Glossenkritik am Hesychlexikon, Diss. Herbipolensis, Wirzeburgi 1966
Schwyzer	= Dialectorum Graecarum exempla epigraphica potiora, ed. E. S., Lipsiae 1923
Schwyzer-Debrunner	= E. S. et A. D., Griechische Grammatik II (Syntax u. syntaktische Stilistik), Monaci 1950
Sengebusch I—II	= M. S., Homerica dissertatio prior et posterior, Lipsiae 1856

Severyns, Eust. = A. S., Eustathe et le cycle épique, in: Revue Belge de Philologie et d'Histoire 7, 1928, 401—67

Severyns, = A. S., Le cycle épique dans l'école d'Aristarque, Biblio-
Le cycle   thèque de la Faculté de Philosophie et Lettres de l'Université de Liège, Lut. Par. 1928

Severyns, = A. S., Recherches sur la Chrestomathie de Proclos, I—IV,
Recherches   Lut. Par. 1938—63; vide Procl. . . . Sev.

S. G. D. I. = Sammlung griech. Dialekt-Inschriften, ed. H. Collitz et F. Bechtel, Gottingae 1883—1915

Snodgrass = A. S., Early Greek Armour and Weapons, Edinburgi 1964

Sodano = A. R. S., Prolegomeni primi alle fonti delle ,, Quaestiones Homericae" di Porfirio: un capitolo sulla storia dell' antica critica e filologia omerica. Annali del Pontificio Istituto Superiore di Scienze e Lettere ,,S. Chiara" XIV, Neapoli 1964, 1—90

Solmsen, = F. S., Beiträge zur griech. Wortforschung, Argentorati 1909
Beiträge

Solmsen, = F. S., Untersuchungen zur griech. Laut- und Verslehre,
Unters.   Argentorati 1901

Sondhaus = C. S., De Solonis legibus, Diss. Ienae 1909

Spitzner, = F. S., Excursus ad Iliadis libros A—ω, in: Homeri Ilias,
Exc. I—XXXVI recensuit et brevi annotatione instruxit F. S., Gothae et Erfordiae 1822—36

Staesche   vide Demetr. Ix.

Steckerl = vide Praxagoras

Stein   vide Sch. Ar.

Stockinger = H. S., Die Vorzeichen im homerischen Epos. Ihre Typik und ihre Bedeutung, Bavariae in urbe, quae vocatur St. Ottilien, 1959

Strecker = C. S., De Lycophrone Euphronio Eratosthene comicorum interpretibus, Diss. Gryphiswaldae 1884; vide Euphron.

Stubbings   vide Companion (p. XXI)

Syll.[3] = Sylloge inscriptionum Graecarum, ed. G. Dittenberger et F. Hiller de Gaertringen, I—II, Lipsiae 1915—20

Thierfelder = A. T., Beiträge zur Kritik und Erklärung des Apollonius Dyscolus, Abh. Sächs. Ak. Wiss., phil.-hist. Kl. 43, 2, Lipsiae 1935

Thumb-Kieckers, = A. T., Handbuch der griech. Dialekte, 2. Aufl.: I ed. E. K.,
resp.   Heidelbergae 1932; II ed. A. S., Heidelbergae 1959
Thumb-Scherer

Tomberg = K.-H. T., Die Koine Historia des Ptolemaios Chennos, eine literarhistorische und quellenkritische Untersuchung, Diss. Bonnae 1967

Valk I—II = M. van der V., Researches on the Text and Scholia of the Iliad, I—II, Lugd. Bat. 1963—4

Valk, Text. Crit. = M. van der V., Textual Criticism of the Odyssey, Lugd. Bat. 1949

Villoison = J. B. C. d'Ansse de V., Homeri Ilias ad veteris codicis Veneti fidem recensita, Venetiis 1788, Prolegomena I—LIX

Volkmann = R. V., Die Rhetorik der Griechen und Römer, Lipsiae 1885

Von der Muehll = P. Von der M., Kritisches Hypomnema zur Ilias, Basil. 1952

Wachsmuth, = R. W., De Aristotelis studiis Homericis capita selecta, Diss.
Aristot.   Berol. 1863

Wachsmuth, Crat.	= C. W., De Cratete Mallota disputavit adiectis eius reliquiis C. W., Diss. Lipsiae 1860
Wackernagel I—II	= J. W., Kleine Schriften, Gottingae s. a. (1952)
Wackernagel, S. U.	= J. W., Sprachliche Untersuchungen zu Homer (Forschungen zur griech. und lat. Grammatik, herausgegeb. von P. Kretschmer u. W. Kroll, Heft 4), Gottingae 1916
Weber	= R. W., De Dioscuridis Περὶ τῶν παρ' Ὁμήρῳ νόμων libello, in: Leipziger Studien zur class. Philol. XI, Lipsiae 1889, 87—196
Wecklein, Zen. Ar.	= N. W., Über Zenodot und Aristarch, Sitz. Ber. Bayer. Ak. der Wiss., Philos.-philol. u. hist. Kl., 1919, 7, Monaci 1919
Wecklein, Zusätze	= N. W., Über Zusätze und Auslassung von Versen im homeschen Texte, Sitz. Ber. Bayer. Ak. der Wiss., phil.-hist. Kl. 1918, 7, Monaci 1918
Wehrli, Diss.	= F. W., Zur Geschichte der allegorischen Deutung Homers im Altertum, Diss. Basil., Lipsiae 1928; vide Praxiph.
Wendel, Theokr.-Schol.	= C. W., Überlieferung und Entstehung der Theokrit-Scholien (Abh. Königl. Gesellsch. der Wiss. Gött., phil.-hist. Kl., N. F. 17, 2), Berol. 1921
Wendel, Sch. Ap. Rh.	= C. W., Die Überlieferung der Scholien zu Apollonios von Rhodos (Abh. Gesellsch. der Wiss. Gött., phil.-hist. Kl., 3. F., 1), Berol. 1932
West	= St. W., The Ptolemaic Papyri of Homer. Colonia Agrippinensi 1967
Wilamowitz, I—V	= U. de W.-M., Kleine Schriften: I Berol. 1935; II ib. 1941; III ib. 1969; IV ib. 1962; V 1 et 2 ib. 1937
Wilamowitz, H. U.	= U. de W.-M., Homerische Untersuchungen (= Philologische Untersuchungen 7), Berol. 1884
Wilamowitz, Il. Hom.	= U. de W.-M., Die Ilias und Homer, Berol. 1916
Wilamowitz, Sapph. Sim.	= U. de W.-M., Sappho und Simonides, Untersuchungen über griech. Lyriker, Berol. 1913
Wismeyer	= J. W., Die durch Scholien nicht erklärten kritischen Zeichen der Iliashandschrift Venetus A (Progr. der K. Studienanstalt Passau 1884/5), Boioduri 1885
Wolf, Proll.	= F. A. W., Prolegomena ad Homerum, ed. tert. cur. R. Peppmueller, Halis Sax. 1884
Wuelfing	= P. W.-v. Martitz, ἱερός bei Homer und in der älteren griech. Literatur. Glotta 38, 1960, 272—307 et ib. 39, 1961, 24—43

3. *Abbreviationes ceterae minus usitatae*

abiud.	= abiudicavit	m. pr., m.	= manus prima, manus se-
absc.	= abscissum	sec.	cunda
adi.	= adiunxit	m. rec.	= manus recens
al.	= alii	ms. (mss.)	= liber (libri) manu scrip-
arg.	= argumentum		tus (scripti)
attr.	= attribuit	n.	= nota
cett.	= ceteri	nom. pr.	= nomen proprium
ci.	= coniecit	pap.	= papyrus
cl.	= collato (-tis sim.)	pot. qu.	= potius quam
comm.	= commentarius	pr.	= primus
coni.	= coniunxit, coniunctus	propos.	= proposuit
	sim.	ras.	= rasura
cont.	= contextus Homeri	rec.	= recentior, -ores sim.
cp.	= compendium	rubr.	= rubricator
damn.	= damnavit	sc.	= scilicet
detr.	= detritum sim.	sch.	= scholium, scholia
dist.	= distinxit	sec.	= secundum
dub.	= dubitanter	secl.	= seclusit
ed. pr.	= editio princeps	s. f.	= sub fine
evan.	= evanuit, evanuerunt	sim.	= similia, similiter
ex.	= scholium exegeticum	sp.	= spatium (sc. vacuum)
exp.	= expunxit	sq.	= sequens, sequentes sim.
h.	= hasta	ss.	= supra scriptus sim.
hyp.	= hypomnema	susp.	= suspectus
ib.	= ibidem	test.	= testimonia (ad locum
in.	= initium		laudatum collecta)
indic.	= indicavit	trps.	= transposuit
ins.	= inseruit, insertus sim.	v.	= vox, verbum, versus
l.	= linea	vest.	= vestigium
l. c.	= loco citato	vet.	= vetus, veteres sim.
le.	= lemma	vid.	= vide(n)tur
mg.	= margo, marginem sim.	v. l.	= varia lectio
mg. ext.,	= margo extremus, infe-	v. l. ant.	= varia lectio antiqua
inf., sup.	rior, superior	vulg.	= (Homeri) codices plerique

4. Sigla librorum manuscriptorum

A	= cod. Ven. Graec. 822, s. X (scholia marginalia)
A^{cont}	= contextus Homeri Iliadis in codice A traditus
A^{ext}	= explanatio a manu recentiore in margine extremo codicis A scripta
A^{il}	= scholium breve codicis A (sc. a manu prima) supra versum Iliadis scriptum
A^{im}	= scholium breve codicis A inter contextum Homeri et scholia marginalia exaratum
A^{int}	= scholium breve in margine interiore codicis A scriptum
A^t	= A^{im} vel A^{int} (scholia breviora codicis A aut a dextra aut a sinistra parte iuxta singulos versus carminis exarata, quae „Textscholien" vocantur)
A^a	= cod. Athous Graec. Vatopedi 592, s. XV
Ag	= cod. Angelicus Graec. 122 (C I 1), s. XIII/XIV
B	= cod. Ven. Graec. 821, s. XI
*B	= codicis eiusdem m. recentior, s. XII/XIII
C	= cod. Laur. plut. 32,3, s. XI/XII
C^{rec}	= codicis eiusdem m. recentior
E^3	= cod. Escor. Graec. 291 (Υ I 1), s. XI
E^4	= cod. Escor. Graec. 509 (Ω I 12), s. XI
Ge	= cod. Genev. Graec. 44, s. XIII
Le	= cod. Leid. (Voss.) Graec. 64, s. XV
Li	= cod. Lips. Graec. 32, s. XIV
M^1	= cod. Ambros. Graec. 74 (A 181 sup.), s. XIII
M^8	= cod. Ambros. Graec. 468 (I 58 sup.), s. XIV
P	= cod. Paris. Graec. 2556, s. XIV
P^{11}	= cod. Paris. Graec. 2766, s. XIV
pap. I	= pap. Hawara (Bodl. Ms. Gr. class. a 1 P), s. II p. Chr. (cont. sch. ad. B 397—865)
pap. II	= pap. Ox. 1086 (Pap. Lit. Lond. 176), s. I a. Chr. (cont. sch. ad B 751—827)
pap. III	= pap. Ryl. 24, s. I p. Chr. (cont. sch. ad Δ 306—16)
pap. IV	= pap. Ox. 445, s. II/III p. Chr. (cont. sch. ad Z 128—494)
pap. V	= pap. Cair. Journ. 60 566, s. II p. Chr. (cont. sch. ad Z 240—85)
pap. VI	= pap. Ox. 1087, s. I a. Chr., (cont. sch. ad H 75—83)
pap. VII	= pap. Lit. Lond. 142, s. II p. Chr. (cont. fort. sch. ad I 447)
pap. VIII	= pap. Iandan. I 2, s. I a. Chr. (cont. sch. ad Λ 677—754)
pap. IX	= pap. Mediol. 19, s. II p. Chr. (cont. subscriptionem libri Apollodori Atheniensis ad carmen Ξ pertinentis)

pap. X   = pap. Ox. 2397, s. I p. Chr. (cont. sch. ad P 4—700)
pap. XI   = pap. Ox. 685, s. II p. Chr. (cont. sch. ad P 728—33)
pap. XII   = pap. Ox. 221 (Pap. Lit. Lond. 178), s. II (I?) p. Chr.
             (cont. sch. ad Φ 1—363)
pap. XIII = pap. Lit. Lond. 27, s. I a. Chr. (cont. sch. ad Ψ 845.
             850 et ad Ω 721 [?])
pap. XIV   = pap. Mich. 3688 (cont. sch. ad Ω 753[?])
T   = cod. Townl. (Brit. Mus. Burney 88), a. D. 1014 aut
             1059
T^{cont} = contextus Homeri Iliadis in codice T traditus
T^{dext} = scholium in margine dextro codicis T scriptum
T^{ext} = scholium (sc. a manu prima) in margine extremo co-
             dicis T exaratum
T^{il} = scholium codicis T supra versum Iliadis scriptum
T^{int} = scholium in margine inferiore (vel infimo) codicis T
             scriptum
T^{rec} = explanatio codicis T a manu recentiore (haud raro
             supra versum contextus Homerici) scripta
T^{sin} = scholium in margine sinistro codicis T exaratum
T^{sup} = scholium in margine superiore (vel supremo) codicis
             T scriptum
T^{t} = scholium codicis T inter contextum Homeri et scho-
             lia marginalia exaratum
U^{4} = cod. Ven. Graec. 841, s. XII/XIII
V   = cod. Monac. Graec. 16 (Victorianus), s. XVI
V^{c} = eiusdem codicis m. recentior (altera)
V^{3} = cod. Vat. Graec. 28, s. XIV
V^{6} = cod. Vat. Graec. 31, s. XIII
V^{15} = cod. Vat. Graec. 1318, s. XIII
V^{19} = cod. Palat. Graec. 6, s. XIV

b   = archetypus codicum BCE^{3}E^{4}
c   = consensus codicis T cum archetypo b
h   = archetypus classium h$_1$ (M^{1} P^{11} U^{4} V^{3} V^{15}) et h$_2$
             (Ag Ge)

Stemma codicum invenies vol. I, p. LVIII
Stemma codicum familiae h pictum est vol. I, p. LVII

5. *Nomina virorum doctorum selecta*[1])

Ars.	= Arsenius		Matr.	= Matranga
Ba.	= (L.) Bachmann		Mein.	= Meineke
Bgk.	= Bergk		Nck.	= Nauck
Bk.	= Bekker		Pluyg.	= Pluygers
Btl.	= Bentley		Reitz.	= Reitzenstein
Cas.	= Casaubonus		Roe.	= Roemer
Cob.	= Cobet		Schm.	= (M.) Schmidt
Cram.	= Cramer		Spitz.	= Spitzner
Ddf.	= (G.) Dindorf		Steph.	= Stephanus
Dtz.	= Duentzer		Valck.	= Valckenaer
Frdl.	= (L.) Friedländer		Vict.	= Victorius
Hck.	= Hecker		Vill.	= Villoison
Herm.	= (G.) Hermann		Wil.	= Wilamowitz
Jac.	= Jacoby			
Ldw.	= Ludwich		Signo':' finis lemmatis significatur
Lob.	= Lobeck		a—b = a usque ad b
Ma.	= (E.) Maass		a ... b = a et b

---

[1]) Conspectus compendiorum, quibus in apparatu critico usus sum.

Scholia Graeca in Homeri Iliadem

E

1 *a.* ἔνθ᾽ αὖ: τότε, ὅτε καὶ πολλοὶ ἀπώλλοντο. A^int b(BCE³ *ex.*
E⁴) T

b. ἔνθ᾽ αὖ Τυδεΐδῃ Διομήδεϊ: πῶς ἐν τῷ Καταλόγῳ (cf. B *ex.*
768—9) δεύτερον εἰπὼν ᾿Αχιλλέως Αἴαντα τὴν πρώτην ἀριστείαν οὐ
5 τούτῳ, τῷ δὲ Διομήδει ἀνατίθησιν; ἢ ὅτι ὁ μὲν δυσκίνητος καὶ μεγα-
λόφρων τὴν φύσιν ὑπάρχων κατὰ πᾶσαν μάχην ἦν ἄριστος, ὁ δὲ
ὀξὺς καὶ φιλότιμος ὢν ὑπὸ τῆς ᾿Αγαμέμνονος προτροπῆς ἀνεπτέρωται
(οἱ γὰρ νεανίσκοι καὶ θυμοειδεῖς ὑπερεθισθέντες εἰς μεγάλην τὴν ἐπί-
δοσιν ἀναφέρονται), ἢ ὅτι εἰς τὸν μείζονα κίνδυνον αὐτὸν φυλάττει
10 τὸν περὶ τῶν νεῶν· A b(BCE³E⁴) T ἥττων γὰρ †ἐπ᾽ ἀδείας† καὶ
διὰ τὸ δέος ᾿Αχιλλέως καὶ διὰ τὴν ἐκ τῶν ὅρκων ὑποψίαν. b(BCE³
E⁴) T

c. ἔνθ᾽ αὖ Τυδεΐδῃ Διομήδεϊ: καλῶς Διομήδης προτρέπε- *ex.*
ται ἰδίᾳ· ἡ γὰρ κοινὴ πρὸς τὸ πλῆθος προτροπὴ τὸν καθ᾽ ἕνα ἀμε-
15 λέστερον ἐργάζεται, ἡ δὲ πρὸς ἕνα τινὰ †συμμαχίαν. b(BCE³E⁴) T

2 *a.* {δῶκε} μένος καὶ θάρσος: τὸ μένος ἐστὶ ——— θράσος D | x | *ex.* | x
δὲ τοὐναντίον. | δεόντως οὖν φησι μένος καὶ θάρσος, ἐπεὶ οὔτε ἡ
δύναμίς τί ἐστιν ἄνευ θάρσους οὔτε τὸ θάρσος ἄνευ δυνάμεως. A |
ἑκάτερον θατέρου χωριζόμενον ἄπρακτον. οὐχ ὡς πρότερον δὲ μὴ
20 ἔχοντος, ἀλλὰ τὸ ἔμφυτον ηὔξησεν. Θαρσὼ δὲ παρά τισιν ἡ ᾿Αθηνᾶ

---

1 *a* τότε cf. D, Amm. 170 (p. 43, 22 N.) *b* de v. Διομήδεϊ vide ad A 30 *b* ὁ
δὲ ὀξὺς (6) — ἀνεπτέρωται (7) cf. Eust. 511, 11 *c* ἡ γὰρ (14) sq. h(M¹ P¹¹ V¹⁵),
pone D 2 *a* ἑκάτερον (19) — ἄπρακτον cf. Eust. 511, 32 Θαρσὼ (20) —

---

1 pone sch. *c* (coni. cum v. συμμαχίαν) T le. Bk., ἔνθ᾽ αὖ τυδείδη T, om.
Ab καὶ om. A ἀπ. CT ἀπώλοντο BE⁴E⁴ ὄλοντο A, fort. ἀπώλλυντο
3—11 pone sch. E 4 (coni. cum v. ποιητής) T 3 le. A, om. bT 5 ἀνατίθε-
ται A 6 πᾶσαν] πᾶσαν τὴν b 7 ὢν] ὡς A ἐπτέρωται T 8 θυμώ-
δεις A, fort. rectius 10 τῶν om. T νέων A νηῶν E⁴ ἧττον b ἐπ᾽
ἀδ. T ἀπεδίδρασκε b, ἡ πεδιὰς Wil. (cf. ad Δ 491 *b*), fort. ἡ πεδιὰς μάχη 11 διὰ
τῶν ὅρκων τὴν ὑποψίαν b 13 le. T, om. b καλῶς Τ καλῶς δὲ ὁ (coni.
cum scholio *b*) b 15 τινὰ συμμ. T τινὰ μονομαχία εὐθαρσέστερον καὶ γεν-
ναιότερον b, τινὰ συμμαχία ἐρυθριῶντα πρόθυμον ποιεῖ h, recte ut vid. 16 (le.)
δῶκε del. Bk. 19 ἑκάτ. Τ, ἰστέον δὲ ὅτι ἑκάτερον A ἕτερον γὰρ b θατέρου]
ἑτέρου b 20 ἔχοντι Τ ηὔξησε b 20 sq. θαρσὼ — ἔπαρμα pone ἄπρα-
κτον (19) A 20 θαρσὼ] θρασὼ Lyc. et sch. Lyc. 20 sq. τισι τιμ. ἡ ἀθηνᾶ A

τιμᾶται. θάρσος δὲ τὸ ὑπὸ θεοῦ ἔπαρμα τῆς ψυχῆς. A b(BCE³E⁴) T |
συνεκτικώτατα δὲ πρὸς ἀνδρείαν ἀμφότερα. A

ex.   *b.* ἵν' ἔκδηλος: ἐπεσκοτεῖτο γὰρ ὑπὸ τῆς Ἀχιλλέως ἀρετῆς.
b(BCE³E⁴) T   ἢ ὅτι πρώτην ἐγεώργει τὴν Θράκην. T

ex.   *c.* μετὰ πᾶσιν: ἀντὶ τοῦ ἐν πᾶσιν, ὡς τὸ „†σφῶϊ† μέν τ' 25
ἐπέοικε b(BCE³) T   μετὰ πρώτοισιν ἐόντας" (Δ 341). b(BE³) T

ex.   **3.** ἄροιτο: ἀπὸ τοῦ αἴρω μέσος δεύτερος ἀόριστος. b(BCE³) T

ex.   **4.** δαῖέ οἱ ἐκ κόρυθος: ἄλλο φῶς ἀντὶ Ἀχιλλέως ἤστραψεν
Ἕλλησιν ὁ ποιητής. b(BCE³) T

D   δαῖέ οἱ: ἀντὶ τοῦ φαντασίαν ——— τοῖς Τρωσίν. A   30

D   ἀκάματον: Ζωΐλος ——— οὐκ ἰδικῶς πῦρ. A

Ariston.   **5** *a.*⟨ἀστέρ' ὀπωρινῷ ἐναλίγκιον, ὅς τε μάλιστα:⟩ ὅτι
τὸν Κύνα λέγει ἀστέρα. ὁ δὲ τέ περισσός. Aⁱⁿᵗ

ex.   *b.*¹ ἀστέρ' ὀπωρινῷ: τὸν Ἀρκτοῦρον ἢ τὸν Κύνα. T
*b.*² ἀστέρα δὲ ἐνταῦθα τὸν Ἀρκτοῦρον λέγει. b(BCE³)   35

D   ἀστέρ' ὀπωρινῷ: ἰστέον ὅτι διαφέρει ἀστὴρ ἄστρου ———
καὶ νότιος καλεῖται. A

Ariston.   **6** *a.* ⟨παμφαίνῃσι λελουμένος Ὠκεανοῖο:⟩ ὅτι ἀντὶ τοῦ
παμφαίνει. πλεονάζει δὲ Ἴβυκος (cf. fr. 22 P. = P. M. G. 303) τῷ
τοιούτῳ. ἐλλείπει δὲ ἡ ἔξ. A   40

τιμᾶται (21) cf. sch. Lyc. 936   θάρσος δὲ (21) — ψυχῆς cf. Eust. 511, 42;
sch. Ap. Rh. 2, 75—78 c. 116—18   *b* cf. Eust. 512, 17   *c* — ἐν πᾶσιν (25)
sq. ad O 8 *b* (ex.)   **3** vide ad Π 88 (Hrd.)   **4** Eust. 514, 8: (ζητητέον ἑτέραν
αἰτίαν, διὰ τί τὸ „δαῖε" δίχα τοῦ ῑ γράφεται πρὸ φωνήεντος.) τινὲς μέντοι οὕτω
γράφουσι· „δαῖε δ(έ) οἱ ἐκ κόρυθος". ἕτεροι δὲ ἀποκοπῆναί φασιν ἐκ τοῦ δαίετο
καὶ διὰ τοῦτο ἐξ ἀνάγκης γράφεσθαι δίχα τοῦ ῑ, fort. e scholiis   **5** *a/b* cf. D,
Eust. 514, 26   *a* ὁ δὲ τέ (33) sq. ad Γ 25 *b* (Ariston.), cf. Tryph. II p. 242
West   **6** *a* — τοιούτῳ (39) cf. Orum in Lex. Mess. 409, 21, Et. Gen. (AB)
παμφαίνῃσι, aliter Eust. 1576, 61: ... τὸ γὰρ φιλεῖ καὶ νοεῖ καὶ λέγει καὶ φέρει
φιλῇσί φησι (sc. Heracl. Mil. fr. 41 C.) καὶ νόῃσι καὶ λέγῃσι καὶ φέρῃσι. τοιοῦτον
δὲ καὶ τὸ „λαμπρὸν παμφαίνῃσι" παρ' Ὁμήρῳ ἅπαξ, φησί, χρησαμένῳ τῇ δια-
λέκτῳ (sc. Reginorum) ἐπὶ τούτου. καλεῖται δὲ καὶ τὸ σχῆμα Ἰβύκειον ὑπὸ τῶν
γραμματικῶν ..., cf. Ahrens G. L. D. 2, 301, Beiträge 276. Vide ad E
524 *b*   Ἴβυκος ad X 23, cf. sch. θ 147, Lesbon. 35, 1 (cf. Mueller ib. p. 89);
Hrd. rhet. fig. 101, 6   ἐλλείπει (40) sq. ad B 576 (Ariston.)

---

21 θάρσος δὲ AT λέγεται δὲ θάρσος b   τῆς ψυχῆς om. A   **23** ἵν' ἔκδ.: ἐπ. γὰρ
T, ἔκδηλος δὲ ὅτι ἐπεσκοτεῖτο (pone sch. *a*, coni. cum v. ψυχῆς) b   **24** πρώτην
susp., an πρώην vel πρότερον ? (cf. Eust. ἐν τῷ φθάσαντι χρόνῳ)   **25** τὸ om. T,
fort. rectius   σφῶϊν Hom.   **26** ἐπέοικεν C   **27** le. Bk., ἰδὲ κλέος ἐσθλὸν
ἄροιτο T, om. b   μέσ. — ἀόριστος T ἔστι δὲ μέσου δευτέρου ἀορίστου b   **28** sq.
ἤστρ. Ἑλλ. T τοῖς ἕλλησιν ἤστραψεν BE⁴ ἤστραψεν C   **32** le. add. Frdl.   ὅτι A,
ἡ διπλῆ, ὅτι Vill.   **35** ἀστ. δὲ sq. cum sch. E 4 (v. ποιητής) coni. b   **38** le.
add. Vill., παμφαίνῃσι λ. ὠκ. Nitzsch (cf. test.)   ὅτι A, ἡ διπλῆ, ὅτι Vill.   **39**
παμφαίνει A, παμφαίνῃ edd. (vide ad X 23)

b. Ὠκεανοῖο: λείπει ἡ ἔξ. | Ὠκεανὸς δὲ ὁ ὁρίζων παρὰ τὸ   *Ariston.* | *ex.*
ὠκέως περὶ αὐτὸν ἀνύεσθαι τὸν δρόμον τῶν ἄστρων. ὥσπερ δὲ ἐπὶ
σωμάτων τὰ λαμπρότερα λελοῦσθαί φαμεν, καὶ ἐπὶ ἡλίου· ,,πέμψεν
ἐπ᾿ Ὠκεανοῖο ῥοάς" (Σ 240). A b(BCE³E⁴) T

45   7 *a.*¹ τοῖόν οἱ πῦρ δαῖεν: ἀντὶ τοῦ λαμπηδόνα τῶν ὤμων   *ex.*
αὐτοῦ ἀπολάμπειν ἐποίει ὡς {ἀπὸ} πυρός, ὡς καὶ ἀλλαχοῦ ,,ὣς οἱ
μὲν μάρναντο δέμας πυρός" (Λ 596 al.) ἀντὶ τοῦ ὣς δέμας· εἰ γὰρ πῦρ,
ἐκινδύνευεν ἂν ὁ ἥρως καταφλεχθῆναι. ἀλλ᾿ οὖν τοῖς θεοῖς πάντα
εὐχερῆ. T

50   *a.*² πῦρ ἐνταῦθα τὴν λαμπηδόνα καλεῖ. b(BCE³E⁴)

    8 *a.*¹ ὦρσε δέ μιν κατὰ μέσ⟨σ⟩ον: ἐκεῖ γὰρ τὸ τῆς μάχης   *ex.*
ἤνθει. καὶ ἀλλαχοῦ ,,δινεύοι κατὰ μέσ⟨σ⟩ον" (Δ 541). T

    *a.*² ἐκεῖ γὰρ ἡ μάχη τὰ τῶν πολεμιστῶν ἄνθη συναγείρει ἀεί.
b(BCE³E⁴)

55   9 *a.* ἦν δέ τις ἐν Τρώεσσι Δάρης: τοῦτο τὸ εἶδος διήγησις   *D*
λέγεται. A   τρεῖς δὲ ἀρεταὶ διηγήσεως, σαφήνεια, συντομία, πιθα-
νότης, ἅπερ ἐνέθηκεν τὸ ἔθνος, τὸ ὄνομα, τὸν τρόπον, τὴν τύχην, τὴν
ἀρχήν, τῶν παίδων τὰ ὀνόματα καὶ τὴν ἀρετήν. A b(BCE³E⁴) T

    b. Δάρης: ὡς Χάρης. ὁμολογεῖ καὶ ἡ γενική ,,Δάρητος"   *Hrd.* | *Hrd.*
60 (Ε 27) γὰρ ὡς Χάρητος· εἰ γὰρ ὠξύνετο, ἡ γενικὴ ἐγίνετο Δαροῦς ὡς   παθ. (?)
σαφοῦς, ὅτι τὰ εἰς ης δισύλλαβα ὀξύτονα, ἓν ἔχοντα σύμφωνον, εἰς
οὺς περατοῦται κατὰ τὴν γενικήν, σαφοῦς, πρηνοῦς, πρυλοῦς, φρα-
δοῦς, ,,φραδέος νόου ἔργα" (Ω 354). τοιαύτη ἄρα ἐγίνετο καὶ ἡ τοῦ
προκειμένου ὀνόματος κλίσις. περὶ δὲ τοῦ ψιλῆτος παρ᾿ Αἰσχύλῳ (fr.

---

b παρὰ τὸ ὠκέως (41) — ἄστρων (42) Et. Gen. (B, deest A) Ὠκεανός· ... ἢ
παρὰ τὸ ὠκέως ἀνύεσθαι παρ᾿ αὐτὸν τὸν δρόμον τῶν ἄστρων. οὕτως εὗρον ἐγώ,
fort. ex hyp. Iliad., cf. Eust. 514, 38, aliter Steph. B. 707, 2, Ep. Hom. (An. Ox. 1,
449, 23, sim. Et. Gen. = EM. 821, 19, Et. Gud. 577, 45)   7 Ge (fort. ex h): ἀπὸ
κρατός τε καὶ ὤμων· τῇ γὰρ φρονήσει πάντα κατορθοῦται καὶ τῇ διὰ τῶν
χειρῶν ἐνεργείᾳ, ἃ διὰ τῆς ,,κρατός" καὶ τῶν ,,ὤμων" παρίστησιν ὁ Ὅμηρος, cf.
Porph. 1, 79, 6   *a* ad Λ 596. Σ 1 (ex.), cf. D et D ad E 4 (Zoil., FGrHist 71, 7).
Porph. 1, 79, 1, Eust. 513, 22   8 cf. Eust. 515, 1   9 *b* — κριτής (66) cf,
Eust. 515, 2; vide ad l 529 *b* (Hrd.)

---

41 le. AE⁴, λελουμένος ὠκεανοῖο T, om. BCE³   43 καὶ] οὕτως καὶ b (probat
Nickau)   43 sq. πέμψεν ἐπ᾿ ὠκ. ῥοάς (ὠικεανοῖο ῥοάων A) AT καὶ τῶν ἄλλων
ἄστρων b, πέμψεν ἐπ᾿ ὠκεανοῖο ῥοάς, καὶ τῶν ἄλλων ἄστρων Nickau   46 ἀπὸ
del. Ma.   51 (le.) μέσον T suppl. Vill., fort. μέσσον, ὅτι πλεῖστοι κλονέοντο:
52 μέσον T suppl. Bk.   55—8 pone sch. *b* in A, fort. recte, cf. Eust.   55 le.
E⁴T, ἦν δέ τις ἐν τρώεσσι: A, om. BCE³   56 τρεῖς δὲ A, τρεῖς γὰρ D, τρεῖς bT
57 ἐνέθηκε b   ἔθνος εἰπὼν E³   τὴν τύχην, τὸν τρόπον AE⁴ (= D)   58
ἀρετὴν παραστήσας BCE³   60 ὠξύνετο A em. Bk.   61 ἔχοντα Vill., ἔχοντα
πρὸ τοῦ η Eust., ἔχοντας A   63 οἷον φραδέος ν. ἔ. τέτυκται Eust.

451 N.² = 732 M.) καὶ τοῦ „Κουρῆτές τ' ἐμάχοντο" (Ι 529) καὶ τοῦ 65
κριτής ἐν τοῖς Περὶ ὀνομάτων (fr. 7 = 2, 614, 7) ἀποδώσομεν τὸν
λόγον. | γέγονε δὲ τὸ Δάρης ἤτοι παρὰ τὸ δείρω καὶ ἐκδείρω (ἐοικὸς
γὰρ ἱερεῖ), καὶ ἐχρῆν γε αὐτὸ εἶναι Δέρης ὡς Φέρης· ἐτράπη οὖν τὸ ε̄
εἰς ᾱ. ἢ παρὰ τὸ δαίω τὸ καίω ἐν πλεονασμῷ τοῦ ρ̄. Α

ex.   *c.* Δάρης: παρὰ τὸ τὰ θύη ἐκδέρειν. b(BCE³E⁴) T   70

ex.   *d.* ἀφνειὸς ἀμύμων: τοῦτο λελυμένον φασίν. T

Hrd.   **10.** ἱρεύς: ἀπὸ τοῦ ἱερεύς συνήλειπται ὡς πόλιες πόλις. ψιλοῦ-
ται δέ, ἐπεὶ τὸ ῑ μακρὸν ψιλοῦται μὴ ἐκ κλίσεως ὂν μηδὲ ἐκτεινόμενον
διὰ χρείαν. b(BCE³) T

ex.   **12.** ἐναντίον ὡρμηθήτην: θρασεῖς γὰρ οἱ Τρῶες. T   75

ex.   **14** *a.* οἱ δ' ὅτε δὴ σχεδὸν ἦσαν: Διομήδης καὶ οἱ νέοι. T

Ariston.   *b.* ⟨ἐπ' ἀλλήλοισιν:⟩ ἀντὶ τοῦ ἐπ' ἀλλήλους. Aⁱᵐ

ex. | ex.   **15.** Φηγεύς ῥα πρότερος: πρότερος Διομήδους· οἰκεῖον δὲ τῷ
προπηδῶντι καὶ προακοντίζειν. ἀεὶ δὲ τοὺς πρώτους εἰσάγει ἐπὶ τὸ
πλεῖστον ὀλλυμένους. b(BCE³E⁴) T | ἅμα δὲ παρίστησιν ὅτι θρα- 80
σεῖς οἱ Τρῶες. b(BCE³E⁴)

Ariston.   **17.** ⟨οὐδ' ἔβαλ':⟩ ἀντὶ τοῦ οὐκ ἐπέτυχεν. Aⁱᵐ

παρὰ τὸ δείρω (67) sq. cf. Et. Gen. (AB) Δάρης, incertum an ex hyp. Iliad.; vide
Hrd. παθ. 2, 291, 28; Beiträge 90   *c* cf. Eust. 515, 22   **10** cf. Eust. 515, 36: τὸ
δὲ „ἱρεύς" ψιλοῦται, ὡς ἐν τοῖς Ἀπίωνος κεῖται καὶ Ἡροδώρου, συναλιφὲν
ἐκ τοῦ ἱερεύς, ὡς τὸ πόλιες πόλις. καὶ λέγουσιν οἱ αὐτοὶ καὶ κανόνα αἰτιολογικὸν τῆς
ψιλώσεως οὐ πάνυ ἀναγκαῖον, cf. sch. ρ 181   συνήλειπται (72) cf. Ep. Hom.
(An. Ox. 1, 215, 5, Et. Gen. ἱερεύς p. 164 Miller)   ψιλοῦται δὲ (72) aliter Lex.
spir. 229   **12** vide ad E 15   **14** *b* ad B 89 *b* (Ariston.)   **15** ἅμα δὲ (80) sq. ad
E 12 (quo haec verba videntur pertinere)   **17** ad E 52. Λ 350. 376. Ο 571 *c*. Π 481
(Ariston.), cf. Eust. 516, 15. Vide ad A 14 (ex.), Δ 527 *b* (Ariston.), Ι 404 *b*¹. N 160

---

65 τοῦ¹ Bk., τὸ A   **66** κριτής susp.   **68** αὐτῶι A em. Bk.   **70** le. scripsi,
δάρης δὲ pone sch. *a* (coni. cum v. ἀρετῆ) T, δάρης εἴρηται b   παρὰ CT διὰ
BE³E⁴   τὰ — ἐκδ. b ἐκδέρειν ἃ θύει T, ἐκδέρειν τὰ θύη Ma.   **71** λελουμένον
T em. Bk.   **72** le. scripsi (sec. Ma.), ἱερεὺς ἡφαίστοιο T, om. b   συνείληπται
b   πόλις Eust. πόλιες bT   **73** ὂν ante ἐκ b   **73** sq. ἐκτειν. post χρείαν b   **77**
le. add. Bk.   ἀντὶ A, fort. ἡ διπλῆ, ὅτι ἀντὶ   ἀλλήλους Frdl., ἀλλήλ A   **79**
sq. ἐπὶ τὸ πλεῖστον om. T, fort. rectius   **82** le. add. Ddf. (Frdl.)   ἀντὶ A,
fort. ἡ διπλῆ, ὅτι ἀντὶ

19. μεταμάζιον: οὕτως μεταμάζιον ἓν ποιητέον ὡς τὸ ,,μετά- *Hrd.*
φρενον‘‘ (Ψ 380) καὶ ,,ἐνώπιον‘‘ (cf. Θ 435 al.). παρῆκται δὲ παρὰ
85 τὸ μαζός καὶ τὴν μετά, ὡς παρὰ τὸ χθονός καὶ τὴν ἐπί ,,ἐπιχθόνιος‘‘
(Β 553. Ω 505), παρὰ ποταμὸν παραποτάμιος· γίνεται γὰρ καὶ ἀπὸ
δύο λέξεων κατὰ παράθεσιν ἕν τι παράγωγον, ὡς τὸ Νεαπολίτης καὶ
ἄλλα μυρία. **A**

20. Ἰδαῖος δ᾽ ἀπόρουσε: κατηγορεῖ καὶ τούτου ———— κατὰ *D*
90 τοῦ πολεμίου. **A**

λιπὼν περικαλλέα δίφρον: ἵνα ἀσχολίαν λίπῃ Διομήδει *ex.*
τὸ λάφυρον πρὸς τὸ αὐτὸς ἀποφυγεῖν. **b(BCE³E⁴) T**

21 *a.* οὐδ᾽ ἔτλη περιβῆναι: κατακερτομεῖ αὐτὸν ὀνειδίζων *ex.*
τὴν δειλίαν. Ὀδυσσεὺς δὲ ὑπὲρ Λεύκου ἀγωνίζεται ἑταίρου μόνον
95 ὄντος (cf. Δ 491—502). **b(BCE³) T**

1   *b.* ⟨περιβῆναι:⟩ πρὸς τὴν περίβασιν, ὅτι κατὰ μεταφορὰν *Ariston.*
τὸ ὑπερμαχῆσαι, καὶ τὸ ,,ὃς Χρύσην ἀμφιβέβηκας‘‘ (Α 37) τοιοῦτόν
ἐστι. **Aⁱᵐ**

22 *a.* οὐδὲ γὰρ οὐδέ κεν αὐτός: συνέστησε Διομήδεα **T**   καὶ *ex.*
5 μὴ φονεύσαντι δίδωσι τὴν ψῆφον τῆς σφαγῆς. **b(BCE³E⁴) T**

b. οὐδὲ γὰρ οὐδέ κεν: ἡ μία περισσὴ ἀπόφασις· ,,οὐδὲ γὰρ *D*
οὐδὲ βίη‘‘ (Σ 117), ,,οὐδὲ γὰρ οὐδὲ Δρύαντος‘‘ (Ζ 130), καὶ ἔστιν ἡ
μία μὲν ἐπὶ τοῦ πράγματος, θατέρα δὲ ἐπὶ τοῦ προσώπου. **A b(BCE³
E⁴) T**

10   23. ἀλλ᾽ Ἥφαιστος ἔρυτο: ηὔξηται μὲν Διομήδης ἀντιτασσο- *ex.*
μένου θεοῦ, πεπαιδεύμεθα δὲ ἡμεῖς εὐσεβεῖν· καὶ γὰρ †Ἑλλήνων† ὁ

---

*b*¹ (ex.)   **19** ἐν ποιητέον (83) sq. Et. Gen. (AB) μεταμάζιον, fort. ex hyp. Iliad.,
cf. Eust. 516, 20; vide ad Λ 95 *c* (ex.)   παρὰ ποταμόν (86) sq. cf. Et. Gen.
(AB) σκορακίζειν (Hrd. παθ. 2, 185, 5)   παραποτάμιος (86) ... Νεαπολίτης
(87) cf. Ap. Dysc. adv. 176, 1, synt. 277, 7 (test.)   **20** cf. Eust. 516, 22   **21**
b ad A 37 *e* (Ariston.); cf. Eust. 516, 42   ὑπερμαχῆσαι (2) = D, cf. Ap. S.
130, 22   **22** *b* cf. Eust. 516, 44; vide ad Σ 117 (ex.), sim. sch. θ 32

---

85 sq. μαζός cf. Δ 480 al., μετά Α 48 al., χθονός Γ 217 al., ἐπὶ Α 12 al., παρὰ ποτα-
μόν cf. Β 522 al.   85 an μαζούς?   86 παρὰ ποταμός Et. Gen., fort. παρὰ
τὸ παρὰ ποταμόν (cf. Eust.)   87 κατὰ παράθεσιν om. Et. Gen., tum fort.
νεάπολις νεαπολίτης   91 ἀσχολία b   λίπῃ om. b   92 τὸ¹] fort. περὶ
τὸ   πρὸς τὸ sq. T, γένηται b   93 αὐτ. ὀνειδ. om. T, fort. rectius   94
μόνον om. T   1 le. add. Bk. (Vill.)   πρὸς A, fort. ἡ διπλῆ πρός   4 exspec-
tes διομ. ἐπιτιθέμενον, προσφερόμενον sim.   4 sq. καὶ μὴ sq. pone sch. *b* (coni.
cum v. προσώπου) b   5 φον.] φονεύσαντι δὲ διομήδει b   τὴν τῆς σφ. ψῆφον
δίδωσιν b   6 le. AT, om. b   περιττὴ b   7 οὐδὲ γὰρ οὐδὲ οὐδὲ E³   δρύ-
αντος υἱός (= Hom.) b   8 ἡ ἑτέρα δὲ BCE³ ἡ δ᾽ ἑτέρα E⁴   11 ἑλλ.] πρὸς
ἑλλήνων ὢν Wil.

θεὸς ὅμως ἀμείβεται τὸν θεράποντα. εὐχάριστος δὲ ὁ Ἥφαιστος καὶ περὶ Θέτιν. b(BCE³E⁴) T

ex.   24 *a.* ὡς δή οἱ μὴ πάγχυ γέρων ⟨ἀκαχήμενος εἴη⟩: †καὶ μὴν ἵσταται† Δάρης. ἀλλ' T   ἐμφαίνει ὅτι παίδων ἑτέρων οὐκ 15 εἶχεν ἐλπίδα. b(BCE³E⁴) T

D   *b.* ἀκαχήμενος: ⟨ὡς⟩ „τιθήμενος" (cf. K 34), „ὀνήμενος" (β 33) Αἰολικῶς. T

ex.   25. ⟨ἵππους δ' ἐξελάσας:⟩ ἱππομανὴς ἀεὶ ὁ Διομήδης· b(BC E³E⁴) T   Ἀργεῖος γάρ, „ἱππόβοτον" δὲ ἀεὶ τὸ Ἄργος καλεῖ (cf. 20 B 287 al.). b(BCE³) T

ex.   26. ⟨κατάγειν⟩ κοίλας ἐπὶ νῆας: ἐν ταπεινῷ γὰρ τὸ ναύσταθμον. ἡ δὲ πόλις „ἠνεμόεσσα" (cf. Γ 305 al.). b(BCE³E⁴) T   καὶ „οἱ δ' ἐπεὶ ἐκ πόλιος κατέβαν" (Ω 329). T

Ariston.   27—8. ⟨ἐπεὶ ἴδον υἷε Δάρητος / τὸν μὲν ἀλευάμενον, τὸν 25 δὲ κτάμενον:⟩ πρὸς τὸ σχῆμα· ἔδει γὰρ 'τῶν υἱῶν Δάρητος τὸν μὲν ἀλευόμενον, τὸν δὲ κτάμενον'. Aⁱᵐ

Nic.   28 *a.* παρ' ὄχεσφι: τὸ παρ' ὄχεσφι προσδιδόασί τινες τοῖς ἑξῆς, ἵν' ᾖ παρ' ὄχεσφι / „πᾶσιν ὀρίνθη θυμός" (E 29), καὶ λέγῃ τοὺς ἁρματηλάτας τεταράχθαι· καὶ †ἀλλαχοῦ ἱππηλάσθαι φησὶν† 30 ἤδη τὰ ἅρματα. βέλτιον δὲ τοῖς ἄνω αὐτὸ προσδιδόναι καὶ νοεῖν ἐκ τοῦ παρ' ὄχεσφι τὸν τόπον τῶν ἁρμάτων. ἢ καὶ κυρίως· τὰ γὰρ ἅμα γινόμενα οὐ δυνατὸν ἅμα λέγεσθαι. A

---

25 — Διομήδης (19) cf. D ad E 20, Eust. 516, 22. 29   26 — ναύσταθμον (22) cf. D; vide ad Γ 252; aliter ad K 97 *a*   27—8 diple non ante versum E 27 in A (ubi poni debuit, vide ad Π 317), sed ante versum E 28 (ubi non exspectatur)   πρὸς τὸ σχῆμα (26) sq. ad E 146. Θ 47—8 *a.* 124 *a.* Λ 376. 583 *b* (Ariston.), Ƶ 208 (Did.), 284. Π 124. 317 *a.* Φ 37. 166. Ω 58 (Ariston.), cf. sch. κ 150. ξ 178. σ 258. 396; Eust. 517, 10; vide ad A 275 *b.* B 621. Λ 833. N 185. 575. 584. 649. Ƶ 230. Π 311—2. 333—4. 667—8 *a.* Aliter D   28 fort. exstabat sch. Didymi de v. ἀλευόμενον, ad E 444   *a/b* part. aoristi (κτάμενον) scholiastae ita red-

---

12 ὅμως T ἀλλ' ὅμως b   δὲ om. E³   14 le. T supplevi (auctore Vill.), om. b   14 sq. καὶ μὴν ἵσταται nondum expeditum; an καὶ μὴν ἱερατεύει?   15 ἐμφαίνει διὰ τούτου ὅτι b   16 ἐλπίδα δάρης b   17 ὡς addidi (cf. D)   19 le. add. Vill.   20 ἱππόβοτον sq. T, τὸ δὲ ἄργος ἱππόβοτον b   22 le. T supplevi (auctore Vill.), κατάγειν κοίλας Li, om. b   γὰρ τὸ b τὸν T, τὸ Ma., fort. recte   23 ἠνεμόεσα T   24 ἐκ T οὖν Hom.   25 sq. le. (= A, vulg.) add. Frdl., fort. rectius ἐπεὶ ἴδον υἷε δάρητος, scholio ad versum E 27 relato 26 πρὸς A, ἡ διπλῆ πρὸς Vill.   27 ἀλευάμενον Frdl., sed cf. test. ad E 28 29 λέγει A em. Bk.   30 ἄλλως ἀπηλάσθαι φησὶν Frdl., fort. ἀλλαχόθεν ἐπεληλάσθαι φασὶν   32 ὄχεσφιν A em. Vill.

b. παρ' ὄχεσφι: καὶ μὴν ἀπήλαστο τὸ ἅρμα. ἢ τῷ τόπῳ τῶν ἁρμάτων φησίν· διό τινες ἔλεγον παρ' ὄχεσφι / ,,πᾶσιν ὀρίνθη θυμός" (E 29), ἵν' ᾖ τοῖς ἁρματηλάταις ὁ θυμὸς ὠρίνθη προσδοκῶσι τὸ δεινὸν καὶ ἐφ' ἑαυτοὺς ἥξειν. τὰ δὲ ἐπείγοντα πρῶτον εἰπὼν ἐπιφέρει καὶ τὸ τῶν Τρώων πάθος. **b**(BCE³E⁴) **T** *ex.*

31 *a.* Ἆρες Ἄρες, βροτολοιγέ, ⟨μιαιφόνε, τειχεσιπλῆτα⟩: ἐπαναλαβὴ ὁ τρόπος. | Ἰξίων (fr. 6 St.) δὲ τὸ δεύτερον ὀξύνει, ἵν' ᾖ ἀντὶ τοῦ βλαπτικέ· οὐδέποτε γὰρ κλητικὴ ἀναδιπλασιάζεται παρὰ τῷ ποιητῇ. οὐχ οὕτως δὲ ἔχει ἡ παράδοσις. **A b**(BCE³E⁴) **T** | τὸ δὲ ἀλαζονικὸν τοῦ δαίμονος ἐξαίρει τοῖς ἐπιθέτοις. **AT** *ex.* | *Hrd.* | *ex.*

b. ⟨Ἆρες Ἄρες:⟩ παλιλ⟨λ⟩ογία. **A**^im *D*

c. ⟨μιαιφόνε:⟩ ἰαιφόνε. **T**^il *ex.*

d. τειχεσιπλῆτα: ὅτι Ζηνόδοτος γράφει ,,τειχεσιβλῆτα", ὁ τείχη καταβάλλων. Ποσειδῶνος δὲ ἔργον τὸ ἐκ θεμελίων καταβάλλειν καὶ τὰ ἐπίγεια σείειν, Ἄρεος δὲ τοῖς τείχεσι προσπελάζειν· καὶ ἔστιν ἐπίθετον ἀνάλογον τῷ παρὰ Στησιχόρῳ (cf. fr. 65 P. = P. M. G. 242) ,,†πυλεμάχῳ". **A** *Ariston.*

32 *a.*¹ οὐκ ἂν δὴ Τρῶας μὲν ἐάσαιμεν: ἀγωγὸν τὸ ἐρωτηματικῶς καὶ μὴ προστακτικῶς λέγειν. **T** *ex.*

dunt ut D (ἀνῃρημένον); hinc difficultates in versibus E 28—9 interpretandis oriuntur **31** *a* — παράδοσις (42) et *b* Eust. 518, 18: ἰστέον δὲ ὡς ἐν τοῖς Ἀπίωνος καὶ Ἡροδώρου φέρεται ὅτι τοῦ ,,Ἆρες Ἄρες" τὸ σχῆμα παλλιλογία ἐστὶ καὶ ὅτι ὁ γραμματικὸς Ἰξίων τὸ δεύτερον ἄρες ὀξύνει γράφων ἀρές, ὅ ἐστι βλαπτικέ· οὐδέποτε γάρ, φησί, κυρίου ὀνόματος κλητικὴ παραλλήλως κεῖται παρὰ τῷ ποιητῇ. πρόδηλον δέ, φησί, καὶ ἐκ τοῦ ,,βροτολοιγέ" καὶ τοῦ ,,μιαιφόνε" ὅτι καὶ τὸ ἄρες ἐπιθετικόν ἐστιν. ὁ δὲ Πτολεμαῖος (p. 45 B.) καὶ ἡ παράδοσις διὰ μείζω ἔμφασιν κύριον καὶ τὸ δεύτερον Ἄρες παραλαμβάνει, e sch. uberiore; — τρόπος (40) cf. Alex. Π. σχημ. (Rhet. Gr. III 20, 21. 29, 3); aliter D Ἰξίων (40) — παράδοσις (42) vide ad Φ 318 (Hrd.); D. Thr. 18, 2. 20, 2; Sext. Emp. adv. math. 1, 101 οὐδέποτε γὰρ (41) — ποιητῇ (42) cf. Ge (ex **h**?): ἐνταῦθα μόνον ἀναδιπλασιάζει τὴν κλητικήν, Eust. 517, 44 *c* aliter D *d* — καταβάλλων (47) cf. Eust. 518, 39; — τειχεσιβλῆτα (46) cf. Ge (ex **h**?): γράφεται δὲ καὶ ,,τειχεσιβλῆτα" τειχεσιβλῆτα (46) cf. D καὶ ἔστιν

---

34 cave scribas ἀπηλήλαστο (vide Mayser, Gramm. I 2 [1938], 107, 21) **35** ὠρίνθη C **36** τοῖς T οὕτως τοῖς **b** ὠρίνθη C ὀρίνθη BE³E⁴T **38** τὸ ante πάθος **b** **39** sq. le. A supplevi, ἄρες ἄρες T, om. **b** **40** ἐπαναλ. T ἐπαναλήψεως **b** ἐπαναβολή A, fort. ἐπανάληψις, at cf. test. ὁ δὲ ἰξίων **b** **41** ἵν' ᾖ — βλαπτικέ AT, ἔστι δὲ ἀντὶ τοῦ βλαπτικέ pone ἀναδιπλασιάζ. **b** **41** sq. ἀναδιπλ. (ὀξύνεται ἀναδιπλασιάζεται E⁴) pone ποιητῇ **b** **42** ἡ παράδ. δὲ (ἡ δὲ παράδ. E⁴) οὐχ οὕτως ἔχει **b** οὕτω T **43** ἐξαιρεῖ A **44** le. add. Bk. παλιλογία A suppl. Bk. **45** le. add. Ma. ἰαιφόνε susp. **46** ὅτι A, fort. ἡ διπλῆ περιεστιγμένη, ὅτι **49** τῷ Bk., τὸ A **50** πυλαιμάχῳ Cob. (auctore Blomfield), at cf. Athen. (πυλαμάχε)

        a.² ἀγωγὸν τὸ ἐρωτηματικόν, τὸ δὲ προστακτικὸν καὶ λυπη-
ρόν. b(BCE³)

ex.   **33** μάρνασθαι: πυρώδης γὰρ ὁ πόλεμος, καὶ μαραίνει τὰ σύμ- 55
παντα. b(BCE³E⁴) T

ex.   **35**. θοῦρον {ἄρηα}: θείως ὀρούοντα. T

ex.   **37** *a*. Τρῶας δ᾽ ἔκλιναν Δαναοί: εἰκότως ἐπὶ τῇ Ἄρεος ἀπου-
σίᾳ καὶ τῇ ταραχῇ, ἣ παρέσχον οἱ Δάρητος παῖδες. b(BCE³E⁴) T

Ariston.   *b*. ⟨ἔκλιναν:⟩ ὅτι ἀντὶ τοῦ εἰς κλίσιν ἤγαγον καὶ κλιθῆναι 60
ἐποίησαν. Aⁱᵐ

ex.   **38** *a*.¹ πρῶτος δὲ ἄναξ ἀνδρῶν Ἀγαμέμνων: ἄτοπον γὰρ
τὸν πρώην ἐγκαλοῦντα πᾶσιν ἀργὸν εἶναι, καὶ ταῦτα κλινομένων τῶν
βαρβάρων. T

        a.² ἄτοπον γὰρ εἶναι ἀργὸν καὶ τοῖς ἄλλοις ἐγκαλοῦντα. 65
b(BCE³E⁴)

ex. | *ex.*   **39** *a*. ἀρχὸν Ἀλιζώνων: τῆς Παφλαγονίας, διὰ τὸ ὑπεζῶσθαι
τῇ ἁλί. | καὶ ἐπὶ μὲν τῶν Δαρητιδῶν προετύπωσε τὴν μάχην, νῦν δὲ
λεληθότως ἐπεῖπε· „πρώτῳ γὰρ στρεφθέντι" (E 40). b(BCE³) T

Hrd.   *b*. ⟨Ἀλιζώνων:⟩ δασυντέον τὸ Ἀλιζώνων· οὕτω γὰρ 70
ἱστοροῦνται λεγόμενοι. Aⁱⁿᵗ

D   {ἀρχὸν} Ἀλιζώνων: ἔθνους Θρακῶν —— οἰκούντων
Περσῶν. A

Hrd.| Ariston.   *c*.¹ ΟΔΙΟΝ: πρὸ τέλους ἡ ὀξεῖα, ἐπεὶ κύριόν ἐστιν. τὸ δὲ
προσηγορικὸν ὅδιος ὡς „σκότιος" (cf. Z 24)· βούλονται γὰρ τὰ τοι- 75

---

(48) sq. cf. Athen. 4, 154f   **34** Ge (ex h?): ⟨Διὸς δ᾽ ἀλεώμεθα μῆνιν·⟩
(le. add. Nicole) καίτοι οὔπω ὁ Ζεὺς ἦν παραγγείλας μηδενὶ βοηθεῖν, ἀλλ᾽ ἡ τῆς
Θέτιδος οὐκ ἐλάνθανεν ἱκετεία   **35** aliter D ad E 355. 454   **37** *b* cf. sch. ι 59.
Vide ad Θ 328. ι 554. Ο 350. Χ 343 (Ariston.); sch. γ 464; sim. ad Η 64 *d*; cf.
Friedl., Ariston. 103   **39** *a/b* ad B 856 (test.)   *a* — ἁλί (68) Ge (e T),
eadem fere Et. Parv. 322, Et. Gud. 88, 4 Stef., cf. Eust. 519, 36; Lex. spir.
209   *c*¹ — Κρόνιος (82) ad B 495 *a*; — Χρομίος (78) Et. Gen. (AB) Ὀδίος,
fort. ex hyp. Iliad.; — κύριόν ἐστι (74) ad Z 24 (Hrd.), cf. Eust. 519, 34; vide ad

---

55 le. T, μάρνασθαι δὲ coni. cum scholio praecedenti BCE³, om. E⁴   ὅτι πυρώδης
b   γὰρ T ὦν b   καὶ om. b   55 sq. τὰ σύμπ. T τοὺς πολλοὺς b   57 (le.)
ἄρηα delevi   58 ἄρεως BE³E⁴, fort. rectius (vide ad Δ 407 *c* et *d*)   59 παῖδες
τοῦτο γίνεται b, fort. verum   60 le. add. Ddf.   ὅτι A, ἡ διπλῆ, ὅτι Vill.
67 τῶν παφλαγόνων b, ἁλιζώνων δὲ τῶν παφλαγόνων Ge (e coniectura ut vid.;
Ge sch. cum scholio praecedenti coni.)   68 δὲ T δὲ καὶ τὸ b   69 γὰρ φησι
b   70 le. add. Vill.   οὕτω Bk., οὐ A   72 sq. post sch. E 43 *b* in A, trps.
Vill.   72 (le.) ἀρχὸν delevi   74 le. scripsi, ὀδίον μέγαν: A, ὀδίον: Bk.   τὸ
δὲ A ἔστι δὲ καὶ Et. Gen. (cod. A), δὲ καὶ Et. Gen. (cod. B)   75 ὡς A ὁ Et.
Gen.   βούλ. γὰρ τὰ A τὰ γὰρ Et. Gen.

αὖτα τριβράχεα ἐπὶ κυρίων μὲν παροξύνειν, ἐπὶ δὲ προσηγορικῶν
προπαροξύνειν, „Τυχίος" (H 220), „Δολίος" (cf. δ 735 al.), κἂν μὴ
σχῇ διαστολήν, ὡς τὸ „Χρομίος" (cf. Δ 295 al.). Πτολεμαῖος (p. 45B.)
μέντοι γε κἂν τῇ Ὀδυσσείᾳ (θ 370) ἀνεγίνωσκεν· „Ἀλκίνοος δ᾽
80 Ἀλίον", πρὸ τέλους ποιῶν τὴν ὀξεῖαν. ἔστι μέντοι γε διαπεφευγότα
τινά, ὡς τὸ Ἄνιος καὶ Εὐφορίωνος (cf. fr. 37 Pow.) „Ζένιος", καὶ ἐν
τῇ συνηθείᾳ τὸ Κρόνιος. | ἡ δὲ διπλῆ A   πρὸς τὴν ὁμωνυμίαν
τοῦ Ὀδίου. AAⁱᵐ

c.² τὸ κύριον παροξύνεται, τὸ δὲ προσηγορικὸν προπαροξύ-   *Hrd.*
85 νεται. b(BCE³) T

40. μεταφρένῳ: μεθ᾽ ὅ εἰσιν αἱ φρένες. οὐδένα δὲ τῶν Ἀχαιῶν   *ex.*
οὕτω φονεύει, εἰ μὴ τὸν ἔκδοτον ὑπὸ θεῶν Πάτροκλον (cf. Π 791—2).
b(BCE³E⁴) T

43 a. Ἰδομενεὺς δ᾽ ἄρα Φαῖστον: Ἰδομενεὺς παρὰ τὴν   *ex.*
90 Ἴδην. δεύτερος δὲ Ἀγαμέμνονος ἀριστεύει ὡς ὑποσχόμενος αὐτῷ.
εἶτα Μενέλαος· οὐ γὰρ εἴα συνανδραγαθεῖν τῷ ἀδελφῷ τὸ τραῦμα.
b(BCE³) T

b. Φαῖστον: προπερισπᾶται ἐπὶ τοῦ ἥρωος, ἐπὶ δὲ τῆς   *Hrd.*
πόλεως ὀξύνεται, „ἐς Φαιστόν, μικρὸς δὲ λίθος" (γ 296). A
95 44 a.¹ ⟨Τάρνης:⟩ Τάρνη ἐστὶν ἡ νῦν καλουμένη Σάρδις. b(B   D
1 CE³E⁴)

a.² πόλις Λυδίας, ἡ νῦν Σάρδεις. Aⁱⁿᵗ

46 a. ἵππων ἐπιβησόμενον: ἐφαψάμενον αὐτὸν τοῦ ἅρματος   *ex.*
καὶ μέλλοντα τελειῶσαι τὴν βάσιν ἔφθασεν ἡ τοῦ πολεμίου πληγή.
5 b(BCE³E⁴) T

b. ⟨ἵππων ἐπιβησόμενον:⟩ πρὸς τὸ φυγεῖν δηλονότι. Aⁱᵐ   *ex.*

M 20 d et e   Πτολεμαῖος (78) — ὀξεῖαν (80) cf. sch. θ 119. 370   ἡ δὲ διπλῆ
(82) sq. ad B 856 (Ariston.). Vide ad B 517 a   43 a ὡς ὑποσχ. αὐτῷ (90) cf.
Δ 266—7   b Et. Gen. (AB) Φαῖστον· ἐπὶ τοῦ ἥρωος βαρυτόνως· „Ἰδομενεὺς
δ᾽ ἄρα Φαῖστον". εἰς δὲ τὴν Βοιωτίαν (648) „Φαιστός τε Ῥύτιόν (Ῥοίτειόν B)
τε", ὡς πιστόν (ὡς π. om. B), ὀξυτόνως, fort. ex hyp. Iliad., cf. Eust. 520, 11.
Vide ad B 648 (Hrd.)   44 a² — Λυδίας cf. Eust. 520, 16

76 et 77 παροξύνεται et προπαροξύνεται Et. Gen.   77 τύχιος δόλιος A, Et.
Gen. em. Bk.   78 ἀντιδιαστολήν Et. Gen., fort. rectius   80 ἀλίων A em.
Vill.   83 ὁδίου A Aⁱᵐ, ὁδίου Bk.   84 τὸ¹ b, ὁδίον μέγαν: τὸ T, ὁδίον: τὸ Bk.   91
εἶτα Μενέλαος sc. E 49—58   εἶα T συνεχώρει τὸ τραῦμα b   τὸ τραῦμα post
ἀδελφῷ om. b   94 μικρὸν A em. Lehrs (cl. Hom.)   95 le. add. Vill. (ἐκ
τάρνης add. Li)   τάρνη ἐστὶν om. E⁴   ἡ νῦν sq.] τῆς νῦν καλουμένης σάρ-
δ(εως) E⁴   2 σάρδ. Vill., σαρ ss. δ A   3 αὐτὸν om. b   6 le. add. Bk.

ex.   **48.** ἐσύλευον θεράποντες: ἐν ἀκμῇ γὰρ τὰ τῆς συμβολῆς·
’Ελεφήνωρ γοῦν παρὰ καιρὸν τοῦτο ποιῶν ἀναιρεῖται (sc. Δ 463—
70). σῴζεται δὲ καὶ τὸ ἀξίωμα τοῦ βασιλέως. b(BCE³) T

ex.   **49.** Σκαμάνδριον: οἰκεῖον κυνηγῷ τὸ ὄνομα· ποταμοὶ γὰρ 10
αὐτοῖς ἡ διαγωγὴ καὶ ὗλαι. b(BCE³E⁴) T

ex.   **50 a.** ’Ατρείδης Μενέλαος ἔλ’ ἔγχει: καταπλήττει τοὺς
πολεμίους καὶ θαρσύνει τοὺς ’Αχαιοὺς ὑπογύως τρωθεὶς καὶ μαχό-
μενος. b(BCE³E⁴) T

ex.   **b.** ὀξυόεντι: οὐκ ἀπὸ ὀξύας· μελίνοις γὰρ ἐχρῶντο. T   15

ex.   **51.** δίδαξε γὰρ ῎Αρτεμις: τὰς ἐν ταῖς τέχναις ἐξοχὰς προσά-
πτουσι θεοῖς· b(BCE³E⁴) T · „κλεπτοσύνῃ θ’ ὅρκῳ τε· ⟨θεὸς δέ οἱ
αὐτὸς ἔδωκεν / ‘Ερμείας)“ (τ 396—7). T

Ariston.   **52.** ⟨βάλλειν:⟩ ὅτι σαφῶς τὸ βάλλειν ἀντὶ τοῦ τυγχάνειν. Aⁱᵐ

ex.   **53 a.¹** ἀλλ’ οὐ οἱ τότε χραῖσμε: δείκνυται τὸ ἀπαράβατον 20
τοῦ μοιριδίου καὶ διὰ τούτου. T

        a.² δείκνυται διὰ τούτου τὸ τοῦ μοιριδίου ἀπαράβατον.
b(BCE³E⁴)

Ariston.   **b.** ⟨χραῖσμ’ ῎Αρτεμις ἰοχέαιρα:⟩ ὅτι Ζηνόδοτος γράφει
„χραῖσμεν θανάτοιο πέλωρα“. ἀδιανόητον δὲ γίνεται τὸ λεγόμενον. A 25

Hrd.   **54.** {οὐδὲ} ἐκηβολίαι: οὕτως ἐκηβολίαι ὡς εὐστοχίαι· ἔφαμεν
γὰρ ὅτι τὸ ἀναδιδόναι τὸν τόνον τῶν μεταγενεστέρων ἐστὶν ’Αττικῶν,
ὅτε περὶ τοῦ „πῇ δὴ συνθεσίαι“ (Β 339) διελαμβάνομεν. A

ex.   **56.** μετάφρενον οὔτασε: ἀσθενὴς γὰρ ἡ βολὴ Πανδάρου,
b(BCE³E⁴) T   ἣν ἐβλήθη Μενέλαος. b(BCE³E⁴)   ἢ διὰ τὴν 30
ἀσέβειαν τῶν Τρώων ἐξῆπται προθυμίᾳ ἢ διὰ τὴν ἐπικουρίαν τῶν
θεῶν. b(BCE³E⁴) T

49 h(P¹¹): διὰ τὸ ἐν τῷ Σκαμάνδρῳ γεννηθῆναι οὕτως ἐκαλεῖτο, ὥσπερ Σιμοείσιος
ἐν τῷ Σιμόυντι, originis incertae, fort. sch. rec.   **50** b ad H 11 (ex.), cf. D,
Ap. S. 121, 20; Porph. 1, 298, 15, Lex. spir. 233   **52** ad E 17 (Ariston.)   **53**
b cf. Wecklein, Zen. Ar. 34; Pasquali, Storia 235; recta via decessit Valk II
15   **54** ad B 339 (Hrd.)   εὐστοχίαι (26) = D   **56** fort. excidit nota
Herodiani de v. ἔθεν, ad Γ 128 a

8 γοῦν T δὲ b   **9** τὸ τοῦ βασ. ἀξίωμα b   **10** (le.) fort. σκαμ. αἵμονα θή-
ρης: τὸ ὄνομα om. T   **11** αἱ διαγωγαὶ καὶ ὗλη C   **13** ὑπὸ γύος T, ὑπογυίως
Bk., ὑπόγυιος Ma., fort. ὑπόγυος   **15** ὀξείας T em. Bk. cl. D   **16** sq. προσ-
άπτει b   **17** sq. θεὸς — ἑρμ. addidi   **19** le. addidi (auctore Vill.)   ὅτι
A, ἡ διπλῆ, ὅτι Vill.   **22** διὰ] κἀκ E⁴   **24** le. add. Vill.   ὅτι A, ἡ διπλῆ
(debuit δ. περιεστιγμένη), ὅτι Vill.   **26** (le.) οὐδὲ delevi   **31** τῶν¹ om.
T   ἐξ. δὲ τῇ προθυμίᾳ post μενέλαος (30) b   ἐξῆπται] ἐπῆρται Wil., at
cf. Dion. Hal. A. R. 5, 38, 1 (Nickau)   fort. προθυμίᾳ vel ἡ προθ. αὐτοῦ
31 sq. τῶν θεῶν post τὴν b

58 a. ⟨ἤριπε δὲ πρηνής:⟩ ὅτι ἀπὸ τῆς πληγῆς πέπτωκε φεύ-　*Ariston.*
γων καὶ τετραμμένος ἐπὶ στόμα. A[im]

35　　b. ἤριπε δὲ πρηνής: ἀπὸ τῆς βίας τοῦ δόρατος ἀνατραπείς.　*ex.*
b(BCE³E⁴) T　ἔδειξε δὲ ἡμῖν ὅπλα κραδαινόμενα τῇ πτώσει τοῦ
τεθνηῶτος. b(BCE³) T

59. ⟨Φέρεκλον:⟩ Φέρεκλος ὁ φέρων κλόνον διὰ τῶν νέων. b(BC　*ex.*
E³E⁴) T[il]

40　59—60 a.¹ [Τέκτονος υἱόν / Ἁρμονίδεω:] ὄνομα κύριον †ὸ　*ex.*
Ἁρμονίδου. T

a.² †ὁ δὲ ἁρμονίδης† ὄνομά ἐστι κύριον. b(BCE³E⁴)

60—2. ⟨ὃς χερσὶν ἐπίστατο ——— /⟩ ὃς καὶ Ἀλεξάνδρῳ:　*ex.*
ὁ Ἁρμονίδης, οὐχ ὁ Φέρεκλος, ἐπεὶ πρὸς τὰ δεύτερα ὑπαντᾷ. b(BC
45 E³E⁴) T　καὶ οἱ ἱστορικοί. ὁ δὲ δεύτερος ὅς (62) ἐπὶ Φερέκλου, T
ὡς καὶ Λυκόφρων (Alex. 97)· „τράμπις σ' ὀχήσει καὶ Φερέκλειοι πό-
δες". b(BCE³E⁴) T

---

58 a ad Δ 463 (Ariston.), cf. test. ad O 543　　59 Or. 157, 34 (brevius EM. 790, 33):
Φέρεκλος· ἁρμόζον ὄνομα τέκτονι, οἷον φερέκλονός τις ὤν. οὕτως εὗρον ἐν
ὑπομνήματι τοῦ ποιητοῦ, in sede scholiorum　　59—60 cf. Eust. 521, 39:
ἰστέον δὲ ὅτι τὸ „τέκτονος υἱόν" οἱ μὲν ἀκριβέστεροι ἐπίθετόν φασιν, οἷα τέκτονος
λεγομένου καὶ τοῦ ναυπηγοῦ, ὡς δηλοῖ τὸ „τεκτήνατο νῆας ἐίσας" (E 62)· ὥστε
εἶναι ἐνταῦθα δύο πρόσωπα, υἱὸν μὲν τὸν Φέρεκλον, πατέρα δὲ τὸν Ἁρμονίδην.
τινὲς δὲ κύριον ἐνόησαν ὄνομα καὶ τὸν Τέκτονα καὶ τρία φασὶ πρόσωπα, ἵνα ὁ μὲν
Φέρεκλος εἴη Τέκτονος υἱός, ὁ δὲ Τέκτων υἱὸς τοῦ Ἅρμονος, fort. partim e scholiis
60—2 ad B 621 (Ariston.), cf. Eust. 522, 1 (parum diligenter ut vid.): τὸ δὲ 'ὃς
ἠπίστατο δαίδαλα τεύχειν' καὶ 'ὃς Ἀλεξάνδρῳ τεκτήνατο νῆας' τινὲς μὲν περὶ τοῦ
Φερέκλου νοοῦσι, ὃ καὶ κάλλιον· οὕτω γὰρ ἱστοροῦσι πολλοί, ὧν καὶ ὁ Λυκόφρων
ἐστί. τινὲς δὲ περὶ τοῦ Ἁρμονίδου. καὶ ἔστιν ὁ τρόπος ἀμφιβολία　　ἐπεὶ πρὸς
(44) sq. cf. sch. Lyc. 97　　ὁ δὲ δεύτερος ὅς (45) sq. cf. D ad E 64

---

33 le. addidi, πρόσθεν ἔθεν φεύγοντα addiderunt edd., sch. ad E 56 referentes, at
cf. Wismeyer 18　　ὅτι A, fort. ἡ διπλῆ, ὅτι　　**35** le. T, om. b; fort. ἤριπε δὲ
πρηνής, ἀράβησε δὲ τεύχε' ἐπ' αὐτῷ: ἤριπε　ἀπό] ὑπὸ CE⁴　　τῆς om. T　　βίας
post δόρατος b　　**36** sq. πτώσει post τεθν. b　　**38** le. add. Li　　φέρεκλος om.
E⁴　ὁ κλόνον φέρων BCE³ τὸν κλόνον φέροντα E⁴　νεῶν b　　**40** le. absc. T
suppl. Ma. (ἁρμ. iam V)　　**40** sq. κύριον ///// ὁ ἁρμ. T, fort. κύριον, τέκτων ὁ
ἁρμονίδου　　**42** pone sch. E 60—2 (coni. cum v. πόδες) b, transposui　　fort.
τέκτων δὲ ὁ ἁρμονίδου　　**43—7** pone sch. E 61 in b (scholio ad E 62 relato)　　**43**
le. T suppl. Ma., om. b　　**44** ὅ¹] fort. ὃς χερσὶν ἐπίστατο (60), ὁ　　οὐχ (an οὐδ'?)
scripsi, τουτέστιν T, om. b　　ὁ φέρ. ἐπεὶ πρὸς T ἐπειδὴ ὁ φέρεκλος (ὡς πρὸς E³)
b, fort. ὁ φέρεκλος, ἐπεὶ ὁ ποιητὴς πρὸς　δεύτ.] fort. δεύτερα πρότερον　　**45** καὶ
(ante οἱ ἱστ.)] fort. ὡς καὶ (at cf. Eust.)　　lac. post ἱστ. Ma.　　φέκλου T, ρε
supra lin. add. m. rec.　　**46** ὡς om. T　　σ' om. T　　φερέκλειοι T, ι ss. m. rec.

Ariston.   **60** *a*. Ἁρμονίδεω: ὅτι ὀνοματοθετικὸς ὁ ποιητής, καὶ ἐν Ὀδυσ- σείᾳ παραπλησίως ποιεῖ· οἰκεῖον γὰρ τέκτονος τὸ ἁρμόζειν, κἀκεῖ (sc. χ 330)· „Τερπιάδης δέ τ' ἀοιδός". καὶ ὅτι ἀμφίβολον, πότερον ὁ Φέ- 50 ρεκλος ἔπηξεν τὰς ναῦς ἢ ὁ Ἁρμονίδης, ἐφ' ἃ καὶ Ἀρίσταρχος φέ- ρεται. A

Did.   *b*.¹ ⟨δαίδαλα πάντα:⟩ ἐν τῇ ἑτέρᾳ τῶν Ἀριστάρχου „δαί- δαλα πολλά". A^{im}

     b.² δαίδαλα πάντα: Ἀρίσταρχος δὲ „δαίδαλα πολλά". T 55

ex.   *c*. δαίδαλα {πάντα}: ἀπὸ τῆς δαήσεως. T

ex.   **61.** ἔξοχα γάρ μιν ἐφίλατο Παλλὰς Ἀθήνη: ἡ †ὀργανική†. διδάσκει δὲ μὴ κακῶς κεχρῆσθαι τοῖς παρὰ θεῶν δώροις b(BCE³E⁴)
T   μηδὲ συμπράττειν ἀδίκοις. b(BCE³E⁴)

ex.   **62.** νῆας ἐΐσας: ἴσας τὰς ναῦς φησιν, ὅτι ἀντιρρόπως πορεύον- 60 ται. ἀντίρροπος δέ ἐστι ναῦς ἡ ἔχουσα ἴσα τὰ πλευρὰ κατὰ τὸ μέγεθος καὶ σχῆμα καὶ βάρος. A b(BCE³E⁴) T

Ariston. | *Hrd.*   **64** *a*. οἵ τ' αὐτῷ: ἀθετεῖται, ὅτι οὐχ ὑγιῶς ἐξενήνοχεν, „αἳ πᾶσι κακὸν Τρώεσσι γένοντο" (E 63) ἑαυτῷ τε· ἔδει γὰρ αὐτῷ τε. | ἡ δὲ οἵ

60a — ἀοιδός (50) ad I 137 (Ariston.); — ποιητής (48) ad B 212a. Z 18. M 342 a¹, cf. sch. β 386. δ 630. η 155. χ 330. Vide ad K 375b. Ζ 172 c¹   οἰκεῖον (49) — ἁρμόζειν D, sch. Hsd. opp. 809 (Procl.)   καὶ ὅτι ἀμφίβολον (50) sq. ad B 621 (test.), 629   *c* cf. Et. Gen. (= EM. 250, 53), Et. Gud. 328, 12 Stef.; vide ad Π 222a 62 sim. Ge (e T ut vid.); ἴσας (60) = D   64a — ἔδει γὰρ αὐτῷ τε (64) cf. Ap. Dysc. pron. 42,17: τὸν γὰρ Ἀρίσταρχον καὶ τοὺς ἀπὸ τῆς σχολῆς, ὡσεὶ νόμον θεμένους τὸ τοιοῦτον, (ὡς ἀπ)ανάγνωσμα (suppl. Lehrs) δεῖ παραπέμψασθαι τὸ „οἵ τ' αὐτῷ, ἐπεὶ οὔτι θεῶν ἐκ θέσφατα ᾔδη", καθὸ ὀρθοτονούμενον τὴν σύνθετον ἀντωνυμίαν ἀπαι- τεῖ, τοῦ λόγου οὐ δυναμένου κατὰ τοῦτο συνίστασθαι· καὶ διὰ τοῦτο τοὺς μὲν μετα- γράφειν τὸ „ἔτευξεν" (sc. pro „γένοντο" E 63), τοὺς δὲ ὑπερβατῶς ἐκδέχεσθαι· „ὃς καὶ Ἀλεξάνδρῳ τεκτήνατο νῆας ἐΐσας / οἵ τ' αὐτῷ, ⟨αἲ⟩ (add. Bk.) †κακὸν καὶ πᾶσι Τρώεσσι γένοντο" (E 62. 64ª + 63ᵇ), ἵν' ἢ Ἀλεξάνδρῳ καὶ ἑαυτῷ τεκτήνατο, sim. synt. 201, 12: 'τό τε συνερχόμενον ῥῆμα πληθυντικόν ἐστιν, ἔχον τὴν σύνταξιν τοιαύτην, ἐμοὶ ἐγένοντο, σοὶ ἐγένοντο, οἳ ἐγένοντο' (h. e. „verbum, quod cum singulari [sc. in E 64] coit, plurativum est")· δι' ὃ καὶ ἕνεκα τοῦ τοιούτου μετατίθεται εἰς τὸ „ἔτευξεν", ἵνα ἑνικὸν γενόμενον συμφωνήσῃ κατὰ ἑνικὸν τῷ „οἵ τ' αὐτῷ", „ἃς πᾶσι κακὸν Τρώεσσι ἔτευξεν καὶ ἑαυτῷ" (cf. E 63), ἢ ὡς ὁ Κομανὸς ἐν ὑπερβατῷ ἤκουεν, „'Αλεξάνδρῳ ἐτεκτήνατο νῆας καὶ ἑαυτῷ, αἳ πᾶσι κακὸν Τρώεσσι γένοντο" (cf. E 62. 64ª + 63ᵇ). Quod falsum esse auctor demonstrat (synt. 201, 3. 202, 6); cf. Beiträge 328   ἡ δὲ οἵ (64) sq. ad O 226 (Hrd.), cf. Ap. Dysc. synt. 191, 9. 201, 3; Lehrs Quaest. ep. 108. 116   ἡ δὲ οἵ (64) — μεταληφθήσεται (65) ad E 800. K 307. Λ 239. N 542. T 384. Y 418.

---

48 ὅτι A, ἡ διπλῆ, ὅτι Vill.   **50** δέ τ' A, δ' ἔτ' Hom.   ἀμφίβολος A em. Vill. **53** le. add. Vill.   **55** pone sch. *c* (coni. cum v. δαίσεως) T, transposui   **56** (le.) πάντα eieci   δαίσεως T emendavi   **57** ἡ T ὡς b   ὀργ.] ἐργάνη Ma., recte **60—62** pone sch. E 64 (A = D) in A   **60** le. AT, om. b   ἴσ. φησὶ τὰς *v*. BCE³ ἴσας δέ φησι τὰς *v*. pone sch. E 59—60 a² (coni. cum v. κύριον) E⁴   ἀντιρό- πως T   **61** ἔστιν A   τὸ AT τε b Ge   **64** δέ οἵ A em. Bk.

65 ὀρθοτονεῖται νῦν διὰ τὴν ἀρχήν, οὐ πάντως δὲ εἰς σύνθετον μεταλη-
φθήσεται. ⟨✳✳✳⟩ ὅμοιον δέ ἐστι τὸ „ἀλλὰ τόδ' ἠμὲν ἐμοὶ πολὺ κάλ-
λιον ἠδὲ οἱ αὐτῷ" (Ο 226). A

    b. ⟨οἵ τ' αὐτῷ:⟩ αὐτῷ ⟨τε⟩. T^il   *Ariston.*(?)

    c. ⟨ἤδη:⟩ οὕτως Ἀρίσταρχος διὰ τοῦ ῆ, ἤδη. A^int   *Did.*

70   d. ἐπεὶ οὔτι θεῶν ἐκ θέσφατα ἤδη: Λακεδαιμονίους φασὶ *ex.*
λιμῷ πιεζομένους τὸ αἴτιον ἀνακρίνειν τὸν θεόν. τὸν δὲ εἰπεῖν ἐξιλά-
σκεσθαι τοὺς Τεύκρων δαίμονας, Χιμαιρέα τε καὶ Λύκον. τὸν δὲ Μενέ-
λαον ἀπελθόντα εἰς Ἴλιον ἐπιτελεῖν τὰ προσταχθέντα καὶ συμμίξαντα
Ἀλεξάνδρῳ ἅμα αὐτῷ ἀπιέναι εἰς †θεοὺς† ἐρησόμενον περὶ παίδων
75 γονῆς· ἐρωτᾶν δὲ καὶ Ἀλέξανδρον, ὅπως ἂν ἁρπάσοι τὴν Ἑλένην.
τὸν δὲ θεὸν εἰπεῖν (406 P.-W., cf. O. G. 14)· „Τίπτε δύω βασιλῆες,
ὁ μὲν Τρώων, ὁ δ' Ἀχαιῶν, / οὐκέθ' ὁμὰ φρονέοντες ἐμὸν ποτὶ νηὸν
ἔβητε, / ἤτοι ὁ μὲν γενεὴν ἵππου διζήμενος εὑρεῖν, / αὐτὰρ ὁ [..........];
τί νυ μήσεαι, ὦ μάκαρ ὦ Ζεῦ;" τοὺς δὲ μὴ νοήσαντας ὑποστρέψαι.
80 τοῦτο οὖν λέγει ὁ ποιητὴς ἐπεὶ οὔτι θεῶν ἐκ θέσφατα ἤδη. b
(BCE³) T

Φ 507. Ψ 387. Vide ad B 11 a. Δ 497 a (Hrd.)   οὐ πάντως (65) sq. cf. Ap.
Dysc. synt. 199,13   *c* Choer. Th. 2, 86, 14: τὸ οὖν ἤδη ἐγώ τῆς παλαιᾶς
Ἀτθίδος ἐστίν, τὸ δὲ ἤδη ἐκεῖνος τῆς νέας Ἀτθίδος ἐστίν, ὥστε οὖν οὐκ ἔστι κατὰ
τὴν αὐτὴν διάλεκτον τὸ ἤδη ἐγώ καὶ ἤδη ἐκεῖνος. ἐπειδὴ δὲ εὑρίσκομεν παρὰ τῷ
ποιητῇ χρήσεις τοῦ τρίτου προσώπου, λέγω δὴ ⟨τὸ⟩ (add. Hilgard) ἤδη ἐκεῖνος,
οἷον „ὃς ἤδη τά τ' ἐόντα τά τ' ἐσσόμενα πρό τ' ἐόντα" (A 70) καὶ πάλιν „νήπιος,
οὐδὲ τὰ ἤδη, ἅ ῥα Ζεὺς μήδετο ἔργα" (B 38), ὄντος δὲ τοῦ ποιητοῦ τῆς παλαιᾶς
Ἀτθίδος, λέγομεν ὅτι Ἀρισταρχεῖόν ἐστι τὸ ἁμάρτημα· ὁ γὰρ Ἀρίσταρχος
εἰδὼς τοῦτο τὸ ἰδίωμα τῆς νέας Ἀτθίδος ὑπάρχον, λέγω δὴ τὸ τρίτον προσώπου,
οὐκ ὤφειλεν ἐᾶσαι αὐτὸ παρὰ τῷ ποιητῇ οὔση τῆς παλαιᾶς Ἀτθίδος· ὡς εἴρηται
γάρ, ἡ [μὲν] παλαιὰ Ἀτθὶς κέχρηται τῷ πρώτῳ μόνῳ (brevius Zenob. in Et.
Gen. [AB] ἤδη), fort. partim e scholiis. Vide ad A 70; cf. Cobet, Miscell. crit.
303, Ludwich A. H. T. 1, 251, 17   *d* cf. D (Eust. 521, 26) Pind. fr. 52 i (A),
1—9, p. 44 Sn.; Valk I 326; — συμμίξαντα Ἀλεξάνδρῳ (73) cf. sch. et Tz. Lyc.
132   τίπτε (76) — Ζεῦ (79) pap. Pack 906: τίπτε — Ἀχαιῶν / [...] κοθ'
ὁμοφρονέοντες ἐμὸν δόμον εἰσανέβητε; / ἤτοι — εὑρεῖν, / αὐτὰρ ὁ πῶλον ἄγει·

66 lac. stat. Lehrs his verbis explendam ἔτι δὲ συνεπέπλεκτο, cf. Quaest. ep. 108
not.   66 sq. κάλλιον A, κέρδιον Hom. codd. plurimi   67 ἠδὲ οἱ A em. Bk.   68
dub. supplevi   69 le. add. Bk.   72 τεύκρων T (cf. D), ἐν τροία κρονίους b, cf.
Valk I 141   χίμ. τε b (sim. sch. Lyc.), ἱμερτὼ T   73 καὶ συμμ. T συμμίξαντα
δὲ b   74 δελφοὺς Lascaris   75 ἁρπάση C   76 δύο T Eust.   77 οὐκ ἔθ'
ὁμοφρονέοντες D, cf. test.   77 sq. ἐμὸν — ἔβητε] ἐμὸν δόμον εἰσανέβητε D (Eust.),
cf. test.   78 ἤτοι om. C   γενεὴν ἵππου] πώλοιο γόνον D (Eust.)   αὐ-
τὰρ ὁ BT ὁ δ' CE³   lac. (ca. 10 litt.) T, πῶλον ἑλεῖν (= D) T m. rec., ἄκοιτιν
ἄγειν b (et E⁴ in sch. D), cf. test. (πῶλον ἄγει pap. Pack 906)   79 μήσεαι]
μήση Eust.   μάκαρ ὦ CT μάκαρ BE³ μεγάλε D   80 λέγει ὁ π. T φασὶ λέγειν
τὸν ποιητὴν b   ἤδει BC, om. E³

D　　　　ἐπεὶ οὔτι θεῶν ἐκ θέσφατα ἤδη: Λακεδαιμόνιοι λοι-
μῷ ——— αὐτοὺς δὲ καὶ τὴν πόλιν. A

ex.(?)　　66. ⟨γλουτόν:⟩ τοῦ ἰσχίου τὸ μέρος. T^il

ex.　　　67. ἀντικρὺ κατὰ κύστιν: αἰσχρὸν τὸ τραῦμα τοῦ τῆς πορ- 85
νείας ναυπηγοῦ. A b(BCE³E⁴) T　　βία δὲ δηλοῦται τῆς πληγῆς·
ὀστέοις γὰρ σκέπεται ἡ κύστις, ἃ παρῆλθε τὸ δόρυ. A b(BE³E⁴) T

Ariston.　　68 a. ⟨γνὺξ δ' ἔριπ' οἰμώξας:⟩ ὅτι καὶ οὗτος ⟨οὐκ⟩ ἐπὶ τὴν
πληγὴν πέπτωκε. A^im

ex.　　　b. γνὺξ δ' ἔριπε: τὸ εἰς γόνατα πεσεῖν. T | πιθανὸν σπα- 90
σμοῦ γεγονότος συννεῦσαι τὸν τρωθέντα. b(BCE³E⁴) T

Hrd.　　　69 a.¹ Πήδαιον {δὰρ}: Ἀρίσταρχος ὡς Πήδασον, καὶ ἐπεκρά-
τησεν. καὶ ἴσως ἔχει ἀφορμὴν τοιαύτην ὡς πολλάκις τὰ τοιαῦτα τρί-
την ἀπὸ τέλους ἔχει τὴν ὀξεῖαν, εἰ ῥῆμα αὐτῶν προκατάρχοι, ὥσπερ
ἔχουσι τὸ βέβαιος (παρὰ γὰρ τὸ βέβηκα), ὡς τὸ Φίλαιος, τὸ Νίκαιος, 95
τὸ Τίμαιος. τοιοῦτον οὖν καὶ τὸ Πήδαιος· οὐ γάρ, ὡς οἴεται ὁ Ἄβρων 1
(fr. 19 B.), παρὰ τὴν πῆδον· ἐοικὸς γὰρ μᾶλλον ἥρωϊ παρὰ τὸ πηδᾶν
ἐσχηματίσθαι. A

　　　　　a.² Πήδαιον {δ' ἄρ}: Ἀρίσταρχος †πῆδον παρὰ τὸ πηδῶν. T

Ariston.　　70 a. ὅς ῥα νόθος μὲν ἔην: ὅτι βαρβαρικὸν ἔθος τὸ ἐκ πλειόνων
γυναικῶν παιδοποιεῖσθαι. A　　　　　　　　　　　　　　5

τί νυ μήδεαι, ὦ μεγάλε Ζεῦ; (ed. U. Wilcken, Sitz. Ber. K. Preuss. Ak. der Wis-
sensch., Berol. 1887, 819, cf. Wilamowitz, Herm. 22, 1887, 636)　　66 fort.
exstabat sch. Didymi tradentis quosdam pro v. ἡ δὲ scripsisse ἠδὲ, ad E 736 a.
O 127 a (Hrd.); vide sch. ε 391 (Did.)　　τοῦ ἰσχίου sq. cf. D　　67 cf. Koerner,
Ärztl. Kenntn. 23, Vide ad N 651—2　　68 a ad Δ 463 (Ariston.), cf. sch.
χ 296　　καὶ οὗτος ad E 56　　69 a¹ Et. Gen. (AB) Πήδαιος: ἔστιν (ἔστι δὲ
A) ὄνομα κύριον· πολλάκις γὰρ τὰ τοιαῦτα ——— παρὰ τὸ βεβηκέναι, Φίλαιος,
Νίκαιος, Τίμαιος. οὕτως οὖν καὶ Πήδαιος (πηδ. B, πηδῶ Πήδαιος A), fort. ex hyp.
Iliad., plura h(P¹¹ V³, cf. An. Par. 3, 283, 27; Lehrs Ar.³ 293), fort. ex Hrd.

84 le. add. Ma.　　85 le. T, γλουτόν: A, om. b　　86 ναυπ. υἱοῦ b　　βία —
πληγῆς] δηλοῦται δὲ καὶ ἡ τῆς πληγῆς βία b　　87 ἡ κ. σκέπεται b　　88 le. add.
Vill.　　ὅτι A, ἡ διπλῆ, ὅτι Vill.　　οὐκ add. Frdl., ἀπὸ τῆς πληγῆς, οὐκ add. Na-
ber (49)　　90 πιθανὸν δὲ T　　91 συννεῦσαι sq. T καὶ τὸν τρωθέντα συννεῦσαι b
92 (le.) δὰρ del. Bk.　　94 εἰ Et. Gen., ἦ Et. Gen.　　94 sq. ὡς ἔχει Et. Gen.　　95
βεβηκέναι Et. Gen.　　1 πίδαιος A em. Bk. (cf. Et. Gen.)　　2 τὴν πῆδον susp.,
fort. τὸν (vel τὸ) πηδόν　　3 ἐσχημάτισται A em. Vill.　　4 (le.) δ' ἄρ de-
levi　　πήδαιον παρὰ τὸ πηδᾶν Ma.　　5 ὅτι A, ἡ διπλῆ, ὅτι Vill.

b. ὅς ῥα νόθος μὲν ἔην, ⟨πύκα δ' ἔτρεφε δῖα Θεανώ⟩:   *Ariston. (?) |*
βάρβαρον ἔθος τὸ ταῖς πολλαῖς γυναιξὶ μίγνυσθαι· Λαέρτης γοῦν   *ex. | ex.*
„χόλον δ' ἀλέεινε γυναικός" (α 433). | ἢ τάχα ἥγνευεν αὐτὴ διὰ τὴν
10 ἱερωσύνην. νόμον δὲ τοῦτον ὑπογράφει ταῖς γυναιξὶν ὁ ποιητής·
σώφρονος γὰρ γυναικὸς τὸ γεγονὸς ἁμάρτημα τοῦ ἀνδρὸς σκέπειν.
b(BCE³E⁴) T   φησὶ δὲ καὶ τὸ Εὐριπίδειον „σοὶ καὶ ξυνήρων"
(Andr. 223). | νόθος δὲ ὀνοτός τις ὢν ἢ νωθὴς τῷ γένει. T

c. πύκα δ' ἔτρεφε: δείκνυσιν ὡς ἀγαθὸς τρόπος περιγίνεται   *ex.*
15 τῶν παθῶν τοῦ λογισμοῦ. ἕκαστον δὲ σαφηνίζει τοὺς βάλλοντας καὶ
πίπτοντας αὔξων καὶ τὸ προσκορὲς ἀφανίζων. b(BCE³E⁴) T

d. ⟨Θεανώ:⟩ παρὰ τὸ θέαινα. Tⁱˡ   *ex.*

73. ἰνίον: τὸ κοῖλον τοῦ τένοντος ――― τὸν αὐχένα. A   *D*

74. ὑπὸ γλῶσσαν τάμε χαλκός: ὑπὸ τὴν γλῶσσαν ἰὼν ὁ   *ex.*
20 χαλκὸς τοὺς ὀδόντας ἀνέτεμεν. b(BCE³E⁴) T   ὀξέως δὲ δι' ἀναί-
μων ὀστέων διϊόντος τοῦ σιδήρου „ψυχρόν" (E 75) αὐτὸν ὀνομάζει.
ἀλλαχοῦ δὲ „πᾶν δ' ὑπεθερμάνθη ξίφος" (Π 333). b(BE³E⁴) T

75 a. ⟨ἤριπε δ' ἐν κονίης:⟩ ἐν ἄλλῳ „ἤριπε δ' ἐξ ὀχέων". Aⁱᵐ   *Did.*

b. ἤριπε δ' ἐν κονίησι: εἰκότως τελευτᾷ· ἠνέχθη γὰρ τὸ   *ex.*
25 δόρυ, καθὸ λήγει ὁ ἐγκέφαλος καὶ ὁ νωτιαῖος μυελὸς ἄρχεται. b(BC
E³E⁴) T   ἴσον δὲ τῇ τοῦ ἐγκεφάλου κοιλίᾳ δύναται †ῶι οὔ† τοῦτο
τὸ μέρος. b(BE³E⁴) T   δῆλον δὲ ἐκ τῶν ἱερείων, ἃ τιτρωσκόμενα
κατὰ τὸ ἰνίον διαλύεται. T

ψυχρὸν δ' ἕλε χαλκὸν ὀδοῦσι: ἤτοι κυρίως διὰ τὸ ―――   *D*
30 τοῖς ὀδοῦσι ἔλαβεν. A

καθ., cf. Arcad. 48, 3. 10   70 b — ἀλ. γυναικός (9) cf. sch. α 433   σώφρο-
νος (11) sq. cf. Eust. 523, 24; sch. Eur. Andr. 224; sim. Athen. 13, 556 b   νόθος
δὲ (13) — τις ὢν cf. Or. 107, 9. Vide ad Δ 499 a   71 de v. πόσει vide ad A
30 b (fort. Hrd.)   74 ad Π 333 (ex.)

7—11 (σκέπειν) pone sch. E 74 in BE³, pone sch. E 78 in C   7 le. T supplevi
auctore Vill., om. b   8 ἦθος b   τὸ (om. C) πολλῶν γυναικῶν b   ταῖς
damn. Ma., fort. recte   μίγν. om. b   9 δ' om. b   ἢ τάχα T τάχα γὰρ b
9 sq. διὰ τὴν ἱερ. om. b   10 δὲ τοιοῦτον b   14 δείκν. T, δείκνυσι δὲ διὰ θεανοῦς
pone sch. b (coni. cum v. σκέπειν) b   ὡς ὁ ἀγ. περιγίν. τρόπ. b   15 παθῶν
post λογ. b   15 sq. καὶ πίπτ. om. b, καὶ τοὺς πίπτ. ci. Ma.   17 le. add. Ma.
19 διϊὼν b   20 sq. διὰ ἀνέμων ὀστείων b   23 le. add. Vill., fort. pot. ἤρ. δ'
ἐν κονίη: 24 le. T, om. b, fort. ἤρ. δ' ἐν κονίης (vel κονίη), ψυχρὸν δ' ἕλε
χαλκὸν ὀδοῦσιν: 25 λέγει BE⁴   ὁ νωτ. — ἄρχεται E⁴T ὁ μυελὸς ἄρχεται ὁ
νωτιαῖος BCE³   26 ῶι οὔ T, om. b, Ma., θανατοῦν Valk (I 530), ζῴου Hol-
werda (Mnemos. 1966, 289)   27 τὸ om. T

Hrd.   **76** *a*. {εὐρύπυλος} Εὐαιμονίδης: ψιλοῖ ὁ Ἀσκαλωνίτης (p.
45 Β.), ἵνα κύριον γένηται, ὥσπερ καὶ τὸ Φίλιππος καὶ τὸ „Μελά-
νιππος" (cf. Θ 276 al.). ἔστι μὲν οὖν ὃ λέγει πιθανόν — διὰ τοῦτο
γοῦν καὶ τὸ „ΠΟΛΥΜΝΙΑ" (Hsd. th. 78) πῇ μὲν ψιλοῦμεν πῇ δὲ
δασύνομεν, καὶ τὸ „Εὐρύαλος" (Β 565 al.), „ΑΓΧΙΑΛΟΣ" (cf. Ε 609 35
et Β 640. 697) —, οὔ γε μὴν ἀληθές· εὑρέθη γὰρ τὸ Πάνορμος δασυ-
νόμενον καὶ Ἔφιππος ὁ κωμικός. A

Ariston.(?)   *b*. Ὑψήνορα δῖον: δύο Ὑψήνορες· καὶ ἀλλαχοῦ γάρ φησιν
„Ἱππασίδην Ὑψήνορα" (Ν 411). Τ

ex.   **78.** θεὸς δ’ ὣς τίετο δήμῳ: διδάσκει, πῶς χρὴ διακεῖσθαι πρὸς 40
τοὺς ἱερεῖς. b(ΒCΕ³Ε⁴) Τ

Ariston.   **79.** ⟨Εὐρύπυλος, Εὐαίμονος ἀγλαὸς υἱός:⟩ πρὸς τὴν ἐπα-
νάληψιν τοῦ ὀνόματος (cf. Ε 76). Aⁱᵐ

ex.   **80.—1.** μεταδρομάδην ⟨——— ἀΐξας⟩: τὸ ἑξῆς μεταδρο-
μάδην ἀΐξας, ἐπιδιώξας τὸν φεύγοντα. b(ΒCΕ³) Τ   45

ex.   **81.** ἀπὸ δ’ ἔξεσε χεῖρα: τὸ ῥάδιον τῆς ἐκτομῆς ἐδήλωσεν ἔξε-
σεν εἰπών, οὐκ ἀπέκοψεν. A b(ΒCΕ³) Τ

ex.   **82.** αἱματόεσσα δὲ χεὶρ ⟨πεδίῳ πέσε⟩: οἶκτον ἔχει ἡ χεὶρ
δίχα παντὸς τοῦ σώματος κειμένη· ὑπ’ ὄψιν γοῦν ἤγαγε τὸ πάθος.
b(ΒCΕ³) Τ   50

---

76 nullum signum ante versum in A   *a* ad Ε 333. Η 167. Θ 276. Ο 705 *a*
(Hrd.), cf. sch. β 157. θ 114, Eust. 524, 4 (εὕρηται οὖν ἐν ὑπομνήμασι παλαιῶν
τοιαῦτά τινα), qui scholia ad Ε 76. 289 (Hrd.), 333 (ex., D), Ο 705 (Hrd.) in
unum confudit, Eust. 524, 26 (non e scholiis): Ἡρωδιανὸς δὲ ... φησὶν ὅτι
Φίλιππον μὲν τὸ κύριον ἀξιοῦσιν οἱ γραμματικοὶ ψιλῶς λέγεσθαι, δασέως δὲ τὸ
ἐπίθετον, ἀγνοοῦντες ὅτι καθ’ ἓν ἑκάτερα δύνανται εἶναι· καὶ γὰρ λεύκιππος λέγεται
παρὰ Στησιχόρῳ (fr. 79 P. = P. M. G. 256) ἐπιθετικῶς, ἀλλὰ καὶ Λεύκιππος
ὀνομάζεται ὁμοίως ὁ Φοίβης καὶ Ἐλαείρας πατήρ (cf. Schulze 716)· ὥστε ψιλοῖ
αὐτὸς ἐν ἀμφοῖν τούτοιν τοῦ ἵππος τὴν ἄρχουσαν καὶ οὐκ ἐν μόνῳ τῷ κυρίῳ,
Lehrs Hrd. 228 et Ar.³ 313; vide ad Ε 289 *b* 609 *a*. Π 635   *b* Aristonicum
scripsisse πρὸς τὴν ὁμωνυμίαν τοῦ Ὑψήνορος vel tale quid censet Lehrs (ap.
Friedl. Ariston. 104); vide ad Β 517 *a*. Ν 411   **80** fort. excidit nota Herodiani
de v. ἔθεν, ad Γ 128 *a*   **81** eadem fere Ge (e T), cf. Eust. 524, 40

---

31 (le.) εὐρύπυλος del. Bk.   **34** πολύμνεια A em. Lehrs   πῇ μὲν — πῇ δὲ Ddf.,
fort. τῇ μὲν — τῇ δὲ   **35** fort. ΕΥΡΥΑΛΟΣ scribendum, quamquam adi. apud
auctores, qui ante Herodianum vixerunt, non occurrit   **36** ἀληθές] διηνεκές
Lehrs   **40** sq. διακεῖσθαι post ἱερεῖς b   **40** πρὸς Τ εἰς Ε⁴, om. ΒCΕ³   **42** le.
add. Ddf. (Frdl.)   πρὸς A, fort. ἡ διπλῆ πρὸς   **44** le. Τ supplevi, om. b
(ubi sch. ad versum 80 revocatum est)   ἑξῆς οὕτως b   **45** ἐπιδ. Τ ἤτοι ἐπι-
διώξας b   **46** le. Τ, ἀπὸ δ’ ἔξεσεν A, om. b   ῥάδιον ΑCΕ³   **46** sq. ἔξεσεν]
ἀπέξεσεν Eust. Ge (e coni.)   **48** le. Τ supplevi (auctore Vill.), om. b   οἶκτον
ἔχει ἡ b οἰκτρὸν Τ, fort. melius

83 a.¹ πορφύρεος θάνατος: ὅτι οἱ ἀρχαῖοι κριτικοὶ πορφύ- *Ariston.*
ρεον θάνατον τὸν τοῦ ἐπὶ στόμα πεπτωκότος ὁπλίτου. λέγει δὲ πορφύ-
ρεον τὸν μέλανα, ἐξ οὗ δηλοῖ τὸν χαλεπόν· ,,πορφύρεον δ' ἄρα κῦμα‘‘
(Φ 326) ἀναλόγως τῷ ,,μέλαν δέ ἑ κῦμα κάλυψεν‘‘ (Ψ693). A

55　　　a.² πορφύρεος θάνατος: ὁ μέλας, καὶ ,,πορφύρεον δ' ἄρα
κῦμα‘‘, ,,μέλαν δέ ἑ κῦμα κάλυψεν‘‘. b(BCE³E⁴) T

84. ὡς οἱ μὲν πονέοντο: ὡς καὶ ἄλλων τινῶν ἀσήμων ἐνεργη- *ex.*
σάντων. b(BCE³) T

85 a. Τυδεΐδην δ' οὐκ ἂν γνοίης: ἡ διπλῆ, ὅτι ὡς πρός τινα *Ariston.*
60 διαλέγεται μὴ ὑποκειμένου προσώπου, καὶ ὅτι ἀντὶ τοῦ οὐκ ἄν τις
ἔγνω, καὶ χρόνος ἐνήλλακται. A

　　　b. Τυδεΐδην δ' οὐκ ἂν γνοίης: ἡδὺ τὸ τῆς ἀποστροφῆς *ex.*
ὡς πρὸς πρόσωπον· ,,φαίης †κεν† ζάκοτόν τέ τιν' ἔμμεναι‘‘ (Γ 220).
ἡ δὲ τῆς ἑρμηνείας θερμότης τὸν βεβακχευμένον Διομήδεα δείκνυσιν.
65 b(BCE³E⁴) T

87. θῦνε γάρ: ἐνθουσιωδῶς μετά τινος ὁρμῆς ἐφέρετο. ἐπιτείνει *ex.*
δὲ αὐτὸν τῷ ,,χειμάρρῳ‘‘ (Ε 88), εἰκονίσας ἡμῖν, τί ἐστι χειμάρρους,
καὶ τῷ πλήθοντι. b(BCE³E⁴) T

88. ἐκέδασσε γεφύρας: καλῶς κἀκ τῶν πασχόντων τοῦ *ex.*
70 ποταμοῦ τὴν βίαν ηὔξησεν. b(BCE³E⁴) T

89 a. τὸν δ' οὔτ' ἄρ τε γέφυραι: ἡδὺ τὸ τῆς ἐναλλαγῆς τῆς *ex.*
πτώσεως ἐν τῇ ἐπαναλήψει, καὶ πάλιν ἐν τῇ γενικῇ ,,πολλὰ δ' ὑπ'
αὐτοῦ ἔργα κατήριπε‘‘ (Ε 92). b(BCE³E⁴) T

　　　b.¹ ⟨ἐεργμέναι:⟩ Ἀρίσταρχος ,,ἐερμέναι‘‘. Aⁱᵐ　　　*Did.*
75　　　b.² χωρὶς τοῦ γ̄ ,,ἐερμέναι‘‘. Tⁱˡ

---

83 Ge (fort. e h): οὐχ ἡ ἐκκοπὴ δὲ (δὲ del. Nicole) τῆς χειρὸς αἰτία
ἐγένετο τοῦ θανάτου, ἀλλ' ἡ ῥύσις τοῦ αἵματος　　μέλανα (53, resp. μέλας, 55) cf.
D, Serv. Verg. G. 4, 372　　a¹ τὸν μέλανα (53) sq. ad Ζ 16 c (ex.), sim. a
(Ariston.), cf. Eust. 524, 42; Gladstone 20; Euler 16; Koerner, Sinnesempf.
28 et Ärztl. Kenntn. 36　　85 a ad Γ 220 a (Ariston.); cf. Wackernagel, Vor-
lesungen über Syntax I (Basil. 1926), 237　　b ἡ δὲ τῆς (64) sq. cf. Eust.
525, 9　　87 h(P¹¹)　　ὁρμῆς (66) cf. D ad B 446, Erot. 45, 4, Ep. Hom. (An.

---

51 ὅτι A, ἡ διπλῆ, ὅτι Vill.　　οἱ ἀρχαῖοι sq. haec verba ab Ariston. abiud. Frdl.,
vix recte　　52 ὁπλ. scripsi, ὑπτίου A　　54 τῷ Bk., τὸ A　　55 ὁ om. E⁴　　καὶ
T ὡς τὸ b　　55 sq. δ' ἄρα κῦμα μέλαν om. b　　63 φαίης T οἶον φαίης b　　κε
Hom.　　66 ἐπέτεινε b　　67 fort. αὐτὴν　　προεικονίσας b προεικονίζων h
(P¹¹)　　χείμαρρος b　　68 καὶ τῷ T οὐ μὴν (οὐ μόνον Bk.) δὲ ἀλλὰ καὶ τῷ
b　　69 (le.) ἐσκέδασε T em. Ma. (le. om. b)　　69 sq. καλῶς δὲ κἀκ τ. sq. pone
sch. E 87 (coni. cum v. πλήθοντι) b　　71 le. T, om. b; solum τὸν δ': Bk.　　73
ἔργα om. T　　κατήριπεν b　　74 le. add. Ldw. (Bk.), V ante sch. b²

5 Scholia Iliad. II rec. Erbse

D   **90.** ⟨ἀλωάων:⟩ τῶν ἀμπελοφύτων. T[il]

ex. | ex.   **92.** ⟨ἔργα⟩ κατήριπε κάλ᾽ αἰζηῶν: ἀντὶ τοῦ ἀνθρώπων· b
(BCE³) T   „μινύθει δέ τε ἔργα ἀνθρώπων" (Π 392). T | ἐμφαντι-
κῶς δὲ καὶ τὰ ὑπὸ νεανιῶν οἰκοδομηθέντα παρασύρεσθαί φησιν. b
(BCE³E⁴) T   80

ex.   **97—8.** αἶψ᾽ ἐπὶ Τυδεΐδη ⟨——— / καὶ βάλ᾽⟩: καλῶς τιτρώσκει
Διομήδεα, „ἐπεί / ῥέζοντά τι καὶ παθεῖν ἔοικεν" (Pind. N. 4, 31—2).
b(BCE³) T

ex.   **98** a.¹ ἐπαΐσσοντα τυχών: συνήργησεν ἡ Διομήδους ὁρμὴ
πρὸς τὴν δίοδον τοῦ βέλους. T   85
           a.² ἡ δὲ ὁρμὴ ἡ Διομήδους καὶ τῷ βέλει συνήργησεν. b(BCE³)

Ariston.|Hrd.   **99** a. θώρηκος γύαλον: ὅτι τὸ ὅλον κύτος τοῦ θώρακος γύα-
λον διὰ τὴν †ποικιλότητα† λέγει, οὐ μέρος ὡρισμένον τοῦ θώρακος.
A | τὸ γύαλον, ὅταν ἐπίθετον ᾖ, ὀξύνεται· „εὖτ᾽ ἂν ὁ παῖς ἀπὸ μὲν
γυαλὸν λίθον †ἀγκάσασθαι" (Call. fr. 236, 1). AT   90

ex. b. ⟨θώρηκος:⟩ τοῦτο⟨ν⟩ ἐγκωμιάζων Ἕκτωρ ἡφαιστότευ-
κτον οἶδε καλεῖν (cf. Θ 195), ἐπεὶ καὶ τὸ Πανδάρου τόξον Ἀπόλλωνος
(cf. Β 827). b(BCE³E⁴)

ex. c.¹ θώρηκος γύαλον: πρὸς ἀντιδιαστολὴν τῶν χειρίδων
θώρηκος γύαλόν φησι τὸ περὶ τὸν ὦμον μέρος. λέγει δὲ τὸ κοί- 95
λωμα. T   1
           c.² γύαλον δὲ τὸ περὶ τὸν ὦμον κοῖλον τοῦ θώρακος μέρος.
b(BCE³E⁴)

Ox. 1, 198, 27, EM. 459, 14)   **92** cf. Eust. 526, 16   νεανιῶν (79) cf. D ad
P 520, Ap. S. 17, 4   **97—8** cf. Ge (e T ut vid.): καλῶς τὸν Διομήδην ἔτρωσεν·
οὐδένα γὰρ εἰκὸς εἰς ἄκρον εὐτυχοῦντα μὴ καὶ λύπης πειραθῆναι μικρᾶς   **99** a et
c cf. He. Θ 1016: θώρηκος γύαλον· περιφραστικῶς τὸν θώρακα. τινὲς δὲ τὸ κοῖλον
τοῦ θώρακος ἢ τὸ κύτος. γύαλον δὲ λέγεται τὸ κοῖλον ... ζητοῦσι δέ, πῶς πληγέν-
τος κατὰ τοῦ ὤμου τοῦ Διομήδους φησὶ „θώρηκος γύαλον". πρὸς οὓς λεκτέον ὅτι
πᾶν τὸ κοῖλον „γύαλον" λέγεται, τὸ δὲ „θώρηκος γύαλον", ὅτι ἀλυσιδωτοὶ ἢ
λεπιδωτοὶ (sc. οἱ θώρακες)· ἀνάγκη γὰρ τοὺς λεπιδωτοὺς καὶ κοίλους λέγειν· „τόν
ῥ᾽ ἐφόρει γυάλοισιν ἀρηρότα, θαῦμα ἰδέσθαι" (cf. Ο 530), fort. e Diog. a — τοῦ
θώρακος (87) ad E 189 (A), N 507 (AT), 587 (T), Ο 530 (AT), P 314 (T), T 361 (A),
cf. D, D ad E 189, Ap. S. 55, 28, He. (γ 969), Et. Gud. 324, 22 Stef.; aliter Paus.
10, 26, 5, cf. sch. c; Lehrs Ar.³ 106   τὸ γύαλον, ὅταν (89) sq. brevius Eust.
526, 42 (᾽Απίων δὲ καὶ ῾Ηρόδωρός φασιν) b ad Θ 195 (ex.)   ἐπεὶ καὶ τὸ
(92) sq. ad B 827 c¹ cf. Eust. 526, 39; Stubbings, Companion 507   κοίλω-
μα (95) cf. sch. a

76 le. add. Ma., cf. Li (= D)   **77** le. T supplevi (auctore Vill.), om. b   **79**
οἰκοδομούμενα BE³E⁴ οἰκονομούμενα C, an ᾠκοδομημένα?   **81** le. αἶψα δ᾽ ἐπὶ
τυδει ss. δ T em. Ma. (om. b, ubi sch. ad versum 98 revocatum est), καὶ βάλ᾽ ad-
didi   **86** ἡ δὲ sq. pone sch. E 97—8 (coni. cum v. ἔοικεν) b   **87** le. AT   ὅτι
A, ἡ διπλῆ, ὅτι Vill.   κοῖτος A em. Vill.   **88** κοιλότητα Bk., recte ut vid.
90 ἀγκάσασθαι Call.   **91** le. add. Bk., θώρηκος γύαλον add. Vill., γύαλον add.
Li   τοῦτο b suppl. Bk.   **94** (le.) fort. θώρ. delendum   **2** γύαλον δὲ sq.
pone sch. b (coni. cum v. ἀπόλλωνος) b

100. ἀντικρύ {δὲ διέσχε}: ὀξύνεται καὶ ἐκτείνεται. ὅταν δὲ ἔχῃ *Hrd.*
5 τὸ ϛ, συστέλλεται καὶ βαρύνεται. τὸ δὲ αἴτιον ἐν τῷ Περὶ ἐπιρρήματος
(fr. 1 L. = 2, 846, 24) ἐροῦμεν. A

101. ἐπὶ μακρὸν ἄϋσε: οὐδεὶς τῶν βαλλόντων ἢ μόνος οὗτος ὁ *ex.*
ἀλαζὼν ἐφθέγξατο· διὸ ὥσπερ ἐλέγχων αὐτοῦ τὸ φλύαρόν φησι ,,τὸν
δ᾽ οὐ βέλος ὠκὺ δάμασσεν" (E 106). οὐ φθέγγεται δὲ τρώσας Μενέ-
10 λαον, ὅτι ἡ πρᾶξις αἰσχρά, καὶ ἔλεγχον †βασιλείας† ἔχει, ἢ βουλό-
μενος ἑαυτὸν μὴ φανερὸν ποιῆσαι τοὺς ὅρκους παραβῆναι ἐν τοῖς
Τρωσίν. b(BCE³E⁴) T

103. βέβληται γὰρ ἄριστος Ἀχαιῶν: ἀντὶ τοῦ ἀριστεύς *ex.*
(Αἴας γὰρ μετ᾽ Ἀχιλλέα)· ἢ διὰ τὴν εὐδαιμονίαν, ,,ὃν δὴ ἐγὼ κάρτι-
15 στον Ἀχαιῶν" (Z 98)· ἢ ἑαυτὸν ὑψῶν ὁ Πάνδαρος ἄριστον τὸν τρω-
θέντα φησίν. A b(BCE³E⁴) T

104 a. ⟨δῆθ᾽ ἀνσχήσεσθαι:⟩ Ἀρίσταρχος δῆθ᾽ ἀνσχήσε- *Did.*
σθαι. Aⁱⁿᵗ

b. ⟨βέλος:⟩ Ἀρίσταρχος βέλος. Aⁱᵐ *Did.*

20 105. ⟨Λυκίηθεν:⟩ ὅτι τῆς Τρωϊκῆς Λυκίας. Aⁱⁿᵗ *Ariston.*

Λυκίηθεν: Λυκίας χώρας —— ἐβασίλευε Πάνδαρος. A *D*

107. ⟨ἀλλ᾽ ἀναχωρήσας:⟩ ἐπὶ τὸ ἀναχωρήσας βραχὺ δια- *Nic.*
σταλτέον. Aⁱⁿᵗ

107—8 a.¹ πρόσθ᾽ ἵπποιϊν καὶ ὄχεσφιν / ἔστη: γενναῖον ἦθος *ex.*
25 Διομήδους, ὃς οὐκ οἴχεται καιρίαν λαβὼν τὴν πληγήν. T

---

100 ad E 130 (Hrd.), cf. Eust. 527, 4; D ad Γ 359, Amm. 48; Ap. Dysc. adv. 200,
17, Meth. (Et. Gen. = EM. 114, 35, sim. Et. Gud. 152, 2 Stef. [test.]), Ep. Hom.
(An. Ox. 1, 443, 32), Choer. Th. 2, 329, 23		**103** — ἀριστεύς (13) cf. Or. 25, 17
(Et. Gen. = EM. 143, 8, Et. Gud. 197, 14 Stef.)		διὰ τὴν εὐδαιμονίαν (14) ad
Z 98		ἢ ἑαυτὸν (15) sq. cf. Eust. 527, 41		**104 a** ad Ω 518 (Did.); alii legerunt
δηθὰ σχήσεσθαι, cf. Eust. 528, 5: ἐν τῷ ,,οὐδέ ἕ φημι / δηθὰ σχήσεσθαι κρατερὸν
βέλος" σχήσεσθαι λέγει τὸ ὑπομεῖναι. εἰ δὲ γράφεται ,,οὐδέ ἕ φημι / δῆθ᾽ ἀν-
σχήσεσθαι" λέγοι ἂν πάντως ἀνσχήσεσθαι τὸ ἀνασχέσθαι, ὡς καὶ πρὸ τούτου ἐν
τῷ ,,χαλκὸν ἀνασχέσθαι" (Δ 511), D: δῆθ᾽· . . . γράφουσι καὶ ,,δηθά" (h. e. δηθὰ
σχήσεσθαι?), Ludwich A. H. T. 1, 251, 22. Vide ad H 110 a		b ad Λ 439. 451
(Did.); sed pro βέλος habet μένος Pap. Ox. 223		**105** ad Δ 101 a (Ariston.)

---

4 (le.) δὲ διέσχε del. Bk.		ἔχει A em. Bk.		**10** αἰσχρά sc. ἐστίν, αἰσχρὰ οὖσα
Ma.		βασιλείας] ἀσεβείας Wil.		**10** sq. ἢ βουλ. sq. T, καὶ παρασπονδισμόν
CE³E⁴ παρασπονδησμόν B		**11** παραβῆναι cf. Mayser Gramm. 2,1 (1926), 308,
παραβάντα Ma. (fort. rectius)		**13—6** pone sch. E 105 (A = D) in A		**13** le.
Ma., βέβληται γὰρ ἄριστος: A, βέβληται ἄριστος ἀχαιῶν T, om. b		ἀριστεύς]
ἠρίστευεν A		**14** ἢ (ante διὰ) om. A		**16** φησὶν ὑπ᾽ αὐτοῦ b		**17** le. add.
Vill. (eadem Aᶜᵒⁿᵗ, vulg.)		**17** sq. ἀν σχήσεσθαι Bk.		**19** le. add. Ldw.		**20**
le. add. Vill.		ὅτι A, fort. ἡ διπλῆ, ὅτι		**22** le. add. Frdl.		**24** (le.) ὄχεσφιν:
ἔστη (γενν.) T em. Ma.

5*

    *a.*² γενναῖον τὸ Διομήδους ἦθος, ὅτι μὴ τελείως ἀναχωρεῖ καίπερ καιρίαν λαβὼν τὴν πληγήν. b(BCE³E⁴)

ex.   **109—10.** ὄρσο, πέπον ⟨——— ὀϊστόν⟩: οὐδὲν ἀποιμώζει πρὸς τὴν πληγήν, ἀλλὰ γενναίως τὴν χρείαν μόνην φησίν. b(BCE³ E⁴) T

ex.   **111.** Σθένελος δὲ καθ' ἵππων ⟨ἆλτο χαμᾶζε⟩: πρεπόντως καὶ Σθένελος οὐδὲν ἐπιζητεῖ· καὶ γὰρ ἀνοίκειον τῷ καιρῷ. b(BCE³) T

Nic.   **112** *a.* ⟨πὰρ δὲ στάς:⟩ ἐπὶ τὸ στάς βραχὺ διασταλτέον. Aⁱᵐ

ex.   *b.* ἐξέρυσ' ὤμου: αὕτη ἐστὶν ἡ κατὰ διωσμὸν βελουλκία, ἵνα μὴ πάλιν τιτρώσκοιτο ταῖς ἀκίσιν ὑποστρεφούσαις. b(BCE³E⁴) T

ex.   **113.** αἷμα δ' ἀνηκόντιζε: ἐμφαντικὴ ἡ μεταφορὰ τοῦ αἵματος ἀναθέοντος μετὰ βίας· ἀρτηριώδης γὰρ καὶ φλεβώδης ὁ τόπος. A b (BCE³E⁴) T

Nic.   **116—7.** ⟨εἴ ποτέ μοι ——— πολέμῳ:⟩ ταῦτα τοῖς ἑξῆς βέλτιον προσνέμειν. Aⁱᵐ

ex. | ex.   **116.** εἴ ποτέ μοι καὶ πατρί: ἀντὶ τοῦ μού. | προῳκονόμησε δὲ τὸν Τυδέα ὁ ποιητής. b(BC) T

Nic. | Hrd.   **117.** δηΐῳ ἐν πολέμῳ, ⟨νῦν αὖτ' ἐμὲ φῖλαι⟩: ὑποστικτέον ἐν τῷ πολέμῳ. | ἄμεινον δὲ b(BC) T   ὀρθοτονεῖν τὸ ἐμέ, ἵν' ᾖ· καὶ ἐμὲ ὡς ἐκεῖνον. b(BCE⁴) T

---

112 *b* Ge (ex h?): δυνατῶς ἐξείλκυσε τὸ βέλος· ἡ γὰρ κατὰ μικρὸν ἐκβολὴ ἐπωδυνωτέρα ἢ ⟨εἰ⟩ (add. Nicole) ὁλόκληρον ἐξείλκυσε τὸ βέλος   αὕτη ἐστὶν (34) sq. ad Δ 213 *c*; cf. Koerner, Ärztl. Kenntn. 82   **113** nullum signum ante versum in A, at fort. exstabat nota Aristonici de v. στρεπτοῖο χιτῶνος, ad Φ 31; cf. Ap. S. 145, 21: στρεπτοῖο χιτῶνος· τοῦ ὑποδύτου (scripsi, ὑποδετοῦ cod.) ... ὁ δὲ Ἀρίσταρχος τοῦ λεπιδωτοῦ διὰ τὸ τὴν πλοκὴν τῶν κρίκων ἀνεστραμμένην εἶναι, Eust. 528, 23: στρεπτὸν χιτῶνα οἱ μὲν ἐπὶ ἱματίου νοοῦσι λέγοντες στρεπτὸν τὸν κλωστόν, οἱ δὲ ἐπὶ θώρακος κρικωτοῦ ἤτοι ἀλυσιδωτοῦ. ἡ δὲ λέξις κεῖται καὶ ἐν τῇ Φ ῥαψωδίᾳ, D: τοῦ ἀλυσιδωτοῦ σιδηροῦ κρικωτοῦ θώρακος   ἐμφαντικὴ (36) sq. cf. Eust. 528, 35; ad Λ 458 *b*   **116—7** ad E 117   **116—** μού fort. sch. Aristonici, ad A 24 *a* (Ariston.); vide ad O 109 (ex.)   τὸν Τυδέα (42) cf. Eust. 528, 38   **117—** πολέμῳ (44) ex eodem scholio fluxit ac sch. E 116—7   ἄμεινον δὲ (44) sq. ad Z 355. H 198. N 452. Φ 159. X 59 (Hrd.), cf. sch. α 212. δ 619. η 223. μ 33 (Hrd.). De Eust. 528, 45 (τινὲς κοινότερον „φίλε''

26—7 sch. ad E 108 rettulit b   **28** le. T supplevi, om. b (ubi sch. ad v. 110 revocatum est)   (le.) ὄρσεο T em. Ma.   **29** γενν. T φέρει γενναίως καὶ b   μόνην ante τὴν χρείαν b   φησίν T ἐπιζητεῖ b   **31** le. T supplevi, om. b   καὶ om. b   **32** σθένελος pone ἐπιζητεῖ b   **33** le. add. Vill.   **36** le. T, αἷμα δ' ἀνηκόντιζε διὰ στρεπτοῖο χιτῶνος: A, om. b   ἐμφατικὴ A   ἡ om. T   **39** sq. ad E 115—62 d e e s t E³ (excidit fol. 63)   **39** le. addidi (auctore Frdl.)   **41** προωκοδόμησε b   **43** le. T supplevi (auctore Frdl.), om. b   **43** sq. ἐν τῷ T εἰς τὸ b (utraque forma auctor usus est, possis et ἐπὶ τὸ)   **44** ὀρθοτονητέον E⁴

118 a. ⟨δὸς δέ τέ μ' ἄνδρα:⟩ οὕτως †ἔν τισιν ἡρωδιανός. ἡ δὲ *Did.*
γραφὴ† „τόνδε τέ μ' ἄνδρα". A^{im}

b. δὸς δέ τέ μ' ἄνδρα ἑλεῖν: οὐ περὶ τῆς ἰάσεως, ἀλλὰ τῆς *ex.*
τοῦ βαλόντος εὔχεται τιμωρίας. οἰκείως δὲ τοῖς παθήμασιν οἱ εὐχό-
50 μενοι τοῖς θεοῖς τὰ ἐπίθετα ποιοῦνται· καὶ νῦν μὲν ὁ καταπονούμενος
„Ἀτρυτώνην" (cf. E 115), ἡ δὲ †ἑκάτη† εὐχομένη τὴν Ἴλιον σῴ-
ζεσθαι ἐπικαλεῖται τὴν „ἐρυσίπτολιν" (cf. Z 305), οἱ δὲ τὴν λείαν λα-
βόντες ἀνατιθέασι τῇ „ληΐτιδι" (K 460). b(BCE³E⁴) T

c. καὶ ἐς ὁρμὴν ἔγχεος ἐλθεῖν: τουτέστιν διὰ δόρατος *ex.*
55 ἀγωνίσασθαι, μὴ τόξοις μακρόθεν, καὶ ὑπ' ἐμοῦ ἀναιρεθῆναι. ἢ ἐμὲ
ποίησον ἐλθεῖν πρὸς ἄφεσιν δόρατος, τουτέστιν δύνασθαι ἀφεῖναι
δόρυ· κάμνει γὰρ ἤδη. ἢ εἰς τὴν ὁρμὴν τοῦ ἐμοῦ ἔγχους ποίησον αὐ-
τὸν ὑπαντῆσαι. A

d. καὶ ἐς ὁρμὴν ἔγχεος: ἢ ἐμὲ ἰσχῦσαι πάλλειν τὸ δόρυ *ex.*
60 κατὰ τοῦ βαλόντος, ἢ αὐτὸν ἀντιστῆναι τῇ ὁρμῇ τοῦ ἐμοῦ δόρατος.
μόνον δὲ πλησιάσαι αὐτὸν εὔχεται· πέποιθε γὰρ ὡς αἱρήσων τὸν
Πάνδαρον. b(BCE⁴) T

119 a. ⟨ὅς μ' ἔβαλε φθάμενος:⟩ καλῶς ἐπὶ τὴν τύχην, οὐκ ἐπὶ *ex.*
τὴν ἀρετὴν τοῦ βαλόντος ἀνήνεγκε τὴν ἀνδραγαθίαν. b(BCE⁴) T^{il}

65 b. καὶ ἐπεύχεται: ἅπτεται τῶν μειζόνων ἢ τῶν χειρόνων *ex.*
μεγαλαυχία. A^{im} b(BCE⁴) T

121. ⟨ὡς ἔφατ' εὐχόμενος:⟩ ὅτι κατὰ τὴν ἡμετέραν χρῆσιν νῦν *Ariston.*
τὸ εὐχόμενος. A^{im}

122 a. γυῖα δ' ἔθηκεν ἐλαφρά: ὁ ἀστερίσκος, ὅτι ἐντεῦθεν *Ariston.*
70 μετενήνεκται εἰς τὸν ἐπὶ Πατρόκλῳ ἀγῶνα ἐπ' Ὀδυσσέως τρέχοντος
(sc. Ψ 772). A

γράφουσιν) cf. Valk II 581 n. 26. Vide ad K 280 (test.) **118** nullum signum
ante versum in A, sed fort. exstabat sch. Aristonici de constructione sententiae,
ad O 119 (Ariston.), cf. Ap. Dysc. synt. 345, 20 *a* cf. Valk II 123 (improbabi-
liter) *c* et *d* ἢ (55 resp. 59) — ἢ (57 resp. 60) cf. Tryph. II (21, 2) p. 245 West
121 κατὰ τὴν ἡμετέραν χρῆσιν i. e. „precans, non glorians" (Lehrs) **122** *a* ad
N 61. Ψ 772 (Ariston.)

46 le. add. Vill. **46** sq. frustra temptatum, ἀρίσταρχος, ἔν τισι δὲ καὶ τῇ ῥια-
νοῦ ἦν (vel ἐφέρετο) ἡ γραφὴ Ldw., ἔν τισιν. ἡρωδιανὸς δὲ γράφει Cob., fort. ἔν τι-
σιν. ἡ ῥιανοῦ δὲ γραφὴ **48—53** pone sch. E 113 in b **48** (le.) ἄνδρ' T em.
Ma. **49** βάλλοντος C verba οἰκείως δὲ sq. fort. ad E 115 transponenda **50**
θείοις b **51** ἑκάτη om. b, ἑκάβη Ma., recte **52** ἐπικαλ. τὴν om. b ἐρυσί-
πολιν T **57** sq. αὐτὴν A em. Vill. **59** ἰσχύσειν E⁴ τὸ om. T **60**
κατὰ τ. βαλ. om. T, fort. recte κατὰ] παρὰ E⁴ βάλλοντος C αὐτὸν —
ὁρμῇ T ἐκεῖνον ἐλθεῖν πρὸς ἀντίστασιν b **61** αὐτὸν T πάνδαρον b ὡς om.
b αἱρήσων BT αἱρῆ̃ E⁴ αἱρήσειν C **61** sq. τὸν πάνδ. T αὐτόν b **63** le.
add. Bk. **65** le. T, om. Ab ἅπτεται T ἅπτεται γὰρ A, ἅπτεται δὲ (coni. cum
scholio praecedenti) b μειζ. AT κρειττόνων b **67** le. add. Vill. ὅτι A,
ἡ διπλῆ, ὅτι Vill.

ex.   *b.* γυῖα δ' ἔθηκεν ἐλαφρά: οἰκείως· τρωθεὶς γὰρ ἐβεβά-
ρητο. οὐκ ἔχομεν οὖν εἰπεῖν· 'πῶς ἀριστεύει πάλιν;' b(BCE⁴) T

D   124. ⟨μάχεσθαι:⟩ ἀντὶ τοῦ μάχου. A^int

ex.   126. ἄτρομον, οἷον ἔχεσκε: φασὶν ἐν τῷ Θηβαϊκῷ πολέμῳ 75
Τυδέα τρωθέντα ὑπὸ Μελανίππου τοῦ Ἀστακοῦ σφόδρα ἀγανακτῆ-
σαι. Ἀμφιάρεως δὲ κτείναντα τὸν Μελάνιππον δοῦναι τὴν κεφαλὴν
Τυδεῖ. τὸν δὲ δίκην θηρὸς ἀναπτύξαντα ῥοφᾶν τὸν ἐγκέφαλον ἀπὸ
θυμοῦ. κατ' ἐκεῖνο δὲ καιροῦ παρεῖναι Ἀθηνᾶν ἀθανασίαν αὐτῷ φέ-
ρουσαν ἐξ οὐρανοῦ καὶ διὰ τὸ μύσος ἀπεστράφθαι. τὸν δὲ θεασάμενον 80
παρακαλέσαι κἂν τῷ παιδὶ αὐτοῦ χαρίσασθαι τὴν ἀθανασίαν. ἱστορεῖ
Φερεκύδης (FGrHist 3, 97). A b(BC) T

ex.   127. ἀχλὺν δ' αὖ τοι ἀπ' ὀφθαλμῶν ἕλον: παιδευτικῶς ἐδογ-
μάτισεν ἀχλὺν ἐπικεχύσθαι τοῖς ἀνθρώποις, ὅπως ἀεὶ δοκοῖμεν ἡμῖν
παρεστάναι καὶ τὸ θεῖον. b(BCE⁴) T   85

D   ἀχλὺν †αὐτοι καὶ: τὴν ἀορασίαν ——— τὸν Γλαῦκον. A

ex.   128 *a*.¹ ⟨ὄφρ' εὖ γινώσκοις ἠμὲν θεὸν⟩ ἠδὲ καὶ ἄνδρα: θεὸν
ὁμοιωθέντα ἀνδρί, ἵνα διακρίνῃς καὶ τὸν ὄντως ἄνδρα· τοῦτο γὰρ
δηλοῖ ἠμὲν θεὸν ἠδὲ καὶ ἄνδρα. T

     a.² ὅπως εὖ διακρίνοιο καὶ τὸν ἄτρεπτον θεὸν καὶ τὸν ὡς 90
ἄνδρα πάλιν θεόν. b(BCE⁴)

Ariston.   *b.* ἠμὲν θεὸν ἠδὲ καὶ ἄνδρα: ὅτι Ζηνόδοτος γράφει ,,ἠμὲν
θεὸν ἠδ' ἄνθρωπον''. ἰδίως δὲ εἴρηκεν ἄνδρα διὰ τὸ καὶ ἄνδρας πολε-
μεῖν. A

---

126 non liquet, num sch. fuerit de significatione vocis σακέσπαλος (quae semel
ap. Homerum occurrit), cf. Ap. S. 140, 14: σακέσπαλος· Ἀπολλόδωρος
(FGrHist 244, 272) ἤτοι τὰ τῶν πολεμίων σάκη διασείων, aliter D (πολεμικός.
ἀπὸ τοῦ πάλλειν τὸ σάκος καὶ κινεῖν)   φασὶν (75) sq. cf. Eust. 544, 32; D
(unde Ge m. rec., quae praebet: ἡ ἱστορία παρὰ τοῖς Κυκλικοῖς); [Apoll.] bibl.
3, 75—6, sch. Pind. N. 10, 12 b. 11, 43 b, sch. et Tz. Lyc. 1066, [Liban.]
narr. 9 (VIII p. 40, 1 Foerster); Stat. Theb. 8, 716—66; Valk I 333   **127**
vide ad O 668 *b* (ex.)   **128** *a*² cf. D; b aut hanc recensionem respexit aut
verba exempli male interpretatus est, vide Roemer 94   *b* ἰδίως (93) ,,apposite
ad hunc statum, quia qui in bello sunt, sunt ipsi viri, eben die Männer'' (Lehrs

---

74 le. addidi   75 le. AT, om. b   77 κτείν. τ. μελάν. T φονεύσαντα αὐτὸν A b
78 ῥοφεῖν A b   78 sq. ἀπὸ θυμοῦ] ὑπὸ θυμοῦ D, om. A b   79 sq. φέρουσαν
post οὐρανοῦ b   80 μῦσος BCT   81 αὐτοῦ] αὐτὴν ABC   τὴν ἀθανασίαν
om. b   83 (le.) τοι Ma., τ' T (le. om. b)   85 παρεστάναι τὸν θάνατον καὶ τὸ
θεῖον εὐχοίμεθα b   86 (le.) αὖ τοι ἀπ' ὀφθαλμῶν ἕλον edd. sch. D   87 le. T
supplevi (auctore Vill.)   90—1 interpretationem genuinam ex instituto suo
corrupit b   90 ὅπως εὖ διακρ.] τινὲς δὲ τὸ θεὸν καὶ ἄνδρα ἀντὶ τοῦ ὅπως
διακρίνῃς pone sch. E 127 (coni. cum v. εὐχοίμεθα) E⁴   92—4 pone sch.
E 131—2 *a*² in A, trps. Vill.   92 le. Frdl., ὄφρ' εὺ γινώσκοις: A   ὅτι A, ἡ
διπλῆ (debuit δ. περιεστιγμένη), ὅτι Vill.

95 129. πειρώμενος: ἀπόπειραν ——— μορφῇ. A   D

1 130. ἀντικρὺ μάχεσθαι: ἐνθάδε βούλονται τοῦ ἀντικρὺ τὴν   Hrd.
τελευταίαν συστέλλειν διὰ τὸ μέτρον. A

131—2 a.¹ Ἀφροδίτη ⟨/———⟩ τήν γ' οὐτάμεν: ἡ πρακτικὴ   ex.
φρόνησις καταφρονεῖν αὐτὸν τῶν ἡδονῶν παρασκευάζει. b(BCE⁴) T

5 a.² ἀτὰρ εἴ κε: ἐὰν δέ. μόνην δὲ βούλεται ——— ἀμύνει. | D | D | ex.
κατὰ χεῖρα τιτρώσκεται ἡ Ἀφροδίτη, ὅτι ——— τῇ Ἑλένῃ καὶ
†ἄλλως ἠρέθισται ἀκούουσα·† | ἡ πρακτικὴ φρόνησις καταφρονεῖν
τὸν Διομήδη ἡδονῶν παρασκευάζει. A

132 a.¹ ⟨τήν γ' οὐτάμεν:⟩ Ζηνόδοτος ,,τὴν οὔτασαι". Aⁱᵐ   Did.

10 a.² διχῶς Ἀρίσταρχος, καὶ οὕτως καὶ χωρὶς τοῦ γέ, ,,τὴν
οὐτάμεν". Aⁱᵐ

a.³ τήν γ' οὐτάμεν: καὶ μετὰ τοῦ γ̅ καὶ χωρὶς τοῦ γ̅. Ζηνό-
δοτος δὲ ,,τὴν οὐτάσαι". T

133. ⟨ἡ μὲν ἄρ' ὣς εἰποῦσ':⟩ ,,ὣς ἄρα φωνήσασ'". Aⁱˡ   Did.(?)

15 136 a.¹ ⟨ἕλεν μένος:⟩ Πτολεμαῖος ὁ τοῦ Ὀροάνδου ἐν τῷ Περὶ   Did.
τῆς ὁπλοποιίας διὰ τοῦ χ̅ προφέρεται, ,,ἔχεν μένος". Aⁱᵐ

a.² Πτολεμαῖος διὰ τοῦ χ̅ ,,ἔχεν μένος". T

136—40. ὥστε λέοντα ⟨——— φοβεῖται⟩: καλῶς τῶν μὲν   ex.
τετραπόδων τὰ ἀσθενέστερα παρείληφε, τὰ πρόβατα, τῶν δὲ θηρίων
20 τὸν ἀλκιμώτατον λέοντα, καὶ τὸν μὲν ὑπὸ τῆς πληγῆς ἠρεθισμένον,
τὰ δὲ ἔρημα τοῦ φυλάττοντος. b(BCE⁴) T

137. ὄεσσιν: ἀντὶ τοῦ ταῖς ἐπαύλεσιν, ὡς τὸ ,,ποιμαίνων δ' ἐπ'   ex.
ὄεσσι μίγη" (Z 25). b(BC) T

138 a. χραύσῃ: τύψῃ ἢ τρώσῃ. T | εὖ δὲ τὸ μὴ φάναι τύψῃ ἢ   ex. | ex.
25 βάλῃ, ἀλλὰ θίξῃ διὰ τὴν ἐπιπολαίαν πληγήν. b(BCE⁴) T

b. ⟨χραύσῃ:⟩ ξύσῃ, ψαύσῃ. Aⁱⁿᵗ   ex.(?)

---

ap. Friedl., Ariston. 105)   **130** ad E 100 (Hrd.), cf. Eust. 530, 9   διὰ τὸ
μέτρον (2) ad B 518 (Hrd.)   **131**—2 Ge (fort. ex h): ἡ πρακτικὴ φρόνησις —
παρασκευάζει τῶν ἡδονῶν· τὴν ἀχλὺν γὰρ ἀφελομένη διδάσκει τά τε φανερῶς
ἐπερχόμενα καὶ τὰ κρυφίως βλαβερά   **137** nullum signum ante versum in A   ἀν-
τὶ τοῦ sq. fort. sch. Aristonici, ad Δ 500 b (Ariston.)   **138** diple periestigm.
ante versum in A, fort. exstabat sch. Aristonici; diplen puram fuisse, qua
Aristonicus v. χραύσῃ (sc. ἅπαξ λεγόμενον) notaverit, suspicatur Wismeyer
18   b cf. D, Ap. S. 168, 25, Ecl. (An. Ox. 2, 468, 30), Eust. 531, 10

1—2 pone sch. E128b in A, trps. Vill.   **1** (le.) μάχ. cave deleas   **3** le. T suppl.
Ma., om. b (ubi sch. ad E 131 relatum est)   ἡ T ἡ γὰρ b   **4** τῶν ἡδ. παρ.
Ma., ἡδονῶν παρασκευάζει T παρασκευάζει τῶν ἡδονῶν b Ge   **5—8** pone sch.
E 129 in A, trps. Vill.   **7** κακῶς ἠρέθισεν αὐτῆς ἀκοῦσαι D   **9** le. add.
Vill.   τὴν οὐτάσαι Ddf. (cf. sch. a³), τήν γ' οὐτάσαι Vill.   **10** οὕτως A
οὕτως, τήν γ' οὐτάμεν Vill.   **14** le. add. Ddf.   **15** le. add. Bk. (Vill.)
18 le. T supplevi, om. b (qui sch. et ipse ad v. 136 revocavit)   **19** τὰ πρόβατα
om. b   **20** τὸ ἀλκιμ. τὸν λέοντα Ma., fort. recte   **21** ἔρημα post φυλ. b
22 sq. δὲ πόεσι μίγη T   **24** δὲ om. b   **26** le. add. Ddf.

Hrd.   *c.* ὑπεράλμενον: Διονύσιος (fr. 33 S.) ἀναστρέφει τὴν
ὑπέρ, ὁ δὲ Ἀσκαλωνίτης (p. 45 B.) ἐν ἐποίει, ὃ καὶ πιθανώτερον. **A**

Ariston.   **140** *a.*¹ ἀλλὰ κατὰ σταθμοὺς ⟨δύεται· τὰ δ' ἐρῆμα φοβεῖ-
ται⟩: ὅτι σταθμοὺς τὰς κατ' ἀγρὸν ἐπαύλεις, καὶ ὅτι ἐπὶ τὸ συνώνυμον 30
εἴληφεν· ἄνω γὰρ εἴρηκεν „εἰροπόκοις ὄιεσσι" (E 137), νῦν⸴δὲ τὰ δ'
ἐρῆμα φοβεῖται. **A**

      *a.*² ὅτι πρὸς τὸ σημαινόμενον καὶ οὐ πρὸς τὸ ῥητὸν τοῦτο
ἐπήγαγε. **Aⁱᵐ**

ex.   *b.* ἀλλὰ κατὰ σταθμοὺς δύεται: ἐναργῶς τὸν δεδιότα 35
ἐσήμανεν. **T**

ex.   **141** *a.* αἱ μέν τ' ἀγχηστῖναι ἐπ' ἀλλήλοισι κέχυνται:
οὕτω γὰρ συνέρχονται ἀλλήλαις, ἐπειδὰν πτοηθῶσιν. **b(BCE⁴) T**
ἤτοι δὲ αἱ ζῶσαι ἢ αἱ καταβαλλόμεναι. **b(BC) T**

ex. | *ex.*   *b.* κέχυνται: τὸ πλῆθος δηλοῖ· **b(BCE⁴) T**   διὸ καὶ 40
„μελισσάων ἀδινάων" (B 87) φησὶ καὶ „μῆλ' ἀδινά" (α 92). **b(BC)**
T | ἐναργῶς δὲ τὸ τῶν δεδιότων ἐσήμανε σχῆμα. **b(BC)**

ex. | *ex.*   **142** *a.* ἐξάλλεται αὐλῆς: ἔξω ὢν ἅλλεται κατὰ τῆς αὐλῆς. ἢ
ἀντὶ τοῦ καθάλλεται. ἢ ὑπεράλλεται τῆς αὐλῆς, ὡς ἐξωγκῶσθαι λέγο-
μεν τὸ ὑπερυψῶσθαι. ἔμφασις δέ, εἴγε καὶ ὑψηλῶς οὔσης τῆς αὐλῆς 45
†ἄλλεται† αὐτήν. ἔστι δὲ ὡς τὸ „Τρώων †ὁρμήσειαν†" (Δ 335)· οὐ
γὰρ ἀναχωροῦντι τῷ λέοντι εἴκασεν αὐτόν. **b(BCE⁴) T** | ἢ ἐξάλ-
λεται ἐκ τῆς αὐλῆς, ἐκ τοῦ σταθμοῦ. **T**

---

c ad I 539 *a*. K 18 *a*. 93. Λ 33. 370. M 462 *a*. O 382. Π 497. P 240. Σ 7. Y 53. 497, cf.
sch. α 218 (Hrd.)   **140** de accentu vocis ἐρῆμα vide ad K 520   *a*¹ — ἐπαύλεις
(30) ad B 470 *a*, cf. D, sch. Pind. P. 4, 135 d   καὶ ὅτι ἐπὶ (30) sq. et *a*² ad A
251 *a* (Ariston.), cf. Porph. 1, 230, 13, Eust. 531, 26; sim. Ap. Dysc. pron. 84,
19   *b* cf. D   **141** diple ante versum in A, fort. exstabat sch. Aristonici de
genere feminino vocis αἱ μέν τ' ἀγχιστῖναι post τὰ δ' ἐρῆμα (E 140) usurpatae, nisi
forte de v. ἐπί (pro παρά adhibita, ad H 86), cf. Wismeyer 18   *a* — ἀλλήλαις
(38) cf. D, Ap. S. 5, 18. Vide ad Θ 131 *b*   *b* cf. Koerner, Tierwelt 12   ἐναργῶς
δὲ (42) sq. ad E 140 *b* (app. crit.), cf. Eust. 531, 43   **142** *a* — ὑπερυψῶσθαι (45)
cf. Eust. 532, 7   ἔστι δὲ ὡς τὸ (46) sq. ad Δ 335 (Ariston.)

---

29 sq. le. A suppl. Frdl.   **30** ὅτι¹ A, fort. ἡ διπλῆ, ὅτι   an τοῦ συνωνύμου?
32 ἐρεῖμα A em. Vill.   **33** ἡ διπλῆ, ὅτι Vill.   τοῦτο sc. τὰ δ' ἐρῆμα   **35** sq.
sch. fort. ad v. E 141 referendum, cf. sch. E 141 *b*; le. igitur delendum et τὰ pro τὸν
scribendum   **38** οὕτως **b**   ἐπειδὰν πτοηθ. **b** ἐπιπτοηθεῖσαι **T**   **39** τὰς
ζώσας φησὶν ἢ τὰς καταβαλλομένας **b**   **40** κέχυνται: τὸ **T**, διὰ δὲ τοῦ κέχυνται
τὸ (coni. cum scholio praecedenti) **b**   διὸ καὶ **T** ὡς τὸ **b**   **41** φησὶ om.
b   μῆλα **T**   **43** ἔξω] ἀντὶ τοῦ ἔξω **E⁴**   **44** τοῦ om. **T**   καθέλκεται **b**
45 ὑπερυψοῦσθαι **b**   **46** ὑπεράλλεται Ma., recte   ὁρμήσειε Hom.

b. βαθέης ἐξάλλεται αὐλῆς: ἔνιοι τὸ ἔξ ἀντὶ τοῦ ἔξω ἀκού- Hrd. | Ap.
50 ουσιν· ἔξω ὢν βαθέης αὐλῆς ἄλλεται εἰς τὸ ἐντός. | ὁ μέντοι Ἀπολ- Dysc.
λώνιος ἐν τῷ Περὶ προθέσεως (Fr. p. 135, 30) ἓν λέγει εἶναι τὸ
ἐξάλλεται. A

143. ὡς μεμαὼς Τρώεσσι: δηλονότι τῆς προθυμίας ἐποιήσατο ex.
τὴν ὁμοίωσιν. οὐκέτι δὲ καθ᾽ ἕνα, ἀλλὰ †σὺν δύο† ἀναιρεῖ. ὅρα δὲ τὴν
55 ποικιλίαν τῆς ἑρμηνείας. b(BCE⁴) T

145. ⟨βαλών:⟩ ὅτι τὴν πόρρωθεν τρῶσιν βολὴν λέγει. A^int Ariston.

146 *a.* ⟨τὸν δ᾽ ἕτερον:⟩ ὅτι Ζηνόδοτος γράφει ,,τοῦ δ᾽ ἑτέρου''. Ariston.
ὁ δὲ ποιητὴς οὕτως λέγει ,,ξανθῆς δὲ κόμης ἕλε Πηλείωνα'' (A 197). A^im
b. κληῖδα παρ᾽ ὦμον: †πρώτη μέν τις ἀπεκόπη τῆς χειρός. ex.
60 οὕτως δὲ διήιρηται· κρεμᾶται ἡ χείρ†. T

κληῖδα: τὴν κατακλεῖδα ——— Δημοσθένης φησί (or. 18, D
67)·,,τὴν κλεῖν κατεαγότα''. A

147 *a.* ⟨πλῆξεν:⟩ πρὸς τὴν διαφορὰν τοῦ πλῆξε καὶ ,,ἔβαλεν'' Ariston.
(B 692 al.), ὅτι ἐκ χειρὸς ἐπάταξεν. A^int
65 *b.* πλῆξε: ἀπὸ μετοχῆς τῆς ,,βαλών'' (E 145) εἰς ῥῆμα, ὡς ex.
τὸ ,,ἰοῖσίν τε τιτυσκόμενοι λάεσσί τ᾽ ἔβαλλον'' (Γ 80). b(BC) T

148. τοὺς μὲν ἔασ᾽, ⟨ὁ δ᾽ Ἄβαντα μετῴχετο καὶ Πολύϊ- Ariston.
δον⟩: πρὸς τὴν ὁμωνυμίαν· καὶ γὰρ Ἀργείων ἐβασίλευε Πολύϊδος
ὁ τὸν Μίνωος ἀνευρὼν παῖδα μάντις. ἡ δὲ ἀναφορὰ πρὸς τὸ ,,Αἴθρη
70 Πιτθῆος θυγάτηρ'' (Γ 144). A

---

b — ἐντός (50) cf. sch. λ 134 (= Hrd. 2, 150, 25): ἐξ ἁλός (vel ἔξαλος)· ... ἀλλ᾽
εἴ γε καὶ ἐν παραθέσει εἴη ἡ ἔξ, δύναται τὸ ἔξω δηλοῦν, ὡς τὸ ,,ἔκ τ᾽ ἀνδροκτασίης''
(Λ 164), ὁ μέντοι Ἀσκαλωνίτης (p. 62 B.) τὸ πλῆρες ἔξω ἡγεῖται, ἵν᾽ ἢ ἔκθλιψις τοῦ
ω̄, ὡς ἐν τῷ ,,βαθέης ἐξάλλεται αὐλῆς''. οὐκ ἀναγκαῖον δέ, τῆς ἐξ ἤδη τὸ ἔξω σημ-
αινούσης. Vide ad Λ 163. εἰς τὸ ἐντός (50) cf. Porph. 1, 328, 7 ὁ μέντοι (50)
sq. cf. Beiträge 87 143 οὐκέτι (54) — ἀναιρεῖ (54) eadem fere Ge (e T ut vid.)
145 ad Γ 82. Δ 540 (Ariston.) 146 *a* ad A 197. E 27—8 (Ariston.) 147 *a* ad
Δ 540 (Ariston.) ἐκ χειρός (64) sq. cf. Ap. S. 132, 14 *b* ad B 692. Γ 80 *a*
(ex.), cf. Eust. 532, 26 148 Eust. 533, 6: ὁ δὲ Ἄβας ὁμώνυμός ἐστι τῷ Ἑλ-
ληνικῷ, ἐξ οὗ οἱ κατ᾽ Εὔβοιαν Ἄβαντες. | ὁ δὲ Πολύϊδος διφορεῖται παρὰ τοῖς πα-
λαιοῖς ἔν τε διχρόνῳ καὶ διὰ διφθόγγου δὲ ἔχων τὴν παραλήγουσαν, originis incer-
tae πρὸς τὴν ὁμωνυμίαν (68) sq. ad Γ 144 (Ariston.); vide ad N 643 (ex.) καὶ
γὰρ (68) — μάντις (69) cf. [Apoll.] bibl. 3, 18 al.

---

50 ὢν Vill., ον A 53 δῆλον ὅτι E⁴ 54 σύνδυο B et Ge, recte 56 le. add.
Bk. ὅτι A, ἡ διπλῆ, ὅτι Vill. 57 le. addidi (auctore Vill.) ὅτι A, ἡ διπλῆ
(debuit δ. περιεστιγμένη), ὅτι Vill. 59 sq. nondum expeditum, ὤμος ἀπεκόπη
αὐχένος· οὕτω δὲ διήρηται (ceteris omissis et scholio relato ad v. E 146—7) Ma.,
cf. Eust. 533,5; at vide e. g. Hdt. 6, 91,2 63 le. add. Bk. πρὸς A, ἡ διπλῆ
πρὸς Vill. 65 τῆς βαλών om. *b* 66 ἰοισί T τε om. *b* λάεσίν T
67 sq. le. suppl. Vill. 68 ἡ διπλῆ πρὸς Vill.

Ariston. **149.** ⟨ὀνειροπόλοιο:⟩ ὅτι ὀνειροπόλος ὁ διὰ τῶν ἰδίων ὀνείρων μαντευόμενος, οὐχ ὁ ὀνειροκρίτης. **A**[im]

Ariston. | D **150** *a.* τοῖς οὐκ ἐρχομένοις ⟨ὁ γέρων ἐκρίνατ' ὀνείρους⟩: ἡ διπλῆ πρὸς τὴν ἑρμηνείαν. | τὸ δὲ ὅλον· οἷς τισι μὴ ἐπανιοῦσι τοῦ πολέμου ὁ γέρων ἔκρινε τοὺς ὀνείρους· ἔστι γὰρ —— ἀναιρεθήσον- 75 ται. **A**

ex. *b.* τοῖς οὐκ ἐρχομένοις ⟨ὁ γέρων ἐκρίνατ' ὀνείρους⟩: ἐρχομένοις εἰς τὴν μάχην οὐκ ἐμαντεύσατο. b(BCE⁴) **T** ὅμοιον δέ ἐστι τῷ „ἀλλ' οὔ οἱ τότε γε χραῖσμ' Ἄρτεμις ἰοχέαιρα" (E 53). b(BC) **T** 80

Ariston. **153** *a.* ⟨ἄμφω τηλυγέτω:⟩ ὅτι καὶ ἐπὶ δύο τὸ τηλύγετος. **A**[int]

ex. *b.* ἄμφω τηλυγέτω: μεθ' οὓς οὐκ ἐπαιδοποίησεν ὁ πατήρ, οἱ τῆλε τῆς ἡλικίας γενομένῳ τῷ πατρὶ γεννηθέντες. b(B,C[bis],E⁴) **T**

ex. *c.* ὁ δὲ τείρετο γήραϊ λυγρῷ: ἐλέγχει τοὺς οἰομένους δεῖν ἐπὶ γήρᾳ παιδοποιεῖν, ὅπως διαδόχοις χρήσωνται, ὡς κακῶς οἰο- 85 μένους· νικᾷ γὰρ ἡ πήρωσις. b(B,C[bis],E⁴) **T**

Ariston. **156.** ἀμφοτέρω: ὅτι Ζηνόδοτος γράφει σὺν τῷ ν̄ „ἀμφοτέρων". οὕτως δὲ λέγει, ἀμφοτέρους ἀφείλετο τὸν θυμόν· τὸ γὰρ ἀμφοτέρω νῦν ἀμφοτέρους σημαίνει. ὁμοίως δὲ λέγεται καὶ κατὰ τὸ ἑνικὸν „ἐπεί μ' ἀφέλεσθέ γε δόντες" (Α 299). **A** 90

Hrd. **158** *a.* χηρωσταί: ὡς ἀθληταί. οὕτως καὶ ὁ Ἀσκαλωνίτης (p. 45 B.)· τὰ γὰρ εἰς της λήγοντα ῥηματικὰ ὑπὲρ δύο συλλαβάς, φύσει μακρᾷ παραληγόμενα, ὀξύνεται, τορευτής βραβευτής ἀθλητής ποιητής ὀρχηστής χρυσωτής. οὕτως οὖν καὶ παρὰ τὸ „ἐεδνώσαιτο θύγατρα" (β 53) τὸ ἐεδνωτής, καὶ παρὰ τὸ „χήρωσας δὲ γυναῖκα" 95 (Ρ 36) τὸ χηρωστής. μάχεται τὸ „κυβερνήτης" (Ψ 316)· τὸ γὰρ

149 ad Α 62—3 (test.); sim. Ap. S. 121,10; Eust. 533,9, cf. 47,34; aliter D **150** *a* — ὀνείρους (75) ad Β 286 (Ariston.), vide ad Α 163 *a* (test.). Verba τὸ δὲ (74) — ὀνείρους (75) Aristonico attribuenda esse censuit Frdl. **153** *b* ad Ι 143. 481—2. Ν 470 *c* (cum test.), cf. D, sch. δ 11, sch. Ap. Rh. 1, 97—100, Porph. 1, 303, 1, Eust. 533, 15; Or. Werf. 616, 38; Lex. Vind. 178, 7. Vide Poll. 3, 20 **156** ad Α 275 *b* (Ariston.) **158** *a* paulo brevius Eust. 533, 35; ad Λ 454. Ν 382. Χ 67 (Hrd.), cf. Eust. 1724, 36 (= Heracl. Mil. fr. 12)

71 le. add. Bk. ὅτι] fort. ἡ διπλῆ, ὅτι **73** le. A suppl. Vill. **77** le. T supplevi (auctore Vill.), om. b **78** sq. ἔστι δὲ ὅμοιον τῷ b, fort. rectius **79** γε om. T ἰοχέαιρα om. b **81** le. add. Frdl. ὅτι καὶ Pluyg. (fort. ἡ διπλῆ, ὅτι καὶ), καὶ ὅτι A τὸ τηλυγέτω Ddf. **83** γεννηθ. T τεχθέντες b **84** ἐλέγχει δὲ coni. cum scholio praecedenti (v. τεχθέντες) b **84** sq. ἐπὶ γήρᾳ ante οἰομένους b **85** χρήσαιντο b **86** πήρωσις b πεπρωμένη T **87** ὅτι A, ἡ διπλῆ (debuit δ. περιεστιγμένη), ὅτι Vill. **88** ἀμφοτέροις A em. Bk. **93** μακρά A em. Bk. **94** ὀρχιστὴς A em. Vill.; de v. ὀρχ. cf. Π 617. Ω 261 ἐεδνώσαιτο (= Hom.) Bk., ἐεδνώσαι τὰ A, ἐεδνώσει τὴν Vill. **95** ἐεδνωτής cf. Ν 382

1 ἀήτης ἄλλως γέγονε. τὸ δὲ παρὰ Σοφοκλεῖ ἐν Ἀλεξάνδρῳ (fr. 91
N² = 94 P.) „στείχων δ᾽ ἀγρώστην ὄχλον" παρώνυμον. A

    b. χηρωσταί: οἱ τὸν χῆρον οἶκον διανεμόμενοι κληρονόμοι.   *ex. | Hrd. | ex.(?)*
b(BCE⁴) T | χηρωσταί δὲ ὡς ἀθληταί. b(BC) T | ἢ ἀγχιστεῖς ἢ
5 κληρονόμοι. T

    c. ⟨χηρωσταί:⟩ οἱ ἀλλότριοι τοῦ γένους κληρονόμοι. Aᶦⁿᵗ   *Synag.*
    d. διὰ κτῆσιν δατέοντο: προληπτικῶς· οὔπω γὰρ ἀπέ-   *ex.*
θανεν ὁ γέρων. b(BC) T

    161. ἐξ αὐχένα ἄξει: ἔμφασιν διακοπῆς ἔχει ἡ ὑπέρθεσις ὡς τὸ   *ex.*
10 „λέων κατὰ ταῦρον ἐδηδώς" (P 542). T

    161—2. ἐν βουσὶ θορὼν —— πόρτιος ἠὲ βοός: εἰπὼν τὸ   *ex.*
γενικὸν ἐπὶ τὰ ἰδικὰ ἔρχεται. b(BC) T   ὁ δὲ ἠέ ἀντὶ τοῦ καί, ὡς
„εἰ δέ κ᾽ Ἄρης ἄρχωσι μάχης ἢ Φοῖβος Ἀπόλλων" (Υ 138). b(BC
E⁴) T

15   162 *a.* ⟨πόρτιος ἠὲ βοός:⟩ ὅτι Ζηνόδοτος γράφει „βουκόλου   *Ariston.*
ἠὲ βοός". παραλλήλως δὲ τὸ εἶδος τῷ γένει τέταχεν. Aᶦᵐ

    b. πόρτιος: νέου βοός, μόσχου. T   *ex.*
    c. ξύλοχον: τόπον σύνδενδρον, οἱ δὲ κοίτην θηρίου. T   *ex.*

    164. ἀέκοντας: στέρησίς ἐστι τοῦ ἑκόντα τὸ ἀέκοντα· διὸ δασυν-   *Hrd.*
20 τέον τὸ ε̄. πταίει οὖν Νικίας (fr. 7 B.) ψιλῶν τὸ ε̄· οἴεται γὰρ τῷ
ἀκόντα ἐπε⟨ν⟩τίθεσθαι τὸ ε̄, ὅπερ οὐκ ἔστι· τὸ γὰρ ἄκοντα συναλιφή
ἐστι τοῦ ἀέκοντα. διὰ τί δὲ τὸ ᾱ ἐψιλώθη, ἐν ἑτέροις (e. g. ad A 301)
ἔφαμεν. A

    166 *a.* τὸν δ᾽ ἴδεν Αἰνείας: τὸ ὁμοειδές τε ἐκκλίνει καὶ πρόθυμον   *ex.*
25 Πάνδαρον ποιεῖ ἀθυμοῦντα ἐπὶ Διομήδει. b(BCE³) T

τὸ δὲ παρά (1) sq. cf. Wilamowitz ad Eur. Her. 377   *b* — κληρονόμοι (3) cf. sch.
c   ἢ ἀγχιστεῖς (4) sq. cf. Ap. S. 167, 31; vide sch. *c*   *c* Ba. 415, 15, Su. χ
293, cf. D, Or. 166, 1 (unde Et. Gen. = EM. 811, 38, sim. Et. Gud. 564, 50);
aliter Poll. 3, 47. Cf. Beiträge 117   οἱ — γένους sim. h(Ge P¹¹V⁶): οἱ χήρων
καὶ ἀπαίδων κληρονόμοι (οἱ — κληρ. om. Ge; cf. D), οἱ κατ᾽ οὐδένα τρόπον προσ-
ήκοντες τῷ γένει (τῷ γένει προσήκοντες, οἱ κληρονόμοι τοῦ ἀπαιδος καὶ χήρου
Ge)   **161** ad P 542 (ex.)   **161**—2 ὁ δὲ ἠέ (12) sq. ad Υ 138 (T)   **162**
a παραλλήλως (16) sq. cf. D, Eust. 534, 30   παραλλήλως (16) ad A 99a   *b*
— βοός cf. He.   *c* — σύνδενδρον cf. D, sch. Ap. Rh. 1, 1141—48 c, Eust. 534, 32
164 ad A 301 *c* (Hrd.)

1 ἀήτης cf. Ζ 254 al.   2 δ᾽ om. Eust.   4 ἀθληταί T αὐληταί b   6 le. add.
Ddf. (Vill.)   7 προληπτικῶς δὲ τοῦτό φησιν (φασιν C) pone sch. *b* (coni. cum v.
αὐληταί) b   11 le. Ma., ἐν βουσὶ θορῶν: πόρτιος ἠὲ βοός· T, om. b (scholio ad
v. 162 relato)   12 εἰδικὰ in ἰδικὰ mutavit C   δὲ om. E⁴   ἠέ b ἤ T   ὡς T
ὡς τὸ b, fort. rectius   15 le. add. Bk.   ὅτι A, ἡ διπλῆ (immo δ. περιεστιγμένη),
ὅτι Vill.   19 incipit E³ (sc. E 163), vide ad E 116—7   20 τῷ Lehrs, τὸ A
21 ἀκόντα A, ἄκοντα Lehrs, fort. recte   ἐπετίθεσθαι A suppl. Bk.   24 le. T,
om. b, fort. supplendum, cum sch. ad totam scaenam sequentem pertinere vi-
deatur   τε om. b, fort. rectius

ex.(?)   b. ⟨άλαπάζοντα:⟩ άναλίσκοντα. T^il

ex.   168. Πάνδαρον ⟨———⟩διζήμενος: αὐτὸς ἔξω κινδύνων στὰς
τοξότην ἀντικαθίστησιν αὐτῷ· οὐ γὰρ ἐθέλει κινδυνεύειν Αἰνείας.
b(BCE³) T

Ariston.   169. ⟨εὗρε Λυκάονος υἱόν:⟩ πρὸς τὸ ἀσύνδετον. A^im   30

ex.(?) | ex.   171—3. ποῦ τοι τόξον ⟨——— ἀμείνων⟩: ἡ τοξεία. T | οἰκεῖα
δὲ τὰ ἐγκώμια τῇ προτροπῇ, ὡς †εἰς αὐτὸν μόνον† σαλευούσης τῆς
σωτηρίας τῶν Τρώων. b(BCE³E⁴) T

Ariston.   173. ⟨οὐδέ τις ἐν Λυκίῃ:⟩ ὅτι τὴν Τρωϊκὴν Λυκίαν λέγει. A^im

Ariston.   177 a. εἰ μή τις θεός ἐστι κοτεσσάμενος ⟨Τρώεσσιν⟩: πρὸς 35
τὸ ἀμφίβολον, εἰ μὴ οὗτος αὐτὸς θεός ἐστιν ὁ ἐναντιούμενος, ἢ εἰ μή
τις θεὸς ἐγκοτῶν τοῖς Τρωσὶ τῷ πολεμίῳ ἀρήγει ⟨✱✱✱⟩. A

ex.   b. εἰ μή τις θεός ἐστι: οἰκείως ὑπονοεῖ θεὸν ὁ προελθὼν ἐκ
θεᾶς. ἅμα δὲ καὶ ἦθος ὁ λόγος ἔχει. b(BCE³E⁴) T

Hrd.   178 a.¹ ἐπιμῆνις: Ἀρίσταρχος παρολκὴν οἴεται τῆς ἐπί, ὁμοίως 40
τῷ „ἐπισμυγερῶς" (γ 195) καὶ „βοῶν ἐπιβουκόλος ἀνήρ" (γ 422).
ὅταν δὲ παρέλκῃ ἡ πρόθεσις, οὐ ποιεῖται ἐξαλλαγὴν τόνου. εἰσὶ δὲ οἳ
ἀνεγνώκασιν ὁμοίως τῷ „ἐπεὶ οὔ τοι ἔπι δέος" (A 515), ἵνα τὸ ἔπεστι
σημαίνηται. ἄλλοι δὲ „ἐπίμηνις", ἓν μέρος λόγου ποιοῦντες. ἄμεινον
δὲ τῷ Ἀριστάρχῳ συγκατατίθεσθαι. A   45
          a.² κατὰ παρολκήν ἐστιν ἡ ἐπί πρόθεσις· διὸ οὐκ ἀμείβει τὸν
τόνον. b(BCE³) T

166 b cf. D, sch. δ176, sch. Theocr. 2, 85 b (test.)   169 cf. Eust. 535, 3, vide ad
B 167 b (Nic.)   171—3 — τοξεία (31) cf. D   οἰκεῖα δὲ (31) sq. cf. Plut. mor.
·72 b/c   173 Su. λ805: Λυκίαν· τὴν Τρωϊκὴν Ὅμηρος Λυκίαν λέγει. „οὐδέ τις ἐν
Λυκίῃ σέο γ᾽ εὔχεται εἶναι ἀμείνων", cf. Eust. 535, 21; vide ad Δ 101 a (Ariston.)
177 a Ge (ex h ut vid.): πρὸς τὸ ἀμφίβολον — ἐναντιούμενος [ἢ εἰ μή] (absc., suppl.
Nicole) τις — τοῖς [Τρωσὶ] τῷ πολεμίῳ ἀρήγ[ει ..] ὑγιές (fort. ἀρήγ[ει ὁ] ὑγιές), cf.
Eust. 536, 4; vide ad E 183. 191 a (Ariston.)   178 ad l 456. K 38. 273. N 450. T 90.
Ψ 561, cf. sch. γ195. 422. δ 672. ν222. 405 (Hrd.), D (brevius), Eust. 535, 46. Vide
ad A 515. 572. E 862. Z 357 a¹ (Hrd.)   ἐξαλλαγὴν τόνου (42) ad Δ 423 (Hrd.)

26 le. add. Ma.   27 le. T suppl. Ma., om. b   30 le. add. Frdl.   πρὸς A,
fort. ἡ διπλῆ πρός   31 le. T supplevi, om. b (ubi sch. ad E 171 relegatum est)
32 δὲ om. b   τῇ T τῶν ὀϊστῶν τῇ b   εἰς — σαλ. T εἰς αὐτὸν ἀφορώσης μόνον
b, fort. ἐπ᾽ αὐτῷ μόνῳ σαλευούσης   33 σωτηρίας post τρώων b   τριῶν T
34 le. add. Vill.   ὅτι A, ἡ διπλῆ, ὅτι Vill.   35 le. A suppl. Frdl.   πρὸς A,
fort. ἡ διπλῆ πρός   37 lac. stat. Frdl. verbis ὁ καὶ ὑγιές (e. g.) supplendam, cf.
test.   38 ὑπονοεῖ b προνοεῖ T   39 ὁ λόγος om. T   43 ἐπεὶ Vill., ἐπὶ A
46 κατὰ b, χαλεπὴ δὲ θεοῦ ἐπιμῆνις: κατὰ T

181 a.¹ ⟨Τυδείδη μιν ἔγωγε:⟩ Ἀρίσταρχος διχῶς, καὶ μίν καὶ   *Did.*
„μέν", Τυδείδη μιν ἐγώ. Aⁱᵐ

50   a.² Τυδείδη μιν: διχῶς, καὶ μίν καὶ „μέν". T

    b. Τυδείδη μιν ⟨————⟩ πάντα ἐΐσκω: καὶ πῶς γινώσκει   *ex.*
τοῦ πυρὸς καιομένου; ἢ οὐ πάντα τὸν καιρὸν καίεται. T

181—2. ⟨Τυδείδη μιν ———— τρυφαλείη:⟩ καὶ πῶς γινώσκει   *ex.*
πολέμιον ὄντα; ὅτι ἔστιν ὅτε καὶ κατ' αὐτὸν τὸν πόλεμον συναντῶσιν
55 ἀλλήλοις καὶ γνωρίζονται, ἔστι δ' ὅτε μὴ ὄντος πολέμου κατοπτεύον-
τες βλέπουσι τοὺς ἀλλήλων ἀριστεῖς. b(BCE³E⁴)

182. αὐλώπιδί τε τρυφαλείη: εἶδος περικεφαλείας λόφον εἰς   *D | ex.(?)*
ὀξὺ ἀνατεταμένον ἐχούσης. | †τρυφαλῆς† δὲ τρυφάλεια. T

183. ἵππους τ' εἰσορόων. ⟨σάφα δ' οὐκ οἶδ', εἰ θεός ἐστιν⟩:   *Ariston.*
60 ἀθετεῖται, ὅτι δεξάμενός τις, „εἰ μή τις θεός ἐστιν" ὁ ἐναντιούμενος (cf.
ad E 177), ἐνέγραψεν αὐτόν. οὐ διστάζει δέ, ἀλλ' ἐπίσταται σαφῶς
ὅτι Διομήδης ἐστί· διὸ λέγει „Τυδείδη μιν ἔγωγε δαΐφρονι πάντα
ἐΐσκω / ἀσπίδι γινώσκων αὐλώπιδί τε τρυφαλείη" (E 181—2). A

186. εἰλυμένος ὤμους: ἀπὸ μέρους τὸ πᾶν. T   *ex.*

65 187 a. ὃς τούτου βέλος ὠκὺ ⟨κιχήμενον ἔτραπεν ἄλλη⟩:   *Ariston.*
ὅτι Ζηνόδοτος ἠθέτηκεν αὐτόν· οὐ γὰρ ἐτράπετο ἄλλη τὸ βέλος, ἀλλ'
ἔτυχεν αὐτοῦ. οὐ λέγει δὲ ὅτι καθόλου ἀπέτυχεν, ἀλλ' ὅτι ἐπὶ καί-
ριον τόπον φερόμενον παρέτρεψεν. A

    b. ⟨ἔτραπεν:⟩ ἀντὶ τοῦ ἔτρεψεν. Tⁱˡ   *D*

70 188. ⟨ἐφῆκα βέλος καί μιν βάλον ὦμον:⟩ καὶ προηκάμην,   *ex.(?)*
φησί, καὶ ἔτρωσα τὸν ὦμον. Aⁱᵐ

189. ⟨θώρηκος γυάλοιο:⟩ ὅτι περιφραστικῶς πάλιν ⟨τοῦ⟩   *Ariston.*
κύτους. Aⁱⁿᵗ

---

181 b cf. D ad E 4; Eust. 536, 39   182 — ἐχούσης (58) cf. D ad Λ 353, Ap.
S. 47, 24 (He. α 8322)   τρυφαλ. δὲ (58) sq. cf. Eust. 537, 7: τρυφάλη δέ ἐστιν, ὡς
εἰκός, ἐξ ἧς καὶ τρυφάλεια   183 ad E 177 a (Ariston.)   εἰ μή τις (60) —
ἐναντιούμενος cf. Lehrs ap. Friedl., Ariston. p. 107: „Quum intelligi debeat: nisi
quis iratus Trojanis deus ei auxiliatur, vide ad (E) 191"   187 a Ge (ex h ut
vid.)   188 diple ante versum in A, fort. excidit sch. Aristonici aut de signi-
ficatione vocis βάλον (vide ad Δ 540) aut de figura, quae vocatur σχῆμα Ἰωνικόν
(vide ad A 197. E 27—8 al.), cf. Wismeyer 18   καὶ προηκάμην (70) sq. ad Γ 82 b
189 ad E 99 a (Ariston.), cf. D

---

48 le. add. Vill.   49 fort. ἔγωγε   50 pone sch. b in T, transposui   51 le.
T suppl. Ma., om. b   53 le. addidi (sch. ad E 182 rettulit b)   55 μή] καὶ μὴ
Bk.   57 περικεφ. εἶδος D   58 τρυφάλη? Αn ἀπὸ τρυφάλης? (cf. Eust.)   59
le. A suppl. Frdl.   65 le. A suppl. Vill.   66 ὅτι A, ἡ διπλῆ (debuit δ. περιε-
στιγμένη), ὅτι Vill.   ζηνόδωρος Ge   69 le. add. Ma.   70 le. addidi (auctore
Vill.)   72 le. add. Bk. (Vill.)   ὅτι A, ἡ διπλῆ, ὅτι Vill.   τοῦ add. Frdl.

Ariston.   191 *a.* ἔμπης δ᾽ οὐκ ἐδάμασσα· ⟨θεός νύ τίς ἐστι κοτήεις⟩:
ὅτι εὐκρινὲς γίνεται τὸ ἐν τοῖς ἐπάνω (sc. E 177) ἀμφίβολον ὅτι συνερ- 75
γὸν λέγει τῷ πολεμίῳ θεόν. A

ex.   *b.* θεός νύ τίς ἐστι κοτήεις: ἐν ἤθει τοῦτο διὰ τὸ μὴ ἀνῃ-
ρῆσθαι αὐτόν. b(BCE³E⁴) T

ex.(?)   192. ⟨ἐπιβαίη ν:⟩ ἵνα φύγῃ. T^il

ex.   193. ἀλλά που ἐν μεγάροισι: κερτομεῖ αὐτοῦ τὸ φιλάργυρον 80
ὡς ἀμελοῦντος τῆς ἰδίας σωτηρίας ἀναλωμάτων φειδοῖ. b(BCE³E⁴) T

Ariston.   194 *a.* καλοὶ πρωτοπαγεῖς ⟨νεοτευχέες⟩: ὅτι Ζηνόδοτος
μετέθηκεν ὡς ταυτολογοῦντος πρωτοπαγεῖς νεοτευχέες, ἀγνοῶν
ὅτι ἐνίοτε παραλλήλως τάσσει τὰς ἰσοδυναμούσας λέξεις. A

ex.|*(?)*   *b.* πρωτοπαγεῖς: πρώτως παγέντες, ὅ ἐστιν ἐξόχως· A 85
b(BCE³) T | ἢ νέοι. b(BCE³)

ex.   *c.* πρωτοπαγεῖς νεοτευχέες: τὸν φειδωλὸν ὅρα καὶ ἀ-
χράντους φυλάξαντα ὡς ἀναθήματα τοὺς δίφρους καὶ ταῦτα πλῆθος
ἔχοντα συνωρίδων· b(BCE³E⁴) T   „ἕνδεκα δίφροι" (E 193). T

Ariston.(?)   195 *a.* παρὰ δέ σφιν ἑκάστω: σφίν ἀντὶ τοῦ σφῶν. T   90
Ariston.   *b.* ⟨δίζυγες ἵπποι:⟩ ὅτι δύο ἵπποις ἐχρῶντο. A^int

D | *ex.*   196 *a.* κρῖ λευκόν: κριθάς. ἀποκοπὴ τὸ πάθος. A | εἰδέναι δὲ δεῖ
καὶ ζητεῖν, πότερον ἐκ τοῦ κρῖμνον ἢ ἀπὸ τῆς κριθῆς ἀποκέκοπται τὸ

---

191 *a* ad E 177 *a* (Ariston.)   193 cf. Eust. 538, 3   194 *a* Ge (fort. ex h);
cf. Duentzer, Zen. 17; Ludwich, A. H. T. 1, 253, 19; vide ad Γ 423 *a*   παραλ-
λήλως (84) ad A 99—100 *a* (Ariston.), aliter Eust. 538, 4   *b* — ἐξόχως (85)
cf. D   195 *a* ad A 24 *a* (Ariston.)   ἀντὶ τοῦ σφῶν eadem ad P 437   *b* ad
E 224 *a.* 230. 272 *a.* Z 38. Θ 109. 290. K 473 *c.* Λ 699. Ψ 276 (Ariston.), cf. Eust.
538, 12; Lehrs Ar.³ 193; Hofmann, Ar. 60. Vide ad Θ 185 (Ariston.), Π 371 *a* (ex.);
Isid. orig. 18, 34, 1   196 *a* εἰδέναι δὲ δεῖ (92) sq. cf. Eust. 538,13, brevius 1218,
29; Choer. Th. 1, 345, 9, O. 226, 28 (cf. Et. Gen. = EM. 538,12, brevius Et. Gud.
346, 22), Ep. Hom. (An. Ox. 1, 245, 26); de accentu Arcad. 143, 11. 206,
21   εἰδέναι δὲ δεῖ (92) — ἀποκέκοπται τὸ κρῖ (93) cf. Aristot. poet. 1458 a 4

---

74 le. A suppl. Vill.   75 ὅτι A, ἡ διπλῆ, ὅτι Vill.   77 ἐν ἤθει τοῦτο T ἠθικῶς
φησι b   77 sq. ἀναιρεθῆναι b   79 le. add. Ma.   80 αὐτοῦ τὸ T τὸ ἑαυτοῦ
b   81 ἀναλωμ. T χρημάτων b   82 le. A suppl. Vill.   ὅτι A, ἡ διπλῆ
(debuit δ. περιεστιγμένη), ὅτι Vill.   ζην. A ζηνόδωρος Ge   83 post μετέθ. lac.
stat. Ldw. sic fere supplendam „πρωτοπαγεῖς· παρὰ δέ σφιν ἑκάστω δίζυγες ἵπποι"
(sc. pro v. E 194—5), fort. recte, τὴν συνέπειαν οὕτως· „ἀλλά που ἐν μεγάροισι
λυκάονος ἕνδεκα δίφροι / πρωτοπαγεῖς, παρὰ δέ σφιν ἑκάστω δίζυγες ἵπποι" ins.
Nickau; pro μετέθηκεν ci. ἠθέτηκεν Heyne, at cf. Dtz. (test.)   84 τάσσει παραλλ.
Ge   λέξεις A δυνάμεις Ge   85 le. AT, om. b   87 πρωτοπ. sq. cum scholio prae-
cedenti coni. T   τὸν φειδωλὸν post ὅρα b   88 ὡς ἀναθ. b πρὸς ἀνάθεμα T
91 le. add. Vill.   ὅτι A, fort. ἡ διπλῆ, ὅτι   92 le. A, om. T (suppl. V)   93
κρῖμνον (saepius) Bk.   ἀπὸ A ἐκ T   τῆς κριθῆς] malim τοῦ κριθῆ

κρῖ· εἰ μὴ γὰρ ἦν τὸ κρῖ οὐδετέρου γένους, οὐκ ἐποιεῖτο τὴν σύν-
95 ταξιν μετὰ τοῦ λευκόν οὐδετέρου, οἷον κρῖ λευκὸν ἐρεπτόμενοι
1 καὶ ὀλύρας· καὶ αὐτὸ γὰρ τὸ κρῖμνον οὐδετέρου γένους ἐστίν. φαίη
τις πρὸς τοῦτο· 'οὐδὲν μέγα· δύναται γὰρ καὶ ἐπὶ θηλυκοῦ λαμβά-
νεσθαι, οἷον τὴν κρῖ λευκὸν οὖσαν ἀντὶ τοῦ †ὥσπερ τὴν λευκήν† θεόν,
τὴν δοῦλον, ἅπερ εἰσὶν Ἀττικά'. ΑΤ   πρὸς ὃ λέγομεν ὅτι †ὸν
5 πείσει† οὐδέτερον καὶ μόνον ὂν ἐνταῦθα τὸ „εὐρυφυὲς κρῖ ⟨λευκόν)‟
(δ 604). Τ   κρῖμνον δέ ἐστι τὸ λεπτὸν ἄχυρον τῆς κριθῆς. ἀπο-
δέδεικται οὖν ὅτι τὸ κρῖ ἐκ τοῦ κρῖμνον καὶ οὐκ ἐκ τοῦ κριθή ἐστι γε-
γονός. ΑΤ
    b. ἐρεπτόμενοι: κυρίως ἀπὸ τῆς ἔρας λαμβάνοντες· Α b   ex.
10 (BCE³) Τ   οὕτω γὰρ δηλοῖ διαιρουμένη ἡ λέξις. b(BCE³)
    197—203. ἦ μέν μοι μάλα πολλὰ γέρων ⟨——— ἔδμεναι   ex.
ἄδην): ἐπιτείνει τὴν φειδωλίαν· τοὐναντίον γὰρ ἔδει· τὸ φιλότιμον
γὰρ τῶν νέων ἐπέχουσιν οἱ γέροντες, ὁ δὲ καὶ τοῦ γέροντος ὤφθη
σμικρολογώτερος. b(BCE³E⁴) Τ
15   197. ⟨αἰχμητά:⟩ ὅτι ἀντὶ τοῦ αἰχμητής, ὡς „αὐτὰρ ὁ αὖτε   Ariston.
Θυέστα‟ (Β 107). Αⁱⁿᵗ
    199. ⟨ἐμβεβαῶτα:⟩ ἐμβεβηκότα. | οὕτως Ἀρίσταρχος. Αⁱˡ   D | Did.
    200. ἀρχεύειν Τρώεσσι: ὅτι οἱ τὴν Ζέλειαν οἰκοῦντες ὑπὸ τὴν   Ariston.
Ἴδην καὶ ὑπὸ Πάνδαρον Τρῶες ἐλέγοντο. Α

ἀποκέκοπται τὸ κρῖ (93) transformationem esse docuerat Aristarchus, fort. ad
hunc locum, cf. Ap. S. 104, 22: κρῖ ὁ μὲν Ἀρίσταρχος τὸ αὐτὸ τῷ κριθήν σημαίνειν,
εἰρῆσθαι δὲ οὐ κατ' ἀποκοπήν, ὡς ἐνόμισαν, ἀλλὰ μετεσχηματίσθαι τὸ θηλυκὸν εἰς
οὐδέτερον τὸ κρῖ. | ὁ δὲ Ἀπίων (fr. 96 B.) γένος τι (sc. κριθῆς), οὐ πάντως κριθή,
sim. Ep. Hom. (An. Ox. 1, 255. 3)   εἰ μὴ γὰρ (94) — οὐδετέρου (95) ad Θ 564
(Τ)   b — λαμβάνοντες (9) cf. D, Ap. S. 75, 28, Or. 51, 16 (Et. Gen. = EM. 370,
48, sim. Et. Gud. 519, 9 Stef.), Eust. 344, 38   197—203 cf. Eust. 537, 33   197
ad Β 107 a (Ariston.)   199 cf. Ludwich, A. H. T. 1, 105. 253, 37   200 ad E
211 a¹. Φ 544 (Ariston.), cf. Strab. 13, 1, 7 (p. 585); Lehrs Ar.³ 231. Vide ad Β 113
a; — οἰκοῦντες (18) cf. D

3 ὥσπερ τὴν λευκόν Α, λευκήν ὥσπερ τὴν Wil.   4 δούλων Α   4 sq. ὂν πείσει
Τ, πιστοῖ Wil., ἂν πιστώσειε τὸ Ma., fort. αὐτὸν πείσει   5 λευκόν add. Ma.
6 ἐστι om. Α   7 τοῦ κριθή Ma., τοῦ κριθῆς Τ τῆς κριθῆς Α   9 le. ΑΤ, om.
b   κυρίως] καλῶς Ε³   11 sq. le. Τ supplevi, om. b (scholio ad E 197 relato)
13 γὰρ Τ δὲ ΒΕ⁴, om. CE³   οἱ Τ οἱ γονεῖς ὡς b, fort. rectius   13 sq. ὤφθη
σμικρ. Ma., ὤφθη σμικρολογώτατος Τ ἐναντίως σμικρολογώτερος ὤφθη b   15
le. add. Bk.   ὅτι Α, ἡ διπλῆ, ὅτι Vill.   17 le. add. Ldw.   sch. decurtatum;
alios ἐμμεμαῶτα scripsisse (ut postea Stephanum) suspicatur Ldw.   οὕτως sc.
ἐμβεβαῶτα   18 (le.) ἀρχεύειν fort. delendum   ὅτι Α, ἡ διπλῆ, ὅτι Vill.

Hrd.   **202.** φορβῆς: ὡς τροφῆς· τὰ γὰρ εἰς η̅ λήγοντα θηλυκὰ μετὰ 20
συμφώνου δισύλλαβα ὀξύνεται, τῷ ο̅ παραληγόμενα, εἰ γένοιτο ἀπὸ
ῥημάτων τῷ ε̅ παραληγομένων μόνῳ, οἷον στρέφω στροφή, τροπή
τροφή ῥοπή σπονδή νομή ὁλκή πλοκή. οὕτως καὶ φορβή. προσέθηκα
'τῷ ε̅ παραληγομένων μόνῳ', ἵνα νῦν ἐκφύγω τὸ πόρπη· τοῦτο γὰρ
παρὰ τὸ πείρω. Α   25

Hrd. | *D ad N 315*   **203** *a.*[1] ἄδδην: Νικίας (fr. 8 B.) διὰ δύο δ̅δ̅ γράφει διὰ τὸ μέτρον,
ὁμοίως τῷ „κύον ἀδδεές" (Θ 423. Φ 481), καὶ ψιλοῖ. Α b(BCE³) Τ
Ἀρίσταρχος δὲ δι' ἑνὸς δ̅ καὶ βραχέως καὶ δασέως· τὸ γὰρ α̅ πρὸ τοῦ
δ̅ δεκτικὸν μὲν ψιλοῦται, ὡς τὸ ἀδολέσχης ἀδρανής, μὴ οὕτως δὲ ἔχον
δασύνεται· „ἄδε δ' Ἕκτορι" (Μ 80), „ἄδος τέ μιν ἵκετο θυμόν" (Λ 88), 30
Α b(BCE³E⁴) Τ   Ἄδωνις· καὶ τοῦτο γὰρ παρὰ τὸ ἥδω. Α b
(ΒΕ³Ε⁴)   μάχεται τὸ ἀδράφαξυς, δεκτικὸν ἔχον τὸ α̅ καὶ δασυνό-
μενον. Α | ἄδδην δὲ εἰς κόρον. Τ

     a.[2] Ἀρίσταρχος „ἄδην", ἄλλοι δὲ ἄδδην διὰ δύο δ̅δ̅. Α[int]

ex.   **206** *a.*[1] ἤδη γὰρ δοιοῖσιν ἀριστήεσσιν: ὡς πρὸς φίλον ὁμο- 35
λογεῖν ὑπὸ μεγαλαυχίας ἐξέλκεται τὰ ἀπόρρητα. Τ

     a.[2] ὡς πρὸς φίλον ὁμιλῶν ἐξέλκεται ὑπὸ μεγαλαυχίας καὶ τὰ
ἑαυτοῦ ὁμολογεῖν ἀπόρρητα. b(BCE³E⁴)

Ariston.   **208** *a.* ⟨ἀτρεκὲς αἷμ' ἔσσευα βαλών:⟩ ὅτι τρώσας, καὶ οὐ
ῥίψας ἁπλῶς τὸ βέλος. Α[im]

     40

---

202 τὰ γὰρ εἰς η̅ (20) sq. cf. Eust. 539, 21; Arcad. 119, 3   **203** *a*¹ ad Λ 88
(Hrd.)   Νικίας (26) — καὶ δασέως (28) et δασύνεται· ἄδε δ' (30) — καὶ
δασυνόμενον (32) cf. Eust. 539, 2   Νικίας (26) — ψιλοῖ (27) ad Θ 423 (Did.)   διὰ
τὸ μέτρον (26) cf. sch. D. Thr. (Σ¹ ex Heliodoro) 511, 31; vide ad Β 498 *a*; at
cf. Schwarz 42   Ἀρίσταρχος (28) sq. ad Β 87 *c* (Hrd.), cf. Or. in Et. Gen. (B,
deest A) ἄδην   ἄδδην δὲ (33) sq. Ap. S. 9, 25; cf. Buttmann II 118   **205** Eust.
539, 33: τὸ „τόξοισι(ν) πίσυνος" . . . Συρακοσίων δέ, φασί, γλώσσης ὁ πίσυνος, ib.
709, 53: καὶ ὅτι Συρακοσία λέξις ὁ πίσυνος, originis incertae, aut e scholiis aut e
Diogeniano; cf. glossam in Par. gr. 2894 ad Ε 205 (An. Par. 3, 250, 16 = C. G. F.
202, 41 Kaibel) et in Li (utraque vid. ex Eust. fluxisse). — Fort. excidit nota
Didymi de vocibus ἄρ' ἔμελλον, referentis v. l. ἄρα μέλλον exstitisse, cf. Leaf ad
l.   **208** *a* ad Γ 82 *b* (Ariston.)

---

21 τῷ Bk., τὸ A   22 sq. τροπή cf. ο 404; σπονδή cf. Β 341. Δ 159   24 πόρπη cf.
Σ 401   26 le. A, ἔδμεναι ἄδδην T, om. b, fort. rectius ἄδην   νεικίας ΒΕ³   διὰ]
δὲ διὰ Β   δ̅δ̅ γράφει scripsi, δαδ̅ γράφει A δέλτα γράφει T γράφει δ̅δ̅ b, δ̅ γράφει Bk.
27 τῷ] καὶ τὸ T   28 ἀρίστ. δὲ A ὁ δὲ ἀρίσταρχος BCE³ ὁ ἀρίσταρχος Ε⁴ ἀρίσταρ-
χος τὸ ἄδην (vel ἄδην) T   βραχέος καὶ δασέος A b, fort. rectius   28—30 τὸ
γὰρ — δασύνεται] ὡς τὸ Ε⁴   29 δεκτικὸν sc. στερήσεως   ὡς τὸ om.
b   οὕτω T   30 ἕκτορι μῦθος T   31 ἄδωνις — γὰρ (cf. Eust.) A, καὶ τὸ ἄδωνις
δέ τινες δασύνουσι b, fort. rectius   34 ἄδην scripsi, ἄδην A   δύο δ̅δ̅ scripsi,
β̅ δ̅δ̅ A   37 συνομιλῶν Ε⁴   39 le. add. Frdl.   ὅτι A, ἡ διπλῆ, ὅτι Vill.

b. ⟨ἀτρεκὲς αἶμ' ἔσσευα βαλών:⟩ στικτέον μετὰ τὸ βα- *Nic.*
λών. Α^int

c. ἀτρεκὲς αἶμ' ⟨ἔσσευα βαλών⟩: ἀντὶ τοῦ ἀτρεκέως *ex.* | *Nic.*
εἶδον αὐτό, οὐκ ἠπάτημαι. b(BCE³E⁴) Τ | διαστολὴ δὲ εἰς τὸ βαλών.
45 b(BCE³) Τ

210. ⟨Ἴλιον εἰς ἐρατεινήν:⟩ ὅτι θηλυκῶς τὴν Ἴλιον. Α^im   *Ariston.*
211 *a.*¹ ἡγεόμην Τρώεσσι ⟨φέρων χάριν Ἕκτορι δίῳ⟩: ὅτι *Ariston.*
Α   ἀντὶ τοῦ Τρώων ΑΑ^il   τῶν ὑπὸ τὴν Ἴδην, χαριζόμενος δὲ
τῷ Ἕκτορι. τινὲς δὲ ἀγνοοῦντες ὅτι λέγονται καὶ οἱ ὑπὸ Πάνδαρον
50 Τρῶες, μεταγράφουσι ,,Τρώεσσι φέρων χάριν ἱπποδάμοισιν". Α
*a.*² φέρων χάριν Ἕκτορι δίῳ: ἔν τισι ,,φέρων χάριν ἱππο-
δάμοισιν". Τ
b. ἡγεόμην Τρώεσσι ⟨φέρων χάριν Ἕκτορι δίῳ⟩: μετὰ *Nic.* | *ex.*
τὸ Τρώεσσιν ἀναπαύσασθαι δεῖ· ἡγούμην τῶν Τρώων χάριν φέρων
55 τῷ Ἕκτορι. | τὸ δὲ Τρώεσσιν ἤτοι καθολικῶς ὡς ,,Τρώων δ' οἰώθη
καὶ Ἀχαιῶν" (Ζ 1) καὶ τοῖς ὑφ' Ἕκτορι τεταγμένοις ,,Τρωσὶ μὲν
ἡγεμόνευε μέγας κορυθαίολος Ἕκτωρ" (Β 816). ἢ καὶ τοῖς Ζελείταις,
Α b(BCE³E⁴) Τ   ,,οἳ δὲ Ζέλειαν ἔναιον ὑπαὶ πόδα νείατον Ἴδης, /
ΑΤ   Τρῶες, Τ   τῶν αὖτ' ἦρχε Λυκάονος ἀγλαὸς υἱός / Α b
60 (BCE³E⁴) Τ   Πάνδαρος" (Β 824. 826—7). Τ

b/c cf. Friedl., Nic. 182 (aequo cautius): ,,Utrum Nicanori tribuendum sit, decernere
non ausim. Nam illud (*c*) quoque recte (se) habere potest, dummodo eum intellexisse
sumamus: αἶμ' ἔσσευα βαλών, αὐτῷ δὲ τῷ βάλλειν μᾶλλον αὐτοὺς ἤγειρα"   *c*
— ἠπάτημαι (44) aliter Eust. 539, 39; — ἀτρεκέως (43) cf. sch. π 245: ἀτρεκές·
νῦν 'μόνον' ὡς τὸ ,,ἀτρεκὲς αἶμ' ἔσσευα βαλών". δύναται μέντοι κἀκεῖ (sc. in Ε 208) τὸ
φανερὸν καὶ πρόδηλον, καὶ ἐνταῦθα τὸ ἀκριβὲς καὶ ἀληθές   210 ad Γ 305b; vide ad
Ν 657c. O 558 (Ariston.)   211 *a*¹ — Ἕκτορι (49) ad Α 71a; vide ad Α 24a. O 464;
— Ἴδην (48) ad Ε 200   τινὲς δὲ (49) sq. cf. Ludwich, A. H. T. 1, 254, 9   *b* Ge (fort.
e Τ?): ,,Τρώεσσι" ἀναπαύσασθαι δεῖ. ἡγούμην, φησί, τῶν Τρώων φέρων χάριν
Ἕκτορι δίῳ. τριχῶς δὲ (δὲ Nicole, γὰρ Ge) λέγει· ἤτοι καθολικῶς πάντας τοὺς
Τρῶας, ὡς ,,Τρώων — Ἀχαιῶν φύλοπις", ἢ καὶ τοὺς ὑφ' Ἕκτορι τεταγμένους ,,Τρωσὶ
— Ἕκτωρ", ἢ καὶ τοὺς ὑπὸ Λυκάονι καὶ Πανδάρῳ ,,ἀφνειοὶ πίνοντες ὕδωρ μέ-
λαν Αἰσήποιο / Τρῶες, τῶν αὖτ' (Nicole, αὐτῶν Ge) ἦρχε Λυκάονος" (Β 825—6)

41 le. add. Vill.   43 le. ἀτρεκὲς αἶμα Τ emendavi et supplevi (auctore Vill.),
om. b   44 βαλ.] λαβών (βαλών ss. m. rec.) C   46 le. add. Vill.   ὅτι Α,
ἡ διπλῆ, ὅτι Vill.   47 le. ἡγ. τρώεσσιν Α suppl. et em. Vill.   ὅτι] fort. ἡ
διπλῆ, ὅτι   51 sq. pone sch. *c* in Τ, transposui   53 le. Τ supplevi (auctore
Vill.), ἄλλως: Α, om. b   54 τὸ b δὲ τὸ Α, om. Τ   ἀναπαύσεσθαι C
δεῖν Τ   55 τρώεσιν Τ   ἤτοι om. b   ὡς τὸ b   δὲ οἰώθη Τ   δ' om. C   56
τρωσὶ ΑΤ ὡς τὸ τρώων b   57 μέγας om. Τ   59 αὖτ' et ἀγλαὸς om. Α

6 Scholia Iliad. II rec. Erbse

ex.

    c. ἡγεόμην Τρώεσσι ⟨φέρων χάριν Ἕκτορι δίῳ⟩: τοῖς Ζελείταις. Τ   τινὲς δὲ μὴ θέλοντες Τρῶας εἶναι τοὺς Ζελείτας τὸ Ἕκτορι ἀντὶ τοῦ δι' Ἕκτορά φασιν, b(BCE³E⁴) Τ   ὡς τὸ „σοὶ πάντες μαχόμεσθα" (Ε 875), οὐκ εὖ. Τ

Ariston.

    212. ⟨εἰ δέ κε νοστήσω:⟩ ἀντὶ τοῦ νοστήσαιμι, ὡς „πληθὺν δ' ₆₅ οὐκ ἂν ἐγὼ ὀνομήνω" (Β 488). περιττεύει δὲ καὶ ὁ κέ σύνδεσμος. Aⁱᵐ

Nic.

    215. ⟨εἰ μὴ ἐγὼ τάδε:⟩ συναπτέον ὡς ἐν τῇ Β „εἰ μὴ ἐγώ σε λαβών" (Β 261). Aⁱᵐ

ex.

    216 *a.* χερσὶ διακλάσσας: διὰ τῆς ἀναδιπλασιάσεως τοῦ σ̄ τὸν ἀπὸ τῆς συντρίψεως τῶν κεράτων γινόμενον κτύπον ἐμιμήσατο. b ₇₀ (BCE³E⁴) Τ

ex.

    *b.*¹ ἀνεμώλια γάρ μοι: ἀνέμοις ἀπολέσθαι ὀφείλοντα· ἀλλαχοῦ (δ 727) φησιν „ἀνηρείψαντο θύελλαι". Τ

    *b.*² ἀνέμοις ἀπολέσθαι ὀφείλοντα, οἷον ἀλλαχοῦ (α 241) φησιν „ἅρπυιαι ἀνηρείψαντο", τουτέστι θύελλαι, ἄνεμοι †νειφώδεις. b ₇₅ (BCE³E⁴)

ex.

    217. Αἰνείας Τρώων ἀγός: καὶ Δαρδάνιοι γὰρ τῶν Τρώων. Τ

Hrd. | Ap. Dysc.

    219 *a.* {πρίν γ' ἐπὶ} νώ: τὸ νώ βαρυτονητέον. ἅπαξ δὲ ἐν Ἰλιάδι, καὶ ἅπαξ ἐν Ὀδυσσείᾳ (ο 475) ἐχρήσατο κατ' αἰτιατικὴν πτῶσιν, ₈₀ ὥσπερ καὶ ἐνθάδε, „νὼ ἀναβησάμενοι". ὁπότε μέντοι γε σὺν τῷ ῑ λέγεται, καὶ ἐπ' εὐθείας αὐτὸ τάσσει καὶ ἐπ' αἰτιατικῆς καὶ προπερισπᾶται· „νῶϊ δ' ἐγὼ Σθένελός τε" (Ι 48) καὶ „οὐδ' ἂν νῶϊ διαδράκοι ἠέλιός περ" (Ζ 344). | περὶ δὲ τῆς τάσεως τοῦ μονοσυλλάβου, διὰ τί

---

212 ad Α 523 *a* (Ariston.)   **215** ad Β 261 (test.), Υ 288   **216** *a* cf. Eust. 540, 32   *b* cf. Eust. 540, 36; Meth. (Et. Gen. [AB] ἀνεμώλιος, Lex. Aἰμ. 619, 3); vide ad Υ 404 (T)   *b*² τουτέστι (75) sq. cf. sch. α 241   **217** καὶ Δαρδάνιοι sq. eadem Li   **219** *a* — λῆγον περισπᾶται (86) cf. Eust. 541, 10 (παρασημειοῦνται Ἀπίων καὶ Ἡρόδωρος); — ἐχρήσατο (80) sim. Et. Gen. (AB) νώ, fort. ex hyp. Iliad., cf. Ap. S. 117, 14, Ori ὀρθ. (= Lex. Mess. 407, 20)   ὁπότε μέντοι (81) sq. ad Θ 377. Χ 216 (Ariston.), cf. D ad Θ 352; Io. Alex. 23, 23   περὶ

---

61 le. Τ supplevi, om. b   62 τινὲς δὲ (coni. cum scholio praecedenti) b, τινὲς Τ   τὸ b τῶι Τ   62 sq. τὸ — φασιν sc. post ἡγεόμην distinxerunt   65 le. add. Vill., sed sch. fort. decurtatum (cf. test.)   ἀντὶ A, fort. ἡ διπλῆ, ὅτι ἀντὶ 66 ἐγὼ ὀνομ. Vill., ἔγωγ' A, ἐγὼν ὀνομήνω Frdl., ἐγὼ μυθήσομαι οὐδ' ὀνομήνω Hom.   κέ Ddf., καὶ A κέν Vill.   67 le. add. Vill.   συναπτέον τοῖς ἡγουμένοις ὡς Frdl., recte ut vid.   69 διπλασιάσεως b   70 συντριβῆς b   γενόμενον E³   κτύπον Τ ἦχον b   74 ἀνέμοις] τὸ δὲ ἀνεμώλια ἀντὶ τοῦ ἀνέμοις (coni. cum scholio *a*) E⁴   75 νιφώδεις Vill., fort. νεφώδεις?   77 καὶ Li, κοι (post spatium ca. 1 cm) Τ, fort. καὶ οἱ   79 (le.) πρίν γ' ἐπὶ del. Lehrs   80 τῷ νώ ἐχρήσατο Vill.   81 ἀναβησάμενοι (= Hom.) Lehrs, αδησάμενοι (super α primum ss. ν) A   83 τε Eust., om. A

85 οὐ περιεσπάσθη, ἐν τῷ Περὶ ἀντωνυμιῶν (Ap. Dysc. pron. 86, 10)
δηλοῦται. καὶ τάχα ἐπεὶ οὐδὲν δυϊκὸν εἰς ῶ λῆγον περισπᾶται· οὕτως
γὰρ ἔχει καὶ τὸ σφώ, τασσόμενον καὶ ἐπ' εὐθείας καὶ ἐπ' αἰτιατικῆς.
καὶ παρ' αὐτῷ ,,σφὼ δὲ μάλ' ἠθέλετον'' (Λ 782), ,,Ζεὺς σφὼ ε⟨ἲ⟩ς
Ἴδην'' (Ο 146). A

90   *b.* πρίν γ' ἐπὶ νὼ ⟨τῷδ' ἀνδρί⟩: πρὶν νὼ Τ   ἐπὶ τῷδε   *ex. (?) | Hrd.*
τῷ ἀνδρί. | ἐνταῦθα δὲ μόνον κέχρηται τῷ νὼ καὶ ἅπαξ ἐν 'Οδυσσείᾳ,
b(BCE³) Τ   ,,νὼ ἀναβησάμενοι'' (ο 475). Τ

222 *a.* οἷοι Τρώϊοι ἵπποι: τοῦτο κοινόν, εἰ μὴ καὶ τοὺς ἀπὸ   *ex.*
Τρωὸς λάβοιμεν. b(BCE³) Τ

95   *b.* ⟨πεδίοιο:⟩ ὅτι ἐλλείπει ἡ διά· διὰ πεδίου γάρ. A^{int}   *Ariston.*

1   **223** *a.* κραιπνὰ μάλ' ἔνθα καὶ ἔνθα: συνέτεμε τὸ ἐγκώμιον   *ex.*
πρὸς εἰδότα λέγων. Διομήδης δὲ ἐξέτεινεν (cf. E 263—73), ὅπως μὴ
καταφρονήσῃ ὁ Σθένελος. b(BCE³E⁴) Τ

    *b.*¹ φέβεσθαι: ὅτι τοῦτό ἐστι τὸ ,,φόβον Ἄρηος φορεούσας''   *Ariston.*
5 (Β 767), τὴν ἐν πολέμῳ φυγήν. καὶ ὅτι τὸ φοβεῖσθαι καὶ φέβεσθαι ἐπὶ
τοῦ φεύγειν Ὅμηρος τίθησιν, οὐκ ἐπὶ τοῦ κατὰ ψυχὴν δέους. A

    *b.*² {διωκέμεν ἠδὲ} φέβεσθαι: φοβεῖσθαι. τοῦτο δὲ ἐπὶ τὸ
,,φόβον Ἄρηος φορεούσας''. Τ

δὲ τῆς τάσεως (84) sq. cf. Ap. Dysc. pron. 85, 12   οὕτως γὰρ ἔχει (86) sq. ad Κ
546. Ο 146 (Hrd.)   *b* — ἀνδρί (91) cf. D   **222** fort. hic excidit nota Hero-
diani de accentu vocis Τρώϊαι, ad Ψ 291, cf. Et. Gen. (AB) Τρωούς: σημαίνει
τοὺς Τρωϊκούς. ἔχει τὸ ῑ προσγεγραμμένον. ἔστι (ἔ. om. A) Τρώς Τρωϊκὸς καὶ (καὶ
om. B) ἡ αἰτιατικὴ τῶν πληθυντικῶν Τρωϊκούς, καὶ ἀποβολῇ τοῦ κ̄ Τρωϊοὺς καὶ κατὰ
συναίρεσιν Τρωούς. παραλόγως δὲ (δὲ om. A) ὀξύνεται. ὤφειλεν δὲ (δὲ A, om. B,
γὰρ V) βαρύνεσθαι ὡς ἡ εὐθεῖα αὐτοῦ ἡ πληθυντικὴ (ἡ εὐθ. — πλ. A, πληθυντικὴ B
cp.) βαρυνομένη (βαρυνόμενον B)· ,,οἷοι Τρώϊοι ἵπποι'', Eust. 541, 22: ἰστέον δὲ
ὅτι τε ἐκ τοῦ Τρωός (ὁ Τρωϊκός) ὀξυτόνου ὀνόματος, οὗ θηλυκὸν τὸ Τρωαὶ γυναῖ-
κες, διελύθη τὸ Τρώϊος ἵππος. καὶ ὅτι ἔχοι ἂν ἀπορίαν, πῶς τὸ Τρώϊος (ὁ Τρωϊκός)
οὐ †προπερισπᾷ τὸ Τρωὸς (fort. προπερισπᾶται Τρῷος), ἵνα ᾖ ὥσπερ πατρώϊος
πατρῷος, Μινώϊος Μινῷος, μητρώϊος μητρῷος, οὕτω καὶ Τρώϊος Τρῷος, κτητικῶς ὁ
ἐκ Τροίας ἢ ὁ τοῦ Τρωός   *a* cf. D   εἰ μὴ (93) sq. cf. Eust. 541, 20   *b* ad Β 801
(Ariston.); cf. praeterea Polyb. barb. 285, 15; vide ad N 191*d*   **223** *a* ad
E 265   *b* ad E 252. 272 *a.* Ζ 41 *a.* Θ 107 *a.* 149. Κ 10. Λ 121 *a.* 173 *a.* 404. Μ
46 *a.* 470 *c* (Ariston.), P 607 (Did.), Φ 575. 606. Χ 141. 250 (Ariston.). Vide ad
B 767 (Ariston.), Κ 510 (ex.), Λ 178 (test.), Μ 432 (test.), cf. D; Lehrs Ar.³ 75

---

88 σφὼ¹ Bk., σφῶ A   ἠθέλετον Hom., ἠθέλετο A   ἐς A supplevi   **90** le. Τ
suppl. Ma., om. b   **91** τῷ¹ om. Τ   ἅπαξ pone ὀδ. b   **94** λάβωμεν CE³
95 le. add. Frdl.   ὅτι A, fort. ἡ διπλῆ, ὅτι   **4** le. scripsi (auctore Vill.),
κραιπνά: A   ὅτι A, ἡ διπλῆ, ὅτι Vill.   **7** (le.) διωκ. ἠδὲ delevi   δὲ ἐπὶ
Τ, fort. δέ ἐστι

Ariston.   224 *a.* ⟨τὼ καὶ νῶϊ πόλιν δὲ σαώσετον:⟩ ὅτι δύο ἵπποι. Α[im]

ex.   *b.* τὼ καὶ νῶϊ πόλιν δὲ σαώσετον: πιθανῶς ἀλαζονευό- 10
μενος ἐπ' αὐτοῖς στέρεται αὐτῶν καὶ πρὸ πείρας φυγὴν προσδοκᾷ.
Διομήδης δὲ τοὐναντίον. b(BCE³E⁴) T

D   226. σιγαλόεντα: ἤτοι εὐδιάσειστα, ἢ λαμπρά —— σιγηλό-
εντά τινα ὄντα. Α

ex.   226—7. σιγαλόεντα / δέξαι: δέξαι ἀπὸ τοῦ ἡνιόχου. b(BC 15
E³E⁴) T   σιγαλόεντα δὲ τὰ σῖγα ἀλλόμενα. T

Did.   227 *a.*[1] ἐγὼ δ' ἵππων ἀποβήσομαι: Ἀρίσταρχος. ἀποβή-
σομαι δὲ ἵππων ἔφη, οἷον τῆς τῶν ἵππων φροντίδος· ἐπιφέρει γοῦν
„ἠὲ σὺ τόνδε δέδεξο" (E 228), τὸν Διομήδη. Ζηνοδότ⟨ε⟩ιος δὲ ἡ διὰ
τοῦ ε̄, „ἐπιβήσομαι". Α   20

    a.[2] οὕτως Ἀρίσταρχος ἀποβήσομαι διὰ τοῦ ᾱ, Α[im]   τῆς
φροντίδος τῆς περὶ αὐτούς. Α[il]

    a.[3] ἐγὼ δ' ἵππων ἀποβήσομαι: Ζηνόδοτος „ἐπιβήσο-
μαι" φησὶ γοῦν „†εἷς† ἅρματα ποικίλα βάντες" (E 239). ἐὰν δὲ γρά-
ψῃς ἀποβήσομαι, ἀντὶ τοῦ ἐκστήσομαι τῆς ἐπιμελείας αὐτῶν. b 25
(BCE³E⁴) T

Ariston.   228. δέδεξο: ὅτι εἴωθε περιττεύειν τῇ συλλαβῇ, ὡς ἐπὶ τοῦ πεπί-
θωνται, „λελάχωσιν" (H 80). Α

Ariston.   230. ⟨τεὼ ἵππω:⟩ ὅτι δυοῖν ἵπποις ἐχρῶντο· διὸ καὶ δυϊκῶς
λέγει. Α[int]   30

Nic.   231 *a.* ⟨μᾶλλον ὑφ' ἡνιόχῳ εἰωθότι:⟩ ταῦτα ἀφ' ἑτέρας
ἀρχῆς. Α[im]

---

224 *a* ad E 195 *b* (Ariston.)   **226—7** — ἡνιόχου (15) cf. Eust. 542, 17   σι-
γαλόεντα δὲ (16) sq. cf. Eust. 542, 23, aliter D (unde Ge)   **227** *a*[1] ἐπιβήσομαι
(20) cf. Naber 111   **228** ad E 238. Z 50. H 5. 80. K 381. Λ 116 (Ariston.), cf.
sch. δ 388; Carnuth, Ariston. 81. Vide test. ad Z 208   **230** ad E 195 *b* (Ariston.)

---

9 le. add. Frdl.   ὅτι A, fort. ἡ διπλῆ, ὅτι   δύο Frdl., β̄ A   **10** (le.) νῶϊ
Ma., νῶϊν T   **15** le. om. b (qui sch. ad E 227 rettulit)   δέξαι[2] om. E⁴   **17**
(le.) ἐγὼ δ' del. Bk., fort. recte   ἀρίσταρχος. ἀποβ. interpunxi, οὕτως ἀρίσ-
ταρχος, ἀποβήσομαι διὰ τοῦ ᾱ. ἀποβήσομαι Ddf.   **17** sq. ἀρίστ. — ἵππων[1]]
ἀρίσταρχος „ἀποβήσομαι". ἵππων δὲ Roe.   **17—9** ἀποβησ.[2] — διομήδη haec
ipsa verba Aristarchi esse putavit Ldw.   **19** διομήδη, μελήσουσιν δ' ἐμοὶ ἵπποι
Lehrs   ζηνοδότιος A em. Vill.   **21** sq. τῆς sq. supra μάχωμαι (227) A, fort.
ἀποβήσομαι τῆς sq.   **24** εἰς] ἐς Hom.   **24** sq. γραφῇ b   **27** sq. pone sch.
E 223 b¹ in A, trps. Vill.   le. Bk., ἠὲ σὺ τόνδε δέδοξε: A   ὅτι A, ἡ διπλῆ, ὅτι
Vill.   πεποίθωνται A em. Bk., an pot. πεπίθοιτο (= K 204)?   **29** le. add.
Frdl.   ὅτι A, fort. ἡ διπλῆ, ὅτι   δυοῖν Frdl., β̄ A   **31** le. add. Vill.

b. εἰωθότι: οὕτως εἰωθότι καὶ Ἀρίσταρχος καὶ σχεδὸν *Did.*
ἅπαντες· μᾶλλον γάρ φησιν ὑπὸ τῷ ἐθάδι καὶ συνήθει ἡνιόχῳ οἴσειν
35 τοὺς ἵππους τὸ ἅρμα. καὶ τὴν αἰτίαν ἐπιφέρει ,,μὴ τὼ μὲν δείσαντε
ματήσετον οὐδ᾽ ἐθέλητον / ἐκφερέμεν πολέμοιο τεὸν φθόγγον ποθέ-
οντες‟ (Ε 233—4). τοιοῦτό ἐστι καὶ τὸ ἐν τῇ Δολων⟨ε⟩ίᾳ ,,ἄθεσσον
γὰρ ἔτ᾽ αὐτόν‟ (Κ 493). διὰ τοῦτό φασιν ἔνιοι καὶ τὸν Τηλέμαχον
τῷ Πεισιστράτῳ κελεύειν ζεῦξαι τοὺς ἵππους (cf. o 46—7). εἴη δ᾽ ἂν
40 ὁ τοῦ Αἰνείου ἡνίοχος κατὰ τὸ σιωπώμενον καταβεβηκώς, καὶ ἔστι
παρ᾽ Ὁμήρῳ πολλὰ τοιαῦτα. A

c. ὑφ᾽ ἡνιόχῳ εἰωθότι: ὡς ἄπειρος προφασίζεται, ἐπεὶ *ex.* | *Did.*
Κεβριόνου ἀποθανόντος (cf. Π 733—82) ἄλλον Ἕκτωρ δίδωσιν ἡνί-
οχον. καὶ Διομήδης σὺν αὐτοῖς ἀγωνίζεται (cf. Ψ 290—2) καὶ Μενέ-
45 λαος Αἴθῃ τῇ Ἀγαμέμνονος ἵππῳ (cf. Ψ 293—5). b(BCE³E⁴) T |
μόνως διὰ τοῦ T τὸ εἰωθότι. T

233 a. ⟨μὴ τὼ μὲν δείσαντε ματήσετον οὐδ᾽ ἐθέλητον:⟩ *Ariston.*
ὅτι πεπλεόνακεν οὖν κατὰ τὸν τόπον τοῦτον τοῖς δυϊκοῖς σχήμασιν.
A^im

50 *b*. μὴ τὼ μὲν δείσαντε ματήσετον: οὐδὲ περὶ αὐτῶν τι *ex.*
χρηστὸν μαντεύεται. Δημοσθένης (or. 18, 97) δέ φησιν· ,,Δεῖ δὲ τοὺς
ἀγαθοὺς ἄνδρας ἐγχειρεῖν μὲν ἅπασιν ἀεὶ τοῖς καλοῖς, τὴν ἀγαθὴν
προβαλλομένους ἐλπίδα, φέρειν †δ᾽ ἃ ἂν† ὁ θεὸς διδῷ γενναίως‟. b
(BCE³E⁴) T

---

231 b — τὸ ἅρμα (35) cf. D, Eust. 542, 42   τοιοῦτό ἐστι (37) — τοιαῦτα (41) a
Didymo abiud. Ludwich, A. H. T. 1, 255, 4; at vide ad Ζ 337. l 709. Π 432 *a*.
Ρ 24. Σ 356. Φ 17. 67 (Ariston.), cf. Lehrs Ar.³ 336   τοιοῦτό ἐστι (37) — αὐτόν
(38) vide ad Κ 493   κατὰ τὸ σιωπώμενον (40) cf. Meinel 13   **233** diple ante
versum 233, non ante 234 in A   *a* ὅτι (48) sq. ad Θ 109. 191; vide ad Α 6. 567 *a*¹.
N 197

---

33 εἰωθ.²] h. e. εἰωθότι, non εἰωθότε (Lehrs)   34 τῷ Vill., τὸ A   ἐνθάδι A
em. Bk.   35 δήσαντε A em. Vill.   36 οὐδὲ θέλητον A em. Vill.   37 δολωνίαι
A em. Ddf.   38 αὐτῶν Hom., sed fuisse videntur, qui αὐτόν legerent Ulixen
intelligentes (Lehrs)   42 ἐπεὶ T ἐπεί τοι b   43 κεβριόνου — ἕκτωρ δίδωσιν susp.,
fort. κεβριόνην ἀποθανόντος ἀρχεπτολέμου (cf. Θ 312—9) ἕκτορι (ἑκτ. ci. Ma.) δίδωσι
(sc. poeta)   44 σὺν om. T   ἀγονίζεται E³   46 τοῦ V, τὸ T   τὸ Ldw.,
τῷ T   47 le. addidi; versus E 233 et 234 praefixit Frdl., qui recte cognovit
Aristonicum etiam ad v. ποθέοντε (E 234) spectare (cf. νῶϊ E 235 et αὐτώ E 236).
Tamen diple ante solum versum 233 posita impedimur, ne sch. ad ambos versus
vel ad E 233—6 referamus. Vide ad N 197   48 ὅτι A, fort. αἱ διπλαῖ (an ἡ δι-
πλῆ?), ὅτι   οὖν] cp. A om. edd., explicare conatus sum   δυϊκοῖς] cp. A ex-
plicavit Ddf. (cf. Lehrs, Hrd. 460)   50 sq. χρηστόν τι b   51 δὲ² om. b
53 δ᾽ ἃ ἂν T, δὲ ἂν BCE³ δ᾽ ἂν E⁴, fort. δὲ ἂν (δ᾽ ἂν Ddf. ap. Demosth., δ᾽
ὅ τι ἂν Demosth. vulg.)   γενν.] μάλα γενναίως BE³F⁴

Hrd.   237. ⟨τέ' ἅρματα καὶ τεὼ ἵππω:⟩ τὸ πλῆρές ἐστι τεά· διὸ 55
βαρυτονητέον· ἐπιφέρει γοῦν καὶ τεὼ ἵππω. Aᶦᵐ

Ariston.   238. ⟨δεδέξομαι:⟩ ὅτι ἀντὶ τοῦ δέξομαι, ἐπιτηρήσω, ὡς „λε-
λάχωσιν" (H 80) ἀντὶ τοῦ λάχωσιν. Aᶦⁿᵗ

ex.   241. τοὺς δὲ ἴδε Σθένελος: ὡς ἀπὸ τοῦ δίφρου ὑψηλότερος ὢν
ἐθεᾶτο. ἢ ὡς ἀσχολουμένου Διομήδους περὶ τοὺς πολεμίους. A b(BC 60
E³E⁴) T

ex.   242. αἶψα δὲ Τυδείδην: ἐπείγει γὰρ τοὺς λόγους ὁ καιρός. b
(BCE³) T

Ariston.|Nic.|ex.   245 a. ἵν' ἀπέλεθρον ἔχοντας· ⟨ὁ μὲν τόξων ἐῦ εἰδώς⟩: ἡ
διπλῆ πρὸς τὴν ἰδιότητα τῆς φράσεως· ἀκόλουθον γὰρ ἦν εἰπεῖν τὸν 65
μὲν τόξων εὖ εἰδότα. | στικτέον δὲ ἐπὶ τὸ ἔχοντας, ἵνα μὴ σολοικι-
σμὸς γένηται, ἐὰν {δὲ} συνάπτωμεν. λείπει ⟨δὲ⟩ τὸ ἐστίν. | τὸ πέλεθρον
ἔχει πήχεις ἐξήκοντα ἐξ δίμοιρον. A

ex. (Ariston.?)   b. ἵν' ἀπέλεθρον ἔχοντας· ὁ μὲν τόξων ἐῦ εἰδώς: ἀντὶ
τοῦ τὸν μέν, ὡς b(BCE³) T   „ἀστράπτων ἐπιδέξι' ἐναίσιμα" (B 70
353) καὶ T   „ἐξ ὁμόθεν πεφυῶτε, ὁ μὲν φυλίης, ὁ δ' ἐλαίης" (ε 477).
b(BCE³) T

Nic. | ex.   c. ἵν' ἀπέλεθρον ἔχοντας: στιγμὴ εἰς τὸ ἔχοντας. b
(BCE³) T   λείπει δὲ τῷ ἐξῆς τὸ ἐστίν· οὐ γὰρ δύναται σχῆμα
εἶναι, ὡς Νικάνωρ (p. 182) φησίν. T | ἀπέλεθρον δὲ λέγει τὴν ἀνά- 75
ριθμον. b(BCE³)   τὸ δὲ πλέθρον πήχεις ἔχει ἐξήκοντα ἐξ δίμοιρον.
b(BCE³) T

237 ad A 126 a/b; cf. Beiträge 391   238 ad E 228 (Ariston.)   ἐπιτηρήσω
(57) = D   245 a — εἰδότα (66) et b ad B 353 a, cf. Eust. 545, 21; Anon. fig.
154, 5. 160, 31, Lesbon. 49, 19   στικτέον (66) — ἔχοντας cf. Eust. 1753, 14;
Carnuth, Nic. 50. 60   τὸ πέλεθρον (67) sq. cf. Eust. 545, 19: ἐστι δὲ πέλεθρον
τὸ καὶ πλέθρον μέτρον γῆς πήχεων ξς´ διμοίρου, ὡς ἐν τοῖς Ἀπίωνος καὶ
Ἡροδώρου φέρεται, D   b cf. sch. ε 477   c ἀπέλεθρον δὲ (75) sq. cf. D

55 le. addidi, τέ' ἅρματα: Lehrs (fort. rectius)   57 le. add. Bk.   ὅτι A, ἡ
διπλῆ, ὅτι Vill.   ἐπιτηρήσω del. Frdl. (cf. test.)   59 le. AT, om. b   (le.) ἴδεν
A   ὢν] ὢν A   64 le. A suppl. Frdl.   65 ἡδιότητα A em. Vill.   67 δὲ trps.
Frdl. (cf. sch. c)   virgula pone συνάπτωμεν in A   69 le. scripsi, ἄνδρ' ὁρόω
κρατερῷ· ὁ μὲν τόξων εὖ εἰδὼς αἰνείας υἱὸς μεγαλήτορος: T, om. b   70 τοῦ τὸν
μέν, ὡς T, τοῦ (om. E³) τούτων ὁ μέν, ὁ δὲ καὶ τὸ b, fort. τοῦ τὸν μέν, αἰνείαν δ'
υἱόν, ὡς (cf. Eust.)   71 ἐξομόθεν πεφυότε T   φυλίης b (ut Hom.), δάφνης T
(fort. rectius)   73 στιγμὴ δὲ (coni. cum scholio praecedenti) b   76 πέλεθρον
b (fort. rectius, cf. A)   ἔχει πήχεις b (= A)   διμ. T καὶ δίμοιρον b

246—8. ⟨Πάνδαρος —— Ἀφροδίτη:⟩ οὐκ ἀκαίρως γενεα- *ex.*
λογεῖ· συνίστησι γὰρ ἐκ προγόνων αὐτούς, οὐκ εὐχερῆ τὴν πρὸς αὐ-
80 τοὺς μάχην δεικνύς. καὶ ἐπὶ μὲν τοῦ πατρὸς εὔχεται (246. 248), ἐπὶ
δὲ τῆς μητρός ἐστιν (248), ὡς τὸ „μήτηρ μέν τέ μέ φησιν" (α 215).
b(BCE³E⁴) T

247. ⟨υἱὸς μεγαλήτορος Ἀγχίσαο:⟩ ἐν ἄλλῳ „υἱὸς μὲν ἀμύ- *Did.(?)*
μονος Ἀγχίσαο". Aⁱᵐ

85   249 a. ἀλλ' ἄγε δὴ χαζώμεθ' ἐφ' ἵππων: οὕτως Ἀρίσταρχος *Did.*
„ἐφ' ἵππων", AAⁱⁿᵗ   ὡς εἰ ἔλεγεν ἐπ' Ἀθηνῶν ἀντὶ τοῦ ἐπ' Ἀθή-
νας· λέγει γὰρ ἐπιστραφῶμεν ἐπὶ τοὺς ἵππους, καὶ μὴ κινδύνευε πεζὸς
πρὸς τὸν ἐφ' ἅρματος ὀχούμενον. A

      b. χαζώμεθ' ἐφ' ἵππων: ἀντὶ τοῦ εἰς ἵππους, ὡς ἐπὶ Ἀθη- *ex. (Did. ?)*
90 νῶν πλεῖν φαμεν· καὶ „πέτονται ἐπ' Ὠκεανοῖο ῥοάων" (Γ 5). b(BC
E³E⁴) T

      c. ἀλλ' ἄγε δὴ χαζώμεθ' ⟨ἐφ' ἵππων⟩: ὅτι Ἀττικῶς ἐξ- *Ariston.*
ενήνοχεν ἀντὶ τοῦ ὡς ἐπὶ τοὺς ἵππους. δοκεῖ δὲ Ζηνόδοτος τοῦτον καὶ
τὸν ἑξῆς ἠθετηκέναι. A

95   d. χαζώμεθ' ἐφ' ἵππων: οὐκ ἀναχωρεῖν αὐτῷ τῆς μάχης *ex.*
1 παραινεῖ ἐπὶ τῶν ἵππων, ἀλλ' ἀναβῆναι ἐπὶ τὸ ἅρμα καὶ μὴ πεζὸν
πρὸς ἱππέας μάχεσθαι. b(BCE³E⁴) T

252 a. ⟨μή τι φόβον δ' ἀγόρευε:⟩ ὅτι πάλιν φόβον τὴν φυγὴν *Ariston.*
εἶπεν. Aⁱⁿᵗ

246—8 — γενεαλογεῖ (78) cf. Eust. 545, 24   249 a/c vide ad I 602 (Did.)   a
ἐφ' ἵππων (86) „fuisse videntur qui ἐφ' ἵππους hic requirerent" Spitzner ad loc.
(cf. Ludwich, A. H. T. 1, 255, 11)   c — ἵππους (93) ad Γ 5 (Ariston.)   δοκεῖ
δὲ (93) sq. cf. Roemer, Zen. 650 et Mus. Rhen. 66, 1911, 277 not.   d ἐπὶ τῶν
ἵππων (1) cf. D   ἀλλ' ἀναβῆναι (1) sq. cf. Eust. 544, 10   252 a ad E 223 b
(Ariston.)   τὴν φυγὴν cf. D

---

78 le. addidi, om. bT (sch. ad E 246 revocavit b; de T vide notam sq.)   οὐκ ἀκ.
δὲ γεν. (coni. cum sch. E 245 b, v. ἐλαίης) T   79 ἐκ προγόνων om. T   79 sq.
πρὸς τούτους b, fort. rectius   83 le. add. Vill.   85 le. A, om. Aⁱⁿᵗ   89—91
pone sch. d in b   89 le. T, τὸ δὲ ἐφ' ἵππων (coni. cum scholio praecedenti, v.
γάρ) E⁴, om. BCE³   εἰς τοὺς ἵππους E⁴   ὡς T ὥσπερ b   90 φαμεν] φαμεν
ἀντὶ τοῦ εἰς ἀθήνας E⁴   πέτονται om. T   ῥοάων ἀντὶ τοῦ εἰς ῥοάς E⁴   92—4
pone sch. E 252 b in A, trps. Vill.   92 le. A suppl. Frdl.   ὅτι A, fort. ἡ διπλῆ,
ὅτι   1 ἐπὶ τῶν ἵππων κελεύει b   2 μάχεσθαι T ἀγωνίζεσθαι· ἐπικίνδυνον
γάρ b   3 le. add. Frdl.   ὅτι A, fort. ἡ διπλῆ, ὅτι

Hrd.   *b.* {ἐπεὶ} οὐδὲ σέ: ὁ Ἀσκαλωνίτης (p. 45 B.) τὸν δέ ὀξύνει, 5
ἵνα ἐγκλιτικῶς ἀναγνῷ. οὐκ ἀναγκαῖον δέ, ἀλλ᾽ ὀρθοτονεῖν· καὶ γὰρ
δύναται συνδεδέσθαι. A

ex.   *c.* μή τι φόβον δ᾽ ἀγόρευ᾽, ⟨ἐπεὶ οὐδὲ σὲ πεισέμεν οἴω⟩:
ὡς γενναῖος καὶ τὴν ἐπὶ τὸ ἄρμα ἀνάβασιν φυγὴν ὁρίζει καὶ τὸ μετα-
κινῆσαί τι τῆς στάσεως, ἐν οἷα κατελείφθη. ἠθικὸν δὲ τὸ ἐπεὶ οὐδὲ σὲ 10
πεισέμεν οἴω, τὸν πάνυ φίλον· ἠθικὸν δὲ καὶ τὸ οἴω. b(BCE³E⁴) T

Ariston.   253 *a.* {οὐ γὰρ μοὶ} γενναῖον: σημειοῦνταί τινες ὅτι οὕτως εἴ-
ρηται ἐγγενές, πάτριον. A

D   *b.* ⟨ἀλυσκάζοντι:⟩ φεύγοντι. T^il

Ariston.   255 *a.* ⟨ὀκνείω δ᾽ ἵππων ἐπιβαινέμεν:⟩ σημειοῦνται δὲ καὶ 15
τὸ ὀκνείω δ᾽ ἵππων ἀντὶ τοῦ ὀκνηρῶς ἔχω. τινὲς δὲ ἐπὶ τοῦ φόβου
τιθέασι τὸν ὄκνον. A

ex.   *b.* ⟨ἀλλὰ καὶ αὔτως:⟩ ἀλλὰ καίπερ πεζὸς ὑπάρχων. A^int

ex. | Hrd.   256 *a.*¹ τρεῖν μ᾽ οὐκ ἔα Παλλὰς Ἀθήνη: καὶ ἀνδρείου καὶ εὐ-
σεβοῦς πείθεσθαι θεῷ. | τὸ δὲ οὐκ ἔα ἀπὸ τοῦ ἐάα τρίτον πρόσωπόν 20
ἐστι κατ᾽ ἀποκοπήν· „οὐκ ἐάα Κρονίδης" (Θ 414). T

ex.   *a.*² ἀνδρείου δὲ καὶ εὐσεβοῦς τὰ τοιαῦτα ῥήματα τῷ πάντα
τῇ θείᾳ ἀνατιθέναι προνοίᾳ. b(BE³E⁴)

Hrd.   *b.*¹ {τρεῖν μ᾽ οὐκ} ἔα: συστέλλεται τὸ ᾱ καὶ βαρύνεται. τὸ μὲν
οὖν ἐντελὲς τοῦ ἐνεστῶτός ἐστιν ἐῶ ἐᾷς ἐᾷ, σὺν τῷ ῑ γραφόμενον, ὡς 25
τιμῶ τιμᾷς τιμᾷ, τοῦ δὲ παρατατικοῦ εἴων εἴας εἴα, οὐ προσγραφο-

---

b — ὀρθοτονεῖν (6) ad Z 355. l 485 *a.* 494. 680 *a.* Λ 383. Υ 105. 152 (Hrd.),
cf. sch. ν 228. π 418. ρ 81. Vide ad B 190 *a;* — ἀναγνῷ (6) ad Κ 574
(Hrd.), in universum cf. Ep. Hom. (An. Ox. 1, 310, 33, EM. 638, 1). Vide
ad E 812 *a*   *c* — ὁρίζει (9) cf. Eust. 544, 12 et 31. 545, 36   **253** Ge
(fort. ex h): οὐ γὰρ μοι γενναῖον μαχομένῳ ἀλυσκάζειν καὶ φεύγειν· εἴληπται γὰρ
τὸ ἀπαρέμφατον ἀντὶ μετοχῆς   *a* cf. Eust. 545, 38   ἐγγενές (13) = D; cf.
Ap. S. 54, 17, sch. Pind. P. 8, 61; vide Ar. fr. 28 (p. 18) Dem. = fr. 141 IV c
Edm.   **255** *a* cf. Eust. 546, 6; Dimpfl 23 (test.)   **256** *a*¹ τὸ δὲ οὐκ (20) sq.
cf. *b*   *b*¹ — ὡς ἔχει τὸ οὖτα (42) Et. Gen. (AB) οὐκ ἔα· συστέλλεται — τὸ
μὲν οὖν (οὖν A, γὰρ B) ἐντελὲς τοῦ ἐνεστῶτος ἐῶ ἐᾷς ἐᾷ σὺν τῷ ῑ, τοῦ δὲ παρατατι-

---

5 (le.) ἐπεὶ del. Bk.   7 δύναται συνδεδ. h. e. „potest pronomen epitagmaticum
αὐτός adici, unde apparet urgendum esse σέ" (Baege)   8 le. μή τι φόβον δ᾽
ἀγόρευε T emendavi et supplevi, om. b   10 ἐν οἷα b ἐνιοία T   κατελήφθη
b   10 sq. ἐπεὶ — φίλον] σὲ καὶ τῶν πάνυ φίλων b   11 οἴω¹ Ma., οἴον T   12
(le.) οὐ γὰρ μοὶ del. Bk.   14 le. add. Ba.   15 le. add. Frdl., fort. rectius
ὀκνείω δ᾽ ἵππων   σημειοῦνται δὲ sq. coni. cum scholio E 253 *a* (v. πάτριον) in
A, distinxit Frdl. (verba scholiorum E 253 *a* et 255 *a* ab excerptore mutata
sunt)   16 ὀκνηρῶς A em. Bk.   τινὲς δὲ] οἱ δὲ νεώτεροι Dimpfl   18 le. add.
Vill.   22 sq. ἀνδρείου δὲ sq. pone sch. *b*² (coni. cum v. βεβάρυνται) b   24
(le.) τρεῖν μ᾽ οὐκ del. Bk.   26 τοῦ δὲ παρατ. Et. Gen., om. A

μένου τοῦ ῑ, „οὔ μ' εἴας μακάρεσσι" (Ε 819), καὶ τὸ τρίτον ἐν Ἰωνικῇ
παραγωγῇ „τὸν δ' οὔτι πατὴρ εἴασκε μάχεσθαι" (Υ 408) καὶ „τόνδε
δ' ἔασκεν" (Ω 17). καὶ προστακτικὸν „ἀλλ' ἔα ὡς οἱ πρῶτα δόσαν"
30 (Α 276). εἰ τοίνυν ἐστὶ τοιοῦτο τρεῖν μ' οὐκ ἔα, μόνον συνεστάλη
τὸ ἄλφα καὶ ὁ παρατατικός ἐστιν ἰσοδυναμῶν ἐνεστῶτι. εἰ δὲ ὁ ἐνε-
στὼς ἀεί ἐστι περισπώμενος καὶ σὺν τῷ ῑ γραφόμενος, δῆλον ὅτι πολλὰ
πάθη· συστολὴ γὰρ τοῦ ᾱ καὶ ἐκβολὴ τοῦ ῑ καὶ μεταβολὴ τοῦ τόνου,
εἰ μὴ ἄλλως ἐκδεξαίμεθα ὅτι ἔθος αὐτῷ ταῦτα τὰ τῆς δευτέρας συζυ-
35 γίας κατὰ τὸ δεύτερον καὶ τρίτον πρόσωπον πολλάκις διαλύειν εἰς
δύο ᾱᾱ, ὧν τὸ μὲν πρότερον συνεσταλμένον ἐστί, τὸ δὲ δεύτερον ἐκτε-
ταμένον καὶ σὺν τῷ ῑ γραφόμενον, ὁρᾷς „οὐχ ὁρᾷς οἷος κἀγώ" (Φ
108), καὶ ἐπὶ τοῦ τρίτου „ἰσχανάᾳ δακέειν" (Ρ 572), „ἧτ' ἐκπεράᾳ
μέγα λαῖτμα" (ι 323), „οὐκ ἐάᾳ Κρονίδης" (Θ 414). τοῦτο τοίνυν τὸ
40 ἐάᾳ δύναται κατὰ ἀποκοπὴν εἰρῆσθαι, τρεῖν μ' οὐκ ἔᾱ. ἔνθεν καὶ
συνέσταλται τὸ ᾱ, καὶ βαρύνεται. οὐκ ἄηθες δὲ καὶ ἐνεστῶτας ἀπο-
κόπτεσθαι καὶ ἄλλους χρόνους, ὡς ἔχει τὸ „οὖτα καταὶ λαπάρην"
(Ζ 64). εἰ δέ τις ἐπιζητήσειεν ὁμοιότητα ἀπὸ τῶν εἰς ω περισπω-
μένων ἢ βαρυτόνων ⟨ἐνεστῶτος⟩ ἐπὶ τρίτου ἀποκοπὴν καὶ μὴ εὑρὼν
45 μηδὲ τοῦτο παραδέξαιτο, ἑαυτὸν λήσει· περὶ γὰρ πάθους διαλαμβά-
νομεν. Α

$b.^2$ συστέλλεται τὸ ᾱ καὶ βαρύνεται, ἵν' ᾖ παρατατικοῦ εἴων   *Hrd. | Ap. Dysc.*
εἴας εἴα, καὶ τὸ προστακτικὸν „ἀλλ' ἔα ὡς οἱ πρῶτα δόσαν γέρας".   *vel Choer.*
ποιητικῶς οὖν συνέσταλται τὸ ᾱ καὶ ἔστιν παρατατικὸς ἰσοδυναμῶν
50 ἐνεστῶτι. εἰ δὲ ἐνεστώς ἐστιν, ἔθει Ὁμηρικῷ λυθήσεται· τὰ γὰρ τῆς

κοῦ (οἷον add. Α) εἴων εἴας εἴα χωρὶς τοῦ ῑ. καὶ τὸ προστακτικὸν ἔα· „ἀλλ' —
δόσαν''. τοῦτο οὖν ἐνεστώς ἐστιν· ἔθος γὰρ (τῷ ποιητῇ add. Β) τὰ τῆς — καὶ σὺν
τῷ ῑ, οἷον ὁρᾷς, οὐχ ὁρᾷς, οὐχ ὁρᾷς, καὶ ἐπὶ τοῦ τρίτου — ἐκπεράᾳ", καὶ πάλιν „οὐκ
ἐάᾳ Κρονίδης". τοῦτο οὖν τὸ ἐάᾳ δύναται κατὰ ἀποκοπὴν (συγκοπὴν Β) γενέσθαι·
τρεῖν οὐκ ἔα (Β, ἐάα Α). ἔνθεν καὶ συστέλλεται τὸ ᾱ καὶ βαρύνεται. οὐκ ἄηθες δὲ καὶ
ἐνεστῶτας ἀποκόπτεσθαι καὶ ἄλλους χρόνους, ὡς ἔχει τὸ „οὖτα", fort. ex hyp.
Iliad.: h(P¹¹ V³ V¹⁵): συστέλλεται — καὶ συνέσταλται τὸ ᾱ. ἄμεινον οὖν ἐστιν ἔα
(ἐστιν ἔα om. V¹⁵) γράφειν ὀξυτόνως· ἀποκοπὴ γὰρ ἐκ τοῦ ἐάα τὸν τόνον ὀφείλει
ἔχειν ἄτρεπτον, cf. Valk II 213 n. 579. Vide ad Ζ 268 b (Hrd.)   καὶ προστακτι-
κὸν (29) ad Α 276 a (Hrd.)   ἔθος αὐτῷ (34) — βαρύνεται (41) cf. Eust. 546, 9
(οὕτω σχηματίζεται παρὰ τοῖς παλαιοῖς)   δύναται κατὰ ἀποκοπὴν (40) sq. cf.
D   οὖτα (42) ad Β 662 (Hrd.) b^2 brevius Ge (e T ut vid.)

29 προστ.] προστακτικὸν ἔα Et. Gen., fort. rectius   ὡς οἱ Et. Gen. (Β), ὅσοι
Α, Et. Gen. (Α)   πρῶτα δόσ. om. Α   33 συστολῇ et ἐκβο(λῇ) et μεταβο(λῇ)
Α em. Bk.   40 ἔᾰ Α ἔα Et. Gen. (Β), ἐάα Et. Gen. (Α)   41 συνέστ. Α
συστέλλεται Et. Gen.   βεβάρυνται Vill. (et edd.), infacete   44 ἐνεστῶτος add.
Lehrs   47 συστέλλεται b τρεῖν οὐκ ἔα παλλάς: συστέλλεται Τ   49
ἰσοδυναμοῦν Τ

δευτέρας συζυγίας κατὰ τὸ δεύτερον καὶ τρίτον πρόσωπον πολλάκις
διαλύει εἰς δύο ā, ὧν τὸ μὲν πρῶτον συνέσταλται, τὸ δὲ δεύτερον
ἐκτέταται καὶ σὺν τῷ ῑ γράφεται· „οὐχ ὁράᾳς οἷος κἀγώ", b(BCE³
E⁴) T   „ἰσχανάᾳ δακέειν", T   „ἧτ' ἐκπεράᾳ μέγα λαῖτμα",
„οὐκ ἐάᾳ Κρονίδης". τοῦτο τοίνυν τὸ „ἐάᾳ" ἀποκέκοπται, ἔνθεν καὶ 55
συνέσταλται τὸ ā, καὶ βαρύνεται. b(BCE³E⁴) T | ὡς τὸ „σὲ γάρ φη
Ταργήλιος" παρὰ Ἀνακρέοντι (fr. 19 P. [P. M. G 364] = 119 G.). T

Ariston.   257 a. ⟨πάλιν αὖτις:⟩ ὅτι οὐ τὸ αὐτὸ λέγει διὰ τοῦ πάλιν καὶ
αὖτις, ἀλλὰ τὸ μὲν αὖτις ἀντὶ τοῦ πάλιν, τὸ δὲ πάλιν τοπικόν,
ἀντὶ τοῦ εἰς τοὐπίσω. Aᵢⁿᵗ   60

ex.   b. τούτω δ' οὐ πάλιν αὖτις ἀποίσετον: πολὺ τὸ διάφο-
ρον αὐτοῦ τε καὶ τῶν Πανδάρου λόγων. b(BCE³E⁴) T

Did.   258 a. ⟨εἴ γ' οὖν:⟩ οὕτως εἰ γ' οὖν διὰ τοῦ γ̄ Ἀρίσταρχος, εἰ
δὴ ἕτερος αὐτῶν φύγῃ. Aⁱᵐ

ex.   b. εἰ γοῦν ἕτερός γε φύγῃσι: γενναῖον τὸ †λῆμμα†, εἰ μὴ 65
ἀμφοτέρων, τοῦ ἑτέρου κρατήσειν πεπεισμένου. ἅμα δὲ καὶ ἀνθρω-
πίνως οὐ περὶ τῶν δύο ἀποφαίνεται, τὸ δὲ ὅλον τῇ Ἀθηνᾷ ἀνατίθη-
σιν (cf. E 256). b(BCE³E⁴) T

ex.   260. αἴ κέν μοι πολύβουλος Ἀθήνη: ἐξέκοψε διὰ τῆς θεοῦ τὸ
ἑαυτοῦ καὶ Σθενέλου ἀλαζονικόν. b(BE³) T   παιδευτικὸς δὲ ὁ 70
λόγος. b(CE³)

Ariston.   261. ⟨ἀμφοτέρω κτεῖναι, σὺ δὲ τούσδε μὲν ὠκέας ἵππους:⟩
ὅτι περισσὸς ὁ δέ σύνδεσμος. Aⁱᵐ

ὡς τὸ (56) sq. Ap. Dysc. adv. 133, 6, synt. 338, 9, Choer. Th. 2, 25, 18; cf. Lex.
Mess. 410, 9, Io. Alex. 21, 14   **257** a ad E 836 a. Z 189. K 281. 356 a. Λ 326 a
(Ariston.), N 3 (ex.), cf. Ep. Hom. (An. Ox. 1, 9, 16, Et. Gud. 236, 9 Stef., Et.
Gen. = EM. 171, 49), Et. Gud. 449, 50; Lehrs Ar.³ 91; vide ad B 276 (Ariston.)
260 ἀλαζονικόν (70) cf. Δ 404—5; Plut. mor. 29 b   **261** ad A 41 c (Ariston.),
aliter Eust. 544, 39 (σὺ δὲ ἤγουν σὺ δή). Vide praeterea ad M 145 a

---

51 δευτέρας καὶ τρίτης συζυγίας Ge (perperam)   πρόσ.] ἄσωπον T   **52** ᾱ T
ἄλφα b, αα Ddf., recte, cf. sch. b¹   συνστέλλεται T   **53** ὁρᾷς T   **55**—6 οὐκ
ἐάᾳ — βαρύνεται] τρεῖν μ' οὐκ ἐᾷ παλλὰς ἀθήνη: — C   **56** συνέστ. T συνεστάλη
b   βεβάρυνται b   φη Ma. (cf. test.), φησιν T   **58** le. add. Bk.   ὅτι A,
fort. ἡ διπλῆ, ὅτι   **62** τε om. b   **63** le. (= Aᶜᵒⁿᵗ) addidi (auctore Ldw.)   γ'
οὖν Ldw., γοῦν A   **64** αὐτὸν A em. Pluyg.   **65**—8 pone sch. E 256 a¹ in T
65 λῆμα Bk., recte   **66** τοῦ — πεπεισμένου T ἀλλά γε τοῦ ἑτέρου κρατήσειν
πέπεισται b   **67** sq. ἐπὶ τῇ ἀθηνᾷ τρέπει T, τῇ ἀθηνᾷ ἐπιτρέπει Wil., fort. recte
69 scholia ad E 260—353 desunt in B (exciderunt folia 68 et 69), cf. Beiträge
3—26; de cod. E⁴ ib. 26   **70** ἑαυτοῦ καὶ σθενέλου om. T, fort. recte (cf. Beiträge
13,2, at vide test.)   **72** le. add. Vill.   **73** ὅτι A, ἡ διπλῆ, ὅτι Vill.

261—4. σὺ δὲ τούσ⟨δε⟩ μὲν ὠκέας ἵππους ⟨——— Ἀχαιούς⟩:   *ex.*
75 νηφαλίως ἅπαντα προορᾷ οὐκ ἐκκρουόμενος ὑπὸ τοῦ προσδοκωμένου
κινδύνου, εἴγε ὁ μὲν θεᾶς υἱός, ὁ δὲ τοξότης ἄριστος, ὃς ἤδη καὶ ἔβαλεν
αὐτόν. πολεμικοῦ δὲ ἀνδρὸς ἀντιποιεῖσθαι τῶν πρὸς τὸν πόλεμον
χρησίμων· καὶ ὁ Ἕκτωρ γοῦν τὸν Διομήδους θώρακα σπεύδει λαβεῖν
καὶ „ἀσπίδα Νεστορέην" (Θ 192). b(CE³) T
80   262 a. ⟨αὐτοῦ ἐρυκακέειν:⟩ ὅτι ἀπαρέμφατον ἀντὶ προστακτι-   *Ariston.*
κοῦ τοῦ ἐρύκακε. A^im
     b. ἐξ ἄντυγος ἡνία τείνας: ἵνα δοκῶσιν ὑπό τινος ἄγ-   *ex.*
χεσθαι. T
     263 a. Αἰνείαο δ' ἐπαῖξαι: ὅτι τῷ ἀπαρεμφάτῳ ἀντὶ προστα-   *Ariston.*
85 κτικοῦ ἐχρήσατο. Ζηνόδοτος δὲ „†αἰνείω†" γράφει. A
     b. ⟨μεμνημένος:⟩ μεμνημένος μου. T^il   *ex.(?)*
     264. ⟨ἐκ δ' ἐλάσαι:⟩ διὰ τὴν αὐτὴν αἰτίαν. A^im   *Ariston.*
     265. τῆς γάρ τοι γενεῆς: ὁ μὲν Αἰνείας τὸ φορτικὸν ἐκκλίνων   *ex.*
ἐπετέμετο τὸν ἔπαινον (sc. E 222—3). ὁ δὲ ἐπιμελέστερον ἐπαινεῖ πα-
90 ρατείνων τὸν Σθένελον. πόθεν δὲ οἶδεν; ἐξ αἰχμαλώτων δηλονότι,
ὅθεν καὶ Ἰδομενεὺς ἔμαθε τὰ περὶ Ὀθρυονέως (cf. N 374—82). δύ-
ναται δὲ καὶ ὡς Ἀργεῖος εἰδέναι ταῦτα, εἴγε Ἡρακλῆς ἐστράτευσεν
ἐπὶ Τροίαν. b(CE³) T
     266 a.¹ {δῶχ'} υἷος: προπερισπαστέον· ἀπὸ γὰρ εὐθείας ἐστὶ   *Hrd.*
95 μὴ εἰρημένης τῆς υἷς, ἧς γενικὴ ὤφειλεν εἶναι τρισύλλαβος ὡς μάντιος.
1 αὕτη τοίνυν συναλιφὴν παθοῦσα καὶ δισύλλαβος γενομένη βαρύνεται,
ἧς ἀκόλουθος δοτικὴ „Νηληΐῳ υἷῖ ἐοικώς" (Β 20). καὶ αἰτιατικὴ „ἀλλ'
υἷα Κλυτίοιο σαώσομεν" (Ο 427) καὶ πληθυντικὴ εὐθεῖα „υἷες ὁ μὲν

262 a ad A 20 a² (Ariston.)   b ad E 322 b, cf. sch. Eur. Hipp. 1188   **263**
a — ἐχρήσατο (85) ad A 20 a²   Ζηνόδοτος (85) sq. ad E 323 (Ariston.)
264 deest diple ante versum in A, vide ad E 263 a   **265** ἐπετέμετο (89) ad
E 223 a   **266** a¹ cf. Choer. Th. 1, 371, 22 (= Hrd. 2, 340, 11), unde Et. Gen.
υἱός (p. 291 Miller = Simon. fr. 132 P. [P. M. G. 637]), sim. Ep. Hom. (An. Ox. 1,
419, 14, Et. Gud. 539, 17)   προπερισπαστέον (94) ad O 138 b (Hrd.), cf. Arcad.
148, 2   υἷ (2) ad Π 177 c¹ (Hrd.)

74 le. T supplevi (τούσδε Ma.), om. b (qui sch. et ipse ad E 261 revocavit)   **76**
ἔβαλλεν C   **78** ὁ om. b   **80** le. add. Vill., fort. rectius ἐρυκακέειν: ὅτι A,
ἡ διπλῆ, ὅτι Vill.   **81** ἐρύκακε Bk., ἐρυκακέειν A   **82** sq. ἄγχεσθαι T (ut sch.
Eur.), ἄρχεσθαι Ma.   **84** ὅτι A, ἡ διπλῆ, ὅτι Vill.   **85** αἰνείω Bk., recte
86 et **87** le. addidi   **87** διὰ A, erat fort. ἡ διπλῆ διὰ   **88**—**93** post sch. E 266 a²
in b   **89** sq. παραγγέλλων T   **90** δῆλον ὅτι E³   **91** ἔμαθε] ἔπειτα ἔμαθε C
92 δὲ om. E³   **93** ἐπίνοιαν T   **94** (le.) δῶχ' del. Bk.   **95** μάντιος N 663
3 σαώσ. Vill., σαώσωμεν A, σαώσατε Hom.

Κτεάτου" (Β 621) καὶ αἰτιατικὴ „υἶάς τ' ὀλλυμένους" (Χ 62). ἀπο-
δείξομεν δὲ καὶ τὸ „υἱάσι δὲ Πριάμοιο" (Ε 463) παρὰ τοῦτο κεκλίσθαι 5
ἐν τοῖς Περὶ ὀνομάτων (fr. 10 = 2, 614, 36), ὅταν καὶ περὶ τῆς καθο-
λικῆς κινήσεως τοῦ ὀνόματος διαλαμβάνωμεν. Α

       *a.*² προπερισπαστέον τὸ υἶος· ἀπὸ γὰρ τοῦ ὕϊος ἦν καὶ
κατὰ κρᾶσιν υἶος. b(CE³) T

Ariston.   *b.* ποινὴν ⟨———— οὕνεκ'⟩: ὅτι ἰδίως τῷ ποινή κέχρηται· 10
κυρίως γὰρ ἐπὶ φόνου, „ποινὴν δεξαμένῳ" (Ι 636). καὶ ὅτι τὸ οὕνεκα
ἀντὶ τοῦ τοὕνεκα. Α

D(?)   **267.** ⟨ἵππων, ὅσσοι ἔασιν ὑπ' ἠῶ τ' ἠέλιόν τε:⟩ ὁ τρόπος
περίφρασις. Aⁱⁿᵗ

Ariston.   **268.** τῆς γενεῆς ἔκλεψεν: ἀντὶ τοῦ ταύτης. καὶ λείπει τὸ ἄρθρον, 15
ἵν' ᾖ ταύτης τῆς γενεῆς. b(CE³) T

ex.   **269** *a.* λάθρη Λαομέδοντος: περισπούδαστοι γὰρ ἦσαν αὐτῷ.
πῶς οὖν παρὰ τῷ Πριάμῳ τὸ γένος τῶν ἵππων οὐ σῴζεται; ὅτι τοὺς
Λαομέδοντος Ἡρακλῆς ἀπήγαγε πορθήσας τὴν Ἴλιον. b(CE³) T

ex. | D ad E 715   *b.* ⟨ὑποσχών:⟩ ἀντὶ τοῦ ὑποστήσας. | καὶ „ὑπέστημεν" 20
(Ε 715) ὑπεσχόμεθα. Tⁱˡ

Hrd.   *c.*¹ θήλεας ἵππους: τρίτη ἀπὸ τέλους ἡ ὀξεῖα, ἵνα ἀπ' εὐ-
θείας τῆς θῆλυς ᾖ κεκλιμένον· „θῆλυς ἔερση" (ε 467), „Ἥρη θῆλυς
ἐοῦσα" (Τ 97), „θῆλυν ὑπόρρηνον" (Κ 216). οὕτως Ἀρίσταρχος καὶ
⟨ὁ⟩ Ἀσκαλωνίτης (p. 45 B.). Α   25

       *c.*² προπαροξυτόνως ἀπὸ τοῦ ἡ θῆλυς, ὡς „θῆλυς ἔερση" καὶ
„γυνὴ δὲ θῆλυς οὖσα κοὐκ ἀνδρὸς φύσιν" (Soph. Trach. 1062). οἶδε
δὲ καὶ τὸ θήλεια· „ἄμφω θηλείας" (Β 767). b(CE³) T

ἀποδείξομεν (4) sq. vide ad E 463 (ubi sch. Herodiani non iam exstat)   *b* —
δεξαμένῳ (11) cf. Eust. 546, 23. 1102, 55; sim. D ad Γ 299. Ι 633; Ap. S. 132,
29; sch. Pind. N. 1, 108; Ep. Hom. (An. Ox. 1, 359, 24, Et. Gud. 472, 54, sim.
Et. Gen. = EM. 678, 57); vide ad Γ 286. Ι 633 (Ariston.); Dimpfl 45   ἐπὶ
φόνου (11) cf. Lex. Hdt. 455 (= 226, 113 R.)   τὸ οὕνεκα (11) ad Ι 505
(Ariston.), cf. Lehrs Ar.³ 150   **267** cf. D, Eust. 546, 32   **268** nullum signum
ante versum in A, sch. Aristonico attr. Friedl., vide ad Β 576 (Ariston.); sim.
Polyb. barb. 286, 7   **269** *b* — ὑποστήσας (20) cf. D, Eust. 546, 35   *c/d* cf.

---

5 κεκλῆσθαι A em. Bk.   **7** an κλίσεως?   **8** προπερισπ. b, υἶος ποινήν:
προπερισπαστέον T   ἦν καὶ T ἐστὶ b   **9** υἶος om. b   **10** le. A supplevi   ὅτι
A, fort. ἡ διπλῆ, ὅτι   τῷ Vill., τὸ A   **13** le. addidi   **15** ἀντὶ A, erat fort.
ἡ διπλῆ, ὅτι τὸ τῆς ἀντὶ   **18** οὖν om. T   τῶν ἵππων om. T, fort. recte   **20**
le. add. Vᶜ   **23** ἔερση A em. Vill.   **24** θῆλυν] fort. δῖν δώσουσι μέλαιναν / θῆλυν
(Κ 215—6)   **25** ὁ add. Bk.,   **26** προπ. b, θήλεας ἵππους: προπαροξυτόνως
T   ἡ om. b   **28** ἄμφω T ὡς τὸ ἄμφω b, fort. rectius

d. θήλεας: ὅτι οἱ περὶ Ἑλλάνικον ἀνεγίνωσκον „θηλέας" *Ariston.*
30 ὡς ταχέας, ὡς Δωρικῶς ἐκτιθεμένου τοῦ ποιητοῦ. τὸ δὲ τοιοῦτο παρ'
Ἡσιόδῳ (e. g. th. 60. 401 al.) πλεονάζει, Ὅμηρος δὲ οὐ χρῆται. **A**
271—2 *a.*¹ τοὺς μὲν τέσσαρας αὐτὸς ἔχων ⟨———/⟩ τὼ δὲ *ex.*
δύ' Αἰνείᾳ δῶκεν: οὐχ ὡς ἀποθανόντος Ἀγχίσου φησὶ „τῶν δὴ
νῦν ἕτεροί γε φίλον παῖδα" (Υ 210). ἔστιν οὖν ὅτε ἦν ἔφηβος· νῦν γὰρ
35 διὰ γῆρας ἐν Δαρδανίᾳ διάγει· διὸ οὐδὲ μετὰ τῶν δημογερόντων
ἐστίν. διδάσκει δέ, πῶς δεῖ μερίζεσθαι ζῶντι πατρί. **T**
*a.*² οὐχ ὡς ἀποθανὼν Ἀγχίσης κατέλιπεν αὐτὰς τῷ υἱῷ,
ἀλλ' ὅτε κἀκεῖνος ἔφηβος ἦν. νῦν δὲ γηράσας ἐν Δαρδανίᾳ διάγει·
διὸ οὐδὲ μετὰ τῶν δημογερόντων ἐστί. διδάσκει δέ, πῶς δεῖ μερίζεσθαι
40 ζῶντι πατρί. **b(CE³)**
272 *a.* τὼ δὲ δύ' Αἰνείᾳ ⟨δῶκεν, μήστωρε φόβοιο⟩: ὅτι δύο *Ariston.*
ἵπποις ἐχρῶντο. ἡ δὲ ἀναφορὰ πρὸς τὸ τέτρωρον „ξάνθε τε καὶ σύ,
Πόδαργε" (Θ 185). καὶ ὅτι φόβον τὴν φυγὴν λέγει. **A**
b. ⟨μήστωρε:⟩ οὕτως Ἀρίσταρχος μήστωρε δυϊκῶς· ἐπὶ *Did.*
45 γὰρ τῶν ἵππων. **Aⁱⁿᵗ**
277 *a.*¹ καρτερόθυμε, δαΐφρον: εἰρωνικός ἐστιν ὁ ἔπαινος. **T** *ex.*
*a.*² καὶ ὁ ἔπαινος τοῦ ἀεὶ ἀλαζόνος εἰρωνικός ἐστιν. **b(CE³)**
278 *a.*¹ ἦ μάλα σ' ⟨οὐ βέλος ὠκὺ δαμάσσατο, πικρὸς *Ariston.*|*Hrd.*|
ὀϊστός⟩: πρὸς τὴν ἑρμηνείαν· ἦ μάλα σε οὐκ ἐδάμασε τὸ βέλος, ὅ *Nic.*
50 ἐστιν ὁ ὀϊστός. | περισπαστέον δὲ τὸν ἦ· ἔστι γὰρ μᾶλλον βεβαιωτι-
κός. | ὑποστιγμὴ δὲ κατὰ τὸ τέλος τοῦ στίχου· κεῖται γὰρ ὁ ἦ ἀντὶ
τοῦ εἶ καὶ βαρύνεται. οἱ δὲ περισπῶντες στίζουσι κατὰ τὸ τέλος. **A**
*a.*² ἀντὶ τοῦ εἶ. **Aⁱᵐ** *Nic.*

Eust. 546, 42   *c* cf. D   *d* ad Τ 97 *a* (Ariston.), vide ad Θ 378 (Did.); —
Ἡσιόδῳ (31) brevius **h**(Ge P¹¹)   Ἑλλάνικον (29) Hell. est Agathoclis Zeno-
dotei discipulus a grammaticis stans, qui Χωρίζοντες appellabantur, ad Ο 651
(Ariston.)   Δωρικῶς (30) . . . παρ' Ἡσιόδῳ (31) cf. A. Morpurgo-Davies, Glotta
42, 1964, 152   272 *a* — Πόδαργε (43) ad Ε 195 *b* (Ariston.)   ὅτι φόβον (43) sq.
cf. Su. φ 559: φόβος παρ' Ὁμήρῳ ἡ φυγή, D; vide ad Ε 223 *b* (Ariston.)   *b*
alii μήστωρι legebant, vide ad Θ 108 (Did.)   277 cf. D   278 *a*¹ περισπαστέον
(50) — βεβαιωτικός ad A 156 *a*. 229 (Hrd.)   ὑποστιγμή (51) sq. ad Γ 215 *a*

29—31 pone sch. E272 *a* in A, trps. Vill., Frdl.   29 le. scripsi (auctore Frdl.),
λάθρηι λαομέδοντος: A   ὅτι A, ἡ διπλῆ, ὅτι P¹¹ (et Vill.)   ἑλλανικὸν A em.
Bk.   30 ἐκτιθεμένου A συνεσταλκότος **h**   32 sq. le. T suppl. Ma.   33 ἀγχίσου·
ῥησὶ γοῦν (γὰρ Ma.) Bk.   37—40 sch. ad E 271 rettulit **b**   41 le. A suppl.
Frdl.   ὅτι A, fort. ἡ διπλῆ, ὅτι   44 le. add. Bk.   48 sq. le. A suppl. Vill.
49 πρὸς A, fort. ἡ διπλῆ πρὸς   ἐδάμασσε Vill.

ex.(Nic.)   *b.* ἦ μάλα σ' οὐ βέλος ⟨ὠκὺ δαμάσσατο, πικρὸς ὀϊ-
στός:⟩ ὁ ἦ ἀντὶ τοῦ εἴ, καὶ τὸ ὀϊστός ὑποστιχθήσεται· εἰ γὰρ περι- 55
σπάσομεν τὸν ῆ, ἀνηθοποίητον ἔσται. b(CE³) T

ex.   *c.* βέλος ὠκὺ ⟨ . . . ⟩, πικρὸς ὀϊστός: βέλος κοινόν,
ὀϊστός εἰδικόν. b(CE³) T

ex.   **279** *a.* νῦν αὖτ' ἐγχείῃ πειρήσομαι: εἰκὸς κατὰ τὸ σιωπώ-
μενον ἐντεθωρακίσθαι αὐτόν. T

                                                  60

ex.   *b.* αἴ κε τύχωμι: ἐν πλεονασμῷ ἐστι τὸ μῑ. T

Hrd.   **283** *a.*¹ τῷ δ' ἐπὶ μακρὸν ἄϋσεν: οὐκ ἀναστρεπτέον τὴν πρό-
θεσιν· πρὸς γὰρ τὸ ἄϋσε φέρεται. καὶ εἰ πρὸς τὸ ἄρθρον δὲ συνετάτ-
τετο, οὐκ ἀνεστρέφετο, δι' ὃν προείπομεν πολλάκις λόγον ὡς ὅτι,
ἐὰν μεταξὺ πέσῃ μέρος λόγου, οὐ γίνεται ἀναστροφὴ τῆς προθέσεως, 65
ἐὰν μὴ τελευταία στίχου τεθῇ. A

      *a.*² τῷ δ' ἐπὶ μακρὸν ἄϋσε: οὐκ ἀναστρεπτέον τὴν πρό-
θεσιν· πρὸς γὰρ τὸ ἄϋσε φέρεται. ἀλλ' οὐδ' εἰ πρὸς τὸ ἄρθρον ἐφέ-
ρετο, ἀνεστρέφετο· ἐὰν γὰρ μεταξὺ πέσῃ μέρος λόγου, οὐκ ἀναστρέ-
φεται, εἰ μὴ ἐν τέλει, ὡς τὸ „ἔπτυσε πολὺ κάτα" (Call. [?] fr. 779). 70
b(CE³) T

ex.   **284.** βέβληαι κενεῶνα: ἄκρως ἀλαζὼν ὁ Πάνδαρος, ὃς ἑστῶτος
τοῦ πολεμίου καὶ περὶ τοῦ τόπου τῆς πληγῆς ὁρίζεται. b(CE³) T

D   κενεῶνα: τὸν ὑπὸ τὰς πλευρὰς ——— ὀστέων. A

ex.   **287.** οὐδ' ἔτυχες: οὐ γὰρ ἔτυχες, οἷον οὐκ ἐπέτυχες. T

                                                      75

c cf. D ad A 46, Ap. S. 119, 22; Eust. 547, 16   **279** *a* κατὰ τὸ σιωπώμενον (59)
cf. Meinel 13   **283** *a*¹ cf. Io. Alex. 27, 11; — φέρεται (63) ad A 67; vide ad Π 75
(Hrd.)   καὶ εἰ πρὸς (63) — τῆς προθέσεως (65) ad E 308. H 6. 163. 167. K 95 *b*.
273. 335 *a*. 351 *a*. Ψ 226. 377 (Hrd.), cf. sch. δ 311. λ 260. μ 104. 313, Ep. Hom.
(An. Ox. 1, 341, 17); cf. Lehrs, Quaest. ep. 75   προείπομεν πολλάκις (64) in
nostris quidem scholiis non ante hunc locum   ἐὰν μὴ (66) sq. cf. sch. *a*²   *a*²
εἰ μὴ ἐν τέλει (70) sq. cf. Io. Alex. 27, 20; Ap. Dysc. synt. 436, 4   **284** cf.

54 sq. le. T supplevi, om. b   56 ἔσται T ἔστιν b   57 le. T supplevi, om. b;
totum le. abesse iussit Nickau   βέλος² T, ἔστι δὲ τὸ μὲν βέλος (coni. cum scholio
praecedenti) b   58 οἶστ. εἰδ. T ὁ δὲ ὀϊστὸς ἰδικόν b   60 ἐντεθωρακεῦσθαι T
(ἐντεθωρακεῖσθαι V) corr. Bk.   62 (le.) ἄϋσσεν A em. Vill. (ἄϋσε)   63 ἤϋσε A
em. Bk.   68 ἤϋσε T   70 τέλει ἦι (ἦ C) ὡς b   πάντων δ' ἔπτυσε πουλὺ
κ. Call.

289 a. ταλαύρινον πολεμιστήν: ὅτι παρηγμένως λέγει τα- *Ariston.*
λαύρινον πολεμιστήν, καὶ ἕν ἐστιν ἐξ ἀμφοτέρων, ὑπομενητικὸν
ἐν τῇ μάχῃ. A

  b.¹ ταλαύρινον: Ἀρίσταρχος ψιλοῖ τὸ ρ̄· οὐ γάρ, φησί, *Hrd.*
80 σύνθετον δεῖ νοεῖν τὸν σχηματισμόν, ἀλλὰ κατὰ ἁπλῆν ἔννοιαν· τὸν
γὰρ εὔτολμον καὶ ἰσχυρόν. ὁμοίως δὲ καὶ Ἀριστοφάνης. Τρύφωνι
(fr. 96 V.) δὲ ἀρέσκει ὁ σχηματισμὸς σύνθετος εἶναι παρὰ τὸ ταλαόν
καὶ τὸ ρινόν. εἴτε δὲ λεκτὸν ἔχει τὸ ἐπὶ τέλους εἴτε παρέλκει, ὀφείλει
φυλάττεσθαι τὸ πνεῦμα· οὕτως γὰρ διελάβομεν περὶ τοῦ ,,μελιηδέος
85 οἴνου" (cf. Δ 346), ᾧ καὶ αὐτὸς συγκατατίθεται. ἡ μέντοι παράδοσις
ἐπείσθη Ἀριστάρχῳ. A

  b.² ταλαύρινον: ἰσχυρόχρωτα. T | Ἀρίσταρχος ψιλοῖ τὸ *ex.(?) | Hrd.*
ρ̄· οὐ γὰρ σύνθετον αὐτὸ ἐκδέχεται, ἀλλὰ καθ᾽ ἁπλῆν ἔννοιαν τὸν
εὔτολμον, καὶ πέπεισται αὐτῷ ἡ παράδοσις. Τρύφων δὲ σύνθετον
90 αὐτὸ ἐκδέχεται παρὰ τὸ ταλαόν καὶ τὴν ρινόν ὁμοίως τῷ τανάοποδα
,,ταναύποδα" (ι 464). b(CE³) T

  290—1. ⟨βέλος δ᾽ ἴθυνεν Ἀθήνη / ῥῖνα παρ᾽ ὀφθαλμόν, *ex.*
λευκοὺς δ᾽ ἐπέρησεν ὀδόντας:⟩ καὶ πῶς, φασίν, πεδόθεν πολεμῶν
τοιαύτην τῷ ἱππεῖ τὴν πληγὴν ἐπήνεγκε; λύεται γοῦν διὰ τῆς ἐνερ-
95 γείας τῆς Ἀθηνᾶς· ἢ εἰκὸς τὸν Πάνδαρον κύψαι πρὸς τὸ ἐκκλῖναι τὴν
1 βολήν. b(CE³)

  βέλος δ᾽ ἴθυνεν Ἀθήνη καὶ τὰ ἑξῆς: ζητεῖται πῶς Διο- *D | D*
μήδης ――― ἀφ᾽ ὕψους βεβληκέναι. | ὅτι †δηλωθεὶς† τῇ ὁρμῇ τοῦ
ἥρωος ὁ Πάνδαρος συνεκάθισεν. A

Eust. 547, 24   **289** a/b ad H 238—9 (Ariston.)   a ad N 415 c. Π 180 a
(Ariston.), cf. Ap. S. 148, 29: ταλαύρινον· τολμηρόν. παρῆκται δὲ ἡ λέξις παρὰ
τὸ τλῆναι, καὶ οὐκ ἔγκειται ὁ ρινός, ὡς οὐδὲ ἐν τῷ ,,κελαινεφές" (Β 412 al.) τὸ νέφος,
cf. Lehrs Ar.³ 305   παρηγμένως (76) ad Π 635 (Hrd.) al.   ὑπομενητικόν (77)
= D, cf. D ad H 239, Ge (ex h?): τὸν ταλαύρινον ἤτοι τὸν πολεμικὸν καὶ καρτε-
ρικόν, vide ad Υ 78 (ex.)   b¹ brevius Eust. 548, 30; vide ad O 705; — πνεῦμα
(84) cf. Eust. 524, 9 (vide ad E 76 a)   Τρύφωνι (81) vide ad H 239 a   δι-
ελάβομεν (84) ad Δ 346 (Hrd.)   b² ταναύποδα (91) cf. sch. ι 464   **290—1**

76 le. Frdl. (Vill.), αἵματος ἄσαι: A   ὅτι A, ἡ διπλῆ, ὅτι Vill.   81 γὰρ eiecit
Bk.   τρύφωνι Bast (sim. Villoison XXX), τροφώνει A   83 τὸ ριν. A, τὴν
ρινόν Bk., fort. recte (cf. sch. b²)   85 ᾧ Bk., ὃ A   89 εὔτ. T συσταλμόν
b   90 δέχεται αὐτὸ b   91 τανύποδα T   92 sq. le. addidi (sch. ad E 291
revocavit b)   93 φασίν scripsi, φησιν b   94 ἤνεγκε et γ᾽ οὖν E³   95 τῆς
(ante ἀθηνᾶς) om. E³   2—4 pone sch. E 292 in A, trps. Vill.   3 βεβληκέναι:—
(in fine lineae) ὅτι A   δειλωθεὶς D

Hrd.   **292.** πρυμνήν: ὡς „πυκνήν" (ξ 521. 529). ἐπίθετον γάρ. ὅταν 5
δὲ ἰδίως ἐπὶ τοῦ πλοίου, βαρύνομεν, ὡς λεύκη καὶ „λευκή" (ζ 45. κ 94).
ὀξύνεται δὲ ὁ πρυμνός, ἐπεὶ τὰ εἰς νος λήγοντα μετ' ἐπιπλοκῆς συμ-
φώνου τριγενῆ ἁπλᾶ ὀξύνεται, συχνός πυκνός. οὕτως „πρυμνός"
(M 446). **A**

ex.(?) | *Hrd.* | *ex.*   **292—3** *a.*¹ πρυμνὴν τάμε (292): τὸ ἔσχατον. παρὰ νείατον 10
δὲ ἀνθερεῶνα (293) παρὰ τὸ ἔσχατον μέρος. | πρυμνή τὸ ἐπίθετον
ὀξύνεται, ἐπὶ δὲ τοῦ πλοίου βαρύνεται. | πρυμνὴν δὲ τάμε (292)
τὴν πρὸς τῇ ῥίζῃ. **T**

ex. | *Hrd.*   *a.*² τὴν πρὸς τῇ ῥίζῃ. | τοῦτο μὲν οὖν ὡς ἐπίθετον ὀξύνεται·
τὸ δὲ ἐπὶ τῆς νηὸς βαρύνεται. **b(CE³)** 15

ex.(?)   *a.*³ πρὸς τὸ τοῦ ἀνθερεῶνος ἔσχατον μέρος. **b(CE³)**

Did.   **293** *a.* ⟨ἐξελύθη:⟩ οὕτως Ἀρίσταρχος ἐξελύθη, ἄλλοι δὲ
„ἐξεσύθη". **A**ⁱⁿᵗ

ex. | *Did.*   *b.* ἐξελύθη: τῆς ὁρμῆς ἐπαύσατο. **b(CE³) T** | ἐξελύθη
Ἀρίσταρχος, Ζηνόδοτος δὲ „ἐξεσύθη". **T** 20

ex.   **297** *a.* ἀπόρουσε: χρησίμως, ἵνα ὑπεκστῶσιν οἱ ἵπποι, καὶ μὴ
δύνηται ἐπιβεβηκὼς αὐτοῖς ὑπερμαχεῖν Αἰνείας. **b(CE³) T**

ex.   *b.* Αἰνείας δ' ἀπόρουσε σὺν ἀσπίδι δουρί τε: ἦν γὰρ
τόπος τῶν ὅπλων τοῦ ἡνιόχου. φησὶ περὶ Αὐτομέδοντος· „ὡς εἰπὼν
εἰς δίφρον ἑλὼν ἔναρα βρυτόεντα" (P 540). **T** 25

Hrd.   *c.*¹ Αἰνείας δ' ἀπόρουσε{ν} ⟨σὺν ἀσπίδι δουρί τε
μακρῷ⟩: Ἡλιόδωρος στίζει ἕως τοῦ ἀπόρουσεν, εἶτα ἄρχεται ἀπὸ
τοῦ σὺν ἀσπίδι δουρί τε μακρῷ· ἃ γὰρ εἶχε, φησί, πρότερον,

cf. D, Porph. 1, 80, 24 not. (originis incertae), vide Friedrich 24   **292** Et. Gen.
(AB) πρυμνήν· ὡς πυκνήν· ἐπίθετον γάρ. ἐπὶ δὲ τοῦ πλοίου βαρύνεται. | ... | τὰ
γὰρ εἰς νος μετ' ἐπιπλοκῆς συμφώνου (A, σύμφωνα B) τριγενῆ ἁπλᾶ ὀξύνονται (ὀξ.
A, ὄντα ὀξύνονται οἷον B) †αχνός (lg. συχνός) πυκνός κραιπνός (cf. K 162 al.),
„γυμνός" (P 711). οὕτως οὖν καὶ πρυμνός πρυμνή, fort. ex hyp. Iliad., cf. Eust.
548, 1; ad M 149 a. Ζ 32. 351 a   **292—3** *a*¹ — μέρος (11) cf. D ad E 292 et 293
al.; Eust. 547, 45. 548, 3; — ἔσχατον¹ (10) ad E 339 a. N 333. Π 314. P 618 (ex.),
cf. D, Ap. S. 136, 20; vide ad N 532 (ex.)   **293** *a/b* ἐξεσύθη cf. Wackernagel I
220. 671   *b* — ἐπαύσατο (19) cf. He. ε 3699

6 λευκή καὶ λεύκη Bk.   **8** πυκνός cf. M 57 al.   **14—5** sch. ad v. 292 rettulit **b**
16 πρὸς sq. pone sch. E 293 *b* (coni. cum v. ἐπαύσατο) **b**, dub. transposui (fort. po-
tius verba scholii *a*¹ παρὰ νείατον — μέρος ad v. E 293 traicienda sunt)   **17** le.
add. Bk. (Vill.)   **19** le. scripsi, ἐξέσυτο (= Tᶜᵒⁿᵗ): ἐξελύθη (τῆς) **T**, om. **b**
21 le. Wil., ἥριτε δ' ἐξ ὀχέων **T**, om. **b** (sed sch. in CE³ ad v. E 297 relatum est)
22 αἰνείας **b**, om. **T**   **24** τοῖς ὅπλοις ci. Wil. (at cf. sch. *c*²) **25** ἐς Hom.   **26** sq.
le. **A** em. et suppl. Vill.   **27** ἰλιόδωρος **A** em. Vill.   ἕως τοῦ susp., εἰς τὸ Bk.,
fort. recte   **28** εἶλε φασί **A** em. Bk.

ταῦτα τῷ Πανδάρῳ μετέδωκεν. αἴρει γοῦν, φησί, τὴν ἀσπίδα ἀπὸ
30 τοῦ νεκροῦ καὶ καθοπλίζεται καὶ τὸ βληθὲν ὑπὸ τοῦ Διομήδους δόρυ.
τοῦτο δὲ οὐκ ἔστιν ἀληθὲς ὡς ὅτι ἀπὸ τοῦ Πανδάρου ὁ Αἰνείας αἴρει
τὰ ὅπλα· οὐ γὰρ ἐδήλωσεν ὁ ποιητής, ἀπίθανόν τε αὐτὸν †εἶναι†
τὸν Αἰνείαν γυμνὸν παραδεδωκέναι τοῖς πολεμίοις, ὑπόψυχρόν τε τὸ
ἐκδέχεσθαι τὸν Διομήδη ἕως οὗ καθοπλίσηται ὁ Αἰνείας καὶ μὴ εὐθέως
35 αὐτὸν ἀνελεῖν· διὸ καὶ ὁ Ἀσκαλωνίτης (p. 46 B.) συνάπτει ὥστε ἐπὶ
τοῦ Αἰνείου κεῖσθαι τὸ σὺν ἀσπίδι δουρί τε μακρῷ· καὶ δῆλον ὅτι
ὁ Πάνδαρος ὑπ' ἄλλου κατὰ τὸ σιωπώμενον καθώπλιστο, ὁ δὲ Αἰ-
νείας εἰς τὸ μετάφρενον μετενηνόχει τὴν ἀσπίδα, εἶχε δὲ τὸ δόρυ παρα-
κείμενον, ᾗ ἔκειτο ἐν τῷ δίφρῳ, ὥσπερ καὶ Νέστωρ ἡνιοχῶν Διομήδει,
40 ὡς σαφὲς ἐκ τοῦ Ἕκτορος προσώπου ,,αἴ κε λάβωμεν / ἀσπίδα Νεστο-
ρέην" (Θ 191—2). οὕτως δὲ καὶ Αὐτομέδων ἡνιοχεῖ τῷ Πατρόκλῳ·
παραδοὺς οὖν τὰς ἡνίας Ἀλκιμέδοντι πολεμεῖ τοῖς ἰδίοις ὅπλοις (cf.
P 481—3). ταῦτα Ἡρωδιανὸς ἐν τῇ Προσῳδίᾳ (2, 51, 5). A
     c.² Ἡλιόδωρος ἔστιξεν εἰς τὸ ἀπόρουσε· παρεδεδώκει γάρ,
45 φησίν, ὁ Αἰνείας τὰ ἴδια ὅπλα τῷ Πανδάρῳ ὡς μέλλων ἡνιοχεῖν, εἶθ'
οὕτω κατελθὼν ἐκδιδύσκει τὸν νεκρὸν καὶ τούτοις ὁπλίζεται· ὅπερ
ἄτοπον, τὸ ἐπιτηρεῖν Διομήδεα, ἄχρις οὗ ὁπλισθῇ Αἰνείας. ἀλλὰ μᾶλ-
λον, ὡς καὶ Ἡρωδιανῷ (2, 51, 16) δοκεῖ, κατὰ μὲν τὸ σιωπώμενον
Πάνδαρος ὁπλίζεται, παράκειται δὲ τὰ ὅπλα τῷ Αἰνείᾳ παρὰ τὸν
50 δίφρον ὡς καὶ Νέστορι· b(CE³) T   δῆλον γάρ, ἐξ ὧν φησιν Ἕκτωρ
,,αἴ κε λάβωμεν ἀσπίδα Νεστορέην". T   καὶ Αὐτομέδων παρα-
δοὺς Ἀλκιμέδοντι τὰς ἡνίας αὐτὸς πολεμεῖ. ἦν οὖν τόπος τῶν ὅπλων
τοῦ ἡνιόχου ἐν τῷ ἅρματι, ἵν' εἰ χρεία γένοιτο, μαχέσωνται. b(CE³) T
     d.¹ Αἰνείας δ' ἀπόρουσε σὺν ἀσπίδι δουρί τε μακρῷ: *Nic.*
55 ὅλον συναπτέον τὸν στίχον, ὡς Νικάνωρ (p. 183 Friedl.). T
     d² συναπτέον ὅλον τὸν στίχον. Aᵢⁿᵗ
298. ⟨οἱ:⟩ ὅτι ἀντὶ τοῦ αὐτοῦ. Aᵢⁿᵗ   *Ariston.*

---

297 c¹ καὶ δῆλον ὅτι (36) sq. Nicanori attr. Wackernagel (Mus. Rhen. 31,
1876, 435), parum probabiliter   298 ad B 816 pap. II (Ariston.), vide ad
E 300 (Ariston.)

---

29 παρέδωκεν Bk., fort. recte   οὖν Lehrs, fort. γ' οὖν   32 τε αὐτ. εἶναι] τε
αὐτὸν ἑαυτὸν Bk., poss. τε τὸ ἑαυτὸν sim.   44 ἡλιόδωρος sq. cum scholio b
(v. βροτόεντα) coni. T   παραδεδώκει b   45 φησίν — ὅπλα T φησι τὰ ὅπλα
b   46 οὕτως C   ἐνδιδύσκει E³   47 lac. post ἄτοπον stat. Wil.   49 δὲ
b γὰρ T   καὶ τῷ αἰνείᾳ τὰ ὅπλα b   52 ἄλκιμ. post ἡνίας b   τῶν ὅπλων
om. C, τοῖς ὅπλοις ci. Wil.   53 ἵνα et μαχέσονται T   54 sq. cum scholio
praecedenti coni. T   57 le. add. Bk.   ὅτι A, fort. ἡ διπλῆ, ὅτι   αὐτοῦ]
αὐτοῦ. καὶ παρεῖται ἡ παρὰ Frdl. (cf. test.)

7   Scholia Iliad. II rec. Erbse

Ariston.   **299** *a.* ἀμφὶ δ᾽ ἄρ᾽ αὐτῷ βαῖνε: ὅτι ἀπὸ τῶν τετραπόδων ἡ
μεταφορά, πρὸς τὸ „ὃς Χρύσην ἀμφιβέβηκας‟ (Α 37). Α

Hrd.   *b.* ἀλκί: ἀλκί ὡς σαρκί, καὶ ἔστι κατὰ μεταπλασμὸν ἀπὸ 60
τοῦ ἀλκή. τινὲς δὲ ἀπὸ τοῦ †ἀλκίς† Αἰολικοῦ αὐτό φασιν· τοῖς γὰρ
εἰς η παράκειται †εἰς† ις, ὡς „ἑορτή‟ (υ 156. φ 258) καὶ ἑορτίς καὶ ἐν
ὑπερθέσει ἔροτις (cf. Eur. El. 625). ΑΤ   ὤφειλε δὲ ἐκτείνειν τὸ ι.
Τ   †εῖτε† ἀπ᾽ εὐθείας τῆς ἄλξ πεποίηται, ὡς οἴεται ὁ Ἀσκαλω-
νίτης (p. 46 Β.). Τρύφων δὲ ἐν τῷ Περὶ τῆς ἀρχαίας ἀναγνώσεως (fr. 65
97 V.) φησὶν ὅτι Ἀρίσταρχος λέγει ὅτι ἔθος αὐτοῖς ἐστι λέγειν τὴν
ἰωκὴν „ἰῶκα‟ (Λ 601) καὶ τὴν κρόκην „κρόκα‟ (Hsd. opp. 538) καὶ
τὴν ἀλκὴν ἄλκα ὡς σάρκα. εἰ δὲ σάρκα ὡς ἄλκα, καὶ ἀλκί ὡς σαρκί. Α

ex.(?) | Hrd.(?)   *c.* ⟨ἀλκί:⟩ ἐκ τοῦ ἄλκιμος ἐστὶ κατὰ ἀποκοπήν. | τινὲς δὲ
ἀπὸ τοῦ †ἀλκίς† Αἰολικοῦ. ἐγὼ δέ φημι κατὰ μεταπλασμὸν τοῦ η 70
εἶναι, ἐπειδὴ καὶ τὸ μακρὸν εἰς βραχὺ μεταπέπλασται. b(CE³)

Ariston.   **300.** ⟨οἳ:⟩ ὅτι πάλιν ἀντὶ τοῦ αὐτοῦ. Αᵢⁿᵗ

Hrd.   **302** *a.* {σμερδαλέα} ἰάχων: βαρύνειν δεῖ τὴν ἰάχων· ἐνεστῶτος
γάρ ἐστι καὶ παρατατικοῦ. οὐ μέντοι περισπασθήσεται, ὡς οἴεται
Τυραννίων (fr. 13 P.). διδάσκει τὰ κινήματα· „ἡμεῖς δὲ ἰάχοντες‟ 75
(δ 454)· εἰ γὰρ περιεσπᾶτο, ὡς νοοῦντες ἐγίνετο· „ἐπὶ δ᾽ ἴαχε λαὸς
ὄπισθε‟ (Ν 834), „τρὶς δ᾽ ἄϊεν ἰάχοντος‟ (Λ 463). οὕτως οὖν καὶ τὸ
„φθέγξομ᾽ ἐγὼν ἰάχουσα‟ (Φ 341) ὀφείλομεν προπαροξύνειν. Α

299 *a* ad A 37 *e* (Ariston.)   *b/c* erravi Beiträge 14, 3   *b* cf. Eust. 549, 10;
Choer. Th. 1, 320, 14   κατὰ μεταπλασμὸν (60) ad Σ 352. Χ 28 (Hrd.), cf. Or. 27,
29, unde Et. Gen. (AB) ἀλκή; Ep. Hom. (An. Ox. 1, 65, 11, Et. Gen. = EM. 42, 25;
brevius An. Ox. 1, 40, 26), sim. Meth. in Et. Gen. (= EM. 69, 34)   ἔροτις (63) cf.
Syll.³ 1009, 6, Kaibel ep. 846, 6, He. ε 5982   ἀπ᾽ εὐθείας τῆς ἄλξ (64) ad N 471 *b*
(ex.), cf. D, Ap. S. 24, 4, Ep. Hom. (An. Ox. 1, 87, 25), sch. D. Thr. (Σʰ) 93, 27   Τρύ-
φων (65) sq. ad Γ 122 *a* (Hrd.)   τὴν ἰωκὴν (66) sq. cf. Su. ι 482   ἰωκὴν
ἰῶκα (67) ad Λ 601 (Ariston.), Ο 320 (Hrd.)   **300** ad Ο 449—51. P 7 (Ariston.),
vide ad A 71 *a*   πάλιν ad E 298 (Ariston.)   fort. excidit nota de lectione
Zenodoti πρόσθε δέ οὐ, ad P 7, cf. Brugman, Probl. 20, 1   **302** *a* ad E 343
(Hrd.), Ξ 421 (Ariston.), Φ 341 (T), vide ad B 316 (Hrd.); Schulze 344, 1   οὕ-
τως οὖν (77) sq. ad Φ 341 (T)

---

58 ὅτι A, ἡ διπλῆ, ὅτι Vill.   **60** le. scripsi, ἀλκὶ πεποιθώς: A, ἀμφὶ δ᾽ ἄρ᾽ αὐτῷ
βαῖνε λέων ὡς ἀλκὶ πεποιθώς T   ἀλκὶ ὡς A ἄλκιμος T   σαρκί cf. τ 450   **61**
ἀλκή] ἀλκῆ Bk.   ἀλκίς T ἀλκ ss. ς A, ἀλκὶς Bk.   **62** εἰς ι A ἢ εἰς ι T, τὰ εἰς ις
Ddf.   **64** εἶτε A, fort. εἰ μὴ   **65** ἀρχ. A, ἀριστάρχειον Hck. (cf. test.)
66 αὐτοῖς ἐστι A ἐστι τοῖς αἰολεῦσι Eust.   **68** ἀλκήν Δ 253 al.   εἰ Bk.,
ἢ A   σάρκα ὡς ἄλκα A, ἄλκα ὡς σάρκα Velsen   **69** le. addidi   **70** ἀλκίς
cf. l. 61   **72** le. add. Bk.   ὅτι A, fort. ἡ διπλῆ, ὅτι   **73** (le.) σμερδ.
delevi   **77** τρεῖς δ᾽ A em. Vill.

b. σμερδαλέα ἰάχων: διὰ τῆς βοῆς ἀποτρέπων τοὺς ἐπιόν-   *ex.*
80 τας ἢ πρὸς συμμαχίαν καλῶν. b(CE³) T

302—3 *a.*¹ ὁ δὲ χερμάδιον λάβε χερσίν / Τυδείδης: φθάσας   *ex.*
γὰρ τῷ δόρατι προὔτυψεν. T

*a.*² ἀποστέλλει τὸν λίθον, ὅτι φθάσας τὸ δόρυ προὔπεμψεν.
b(CE³)

85 304 *a.* οἷοι νῦν βροτοί εἰσι: πολλῷ κατωτέρω τῶν ἡρωϊκῶν   *ex.*
ἐστι· διὸ τῷ διαστήματι τοῦ χρόνου πιστοῦται τὰς ὑπεροχὰς τῶν
ἡρώων. b(CE³) T

b. ῥέα πάλλε: καὶ διὰ τοῦ ῥέα καὶ διὰ τοῦ πάλλε τὸ εὐ-   *ex.*
μεταχείριστον ἐδήλωσεν. b(CE³) T

90 305—6. κατ᾽ ἰσχίον —— κοτύλην δέ τέ μιν καλέουσι: *ex.*
ἰσχίον τὸ πᾶν ὀστέον. b(CE³) T   κοτύλη τὸ κοῖλον τοῦ ὀστέου,
ἔνθα ἡ κεφαλὴ τοῦ μηροῦ ἐνστρέφεται. A b(CE³) T

ἰσχίον: τὸ ὑπὸ τὴν ὀσφὺν ——κοιλότητα. A   *D*

307 *a.* θλάσ⟨σ⟩ε ⟨δέ οἱ κοτύλην⟩: ἐδήλωσε, τί ἐστι κοτύλη. T   *ex.*

95 *b.* ἄμφω ῥῆξε τένοντε: οὕτω τὰ τεταμένα νεῦρα, ὡς δύο   *ex.*
1 τινῶν πλατέων νεύρων συνεχόντων τὴν κοτύλην. b(CE³) T

308. ὥς ε δ᾽ ἀπὸ ῥινόν: οὐχ ὡς οἴεται ὁ Ἀσκαλωνίτης (p. 46 B.)   *Hrd.*
ἀναστραφήσεται ἡ πρόθεσις, ἐπεὶ τὸ ἑξῆς ἐστιν ἀπῶσε· μεταξὺ γὰρ
πέπτωκεν ὁ δέ. A

5 309 *a.*¹ ⟨ἔστη γνὺξ ἐριπών:⟩ ὅτι ἔστη ἀντὶ τοῦ ἔμεινεν ἐπὶ   *Ariston.*
τὰ γόνατα πεσών. Aⁱⁿᵗ

*a.*² τὸ δὲ ἔστη T   ἀντὶ τοῦ ἔμεινεν †ἢ† τὸ ἐριπὼν ἀντὶ   *Ariston.(?)*
τοῦ κατενεχθείς. b(CE³) T

---

b διὰ τῆς βοῆς (79) cf. D, D ad B 394. Δ 125. 506. Y 62, sim. D ad E 343; vide ad
N 835. Y 62 (ex.)   **304** *a* — ἐστι (86) cf. Eust. 549, 42   **305—6** — ὀστέον
(91) cf. Eust. 550, 50   sq. cf. D, Et. Gen. (EM. 533, 3, Et. Gud.
341, 15)   τὸ κοῖλον τοῦ ὀστέου (91) ad X 494 (ex.), cf. Apollod. (FGrHist 244,
254) ap. Athen. 11, 479 *a*   **307** *b* cf. D, Eust. 550, 12; vide ad Y 478 (Ariston.)
308 ad E 283 *a*¹ (Hrd.)   **309** *a*¹ ad Λ 355 *a* (Ariston.)   ἐπὶ τὰ (5) sq. cf. D

---

83 ἀποστ. scripsi, ἀποστέλλει δὲ pone sch. E 302 *b* (coni. cum v. καλῶν) b   85 τῶν
ἡρ. sc. χρόνων vel γενῶν   86 ἐστι sc. ὁ ποιητής   86 sq. τὰς τ. ἡρ. ὑπεροχάς b
88 καὶ διὰ τ. ῥέα δὲ καὶ coni. cum scholio praecedenti in b   89 δηλοῖ b   90 le.
scripsi, κοτύλην δέ τέ μιν: A, om. bT (uterque sch. ad E 305 revocavit)   91 ἰσχ.
scripsi, ἰσχίον: (ut le. scriptum) T, ἰσχύον καὶ κοτύλη b   κοτύλη om. b   τὸ²
AT ἔστι δὲ τὸ b   94 (le.) θλάσε T supplevi   95 οὕτω om. b   νεῦρα T λέγει
νεῦρα b   1 τινῶν om. b   5 le. add. Vill.   ὅτι A, ἡ διπλῆ, ὅτι Vill.   7 sq.
pone sch. *b* (coni. cum v. ζωῆς) in T   7 ἢ] καὶ Ma.

7*

ex.   *b.* ἔστη γνὺξ ⟨ἐριπών⟩: πιθανῶς οὐκ ἀνατρέπεται, ἀλλ᾿
οὕτω σχηματίζεται πρὸς τὸ εὐμετακόμιστον τῆς ἁρπαζούσης μητρός. 10
b(CE³) **T**

Ariston.   **310.** ⟨γαίης· ἀμφὶ δὲ ὄσσε κελαινὴ νὺξ ἐκάλυψε:⟩ ὅτι οὐκ
ὀρθῶς ἐπὶ Ἕκτορος (sc. Λ 356) λέγεται μετενεχθεὶς ἐντεῦθεν. **A**ⁱᵐ

Ariston.   **311** *a.* ⟨καί νύ κεν ἔνθ᾿ ἀπόλοιτο:⟩ καὶ ὁ χρόνος καὶ τὸ ῥῆμα
ἐνήλλακται, ἀντὶ τοῦ ἀπώλετο ἄν. **A**ⁱᵐ   15

ex. | *Ariston.*   *b.* καί νύ κεν ἔνθ᾿ ἀπόλοιτο: οὐχ ὡς καιρίας οὔσης τῆς
πληγῆς πρὸς θάνατον, ἀλλ᾿ ἴσως δεύτερον τραῦμα ὑπὸ τῶν πολε-
μίων πληγείς. καὶ ἡ Ἀφροδίτη τοῦτο δέδοικε, „μή τις Δαναῶν ταχυ-
πώλων / χαλκὸν ἐνὶ στήθεσσι βαλὼν ἐκ θυμὸν ἕλοιτο" (E 316—7).
b(CE³) **T** | τὸ δὲ ἀπόλοιτο ἀντὶ τοῦ ἀπώλετο. **T**   20

ex.   **314—6.** ἀμφὶ δ᾿ ἑὸν φίλον υἱὸν ⟨———— βελέων⟩: οὐχ ἵνα
μὴ τρωθῇ· πῶς γὰρ ἐνόμισεν ἄτρωτον τὸν ἑαυτῆς πέπλον εἶναι τιτρω-
σκομένων καὶ τῶν θεῶν; ἀλλ᾿ ὑπ᾿ οὐδενὸς αὐτὸν τῶν πολεμίων ὁρα-
θῆναι θέλει· ὡς γὰρ αὐτοὶ οἱ θεοὶ τοῖς ἀνθρώποις εἰσὶν ἀφανεῖς, οὕτω
καὶ ἡ ἐσθὴς αὐτῶν ἀόρατος. πῶς οὖν ἐπιφέρει „μή τις Δαναῶν ταχυ- 25
πώλων / χαλκὸν ἐνὶ στήθεσσι βαλὼν ἐκ θυμὸν ἕληται" (E 316—7);
ἀπὸ τοῦ ἡγουμένου ἐδήλωσε τὸ ἑπόμενον· εἰ γὰρ ὤφθη, ἴσως ἂν
ἐτρώθη, καὶ τρωθεὶς ἀπέθανεν. Διομήδης δὲ μόνος ἐπιδιώκει· τὴν
ἀχλὺν γὰρ ἦν ἀφῃρημένος. **b**(CE³) **T**

ex.   **314.** ἐχεύατο πήχεε λευκώ: τὸ τρυφερὸν τῆς θεοῦ διὰ τοῦ 30
ἐχεύατο παρέστησεν. **b**(C) **T**

ex.   **315** *a.* ⟨πρόσθε δέ οἱ πέπλοιο φαεινοῦ πτύγμα κάλυψεν:⟩
ἔμπροσθεν δέ φησιν αὐτοῦ τὸν πέπλον ἐπέτασε πρὸς τὸ καλύψαι αὐ-
τόν. **b**(CE³)

D   πρόσθε δέ οἱ: ἔμπροσθεν ———— κρύψῃ αὐτόν. **A**   35

---

310 ad Λ 356 a (Ariston.)   311 nullum signum ante versum in A, fort. neglegentia
scribae, nisi potius credis signum iam in exemplo Veneti A defuisse, quod eius auc-
tor (sc. Ap. H.) initio scholii a nullam vocem ὅτι invenit; cf. Mnemos. 1953, 28   *a*
ad A 232; vide ad E 85 a (Ariston.)   **314—6** cf. Eust. 551, 11   **314** cf. Eust.
551, 5   **315** *a* ad E 338, cf. D   πρὸς τὸ καλύψαι (33) cf. Eust. 551, 11

---

9 le. T supplevi, om. **b**   10 μητρός **b** ζωῆς **T**   12 le. add. Vill.   ὅτι A, fort.
ὁ ἀστερίσκος, ὅτι   14 le. add. Vill.   καὶ² (ante ὁ χρόνος) A, fort. ἡ διπλῆ, ὅτι
καὶ   19 στήθεσι **T**   21 le. T supplevi, om. **b** (ubi sch. ad E 314 relatum est)
22 ἐνόμισαν **b**   24 οὕτως **b**   26 στήθεσι **T**   27 τὸ **T** καὶ τὸ **b**   30 sq. διὰ
τὸ εὐχέατο C   32 le. add. Li (m. rec.)   33—4 cum scholio E 314—6 coni. E³

b. ⟨πτύγμα:⟩ πτύγμα δὲ τὸ περίσσευμα. b(CE³)   *ex.*

316. ἕρκος ἔμεν βελέων: ἕρκος ὡς ἀφανείας ποιητικόν. Τ   *ex.*

317. ⟨ἕλοιτο:⟩ Ἀρίσταρχος †ὅλοιτο. Aⁱⁿᵗ   *Did.*

319 *a.* οὐδ᾽ υἱὸς Καπανῆος ἐλήθετο συνθεσιάων: τὸ σπου-   *ex.*
40 δαῖον Διομήδους τὸ περὶ τοὺς ἵππους ἐνέφηνε σπουδάζοντα ποιῶν
τὸν ἡνίοχον. b(CE³) Τ

    b. ⟨συνθεσιάων:⟩ ὅτι ἰδίως συνθεσιάων ἀντὶ τοῦ ἐντο-   *Ariston.*
λῶν. Aⁱⁿᵗ

322 *a.* νόσφιν ἀπὸ φλοίσβου: οὐκ ἀναστρεπτέον· δύναται γὰρ   *Hrd.*
45 καὶ ⟨τῇ⟩ γενικῇ συντάττεσθαι καὶ σημαίνει⟨ν⟩ τὸ ἄποθεν, ἵνα ὅμοιον
ᾖ τῷ ,,οὐκ ἐθέλεσκε μάχην ἀπὸ τείχεος‘‘ (Ι 353). ἢ καὶ παρέλκεται. Α

    b. ἐξ ἄντυγος ἡνία τείνας: ἐξ οὐδενὸς γὰρ ἦν ἐᾶσαι αὐ-   *ex.*
τοὺς ἐν τῷ πεδίῳ· ἵνα τε δοκῶσιν ὑπό τινος ἄγχεσθαι. Τ

323. ⟨Αἰνείαο:⟩ ὅτι Ζηνόδοτος γράφει ,,†αἰνείω†‘‘. οὐκ ἔστι δὲ   *Ariston.*
50 Αἰνείως ὡς Πετεώς. Aⁱᵐ

325. ὃν περὶ πάσης: οὐκ ἀναστρεπτέον· κεῖται γὰρ ἀντὶ τῆς   *Hrd.*
ὑπέρ. δεδήλωται δὲ ἡμῖν ἐν τῇ Α ἐντελῶς, ὁπότε διελαμβάνομεν περὶ
τοῦ ,,ἀλλ᾽ ὅδ᾽ ἀνὴρ ἐθέλει περὶ πάντων‘‘ (Α 287). Α

326. ὅτι οἱ φρεσὶν ἄρτια ᾔδη: ὁ μὲν Σθένελος ὡς Ἕλλην τὰ   *ex.*
55 ψυχικὰ προτιμᾷ, οἱ δὲ βάρβαροι τὸν Δημοκόωντα ,,ὁμῶς Πριάμοιο
τέκεσσι / τῖον, ἐπεὶ θοὸς ἔσκε μετὰ πρώτοισι μάχεσθαι‘‘ (Ε 535—6).
b(CE³) Τ

327. νηυσὶν ἐπὶ γλαφυρῇσιν ἐλαύνειν: ὅπως ἠθάδες αὐτῶν   *ex.*
γένωνται· ἀπειρόκαλον γὰρ τὸ εὐθέως ἐναβρύνεσθαι τοῖς ἀλλοτρίοις
60 ὡς Ἕκτωρ (cf. Ρ 210—4). b(CE³) Τ

---

b cf. Eust. 551, 8: πτύγμα δὲ λέγει τὸ περίττωμα καὶ δίπλωμα τοῦ τὴν χεῖρα
σκέποντος μέρους τοῦ πέπλου (unde Li), δίπλωμα = Synag. (Ba. 354,18, Ph., Su.
π 3060), cf. D   **322** *a* ad Β 162 (Hrd.). Vide ad Δ 77 (Hrd.)   ἢ καὶ παρέλκεται
(46) ad Δ 423 (Hrd.)   *b* ad Ε 262*b*   **323** ad Ε 263 *a* (Ariston.), cf. Lehrs ap.
Friedl., Ariston. 111   **325** ad Α 287 (sch. excidit), vide ad Α 258 *a*¹ (Hrd.)

---

36 le. addidi   πτύγμα δὲ sq. cum scholio Ε 315 *a* (v. αὐτόν) coni. C, fort. recte
38 le. add. Ddf.   ὅλοιτο Α, ἕλοιτο Cob., ὀλέσσαι Nck.   **40** συσπουδάζοντα b
42 le. addidi (auctore Frdl.)   ὅτι Α, fort. ἡ διπλῆ, ὅτι   44 le. Α, ἀπό: Bk.
45 τῇ add. Lehrs   σημαίνει Α suppl. Bk.   ἄποθεν Α, fort. ἄπωθεν   46 τῷ
Bk., τὸ Α   fort. παρέλκει   47 δῆσαι Bk.   48 ἄρχεσθαι Ma.   49 le. add.
Ldw.   ὅτι Α, ἡ διπλῆ (potius δ. περιεστιγμένη), ὅτι Vill.   αἰνείωο Lehrs, recte
50 αἰνείως Α em. Lehrs   πετεώς cf. Β 552 al. (πετεῶο)   52 Α Bk., ἄλφα Α
56 τέκεσσι Bk. (ex Hom.), τέκεσι Τ παίδεσι b   πρώτ. Τ (= Hom.), τρώεσσι
b   58 (le.) ἐλαυνέμεν Hom.   ἐθάδες b

Ariston. **329 a.** ⟨αἶψα δὲ Τυδεΐδην μέθεπε κρατερώνυχας ἵππους:⟩
ὅτι Ζηνόδοτος γράφει „κρατερωνύχεσ' ⟨ἵπποις⟩". βίαιος †δ' ἔφη†
συναλιφή. τὸ δὲ ἑξῆς ἐστιν· αἶψα δὲ Τυδεΐδην μέθεπε τοὺς ἵππους,
τουτέστι κατόπιν ἐλαύνειν. A

ex. **b.** αἶψα δὲ Τυδεΐδην μέθεπε ⟨—————— ἵππους⟩: ἐπὶ 65
Τυδεΐδην †εἶ πρόεστιν† ἤλαυνεν. ἢ ἀντὶ τοῦ μετεδίωκεν. T

ex. **330.** Κύπριν: οἱ μὲν τὴν ἐπιθυμίαν, οἱ δὲ τὴν βαρβαρικὴν ἀφρο-
σύνην αὐτὴν εἶναι λέγουσιν. A b(CE³) T

ex. **331.** γινώσκων ὅτ' ἄναλκις ἔην θεός: οὐ διὰ τοῦτο ἐδίωκεν,
ἀλλὰ διὰ τὴν τῆς Ἀθηνᾶς ἐντολήν. ἐγίγνωσκε δὲ ὅτι τούτου χάριν 70
ἐκείνη ἐπέτρεπεν αὐτὴν τρωθῆναι. b(CE³) T

Hrd. **332 a.**[1] ⟨πόλεμον⟩ κατακοιρανέουσιν: ὁ Ἀσκαλωνίτης (p.
46 B.) ἀναστρέφει, ἵνα γένηται κατὰ πόλεμον. δύναται δὲ ἔμφασις
γενέσθαι, εἰ συνάπτοιτο τῷ κοιρανέουσιν ὡς „ἀνακοιρανέοντα"
(cf. E 824). καὶ ἔστιν ὅμοιον τὸ „Ἰθάκην κατακοιρανέουσιν" (α 247). A 75
a.[2] ἔμφασιν σημαίνει ἡ κατά, εἰ συνάπτοις τῷ κοιρανέου-
σιν. b(CE³) T

Ariston. **333 a.** ⟨οὔτε πτολίπορθος Ἐνυώ:⟩· ὅτι πολεμικὴ ἡ θεός. A^{int}

---

329 a — ἵπποις (62) cf. Ludwich, A. H. T. 1, 134   τὸ δὲ ἑξῆς (63) sq. aliter D
331 fort. exstabat sch. Nicanoris, cf. Eust. 552, 17: ἰστέον δὲ ὅτι τὸ „γινώσκων"
οἱ μὲν συναναγινώσκοντες τοῖς ἐφεξῆς νοοῦσι γινώσκειν τὸν Διομήδην ὅτι ἄναλκις ἦν
θεὸς ἡ Ἀφροδίτη. ἕτεροι δὲ στίζοντες συμβιβάζουσιν αὐτὸ τοῖς πρὸ αὐτοῦ, ἵνα ᾖ ὅτι
Κύπριν ὁ Διομήδης ἐπώχετο, γινώσκων αὐτὴν ὡς μὴ ἀχλυούμενος τοὺς ὀφθαλμούς.
εἶτα ὡς ἐξ ἄλλης ἀρχῆς ἀναγινώσκουσι τὸ „ὅ τ' ἄναλκις ἔην", ἵνα λέγῃ ὅτι ἐπώχε-
το κατ' αὐτῆς ὁ ἥρως, ἐπεὶ ἄναλκις ἦν αὕτη, ib. 611, 17: τὸ δὲ „γινώσκω Ἄρηα"
(cf. E 824), ὡς καὶ πρὸ αὐτοῦ τὸ „γινώσκω σε, θεά" (cf. E 815), λεχθέντα οὕτω
καθ' αὑτὰ δηλοῦσιν ὅτι καὶ πρὸ τούτων ἐν τῷ „Κύπριν Διομήδης ἐπώχετο γινώ-
σκων, ὅτ' ἄναλκις θεὸς ἦν" (cf. E 330—1) ὀρθῶς ἐτίθετο στιγμὴ εἰς τὸ „γινώσκων".
εἶτα ὡς ἀπ' ἄλλης ἀρχῆς ἀνεγινώσκετο τὸ „ὅτ' ἄναλκις ἦν", καθὰ καὶ ἐκεῖ γέγρα-
πται   **332** a¹ ad T 4 (Hrd.), cf. Io. Alex. 26, 13 (= Hrd. 1, 481, 32); Ap. Dysc.
synt. 441, 3. Vide ad E 824 (Hrd.)   **333 a** cf. D, sch. Hsd. th. 273; Lehrs Ar.³ 177

---

61 le. add. Vill.   62 ὅτι A, ἡ διπλῆ (rectius δ. περιεστιγμένη), ὅτι Vill.   κρατ.
Vill., κρατερωνύχεσι A   ἵπποις add. Spitz. („Zen. κρατερωνύχεσ' ἵπποις praetu-
lisse videtur")   δ' ἔφη A, δ' ἔφη ἡ Vill., δ' ἡ Bk., fort. δέ ἐστιν ἡ vel δέ φασιν ἡ
64 ἐλ. A, ἤλαυνε Bk., fort. recte   65 le. αἶψα δὲ τυδ. μέθεπεν T em. et suppl. Ma.
66 ὃς πρόεστιν Ma., malim εἰ περίεστιν   67 le. A, ὁ δὲ κύπριν T, om. b   69
ἐπεδίωκεν b, fort. rectius   70 τῆς om. b   ἐγίνωσκε b   71 ἐπέτρ. αὐτὴν
ἐκείνη τρωθ. b   72 le. A (et V^c ante sch. a²) suppl. Bk. (Vill.)   74 τῷ Bk.,
τὸ A   75 τὸ A, τῷ Lehrs (fort. rectius)   76 συνάπτεις b   τῷ b τὸν τῷ
T   78 le. add. Frdl. (Vill.)   ὅτι A, ἡ διπλῆ, ὅτι Vill.

b. Ἐνυώ: ἀνθρωποπαθῶς πέπλασται ὡς Δεῖμος καὶ Ἔρις. *ex. | ex.*
80 εἰ δὲ ἦν θεός, ποῦ ἦν ἐν τῇ θεομαχίᾳ; b(CE³) T | Ἐνυὼ δὲ παρὰ τὸ
ἐναύειν, ὃ σημαίνει τὸ †ἐμφωνεῖν†. τινὲς δὲ παρὰ τὸ ἔνω, ὅ ἐστι φονεύω,
ἔνθεν καὶ αὐτοέντης. παρ' αὐτῆς δὲ καὶ ὁ Ἐνυάλιος. A b(CE³) T ·

c. ⟨Ἐνυώ:⟩ κακῶς ὅσοι δασύνουσι τὸ ͞υ τοῦ Ἐνυώ· ἄμει- *Hrd. | D*
νον γὰρ ψιλοῦν. | ἀναπέπλασται γὰρ πολεμικὴ θεός, ἧς οἱ νεώτεροι
85 ——— μητρωνυμικῶς. A

334 a. ἀλλ' ὅτε δή ῥ': τὸ πλῆρές ἐστι δή ῥα, οὐχ ὡς οἴεται ὁ *Hrd.*
Ἀσκαλωνίτης (p. 46 B.) ὅτι τὸ δή ἐπλεόνασε τῷ ͞ρ· διὸ βαρύνει. A

b. ἀλλ' ὅτε δή ῥ' ἐκίχανε πολὺν καθ' ὅμιλον ὀπάζων: *ex.*
μέμνηται ἑαυτοῦ ὁ ποιητής· εἶπε γὰρ „ὑπεξέφερεν πολέμοιο" (E 318).
90 b(CE³) T   προκόψασαν οὖν μεταθέων αὐτὴν κατέλαβεν. b(E³) T
ὀπάζων: ἡ λέξις αὕτη πλείονα ——— καθ' ὅμιλον ὀπά- *D*
ζων. A

335—6. ἔνθ' ἐπορεξάμενος ⟨——— μετάλμενος ὀξέϊ δουρί⟩: *ex. | ex.*
τοῦτο πρὸς τὸ μέγεθος τῆς θεοῦ· καὶ ἐπάλμενος γὰρ μόγις τὴν ἄκρην
95 χεῖρα ἔτρωσεν, ὅτι μετέωρος ἦν ἡ θεός. νῦν δὲ οὐκ ἐνεργεῖ ἡ Ἀθηνᾶ·
1 εὐτελὴς γὰρ ἡ Ἀφροδίτη. | ἔοικε δὲ Διομήδης ἐπιθυμίας ἅμα καὶ θυμοῦ
κρατεῖν, Ἄρεως καὶ Ἀφροδίτης. b(CE³) T

b Ἐνυὼ δὲ (80) sq. Et. Gud. 482, 17 Stef.; plura Eust. 524, 14 (cf. l. 4: εὕρηται
οὖν ἐν ὑπομνήμασι παλαιῶν τοιαῦτά τινα): ἢ καὶ διότι ἀπὸ τοῦ ἐναύειν γίνεται
(sc. τὸ Ἐνυώ) κατὰ Ἀπολλόδωρον (FGrHist 244, 124), ὅ ἐστιν ἐμφωνεῖν. ἢ
ὡς ὁ Ἡρακλέων (fr. 2 B.) φησίν, ἀπὸ τοῦ ἔνω τὸ φονεύω, ὅθεν καὶ αὐτοέντης
καὶ αὐθέντης ὁ αὐτοφόντης, fort. e scholio ad hunc locum, cf. Eust. 552, 14; aliter
Ecl. (An. Ox. 2, 434, 1, Et. Gud. 481, 9 Stef.)   Ἐνυὼ (80) — αὐτοέντης (82) ad
Υ 69 (T)   Ἐνυὼ δὲ (80) — ἐμφωνεῖν (81) Et. Gen. (B, om. A) Ἐνυώ· . . .
παρὰ τὸ ἐναύειν, ὅ ἐστιν ἐμφωνεῖν, fort. ex hyp. Iliad.   παρ' αὐτῆς δὲ (82) sq.
ad E 892 a, cf. D; vide Call. fr. 634; Ἐνυάλιος = Σ 309   c — ψιλοῦν (84) cf. Ep.
Hom. (An. Ox. 1, 129, 16 = Hrd. 1, 542, 25). Vide ad E 76 (Hrd.)   335—6 — ἡ
Ἀφροδίτη (1) cf. Eust. 552, 34, aliter D ad E 132

79—80 ἀνθρωποπ. δὲ — θεομαχίᾳ in fine scholii (pone v. ἐνυάλιος) b   79
ἀναπέπλασται b   δεῖμος Δ 440. Λ 37; ἔρις cf. Λ 3   80 θεὸς ἦν b   ἐνυὼ δὲ T,
ἐνυώ: A, om. b   81 ἐκφωνεῖν A, ἐμφλέγειν vel ἐκφλέγειν propos. Nickau   ἐνῶ T,
an ἔνω?   ἐστι T ἐστι τὸ b σημαίνει τὸ A   82 παρ' αὐτῆς δὲ κ. ὁ] καὶ b   83
le. addidi   86 δή ῥα Ddf., δίχα ss. ῥ A   87 τῷ Ddf., τὸ A   89 ἑαυτ. ὁ π. T
τοῦ ἑαυτοῦ ὁ ποιητῆς λόγου b   ὑπεξέφερε b   90 μεταθέων om. b   93 le.
AT supplevi, om. b (ubi sch. ad E 335 relatum est); post hoc le. deficiunt scholia
cod. A ad versus E 335—635 pertinentia, foliis 69ʳ—74ᵛ a manu aliena descriptis
recenterque adsutis. Codice Aᵃ, quamquam ab A integro ductus est, damnum non
suppletur; nam pauca scholia genuina praebet (cf. Praef. XLVII)   94 μόλις E³
94 sq. ἄκραν ἔτρωσε χεῖρα b   2 ἄρεος T

ex.   **337** *a.*¹ ἀβληχρήν: ἀβληχρὸν τὸ ἰσχυρόν, οἱ δὲ τὴν εὐώνυμον. T

           *a.*² βληχρὸν τὸ ἰσχυρὸν καὶ στερήσει τοῦ ᾱ ἀβληχρόν. †οἵδε

δὲ† τὴν εὐώνυμον ἐνταῦθα χεῖρα. b(CE³)   5

ex.   *b.*¹ εἶθαρ: τινὲς κατ' ἰθὺ ἢ ἀντὶ τοῦ ταχύ. ἀντετόρησε δὲ

χροός ἀντὶ τοῦ τὸν χρόα διέτρησεν. T

           *b.*² τὸ δὲ εἶθαρ οἱ μὲν τὸ εὐθύς, οἱ δὲ τὸ κατ' ἰθύ, ὃ καὶ ἄμει-

νον. ἀντετόρησε δὲ τὸν χρόα δηλονότι διέτρησεν. b(CE³)

ex.   **338.** ἀμβροσίου διὰ πέπλου: καὶ πῶς αὐτὸν προβάλλεται; 10

οὐχ ὡς ἄτρωτον, ἀλλ' ὡς ἀφανείας ποιητικόν. Διομήδης δὲ ὁρᾷ αὐ-

τὸν ὑπὸ Ἀθηνᾶς συνεργούμενος. b(CE³) T

ex.   **339** *a.* πρυμνὸν ὕπερ θέναρος: ὑπὲρ τὸ ἔσχατον τοῦ θέναρος

εἰς τὴν πρὸς τὸν καρπὸν συνάφειαν. †θέναρος† δὲ τὸ τῆς χειρὸς κοῖ-

λον. b(CE³) T   15

Ariston.(?)   *b.* ῥέε δ' ἄμβροτον αἷμα θεοῖο: ἔρ⟨ρ⟩εε δὲ τῆς θεοῦ ὁ ἰχὼρ

ὡς αἷμα· λείπει γὰρ τὸ ὥς, ὡς „Τηλεμάχου ἑτάρω τε κασιγνήτω τε

ἔσεσθον" (φ 216). T

ex.   *c.* ⟨ῥέε δ' ἄμβροτον αἷμα θεοῖο:⟩ καταχρηστικώτερόν

ἐστι τὸ ῥέεν, ὡς τὸ „νέκταρ ἐῳνοχόει" (Δ 3). b(CE³)   20

---

337 *a* Eust. 552, 41: ἀβληχρὴ δὲ χεὶρ ἢ ἡ ἀριστερὰ κατά τινας ἢ μᾶλλον ἡ ἀσθενὴς διὰ
τὸ καὶ τὴν Ἀφροδίτην ἄναλκιν θεὸν ῥηθῆναι· οἱ γὰρ ἀκριβέστεροι οὐ τὴν ἀριστερὰν
χεῖρα τρωθῆναι τῆς Ἀφροδίτης στοχάζονται, ἀλλὰ τὴν δεξιάν, ὡς ἐν τοῖς ἑξῆς (sc. E
424) φανήσεται, ὅτε ἡ Ἀθηνᾶ καὶ ἡ Ἥρα καταπαίζουσιν αὐτῆς ὡς χειρὶ καταψώσης
τὰς γυναῖκας, τῇ δεξιᾷ δηλαδή, cf. Plut. mor. 739 c   *a*¹ — ἰσχυρόν ad Θ 178
(Hrd.), cf. Or. 7, 3 (unde Et. Gen. [Sym., deest AB] ἀβληχρόν); Beiträge 15,
2   *a*² — ἀβληχρόν (4) cf. sch. Ap. Rh. 2, 205, Heracl. Mil. fr. 7 C.   *b* ταχύ
(resp. εὐθύς) ad Λ 289 (ex.)   διέτρησεν (7 et 9) = D   *b*¹ ταχύ (6) cf.
He.   *b*² — εὐθύς (8) cf. sch. Hsd. th. 688; Choer. O. 207, 26; Eust. 552, 45   **338**
ad E 314—6. 315 *a* (ex.)   **339** *a* — ἔσχατον (13) ad N 333 *b*. Π 314 *d* (ex.).
Vide ad E 292—3 *a*¹ (test.)   τὸ τῆς χειρὸς κοῖλον (14) Eust. 553, 19: φα-
σὶν οἱ παλαιοὶ ὅτι θέναρ λέγεται τὸ μεταξὺ τῶν δακτύλων καὶ τοῦ καρποῦ (ἤγουν τὸ
κοῖλον τῆς χειρός)· ἢ κατὰ Εὔδημον τὸ μεταξὺ τοῦ λιχανοῦ καὶ τοῦ ἀντίχειρος
(ἤγουν τοῦ μεγάλου δακτύλου) σαρκῶδες καὶ κοῖλον (unde Li), originis incertae,
cf. D; Seleuc. in Et. Gud. ap. Reitzenstein, Gesch. 160, 13; sch. Pind. P. 4, 367 a.
I. 4, 92 b (p. 236, 17 Dr.); Synag. (Ba. 255, 7, Ph., Su. θ 131); Et. Gen. (EM. 445,
38); vide Melet. 121, 9; praeterea ad N 438 (de Eudemo); sim. Poll. 2, 144: ἔνιοι
δὲ τὸ μὲν πρόσθιον τῆς δρακὸς πᾶν θέναρ οἴονται καλεῖσθαι, καὶ Ἱπποκράτης (III
p. 428 L.) καὶ Ὅμηρος τοῦτο ὑποδηλοῦσιν, τὸ δὲ ἀντικείμενον πᾶν ὀπισθέναρ ἢ
κτένας   *b* ad Ξ 500 (Ariston.), Ξ 499—500 *b*¹ (ex.), T 386 (Did.)   *c* ad Δ 3 *b*,
cf. Eust. 553, 39

---

4 τὸ] fort. voluit τὸ μή (Nickau)   τοῦ ᾱ om. E³   **4** sq. οἵδε δὲ] erat οἱ δὲ
8—9 τὸ δὲ εἶθαρ sq. cum scholio *a*² (v. χεῖρα) coni. b   **9** διέτρησε C   **11** sq.
αὐτὸν sc. Aeneam ut vid., αὐτήν Wil.   **12** ἐνεργούμενος T   **14** θέναρον b,
θέναρ Bk.   τῆς χειρὸς om. T   **16** ἔρεε T suppl. Ma.   **19** le. addidi   **20**
ῥέεν] ῥέεν αἷμα Nickau

340. ἰχώρ: οὐχ οἷον ἡμεῖς οἴδαμεν, ἀλλ' ἄλλης τινὸς οὐσίας παρὰ *ex.*
τὸ αἷμα· διὸ καὶ ἐπήγαγεν· οἷός πέρ τε ῥέει μακάρεσσι θεοῖσιν.
b(CE³) T

341. οὐ γὰρ σῖτον ἔδουσ', ⟨οὐ πίνουσ' αἴθοπα οἶνον⟩: καὶ *D*
25 μὴν πολλὰ τῶν ζῴων οὐ σῖτον ἔδουσιν, οὐ πίνουσιν οἶνον καὶ οὔτε
ἄναιμα οὔτε ἀθάνατά εἰσιν. δεῖ τοίνυν προσυπακούειν τῷ οὐ σῖτον,
ἀλλ' ἀμβροσίαν, οὐ πίνουσιν οἶνον, ἀλλὰ νέκταρ. b(CE³) T

342. τοὔνεκ' ἀναίμονές ⟨εἰσι⟩ καὶ ἀθάνατοι καλέονται: *D*
ἀναίμονες μέν, ἐπεὶ οὐ τρέφονται, ἀθάνατοι δέ, ὅτι ἀναίμονες·
30 ὁ γὰρ θάνατος ψύξει τοῦ θερμοῦ γίνεται. b(CE³) T

343. ἡ δὲ μέγα ἰάχουσα: Τυραννίων (fr. 13 P.) προπερισπᾷ *Hrd.*
τὸ ἰάχουσα, κακῶς. T

344—5. καὶ τὸν μὲν μετὰ χερσὶν ἐρύσατο Φοῖβος Ἀπόλ- *ex.*
λων / κυανέη νεφέλη: ἢ τῇ μετὰ χερσὶ νεφέλῃ· ἢ πρῶτον χερσίν,
35 ἔπειτα νεφέλῃ. b(CE³) T

348. εἶκε, Διὸς θύγατερ: προπαρασκευάζει μηκέτι φανῆναι *ex.*
αὐτὴν ἐν τῇ θεομαχίᾳ. b(CE³) T

349. ἦ οὐχ ἅλις ὅτ⟨τ⟩ι γυναῖκας ἀνάλκιδας: τινὲς ἀναφέ- *ex.*
ρουσιν ἐπὶ τὴν Ἑλένην. T

40 350. εἰ δὲ σύ γ' ἐς πόλεμον: ἔν τισι γράφεται ,,εἰ δὲ καὶ ἐς πό- *Did. (?)*
λεμον''. T

352. ἀλύουσα: ψιλωτέον τὸ ἀλύουσα· παρὰ γὰρ τὴν ἄλην *Hrd. | ex.*
γέγονεν· b(CE³) T   οἱ γὰρ λυπούμενοι ἐν πλάνῃ ἔχουσι τὴν ψυ-
χήν, ὁμοίως καὶ οἱ λίαν χαίροντες. b(E³) T   ὁ δὲ Ἀσκαλωνίτης

---

340 ἄλλης τινὸς οὐσίας (21) cf. D, Clem. Alex. protr. 27, 12 Stä.   341 cf.
Porph. 1, 81, 16, Eust. 554, 2   342 ἀναίμονες (29) cf. sch. Aesch. Eum.
183 ἐπεὶ οὐ τρέφονται (29) cf. Plut. mor. 160 b, Porph. abst. 265, 18
343 ad E 302 a (Hrd.)   349 h(M¹P¹¹V³V¹⁵): ἄμεινον ὀξύτονον (ὀξ. V³V¹⁵,
ὀξυτόνως M¹P¹¹) τὸ ῆ, ἵν' ᾖ διασαφητικόν (διασαφητικὸς V³V¹⁵)· ἢ οὐκ ἀρκεῖ
σοι, ὅτι γυναῖκας ἀπατᾷς; Est sch. Herodiani, cf. sch. α 165. θ 188   352 cf.
Eust. 555, 24; Ael. D. α 81 (test.)   παρὰ γὰρ (42) — ἐπιχαίρεις (45) cf. sch.
σ 333, Or. 6, 15 (brevius Or. Koes. 176, 4, Et. Gud. 99, 13 Stef.) in sede scholio-
rum; Meth. (Et. Gen. [AB] ἀλύειν, Lex. Αἴμ. 618, 31, unde Et. Gud. 99, 5 Stef.) πα-

---

21 le. T, ἰχώρα δὲ λέγει (coni. cum scholio praecedenti) b   24 le. οὐ γὰρ σ. ἔδουσι
T emendavi et supplevi, om. b   25 οὐκ οἶνον πίνουσι b   26 τῷ b τὸ T   26
sq. οὐ σῖτον — νέκταρ T, πίνουσι καὶ ἔδουσιν ἀμβροσίαν καὶ νέκταρ· οἷον οὐ πίνου-
σιν οἶνον, ἀλλὰ νέκταρ. οὐκ ἔδουσι σῖτον, ἀλλ' ἀμβροσίαν b, fort. ἔδουσι καὶ πί-
νουσιν ἀμβροσίαν καὶ νέκταρ, οἷον οὐκ ἔδουσιν σῖτον, ἀλλ' ἀμβροσίαν, οὐ πίνουσιν
οἶνον, ἀλλὰ νέκταρ   28 le. T suppl. Ma., om. b   29 ὅτι T ἐπεὶ b   34 sq.
sch. ad E 344 revocavit b   πρῶτον ταῖς χερσίν, ἔπειτα τῇ νεφέλῃ b   36 (le.)
θυγάτηρ T em. Ma. (le. om. b)   μηκ.] τὸ μηκέτι Ma.   37 ἐν T, μηδὲ ἐν b,
fort. rectius   38 (le.) ὅτι T suppl. Ma.   40 γράφει TV em. Bk.   42—4
ψιλωτέον δὲ — χαίροντες in fine scholii (pone v. φθέγγεται) b   43 γέγονε· καὶ
γὰρ λυπ. b

(p. 46 B.) δασύνει „ἀλύεις" (σ 333) τὸ ἐπιχαίρεις. | τὸ δὲ ἀλύουσα 45
ἀντὶ τοῦ **T**   λύσιν οὐχ εὑρίσκουσα τῶν δεινῶν· διὸ οὐδὲ φθέγ-
γεται. b(CE³) **T**

ex.   **353.** τὴν μὲν ἄρ' Ἶρις ἑλοῦσα: ὡς κοινῶς ἅπασι τοῖς θεοῖς
ὑπηρετοῦσα ἢ ὡς ἐρωτική. b(C[bis],E³) **T**   οὐκ ἀπέστη δὲ ἀφ'
οὗ „Τρωσὶν ἄγγελος ἦλθεν" (B 786). b(E³) **T**   50

ex.   **355.** εὗρεν ἔπειτα μάχης ἐπ' ἀριστερὰ θοῦρον Ἄρηα: καὶ
ἐπὶ Ἕκτορος „ἐπεί ῥα μάχης ἐπ' ἀριστερά" (Λ 498) τοῦ ναυστάθ-
μου. **T**

ex.   **356.** ἠέρι δ' ἔγχος ἐκέκλιτο: ἔγχος ἀπὸ μέρους τὸ πᾶν. | τὸ
δὲ ἐκέκλιτο **T**   ἀπὸ τοῦ κλίνω· καὶ „σάκε' ὤμοισι κλίναντες" 55
(Λ 593) καὶ „στήλη κεκλιμένος ἀνδροκμήτῳ" (Λ 371). b(BCE³) **T**

Nic. | ex.   **357—8.** ἡ δὲ γνὺξ ἐριποῦσα ⟨——— ἤτεεν ἵππους⟩: δια-
στολὴ εἰς τὸ ἐριποῦσα (357), καὶ τὸ ἑξῆς †κασιγνήτοιο ἵππους†. |
οἰκεῖον δὲ τὸ γνύξ (357) τῇ ἀνάλκιδι (cf. E 331), ὡς τὸ „ἡ δ' ἐν γού-
νασι πῖπτε Διώνης" (E 370). b(BCE³) **T**   60

ex. | ex.   **358.** πολλὰ λισσομένη χρυσάμπυκας ἤτεεν ἵππους: οὐκ
εὖ, φασὶν ἔνιοι, πρόσκειται τὸ πολλά· καὶ γὰρ ἐραστὴς καὶ ἀδελφός,
καὶ τοῖς αὐτοῖς βοηθεῖ. ῥητέον δὲ ὅτι τὸ γυναικεῖον καὶ ἀσθενὲς ἐμφαί-
νει ἡ πολλὴ δέησις καὶ τὸ γονυπετεῖν (cf. E 370). b(BCE³E⁴) **T** |
ἄμπυξ δέ, ᾧ τὰς τρίχας περιλαμβάνουσιν. **T**   65

ῥὰ τὴν ἄλην (42) cf. sch. Eur. Or. 277   λύσιν (46) — δεινῶν cf. D, Plut. mor.
22 e   **353** ἢ ὡς ἐρωτική (49) cf. Eust. 555, 30. Vide ad Ψ 203 (ex.)   **355**
ad Λ 498—9; cf. Cuillandre 71   **356** — μέρους (54) sc. quod deum equos arma-
que nube celari scholiasta opinatur; nam ἐκέκλιτο idem esse quod ἐκεκάλυπτο, ad
Λ 371. 593. Π 67—8 (ex.), cf. D; Eust. 556, 17   τὸ δὲ ἐκέκλιτο (54) sq. cf.
Et. Gen. (A¹ A¹¹ B) ἐκέκλιτο·... | οἴμαι (οἴμ. om. A¹) ἀπὸ τοῦ κλίνω. ἄλλοι δὲ
(ἄλλ. δὲ sq. om. A¹) ἀπὸ τοῦ κλείω, παρ' ὃ καὶ βέλτιον. εὑρήσεις δ' αὐτὸ τὸ κεκλι-
μένος (ubi excerptum ex Hrd. παθ.), originis incertae   **358** τὸ γυναικεῖον (63)
— γονυπετεῖν (64) cf. Eust. 556, 21   ἄμπυξ δὲ (65) sq. cf. D, D ad X 469; sch.
Pind. Ol. 5, 15 b. I. 2, 2; Ap. S. 25, 5. 169, 4; Meth. (Et. Gen. [AB] ἄμπυξ, Lex.
Αἰμ. 618, 57); Et. Gud. 118, 21 (cf. 118, 11) Stef.; He. α 3818; Synag. (Ba. 80, 11,
Ph., Su. α 1658)   **359** Eust. 556, 33: τὸ „φίλε" ἐκτείνει καὶ ἐνταῦθα τὸ τῆς

45 ἀλύεις Ma., τὸ ἀλύεις T (nescio an recte)   46 εὑρίσκουσαι τῶν κακῶν b
(cf. D)   48 sq. ὡς — ἐρωτική fol. 85ᵛ iterumque fol. 86ʳ C   50 τρῶσιν
ἀγγέλουσ' ἦλθ. E³, τρ. δ' ἄγγ. ἦλθε Hom.   55 incipit B (vide ad
E 260)   καὶ T, ὡς τὸ b, fort. rectius   57 le. T supplevi, om. b (ubi sch. ad
E 357 relatum est)   58 κασ. ἵππ. T, κασιγνήτοιο φίλοιο b, fort. κασιγνήτοιο
φίλοιο χρυσάμπυκας ἤτεεν ἵππους. διὰ μέσου δὲ τὸ πολλὰ λισσομένη
(διὰ μέσ. sq. add. Frdl.)   59 τὸ¹ T καὶ T   ὡς b καὶ T   61 incipit E⁴
(vide ad E 260)   62 φασὶν ἔν. πρ. T φασὶ προσκεῖσθαι τινες b   ἐραστής ἐστι
καὶ b, fort. rectius   63 nescio an τοῖς αὐτοῦ   δὲ om. T, fort. bene

370—2. ἡ δ᾽ ἐν γούνασι πῖπτε Διώνης ⟨——— κατέρεξεν⟩: *ex.*
βιωτικὰ ταῦτα, τὸ καὶ τοὺς προβεβηκότας τῶν παίδων ὡς μικροὺς
ὑπὸ τῶν γονέων θωπεύεσθαι. διὰ δὲ τὸ τρυφερὸν τῆς δαίμονος πῖ-
πτεν εἶπεν, ἅμα δὲ καὶ τὴν ἐκ τοῦ τραύματος παρειμένην ἐμφῆναι θέ-
70 λων. b(BCE³E⁴) T

373. ⟨τίς νύ σε τοιάδ᾽ ἔρεξε⟩ φίλον τέκος Οὐρανιώνων: *ex.*
φίλον Οὐρανιώνων ἢ τίς {τῶν} Οὐρανιώνων. T

374 *a.* μαψιδίως: ἴδιον γονέων ἀδικοῦσι παισὶν ὑπερασπίζειν. *ex.*
b(BCE³E⁴) T

75   *b.* ὡσεί τι κακὸν ῥέζουσαν ἐνωπῇ: οἷον ἐν ὄψει ἀδικοῦ- *ex.*
σαν. b(BCE³E⁴) T

376. ὑπέρθυμος: ἀλόγιστος καὶ μεστὸς θυμοῦ. b(BCE³) T *ex.*

377. οὕνεκ᾽ ἐγὼ φίλον υἱόν: ηὔξησε τὸ θράσος Διομήδους εὔ- *ex.*
λογον ἔχουσα τὴν αἰτίαν. b(BCE³) T

80   380. ἀλλ᾽ ἤδη Δαναοί γε καὶ ἀθανάτοισι μάχονται: ὡς *ex.*
Τρωσὶ βοηθοῦσα κοινοποιεῖται τὸ πταῖσμα, καὶ ἵνα μὴ δοκῇ μόνη
ἀδικεῖσθαι. b(BCE³E⁴) T

384. ἐξ ἀνδρῶν, χαλέπ᾽ ἄλγε᾽ ἐπ᾽ ἀλλήλοισι τιθέντες: *ex.*
τινὲς συνάπτουσιν, ἵν᾽ ᾖ δι᾽ ἀνδρῶν ἀλλήλους κακοποιοῦντες. b(BC
85 E³E⁴) T

ἀρχούσης δίχρονον, ὡς καὶ ἐν τῇ †Γ† ῥαψῳδίᾳ· φησὶ γὰρ „φίλε κασίγνητε, κόμισαί
τέ με, δὸς δέ μοι ἵππους" (Ε 359)· διὸ καὶ ὁ Ἀσκαλωνίτης (p. 46 B.), φασί, περι-
έσπα τὸ φῑ. | καὶ ὅρα τὴν ἀδιαφορίαν καὶ νῦν τῶν διχρόνων, εἴ γε καὶ τὸ φίλος
ποτὲ μὲν ἐκτείνει, ποτὲ δὲ συστέλλει τὴν ἄρχουσαν. σημειοῦνται δὲ καὶ ὅτι ἐν μὲν
τῷ „αἰδεῖσθαί θ᾽ ἱερῆα" (Α 23) καὶ ἐν τῷ „†προσέφ᾽† ἱερὴ ἲς Τηλεμάχοιο" (β
409 al.) συστέλλεται τὸ ῑ τοῦ ἱερόν. ἐν δὲ τῷ „ἱερὸν ἰχθύν" (Π 407) ἐκτείνεται, ὡς
μέν τινές φασι, καθὰ λέγει καὶ Τρύφων (fr. 102 V.) ἐν τοῖς Περὶ ἀρχαίας ἀναγνώσεως,
διὰ τὸ τὸν ποιητὴν ἐκτείνειν πολλὰ ἕνεκεν τοῦ μέτρου, ὡς δὲ οἱ ἀκριβέστεροι λέγουσι,
διὰ τὸ φευκτέον εἶναι ἐν δακτυλικῷ μέτρῳ τὸ παράλληλον τῶν τριῶν βραχειῶν,
fort. partim ex hyp. Iliad. (sch. Herodiani), ad Δ 151. Φ 318; cf. Eust. 556, 41
et 43; Cohn R.E. s. v. Eustathios 1465, 39   **374 b** *B (pone sch., coni. cum
v. ἀδικοῦσαν): τινὲς δὲ γράφουσιν „ἐνιπῇ", originis incertae (cf. E⁴ in app.
crit.)   οἷον (75) sq. cf. D, Eust. 558, 31   **380** aliter Eust. 558, 45

---

66 le. T supplevi, om. b (qui sch. ad E 371 relegavit)   **67—8** βιωτ. — θωπ. in
fine scholii (pone v. θέλων) E⁴   **67** τὸ καὶ T καὶ τὸ b   **68** sq. διὰ δὲ — εἶπεν] τὸ
πῖπτεν διὰ τὸ τρυφερὸν τῆς δαίμονος εἶπεν E⁴   **69** δὲ om. b   **71** le. T
supplevi   **72** τῶν del. Ma   **75** le. T, τὸ δὲ ἐνωπῇ (coni. cum scholio prae-
cedenti) b   οἷον T ἤτοι b   **75** sq. ἀδικοῦσαν. τινὲς δὲ ἐνωπῇ (?) ἐπίρρημα E⁴
77 le. Bk., ὑπέρθυμος διομήδης T, om. b   **78** θράσος] κράτος C   **81** τρωσὶ T
τρώεσσι b

ex. 385 *a.* τλῆ μὲν Ἄρης: ἐπίτηδες μύθους συλλέξας Διώνη περι-
τίθησιν ὁ ποιητής, δι᾿ ὧν τῆς οἰκείας ἀπολύεται βλασφημίας ὡς οὐ
καινίσας, ἀλλὰ παλαιαῖς παραδόσεσι πεισθείς. οὐδὲν δὲ ἄτοπον τοὺς
Ποσειδῶνος δῆσαι Ἄρεα (cf. E 385—7). b(BE³) T

ex.   *b.* τλῆ μὲν Ἄρης: Ἀδώνιδος τοῦ Κινύρου ἐρασθεῖσα Ἀφρο- 90
δίτη καὶ τὸν φθόνον ὑφορωμένη παρέθετο τοῖς περὶ Ὦτον καὶ Ἐφι-
άλτην, οἳ θέσει μὲν ἦσαν Ἀλωέως, φύσει δὲ Ποσειδῶνος καὶ Ἰφιμε-
δείας. τοῦτον θηρολετοῦντα ἐν τῷ Λιβάνῳ τῆς Ἀραβίας ἀναιρεῖ Ἄρης.
οἱ δὲ ὀργισθέντες ἐπὶ τρισκαίδεκα μῆνας ἀποκλείσαντες τὸν Ἄρεα
εἶχον ἐν εἰρκτῇ. ἡ δὲ τούτων μητρυιὰ Ἠερίβοια, ἡ Εὐρυμάχου τοῦ 95
Ἑρμοῦ, ἀπήγγειλεν Ἑρμῇ. ὁ δὲ καὶ ταύτῃ χαριζόμενος καὶ τῇ Ἥρᾳ 1
κλέπτει τὸν Ἄρεα. ὁ δὲ φυγὼν ἧκεν εἰς Νάξον καὶ κατέκρυψεν ἑαυτὸν
εἰς τὴν σιδηροβρῶτιν καλουμένην πέτραν. ἐκεῖνοι δὲ ἐρασθέντες τῶν
Ἥρας καὶ Ἀρτέμιδος γάμων ἀλλήλους ἐν κυνηγεσίοις ἀπέκτειναν·
κατὰ πρόνοιαν γὰρ Ἀρτέμιδος ἔλαφος διὰ μέσου αὐτῶν διῆλθε, καθ᾿ 5
ἧς ῥίψαντες ἄμφω ἀλλήλους διεχρήσαντο. b(BCE³) T

---

385 *a* cf. D; — πεισθείς (88) ad E 392—4   *b* cf. Eust. 560, 43; [Apoll.] bibl. 1, 55;
Eust. 559, 45   οἳ (92) — Ἰφιμεδείας (93) cf. sch. Ap. Rh. 1, 482a c. test.
(Eratosth. in FGrHist 241, 35, Hsd. fr. 19)   κατὰ πρόνοιαν (5) sq. cf. sch.
λ 318, sch. Pind. P. 4, 156 a   387 fort. exstabat sch. Aristonici de v. κερά-
μῳ. Hoc enim loco Aristarchus glossographos coarguisse vid., qui v. κέραμος
idem esse censebant quod δεσμωτήριον, cf. Ap. S. 98, 4 (κεράμῳ· οὐχ ὡς
κατὰ Κυπρίους, τῷ δεσμωτηρίῳ· καὶ γὰρ ἐν ἄλλοις „πολλῶν δ᾿ ἐκ κεράμων μέθυ
πίνετο τοῖο γέροντος“ [I 469]) cum scholio D (χαλκῷ ἀγγείῳ, πίθῳ. ἢ δεσμω-
τηρίῳ· οἱ γὰρ Κύπριοι τὸ δεσμωτήριον κέραμον καλοῦσι) et cum glossa Cyrilli
in codice Voss. 63 tradita et partim quidem turbata: κέραμος· τὸ δεσμωτήριον
παρὰ τοῖς Γλωσσογράφοις, παρὰ δὲ Κυπρίοις τὸ ἀγγεῖον, παρὰ δὲ Ἀριστάρχῳ
ὁ πίθος. Ceterum vide Latte, Glotta 34, 1955, 200 (= Kl. Schrift. [Monaci 1968]
698), qui originem significationis a glossographis comprobatae summa sagacitate
narravit, fort. paulo confidentius; neque enim glossa Cyrilli e scholio quodam
uberiore classis D derivanda esse videatur. Immo lexicographus sch. Aristonici,
qui glossographos commemoravisse putandus est, et sch. volgare in unum temere

---

86 ἐπίτηδες δὲ pone sch. *b* (coni. cum v. διεχρήσαντο ἀλλήλους) **b**   86 sq. ὁ
ποιητὴς post συλλέξας **b**   87 ὧν T ὦν διομήδης **b**   τῆς — βλασφ. T ἀπαλλάττε-
ται τοῦ τῆς βλασφημίας ἀντιποίνου **b**   87 sq. οὐ καιν. ἀλλὰ Nickau, οὐ καιναῖς
ἀλλὰ **b** οὐκ ἀνιάσας T   88 παραδ. πεισθ. T πιθήσας παραδόσεσιν **b**   93 ἀρρα-
βίας C   94 ἀποκλείσ. ante ἐπὶ E³   τρισκαίδεκα] ιγ΄ T   1 ἀπήγγελλεν
b   2 εἰς νάξον ἧκε **b**   3 σιδηρ. Bk., σιδηρόβρωτιν **b** σιδηροβρώτην
T   καλ. T λεγομένην **b**   5 μεσ. αὐτ. διῆλθε T μέσων διῆλθεν αὐτῶν **b**   6 ῥίψ.
ἀμφότεροι διεχρήσαντο ἀλλήλους **b**

388 a. καί νύ κεν ἔνθ' ἀπόλοιτο "Αρης: ἢ ὑπερβολικῶς εἶπεν,   *ex.*
ἢ ἀντὶ τοῦ ἀφανὴς ἐγένετο, ὥσπερ φαμὲν „ἀπόλωλεν ὁ παῖς". b(BC
E³E⁴) T

10   b. ⟨ἀπόλοιτο:⟩ ἀντὶ τοῦ ἀπώλετο. Tⁱˡ   *ex. (Ariston.)*

      c. ⟨ἄτος:⟩ ἀκόρεστος. Tⁱˡ   D

392—400. τλῆ δ' Ἥρη ⟨——— κῆδε δὲ θυμόν⟩: φιλόσοφος   *[Her.] Qu. Hom.*
Ἡρακλῆς καὶ σοφίας οὐρανίου μύστης, ὃς †ὡσπερεὶ κατὰ† βάθη εἰσ-
δεδυκυῖαν ἀχλύος τὴν φιλοσοφίαν ἐφώτισε. τὸν θολερὸν τοίνυν ἀέρα
15 καὶ πρὸς τὴν ἑκάστου διάνοιαν ἐπαχλύοντα πρῶτος Ἡρακλῆς θείῳ
διήρθρωσε λόγῳ τὴν ἑκάστου τῶν ἀνθρώπων ἄνοιαν πολλαῖς νου-
θεσίαις κατατρώσας· ὅθεν ἀπὸ γῆς εἰς οὐρανὸν ἀφίησι τὰ βέλη· πᾶς
γὰρ φιλόσοφος ἐν ἐπιγείῳ σώματι πτηνὸν ὥσπερ τι βέλος τὸν νοῦν
εἰς τὰ μετέωρα διαπέμπεται. διὰ δὲ τοῦ τριγώνου βέλους ἡ τριμερὴς
20 ἡμῖν φιλοσοφία δεδήλωται. μετὰ δὲ Ἥραν τοξεύει Ἅιδην· οὐδεὶς γὰρ
ἄβατος φιλοσοφίᾳ χῶρος, ἀλλὰ μετὰ τὸν οὐρανὸν ἐζήτηκε τὴν κατω-
τάτω φύσιν· διὸ καὶ ἀνεληλυθέναι τὸν Ἅιδην φησί, μόνον οὐχὶ συν-
άπτων ἄμφω τὰς γνώσεις· καὶ τὸν ἀλαμπῆ πᾶσιν ἀνθρώποις τόπον
ὁ τῆς φιλοσοφίας ὀϊστὸς εὐστόχως βληθεὶς διευκρίνησεν. b(BCE³
25 E⁴) T

confudit. De glossographis cf. Lehrs Ar.³ 37   **388** b cf. Eust. 562, 35; vide ad
A 232 (Ariston.)   c cf. D   **389** hic versus (sc. εἰ μὴ μητρυιὴ περικαλλὴς
Ἠερίβοια), quo quattuor oxytona continentur, inde ab Ap. Dysc. usitatum
exemplum est acuti tenoris in gravem mutati. Veri igitur haud dissimile esse
videtur scholion certe Herodiani hoc loco exstitisse, cf. Hrd. 1, 551, 3 (B. A.
3, 1142), Io. Char. in B. A. 3, 1150   **392—400** [Her.] Qu. Hom. 34 (p. 49,
20—50, 15), textus [Her.] in scholio paulo mutatus, cf. D ad E 385   διὰ δὲ τοῦ
τριγώνου (19) — δεδήλωται (20) cf. Eust. 563, 14   **393** h(Ge M¹ P¹¹):
⟨δεξιτερόν·⟩ (add. Nicole) τὸ δεξιτερὸν οὐκ ἔστι συγκριτικόν· ἐβαρύνετο γὰρ
ἄν· τὰ γὰρ εἰς τερος συγκριτικὰ βαρύνονται. τὸ δὲ δεξιτερός (δεξιτερόν M¹) καὶ
ἀριστερός (ἀριστερόν M¹) παρώνυμά ἐστι (ἔστι om. Ge)· διὸ καὶ (κ. om. M¹)
ὠξύνθη (ὠξύνθησαν Ge), fort. sch. Herodiani, cf. Arcad. 81, 1

10 le. add. Ma.   11 le. add. Li, ἄατος add. Ma.   12 le. T supplevi, om. b
(qui et ipse sch. ad E 392 rettulit)   13 ὥσπ. κατὰ T ὥσπερ τὰ b, ὥσπερ εἰς
τὰ Vill. (recte ut vid.), ὥσπερ κατὰ Wil.   13 sq. βαθείας δεδυκυῖαν T   14
ἐφώτισεν T   15 θεῖος b   16 sq. τῶν — κατατρώσας] διάνοιαν ἐπαχλύοντα
πρῶτος ἡρακλῆς E³   ἄνοιαν] διάνοιαν T   πολλ. νουθ. om. T   17
καταστρώσας T   21 φιλοσοφία C   22 μονονουχὶ BCE⁴   23 πᾶσιν T γὰρ
πᾶσιν b   24 εὐστ. βληθεὶς om. b

ex.   **392—4** *a*.¹ τλῆ δ' Ἥρη ⟨——— λάβεν ἄλγος⟩: οἱ μὲν ἐν τῇ πρὸς Πυλίους μάχῃ, οἱ δὲ διὰ τὸ μὴ ἐᾶσαι αὐτὴν νήπιον ὄντα σπάσαι τὸν ἴδιον μαζόν. διὰ μειζόνων δὲ προσώπων παρεμυθήσατο τὴν Ἀφροδίτην. **T**

         a.² ἡ δὲ ἱστορία ὅτι ἐν τῇ πρὸς Πυλίους μάχῃ αὐτὴν ἔτρωσεν. 30 οἱ δέ φασιν ὅτι, διότι νήπιον ὄντα οὐκ εἴασεν αὐτὸν σπάσαι τὸν ἴδιον μαζόν, ἔτρωσεν αὐτήν. διὰ μειζόνων δὲ προσώπων παραμυθεῖται †ἀφροδίτη†. **b(BCE³E⁴)**

Did.   **394.** ⟨τότε καί μιν:⟩ ἐν τῇ ἑτέρᾳ „τότε κέν μιν". **T**ⁱˡ

ex.   **395—7.** τλῆ δ' Ἀΐδης ⟨——— ὀδύνῃσιν ἔδωκεν⟩: φασὶν 35 Ἡρακλέα ἐπιταχθέντα ὑπὸ Πλούτωνος ἄνευ ἀσπίδος καὶ σιδήρου χειρώσασθαι τὸν Κέρβερον, τῇ μὲν δορᾷ χρήσασθαι ἀντὶ ἀσπίδος, τοῖς δὲ βέλεσι λιθίνας ἀκίδας κατασκευάσαι. μετὰ δὲ τὴν νίκην πάλιν ἐναντιουμένου τοῦ θεοῦ τὸν Ἡρακλέα ὀργισθέντα τοξεῦσαι αὐτόν. **b(BCE³E⁴) T**   40

Ariston.(?)   **397.** ἐν Πύλῳ ἐν νεκύεσσι: Ἀρίσταρχος „πύλῳ" ὡς „χόλῳ" (Ζ 335 al.) καὶ ἑσπέρῳ. ἀλλὰ πληθυντικῶς ἀεὶ λέγει· „ᾠΐγνυντο πύλαι" (Β 809), „πύλας Ἀΐδαο" (Ε 646). ἐν τῇ Πύλῳ οὖν φησιν. **T**

ex.   **399.** ⟨κῆρ ἀχέων, ὀδύνῃσι πεπαρμένος:⟩ κατὰ μέτρον ἡ ἀνάπαυσις. **T**ⁱˡ   45

392—4 cf. Eust. 561, 29; — μάχη (27) cf. Eust. 561, 20   οἱ δὲ (27) sq. cf. sch. Lyc. 39, aliter Ptolem. Ch. (fr. II 14 [p. 22, 19 Ch.]) ap. Phot. bibl. 147 b 32; vide Tomberg 87   διὰ μειζόνων (28) sq. ad Ε 385 *a*   **395—7** τοξεῦσαι αὐτόν (39) cf. sch. λ 605   **397** fort. exstabat sch. Didymi de v. πύλῳ, cf. Ap. Dysc. de coni. 233, 22: (9) ὁμολόγως οὖν ἐν ἀφαιρέσει τοῦ εὖ τὸ ἠνορ[έη] (cf. Δ 303, suppl. Bk.), καὶ οὐκ ἀσυνήθως τοῦ εὖ παρ' αὐτῷ λείποντος· οὕτω γὰρ ἔχει τὸ „δόμοις ἔνι ποιητοῖσι" (ν 306), τοῖς εὖ πεποιημένοις ... (22) ἔτι δὲ καὶ τὸ „ἐν πύλῳ ἐν νεκύεσσι", προπύλῳ, sch. Pind. Ol. 9, 44 a: ... δεδόσθω γὰρ αὐτῷ (sc. Πινδάρῳ), φησὶν ὁ Δίδυμος (p. 221 Schm.), περὶ τὴν ὑπὸ Νέστορι Πύλον συστῆναι τὴν μάχην, Ὁμήρου τὴν ἐν Ἀιδου πύλην νεκύων πύλον εἰρηκότος· „ἐν πύλῳ ἐν νεκύεσσι βαλών", ib. 9, 46; Beiträge 343. Vide ad Ι 649 *a*   Ἀρίσταρχος (41) — ἑσπέρῳ (42) cf. A*ᵃ*: πύλῳ ἀντὶ τοῦ πύλην ὡς χόλον τὴν χολήν, D, Eust. 563, 24; ad Π 203 *b*, sch. ξ 318; sch. Ap. Rh. 1, 1350; vide ad Φ 232; sch. T Aristonico dub. attribui, ad Β 634. 809. Π 203 *a* (Ariston.)   Πύλῳ (43) cf. Panyass. fr. 20 Ki.; Paus. 6, 25, 2; Bacher 33   **400** fort. exstabat sch. Hero-

---

26 le. T supplevi   **30—3** ἡ δὲ sq. pone sch. Ε392—400 (coni. cum v. διευκρίνησεν) **b**   **31** ὅτι διότι BCE³, ὅτι E⁴   νήπιον — αὐτὸν] νήπιον αὐτὸν ὄντα διότι οὐκ εἴασεν E⁴   σπᾶσαι BE³   **33** ἀφροδίτην E⁴ (e coni.)   **34** le. add. Bk. (τότε κέν μιν T*ᶜᵒⁿᵗ*, vulg.)   ἑτέρᾳ sc. τῶν ἀριστάρχου, ad Δ 527 *a*¹   **35** le. T supplevi, om. **b** (ubi sch. ad Ε 395 revocatum est)   **36** ὑπὸ] παρὰ C   **38** τοῖς δὲ — κατασκευάσαι T ταῖς δὲ λιθίναις ἀκίσιν ἀντὶ τῶν βελῶν **b**   **42** ἑσπέρῳ cf. α 422 al. **44** le. add. Ma.

401—2 *a.*[1] ⟨τῷ δ᾽ ἐπὶ Παιήων ὀδυνήφατα φάρμακα πάσ- *ex.* | *Hrd.*
σων / ἠκέσατ᾽:⟩ πρὸς τὸ πεῖσαι τὴν θυγατέρα ἐναργῶς περὶ τοῦ
πλήγματος διαλέγεται. b(BCE³E⁴) | οὐκ ἀναστρεπτέον δὲ τὴν πρό-
θεσιν· τῷ γὰρ ἑξῆς συντέτακται. b(BCE³)

50 *a.*[2] {ὤμῳ ἐνὶ στιβαρῷ ἠλήλατο:} οὐκ ἀναστρεπτέον τὴν πρό- *Hrd.*
θεσιν· τῷ γὰρ ἑξῆς συντέτακται. T

b. τῷ δ᾽ ἐπὶ Παιήων ⟨——— ἐτέτυκτο⟩: ηὔξησε τὴν ἰα- *ex.*
τρικήν, εἴγε καὶ θεοὶ δέονται αὐτῆς. παραμυθεῖται δὲ τὴν παῖδα ὡς
οὐδὲν ἐκ τῆς πληγῆς πεισομένην. διάφορος δὲ παρ᾽ Ἀπόλλωνα ὁ
55 Παιήων. b(BCE³E⁴) T

402. ⟨καταθνητός:⟩ περισσὴ ἡ κατα. Tⁱˡ *ex.*

403 *a.* ⟨ὀβριμοεργός:⟩ Ἀρίσταρχος „αἰσυλοεργός". Tⁱˡ *Did.*

b. ⟨ὃς οὐκ ὄθετ᾽:⟩ διὰ τοῦ τ̄ „ὅτ᾽ οὐκ ὄθετ᾽". Tⁱˡ *Did.(?)*

404 *a.*[1] ὃς τόξοισιν ἔκηδε θεούς: οὐκ οἶδεν αὐτὸν ῥοπάλῳ *ex.* | *D*
60 χρώμενον. | τὸ δὲ ἔκηδε ἀντὶ τοῦ ἐκάκου. T

a.[2] οὐδέποτε οἶδεν ὁ ποιητὴς Ἡρακλέα ῥοπάλῳ χρώμενον. *ex.*
b(BCE³)

405. σοὶ δ᾽ ἐπὶ τοῦτον ἀνῆκε ⟨——— Ἀθήνη⟩: οὐκ ἀνα- *Hrd.* | *ex.*
στρεπτέον τὴν πρόθεσιν· πρὸς γὰρ τὸ ἀνῆκε συντέτακται. b(BCE³
65 E⁴) T | οὐχ ὑπὸ θνητοῦ δὲ τέτρωται, ἀλλ᾽ ὑπὸ θεοῦ ἰσοτίμου. καὶ ὁ
ὑπηρετήσας δὲ οὐκ ἀβλαβὴς ἐκφέρεται (cf. E 406—15). b(BE³E⁴)

406. ⟨νήπιος, οὐ δὲ τὸ οἶδε κατὰ φρένα Τυδέος υἱός:⟩ ἡδὺ *ex.*
τὸ τῆς ἐξαλλαγῆς. ὁ δὲ δέ ἀντὶ τοῦ γάρ. b(BCE³)

407 *a.* μάλ᾽ οὐ δηναιός: οὐ μάλα δηναιός. b(BCE³) T | εἰς εὐ- *ex.* | *ex.*
70 σέβειαν δὲ ἡμᾶς διὰ τούτων παρακαλεῖ. b(BCE³E⁴) T

b. ⟨δηναιός:⟩ πολυχρόνιος. Tⁱˡ *D*

---

diani de anastropha v. ἔνι (cf. le. sch. T ad E 401—2 *a*²). Vide ad Γ 240
b 401—2 *a* ad E 405 (Hrd.) 402 cf. Eust. 564, 16 404 *a*¹ — χρώμενον
(60, cf. 61) cf. Eust. 561, 37: καὶ σημείωσαι ὅτι οὐκ οἶδεν ἐνταῦθα ῞Ομηρος τὸν
῾Ηρακλέα ῥοπάλῳ χρώμενον, ἀλλὰ τόξοις ἀνδραγαθοῦντα. Improbabiliter Roe-
mer, Jhbb. class. Philol. 25, 1879, 91 τὸ δὲ ἔκηδε sq. cf. D ad E 400 405
— συντέτακται (64) ad E 401—2 *a*, vide ad A 67 *b*; aliter D 407 cf. Bechtel,

---

46 sq. le. addidi (duce Vill.) 49 τῷ CE³ et B m. rec., τὸ B 50 le. T delevi,
vide ad B 839 al., cf. test. 52 le. T supplevi, om. b 54 sq. διάφορος — παιήων
T παιήονα δὲ οὐ τὸν ἀπόλλωνα λέγει b 56 et 57 le. add. Vᶜ 58 le. add.
Bk. ὅτ᾽ T, fort. ὅ τ᾽ 63 le. T supplevi, om. b 67 le. add. Vill. 68
γάρ] κᾶι C 69 le. Bk., ὅττι μάλ᾽ οὐ δηναιός T, om. b δην.²] δηναιὸς καὶ
χρόνιος b 70 δὲ om. E⁴ διὰ τούτων om. b 71 le. add. Ma. (οὐ δηναιός V)

ex. 　　**408 a.** οὐδέ τί μιν παῖδες ποτὶ γούνασι παππάζουσιν:
λανθάνει τὸ ταπεινὸν τῆς λέξεως καὶ διὰ τὸ λέγον πρόσωπον καὶ διὰ
τὸ ἀκοῦον· οὐ γὰρ ἐξ ἄρσενος λέγεται, οὐχ ἥρωος, οὐ θεοῦ, ἀλλ᾽ ὑπὸ
θεᾶς καὶ μητρὸς καὶ ἐναγκαλισαμένης τὴν παῖδα. b(BE³E⁴) T　　　　75

Did. | ex.　　　 *b.* οὐδέ τί μιν {παῖδες} : διχῶς, καὶ „οὐδέ τέ μιν‶. T | σεμνύ-
νει δὲ τὴν παιδοποιίαν, τοὺς ἀσεβοῦντας κολάζεσθαι λέγων ἀτεκνίᾳ.
b(BCE³E⁴) T　　 εἰ δὲ λέγοις καὶ μὴν „τέτρατον ἦμαρ ἔην, ὅτ᾽ ἐν
Ἄργει‶ (γ 180), ἴσθι ὡς οἱ ἑταῖροι ὑπέστρεψαν, οὐ Διομήδης. b
(BE³E⁴) T　　　　　　　　　　　　　　　　　　　　　　80

D　　　 *c.* ⟨παππάζουσιν:⟩ πατέρα καλοῦσιν. Tⁱˡ

ex.　　**411.** μή τίς οἱ ἀμείνων σεῖο μάχηται: περὶ Ἄρεος προλέγει. T

ex.　　**412 a.¹** μὴ δὴν Αἰγιάλεια: ἄμεινον τὸ δὴν χρονικὸν ἐπίρρημα
ἐκδέχεσθαι, ἵν᾽ ᾖ τὸ ἑξῆς οὕτως· μὴ ἀμείνων σεῖό τις ἀντιμάχηται καὶ
μὴ δήν, ὅ ἐστιν ἐπὶ πολύ, μείνῃ αὐτῷ ἡ γυνὴ θρηνοῦσα. T　　　85
　　　 a.² τὸ δὲ δὴν ἄμεινον εἶναι χρονικὸν ἐπίρρημα, ἵν᾽ ᾖ τὸ ἑξῆς
οὕτω· φραζέσθω, μή πώς τις αὐτῷ ἀμείνων σεῖο μάχηται καὶ b(BC
E³)　　 μὴ δήν, ὅ ἐστιν ἐπὶ πολύ, μείνῃ αὐτὸν ἡ γυνὴ θρηνοῦσα.
b(BCE³E⁴)

ex. | ex.　　　 *b.* μὴ δὴν Αἰγιάλεια: φασὶν Αἰγιάλειαν τὴν νεωτέραν τῶν　90
Ἀδρηστίδων γυναῖκα Διομήδους οὖσαν σφόδρα αὐτὸν ἐπιποθεῖν καὶ
ἀπολοφύρεσθαι καὶ κατὰ τὰς νύκτας. ὕστερον δὲ κατὰ μῆνιν Ἀφρο-
δίτης πάσῃ τῇ νεολαίᾳ τῶν Ἀργείων αὐτὴν συγκωμάσαι, ἔσχατον
δὲ καὶ †σθενέλῳ τῷ κομήτου†, ὃς ἦν ὑπὸ Διομήδους πιστευθεὶς τὰ
κατ᾽ οἶκον. ἥκοντα δὲ αὐτὸν μέλλων ἀνελεῖν ἐφείσατο διὰ τὸ κατα- 95
φυγεῖν εἰς τὸν τῆς Ἀθηνᾶς βωμόν· ὅθεν αὐτὸν φυγόντα φασὶν ἥκειν 1
εἰς †ἰβηρίαν† κἀκεῖ, ὡς μέν τινες, δολοφονηθῆναι ὑπὸ Δαύνου τοῦ

Lex. 99　　**412 b** cf. D (unde Eust. 566, 2), sch. Lyc. 592. 594. 610 (= Mimner-
mus, FGrHist 578, 8). 615; Serv. Verg. A. 11, 269; Schwartz 461; Wilamowitz,
Eurip. Hippol. (Berol. 1891) 40, 2; Valk I 328; — Διομήδους (91) cf. Et. Gen.

---

72 (le.) παππ. Vill., παππάζουσι T (le. om. b)　　　**73** λανθ. Ma., λαμβάνει T,
λανθάνει δὲ pone sch. b (coni. cum v. διομήδης) b　　　**73** sq. καὶ διὰ τὸ ἀκ. T
παρεντεθὲν καὶ διὰ τὸν λόγον καὶ διὰ τὸ ἀκοῦον πρόσωπον b　　　**75** καὶ² del.
Bk.　　τὴν T τὸν b　　**76** (le.) παῖδες del. Bk.　　**77** δὲ T γὰρ exp. E³, om.
BCE⁴　　**78** τέταρτον b　　**79** οὐ] οὐχὶ E⁴　　**81** le. add. Vᶜ　　**83** ἐπίρη
ss. μ T em. Ma.　　**86—8** pone sch. b (coni. cum v. μετέβαλεν) in b　　**87** πώς]
που C　　**90** sq. νεωτέραν — ἀδρηστ. T μίαν τῶν ἀδρηστίδων τὴν νεωτέραν
b　　**91** οὖσαν om. T　　**91** sq. ἐπιποθεῖν — κατὰ b, ἐπιποθοῦσαν ἀπολοφύρε-
σθαι αὐτὸν καὶ T (nescio an rectius)　　**93** πάσῃ τῇ b πᾶσι T　　νεολαίᾳ post
ἀργείων b　　συγκ. αὐτὴν b　　ἔσχατον b ὕστερον T　　**94** κομήτη τῷ σθενέ-
λου Schneidewin, recte (cf. D)　　**2** ἰβηρίαν b D Vᶜ, //////ρίαν T ss. καλαυ m. sec.,
ἑσπερίαν Lascaris, καλαβρίαν Schwartz, possis οἰνωτρίαν vel ἰταλίαν　　δαύου

βασιλέως, ὡς δὲ ἔνιοι, ἀπολέσθαι ὑπὸ Ἰουνίου τοῦ Δαύνου παιδὸς
ἐν κυνηγεσίοις· ὅθεν αὐτὸν μὲν ἀπεθέωσεν Ἀθηνᾶ, τοὺς δὲ ἑταίρους
5 εἰς ἐρωδιοὺς μετέβαλεν. b(BCE³) T | τὸν Κομήτου πόθον {καὶ} Αἰγια-
λείας οὐκ οἶδεν ὁ ποιητής. T

412—3 a.¹ ⟨μὴ δὴν Αἰγιάλεια ―――― ἐγείρῃ:⟩ βουλευέσθω,   *ex.*
μή πως ἡ Αἰγιάλεια ποθοῦσα αὐτόν, ἀκούσασα δὲ τὴν αὐτοῦ ἀπώ-
λειαν, θρηνοῦσα ἐκ τοῦ ὕπνου τοὺς οἰκείους ἀνεγείρῃ. b(BCE³E⁴)
10 οὐκ οἶδε δὲ ὁ ποιητὴς τὸν τοῦ Κομήτου πόθον. b(BCE³)

a.² μὴ †δὲ ἐάν† ἀπολομένου αὐτοῦ, φησί, τοὺς οἰκείους ἀνε-
γείρῃ θρηνοῦσα αὐτὸν ἡ γαμετή· τὸν γὰρ Κομήτου πόθον οὐκ οἶ-
δεν. T

413. οἰκῆας: τοὺς ἐν οἴκῳ τρεφομένους. T   *ex.*

15 414. τὸν ἄριστον Ἀχαιῶν: ἐν εἰρωνείᾳ, τὸν φρόνημα ἔχοντα   *ex.*
b(BCE³E⁴) T   ὅτι ἄριστός ἐστιν. ἢ ὡς αὐτῇ λέξει θρηνοῦσα. ἢ
καὶ πρὸς παραμυθίαν τῆς Ἀφροδίτης λέγεται ὅτι ὁ τρώσας αὐτὴν
ἄριστός ἐστι. b(BCE³) T

416 a. ἦ ῥα, καὶ ἀμφοτέρῃσιν ἀπ᾽ ἰχῶ χειρὸς ὀμόργνυ: ἡ   *Did.* | *ex.*
20 Ἀριστάρχου ἑνικῶς, ἡ Ζηνοδότου „χερσίν“. | Ἀττικῶς δὲ τὸ ἰχῶ.
τὸ δὲ ὀμόργνυ ἀντὶ τοῦ ἀπέψησεν. T

b. ⟨ἀπ᾽ ἰχῶ χειρὸς ὀμόργνυ:⟩ Ἀττικόν ἐστι κατὰ ἀπο-   *ex.* | *ex.*
κοπὴν τοῦ ρ̄ καὶ ᾱ, ἢ κατὰ συναίρεσιν, ἰχῶρα ἰχῶ. | ἡ δὲ ἀπό πρὸς
τὸ ὀμόργνυ ἢ πρὸς τὸ χειρός. b(BE³)

(B, deest A) Αἰγιάλεια   ὑπὸ Ἰουνίου τοῦ Δαύνου παιδὸς (3) at cf. Dion. Hal.
ant. Rom. 4, 68, 1   ὅθεν αὐτὸν μὲν ἀπεθέωσεν (4) sq. cf. Strab. 6, 3, 9, (p. 284);
Serv. Verg. A. 11, 271   τὸν Κομήτου (5) sq. ad Ε 412—3, cf. Eust. 566, 7;
fort. doctrina Aristarchi, cf. Wilamowitz, Sappho und Simonides, Berol. 1913,
279, 2   412—3 Κομήτου πόθον (10 et 12) ad Ε 412 b   413 ad Ζ 365 (ex.),
cf. D, Amm. 343   414 ἢ καὶ πρὸς (16) sq. cf. Eust. 566, 17   415 de v.
ἰφθίμη vide ad Α 3 b (test.)   416 a — χερσίν (20) ad Α 585 (Did.)   τὸ δὲ
ὀμόργνυ (21) sq. fort. e scholio D   b — ἰχῶ (23) cf. Eust. 566, 30   κατὰ
συναίρεσιν (23) cf. Et. Gen. ἰχῶ (= EM. 480, 56)   ἡ δὲ ἀπό (23) sq. ad

(v add. m. sec.) T   3 δὲ ἔνιοι T δέ τινες b   4 αὐτὸν T ὥς φασιν αὐτὸν b   5
μετέβαλε C   καὶ del. Ma.   7 le. addidi   7—9 βουλ. — ἀνεγείρῃ ad Ε 412
rettulerunt BCE³, cum sch. Ε 412 a² (v. θρηνοῦσα) coni. E⁴   11—3 μὴ —
οἶδεν pone sch. Ε 413 (coni. cum v. τρεφομένους) T   11 δὲ ἐὰν T, δὴν Ma., vix
recte; possis δὲ ἄτε vel δὲ ἡ αἰγιάλεια   ἀπολλομένου T em. Ma.   11 sq.
ἀνεγείρειν T em. Ma.   15 ἐν — ἔχοντα] τὸ φρόνημα ἔχοντα. κατ᾽ εἰρωνείαν δὲ
τοῦτό φησιν E⁴   ἐν εἰρ. T εἰρωνεία ἐστί BCE³   17 λέγει b, fort. rectius
18 ἐστιν T, τῶν ἄλλων ἐστίν, ἀλλ᾽ οὐκ οὐδαμινός b, fort. rectius   21 ἀπέψα D,
fort. rectius   22 le. add. Vill.

ex. | ex.   **417.** ἄλθετο χείρ: ἔδειξεν ἐπὶ ποίῳ τραύματι ἤσχαλλεν Ἀφρο- 25
δίτη, ὅπου οὐκ ἐδέησεν ἰατροῦ. b(BCE³) T   καὶ ὅτι τὸ λάλον
ἐνδείκνυται τῶν γυναικῶν, πῶς καὶ τὰ δοκοῦντα μικρὰ μεγάλα διὰ
τὸ λάλοι εἶναι ποιοῦσιν. b(BCE³) | ἄλθετο δὲ τὸ ὑγιοῦτο, b(BCE³)
T   ἐκ τοῦ ἄλθω τὸ αὔξω· τὰ γὰρ ὑγιῆ καὶ αὔξεται. b(BCE³E⁴) T

ex.   **419.** κερτομίοις ἐπέεσσι Δία Κρονίδην ἐρέθιζον: ἐπεὶ ἐκερ- 30
τόμησεν αὐτὰς ὁ Ζεὺς ,,δοιαὶ μὲν Μενελάου" (Δ 7), τρωθείσης Ἀφρο-
δίτης ἀντικερτομοῦσι τὸν Δία. τοῦτο καὶ ὁ Ζεὺς συνεὶς ἐμειδίασεν.
ἅμα δὲ τὴν κατὰ Διομήδους ὀργὴν μαλάσσουσιν, ἃ μέλλουσι κατη-
γορεῖσθαι, ταῦτα προδιασύρουσαι. b(BCE³) T

ex.   **420.** τοῖσι δὲ μύθων ἦρχε θεὰ γλαυκῶπις Ἀθήνη: εὖ τὸ 35
τῇ Ἀθηνᾷ τὴν εἰρωνείαν περιθεῖναι· ἡ γὰρ Ἥρα μείζονος ἀξιώματός
ἐστιν. b(BCE³E⁴) T

ex.   **422—5.** ἢ μάλα δή τινα Κύπρις ⟨—— κατεμύξατο χεῖρα
ἀραιήν⟩: ὡς προκαταρχούσης τῆς εἰς Ἑλένην ὕβρεως. διὰ δὲ τοῦ
κατεμύξατο (425) λεληθότως ἀπολογεῖται. b(BCE³) T   40

Did. | ex. | Hrd.   **425 a.¹** καταμύξατο χεῖρα ἀραιήν: διὰ τοῦ ᾱ Ἀρίσταρχος
καταμύξατο. | τὸ δὲ χεῖρα ἀραιήν πρὸς τὸ ἀσθενὲς τῆς πληγῆς. |
Ἀρίσταρχος δὲ τὸ ἀραιήν ἐπὶ μὲν τοῦ ἀσθενῆ δασύνει, ἐπὶ δὲ τοῦ
ἐπιβλαβῆ ψιλοῖ. T

ex. | Hrd. | Did.   **a.²** πρὸς τὸ ἀσθενὲς τῆς πληγῆς. b(BCE³) | Ἀρίσταρχος δὲ 45
τὸ ἀραιήν ἐπὶ μὲν τοῦ ἀσθενῆ δασύνει, ἐπὶ δὲ τοῦ ἐπιβλαβῆ ψιλοῖ. |
τὸ δὲ κατεμύξατο ,,καταμύξατό" φησι διὰ τοῦ ᾱ. b(BCE³E⁴)

A 67 b (Hrd.)   **417** ἄλθετο δὲ (28) sq. cf. D, Or. 7, 11 in sede scholiorum,
plura (ex Or.) Et. Gen. (AB) ἄλθετο (Et. Gud. 87, 19 Stef.): τὸ (ἐπὶ τοῦ ΕΜ.)
ὑγιανθῆναι (καὶ τὸ θεραπευθῆναι add. Et. Gud.) παρὰ τὸ ἀλδαίνειν (ἀλδ. Et.
Gud. = Or., ἄλδειν Et. Gen.), ὅ ἐστιν αὔξειν· τὸ γὰρ ὑγιὲς αὔξεται, sim. Ep. alph.
(An. Ox. 2, 357, 2 = Et. Gud. 382, 11 Stef.): ... ἄλθω τὸ θεραπεύω· τοῦτο ἐκ
τοῦ ἄλδω, τὸ αὔξω· τὸ γὰρ ὑγιὲς αὔξεται   **420** cf. Eust. 567, 39   **422** ex-
stitisse videtur sch. Nicanoris de v. ἢ μάλα δή τινα Κύπρις, ad Φ 55 (Nic.).   **425**
a¹ — καταμύξατο (42) ad N 705. Π 379 (Did.)   Ἀρίσταρχος δὲ τὸ ἀραιήν (43)
sq. ad Π 161 c¹. Σ 411 (Hrd.), cf. sch. κ 90; Arcad. 224, 20, Meth. (An. Ox. 1,

25 ἤσχαλεν T   26 τὸ supra l. (m. pr.) C, om. BE³   28—9 δὲ τὸ — αὔξεται
b, παρὰ τὸ ἄλθω· τὰ γὰρ ὑγιῆ αὔξει, τὸ δὲ ἄλθετο ἀντὶ τοῦ ὑγιάζετο T   28
ὑγιοῦτο b, fort. ὑγιάζετο (cf. T)   29 ἄλθω susp., cf. test.   31 μενελάῳ b
(= Hom.)   32 τοῦτο — ζεὺς T τοῦτο δὲ καὶ αὐτὸς b   36 τὴν εἰρωνείαν περιθ.
T τὴν τῆς εἰρωνείας προκαταρχὴν ἐπιθεῖναι b   36 sq. ἐστιν ἀξιώμ. b   38 sq.
le. T supplevi, om. b (ubi sch. ad E 422 revocatum est)   39 προκατ. sc. τῆς
κύπριδος   ἑλένην T Ἕλληνας b   ὕβρεως T ἀδικίας b   41 (le.) rectius κατεμύξατο
(= vulg.); χεῖρ' T em. Ma.   42 ἀσθενοῦς T corr. Ma.   45 δὲ om. E⁴   47
φησι διὰ τοῦ ᾱ] διὰ τὸ ἀσθενὲς τῆς πληγῆς E⁴

428. οὔ τοι, τέκνον ἐμόν, δέδοται πολεμήϊα ἔργα: τὸ   *ex.*
„γνῶθι σαυτόν" φησιν. οὐδὲν δέ φησιν· οἶδε γὰρ αὐτὴν τὴν αἰτίαν
50 ἔχουσαν διὰ τὴν ἁρπαγὴν Ἀλεξάνδρου, b(BCE³E⁴) T   ἣν ταῖς
αὐτῆς βουλαῖς ἐποιήσατο· b(BCE³E⁴)   διὸ οὐδὲ αὐτὴ φθέγγεταί
τι ὡς ἡμαρτηκυῖα, b(BCE³E⁴) T   ἀλλὰ μᾶλλον ἀσκεῖ σιωπήν.
b(BCE³E⁴)   πᾶς γὰρ ἁμαρτὼν †ἀνταιρεῖν† οὐ δύναται. T

429. ἔργα γάμοιο: τὰ περὶ τὸν ἔρωτά φησι καὶ τοὺς ἐργαζο-   *ex.*
55 μένους τὸν γάμον, b(BCE³E⁴) T   ἐπεί τοι Ἥρα ζυγία ἐστίν. T

430. ταῦτα δ' Ἄρηϊ θοῷ: καὶ πῶς ὕστερον ὑβρίζει αὐτόν;   *ex.*
ὅτι τὸ δίκαιον ὑπερέβαινεν, οὐ βοηθῶν, ἀλλὰ καὶ αὐτουργῶν κατὰ
τῶν Ἀχαιῶν· Περίφαντα γοῦν ἀπέκτεινεν (cf. E 842—4). T

434. ἀλλ' ὁ γὰρ οὐδὲ θεὸν μέγαν ἄζετο: οὐδὲν πράσσει,   *ex.*
60 δεικνὺς ὡς οὐδὲ τὸ κατὰ Ἀφροδίτην αὐτοῦ ἦν. b(BCE³E⁴) T

437. ⟨ἐστυφέλιξε:⟩ ἔρριψεν. T^il   *ex.(?)*

442. {οὔποτε φίλον ὁμοῖον ἀθανάτων θεῶν} χαμαὶ ἐρχομένων   *ex.*
{ἀνθρώπων} : πρὸς τὰ πτηνὰ ἡ σύγκρισις τὰ διὰ τοῦ ἀέρος πορευό-
μενα. T

84, 16); Eust. 568, 8   ἀσθενῆ (43) cf. D   **428** fort. exstabat sch. Hero-
diani de v. οὔ τοι, cf. Ep. Hom. (An. Ox. 1, 409, 13 = Hrd. 1, 556, 6): . . . ἀξιοῖ
οὖν ἀναγινώσκειν Ζηνόδοτος „οὐ τοί, τέκνον ἐμόν, δέδοται πολεμήϊα ἔργα"· ἔστι
γάρ, φησί, διαστολή. εἰ δὲ διαστολή, ὀρθοτονητέον. ὅτι δὲ διαστολή, δῆλον ἐκ
τοῦ ἐπιφερομένου (sc. E 430). — ἀλλὰ πρῶτον μὲν οὐ δίδωσιν ἐγκλιτικὸν μόριον
ἐνθάδε (ἡ γραφή add. Lentz). ἡ οὖν γραφή, εἰ καὶ διαστολή ἐστι, κωλύει ὀρθο-
τονεῖν τὴν ἀντωνυμίαν. εἰ δὲ σοί ἦν, ὀρθοτονεῖσθαι ἠδύνατο δευτέρου οὖσα προ-
σώπου. ἡ δὲ τοί μόνως ἐγκλιτική. δεύτερον δὲ οὐδὲ ἔστιν ἐκ τῆς ἀντωνυμίας ταύτης
διαστολή· τὸ γὰρ „ταῦτα δ' Ἄρηϊ θοῷ" (E 430) πρὸς τὸ „ἀλλὰ σύ γ' ἱμερόεντα
μετέρχεο ἔργα γάμοιο" (E 429). ἀλλὰ καὶ ἀλλαχοῦ δὲ ἐμφάσεως οὔσης καὶ δια-
στολῆς, ἄντικρυς ἐγκλιτικῶς ἀνέγνωμεν „νῦν δέ τοι οἴῳ πάμπαν ἀπώλετο νόστι-
μον ἦμαρ" (τ 369 + ρ 253)· ἀντιδιαστέλλει γὰρ πρὸς τοὺς ἄλλους, καὶ ἔστιν
ἐπίτασις ἐκ τοῦ λέγειν „τοι οἴῳ". ἀλλὰ πάλιν διὰ τὴν γραφὴν τῆς ἀντωνυμίας τὸ
ἐγκλιτικὸν ἐπεκράτησε, fort. ex Herodiani libro Π. ἐγκλινομένων; Herodianum
similia in Il. Pros. scripsisse censeo, cf. Ap. Dysc. pron. 81, 31; Lehrs, Quaest.
ep. 122; Beiträge 368. Vide ad A 294 (test.)   τὸ γνῶθι σαυτόν φησι (48) cf.
Plut. mor. 36 a; sch. Aesch. Prom. 309   **429** cf. Eust. 568, 31   **430** cf.
Eust. 568, 27   ὅτι τὸ δίκαιον (57) sq. ad E 703. 717. 856 (ex.)   **437** cf.
D   **441** fort. exstabat sch. Herodiani de accentu vocis ὁμοῖον, cf. Eust.
569, 18: τὸ δὲ ὁμοῖον ὅτι ἀναλόγως προπεριοπᾶται καὶ οὐ παρὰ τύπον κατὰ
τὸ προπαροξυτονούμενον ὅμοιον, πολλαχοῦ δηλοῦται (sc. 531, 35. 799, 40. 1817,
15), ὥσπερ καὶ τὸ ὁμοῖος ἔν τε ἄλλοις καὶ ἐν Ὀδυσσείᾳ (sc. γ 468 al.), ὃ πάντως
ἀναλογώτερον τοῦ ὅμοιος, vide ad Ζ 521 a (Hrd.)   **442** cf. D

49 φησιν T ἐνταῦθα λέγει b   αὐτὴν om. T   52 τι om. b   53 ἀντιλέγειν Ma.,
malim ἀντειπεῖν, ἀνταίρειν Nickau   54 le. Bk., ἀλλὰ σύ γ' ἱμερόεντα μετέρχεο ἔργα
γάμοιο T, om. b   τὰ — φησι καὶ b ἐρωτᾷ T   55 τὸν om. T   59—60 sch. rela-
tum ad v. E 432 in b, fort. rectius   59 οὐδὲν] οὐδὲν δὲ E³   60 κατὰ] κατὰ
τὴν C   61 le. add. Ma.   62 sq. (le.) οὔπ. — θεῶν et ἀνθρώπ. del. Bk.

8*

ex.   **443** *a.* ἀνεχάζετο τυτθὸν ὀπίσσω: ἐμφαίνει τὴν ἀρετὴν Διο- 65
μήδους διὰ τοῦ τυτθόν. ἐπὶ δὲ Πατρόκλου „πολλὸν ὀπίσσω" (Π 710)·
ὑπ' οὐδενὸς γὰρ θεοῦ βοηθεῖται καὶ τὸν Ἀπόλλωνα δέδοικεν. b(BC
Ε³Ε⁴) T

Did.   *b.* {ἀνεχάζετο} τυτθόν {ὀπίσσω}: Ἀρίσταρχος τυτθόν,
οὐ „πολλόν" (Π 710). T   70

Did.   **444.** ἀλευάμενος: οὕτως Ἀρίσταρχος διὰ τοῦ ō. Aᵃ

ex.   **446.** Περγάμῳ ἐν ἱερῇ, ⟨ὅθι οἱ νηός γ' ἐτέτυκτο⟩: καὶ Ἀθη-
νᾶς δὲ ἦν αὐτόθι ναός· „νηὸν Ἀθηναίης γλαυκώπιδος ἐν πόλει ἄκρῃ /
οἴξασα" (Ζ 88—9). b(BCE³E⁴) T

ex.   **447—8.** ἤτοι τὸν Λητώ τε καὶ Ἄρτεμις ⟨——— ἀκέοντο⟩: 75
θεοὺς γὰρ εἰς ἀνθρώπους πάντα πράσσειν πέφυκε. b(BCE³E⁴) T

ex.   **448.** κύδαινόν τε: λόγῳ παρεμυθοῦντο. ἀκολούθως δὲ τοῖς ἰατρι-
κοῖς παραγγέλμασι τοὺς τραυματίας λόγῳ θεραπεύει· ἄλλως τε καὶ
Ἀφροδίτης ἦν υἱὸς b(BCE³E⁴) T   καὶ τῶν Τρώων ἄριστος μεθ'
Ἕκτορα. b(BCE⁴) T   80

ex.   **449—50** *a.* αὐτὰρ ὁ εἴδωλον ⟨——— τοῖον⟩: εἴδωλον μὲν
ἄκουε πᾶν τὸ δημιούργημα τοῦ κόσμου, ὅπερ τύπος ὂν τοῦ ὄντως
ὄντος ὑπὸ πάντων μὲν τῶν ἐγκοσμίων θεῶν κοσμεῖται, προηγουμέ-
νως δὲ ὑπὸ τοῦ ἡλίου, ὅς ἐστιν ἡγεμὼν παντὸς γεννητοῦ τε καὶ
ὁρατοῦ. οὐδὲν δὲ ἧττον Αἰνείου ἐστὶ τὸ εἴδωλον, υἱοῦ Ἀφροδίτης 85
καὶ Τρωός, ὅ ἐστι τὸ ἐγχώριον κάλλος· πᾶν γὰρ ἐξ Ἀφροδίτης κάλ-
λος ἐστι, περὶ ὃ αἱ ὑλικώτεραι τῶν ψυχῶν οὐκ ἀπαλλάσσονται συν-
τριβόμεναι. b(BCE³E⁴) T

443 *a* ad Π 710 *b*¹ (ex.)   *b* fort. exstabat sch. Aristonici eiusdem fere argumen-
ti, ad Π 710 *a* (Ariston.)   **444** cf. Schulze, Quaest. ep. 63   **446** fort. erat sch.
Aristonici de genere feminino vocis Περγάμῳ (εἰν ἱερῇ), vide ad Ε 460. Ζ
512   **447—8** cf. Koerner, Ärztl. Kenntn. 77   **448** — θεραπεύει (78) ad
Ο 393 *a* (ex.)   παρεμυθοῦντο (77) in D interpretamentum vocis ἀκέοντο   **449**

66 τοῦ CT τὸ BE³E⁴   **69** (le.) ἀνεχ. et ὀπ. delevi   **71** le. Aᵃ (= vulg.), ss. ὁ   **72**
le. T supplevi (auctore Vill.), om. b   **72** sq. καὶ ἀθ. — αὐτόθι absc. in E⁴   **73** δὲ
b γὰρ T   αὐτόσε T   **74** οἴξασα Hom., οἴξασαι b, om. T   **75** le. T supplevi,
om. b (ubi sch. ad Ε 447 relatum est)   **76** θεοὺς ... πέφυκεν T, θεοὶ ... πεφύκασιν b
(fort. rectius)   πράσσειν πάντα BC   **78** λόγῳ om. E³   θεραπεύειν T   **79** ἦν
om. T   **81** le. T supplevi, om. b (qui sch. ad v. 449 revocavit)   **82** ἀκούει
b   ὂν] ὢν ss. o E³   **84** τοῦ om. b   γενητοῦ b   **85** ὁρατοῦ] ἀοράτου T   αἰν.
ἐστὶ τὸ T ἐστὶ τὸ αἰνείου BCE³ τὸ αἰνείου E⁴   εἴδωλόν ἐστι E⁴   **86** καὶ et ὅ ἐστι
om. T   ἐγχωρίδιον T   **87** τῶν] καὶ ἀΐδια τῶν T   **87** sq. προστριβόμεναι B

b. αὐτὰρ ὁ εἴδωλον τεῦξε ⟨——— τοῖον⟩: ἵνα φιλοτιμω- *ex.*
90 τέρως μάχωνται Τρῶες τὸ πτῶμα σῶσαι θέλοντες. b(BCE³E⁴) T

451—2. ἀμφὶ δ' ἄρ' εἰδώλω ⟨———/⟩ δήουν ἀλλήλων: καὶ *ex.*
πῶς Διομήδης οὐ μηνύει τοῖς Ἀχαιοῖς ὅτι εἴδωλον ἦν; ἀφήρηται γὰρ
τὴν ἀχλύν· „ὄφρ' εὖ γινώσκη †θεὸν† ἠδὲ καὶ ἄνδρα" (E 128). ῥητέον
ὅτι τὸ εἴδωλον ἀμφοῖν ἐστέρηται. b(BCE³E⁴) T

95 453. λαισήϊα: οἱ μὲν τοὺς ἐπιμήκεις θυρεούς, οἱ δὲ ἐκ τριχωδῶν *ex.* | D(?)
1 δερμάτων γεγονότα, οἱ δὲ παρὰ τὸ λάσια αὐτὰ εἶναι. b(BCE³E⁴) T |
ἢ λαισήϊα τὰ τῇ λαιᾷ φερόμενα. T

454. θοῦρον Ἄρηα προσηύδα Φοῖβος: φυλάσσεται μὲν αὐ- *ex.*
τὸς τὴν πρὸς Ἀθηνᾶν ἔχθραν, πείθει δὲ τὸν ἀλλοπρόσαλλον. b(BC
5 E³) T

456. μάχης ἐρύσαιο: λείπει ἡ ἔξ. T *ex.*

458. Κύπριδα μὲν πρῶτα: τὴν ἐρωμένην σοι. T *ex.*

—50 a¹ cf. Eust. 569, 43   451 fort. exstabat sch. de origine simulacri, cf.
Serv. auct. A. 2, 601: *alii dicunt a Proteo quidem Helenam Paridi sublatam et qui-
busdam disciplinis phantasma in similitudinem Helenae Paridi datam, quam imagi-
nem ille ad Troiam dicitur pertulisse: quod etiam Homerum volunt tetigisse subtiliter,
ubi Aeneas a Neptuno opposita nube liberatur,* ἀμφὶ δ' ἄρ' εἰδώλω Τρῶες καὶ δῖοι
Ἀχαιοί (E 451 et Y 318 sq. in unum confudit)   453 — εἶναι (1) cf. Eust.
570, 18; D (part. prim.); θυρεούς (95) cf. Ap. S. 106, 25   ἐκ τριχωδῶν
(95) — εἶναι (1) cf. Or. 91, 6: λαισήϊα· παρὰ τὸ λάσιον· καὶ παρὰ τὸ ὠμαῖς
βύρσαις περιβεβλῆσθαι, fort. partim e scholiis, cf. He. λ 154: λαισήϊα· ἐπεὶ
δασέα ἐστὶ τῷ βύρσαις αἰγείαις περιβεβλῆσθαι. „πτερόεντα" ἢ πάνυ κοῦφα ὡς
καὶ τῇ λαιᾷ χειρὶ δύνασθαι βαστάζεσθαι. ὅπλα λάσια, ὅπερ ἐστὶ δασέα, αἰγείαις
βύρσαις περιβεβλημένα ἔτι τὰς τρίχας ἐχούσαις (πτερόεντα sq. partim quidem e
D et Ap. S. 106, 25). Vide ad M 426 (Ariston.) c. test. et libris; aliter Cyr. λαι
37 (p. 111 Dr.-L.): λαισήϊον· κράνος, unde Theogn. gl. 27, 15 Alp.   ἢ λαισήϊα
(2) sq. cf. D (... παρὰ τὸ ἐν λαιᾷ χειρὶ βαστάζεσθαι), Porph. 1, 82, 16; Eust.
570, 24: ꞌΗρωδιανὸς (1, 361, 13) δέ φησι καὶ πάντα τὰ κατὰ μάχην σκεπαστήρια
λαισήϊα λέγεσθαι διὰ τὸ ἐν τῇ λαιᾷ φέρεσθαι, originis incertae   460 fort. ex-
stabat sch. Aristonici de genere feminino vocis Περγάμω (ἄκρη), ad Z 512;

89—90 cum scholio praecedenti coni. T   89 le. T supplevi, om. b   ἵνα T
εἴδωλον δὲ ποιεῖ, ἵνα coni. cum scholio praecedenti b   90 πτῶμα] σῶμα C   91 le.
ἀμφὶ δ' ἄρ' εἰδ. δήουν ἀλλήλους T em. et suppl. Ma., om. b (ubi sch. ad E 451 rela-
tum est)   92 sq. ἀφήρ. — ἀχλύν T τὴν ἀχλὺν ἀφηρημένος b   93 γινώσκοι b,
γινώσκης vel γι(γ)νώσκοις codd. Hom.   ἠμὲν θεὸν Hom.   ἠδὲ om. T   ῥη-
τέον δὲ b   94 ἀμφοῖν T ἀμφοτέρων τούτων b   1 παρὰ τὸ — εἶναι T καὶ λάσια
αὐτὰ εἶναί φασιν b   4 ἀλοπρόσαλλον T

Nic.(?)   **461** *a*.¹ Τρῶας δὲ στίχας: ἀντὶ τοῦ Τρωϊκάς· καὶ δεῖ ὑποστί-
ζειν εἰς τὸ στίχας. εἰ δὲ †γράφει τρωὰς ἢ εἰς τὸ στίχας† ὑποστικτέον,
ἵν᾽ ᾖ Τρῶας ἀντὶ τοῦ Τρώων, ὡς „ἐρινεὸν τάμ⟨ν⟩ε νέους ὄρπηκας" 10
(cf. Φ 37—8), ἢ εἰς τὸ δέ ὑποστικτέον, ἵν᾽ ᾖ τὸ ἑξῆς Τρῶας ὤτρυνε
τὰς στίχας μετελθών. Τ

     a.² ἀντὶ τοῦ Τρωϊκάς· καὶ **b**(BCE³)   δεῖ ὑποστίζειν εἰς
τὸ στίχας. εἰ δὲ †γράφει† „Τρῶας", ὑποστικτέον εἰς τὸν δέ, ἵν᾽ ᾖ
τὰς δὲ στίχας (ἤτοι τάξεις) ὁ οὖλος Ἄρης μεταβὰς τοὺς Τρῶας ὤτρυ- 15
νεν. **b**(BCE³E⁴)

Did. + Hrd. (?)   *b*. Τρῳὰς δὲ στίχας: ἐν τῇ Σινωπικῇ καὶ Κυπρίᾳ καὶ Ἀντι-
μάχου (fr. 134) Τρῳὰς εἶχε σὺν τῷ ι̅, ὡς „ἵππους δὲ Τρῳούς" (Ψ 291).
ἡ μέντοι κοινή, ᾗ συντίθεται καὶ ὁ Ἀσκαλωνίτης (p. 46 B.), „Τρῶας"
ὡς Κᾶρας· καὶ τὸ ἑξῆς οὕτω· Τρῶας δὲ Ἄρης ὤτρυνε, στίχας μετελ- 20
θών, ἀντὶ τοῦ †ὑπερβὰς† ⟨τὰς⟩ τάξεις. Τ   ἢ οὕτω· τοὺς Τρῶας
μετελθὼν ὁ Ἄρης τὰς στίχας ὤτρυνεν. **b**(BCE³E⁴) Τ

ex.   **462.** εἰδόμενος ⟨————⟩ ἡγήτορι Θρηκῶν: τιμᾶται γὰρ ὁ
θεὸς παρὰ Θραξίν. Τ

ex. (?)   **465.** ἐς τί ἔτι: τὸ ἔς ἀντὶ τοῦ ἕως, τὸ δὲ τί ἀντὶ τοῦ τίνος· **b**(BC 25

vide ad E 446   **461** *a/b* Lesbon. 40, 11 (Ἰωνικόν sc. σχῆμα …): „Τρῶας
στίχας οὖλος Ἄρης ὤτρυνε μετελθών", ⟨ἀντὶ τοῦ⟩ (add. Mueller) τὰς στίχας ⟨τῶν
Τρώων⟩ (add. Mueller). τινὲς δὲ τὰς „Τρῳάς", ὀξυτόνως καὶ θηλυκῶς. ἀλλ᾽ ἐλέγχει
αὐτοὺς ἡ γραφὴ χωρὶς οὖσα τοῦ ι̅, fort. e scholio deperdito, sch. D. Thr. (Σ¹ ex
Heliodoro) 549, 18: „Τρῶας δὲ στίχας οὖλος Ἄρης" ἀντὶ τοῦ τὰς στίχας τῶν
Τρώων. τινὲς μέντοι „Τρῳάς" γράφουσιν ἀντὶ τοῦ Τρωϊκάς, cf. Wilamowitz,
Euripides Herakles II² (Berol. 1895) p. 44, 1 (ad v. 162); Valk II 619; Citti
238   *a*¹ — ὄρπηκας (10) ad Φ 37—8 (Nic.)   *b* — Κᾶρας (20) cf. Eust.
571, 16; — Τρῳούς (18) ad Ψ 291 (Hrd.); cf. Ludwich, A. H. T. 1, 257, 7   σὺν
τῷ ι̅ (18) cf. Et. Gen. Τρῳάς (Call. fr. 537); Choer. Th. 1, 405, 20; Cobet, Miscell.
crit. 337. — Ceterum non liquet, num in scholio vetere traditum sit quosdam
pro οὖλος scripsisse ἠλός. Fort. agitur de v. l. recentiore, vide ad O 128 *b*¹   **463**
fort. exstabat sch. Herodiani de v. υἱάσι δὲ Πριάμοιο, ad E 266 *a*¹   **465** Et.

8 (le.) τρωϊας Τ em. Ma.   9 fort. γράφει (erat γράφεται) „τρῶας", ἢ εἰς τὸ στίχας
οὐχ   10 τάμε Τ suppl. Ma.   14 γράφει vide ad sch. *a*¹   17—22 cum scholio
*a*¹ (v. μετελθών) coni. Τ, dist. Bk.   18 τρωϊας Τ corr. Lehrs   εἶχε Τ, ἦν Ma.,
fort. recte   τρωϊους Τ em. Ma.   20 κᾶρας cf. Κ 428   21 περιβὰς Bk., ὑποβὰς
Lehrs, an ἐπιβὰς?   τὰς add. Bk.   ἢ οὕτω (οὕτως b) sq. coni. cum scholio *a*²
(v. ὤτρυνεν) **b**   23 le. Τ suppl. Ma.   23 sq. ὁ θεὸς sc. ἄρης   25 le. Τ, om.
b, ἐς τί: Bk. (at cf. test.)   τὸ δὲ] καὶ τὸ E⁴   τίνος] τίνος, ἵν᾽ ᾖ ἕως τίνος **b**

E³E⁴) T   διὸ καὶ εἰς τὸ τί ἡ ὀξεῖα. b(BCE³) T   καὶ ἔστι πρό-
θεσις ἀντὶ ἐπιρρήματος. b(BCE³E⁴) T   τὸ πᾶν οὖν ἕως τίνος. T

466. ⟨ἢ⟩ εἰσόκεν ἀμφὶ πύλης ⟨εὖ ποιητῇσι μάχωνται⟩:   *ex. | Did.*
ὅμοιόν ἐστι τῷ „ἢ μένετε Τρῶας" (Δ 247). b(BCE³E⁴) T | „ποιη-
30 τοῖσι" δὲ Ἀρίσταρχος, Ζηνόδοτος δὲ ποιητῇσι. T

467—8. ⟨κεῖται ἀνὴρ ——— Ἀγχίσαο:⟩ οὐκ ἀγνοῶν b(BC   *ex.*
E³) T^il   τὰ περὶ αὐτοῦ τοῦτο λέγει, b(BCE³)   ἀλλὰ παρορ-
μῶν. b(BCE³) T^il

468. υἱὸς ⟨———⟩ Ἀγχίσαο: εὖ τὸ μὴ Ἀφροδίτης νῦν φάναι,   *ex.*
35 ἀλλ' Ἀγχίσου, ἵνα ἐμφανῇ ὅτι συγγενής ἐστιν αὐτῶν ὁ ἀνῃρημένος.
b(BCE³) T

472. Ἕκτορ, πῇ δή τοι μένος: ἀνεδύετο γὰρ τὴν μάχην, οὐ   *ex.*
διὰ δειλίαν, ἀλλὰ τὴν τῶν ὅρκων σύγχυσιν, οὓς αὐτὸς ἐπεπρυτανεύ-
κει. b(BCE³E⁴) T

40 473 a. φῇς που: ὑπέλαβες· οὐ γὰρ ἂν Ἕκτωρ ἐφθέγξατό τι τοι-   *ex.*
οῦτον εἰς τοὺς συμμάχους. b(BCE³E⁴) T

Gen. (AB) ἐς τί ἔτι: „ἐς τί ἔτι κτείνεσθαι ἐάσετε (ἐάσατε B) λαὸν Ἀχαιῶν".
οὐχ ὡς οἴεται ὁ Ἀσκαλωνίτης (p. 46 B.) ἓν ἐστιν, ἀλλὰ τρία μέρη λόγου εἰσίν·
„ἐς" πρόθεσις, ὅπερ ἀντὶ τοῦ ἕως ἐστίν (ἐστ. A, om. B), καὶ „τί" ἀντὶ τίνος (ἕως
τίνος), „ἔτι" ἐπίρρημα (ἔτι ἐπ. om. B). οὐκ ἄηθες δὲ πρόθεσιν ἰσοδυναμεῖν ἐπιρρή-
ματι, fort. ex hyp. Iliad.; cf. D   466 fort. exstabat sch. Herodiani de v.
εὐποιήτῳσι, ad Π 636 d (Hrd.)   473 exstabat sch. Herodiani, cf. Et. Gen.
(AB) φῇς (φῆς A) που ἄτερ λαῶν: Ἀρίσταρχος περισπᾷ τὸ φῇς (φῆς A),
ἵνα ἐστιν (fort. ἵν' ᾖ) ἐκ τοῦ (ἐκ τ. om. B) ἔφης· διὸ καὶ χωρὶς τοῦ ῑ γράφει (γρ.
cp. AB, fort. γράφεται)· εἰ γὰρ εἶχεν τὸ ῑ, ἐνεστὼς ὤφειλεν εἶναι, h(M¹ P¹¹ V³ V¹⁵):
φῇς που (le. om. M¹ P¹¹)· ἀντὶ τοῦ ἔφης· διὸ περισπᾶται καὶ ἄνευ τοῦ ῑ ἐστίν
(ἐπὶ παρῳχημένου χρόνου add. V³)· εἰ γὰρ ἦν ἐνεστώς, σὺν τῷ ῑ ἐγράφετο καὶ
ὠξύνετο ὡς τὸ „φῇς τοῦτο κάκιστον" (α 391; καὶ ἄνευ τοῦ sq. om. M¹), h(Ge):
τὸ φῇς περισπαστέον· παρῳχημένος γάρ ἐστιν ἐκ τοῦ ἔφης γινόμενον (γενόμενον
Nicole)· διὸ καὶ χωρὶς τοῦ ῑ γράφεται· ὁ γὰρ ἐνεστὼς καὶ σὺν τῷ ῑ γράφεται καὶ
ὀξύνεται, fort. ex hyp. Iliad.; ad P 174, cf. sch. η 239 (Hrd.), Eust. 1578, 17,
Ep. Hom. (An. Ox. 1, 433, 2); Wackernagel II 1063; Beiträge 202   a ὑπέλαβες

27 ἀντὶ cf. test.   28 le. T supplevi auctore Vill. (ἢ add. iam Li), om. b
29 τῷ CT τὸ BE³E⁴   29 sq. fort. εὐποιήτοισι et εὐποιήτῃσι, vide ad Π 636
(Hrd.)   31 le. addidi, κεῖται — δίῳ: Vill., κεῖται ἀνήρ: Bk. (sch. supra E 467
exaravit T, ad eundem versum rettulit b)   34 le. T suppl. Ma., om. b
34—5 εὖ δὲ τὸ sq. cum scholio praecedenti coni. b   35 ἐμφανῇ Ma., ἐμφάνη T
δειχθῇ b   38 sq. ἐπεπρυτ. BE⁴, ἐπρυτανεύκει T πεπρυτανεύκει CE³ (utrumque
defendi potest, cf. Mayser, Gramm. I 2, 1938, 98 et 107)   40 le. T, om. b,
φῆς Bk. (fort. rectius)

ex. *b.* ἄτερ λαῶν: τῶν τῆς πόλεως. b(BCE³E⁴) T

ex. **475.** οὔ τιν' ἐγὼ ἰδέειν δύναμαι: εἰς τὸν Πάριν, ὃς ἥρπασται. T

Ariston. (?) **476.** κύνες ὡς ἀμφὶ λέοντα: περιττὴ ἡ ἀμφί. b(CE³) T

Did. aut Hrd.(?) | **477.** ἔνειμεν: οὕτως αἱ Ἀριστάρχου. T | τὸ ἁπλοῦν ἐστιν εἰμέν. 45
Hrd. b(BCE³E⁴) T πᾶν δὲ ῥῆμα ὀξυνόμενον b(BCE³) T ἐν τῇ
συνθέσει ἀναβιβάζει τὸν τόνον. b(BCE³E⁴) T

ex. **478.** μάλα τηλόθεν ἥκω: ὅμοια τοῖς Ἀχιλλέως· „ἐπειὴ μάλα
πολλὰ μεταξύ / οὔρεά τε σκιόεντα" (Α 156—7). b(BCE³) T

Nic. **479** *a.* τηλοῦ γὰρ Λυκίη Ξάνθῳ ἐπὶ δινήεντι: ὅλον τὸν στί- 50
χον συναπτέον. T

Ariston. (?) *b.* ⟨Λυκίη Ξάνθῳ ἐπὶ δινήεντι:⟩ προσέθηκε τὸ Ξάνθῳ,
ὅπως διαστείλῃ ταύτην τὴν Λυκίαν ἀπὸ τῆς ἐν Ἴδῃ Λυκίας. Aᵃ

ex. **480.** ἔνθ' ἄλοχόν τε φίλην ⟨ἔλιπον⟩ καὶ νήπιον υἱόν: ὅτι
τῶν φιλτάτων προὔκρινα τὴν σὴν φιλίαν, οὐκ ἀστυγείτονας δεδιὼς 55
οὐδὲ πόθῳ χρημάτων ἁλούς. b(BCE³E⁴) T

ex. **481.** κὰδ δὲ κτήματα πολλά, τά τ' ἔλδεται ὅς κ' ἐπιδευής:
ἔχω, φησί, τὰ πρὸς ζωήν, ὥστε μὴ μάτην ὑπὲρ ἀλλοτρίων κινδυ-
νεύειν. b(BCE³E⁴) T

ex. **482—3.** καὶ μέμον' αὐτός / ἀνδρὶ μαχέσ⟨σ⟩ασθαι: ἀντιπα- 60
ραβαλὼν ἑκατέρους τοὺς λαλοῦντας ὄψει, πόσον πρὸς αἰσχύνην ὁρῶ-
σιν οἱ λόγοι. b(BCE³) T

(40) aliter D *b* cf. Eust. 572, 15 **476** ad B 820 (Ariston.); cf. Friedl.,
Ariston. p. 27; vide ad A 3 *c.* M 303 *b* **477** — Ἀριστάρχου (45) ad B 131
(Did.); cf. Wackernagel, S. U. 72, aliter Ludwich, A. H. T. 1, 257, 15 τὸ
ἁπλοῦν (45) sq. Et. Gen. (AB) ἔνειμεν (unde Aᵃ ad E 477): σημαίνει τὸ ὑπάρχο-
μεν (= D). | τρίτην δὲ ἀπὸ τέλους ἔχει τὴν ὀξεῖαν· τὸ γὰρ ἁπλοῦν αὐτοῦ (αὐτ.
om. A) ἐστιν εἰμέν. „ἡμεῖς δ' εἰμέν (τοῖοι add. Aᵃ)" (Η 231). πᾶν δὲ ῥῆμα ὀξυνόμε-
νον ἐν τῇ συνθέσει βαρύνεται (βαρ. AAᵃ, ἀναβιβάζει τὸν τόνον B), fort. ex hyp.
Iliad. πᾶν δὲ ῥῆμα (46) sq. cf. Arcad. 200, 1 **479** fort. excidit nota Hero-
diani de accentu v. ἐπί, ad B 839 (Hrd.) h(Ag, cf. An. Par. 3, 167, 30):
Ξάνθος ἐστὶ ποταμὸς Λυκίας ὁμώνυμος τῷ τῆς Τροίας ποταμῷ, originis incertae,
cf. D ad Z 4 *b* ad Δ 101 *a* (Ariston.), cf. Eust. 573, 8 (vide ib. 6) **484**

42 le. T, λαῶν δὲ (coni. cum scholio praecedenti) b τῶν E⁴T λέγει τῶν BCE³ πό-
λεως λέγει E⁴ **43** πάριν T, πάριν ἀποβλέπει e. g. Wil. **44** περιττὴ sq. cum
scholio E 473 *b* (v. πόλεως) coni. b **45** le. Bk., οἵ πέρ τ' ἐπίκουροι ἔνειμεν T
om. b **46** ἐν] ἐν δὲ E⁴ **47** ἀναβ. τὸν τόνον] ἂν ἐβιβάσθη ὁ τόνος E⁴, ἀνα[
(cet. absc.) E³ **48** ἐπείη C **52** le. addidi **54** le. T supplevi (auctore
Vill.), om. b **55** οὐκ ἀστ. T οὐχ ὡς ἀστυγείτονα b δεδιὼς T **56** οὐδὲ
T ἀλλ' οὐδὲ b **58** ἔχω φ. τὰ] ἔχω δὲ τὰ coni. cum scholio praecedenti E⁴ **60**
le. T suppl. Ma., om. b (ubi sch. ad E 482 relatum est) **61** ἑκατέρους τ. λαλ.
sc. Hectorem et, qui illum nimis gloriari (cf. E 473—6) arguit, Sarpedona
61 sq. ὁρῶσιν om. b

485 a. τύνη δ' ἕστηκας, ἀτὰρ οὐδ' ἄλλοισι κελεύεις: πῶς ex.
γὰρ ἂν ἀμελῶν αὐτὸς τοὺς ἄλλους πείσειε κινδυνεύειν; b(BCE³E⁴) T

65 b. τύνη: ἀπὸ τοῦ τύ ἐν παραγωγῇ b(BCE³) T τύνη, D
ὡς ἐγώνη καὶ „ἐμίνη" (Rhint. fr. 13 K.). T

486 a. καὶ ἀμυνέμεν⟨αι⟩ ὤρεσσι: ταῖς ὑμῶν. b(BCE³E⁴) T ex.
ὅμοιον δέ ἐστι τῷ „ἄλοχοι δ' ἄλλοισι δαμεῖεν" (Γ 301). αὔξει δὲ τὸν
γάμον. b(BCE³) T

70 b. ὤρεσσι: ἀπὸ τοῦ ὀαρίζειν b(BCE³E⁴) T κατὰ συγ- ex.
κοπήν· b(BCE³E⁴) καὶ „ὀάρων ἕνεκα σφετεράων" (Ι 327). b
(BCE³E⁴) T

487 a. ἀψῖσι: ψιλωτέον τὸ ἀψῖσι b(BE³) T εἰς ἰδιότητα. ex.(?)
ὅτε δὲ βαρύνεται, συμ⟨μετα⟩βάλλεται καὶ τὸ πνεῦμα καὶ ὁ χρόνος. T

75 b. ἀλόντε: ὑμεῖς καὶ αἱ γυναῖκες. ἀλλοτριοῖ δὲ τῶν κινδύνων ex.
ἑαυτόν, ὡς περὶ τῶν ἐκείνοις συμφερόντων λαλῶν. ἡ δὲ τοῦ λίνου
ὁμοίωσις οἰκεία, πολλῶν καὶ διαφόρων ἀνθρώπων ὡς ἰχθύων περι-
ληφθέντων. b(BCE³E⁴) T

h(Ge): ⟨οἷόν κ' ἠὲ φέροιεν 'Αχαιοὶ ἦ κεν ἄγοιεν·⟩ (le. add. Nicole) τουτ-
έστιν οὔτε (Nicole, οὐδὲ Ge) ἔμψυχον οὔτε (Nicole, οὐδὲ Ge) ἄψυχον· τὸ γὰρ ἄγω
ἐπὶ ἐμψύχου, τὸ δὲ φέρω ἐπὶ ἀψύχου τάττεται, incertum an e scholiis, cf. Eust.
573, 13, D ad Ψ 111; Amm. 4 al.; aliter D ad Π 153 485 b cf. Ap. Dysc.
pron. 55, 1. 58, 13; Ep. Hom. (An. Ox. 1, 150, 11, Et. Gud. 398, 15 Stef.); vide
ad T 10 486 fort. exstabat sch. Aristonici de v. ἀμυνέμεναι ὤρεσσι, ad
Σ 265 b — ὀαρίζειν (70) ad Ι 327 a, cf. Or. 169, 2 (Et. Gen. = EM. 823, 36)
in sede scholiorum; aliter Or. 114, 24 (Et. Gen. = EM. 823, 40); sim. D, Ap. S.
118, 14; Schem. Hom. 103; Meister, H. K. 183 487 Eust. 574, 21: φασὶ δὲ
τὰ σχόλια δέον εἶναι βαρύνεσθαι τὴν εὐθεῖαν τοῦ ἀψῖσιν, ἵνα λέγηται ἄψις ἢ
ὡς Αἰολικόν, καθὰ καὶ Ἡσίοδος „τρισπίθαμον †ἀψιν" φησίν (cf. opp. 426) ἢ καὶ
ἀναλόγως ὡς ἀπὸ μέλλοντος ὄν, καθάπερ τὸ μέμψις καὶ ὄψις, ὥστε εἶναι τὴν δοτι-
κὴν τῶν πληθυντικῶν ἄψισι προπαροξυτόνως, fort. pars scholii Herodiani, cf.
Choer. (O.) in Et. Gen. (AB) ἀψίς et in An. Ox. 2, 172, 5; Arcad. 225, 4; Valk I
598 n. 32 a — ἀψῖσι (73) cf. Eust. 574, 24 b — αἱ γυναῖκες (75) ad E
576; aliter sch. Arat. 1023: . . . τὸ δὲ „βοῶντε" (Ph. 1023) δυϊκῷ ἀριθμῷ ἐχρήσατο
ἀντὶ πληθυντικοῦ· τοῦτο γὰρ ἔθος αὐτῷ. τοῦτο καὶ Ὅμηρος οἶδεν, incertum est,
an ad nostrum locum spectet ὡς ἰχθύων (77) at cf. Eust. 1931, 30: σημειοῦν-
ται δὲ οἱ παλαιοὶ ἅπαξ ἐνταῦθα (sc. χ 386) μνησθῆναι τὸν ποιητὴν ἰχθύων θήρας
τῆς διὰ δικτύων· τὸ γὰρ ἐν Ἰλιάδι „μή πως ὡς ἀψῖσι λίνου †ἀλόντες† πανάγρου"

63 sq. πῶς γὰρ T πῶς δὲ pone sch. b (coni. cum v. παραγωγῇ) b 64 ἂν om. T,
fort. recte αὐτὸς ἀμελ. b ἔπεισε b κινδ. T προκινδυνεύειν αὐτοῦ b 65
le. scripsi, τύνη δ' ἕστηκας T, om. b τύ T σύ ἐστιν b 67 le. T suppl. Ma., om.
b verba ταῖς ὑμῶν pone sch. b (v. σφετεράων) E⁴ 68 τῷ b τὸ T ἀλλ. b
ἀλλήλοισι T δαμεῖεν T μιγείεν E⁴ 70 le. T, ὤρεσσι (ὤρεσι C) δὲ coni. cum
scholio praecedenti BCE³, om. E⁴ ὀαρίζειν T 73 le. scripsi, μή πως, ὡς ἀψῖσι
T, om. b 74 συμβάλλεται T suppl. Bk. 75 ἤγουν ὑμεῖς E⁴ 77 ἀνδρῶν E⁴

ex.   489. εὖ ναιομένην: ἢ ἀπὸ τοῦ †ὁμοῦ ναίειν. T

ex.   490—1. ⟨σοὶ δὲ χρὴ ——/⟩ ἀρχοὺς λισσομένῳ: ὀνειδιστι- 80 κῶς· ὃν ἐχρῆν τοὺς ἄλλους ὀτρύνειν, ὑπὸ τῶν συμμάχων προτρέπε- ται. b(BCE³E⁴) T

ex.   492 *a.* {νωλεμέως} ἐχέμεν: ἀντὶ τοῦ φυλάσσειν. „ἔχε⟨ς⟩ δ᾽ ἀλόχους" (Ω 730). T

ex. | ex.   *b.* κρατερὴν δ᾽ ἀποθέσθαι ἐνιπήν: τοιοῦτος γὰρ Ἕ- 85 κτωρ· „οὐ γὰρ ἐγὼ πληθὺν διζήμενος / ἐνθάδ᾽ ἀφ᾽ ὑμετέρων πολίων ἤγειρα ἕκαστον" (P 221—2). ἀπὸ κοινοῦ δὲ τὸ „χρή" (E 490). b BCE³E⁴) T | ⟨ἀποθέσθαι⟩ ἀντὶ τοῦ ἀποτίθεσθαι. T

ex.   *c.* ἐνιπήν: πληγήν. T

ex.   493. δάκε: ἠνίασεν· καὶ „θυμοδακὴς γὰρ μῦθος" (θ 185). b(BC 90 E³E⁴) T

ex. | ex.   494. αὐτίκα δ᾽ ἐξ ὀχέων: ἔδει γὰρ ἔργοις, οὐ λόγοις ἀπολο- γεῖσθαι. b(BCE³E⁴) T | ὡς τὸ τάριχος δέ, οὕτω καὶ τὸ ὄχος. T

ex.   495. ⟨π ά λ λ ω ν δ ᾽ ὀ ξ έ α δ ο ῦ ρ α κ α τ ὰ σ τ ρ α τ ὸ ν ᾤ χ ε τ ο π ά ν τ η :⟩ καὶ εἰς τὸ δοῦρα δύναται καὶ εἰς τὸ στρατόν εἶναι στιγμή· εὐκρινὲς 95 γὰρ κατ᾽ ἄμφω τὸ νόημα. b(BCE³)   1

ex.   499. ἀλῳάς: ἀλῳάς ὡς ἀγαθάς· ἀπὸ γὰρ τοῦ ἀλωή, ὃ σὺν τῷ ῑ γράφεται· παρὰ γὰρ τὸ ἀλοιῶ ἐστιν. b(BCE³E⁴) T

ἄδηλόν φασι εἴτε ἰχθύων εἴτε πεζῶν ζῴων εἴτε πτηνῶν ἄγραν δηλοῖ. τὴν δέ γε δι᾽ ὁρμιᾶς καὶ ἀγκίστρου θήραν πολλάκις εἶπεν. Nescimus, num talia ad E 487 exstiterint   **489** ad O 28 (T). Vide D ad A 164. Γ 400   **492 a** aliter D   *b* (le.) ἀποθέσθαι ἐνιπήν (85) id esse quod crimina renuntiare opinatur scholiasta   τοιοῦτος (85) sc. cupidus vituperandi   *c* cf. D   **493** θυμοδακὴς — μῦθος cf. Eust. 575, 9   **495** an sch. Nicanoris? Vide praeterea ad Z 104   **499** ἀπὸ γὰρ τοῦ (2) sq. cf. Et. Gen. (AB) ἀλῳάς, unde Et. Gud. 102, 17 Stef.; cf. Valk II 205   παρὰ γὰρ (3) sq. cf. Eust. 575, 43

79 ὁμονοεῖν Wil. (cf. test.); sch. mutilatum, fort. lac. ante ἢ statuenda   **80** le. T supplevi, om. b (qui sch. ad versum priorem revocavit)   **81** τοὺς T καὶ τοὺς b **83** (le.) νωλεμέως eiecit Li   ἔχε T suppl. Bk.   **85** le. Vill., δάκε δὲ φρένας ἕκτορι: pone sch. E 493 (coni. cum v. μῦθος) T, om. b   **85** sq. ὁ ἕκτωρ E³E⁴   **86** διζ.] διζήμενος οὐδὲ χατίζων Hom.   πολήων T   **87** δὲ om. E⁴   **90** ἠνίασεν καὶ T ἠνίασε BCE³, om. E⁴   γὰρ T, γὰρ ὁ b (fort. rectius)   **92** ἔδει (ἤδει C) γὰρ ἔργ.] ἔργοις γὰρ E⁴   οὐ T ἀλλ᾽ οὐ b   **92** sq. ἀπολ. ἔδει E⁴   **94** le. add. Vill. **95** τὸ² Bk., τὸν b   **2** le. scripsi, ἱερὰς κατ᾽ ἀλῳάς T, om. b   ἀγαθάς = B **273**   ναο om. C   τῑ ἰῶτα C   **3** παρὰ γὰρ τὸ T ἀπὸ γὰρ τοῦ b

500. {ὡς δ' ἄνεμος ἄχνας} ἀνδρῶν λικμώντων, ὅτε τε ξανθή   *ex. (vel Did.)*
5 Δημήτηρ: Πτολεμαῖος (p. 64 Β.) τοὺς δωδεκασυλλάβους στίχους
ἐκτιθείς φησι καὶ τοῦτον οὕτω γράφεσθαι „εὖτ' ἂν ξανθή Δημήτηρ". Τ
502 *a*. αἱ δ' ὑπολευκαίνονται: καλῶς ἡ ὑπό· οὐ γὰρ ἀθρόα   *ex.*
ἡ τῶν ἀχύρων πτῶσις ἐπὶ τὴν ἅλω, κατ' ὀλίγον δὲ ἑτεροιοῦται τὸ
χρῶμα τοῦ ἐπιδεχομένου αὐτὰ χωρίου. ὁμοίως δὲ καὶ τοῖς μαχομένοις
10 κατ' ὀλίγον προσεκάθιζεν ὁ κονιορτός. b(BCE³E⁴) Τ
      b. ἀχυρμιαί: κατ' ὀξεῖαν τὸ ἀχυρμιαί· Ἰωνικώτερον γάρ   Hrd. | ex.
ἐστιν ὡς τὸ „ἀγυιαί" (β 388 al.), „θαμειαί" (Α 52 al.), „ταρφειαί"
(Τ 357. 359). | εἰσὶ δὲ οἱ τόποι, ἔνθα ἐκτινάσσεται τὰ ἄχυρα. b(BCE³
E⁴) Τ
15 505. ἂψ ἐπιμισγομένων: ἐκ δευτέρου τῶν Τρώων προσμιγνύν-   *ex.*
των τοῖς Ἀχαιοῖς. b(BCE³E⁴) Τ
505—6. ὑπὸ δ' ἔστρεφον ⟨ἡνιοχῆες / οἱ δὲ μένος χειρῶν   *ex. | ex.*
ἰθὺς φέρον⟩: οἱ μὲν ἡνίοχοι ἐπιστρέφουσι τοὺς ἵππους, οἱ δὲ ἐπιβά-
ται τὸ μένος φέρουσιν. b(BCE³E⁴) Τ | ὁ δὲ δέ ἀντὶ τοῦ γάρ. Τ
20 506—7. ἀμφὶ δὲ νύκτα / θοῦρος Ἄρης: σκέπει αὐτούς, ὡς εἰ   *ex.*
καὶ θέλοιεν, μὴ δύναιντο φυγεῖν, ὡς „πίτνα πρόσθε βαθεῖαν ἐρυκέμεν"
(Φ 7). ἢ ἑαυτὸν ἐσκέπασεν, ὡς μὴ ὁρῷτο κακῶν τοὺς Ἕλληνας. ἢ ἵνα
οἱ μὲν λευκανθέντες ὁρῷντο, οἱ δὲ σκέποιντο. b(BCE³E⁴) Τ
507 *a*.¹ μάχη Τρώεσσι ἀρήγων: τινὲς ἀντὶ μάχη Τρώων. οἱ   *ex.*
25 δὲ εἰς τὸ †μάχην† στίζουσιν. Τ
   a.² στιγμὴ δὲ εἰς τὸ μάχη. b(BCE³E⁴)

500 Ge (ex h?): ⟨ξανθή Δημήτηρ·⟩ (add. Nicole) ξανθήν δὲ εἶπε διὰ τὸν
καρπόν· πεπαινόμενος γὰρ ξανθὸς γίνεται, originis incertae, cf. Eust. 576, 2: ξανθήν
δὲ λέγει τὴν Δήμητραν ἀλληγορικῶς διὰ τὸ τὸν στάχυν τοιούτου χρώματος γεγονότα
εἶτα ἐπιτήδειον εἶναι θερίζεσθαι   Πτολεμαῖος (5) h. e. Ptolem. Ascalonita in libro
qui inscribebatur Π. μέτρων, vide ad Β 461 *a*   502 *b* — ταρφειαί (12) ad Α 52
(Hrd.), cf. Eust. 575, 25   εἰσὶ δὲ (13) sq. cf. D, Or. 7, 14: ἀχυρμιαί· οἱ τόποι τῶν
ἀχύρων, οἷον ἀχυριαί τινες οὖσαι, καὶ πλεονασμῷ τοῦ μ̄ ἀχυρμιαί, in sede
scholiorum   505 et 505—6 — φέρουσιν (19) cf. Cauer 490

4 (le.) ὡς δ' ἄν. ἄχνας delevi   8 πτῶσις om. b   ἅλω Τ   κατ' Τ φορά, κατ' b
9 ὑποδεχομένου b   11 κατ' ὀξεῖαν δὲ τὸ coni. cum scholio praecedenti b
11 sq. γάρ ἐστιν Τ ὃν b   15 προσμιγν. τ. τρώων Ε⁴   17 sq. le. Τ supplevi,
om. b   18 οἱ¹ Τ, καὶ οἱ coni. cum scholio praecedenti b   ὑποστρέφουσι Ma.,
vix recte   19 fort. ἐπιφέρουσιν   δέ sc. particula δ' post ὑπό posita   20—3
sch. in b ad versum 505 revocatum est   20 σκέπει Τ ὁ ἄρης σκοτοῖ b   21 καὶ
θέλ. b κ' ἐθέλοιεν Τ   δύνοιτο C   ὡς Τ ὡς τὸ b   πίτνα] fort. ἤερα δ'
ἤρη / πίτνα (Φ 6—7)   πρόσθεν Ε⁴   22 ὡς Ε⁴ Τ ὅπως BCE³   μὴ b οὐχ
Τ   κακῶν ὁρῶτο Ε⁴   23 ὁρ. Vill., ὁρῶντο b ὁρῶνται Τ   25 μάχην Τ,
μάχη Bk.   26 στιγμὴ δὲ sq. pone sch. Ε 506—7 (coni. cum v. σκέποιντο) b

ex.   509. Ἀπόλλωνος χρυσαόρου: τινὲς τιμίως λαλοῦντος, διὰ τὴν λύραν. T

Hrd.   511 *a.*[1] {ἣ γάρ ῥα πέλεν δαναοῖσιν} ἀρηγών: Ἀρίσταρχος ὀξυτόνως· καὶ δῆλον ἐκ τῆς πλαγίου „δοιαὶ μὲν Μενελάου ἀρηγόνες" 30 (Δ 7). T

a.[2] ὅτι προενεκτέον ἀρηγών ὡς ἀηδών· λέγει γὰρ καὶ ἀλλαχοῦ „ἀρηγόνες" ὡς ἀηδόνες. A[a]

ex.   *b.*[1] ⟨οἰχομένην·⟩ ἣ γάρ ῥα πέλεν Δαναοῖσιν: πιθανῶς τοῦτο, ἵνα μὴ προλάβῃ ἣ θεομαχία. T   35

b.[2] πιθανῶς αὐτοὶ τῆς ἀδικίας προάρχουσιν, ἵνα μὴ προλάβῃ ἣ Διομήδους θεομαχία. b(BCE[3]E[4])

ex.   512. πίονος ἐξ ἀδύτοιο: τοῦ †κεκνισσωμένου b(BCE[3]E[4]) T καὶ λελιπασμένου. b(BCE[3]E[4])

ex.   515. ἀρτεμέα: πρὸς τὸ ἄρτιον. T   40

ex. | ex.   516. μετάλλησάν γε μὲν οὖτι: πιθανῶς τὸ ψυχρὸν τῆς δισσολογίας περιεῖλε, τὴν διάθεσιν ἤδη ἐμφήνας. b(BCE[3]E[4]) T | τὸ δὲ μετάλλησαν ἀντὶ τοῦ ἠρώτησαν. T

ex.   518. ἄμοτον {μεμαυῖα}: ἄπληστον ἢ σφοδρόν. T

ex.   519. τοὺς δ᾽ Αἴαντε δύω καὶ Ὀδυσσεὺς καὶ Διομήδης: ἱκα-45 νὸν πρὸς αὔξησιν. ἄλλως τε καὶ τὴν παρὰ τῶν ἀκουόντων εὔνοιαν κτῶνται ἔρημοι θεῶν ὄντες Ἕλληνες. καὶ δικαίως ἐπάξει τῷ Ἄρει τὴν Ἀθηνᾶν. b(BCE[3]E[4]) T

ex.   522. ⟨νεφέλῃσιν ἐοικότες:⟩ διὰ τί μὴ πύργοις ἢ ὄρεσιν; ὅτι ὕστερον κινηθήσονται. b(BCE[3]E[4])   50

---

509 cf. D, D ad O256. Vide ad Ζ385. O256; praeterea [Her.] Qu. Hom. 7 (p. 12, 6); H. L. Lorimer, Gold and Ivory in Greek Mythology, in: Greek Poetry and Life (Oxon. 1936) 26   510 incertum an sch. Didymi exstiterit de v. ἐγεῖραι, cf. Eust. 577, 16: ἰστέον δὲ ὅτι τὰ πλείω τῶν ἀντιγράφων οὐκ „ἀγεῖραι" γράφουσιν, ἀλλὰ „Τρωσὶν θυμὸν ἐγεῖραι", ὡς οἷον ἀναπίπτοντα ἢ εὔδοντα. μετ᾽ ὀλίγα δὲ (sc. E 517—8) καὶ πόνον ἐγείρει „Ἀπόλλων καὶ Ἄρης καὶ Ἔρις, fort. de varia lectione recenti agitur   511 *a* ad Φ 141 (Hrd.); vide ad Δ 7. M 125   *a*[1] ὀξυτόνως (29) cf. Eust. 577, 23   512 cf. D; Eust. 577, 39   515 cf. Eust. 577, 44; sch. ν 43; vide D; Hrd. παθ. (2, 292, 1), unde sch. A[a] (fol. 91[v])   518 cf. D

---

29 (le.) ἣ γάρ ῥα π. δαν. delevi   30 μενελάῳ Hom.   34 le. T suppl. Ma. 38 τοῦ om. T, fort. recte   κεκν. b κεκνισσαμένου T, κεκνισωμένου Ddf.   40 πρὸς susp., fort. παρὰ   42 διάθ. T, διάθεσιν αὐτῶν τὴν ἄδικον (τὴν ἄδικον διάθεσιν αὐτῶν E[4]) b (vix recte)   44 (le.) μεμαυῖα eieci   45 le. T (ut suppleverat Vill.), om. b, οἱ δὲ καὶ αὐτοί (scholio b ad E 520 relato) Bk., fort. vere 45 sq. ἱκανὸν T ἱκανὸν καὶ τοῦτο b, fort. rectius   47 ἐπικτῶνται E[4]   47 sq. καὶ δικαίως sq. T δικαίως οὖν ἀνθίσταται ἣ ἀθηνᾶ τῷ ἄρει b   49 le. add. Bk.

523. νηνεμίης: ποικίλως ἄνω (sc. Ε 499—501) μὲν ἀπὸ ταραχῆς *ex.*
ἀνέμου ἔλαβε τὴν εἰκόνα, ὧδε δὲ ἀπὸ νηνεμίας. b(BCE³E⁴) T

524 *a.* ἀτρέμας ὄφρ' εὕδησι: τὸ ἀτρέμας καὶ τοῖς ᾳᾳω δύ- *Nic.*
ναται αἱ τοῖς κάτω συνάπτεσθαι. b(BCE³E⁴) T

55 κb.¹ ὄφρ' εὕδησι: ἐν ὅσῳ. εὕδησι ὡς „παμφαίνησι" (Ε 6). T *ex.(?)*
b.² τὸ ἐν ὅσῳ ἐνταῦθα δηλοῖ, τὸ δὲ εὕδησιν τὸ εὕδει. b(BC
E³E⁴)

526. ἀέντες: ὡς τιθέντες· ἀπὸ γὰρ τοῦ ἄημι. b(BE³) T   τὸ *ex.*
δὲ παρ' Ἡσιόδῳ (th. 875) „ἄλλοτε δ' ἄλλοι ἄεισι" Αἰολικόν. T

60 528. Ἀτρείδης δ' ἀν' ὅμιλον ἐφοίτα πολλὰ κελεύων: ἄνω *ex.*
παραλιπὼν αὐτὸν ἰάσατο διὰ τοῦ πολλὰ b(BCE³E⁴) T   τὸ ἐλ-
λεῖπον, b(BCE³E⁴)   ὅ ἐστι ταῦτα. T

529. ἀνέρες ἔστε: οὐκ εἶπεν ἀνδρεῖοι, ἀλλὰ μὴ προδῶτε τὴν φύ- *ex.*
σιν. b(BCE³E⁴) T

65 530 *a.* ἀλλήλους τ' αἰδεῖσθε: εἰκότως· κατὰ φῦλα γάρ εἰσιν· *ex.*
δογματίζει δὲ ὅτι χρήσιμον αἰδὼς οὐ μόνον ἐν εἰρήνη, ἀλλὰ καὶ ἐν
πολέμῳ. μετρίως δὲ οὐ λέγει αἰσχύνθητε ἐμέ, ἀλλ' ἀλλήλους. b(BC
E³E⁴) T

b. ⟨κατὰ κρατερὰς ὑσμίνας:⟩ τελεία εἰς τὸ ὑσμίνας. b *Nic.*
70 (BCE³E⁴) T

524b ad Ε 6a (Ariston.); de coniunctivo εὕδησι vide Chantraine, Gr. Hom. 1, 461
(§ 219)   526 — ἄημι (58) cf. Philox. ῥημ. in Et. Gen. (B, deest A) ἀέν-
τες   τὸ δὲ παρ' (58) sq. cf. Philox. ῥημ. in Et. Gen. (B, deest A) ἄεισιν, Ep.
Hom. (An. Ox. 1, 46, 33)   ἄεισι (59) cf. Wackernagel II 1180; Chantraine,
Gr. Hom. 1, 190 (§ 77); West, Hesiod Theogony (Oxon. 1966) p. 82   529
ἀνδρεῖοι (63) = D; cf. sch. Thuc. 2, 43, 1   530b cf. Friedl., Nic. 118

---

51 le. Bk., νηνεμίης ἔστησεν T, om. b   ποικίλως δὲ coni. cum scholio praecedenti E⁴
52 ὧδε T, ἐνταῦθα b (fort. melius)   δὲ om. T   53 τὸ δὲ ἀτρέμας pone sch. b²
(coni. cum v. εὕδει) b   53 sq. δύναται om. E⁴   54 τοῖς κάτω] τοῖς ἑξῆς ipse
Nicanor alias dicit   συν.] δύναται συνάπτεσθαι E⁴   55 (le. et sch.) cum
scholio praecedenti coni. T, dist. Ma.   fort. εὕδησι (bis) et παμφαίνησι, ct. sch.
b² et test.   56 τὸ ἐν] fort. τὸ ὄφρα τὸ ἐν   εὕδησι E⁴ εὕδησιν E³   58 le.
Bk., διασκιδνᾶσιν ἀέντες T, om. b   ἀπὸ — ἄημι T ἀπὸ τοῦ ἄημι παράγεται
b   59 ἄλλαι Hsd.   62 ὅ T, πολλά, ὅ Wil. (post ἐλλεῖπον interpungens)
63 τὴν T φησὶ τὴν b   65 εἰσι b   66 δὲ] γὰρ C   67 ἐμέ, ἀλλ᾽ T ἀλλ᾽ ἢ b
69 le. add. Frdl.   τελεία δὲ εἰς coni. cum scholio praecedenti b (τελ. δὲ ἀλλὰ καὶ
ἐν εἰς E³)

ex. **531.** αἰδομένων δ' ἀνδρῶν πλέονες σόοι: †οὐ γὰρ τὸ περὶ αὐτοῦ† μόνον σκοπεῖ, αὐτός τε χωρίζεται συμμαχίας καὶ τοὺς ἄλλους χωρίζει. b(BCE³E⁴) T

ex. **533.** ἢ καὶ ἀκόντισε δουρὶ θοῶς: καλῶς τοῖς κελεύσμασι πρῶτος ὑπακούει, τύπον ἑαυτὸν τοῖς ἄλλοις παρεχόμενος. b(BCE³E⁴) T 75

Hrd. **535** *a.* ὁμῶς {Πριάμοιο τέκεσσι}: προκατάρχει τοῦ ὁμῶς τὸ ὁμός καὶ ὁμή καὶ ὁμόν· διὸ περισπᾶται ὡς „καλῶς" (β 63). T

ex.   *b.* ⟨ὁμῶς:⟩ παραπλησίως. Tⁱˡ

D   **538** *a.* ⟨ἔρυτο:⟩ ἀντὶ τοῦ ἐφύλαξεν. Tⁱˡ

D   *b.* ⟨διὰ πρὸ δὲ εἴσατο:⟩ διῆλθε. Tⁱˡ 80

ex. **539.** νειαίρῃ δ' ἐν γαστρί: τῷ παχεῖ ἐντέρῳ ἢ τῇ κύστει. b (BCE³E⁴) T

ex. **541.** Αἰνείας Δαναῶν ἕλεν ⟨ἄνδρας ἀρίστους⟩: δικαίως, ἐπεὶ καὶ ἀριστεὺς καὶ παροξύνεται διὰ τὸν ἑταῖρον καὶ προθυμίαν ἔχει παρὰ τοῦ Ἀπόλλωνος. b(BCE³E⁴) T 85

ex. **542** *a.* υἷε Διοκλῆος: Ἑλληνικὸν καὶ φιλάδελφον τὸ συναποθνήσκειν τοὺς ἀδελφούς, οὐχ οἷον τὸ Ἰδαίου ἦθος τοῦ ἀδελφοῦ τοῦ Φηγέως (cf. E 20—1). b(BCE³) T

Did.(?)   *b.* Κρήθωνά τε Ὀρσίλοχόν τε: ὁ πρόγονος διὰ τοῦ τ, ὁ παῖς διὰ τοῦ σ· καὶ ἐν Ὀδυσσείᾳ (sc. γ 489. ο 187. φ 16) οὖν διὰ 90 τοῦ τ. T

ex. **543** *a.* Φηρῇ: Μεσ⟨σ⟩ήνης. καὶ Φηρὰς αὐτὴν καλεῖ (sc. I 151.

---

531 fort. exstabat sch. Didymi referentis Aristarchum particulam δέ omisisse, ad O 563 (Did.), cf. Ludwich, A. H. T. 1, 257, 22. Vide ad E 530 *b* (Nic.) †οὐ γὰρ τὸ (71)´ sq. Ge (pendens aut e T aut ex **h**)   **533** cf. Eust. 579, 41   **535** *a* ad O 209 (Hrd.); vide ad M 393   *b* cf. D ad A 196. 209. I 312   **539** cf. D, Ap. S. 115, 9 (He. ν 216), Eust. 580, 22; Poll. 2, 209; vide ad Π 465 *a* (ex.)   **542** *b* ad E 546. 549 (test.)   **543** exstabat sch. Herodiani, Et. Gen. (AB) Φηρῇ· „ἐϋκτιμένη (ἐϋκτιμαίνη A ἐϋκτμαίνη B) ἐνὶ Φηρῇ". περισπᾶται κατὰ τὴν παράδοσιν. ἡ δὲ ἀναλογία ἠξίου βαρύνειν· τὰ γὰρ εἰς ρα δισύλλαβα μονογενῆ τῷ (EM., τὸ Et. Gen. AB) ῆ παραληγόμενα βαρύνεται, πῆρα θήρα Ἥρα, fort. ex

---

71 sq. οὐ γὰρ (γὰρ om. **b**) — αὐτοῦ] ὃς γὰρ τὸ περὶ ἑαυτοῦ Ge, fort. recte **72** αὐτός T ἀλλ' αὐτός **b**   **74** le. Vill., δουρὶ θοῶς T, om. **b**   **74** sq. τοῖς ἑαυτοῦ πρώτοις (πρῶτον E⁴) ὑπ. κελ. πρῶτος (πρ. om. E⁴) **b**   **75** ἑαυτὸν om. **b**   **76** (le.) πρ. τέκεσσι del. Bk.   **78** et **80** le. addidi   **79** le. add. V   **83** le. T supplevi (auctore Vill.), om. **b**   **84** παρώξυνται **b**, fort. rectius   **85** παρὰ τοῦ T τὴν **b** **87** τοῖς ἀδελφοῖς, ἀλλ' οὐχ **b**   **87** sq. ἰδαίου — φηγέως T φηγέως ἦθος **b**   **92** μεσήνης T suppl. Bk., at vide ad E 544

293. γ 488. ο 186). Φεραὶ Θεσσαλίας (cf. B 711. δ 798). T

    b. ⟨ἐνὶ Φηρῇ:⟩ γράφεται „†ἔφηρη". T[il]   *Did.(?)*

95   **544.** ἀφνειὸς βιότοιο: προσυνίστησιν αὐτοὺς αὔξων τὴν περὶ *ex.*
1 αὐτῶν μάχην. οὐ μέμνηται δὲ αὐτῶν ἐν τῷ Καταλόγῳ, ἐπεὶ †μεσή-
νιοί† εἰσιν οἵτινες ὑπὸ Μενελάῳ ἐτέλουν δῶρα, b(BE³E⁴) T   „τά
οἱ ξεῖνος Λακεδαίμονι δῶκε τυχήσας" (φ 13), „τὼ δ᾽ ἐν †μεσήνῃ†
ξυμβλήτην / οἴκῳ ἐν Ὀρτιλόχου" (φ 15—6). T   διὰ τοῦτο καὶ
5 πεσόντας αὐτοὺς οὐδεὶς ἄλλος ἢ ὁ Μενέλαος ἐλεεῖ (cf. E 561). b
(BE³E⁴) T

  550 *a.*[1] ⟨ἡβήσαντε:⟩ ηὔξησε τὸ πάθος καὶ ὅτι ἡβῶντες καὶ ὅτι *ex.*
δίδυμοι ἦσαν δηλώσας, καὶ εἰς οἶκτον κινεῖ τὸν ἀκροατήν. b(BCE³)

    a.[2] {τὼ μὲν ἄρ᾽} ἡβήσαντε: ἡμᾶς ὤτρυνε διὰ τοῦ παθητι-
10 κοῦ, τῆς ἥβης, τῆς τιμῆς, ὅτι δίδυμοι. T

  554. οἴω τώ γε λέοντε: λέοντε μὲν διὰ τὸ εὐγενὲς ἄνωθεν καὶ *ex.*
εἰς ἀλκὴν προκόπτον, ἀτελεῖς δὲ διὰ τὸ μήπω θαρρεῖν τῇ δυνάμει.
ἄλλως τε ἡ λέαινα δύο τίκτει δύο μαζοὺς ἔχουσα, οἳ ἀμύξαντες τὴν
μήτραν τοῦ λοιποῦ ποιοῦσιν τὴν μητέρα στεῖραν. ἡ δὲ πόρδαλις τέσ-
15 σαρα τίκτει. b(BCE³E⁴) T

---

hyp. Iliad., cf. Eust. 580, 43 (κατὰ τοὺς παλαιούς), sim. Ge (ex h?): περισπᾷ
ἡ παράδοσις τὸ „Φηρῇ": τὰ γὰρ εἰς ρᾱ δισύλλαβα θηλυκὰ μονογενῆ τῷ η̄
παραληγόμενα βαρύνονται, πήρα θήρα Ἥρα. Vide Hrd. μον. 2, 943, 23   *a —*
Μεσσήνης (92) cf. Paus. 4, 30, 2   Φεραί (93) sq. at cf. sch. δ 798   **544** ἐπεὶ
Μεσσήνιοι (1) sq. cf. sch. φ 13. 15   **546** exstabat sch. Didymi (etiam Aristo-
nici?), cf. Et. Gen. (AB) Ὀρσίλοχος· Ἰλιάδος Ε· „ὃς τέκετ᾽ Ὀρτίλοχον (A,
ὀρσίλοχον B)". ὅτι οὗτός ἐστιν ὁ πρόγονος. οὕτω καὶ Ἀρίσταρχος διὰ τοῦ τ̄.
ἑξῆς μέντοι ὁ υἱωνὸς τούτου (B, του ss. τ A) διὰ τοῦ σ̄ „Ὀρσίλοχος" (E 549), fort.
ex hyp. Iliad.; vide ad E 542b   **549** sch. γ 489: υἱέος Ὀρτιλόχοιο (h. e.
Dioclis)· ἐντεῦθεν Ζηνόδοτος ἐν Ἰλιάδι (E 549) ἔγραφε „Κρήθων Ὀρτίλοχός τε".
ἔστι γὰρ Ὀρτίλοχος μὲν Ἀλφειοῦ, τούτου δὲ Διοκλῆς, Διοκλέους δὲ Κρήθων καὶ
Ὀρτίλοχος, fort. partim e scholio Didymi ad E 549; vide ad E 542b   **554**
ἄλλως τε ἡ (13) sq. cf. Eust. 581, 44 (ubi additur: ὅτι δὲ καὶ πέντε τίκτει ὁ λέων,
εἶτα τέσσαρα, καὶ ἑξῆς ὑποκαταβαίνων, ἱστοροῦσιν ἄλλοι, h. e. Aristot. gen. an.
3, 1 p. 750 a 32, cf. 3, 10 p. 760 b 23; Opp. cyn. 3, 57); Hdt. 3, 108, 4

---

94 le. add. Ma.   γράφ. cp. T   fort. ἐμ φηρῇ ?, ἐνὶ φηρῆς Nickau; ἐφύρη Valk (I
530 n. 596), improbabiliter   **95** le. T, om. b; sed sch. fort. ad versus E 544
(543)—49 referendum   πρὸς συνίστησιν T   **95** sq. αὔξων post μάχην b
1 sq. μεσσήνιοί Bk.   **2** οἵτινες T οἱ καὶ b   δῶρα ἐτέλουν b   **3** μεσσήνη
Hom. (et Bk.)   **4** ξυμβλ. ἀλλήλοιϊν / οἴκῳ ἐν ὀρτιλόχοιο Hom.   **5** πεσόντων
αὐτῶν b   ἄλλος οὐδεὶς b   ὁ om. b   **7** le. add. Bk.   **9** (le.) τὼ μὲν ἄρ᾽
delevi   **12** προκόπτειν T   ἀτελεῖς T ἀτελέσι, b   **13** ἄλλως τε ἡ T ἡ δὲ b
13 sq. ἀμύξ. τὴν μήτραν T τὴν μήτραν πρώτως ἀνοίξαντες b   **14** στεῖραν E⁴
14 sq. τέσσαρα om. T

Hrd.   555. τάρφεσιν {ὕλης}: ὡς „βέλεσιν" (π 277), ἀπὸ τοῦ τάρφος. ὅτε δὲ ἀπὸ τοῦ ταρφοῦς, ὡς „ὀξέσιν" (Μ 56). Τ

ex.   556. τὼ μὲν ἄρ' ἁρπάζοντε: ἁρπάζειν λέγεται †ἀπὸ† τῶν κωλυομένων λαβεῖν. διὰ μιᾶς οὖν λέξεως ἐδήλωσε καὶ τῶν πασχόντων τὴν ἄμυναν καὶ τῶν ἁρπαζόντων τὴν βίαν. b(BCE³E⁴) Τ   20

ex.   557—8. σταθμοὺς ἀνθρώπων κεραΐζετον, ὄφρα καὶ αὐτώ / ἀνδρῶν ἐν παλάμῃσιν: πιθανῶς ἐπὶ μὲν τῶν πασχόντων τὸ τῶν ἀνθρώπων ἔθηκεν ὄνομα, ἐπὶ δὲ τῶν κτεινόντων τὰ θηρία τὸ τῶν ἀνδρῶν. b(BCE³E⁴) Τ

Did.   560 a. ⟨ἐοικότες:⟩ δυϊκῶς „ἐοικότε" Ἀρίσταρχος. Τⁱˡ   25

ex.   b. ⟨ἐλάτῃσιν ἐοικότες ὑψηλῇσιν:⟩ περιπαθῶς τὸ ἐλάτῃσιν ὑψηλῇσι διά τε τὸ κάλλος καὶ τὴν ἥβην. b(BCE³E⁴)

ex.   561. τὼ δὲ πεσόντ' ἐλέησεν ἀρηΐφιλος Μενέλαος: ὡς Λάκων, καὶ Ἀντίλοχος (cf. E 565—70) ὡς τῆς Τριφυλίας ὤν· ἡμερήσιός τε ἡ ἀπόστασις οἴκου Ὀρτιλόχου καὶ Μενελάου, ὃ πόρρω (cf. 30 ο 185—7) δηλῶν ὁ ποιητὴς γυμνάζει τὸν ἀκροατήν. Τ

ex.   563. τοῦ δ' ὤτρυνεν μένος Ἄρης: ἀνθρωποπαθεῖς εἰσάγων τοὺς θεούς, πλέον πάντων τὸν ἀλλοπρόσαλλον Ἄρεα. b(BCE³E⁴) Τ

ex.   565. τὸν δ' ἴδεν Ἀντίλοχος: ἐν τοῖς καιροῖς ἀεὶ ὀξὺς ὁ Ἀντίλοχος. b(BCE³E⁴) Τ   τιμᾷ δὲ αὐτὸν διὰ Νέστορα τιμῶντα τοὺς 35 βασιλεῖς καὶ ὑπ' αὐτῶν τιμώμενον. b(BCE³E⁴)   καὶ ὁ μὲν Ἀλέξανδρος ὡς ἠδικηκὼς τοῖς Τρωσὶν „ἴσον ἀπήχθετο κηρὶ μελαίνῃ" (Γ 454), ὁ δὲ Μενέλαος εὐνοεῖται ὑπὸ τῶν Ἑλλήνων ὡς ἠδικημένος. b (BCE³E⁴) Τ

---

555 ad Λ69. Ο606b. Φ276 (Hrd.); cf. Beiträge 401   τάρφος (16) cf. Nauck, Ar. Byz. 225; Lex. Vind. 35, 18 not.   556 Ge (e Τ)   557 h(Ge): ⟨σταθμούς·⟩ (suppl. Nicole) τὰ εἰς μος λήγοντα, ἔχοντα πρὸ τοῦ μ τὸ θ, ὀξύνονται· μηνιθμός (cf. Π 62 al.), πορθμός (cf. δ 671. ο 29), σκαρθμός, ἰσθμός. οὕτω καὶ σταθμός, cf. Eust. 582, 14: ὀξύνεται δὲ ὁ σταθμός κανόνι τοιούτῳ· τὰ εἰς μος λήγοντα, ἔχοντα πρὸ τοῦ μ τὸ θ, ὀξύνεται, μηνιθμός πορθμός σκαρθμός ἰσθμός. οὕτω καὶ σταθμός. τὸ κρήθμος οἱ μὲν τοῦ Ὁμήρου ὑπομνηματισταὶ βαρύνεσθαί φασιν εἰς ἰδιότητα. Est sch. Herodiani, cf. Arcad. 66, 5; Beiträge 202. Vide ad Μ 148 (Hrd.)   565 — Ἀντίλοχος (34) cf. Eust. 582, 45   τιμᾷ δὲ (35) sq. cf.

---

16 (le.) ὕλης eiecit Li   17 ταρφοῦς susp., fort. ταρφύς   18 ἐπὶ Ge. e coniectura, recte τῶν] τοῦ Τ   22—4 sch. ad E557 rettulit b   22 πασχ. Τ βλαπτομένων b   25 le. add. Vᶜ   ἐοικότε Ma., τὸ ἐοικότε Τ, τὸ ἐοικότες V   26 le. addidi (auctore Vill.)   29 sq. ἡμερ. τε ἡ ἀπόστ. scripsi, ἡμερούσιός τε ἡ ἀπουσία Τ   33 πλέον δὲ Β   ἀλλοπροσαλον Τ   34—8 pone sch. E567 b in BE³E⁴, pone sch. E576 in C   34 καιροῖς Τ, καιροῖς τοῖς τοιούτοις BCE³ (fort. rectius), τοιούτοις καιροῖς E⁴   ὀξὺς ἀεὶ b   37 ἀπήχθετο ἴσον b, ἴσον γάρ σφι πᾶσιν ἀπήχθετο Hom.   38 εὐνοιεῖται Τ

40   **567** *a*. {μέγα δέ} σφας: συσταλτέον διὰ τὸ μέτρον. **T**   *D*

    b. ⟨ἀποσφήλειε:⟩ ἀποτυχεῖν ποιήσειεν· **b**(BCE³E⁴) | „αὐ- *D* | *ex.*
τίκα γάρ", φησί, „μνήσονται Ἀχαιοί" (Δ 172). **b**(BCE³)

   571—2. Αἰνείας δ' οὐ μεῖνε ⟨——— /⟩ ὡς εἶδεν δύο φῶτε: *ex.*
δείκνυσιν, ὅσον αἰδὼς καὶ φιλαλληλία, ἣν ἔχειν συνεβούλευσεν Ἀγα-
45 μέμνων (sc. E 530—1). **b**(BCE³E⁴) **T**

   574. τὼ μὲν ἄρα δειλώ: καλῶς τὸ δειλώ· **b**(BCE³E⁴)   προ- *ex.*
εῖπε γὰρ τὸ ἐμπαθὲς τῆς ἡλικίας, τῆς ὁμογενείας, τοῦ θανάτου, τῆς
περὶ τοὺς φίλους σπουδῆς· μηδέπω γὰρ καλοῦντος τοῦ καιροῦ ἧκον
ἐπίκουροι. **b**(BCE³E⁴) **T**

50   **576.** ἔνθα Πυλαιμένεα ἑλέτην: σκόπει τὴν φράσιν, ἕλετο ἑλέτην *ex.* | *ex.* | *Hrd.*
ἐπόρθησαν, διὰ τὸν ἡνίοχον καὶ τοὺς ἵππους· ἢ συλληπτικῶς, ὡς
„τὼ τε Θρήκηθεν ἄητον" (I 5). **T** | πῶς οὖν τῷ υἱῷ ἔπεται δάκρυα
λείβων ἐν τῇ ἐπὶ ταῖς ναυσὶ μάχῃ, „ἔνθα οἱ υἱὸς ἐπᾶλτο Πυλαιμένεος
βασιλῆος" (N 643, cf. 658); ἔστιν οὖν ὁμωνυμία. καὶ ὁ μὲν ἀρχηγὸς
55 ὡς „Ἴασος αὖτ' ἀρχὸς μέν" (O 337), ὁ δὲ βασιλεύς· διὸ πολλὴ γίνε-
ται περὶ αὐτὸν σπουδὴ τῶν Παφλαγόνων καὶ τοῦ Ἀλεξάνδρου· **b**
(BCE³E⁴) **T**   πῶς δὲ ὁ Ἁρπαλίων (cf. N 644) ἐνταῦθα οὐκ ἐπή-
μυνε τῷ πατρί, εἰ τούτου ἦν υἱὸς τοῦ Πυλαιμένεος; | Πυλαιμένεα
δὲ ὡς „Διομήδεα" (Δ 365 al.). **T**

Eust. 583, 9   **567** *a* fort. similia etiam Herodianus scripsit, cf. Ap. Dysc.
pron. 100, 16: ἡ σφᾶς ἔσθ' ὅτε συστέλλει τὸ ᾱ κατ' ἔγκλισιν, συζύγως τῇ „μηδ'
ἧμας" (π 372), ἐν τῷ „μέγα δέ σφας ἀποσφήλειε πόνοιο". Vide ad Λ 147 (Hrd.)   *b*
cf. Eust. 583, 12   **571** incertum an sch. de v. θοός exstiterit, cf. Ep. Hom.
(An. Ox. 1, 200, 26, EM. 453, 13): ... ἔνθεν τὸ „Αἰνείας δ' οὐ μεῖνε θοός περ ἐὼν
πολεμιστής". τὸ λέγειν αὐτὸ ἀγαθὸν (vide ad Π 422. 494) πταῖσμα· ἡγοῦμαι γὰρ
τὸν ἀνδρεῖον (EM., τὸν ἄνδρα cod. Barocc.) καὶ ἰσχυρὸν λέγειν αὐτόν· καὶ γὰρ με-
νεπτόλεμον (cf. B 740 al.) καὶ μενεχάρμαν (lg. μενεχάρμην, cf. Λ 122 al.); Beiträge
243. Vide Buttmann II 54   **571—2** cf. Eust. 583, 2   **576** fort. exstabat sch.
Aristonici de v. Πυλαιμένεα, ad B 517 *c*; vide ad Λ 302 *a*. M 140. 193. N 643 *c*.
Π 175 *b*. 311 (Ariston.), test. ad Π 197   σκόπει (50) — ἄητον (52) ad E 487
b   πῶς οὖν (52) — Πυλαιμένεος (58) ad N 643, cf. Porph. 1, 84, 6; Eust. 583,
34   Πυλαιμένεα δὲ (58) sq. Et. Gen. (AB) Πυλαιμένεα· ὡς Διομήδεα (δῃομήδεα A)·

---

40 (le.) μέγα δέ eiecit Bk.   **41** le. add. Bk.   **42** φησί om. C   ἀχαιοὶ πατρί-
δος αἴης Hom., fort. hic quoque scribendum   **43** le. T suppl. Ma., om. **b** (ubi
sch. ad E 572 revocatum est)   **44** δείκν. om. T   αἰδὼς καὶ om. T   φιλα-
λία ss. λη T (m. pr.)   ἔχειν om. T   **47** τῆς ὁμογειτονίας T   **50** ἕλετο del.
Schrader   **53** ἔνθα T ἔνθα γὰρ **b**   οἱ sc. Menelao   πυλαιμενέος BE⁴
54 sq. καὶ ὁ μὲν ἀρχηγὸς ὡς ἴασος αὖτ' ἀρχός (αὖτ' ἀρχ. Ma., ναύαρχος T) μέν", ὁ
δὲ βασιλεύς T, καὶ ὁ μὲν βασιλεύς, οὗτος δὲ ἄρχων **b**, fort. καὶ ὁ μὲν ἀρχὸς ὡς „ἴασ.
αὖτ' ἀρχὸς μέν", ὁ δὲ βασ.   **55** sq. πολλὴ — αὐτὸν T καὶ ἡ πλείων **b**   **56**
τῶν T ἐκεῖσε γίνεται **b**   τοῦ om. **b**

Nic.(?)   581. ὁ δ᾽ ὑπέστρεφε μώνυχας ἵππους: τοῦτο διὰ μέσου. T   60

ex.   582. χερμαδίῳ ἀγκῶνα: ἐπώδυνος ἡ πληγή· διὸ καὶ τὰς ἡνίας ἀπέβαλε (cf. E 583) καὶ φεύγειν οὐκ ἔχων εὐάλωτος γέγονεν. b(BC E³E⁴) T

ex.   583. ἡνία λεύκ᾽ ἐλέφαντι: λείπει τὸ ὦς, ἵν᾽ ᾖ λευκὰ ὡς ἐλέφας. οἱ δὲ ἐξ ἐλεφαντίνων λελευκασμένα ὀστῶν· ἔχουσι γὰρ αἱ ἡνίαι ἐλε- 65 φαντίνους ἀστραγάλους ἑκατέρωθεν, δι᾽ ὧν ἕλκουσιν οἱ ἡνίοχοι. b (BCE³E⁴) T

ex.   584. ξίφει ἤλασε ⟨κόρσην⟩: πῶς ἐπὶ τοῦ ἅρματος ἑστηκὼς τὴν κεφαλὴν ξίφει πλήττεται; τάχα οὖν τὰς ἡνίας ἀναλαβεῖν ἐθέλων ἢ ναρκήσας ὑπὸ τῆς πληγῆς κατέκυψεν. b(BCE³E⁴) T   70

ex.   586 *a.* ⟨κύμβαχος:⟩ τῆς κυνῆς ὁ λόφος. ἔνιοι τὸ ἐπὶ κεφαλῇ. T^il

ex.   *b.* βρεχμόν: βρεχμὸς λέγεται ἡ τοῦ αὐχένος σπονδυλώδης ἀρχή, καὶ b(BCE³E⁴)   †βρέχμα ἀπόπτυγμα† ἀπὸ θώρακος. b (BCE³E⁴) T

ex.   587 *a.* δηθὰ μάλ᾽ εἱστήκει: οὐκ ἀπίθανον τοῦτο· ἠνέχθη γὰρ 75 μεταξὺ τῶν ἵππων καὶ τοῦ ἅρματος, καὶ ἦν ἡ μὲν κεφαλὴ βυθισθεῖσα, οἱ δὲ ὦμοι ἑδραῖοι ὄντες μετὰ τοῦ σώματος, b(BCE³E⁴) T   οἱ δὲ

φιλεῖ γὰρ τὰ τοιαῦτα κύρια βαρύνεσθαι. πολλὰ μέντοι ἡ συνήθεια διέφθειρεν, fort. ex hyp. Iliad. (est fragmentum Herodiani), cf. Eust. 583, 32: τὸ Πυλαιμένης κύριον βαρύνοντες οἱ παλαιοὶ λέγουσιν ὅτι τὰ τοιαῦτα κύρια ὡς ἐπὶ πλεῖστον βαρύνεσθαι φιλεῖ. ἡ μέντοι συνήθεια πολλὰ παρέφθειρεν ὀξυτονοῦσα, ὡς τὸ Εὐτυχής καὶ τὸ Εὐμενής τὰ κύρια. Vide ad N 643   583 — ὡς ἐλέφας (64) cf. D   οἱ δὲ (65) sq. cf. Eust. 583, 40; vide ad Θ 116 *a*   584 cf. Kurz 20 n. 16. Vide ad E 587 *a*   τὴν κεφαλὴν (69) cf. Poll. 2, 40; vide ad Δ 502   585 fort. exstabat sch. Didymi referentis Aristarchum particulam γέ omisisse, ad N 399 *a*   586 *a* ad Ο 536 (ex.), cf. Ap. S. 105, 5, unde Et. Gen. (EM. 545, 21); He. κ 4540; — λόφος (71) cf. Eust. 584, 23   ἔνιοι (71) sq. cf. D, Eust. 584, 18; h(M¹ P¹¹): κύμβαχος (om. M¹) . . . κυβιστῶν ἐπὶ τὸ ὄπισθεν μέρος τῆς κεφαλῆς, originis incertae   *b* — ἀρχή (73) cf. D; Poll. 2, 39, He. β 1116 (Diog.), Or. 34, 8, Et. Gen. (AB) βρέγμα καὶ βρεγμόν (partim ex Orione; cf. Reitzenstein, Gesch. 194, 4), Eust. 584, 32. Vide Call. fr. 186, 1 (test.)   †βρέχμα (73) sq. cf. Diog. ap. He. β 1117: βρῆγμα· ἀπόπτυσμα ἀπὸ θώρακος παρὰ Ἱπποκράτει (morb. 2, 47); Valk I 415   587 *a* — βυθισθεῖσα (76) cf. Eust. 584, 12   οἱ δὲ ὦμοι (77) — σώματος cf. Eust. 584, 16   γέ-

62 ἀπέβαλε T ἀπέχει b   φευγ. οὐκ ἔχων T φεύγων μηδ᾽ ὅλως (μηδόλως ΒΕ⁴) b   γέγονεν T γίνεται b   65 λελευκ. T λελευκαμμένα b   ὀστῶν om. T   65 sq. ἐλεφαντίνους] λελευκαμένους Ε⁴   68 le. T supplevi (auctore Vill.), om. b   69 ἐθ. Ma., ἐθέλων κατέκυψεν T θέλων b   71 le. add. V   72 le. T, om. b   σποντυλώδης b em. Bk., possis σφονδυλώδης   73 βρέχμα ἀπόπτ.] debuit βρῆγμα ἀπόπτυσμα (cf. test.)   ἀπόπτ. ἀπὸ θωρ. T, δὲ τὸ τοῦ θώρακος ἀπόπτυγμα b   75—80 bis in C   75 τοῦτο om. T   77 ἑδραῖοι] εὑρέοι C (primo loco)   ὄντες μετὰ b, ὄντες T, del. Ma., fort. ὄντες θεμέλια, ὄντες ὑπόθημα sim.

πόδες τῷ ἅρματι ἐρειδόμενοι. b(BCE³E⁴)   γέγονε δὲ τοῦτο διὰ
τὸ τοῦ θανάτου αἰφνίδιον· ψυχορραγῶν γὰρ ἔτι ἔπνει καὶ ἐνήλατο.
80 ἀκριβῶς δὲ τὸ „κύμβαχος" (E 586) διὰ τούτου ἐπεξηγήσατο. b(BC
E³E⁴) T

      b. ἀμάθοιο {βαθείης}: διάφορος ἡ σημασία ἐπὶ τῆς ἀμάθου *ex.(?)*
καὶ ψαμάθου. T

593. ἡ μὲν ἔχουσα ΚΥΔΟΙΜΟΝ: ἢ δύναμιν ἐν αὐτῇ θορυβώδη *ex.*
85 ἔχουσα, ἢ ὡς φίλη τῆς χειρὸς κατέχουσα, ἢ ὡς „†τέρας πολέμοιο†
b(BCE³E⁴) T   μετὰ χερσὶν ἔχουσα" (Λ 4). b(BCE³E⁴)

596. ⟨ρίγησε:⟩ ἐπεὶ ἀπείρητο αὐτῷ μὴ συνάπτειν τινὶ τῶν ἄλ- *ex.*
λων θεῶν πόλεμον. b(BCE³E⁴) T

597. ἀπάλαμνος: ἄπειρος· καὶ Διομήδης γὰρ ἄπειρος τῆς πρὸς *ex.*
90 Ἄρεα ἀντιπαρατάξεως. b(BCE³E⁴) T

598. στήῃ ἐπ' ὠκυρόῳ ⟨ποταμῷ ἅλα δὲ προρέοντι⟩: αἰφνι- *ex.*
δίως ἐπιστὰς τῷ ποταμῷ πλημμυροῦντί τε καὶ ὑπὸ τῆς θαλάσσης
ἀνακρουομένῳ. T

599. ⟨μορμύροντα:⟩ ὀνοματοποιΐα ὁ τρόπος· ἀπὸ τοῦ ψόφου *D*
95 τοῦ ἐν τοῖς ὕδασι γινομένου. Tⁱˡ

1 **601—6.** ὦ φίλοι, οἶον δὴ θαυμάζομεν Ἕκτορα δῖον ⟨——— *ex.*
μάχεσθαι⟩: ἄμφω ποιεῖ, τῷ θεῷ εἴκειν παραινεῖ καὶ τὸν πόλεμον μὴ
δεδιέναι προτρέπεται. b(BCE³E⁴) T

γονε δὲ τοῦτο (78) — ἐνήλατο (79) cf. Koerner, Ärztl. Kenntn. 40; Friedrich
15; Kurz 20 n. 16. Vide ad E 584   ἔτι ἔπνει (79) sq. cf. h(M¹ P¹¹ V¹⁵): . . . ὡσεὶ
(= T) ἔπνει καὶ ἐνήλατο. τὸ δὲ „κύμβαχος" αὐτὸς ὁ ποιητὴς παρακατιὼν ἐν τῷ
αὐτῷ στίχῳ ἐπεξηγήσατο. Neque tamen auctor videtur sch. uberius legisse   ἀ-
κριβῶς δὲ (80) sq. cf. Porph. 1, 300, 1; Eust. 584, 30   *b* ad 1 385. 593 (Ari-
ston.), cf. D, Amm. 39; Eust. 584, 36; sch. β 326; Or. 13, 3   **593** fort. exstabat
sch. A r i s t o n i c i de v. κυδοιμόν (κυδοιμοῦ εἴδωλον), ad Λ 4   **597** ἄπειρος (89)
= D, cf. Ap. S. 37, 24, Eust. 586, 1   **598** ὑπὸ (92) sq. verba poetae rectius in-
tellexit D   **599** cf. Eust. 586, 8

---

78 sq. γέγονε — γὰρ b τὸ δὲ ὅλον ἐπὶ τῷ αἰφνιδίῳ θανάτῳ T   79 ἔτι] ἔτνει Β ὡσεὶ
T   ἐνήλατο T, C (primo loco)   80 ἀκριβῶς δὲ τὸ b τὸ δὲ T   κύμβαχον b   διὰ
τούτου om. T, fort. recte   82 (le.) βαθ. eieci   85 φίλη b βέλη T   ὡς² T
ὡς τὸ b   πολέμοιο om. b, πολ. τέρας Hom.   86 ἔχουσαν Hom.   87
le. add. Bk. (τὸν δὲ ἰδὼν ρίγησε· Li)   89 le. Bk., ὡς δ' ὅτ' ἀνὴρ ἀπάλαμνος T,
om. b   ἄπειρος¹] τοῦ νήχεσθαι ἄπειρος E⁴   καὶ T ἐπεὶ καὶ b   γὰρ om. b
90 ἀντιπαρατ. T μάχης b   91 le. T supplevi   94 le. add. Bk. (ἀφρῷ μορμ.·
add. Li)   ὀν. ὁ τρόπος T ὠνοματοπεποίηται ἡ λέξις D   1 sq. le. T supplevi,
om. b (ubi sch. ad E 601 relatum fuisse vid.)   2 τῷ T τῷ τε b   3 δεδ. T
ἐκφεύγειν b

9*

ex.   605—6. ἀλλὰ πρὸς Τρῶας τετραμμένοι αἰὲν {καὶ} ὀπίσσω /
εἴκετε: κατ' ὀλίγον ὑποχωρεῖτε ὑποποδίζοντες. διδάσκει δέ, πῶς δεῖ 5
τὰς τροπὰς ποιεῖσθαι. b(BCE³E⁴) T

Hrd. (Did.?) | 609 *a*. Μενέσθην Ἀγχίαλόν τε: Ἀρίσταρχος „Μενεσθῆν" ὡς
ex. | *Hrd.*   Ἀπελ⟨λ⟩ῆν. τινὲς δὲ διὰ τοῦ τ̄ „Μενέστην" ὡς „Ὀρέστην" (E 705
al.). | τινὲς δὲ Ἐλωρέα τὸν Ἡφαίστου κατ' ἐπίκλησιν οὕτω φασὶ
κεκλῆσθαι. | τὸ δὲ Ἀγχίαλον ψιλωτέον· κύριον γάρ. T   10

ex. (Hrd.?)   *b*. Μενέσθην: ὡς ὅρος Ὀρέστης, οὕτω μένος Μενέστης, καὶ
μεταβολῇ Μενέσθης. b(BCE³) T

ex.   612. {ὅς ῥ' ἐνὶ} Παισῷ: Ἀπαισός ἐστιν, ἣν διὰ τὸ μέτρον Παισὸν
εἶπεν, ὡς Σπληδόνα. T

ex.   613. πολυκτήμων πολυλήϊος· ⟨ἀλλὰ ἓ Μοῖρα⟩: διδάσκει 15
τοὺς πλουσίους θνητὰ φρονεῖν καὶ τὸν θάνατον νομίζειν b(BCE³E⁴)
T   μηδὲν ἧττον παρεῖναι, T   ἀλλὰ μὴ πλούτῳ ἐπῆρθαι. b
(BCE³E⁴)

605—6 cf. Eust. 586, 35   **609** fort. exstabat sch. Herodiani de accentu v.
Μενέσθην, Et. Gen. (A, om. B) Μενέσθην· οἷον „Μενέσθην Ἀγχίαλόν τε". τὰ εἰς η̄ς
λήγοντα παραληγόμενα τῷ (scripsi, τὸ A) ε̄ ἀπὸ ὀνομάτων (scripsi, ὀνόματος A)
ὀξύνεται μὲν ἐπιθετικώτερα ὄντα, βαρύνεται δὲ οὐχ οὕτως ἔχοντα, οἷον κῆδος κηδεστής,
ἀργὸς ἀργεστής (cf. Λ 306). Ὀρέστης δὲ καὶ Ὀφειλέτης. οὕτω καὶ παρὰ τὸ μένος
Μενέστης καὶ Μενέσθης κατὰ τροπήν, fort. ex hyp. Iliad., cf. Eust. 596, 23: τὸ δὲ
Ὀρέστης (cf. E 705) βαρύνεται κανόνι τοιούτῳ κατὰ τοὺς παλαιούς· τὰ εἰς η̄ς (scripsi,
στης edd.) τῷ ε̄ παραληγόμενα, ἀπὸ ὀνομάτων ὄντα ἤτοι παρώνυμα (ἤτ. παρ. fort.
add. Eust.), ὀξύνονται μὲν ἐπιθετικώτερα ὄντα, βαρύνονται δὲ οὐχ οὕτως ἔχοντα, οἷον
ἀργὸς ἀργεστὴς ἄνεμος, κῆδος κηδεστής. τὸ Ὀφελέτης, εἰ καὶ παρώνυμον παρὰ τὸ
ὄφελος, ἀλλ' οὐκ ἐπίθετον, κύριον δέ· διὸ οὐδὲ ὀξύνεται, ἀλλὰ βαρύνεται ὡς κύριον.
ὡσαύτως καὶ Ὀρέστης παρὰ τὸ ὄρος. οὕτω δὲ καὶ παρὰ τὸ μένος Μενέστης κύριον. ἡ
δὲ κοινὴ παράδοσις ἔτρεψε τὸ τ̄ εἰς θ (ὡς πρὸ μικροῦ ἔφη „Μενέσθην Ἀγχίαλόν τε"),
vide ad sch. *b*   *a* — Ἀπελλῆν (8) cf. Eust. 596, 36   τινὲς δὲ (8) — κεκλῆσθαι (10)
cf. He. ε 2248   τὸ δὲ Ἀγχίαλον (10) sq. ad O 705 (Hrd.)   *b* μένος (11) sq. cf.
Choer. Th. 1, 154, 24; Lehrs Ar.³ 295 not. 215; adde test. supra (ad 609) ex-
scripta   **612** exstabat sch. Aristonici de homonymo Ἄμφιος, ad B 830   Ἀ-
παισός ἐστιν (13) sq. ad B 828 (Hrd.), cf. D; Strab. 13, 1, 19 (p. 589)   ἣν (13)
— εἶπεν (14) aliter Eust. 587, 16: λέγεται δέ, φασί, Παισός, διότι ἐκεῖ που ἡ Ἀργὼ
ὑπὸ πνευμάτων ἀντιπνόων ἀνεπαίσθη ἤτοι ἀντεκρούσθη (fort. ἀνεκρούσθη), ὅτε
καὶ τῇ Κίῳ προσωρμίσθη, originis incertae   διὰ τὸ μέτρον (13) ad B
518   Σπληδόνα (14) ad B 511   **613** μηδὲν ἧττον παρεῖναι (17) cf. Porph. 1,

---

4 sq. le. T (καὶ ante ὀπ. add. T, del. V), om. b (qui sch. ad E 605 revocavit)   5
ἀναχωρεῖτε b   ὑποποδ.] fort. ἀναποδίζοντες (aut ἀναχ. ὑποποδ. aut ὑποχ. ἀναποδ.
scribendum)   8 ἀπελῆν T suppl. Bk., ἀπελλήν (?) Eust.   11 ὡς T, ὥσπερ ἀπὸ
τοῦ b, (fort. rectius)   οὕτω T οὕτως ἀπὸ τοῦ b (fort. rectius)   13 (le.) ὅς ῥ' ἐνὶ
del. Bk.   15 le. T supplevi (auctore Vill.), om. b

619. σάκος δ' ἀνεδέξατο πολλά: τὸ πλῆθος τῶν βληθέντων *ex.*
20 δοράτων καὶ τὴν ἀνδρίαν τοῦ βληθέντος δηλοῖ. b(BCE³E⁴) T

620. ⟨λὰξ προσβάς:⟩ λὰξ λέγεται τὸ πλατὺ τοῦ ποδός, ὁμω- *ex.*
νύμως δὲ καὶ ἡ ἀπὸ τούτου πληγὴ λὰξ καλεῖται. ἐλάκτισε δὲ προσελ-
θών. Aᵃ

621. {οὐδ' ἄρ'} ἔτ' ἄλλα {δυνήσατο} : τινὲς ὡς τὰ ὅλα, κακῶς. T *ex.*

·25 **629.** ὦρσεν ἐπ' ἀντιθέῳ Σαρπηδόνι: φασὶν Εὐρώπῃ τῇ Φοί- *D*
νικος ἀνθολογούσῃ φανῆναι τὸν Δία ἐν σχήματι ταύρου κρόκον ἐκ
τῶν ῥινῶν βλαστάνοντος. ἐπικαθεσθείσης δὲ τοῖς νώτοις τῆς κόρης
πρὸς ἀπανθισμόν, ἁρπάσας εἰς Κρήτην ἐκόμισεν· b(BCE³E⁴) T   ἀφ'
ἧς φασι Σαρπηδόνα γενέσθαι. b(BCE³E⁴)

30 **630.** {ἐπ' ἀλλήλοισιν} ἰόντες: ἐν τῇ ἑτέρᾳ „ἰόντε" κεῖται. T   *Did.*

631. υἱός θ' υἱωνός τε ⟨Διός⟩: ταχέως ἄμφω ἐδήλωσεν· τὸν *ex.*
μὲν γὰρ ἴσμεν διὰ τοῦ Καταλόγου (sc. B 653), τὸν δὲ γνωσόμεθα.
πῶς δὲ συγγενεῖς ὄντες μάχονται; οὐκ ἐδόκει μιαρὸς εἶναι ὁ ἐν πολέμῳ
θάνατος· ἄλλως τε καὶ ἀρνοῦνται τὴν συγγένειαν· „ψευδόμενοι δέ
35 σέ φασι Διὸς γόνον" (E 635). b(BCE³E⁴) T

104, 25   **620** h(Ag M¹ P¹¹ V¹⁵): λὰξ· τὸ στῆθος τοῦ ποδός, ὁμωνύμως δὲ καὶ
ἡ ἀπὸ τούτου πληγὴ λὰξ καλεῖται. ἐλάκτισε προσελθών, ἐσπάσατο   λὰξ (21)
— ποδός cf. D ad Z 65   **626** sch. Aᵃ sprevi: τὸ (διὰ τὸ Duchesne) μέτρον·
ἐπλεόνασε τὸ ε̄, σφέων, originis incertae, fort. sch. recens; quae in Ge leguntur (ὁ
δὲ ἀναχωρήσας „πελεμίχθη", ἤτοι διετίναξε τὴν ἀσπίδα, ἵνα ἀποβάλῃ τὰ ἐμπεπη-
γότα δόρατα), e scholio D videntur fluxisse   **627** fort. exstabat sch. Aristo-
nici de v. πονέοντο, ad Α 467 a   **630** ad Z 121 (Did.), cf. Ludwich, A. H. T.
1, 258, 13   ἐν τῇ ἑτέρᾳ sc. τῶν Ἀριστάρχου   **631** cf. Eust. 590, 5   πῶς δὲ
(33) — θάνατος (34) ad E 658   **633** fort. exstabat sch. Herodiani de accentu
vocis Σαρπηδών, cf. Eust. 590, 40: τὸ „Σαρπῆδον" . . . δύναται μὲν γράφεσθαι καὶ
Σαρπηδὼν ὀξυτόνως, ἀρέσκει δὲ τοῖς παλαιοῖς προπερισπᾶν αὐτό· ἔστι γὰρ εὐθεῖα ὁ
Σαρπηδὼν ὀξυτόνως καὶ ἑτέρα Αἰολικὴ ἴσως ὁ Σαρπῆδων παροξυτόνως· διαφέρει
γὰρ τὸ ὄνομα, καὶ τοῦ μὲν ἡ γενικὴ Σαρπηδόνος ὡς ἀηδόνος καὶ ἡ κλητικὴ ὁμόφω-
νος τῇ εὐθείᾳ τῷ κανόνι τῶν εἰς δων ὀξυτόνων, τοῦ δὲ ἡ κλίσις Σαρπήδοντος ὡς
„λέοντος" (Θ 338 al.) καὶ ἡ κλητικὴ ἀποβολῇ τῆς ληγούσης „Σαρπῆδον" προπε-
ρισπωμένως μετὰ συστολῆς τῆς ληγούσης, Ap. S. 140, 19: Σαρπήδοντος· ταύτῃ
τῇ κλίσει τοῦ ὀνόματος ἅλις κέχρηται ὁ ποιητής· „Σαρπήδοντος ἑταῖρον Ὀϊκλῆα"

19 βληθ.] βαλλομένων E⁴   20 ἀνδρίαν BE³T ἀνδρείαν CE⁴   βληθέντος T,
βαλλομένου b (fort. rectius)   21 le. addidi   22 ἐλάκτ. h ἐλάκτισε Aᵃ   δὲ
om. h, fort. recte   24 (le.) οὐδ' ἄρ' et δυνήσ. eieci   27 ἐπικαθεσθεῖσαν . . . τὴν
κόρην D   28 πρὸς E⁴T εἰς BCE³   ἐκόμ. αὐτήν Ma.   ἀφ' b ἐξ D   30 (le.) ἐπ'
ἀλλ. delevi   ἐ[.] τῇ T suppl. m. sec.   31 le. T supplevi (auctore Vill.), om.
b   ἐδήλωσε b   32 δὲ T, δὲ νῦν b (fort. rectius)   33 δὲ (pone πῶς) T οὖν b
34 συγγένειαν· φησὶ γὰρ ὅτι ψευδ. b   35 διὸς γόνον om. T

Ariston.(?) |
ex. | *ex.(?)*

633—4. ⟨τίς τοι ἀνάγκη / πτώσσειν ἐνθάδ' ἐόντι μάχης
ἀδαήμονι φωτί:⟩ τίς σοι ἀνάγκη πτώσσειν καὶ δειλιᾶν ἐνθάδε
ἐόντι, δηλονότι ἐν τῷ πολέμῳ, ὡς ἀπείρῳ ὄντι τῆς μάχης. λείπει τὸ
ὡς. | εἰ δὲ σημαίνει τὸ πτώσσειν ἀντὶ τοῦ ἐπέρχεσθαι, ἔστιν ἡ ἑρμη-
νεία οὕτως· ποία σοι ἀνάγκη ἐνθάδε ἐπέρχεσθαι ἐν τῷ πολέμῳ ὄντι 40
σοι ἀμαθεῖ καὶ ἀπείρῳ τῆς μάχης; ὃ καὶ κρεῖττον. | ἢ καὶ ἄλλως· ὄντι
σοὶ τῆς μάχης ἀπείρῳ ἀνδρὶ τίς σοι ἀνάγκη ⟨εἰς⟩ τοὺς Ἕλληνας ἐμ-
βάλλειν; Aᵃ

ex.(?)
    634. πτώσσειν {ἐνθάδε} : πτήσσειν. T

ex.
    635. ψευδόμενοι δέ σέ φασι ⟨Διὸς γόνον⟩: ἀλλοτριοῖ αὐτὸν 45
ἐκείνου, ἐφ' ᾧ αὐτὸς αὐχεῖ. ἄλογος δὲ ὁ μηδὲν ἑαυτοῦ διεξιών, ἀλλὰ
τοῦ πατρός. ἠρέμα οὖν ἐλέγχει ὁ ποιητὴς τοὺς ἐπὶ πατράσιν αὐχοῦν-
τας καὶ τούτου χάριν ἐθέλοντας πρωτεύειν· διὸ καὶ ἀποκτείνει Τλη-
πόλεμον. b(BCE³E⁴) T

Ariston.
    638 a. ⟨ἀλλ' οἷόν τινά φασι βίην Ἡρακλείην:⟩ ὅτι τὸ 50
οἷον ἐπὶ θαυμασμοῦ. τινὲς δὲ ,,ἀλλοῖον'' παρὰ τοὺς νῦν. Ζηνόδοτος
δὲ καὶ ἀμέτρως γράφει ,,Ἡρακλείην''. Aⁱᵐ

Nic.
    b. ἀλλ' οἷόν τινα: ταῦτα ἀφ' ἑτέρας ἀρχῆς πάντως ἀ-
ναγνωστέον, ἐάν τε δασύνωμεν τὸ οἷον, ὡς Ἀριστοφάνης (cf. p. 53
Nck.) καὶ Ἀρίσταρχος, ἐάν τε ψιλῶμεν, ὡς Παρμενίσκος (fr. 1 B.). 55
μᾶλλον δὲ ἐκ τοῦ δασυνομένου ὁ θαυμασμὸς νοεῖται καὶ μάλιστα, ὅτι
πρό⟨σ⟩κειται τὸ τινά. A

(immo Ἐπικλῆα) μεγάθυμον'' (Μ 379) καὶ ,,τεύχεα Σαρπήδοντος'' (Ψ 800). Αἰολι-
κὸν δὲ τὸ σχῆμα ἀπὸ βαρυτόνου τῆς Σαρπήδων· καὶ τὴν δοτικὴν ,,Σαρπήδοντι
δ' ἄχος γένετο'' (Μ 392) διὰ τὸ μέτρον δῆλον ὡς ὅτι λέγει. ,,†Σαρπήδων (fort. τὸ
δὲ ,,Σαρπῆδον), Λυκίων βουληφόρε'' φαίνεται ⟨οὐκ⟩ (addidi) ἀπὸ τῆς ὀξυτόνου λέ-
γων· ἐχρῆν γὰρ τὴν αὐτὴν εἶναι τῇ εὐθείᾳ ὡς ὁ Μυρμιδὼν (scripsi, μυρμηδὼν cod.)
καὶ ὁ Μακεδών. οὐδέ ἐστιν Αἰολικόν (προεφερόμεθα γὰρ Σαρπήδων, καὶ τὴν δοτι-
κήν), ἀλλὰ βαρυτονουμένης εὐθείας· οὐκ Αἰολικὸν δέ, ἀλλ' ὥσπερ τῆς Εὐρήμων Εὐ-
ρῆμον, οὕτω Σαρπήδων ,,Σαρπῆδον'', Ptol. Asc. in A ad Φ 141, Choer. Th. 1, 271,
36. Vide ad Μ 379 (Hrd.)   **633—4** — ὡς (39) ad Ζ 500 (Ariston.)   **638** Ge
(ex h?): ⟨βίην Ἡρακλείην·⟩ (le. add. Nicole) ἐκ τῆς δυνάμεως περιφραστικῶς
αὐτὸν ἐδήλωσεν, fort. sch. rec.   **a** Ζηνόδοτος (51) sq. ad Β 658; vide ad Β 520

36 sq. le. addidi   **41** κρεῖττον: — Aᵃ   ἢ κ. ἄλλως sq. tamquam novum sch. scripsit
Aᵃ   **42** εἰς add. Duchesne   **44** (le.) ἐνθ. eieci (auctore Ba.)   **45** le. T supplevi
(auctore Vill.), om. **b**   **46** μηδ. ἑαυτοῦ Bk., μηδὲν αὐτοῦ T μὴ τὰ ἑαυτοῦ **b**   **47**
τοῦ T, τὰ τοῦ **b** (fort. rectius)   **48** πρωτ. ἐθελ. E⁴   διὸ **b** δι' ὃν T   **48** sq. καὶ
τληπόλεμον ἀναιρεῖ **b**   **50** incipit A (vide ad E 335—6)   le. add. Frdl.   ὅτι
A, ἡ διπλῆ, ὅτι Vill.   **52** καὶ Vill., καὶ καὶ A   ἡρακλείην A em. Lehrs (Zen. voluit
ἡρακληΐην)   **57** πρόκειται A em. Bk.

c. ἀλλ᾿ οἷον: Νικίας (fr. 9 B.) ψιλοῖ ἐκδεχόμενος τὸ μόνον.　*Hrd.*
ἄλλοι δὲ δασύνουσι θαυμαστικῶς ἐκδεχόμενοι, ὡς καὶ Ἡρακλέων (fr.
60 3 B.), ἵνα ὅμοιον ᾖ τῷ „ἀλλ᾿ οἷον τὸν Τηλεφίδην‟ (λ 519). κέχρηται
μὲν οὖν αὐτῷ καὶ ὁμοιωματικῶς „οἷόν τε κρομύοιο λοπόν‟ (τ 233)
καὶ ἀντὶ τοῦ ὡς, „οἷον ἀναΐξας‟ (α 410). Τυραννίων (fr. 14 P.) δὲ
„ἀλλοῖον‟ ἀναγινώσκει ὡς ἑτεροῖον, ὁμοίως τῷ „ἀλλοῖός μοι, ξεῖνε‟
(π 181). ἡμῖν δὲ δοκεῖ θαυμαστικώτερον ἀναγινώσκειν, ὥσπερ καὶ
65 τοῖς περὶ Ἡρακλέωνα, ἵνα ὅμοιον ᾖ τῷ „ὁσσάτιόν τε καὶ οἷον‟ (Ε
758) καὶ „ἀλλ᾿ οἷον τόδ᾿ ἔρεξεν‟ (δ 242), „οἷον τὸν Τηλεφίδην‟ (λ
519). οὕτως ἀρέσκει καὶ Φιλοξένῳ. **A**

　　d.[1] ἀλλ᾿ οἷον {τινά}: ἀλλ᾿ οἷον, οὐχ οἷος σύ. οὕτω Πῖος　*ex.* | *Hrd.(?)*
(fr. 1 H.)· τί γὰρ βούλεται ὁ ἀλλά; | δασυντέον δὲ τὸ οἷον· θαυ-
70 μαστικὸν γάρ. τινὲς δὲ ψιλοῦσι καὶ ἐκδέχονται ἀντὶ τοῦ μόνον. οἱ δὲ
ὑφ᾿ ἓν „ἀλλοῖον‟, ἵν᾿ ᾖ οὕτω· πάντες μὲν ἀγαθοὶ οἱ ἀπὸ Διός,
ἀλλοῖον δέ φασι καὶ ὑπὲρ πάντας εἶναι τὸν Ἡρακλέα. **T**

　　d.[2] δασυντέον τὸ οἷον· θαυμαστικὸν γάρ. τινὲς δὲ ψιλοῦσι　*Hrd.(?)* | *ex.*
καὶ ἐκδέχονται ἀντὶ τοῦ μόνον. οἱ δὲ ὑφ᾿ ἓν „ἀλλοῖον‟, ἵν᾿ ᾖ οὕτως·
75 πάντες μὲν ἀγαθοὶ οἱ ἀπὸ Διός, ἐξηλλαγμένον δὲ καὶ ὑπὲρ πάντας
φασὶν εἶναι τὸν Ἡρακλέα. | ὁ δὲ Πῖος ἀντὶ τοῦ ὁποῖον, οὐχ ὡς εἰ σύ,
φησίν, ἀλλ᾿ οἷος ὁ Ἡρακλῆς· οὕτω γάρ, φησί, βούλεται ὁ ἀλλά.
b(BCE³E⁴)

　　639. θρασυμέμνονα: τοὺς θρασεῖς ὑπομένοντα. φασὶ δὲ ἀεὶ Λυ-　*ex.*
80 κίους Ῥοδίοις ἐχθρεύειν. **b(BCE³E⁴) T**

　　θρασυμέμνονα: τολμηρόν, ——— ἐν τῇ μάχῃ. **A**　　　　*D*

　　640. ὅς ποτε δεῦρ᾿ ἐλθών: εὖ τὸ παράδειγμα τῆς Ἡρακλέους　*ex.*
ἀρετῆς, ὅτι οὐκ ἄλλοθεν αὐτὸ φέρει ἢ ἐκ τῆς νῦν πολεμουμένης πό-
λεως. Μενεκλῆς (FGrHist 270, 11) δέ φησιν ἐψεῦσθαι τὴν ἐπὶ
85 Ἴλιον στρατείαν. **b(BCE³E⁴) T**

　　642. χήρωσε δ᾿ ἀγυιάς: αὕτη ἡ μεταφορὰ τὴν μετὰ λύπης ἐδή-　*ex.*
λωσεν ἐρημίαν. **b(BCE³E⁴) T**

(Ariston.)　　*c* ad Ψ 319 (Hrd.)　　τοῖς περὶ Ἡρακλέωνα (65) i. e. Heracleoni,
ad X 336. Ψ 604. Ω 71; cf. Lehrs, Quaest. ep. 29 not.　　**639** φασὶ δέ (79) sq. cf.
Blinkenberg, Die lindische Tempelchronik (Bonnae 1915) C nr. 23 (p. 20 sq.)
640 auctorem scholii constat Μεγακλῆς scripsisse, cf. Athen. 12, 512 e; F. H. G.
4, 443; Jacoby in commentario ad l. c.; vide Dornseiff, Die archaische Mythen-
erzählung, Berol. 1933, 59　　**642** cf. Strab. 13, 1, 32 (p. 596)

---

61 αὐτό A em. Bk.　　**66** οἷον² A, fort. ἀλλ᾿ οἷον (ut Hom.)　　**68** (le.) τινά de-
levi　　ἀλλ᾿ οἷον²] λ sec. in ras. a m. pr. scriptum, ἀλλοῖον Ma., at cf. sch. *d*²　　**72**
ἀλλοῖον scripsi, ἄλλοι T　　**79** τοῦ[.] T suppl. m. sec.　　θρασεῖς καὶ ἀπηνεῖς b
83 ὅτι — αὐτό b οὐκ ἄλλοθεν T, ὅτι αὐτὸ οὐκ ἄλλοθεν Ma.　　νῦν om. T　　**84**
μεγακλῆς Mueller (cf. test.)　　ἐψεῦ[. .]αι T suppl. m. sec.　　**84** sq. τῇ et στρατείᾳ T

ex.   **646.** ἀλλ' ὑπ' ἐμοὶ δμηθέντα: ἄξιοι θανάτου οἱ λόγοι. **T**

ex.   **648—54.** ἀπώλεσεν Ἴλιον ⟨――――⟩ ἀφραδίῃσιν ⟨ἀγαυοῦ⟩
Λαομέδοντος ⟨―――― / εὖχος ἐμοὶ δώσειν⟩: ἠὐτέλισε τὴν δύνα- 90
μιν Ἡρακλέους τὴν ἀδικίαν ἐκείνου αἰτίαν εἶναι λέγων τῆς ἁλώσεως.
ἔδει δὲ ἐπαγαγεῖν· σὺ δὲ ἀδίκως πολεμῶν †ἁλώσειν†, οὐχ αἱρήσεις
ἡμᾶς δικαίως πολεμοῦντας· ὁ δὲ θυμῷ φερόμενος ἐκομμάτισε τὸν λό-
γον. ἢ ἠθικὸς ὁ λόγος· ἐκεῖνος μὲν τὴν Ἴλιον εἷλεν, ἐγὼ δὲ σέ· τὰ δὲ
ἐν μέσῳ πρὸς μείωσιν Ἡρακλέους. **b**(BCE³E⁴) **T** | ἀγαυοῦ δὲ Λαο- 95
μέδοντος (649) τῷ σώματι. **T**   1

Ariston.   **648.** ⟨Ἴλιον ἱρήν:⟩ ὅτι θηλυκῶς τὴν Ἴλιον. **A**ⁱᵐ

ex.   **651.** οὐδ' ἀπέδωχ' ἵππους: ἐξ ἀμφοῖν δηλοῦται ἡ ἱστορία· ὁ
μὲν γάρ φησιν ὅτι δι' ἵππους (cf. E 640), ὁ δὲ διὰ ποίους ἵππους.
τελειοῦται ἐν τῷ ,,τεῖχος ἐς ἀμφίχυτον Ἡρακλῆος‘‘ (Υ 145). **b**(BC 5
E³E⁴) **T**

D | ex.   **654.** κλυτοπώλῳ: ἐνδόξως ἵππους ―――― ἁρπαγήν. ἢ κλυτο-
πώλῳ τῷ ἱππικῷ. **A** | ἁρμόδιον τὸ ἐπίθετον τῷ ἅμα νοήματι τὰ παν-
ταχοῦ ζῷα καταλαμβάνοντι. **A b**(BCE³E⁴) **T**

Hrd.   **656** *a.* {καὶ τὸν μὲν} ἁμαρτῇ: τὸ ἁμαρτῇ δασέως. περισπᾷ δὲ 10
καὶ ὁ Ἀσκαλωνίτης (p. 47 B.) καὶ οἱ πλείους. ὀξύνει δὲ ὁ Ἀρίσταρχος
βουλόμενος αὐτὸ τοῦ ἁμαρτήδην ἀποκεκόφθαι· διὸ καὶ κατ' αὐτὸν
χωρὶς τοῦ Ι̅ γεγράψεται. ἐπικρατεῖ μέντοι τὸ περισπώμενον, γενόμε-
νον παρὰ τὸ ἅμα καὶ τὸ ἀρτῶ. **A**

---

646 Ge (ex **h**; pone paraphrasim): τὸ δὲ ,,ὀΐομαι‘‘ (E 644) ἀπὸ κοινοῦ, originis incer-
tae   **648—54** aliter Strab. 13, 1, 32 (p. 596)   ἔδει δὲ (92) — τὸν λόγον (93) cf.
Eust. 589, 30 (qui tamen uberiora legisse non videtur): καὶ ἐχρῆν μέν, ὥς φασιν οἱ
παλαιοί, τὸν Σαρπηδόνα εἰπεῖν ὅτι τότε ὁ Λαομέδων δικαίως πολεμούμενος ἔπαθεν,
εἶτα ἐπαγαγεῖν ὅτι σὺ δὲ νῦν ἀδίκως πολεμῶν οὐκ ἀνύσεις. ὁ δὲ θυμῷ ἐχόμενος ἐγκόπτει
τὸν λόγον καὶ ἀφίησι ἀτελῆ   **648** ad Γ 305 *b* (Ariston.)   **651** τελειοῦται (5) sq. ad
Υ 145 (ex.)   **654** fort. exstabat sch. Herodiani, cf. Eust. 591, 36: τοῦ δὲ
κλυτοπώλου ἡ εὐθεῖα ἔοικε προπαροξύνεσθαι κατὰ τὸ ,,εὔπωλος‘‘ (cf. E 551 al.),
Arcad. 98, 24   **656** *a* cf. Eust. 592, 17: ἰστέον δὲ ὅτι τὸ ,,ἁμαρτῇ‘‘, ὃ γίνεται
ἀπὸ τοῦ ἅμα καὶ τοῦ ἀρτῶ, ἡ μὲν συνήθεια περισπᾷ . . ., Ἀρίσταρχος δὲ ὀξύνει, ὡς

---

89 sq. le. **T** suppl. Ma. (εὖχος ἐμ. δώσ. ipse addidi), om. **b** (ubi sch. ad E 649 revo-
catum est)   **90** εὐτέλισε BE³   **91** ἐκείνου **T**, λαομέδοντος **b** (fort. rectius)   λέγων
T φήσας **b**   **92** ἁλώσειν] ἡμᾶς (exspectes ἡμῖν) ἁλώσειν E⁴, ἁλώσῃ Bk., fort.
ἁλώσει   **93** ἡμᾶς] fort. ἡμᾶς ἅτε vel ἡμᾶς τοὺς   **93** sq. τὸν λόγον **T** τὸ ἔπος **b**
94 ἐκεῖν. **T** οἷον ἐκεῖνος **b**   **95** ἡρακλέους εἰσίν **b**, fort. rectius   **95** sq. λαομέδ.
abesse velim   le. add. Frdl. (Vill.)   ὅτι **A**, ἡ διπλῆ, ὅτι Vill.   **5** τελειοῦται
sq. **T**, λέγει δὲ τὴν περὶ τὸ ἀμφίχυτον τεῖχος ἱστορίαν **b**   **8** ἁρμόδιον δὲ ΑΕ⁴ (pone
D)   τὸ ἐπίθ.] τῷ ἐπιθέτῳ (voluitne τοῦ ἐπιθέτου ?) τὸ ὄνομα **C**   τῷ ἅμα ΑΤ ἅμα
γάρ **b**   **9** καταλαμβάνει **b**   **10** (le.) καὶ τὸν μὲν delevi   **12** αὐτῷ **A** em. Vill.

15   b.¹ ἁμαρτῆ: Ἀρίσταρχος τὸ ἁμαρτῆ χωρὶς τοῦ ῑ γράφει   *Hrd. | ex.(?)*
καὶ †ἀποξύνει† · ἀποκοπὴ⟨ν⟩ γὰρ ἐκδέχεται ἀπὸ τοῦ ἁμαρτήδην.
ὁ δὲ Ἀσκαλωνίτης καὶ οἱ πλείους περισπῶσι παρὰ τὸ ἅμα καὶ τὸ
ἀρτῶ περισπώμενον ἐκδεχόμενοι, ὃ καὶ ἐπεκράτησεν. | τὸ δὲ ἁμαρτῆ
ὁμοῦ ἢ κατ' ἐπακολούθησιν. Τ

20   b.² ὁ μὲν Ἀρίσταρχος τὸ ἁμαρτῆ χωρὶς τοῦ ῑ γράφει καὶ   *Hrd.*
ὀξύνει, οἱ δὲ περὶ Ἡρωδιανὸν περισπῶσι καὶ προσγράφουσι, παρὰ
τὸ ἅμα καὶ τὸ ἀρτῶ περισπώμενον. οὕτως δὲ αὐτὸ καὶ ἡ συνήθεια
δέχεται, καὶ τοῦτο ἐπεκράτησεν. b(BCE³E⁴)

657 a. ⟨ἐκ χειρῶν ἦϊξαν:⟩ ὅτι τὰ δόρατα ἦϊξαν. Aⁱⁿᵗ   *Ariston.*

25   b. αὐχένα μέσσον: ὅτι ἐπὶ τοῦ ἐμπροσθίου αὐχένος φησίν. Tᵗ   *ex.*

657—9. βάλεν αὐχένα μέσσον ⟨——— ἐκάλυψε⟩: τοῦ   *ex.*
βρόγχου διαιρεθέντος καὶ τῆς ἀναπνοῆς εἰργομένης ταχὺς ὁ θάνατος
ἐπεγένετο. b(BCE³E⁴) Τ

658. αἰχμὴ δὲ διαμπερές: ὑπὸ συγγενοῦς ἀναιρεῖται, ἐπεὶ καὶ   *ex.*
30 συγγενῆ ἀνεῖλε τὸν Λικύμνιον· „φίλον" γὰρ „μήτρωα κατέκτα" (Β
662). b(BCE³E⁴) Τ

661 a. ⟨βεβλήκει:⟩ Ἀρίσταρχος μετὰ τοῦ ῡ „βεβλήκειν". Aⁱᵐ   *Did.*

b. μαιμώωσα: πλεονάζει τὸ μ̄· ἔστι γὰρ αἱμώωσα. Τ   *ex.(?)*
μαιμώωσα: ἐνθουσιῶσα ——— τοῦ μ̄ πλεονάζοντος. A   *D*

ἐν τοῖς Ἀπίωνος καὶ Ἡροδώρου φέρεται, λέγων ἐκ τοῦ ἁμαρτήδην συγκο-
πῆναι αὐτό, sim. Choer. in Et. Gen. (AB) ἁμαρτῆ (Reitzenstein, Gesch. 16, 11),
Ori ὀρθ. in Lex. Mess. 408, 25, Eust. 592, 20 (post verba modo exscripta): ἰστέον
δὲ ὡς, εἰ καὶ „ὁμαρτῆ" τὸ ῥηθὲν ἐπίρρημα γράφεται κατά τινα τῶν ἀντιγράφων,
ἔχεται λόγου (vix e scholiis); vide ad Φ 162 (Hrd.); Spitzner, Exc. XII § 1;
Lehrs Ar.³ 297; Wackernagel I 132, 1; praeterea test. ad I 501 congesta   b¹
ὁμοῦ (19) sq. cf. He. α 3454   ὁμοῦ = D, cf. Meth. (Et. Gen. [AB] ἁμαρτῆ
[Reitzenstein, Gesch. 15, 9], Lex. Αἱμ. 618, 39)   657 a ad A 291 a (Ariston.)
658 cf. D ad B 662   ἀναιρεῖται (29) vide ad E 631   661 a ad Ξ 412 (Did.).
Vide ad Γ 388 a. Θ 68 a   b Et. Gen. (AB) μαιμώων (Reitz., μαιμόων B μαί-
μων A)· τὸ μαιμώων (τὸ μ. om. B) Ἀρίσταρχος ἐνθουσιῶν. ἄμεινον δὲ (καὶ add. B)
κατὰ παράληψιν (παράλειψιν B) τοῦ μ̄ 'αἱμώων', αἵματος ὀρεγόμενος· αἱ γὰρ προσ-
θέσεις (Cob., προθέσεις AB) τῶν στοιχείων τῶν πρώτων εἰσὶ (εἰσὶ om. B) τῷ ποιητῇ
(Reitz., τῶν ποιητῶν AB) συνήθεις (συν. εἰσίν B), οἷον τὴν μάχην ἄχην (ὄχην A)

16 ἀποξ. Τ, cf. sch. b² (ὀξύνει b, recte)   ἀποκοπὴ Τ suppl. Ma.   20 ἁμαρτῆ
b em. Vill.   24 le. add. Frdl.   ὅτι A, fort. ἡ διπλῆ, ὅτι   26 le. Τ supplevi,
om. b (ubi sch. ad E 659 relatum est)   27 βρόγχου B βρόχμου E⁴   29
ὑπὸ συγγ. δὲ ἀναιρ. pone sch. E 657—9 (coni. cum v. ἐπεγένετο) b   ἐπεὶ Τ ὅτι
b   30 συγγένεια εἶλε Τ   λυϊκύμνιον Τ   32 le. addidi (auctore Vill.),
βεβλήκει ss. v Aᶜᵒⁿᵗ   34 pone sch. E 661—2 in A, transposui

Ariston.   **661—2.** μαιμώωσα / ὀστέῳ ἐγχριμφθεῖσα: ὅτι ἀκαταλλή- 35
λως· ἔδει γὰρ εἰπεῖν 'μαιμώωσα ὀστέῳ ἐγχριμφθῆναι'. **A**

ex.   **662.** πατὴρ δ' ἔτι λοιγὸν ἄμυνεν: προαναφωνεῖ μὲν τὸν θά-
νατον τοῦ Σαρπηδόνος διὰ τοῦ ἔτι, παραμυθεῖται δὲ τὴν ἧτταν τοῦ
πολεμίου ἀργὸν ποιήσας Σαρπηδόνα. **b**(BCE³E⁴) **T**

ex.   **664.** ⟨ἐξέφερον——⟩ βάρυνε δέ μιν δόρυ μακρόν: πολὺ τὸ 40
ἐναργὲς φερομένου μὲν τοῦ Σαρπηδόνος, συρομένου δὲ τοῦ δόρατος.
γραφικῶς οὖν καὶ ταῦτα. **T**

Did.   **665** *a.*¹ ⟨τὸ μὲν οὖτις:⟩ ἔν τισι „τό οἱ οὖτις". **A**ⁱᵐ

Nic.   *b.*¹ ἑλκόμενον τὸ μὲν οὖτις ἐπεφράσατ' οὐδ' ἐνόησε:
στικτέον ἐπεφράσατο· ἢ βραχὺ διασταλτέον, ἵν' ᾖ ἐκ παραλλήλου 45
τὸ ἐπεφράσατο καὶ ἐνόησεν. **A**

Did. | Nic.   *a*²/*b*.² τὸ μὲν οὖτις ἐπεφράσατ' ⟨οὐδ' ἐνόησε⟩: ἔν τισι
„τό οἱ οὖτις". | τελεία δὲ εἰς τὸ ἐπεφράσατο. δύναται δὲ καὶ ὅλον
ἐν ⟨εἶναι⟩ ἕως τέλους. **T**

Nic.   **666—7** *a.* ⟨ὄφρ' ἐπιβαίη / σπευδόντων:⟩ συναπτέον, οἷον 50
ἐπειγομένων αὐτὸν ἐπιβῆναι. **A**ⁱᵐ

ex. | Nic. | ex.   *b.* ⟨ὄφρ' ἐπιβαίη /⟩ σπευδόντων· τοῖον γὰρ ἔχον πό-
νον: ἐπ' αὐτῷ ταρασσομένων. | ἢ οἷον σπευδόντων αὐτὸν ἐπιβῆναι. |
ὁ μὲν Τληπόλεμος πρότερον καυχησάμενος ἀναιρεῖται, ὁ δὲ Σαρπηδὼν
μόνον τιτρώσκεται, ἐπεὶ ἀνταλαζονεύεται. **b**(BCE³E⁴) **T**   55

Ariston.   **667** *a.* ⟨σπευδόντων· τοῖον γὰρ ἔχον πόνον ἀμφιέπον-
τες:⟩ πάλιν πρὸς τὸν πόνον. **A**ⁱⁿᵗ

τινὰ οὖσαν, incertum an ex hyp. Iliad., vide ad N 75. Υ 490, cf. Or. 97, 12   **661—2**
diple ante utrumque versum in A   ἀκαταλλήλως (35) vide ad Θ 307 *a*; Friedl.,
Ariston. p. 14   **662** vide ad E 666—7 *b*   **666—7** *b* ὁ μὲν Τληπόλεμος (54)
sq. vide ad E 662   **667** *a* ad A 467 *a* (Ariston.)   πάλιν (57) vide ad E 627

35—6 pone sch. E 665 *b*¹ in A, trps. Vill.   **35** le. scripsi (auctore Frdl.), βεβλήκει:
A   ὅτι A, ἡ διπλῆ, ὅτι Vill., fort. αἱ διπλαῖ, ὅτι   **37** sq. τὸν θάνατον — ἔτι T, διὰ
τοῦ ἔτι τὸν τοῦ σαρπηδόνος θάνατον **b**   **38** τὴν T καὶ τὴν **b**   **39** πολέμου
b   σαρπηδόνα T αὐτόν **b**   **43** le. add. Ddf. (Vill.)   **44** (le.) ἑλκ. del. Frdl.
47—9 pone sch. E 667 *b* in T, transposui; ordo in T 666—7 *b* (verbis ζήτει τὸ
τοιοῦτον εἰς τὸ σπευδ(όντων) πρόσθεν καταβάς subscriptis). 667 *b*. 665 *a*²/*b*² (iuxta
hoc sch. verba leguntur ζήτει ὄπισθε)   **47** le. τὸ μὲν οὖτις ἐπεφράσατο T emendavi
et supplevi   **48** οἱ Ma., τοι T   ἐπεφράσατο T em. Ma.   **49** εἶναι add. Ma.
50 le. add. Frdl.   **51** αὐτὸν A em. Bk.   **52** sq. le. T supplevi, om.. **b** (qui et
ipse sch. ad versum posteriorem revocavit)   **53** ἐπιβ. αὐτ. σπευδ. **b**   **54**
sq. ὁ μὲν sq. pone sch. E 651 (relatum ad v. 653) in **b**, fort. transponendum ad E
662   **54** πρότερος **b**, fort. rectius   **56** sq. le. addidi (auctore Vill.)   **57** πόνον
ἢ διπλῆ Vill.

b. σπευδόντων· τοῖον γὰρ ἔχον πόνον: ἄκρος μιμητὴς *ex.*
τῆς ἀληθείας ὁ ποιητής· πολλὰ γὰρ παρορῶμεν σπεύδοντες. b(BC
60 E³E⁴) T

670 *a.* ⟨τλήμονα:⟩ ὅτι οἱ νεώτεροι τλήμονα τὸν ἀτυχῆ, ὁ δὲ *Ariston.*
Ὅμηρος τὸν ὑπομενητικόν, ἀπὸ τοῦ τλῆναι. Aⁱᵐ
b. ⟨μαίμησε δέ οἱ:⟩ συνεπάθησεν ἐπὶ τῷ νεκρῷ. b(BCE³ *ex.*
E⁴) Tⁱˡ

65 671. μερμήριξε δ' ἔπειτα: διδάσκει διὰ τοῦ Ὀδυσσέως †καὶ† *ex.*
τοῖς κινδύνοις φρονήσει δεῖν χρῆσθαι, μὴ θυμῷ καὶ πάθει. b(BCE³
E⁴) T

672—3. ἢ προτέρω Διὸς υἱόν / ἢ ὅ γε τῶν πλεόνων: ὁ μὲν *Hrd.*
πρότερος κεῖται ἀντὶ τοῦ πότερον· διὸ ἐγκλιτέον. τὸν δὲ δεύτερον
70 περισπαστέον. A

672 *a.*¹ προτέρω ... διώκοι: προσωτέρω διώκοι. T *ex.*
*a.*² ἀπὸ τοῦ προσσωτέρω γέγονεν ἐν συγκοπῇ. b(BCE³E⁴)

677—8 *a.*¹ ⟨Χρομίον ... Ἅλιον:⟩ Χρομίον παροξυτόνως, *Hrd.*
Ἅλιον προπαροξυτόνως. εἴπομεν (sc. ad E 39 c) τὰ τοιαῦτα τρι-
75 βράχεα ἐπὶ κυρίων παροξύνεσθαι καὶ ἐσημειούμεθα τὸ Ἅλιος Ξένιος
Κρόνιος. ἐπεκράτησε δὲ καὶ κατὰ τὴν Ὁμηρικὴν ἀνάγνωσιν τὸ Ἅλιος
προπαροξυνόμενον. A

*a.*² Χρομίον καὶ Ὀδίον καὶ τὰ τοιαῦτα τριβράχεα ἐπὶ κυ-
ρίων παροξύνεσθαί φησι πλὴν τοῦ Ἄνιος Ξένιος Κρόνιος Ἅλιος. b
80 (BCE³) T

(test.) 668 Ge (ex h ?): ⟨ἐϋκνήμιδες·⟩ (le. add. Nicole) ἀπὸ μέρους οἱ εὔοπλοι,
originis incertae 670 a ad K 231 a. Φ 430 (Ariston.), cf. Eust. 593, 5; Lehrs
Ar.³ 91; Dimpfl 21; — ἀτυχῆ (61) cf. sch. rec. Aesch. Prom. 614 ὑπομενητι-
κόν (62) = D, cf. sch. Aesch. Cho. 748 672—3 ad A 190—2 (Hrd.) 672
προσ(σ)ωτέρω Eust. 593, 18 a¹ ad Γ 400 b. I 192, cf. Ep. Hom. (An. Ox. 1,
357, 4, Et. Gud. 483, 10, sim. EM. 691, 12) 677—8 ad B 495 a¹ (Hrd.) a¹
cf. Eust. 593, 31, qui hoc sch. et sch. ad E 39 c in unum confudit Ξένιος (75)
vide ad E 39 c

---

58 le. Ma., τὸ μὲν οὔτις ἐφράσατο T (vide ad E 665 a²/b²), om. b ἄκρος T, ἄκρως
δέ ἐστι pone partem secundam scholii E 666—7 b (coni. cum v. σπευδόντων) in b
59 τῆς om. b ὁ ποιητής om. T παρ. σπευδ. T, τῶν χρησίμων σπεύδοντες
παρορῶμεν b (fort. rectius) 61 le. addidi (auctore Vill.) ὅτι A, ἡ διπλῆ, ὅτι Vill.
63 le. add. Li V συνεπάθησεν ἐπὶ Ma., συνεπάθησε φησὶ (φ. om. E⁴) καὶ συνήλγησε
b συνέπαθεν ἐπὶ T 65 διὰ τοῦ T δι' b κἂν Vill. 66 δεῖ T 68 le. ἢ — ἤ:
Ddf., fort. rectius 71 le. scripsi, ἢ προτέρω διὸς υἱόν T 72 προσσωτέρωι BCE³
73 le. addidi χρομίον: A (tamquam le. scriptum) em. Bk. 78—80 sch. ad E 677
rettulerunt bT χρομ. Ma., χρομίον: T, χρόμιος BE³, βρόμιος C καὶ bis om.
T ὀδίον (= E 39) Ma., ὀδίων T ὀδίος b 79 παροξ. φησι (scil. Hrd.) T, τιθέμενα
παροξύνονται C, τιθέμενα παροξύνεται BE³

ex.   **683.** ἔπος δ' ὀλοφυδνόν: οἰκτρὸν καὶ ταπεινὸν διὰ τὸ ἐπιθυμεῖν ἐν τῇ σφετέρᾳ ἀποθανεῖν. ἐπιρραπίζει δὲ διὰ τούτων ὁ ποιητὴς τοὺς οἰομένους τὸ μὴ ἐν τῇ οἰκείᾳ ἀποθανεῖν τὸ μηδὲν εἶναι. b(BCE³E⁴) T

ex.   **684—8.** ⟨Πριαμίδη ——— νήπιον υἱόν:⟩ ἀντιπαράβαλε τὰ Μενελάου, καὶ εὑρήσεις τὸ διάφορον. T   85

Ariston.   **684.** ⟨ἕλωρ Δαναοῖσιν:⟩ ὅτι οὐ πάντως βρῶμα· πρὸς τὸ „ἑλώρια τεῦχε κύνεσσιν" (Α 4). Aⁱᵐ

ex.   **686—7.** ἐπεὶ οὐκ ἄρ' ἔμελλον ⟨ἔγωγε/⟩ νοστήσας: ἐντέχνως ὑπομιμνήσκει τῆς συμμαχικῆς χάριτος τὸν Ἕκτορα. b(BCE³E⁴) T

ex.   **689.** τὸν δ' οὔτι προσέφη: πέπονθε γὰρ τῇ ὄψει καὶ τῷ λόγῳ· 90 καὶ οὐκ ἦν ἀδολεσχίας ὁ καιρός. b(BCE³E⁴) T

ex.   **690.** ⟨λελιημένος:⟩ τῷ θυμῷ θερμαινόμενος καὶ ὑποκαιόμενος· b(BCE³E⁴)   λιαρὸν γὰρ τὸ θερμόν. b(BCE³E⁴) Tⁱˡ

ex.   **693.** εἶσαν ὑπ' αἰγιόχοιο ⟨Διὸς⟩ περικαλλέϊ φηγῷ: ἀπαγαγὼν ἡμῶν τὸν νοῦν τῆς μάχης ὑπὸ ἀνθηρὰν καθίζει δρῦν τὸν τραυ- 95 ματίαν. καλῶς δὲ αὕτη ἱερὰ τοῦ Διός, ἐπεὶ βαλάνοις πρῴην ἐχρῶντο, 1 καὶ ἵνα ὑπὸ τοῦ πατρὸς ἰαθῇ· πλησιάζον γὰρ ἦν καὶ ἱερόν, εἰς ὃ παρεγένετο, εἰ καὶ ἐπὶ δρῦν φησιν. b(BCE³E⁴) T

Did.   **695 a.¹** ⟨Πελάγων:⟩ Πτολεμαῖος ὁ τοῦ Ὀροάνδου διὰ τοῦ σ̄ „Σελάγων". Aⁱⁿᵗ   5

        a.² {ἴφθιμος} Πελάγων: Πτολεμαῖος διὰ τοῦ σ̄ γράφει „Σελάγων". T

---

683 ταπεινόν (81) cf. D, D ad Ψ 102   **684—8** cf. Δ 169—82. Vide ad Δ 171 **684** diple ante versum in A (itaque fort. etiam in codicis A exemplo)   ὅτι οὐ (86) sq. ad A 4 (Ariston.)   **693** cf. Eust. 594, 33—41   δρῦν (95) at cf. Fellner 38 (φηγόν Homeri esse *Castaneam vescam*)   ἐπεὶ βαλάνοις (1) — ἐχρῶντο ad H 22, cf. Ap. S. 162, 10 (Apion. fr. 141 B.)

---

83 τό² (ante μηδὲν) om. b   84 le. addidi (sch. ad E 684 revocavit T)   ἀντὶ τοῦ (cp.) παράβα T em. Ba.   86 le. add. Bk., fort. rectius ἕλωρ: ὅτι Lehrs, οὕτως A, fort. ἡ διπλῆ, ὅτι   88 le. T supplevi, om. b (ubi sch. ad E 686 relatum est)   91 καὶ οὐκ — καιρός T ἀλλ' οὐδὲ ἀδολεσχίας ὁ τοιοῦτος ἦν καιρός b 92 le. add. Bk. (Vill.)   93 γὰρ om. T   94 le. T supplevi (auctore Vill.). b   95 ἵζει b   1 ἱερὰ b ἡ ἱερὰ T   πρώην B   2 πλησιάζει T   ἦν om. T 2 sq. παρεγ. εἰ καὶ b παραγενέσθαι T, malim παρεφέρετο, εἰ καὶ   3 φησιν T, λέγει b, fort. rectius   4 le. add. Bk. (Vill.)   6 (le.) ἴφθιμος delevi

696 a.¹ ⟨τὸν δ' ἔλιπε ψυχή:⟩ ψυχὴ τὸ ἐκπνεόμενον πνεῦμα.　*ex.*
διὰ τὴν αἱμορραγίαν δὲ †ὠλιγώρησε† πάντως. b(BCE³E⁴)

10　　　a.² τὸν δ' ἔλιπε ψυχή: ψυχὴ τὸ πνεῦμα. διὰ τὴν αἱμορ-
ραγίαν. T

697 a. ⟨ἀμπνύνθη:⟩ ἔν τισι διὰ τοῦ ε „ἐμπνύνθη" γράφεται. Aⁱᵐ　*Did.*

b. αὖτις δ' ἀμπνύ⟨ν⟩θη: ἀνέλαβε τὸ πνεῦμα. b(BCE³E⁴)　*ex.* | *Did.*
T | ἔν τισι δὲ διὰ τοῦ ε̄ γράφεται „ἐμπνύνθη". T

15　697—8. περὶ δὲ πνο⟨ι⟩ῆ Βορέαο / ζώγρει ⟨ἐπιπνείουσα　*ex.* | *D*
κακῶς κεκαφηότα θυμόν⟩: ὃ ἐνέλιπε τῷ πνεύματι, προσεπορίζετο
ὁ ἄνεμος. | κάπος δὲ τὸ πνεῦμα. b(BCE³E⁴) T

698. κεκαφηότα: ἐκπεπνευκότα· ATⁱˡ　　　κάφος γὰρ ——　*D*
τόπος. A

20　700 a. οὔτε ποτὲ προτρέποντο ⟨μελαινάων ἐπὶ νηῶν⟩:　*Did.*|*Ariston.*|
οὕτως Ἀρίσταρχος ἀμφότερα διὰ τοῦ ε̄, προτρέποντο καὶ ἐπὶ　*Did.*
νηῶν· λέγει γὰρ οὔτε προτροπάδην ἔφευγον ἐπὶ τὰς ναῦς. | ἡ δὲ
διπλῆ πρὸς τὸ σημαινόμενον, ὅτι Ἀττικῶς ἐξενήνοχε, οὐκ ἔφευγον
προτροπάδην ἐπὶ τὰς ναῦς. | ἔνιοι δὲ ἀγνοοῦντες γράφουσιν „ἀπὸ
25　νηῶν". γίνεται δὲ ἀδιανόητον· οὐ γὰρ ἀπὸ τῶν νεῶν φεύγειν ἔμελ-
λον. A

b. οὔτε ποτὲ προτρέποντο: τὸ προτροπάδην φεύγειν　*ex.*
ὄνειδος ἡγεῖται. ἐπεξηγεῖται δὲ αὐτὸ διὰ τοῦ „αἰὲν ὀπίσσω / χάζοντο"
(Ε 701—2). b(BCE³E⁴) T

30　701—2. οὔτε ποτ' ἀντεφέροντο μάχῃ, ⟨ἀλλ' αἰὲν ὀπίσσω /　*ex.*
χάζοντο⟩: τοῦτο ἐδήλωσε τὸ †πρώην†. διασταλτέον δὲ τὸ ἀντε-
φέροντο· οὐ γάρ ἐστιν 'ἀλλ' ἀντεφέροντο'. T

696 — πνεῦμα (8) ad N 84. Π 856 a, cf. Or. 167, 10 (Et. Gud. 575, 26), He., Su. ψ
164　διὰ τὴν αἱμορραγίαν (9) cf. D, Eust. 595, 8　697 a ad Χ 475 (Did.), vide ad
Λ 359. Ξ 436; ἐμπνύνθη Aristarchus vid. scripsisse　b vide He. ε 2479, sim. 2919;
— πνεῦμα (13) cf. Porph. 2, 34, 7　697—8 — ἄνεμος (17) cf. Porph. antr. nymph.
25　700 a προτρέποντο (21), non προτράπονто Aristarchus　ἐπὶ νηῶν (21)
cf. D　ἡ δὲ διπλῆ (22) — ναῦς (24) ad Γ 5 (Ariston.)　b cf. D　701—2 —
†πρώην† (προτρέποντο, 31) ad Ε 700 b　διασταλτέον (31) de usu transitivo v.

8 le. add. Li　9 fort. ὠλιγοψύχησε　10 διὰ T, ἔλιπε διὰ Ma.　12 le. add.
Ddf.　γράφεται cp. (γρ) A　13 le. T suppl. Ba., om. b　τὸ πνεῦμα T τὴν
πνοήν b　15 sq. le. T supplevi (πνοῆ em. Ma.), om. b　16 ὃ T ὃ δὲ coni. cum
scholio praecedenti (v. πνοήν) b　17 δὲ T δὲ λέγεται b　πνεῦμα] πνεῦμα· τὸ
δὲ „κεκαφηότα" ἐκ τοῦ κάπος E⁴　18 le. A, om. T (add. V)　20 le. A suppl.
Vill.　23 ἐξενήνοχεν Bk.　24 ἔνιοι edd., ἡ δὲ διπλῆ ἔνιοι A　27 τὸ T τὸ
γὰρ b　προτροπ.] τροπάδην C　28 αὐτὸ σαφέστερον b, fort. rectius　30
sq. le. T supplevi　31 τοῦτο sc. verba ἀλλ' αἰὲν sq.　πρώην T, προτρέποντο
Wil., malim οὔτε ποτὲ προτρέποντο　διασταλτικὸν Wil., at cf. test.　31 sq.
ἀντεφ. h. e. οὔτε ποτ' ἀντεφέροντο μάχῃ

Did.   **703** *a.*¹ ἐξενάριξαν: οὕτως διὰ τοῦ ᾱ τὸ ἐξενάριξαν, ὅ τε
Ἄρης δηλονότι καὶ ὁ Ἕκτωρ. A

      *a.*² Ἀρίσταρχος διὰ τοῦ ᾱ, ἐξενάριξαν. A^(im)   35

      *a.*³ ἐξενάριξεν: διὰ τοῦ ᾱ τὸ ἐξενάριξεν. b(BCE³) T

ex.   **703—4** *a.*¹ ⟨ἐξενάριξεν / Ἕκτωρ ――― Ἄρης:⟩ οὐκ ἀτόπως
οὖν τρωθήσεται φονεύων δι᾽ ἑαυτοῦ ὁ Ἄρης. αὔξων δὲ τὴν τοῦ Ἕ-
κτορος ἀρετὴν συνέζευξεν αὐτὸν τῷ Ἄρει. T

      *a.*² αὔξων τὴν Ἕκτορος ἀρετὴν συνέζευξεν αὐτὸν τῷ Ἄρει. 40
οὐκ ἀτόπως δὲ τρωθήσεται καὶ δι᾽ ἑαυτοῦ φονεύων ὁ Ἄρης. b(BC
E³E⁴)

Ariston.   **705.** ἐπὶ δὲ πλήξιππον Ὀρέστην: ἡ διπλῆ πρὸς τὴν ὁμωνυ-
μίαν, ὅτι ὁμώνυμος οὗτος τῷ Ἀγαμέμνονος υἱῷ {τεύθραντι}. A

Ariston.   **708** *a.*¹ ὅς ῥ᾽ ἐν Ὕλη ναίεσκε: ὅτι Ζηνόδοτος γράφει ,,Ὕδη". 45
ἔστι δὲ τῆς Λυδίας ἡ Ὕδη, ὁ δὲ ἀνὴρ Βοιωτὸς καὶ κώμη Βοιωτίας ἡ
Ὕλη. καὶ ὅτι †οὔ† συνεσταλμένως λέγεται ἡ πόλις, ἐκτέταται δὲ ἐν
τῷ Καταλόγῳ (sc. Β 500) διὰ μέτρον. A

      *a.*² ὅς ῥ᾽ ἐν Ὕλη ναίεσκε: τὸ Ὕλη ἐνταῦθα μὲν συστέλλει,
b(BCE³)   ἐν δὲ τῷ Καταλόγῳ ἐκτείνει, ,,ἠδ᾽ Ὕλην καὶ Πετεῶνα" 50
(Β 500). b(BCE³) T

ex.   *b.*¹ μέγα πλούτοιο μεμηλώς: διὰ γεωργίας †ἐπιμελώ-
μενος†, ὅπως πλουτῇ. T

      *b.*² μεγάλως τῆς γεωργίας ἐπιμελόμενος, ὅπως ἐκ ταύτης κτή-
σαιτο πλοῦτον. b(BCE³E⁴)   55

διαστέλλω cf. Ap. Dysc. pron. 42, 4. 42, 30. 82, 1   **703—4** ad Ε 717   **704** Ge
(ex h?): ⟨χάλκεος Ἄρης·⟩ (add. Nicole) τουτέστιν ὁ Πόλεμος, ὁ σωματοειδὴς
θεός, originis incertae, fort. sch. rec.   **705** ad Μ 139. 193 b (Ariston.), ubi ter-
tius Orestes; cf. Lehrs Hrd. 457   **706** diple ante versum in A, fort. exstabat
sch. Aristonici πρὸς ὁμωνυμίαν vocis Οἰνόμαον, ad Μ 140   **708** *a*¹ — Βοιω-
τίας ἡ Ὕλη (46) cf. Strab. 9, 2, 20 (p. 407/8)   ἔστι δὲ (46) — Ὕλη (47) ad Υ 385
(Did.); cf. D, D ad Υ 385   καὶ ὅτι (47) sq. ad Β 500. Η 221 (Ariston.)   διὰ
μέτρον (48) vide ad Β 518   *b* cf. D   ἐπιμελόμενος ad Ν 297 (ex.)

---

36 le. Li, ἐξενάριξεν ἕκτωρ καὶ ἄρης T, om. b   διὰ τοῦ sq. ante sch. Ε 700 b in
b   τὸ ἐξενάριξαν b   37 le. addidi (auctore Vill.)   37—9 οὐκ ἀτόπως sq.
coni. cum scholio praecedenti (v. ἐξενάριξεν) T   40—2 sch. ad Ε 704 revocasse
vid. b   43 le. scripsi, ἀντίθεον: A   44 τεύθραντι eiecit Lehrs (cf. test.)   45
ὅτι A, ἡ διπλῆ (sc. περιεστιγμένη), ὅτι Vill.   46 κόμη A em. Vill.   47 οὐ A,
νῦν Lehrs (fort. recte), οὕτω Cob.   συνεσταλμένος A em. Vill.   48 exspectes
διὰ τὸ μ.   49 le. T, om. b   ὕλη b, fort. ὕλη   52 sq. ἐπιμελούμενος Ma.,
erat fort. ἐπιμελόμενος, cf. sch. *b²*   54 ὁ μεγάλως C

709. λίμνη κεκλιμένος ⟨Κηφισίδι⟩: ἀντὶ τοῦ παρακείμενος, *D | ex.*
b(BCE³) | ὡς „αἵ θ' ἁλὶ κεκλίαται" (δ 608). b(BCE³E⁴) T Κη-
φισίδι δὲ ἢ τῇ λίμνη ἢ τῷ ποταμῷ. T

717. εἰ οὕτω μαίνεσθαι ἐάσομεν οὖλον Ἄρηα: πρὸ πολλοῦ *ex.*
60 θεραπεύει τὴν κατὰ Ἄρεος ἁμαρτίαν ὁ ποιητής. T

720. ἔντυεν ἵππους: ἀπὸ τῶν εἰς πόλεμον εὐτρεπιζομένων. T *ex.*

722 a. Ἥβη δ' ἀμφ' ὀχέ⟨ε⟩σφι: ὑπηρετικήν τινα τὴν Ἥβην *ex.*
παρεισάγει ὁ ποιητής. καὶ ἀνωτέρω (sc. Δ 2—3) μὲν εὐωχουμένοις
τοῖς θεοῖς διηκόνει, ἐν δὲ τοῖς ἑξῆς (sc. Ε 905) λούει τὸν Ἄρεα· παρ-
65 θενικὸν γὰρ τὸ τοιοῦτον, ὡς „Τηλέμαχον Πολυκάστη" (γ 464). b
(BCE³E⁴) T

b. κύκλα: οἱ τροχοί. A *D(?)*

722—31. ⟨Ἥβη δ' ἀμφ' ὀχέεσφι——κάλ' ἔβαλε χρύσει':⟩ *ex.*
τὸν δίφρον τῆς Ἥρας οὕτως ἡ Δημὼ (fr. 5 L.) φυσιολογεῖ· Ἥραν
70 γάρ φησιν εἶναι τὸν ἀέρα. τὴν δὲ φύσιν ἐκτιθέμενον τοῦ στοιχείου
φησὶ τὸν ποιητὴν τὰ μὲν περίγεια αὐτοῦ μέρη, ἅπερ ἐστὶ ζοφωδέστερα
καὶ πολὺ τὸ γεῶδες ἔχοντα, ταῖς παχυτέραις ὕλαις †εἰκάζει†, χαλκῷ
τε καὶ σιδήρῳ (cf. 723—5). „καὶ χρυσὸν μερικῶς ἐγκατέμιξεν, ἴσως
διὰ τὸ ποσῶς ὑπὸ ἡλίου φωτίζεσθαι. τὰ μέντοι μετεωρότερα (τὸν
75 ῥυμόν φημι) ἀργύρεον λέγει (cf. 729), τὸ δὲ πάντων ἀνωτέρω καὶ
συναφὲς τῷ αἰθέρι χρύσεον ζυγόν (συνέζευκται γὰρ τῷ αἰθέρι [cf.
730]), ἱμάντας δὲ χρυσέους καὶ ἀργυροῦς (cf. 727) τοὺς ἐξ ἡλίου καὶ
σελήνης φωτισμούς, δύο δὲ ἄντυγας (cf. 728) τὸ ὑπόγειόν τε καὶ
ὑπέργειον ἡμισφαίριον." b(BCE³E⁴) T

80 723 a. χάλκεα ὀκτάκνημα σιδηρέῳ ἄξονι: τὰ γὰρ ἐνεργῆ *ex.*
μέρη τοῦ ἅρματος ταῖς στερεαῖς ὕλαις κοσμεῖ, τὰ δὲ ἄλλα ταῖς πολυ-
τελέσιν. b(BCE³E⁴) T

709 — παρακείμενος (56) cf. D ad Γ 135. Ο 740   Κηφισίδι (57) sq. cf. D, Strab.
9, 2, 27 (p. 411), Paus. 9, 24, 1, Et. Gen. (EM. 512, 16)   717 ad E 703—4   722 a
ad E 905   722—31 brevius Eust. 598, 40 (= fr. 6 L.; sed Eust. e scholio pendere
apparet)   ἀέρα (70) cf. Tz. ex. 29, 14   723 a vide ad N 25—6

56 le. T supplevi (auctore Vill.), om. b   57 ὡς τὸ b   ἁλὶ T ἅλιον b   60
κατὰ del. Wil. (vide ad E 703—4), at cf. Valk I 516 (vitium est Diomedis, qui
deum vulnerat)   62 le. T suppl. V, om. b   63 μὲν T γὰρ b   64 καὶ τὸν
ἄρεα λούει b   65 τηλ. λοῦσεν καλῇ πολ. Hom.   68 le. addidi   69 τὸν δὲ
τῆς ἥρας δίφρον (coni. cum scholio E 722a) b   70 sq. ἐκτιθ. post ποιητὴν
b   71 φησὶ om. b   72 καὶ T τε καὶ b   τὸ om. b   εἰκάζειν Bk.   73
καὶ χρυσὸν δὲ b   74 μέντοι T δὲ b   75 φημι b δὲ φ⁽ᵖ⁾μή T   ἀργύρεα Ma.
(ut Le ante corr.)   ἀνώτερον E³   76 συναφὲς T συνημμένον b   τῷ αἰθ. T
τούτῳ b   77 χρυσοῦς Bk.   80 γὰρ T μὲν b

ex.   b. ὀκτάκνημα: κνῆμαι καλοῦνται αἱ ἀπὸ τῆς χοινικίδος ἕως τοῦ τροχοῦ ῥάβδοι. A b(BCE³E⁴) T

ex.   c. ⟨ἄξονι:⟩ ἄξων τὸ ὑποκείμενον τῷ ἅρματι ξύλον, περὶ ὃ 85 στρέφονται οἱ τροχοί. A

D   d. ⟨ἄξονι:⟩ ἄξων τὸ εἰς τὰς χοινικίδας ἐμβαλλόμενον ἑκατέρου τροχοῦ. b(BCE³) T

D(~)   **724.** ἴτυς: ἡ ἀψίς, εἰς ἣν αἱ κνῆμαι αἱ ἀπὸ τῆς χοινικίδος ἐμπήγνυνται, A b(BCE³E⁴) T   ἤγουν ἡ τοῦ τροχοῦ περιφέρεια παρὰ 90 τὸ ἰέναι. A

Did.   **725** a.¹ ⟨ἐπίσσωτρα:⟩ ἔν τισι γράφεται „ὀπίσσωτρα" διὰ τοῦ ō. Aⁱᵐ

            a.² ἔν τισι διὰ τοῦ ō „ὀπίσσωτρα". b(BE³E⁴) Tⁱˡ

ex.(?)   b. ἐπίσσωτρα: οἱ σιδηροῖ κύκλοι οἱ ἄνωθεν περιβαλλόμενοι 95 τοῖς τροχοῖς καὶ ἐφαπτόμενοι τῆς γῆς, οἱ καλούμενοι κανθοί. A   1

ex.   c. ⟨ἐπίσσωτρα:⟩ ἐπίσσωτρον τὸ εἰς γῆν κυλινδούμενον ἤτοι τοῦ b(BCE³)   παντὸς περιφεροῦς τὸ τελευταῖον. b(BCE³) T

ex.   **726** a. πλῆμναι: τὰ μέσα τῶν συριγγίων, εἰς ἃς ἐντίθεται ὁ ἄξων, αἱ καλούμεναι χοινικίδες. A   5

---

b Et. Gen. (AB) ὀκτάκνημα: ὀκτάραβδα (= D) | ὀκτακέρκιδα· κνῆμαι γάρ εἰσιν αἱ ἐντὸς τῶν τροχῶν ῥάβδοι ἐμπεπηγμέναι πρὸς τῇ †χοίνικι, fort. ex hyp. Iliad., Ge (fort. ex h, pone D ad E 722): κνῆμαι αἱ ἐντὸς τῶν τροχῶν ῥάβδοι ἐμπεπηγμέναι πρὸς τῇ χοινικίδι, cf. Ap. S. 101, 11 (unde He. κ 3106): κνῆμαι·... ἐπὶ δὲ τῶν διερειδόντων τὴν χοινικίδα τοῦ τροχοῦ ξύλων, καθό φησι „χάλκεα ὀκτάκνημα σιδηρέῳ ἄξονι ἀμφίς" (sim. Et. Gen. = EM. 621, 16), sch. Pind. P. 2, 73 b. 4, 381 a   κνῆμαι (83) sq. cf. Rh. Gr. 8, 668 not. W.   c/d Ge (fort. ex h): ἄξων πᾶν τὸ διῆκον διὰ τῶν τροχῶν ξύλον, τὸ εἰς τὰς χοινικίδας ἐμβαλλόμενον ἑκατέρωθεν   **724** cf. Paus. att. α 182 (c. test.)   ἤγουν (90) sq. cf. Ge (ex h?): ἡ δὲ „ἴτυς" ἡ τοῦ τροχοῦ περιφέρεια τοῦ ὀχήματος. ἀψίδες δέ, ἐξ ὧν ἡ περιφέρεια γίνεται   **725** a ad Λ 537 (Did.)   b cf. D, Eust. 598, 5. 10; Lex. Αἱμ. 623, 49 (Et. Gud. 510, 7 Stef.)   ἐφαπτόμενοι τῆς γῆς (1) cf. Ap. S. 74, 8, Or. 51, 12 (Et. Gud. 507, 5 Stef.), fort. e Philox.   **726** a cf. D (= Erot. 72, 3), Eust. 598, 11; sim. sch. Ap. Rh. 1, 752—58 d; Amm. 395; Lex. Αἱμ. 628, 9; Ge (fort. ex h): πλῆμναι δὲ αἱ

83—4 pone sch. E 728 b (coni. cum v. ἐξάπτονται) T   83 le. A, om. bT   κνῆμαι δὲ pone D ad E 724 (v. ἐμπήγνυνται) E⁴   καλ. A δὲ T, om. b   84 ῥάβδοι AE⁴T διήκουσαι ῥάβδοι BCE³   85 le. add. Vill.   ἄξων Vill., ἄξων: A   87—8 pone sch. E 730 a (coni. cum v. αὐτόν) T   87 le. add. Ddf. (e D)   τὸ... ἐμβ.] ὁ.... ἐμβαλόμενος D   87 sq. ἑκατ.] ἑκατέρου τοῦ E³   88 τροχοῦ CE³ τροχοῦ ξύλον B   89 le. ABCE³, χρυσέη ἴτυς T, om. E⁴   ἡ] ἴτυς ἡ T   αἱ² om. b   89 sq. διεμπήγνυνται A μίγνυνται BCE³   92 le. add. Vill.   γράφ. cp. (γρ) A   2 le. addidi   3 παντὸς — τελ. in sch. E 724 (inter le. χρυσέη ἴτυς et v. ἴτυς ἡ ἀψίς) perperam ins. T

b.¹ πλῆμναι δ' ἀργύρου εἰσί: καλῶς τὸ εἰσί πρὸς ἀλη-   ex.
θείας ὑπόληψιν. πλῆμναι δὲ αἱ χοινικίδες. πλῆμναι δὲ εἴρηνται διὰ
τὸ πλήσσεσθαι ὑπὸ τοῦ ἄξονος. ταύτας δὲ ἔνιοι †χνείσας† ὀνομάζου-
σιν. T

10   b.² πλῆμναι λέγονται διὰ τὸ πλήσσεσθαι ὑπὸ τοῦ ἄξονος.
b(BCE³E⁴)   ταύτας δὲ ἔνιοι †χήσας† ὀνομάζουσι. καλῶς δὲ καὶ
τὸ εἰσί πρὸς ἀληθείας ὑπόληψιν. b(BE³E⁴)   εἰσὶ δὲ πλῆμναι αἱ
χοινικίδες. b(BE³)

727 a. δίφρος: ἐφ' οὗ ἑστᾶσιν ὅ τε ἡνίοχος καὶ ὁ παραβάτης. A   ex.
15   b. δίφρος: παρὰ τὸ δύο φέρειν. b(BCE³E⁴) T   ex.

728 a. ἄντυγες: αἱ περιφέρειαι τοῦ δίφρου, αἱ ἀψῖδες, ὧν ἀντι-   ex.
λάμβανονται οἱ ἀναβαίνοντες ἐπὶ τὸ ἄρμα. A

b. ἄντυγες: τὰ ἐπὶ τοῦ δίφρου ἡμικύκλια, ὅθεν καὶ τὰ ἡνία   D
ἐξάπτονται. b(BCE³E⁴) T

20   729 a. ⟨τοῦ δ' ἐξ ἀργύρεος ῥυμὸς πέλεν:⟩ ὅτι ὅταν εἴπη „ἐν   Ariston.
πρώτῳ ῥυμῷ" (Z 40), τῷ ἄκρῳ λέγει· εἷς γάρ ἐστι ῥυμός. τὸ δὲ
πέλεν ἀντὶ τοῦ πέλει. Aⁱᵐ

b. ῥυμός: τὸ ἀπὸ τοῦ δίφρου μέχρι τοῦ ζυγοῦ ξύλον, ἀπὸ   ex.
τοῦ ἐρύειν. A b(BCE³E⁴) T

25   730 a. ζυγός: τὸ ἐπικείμενον τοῖς τραχήλοις τῶν ἵππων, A | D | ex.
παρὰ τὸ δύο εἰς ἓν ἄγειν αὐτόν. A b(BCE³) T

χοινικίδες τῶν τροχῶν ἤτοι αἱ ὀπαί, δι' ὧν ὁ ἄξων στρέφεται   b¹ πλῆμναι δὲ¹
(7) sq. cf. Eust. 598, 13   διὰ τὸ (7) — ἄξονος (8) cf. Ap. S. 132, 13: πλήμνη ἡ
χοινικὶς τοῦ τροχοῦ, ἀπὸ τοῦ πληροῦσθαι ὑπὸ τοῦ ἄξονος, Or. 128, 5: πλῆμναι
παρὰ τὸ πληροῦσθαι ὑπὸ τοῦ ἄξονος, unde Et. Gen. πλήμνη (p. 248 Mill.)   727 a
cf. D ad Γ 262   b cf. Or. 44, 3; Ep. Hom. (An. Ox. 1, 111, 27, Et. Gud. 370, 8
Stef.); sim. sch. Greg. Naz. or. 42, 24 (p. 222 nr. 129 Punt.)   728 a cf. D, Ap.
S. 31, 1   b cf. D ad E 262; Or. 11, 20 (Et. Gen. = EM. 114, 39, Et. Gud. 155, 21
Stef.)   729 a — ῥυμός (21) ad Z 40. Θ 411 a. Π 371 c. X 66. Ω 272 (Ariston.),
Υ 275 (ex.); cf. Dimpfl 15   τὸ δὲ πέλεν (21) sq. cf. sch. π 208. Vide ad Π 633 a;
test. ad A 163 a. 218 a (Ariston.)   b — ξύλον (23) cf. D, Ap. S. 139, 15   ἀπὸ
τοῦ ἐρύειν (23) cf. Or. 140, 13; Et. Gen. (AB) ῥυμός   730 a παρὰ τὸ (26)

8 et 10 πλήσσεσθαι] πληροῦσθαι Ap. S. et Or., fort. recte   8 et 11 erat χνόας
(Bk.), cf. Eust. 598, 13   14 ἐφ' Bk., ἀφ' A   15 pone sch. E 723 b (coni. cum
v. ῥάβδοι) T   le. hab. bT   παρὰ τὸ T ἀπὸ τοῦ b   φέρειν b ἄγειν T   18
le. hab. bT   ἡμίκυκλα b   ὅθεν T (= D), ἔνθεν b   20 le. add. Vill.   ὅτι
A, ἡ διπλῆ, ὅτι Vill.   23 et 25 le. hab. Ab T   25 ἐπικείμ. A ἐπιτιθέμενον
ξύλον D   26 (ζυγὸς) παρὰ τὸ sq. pone sch. E 727 b (coni. cum v. ἄγειν) T   ἐν
ἄγ. αὐτόν Bk., ἄγειν αὐτὸν AT ἑαυτὸν ἄγειν b

ex.   *b.* λέπαδνα: ὡς κόπτω κόπανον, λέπω λέπαδνον. εἰσὶ δὲ
Tᵗ   τὰ περιτραχήλια τῶν ἵππων. b(BCE³) **Tᵗ**
D | ex.   *c.* λέπαδνα: πλατεῖς ἱμάντες, οἷς ἀναδεσμοῦνται οἱ τράχη-
λοι τῶν ἵππων πρὸς τὸν ζυγόν. | ὡς κόπτω κόπανον, λέπω λέπα- 30
δνον. **A**

Ariston.   **734—6.** πέπλον μὲν κατέχευεν ⟨——— Διὸς νεφεληγερέ-
ταο⟩: οἱ ἀστερίσκοι, ὅτι ἐνταῦθα μὲν καλῶς κεῖνται, ἐν δὲ τῇ κόλῳ
μάχῃ (sc. Θ 385—7) μηδεμιᾶς φαινομένης ἀριστείας οὐ δεόντως. ὁ δὲ
Ζηνόδοτος τούτους μὲν ἀθετεῖ, ἐκείνους δὲ †καταλείπει†. τῷ δὲ τρίτῳ 35
παράκειται καὶ διπλῆ, ὅτι δασύνειν δεῖ τὸ ἡ δέ· ἐπανέλαβε γάρ, ὡς
ἔθος αὐτῷ, τὸν περὶ τῆς Ἀθηνᾶς λόγον. **A**

ex. | ex.   **734 a.¹** πέπλον μὲν κατέχευε⟨ν⟩: τὰς περόνας λύσασα κατα-
φέρεσθαι ἀφῆκεν. γυμνὴν δὲ ἡμῖν τὴν Ἀθηνᾶν διὰ τῆς λέξεως ἐνέφη-
νεν. | πρέπω δὲ πρέπαλος πέπαλος πέπλος. **T**   40

          a.² πρέπω πρέπαλος πέπαλος πέπλος. | τὸ δὲ κατέχευεν
ἀντὶ τοῦ τὰς περόνας λύσασα καταφέρεσθαι ἀφῆκε. γυμνὴν δὲ ἡμῖν
τὴν Ἀθηνᾶν διὰ τῆς λέξεως παρέστησεν. b(BCE³E⁴)
D | D | ex. vel Ep.   *b.* πέπλον: γυναικεῖον ἔνδυμα ——— ἐπερονῶντο. | ἀρ-
Hom.   θεισῶν ——— ἔδαφος. | πρέπω πρέπαλος, κατὰ συγκοπὴν πέπαλος 45
καὶ κατὰ δευτέραν συγκοπὴν πέπλος. **A**

sq. cf. Et. Gen. (EM. 411, 54, Et. Gud. 233, 5)   *b* — λέπαδνον (27) cf. Or.
91, 33 (ὡς γὰρ κόπτω κόπανον, οὕτω λέπω λέπανον καὶ λέπαδνον), Eust. 599,
4   εἰσὶ δὲ (27) sq. ad T 393 (ex.); cf. Poll. 1, 147   *c* πλατεῖς (29) — ζυγόν (30) cf.
Sch. min. ap. De Marco I 405; vide Ge (fort. ex **h**?): ⟨λέπαδνα·⟩ (le. add. Nicole)
λώρους, δι' ὧν τοὺς ἵππους ζευγνύουσιν, originis incertae, fort. sch. rec.   **734—6**
ad Θ 385—7 (Ariston.); cf. Griesinger 27; — οὐ δεόντως (34) cf. Eust. 599, 36   ἐπ-
ανέλαβε (36) sq. ad Θ 321 *a.* O 127. Π 401 *a.* 467 *b.* Φ 349 (Ariston.), cf. sch.
ε 391. ξ 77. 447; vide ad Γ 18 *a.* Δ 448 *a.* Z 64. 396 *a.* H 138 *a.* X 128 (Ariston.)
734 *a* γυμνὴν (39, resp. 42) — ἐνέφηνεν (παρέστησεν) at vide ad Θ 385   πρέ-
πω (40, resp. 41) — πέπλος aliter Epaphr. ap. Or. 125, 22: πέπλος· κατὰ συγκο-
πήν, περίπελός τις ὤν, ὁ περὶ τὸν φοροῦντα περιπελόμενος καὶ περιειλούμενος καὶ
ἀποβολῇ τοῦ ρ̄ (ρī Larcher) πέπελος καὶ ⟨συγκοπὴ⟩ (add. Larcher) πέπλος.
οὕτως Ἐπαφρόδιτος (fr. 14 L.), in sede scholiorum, sim. Ap. S. 130, 3: πέπλος·
. . . | καὶ ἔστι κατὰ τὸ ἔτυμον ἐν συγκοπῇ, περίπελος ὁ περὶ ὅλην τὴν φοροῦσαν πε-
λόμενος, τουτέστι γινόμενος, cf. Beiträge 425   *a¹* — ἀφῆκεν (39) cf. D   *b* cf.
Eust. 599, 40   πρέπω (45) sq. cf. sch. *a,* Ep. Hom. (An. Ox. 1, 357, 25, Et.

27 le. hab. bT   **28** ἵππων T ἵππων κύκλα b   **32** sq. le. A suppl.
Frdl.   **35** παραλείπει Ldw. (at cf. Roemer, Zen. 661)   **38** le. T suppl. Ma.
40 πρέπω] πέπλος παρὰ τὸ πρέπω E⁴   πρέπαλος] πέπαλος ss. ρ C   **42** τοῦ
om. BC

736 *a.* ἡ δέ: δασυντέον τὸ ῆ· ἄρθρον γάρ ἐστιν ἀντωνυμικόν. *Hrd.*
τινὲς δὲ ψιλοῦσι σύνδεσμον ἐκδεχόμενοι τὸν „ἠδέ", κακῶς. A b(BC
E³E⁴) T

50   *b.*¹ χιτῶν' ἐνδῦσα ⟨Διὸς νεφεληγερέταο⟩: οὗτος γὰρ   *ex.*
μᾶλλον ἐπιτήδειος ἐν πολέμῳ, καὶ ὅτι ἴση †παραβολή† Διὸς καὶ 'Αθη-
νᾶς ὡς 'Αχιλλέως καὶ Αἴαντος (cf. Σ 192—3). T
        *b.*² οὗτος δὲ ὁ χιτὼν ἐπιτήδειός ἐστιν ἐν πολέμῳ, ἵν' ᾖ ἴση
περιβολὴ Διὸς καὶ 'Αθηνᾶς ὡς 'Αχιλλέως καὶ Αἴαντος. b(BCE³E⁴)

55   *c.* ⟨Διὸς νεφεληγερέταο:⟩ τὸ ἡμιστίχιον ἢ τοῖς ἐπάνω ἢ   *Nic.*
τοῖς ἑξῆς προσδοτέον. ἐὰν μὲν οὖν τοῖς ἐπάνω, μόνος ὁ θώραξ ἔσται
τοῦ Διός· ἐὰν δὲ τοῖς ἑξῆς, πάντα ἔσται τὰ ὅπλα αὐτοῦ τοῦ Διός,
ὅπερ καὶ πιθανόν. οὕτως δὲ καὶ 'Αρίσταρχος. A

        d. ἡ δὲ χιτῶν' ἐνδῦσα ⟨Διὸς νεφεληγερέταο⟩: τὸ Διὸς   *ex.*
60 νεφεληγερέταο τινὲς τῷ πρώτῳ, οἱ δὲ τῷ ἑξῆς ⟨✳ ✳ ✳⟩, ἵν' ᾖ ὅλα
τὰ ὅπλα τοῦ Διός. κοινὸν δὲ καὶ ἐπὶ τοῦ πρώτου. T

        737 *a.*¹ ⟨τεύχεσιν:⟩ τεύχεα δὲ τὴν αἰγίδα καὶ τὴν περικεφα-   *ex.*
λαίαν λέγει. T
        *a.*² τεύχεσι δὲ λέγει τῇ αἰγίδι καὶ τῇ περικεφαλαίᾳ. b(BC
65 E³E⁴)

        739 *a.* δεινήν: διὰ τὸ δυνάμεις ἀρεϊκὰς ἐντετυπῶσθαι ἐν αὐτῇ.   *ex.*
b(BCE³E⁴) T
        b. ⟨ἣν πέρι μὲν πάντη Φόβος ἐστεφάνωται:⟩ ἀνα-   *Hrd.*
στρεπτέον τὴν πρόθεσιν, ἵνα πρὸς τὸ ἥν συντάττηται. Aⁱᵐ

Gud. 460, 14, EM. 661, 16); Beiträge 114   **736** *a* ad I 134. O 127, cf. sch. δ 753.
ε 391. μ 168   ἄρθρον (47) — ἀντωνυμικόν cf. Ap. Dysc. pron. 6, 4. Vide ad
O 127 *a* (Hrd.), Ψ 9 (Ariston.)   τινὲς δὲ ψιλοῦσι (48) sq. ad O 127 *a* (Hrd.).
Fort. exstabat sch. Didymi, vide ad E 66 et sch. ε 391 (Did.); cf. Carnuth,
Ariston. p. 61   **739** *b* ad B 699; de anastropha v. περί cf. sch. ε 106. π 234; Ep.

47 le. scripsi, ἡ δὲ χιτῶν' ἐνδῦσα AT, om. b   **48** τὸν ἠδέ A τὸν ῆ ἠδέ b
τὸν ῆ T, τὸ ἠδέ Ma. (vix recte)   **50** le. T (coni. cum scholio praecedenti)
supplevi   **51** παραβολή cf. sch. *b*²   **53—4** οὗτος δὲ sq. coni. cum scholio *a*
(v. κακῶς) in b   **55—8** cum scholio *a* (v. κακῶς) coni. A, dist. Bk.   **55** le.
add. Bk.   **57** τοῦ διός² (post αὐτοῦ) del. Frdl.   **59** le. T supplevi   **60**
τῷ² Ma., τὸ T   lac. stat. Ma., deest fort. συνάπτουσιν (Ma.) vel προσδιδόασιν
(Ma.)   **61** ἐπὶ τ. πρώτου T, εἰ τῷ πρώτῳ Ma. (vix recte)   **62** le. addidi (cl. Li, qui ha-
bet τεύχεσιν· τὴν αἰγίδα)   τεύχεα δὲ sq. coni. cum scholio E 736 *b*² (v. αἴαντος) in b, transpo-
sui   **64** τεύχεσι δὲ sq. coni. cum scholio praecedenti in T,
distinxi   τῇ² om. E⁴   **66** le. Bk., τεύχεσιν ἐς πόλεμον: τῇ αἰγίδι (scholio ad E 737
relato) T, om. b   αὐτῇ T αὐτοῖς b   **68** le. add. Lehrs

10*

ex. | Hrd.   c.¹ ἦν πέρι μὲν πάντη φόβος ⟨ἐστεφάνωται⟩: ὅσος ἦν, 70
κύκλῳ εἴχετο. | ἀναστρεπτέον δὲ τὴν περί. T
     c.² κύκλῳ περιείχετο. b(BCE³E⁴) | ἀναστρεπτέον δὲ τὴν
περί. b(BCE³)

ex.   740 a. ἐν δ᾽ Ἔρις, ἐν δ᾽ Ἀλκή, ⟨ἐν δὲ κρυόεσσα Ἰωκή⟩:
ἄδηλον, πότερον εἴδωλα ταῦτά ἐστιν ἢ διαθέσεις, ὡς τὸ „ἔνθ᾽ ἔνι μὲν 75
φιλότης" (Ξ 216). b(BCE³) T

ex.   b. κρυόεσσα ἰωκή: πολέμου ἐπιφορά. T

ex.   741. ἐν δέ τε γοργείη κεφαλή: οἷον κατάστημά τι γοργότητος
δεινὸν καὶ βλοσυρόν· Ἡσίοδος (sc. th. 274 sq.) γὰρ διέπλασε τὸν
μῦθον τῶν Γοργόνων. b(BCE³) T   80

D | ex.   742. σμερδνή: καταπληκτική, φοβερά. A | ὡς ἀλαπάζω ἀλα-
παδνός, οὕτω μερίζω μεριδνός μερδνός καὶ σμερδνός· A b(BCE³E⁴)
T   καὶ „ὡς ἐδαΐζετο θυμός" (O 629). T

D   743. ⟨ἀμφίφαλον:⟩ φάλοι οἱ κατὰ ——— ἀσπιδίσκοι. A

ex.   τετραφάληρον: φάλαρα οἱ ἐν ταῖς παραγναθίσι κρίκοι, 85
δι᾽ ὧν αἱ παραγναθίδες καταλαμβάνονται τῆς περικεφαλαίας. A

Ariston.   744 a. ⟨πρυλέεσσ᾽:⟩ ὅτι πεζοὶ οἱ πρυλέες ὅπλα ἔχοντες. Aⁱᵐ

Hom. (An. Ox. 1, 341, 14: ἡ περί ἀναστρέφεται)   c² — περιείχετο (72) cf. D
740 a cf. Eust. 600, 28   εἴδωλα (75) cf. D ad E 741; Porph. 1, 44, 21; Choriz.
fr. 12 K.   741 ad Λ 36, vide ad E 740 a; sim. He. γ 855 (γοργείην κεφαλήν·
οὐ τὴν Γοργοῦς ἐκληπτέον, ἀλλὰ γοργότητά τινα καὶ φόβητρον. Ἡσίοδος δὲ
πλανηθεὶς ἀνέπλασεν ἐκ τούτων τὰ περὶ τὸν Περσέα, ὅτι ἀπέτεμε τὴν κεφαλὴν Γορ-
γόνος)   742 ὡς (81) — σμερδνός (82) Ge (fort. ex h)   μερίζω (82) — σμερ-
δνός cf. Or. 141, 11, Ep. Hom. (An. Ox. 1, 390, 19, Et. Gud. 506, 30, sim. EM. 721,
5). Vide ad O 629   743 φάλοι (84) — περικεφαλαίας (86) cf. Eust. 601, 9: τὸ
δὲ „τετραφάληρον" καὶ „ἀμφίφαλον" ἐξηγούμενοι οἱ παλαιοί φασιν ὅτι φάλοι μὲν οἱ
— ἀσπιδίσκοι, φάλαρα δὲ κρίκοι τινὲς τῆς περικεφαλαίας ἐν ταῖς παραγναθί-
σιν   φάλαρα (85) sq. ad Π 106 b (ex.), cf. D ad E 182. Π 106; Buttmann II 219; Lori-
mer 242   744 non liquet, num sch. Herodiani de declinatione et accentu vo-
cis πρυλέεσσι (πρυλέες) fuerit, cf. Li: ἡ δὲ εὐθεῖα πρύλις. ὁ δὲ Ἡρωδιανὸς (1, 65, 3)
πρυλής ὀξυτόνως γράφει, ὡς καὶ πολλοί· καὶ κλίνεται κανονικῶς πρυλέος πρυλοῦς.
καὶ ἔστιν ἀσφαλέστερον τοῦτο· ἀπὸ γὰρ τοῦ πρύλις πρύλεες ὤφειλεν εἶναι ὡς
ὄφεες. Li ex Herodiani καθ. vel ex aliquo tractatu grammatico hausisse potest.
Ceterum vide test. ad O 517   a ad Λ 49. M 77 b (Ariston.)

---

70 le. T supplevi   74 le. T supplevi, om. b   75 πότερον T εἰ b   ἔστιν
b εἰσιν T   77 (le.) κρυόεσσα fort. delendum   78 γοργ.] δείματος (? cp.) C
79 δεινὸν T δεινὸν ἦν b   βλοσυρὸν B   79 sq. ἡσίοδος δὲ τῶν γοργόνων
μῦθον διέπλασεν b   81 le. AT, om. b   ὡς] ὥσπερ A ὡς τὸ E⁴ ὡς ἀπὸ
τοῦ Ge   82 οὕτως Ab   μερδνὸς καὶ σμερδνὸς b Ge, σμερδνὸς σμιρδνός T
καὶ σμερδνός A   84 le. add.Bk. (Vill.)   φάλοι: οἱ A   86 τὴν περικεφαλαίαν
A corr. Vill. (cf. Eust.)   87 le. addidi (auctore Frdl.)   ὅτι A, fort. ἡ διπλῆ, ὅτι

b. πρυλέεσσ': πεζοῖς ὁπλίταις. | πρύλις, ὡς δαμάσω δά- D | ex. (?)
μαλις, περύω πέρυλις καὶ πρύλις. A

90   c. ἑκατὸν πόλεων πρυλέεσσ' ἀραρυῖαν: εἶχεν ἐν ἑαυτῇ ex. | ex.
πολίτας τετυπωμένους πόλεων ἑκατόν. ὑποτυποῖ δὲ ἡμῖν τὸ μέγε-
θος τῆς φορούσης b(BCE³E⁴) T   καὶ αὐτὴν τὴν κόρυθα ἑκατὸν
πόλεων ὁπλίτας δύνασθαι κατακαλύπτειν φησίν. T   εἰ δὲ ἡ κόρυς
τοσαύτη, πόσον τὸ μέγεθος τῆς περικειμένης τὸ κράνος; καὶ ἐπὶ Πο-
95 σειδῶνος „†ὅσον† τ' ἐννεάχιλοι" (Ζ 148)· οὐ γὰρ εἶπε τὸ μέγεθος
1 αὐτοῦ ὥσπερ οὐδὲ τὸ τῆς Ἀθηνᾶς, κατ' ἔμφασιν δὲ ἔδωκε συλλογί-
ζεσθαι, πηλίκος ἦν ὁ τὴν τοιαύτην φωνὴν ἔχων. b(BCE³E⁴) T | πρυ-
λέες δὲ ὁπλῖται ἢ πρόμαχοι ἢ ἀθρόοι. T

745. ἐς δ' ὄχεα φλόγεα: ὀξέα κατὰ τὴν κίνησιν ὡς πῦρ, b(BC ex.
5 E³E⁴) T   ἢ μᾶλλον ἀεί. b(BCE³E⁴)

746—7. ⟨βριθὺ μέγα —— ὀβριμοπάτρη:⟩ ὅτι ἐντεῦθεν εἰς Ariston.
τὴν Ὀδύσσειαν (sc. α 100—1) μετάκεινται. Aⁱᵐ

746 a. δάμνησι: ὁ Σιδώνιος ἄνευ τοῦ ῑ τὸ δάμνησι, ὁ δὲ Ἀρί- Did.
σταρχος σὺν τῷ ῑ. A

10   b. τῷ δάμνησι ⟨στίχας ἀνδρῶν⟩: οὐκ ἄνδρας εἶπεν, ἀλλ' ex.
ὑπερφυῶς στίχας ἀνδρῶν. b(BCE³E⁴) T

747. ⟨τοῖσίν τε:⟩ αἱ Ἀριστάρχου ἄνευ τοῦ ῑ „οἷσίν τε." Tⁱˡ Did.

748 a. ἐπεμαίετ' ἄρ' ἵππους: ἀντὶ τοῦ ἐπέψαυσεν. T D

  b. ⟨ἵππους:⟩ ἀντὶ τοῦ τῶν ἵππων. Aⁱᵐ ex.

---

b Et. Gen. (AB) πρύλις· πεζὸς ὁπλίτης. | ὡς δαμῶ δαμάσω (δαμάζω A) δάμαλις,
οὕτως καὶ (κ. om. A, fort. recte) περῶ περύω περύσω πέρυλις καὶ συγκοπῇ πρύλις,
fort. ex hyp. Iliad., cf. Eust. 601, 2 (φασί τινες)   c cf. Eust. 600, 34; fort.
excidit pars scholii, cf. Eust. 600, 37: τινὲς δέ φασιν οὐχ ὅτι ἑκατὸν πόλεων
ὁπλίτας ἠδύνατο σκέπειν, ὡς τοσούτοις ἀριστεῦσιν ἁρμόσαι δυναμένη, ἀλλ' ὅτι
ἑκατὸν πόλεων ὁπλίτας εἶχεν ἐντετυπωμένους ἑαυτῇ. τοῦτο δὲ καὶ ἀλληγορίαν
ἔχειν ἐθέλει . . . τινὲς δὲ τὸ „ἑκατὸν πόλεων πρυλέεσσιν ἀραρυῖαν" οὕτως
ἔφρασαν, ἑκατὸν πόλεων ἀριστεῖς ἔχουσαν ἢ κεκοσμημένην τοῖς τῆς
Κρήτης ὁπλίταις, τουτέστι τὰ τῶν Κορυβάντων ἔργα ἔχουσαν ἐντετυπωμέ-
να   καὶ αὐτὴν (92) — φησίν (93) cf. D, He. ε 1282   καὶ ἐπὶ Ποσειδῶνος (94)
— αὐτοῦ (1) vide ad Ζ 148 b   πρυλέες (2) sq. cf. D   746—7 asterisci ante
versus in A   ad Θ 390—1 (Ariston.), cf. sch. α 99 cum adnot. Dindorfii   ὅτι
(6) sq. sch. in A mutilatum, cf. app. crit.   746 a Et. Gen. (AB) δάμνησι:
. . . | ὁ Σιδώνιος (A, Ἰσίδωρος B) ἄνευ τοῦ ῑ, ὁ δὲ Ἀρίσταρχος σὺν τῷ ῑ, fort.
ex hyp. Iliad., cf. h(M¹): τὸ δ. ὁ Σιδώνιος ἄνευ τοῦ ῑ γράφει, ὁ δὲ Ἀρίσταρχος
μετὰ τοῦ ῑ. De lectione Aristarchea cf. Friedl., Ariston. 10, 1; Ludwich, A. H. T.

---

90 ἐν T, γάρ φησιν ἐν b (fort. rectius)   91 πολίτας susp., ὁπλίτας Eust., fort.
recte   92 φερούσης b   93 δὲ T γὰρ b   94 τὸ κράνος om. b   95 ὅσσον τ'
Hom.   ἐννεάχιλοι T   εἶπε T εἰπών b   1 δὲ ἔδωκε T δέδωκε BE³E⁴ ἔδωκε C
4 ὀξέα T τὰ b   5 ἀεί sc. ὀξέα (sed verba ἢ μᾶλλον ἀεί fort. sunt sch. rec.)   6
le. addidi   ὅτι A, fort. οἱ ἀστερίσκοι, ὅτι   7 μετάκ. A, μετάκεινται καὶ εἰς τὴν
κόλον μάχην Frdl.   10 le. T supplevi (auctore Vill.), om. b   12 le. (= vulg.)
add. Ma.   14 le. add. Bk.

Ariston. **749** *a.* αὐτόματοι δὲ πύλαι ⟨μύκον οὐρανοῦ⟩: ὅτι πύλαι 15
οὐρανοῦ τὰ νέφη· ὁ γὰρ ὑπὲρ ταῦτα τόπος ὁμώνυμος τῷ στερεμνίῳ
οὐρανὸς καλεῖται. **A**

ex. | *Ariston.* *b.* ·πύλαι μύκον οὐρανοῦ, ἃς ἔχον Ὧραι: ἐπεὶ τὴν τῶν
οὐρανίων τάξιν καὶ τοὺς καιροὺς διοικοῦσιν· ἐμφαίνεται δὲ καὶ τὸ
ἀξίωμα τῶν θεῶν, εἴγε ἑκοῦσαι αἱ πύλαι εἴκουσιν αὐταῖς. | οὐρανὸν 20
δὲ τὸν ὑπὲρ τὰ νέφη τόπον. **b**(BCE³E⁴) **T**

ex. **752.** κεντρηνεκέας: τοὺς οὕτω φέροντας ἑαυτοὺς καὶ τοὺς ἐπι-
βάντας ὡς ὑπὸ κέντρου μαστιζομένους, παρὰ τὸ κέντρον καὶ τὸ ἐνεγ-
κεῖν. **b**(BCE³E⁴) **T**

Ariston. **754.** ⟨ἀκροτάτῃ κορυφῇ πολυδειράδος⟩ Οὐλύμποιο: ὅτι 25
ὄρος ὁ Ὄλυμπος, καὶ ὅτι ὑπερθετικὸν ἀντὶ ἁπλοῦ, ἀκροτάτη ἀντὶ
τοῦ ἄκρα. οὐ ζητητέον οὖν, πῶς τὸν †ὑπὲρ† τὰ νέφη τόπον ἀκρο-
τάτην εἴρηκε κορυφήν· λέγει γὰρ ἄκραν οἱανδήποτε. **A**

ex. **757** *a.* οὐ νεμεσίζῃ Ἄρη: χαριέντως τὸν υἱὸν ἁμαρτάνοντα
παρὰ γνώμην τοῦ κυρίου κολάζειν οὐκ ἐπιχειρεῖ. πῶς οὖν Ἀθηνᾶ 30
τοῦτο οὐκ ἀναμένει; ὅτι οὐκ ἴδιον Ἀφροδίτης πόλεμος· καὶ Ζεὺς „οὔ
τοι, τέκνον ἐμόν, δέδοται πολεμήϊα ἔργα" (E 428). **b**(BCE³E⁴) **T**

Did. *b.* ⟨τάδε καρτερὰ ἔργα:⟩ οὕτως Ἀρίσταρχος. ἄλλοι δὲ
„τάδε ἔργ' ἀΐδηλα". **A**ⁱᵐ

1, 260, 7; Valk II 174 n. 393   **749** *a* ad B 458 (Ariston.), cf. Eust. 604, 29.
40; vide Isid. orig. 14, 8, 9; — νέφη (16) Su. π 3169: . . . πύλας οὐρανοῦ
Ὅμηρος τὰ νέφη λέγει, ad Θ 393 *a*, cf. Porph. antr. nymph. 27   ὁ γὰρ (16)
sq. ad A 497 *b*¹   *b* — διοικοῦσιν (19) cf. Eust. 604, 28; vide Et. Gud. 580, 17
(sim. EM. 823, 15)   **752** cf. D, Or. 80, 9: κεντρηνεκέας· παρὰ τὸ συνεχῶς
κεντρίζεσθαι, fort. sec. scholia   **754** — Ὄλυμπος (26) ad A 44 *a*   καὶ ὅτι
(26) — ἄκρᾳ (27) ad A 176 (Ariston.), cf. Ge (ex **h**?): Ὄλυμπον δὲ λέγει τὸν
ὑψηλὸν τόπον   οὐ ζητητέον (27) sq. cf. Lehrs Ar.³ 164   **757** *b* ad E 872
(Did.), cf. Ap. S. 16, 29: ἀΐδηλον· . . . ποτὲ δὲ τὸν ἀδηλοποιόν, „ὡς δ' ὅτε πῦρ
ἀΐδηλον ἐπιφλέγει ἄσπετον ὕλην" (cf. B 455) καὶ „ὦ πάτερ, οὐ νεμεσίζει ὁρῶν
τάδε ἔργ' ἀΐδηλα, / ὁσσάτιόν τε καὶ οἷον ἀπώλεσε λαὸν Ἀχαιῶν". Vide Butt-

---

15 le. A suppl. Vill., fort. αὐτόμ. δὲ delenda   ὅτι A, ἡ διπλῆ, ὅτι Vill.   **18**
ἐπεὶ T ἐπὶ **b**   **19** καὶ¹ om. **b**   διοικ. T διακρίνει **b**   καὶ² (ante τὸ) om. E⁴
20 ἑκοῦσαι om. C   **21** τὸν T νῦν τὸν **b**   τόπον T λέγει τόπον **b**   22 sq.
τοὺς¹ et ἑαυτ. — ἐπιβ. om. T   23 μαστ. et κέντρον καὶ τὸ om. T   25 le. A
suppl. Vill.   ὅτι A, ἡ διπλῆ, ὅτι Vill.   26 sq. ἀκροτάτη et ἄκρα A em. Bk.
27 ὑπὸ Lehrs, fort. recte   28 κορυφήν Lehrs, κεφαλὴν τοῦτ(ην) A   **31** ὅτι
οὐκ **b** ὅτι οὐχ T   καὶ T ὡς καὶ **b**   32 πολεμ. **b** πολεμήϊα T   ἔργα om. T
33 le. add. Ldw.   οὗτος A em. Ddf.

35 759 a. ἔκηλοι: δασυντέον· | παρὰ γὰρ τὸ εἴκων ἐγένετο, ὅπερ   *Hrd.* | *Orus (?)* |
ἐστὶ σημαντικὸν τοῦ ὑποχωρῶν καὶ ἡσυχάζων. ὁ δὲ ὑποχωρῶν καὶ   *Hrd.*
ἡσυχάζει. | ἄλλως τε τὸ ē πρὸ τοῦ k̄ δασύνεται μὴ ὂν ἐκ κλίσεως ἢ
προθέσεως ἢ μεμελετηκὸς ἀφαιρεῖσθαι, οἷον „ἑκάς" (E 791 al.), Ἑκάτη.
οὕτως ἄρα καὶ ἔκηλος. μάχεται τὸ ἐκεχειρία, ὅπερ οὐκ ἔχει γνήσιον
40 τὸ k̄, ἀπὸ τοῦ ἔχειν γενόμενον. A

b. ἔκηλοι: δασυντέον· τὸ γὰρ ē πρὸ τοῦ k̄ δασύνεται, εἰ μὴ   *Hrd.*
ἐκ κλίσεως εἴη, σεσημειωμένου τοῦ ἐκεχειρία. b(BCE³) T

760. τέρπονται Κύπρις τε: πιθανῶς, ἵνα μὴ δοκῇ μάτην τε-   *ex.*
τρῶσθαι. b(BCE³E⁴) T

45 763. ⟨πεπληγυῖα:⟩ ὅτι ἀντὶ τοῦ πλήσσουσα τῷ παθητικῷ. Aⁱᵐ   *Ariston.*

764. ⟨τὴν δ' ἀπαμειβόμενος προσέφη νεφεληγερέτα Ζεύς:⟩   *Ariston.*
ὅτι ἔνιοι γράφουσι „τὴν δ' αὖτε προσέειπε πατὴρ ἀνδρῶν τε θεῶν
τε". Aⁱᵐ

765 a. ἔπορσον Ἀθηναίην: ἄνωθεν κατασκευάζει τὴν τρῶσιν   *ex.*
50 Ἄρεως. ἄλλως τε τὸν ταραχώδη ἢ τῆς συνέσεως προεστηκυῖα κατα-
λύει. b(BCE³E⁴) T

b. ἄγρει: λαβέ, φέρε, ἄγε. T   *ex. (?)*

770—2. ὅσσον δ' ἠεροειδὲς ἀνὴρ ἴδεν ⟨———— ὑψηχέες ἵπ-   *ex.*
ποι⟩: διὰ τοῦ ὀξυτάτου τοῦ ἐν ἡμῖν ἐδήλωσε τὸ τάχος τῶν ἵππων·
55 ὅσον γάρ τις ἐκτείνει τὴν ὄψιν εἰς τὸν παρὰ θάλασσαν ἀτενίζων ἀέρα
μηδενὸς ἀντικόπτοντος, ἀλλὰ τοῦ ὁρωμένου παντὸς ἀέρος ὄντος,
τοσοῦτόν ἐστι τὸ βῆμα τῶν θείων ἵππων ὁρμώντων. b(BCE³E⁴) T

mann I 233   759 a/b ad Λ 75 b (Hrd.)   πρὸ τοῦ k̄ δασύνεται (37, resp. 41)
cf. Lex. spir. 216   a παρὰ γάρ (35) — ἡσυχάζει (37) ex Oro (vel Orione?),
cf. Et. Gen. (A [bis], B) ἔκηλος· ... | Ὧρος δὲ παρὰ τὸ εἴκω τὸ ὑποχωρῶ·
ἡσυχάζει γὰρ ὁ ὑποχωρῶν (ὧρος sq. om. Aᴵ), cf. Beiträge 102   763 ad B
264 a (Ariston.)   764 ad E 814 (Ariston.)   765 b ἄγε cf. D, Ap. S. 6, 20,
Eust. 605, 41; vide ad Λ 512 (ex.)   770—2 aliter Ge: οἷον ὅσον ἐπεκτείνεται
ὁ ὀφθαλμὸς βλέψαι, originis incertae, fort. sch. rec.   μηδενός (56) — ἀέρος
ὄντος (56) cf. Eust. 606, 23; aliter Porph. 2, 115, 2. Vide Ps. Longin. De subl.

37 ὂν Bk., ὧν A   41 le. Ddf., οἱ δὲ ἔκηλοι T, τὸ ἔκηλοι b (pars interpretamenti)
42 σεσ. τοῦ T, σεσημείωται τὸ b (fort. rectius)   ἐκκεχειρία T   45 le. add. Bk.
45 et 47 ὅτι A, ἡ διπλῆ, ὅτι Vill.   46 le. add. Vill.   47 γράφ. cp. (γρ)
A   αὖτε Bk., εὖτε A   49 σκευάζει T   50 ἄρεος C   ἄλλως] καλῶς Ma.
(vix aptum)   53 sq. le. T supplevi, om. b (ubi sch. ad E 770 revocatum est)
54 ὀξ. — ἡμῖν T ἐν ἡμῖν ὀξυτάτου b   56 ἀντιπίπτοντος b   57 ἐστι T ἐστὶ
φησὶ C φησὶν ἐστὶ BE³E⁴

ex.   **770.** ἠεροειδές: τὸ τοῦ ἀέρος εἶδος. b(BCE³E⁴) T

D   {ὅσσον δ'} ἠεροειδές {ἀνήρ} : ἀναπεπταμένου ——— ἐμποδίζοντος· ἢ ἀερῶδες σκοτεινόν {ἧχι ῥοάς}. **A** 60

ex.   **772.** ὑψηχέες ἵπποι: ὑψαύχενες ἤτοι εἰς ὕψος ἀειρόμενοι μετὰ ἤχου· ἄριστοι γὰρ οἱ κυμβαλίζοντες ἵπποι. b(BCE³E⁴) T

Ariston. | ex.   **774.** ἧχι ῥοὰς Σιμόεις συμβάλλετον ἠδὲ Σκάμανδρος: ὅτι τὸ κατ' ἀμφοτέρων ῥῆμα μεταξὺ τῶν ὀνομάτων τέταχεν· ἔδει γὰρ 'ἧχι ῥοὰς Σιμόεις καὶ Σκάμανδρος συμβάλλετον'. τούτῳ δὲ τῷ ἔθει 65 πεπλεόνακε καὶ Ἀλκμάν· διὸ καὶ καλεῖται Ἀλκμανικόν, οὐχ ὅτι αὐτὸς πρῶτος ἐχρήσατο, ἀλλ' ὅτι τῷ τοιούτῳ ἔθει πεπλεόνακε. A | τὸ δὲ σχῆμα προεπίζευξις· προθεὶς γὰρ ἓν ὄνομα †δυϊκὸν ἐπάγει πληθυντικὸν καὶ λοιπὸν ἀναπληροῖ τῇ ἐπαγωγῇ· A b(B, C[bis], E³E⁴) T „ἦ μὲν δὴ θάρσος μοι ⟨Ἄρης τ' ἔδοσαν καὶ Ἀθήνη⟩" (ξ 216), A 70 „ἔνθα μὲν εἰς Ἀχέροντα Πυριφλεγέθων τε ῥέουσι / Κωκυτός τε" (κ 513—4), „εἰ δέ κ' Ἄρης ἄρχωσι μάχης καὶ Φοῖβος Ἀπόλλων" (Υ 138). A b(B, C[bis], E³E⁴)   ἀλλαχοῦ δὲ „μεσσηγὺς Σιμόεντος ἰδὲ Ξάνθοιο ῥοάων" (Z 4). A b(BCE³E⁴)

Ariston.   **776 a.** ⟨ἠέρα πουλύν:⟩ ὅτι ἀντὶ τοῦ πολλὴν σκοτίαν. Aᵢₙₜ 75

9, 5; ad N 20   **770** cf. sch. ν 366   **772** — ἀειρόμενοι (61) ad Ψ 27 (ex.), cf. Or. 153, 30 (Et. Gen. = EM. 785, 50)   ὑψαύχενες (61) = D (vide Valk II 622 n. 195)   κυμβαλίζοντες (62) cf. Valk I 520   **774** brevius Eust. 606, 37; — Ἀλκμανικόν (66) cf. Porph. 1, 231, 1, Eust. 1762, 35; — Ἀλκμάν (66) cf. Su. α 1290: Ἀλκμανικὸν εἶδος· ὅπερ πεπλεόνακε παρὰ Ἀλκμᾶνι, τὸ κατ' ἀμφότερα ῥῆμα μεταξὺ τῶν ὀνομάτων τεταχέναι. καὶ παρ' Ὁμήρῳ· „ἧχι ῥοὰς Σιμόεις συμβάλλετον ἠδὲ Σκάμανδρος", Beiträge 178; Valk II 214; — πεπλεόνακε (66) ad Υ 138 (Ariston.), cf. sch. κ 513, sch. Pind. P. 4, 318 b, Hrd. rhet. fig. 101, 19, Lesbon. 35, 15 (test.)   προεπίζευξις (68) Anon. fig. 154, 16   **776** deest diple ante versum in A, fort. neglegentia scribae   a/b ἀντὶ τοῦ πολλὴν (75 et 76) cf. Eust. 607, 11   a πολλήν (75) ad Κ 27 (Ariston.), cf. sch. δ 709. Vide ad B 742 (Ariston.); Λ 752; sch. Soph. O. C. 1676   σκοτίαν (75) ad P 644. 649

58 le. T, ἠεροειδὲς δὲ coni. cum scholio praecedenti b   εἶδος ἔχον Ma., fort. recte   **59** (le.) ὅσσον δ' et ἀνήρ del. Bk.   **60** ἧχι ῥοάς (= le. sch. E 774 hic iteratum) del. Vill.   **61** ὑψαύχ. ἤτοι om. E⁴   **61** sq. μετὰ ἤχου post ὕψος E⁴   **63** le. T, ἧχι ῥοάς: A, om. b   ὅτι A, fort. ἡ διπλῆ, ὅτι   **64** τὸ Su., om. A   ἀμφότερα Su.   **65** ἧχι scripsi, ἧιχι A (cf. Su.)   **66** αὐτὸς A, οὗτος dub. propos. Frdl., αὐτῷ Horn   **67** sq. τὸ δὲ σχ. προεπίζ. A, προεπίζευξις τὸ σχῆμα bT, fort. rectius   **68** sq. fort. (ἓν ὄν.) ἑνικὸν δυϊκὸν ῥῆμα ἐπάγει ἢ πληθυντικὸν καὶ τὸ λοιπὸν ἀναπληροῖ τῇ ἐπαγωγῇ ἑτέρου ὀνόματος, cf. Anon. fig. l. c.   **70** ἄρης — ἀθήνη, addidi   **71** πυριφλεγ. — κωκ. τε om. A   πυριφλεγέθοντα C (primo loco)   κωκυτός θ' Hom.   **72** ἄρχουσι b   καὶ φοῖβος ἀπ. om. A   **73** μεσσηγὺς et ἰδὲ Hom., μεσσηγὺ et ἠδὲ Ab   **75** le. add. Ddf.   ὅτι A, fort. ἡ διπλῆ, ὅτι

b. ἤρα πουλύν: ἀντὶ τοῦ πολλήν· ἀεὶ γὰρ θηλυκῶς φησι   *ex. (Ariston.?)*
καὶ τὸ σκότος δηλοῖ. τὸ δὲ ἐπὶ τοῦ συνήθους ἅπαξ εἶπε „δι᾽ ἤερος
αἰθέρ᾽ ἵκανεν" (Ζ 288). b(BCE³) T

777. τοῖσι⟨ν⟩ δ᾽ ἀμβροσίην Σιμόεις: ποιητικοῦ κάλλους ἴδια   *ex.*
80 ταῦτα, ὡς καὶ ἐπὶ τοῦ λέχους τοῦ Διός (sc. Ζ 347—9). καλῶς δὲ οὐχ
ὁ Σκάμανδρος ἀνέτειλεν· Τρωσὶ γὰρ βοηθὸς οὗτος. b(BCE³E⁴) T

778. τρήρωσι πελειάσιν ἴθμαθ᾽ ὁμοῖαι: τὴν ὁρμὴν καὶ τὴν   *ex. | ex. | ex.*
πτῆσιν· ἄτοπον γὰρ τρυφερῶς βαδίζειν τὰς εἰς πόλεμον ἐσκευα-
σμένας. b(BCE³E⁴) T | ἄλλως· καλῶς τῶν βουλομένων λαθεῖν τὰ ἴχνη
85 περιστεραῖς εἴκασεν· ἀφανῆ γὰρ τὰ τῶν περιστερῶν ἴχνη καὶ Ἀρι-
στοτέλης λέγει (fr. 154 R.). | ἄλλως· πρὸς τὸ καθαρὸν καὶ ταχύ· b
(BCE³) T   ὅτι γὰρ καὶ ταχύ, δῆλον ἀφ᾽ οὗ τὴν κομιδὴν τῆς ἀμ-
βροσίας πεπίστευται (sc. μ 63). T

784. ⟨στᾶσ᾽:⟩ περισπαστέον· ἔστι γὰρ τὸ πλῆρες στᾶσα. Aᵢⁿᵗ   *Hrd.*
90 785 a. ⟨Στέντορι:⟩ ὅτι ἐνταῦθα μόνον μνημονεύει{τ} τοῦ Στέν-   *Ariston.*
τορος. Aⁱᵐ

b. Στέντορι: τινὲς αὐτὸν Θρᾶκά φασιν, Ἑρμῇ δὲ περὶ μεγα-   *ex.*
λοφωνίας ἐρίσαντα ἀναιρεθῆναι· αὐτὸν δὲ εὑρεῖν καὶ τὴν διὰ κόχλου
μηχανὴν εἰς τὰς μάχας. A b(BCE³E⁴) T   ἀλλ᾽ ἔθος Ὁμήρῳ τοῖς
95 παροῦσιν εἰκάζειν τοὺς θεούς. b(BCE³E⁴) T   τινὲς δὲ Ἀρκάδα
1 φασὶν εἶναι τὸν Στέντορα καὶ ἐν τῷ Καταλόγῳ (an post B 609?)
πλάττουσι περὶ αὐτοῦ στίχους. AT

(Ariston.), cf. sch. ι 144   *b* — φησι (76) vide ad Θ 50   ἀεὶ γὰρ θηλυκῶς
(76) cf. sch. Hsd. th. 697 (vide M. L. West ad Hsd. th. 9); aliter Ap. S. 12, 8,.
Ep. Hom. (An. Ox. 1, 185, 19. 1, 191, 7, sim. Et. Gen. [AB] ἤέρα), Serv. Verg.
A. 3, 585   778 fort. exstabat sch. Herodiani de accentu v. πελειάσιν, ad Φ
493   τὴν ὁρμὴν (82) — ἐσκευασμένας (83) cf. Porph. 1, 86, 14. 2, 56, 1   ἀφανῆ
γὰρ (85) — ἴχνη cf. Eust. 607, 1   785 a ἐνταῦθα μόνον (90) vide ad Γ 54
(Ariston.)   *b* cf. Eust. 607, 29; Roemer, Philol. 70, 1911, 161, 2; Wecklein, Zusätze
6 et Zen. Ar. 84; Cantarella 109. Vide ad B 609—11; — ἀναιρεθῆναι (93) cf.

76 le. Bk., περὶ δ᾽ ἤέρα πολὺν ἔχευεν T, om. b   77 εἶπεν B   ἀέρος b   79
le. T suppl. Li (qui habet τοῖσιν δ᾽ ἀμβρ.), om. b   81 ἀνέτειλε b   γὰρ T
γὰρ ἦν b   85 sq. τὰ — λέγει T αὐτῶν τὰ ἴχνη ὡς ἀριστοτέλης b   86
ἄλλως — καὶ ταχύ T ἢ καὶ διὰ τὸ καθαρὸν ἢ διὰ τὸ ταχύ b   87 ταχύ sc. τὸ
θηρίον   89 le. add. Bk.   90 le. addidi (auctore Vill.)   ὅτι A, ἡ διπλῆ,
ὅτι Vill.   τ del. Vill.   92 le. A, στέντορι εἰσαμένη T, om. b   θρῆκά
T φασιν om. A   93 ἐρίσ. λέγουσιν ἀν. b   εὑρεῖν om. b   94 μηχανὴν —
μάχας T, μηχανὴν εἰς τὰς μάχας εὑρεῖν b, γραφὴν A (cf. Eust. τὴν ἐκ κόχλου
βαφὴν ἢ μᾶλλον τὴν διὰ κόχλου βοὴν ἐν ταῖς μάχαις)   ἀλλ᾽ ἔθος T ἔθος δὲ
b   τοῖς T τοῖς μὴ b   1 φασὶν εἶναι] φασὶ A   2 post στίχους lac. indicavit
Roe. l. c.

Did.   **786.** ὃς τόσον αὐδήσασχ' ὅσον ἄλλοι πεντήκοντα: ἔν τισιν οὐκ ἦν ὁ στίχος διὰ τὴν ὑπερβολήν. A b(BCE³E⁴) T

Hrd.   **787** *a.* ⟨ἐλέγχεα:⟩ ἐλέγχεα ὡς „τείχεα" (B 691 al.)· οὐ γὰρ νῦν ἐπιθετικόν. Aⁱᵐ

Did.   *b.* ⟨κάκ' ἐλέγχεα:⟩ 'Αρίσταρχος „†κακκελέχεες†". τὸ δὲ ἑξῆς διχῶς, „εἶδος ἄριστοι" καὶ εἶδος ἀγητοί. Aⁱᵐ

ex.   *c.* κάκ' ἐλέγχεα: ὡς καὶ 'Αλέξανδρον „λώβην" (Γ 42). T

ex. (?)   *d.* εἶδος ἀγητοί: τῷ εἴδει μόνον θαυμαστοί. A

ex.   **788.** πωλέσκετο δῖος 'Αχιλλεύς: οὐκ ἐᾷ λήθῃ δίδοσθαι τὸ ὄνομα τοῦτο ὁ ποιητής. b(BCE³) T

Ariston.   **789.** πυλάων Δαρδανιάων: τῶν Σκαιῶν· b(BCE³E⁴) T φησὶ γὰρ „ἀλλ' ὅσον ἐς Σκαιάς τε πύλας καὶ φηγὸν ἵκανον" (l 354). b (BCE³E⁴)

D   **790.** ⟨οἴχνεσκον:⟩ ἐπορεύοντο. Tⁱˡ

ex.   **795** *a.* ἕλκος ἀναψύχοντα: γυμνοῦντα πρὸς τὸ ἀποψῆν τὸν λύθρον. b(BCE³E⁴) T

Ariston. | ex.   *b.* ἕλκος ⟨———⟩ τό μιν βάλε Πάνδαρος ἰῷ: οὐ τὸ ἕλκος ἔβαλεν, εἰργάσατο δὲ ἕλκος βαλών, ὡς τὸ „νεκρὸν ἄγοι προτὶ ἄστυ, τὸν ἔκτανε δῖος 'Αχιλλεύς" (Ω 151), ὅ ἐστι κτανὼν νεκρὸν εἰργάσατο. | ἀνδρείου δὲ καὶ καρτερικοῦ τὸ μὴ ἀναχωρῆσαι εἰς τὰς ναῦς μετὰ τὸ τραῦμα. b(BCE³E⁴) T

Ariston.   *c.* ⟨ἕλκος ἀναψύχοντα, τό μιν βάλε Πάνδαρος ἰῷ:⟩ ὅτι ἰδίως εἴρηκεν ἀντὶ τοῦ ὃ βαλὼν ἕλκος ἐποίησεν. Aⁱᵐ

W. F. Otto, Die Götter Griechenlands³, Francofurti 1947, 124   **786** cf. Eust. 607, 31; Duentzer, Zen. 159, 4   **787** *a* cf. Ep. Hom. (An. Ox. 1, 136, 4)   *d* cf. D   **788** cf. Eust. 608, 7   **789** nullum signum ante versum in A   τῶν Σκαιῶν (13) sq. ad. Z 237. l 354. Χ 6. 194 (Ariston.), cf. Lehrs Ar.³ 223; vide ad B 809 (Ariston.), Γ 145 (D). Η 22 (Ariston.); Goedhardt 79; — Σκαιῶν (13) cf. Eust. 608, 10; plura Diog. ap. He. (δ 262): Δαρδάνιαι πύλαι· αἱ τῆς 'Ιλίου, ἤτοι ἀπὸ Δαρδάνου κληθεῖσαι ⟨ἢ⟩ (add. Herwerden) διότι ἐπὶ τὴν Δαρδανίαν χώραν ἔφερον. τὰς δὲ αὐτὰς καὶ Σκαιὰς "Ομηρος καλεῖ, fort. partim e scholiis   **791** fort. exstabat sch. Didymi (Aristarchus vid. scripsisse νῦν δ' ἔκαθεν), ad Ν 107 *b*   **795** *b/c* cf. Lehrs Ar.³ 61. Vide ad Π 511   *b* ad Ω 151

---

3 le. T, om. Ab   3 sq. ἔν τισι δὲ coni. cum scholio praecedenti (v. στίχους) A 4 ὑπερβολήν AT, ὑπερβολὴν ταύτην τὴν ψυχράν BCE³, ψυχρὰν ταύτην ὑπερβολήν E⁴   5 le. addidi (auctore Vill.)   7 le. addidi (auctore Vill.) κακ' ἐλεγχέες Bk., κακελεγχέες Lehrs (fort. recte)   11 (le.) πωλ. Ma. (Vill.) cl. sch. D, πολέσκετο T (ut Tᶜᵒⁿᵗ)   14 ἵκανεν Hom.   16 le. add. V   17 ἀποψῆν T ἀποβαλεῖν b   19—23 le. et sch. coni. cum scholio praecedenti T, dist. et le. suppl. Ma., le. om. b   19 sq. οὐ τὸ ἕλκος δὲ sq. coni. cum scholio praecedenti b   20 ἔβαλλεν C εἰργάσ. — βαλών T ἀλλὰ βαλὼν εἰργάσατο ἕλκος b ἄγειν b 21 ὅ ἐστι T πάντως γὰρ ὁ b   21 sq. εἰργ. νεκρόν E⁴   22 sq. ἀναχωρ. post τραῦμα b   24 le. add. Vill.   24 ὅτι A, ἡ διπλῆ, ὅτι Vill.

796. ⟨ὑπὸ πλατέος τελαμῶνος:⟩ ὅτι τελαμῶσιν ἐπὶ τῶν ἀσπί- *Ariston.*
δων ἐχρῶντο. A^int

797 *a.*[1] ⟨τῷ τείρετο:⟩ Ἀρίσταρχος τῷ τείρετο, ἄλλοι δὲ „τῷ *Did.*
τρίβετο‟. A^im

30   *a.*[2] Ἀρίσταρχος τείρετο, b(BCE³E⁴) T   αἱ δὲ κοιναὶ
„τρίβετο‟. b(BCE³) T

798. ἴσχων: ὡς λέγων, ἔχων· AT^il   οὐδὲ γὰρ δύναται ὀξύ- *Hrd. | ex. (?)*
νεσθαι ὡς δευτέρου ἀορίστου· ἄνευ γὰρ τοῦ ῑ ἐλέγετο ἂν σχών. | ζη-
τεῖται, πότερον ἴσχων ὡς τρέχων ἢ ὡς νοῶν· εὑρέθη γὰρ ἴσχηκα ὁ
35 παρακείμενος. ἀλλὰ τοῦτο οὐδὲν συμβάλλεται πρὸς τὴν Ὁμηρικὴν
ἀνάγνωσιν· παρ᾽ αὐτῷ γὰρ πάντα τὰ κινήματα ὡς ἀπὸ βαρυτόνου
„ἴσχεσθ᾽ Ἀργεῖοι‟ (Γ 82), „ἴσχον γὰρ πυργηδόν‟ (Ο 618), ἥ τε
πληθυντικὴ μετοχὴ „χεῖρας {τ᾽} ἀνίσχοντες‟ (Θ 347). A

799. ἱππείου δὲ θεὰ ζυγοῦ ἥψατο: ἄκρως τὸ ἀνθρώπινον ἦθος *ex.*
40 μεμίμηται· τοῦτο γὰρ γίνεται καὶ νῦν. b(BCE³E⁴) T

800. ἢ ὀλίγον οἵ παῖδα ⟨ἐοικότα γείνατο Τυδεύς⟩: ὅτι οὐ *Ariston.|Hrd.*
λέγει κατά τι ὅμοιον, ἀλλ᾽ ἀντὶ τοῦ οὐδὲ ὅλως ὅμοιον. AA^int | τὸν δὲ
ἢ περισπαστέον· βούλονται γὰρ αὐτὸν ἰσοδυναμεῖν τῷ δή καὶ βεβαι-
ωτικὸν εἶναι· τοιοῦτος γὰρ ὁ κατ᾽ ἀρχὴν ἦ. τὴν δὲ ἀντωνυμίαν ὀρθο-
45 τονοῦσιν, ἐπεὶ εἰς σύνθετον μεταλαμβάνεται. A

801. Τυδεύς: τῇ ἐπαναλήψει τοῦ ὀνόματος ηὔξησε τὸν Τυδέα. *ex.*
b(BCE³) T

(Ariston.)   **796** ad B 388 *a*   **797** cf. Valk II 611   **800** — ὅλως ὅμοιον
(42) cf. D, Or. 119, 23; sch. Pind. Ol. 1, 55 c. 10, 26 c. 10, 112 b, N. 10, 147 a,
sch. Eur. Or. 393, sch. Ar. pac. 764, av. 1636, sch. Thuc. 1, 33, 2, [Hrd.] Phil.
61   τὸν δὲ ἢ (42) sq. ad A 229 (Hrd.), vide ad A 156 *a* (test.)   τὴν δὲ
ἀντωνυμίαν (44) sq. ad Λ 239. N 542. Υ 418. Φ 507 (Hrd.), cf. Ap. Dysc. pron.
36, 11. 41, 30, synt. 199, 4   ὀρθοτονοῦσιν (44) h. e. circumflectunt, cf. Ap.
Dysc. pron. 81, 2: ἐπὶ δὲ τοῦ „ἢ ὀλίγον οἵ παῖδα‟ (E 800) περισπῶμεν· ὅθεν ὡς
παράλογον ὁ Σιδώνιος ὤξυνεν, ᾗ αἱ ὁμοιοκατάληκτοι καὶ ὁμότονοι κατὰ πᾶν
πρόσωπον (originis incertae), ib. 82, 15: (οἵ . . .) εἴρηται ὡς ὀρθοτονουμένη περι-
σπᾶται   εἰς σύνθετον (45) ad A 368 b¹   **801** cf. Eust. 610, 38

26 le. addidi (auctore Vill., Frdl.)   ὅτι A, ἡ διπλῆ, ὅτι Vill.   **28** le. add. Vill.
30 ἀρίστ. b, τῷ τρίβετο (= T^cont): ἀρίσταρχος T   **32** le. (sine signo lemmatis) T,
ἂν δ᾽ ἴσχων: A   λέγων om. T; cf. μ 165 al.   ἔχων cf. A 14 al.   **34** erat εἴσχηκα,
cf. Schulze, Quaest. ep. 44 not.   **38** τ᾽ del. Ddf.   **39** (le.) θεὰ ζυγοῦ Ddf., ζυγοῦ
θεὰ T (et T^cont), le. om. b   **39** sq. τοῦ ἀνθρωπίνου ἤθους μέμνηται b   **40** καὶ
νῦν post γὰρ b   **41** le. A suppl. Vill.   (le.) ἢ Frdl., ᾗ A   ὅτι AA^int, ἡ διπλῆ,
ὅτι Vill.   **43** τῷ Bk., τὸ A   **44** ῆ Bk., ε̄ A   **46** le. Bk., τυδεύς τοι T, om.
b, sch. fort. ad E 800—01 referendum   ηὔξηται τυδεύς b

ex.   **802—4.** ⟨καί ῥ'⟩ ὅτε πέρ μιν ⟨ἐγὼ⟩ πολεμίζειν οὐκ εἴασκον
⟨——— Καδμείωνας⟩: καὶ ὅτε ἐγὼ αὐτὸν ἀπετρεπόμην, ἐκεῖνος ὅμως
μαχητὴς ἦν, ἡνίκα ἦλθεν ἄγγελος εἰς Θήβας. τὸ δὲ ἑξῆς ἀσύνδετον. 50
b(BCE³E⁴) **T**

ex. | *Nic.* (?) | *ex.*   **803—7.** οὐδ' ἐκπαιφάσσειν ⟨——— ἐνίκα⟩: †φανεροῦν ἑαυ-
τόν, ἀλλ' ἐν ἀγγέλου σχήματι μένειν. | δύναται δὲ εἰς τὸ ἐκπαιφάσ-
σειν (803) εἶναι στιγμή, εἶτα ἀπὸ ἄλλης ἀρχῆς ὅτε τ' ἤλυθεν ἐς
Θήβας (cf. 803—4), ἐκέλευον μὲν ἐγὼ δαίνυσθαι, ὁ δὲ ἐπολέμει. **b** 55
(BCE³E⁴) **T** | τὸ δὲ ἐκπαιφάσσειν γίνεται παρὰ τὸ **T**   φῶ τὸ
φαίνω φάσσω, ἀναδιπλασιασμὸς παφάσσω, πλεονασμὸς παιφάσσω,
οἱονεὶ φανερῶ, ὡς πτῶ πταίνω παπταίνω. **b**(BCE³E⁴) **T**

ex.   **806—7.** αὐτὰρ ὁ θυμὸν ἔχων κρατερόν ⟨——— ἐνίκα⟩: ὑπερ-
βολή, εἴγε καὶ ὑπὸ τῆς πολεμικωτάτης θεοῦ κελεύεται ἡσυχάζειν, **b** 60
(BCE³E⁴) **T**   ὁ δὲ οὐκ εἴκει, ἀλλὰ πολεμεῖ, **T**   ὡσὰν ἄμετρον
ἔχων ὁρμήν. **b**(BCE³E⁴) **T**

Ariston.   **807.** κούρους Καδμείων προκαλίζετο, πάντα δ' ἐνίκα: ὅτι
Ζηνόδοτος ὑποτάσσει τούτῳ στίχον „ῥηϊδίως· τοίη οἱ ἐγὼν ἐπιτάρ-
ροθος ἦα" (= E 808). ἐναντιοῦται δέ· ἡ γὰρ Ἀθηνᾶ οὔ φησι παρο- 65
τρύνειν, ἀλλὰ κωλύειν (cf. E 802 et 805). κατήχθη δὲ οὐ δεόντως ἐκ
τοῦ Ἀγαμέμνονος λόγου (sc. Δ 390). **A**

803—7 — μένειν (53) cf. Et. Gen. (AB) παιφάσσουσα·... ἀντὶ τοῦ οὐκ εἴων ἐκφανῆ
αὐτὸν καὶ περιφανῆ ποιεῖν τοῖς Θηβαίοις, ἀλλ' ἐν τῷ τοῦ ἀγγέλου σχήματι μένοντα
(EM., μένοντι B, om. A) συνευωχεῖσθαι (B, συνεωχεῖσθαι A). αὐτὸς δὲ τῇ ἐμφύτῳ
(ἐκφύτῳ A) αὐτοῦ ἀνδρείᾳ (ἀνδρίᾳ B) ἐκφερόμενος (συνεκφερόμενος A) προεκαλεῖτο
τοὺς Θηβαίους, incertum an ex hyp. Iliad.   γίνεται παρὰ τὸ φῶ (56) sq. fort.
doctrina Orionis, cf. Or. 136, 30 et 125, 9 (Et. Gen. l. c., pars sec.)   807 ad
Δ 390 (Ariston.). Vide ad B 318 (Ariston.), E 808 (Did.); cf. Roemer, Mus.

---

48 sq. le. T supplevi, om. **b** (ubi sch. ad E 802 revocatum est)   **49** αὐτὸν ἐγὼ
b   ὅμως ἐκεῖνος **b**   **50** ἡνίκα — Θήβας pone ἀπετρεπόμην (49) **b**   τὸ δὲ ἑξῆς sc. E
805 (ut vid.)   **52** le. T supplevi, ἐκπαιφάσσειν δὲ **b** (ubi verba ἐκπαιφάσσειν δὲ τὸ
φανεροῦν ——— ἐπολέμει [55] in fine scholii, sc. post v. παπταίνω [58], posita
sunt)   φανερ. T τὸ φανεροῦν **b**, οὐ φανεροῦν Ma.   **53** σχήμ. μένειν T μᾶλλον
εἶναι σχήματι **b**   **54** ὅτε τ' T τὸ ὅτ' **b**   ἤλυθεν: — **b**   **54** sq. ἐς θήβ. T,
ὅτε ἦλθε φησὶν εἰς θήβας (initium scholii separati) **b**   **55** ἐγὼ μὲν ἐκέλ. **b**   ἐ-
πολέμει: — CE³E⁴   **57** φάσσω καὶ ἀναδ: C   ἀναδιπλασιασμῷ **b**   πλεο-
νασμῷ BE³E⁴ καὶ πλεονασμῷ C   **59** le. T supplevi, om. **b** (qui sch. ad E 806
rettulisse vid.)   **59** sq. ὑπερβολὴ δὲ coni. cum scholio praecedenti (v. ἐπολέ-
μει) B   **62** ὁρμήν T δύναμιν **b**   **63** ὅτι A, ἡ διπλῆ (sc. περιεστιγμένη), ὅτι
Vill.   **65** ἐναντιοῦται δέ sc. τοῖς προκειμένοις, cf. sch. sequens   **66** κατήχθη
susp., μετήχθη Frdl. (recte ut vid.), μετηνέχθη Cob.

807—8. πάντα δ' ἐνίκα ⟨/ ῥηϊδίως ——— ἦα⟩: πάντα κοῦ-   ex. | Did.
ρον· ἦ τὰ ἀγωνίςματα. | οὐ καθόλου δὲ εὑρέθη ἐν τοῖς Ἀριστάρχου
70 τὸ ῥηϊδίως· τοίη τοι ἐγὼν ἐπιτάρροθος ἦα (808)· ἐναντίον γὰρ
ἐστι τοῖς προκειμένοις. b(BCE³E⁴) T

808. ⟨ῥηϊδίως· τοίη οἱ ἐγὼν ἐπιτάρροθος ἦα:⟩ τοῦτον τὸν   Did.(?) vel ex.(?)
στίχον οὐχ εὑρῆσθαι καθόλου φασὶν ἐν ταῖς Ἀριστάρχου· καὶ γὰρ
ἀντιπράττει καὶ πρὸς τὸ ,,δαίνυσθαί μιν ἄνωγον ἐνὶ μεγάροισιν ἔκη-
75 λον" (E 805), καὶ οὐχ οἷόν τε ἐπιφέρειν ,,σοὶ δ' ἤτοι μὲν ἐγὼ παρά θ'
ἴσταμαι ἠδὲ φυλάσσω" (E 809). Aint

809. σοὶ δ' ἦ τοι μὲν ἐγὼ παρά θ' ἴσταμαι: ἐκ τῆς ἀντι-   ex.
παραθέσεως ἤλεγξεν αὐτόν· b(BCE³E⁴) T   φησὶ γὰρ ,,καί σε
προφρονέως κέλομαι Τρώεσσι μάχεσθαι" (E 810). T

80 811. κάματος πολυᾶϊξ ⟨γυῖα δέδυκεν⟩: ἐκ γὰρ πολλῆς κινή-   ex.
σεως ὁ κάματος. b(BCE³E⁴) T   τὸ δὲ δέδυκεν ἀντὶ τοῦ ἐκάκω-
σεν. T

812 a. ἦ νύ σέ που: ὁ ἦ ὀξύνεται· διαζευκτικὸς γάρ. φυλάσσεται   Hrd.
δὲ ἡ ὀξεῖα διὰ τὸ ἐπιφερόμενον νύ ἐγκλιτικόν, ὃ καὶ αὐτὸ ἔσχεν ὀξεῖαν
85 διὰ τὴν σέ ἐγκλιτικὴν οὖσαν. A

Rhen. 66, 1911, 350   807—8 — ἀγωνίσματα (69) cf. Eust. 610, 45   808
Aª cuius codicis verba digna sunt quae notentur: οὗτος ὁ στίχος οὐδαμῶς εὑρί-
σκεται ἐν τῷ Ἀριστάρχῳ· καὶ γὰρ — φυλάσσω, de verbis Didymi cf. Ludwich,
A. H. T. 1, 261, 5 (sch. a m. prima codicis A scriptum esse censeo); Gnom.
37, 1965, 536. Vide ad E 807. Ceterum suspiceris sch. Aristonici exstitisse
docentis versum (a Zenodoto additum) asterisco et obelo ornandum esse, vide
ad Δ 390; cf. Roemer, Zen. 711, Wecklein, Zusätze 73 et Zen. Ar. 92. Aliter
Valk II 493   811 — κάματος² (81) cf. Eust. 611, 5   812 diple ante versum
in A, fort. erat sch. Aristonici de v. δέος (vide ad E 223); Wismeyer 19   a
fort. excidit pars scholii Herodiani, cf. Ap. Dysc. pron. 39, 17: ... καὶ ἐπὶ
μὲν συντάξεως ,,ἦ νύ σέ που δέος ἴσχει"· τὸ γὰρ ποῦ ἐγκλιτικὸν αἴτιον τοῦ τὴν
σέ ὀξύνεσθαι, Hrd. 1, 551, 10 (= B. A. 1142): ὁ μὲν γὰρ ἦ ὀξύνεται διὰ τὸ νύ
ἐγκλιτικόν, τὸ δὲ νύ διὰ τὴν ἀντωνυμίαν τὴν σέ, ἡ δὲ σέ ἀντωνυμία διὰ τὸν
ποῦ παραπληρωματικὸν σύνδεσμον, ad Λ 719 a; Ap. Dysc. de coni. 249,
18, Hrd. 1, 563. 12; Beiträge 366. 400. At vide sch. α 62. 170   ὁ ἦ (83) sq.
Ge (fort. ex h)   διαζευκτικὸς (83) ad E 885—7. Z 438—9. Κ 174, cf. sch.
δ 546. ι 273. λ 403. 459 (Hrd.), Ap. Dysc. de coni. 216, 5. Vide ad Γ 239—40
(Hrd.)   ἡ ὀξεῖα (84) ... ὀξεῖαν (84) ad Δ 539 a. Z 289. Λ 249. 719. Ν 15 a.
Ο 165, cf. sch. ν 276. π 91, Ep. Hom. (An. Ox. 1, 323, 23, Et. Gud. 439, 46,

68 le. T supplevi, om. b (ubi sch. ad E 807 revocatum est)   69 καθόλου δὲ
οὐχ Wil., at cf. sch. E 808   ἐν τοῖς ἀριστ. T παρὰ ἀριστάρχῳ b   70 τοι om.
E⁴   ἐπιτάροθος T   72 le. add. Ldw.   77 τῆς T τῆς τοιαύτης b   78 ἐλέγχει
b, fort. rectius   80 le. T supplevi, om. b   81 κάματος T κόπος b   84
ἐγκλ. ὄν, ὃ Ge   85 τὴν A τὸ Ge

ex. | D   *b.* ἀκήριον: ἄψυχον, ἀσθενές. σημαίνει δὲ καὶ ὑγιὲς καὶ ἄνο-
σον καὶ ἀθάνατον, | νῦν δὲ **T**   εἰς ἀψυχίαν ἄγον. b(BCE³E⁴) **T**

x   **813.** ⟨ἔκγονος⟩: ὁ υἱός, ἔγγονος ὁ υἱωνός. **A**

Ariston.   **814.** ⟨τὴν δ' ἀπαμειβόμενος προσέφη κρατερὸς Διομή-
δης:⟩ ὅτι ἔνιοι ,,τὴν δ' αὖτε προσέειπε ⟨✶✶✶⟩". **Aⁱᵐ**   90

Did.   **818.** {ἀλλ' ἔτι} σῶν {μέμνημαι}: Ἀρίσταρχος ,,σέων" γρά-
φει. **T**

Hrd.   **824** *a.* μάχην ἀνὰ κοιρανέοντα: οἱ μὲν ἀνέστρεψαν, ἵνα γένη-
ται ἀνὰ τὴν μάχην. Ἀρίσταρχος δὲ παρῃτήσατο τὴν ἀνὰ ἀναστρέ-
ψαι, ὁπότε μὴ σημαντικὴ εἴη τοῦ ἀνάστηθι, ἵνα μὴ συνεμπέσῃ τῷ   95
,,Ζεῦ ἄνα Δωδωναῖε" (Π 233). ἔστι δὲ καὶ νῦν ἐκεῖνον προσθεῖναι τὸν   1
λόγον ὡς ὅτι ὅταν πρόθεσις ἀντὶ ἑτέρας προθέσεως παραλαμβάνηται,
οὐκ ἀναστρέφεται, ,,ἀλλ' ὅδ' ἀνὴρ ἐθέλει περὶ πάντων ἔμμεναι" (A
287), ,,θεῖναι Ἀθηναίης ἐπὶ γούνασι" (Z 92). οὕτως οὖν κἀνθάδε
δύναται ἡ ἀνὰ ἀντὶ τῆς κατά. **A**   5

D   *b.* μάχην ἀνὰ κοιρανέοντα: αἱ προθέσεις ἀντιπαραλαμ-
βανόμεναι ἀλλήλων τοὺς οἰκείους τόνους τηροῦσιν. **T**

D   τὸ ἀνὰ ἀντὶ τῆς κατά. **Aⁱᵐ**

ex.   **827.** μήτε σύ γ' Ἄρηα τό γε δείδιθι μήτε τιν' ἄλλον: οὐ
καθολική, ἀλλὰ πρὸς τὸ παρὸν προτρεπτικὴ ἡ παραίνεσις. b(BC   10
E³E⁴) **T**

EM. 638, 15) al. Vide ad E 252 *b* (Hrd.); Wackernagel II 1090   *b* — ἄνοσον
(86) cf. Wilamowitz, Sapph. Sim. 273, 2; — ἀσθενές (86) cf. sch. Ap. Rh.
2, 197   **813** incertum an doctrina Ar. Byz., cf. Et. Gen. (AB) ἔγγονος καὶ
ἔκγονος διαφέρουσι· ἔκγονος (καὶ ἔκγ. διαφ. ἔκγ. om. A) ὁ υἱός, ἔγγονος (B,
ἔκγονος A) δὲ ὁ τοῦ υἱοῦ υἱός, ὃν Ὅμηρος υἱωνὸν καλεῖ· ,,υἱός θ' υἱωνός τε Διὸς
νεφεληγερέταο" (ὃν sq. om. A; E 631), Et. Gud. 441, 4 Stef. (test.), sim. Amm.
161, Eran. 166, D, Eust. 611, 9; Dimpfl 36   **814** ad E 764 (Ariston.); cf.
Ludwich, A. H. T. 1, 134   **824** *a* — τὴν μάχην (94) cf. Ap. S. 30, 21: ... ἡ
δὲ πρόθεσις κατὰ ἀναστροφὴν ,,γινώσκω γὰρ Ἄρηα μάχην ἀνὰ κοιρανέον-
τα" Ἀρίσταρχος (94) — Δωδωναῖε (1) ad E 332 *a*¹ (Hrd.), cf. Lehrs, Quaest.
ep. 72; Wackernagel II 1195   ἀνάστηθι (95) cf. Ep. Hom. (An. Ox. 1, 51, 4);
at vide D ad Γ 351, Ap. S. 30, 15   ἔστι δὲ (1) sq. ad A 258 *a*¹ (Hrd.)   ἡ
ἀνὰ ἀντὶ τῆς κατά (5) = D ap. De Marco I p. 379, cf. D ad A 10, Ap. S. 30, 16

87 τὸ εἰς ἀψ. σε ἄγον φησίν b, fort. rectius   88 le. addidi (auctore Vill.)   ὁ
υἱός sq. a m. pr. in mg. exteriore scriptum   89 sq. le. add. Frdl.   90
ὅτι A, fort. ἡ διπλῆ, ὅτι   lac. indic. Spitz. verbis supplens βοὴν ἀγαθὸς
διομήδης cl. B 563 al.   91 (le.) ἀλλ' ἔτι et μέμνημαι auctore Bk. delevi   93
(le.) ἀνὰ κοιρ. Lehrs, ἀνακοιρανέοντα A   94 παρῃτήσατο A em. Vill.   8
τὸ] ἡ D   9 (le.) τό γε Ma., τόν γε (= Tᶜᵒⁿᵗ) T (le. om. b)

830. ⟨τύψον δὲ σχεδίην μηδ' ἄζεο θοῦρον Ἄρηα:⟩ ἐγγύθεν D
αὐτοῦ, πλησίον. οὕτως αὐτοῦ καταφρόνησον, μὴ μακρόθεν ἐπ' αὐ-
τὸν βαλών. A^im

15   831 a.¹ τυκτὸν κακόν: οὐ φυσικόν, ἀλλὰ κατ' ἐπιτήδευσιν. T ex.
a.² οὐ μόνον, φησί, φυσικόν, ἀλλὰ καὶ ἐπιτηδευτόν. b(BC
E³E⁴)
b. ἀλλοπρόσαλ⟨λ⟩ον: σύνθετόν ἐστι· διὸ οὐ κατ' ἰδίαν Hrd.
ὁ τόνος τῆς πρώτης λέξεως λέγεται, ὁμοίως δὲ τῷ „ἀλλοθρόους"
20 (α 183 al.), „ἀλλοειδέας" (cf. ν 194). A
832. ⟨στεῦτ':⟩ πρὸς τὸ στεῦτο, ὅτι τὸ κατὰ διάνοιαν διωρί- Ariston.
ζετο ἡ λέξις σημαίνει. A^im
834. ⟨νῦν δὲ μετὰ Τρώεσσιν ὁμιλεῖ:⟩ ὅτι ἀντὶ τοῦ ἐν τοῖς Ariston.
Τρωσίν †ἐστι† μετὰ τῶν Τρώων. A^im
25   836 a. ⟨πάλιν:⟩ ὅτι ἀντὶ τοῦ εἰς τοὐπίσω. A^im   Ariston.
b. ἐμμαπέως: συντόμως παρὰ τὸ μάρψαι, ἢ ἐρρωμένως. T ex.
838—9. ἐμμεμαυῖα ⟨θεὰ ——— ἄνδρα τ' ἄριστον⟩: ἀθε- Ariston.
τοῦνται στίχοι δύο, ὅτι οὐκ ἀναγκαῖοι καὶ γελοῖοι καί τι ἐναντίον ἔχον-
τες. τί γάρ, εἰ χείριστοι ἦσαν ταῖς ψυχαῖς, εὐειδεῖς δὲ καὶ εὔσαρκοι; A

830 D ap. De Marco I p. 379; sim. Ge: μὴ μακρόθεν αὐτὸν τρώσας, ἀλλ' ἐκ
τοῦ σύνεγγυς. Vide ad O 386. P 202   831 a cf. D, sch. ρ 206, Ap. S. 156,
2   832 ad B 597 (Ariston.)   διωρίζετο (21) = D   834 cf. Lehrs, Quaest.
ep. 88   μετὰ τῶν Τρώων (24) cf. sch. Eur. Phoen. 1408   836 a ad B 276 a
(Ariston.), cf. D. Vide ad E 257 a   b aliter Philox. in sch. ξ 485; Or. 51, 14;
Eust. 612, 42; cf. D   838—9 cf. D ap. De Marco I p. 379: βριθοσύνη· βάρει
(= D ad E 839). | ἀθετοῦνται δὲ οἱ δύο· εἰ γὰρ ἐβάρησεν, κατέαξεν ἄν. εὔηθες
δὲ καὶ τὸ „ἄνδρα τ' ἄριστον" (839)· βαρύνουσιν γὰρ οἱ μεγάλοι, ἀλλ' οὐχ (οὐχ
De Marco, οὐκ cod.) οἱ ἄριστοι, fort. pars doctrinae Aristarcheae. Vide Antim.

12 le. addidi (auctore Vill.)   12 sq. ἐγγύθεν — πλησίον] ἐγγύθεν, ἐκ τοῦ πλη-
σίου D   14 βάλλων D   16 φησὶ φυσ.] φυσικὸν κακόν E⁴   18 le. ἀλλοπρό-
σαλον: A suppl. Vill.   20 ἀλλοειδέα Hom.   21 le. addidi (auctore Vill.)   πρὸς
A, ἡ διπλῆ πρὸς Vill.   23 le. add. Frdl.   ὅτι A, ἡ διπλῆ, ὅτι Vill.   24
ἐστι A, οὐ Lehrs, recte ut vid.   25 le. add. Bk.   ὅτι A, ἡ διπλῆ, ὅτι Vill.
27 le. ἐμμεμαυῖα: (voce βριθοσύνη fort. a m. sec. subscripta) A suppl. Vill.

ex.   **838.** μέγα δ' ἔβραχεν ἄξων: ἐμψύχως, ὡς καὶ ἐπὶ τοῦ ,,ἔκλαγ- 30
ξαν δ' ἄρ' ὀϊστοί" (Α 46). b(BCE³) T

Did.   **839.** ⟨ἄνδρα τ' ἄριστον:⟩ διὰ τοῦ δέ αἱ Ἀριστάρχου, ,,ἄνδρα
δ' ἄριστον". A^{im}

Ariston.   **842.** ἤτοι ὁ μὲν Περίφαντα ⟨πελώριον ἐξενάριζεν⟩: ὅτι ἀπὸ
τῶν ἀνδρῶν σκυλεύοντα τὸν Ἄρη ποιεῖ, καὶ ὅτι τινὲς γράφουσιν 35
,,ἐξενάριξεν". συντελικὸν δὲ γίνεται, δεῖ δὲ παρατατικῶς· καὶ γὰρ
ἐπιφέρει ,,τὸν μὲν Ἄρης ἐνάριζε μιαιφόνος" (Ε 844) ἀντὶ τοῦ ἀνήρει. A

ex.   **843.** Ὀχησίου: Ὀχήσιος υἱὸς Οἰνέως, ὡς Νίκανδρος ἐν τοῖς
Αἰτωλικοῖς (fr. 8a, p. 130, 1). κατὰ Διομήδους οὖν ἡ τοῦ Ἄρεως
πρᾶξις. b(BCE³) T   40

ex.   **845 a.** δῦν' Ἄϊδος κυνέην: ἐπὶ τῷ πρὸ τῆς πληγῆς λαθεῖν.
ἀμέλει μετὰ τὴν πληγὴν ὁρᾶται ὡς καὶ τὸν Ἄρεα λέγειν κατ' αὐτῆς
πρὸς τὸν Δία (sc. Ε 875—84). b(BCE³E⁴) T

ex. (?)   **b.** Ἄϊδος κυνέην: νέφος, δι' οὗ οἱ θεοὶ ἀλλήλοις ἀφανεῖς
γίνονται. A^{im}   45

fr. 58 W., Anon. incred. XXI (p. 98)   **838** fort. exstabat sch. Didymi de
v. l. ,,πηδίνος", EM. 669, 39: πηδάλιον· πῆδός ἐστιν εἶδος δένδρου, οἷον ,,μέγα
δ' ἔβραχε πήδινος ἄξων". λέγεται οὖν πῆδος (an πηδός?) ἡ πλάτη διὰ τὸ ἐκ
πήδου κατασκευάζεσθαι ξύλου (brevius Et. Gen. [AB] πηδάλιον· πηδὸς μὲν
ἡ πλάτη διὰ τὸ ἐκ τοῦ πήδου κατασκευάσθαι [fort. κατεσκευάσθαι] ξύλου. ἐκ
τούτου καὶ πηδάλιον. πῆδος δέ ἐστιν εἶδος δένδρου. ἢ παρὰ τὸ πηδᾶν ἐν τῇ ἁλί),
incertum an partim quidem ex hyp. Iliad., cf. Eust. 613, 9: οἱ δὲ παλαιοὶ ἀντὶ
τοῦ φήγινος ,,πήδινος" γράφουσιν εἰπόντες ὅτι πῆδος εἶδος ξύλου. ὅθεν καὶ πηδὸς
ἡ πλάτη ὡς ἐκ τοιούτου ξύλου σκευασθεῖσα, He. s. πῆδος (an πηδός?)· τὸ πλατὺ
τῆς κώπης, ἀπὸ τοῦ παίειν. οἱ δὲ πήδινον εἶναι ξύλον εὔθετον πρὸς τὴν τῆς κώπης
κατασκευήν. γράφουσι δὲ καὶ ἐν ἐκείνῳ ,,μέγα δ' ἔβραχε πήδινος"   **841** in
A^{cont} hunc versum sequitur v. Ε 846, scholio rec. a m. rec. in marg. interiore
scripto verbis hisce: ἐν ἄλλῳ οὗτος ὁ στίχος μετὰ τέσσαρας στίχους κεῖται   **842**
— ποιεῖ (35) cf. Lehrs Ar.³ 178   καὶ ὅτι (35) — ἐξενάριξεν (36) ad Λ 368 b;
cf. Duentzer, Zen. 79   δεῖ δὲ παρατατικῶς (36) ad N 443 b. O 240 (Did.)   **843**
cf. Eust. 613, 44   **845 b** cf. Eust. 613, 24; sim. Diog. ap. He. α 1756; D, Et.

30 le. T, μέγα δ' ἔβραχε ἄ. V, om. b; fort. μέγα δ' ἔβραχε φήγινος ἄξων (ut
Hom.)   ἐμψύχως — τοῦ T ἐμψύχως τὸ ἔβραχεν, ὡς τὸ b   **32** le. add. Vill.
34 le. ἤτοι ὁ μὲν περὶ φάντα: A em. et suppl. Vill.   ὅτι A, ἡ (δὲ) διπλῆ, ὅτι Vill.
38 οἰνέως υἱὸς ὡς φησι b   **39** sq. ἡ — πρᾶξις T καὶ αὕτη τοῦ ἄρεως (ἄρεος C)
πρᾶξις b   **41** τῷ] τὸ C   **42** sq. λέγειν post δία b

849. ἰθὺς Διομήδεος: ὡς „εὐθὺ τῆς σωτηρίας" (Ar. pac. 301). T *ex.*

850—5. οἱ δ' ὅτε δὴ σχεδὸν ⟨——— Διομήδης⟩: δύναται μὲν *ex.*
Ἄρει μονομαχεῖν Ἀθηνᾶ, φυλάσσει δὲ τὸν πόλεμον εἰς ἄλλον καιρὸν
(sc. Φ 391—414) ὁ ποιητής. b(BCE³E⁴) T

50 **851.** ὠρέξαθ' ὑπὲρ ζυγόν: τινὲς ἀντὶ τῆς ὑπό, ἵνα λαθὼν αὐ- *ex.*
τὸν τρώσῃ. b(BCE³E⁴) T

852. ⟨ἐλέσθαι:⟩ γράφεται „ὀλέσσαι". Aⁱᵐ *Did. (?)*

856 a. ἔγχεϊ {χαλκείῳ}: εἴρηται περὶ τῶν τοιούτων δοτικῶν, *Hrd.*
πότε κατὰ διάστασιν, ὡς νῦν, καὶ πότε κατὰ συναλιφήν, καὶ ὅτι τὸ
55 μέτρον πολλάκις αἴτιον· καὶ τὰ ἀντικείμενα, καίτοι γε μέτρου μὴ
ἐμποδίζοντος, ὡς τὸ „πλήθει πρόσθε βαλόντες" (Ψ 639). A

b. ἐπέρεισε δὲ Παλλὰς Ἀθήνη: μόνον ὁρμᾶται {διομή- *ex.*
δης} καὶ b(BCE³E⁴)   μόνον ὄνομα τρώσεως ἔχει ὁ Διομήδης. δύο
οὖν παρίστησι, καὶ τοὺς ἀσθενεῖς τῶν κρειττόνων ποιῶν κρατεῖν κατὰ
60 προστασίαν θεῶν καὶ τοὺς ἀτακτοῦντας κολάζων. b(BCE³E⁴) T

857 a. νείατον ἐς κενεῶνα: κατὰ τὸ ἔσχατον τῆς λαγόνος ἤτοι *ex.*
τὸ ἐνδότατον. b(BCE³E⁴)   εἰ οὖν ἑπταπέλεθρος ὁ Ἄρης (cf. Φ
407), πῶς φθάνει τὸ δόρυ Διομήδους τρία πλέθρα; ὅτι νῦν ἀνδρὶ εἴ-
κασται· „καὶ νῦν οἱ πάρα κεῖνος Ἄρης βροτῷ ἀνδρὶ ἐοικώς" (E 604).
65 b(BCE³E⁴) T

b. νείατον ἐς κενεῶνα, ὅθι ζωννύσκετο μίτρην: ὅτι *Ariston. | Did.*
κατὰ τὰ κοῖλα μέρη ἐζώννυντο τὴν μίτραν· καὶ ἔστιν διδασκαλικὸς ὁ
τόπος. | ὁ δὲ Ἀρίσταρχος „μίτρη" κατὰ δοτικήν. ἐν δέ τισι τῶν
ὑπομνημάτων „ὅθι †τελέσκετο μίτρη". A

Gen. (B, deest A) Ἄϊδος κυνέην   849 cf. sch. Eur. Hipp. 1197; Amm.
202   851 — ὑπό (50) ad Z 15. Λ 748. Ξ 32. O 225. Π 1. 27. T 93. X 97 (ex.),
vide ad Γ 460 (Ariston.); cf. D ad E 865 al.   856 a ad Λ 297 b (Hrd.), cf.
Ep. Hom. (An. Par. 3, 314, 30, An. Ox. 1, 22, 6, Et. Gud. 185, 1 Stef., EM.
136, 12)   εἴρηται (53) fort. in libro qui inscribebatur Π. παθῶν, cf. Hrd.
2, 310, 21   857 a — ἐνδότατον (62) cf. D, D ad E 284, Or. 79, 16   ἔσχατον
(61) ad I 153 (Hrd.)   εἰ οὖν (62) sq. vide ad Φ 407 (ex.)   b (Did.) et c

47 le. T supplevi, om. b (scholio relato ad v. E 853 et pone sch. E 851
posito)   δύναται μὲν b δυναμένη T   **48** sq. ἄλλον — ποιητής T, ἕτερον
ὁ ποιητὴς καιρόν b   **50** sq. ἵνα τρώσῃ αὐτὸν λαθών b   **52** le. (= Aᶜᵒⁿᵗ)
addidi   **53** (le.) χαλκ. del. Bk.   εἴρηται cf. test. (scholii initium fort.
mutilatum)   **54** πότε¹ Lehrs, ποτὲ A, ὅτι ποτὲ Bk.   πότε² Lehrs, ποτὲ
A   **56** τὸ Bk., τῶι A   **57** le. T, om. b   **57** sq. διομήδης delevi   **58**
ὄν. — διομ. T ἔχει τρώσεως ὄνομα b   **59** παρίστ. b ποιεῖ T   **59** sq. κατὰ πρ.
θεῶν T διὰ προστασίας θεοῦ b   **61** le. T, om. b   κατὰ τὸ ἔσχ.] εἰς τὸ ἔσχατον
μέρος E⁴   **62** οὖν om. T   ἑπτάπλεθρος T   **63** φθάνει (Bk., φθάνω T) —
πλέθρα T, τὸ δόρυ διομήδους (C, τὸ δ. διομήδεος BE³, τὸ διομήδους δόρυ E⁴) τρώ-
σαι αὐτὸν δύναται κατὰ κενεῶνος b   **64** καὶ — ἄρης T πάρα γὰρ οἱ κεῖνος ἄρης
φησὶ b   **66** le. Vill., νείατον ἐς κενεῶνα: ὅθι ζωννυέσκετο μίτρηι: A   ὅτι A,
ἡ διπλῆ, ὅτι Vill.   **67** ἐζωννύοντο Lehrs   **69** στελλέσκετο Bk.

Did.　　　　　c.¹ ὅθι ζων⟨ν⟩ύσκετο μίτρη⟨ν⟩: αἱ Ἀριστάρχου κατὰ 70
δοτικὴν †τὸ μίτρη†. ἔν τισι δὲ τῶν ὑπομνημάτων „ὅθι †τελέσκετο
μίτρη†". **T**

Did.+ rec. (?)　　c.² τὸ δὲ μίτρην κατὰ δοτικὴν Ἀρίσταρχος, Ἡρωδιανὸς
δὲ μετὰ τοῦ v̄, ὃ καὶ βέλτιον. **b**(BCE³E⁴)

Hrd.　　　862. ⟨τοὺς δ᾽ ἄρ᾽ ὑπὸ τρόμος εἷλεν:⟩ βαρυτονητέον τὴν ὑπό· 75
παρέλκεται γάρ. **A**ⁱᵐ

ex. (?)　　　863. ἔβραχ᾽ ⟨Ἄρης, ἄτος πολέμοιο⟩: ἐψόφησεν, ἐφώνησεν.
ἄτος δὲ ὁ βλαπτικός. **T**

Ariston.　　864. οἴη δ᾽ ἐκ νεφέων ἐρεβεννὴ ⟨φαίνεται ἀήρ⟩: πρὸς τὴν
πλοκὴν τοῦ ἑξῆς λόγου, οἷα φαίνεται ἀὴρ ἐκ νεφέων δυσαέος ἀνέμου 80
ὀρνυμένου ἐκ καύματος. **A**

D | D vel ex.　864—5. οἴη δ᾽ ἐκ νεφέων ἐρεβεννὴ φαίνεται ἀὴρ ⟨/ ————
ὀρνυμένοιο⟩: ὅταν γὰρ καυματώδους οὔσης τῆς ἡμέρας πρὸς ἀνα-
τολὴν ἢ δύσιν ὁ ἀὴρ μέλας δοκῇ, προσδοκῶσιν ἄνεμον. τὸ δὲ ἑξῆς
οὕτως· ἐκ καύματος ἀνέμου ὁρμήσαντος δυσαέος, | ὅ ἐστι σφοδροῦ. 85
b(BCE³E⁴) **T**

ex.　　　865. καύματος ἐξ ἀνέμοιο: γίνονται γὰρ καὶ καυσωνικαὶ πνοαὶ
κατὰ τὰς ἐαρινὰς καὶ θερινὰς ὥρας, ὅτε νότοι πνέουσιν. **b**(BCE³E⁴) **T**

ad Ζ 181 (Did.)　　b vide ad Π 419 c (ex.); — τόπος (68) vide ad Λ 234 a; cf.
Lehrs Ar.³ 123　　860 fort. exstabat nota Didymi referentis Aristophanem
Byz. ὅσσον δ᾽ ἐννεάχιλοι scripsisse, ad Ζ 148 a. Didymus praeterea annotavisse
videtur quosdam scripsisse ἐννεάχιλοι et δεκάχιλοι, cf. Eust. 614, 45: ... ἐὰν
δὲ διὰ διφθόγγου κατά τινας γράφεται, οὐ μόνον ἀδιανόητόν ἐστιν, ἀλλὰ καὶ πάνυ
σμικροπρεπές· τί γὰρ μέγα, ἐὰν ἐννέα χειλέων ἢ δέκα φωνὴν ὁ τοιοῦτος Ἄρης
ἀφίησιν, ὅπου γε ὁ θνητὸς Στέντωρ αὐδᾶν ἔχει, ὅσον ἄλλοι πεντήκοντα; Vide ad
Ζ 148 b (Did.?)　　862 ad Δ 423 (test.), E 178. Ζ 357. Ψ 561, cf. sch. δ 386.
ε 40 (Hrd.), Ap. S. 160, 27; Beiträge 398　　863 — ἐφώνησεν (77) cf. D ad
Δ 420 al.　ἐψόφησεν (77) = D ad Φ 9　ἄτος δὲ (78) sq. aliter D, D ad
E 388　864 diple ante versum 864 (non ante E 865) in A　864—5 cf. D
ap. De Marco I p. 379—80; — ἄνεμον (84) cf. Eust. 615, 29　865 cf. Ecl.

70 le.ὅτι ζωνύσκετο μίτρη: T suppl. Ma. (μίτρην iam V)　71 τὸ μίτρη] aut τὸ
μίτρην aut μίτρη　71 sq. τελέσκετο μ. cf. sch. b　73 sq. τὸ δὲ sq. pone sch. E 857 a
(coni. cum v. ἐοικώς) b　ἡρωδιανὸς susp.　75 le. addidi (auctore Vill.)　77
le. T supplevi　79 le. A suppl. Vill., φαίν. ἀήρ / καύματος — ὀρνυμένοιο add.
Frdl.　πρὸς A, fort. ἡ διπλῆ πρὸς　80 οἷα Nickau, οἷα A, οἷος Frdl.　82 sq.
le. T supplevi, om. b (ubi sch. ad E 865 revocatum est)　84 ὅ om. E⁴T　85
οὕτως om. D　ὁρμήσοντος BE³T　87 sq. γίνονται sq. cum scholio praecedenti
coni. b　88 καὶ θεριν. om. T

866—7. τοῖος Τυδείδη ⟨——— / φαίνεθ᾽⟩: γραφικῶς ἔχει Διο- *ex.*
90 μήδης τὴν ἄνοδον θεώμενος Ἄρεος. T

867 *a.* φαίνεθ᾽ ὁμοῦ νεφέεσσιν ⟨ἰὼν εἰς οὐρανὸν εὐρύν⟩: *Nic.*
διασταλτέον ἐπὶ τὸ νεφέεσσιν· οὐ γὰρ σὺν τοῖς νέφεσιν εἰς οὐρανὸν
ἀνῄει, ἀλλὰ κατ᾽ αὐτὰ γενόμενος ἑωρᾶτο, ἐξ οὗ τὸ τάχος παρίστησι
καὶ τοῦ θεοῦ τὴν δύναμιν. δύναται δὲ ὅλος συναπτόμενος ὁ στίχος
95 δηλοῦν ὅτι νέφεσι κεκαλυμμένος ἀπὸ γῆς ἀνήρχετο. A

1   *b.* ὁμοῦ νεφέεσσιν ⟨ἰὼν εἰς οὐρανὸν εὐρύν⟩: εἰς τὸ *D*
νεφέεσσιν διαστολή, ἵν᾽ ᾖ ἐγγὺς τῶν νεφῶν. Δημοσθένης (or. 25, 51)·
„Ἀθηναῖοι δέ εἰσιν ὁμοῦ δισμύριοι." οἱ δὲ συνάπτουσιν ὅλον, ἀντὶ
τοῦ ὑπὸ νεφῶν κεκαλυμμένος καὶ ἀνιὼν εἰς οὐρανόν. b(BCE³E⁴) T

5   870. ἄμβροτον αἷμα: οὐκέτι προσέθηκε τὸ „ἰχώρ" (E 340)· *ex.*
προεδίδαξε γὰρ ἡμᾶς (sc. E 340—2), τί ἐστιν ἰχώρ. b(BCE³E⁴) T

871 *a.*¹ καὶ ρ᾽ ὀλοφυρόμενος: κυρίως ὁ μετὰ τίλσεως τριχῶν *ex.*
θρῆνος παρὰ τὸ ὀλόψαι. T

*a.*² κυρίως ὀλοφυρμὸς ὁ μετὰ τίλσεως τριχῶν θρῆνος, παρὰ
10 τὸ τὰς οὔλας, ὅ ἐστι τὰς τρίχας, φύρειν. b(BCE³E⁴)

872. {τάδε} καρτερὰ ἔργα: γράφεται „ἔργ᾽ ἀίδηλα", ὅ ἐστι *Did.*
φθοροποιά. T

873. ρίγιστα: κακά, ἄνομα. T   *ex.*

874 *a.*¹ ⟨χάριν δ᾽ ἄνδρεσσι:⟩ οὕτως Ἀρίσταρχος μετὰ τοῦ δέ, *Did.*
15 χάριν δ᾽ ἄνδρεσσι. Aⁱᵐ

*a.*² Ἀρίσταρχος δὲ σὺν τῷ δέ γράφει. T

b. χάριν ἄνδρεσσι φέροντες: χαριζόμενοι ἀνθρώποις ἀλ- *ex.*
λήλους διατίθεμεν κακῶς, οὐχ ὑπ᾽ ἀνθρώπων δὲ πάσχομεν· ἀσθενεῖς
γὰρ οὗτοι. b(BCE³E⁴) T

(An. Ox. 2, 454, 19), fort. Seleuc. (Reitzenstein, Gesch. 172)   870 cf. Eust.
616, 11   871 ad Ψ 102 (ex.), cf. Or. 113, 19 (sim. Et. Gud. 426, 18, Or. Koes.
188, 3): ὀλοφυρόμενος· κυρίως τὸ μετὰ τιλμοῦ τῶν τριχῶν κλαίειν. Καλλίμαχός
φησι (fr. 573)· „ὀλόψατο χαίτας", ἀντὶ τοῦ ἔτιλλεν (fort. ἔτιλεν), in sede scholi-
orum   872 ad E 757 b (Did.)   873 cf. D (φρικτά), sim. Et. Gen. (= EM.
704, 7)   874 *a* alii scripserunt χάριν ἄνδρεσσι   *b* — ἀνθρώποις (17) cf. D

89 le. T supplevi   (le.) τυδείδης T em. V (om. v. τοῖος)   91 le. A suppl.
Vill.   93 ἑορᾶτο A em. Vill.   1 le. T supplevi, om. b   2 νεφέεσσι BE³E⁴
νεφέεσι C   δημοσθ. T καὶ δημοσθένης b   3 ἀθην. — δισμ.] εἰσὶν ὁμοῦ δισμύριοι
πάντες ἀθηναῖοι Dem.   4 τοῦ om. T   καλυπτόμενος b   καὶ εἰς οὐρανὸν
ἀνιὼν E⁴ (= D)   5 le. scripsi (auctore Bk.), δεῖξε δ᾽ ἄμβροτον αἷμα T, om. b
6 τί T ὁποῖόν τι BCE⁴ ὁ ποιητὴς τί E³   11 (le.) τάδε del. Bk.   14 le. (= vulg.)
addidi   16 ἀρίσταρχος δὲ sq. post sch. *b* (coni. cum v. οὗτοι) T, trans-
posui   17 χαριζόμενοί φησιν ἀνθρ. b   18 δὲ om. T   18 sq. ἀσθ. γ. οὗτ.
T, οὗτοι γὰρ ἀσθενεῖς πρὸς ἡμᾶς εἰσιν b (fort. rectius)

Ariston.   **875** *a*. σοὶ πάντες μαχόμεσθα· ⟨σὺ γὰρ τέκες ἄφρονα κού- 20
ρην⟩: ὅτι ἀντὶ τοῦ διὰ σέ, καὶ ὅτι ἐμφαίνει ὡς ἐκ μόνου τοῦ Διὸς γε-
νομένης τῆς ᾿Αθηνᾶς. **A**

Ariston. | ex.   *b*. σοὶ πάντες μαχόμεσθα: ἢ διὰ σέ, | ἢ σὺ πᾶσι πολέμιος
εἶ ταύτην ἐπιτρέπων ἀδεῶς καθ᾿ ἡμῶν. **b**(BCE³E⁴) **T**

ex.   *c*. σὺ γὰρ τέκες: ἀπλοϊκῶς. καὶ ἐπὶ ῾Ηφαίστου ,,ἀλλὰ τοκῆε 25
†δύο“ (θ 312). **b**(BCE³E⁴) **T**

D   **876** *a*.¹ ἀήσυλα: ἥδω ἥσω ἥσυλον καὶ ἀήσυλα, τὰ μὴ εὐφραί-
νοντα. **T**

          a.² ἥδω ἥσω ἥσυλον καὶ ἀήσυλον. δηλοῖ δὲ τὰ μὴ τέρποντα
καὶ ἥδοντα, μᾶλλον δὲ λυποῦντα. **b**(BCE³E⁴)   30

ex.   **877—8**. ἄλλοι μὲν γὰρ πάντες ⟨——— /⟩ σοί τ᾿ ἐπιπείθον-
ται: τῇ ἀντιπαραθέσει χαλεπωτέραν ἐποιήσατο τὴν κατηγορίαν.
διὰ δὲ τοῦ πειθηνίου τοὺς ἄλλους θεοὺς ἐπάγεται. **b**(BCE³E⁴) **T**

Ariston.   **878** *a*. σοί τ᾿ ἐπιπείθονται ⟨καὶ δεδμήμεσθα ἕκαστος⟩:
πρὸς τὸ σχῆμα· ἔδει γὰρ πειθόμεθα καὶ δεδμήμεθα ἕκαστος. **A**   35

ex.   *b*. σοί τ᾿ ἐπιπείθονται καὶ δεδμήμεσθα ἕκαστος: περὶ
πρόσωπον τὸ σχῆμα, ὡς παρὰ Εὐριπίδῃ (Or. 1483)· ,,διαπρεπεῖς
ἐγένοντο Φρύγες“, `b`(BCE³E⁴) **T**   ἕκαστος καλῶς μαχόμενος. **b**
(BCE³E⁴)

---

875 *a* διὰ σέ (21) = D, cf. Eust. 616, 35; sch. ι 19. ν 5. τ 378 (Ariston.);
Friedl., Ariston. 25; vide sch. (VW) Soph. El. 289 (ed. F. Benedetti in com-
mentario, qui inscribitur Bolletino del Comitato per la preparazione della
Edizione Nazionale dei Classici Greci e Latini [Accademia Nazionale dei
Lincei] N. S. XV [Romae 1967] 140); sch. (gloss.) Eur. Tro. 276; Lesbon. 47,
18   καὶ ὅτι ἐμφαίνει (21) sq. cf. D ad Θ 31; Serv. Verg. B. 2, 61; sch.
Bern. Verg. G. 1, 18 al.   876 T = D, cf. Eust. 617, 25   877—8 τοὺς
ἄλλους θεοὺς (33) at cf. Ap. Dysc. synt. 55, 17   878 *a* et *b* ad Z 71
(Did.), cf. Anon. sol. 199; Lesbon. 51, 3; Hrd. rhet. fig. 95, 30; Polyb. barb.
288, 13; [Hrd.] sol. 302, 13; aliter Eust. 617, 1. Vide ad Ο 256—7 (ex.),

---

20 sq. le. A suppl. Vill.   21 ὅτι A, ἡ διπλῆ, ὅτι Vill.   23 σὺ πᾶσι] πᾶσι
σὺ C   24 καθ᾿ ἡμῶν ἀδεῶς b   25 τὸ δὲ τέκες ἀπλοϊκῶς ὡς ἐπὶ (coni. cum
scholio praecedenti, v. ἀδεῶς) in b   26 δύω BE³E⁴ (= Hom.)   27 ἐκ τοῦ
ἥδω D   ἥσυλον T ἥσυλα D   27 sq. τὰ μὴ πρέποντα ἢ μὴ εὐφραίνοντα D   29 ἐκ
τοῦ ἥδω E⁴ (= D)   31 sq. le. T suppl. Ma., om. b (qui sch. ad E 877 revocavit)
32 παραθέσει b (auctor antiparathesin dicit ἄλλοι μὲν — ταύτην δὲ; at cf.
test.)   33 πιθηνίου BE³E⁴   τοὺς T καὶ τοὺς b   34 le. A suppl. Vill.
35 πρὸς A, fort. ἡ διπλῆ πρὸς   δεδμήμεθα Bk., δεδυμήμεθα A, δεδμήμεσθα Vill.
36 le. Vill., καὶ δεδμήμεθα ἕκαστος T, om. b   37 παρὰ εὑρ. T τὸ b   38 ἐγέν.]
τότ᾿ ἐγένοντο Eur.   φρύγ.] φρύγες, ὅσον ἄρεως ἀλκὰν ἥσσονες ἑλλάδος ἐγενόμεθ᾿
αἰχμᾶς (= Eur. Or. 1484—5) add. Ma.   καλῶς] fort. κακῶς

40   879. προτιβάλλεαι: ὑπερβάλλεις, νικᾷς, ὅπως ὑπακούοι σοι. *ex.*
b(BCE³E⁴) T
    880. ⟨ἀλλ᾽ ἀνιεῖς,⟩ ἐπεὶ αὐτὸς ἐγείναο παῖδ᾽ ἀίδηλον: *ex.*
τοῦτο δέδωκεν ἀφορμὴν Ἡσιόδῳ εἰπεῖν „αὐτὸς δ᾽ ἐκ κεφαλῆς" (th.
924)· νῦν γὰρ τὸ αὐτός ἀντὶ τοῦ μόνος φησίν, ὅπερ οὐκ οἶδεν ὁ ποι-
45 ητής, ἀλλὰ λέγει ἀνίεις αὐτήν, ἐπεὶ ἀίδηλον σὺ αὐτὴν ἐγέννησας, ὅ
ἐστι φθοροποιόν. b(BCE³E⁴) T
    881 *a.*¹ ὑπέρθυμον {διομήδεα}: αἱ Ἀριστάρχου „ὑπερφίαλον", *Did.*
οὐχ ὑπέρθυμον, ὥσπερ αἱ δημώδεις. A
    *a.*² Ἀρίσταρχος „ὑπερφίαλον". T^il
50   882. ⟨μαργαίνειν:⟩ ἐνθουσιᾶν, μαίνεσθαι. T^il   D
    883. Κύπριδα μὲν πρῶτον: ῥητορικὸν τὸ μὴ ἐκ τῶν οἰκείων *ex.*
ἄρχεσθαι κατηγοριῶν, ἀλλ᾽ ἐξ ἑτέρων ὡμολογημένων. A b(BCE³
E⁴) T
    884. ἐπέσσυτο δαίμονι ἶσος: ἐπιφθόνως καὶ κινητικῶς τοῦτό *ex.*
55 φησιν· ἢ ἀλαζονικῶς, ἵνα μὴ δοκῇ ὑπὸ τοῦ τυχόντος τετρῶσθαι, b
BCE³E⁴) T   ὡς καὶ ἑξῆς „ἀλλά μ᾽ ὑπήνεικαν ταχέες πόδες" (E
885). T
    885—7 *a.* ἤ ⸺⸺ ἤ: διαζευκτικοὶ ἀμφότεροι· διὸ ὀξύνονται διὰ *Hrd.*
τὰ ἐπιφερόμενα ἐγκλιτικά, χωρὶς εἰ μὴ ὁ δεύτερος βεβαιωτικός· καὶ
60 γὰρ τοῦτο μᾶλλον αἰτεῖ ἡ διάνοια. A

P 250 (Ariston.)   879 cf. D, Ap. S. 136, 14 (Apion. fr. 110 B.); aliter sch.
Ap. Rh. 4, 1045—46 *b*; Wifstrand, Krit. u. exeg. Bemerkungen zu Ap. Rh.,
Kungl. hum. Vetenskapssamf. Årsberättelse 1928—9, III (Lundii 1929) 103   880
ὅπερ οὐκ οἶδεν ὁ ποιητής (44) at vide ad Θ 99 (Ariston.); Lehrs Ar.³178; Roemer,
Ar. 147   ὅ ἐστι φθοροπ. (45) cf. D   881 ὑπερφίαλον (47 et 49) ad O 94 *b*,
cf. Lehrs Ar.³ 145; Valk II 609   882 cf. derivationem (fort. Orionis) ap. Eust.
617, 32. Vide Or. 97, 18   883 Ge: ⟨καρπῷ·⟩ (add. Nicole) λέγει δὲ τὸν κατά-
ξηρον τόπον (pone paraphrasim), originis incertae, fort. sch. rec.; cf. D ad
N 409   885—7 *a* ad Z 438—9 (Hrd.), K 174 (T), cf. sch. δ 546. ι 273. λ 459;
— ἐγκλιτικά (59) ad E 812 *a* (Hrd.)   διὰ τὰ ἐπιφερόμενα ἐγκλιτικά (58) ad

40 le. Bk., οὔτ᾽ ἔπεϊ προτιβάλλεαι T, om. b   ὑπακούῃ Ma.   42 le. T supp-
levi, om. b   43 sq. εἰπεῖν — φησίν T τὸ αὐτός ἀντὶ τοῦ μόνος λαβεῖν b   44
ἀντί] οὐκ ἀντί Roe. (Ar. 159), at auctor Hesiodum dicit   44 sq. ὅπερ—αὐτήν om. C
(supra ἐπεὶ add. m. sec.)   ὁ ποιητὴς οὐκ οἶδεν BE³E⁴   45 ἀνίεις sic codd.   ἀ-
ίδ. σὺ T καὶ σὺ ἀίδηλον b   45 sq. ὅ ἐστι φθορ. T ἤτοι ἐπιβλαβῆ b (fort. ex D)
47 (le.) διομήδεα delevi   50 le. add. V   μαίν. ἐνθους. D   51 le. AT, om.
b   52 ὡμολογουμένων C   54 καὶ om. b, fort. recte   55 ἢ ἀλαζ. om. E⁴
56 μ᾽ Ma., μοι T   58 le. Bk., ἤ τέ κε δηρόν: ἢ κεν ζῶς: A, fort. ἤ τέ κε — ἤ κε

ex.   *b.* ἦ τέ κε δηρόν ⟨———— τυπῆσι⟩: καὶ πῶς ἂν ὁ Ἄρης
ἔπασχε δεινὰ ἐν τοῖς νεκροῖς κείμενος; εἰ μὲν γὰρ ζῶν, πῶς ἐπιφέρει
διαστέλλων ἤ κεν ζὼς ἀμενηνὸς ἔα (887); εἰ δὲ καὶ τεθνηκώς, πῶς
θεὸς ἀποθανεῖν ἠδύνατο, ὡς καὶ ἀποθανὼν ἔπασχε δεινά; λύσις γὰρ
τῶν δεινῶν ὁ θάνατος. ῥητέον οὖν ὅτι ὁ δεύτερος ἢ ἀντὶ τοῦ εἰ συνα- 65
πτικοῦ κεῖται, ὡς τὸ „ὄφρα καὶ Ἕκτωρ / εἴσεται, ἢ καὶ ἐμὸν δόρυ μαί-
νεται ἐν παλάμῃσιν" (Θ 110—1). καὶ ὁ λόγος γίνεται· δεινὰ ἂν
ἔπασχον ἐν τοῖς νεκροῖς κείμενος, εἰ ζῶν ἀσθενὴς διὰ τὸ τραῦμα ἦν.
b(BCE³E⁴) T

ex.   886. ⟨αὐτοῦ πήματ' ἔπασχον:⟩ αὐτόθι δεινὰ ἂν ἔπασχον. T^il 70

Hrd.   887 *a.*¹ ζώς: τὸ ζώς ὁ Ἀσκαλωνίτης (p. 47 B.) ἀξιοῖ περισπᾶν,
οὐχ ὑγιῶς· μόνον γὰρ τὸ σῶς ἐστι περισπώμενον μονοσύλλαβον εἰς
ω̄ς λῆγον, ἀρσενικόν, γεγονὸς ἢ ἐκ τοῦ σόος, ὡς οἴεται Φιλόξενος, ἢ
ἐκ τοῦ σάος, ὅπερ κρεῖττον. εἰ δὲ ὁ Ἀσκαλωνίτης †ἀξιοῖ αὐτὸ† ἐκ τοῦ
ζωός, ἴστω ὅτι τὸ μὲν προκείμενον βαρύτονον ἦν, ἔνθεν περιεσπᾶτο 75
τὸ σῶς· τὸ δὲ ζώς ἐξ ὀξυνομένου, ὥς φησι, τοῦ ζωός †ἄμεινον δὲ†
ὀξύνειν, ἐγκλίνειν δὲ ἐν ταύτῃ τῇ ἀναγνώσει. ἡ μέντοι κλίσις αὐτοῦ

Z 260 (Hrd.)   *b* brevius Eust. 618, 7   ἀντὶ τοῦ εἰ (65) ad Γ 46—52 (Nic.).
Vide ad Θ 111   886 fort. exstabat sch. Aristonici (?) de v. νεκάδεσσι, cf.
Et. Gen. (AB): νεκάδες· Ὅμηρος εἴωθε λέγειν (sc. „νεκάδας") τὰς τῶν νεκρῶν
τάξεις, παρὰ τὸ (fort. τοὺς) νέκυας νεκυάδας τινὰς οὔσας. οἱ δὲ νεώτεροι καὶ τὰς
τῶν ὁπλιτῶν τάξεις οὕτω καλοῦσι, παρὰ τὸ νεῖκος, αἱ εἰς πόλεμον ἡτοιμασμέναι·
ἢ ἀχώριστοι· τὸ γὰρ ν̄ε̄ στερητικόν ἐστι, καὶ †καδεῖν (an κεκαδεῖν?) τὸ χωρῆσαι,
fort. ex hyp. Iliad.; He. ν 254: νεκάδεσσι· νεκυάδεσι, ταῖς τῶν νεκρῶν τάξεσι,
νεκροῖς. ἐλέγχεται δὲ ὁ Καλλίμαχος νεκάδας ψιλῶς τὰς τάξεις νενοηκὼς· „ἡδομένη
νεκάδεσσιν †ἐπισκυρῶν† πολέμοιο" (fr. 567); D. Vide ad O 118 (T)   887 *a/b*
Et. Gen. (AB) ζώς: ἀξιοῖ ὁ (ὁ om. A) Ἀσκαλωνίτης τοῦτο περισπᾶν, οὐχ (οὐχ
A, ὡς B) ὑγιῶς· μόνον γάρ ἐστι τὸ σῶς περισπώμενον μονοσύλλαβον ἀρσενικὸν
εἰς ω̄ς λῆγον, εἴτε ἀπὸ τοῦ σῶος γέγονεν εἴτε (εἴτε A, ἢ B) ἀπὸ τοῦ σάος· ὅπερ
ἄμεινον. εἰ δὲ ἐκ τοῦ ζωός ἀξιοῖ αὐτὸ περισπᾶν (περισπᾶν cp. AB), ἴστω ὅτι τὰ
ἐκ βαρείας καὶ ὀξείας πάλιν βαρύνονται. εἰ μέντοι κλίνει αὐτό, ἰσοσύλλαβον εὑρε-
θήσεται. γίνεται δὲ ἐκ τοῦ ζώω ζωός καὶ ζώς, fort. ex hyp. Iliad., cf. Eust.
618, 9: τὸ δὲ ζώς ἐκ τοῦ ζωός γίνεται κατὰ συναίρεσιν, οἷον „ζωὸς ἔην" (M 10)
καὶ „Ἄδρηστον ζωὸν ἕλε" (cf. Z 37—8)· διὸ καὶ ὀξύνεται ὡς ἐκ βαρείας καὶ ὀξείας
συναιρεθέν, εἰ καὶ ὁ Ἀσκαλωνίτης αὐτὸ περιέσπα, καθά φησιν Ἀπίων καὶ
Ἡρόδωρος. καὶ οὐκ ἔστιν ὅμοιον τῷ σῶς ὁ ὑγιής· ἐκεῖνο γὰρ ἐκ τοῦ σάος ἢ σόος
περιέσπασται, ὡς ἐξ ὀξείας καὶ βαρείας κραθέν   *a*¹ μόνον γὰρ (72) — ἀρσενικὸν
(73) cf. Choer. in Et. Gen. (AB) σῶζος   σόος (73) vel σάος (74) at cf. Hrd.
2, 420, 25   σάος (74) cf. Io. Alex. 7, 31 (Hrd. 2, 317, 25)   κλίσις (77) sq.

---

61 le. ἦτε κε δηρόν T supplevi, om. b (scholio ad v. E 886 relato)   63 ἢ κεν] εἰ
κεν BE³E⁴   ἔα om. b   64 θεὸς om. b, fort. recte   ἔπασχε T ἔτι ἔπασχε b   65
οὖν T δὲ b   67 ἐν παλάμῃσι E⁴, om. T   γίνεται T οὕτως b   70 le. add. Li V   71
le. Lehrs, ζῶς: A   72 ὑγιῶς A em. Vill.   74 ἀξιοῖ αὐτὸ A ἀξιοῖ αὐτὸ περισπᾶν Et.
Gen. (recte ut vid.), περισπώμενον ἀξιοῖ αὐτὸ Lehrs   75 ἦν Bk., ἢν A   76 ἄμ.
δὲ A, γενόμενον δεῖ Lehrs, exspectes συναιρούμενον δεῖ (cf. sch. *b*)   77 ἀναγνώ-

ἰσοσύλλαβος εὑρέθη. **A**

   *a.*² ὀξυντέον τὸ ζώς. **T**ⁱˡ

80   *b.* ζώς: ἡ γενικὴ ζωοῦ· ἀπὸ γὰρ τοῦ ζωός ἐστιν ἡ συναί- *D*
ρεσις. b(BCE³) **T**

   c. ⟨ἀμενηνός:⟩ ἀσθενής. **T**ⁱˡ   *D*

   d. {ἀμενηνὸς} ἔα: τὸ ἔα Ἰωνικόν ἐστιν, ἐκ τοῦ ἦν γεγονός· *Hrd.*
διὸ συσταλτέον τὸ ἄλφα ὁμοίως τῷ „τοῖος ἔα ἐν πολέμῳ" (ξ 222)·
85 ὃ καὶ διὰ τοῦ ῆ λέγεται „†τοῖς ἦα φιλοπτόλεμος†". τὸ δὲ μέτρον οὐ
κωλύεται· ἀπήρτισε γὰρ εἰς μέρος λόγου καὶ ἐπέχει τόπον μακρᾶς
ὁμοίως τῷ „ἀμφηρεφέα τε φαρέτρην" (Α 45). **A**

   e. τυπῆσιν: ὡς „πληγῆσιν" (Β 264 al.). δοκεῖ δὲ ὡς πρὸς *Hrd.*
τὴν ἀναλογίαν σημειοῦσθαι· τὰ γὰρ εἰς π̄η̄ μονογενῆ δισύλλαβα
90 φιλεῖ βαρύνεσθαι. εἰ δέ τι ὀξύνεται, ἔχει πρὸ τέλους ἢ ῑ ἢ ο̄. πῶς οὖν
τὸ τυπή μόνον ὀξυνόμενον τῷ ῡ παρελήχθη; **A**

   890—1. ἔχθιστος δέ μοί ἐσσι ⟨θεῶν, οἳ Ὄλυμπον ἔχου- *ex.*
σιν· /⟩ αἰεὶ γάρ τοι ἔρις ⟨τε⟩ φίλη: ἀπαλλάσσει ἡμᾶς τῶν τοι-
ούτων ὁ ποιητής, καὶ †πάτριόν τι† μεμισῆσθαι διὰ ταῦτα λέγων τῷ
95 Διῒ τὸν Ἄρεα. ἄχθεται δὲ αὐτῷ οὐχ ὅτι ἔριδι χαίρει — ἐπεὶ αὐτὸς
γελᾷ, „ὅθ᾽ ὁρᾶτο θεοὺς ἔριδι ξυνιόντας" (Φ 390) —, ἀλλ᾽ ὅτι ἀεὶ καὶ
1 πάνυ. καὶ οἰνόφλυξ λέγεται ὁ οἴνῳ χαίρων b(BCE³E⁴) **T**   καὶ
σφόδρα καὶ ἀεί. τινὲς δέ, ἐπεὶ ὑποκατιὼν ὁ Ἄρης ἐπισκοτεῖ τῷ ἀστέρι
τοῦ Διός. **T**

---

cf. Choer. Th. 1, 239, 28. 247, 31   *b* cf. Choer. Th. 1, 247, 20   *d* multo bre-
vius Eust. 618, 17; vide ad A 45 *b* (test.); Call. fr. 384, 32   τὸ ἔα (83) —
γεγονός (83) cf. Choer. Th. 2, 87, 28. 118, 5. 119, 10. 340, 2; aliter sch. Ar. Plut.
77   τὸ δὲ μέτρον (85) sq. ad Β 518 (Hrd.)   *e* cf. Arcad. 130, 2   **890—1**
ἄχθεται (95) sq. cf. Porph. 1, 255, 1. Vide ad Φ 389 (ex.)   ἔριδι χαίρει (95)
cf. M. Landfester, Das griech. Nomen „philos" und seine Ableitungen (= Spu-

---

σει A, συντάξει Wackernagel   **80** le. T, τὸ δὲ ζώς E⁴ (uterque coniunxit hoc
sch. cum scholio E 885—7 *b*, v. ἦν), om. BCE³   ἡ — ζωός] ἀπὸ τοῦ ζωός. ἡ
γενικὴ ζωοῦ E⁴   **80** sq. συναίρ.] συναίρεσις· διὸ ὀξύνεται D   **82** le. add. Ma.
83 (le.) ἀμενηνὸς delevi   **85** τοῖς ἦα φιλ. A, „τοίη οἱ ἐγὼν ἐπιτάρροθος ἦα"
(E 808), „οὐκ ἀποφώλιος ἦα / οὐδὲ φυγοπτόλεμος" (ξ 212—3) Lehrs, possis ἐν
τοῖς „οὐκ ἀποφώλιος ἦα / οὐδὲ φυγοπτόλεμος" (sim. Ddf.)   **86** ἀπήρτησε A
corr. Bk.   **88** ὡς οὗ πρὸς Lob., at cf. Lehrs Hrd. 235 („videtur quo ad analo-
giam notandum")   **92** sq. le. T supplevi (τε add. Ma.), om. *b* (ubi sch. ad E
890 relatum est)   **93** sq. ὁ ποιητ. ante τῶν *b*   **94** πάτριόν τι T, πατρὶ ὄντι
Bk. (recte ut vid.), πάτριον μῖσος δείκνυσι *b*   **95** αὐτὸς T καὶ αὐτὸς *b*   **96**
ὁρᾶτο T ὁρᾷ τοὺς *b*   **2** καὶ ἀεὶ Wil., καλεῖ T

Ariston.   **891.** αἰεὶ γάρ τοι ⟨ἔρις τε φίλη πόλεμοί τε μάχαι τε⟩: ὅτι
ἐντεῦθεν μετενήνεκται ἐν τῇ πρώτῃ ῥαψῳδίᾳ (sc. A 177) ἐπὶ τὸν πρὸς 5
Ἀχιλλέα ὑπὸ Ἀγαμέμνονος λόγον. **A**

Ariston.   **892** *a.* μητρός τοι: ἡ διπλῆ, ὅτι σαφῶς Ἥρας ὁ Ἄρης, οὐκ
Ἐνυοῦς, ὥς τινες. **A**

ex.   *b.* μητρός τοι μένος ⟨ἐστὶν⟩ ἀάσχετον: τῆς Ἥρας μέγας
ὁ θυμὸς κατὰ σοῦ. ἢ ἀνίκητός σού ἐστιν ἡ μήτηρ, πρὸς ἣν ἀντιτάσσῃ. 10
b(BCE³E⁴) T

Ariston.   **893.** ⟨σπουδῇ:⟩ ὅτι μετὰ σπουδῆς καὶ κακοπ⟨αθείας⟩. **Aⁱᵐ**

ex.   **895—6.** ⟨ἀλλ᾽ οὐ μάν σ᾽ —— μήτηρ:⟩ ἔδειξεν ἦθος πατέρων
b(BCE³E⁴) Tⁱˡ   διὰ τούτου τοῦ σχήματος. **b(BCE³E⁴)**

Ariston.   **898** *a.* καί κεν δὴ πάλαι ἦσθας ἐνέρτερος Οὐρανιώνων: 15
ὅτι Ζηνόδοτος γράφει „ἐνέρτατος". οὐ δεῖ δέ· ἡ γὰρ σύγκρισίς ἐστι
πρὸς τοὺς Τιτᾶνας ἀνομοιογενεῖς καὶ ἐν ἑνὶ κατηγμένους τόπῳ. τού-
των οὖν ἐνέρτερος ὁ μὴ κατὰ γένος ὢν ἐξ αὐτῶν. **A**

Did.   *b.* ⟨ἐνέρτερος:⟩ οὕτως Ἀρίσταρχος, ὁ δὲ Ζηνόδοτος „ἐνέρ-
τατος". **Tⁱˡ**   20

D | ex.   *c.* ἐνέρτερος Οὐρανιώνων: τῶν Τιτάνων. **T** | εἰ μὴ ὅτι
ὡς πατήρ σὸς ἐπέχω αὐτὴν τῆς κατὰ σοῦ ὀργῆς, **b(BCE³E⁴) T**   πά-
λαι ἄν, φησίν, ἦς τῶν ποτε οὐρανίων Τιτάνων ὑποχθονιώτερος. **b**
(BCE³E⁴)

---

dasmata 11), 1966, 105   **891** ad A 177 *a* (Ariston.), cf. Eust. 618, 28: ἐν δὲ τῷ
„αἰεὶ γάρ τοι ἔρις τε φίλη" καὶ ἑξῆς ἀστέρα . . . παρατιθέασιν οἱ παλαιοί, ὡς ὧδε
κάλλιστα κειμένου τοῦ λόγου ἤπερ ἐπὶ τοῦ Ἀχιλλέως ἐν τῇ A ῥαψῳδίᾳ, temere
ib. 618, 21: ὁ ἐκ τῆς A ῥαψῳδίας παρελκυσθὲν ἀπαραποίητον κεῖται   **892** *a* ad
P 211 (Ariston.), vide ad E 333 *b* (ex.); cf. Lehrs Ar.³ 177   ὥς τινες (8) cf.
Aesch. Sept. 45   *b* ἀνίκητος cf. D, Ap. S. 1, 24, Et. Gen. (Sym., deest AB)
ἀάσχετον   **893** μετὰ σπουδῆς sq. cf. Ap. S. 144, 11   κακοπαθείας vide ad
B 99 (Ariston.)   **895** obelus ante versum in A; errorne scribae?   **898** *a* ad
O 225 (Ariston.), cf. Lehrs Ar.³ 189   ἐν ἑνὶ (17) — τόπῳ (17) cf. sch. D. Thr.
(Σᵐ) 372, 2. (Σ¹) 535, 13 (utrumque ex Heliodoro)   *b* Ge: ⟨ἐνέρτερος Οὐρα-
νιώνων·⟩ (add. Nicole) τῶν Τιτάνων. | τὸ δὲ „ἐνέρτερος" Ζηνόδοτος γράφει·
„νέρτερος" γὰρ ὁ Ἀρίσταρχος γράφει. Haec verba ex ipso codice T temere

---

4 le. A suppl. Vill.   ὅτι A, ὁ ἀστερίσκος, ὅτι Vill.   9 le. T suppl. Ma., om. b
12 le. add. Frdl.   ὅτι A, fort. ἡ διπλῆ, ὅτι   κακο ss π A suppl. Pluyg.   13
le. addidi (sch. supra E 895 exaratum est in T, ad eundem versum rettulit
b)   ἔδ. post πατέρ. T, fort. rectius   15 le. καί κεν — οὐρανιώνων: A, ἐνέρ-
τερος Bk., fort. rectius   16 ὅτι A, ἡ διπλῆ περιεστιγμένη, ὅτι Vill.   18 ὢν
Bk., ὧν A   19 le. add. Ma. (νέρτερος Tᶜᵒⁿᵗ, cf. test.)   22 ὡς T αὐτὴν ὡς
b   σὸς et αὐτὴν om. b   ὀργῆς T ὁρμῆς b

25 899. {ὡς φάτο καὶ} Παιήον’· ὅτι ἰατρὸν τῶν θεῶν ἕτερον παρὰ *Ariston.*
τὸν Ἀπόλλωνα παραδίδωσι τοῦτον. **A**

900. ⟨φάρμακ’ ἔπασσεν:⟩ Ἰακῶς „φάρμακα πάσσεν". **T**[il]   *Did.*

902. ὡς δ’ ὅτ’ ὀπὸς γάλα λευκὸν ἐπειγόμενον συνέπηξεν: *ex.*
οὕτω καὶ τὸ φάρμακον ἔπηξε τὸ αἷμα καὶ ἐσάρκωσε τὴν πληγήν.
30 ταχέως δὲ παρῆλθε τὸν τῆς ἰάσεως τρόπον· ὁ μὲν γάρ ἐστι θεὸς καὶ
τὴν τέχνην ἔχων, ὁ δὲ θεὸς καὶ τὴν ἴασιν φθάνων. b(BCE³E⁴) **T**   λευ-
κὸν δὲ γάλα τὸ μὴ ποιοῦν σκιάν. **T**

903 *a.*[1] ⟨κυκόωντι:⟩ δοτικὴ ἀντὶ γενικῆς· κυκόωντι γὰρ ἀντὶ *ex.(Ariston.?)*
τοῦ ὑπὸ κυκόωντος. b(BCE³)

35   *a.*[2] τὸ δὲ κυκόωντι ἀντὶ ὑπὸ κυκόωντος. **T**

905 *a.* τὸν δ’ Ἥβη λοῦσεν: ὅτι παρθενικὸν τὸ λούειν. οὐκ *Ariston.*
οἶδεν ἄρα ὑφ’ Ἡρακλέους αὐτὴν γεγαμημένην, ὡς ἐν τοῖς ἠθετημένοις
ἐν Ὀδυσσείᾳ (sc. λ 602—4). **A**

      b. τὸν δ’ Ἥβη λοῦσεν: ὡς ὑπηρέτις οὖσα παρθένος· καὶ *ex.*
40 Ὀδυσσέα γὰρ ἡ ἀμφίπολος λούει (sc. ψ 154, cf. θ 454. κ 361). τὸ δὲ
ἐπὶ Πολυκάστη „λοῦσεν" (γ 464) ἀντὶ τοῦ λουτροῦ ἐπεμελήθη· „ἀλλ’

descripta esse verisimile est; nam v. νέρτερος in T^cont legitur   **899** cf. sch.
δ 232, aliter sch. Ap. Rh. 2, 702; Macrob. sat. 1, 17, 16; vide ad A 473 a (Ari-
ston.), O 262 (ex.); Lehrs Ar.³ 177   **900** qui ἔπασσεν scripsit aut πάσσεν
(Aristarchus?), versum E 901 ignoravit vel potius neglexit, cf. sch. rec. in A^int:
ἐν ἄλλῳ (cp., fort. ἄλλοις) ὁ στίχος οὗτος οὐχ εὕρηται   Ἰακῶς ad A 162
(test.)   **902** fort. exstabat sch. Didymi (?) de v. ἐπειγόμενος, cf. De Marco I
p. 380: ἐπειγόμενος· ἀντὶ τοῦ ἐπείγων. γράφεται δὲ καὶ „ἐπειγόμενον", ὅ ἐστι
συνεχῶς κινούμενον ὥστε διὰ τὴν πυκνότητα τῆς κινήσεως ἔπειξιν γίγνεσθαι τοῦ
ταράσσοντος   ταχέως (30) sq. cf. Eust. 619, 31   λευκὸν δὲ γάλα (31) sq.
cf. Porph. 1, 75, 10; Aristot. rhet. 3, 3 p. 1406 a 12. Vide ad Δ 434   **903** nul-
lum signum ante versum in Λ   Eust. 620, 14: σημείωσαι ὅτι ὁ σοφὸς Ἡρω-
διανὸς τὸ „περιστρέφεται κυκόωντι" „περιτρέφεται" γράφει, πάνυ ὀρθῶς. ἐν γοῦν
τοῖς περὶ τροφαλίδος φησί (cf. 2, 567, 15)· „τροφαλίδα ῥητέον διὰ τοῦ ο̄, οὐ
τρυφαλίδα διὰ τοῦ ῡ· ἡ γὰρ λέξις εἴρηται παρὰ τὸ τρέφεσθαι, ὅ ἐστι πήγνυσθαι",
καὶ παράγει χρῆσιν αὐτίκα τὸ „ὡς τ’ ὅτε τις γάλα" ἕως τοῦ „περιτρέφεται", τὸ
γάλα δηλαδή, „κυκόωντι" ἀντὶ τοῦ πήγνυταί φησιν, cf. ib. 1339, 15. Fort. Eust.
scholium ad hunc locum legit hodie deperditum   *a* ad Z 398 a (Ariston.;
test.)   **905** a ad Δ 2 d (Ariston.); — λούειν (36) ad E 722, cf. sch. υ 297;
R. Wood, Versuch über den Originalgenie des Homer (aus dem Englischen),
Francofurti ad Moenum 1773, 194 not.   *b* cf. sch. γ 464. λ 601 (et 568). Vide
ad E 722 a   ἀντὶ τοῦ (41) sq. cf. sch. ζ 215; aliter sch. δ 252, Porph. 2, 62, 18

25 (le.) ὡς φ. καὶ del. Bk.   ὅτι Α, ἡ διπλῆ, ὅτι Vill.   27 le. add. V   πάσσεν
T em. Bk.   29 φάρμακον φησι ἔπ. b   συνέπηξε Bk.   33 le. add. Bk.
(Vill.)   34 κυκόωντος BE³ κυκόωντι C   35 τὸ δὲ κυκ. sq. cum scholio E 902
(v. σκιάν) coni. T, distinxi   36 ὅτι Α, ἡ διπλῆ, ὅτι Vill.   40 τὸ δὲ Bk., τῶι
δὲ T   41 ἐπὶ πολυκάστη scripsi, ἐπὶ πολυκάστη T, πολυκάστη Bk.

ὅτε δή μιν ἐγὼν ἐλόευν" (δ 252), „καὶ λοῦσ' ἐν ποταμῷ καί μοι τάδε
εἵματ' ἔδωκεν" (η 296). T

Ariston.   **906** *a.* πὰρ δὲ Διῒ Κρονίωνι καθέζετο: ὅτι οὐ δεόντως ἐκ τοῦ
περὶ Βριάρεω λόγου (sc. A 405) ἐνθάδε μετάκειται ὁ στίχος· οὐ γὰρ 45
καὶ κύδους ἄξιον πέπρακται αὐτῷ. καὶ ὅτι ἄτοπον ἐπὶ τῷ κύδει γαυ-
ριᾶν τὸν ὑπὸ θνητοῦ ἡττημένον. A

ex. | Did.   *b.*[1] καθέζετο κύδεϊ γαίων: ὡς ἀλλοπρόσαλλος ἤδη ἐπι-
λέλησται ὧν πέπονθεν. | Ἀρίσταρχος δὲ ἀθετεῖ. T

b.[2] ὡς ἀλλοπρόσαλλος ἤδη ἐπιλέλησται ὧν πέπονθε· | διὸ 50
τὸ ἔπος Ζηνόδοτος ἀθετεῖ. b(BCE³E⁴)

ex.   **907.** αἱ δ' αὖτις πρὸς δῶμα Διὸς ⟨μεγάλοιο⟩ νέοντο: καλῶς
οὐ πάρεισιν, ὅτε ἐνετύγχανεν Ἄρης, ἵνα μήτε ἀδολεσχοῖεν μήτε κατὰ
δειλίαν δοκοῖεν σιωπᾶν. οὐ διὰ τῶν ἵππων δὲ ὑποστρέφουσιν· προ-
ετερατολόγησε γὰρ αὐτοὺς ὁ ποιητής (sc. E 775—7). b(BCE³E⁴) T 55

ex.   **909** *a.* παύσασθαι {βροτολοιγόν:} παύσασθαι συλληπτι-
κῶς. T

Hrd.   *b.* ⟨Ἄρην:⟩ οὕτως Ἡρωδιανός φησι (cf. 2, 682, 9) μετὰ
τοῦ v̄ Ἄρην. Aⁱᵐ

Παράκειται τὰ Ἀριστονίκου σημεῖα καὶ τὰ Διδύμου Περὶ 60
τῆς Ἀρισταρχείου διορθώσεως, τινὰ δὲ ⟨καὶ⟩ ἐκ τῆς Ἰλιακῆς προσῳ-
δίας Ἡρωδιανοῦ καὶ τῶν Νικάνορος Περὶ στιγμῆς. A

906 asteriscus et diple ante versum in A, exspectes asteriscum cum obelo, cf.
sch. b (Did.)   a ad A 405 a (Ariston.); cf. Eust. 620, 29   b olim fort.
plura exstabant, cf. De Marco I p. 380: κύδεϊ γαίων· τῇ δόξῃ γαυριῶν (= D). |
ἀθετεῖται δὲ τὸ ἔπος· οὐ γὰρ εἰκὸς κύδεϊ γαίειν τὸν ἀρτίως τετρωμένον. Δημήτριός
φησιν (fort. Demetr. Ix. cf. fr. 27—30 St.)· „κωμῳδεῖ τὸ πρόσωπον ὡς εἰκὸς
ὄν". ῥητέον δὲ ὅτι πρότερον γαίων, ἢ ἐκ περισσοῦ τὸ ἐπίθετον   b ὡς (48 et
50) — πέπονθεν (49 et 50) cf. Roemer, Mus. Rhen. 66, 1911, 296 not.   **907** —
σιωπᾶν (54) Ge (e T)   **909** b cf. Choer. Th. 1, 162, 29; Beiträge 91

42 λοῦσ' ἐν ποτ. Ma. (= Hom.), λοῦσε ποταμῷ T   **44** ὅτι A, ἡ διπλῆ σὺν
ἀστερίσκῳ περιεστιγμένῳ, ὅτι Vill., at cf. test.   **51** ζηνόδοτος fort. corrup-
tum   ἀθ.] οὐκ ἀθετεῖ Wecklein (Zusätze 75,1), improbabiliter   **52** le. T
suppl. Ma. (auctore Vill.), om. b   **53** παρῆσαν Ge (e coniectura)   **54** ὑπο-
στρέφουσι b   **56** παύσασθαι (utroque loco) T, fort. παύσασαι (= vulg.)   (le.)
βροτ. eiecit Bk.   **58** le. add. Bk.   **60—2** sub ipso textu Iliadis exarata
61 καὶ add. Bk.

Z

Pap. IV (ad Z 128—494)

128. ⟨κατ' οὐρανὸν εἰλήλουθας:⟩ κατ]αβέβηκας   *fr.(a),col. I*
                                    ]ἡ κο(ινὴ) „οὐρανοῦ"
148. ⟨ὥρηι:⟩ αιαρ^χ. ηκοῦ^σ „ὥρη".

449. ⟨ἐϋμμελίω:⟩ δο(τικὴ) μ(ε)τ(ὰ) τοῦ ῑ· γ́   *fr.(b),col. III*
  5   ἐϋμμελίοιο.
464. ⟨τεθνηῶτα:⟩ ἡ κ(οινὴ) „τεθνειῶτα".
478. ⟨βίην τ' ἀγαθόν:⟩ ἡ κο(ινὴ) „βίη[ν".
479. ⟨δ' ὅ γε:⟩ διχ(ῶς).
494. ⟨χειρὶ παχείηι:⟩ „φαί[διμος Ἕκτωρ]".   *fr.(b),col. IV*

---

128 et 148 cf. Did.   **449** ad B 461 *a* et *b*, cf. D ad B 461   **464** ad Z 71 *a*²
(Did., test.)   **478 et 479** cf. Did.   **494** de v. l. χειρὶ παχείη in cont. pap. re-
cepta vide ad Φ 403

Pap. Ox. 445 (= Pack² 778) secundo potius quam tertio post Chr. n. saeculo
scriptam primum ediderunt Grenfell et Hunt (Londinii 1903), ipse contuli ima-
ginibus usus lucis ope exceptis, quae huic volumini affixae sunt. Papyrus continet
reliquias versuum Z 128—529 et scholia brevia iuxta vel supra versus poetae
exarata. Quae num omnia primae manui debeantur, discerni nequit; ed. pr. sch.
ad Z 464 secundae attribuit, tertiae sch. ad Z 478, utrumque dubitanter. Signa
critica (sc. diplae, antisigmata, asterisci) prima manu addita haud raro ante ver-
sus inveniuntur. Enumeravi haec omnia inter testimonia, quae ad scholia in co-
dicibus servata congessi. — In papyro edenda lemmata addidi contextu usus, qui
in ea exstat (vide adnotationem ad pap. I). Supplementa et emendationes, nisi
aliter notatur, editionis principis (ed. pr.) sunt. Cf. praef. B II p. XXXVII, im-
primis ad correcturas, quae supra versus Z 187. 477. 487. 493 exstant.

1]αβεβηκας suppl. ed. pr., fort. [οἷον κατ]   **2** fort. [τ(ὸν) οὐρανὸν ου-
ρανο ss. υ pap.   **3** (le.)]ι pap. (cont.), suppl. ed. pr., [ὥρ]η (tamquam le.)
Blass   αἱ ἀρχ(αῖαι) ed. pr., at χ supra litt. quintam scriptum, αιαρι pot. qu.
αιαρο vel αιαρβ, fort. αἱ ἀριστάρχου (Blass)   η (ante κ) ex ο correctum ut vid.,
fort. ἤκουσ(αν), ἡ κο(ινὴ) οὕ(τως) Blass, ἡ κο(ινὴ) ὑ(πο)σ(τέλλει) Allen (hoc im-
probabiliter)   ωρη pap., ὥρης Blass   **4** (le.)]ω pap. (cont.)   γ́ pap.,
γενικὴ ed. pr. (dub.), possis γράφεται, unde v. l. ἐϋμμελίοιο ἄνακτος exstitisse
suspicatus est Allen   **5** ευμμειοιο ss. λ pap.   **6** η^κ pap.   **7** ο (post κ) in-
certiss.   βίη[ν Allen, βίη[ν τ]' ed. pr., cuius auctores reliquias apostrophi di-
spexisse sibi videbantur, at βίην est lectio vulg.   **8** (le.)]ε̣ pap. (cont.), incertum
utrum δ' ὅγ]ε an γ' ὅδ]ε supplendum sit   διχ supra l. scriptum; διχῶς sc. δ'
ὅγε et γ' ὅδε   **9** (le.) χε[pap. (cont.)   φαι[supra l. exaratum

Pap. V (ad Z 240—85)

Fr. a, col. I

. . . .

```
                    ]ν
              οὐ]κ ὀρθῶ(ς)
              ]. ταδ(ε)
              ]α γ(ὰρ)
              ]ας τ(ῶν)              5
              ]έβη
              ]ου.
              ]ων κ(αὶ)
```
240—1　　　　　**εὔχεσ]θαι ἀνώ-**

[γει　　　　　　]. πρ(ὸς) ἑκά-　　　　　10

[στην　　　　　]στέλλειν

```
              ]ου τ(ῶν) ἀλλο-
              ].  τας. [
```

. . . .

240—1 ad Z 241 *b* (ex.)

―――――――――

　　　Pap. Cair. Graec. Journal nr. 60 566 (= Pack² 1184), saeculo p. Chr. n. secundo scriptam, primum edidit W. G. Waddell (cf. praef. B II p. XXXVIII), ipse contuli imagine usus lucis ope facta, quae huic volumini adiecta est. — Exstant tria fragmenta valde lacunosa, summa papyro saepe violata. Fragmentum primum (*a*) scholia continet ad Z 240—1 (col. I) et 251—7 (col. II), secundum (*b*) scholia ad Z 277—85 (col. I). Cuius fragmenti columna II tota fere deleta est. Sedes tertii fragmenti (*c*), quod pauca tantum verba complectitur, definiri nondum potuit. De misera condicione papyri, de compendiis, de longitudine linearum vide praefationis l. c. — Supplementa, quae facile excogitantur, raro, si facerem, probarem. Itaque vix plura dedi, quam Waddell, editor diligentissimus, proposuerat. Cuius sunt omnes emendationes omniaque supplementa, quae in apparatu critico non commemorantur.

Fr. a, col. I

　　2]κορθω pap., suppl. ed. pr.　　**3**]. pars hastae directae supra l., fort. pars signi compendiarii　τάδε vel τὰ δὲ, vix τὰ σ(ὺν)　　**7** pars superior hastae verticalis,]ους vel]ουι　　**9**]θαιαν, ω supra ν scripto, supplevi　　**10**]. punctum vel minima pars circuli in parte superiore lineae,]σ vel]ε vel]τ vel]ο, fort. [γει πάσας ἑξείης· πολλῇσι δὲ κήδε' ἐφῆπτ]ο　　πρ(ὸς) pot. qu. π(αρὰ), ut ed. pr.　　**12** sq. fort. ἀλλο | [τρίων]　　**13** σ[ed. pr.

Fr. a, col. II

```
        ]. . . .[
. ν . . . (·) ποιεῖσθαι ἐξόδους [. .] .                    (251—2?)
φ . . . . λ. ν δ᾽ αν[. ]σσ ευδο.ω[
ὑ[π]ολάβοι ὅ(τι) ἡ Λαοδίκη σὺν τῆ[ι Ἑλένηι
5 . . Λυκάονι. ὁ δ᾽ Ἀντήνωρ ἴσην [
π(αρὰ) το[ῖ]ς βαρβάροις κ(αὶ) δι . . ωϲερο[
[ο]ῦν πρὸς τὴν Λαοδίκην, ἵνα π[
. . ριβ . . . . . . ταραχὴ γ(ὰρ) κατέσ[τη        βέ-]
[β]ηκ᾽ Ἀνδρομάχη ἐπὶ τὸ τεῖχο(ς) .[
10 )[ἐ]ξ [ἄ]κρης πόλιος Διῒ χεῖρας ἀνασχ[εῖν· διηι-    257
ρημένως ἐξενήνοχ(εν) ἐξ ἄκρης π[όλιος· σύν-
θετον ἐξ ἀκροπόλεως· ἐν Ὀδ[υσσείαι συν-
θέτως εἰρ( ), ,,ὅν ποτ᾽ ἐς ἀκρόπο[λιν δόλ(ον) ἤγαγε
```

251—2 ad Z 252 b (ex.)   **257** cf. Ariston.   ὅν ποτ᾽ (13) — Ὀδυσσεύς (14)
= θ 494

Fr. a, col. II

    1 vestigia incertiss., incertum an huius columnae lineae primae   **2** ιν vel
εν   (fin. l.)]. vestigium hastae directae superioris   **3** φ . . . . λον ed. pr.   a-
postrophus exstare vid.   ]σσ vel]σσυ vel]σισ (sic ed. pr.), nisi forte [τ]ις   σω[
vel κω[**5** . (.) λυκ, non . (.) λικ, fort. κ(αὶ) Λυκάονι   fort. [ἔχει   **6**
κ(αὶ) διōλως ed. pr., sed pro ολ possis σο vel σα, vix σσ; tum ωσ incertiss., non ex-
pedio; in fine l. erat fort. [- - ἔρχεται   **7** π[, π(ερὶ) ed. pr., possis πύθηται sim.
8 ρ paene certum, tum reliquiae hastae verticalis, tum pars inferior circuli la-
ti   . . στ. ω ante v. ταραχή (ed. pr.) dispicere nequeo; verba περὶ βοῆς τρώ(ων)
spatio respondent   fort. [τη ὥστε (vel δι᾽ ἦν) βέ-]   **9** τειχ ss. ο, tum ε vel σ
vel θ, fort. θ[εασομένη   **10** fort. rectius ἀνασχ[εῖν· ὅ(τι) διηι-]   **11** ἐξενηνο ss. χ
pap., ἐξενηνοχώς ed. pr.   **13** ειρ⌐ pap., εἰρημένον ed. pr.

δ[ῖ]ος 'Οδυσσεύς". κ(αὶ) πρ(ὸς) τὸ Διΐ χεῖρ[ας ἀνασχεῖν ὅ(τι) τοῖς
μ(ὲν) οὐρανίοις θεοῖς ἀνατείν[15
. . . .(.) . νανοις επ[
[. . . . .] τοὺς δ' ὑποχθον[ίους κόπ-
[τοντες] τὴν γῆν· „πολλὰ δ(ὲ) [καὶ γαῖαν πολυφόρβην
[χερσὶ]ν ἀλοία κικλήσκου[σ' Ἀΐδην
[. . . . .]ς κἀκεῖ λεκτέον· „π[ολλὰ δ(ὲ) μητρὶ φίλῃ ἠρή-   20
[σατο] χεῖρας ὀρεγνύς." ϛ[
[. . . . .(.)]ἐπὶ τάδ(ε)   [
          ] . [.] . [

          . . . .

καὶ πρὸς τὸ (14) — ὀρεγνύς (21) cf. D ad Ι 568   πολλὰ δὲ καὶ γαῖαν (18) —
'Ἀΐδην (19) = Ι 568—9   πολλὰ (20) — ὀρεγνύς (21) = Α 351

---

15 fort. ἀνατείν[οντες (vel [ουσι) τὰς χεῖρας   16 quinto loco infima pars hastae
verticalis, fort. ν, cetera vestigia incertiss.   οναν vel εναν, vix εφαν   vix ανοις
cp. pro ἀνθρώποις   19 sq. fort. [σ' ἀΐδην". πρ(ὸς) θαλασσί|ους δ(ὲ) ὠ]ς   21
ϛ[fere certum   22 δ (cum signo compendii) legere mihi videor, ϛ(ύν) ed. pr.

Fr. b, col. I

. . . .
]ε[6—8 litt.] . . .[
] . αχος κακῶ(ν) . .[.] . ο σ οτ[
]λέγων τὸ ἱερεῖον.　⟩αἴ κεν Τυδέο[ς υἱ-
[ὸν ἀπόσχηι ’Ιλίου ἱ]ρῆς· τὸ σημεῖο(ν) ὅ(τι) θηλυκῶ[ς τὴν Ἴ-　277
5 [λιον . . . .]　⟩ ἄγριον αἰχμητή[ν, κρατε-　278
[ρὸν μήστωρα φ]όβοιο· τὸ σημεῖο(ν) ὅ(τι) [π]άλ[ι]ν φ[όβον
[τὴν φυγήν· ἄγριον] δ(ὲ) τῶι αἰχμάζειν ὅ(τι) αἰχμὰ[ς
[. . . . . ἐγ]ὼ δὲ Πάριν (μετ)ελεύσομαι· (μετὰ) Π[άριν　280
[. . . . .]ν ἢ πρὸς Πάριν οὐκ αν . . [
10 [. . . . .] . ντιβην. ὡς κέ οἱ αῦθι / γαῖα [χάνοι　281—2
[. . . . .]η ὁ λέγων [ταῦ]τα κ(αὶ) κ(ατα)ρώ-
[μενος . . . .] . βη ὁ Πάρ[ι]ς σῆς ἀπρο-
[. . . . .]νῦν δ’ ὄντως ἀδελφὸς ὢν
[. . . . .] . .[. . (·)] . ο . χεται τοῦτο
15 [. . . . .]’ως σὺν αἷς ἔχει ἄλ-
[λαις . . . . ὅ]φελον νῦν π(αρὰ) . . (·) [
[. . . . .] . . . . . ἐν ἄλλοις μ[
[. . . . .] . ο ἀντὶ (τοῦ) ὄφελον [εἰ　284—5
κεῖν(όν)
[γε ἴδοιμι κατελθόντ’ Ἄϊδος　]εἴσω, / φαίην κε[φρέν’ ἀ-
20 [τέρπου ὀϊζύος ἐκλελαθέσθαι　] . . . . . . [
. . . .

---

277 et 278 cf. Ariston.　　280 cf. sch. ex.　　281—2 vide sch. ex., sed in pap.
omnia incerta

Fr. b, col. I

1 ε incertiss.　　fort.]α, deinde hasta dextra verticalis, tum fort. ο[　　2
(post κακῶν) μ[ητ]ρὸς ed. pr., quod non vidi (charta detrita)　　4 σημει ss. ο
pap.　　5 sq. fort. pot. [ν κρα | τερὸν μήστωρα φ]　　6 σημει ss. ο pap.　　7
ἄγριον] δ(ὲ) supplevi　　7 sq. fort. αἰχμὰ[ς βάλλειν | δεινότατος sim.　　9 fort.
τοῦτο βέλτιο]ν　.. [vestigia incertiss., fort. ἀναγ[καῖον sim.　　10 possis
[γὰρ τῶι ἀδελφῶι]　]ην ed. pr., pot.]αν, fort.]ἀντιβῆναι, cp. omisso　　11] .
pars superior hastae verticalis dextrae,]η vel]ν　　12]λβη ed. pr., sed in
charta fissa vestigia ad fallaces umbras redacta sunt, possis]έβη　　14 fort.
]ν . [　] . οιχ pot. qu.] . οσχ (ed. pr.)　　15 hasta obliqua, fort. pars com-
pendii, an vocis δέ?　　16 an ὠ]φελον? μ .. [ed. pr., fort. μω[vel ηδ[　　17 μ[
incertiss.　　18]ι vel]τ vel]σ　αντ ss. τ pap. (= ἀντὶ τοῦ)　　20]ιν ⁓ π.
φ[ed. pr.

128   Z

Fr. b, col. II

Iuxta l. 12 columnae primae δ[, iuxta l. 14 ϲ[leguntur, cetera abscissa

Fr. c

· · · · · · · ·
νος ἐγὼ[
]ᾳ ποτ[
]γράφω ϲ[
] περιπεσὼν .[
]ν ⟦κᾳι⟧ συνκᾳτ[5
]. ₍.₎που[.].κ(ατὰ).[
· · · · · · · ·

Fr. c

Fr. *c* partem esse columnae I suspicati sunt conservatores docti Musei Cair. (cf. tabulam huic volumini adiectam); neque tamen contextus hoc probat. Equidem ed. pr. secutus sum.

3 ϲ[vel ο[, non ι[, ε[**4** ϲ[pot. qu. ο[**5**]ν vel]λι   fort. συνκατ[α-τίθεμαι (vel -ται)   **6** κ(ατὰ) scripsi, κᵀ pap.   .[vest. incertum lineae directae superioris

1 *a.* ⟨Τρώων δ' οἰώθη καὶ Ἀχαιῶν φύλοπις αἰνή:⟩ ἡ Τροία *ex.*
τὰ μὲν θαλάσσια πρὸς Ἑλλήσποντον ἔχει, τὰ δὲ βόρεια πρὸς Ζέλειαν,
τὰ δὲ ὑποκείμενα Φρυγίαν, τὰ δὲ †πρὸς μεσημβρίαν λυδίαν†. ὡς
φιλέλλην δὲ ἀπάγει τοὺς θεοὺς καὶ ἐξέτασιν ἀμφοτέρων ποιεῖ. ἐμονώθη
5 δὲ ἡ μάχη τῆς τῶν θεῶν συμμαχίας· Ἥρα μὲν γὰρ καὶ Ἀθηνᾶ εἰς τὸν
Ὄλυμπον ἀπίασιν, Ἀπόλλων δὲ εἰς Πέργαμον. ὁ δὲ Ἄρης καὶ ἡ
Ἀφροδίτη τέτρωνται ὑπὸ Διομήδους. A b(BCE³E⁴) T

*b.*¹ {τρώων δ'} οἰώθη: τινὲς ὡμοιώθη, ἰσώθη. ἢ | ἀντὶ τοῦ *ex.* | D
ἐμονώθη τῆς τῶν θεῶν συμμαχίας. T

10 *b.*² τινὲς δὲ τὸ οἰώθη ἀντὶ τοῦ ἰσώθη, ὡμοιώθη. b(BCE³E⁴) *ex.*

*c.*¹ φύλοπις ὁ ἐμφύλιος πόλεμος κακῶς παρά τισι λέγεται· ἀλλ' *ex.*
ἡ μετὰ βοῆς φῦλα συνάπτουσα ἀμφότερα τῶν τε Τρώων καὶ Ἑλλή-
νων μάχη. λέγεται δὲ καὶ ἡ κατὰ φῦλα, οἷον ἔθνους μετὰ ἑταίρου οἰ-
κείου, πολεμούντων ἄλλων διὰ τὸ ὁμοψυχεῖν· „κρῖνε“, γάρ φησιν,
15 „ἄνδρας κατὰ φῦλα, κατὰ φρήτρας, Ἀγάμεμνον“ (Β 362). b(BC
E³E⁴)

*c.*² φύλοπις {αἰνή} : ἡ μετὰ βοῆς συνάπτουσα τὰ φῦλα. T

2 *a.* πολλὰ δ' ἄρ' ἔνθα καὶ ἔνθα: ἢ ἐν τῷ διώκειν καὶ φεύγειν *ex.*
ἢ ἐπὶ τὰ δεξιὰ καὶ ἀριστερά. ἐξηγεῖται δὲ τὸ „πολυάϊκος πολέμοιο“
20 (Α 165). b(BCE³E⁴) T

b. ἴθυσε: ἰθὺς ὥρμησεν. b(BE³E⁴) T^il *ex.*
ἴθυσε μάχη: ἐπ' εὐθείας ——— ὑπ' αὐτῶν. A *D*

c. ⟨πεδίοιο:⟩ ὅτι ἐλλείπει ἡ διά, ἵν' ᾖ διὰ πεδίου. A^int *Ariston.*

---

1 *a* ἐμονώθη (4) sq. cf. Eust. 621, 32   ἐμονώθη (4) — συμμαχίας (5) sim. D, cf.
sch. *b*¹   *b*¹ ἢ ἀντὶ (8) sq. cf. sch. *a*   *c*¹ μάχη (13) et λέγεται (13) — φῦλα cf.
D   μετὰ ἑταίρου (13) sq. vide ad Β 363   2 *a* — ἀριστερά (19) cf. D   ἐξηγεῖται δὲ
(19) cf. D ad Α 165; Eust. 621, 45   *b* ὥρμησεν cf. Eust. 621, 28   *c* ad Β 801 (A-

---

1 le. add. Vill.   1—7 ἡ τροία — διομήδους pone sch. Z 4 *c* (coni. cum v.
τρίχας) in T   1 ἡ om. C   τροία: A   3 δὲ ὑποκ.] δ' ὑποκ. E⁴   φρυ-
γίαν] φρυγίας T, πρὸς φρυγίαν Vill.   πρὸς μεσ. λυδίαν AT, μεσημβρινὰ πρὸς
λυδίαν b (recte ut vid.)   4 ἐπάγει B   5 συμμ. οὕτως b   6 ἀπιᾶσιν
A   ἡ om. E⁴   8 (le.) τρώων δ' delevi   9 ἐμονώθ[.] T suppl. m. rec.   10
τινὲς δὲ sq. coni. cum scholio *a* (v. διομήδους) b   11 φύλοπις scripsi, φύλοπις δὲ
coni. cum scholio *b*² (v. ὡμοιώθη) b   13 καὶ om. E⁴   14 ἄλλων] malim ἀλ-
λοίων vel ἀλλοτρίων   17 (le.) αἰνή eieci   21 le. Ma., ἴθυσε δὲ τὸ coni. cum
scholio *a* (v. πολέμοιο) b, om. T   ὥρμησε T   23 le. add. Frdl.   ὅτι A, ἡ
διπλῆ, ὅτι Bk.

Ariston.   **3** *a.* ἀλλήλων ἰθυνομένων {χαλκήρεα δοῦρα}: ὅτι ἀντὶ τοῦ
ἐπ᾿ ἀλλήλους ἰθυνόντων καὶ παρεῖται ἡ ἐπί .πρόθεσις. **A**   25
ex.   *b.* ⟨ἀλλήλων:⟩ λείπει ἡ κατά, ἵν᾿ ᾖ κατ᾿ ἀλλήλων. **T**[il]

Ariston.   **4.** μεσσηγὺς Σιμόεντος ⟨ἰδὲ Ξάνθοιο ῥοάων⟩: ὅτι ἐν τοῖς
ἀρχαίοις ἐγέγραπτο „μεσσηγὺς ποταμοῖο Σκαμάνδρου καὶ Στομα-
λίμνης“· διὸ καὶ ἐν τοῖς ὑπομνήμασι φέρεται. καὶ ὕστερον δὲ περι-
πεσὼν ἔγραψε· μεσσηγὺς Σιμόεντος ἰδὲ Ξάνθοιο ῥοάων· τοῖς   30
γὰρ τοῦ ναυστάθμου τόποις ἡ γραφὴ συμφέρει, πρὸς οὓς μάχονται. **A**

Did.   *b.* μεσσηγὺς Σιμόεντος ⟨ἰδὲ Ξάνθοιο ῥοάων⟩: πρότερον
ἐγέγραπτο „μεσσηγὺς ποταμοῖο Σκαμάνδρου καὶ Στομαλίμνης“.
ὕστερον δὲ Ἀρίσταρχος ταύτην εὑρὼν †ἐπέκρινεν†. Χαῖρις (fr. 2 B.)
δὲ γράφει „μεσσηγὺς ποταμοῖο Σκαμάνδρου καὶ Σιμόεντος“. **b**(BC   35
E³E⁴) **T**

ex.   *c.* ἰδὲ Ξάνθοιο ῥοάων: διὰ τὸ τραχὺ τοῦ Σκαμάνδρου εὗρεν
ὄνομα τῷ μέτρῳ ἐμπῖπτον, ἵνα μὴ δόξῃ ζήτημα εἶναι. καὶ †ἐφ᾿ ὃ οὐκ
ἐπὶ μέτρου ἀπαιτεῖται, διττὰ ὀνόματα τάττει· „χαλκίδα κικλήσκουσι
θεοί, ἄνδρες δὲ κύμινδιν“ (Ζ 291), „ὃν Βριάρεων καλέουσι θεοί, ἄνδρες   40
δέ τε πάντες / Αἰγαίωνα“ (Α 403—4), „ἄνδρες †βιτίειαν† κικλήσκου-

riston.); cf. Ap. Dysc. adv. 199, 21. 200, 9, synt. 414, 4   **3** *a* — ἰθυνόντων
(25) ad Γ 306 (Ariston.), cf. D. Vide ad Β 264 (Ariston.)   καὶ παρεῖται (25) sq.
ad Δ 100 *b* (Ariston.)   *b* cf. Eust. 621, 47   **4** *a* cf. Lehrs Ar.³ 223; Ludwich,
A. H. T. 1, 262, 17, Goedhardt 89; Valk, Text. Crit. 23; Valk II 88; Turner,
Greek Papyri (Oxon. 1968) 111. Vide F.,Schoell, Mus. Rhen. 37, 1882, 126;
Wecklein, Zen. Ar. 30; Herm. 87, 1959, 285; West 72; ad Θ 560   Στομαλίμνης
(28) cf. Strab. 13, 1, 34 (p. 597), sch. Theocr. 4, 23 a/b   καὶ ὕστερον δὲ (29) sq.
ad Ο 449—51 (Ariston.); variam lectionem μεσσηγὺς (30) — ῥοάων (= vulg.)
Aristonicum in Aristarchi libro, qui Περὶ τοῦ ναυστάθμου inscribebatur, invenisse
suspicatur Nickau, nescio an recte   *b* Χαῖρις (34) cf. La Roche, H. T. 81;
Berndt, De Chaerete, Chaeride, Alexione grammaticis (Diss. Regiom. 1902), 5 et
15   *c* ad Υ 74   τραχὺ (37) ad Α 1 *i*   καὶ ἐφ᾿ (38) — κύμινδιν (40) ad Α

24 (le.) χαλκ. δοῦρα del. Bk.   ὅτι Α, ἡ διπλῆ, ὅτι Vill.   26 le. add.
V^c   27 le. A suppl. Vill.   ὅτι Α, ἡ διπλῆ, ὅτι Vill.   27 sq. ἐν τῇ προτέρᾳ
τῶν ἀρισταρχείων Bk., ἐν ταῖς ἀρισταρχείοις Lehrs, ἐν ταῖς ἀρχαίαις (sc.
ἐκδόσεσιν) Leaf, at cf. test.   28 sq. στόμα λίμνης Α em. Bk.   29 καὶ² (ante
ὕστερον) del. Lehrs, lac. ante ὕστ. stat. Schoell, Wecklein   30 ἰδὲ Bk., καὶ | ⊃
οὐρανοῦ ἀστερόεντος + ἰδὲ Α   31 τοῦ supra l. Α   μάχονται sc. „hi versus
illa lectione retenta“ Lehrs   32—5 pone sch. Ζ 1 *b*¹ in T   32 le. T supplevi,
om. **b**   33 σκαμάνδροιο T   34 ταύτην Τ, ταύτην τὴν γραφὴν **b** (fort. rec-
tius)   ἐπέκρινε Τ, ἐνέκρινεν Bk.   χαῖρις La Roche, χάρης Τ ἄλλοι **b**   35
γράφει om. **b**   σκαμάνδροιο Τ   38 ἐμπῖπτον **b**   ζήτ. scripsi, αἴτημα Τ
ἄτιμον **b**   καὶ Τ πολλάκις δὲ καὶ **b**   38 sq. ἐφ᾿ ὃ — ἀπαιτ. Τ ἐφ᾿ ὧν τὸ μέτρον
οὐ κωλύεται **b** (e coni.), fort. ἐφ᾿ ὧν οὐχ ὑπὸ μ. πῳραιτεῖται   41 βιτ. Τ βάτειαν **b**,

σιν, / ἀθάνατοι δέ τε σῆμα" (Β 813—4). διὰ ταύτην τὴν αἰτίαν καὶ
τῷ Ἕκτορος υἱῷ Σκαμανδρίῳ ἕτερον ὄνομα ἔθετο τὸ Ἀστυάναξ (cf.
Ζ 402—3). εἰ δέ τις ἐπιζητεῖ, πῶς ἐν τοῖς ἑξῆς οὐ μόνον Ξάνθον, ἀλλὰ
45 καὶ Σκάμανδρον τὸν ποταμὸν καλεῖ, ἴστω ὅτι ψεύδους παρεῖχεν
ὑποψίαν τὸ μὴ παραλαβεῖν ποτε τὸ κύριον ὄνομα. b(BCE³E⁴) Τ
Ξάνθος δὲ ὠνόμασται διὰ τὸ ξανθίζειν τὰς τρίχας. Τ

5. Αἴας ⟨δὲ⟩ πρῶτος: πρώην ἰσοπαλοῦς οὔσης τῆς μάχης, ἢ *ex.*
μετὰ τὴν ἀναχώρησιν τῶν θεῶν πρῶτος ἔτρωσεν. Τ

50 **5—6.** ἕρκος Ἀχαιῶν, / Τρώων ῥῆξε φάλαγγα, ⟨φόως δ' *D*
ἑτάροισιν ἔθηκεν⟩: τρισὶ μεταφοραῖς κέχρηται ἐπιφαίνων τὴν
ὁμοιότητα· ὃ γὰρ δύναται πρὸς ἀσφάλειαν πόλεως τεῖχος, τοῦτο
πρὸς σωτηρίαν στρατοῦ γενναῖος ἀνήρ. καὶ πάλιν· ὃ δύναται ῥῆξις
ἐσθῆτος τὴν σκέπην ἀναιροῦσα, τοῦτο ἐδυνήθη ὁ τὴν φάλαγγα
55 ῥήξας. καὶ πάλιν· ὡς ὀνίνησι φῶς τοὺς σκότῳ κατεχομένους, οὕτω
†τοὺς νικωμένους† ὑπὸ τῆς Ἄρεος ἀχλύος ἐπέλαμψεν ἡ Αἴαντος βοή-
θεια. Α b(BCE³E⁴) Τ

6. ⟨φάλαγγα:⟩ ἀπὸ τῶν φάλων. Τⁱˡ *ex.*

7. ⟨ὃς ἄριστος:⟩ ἄριστον ἢ ἀνδρεῖον, ἢ διὰ τὸ εἰκάσθαι αὐτῷ *ex.*
60 Ἄρεα ἐν τῇ συμβολῇ (cf. Ε 462). Τⁱˡ

9 a. ⟨ἔβαλε:⟩ ὅτι ἀντὶ τοῦ ἔπαισε. Αⁱᵐ *Ariston.*

b.¹ ⟨κόρυθος φάλον:⟩ τὸ λαμπρὸν τῆς περικεφαλαίας ⟨τὸ⟩ *ex.*
κατὰ τὸ μέτωπον. Τⁱˡ

b.² τὸ τῆς περικεφαλαίας λαμπρόν, τὸ προμετωπίδιον. b(BC
65 E³E⁴)

---

403   Σκαμανδρίῳ (43) ad Ζ 402—3 a   Ξάνθος δὲ (47) sq. ad Φ 2 (ex.), cf. Et. Gen.
(ΕΜ. 610, 19, Et. Gud. 413, 33). Vide ad Υ 73 (ex.)   **5** ἢ μετὰ τὴν (48) sq. cf.
Eust. 621, 54   **6** excidit nota Aristonici de voce φόως, ad Φ 538—9, cf. Lehrs
Ar.³ 343   ἀπὸ τῶν φάλων veriloquium aliunde ignotum, aliter D ad Δ 254, Or.
157, 32   **7** ἢ διὰ τὸ (59) sq. cf. Porph. 1, 87, 9   **9 a** ad Θ 299 (Ariston.);

βατίειαν Hom.   **42** τε om. Τ   σῆμα πολυσκάρθμοιο μυρίνης Hom.   διὰ —
αἰτίαν sc. διὰ τὸ τραχύ (ad Ζ 402)   **43** ἔθετο Τ περιτίθησι b   τὸ om. Τ   **45**
καλεῖ Τ φησιν b   **46** τὸ¹] τῷ C   τὸ κύριον b κυρίως Τ   ὄνομα om. b
48 le. Τ supplevi   ἰσοπαλ. Bk. (cf. ad Μ 433—5), ἰσοτελοῦς Τ (defendunt
Valk I 520; Holwerda, Mnemos. 1967, 181, 1, frustra)   **50** sq. le. ΑΤ supplevi,
om. b (ubi sch. ad Ζ 5 relatum est)   **51** sq. κέχρ. ἐπὶ τὴν τῶν ἐπιφανῶν ὁμοιότ.
BCE³   **54** ἠδυνήθη E⁴ (= D), δύναται BCE³   **54** sq. ὁ — ῥήξας] ῥησομένη ἡ
φάλαγξ καὶ τὸν στρατὸν παραβλάπτουσα BCE³ ὁ τὴν φ. ῥήξας ss. καὶ τὸν στρατὸν
παραβλάπτων E⁴   **55** οὕτως ΑBCE³   **56** τοὺς νικωμ. ΑΕ⁴Τ καὶ τοὺς θλιβο-
μένους BCE³ τοῖς νικωμένοις D   τῆς ἀχλύος ἄρεως E⁴ τῆς τοῦ πολέμου ἀχλύος
BCE³, τῆς τοῦ ἄρεως ἀχλύος D   **56** sq. ἡ τοῦ αἴαντος ἐπέλ. βοήθεια BCE³   **58**
le. add. Bk.   **59** le. add. Ma.   **61** le. add. Bk.   ὅτι Α, ἡ διπλῆ, ὅτι Vill.
62 le. et τὸ add. Ma.   **64** προμετ. ss. λαμπρόν (cett. omissis) E⁴

D   **10** *a.*[1] ⟨μετώπῳ:⟩ τινὲς τὸ μετώπῳ δυϊκῶς· καὶ ἀλλαχοῦ γάρ φησιν· „ἐμῆς κόρυθος λεύσσουσι μέτωπα" (Π 70). **b**(BCE³)

       a.[2] τινὲς δυϊκῶς· „οὐ γὰρ ἐμῆς κόρυθος λεύσσουσι μέτωπα".
T[il]

ex.   **12.** ⟨Ἄξυλον:⟩ οἰκεῖον φιλοξένῳ τὸ ὄνομα· Ἄξυλος γὰρ παρὰ 70 τὸ ἄγειν ὡς καὶ παρὰ τὸ καλεῖν Καλήσιος (cf. Z 18). τινὲς δὲ τὸν ξύλα δαπανῶντά **b**(BCE³E⁴) **T**[il]   φασιν, ἐπιτάσει τοῦ ᾱ. **b**(BCE³E⁴)

ex.   **13** *a.* ⟨Τευθρανίδην:⟩ ἢ λείπει τὸ τ̄· ἢ Τευθράνου παῖδα. **T**[il]

ex.   *b.* ⟨Ἀρίσβη:⟩ Τροίας. ἔστι δὲ καὶ Λέσβου. **T**[il]

ex. | *ex.*   **14** *a.* ⟨ἀφνειὸς βιότοιο:⟩ πλούσιος τῷ βίῳ. **b**(BCE³) | δηλο- 75 νότι δι' ὅλης πλουτῶν τῆς ζωῆς. **b**(BCE³E⁴)

ex.   *b.* ⟨βιότοιο:⟩ ὡς καὶ „προτέρων ἐτέων" (Λ 691). **T**[il]

ex.   **15** *a.* ⟨πάντας:⟩ πάντας τοὺς παρατυγχάνοντας. **b**(BCE³E⁴) **T**[il]

Ariston.   *b.* ⟨φιλέεσκεν: ὅτι⟩ ἀντὶ τοῦ ἐξένιζεν. **A**[im]

ex. (Ariston.)   *c.*[1] ⟨ὁδῷ ἔπι:⟩ ἀντὶ †τοῦ πατρῶια†, ὡς καὶ ἐπὶ τῷ λιμένι 80 οἰκῶν. **T**[il]

       c.[2] ἡ δὲ ἐπί ἀντὶ τῆς παρά, ὡς τὸ ἐπὶ λιμένι οἰκῶν. **b**(BCE³E⁴)

ex.   **16.** ἀλλά οἱ οὔτις τῶν γε ⟨τότ' ἤρκεσε λυγρὸν ὄλεθρον⟩: δοκεῖ ἡ προσθήκη κάλλιστον τοῦτο καὶ βιωφελὲς ὑπάρχον ἐξευτελί-

vide ad Δ 527 *b* (Ariston.)   **10** fort. sch. Didymi, vix recte Ludwich, A. H. T. 1, 265, 6. Vide ad Π 70 (test.)   **12** — Καλήσιος (71) cf. Eust. 622, 4   Ἄξυλος (70) — ἄγειν (71) cf. Ep. Hom. (An. Ox. 1, 25, 9), unde Et. Gen. (AB) Ἄξυλος (Et. Gud. 157, 2 Stef.); vide An. Ox. 1, 51, 17   καὶ παρὰ (71) — Καλήσιος ad Z 18 (Ariston.), cf. Et. Gen. (A¹ A¹¹ B Sym.) Ἑκάλη, Call. fr. 231, 2   **13** *a* — τὸ τ̄ cf. Eust. 622, 6; D   *b* cf. Steph. B. 119, 2; — Τροίας ad M 96—7. Φ 43 (ex.), cf. D ad B 836; Strab. 13, 1, 20 (p. 590)   **14** *a* — βίῳ (75) cf. Eust. 622, 10   πλούσιος (75) cf. Ap. S. 48, 32   *b* cf. D ad Λ 691   **15** *b* ad Γ 207 (Ariston.)   *c*² ἀντὶ τῆς παρά ad Z 25. 92. 273. 303. Η 86 *a* (Ariston.), cf. Eust. 622, 12; vide ad Α 440 *a*. Ξ 32 *b*; aliter Porph. 1, 87, 13; sch. *c* fort. Aristonico attribuendum; cf. Lehrs, Quaest. ep. 87   **16** cf. Eust. 622, 16

66 le. add. Vill.   τινὲς — δυϊκῶς] τινὲς δυϊκῶς, μετώποιν D   τὸ Vill., τὼ CE³ τῶ B   67 λεύσουσι C   70 le. add. Bk. (ἄξυλον δ' ἄρ ἔπεφνεν Li)   71 παρὰ τὸ καλεῖν om. T   72 φησιν (cp.) E³   73 le. add. V^c   το τ̄ i. e. pro τευθραντίδην (vide E 705)   74 le. add. Ma.   75 le. add. Vill.   76 τῆς om. E⁴   77 le. addidi, πλούσιος βιότοιο Ma.   τῶν προτ. ἐτέων Hom.   78 le. add. Ba. (Vill.)   τοὺς E⁴T φησὶ τοὺς BCE³   79 φιλ.: ὅτι add. Bk., φιλέεσκεν: ἡ διπλῆ, ὅτι add. Vill.   80 le. add. Ma.   τοῦ πατρ. T, τῆς παρά Ma. (cf. sch. *c*²)   ἐπὶ τῷ λιμ. T, ἐπὶ λίμνη (= Υ 390) propos. Ma., cf. sch. *c*²   82 pone sch. Z 15 *a* (coni. cum v. παρατυγχάνοντας) in **b**, distinxi et transposui; an fort. sch. *c* cum scholio *b* (Ariston.) coniungendum? Cf. test.   83 le. T supplevi, om. **b**   84 κάλλ. τοῦτο T αὐτη τὸ κάλλιστόν τε **b**   ὑπάρχον om. **b**

85 ζειν ὡς οὐκ ὂν καλόν. καίτοι ἐχρῆν μᾶλλον καὶ βοηθόν τινα ἐκ θεῶν
τούτῳ ἀναπλάσαι, ἵν' ἡμεῖς προτρεπώμεθα ἐπὶ τὸ φιλόξενον. ἢ οὖν
ἁπλῶς ἀναπεφώνηται, ὡς τὸ „οὐδὲ ἐκηβολίαι" (Ε 54), ἢ ἀποδοκι-
μάζει τὴν ἄκριτον φιλοξενίαν καὶ τὸ μὴ ἐπικρίνειν, ποῖός τίς ἐστιν ᾧ
μέλλει δεξιὰν συνάπτειν· ἐναρέτων γὰρ ἴδιον οὐχὶ τὸ πάντας φιλεῖν,
90 ἀλλὰ τινάς· διὸ οὐδένα φίλον ἔσχεν. εἶτα καὶ ἐπίορκος μετὰ τῶν ἄλλων
ὑπόκειται, τὰ δὲ καλὰ καθαρεύειν ἀπὸ τῶν ἐναντίων ὀφείλει. b(BE³
E⁴) T

17 *a.* ⟨πρόσθεν ὑπαντιάσας:⟩ διασταλτέον ἐπὶ τὸ ὑπαντι-   *Nic.*
άσας. Aⁱᵐ

95   *b.*¹ ὑπαντιάσας: ἢ ὑπερασπίσας ἢ ἐναντιωθεὶς Διομήδει, ἢ   *ex.*
1 ἀντὶ τοῦ πρὸ τούτου, ἵν' ᾖ τὸ ὑπερβατόν· 'ἀλλὰ πρόσθεν ὑπαντιά-
σας ἄμφω θυμὸν ἀπηύρα'. T

*b.*² ἢ ὑπερασπίσας ἢ ἐναντιωθεὶς Διομήδει, ἢ ἀντὶ τοῦ πρὸ
τούτου, ἵνα ᾖ πρὸς Διομήδην καὶ καθ' ὑπερβατόν· 'ἀλλὰ πρόσθεν
5 ὑπαντιάσας ἄμφω θυμὸν ἀπηύρα', τουτέστιν ἀμφοτέρων ἀφελόμενος
τὸν θυμόν, αὐτοὺς ἀφείλετο· ἀφῃρημένης γὰρ τῆς ψυχῆς κωφὸν τὸ
σῶμα λείπεται. b(BCE³E⁴)

*c.*¹ ἄμφω θυμὸν ἀπηύρα: πρὸς τὸ σχῆμα ἡ διπλῆ, ἀμφο-   *Ariston.*
τέρους τὴν ψυχὴν ἀφείλετο ἀντὶ τοῦ ἀμφοτέρων· τὸ γὰρ ἄμφω ἢ
10 ἀμφότεροι ἢ ἀμφοτέρους σημαίνει. A

*c.*² ἀμφοτέρους ἀφείλετο. Tⁱˡ

18. {αὐτὸν καὶ θεράποντα} Καλήσιον: ὅτι ὀνοματοθετικὸς ὁ   *Ariston.*
ποιητής· ἀπὸ γὰρ τοῦ καλεῖν ἐπὶ τὰ ξένια Καλήσιος. A

---

17 *c* ad A 275 *b* (Ariston.)   18 ad Z 12 (test.), 201. M 343 (Ariston.); — ποι-
ητής (13) ad E 60 *a*   ἀπὸ (13) sq. cf. Solmsen, Unters. 17

85 οὐκ ὂν b οὐ κακὸν T   μᾶλλον ἐχρῆν b   89 ἐναρέτων b ἀρετῶν T   90 ἐπι-
ορκίαι BE³ ἐπιορκία E⁴   93 le. addidi   1 πρὸ τούτου susp., fort. πρὸ τούτου
(vel τοῦ) ὑπαντήσας   τὸ del. Ma., cf. sch. *b*²   3 ἢ ὑπερασπ. — διομήδει iterum
in E⁴ supra paraphrasim   5—7 τουτέστιν sq. verba vilia, fort. a b ficta   8 le.
scripsi (eadem Vᶜ in scholio *c*²), πρόσθεν ὑπαντήσας: A   ἡ διπλῆ ante πρὸς Vill.
12 (le.) αὐτ. κ. θερ. del. Bk.   ὅτι A, ἡ διπλῆ, ὅτι Vill.   ὀνοματοθετικῶς A em. Lehrs

Ariston.   **19 a.** {ἔσκεν} ὑφηνίοχος: ὅτι παρέλκει ἡ πρόθεσις ὡς ἐν τῷ
„Ποσειδάωνος ὑποδμώς" (δ 386). A   15

ex. (Ariston.)   *b.* ὑφηνίοχος: πλεονάζει ἡ ὑπό, ὥσπερ τὸ „ὑποδμώς" (δ
386) b(BCE³E⁴) T   καὶ „ἐπαινὴ Περσεφόνεια" (λ 457). T   ἢ
ὅτι καὶ ὁ παραιβάτης ἡνίοχος λέγεται, ὡς τὸ „θρασὺν ἡνίοχον †φέ-
ροντες† / Ἕκτορα" (Θ 89—90). b(BCE³E⁴) T

ex.   *c.*¹ ⟨γαῖαν ἐδύτην:⟩ ἐνεδύσαντο τὴν γῆν ταφέντες. Tᵗ   20
*c.*² τὸ δὲ γαῖαν ἐδύτην φησίν, ὅτι γῆν ταφέντες ἐνεδύσαντο.
b(BCE³E⁴)

ex.   **21 a.**¹ βῆ δὲ μετ' Αἴσηπον ⟨καὶ Πήδασον⟩: Αἴσηπος ἐκ τοῦ
ποταμοῦ, Πήδασος παρὰ τὸ †πηδύειν†. οἱ δὲ ἄλλοι ἱστορικοὶ τὸν
Πήδασον „Τήρεχον" καλοῦσιν. T   25
*a.*² οὗτος μὲν ἐξ Αἰσήπου τοῦ ποταμοῦ λέγεται, ὁ δὲ Πήδασος
παρὰ τὸ πηδᾶν. οἱ δὲ περὶ Ἀρίσταρχον „Πήρεχον" †τὴν† Πήδα-
σον λέγουσιν. b(BCE³E⁴)

ex.   **22 a.**¹ νηῖς: ἢ παρὰ τὰ νάματα, ἢ παρὰ τὰ νήϊα ξύλα· φασὶ γὰρ
τὰς λεγομένας νηΐδας νύμφας ἐν ὑλώδεσιν ὄρεσι διαιτᾶσθαι. b(BCE³) 30
*a.*² νηῖς: παρὰ τὰ νήματα· ἢ παρὰ τὰ νήϊα ξύλα, ὅ ἐστιν
ἀμαδρυάς. T

ex.   *b.*¹ Ἀβαρβαρέη: κύριον. λέγεται δὲ τὸ πολὺ καὶ χυδαῖον
†ἀβέρβελλον. b(BCE³E⁴)
*b.*² τὸ πολὺ †ἀβερβερέ. Tⁱˡ   35

ex.   **23.** ἀγαυοῦ Λαομέδοντος: ἀγαυοῦ τῷ γένει ἢ τῷ κάλλει· οὐ
γὰρ δὴ τοῦ Λαομέδοντος τὸν τρόπον ἐπαινεῖ, ὃς τοὺς περὶ Ἀπόλ-
λωνα καὶ Ποσειδῶνα ἠδίκησε καὶ αὖθις τὸν Ἡρακλέα. b(BCE³E⁴) T

---

19 *a* ad Δ 423 *a* (Hrd.), cf. D ad Z 19; vide ad A 39 *a* (test.), Z 86, praeterea ad
λ 456   *b* cf. Eust. 622, 26   ἢ ὅτι (17) sq. ad Θ 89 (Ariston.). Vide
e. g. T 401   **21** *a*¹ — πηδύειν (24) Ge (e T)   *a*² οἱ δὲ περὶ Ἀρί-
σταρχον (27) cf. Valk I 173   **22** *a*¹ — νάματα (29) Ge (e T), cf. D,
Ap. S. 116, 18; Eust. 622, 30; vide Porph. Π. ἀγαλμ. fr. 8 Bid.   *b*¹
— κύριον (33) cf. Ap. S. 3, 32 (Apio fr. 3 B.); vide ad Π 150 *c* (ex.)   **23** cf.

---

14 (le.) ἔσκεν del. Bk.   ὅτι A, ἡ διπλῆ, ὅτι Vill.   16 le. scripsi, ἔσκεν ὑφη-
νίοχος T, om. b   ὥσπερ T ὡς b   17 περσεφόνη T em. Ma.   18 παραβά-
της b, fort. rectius   λέγεται ὡς τὸ om. T, fort. verum   18 sq. φορέοντες
Hom.   20 le. add. Ma.   21 τὸ δὲ γαῖαν sq. pone sch. *b* (coni. cum v. ἕκτορα)
b   23 le. T supplevi   24 πηδύειν cf. sch. *a*², πιδύειν Ge   29 le. scripsi,
νηῖς BC ἡ νηῖς E³   νάματα] νήματα edd., at cf. D, Ap. S. 116, 19   30 ἐλώδε-
σιν b corr. Boreades   31 νήματα T νάματα Ge   33 le. scripsi (eadem Vᶜ
ante sch. *b*²), τὸ δὲ ἀβαρβαρέη (ἀβαρβαρέην B) BCE³ pone sch. *a*¹ (coni. cum v.
διαιτᾶσθαι), om. E⁴   κύριον] ὄνομα νύμφης E⁴   λέγει δὲ τὸ BE³ τὸ δὲ E⁴
34 ἀβέρβηλον Ddf. (cf. He. α 109 et 229)   36 ἀγ. λαομ.: ἀγαυοῦ om. b   36
sq. οὐ γὰρ — ἐπαινεῖ T τὸν γὰρ λαομέδοντος τρόπον οὐκ ἐπαινεῖ b   37 ὃς T
ἐπειδὴ b   38 καὶ ποσ. om. T   ἠδίκ. T θεοὺς ἠδίκησε b   τὸν om. b

24 *a*. σκότιον: ὅτι τοὺς μὴ ἐκ φανερᾶς συνουσίας, λαθραίας δὲ   *Ariston.*
40 μίξεως γεγονότας σκοτίους καλεῖ, τοὺς δὲ αὐτοὺς καὶ παρθενίους (cf.
Π 180). **A**

b. σκότιον: ὡς λόγιον· τὸ γὰρ κύριον πρὸ τέλους ἔχει τὴν   *Hrd.*
ὀξεῖαν. **A**^{im}

c. σκότιον: τὸν ἐξ ἀδᾳδουχήτων γάμων, τὸν νόθον. | σκό-   *ex.* | *Hrd.*
45 τιον δὲ ὡς λόγιον· τὸ γὰρ κύριον παροξύνεται παρὰ Πινδάρῳ (fr.
319). **b**(BCE³) **T**

d. ⟨ἐ:⟩ τὸν Βουκολίωνα. **A**^{int} *ex.(?)*

25 *a*. {ποιμαίνων δ'} ἐπ' ὄεσσι: ⟨ὅτι⟩ ἀντὶ τοῦ παρ' ὄεσσι, καὶ   *Ariston.*
ὅτι ἐν τῷ τόπῳ τῶν οἰῶν λέγει. **A**

50 *b*. ⟨ἐπ' ὄεσσι:⟩ Ἀττικῶς ἀπὸ τῶν ὄντων τὸν τόπον δηλοῖ,   *ex.*
ὡς τὸ „δήεις τόν γε σύεσσι παρήμενον" (ν 407). **b**(BCE³E⁴) **T**

27. ⟨καὶ μὲν τῶν ὑπέλυσε μένος καὶ φαίδιμα γυῖα:⟩ οὓ μὲν   *ex.*
τὰ γένη προλέγει τῶν θανάτων, οὓ δὲ ἐπιλέγει. **b**(BCE³) **T**^{il}

28. καὶ ἀπ' ὤμων τεύχε' ἐσύλα: καὶ ἀπεγύμνου τῶν ὤμων   *ex.*
55 τὰ ὅπλα. ἔστι δὲ ὑπερβατὸν καὶ συνεκδοχὴ ὅλου τοῦ σώματος. **A**

30—1. ἐξενάριξεν / ἔγχεϊ χαλκείῳ: τὸ ἔγχεϊ (31) δύναται   *ex.*
καὶ τοῖς †ἄνω τοῦ ἐξενάριξεν† συνεκδοχικῶς ἀντὶ τοῦ ἐφόνευσεν. σῴ-
ζει μὲν οὖν καὶ πρὸς τὰ ἑξῆς. **T**

31 *a*. ἔγχεϊ χαλκείῳ: τοῦτο δύναται καὶ τοῖς ἑξῆς συνάπτεσθαι·   *Nic.*
60 κοινὸν γὰρ τὸ „ἐξενάριξεν" (Z 30). **A**

Valk I 514 n. 536   **24** *a* ad Π 180 *a* (Ariston.), cf. D, D ad Δ 499, Ap. S. 128, 8;
Lehrs Ar.³ 131; — σκοτίους καλεῖ (40) cf. sch. Eur. Alc. 989; Poll. 3, 21; —
μίξεως (40) cf. Ar. Byz. ap. Miller, Mél. 431, 17   *b* ad E 39 (Hrd.)   *c* — γά-
μων (44) cf. D, Apion. ap. Eust. 622, 42 (σκότιον . . ., ὅπερ Ἀπίων ἐξ ἀδαδ. γά-
μων φησίν)   **25** *a* — παρ' ὄεσσι (48) ad Z 15 *c*, cf. *B ad l. (τὸ ἐπί ἀντὶ τῆς
παρά)   καὶ ὅτι ἐν (48) sq. ad Δ 500, cf. sch. *b*, D   *b* cf. sch. *a*   **30**—1 ad
Z 31 *a*   ἀντὶ τοῦ ἐφόνευσεν (57) cf. D   **31** *a* ad Z 30—1; vide ad Z 36

---

39 le. Bk., πρεσβύτατος γενεῆ: A   ὅτι A, ἡ διπλῆ, ὅτι Vill.   **42** (le.) σκότιον
tamquam pars scholii scriptum in A, dist. Lentz   **44** τὸν νόθον T λέγει BCE³
47 le. add. Ddf.   βουκολίωνα A em. Ddf.   **48** (le.) ποιμ. δ' del. Bk.   ὅτι add.
Ddf., rectius ἡ διπλῆ, ὅτι   **50** le. add. Li   ἐνόντων ci. Polak, Nickau (cf.Tryph.
fr. 14)   **50** sq. δηλοῖ, ὡς τὸ om. T, fort. recte   **51** δήεις BE³ δίηεις C   γε
σύεσσι b γ' ἐφύεσι T   παρήμενον om. T   **52** le. add. Vill.   **52** et **53**
οὗ b οὐ T   **52** μὲν b μὴν T   **53** τῶν θ. προλέγει b   ἐπιλ. Ma., ἐπιλ. ἀεί
ποτε b προλέγει T   **57** ἄνω τοῦ ἐξ. συνάπτεσθαι. ἐξενάριξεν (συνεκδοχικῶς)
Ma., malim ἑξῆς συνάπτεσθαι· τὸ γὰρ ἐξενάριξεν (συνεκδ.)   **57** sq. σῴζει T,
fort. σῴζεται   **60** γὰρ] δὲ Frdl.

Did.(?)   *b*.¹ ⟨Ἀρετάονα:⟩ οἱ μὲν Ἀρετάονα ἐξεδέξαντο, οἱ δὲ „ἄρ‘‘‘, εἶτα „Ἐτάονα‘‘. Aⁱᵐ

     b.² διχῶς καὶ „†ἐτήονα‘‘. Tⁱˡ

ex.   **32.** Ἄβληρον: βλῶ βλήσω βληρός καὶ Ἄβληρος. T

Ariston.   **34.** ναῖε δὲ Σατνιόεντος: ὅτι Ζηνόδοτος γράφει „ὃς ναῖε Σα- 65
τνιόεντος‘‘, ὁ Ἔλατος. κακόφωνον δὲ γίνεται. A

ex.   **35 a.** Πήδασον αἰπεινήν: ταύτην τὴν Πήδασον πρότερον μὲν
Μονηνίαν φασὶ καλεῖσθαι. Ἀχιλλέως δὲ αὐτὴν ἐπὶ πολὺ πολιορκοῦν-
τος, εἶτα μέλλοντος ἀναχωρεῖν †πεισιδίκη† παρθένος τις ἐρασθεῖσα
αὐτοῦ ἐν μήλῳ ἔγραψεν· „Μὴ σπεῦδ᾽, Ἀχιλλεῦ, πρὶν Μονηνίαν 70
ἕλῃς· / ὕδωρ γὰρ οὐκ ἔνεστι. †διψῶσι† κακῶς‘‘. ὁ δὲ περιμείνας ὑπέ-
ταξε τὴν πόλιν b(BCE³E⁴) T   καὶ Πήδασον ὠνόμασε διὰ τὴν
παρθένον. b(BCE³E⁴)

D   Πήδασον αἰπεινήν {φύλακον δ᾽ ἕλε λήϊτος ἥρως}: Ἀχιλ-
λεὺς ὑπὸ τὸν Τρωϊκὸν πόλεμον ——— παρὰ Δημητρίῳ (Demetr. 75
Sc. fr. 32 G.; Demetr. Phal., FGrHist 228, 50 = fr. 207 We.) καὶ
Ἡσιόδῳ (fr. 214 M.-W.). A

ex.   *b*. Πήδασον: τὴν πρὸς Καρίᾳ καὶ Ἁλικαρνασ⟨σ⟩ῷ, ἣν ἀπὸ
Πηγάσου καλοῦσιν· ὑπέσχοντο γὰρ δώσειν αὐτῷ χώραν, ἣν ὁ ἵππος
νυχθημέρῳ περιτροχάσει· διὸ καὶ χάραγμα τοῦ ἵππου ἔχουσιν. ἔστι 80
δὲ καὶ ἄλλη Τρῳάς, ἣν ἅμα Λυρνησ⟨σ⟩ῷ καταλέγει (sc. Υ 92). T

---

34 ad N 172 *a* (Ariston.), cf. Friedl., Ariston.ʼ216; Ludwich, A. H. T. 1, 265, 21;
M. L. West ad Hsd. th. 15; vix recte Duentzer, Zen. 84 n. 64; nescio an v. l.
Σαφνιόεντος in scholiis commemorata sit, cf. Strab. 13, 1, 50 (p. 606, versibus
Z 34—5 laudatis): Σατνιόεντα δ᾽ ὕστερον εἶπον, οἱ δὲ „Σαφνιόεντα‘‘. ἔστι δὲ χείμαρ-
ρος μέγας, ἄξιον δὲ μνήμης πεποίηκεν ὀνομάζων ὁ ποιητὴς αὐτόν. **35 a** cf. D
(unde Et. Gen. [AB] Πήδασος et Eust. 623, 16); Ap. Rh. fr. 12; Powell, Class.
Rev. 27, 1913, 130   *b* cf. Eust. 623, 14 (cf. app. crit.); — Ἁλικαρνασσῷ (78)
cf. Strab. 13, 1, 59 (p. 611 = FGrHist 124, 25)   ἔστι δὲ καὶ (80) sq. cf. D (πόλις

---

61 le. addidi   **62** ἐτάωνα A em. Bk.   **63** καὶ ἄρ᾽ ἐτάονα Ma.   **65** ὅτι
A, ἡ διπλῆ (sc. περιεστιγμένη), ὅτι Vill.   ὃς νάε Heyne, Ddf. (cf. Gow
ad Theocr. 14, 32), at vide test.   **67** sq. πρότ. — φασὶ T μενήνιαν (C, μενή-
νειαν BE³E⁴) φασὶ τὸ πρότερον b   **68—73** ἀχ. δὲ sq.] ὠνομάσθη δὲ πήδασος
διὰ τὴν παρθένον περὶ ἧς ἄνωθεν εἴρηται (sc. in sch. D) E⁴   **68** αὐτὴν
om. T   **69** πεισ. T πηδήσασα b, πηδάσῃ Leaf (recte ut vid.), πηδάσα
Bk., πήδασα Schwartz, πηδασίς Ldw.   παρθ. τις T τις παρθένος b   **70**
ἔγραψεν οὕτως b   σπεῦδε b   μενήνιαν C μενηνίαν E³ μενήνειαν B   **71**
ἕλεις T ἔνεστι T ἔχουσι b   διψῶσιν D (A), item BE³E⁴ (e coniectura)
74—7 pone sch. Z 36 in A, trps. Bk.   **74** (le.) φύλ. — ἥρως deleui   **78** ἁλι-
καρνασῷ T suppl. Ma.   **79** αὐτῷ T τῷ βελλεροφόντι Eust.   **80** τοῦ om.
Eust.   **81** λυρνησῷ T suppl. Ma.

36. φεύγοντ' {εὐρύπυλος δέ}: καὶ τοῦτο δύναται τοῖς ἑξῆς *Nic.*
συνάπτεσθαι, φεύγοντ' Εὐρύπυλος δέ. ἐπὶ δὲ τῶν τοιούτων νοείσθω ὅτι οὐχ Ὁμηρικὸν τὸ τοῦ συνδέσμου ὑπερβατόν. **A**

85 **37—65.** Ἄδρηστον δ' ἄρ' ἔπειτα ⟨————μείλινον ἔγχος⟩: *ex.*
καλὸν ἐπεισόδιον πρὸς ἐξαλλαγὴν ταυτότητος. **b**(BCE³) **T**

38 a. ⟨ἵππω γὰρ οἱ ἀτυζομένω πεδίοιο:⟩ ὅτι ἐλλείπει ἡ *Ariston.*
διά, καὶ ἵππω δυϊκῶς ὡς ἐπὶ ξυνωρίδος ἔφη. **A**ⁱᵐ

  *b.*¹ ἀτυζομένω: ἀτῶ ἄττω ἀτύσω, ἀτύζω Αἰολικῶς. | ἀτυ- *ex.* | D
90 ζομένω δὲ ἀντὶ τοῦ ταρασσομένω. **T**

  *b.*² ἀπὸ τοῦ †ἄττω ἀτῶ† ἀτύσω, Αἰολικῶς ἀτύζω. **b**(BCE³, *ex.*
bis in E⁴)

38—41. ἵππω γὰρ ———— φοβέοντο: ἀναγκαῖαι διαστολαὶ *Nic.*
ἐπὶ τὸ πεδίοιο (38), μυρικίνῳ (39), ῥυμῷ (40), πρὸς πόλιν (41),
95 ἵν' ᾖ σαφέστερον. **A**

1 **39 a.** ἐνί: οὐκ ἀναγκαῖον ἀναστρέφειν· δύναται γὰρ πρὸς τὸ *Hrd.*
μυρικίνῳ συντάσσεσθαι. **A**

  b. ὄζῳ ⟨. . .⟩ μυρικίνῳ: ἐπεὶ μεταξὺ ποταμῶν ἡ μάχη, εἰκό- *ex.*
τως μυρίκαι πολλαί. καὶ ἐν τῇ Δολωνοφονίᾳ (Κ 466)· „θῆκεν ἀνὰ
5 μυρίκην". **b**(BCE³E⁴) **T**

  c. ἀγκύλον: διὰ τοὺς τροχούς. **b**(BCE³E⁴) **T**ⁱˡ *ex.*

40 a. ⟨ἐν πρώτῳ ῥυμῷ:⟩ ὅτι πρώτῳ ἀντὶ τοῦ ἄκρῳ καὶ ὅτι *Ariston.*
εἷς ῥυμός. **A**ⁱⁿᵗ

  *b.*¹ ⟨ἄξαντ' ἐν πρώτῳ ῥυμῷ:⟩ ἐνταῦθα ἢ τὸν ἄξονα λέγει *ex.*
10 ἢ τὸ τοῦ ῥυμοῦ τέλος, ὃ προσερείδεται τῷ ζυγῷ. **b**(BCE³E⁴)   ἄμεινον δὲ λέγειν τὸν ἄξονα· καὶ γὰρ καὶ „παρὰ τροχὸν ἐξεκυλίσθη"
(Ζ 42). **b**(BCE³)

Φρυγίας)   **36** ad Z 31 *a*; cf. Friedl., Nic. 44   **37—65** cf. sch. Eur. Or. 356.
Vide ad Z 62 *b*   **38 a** — διά (88) ad B 801 (Ariston.)   καὶ ἵππω (88) sq. ad
E 195 *b* (Ariston.)   *b* ad Z 41 *a*   ἀτυζομένω (89) sq. cf. D, Ap. S. 46, 22, sch. Pind.
Ol. 8, 51, sch. Theocr. 1, 56 m, sch. Nic. al. 193, Or. 11, 17, Et. Gen. (= EM. 168,
15). Vide ad Z 41 *b*. 468. Σ 7. Χ 474 (ex.)   **39 a** ad B 839 (Hrd.)'. Vide ad A 67
b   *b* — πολλαί (4) cf. Fellner 18   **40 a** ad E 729 a (Ariston.); — ἄκρῳ (7) cf. Eust.

82 (le.) εὐρ. δέ del. Bk.   85 le. T supplevi, om. **b** (qui et ipse sch. ad
Z 37 rettulit)   87 le. add. Frdl. (Vill.)   ὅτι A, ἡ διπλῆ, ὅτι Vill.   89 ἀ-
τύσω T (cf. sch. *b*²), ἀτύσσω Wil.   91 ἀπὸ — ἀτύζω] τὸ δὲ ἀτυζόμενοι
ἐκ τοῦ ἀτύω ἀτύσω καὶ αἰολ. ἀτύζω post sch. Z 40—44 (coni. cum v. αὐ-
τῷ) iterum in E⁴   ἀπὸ — ἀτῶ BCE³ τὸ δὲ ἀτυζόμενοι ἐκ τοῦ ἀτύω E⁴   καὶ
αἰολ. E⁴   93 le. Frdl., ὄζω ἔνι βλαφθέντε μυρικίνω ἀγκύλον ἅρμα: A
1 le. Bk., ὄζω ἔνι βλαφθέντε: A   τὸ Bk., τῶι A   3 le. T supplevi,
om. **b**, μυρικίνω Bk.   4 ἐν τῇ δολ. Ma., ἐν τῇ δολοφονίᾳ (δολωνείᾳ Wil.) T, ἐπὶ
δόλωνος **b**   6 le. Ma., ἀγκύλον δὲ coni. cum scholio praecedenti (v. μυρίκην) **b**,
om. T   7 le. add. Frdl.   ὅτι A, ἡ διπλῆ, ὅτι Vill.   9 le. add. Vill.   9—10
ἐνταῦθα δὲ sq. pone sch. Z 39 *c* (coni. cum v. τροχούς) E⁴   ἢ] ῥυμὸν ἢ E⁴

b.² παρὰ τὸν ἄξονα, ἐπεὶ καὶ „παρὰ τροχὸν ἐξεκυλίσθη". Tⁱⁱ

D   40—4. αὐτὼ μὲν ἐβήτην / πρὸς πόλιν ⟨——— ἔγχος⟩: γρα-
φικῶς οἱ μὲν ἵπποι φεύγουσιν ἐπικειμένου τοῦ ζυγοῦ, τὸ δὲ ἅρμα 15
ἐμπλέκεται μυρίκης κλάδῳ, ὁ δὲ Ἄδραστος κυλισθεὶς ἐκ τοῦ ἅρματος
κεῖται παρὰ τὸν τροχὸν ἐπὶ πρόσωπον, ὁ δὲ Μενέλαος ἀνατετακὼς
τὸ δόρυ ἐφέστηκεν αὐτῷ. b(BCE³E⁴) T

Ariston. | ex.   41 a. {πρὸς πόλιν ᾗπερ οἱ ἄλλοι} ἀτυζόμενοι φοβέοντο: ὅτι
ἀντὶ τοῦ ἔφευγον· ἐπὶ τούτου γὰρ ἀεὶ τὴν λέξιν τίθησιν. | τὸ δὲ ἀτυ- 20
ζόμενοι παρὰ τὸ ἀτῶ ἄττω ἀτύω καὶ ἀτύζω Αἰολικῶς. A

ex.   b. ⟨ἀτυζόμενοι φοβέοντο:⟩ ἐκπλησσόμενοι ἔφευγον καὶ
φοβούμενοι καὶ ταρασσόμενοι. Tⁱˡ

Ariston. | ex.   43. πρηνὴς ἐν κονίῃσιν ἐπὶ στόμα: ἡ διπλῆ, ὅτι ἐξηγήσατο
τί ἐστι τὸ πρηνής, ὡς „μῆλ', ὄϊές τε καὶ αἶγες" (ι 184). A | στόμα 25
τὸ πρόσωπον. οὕτως Λάκωνες. ATⁱˡ

ex.   45. ἐλίσσετο γούνων: οὐδεὶς Ἑλλήνων τοῦτο ποιεῖ. T   γού-
νων δὲ ὡς ἀσθενούσης κατ' ἐκεῖνο τὸ μέρος τῆς ψυχῆς. AT

ex.   45—6. ⟨λαβὼν ἐλίσσετο γούνων· / „ζώγρει, Ἀτρέος υἱέ":⟩
λείπει 'ταῦτα λέγων'. ἢ Tⁱˡ   ἀπὸ τοῦ διηγηματικοῦ ἐπὶ τὸ μιμη- 30
τικὸν μέτεισιν. b(BCE³) Tⁱˡ

ex.   46. ἄξια δέξαι ἄποινα: οὐχ ὥρισε ποσότητα, †ἐν ἑαυτῷ† κα-
ταλιπὼν τὸν ἀριθμόν. b(BCE³) T

ex.   47—9 a.¹ ⟨πολλὰ δ' ——— ἄποινα:⟩ ἵνα μὴ ὡς πτωχῷ
ἀπιστῇ. Tⁱˡ
                                                                          35
a.² ταῦτα δὲ λέγει, ἵνα μὴ ὡς πένητι αὐτῷ ἀπιστήσῃ. b(BCE³)

623, 40   40—4 cf. Valk I 229 n. 139   41 a — τίθησιν (20) ad E 223 b (Ariston.),
cf. Eust. 623, 42   τὸ δὲ ἀτυζόμενοι (20) sq. pertinet ad Z 38, cf. sch. Z 38   b
cf. D (ταραττόμενοι ἔφευγον), sch. Ap. Rh. 2, 248—51 a. Vide ad Z 38 b   43 —
πρόσωπον (26) cf. D, D ad E 58, Eust. 623, 44   ὡς (25) — αἶγες cf. sch. ι 184

---

14 le. T supplevi, om. b (scholio ad v. 40 revocato)   16 ἐπιπλέκεται b   19 (le.)
πρὸς — ἄλλοι del. Ddf.   ὅτι A, ἡ διπλῆ, ὅτι Vill.   21 ἀτῶ Ddf., ἄτω A   ἀ-
τύω Ddf., ἀττύω A, fort. ἀτύσω   ἀττύζω A em. Ddf.   22 le. add. Ma.
25 μῆλ' Frdl., μῆλα A   26 οὕτω T   27 le. fort. rectius λαβὼν ἐλ. γούν., at
cf. l 451   27 sq. γούν. δὲ T, γούνων (pro le. scriptum) A   29—31 supra v.
Z 46 scriptum in T   29 le. addidi   30 ἀπὸ τοῦ T, ἀπὸ δὲ pone sch. Z 46
(coni. cum v. κατέλιπεν) b   ἐπὶ τὸ T εἰς b   31 μετ. om. T   32 ἀλλ' ἐν
ἑαυτῷ b, ἐπ' αὐτῷ Wil., recte opinor   32 sq. τὸν ἀρ. κατέλιπεν b   34 le. ad-
didi, πολλὰ δ' ἐν ἀφνειοῦ add. Ba., χρυσός τε add. Ma. (sch. in T supra v. Z 48
scriptum est)   36 ταῦτα δὲ sq. pone sch. Z 48 (coni. cum v. δυσκατέργαστος) in
b

48. πολύκμητος: ὁ ἤδη εἰργασμένος· ἢ ὁ πολλοὺς κάμνειν, του- *ex.*
τέστιν ἀποθνήσκειν, ποιῶν· ἢ ὁ εἰς πολλοὺς καμάτους ἐπιτήδειος.
b(BCE³E⁴) T   ἢ ὁ δυσκατέργαστος. b(BCE³) T

40 49. χαρίσαιτο: μετὰ χαρᾶς δοίη. ἢ τὴν πρᾶσιν ἑτέρῳ ὀνόματι *ex.*
ἐσκέπασεν. b(BCE³E⁴) T^{il}

50. ⟨πεπύθοιτ᾽:⟩ πρὸς τὸν ἀναδιπλασιασμὸν ὅτι ὡς „λελάχω- *Ariston.*
σιν“ (H 80 al.), ἀντὶ τοῦ πύθοιτο. A^{int}

51 a.¹ ⟨τῷ δ᾽ ἄρα θυμόν:⟩ διὸ καὶ „μαλθακὸς αἰχμητής“ (P *ex.*
45 588). T^{il}

a.² „μαλθακός“ ἐστιν „αἰχμητής“, ὅτι λόγος πολεμίου τὴν
ψυχὴν αὐτοῦ ὤρινεν. b(BCE³E⁴)

53. ⟨καταξέμεν:⟩ ὑψηλὴ γὰρ καὶ ἀνεμόεσσα ἡ Ἴλιος. b(BCE³E⁴) *D*

54 a.¹ ⟨ἀντίος:⟩ οὕτως Ἀρίσταρχος διὰ τοῦ ϛ, ἄλλοι δὲ διὰ *Did.*
50 τοῦ ῡ. A^{im}

a.² τὸ δὲ ἀντίος ὁ μὲν Ζηνόδοτος διὰ τοῦ ῡ γράφει „ἀντίον“,
ὁ δὲ Ἀρίσταρχος διὰ τοῦ ϛ, ἀντίος, ὃ καὶ ἄμεινον. b(BCE³)

b. ⟨ἦλθε θέων:⟩ ἦλθε πρὶν συνθέσθαι Μενέλαον. b(BCE³ *ex.*
E⁴) T^{il}

55 55 a. ⟨ὦ πέπον ὦ Μενέλαε:⟩ πλεονάζει τὸ ἄρθρον. τὸ δὲ σχῆμα *ex.*
πολὺ παρὰ Ἀττικοῖς ἐστιν. T^{il}

b. τίη δὲ σὺ κήδεαι: εὐχὴν δαιμονίαν τὸν ἔλεον εἶπεν. | τίη *ex.* | *ex.(?)*
μία λέξις ἀδιαίρετος. T

56. ⟨ἦ:⟩ ὁ ἦ περισπᾶται· διαπορητικὸς γάρ. A^{im}   *Hrd.*

48 aliter D; — ποιῶν (38) cf. Eust. 623, 62, sch. δ 718   ὁ δυσκατέργαστος (39)
ad K 379, cf. sch. ξ 324. φ 10   50 ad E 228 (Ariston.)   51 cf. Eust. 624, 8;
aliter ad P 588   53 cf. Eust. 624, 39   54 a ad Λ 94 b. N 448. O 694. Vide ad
Λ 129. 219. 553. M 44. T 70 (Did.); cf. Duentzer, Zen. 81; Valk I 174 n. 193 (prae-
postere, opinor, quia Λ 219 et T 70 v. ἀντίον iuxta genetivum usurpatum est;
quid Zen. in Λ 129. 553. M 44 dederit, nescitur   55 a — ἄρθρον (55) cf. Eust.
624, 51; Uhlig ad D. Thr. § 16, p. 62, 5   b τίη (57) — ἀδιαίρετος (58) eadem
docet Tryph. fr. 58 (Ap. Dysc. de coni. 255, 27), Ap. S. 82, 2. Et Ap. Dysc. et
Hrd. τί ἦ scribi iubent, ad Υ 251 (Hrd.)   56 nullum signum ante versum in A,
sed fort. exstabat sch. Aristonici de Zenodoti v. l. πεποίεται, cf. Heracl. Mil.
fr. 38 Co. ap. Eust. 1885, 54: καὶ ὅ γε Ζηνόδοτος πολλάκις, φησί (sc. Heracl.),

37 ἤδη b, T m. sec., ἴδε T   εἰργ.] εἰργασμένος· ἢ ὁ ὑπὸ πολλοῦ καμάτου
γινόμενος ἢ κάματον παρέχων· E⁴ (cf. D)   37 sq. ὅ ἐστιν b   40 le. Bk., τὸ δὲ
χαρίσατο pone sch. Z 48 (coni. cum v. ἐπιτήδειος) E⁴, om. BCE³T   41 ἐσκέπ. T
περιεκάλυψε(ν) b   42 le. add. Bk.   πρὸς A, ἡ διπλῆ πρὸς Vill.   44 le.
add. Ba. (Bk.)   48 et 49 le. add. Bk. (Vill.)   51—2 pone sch. b (coni. cum
v. μενέλαον) in b   53 le. add. V^c   ἦλθε² om. T   πρὶν T, πρὸ τοῦ b (fort.
genuinius)   55 le. add. Bk.   πλεον. Ma. (cf. ad Ζ 33 al.), πολὺ T   59 le.
addidi

Hrd. | ex. 56—7. ἤ σοι ἄριστα ⟨——— / πρὸς Τρώων:⟩ περισπαστέον 60
τὸν ἤ· διαπορητικὸς γάρ ἐστι. | πολὺ δὲ τὸ ἦθος ἐμφαίνει λέγων b
(BCE³) T 'ἆρα καλά ἐστιν, ἃ πέπονθας πρὸς αὐτῶν;' b(BCE³
E⁴) T

Nic. 58—9 *a.*¹ ⟨χεῖράς θ' ἡμετέρας. μηδ' ὅντινα γαστέρι μήτηρ /
κοῦρον ἐόντα φέροι, μηδ' ὃς φύγοι:⟩ ὑποστικτέον ἐπὶ τὸ φέροι 65
(59) ἵνα στίζωμεν ἐπὶ τὸ ἡμετέρας (58). A^{im}
*a.*² στικτέον εἰς τὸ ἡμετέρας. b(BCE³) T^{il}

ex. *b.* μηδ' ὅντινα ⟨——— μηδ' ὃς φύγοι⟩: μισητὰ καὶ οὐχ
ἁρμόζοντα βασιλικῷ ἤθει τὰ ῥήματα· τρόπου γὰρ ἐνδείκνυσι θηριό-
τητα, ὁ δὲ ἀκροατὴς ἄνθρωπος ὢν μισεῖ τὸ ἄγαν πικρὸν καὶ ἀπάν- 70
θρωπον. ὅθεν κἀν ταῖς τραγῳδίαις κρύπτουσι τοὺς δρῶντας τὰ τοι-
αῦτα ἐν ταῖς σκηναῖς καὶ ἢ φωναῖς τισιν ἐξακουομέναις ἢ δι' ἀγγέλων
ὕστερον σημαίνουσι τὰ πραχθέντα, οὐδὲν ἄλλο ἢ φοβούμενοι, μὴ
αὐτοὶ συμμισηθῶσι τοῖς δρωμένοις. λεκτέον δὲ ὅτι, εἰ μὲν ἐλέγετο
ταῦτα πρὸ τῆς ἐπιορκίας, ἔγκλημα ἂν ἦν· ἐπεὶ δὲ μετὰ τοὺς ὅρκους 75
καὶ τὴν παράβασιν, οὐκ ἐπαχθὴς Ἀγαμέμνων· σχεδὸν γὰρ καὶ ὁ
ἀκροατὴς τοῦτο βούλεται, τὸ μηδὲ γένος ἐπιλιμπάνεσθαι τῶν ἐπιόρ-
κων. b(BCE³E⁴) T σχεδὸν οὖν ὑπὲρ τῶν θεῶν ὀργίζεται. ἄλλως
δὲ πρᾷος μέν ἐστι πρὸς τοὺς ἀρχομένους, βαρὺς δὲ τοῖς ἀντιπάλοις·
b(BE³E⁴) T τοῦτο γὰρ βασιλέως ἀγαθοῦ καὶ ἰσχυροῦ. b(BE³ 80
E⁴) καὶ „αὐτίκ' ἂν ἐξείποι Ἀγαμέμνονι" (Ω 654)· „⟨ἀμφότερον⟩
βασιλεύς τ' ἀγαθὸς κρατερός τ' αἰχμητής" (Γ 179). T

ex. 59. ⟨κοῦρον ἐόντα:⟩ ἄχρηστον γὰρ εἰς μάχην τὸ θῆλυ. b(E³)

παρὰ τῷ ποιητῇ οὕτω (sc. ut πεποίεανται) γράφει καὶ τὰ ἑνικά, δίχα μέντοι τοῦ ν̄,
τὸ πεποίηται (Z 56. η 342) καὶ νενόηται „πεποίεαται" γράφων καὶ νενοέαται. ἡ
μέντοι Ἀρισταρχειος ἔκδοσις οὐκ οἶδεν Ὅμηρον τῇδε τῇ διαλέκτῳ χρώμενον κτλ.,
ad Π 243 *a* (Ariston.); cf. Duentzer, Zen. 63; aliter Valk II 47 ὁ ἤ (59) sq. ad
A 190—2. B 368 *a*; vide ad O 105—6 (Hrd.) 58—9 *a* cf. Classen, Beob. 37 *b*
cf. Friedl., Zoil. 60 59 cf. Eust. 624, 31: τὸ γὰρ θῆλυ ὡς τὰ πολλὰ περιποιοῦν-

60 le. T supplevi, om. b (qui sch. ad Z 56 rettulit) περισπ////ασ-
τέον T em. V 61 λέγων] λέγων· διὰ τούτου γάρ φησιν C 62 ἐστιν ἃ om.
b πρὸς αὐτ.] παρὰ τῶν τρώων E⁴ 64 sq. le. add. Frdl. 67 sch. supra
versum 58 exaravit T, ad eundem versum rettulit b 68 le. T supplevi, om. b
(scholio ad Z 58 revocato) 70 ὢν om. T 71 κἀν T 73 ἢ φοβούμενοι om.
T 74 λεκτ. δὲ T δεκτέον δὲ C δεκτέον δὲ λέγειν BE³E⁴ ἐλέγετο T ἔλεγε b
75 ἦν ἔγκλ. (om. ἄν) b ἐπειδὴ b 76 ἐπ. ἀγαμ. T ἐπαχθῇ b 77 ἀπο-
λιμπάνεσθαι C 78 σχεδὸν οὖν T τάχα γοῦν καὶ b 79 πρὸς τ. ἀρχομ. T τοῖς
ἀρχομένοις b 81 αὐτίκα T emendavi (versum Homeri agnovit Nickau) ἀμ-
φότ. supplevi 82 τ' (post βασιλ.) Ma., γὰρ T 83 le. addidi, signo ∼ sch.
ad v. κοῦρον rettulit E³

60 a. ἀκήδεστοι: μὴ ἔχοντες τὸν κηδεύοντα. b(BCE³E⁴) Τ   *ex.*

85   b. ἄφαντοι: ὡς μηδὲ μνημεῖον αὐτῶν παραλείπεσθαι. b(BC   *ex.*
E³E⁴) Τ

61. ⟨παρέπεισεν:⟩ γράφεται „ἔτρεψεν". Aⁱᵐ   *Did.(?)*

62 a. αἴσιμα παρειπών: εἱμαρμένα, ἢ Τ   τὰ πρέποντα τοῖς   *ex.*
ἀδικουμένοις. ἐμαρτύρησε δὲ ὁ ποιητὴς αὐτῷ ὡς καλῶς διαθεμένῳ
90 τοὺς λόγους. b(BCE³E⁴) Τ

    b.¹ ὁ δ' ἀπὸ ἕθεν ὤσατο χειρί: μέτριον καὶ ἀόργητον χα-   *ex.*
ρακτηρίζει τοῦ Μενελάου τὸ ἦθος· †ὁ πρότερον μὲν ἀδικηθείς, νῦν δὲ
ἐπὶ σπονδαῖς τρωθεὶς φείδεται τῆς τοῦ πολεμίου πληγῆς καὶ ὡς ἱκέτην
οὐ φονεύει. Τ

95   b.² ὁ δὲ Μενέλαος ὡς ἱκέτην οὐ φονεύει. μέτριον οὖν καὶ ἀόργη-
1 τον τὸ τούτου ἦθος χαρακτηρίζει· ὁ πρότερον γὰρ ἀδικηθείς, νῦν δὲ
τρωθεὶς ἐπὶ σπονδαῖς φείδεται τοῦ πολεμίου. b(BCE³E⁴)

63. ⟨ἥρω Ἄδρηστον:⟩ τὸ δὲ ἥρω Ἄδρηστον κατὰ συναλι-   *ex.*
φήν. Τ

5 64. ⟨Ἀτρείδης δέ:⟩ πρὸς τὴν ἐπανάληψιν. Aⁱᵐ   *Ariston.*

66 a.¹ Νέστωρ δ' Ἀργείοισιν ἐκέκλετο μακρὸν ἀΰσας: *ex.*
μακρὸν ὡς πρὸς ἑαυτόν. ἢ ῥώννυται ὑπὸ τῆς χαρᾶς. Τ

    a.² ὡς πρὸς τὴν ἑαυτοῦ δύναμιν μακρόν. ἢ καὶ αὐτὸς ὑπὸ
τῆς χαρᾶς ἐπιρρώνυται. b(BCE³E⁴)

ται οἱ πολιορκοῦντες   **60** *a* et *b* cf. D   **61** cf. D (παρέτρεψε, παρέπεισεν)
62 *a* εἱμαρμένα (88) = Ba. 48, 19, Ph., Su. αι 318, EM. 39, 23   πρέποντα (88)
cf. D, Ap. S. 16, 13   *b* fort. exstabat sch. Herodiani de accentu v. (ἀπό) ἕθεν,
ad Γ 128. N 803 (Hrd.). De quantitate alterius syllabae vocis ἀπό agit Eust. 625,
11: τῆς „ἀπό" προθέσεως ἐκτείνεται ἡ λήγουσα ἐν τῷ „ὁ δ' ἀπὸ ἕθεν ὤσατο χειρί".
τινὲς δὲ θεραπεύοντες αὐτὸ μεταγράφουσιν „ἀπαὶ ἕθεν" καὶ οὕτω τὸ μέτρον ἀναπλη-
ροῦσιν. οἱ μέντοι ἀκριβέστεροι ἐκτείνουσιν (ὡς ἐρρέθη) τὸ ᾱ ἐνταῦθα τῆς προθέσεως
διαφόροις λόγοις τῆς κοινῆς συλλαβῆς· μέρους τε γὰρ λόγου καταπέραιωσίς ἐστι,
καὶ δασεῖα καὶ ὀξεῖα τοῦ „ἕθεν" ἐπιφέρονται, δυνάμεναι τὴν λήγουσαν ἐκτείνειν τῆς
προθέσεως, ὡς οἱ γραμματικοὶ δεικνύουσιν ἐν τῷ περὶ κοινῆς συλλαβῆς, fort. similia
in scholiis exstabant   μέτριον (91) sq. cf. sch. Eur. Or. 356. Vide ad Ζ 37—65
63 cf. Bk., H. Bl. 1, 43   **64** ad E 734—6 (Ariston.)

---

84 κηδεύσοντα E⁴   **85** ἄφαντοι δὲ ὡς coni. cum scholio praecedenti (v.
κηδεύοντα) in b   μηδὲ b μὴ δὲ Τ   παραλιπέσθαι b, περιλείπεσθαι Ddf.,
καταλείπεσθαι Bk.   **87** le. (= Aᶜᵒⁿᵗ) add. Vill. (cf. H 120)   **89** ὁ ποιητ.
om. b   **92** ὃς πρότ. μὲν Wil., malim ὁ πρότ. μὲν γὰρ (cf. sch. *b*²)   **95—02**
ὁ δὲ μενέλαος sq. pone sch. *a* (coni. cum v. λόγους) in b   **3** le. addidi,
fort. correctius ΗΡΩΑΔΡΗΣΤΟΝ   τὸ δὲ sq. coni. cum scholio Ζ 62 *b*¹ (v. φο-
νεύει) in Τ, distinxi   ἥρω ἀδρ.² i. e. ἡρωαάδρ.   **5** le. addidi (auctore
Frdl.)   πρὸς Α, ἡ διπλῆ πρὸς Vill.

Nic.   **68—9.** ⟨μή τις νῦν ἐνάρων ἐπιβαλλόμενος μετόπισθεν / 10
μιμνέτω:⟩ βραχὺ διασταλτέον ἐπὶ τὸ ἐπιβαλλόμενος πρὸς τὸ
σαφέστερον. A^{im}

D   **68.** ⟨ἐπιβαλλόμενος:⟩ ἀντὶ τοῦ ἐπιθυμῶν. T^{il}

D   {ὅτι} ἐπιβολὴν ποιούμενος εἰς ἀναίρεσιν. A^{int}

ex.   **70.** ἀλλ' ἄνδρας κτείνωμεν: τῷ πόνῳ συζεύγνυσιν ἑαυτὸν 15
δυσωπῶν τοὺς νέους. διὰ δὲ τὸ νεμεσητὸν οὐ πρὸ τῆς συμβολῆς τοῦτο
παραινεῖ. b(BCE³E⁴) T   καὶ Ἕκτωρ „ἐὰν δ' ἔναρα" (Ο 347).
καὶ Λακεδαιμόνιοι τοῦτο ἐθέσπισαν, †τοὺς† ἄνδρας ἐπὶ τὸ πράσσειν
τοῦτο τεταχότες. T   τακτικὸς οὖν καὶ νῦν ὁ Νέστωρ φαίνεται.
b(BCE³E⁴) T   . 20

Did.   **71 a.¹** νεκροὺς ἂμ πεδίον συλήσετε τεθνηῶτας: οὕτως
'Αρίσταρχος. ὁ δὲ Ζηνόδοτος „Τρώων ἂμ πεδίον συλήσομεν ἔντεα
νεκρούς". 'Αθηνοκλέους δὲ ἐν τῷ Περὶ 'Ομήρου παρατηρήσαντος ὅτι
τῷ μὲν καμάτῳ καὶ ἑαυτὸν ὁ Νέστωρ ὑποβάλλει λέγων „κτείνωμεν"
(Ζ 70), τὸ δὲ κέρδος ἴδιον ποιεῖται τῶν στρατιωτῶν ἐν τῷ συλήσετε, 25
ὁ Χαῖρις (fr. 3 B.) 'Ομηρικὸν εἶναί φησι τὸν τῆς ἑρμηνείας χαρα-
κτῆρα ὡς ἐν τούτοις· „ἄλλοι μὲν γὰρ πάντες, ὅσοι θεοί εἰσ' ἐν 'Ολύμ-
πῳ, / σοί τ' ἐπιπείθονται καὶ δεδμήμεσθα ἕκαστος" (Ε 877—8)· ἔδει
γὰρ δέδμηνται ὡς πείθονται ἢ ἀνάπαλιν. καὶ πάλιν· „ἀλλ' ἄγεθ', ὡς
ἂν ἐγὼ εἴπω, πειθώμεθα πάντες· / νῦν μὲν δόρπον ἕλεσθε κατὰ στρα- 30
τόν" (Σ 297—8), καὶ ἀλλαχοῦ· οὐδὲ γὰρ ἄλλως ἀκμάζει ὁ Νέστωρ,
ἀλλ' ὑπὸ γήρως ἔοικεν ἀπειρηκέναι. ταῦτα ὁ Δίδυμος (p. 114 Schm.). A

a.² οὕτως 'Αρίσταρχος τεθνηῶτας. A^{im}

---

70 — νέους (16) cf. Ap. Dysc. pron. 20, 26, synt. 363, 3; Plut. mor. 71f;
Ludwich, B. ph. W. 22, 1902, 804; Wackernagel, Vorlesungen über Syn-
tax I (Basileae 1926) 43. Vide ad Z 71; — ἑαυτόν (15) ad Z 84. Θ 175   καὶ
Λακεδαιμόνιοι (18) sq. cf. Eust. 625, 35: τοῦτο δέ, φασί, καὶ Λακεδαιμόνιοι
ἐνομοθέτησαν ὕστερον, τριακοσίους ἄνδρας τεταχότες φύλακας τοῦ τοιούτου
θεσπίσματος   **71** diple (non periestigm.) ante versum in A, fort. exsta-
bat sch. Aristonici de figura sententiae, ad E 878   *a¹* 'Αθηνοκλέους (23)
vide ad B 408 a (test.)   καμάτῳ (24) — δόρπον ἕλεσθε (30) cf. Eust. 625,
39. Vide sch. *b*   ὅτι τῷ μὲν καμάτῳ (24) — κτείνωμεν (24) ad Z 70   'Ομη-
ρικὸν (26) sq. ad E 878 (Ariston.)   *a²* ad Z 464 (pap. IV); H 89 *e.* 409.
I 633. K 343 *c.* 387*c.* Π 16 *b.* 526. 858. P 161. 229. Σ 537. 540, cf. sch. α 289 (Did.);

---

10 sq. le. add. Frdl.   **13** le. add. Ma.   **14** ὅτι del. Bk.   **16** συμβου-
λῆς T   **18** τοὺς T, τριακοσίους Eust. (recte ut vid.)   **18** sq. ἐπὶ τὸ
πρ. τοῦτο cf. Eust.   **19** οὖν — φαίνεται T γάρ ἐστι καὶ καλῶς παραι-
νεῖν οἶδε b   **21** le. A, om. A^{im}   **21** (le.) et **22** ἀμπεδίον A em. Ldw.
22 ἀρίστ. A ἀρίσταρχος τεθνηῶτας A^{im} (cf. l. 33)   συλήσωμεν A em. Vill.
25 sq. συλ. ὁ χαῖρις Vill., συλήσεται ὅχερις A   **32** ἀπηιρηκέναι A em. Bk.

b. νεκροὺς ἄμ πεδίον ⟨συλήσετε τεθνηῶτας⟩ : Ζηνόδοτος   *Did. | ex.*
35 „Τρώων ἄμ πεδίον συλήσομεν ἔντεα νεκρούς", ἵνα μὴ μόνον εἰς τὴν
πρᾶξιν, ἀλλὰ καὶ εἰς τὸ κέρδος συμπεριλαμβάνοι ἑαυτὸν ὁ Νέστωρ.
ἀγνοεῖ δὲ ὅτι ἔθος ἐστὶν Ὁμηρικὸν τὸ τοιοῦτον ὡς ἐν τῷ b(BCE³
E⁴) T   „ἄλλοι μὲν γὰρ ⟨πάντες⟩, ὅσοι θεοί εἰσ' ἐν Ὀλύμπῳ, / σοί
τ' ἐπιπείθονται καὶ δεδμήμε⟨σ⟩θα ἕκαστος" (E 877—8)· ἔδει γὰρ
40 δέδμηνται. καὶ πάλιν· T   „ἀλλ' ἄγεθ', ὡς ἂν ἐγὼ εἴπω, πειθώ-
μεθα πάντες· / νῦν μὲν δόρπον ἕλεσθε b(BCE³E⁴) T   κατὰ στρα-
τὸν ἐν τελέεσσιν" (Σ 297—8)· ἔδει γὰρ εἰπεῖν ἑλώμεθα. b(BCE³E⁴) |
τὸ δὲ νεκροὺς τεθνηῶτας ὡς „τάφρον ὀρυκτήν" (I 67). b(BCE³
E⁴) T

45   **73.** ἔνθα κεν αὖτε Τρῶες ἀρηϊφίλων ὑπ' Ἀχαιῶν: οἶδε τὸ   *ex.*
τῆς εἱμαρμένης ὁ ποιητής, ὡς καὶ ἐπὶ Ἀχιλλέως· καὶ νῦν ἀπώλοντο
ἄν, εἰ μὴ ἱκέτευσαν· ἐπεὶ δὲ ἱκέτευσαν, μόνον ἐδυστύχησαν. b(BCE³) T

   76 a. Πριαμίδης Ἕλενος: λέγεται τὸν Ἕλενον δίδυμον εἶναι   *ex.*
Κασάνδρας, τεχθέντα⟨ς⟩ δὲ καταλειφθῆναι μόνους ἐν τῷ τοῦ Θυμ-
50 βραίου Ἀπόλλωνος ἱερῷ, καὶ δράκοντας ἀποψῆσαι τὴν ἀκοήν, καὶ
τὴν μαντείαν ἐντεῦθεν λαβεῖν. T

   b.¹ Πριαμίδης Ἕλενος, ⟨οἰωνοπόλων ὄχ' ἄριστος⟩ :   *Did.*
Ἀμμώνιος ὡς Ἀριστάρχειον προφέρεται καὶ ταύτην τὴν γραφὴν
„Πριαμίδης Ἕλενος μάντις τ' οἰωνοπόλος τε". ἔργον δὲ τὸ σαφὲς
55 εἰπεῖν· διὸ διχῶς. A

   b.² Ἀρίσταρχος „μάντις τ' οἰωνοπόλος τε". T^il

alii scripserunt τεθνειῶτας (= vulg.), cf. Ludwich, A. H. T. 1, 266, 15   **73** cf.
Eust. 626, 12   ἱκέτευσαν (47) cf. Z 86—98. 286—312   **76 a** ad H 44, cf. D ad
H 44   b¹ ἔργον δὲ (54) sq. ad Θ 349 (Did.)

34 le. T supplevi, om. b   ζηνόδ. T ὁ δὲ ζηνόδοτος λέγει pone verba νε-
κροὺς — ὀρυκτήν (vide finem scholii) b   35 ἀμπεδίου et νεκρῶν b   37 ἐν
τῷ T τὸ b   38 πάντες addidi   39 δεδμήμεθα T suppl. Bk.   41 πάντες T
πάντες· ὤφειλε γὰρ πείθεσθε (πείθεσθαι C). καὶ b   ἑλέσθαι T, cp. αι del. m. sec.
43 τὸ — τεθν. ὡς T νεκροὺς δὲ λέγει τεθνειῶτας τὸ ὂν δηλῶν ὡς pone sch. Z 70
(coni. cum v. οἶδε, cf. l. 19) b   45 οἶδε T, λίαν οἶδε b (fort. recte)   46 ἀπώ-
λοντο T οὖν ἀπεφθάρησαν b   47 ἐπεὶ δὲ sq. T ἐπεὶ δ' ἀπεύξαντο καὶ ἱκέτευσαν,
δυστυχοῦσι μόνον b   49 κασ. Ma., κασάνδρ[.] T   τεχθέντα T suppl.
V   μόνον T em. Wil.   52 le. A suppl. Vill.   53 ἀμμώριος A em. Vill.   ἀριστ.
Schm. (Bk.), ἀρίσταρχος A   56 οἰωνοπώλος T em. Ma.

ex.   77 a. Αἰνεία τε καὶ Ἕκτορ: διὰ τὸ ἀλαζονικὸν συμπεριλαμ-
βάνει καὶ τὸν Αἰνείαν· τραχὺς γὰρ πρὸς τοὺς συμβούλους ὁ Ἕκτωρ.
b(BCE³E⁴) T

Ariston.   b. ⟨πόνος:⟩ ὅτι τὸ κατὰ τὸν πόλεμον ἔργον πόνον εἴρηκε 60
πάλιν. Aᴵᵐ

ex.   78 a. Τρώων καὶ Λυκίων ⟨ἐγκέκλιται⟩: Λυκίων κατ᾽ ἐξοχὴν
τῶν συμμάχων. ἐγκέκλιται δὲ ἐρήρεισται, ὅθεν καὶ „ἀστραβῆ κίονα“
(Pind. Ol. 2, 82) καὶ „κίονι κεκλιμένη“ (ζ 307) καὶ „Ἀλκινόου δ᾽
ἐκ τοῦδ᾽ ἔχεται“ (λ 346), οἷον ἐὰν ἀπόλησθε ὑμεῖς, στραφήσεται ὁ 65
πόλεμος καὶ ἡ βουλή. T

ex. | *ex.*   b. ἐγκέκλιται: ἐρήρεισται, ἐκ μεταφορᾶς τῶν καμνόντων
ἀρρωστίαις καὶ προσαναπαυομένων ἰσχυροτέροις σώμασιν, ἢ τῶν
ζυγοστατουμένων. A b(BCE³E⁴) | Λυκίων δὲ κατ᾽ ἐξοχὴν τῶν
συμμάχων. φησὶ δὲ ὅτι ἐὰν ὑμεῖς ἀπόλησθε, στραφήσεται ὁ πόλεμος 70
καὶ ἡ βουλή. b(BCE³E⁴)

D   ἐγκέκλιται: ἐπίκειται, ἔγκειται, ἐμπέπηκται, ἐν τῇ ὑμετέρᾳ
———— πραγμάτων. A

ex.(?)   79 a. ⟨πᾶσαν ἐπ᾽ ἰθύν:⟩ εἰς πᾶσαν ὁρμήν. Aᴵᵐ
ex.   b. μάχεσθαί ⟨τε⟩ φρονέειν τε: ἀρετὴ τῶν ἡγουμένων βου- 75
λεύεσθαι μὲν ἄριστα τὸ συμφέρον, πράττειν δὲ κάλλιστα τὸ βεβου-
λευμένον. θεραπεύει δὲ αὐτούς, ἵνα ὡς φρόνιμοι δέξαιντο τὴν συμβου-
λήν. Ἕκτορα δὲ πέμπει ὡς πείσοντα τὴν θεὸν διὰ τῆς ἀξιοπιστίας.
b(BCE³E⁴) T

77—9 cf. Ge: ἢ οὕτως· ἐπειδὴ τὸ πολεμικὸν ἔργον μάλιστα ὑμῖν τῶν Τρώ-
ων καὶ τῶν Λυκίων ἔγκειται καὶ ἐκκρέμαται, διότι ἄριστοι καὶ φέριστοί
⟨ἐστε⟩ (add. Nicole), fort. frustulum paraphrasis cuiusdam   77 b ad A
467 a (Ariston.), cf. Or. 125, 26 in sede scholiorum   78 a — κίονα (63)
cf. Eust. 626, 30   b — ζυγοστατουμένων (69) cf. Porph. 1, 89, 12   79
a cf. D; Porph. 1, 89, 16   b — βεβουλευμένον (76) cf. Eust. 626, 26   δέ-

57 sq. συλλαμβάνει b   58 τὸν om. b   ὁ ἕκτωρ post γάρ b   60 le. add.
Bk.   τὸ Bk., τὸν A   62 le. T supplevi   63 ἀστρ. κίονα sc. Pindarus
Hectorem appellat (cf. test.)   65 ἀπόλεισθε T em. Ma.   67 le. A, om.
BCE³, τὸ δὲ ἐγκέκλιται ἀντὶ τοῦ pone sch. Z 77 a (coni. cum v. συμβούλους) in
E⁴   ἐρήρ. A, ἐρήρεισται, ἐπίκειται b (cf. D)   74 le. add. Vill.   75 le.
T suppl. Li, om. b   77 δέξαιντο T (vide ad H 114 b²/a²), δέξωνται b (cf.
Mayser, Gramm. 2,1 [1926], 253)   78 πείθοντα T

80   80—1. στῆτ' αὐτοῦ ⟨καὶ λαὸν ἐρυκάκετε πρὸ πυλάων /⟩   *ex.*
πάντη ἐποιχόμενοι: ὁ τρόπος σύλληψις· b(BCE³) T   τῷ μὲν
ἑνὶ στῆναι κελεύει πρὸ τῶν πυλῶν μὴ συγχωροῦντι φυγεῖν, τῷ δὲ
ἑτέρῳ περιιέναι ὀτρύνοντι. ἢ τὸ στῆτε (80) τῆς φυγῆς παύεσθε. οἱ
δὲ ἀναστρέφουσιν ὡς τὸ „εἵματα †ἀμφιέσασα θυώδεα καὶ λούσασα"
85 (ε 264). b(BCE³E⁴) T

81 *a.*¹ ἐν χερσὶ γυναικῶν: καλῶς οὐκ εἶπε πύλησιν ἢ †οἴκησιν·   *ex.*
εὐσχερωνέστερον† δὲ τοῦ ἱστορουμένου περὶ τὰς Περσικὰς γυναῖκας. T
    *a.*² καλῶς οὐκ εἶπε πύλησιν ἢ οἴκοισιν (τοῦτο γὰρ εὐσχημο-
νέστερον), ἀλλὰ χερσὶ γυναικῶν· τοῦτο δὲ ἀσχημονέστερον καὶ ἀτι-
90 μότερον. b(BCE³E⁴)

84. ⟨ἡμεῖς:⟩ ἐγὼ καὶ Αἰνείας. πιθανῶς τοῖς ἐπικινδύνοις ἑαυτὸν   *ex.*
καταλέγει. b(BCE³E⁴) Tⁱˡ

86. ⟨μετέρχεο:⟩ πλεονάζει ἡ μετά. Tⁱˡ   *ex.*

87 *a.*¹ ⟨ξυνάγουσα:⟩ ὅτι ⟨ὁ⟩ χρόνος ἐνήλλακται, ἀντὶ τοῦ συνα-   *Ariston.*
95 γαγοῦσα. Aⁱⁿᵗ

ξαιντο (77) vide ad Z 113 b² (test. et app. crit.)   80—1 — ὀτρύνοντι (83) cf.
Porph. in E⁴ (fol. 53ʳ): Πορφυρίου· ὁ τρόπος συλληπτικός· ὁ μὲν στήτω φησίν,
ὁ δὲ πάντη περιελθὼν ἐπισχέτω τὸ πλῆθος   81 Eust. 626, 39: ἐνταῦθα δὲ
σημειοῦνται οἱ παλαιοὶ ὅτι Ὅμηρος μὲν πάνυ σεμνῶς εἶπεν ὡς βοηθητέον πρὶν φεύ-
γοντας τοὺς Τρῶας εἰς τὴν πόλιν χάρμα τοῖς δυσμενέσι γενέσθαι ἐν χερσὶ πεσόντας
γυναικῶν καὶ οἷον ἀγκαλισθέντας ὑπ' αὐτῶν τὰ ἐπιθανάτια. | τὸ δὲ τοῦ Ἡροδότου
(fort. error Eustathii) οὐχ ὅμοιον εἶναί φασι, παρ' ᾧ Σκυθίδες τινὲς γυναῖκες τοὺς
ἑαυτῶν ἄνδρας φεύγοντας ὁρῶσαι προτροπάδην, ἀνασυράμεναι τὰ κάτω „πῆ φεύ-
γετε;" εἶπον· „ἢ ἵνα κρυβῆτε εἰς τὰ ἐξ ἀρχῆς;"· ὅθεν αἰδεσθέντες ἐκεῖνοι ἐθάρρησαν
καὶ ἀναμαχεσάμενοι ἐνίκησαν. | ἑτέρα δὲ ἱστορία λέγει ὅτι γυναῖκες Γαλατῶν τῶν εἰς
Ἀσίαν διαβάντων ἐπέρρωσαν φεύγοντας τοὺς ἄνδρας ὀλολύζουσαι καὶ τὰ τέκνα ἐν
ἀγκάλαις φερόμεναι, ἃ καὶ προϊσχόμεναι αὐτά τε εἰς ὕβριν ἐκδώσειν ἔλεγον τοῖς πολε-
μίοις καὶ αὐταὶ εἰς τὴν τῶν ἐναντίων ὤσεσθαι φάλαγγα· ὅθεν αἰσχυνθέντες ἐκεῖνοι
ὑπέστρεψαν, εἰ καὶ μηδέν τι γενναῖον ἤνυσαν. Haec partim quidem e scholio
uberiore hausta esse suspicor, cum alios fontes non invenerim; ad verba τὸ δὲ τοῦ
— ἀναμαχεσάμενοι ἐνίκησαν cf. Nicol. Damasc. (FGrHist 90, 66 § 43), Plut. mor.
241 b, Polyaen. 7, 45, 2, Iust. ep. 1, 6, 14; J. Moreau, Les guerriers et les femmes
impudiques, Mél. Gregoire III, Bruxellis 1951, 283   84 ad Z 70   86 ad
A 39 a   87 a ad A 163 a (Ariston.), Γ 27C b (Did.), H 46. Λ 632 b (Ariston.), cf.

80 sq. le. T supplevi (auctore Vill.), om. b (ubi sch. ad Z 80 relatum est)   82
κελεύει om. T   82 sq. τῷ δὲ ἑτ. b ἑτέρῳ δὲ T, τῷ ἑτέρῳ δὲ Ma.   83 ὀρύνον-
τι T   84 εἵμ. T εἷματ' b, εἵματά τ' Hom.   ἀμφιάσασθαι et λούσασθαι b   86
sq. οἰκ. εὐσχερ. T, fort. οἴκησιν. εὐσχημονέστερον, cf. test. et sch. a²   87 εὐσχ.]
litterae εὐσχ. a m. sec. novatae   88 sq. εὐσχ. γὰρ τοῦτο E⁴   89 sq. ἀτιμ.]
ἄτακτον C   91 le. add. Bk. (ἡμεῖς ἡμεῖν δαναοῖσιν add. Li)   καὶ T καὶ ὁ b   τοῖς
T, δὲ τοῖς b (fort. rectius)   ἐπικ. b κινδύνοις T, κινδυνεύουσιν Ma.   93 le. add.
Vᶜ   94 le. add. Bk.   ὅτι A, ἡ διπλῆ, ὅτι Vill.   ὁ add. Vill.

a.² τὸ δὲ ξυνάγουσα ἀντὶ τοῦ συνάξασα. **T**   1

ex. (Did.?)   b. γεραιάς: τινὲς ,,γεραιράς", τὰς ἱερείας τὰς ἐκ τῶν ἱερῶν γέρας δεχομένας. **b**(BCE³E⁴) **T**

Nic.   87—9. ἡ δὲ ξυνάγουσα γεραιάς ——— δόμοιο: συναπτέον τὸ ἡ δὲ ξυνάγουσα γεραιάς (87) τῷ νηὸν Ἀθηναίης (88), A 5 **A**ᶦⁿᵗ ἵνα διαστέλλωμεν ἐν πόλει ἄκρη· A λειπούσης γὰρ τῆς εἰς προθέσεως καὶ τοῦ καὶ συνδέσμου γίνεται ὁ λόγος· ἡ δὲ ξυνάγουσα τὰς γεραιὰς εἰς τὸν τῆς Ἀθηνᾶς ναὸν καὶ ἀνοίξασα τὰς θύρας **AA**ᶦⁿᵗ τοῦ ἱεροῦ οἴκου τὸν πέπλον ἀναθέτω. A ἐὰν δὲ συνάπτωνται οἱ δύο στίχοι, **AA**ᶦⁿᵗ νηὸν Ἀθηναίης (88) καὶ 10 οἴξασα κληῗδι θύρας (89), A ἡ φράσις σόλοικος, **AA**ᶦⁿᵗ τὸν ναὸν ἀνοίξασα τὰς θύρας αὐτάς. A

ex.   88—9. νηὸν ⟨——— /⟩ οἴξασα κληῗδι θύρας: περισσοὶ οἱ δύο· διὸ οὐδὲ ὑπὸ τοῦ Ἕκτορος λέγονται (cf. Z 269 sq.)· τί γὰρ αὐτῇ προσῆκε τὸ οἶξαι; **b**(BCE³) **T**   15

ex.   88 a. Ἀθηναίης γλαυκώπιδος: εἰς τὸ γλαυκώπιδος στικτέον, καὶ λείπει ἡ εἰς· **b**(BCE³) **T** συνάξασα εἰς τὸν ναὸν τὰς γεραιὰς καὶ ἀνοίξασα τὰς θύρας ἐν τῇ ἀκροπόλει. **b**(BCE³E⁴) **T**

D | ex.   b. ἐν πόλει ἄκρη: διάλυσις ἢ μετατύπωσις ὁ τρόπος. **AT**ᵗ | φασὶν Ἥφαιστον ἐκ τῶν ὀστῶν Πέλοπος πεποιηκέναι τὸ Παλλάδιον. 20 **b**(E⁴) **T**ᵗ

sch. θ 290; Friedl., Ariston. p. 4 b — γεραιράς (2) ad Z 270 b (Did.), cf. Poll. 8, 108, He. γ 402 (Diog.), B. A. 231, 32; Ludwich, A. H. T. 1, 267, 5; Bechtel, Lex. 88 τὰς ἱερείας (2) — δεχομένας (3) cf. D, D ad Z 270, Ap. S. 54, 22 87—9 ad Z 88 a (ex.) 88—9 cf. Ludwich, A. H. T. 1, 267, 11 88 a ad Z 87—9 (Nic.) ἐν τῇ ἀκροπόλει (18) = D b — τρόπος (19) ad Z 257 (Ariston.); cf. Eust. 626, 50 φασὶν (20) sq. cf. Dionys. Sam., FGrHist 15, 3; aliter Paus. 5, 13, 4, sch. Lyc. 54, [Apoll.] bibl. ep. 5, 10; Valk I 388 n. 303

1 τὸ δὲ sq. pone sch. b (coni. cum v. δεχομένας) in T, distinxi et transposui συνάξασα T, συναγαγοῦσα Ma. 2 le. (= vulg.) T, om. b γεραιράς b γεραράς T τὰς T ἀναγινώσκουσιν ἵνα (ὅπως E⁴) δηλοῖ τὰς b 4 le. Frdl., νηὸν ἀθηναίης γλαυκώπιδος ἐν πόλει ἄκρη: A (pone sch. Z 92 c, trps. Vill.), om. Aᶦⁿᵗ οὕτω συναπτέον Aᶦⁿᵗ 5 ἡ δὲ Aᶦⁿᵗ, ἰδὲ A τῷ Vill. (τῶ Aᶦⁿᵗ), τὸ A 6 λιπούσης Aᶦⁿᵗ 8 ταῖς γεραιαῖς Aᶦⁿᵗ 12 αὐτάς Vill., αυτ ss. ω (ut vid.) A, αὐτοῦ Frdl. (cl. sch. Z 88 a) 13 le. T supplevi, om. b περ. T, ἢ περισσοὶ pone sch. Z 88 a (coni. cum v. ἀκροπόλει) b 14 δύο T, δύο στίχοι b (fort. rectius) τί T οὖ b 15 τὸ οἴξ. προσῆκε b 17 συνάξουσα (τουτέστι συνάγουσα E⁴) b, συναγαγοῦσα Ma. 18 θύρας αὐτοῦ BE³E⁴ 19—21 scholio Z 92 c (inter verba ἠμφιέσθαι et ἔχειν, l. 35) ins. E⁴ 20 φασὶν T οἱ δὲ E⁴ πεπ. τὸ παλλ. T αὐτὸ πεποιηκέναι E⁴

90 *a.* {πέπλον} ὅς οἱ: τὴν ὅς ὀξυτονητέον διὰ τὴν οἱ ἀντωνυ- *Hrd.*
μίαν, ἥτις *νῦν* ἐγκλιτική ἐστιν. A

b. ⟨ὅς οἱ δοκέει χαριέστατος ἡδὲ μέγιστος:⟩ διδάσκει ἐκ *ex.*
25 τῶν καλλιστευόντων τιμᾶν τοὺς θεούς. **b**(BCE³, E⁴ [bis]) **Tⁱˡ**

92 *a.* ἐπὶ γούνασιν: ἡ διπλῆ, ὅτι ἀντὶ τῆς παρά, ἵν᾽ ἦ παρὰ *Ariston.*|*Hrd.*
γούνασιν· ὀρθὰ γὰρ τὰ Παλλάδια κατεσκεύασται. καὶ ἔστιν ὅμοιον
τῷ ,,ἡ μὲν ἐπ᾽ ἐσχάρῃ‘‘ (ζ 52) ἀντὶ τοῦ παρ᾽ ἐσχάρῃ· ἡ γὰρ ἐπί τὴν
ἐπάνω σχέσιν σημαίνει. | διὸ οὐκ ἀναστρεπτέον τὴν πρόθεσιν. A

30   *b.* Ἀθηναίης ἐπὶ γούνασιν: ἡ ἐπί ἀντὶ τῆς παρά, ὁμοίως *Ariston.* | *ex.*
τῷ ,,ἡ μὲν ἐπ᾽ ἐσχάρῃ ἧστο‘‘ (ζ 52). **b**(BCE³) **T** | Στράβων (13, 1,
41, p. 601) γάρ φησι καθῆσθαι πρώην τὰ ἀγάλματα τῆς Ἀθηνᾶς.
ἢ ἐξαρτῆσαι αὐτῆς κελεύει. **b**(BCE³E⁴) **T**

c. θεῖναι Ἀθηναίης ⟨ἐπὶ γούνασιν ἠϋκόμοιο⟩: φασὶ *ex.*
35 τὸ διοπετὲς †ἀνδρὸς† δορὰν ἠμφιέσθαι, ἔχειν δὲ στέμματα καὶ ἠλα-
κάτην, ἐν δὲ τῇ κεφαλῇ πόλιν κἀν τῇ δεξιᾷ δόρυ. A **b**(BCE³E⁴) **T**

93. δυοκαίδεκα βοῦς: δωδεκηῖς θυσία παρὰ τοῖς Ἀττικοῖς. *ex.*
εὐεπίφορος δὲ ὁ ποιητὴς εἰς τὸ δώδεκα. **T**

93—4. ⟨δυοκαίδεκα βοῦς ... / ἤνις ἠκέστας ἱερευσέμεν:⟩ *ex.*
40 ,,βοῦν ἀγελαίην‘‘ (Λ 729). **Tⁱˡ**

94. ἤνις ἠκέστας: νέας | ἀδαμάστους, ἀκεντήτους. **T**   *x* | *D*

---

90 *a* ad Ο 226 *b*¹ (Hrd.), Σ 376 (Ariston.), Τ 384. Φ 174. Ψ 387. Ω 292, cf. sch.
δ 166. 667 (Hrd.)   *b* cf. Eust. 626, 62   **92** diple ante versum in A   *a* —
σημαίνει (29) ad A 440 *a* (ex.), Ζ 15 *c* (Ariston.); cf. Porph. 1, 102, 9; sch. Eur.
Hipp. 1195; Ep. Hom. (An. Ox. 1, 144, 17; vide Reitzenstein, Gesch. 200); Eust.
627, 8; Strab. 13, 1, 41 (p. 601), qui hanc interpretationem refutat; Roemer,
Philol. 70, 1911, 189 (vix recte); Herter, W. St. 79, 1966, 558 (c. test.); praeterea
G. S. Kirk, Mus. Helv. 17, 1960, 196; — κατεσκεύασται (27) cf. D   ἀντὶ τοῦ
παρ᾽ ἐσχάρῃ (28) cf. sch. ζ 52. η 153   διὸ (29) sq. ad A 258 *a*¹   *b* cf. Valk I
462   *c* cf. Eust. 627, 6; Valk I 388 n. 303   **94** fort. exstabat sch. Herodiani
de v. ἤνις, ad Κ 292 (Hrd.)   νέας cf. D, D ad Κ 292, Eust. 627, 15; Et. Gen.
(ΕΜ. 432, 7, Et. Gud. 246, 11): ἔνιοι δὲ ἐπὶ ἡλικίας βοὸς τάττουσιν, ὡς τὸ μόσχος
καὶ ἡ πόρτις καὶ ἡ δάμαλις· καὶ γὰρ ὁ ποιητὴς ἐπὶ βοῶν μόνων τάττει τὴν λέξιν
(sc. v. ἤνις), an ex Ar. Byz.?   ἀδαμάστους sq. cf. sch. Arat. 132, He. η 580 al.

---

22 (le.) πέπλ. eieci   **23** ἐγκλητική A em. Vill.   **24** le. add. Vill.   **24** sq.
sch. iterum pone sch. Ζ 92 *c* (coni. cum v. δόρυ) in E⁴   **25** τὸ θεῖον τιμᾶν **b**
τιμᾶν τὸν θεὸν E⁴ (sec. loco)   **26** le. scripsi (auctore Vill.), θεῖναι ἀθηναίης: A
30 ἡ A, fort. ἡ διπλῆ, ὅτι ἡ (sim. Bk.)   **30** sq. ὁμ. τῷ] ὡς τὸ C   **32** γάρ]
δέ E⁴, fort. recte   **33** κελεύει om. **T**   **34—6** pone sch. Ζ 88 *b* (coni. cum v.
τρόπος) in A, coni. cum scholio Ζ 92 *b* (v. κελεύει) in **b**   **34** le. **T** supplevi,
om. A**b**   φασὶ δὲ A**b**   **35** ἀρνὸς ⟨δορὰν⟩ Wil.   ἔχειν om. A   **35** sq.
ἠλεκάτην **T**   **36** πόλιν] πῖλον Eust., πόλον Wil., recte (cf. Valk I 462 n.
256)   καὶ ἐν A, ἐν δὲ BCE³ καὶ E⁴   δεξ. χειρὶ A   **37** fort. δυωδεκαῖς
38 δώδ. scripsi, ιβ΄ **T**   **39** le. addidi, ἤνις ἠκέστας Ma., ἠκέστας V꜀ (sch. in
T supra v. 94 scriptum est)

13*

Did.   96 a. ⟨αἴ κεν Τυδέος:⟩ Ἀρίσταρχος „ὡς κεν Τυδέος". AᵢⁿᵗTⁱˡ
Ariston.   b. ⟨Ἰλίου ἱρῆς:⟩ ὅτι θηλυκῶς τὴν Ἴλιον. Aⁱᵐ
Nic.   97 a.¹ ἄγριον αἰχμητὴν ⟨κρατερὸν μήστωρα φόβοιο⟩:
τινὲς οὕτως διεῖλον· ἄγριον, εἶτα αἰχμητὴν κρατερόν, εἶτα ₄₅
μήστωρα φόβοιο. Ἀπολλόδωρος (FGrHist 244, 227) δὲ διχῶς·
ἄγριον αἰχμητήν, εἶτα κρατερὸν μήστωρα φόβοιο, ἵνα ᾖ
ἰσχυρὸν ἐν τῷ μήσασθαι φυγὴν τοῖς πολεμίοις. εἰ μέντοι βούλοιντό
τινες ταῦτα συνάψαι, ἴστωσαν ὅτι λείψουσι σύνδεσμοι. A
       a.² {ἀπόσχῃ ἰλίου ἱρῆς:} τινὲς οὕτω διεῖλον· {ἀπόσχῃ ἰλίου ₅₀
ἱρῆς} ἄγριον αἰχμητὴν κρατερόν, Ἀπολλόδωρος δὲ κρατερὸν
μήστωρα φόβοιο, ὅ ἐστιν ἰσχυρὸν εἰς τὸ μήσασθαι φυγήν. T
ex.   b. αἰχμητὴν ⟨κρατερόν⟩: ἐν τῷ αἰχμάζειν κράτιστον, ἵνα
μὴ ὑπὲρ εὐτελοῦς δοκοῖεν καταφεύγειν εἰς θεούς. T
Ariston.   c. ⟨φόβοιο:⟩ ὅτι ἀντὶ τοῦ φυγῆς. Aⁱᵐ   ₅₅
ex.   98. φημὶ γενέσθαι: καλῶς οὐκ εἶπεν εἶναι, ἀλλὰ γενέσθαι,
νῦν ὑπὸ Ἀθηνᾶς δηλονότι. T
ex.   99 a. οὐδ᾽ Ἀχιλῆά ποθ᾽ ⟨ὧδέ γ᾽ ἐδείδιμεν⟩: ἐπεὶ τὰ παρ-
όντα μᾶλλον λυπεῖ. ἀμφότερα δὲ ἐξῆρε τὰ πρόσωπα, τὸ μὲν ὡς
προὔχον, τὸ δὲ ὡς τὸν ἄριστον ὑπερβαλλόμενον. T   ₆₀
D   b. ⟨ὄρχαμον:⟩ ἡγεμόνα. Tⁱˡ
ex.   102. οὔτι κασιγνήτῳ ἀπίθησεν: καὶ τὸ μονομάχιον αὐτῷ
πεισθεὶς ποιεῖ (cf. H 54 sq.). b(BCE³E⁴) T
ex.   104 a.¹ ⟨ᾤχετο πάντη:⟩ διὰ τὸ „πάντη ἐποιχόμενοι" (Z 81). Tⁱˡ
       a.² διεγείρει γὰρ αὐτὸν ἡ τοῦ „πάντη ἐποιχόμενοι" ἔπειξις. ₆₅
b(BCE³)

96 a ad Z 277 (test.)   b ad Γ 305 b (Ariston.)   97 a αἰχμητὴν κρατερόν (45) ad
Δ 87 (ex.)   Ἀπολλόδωρος (46) sq. cf. D, Eust. 627, 36   ἄγριον αἰχμητήν (47)
cf. sch. D. Thr. (Σ ᵛ) 150, 14   μήσασθαι φυγήν (48) ad N 93. P. 339 (ex.), cf. D ad
Δ 328. E 272   εἰ μέντοι (48) sq. cf. sch. o 406; Carnuth, Nic. 62   c ad E 272
(Ariston.)   99 a — λυπεῖ (59) cf. Eust. 627, 37   104 fort. exstabat sch.

42 le. add. Vᶜ   τυδ.² om. T   43 le. add. Vill.   ὅτι A, ἡ διπλῆ, ὅτι Vill.
44 le. A suppl. Vill.   46 διχῶς „bifariam, h. e. in duas partes dividit" Frdl.
49 ταῦτα συνάψαι „nulla distinctione interposita totum versum coniunctim
pronunciare" Frdl.   50 sq. ἀπ. ἰλ. ἱρ. bis delevi   53 le. T supplevi, cf. sch.
D. Thr. 150, 14   55 le. addidi   ὅτι A, fort. ἡ διπλῆ, ὅτι   56 (le.) φημὶ
fort. delendum   58 le. οὐδ᾽ ἀχιλῆά ποτε T emendavi et supplevi   59 ἐξῆρε
sc. Helenus   61 le. add. Vᶜ   62 καὶ T, καὶ γὰρ καὶ b (fort. rectius)   αὐτῷ
T τούτῳ b   63 ποιεῖ T ἐποίησε b   64 le. add. Ma. (Vill.)

108. ⟨δέ:⟩ ὁ δέ ἀντὶ τοῦ γάρ. b(BCE³) Tⁱˡ   *ex.*

109 *a.*¹ Τρωσὶν ἀλεξήσοντα ⟨κατελθέμεν ὡς ἐλέλιχθεν⟩:   *Nic.*
ἤτοι στικτέον ἐπὶ τὸ κατελθέμεν, ἵνα ἀφ' ἑτέρας ἀρχῆς λέγηται τὸ
70 ὡς ἐλέλιχθεν ἀντὶ τοῦ οὕτως ἐλέλιχθεν. ἢ συναπτέον, ἵν' ᾖ τὸ ὡς
ἀντὶ τοῦ ὅτε. βέλτιον δὲ τὸ πρότερον. A

    *a.*² ἀντὶ τοῦ οὕτως. τινὲς δὲ συνάπτουσιν ὅλον, τὸ ὡς ἀντὶ
τοῦ ὅτε λέγοντες. b(BCE³E⁴)

    b. ὡς ἐλέλιχθεν: ὡς συνεστράφησαν. T   *D*

75 110 *a.*¹ ἐκέκλετο: ἀπὸ τοῦ κικλῶ ἔδει ἐκίκλετο. ἢ μᾶλλον ἀπὸ   *ex.*
τοῦ ἐκέλετο. T

    *a.*² ἀπὸ τοῦ κέλω ἐκέλετο καὶ πλεονασμῷ τοῦ κ̄ ἐκέκλετο.
b(BCE³E⁴)

111. Τρῶες ὑπέρθυμοι ⟨τηλεκλειτοί τ' ἐπίκουροι⟩: ἐπι-   *ex.*
80 πληχθεὶς ὑπὸ Σαρπηδόνος (sc. E 472—92) μετριώτερος γέγονε καὶ
τὴν προσφώνησιν ποιεῖται φιλάνθρωπον. b(BCE³) T

112. ἀνέρες ἔστε, φίλοι, ⟨μνήσασθε δὲ θούριδος ἀλκῆς⟩:   *Ariston.*
ὅτι Ζηνόδοτος γράφει „ἀνέρες ἔστε θοοὶ καὶ ἀμύνετον ἄστεϊ λώβην".
συγχεῖται δὲ τὸ δυϊκὸν πρὸς πολλοὺς λεγόμενον. A

85 113 *a.* ⟨ὄφρ' ἂν ἐγώ:⟩ διχῶς Ἀρίσταρχος, καὶ διὰ τοῦ κέ,   *Did.*
„ὄφρα κ' ἐγώ" καὶ διὰ τοῦ ἄν. Aⁱᵐ

    *b.*¹ ⟨ὄφρ' ἂν ἐγὼ βείω:⟩ ταύτην τὴν ἀπολογίαν ποιεῖται,   *ex.*
ἵνα μὴ δοκῇ φεύγειν. b(BCE³E⁴)

    *b.*² ὄφρ' ἂν ἐγὼ βείω: ἵνα μὴ δοκοῖεν αὐτὸν φυγεῖν. T

90 114 *a.*¹ εἴπω βουλευτῇσι: προβούλοις. πιθανῶς δέ, ἵνα μὴ   *ex.*
γυναῖκας μόνας ἐπὶ τοῦ στρατεύματος ὀνομάζῃ. T

    *b.*¹ εἴπω βουλευτῇσι: ὁ μὲν Ἕλενος ἔλεγεν· „εἰπὲ δ'   *ex.*
ἔπειτα / μητέρι σῇ καὶ ἐμῇ. ἡ δὲ ξυνάγουσα γεραιάς" (Z 86—7). ὁ δὲ
Ἕκτωρ τοῦ εὐπρεποῦς ἕνεκα προστίθησι μὲν τοὺς γέροντας, ἐκκλέπτει
95 δὲ τὴν ὑπὲρ Διομήδους εὐχήν (sc. Z 96—101). T

Nicanoris (?) de interpunctione, ad E 495   109 *a*¹ — οὕτως ἐλέλιχθεν (70)
cf. Eust. 627, 59   110 cf. Hrd. 2, 177, 19   112 ad A 567 *a*¹ (Ariston.)
113 *a* ad N 289 *a* (Did.)   *b*² Ge (e T)   δοκοῖεν (89) cf. Valk I 507 n. 514
114 *a*¹ πιθανῶς δὲ (90) sq. cf. Meinel 24   *b*¹ — γέροντας (94) cf. Eust. 628,
4   τοῦ εὐπρεποῦς ἕνεκα (94) cf. sch. *c*

67 le. add. Bk.   68 le. A suppl. Vill.   69 τὸ¹ Bk., τῶι A   71 ὅτε Vill.,
ὅτι (cp.) A   72 ὡς scripsi, ω̄ς C ὡς BE³E⁴   74 ὡς² T, οὕτως Ma. (nescio
an recte)   77 ἀπὸ] ἐκ E⁴   καὶ πλ. τοῦ κ̄ om. E⁴   79 le. T supplevi
(cl. Li, ubi τηλεκλειτοί τ' ἐπίκουροι:), om. b   79 sq. ἐπεὶ πληχθεὶς BE³   81
φιλανθρωποτέραν ποιεῖται b   82 le. A suppl. Vill.   83 ὅτι A, ἡ διπλῆ
περιεστιγμένη, ὅτι Vill.   85 le. addidi (auctore Vill.)   87 le. add. Li   89
δοκοῖεν vide ad H 114 *b*²/*a*²   φεύγειν Ge

ex. | ex.   b²/a.² ὁ μὲν Ἕλενος ἔλεγεν· „εἰπὲ δ᾽ ἔπειτα / μητέρι σῇ καὶ 1
ἐμῇ. ἡ δὲ ξυνάγουσα γεραιάς". ὁ δὲ Ἕκτωρ τὴν μὲν ὑπὲρ Διομήδους
ἐκκλέπτει εὐχήν, τοῦ δὲ εὐπρεποῦς ἕνεκα προστίθησι τοὺς προβού-
λους γέροντας. | πιθανῶς δὲ καὶ τοῖς βουλευταῖς φησιν, ἵνα μὴ δοκῇ
γυναῖκας μόνας ἐπὶ τοῦ στρατεύματος ὀνομάζειν. b(BE³E⁴)   5

ex.   c. εἴπω βουλευτῇσι: καὶ πῶς οὐδὲν εἶπε τοῖς βουλευταῖς,
ἀλλὰ ταῖς γυναιξίν; νοητέον οὖν ἤτοι κατὰ τὸ σιωπώμενον κἀκείνοις
αὐτὸν εἰρηκέναι ἢ ὡς ἐπὶ στρατείας καὶ παρατάξεως τοῦ πρέποντος
χάριν τοῦτο προστεθεικέναι. A

ex.   115. δαίμοσιν ἀρήσασθαι: ἐπέρρωσεν αὐτοὺς χρηστῇ ἐλπίδι· 10
δεδίασι γὰρ ὡς παρασπονδήσαντες. b(BCE³E⁴) T

ex.   116 a. ὡς ἄρα φωνήσας ἀπέβη: καὶ πῶς ἔδει τοσαύτῃ περι-
στάσει συνεχομένων τῶν Τρώων ἀναχωρεῖν καὶ μὴ μᾶλλον ἐπικηρυ-
κεύσασθαι τὴν θυσίαν; ἀλλ᾽ ᾔδει τοὺς Τρῶας ἐθελοκακοῦντας τῇ
ἀπουσίᾳ Ἀλεξάνδρου, ἐφ᾽ ὃν μάλιστα ὥρμητο. ἢ δεισιδαίμων ὢν οὐ 15
θέλει παρέργως τὴν θυσίαν γενέσθαι. ἄλλως τε παροξύνει αὐτοὺς καὶ
καταλείπει Αἰνείαν. ἢ πρὸς ἀνάπαυσιν τῶν στρατευμάτων· διὸ καὶ
τὸ μονομάχιον παράγεται. ἢ ἐπεὶ ὠνείδισται ὑπὸ Σαρπηδόνος, Ἀλέ-
ξανδρον θέλει παρεγεῖραι. b(BCE³E⁴) T

ex.   b. ἀπέβη ⟨————⟩ Ἕκτωρ: οὐκ ἐπὶ ἵππων ἀναχωρεῖ διὰ 20
τὸ μὴ δοκεῖν φεύγειν, ἢ ἐπεὶ πρὸς ἱκετείαν ἄπεισιν, ἢ ὅπως καὶ οἱ πο-
λέμιοι θεώμενοι τὸ ἅρμα μὴ δοκοῖεν αὐτὸν ἀπηλλάχθαι. b(BCE³E⁴) T

Ariston.   117 a. ἀμφὶ δέ μιν ⟨σφυρὰ τύπτε καὶ αὐχένα δέρμα κελαι-
νόν:⟩ ὅτι περιφερεῖς καὶ ἀνδρομήκεις αἱ ἀσπίδες ἕως σφυρῶν καὶ
αὐχένος καλύπτουσαι. A   25

c νοητέον (7) — εἰρηκέναι (8) cf. Eust. 628, 9   τοῦ πρέποντος χάριν (8) cf. sch. b
116 a ἢ δεισιδαίμων (15) sq. cf. Porph. 1, 90, 9   πρὸς ἀνάπαυσιν (17) ad
Z 119 b. 125. 230—1   b cf. Ge: οὐκ ἐπὶ ἵππων ἀναχωρεῖ, ἵνα μὴ δοκῇ φεύγειν,
ἢ ἵνα ὁρῶντες τὸ ἅρμα αὐτοῦ οἱ Τρῶες μὴ δοκοῖεν αὐτὸν ἀπηλλάχθαι, sch. raptim
e T excerptum esse videatur   117 a ad B 389 a (Ariston.)

2 μὲν om. E⁴   3 κλέπτει E⁴   6—9 pone sch. Z 119 a in A, trps. Vill.
6 τοῖς Vill., ταῖς A   10 (le.) ἀρήσασθε T em. Ma. (le. om. b)   11
παρασπονδίσαντες E³T   12 sq. καὶ πῶς — ἀναχωρεῖν absc. in E⁴ (hab.
Le)   14 ᾔδει] ἤιδη T m. pr., em. m. sec.   15 ἐφ᾽ ὃν μ. ὥρμ. T
καὶ μᾶλλον ἐπὶ τοῦτον ὥρμητο, ἵνα διεγείρη καὶ αὐτόν b   ἢ δεισ. T
δεισιδαίμων δὲ b (verbis δεισ. δὲ — παρεγεῖραι (19) pone sch. Z 102 [coni. cum v.
ἐποίησε] positis)   16 τε παρ. T τε· παροξύνει b   18 μονομ. T μονομάχιον
γλαύκου b   20 le. T suppl. Ma., om. b   οὐκ ἐπὶ (τῶν add. E⁴) ἵππων δὲ sq.
pone sch. Z 117 b (coni. cum v. ἔτυπτεν) in b   22 δοκῶσιν Ma., at vide ad H
114 b²/a²   ἀπηλλάχθαι T (at cf. test.)   23 sq. le. A suppl. Vill.   24 ὅτι A,
ἡ διπλῆ, ὅτι Vill.

b. ⟨ἀμφὶ δέ μιν⟩ σφυρὰ τύπτε ⟨καὶ αὐχένα δέρμα κε- *ex.*
λαινόν:⟩ ἐναργῶς ἐδήλωσε θέοντα καὶ ὑπὸ τῆς ἀμφιβρότης ἀσπίδος
τυπτόμενον. καταλλήλως δὲ εἶπε· τὰ σφυρὰ καὶ τὸν αὐχένα αὐτὸν
ἔτυπτεν ἡ ἄντυξ. b(BCE³E⁴) T

30 119 a. Γλαῦκος δ' Ἱππολόχοιο πάϊς ⟨καὶ Τυδέος υἱός⟩: *Ariston.*
ὅτι μετατιθέασί τινες ἀλλαχόσε ταύτην τὴν σύστασιν (sc. Z 119—236).
A

b. Γλαῦκος δ' ⟨Ἱππολόχοιο πάϊς καὶ Τυδέος υἱός⟩: *ex.*
διαναπαύει τὸν ἀκροατὴν γενεαλογίας καὶ μύθους παρεμβάλλων, οὐκ
35 ἐᾷ τε κενὴν τὴν ἔξοδον Ἕκτορος, ὅ τε στρατὸς διαναπαύεται ἀφορῶν
τὸ τέλος τῶν ἀριστέων. καὶ Ἑλλήνων ὑποχωρησάντων κενοῦ ὄντος
τοῦ μεταιχμίου προπηδᾷ Γλαῦκος. καὶ ἐν τάχει μὲν πέφρασται, πρὸς
ὠφέλειαν δὲ ἐπεξείργασται ταῦτα ὁ ποιητής. b(BCE³) T

120 a.¹ ⟨ἐς μέσον ἀμφοτέρων:⟩ ὡς διεστώτων καὶ ἀναπαυο- *ex.*
40 μένων. Tⁱˡ

a.² διεστῶτες γὰρ ἦσαν καὶ ἀναπαυόμενοι. b(BCE³E⁴)

121 a.¹ {οἱ δ' ὅτε δὴ σχεδὸν ἦσαν ἐπ' ἀλλήλοισιν} ἰόντες: Ζηνό- *Did.*
δοτος καὶ Ἀριστοφάνης δυϊκῶς „ἰόντε". ἐν δὲ τοῖς ἔμπροσθεν (sc. ad
E 630) εἰρήκαμεν Ἀριστάρχου εἶναι τὴν δυϊκὴν γραφήν. A

45 a.² ⟨ἰόντες:⟩ Ἀρίσταρχος δυϊκῶς. Tⁱˡ

123 a.¹ τίς δὲ σύ ἐσσι, φέριστε: μέχρι γὰρ τοῦ τρῶσαι τοὺς *ex.*
θεοὺς ἀφήρηται τὴν ἀχλύν. T

a.² μέχρι γὰρ τοῦ τρῶσαι τοὺς θεοὺς τὴν ἀχλὺν ἀφήρητο.
νῦν δὲ περίκειται αὐτήν. b(BCE³E⁴)

---

119 a cf. Choriz. fr. 38 (p. 94 K.). Haud verisimile est aut re vera illos
versus alio loco quemquam posuisse aut ipsum Aristarchum tales opiniones
grammaticorum coarguisse; immo satis habuit, eas leviter tangere. Ergo sch.
integrum esse censeo. Aliter Naber 155: „Equidem suspicor Zenodotum
fuisse, qui intellegeret narrationem illam ... locum non suum obtinere" b
cf. Eust. 628, 32 οὐκ ἐᾷ (34) — Ἕκτορος (35) ad Z 237 a διαναπαύεται
(35) ad Z 116 a **121** ad E 630. P 103, cf. sch. α 38 (Did.). Vide ad A 567 a¹
(Ariston.), M 127—38 (Did.); Valk I 426 **123** ad Z 128 a (test.)

---

26 sq. le. T auctore Vill. supplevi (ἀμφὶ δέ μιν add. iam Li), om. b 27 ἀμφιβρό-
ss. τ E⁴ 28 εἶπε T εἶπεν ὅτι b τὰ T κατὰ τὰ b καὶ τὸν αὐχένα om. T 28
sq. αὐτ. ἔτ. ἡ ἄντυξ T, ἡ δερματίνη ἄντυξ αὐτὸν ἔτυπτεν b (fort. rectius) 30 le.
A suppl. Vill. 31 ὅτι A, ἡ διπλῆ, ὅτι Vill. 33 le. γλ. δέ T emendavi et
supplevi (auctore Vill.), om. b 34 παρεμβαλὼν b 35 ἐξ. T ἄφιξιν b 36
καὶ] exspectes καὶ τῶν (Nickau) καὶ κενοῦ b 37 καὶ Μa., ἢ καὶ T, om. b μὲν
T μὲν οὖν b πέφραται BE³ 37 sq. πρὸς ὠφ. δὲ T ὅμως δὲ πρὸς ὠφ. b 38
ἐπεξ. (post ποιητής) b ἐπεξέργασται T 39 le. add. Μa. (iam Li ante sch. a²)
42—4 post sch. Z 114 c in A, trps. Vill. 42 le. οἱ δ' ὅτε — ἀλλήλοισιν del. Bk.
44 καὶ ἀριστάρχου Dtz. 45 le. add. Ba. ἀρίστ. susp., fort. ἀριστοφάνης

ex.   **124.** ⟨οὐ μὲν γάρ ποτ' ὄπωπα:⟩ δευτέραν γὰρ ἔχων τάξιν 50
Σαρπηδόνος οὐ προεμάχει. ἢ ἐν τῇ πρὸς ἐμὲ μάχῃ. b(BCE³E⁴) Tⁱˡ

ex.   **125** *a*.¹ προβέβηκας: ὡς δὴ ἀναπαυομένων τῶν φαλάγγων. T
         a.² ὡς δὴ ἀναπαυομένων τῶν φαλάγγων χώραν λαβὼν ἔπει-
σιν αὐτῷ. b(BE³E⁴)

ex.   **127** *a*.¹ δυστήνων: κακὴν στάσιν ἐχόντων. T   55
         a.² κακὴν ἐχόντων τὴν στάσιν, ἢ δυσθανῶν. b(BE³E⁴)

ex.   *b*. ⟨δυστήνων δέ τε παῖδες:⟩ ὡς „υἷες Ἀχαιῶν" (Α 162
al.). Tⁱˡ

Ariston.   **128** *a*. ⟨εἰ δέ τις ἀθανάτων γε κατ' οὐρανοῦ εἰλήλουθας:⟩
ὅτι οὐ καθόλου τὴν ἀχλὺν ἀφηρέθη πρὸς τῆς θεοῦ. Aⁱⁿᵗ   60

Nic.   *b*. ⟨εἰ δέ τις ἀθανάτων γε κατ' οὐρανοῦ εἰλήλουθας:⟩
συναπτέον ὅλον τὸν στίχον. Aⁱˡ

Did.   *c*. {εἰ δέ τις ἀθανάτων γε} κατ' οὐρανοῦ εἰλήλουθας: οὕ-
τως Ἀρίσταρχος οἷον καταβέβηκας τὸν οὐρανόν· διὸ διὰ τοῦ ῡ γρά-
φει „κατ' οὐρανόν". A   65

ex.   *d*.¹ εἰ δέ τις ἀθανάτων: ἐπεὶ εἶπε „φὰν δέ τιν' ἀθανάτων"
(Z 108), διὰ τοῦτο ταῦτά φησιν. T

ex.   *e*.¹ κατ' οὐρανοῦ εἰλήλουθας: οὕτως Ἀρίσταρχος ὡς
τὸ „ὣς φαμένη κατέβαιν' ὑπερ[ώ]ϊ[α]" (σ 206). „†βὰν† δὲ κατ'
Ἰδαίων ὀρέων" (Λ 196). T   70

---

124 fort. exstabat sch. Herodiani de accentu vocis ἐνί, ad B 839   **125** ad Z 116 *a*
126 fort. erat sch. Herodiani de v. σῷ θάρσει δ, ad A 30 *b* (test.)   **127** *a* cf. D;
Ep. alph. (An. Ox. 2, 358, 9, Et. Gen. = EM. 392, 13), aliter Ep. Hom. (An. Ox.
1, 121, 13), Et. Gud. 384, 16 Stef.   *b* cf. sch. λ 547   **128** *a* ad Z 123 (ex.), cf.
Porph. 1, 91, 19 (vide Choriz. fr. 35 [p. 85 K.]), D ad E 127; Eust. 629, 7   *b* cf.
Friedl., Nic. 186: „Hoc praecepto cavetur ne quis ita construat: εἰ δέ τις ἀθανάτων
(sc. εἶ), εἰλήλουθας κατ' οὐρανοῦ"   *c* cf. pap. IV; Valk I 536

---

50 le. add. Bk.   **50** sq. δευτ. — προεμάχει pone v. τεθέαμαι E⁴   ἐχ. τάξιν σαρπ.
T σαρπηδόνος ἔχων τὴν (τὴν om. E⁴) τάξιν b   **51** μάχῃ T, φησὶ μάχη οὔ πώ σε
τεθέαμαι b (fort. rectius)   **56** κακὴν] τῶν κακὴν E⁴   **57** le. add. Bk.   **59—60**
sch. ad Z 123 trps. Bk., ad Z 129 trps. Vill.   **59** le. add. Frdl.   **60** ὅτι A, ἡ διπλῆ,
ὅτι Vill.   θεοῦ] ἀθηνᾶς Bk.   **61** le. add. Vill.   **63** (le.) εἰ δέ τ. ἀθ. γε del.
Bk.   (le.) οὐρανοῦ A, οὐρανὸν Bk.   **68** (le.) εἰλήλουθας (= Hom.)
scripsi, εἰλήλουθεν T   **69** ὑπερ [.] . [.] T suppl. Ma., fort. ὑπερώϊα, „κατ' οὐ-
ρανὸν εἰλήλουθας"   **69** et **71** βὰν] βῆ Hom.   **69** sq. βὰν δὲ sq. hoc exemplo
interpretatio Aristarchi vid. refutari

e²/d.² ὡς τὸ „†βαν† δὲ κατ' Ἰδαίων ὀρέων" καὶ „ὡς φαμένη   *ex. | ex.*
κατέβαιν' †ὑπερῶα† σιγαλόεντα", ἵνα καὶ τοῦτο τῷ εἰλήλουθας
συντάσσοιτο. οἱ δὲ ἀντὶ τῆς ἀπό. | τοῦτο δέ φησιν, ἐπεὶ εἶπε „φὰν δέ
τιν' ἀθανάτων". b(BE³E⁴)

75 ƒ.¹ ⟨εἰ δέ τις ἀθανάτων γε κατ' οὐρανοῦ εἰλήλου-   *ex.*
θας:⟩ τὸ παράδοξον τῆς τόλμης ἐκπληττόμενος λέγει ταῦτα. T^il
ƒ.² τὸ γὰρ παράδοξον τῆς τόλμης ἀπιστεῖν αὐτὸν εἰκότως
ἐργάζεται. b(BE³E⁴)

130—2. οὐδὲ γὰρ οὐ⟨δὲ⟩ Δρύαντος ⟨———— Διωνύσοιο⟩:   *Ariston. | D*
80 σημειοῦνταί τινες, ὅτι ὡς περὶ θεοῦ τοῦ Διονύσου διαλέγεται. ὁμώ-
νυμος δὲ οὗτος ὁ Λυκοῦργος ἐκείνῳ „τὸν Λυκοῦργος ἔπεφνεν" (H 142)
καὶ ὁ Δρύας δὲ τῷ Λαπίθῃ (cf. A 263). | Διόνυσος ὁ Διὸς ———— Εὔ-
μηλος (fr. 10 [p. 192] K.). A

130. οὐ⟨δὲ⟩ Δρύαντος υἱός: Ἠδωνῶν τῶν πρὸς Παγγαίῳ   *ex.*
85 βασιλεύς, μὴ προσδεξάμενος τὴν ἔφοδον Διονύσου. T

132 a. {ὅς ποτε} μαινομένοιο: ὅτι ἤτοι μανιοποιοῦ, βακχείας   *Ariston.*
παρασκευαστικοῦ, ἢ αὐτοῦ μαινομένου, ἐνθουσιαστοῦ ἢ βακχευτοῦ. A
    b. μαινομένοιο Διονύσου: ὡς „χλωρὸν δέος" (H 479 al.). | *D | ex.*
Διόνυσος δὲ παρὰ τὸν Δία καὶ τὴν Νῦσαν. T

90 133. Νυσήϊον: ἐν διαφόροις τόποις ἱστοροῦσι τὰ περὶ †τυσίαν†.   *ex.*
ἄμεινον δὲ τὰ περὶ Θρᾴκην ἀκούειν καὶ κατὰ Σαμοθράκην δύνειν τὸν
Διόνυσον, ἔνθα καὶ Θέτις διῆγε, „μεσσηγὺς †Σάμου τε καὶ Ἴμβρου
παιπαλοέσσης" (Ω 78). b(BCE³) T

e²/d² οἱ δὲ ἀντὶ τῆς ἀπό (73) cf. Eust. 628,55 (ad Z123)   **130—2** diple ante versum
130 (cf. 132) in A; primam partem scholii (σημειοῦνται — διαλέγεται) ad Z 131
refert Bk.   σημειοῦνται (80) — διαλέγεται cf. sch. ι 198; Lehrs Ar.³ 181; aliter
[Her.] Qu. Hom. 51, 5   ὁμώνυμος (80) cf. Eust. 629, 16   **130** cf. D, [Apoll.]
bibl. 3, 34; Serv. (auct.) Verg. A. 3, 14   **132 a** cf. Porph. 1, 92, 10, Eust. 629,
26; Aristid. or. 41 (4), 11 (II p. 333, 4 K.)   μανιοποιοῦ (86) = D; cf. sch.
Pind. P. 4, 144, sch. Ap. Rh. 3, 120 (= Anacr. fr. 114 P. [P. M. G. 459]), sch.
Thuc. 4, 32, 4; He. μ 90. Vide ad H 479 (test.)   ἐνθουσιαστοῦ (87) ad Θ 360.
Φ 5   b — δέος (88) cf. sch. a   **133** — ἀκούειν (91) cf. Eust. 629, 44   ἐν
διαφ. τόποις (90) cf. Antim. fr. 127 W., Chamael. fr. 22 We., Strab. 15, 1, 8 (p.

72 τοῦτο sc. τὸ κατά   75 le. addidi   77 sq. τὸ γὰρ sq. pone sch. e²/d² (coni. cum
v. ἀθανάτων) b   79 le. A supplevi, οὐδὲ² ci. iam Vill.   80 ὡς] οὐχ ὡς Belzner
ap. Roemer Ar. 160,1 (audacius quam rectius)   διωνύσου A em. Vill.   84 (le.)
οὐ T suppl. V   παγγ. Wil., πάγγαιον T   85 ἔφοβον T em. Ma.   86 (le.)
ὅς ποτε eiecit Ddf.   ὅτι A, ἢ διπλῆ, ὅτι Vill.   88 (le.) διωνύσοιο Hom.   89
νύσσαν T em. Ma.   90 νυσίαν BT νυσσίαν CE³, νῦσαν Ma.   91 sq. καὶ κατά —
διόν. T καὶ σαμοθράκην καὶ τὸν διόνυσον ἐκεῖσε δύνειν b   92 διῆγε] ἐκεῖ διῆγε
C   μεσσηγὺ C μεσσηγὺ ΒΕ³   δὲ σάμου τε Hom.

D   Νυσήϊον: τὴν λεγομένην —— Θράκης νῦν. ἐν ἄλλοις·
αὕτη ἡ Νύσα ἐν μέν τισι χώραις ὄρος —— δίωξιν ἐγένετο. A   95

D   **134.** θύσθλα: οἱ μὲν τοὺς κλάδους, οἱ δὲ τὰς ἀμπέλους, οἱ δὲ τοὺς   1
θύρσους, b(BCE³) T   οὓς ἐβάσταζον, ὃ καὶ ἄμεινον. b(BCE³)

D   θύσθλα: οἱ μὲν τοὺς κλάδους —— τὴν τελετήν. A

Nic.   **134—5.** ⟨θύσθλα⟩ χαμαὶ κατέχευαν ⟨—— βουπλῆγι⟩:
διασταλτέον μετὰ τὸ κατέχευαν (134). τὸ δὲ ἑξῆς συναπτέον, ὑπ᾽   5
ἀνδροφόνοιο Λυκούργου / θεινόμεναι βουπλῆγι. A

Hrd.   **135** a. βουπλῆγι: προπερισπωμένως· ἡ γὰρ εὐθεῖα ὀξύνεται,
βουπλήξ· τὰ γὰρ παρὰ παρακείμενον συντιθέμενα φιλεῖ ὀξύνεσθαι,
ὁπότε καὶ μίαν συλλαβὴν ἀποφέρεται τοῦ ῥήματος, „ἀδμής" (ζ 109.
228), ἡμιθνής, κυαμοτρώξ. οὕτως καὶ μεθυπλήξ †ώπλήξ. A   10

D(~)   b. βουπλῆγι: μάστιγι ἢ πελέκει. T

Ariston.   c. ⟨Διώνυσος δὲ φοβηθείς:⟩ ὅτι Ζηνόδοτος γράφει „χολω-
θείς", καὶ ὅτι περισσὸς ὁ δέ. Aⁱᵐ

ex.   d. Διώνυσος δὲ φοβηθείς: μικρὸς γὰρ ἦν ἀπὸ τοῦ καὶ τὰς
τιθήνας αὐτῷ συγκαταλέγεσθαι καὶ εἰς τὸν κόλπον αὐτὸν δεδυκέναι   15
καὶ μὴ τιμωρήσασθαι τὸν Λυκοῦργον. b(BCE³E⁴) T

ex.   **136.** Θέτις δ᾽ ὑπεδέξατο: Θέτις, ἵν᾽ εὐλόγως τὸν ἀμφορέα λάβῃ

687/8); Serv. Verg. A. 6, 805   **134** τὰς ἀμπέλους (1) cf. Ap. S. 89, 7   **135**
diple (non periestigm.) ante versum in A, fort. error scribae (cf. sch. c)   a Eust.
629, 52: ὀξύνεται δὲ κανόνι τοιούτῳ· τὰ κατὰ παρακείμενον συντεθειμένα ὀνόματα
εἰς η̄ς ἢ εἰς ξ̄ λήγοντα ὀξύνονται, κἂν μίαν φυλάττῃ τοῦ ῥήματος συλλαβήν, οἷον
ἀδμής, ἀβλής (cf. Δ 117), ἡμιθνής, κυαμοτρώξ, βουπλήξ. σεσημείωται τὸ ὕσ-
πληξ... προφέρεται δὲ καὶ... μεθυπλήξ, ὡς Καλλίμαχος (fr. 544)· „†τοῦ
μεθυπλῆγος φροίμιον Ἀντιλόχου (Ἀρχιλόχου Ruhnk.)", fort. ex hyp.
Iliad., cf. Arcad. 19, 5: τὰ εἰς ξ̄ς σύνθετα παρὰ ῥῆμα ὀξύνεται, εἰ ἐπιθετικὰ εἴη,
βουπλήξ κυμοπλήξ (lg. κυματοπλήξ) μεθυπλήξ. τὸ ὕσπληξ καὶ ἀντίπηξ βαρύνεται,
ὅτι οὐκ ἐπιθετικά, Choer. Th. 1, 290, 35; Lehrs Hrd. 236. Vide ad Π 44 (Hrd.)   b
plura D, cf. Porph. 1, 93, 3   c — χολωθείς (12) cf. Schwartz, Advers. 6   καὶ
ὅτι (13) sq. ad A 41 c; vide ad Z 146   d cf. Porph. 1, 93, 6   **136** —

94 ἄλλοις D, cp. A (possis ἄλλῳ)   95 αὕτη dub. scripsi, αὕτ˘ A (om. D), ἀν-
τ(ιγράφῳ) [sic Valk I 204 n. 14] legi non potest   1 τοὺς κλ.] τὰς κλεῖδας b   οἱ
δὲ τὰς ἀμπ. om. D   τὰς om. T   4 le. A suppl. Frdl.   8 παρὰ A κατὰ Eust., cf.
Hrd. ad Π 44 (ἀπὸ)   συντιθ.] συντιθέμενα ἐπιθετικὰ Lehrs (cf. test.)   10 κυμοπλήξ
Ddf., fort. βουπλήξ (cf. Eust.)   12 le. add. Frdl.   ὅτι A, ἡ διπλῆ (debuit δ.
περιεστιγμένη), ὅτι Vill.   13 καὶ ὅτι περ. ὁ δέ ad Z 146 transponendum esse susp.
Frdl., recte opinor   14—6 sch. fort. ad Z 135—7 referendum   16 λυκ. (om.
τὸν) ante μὴ b   17 ἵν᾽ Wil., ἦν T

(cf. ω 73—5). ἢ ὅτι χρησμὸς ἐδόθη †ἁλιεύειν ἐν τόπῳ Διόνυσον
ἁλιέα† βαπτίζοιτε, ὡς Φιλόχορος (FGrHist 328, 191). T

20   138 a. ⟨ὀδύσαντο:⟩ ὠργίσθησαν. T^il   D
      b. θεοὶ ῥεῖα ζώοντες: ὁ γὰρ ἡμῶν βίος παρὰ τὴν βίαν. b   ex.
(BCE³E⁴) T
      139 a.¹ τυφλὸν ἔθηκε: ἐπεὶ ἐθεώρει τὰς τελετάς, οἰκείως κολά- ex.
ζεται τὰς ὄψεις. T
25   a.² ἐπεὶ τὰς τελετὰς ὁρῶν οὐκ ἐσωφρόνει, οἰκείως τὰς ὄψεις
κολάζεται. b(BCE³E⁴)
      146 a.¹ οἵη περ φύλ⟨λ⟩ων γενεή: οὐκ ἄντικρυς ὀνειδίζει τὸ   ex.
γένος, ἀλλὰ τὰ φύλλα, οἷς εἴκασεν. καὶ ἀλλαχοῦ· „δειλῶν, οἳ φύλλοι-
σιν ⟨ἐοικότες⟩" (Φ 464). T
30   a.² φύλλα. T^il
      b. {οἵη περ φύλλων γενεὴ} τοίη δέ {καὶ ἀνδρῶν}: ὅτι | δύο   Ariston.|Hrd.
μέρη λόγου τὸ τοίη δέ, τοίη καὶ δέ· διὸ οὐ περισπαστέον τὸ ΤΟΙ-
ΗΔΕ. A
      148 a. τηλεθόωσα φύει, ⟨ἔαρος δ’ ἐπιγίνεται ὥρη⟩: Ἀρι-   Did.
35 στοφάνης γράφει „τηλεθόωντα" AT^il   καὶ ἐπὶ τῶν φύλλων ἀκούει
καὶ τὸ ὥρη μετὰ τοῦ ῑ γράφει κατὰ δοτικήν. A
      b. ⟨τηλεθόωσα:⟩ εἰς ὕψος θάλλουσα b(BCE³E⁴) T^il   καὶ   ex.(?)
αὐξομένη. b(BCE³E⁴)
      149 a. ἡμὲν φύει ἠδ’ ἀπολήγει: ἀντὶ τοῦ καί. δύναται δὲ καὶ Hrd.
40 ἄρθρα εἶναι. βέλτιον δὲ τὸ σύνδεσμον παραλαβεῖν. A

λάβῃ (17) cf. sch. ω 74   ἢ ὅτι (18) sq. cf. Eust. 629, 61: ἰστέον δὲ καὶ ὅτι τὸ
„Θέτις δ’ ὑπεδέξατο κόλπῳ", ἡ κατὰ τὸν μῦθον δηλαδὴ θαλασσία δαίμων, ἔφασάν
τινες αἴνιγμα εἶναι τοῦ χρησιμεύειν τὸ ἐκ θαλάττης ὕδωρ εἰς τὸ περισώζειν οἶνον, ὃ
καὶ δεδοκίμασται μὴ ψευδὲς ὄν, aliter Athen. 2, 26 b, [Her.] Qu. Hom. 35, p. 52, 8;
cf. Tuempel, Philol. 48, 1889, 682—5   138 b cf. D   βίος (21) — βίαν cf. Or.
31, 10 (Or. Werf. 613, 2), unde Et. Gud. 271, 14 Stef., sim. Et. Gen. (EM. 198, 1);
Reitzenstein, Gesch. 139   146 a cf. Eust. 630, 51, aliter sch. Ar. av. 685   b
ὅτι (31) ad Z 135 c (cf. app. crit.)   δύο (31) sq. ad A 41 b (Hrd.)   148 cf.
sch. pap. IV   b — θάλλουσα (37) = D, Eust. 630, 62

18 sq. nondum expeditum (ἁλιεῦσιν Lob., ἐν πόντῳ δ. ἁλιέα Tuempel, alii
alia, cf. Jac. l. c.)   20 le. add. V^c   21 βίαν ὅλως (ὅλος E³) ἐστίν b   25
τὰς ὄψ. om. E³   27 (le.) φύλων T (V) suppl. Ma.   28 sq. δειλῶ οἷον φύλλοισι
T em. Bk.   29 ἐοικότες add. Ma.   31 (le.) οἵη — γενεὴ et καὶ ἀνδρῶν del.
Bk.   ὅτι A, ἡ διπλῆ, ὅτι Vill., οὕτως Ldw. (sed Aristonici fuisse videntur verba
ὅτι περισσὸς ὁ δέ, quae hodie cum sch. Z 135 c coniuncta sunt)   34 le. A
suppl. Ldw.   34 sq. ἀριστ. δὲ τηλεθ. γράφει pone sch. b (coni. cum v. θάλλουσα)
T, transposui   36 τῶι ὅρηι A em. Vill.   37 le. add. Bk.   39 le. ἡμὲν . . .
ἠδ’: Bk. (fort. rectius)   (le.) ἡμὲν] fort. ὡς ἀνδρῶν γενεὴ ἡμὲν

Hrd. | ex.   b. ἥ μὲν φύει ἥδ' ἀπολήγει: δύναται μὲν καὶ ἄρθρα εἶναι, ἄμεινον δὲ συνδέσμους ἐκδέχεσθαι αὐτούς. | Ἀλεξίων (fr. 29 B.) δὲ εὐθύνει τὰ ἄρθρα σολοικισμὸν κατὰ τὴν φράσιν νομίζων καί φησι· „πῶς ἑνικὸν ὂν τὸ γενεῆ ἐπιμερίζεσθαι δύναται;‟ κακῶς· δύναται γὰρ καὶ ἐξ ἑνικοῦ ἐπιμερισμὸς γενέσθαι. b(BCE³E⁴) T   45

Nic.   **150** a. εἰ δ' ἐθέλεις καὶ ταῦτα δαήμεναι: ὑποστικτέον εἰς τὸ ἐθέλεις, ἵνα ⟨ᾖ⟩ τὸ δαήμεναι ἀντὶ προστακτικοῦ τοῦ δάηθι. A

Hrd.   b. {ὄφρ' ἐΰ} εἰδῆς: Ἀρίσταρχος περισπᾷ εἰδῆς, καὶ οὕτως ἐπεκράτησεν ἡ προσῳδία· ἦν γὰρ καὶ λόγον ἔχουσα. A

Nic. | ex.   **150—1.** εἰ δ' ἐθέλεις καὶ ταῦτα δαήμεναι ⟨—— ἴσασιν⟩: 50 ὑποστικτέον εἰς τὸ θέλεις (150), καὶ τὸ δαήμεναι (150) ἀντὶ τοῦ δάηθι. b(BCE³) T | τινὲς δέ φασι τὸ ἔστω, ὡς τὸ „ξεῖνε φίλ', ⟨εἴ⟩ καί μοι νεμεσήσεαι‟ (α 158). ἢ διὰ μέσου τὸ πολλοὶ δέ μιν ἄνδρες ἴσασιν (151). T

Hrd.   **152** a. ἔστι {πόλις}: τὸ ἔστι ἐπὶ τῆς πρώτης συλλαβῆς ἔχει τὴν 55 ὀξεῖαν, ὅταν ἄρχηται, „ἔστι δέ τις προπάροιθε πόλιος‟ (B 811), καὶ ὅταν ὑποτάσσηται τῇ οὐ ἀποφάσει, „ὡς οὐκ ἔσθ' ὅδε μῦθος‟ (ψ 62). εἰ μέντοι γε μὴ εἴη τὸ τοιοῦτο, οὐκέτι ἐπὶ τῆς πρώτης συλλαβῆς ἔχει τὴν ὀξεῖαν, οἷον „ὃ δὴ τετελεσμένον ἐστίν‟ (Ζ 196. Σ 427. ε 90). A

Ariston.   b. ἔστι πόλις Ἐφύρη ⟨μυχῷ Ἄργεος ἱπποβότοιο⟩: 60 ὅτι Ἐφύρην τὴν Κόρινθον ἐξ ἡρωϊκοῦ προσώπου εἶπεν. ἔστι δὲ καί

---

149 b σολοικισμὸν (43) cf. Eust. 630, 48; Friedl., Zoil. 80   **150** diple ante versum in A, exstabat sch. Aristonici de infinitivo δαήμεναι adhibito pro imperativo, vide ad A 20 a²   a excidit pars scholii Nicanoris, ad Φ 487 (Nic.)   ὑποστικτέον (46) sq. eadem fere Porph. (?) 1, 93, 11 (susp.)   b ad A 185, cf. Schulze 345, 1; vide ad Ζ 235 b   **152** a ad A 63 a, cf. Eust. 880, 23; Ep. Hom. (An. Ox. 1, 148, 12); — πόλιος (56) cf. sch. ξ 99   b/c — Θεσπρωτίας (-ία, 1. 62. 64. 66) cf. D   τὴν Κόρινθον (61), resp. ἡ Κόρινθος (64) cf. Steph. B. 373, 16, Choer. Th. 2, 42, 7. 242, 20   b fort. excidit pars scholii Aristonici de v. μυχῷ, cf. sch. Vind. φ 146 (Carnuth, Ariston. p. 156): ἷζε μυχοίτατος αἰεί· Ἀρίσταρχος ἀντὶ τοῦ πρῶτος. „ἔστι πόλις Ἐφύρη μυχῷ Ἄργεος‟ †πάντη† (πρώτη propos. Carnuth) γὰρ ἐπὶ τῷ Ἰσθμῷ ἵδρυται ἡ Κόρινθος   ὅτι (61) — Ἔφυρα πόλις (62) ad N 301 (Ariston.); — εἶπεν (61) ad Ζ 210 (Ariston.), cf. sch. Ar. Rh. 4, 1212—14 b. Vide ad B 570 (Ariston.); N 664 b (ex. ?)   ἔστι δὲ (61) — πόλις (62) ad B 659 (Ariston.),

---

42 αὐτ. ἐκδέχεσθαι b   **44** κακῶς δέ· b   **47** ᾖ add. Vill.   τοῦ Bk., τὸ A   **48** (le.) ὄφρ' ἐΰ delevi   **50** le. T supplevi, om. b (qui sch. decurtatum suo iure ad v. 150 revocavit)   (le.) εἰ δὲ θέλεις Ma., fort. recte   **51** εἰς τὸ θ. ὑποστ. b   θέλεις] fort. ἐθέλεις   καὶ T ἵν' ᾖ b   **52** τινὲς T δύναται δὲ εἶναι δαήμεναι καὶ ἀντὶ τοῦ μαθεῖν (cf. D), καὶ ἔστι ἀναπόδοτον τὸ σχῆμα καὶ ἐλλειπτικόν· λείπει γὰρ τὸ ἄκουε. τινὲς Li (de suo addens) ὡς τό Bk., ὡς τοι T   **53** μοι νεμεσ. Ma., μὴ νεμεσήσαιεν T   **55—9** pone sch. Ζ 153 a in A, trps. Bk.   **55** (le.) πόλις eiecit Bk.   **57** ὡς A, ἀλλ' Hom.   **59** ὃ δὴ A, καὶ εἰ Hom.   **60** le. A suppl. Vill.   **61** ὅτι A, ἡ διπλῆ, ὅτι Vill.

τις Θεσπρωτίας Ἔφυρα πόλις. Ἄργος δὲ ἱππόβοτον τὴν Πελοπόν-
νησον καλεῖ, τὴν δὲ Θετταλίαν Ἄργος Πελασγικόν. A

c.[1] πόλις Ἐφύρη: ἡ Κόρινθος. ἔστι δὲ καὶ ἐν Θεσπρωτίᾳ ex.
65 καὶ ἐν Θεσσαλίᾳ καὶ ἐν Οἰνόῃ, καὶ νῆσος περὶ Μῆλον. T

c.[2] τὴν Κόρινθον λέγει. εἰσὶ δὲ Ἔφυραι καὶ ἄλλαι, ἡ ἐν Θε-
σπρωτίᾳ, ἡ ἐν Θεσσαλίᾳ, ἡ ἐν Οἰνόῃ, καὶ νῆσος περὶ Μῆλον. b(BCE[3])

153. ἔνθα δὲ Σίσυφος ἔσκεν: Διὸς τὴν Ἀσωποῦ θυγατέρα——— D
παρὰ Φερεκύδει (FGrHist 3, 119). A

70 a. κέρδιστος: ἡ διπλῆ, ὅτι τὸν συνετὸν καὶ κερδαλέον κέρ- Ariston.
διστον λέγει. οἱ δὲ νεώτεροι τὸν φιλοκερδῆ ἐξεδέξαντο. A

b. κέρδιστος: συνετώτατος, | ἐντρεχέστατος· οὐ γὰρ ἂν D | x
τὸν πρόγονον αὐτοῦ πανουργότατον ἔλεγεν. A

c. κέρδιστος: μέσον ἐστὶ τοῦτο. ὡς συγγενὴς δὲ οὐ βλα- ex.
75 σφημεῖ. ἡ δὲ ἐπανάληψις (cf. Z 154) τὸν ἔνδοξον παρίστησιν. b(BC
E[3]) T

cf. sch. α 259. β 328   Ἄργος δὲ (62) sq. ad Δ 171 d (Ariston.); cf. Strab.
8, 6, 5 (p. 369)   τὴν Πελοπόννησον (62) cf. D, D ad B 108. 559, sch. σ 246,
sch. Pind. N. 6, 44, Strab. 8, 6, 9 (p. 371); Eust. 631, 16; Et. Gen. (AB) μυχοί-
τατος (est fort. sch. φ 146); vide ad Z 224 (ex.)   Θετταλίαν (63) sq. cf. D ad
B 681. Π 233, Strab. 5, 2, 4 (p. 221), Steph. B. 114, 5   c Steph. B. 290, 7:
. . . ἠγνόησε (non Parmeniscus, qui antea nominatur, sed alius grammaticus)
δ' ὅτι μυχὸς ἡ Κόρινθός ἐστι Γλαύκῳ πρὸς ἀνατολὰς οἰκοῦντι ὡς ἂν τῆς Εὐρώπης
οὖσα δυτικωτάτη. κέκληται δὲ ἀπὸ Κορίνθου. Ὅμηρος οὖν τὸ Ἐφύρη ἐπὶ τῆς
Κορίνθου ἔφη. ἔστι καὶ ἄλλη Ἐφύρη Κράννουν (Κρανὼν Berkel) λεγομένη, ὥς φησι
Κινέας ὁ ῥήτωρ (FGrHist 603, 1) καὶ Ἐπαφρόδιτος (fr. 25 L.). δευτέρα περὶ
Θετταλίαν. τρίτη Οἰνόη (Xylander, οἰνόην vel οἰνόην codd.). καὶ νῆσος οὐ μακρὰν
ἀπέχουσα Μήλου, cf. sch. Pind. N. 7, 53; He. ε 7555; Beiträge 259; Valk I 464.
Vide ad Ο 531; — Θεσσαλίᾳ (65 resp. 67) cf. sch. Pind. P. 10, 85 a   153 a/b
Et. Gen. (AB) κέρδιστος: κέρδιστον τὸν συνετὸν φασι (φησι cp. B), κερδαλέον
τὸν αὐτόν· οὐ γὰρ ἂν τὸν πρόγονον αὐτοῦ (lg. αὐτοῦ) πανουργότατον εἶπεν.
οἱ δὲ νεώτεροι (νεώτερον A) τὴν λέξιν ἐπὶ τοῦ φιλοκερδοῦς λαμβάνουσιν, fort. ex
hyp. Iliad.; unde suspicari licet verba οὐ γὰρ ἂν (72) sq. Aristonici esse; cf.
Beiträge 144, 1   a ad K 44, cf. Ap. S. 98, 1. 23; sch. λ 385. 593   τὸν συνετὸν
(70) — ἐξεδέξαντο (71) cf. Ep. Hom. (An. Ox. 1, 224, 5)   b ἐντρεχέστατος
(72) = Eust. 631, 35   οὐ γὰρ ἂν (72) sq. ad K 44   c — βλασφημεῖ (74) cf.
Eust. 631, 35   ἡ δὲ ἐπανάληψις (75) sc. vocis Σίσυφος Z 153 et 154, ad Z 154;

62 τις Vill., τῆς A   θεσπρωτείας A em. Vill.   65 et 67 ἐν οἰνόῃ] οἰνόη Steph. B.
(cf. test.)   66 sq. θεσπρωτεία C   70 le. scripsi, ἔνθα δὲ σίσυφος: A   74 τοῦτο
T τοῦτο τὸ ὄνομα b   75 τὸν] τὸ E[3]T, fort. αὐτὸν

Ariston.　　　**154.** Σίσυφος: ἡ διπλῆ πρὸς τὴν ἐπανάληψιν τοῦ ὀνόματος. καὶ ὅτι ἐν Ἰλιάδι συνεχῶς ταῖς ἐπαναλήψεσι κέχρηται, ἐν δὲ Ὀδυσσείᾳ ἅπαξ κατ' ἀρχάς, ,,Αἰθίοπας τοὶ διχθά" (α 23). **A**

Did.　　　**155** *a.* ⟨ἔτικτεν:⟩ Ἰακῶς τὸ ,,τίκτεν" Ἀρίσταρχος. **A**[im]　　80

ex.　　　*b.* Βελλεροφόντην: Λεωφόντης πρότερον ἐκαλεῖτο. Βέλλερον δὲ ἱππικῇ φονεύσας οὕτως ὠνόμασται. **b**(BCE³E⁴) **T**

D　　　αὐτὰρ Γλαῦκος ἔτικτεν ἀμύμονα Βελλεροφόντην: οὗτος πρότερον ――― παρὰ Ἀσκληπιάδῃ ἐν Τραγῳδουμένοις (FGr Hist 12, 13). **A**　　85

ex.　　　**156.** κάλλος τε καὶ ἠνορέην ⟨ἐρατεινήν⟩: οὐδὲν γὰρ κάλλος ἄνευ ἀνδρίας, **b**(BCE³E⁴) **T**　ὡς δῆλον ἐκ Νιρέως (cf. B 673—5). δυεῖν δὲ ὄντων πλεονεκτημάτων τὴν ἀνδρίαν ἐρατεινὴν εἶπεν. **b** (BCE³E⁴) **T**

Did.　　　**157** *a.*¹ ⟨κάκ' ἐμήσατο:⟩ Ἀρίσταρχος Ἰακῶς ,,κακὰ μήσατο". 90 **A**[im]

　　　　　*a.*² {ἐμήσατο:} Ἰακῶς τὸ ἐμήσατο. **T**

ex.　　　**158—9.** ⟨ἐπεὶ πολὺ φέρτατος ἦεν / ――― ἐδάμασσε:⟩ τὸ πολὺ φέρτατος καὶ τὰ ἑξῆς ἐπὶ τοῦ Προίτου παραδεκτέον. **A**[int]

ex.　　　**158.** ἐπεὶ πολὺ φέρτερος ἦεν: ὁ Προῖτος τῶν Ἀργείων διὰ 95 τὴν ἀρχήν. **b**(BCE³E⁴) **T**　　1

ex.　　　**159** *a.*¹ Ζεὺς γὰρ ⟨οἱ⟩ ὑπὸ σκήπτρῳ ἐδάμασ⟨σ⟩εν: τοὺς Ἀργείους Προίτῳ ὑπέταξεν. **T**

　　　　　*a.*² τοὺς γὰρ Ἀργείους ὁ Ζεὺς τῇ βασιλείᾳ Προίτου ὑπέταξεν. **b**(BCE³)　　5

Did. (?)　　　*b.* ⟨Ζεὺς γὰρ μιν:⟩ γράφεται ,,Ζεὺς γὰρ οἱ". **A**[im]

---

cf. I. Th. Kakridis, Homeric Researches (Lundi 1949) 123　　**154** ad Z 396. H 138 *a.* M 96. Y 372. X 128. Ψ 642 (Ariston.), cf. D ad B 671. Vide ad Z 153 *c*　　καὶ ὅτι (77) sq. cf. Eust. 631, 28　　**155** Eust. 289, 38: καὶ ὁ Βελλεροφόντης δέ, φασίν, ,,Ἐλλεροφόντης" ἐν τοῖς Ζηνοδότου εὕρηται, ib. 632, 7: ἰστέον δὲ ὅτι καὶ ,,Ἐλλεροφόντην" τοῦτον ἱστόρησάν τινες καλεῖσθαι, cf. ib. 635, 6; vide Call. fr. 283　　*a* ad A 162 (Did.)　　*b* — ἐκαλεῖτο (81) cf. M. L. West ad Hsd. th. 321　　Βέλλερον (81) sq. cf. Pap. Ox. 1801, 56, He. β 489, Lex. rhet. ap. Eust. 632, 8 (Paus. att. β 7)　　**157** ad A 162 (Did.)　　**158—9** cf. Paus. 2, 4, 2;

---

79 αἰθίοπας (= Hom.) scripsi, αἰθίωπας A　　80 le. add. Ldw.　　τὸ abesse malim 81 λεωφ.] ss. ἢ ἱππόνους T m. sec.; λεωφόντης sanum, vix λεοντοφόντης, cf. Bechtel, Die histor. Personennamen des Griechischen (Halis Sax. 1917), 276. 281　　πρότερον om. **b**　　86 le. T supplevi (auctore Vill.), om. **b**　　87 ἀνδρείας CE⁴　　88 δυοῖν E⁴ ἀνδρείαν CE⁴　　90 le. add. Vill.　　92 le. T exulare iussi　　93 le. addidi　　95 τῶν ἀργ. E⁴T ἐκ τοῦ τῶν ἀργείων δήμου BCE³　　2 le. T suppl. V (ἐδάμασσε V, ἐδάμασσεν Ma.)　　4 τοὺς γὰρ sq. coni. cum scholio Z 158 (v. ἀρχήν) in **b**　　6 le. (= A[cont]) add. Vill.　　γὰρ οἱ = vulg.

160 a. {τῶι δὲ γυνὴ προίτου ἐπεμείνατο} δῖ Ἄντεια: ἡ διπλῆ, *Ariston.*
ὅτι Ὅμηρος Ἄντειαν, οἱ δὲ νεώτεροι Σθενέβοιαν, καὶ ὅτι ἀκαίρως τὸ
δῖα· μάχεται γὰρ ἡ μάχλος. **A**

10　　*b.* δῖ᾽ Ἄντεια: προπερισπαστέον τὸ δῖα καὶ τὸ Ἄντεια *Hrd.*
προενεκτέον ὡς Κράτεια. ἔνιοι δὲ ὑπονοήσαντες ἀτόπως ἔχειν τὸ δῖα
⟨* * *⟩ κατὰ κόσμον ποιητικὸν προσέρριπται, ὡς καὶ ἐπὶ τοῦ „δῖα
Κλυταιμνήστρη" (γ 266). **A**

c. ἐπεμήνατο ⟨δῖ᾽ Ἄντεια⟩: πρὸς ἀποτροπὴν μανίαν *ex.* | *Hrd.*
15 ὀνομάζει τὸ πάθος, ἣ καὶ δῖα οὖσα ἐπεμήνατο. τινὲς δὲ ὑφ᾽ ἓν „Δι-
άντεια", κακῶς· ἀγνοοῦσι γὰρ ὅτι τὸ δῖα πολλαχῶς νοεῖται παρ᾽
Ὁμήρῳ. **b**(BCE³E⁴) **T** | ἢ δῖα Ἄντεια ὡς „δῖα Κλυταιμνήστρα"
(γ 266). **T**

162 a. ⟨πεῖθε:⟩ ὁ παρατατικὸς τὴν πολλάκις ταῦτα λέγουσαν *ex.*
20 ἐσήμανεν. **b**(BCE³E⁴) **T**

b. ἀγαθὰ φρονέοντα: τοῦτο ἐκπεφώνηκεν ἀφ᾽ ἑαυτοῦ, ὡς *ex.*
κἀκεῖ κατὰ μοιχῶν νομοθετῶν φησιν· „ὡς ἀπόλοιτο καὶ ἄλλος ὅ τις
τοιαῦτά γε ῥέζοι" (α 47) καὶ „οὐκ ἀρετᾷ κακὰ ἔργα" (θ 329). **b**(BC
E³) **T**

25　　*c.* δαΐφρονα Βελλεροφόντην: δῆλον μὲν ἦν καὶ μὴ προσ- *ex.*
τεθέντος τοῦ ὀνόματος ὅτι Βελλεροφόντης λέγεται· περὶ γὰρ τού-
του ὁ λόγος ἦν. ἀλλ᾽ ὅμως **b**(BE³) **T**　　ἐπήνεικε τοὔνομα, τοῦτο
μὲν †σχήματι κινῶν†, τοῦτο δὲ **T**　　ἐπὶ τῇ σωφροσύνῃ τοῦ ἀνδρὸς
ἡδόμενος διὰ στόμα αὐτὸν ἔχει· οἷς γὰρ ἡδόμεθα, τούτους ἀνὰ στόμα
30 ἔχομεν. **b**(BE³) **T**

Bacher 39　　**160** a — Σθενέβοιαν (8) cf. Eust. 632, 5　　Ἄντειαν (8) — Σθενέ-
βοιαν cf. [Apoll.] bibl. 2, 25　　καὶ ὅτι ἀκαίρως (8) sq. ad Γ 352 (Ariston.), cf.
D ad A 242　　*b* προπερισπ. τὸ δῖα (10) cf. Or. 50, 22 (ex Herodiano)　　κατὰ
κόσμον ποιητικὸν (12) cf. Parry 151　　*c* — πάθος (15) cf. Plut. mor. 32 b/c　　τινὲς
(15) fort. Zen., cf. Lotz 30　　ὅτι τὸ δῖα πολλαχῶς νοεῖται (16) cf. D

---

7 (le.) τῶι — ἐπεμ. delevi　　12 lac. stat. Lehrs his verbis supplendam διάντειαν ὑφ᾽
ἓν ἀνεγίνωσκον, κακῶς. τὸ δῖα, verba γράφουσι διάντειαν κακῶς· ἀγνοοῦσι γὰρ ὅτι τὸ
δῖα add. Cob.　　14 le. T suppl. Li, om. b　　πρὸς ἀποτρ. T ἀποτρέπων (καὶ add. BC)
ἡμᾶς τοῦ τοιούτου b　　15 ἢ b ὃ T　　ἐπεμήινατο BE³　　15 sq. ὑφ᾽ ἓν διάντ. T
διάντεια ὁμοῦ (ὁμ. om. E⁴) ἀναγινώσκουσι b　　16 ἀγν. γὰρ T ἀγνοοῦντες b　　16 sq.
πολλ. παρ᾽ ὁμ. ν. BCE³ παρ᾽ ὁμ. πολλ. ν. E⁴　　17 κλυταιμνήστρα T em. Ma.
19 le. add. Ba. (πεῖθ᾽ ἀγαθὰ add. Li)　　ταῦτα T τοῦτο b　　20 ἐσήμ. T
ἐδήλωσ(ε) b　　21 sq. ἀγαθὰ — κἀκεῖ T τὸ δὲ ἀγαθὰ φρονέοντα ἀφ᾽ ἑαυτοῦ ἐκ-
πεφώνηκε· κἀκεῖ γὰρ coni. cum scholio praecedenti b　　22 sq. ὅ τις — ῥέζοι om.
b　　ὅ τις Hom., ὅστις T　　23 ἀρετᾷ b　　25 δαΐφρ. — μὲν T δῆλον δὲ coni.
cum scholio praecedenti b　　27 sq. τοῦτο μὲν scripsi (τοῦτο μὲν ὡς ἐν Bk.), τοῦ-
τον ἐν T　　28 σχηματίζων Ma., fort. recte; possis et σχῆμα ποιῶν vel σχήματα
φιλῶν　　29 στόμ. αὐτ. b στόματος T　　ἔχει] exspectes ἔχων　　30 ἔχομεν T
ἀεὶ περιφέρομεν b

ex.   **163.** ἡ δὲ ψευσαμένη: δείκνυσιν ὅτι τέλος ἔρωτος ἀποτυχόντος μῖσός ἐστιν. b(BCE³E⁴) T

ex.   **164.** τεθναίης, ὦ Προῖτε: καλόν σοι τὸ ἀποθανεῖν, εἰ μὴ τοῦ καθυβρίσαντός σε κατισχύσεις. ἀλλ᾽ εἰ βούλει ζῆν, ἐκεῖνον ἄνελε· εἰ γὰρ ἐμὲ ἠθέλησε βιάσασθαι, οὐδὲ σοῦ φείσεται. b(BCE³E⁴) T   35

ex.   **165** *a.* ⟨μ᾽:⟩ ἀντὶ τοῦ μοί, ὡς „οὐδέ σ᾽ ὀΐω" (A 170), „ἦ μ᾽ οἴω ἔρροντι" (δ 367). Tⁱˡ

Porph.   *b.* μιγήμεναι οὐκ ἐθελούσῃ: τρεῖς τρόποι μίξεων. ἢ βού-λεταί τις μὴ βουλομένη, ὡς νῦν· ἢ μὴ βουλόμενος βουλομένη, ὡς Ὀδυσσεὺς „παρ᾽ οὐκ ἐθέλων ἐθελούσῃ" (ε 155) τῇ Καλυψοῖ· ἢ ὡς 40 Αἴγισθος τὴν Κλυταιμνήστραν „ἐθέλων ἐθέλουσαν ἀνήγαγεν ὃν δὲ δόμον δέ" (γ 272). τέταρτος δὲ τρόπος οὐκ ἔστιν· οὐδεὶς γὰρ ἄκων ἀκούσῃ μίγνυται. b(BCE³) T

ex.   **166.** οἶον: ἀντὶ τοῦ παράδοξον. πῶς δὲ οὐκ ἤλεγξεν; ἢ διασύρει τὸ γυναικοπαθὲς τῶν ἀνθρώπων. b(BCE³) T   45

ex.   **167.** ⟨ἀλέεινε:⟩ ὡς ξένον. Tⁱˡ

ex.   **168.** σήματα λυγρά: γράμματα· „οἳ δὲ κλῆρον ἐσημήνα⟨ν⟩το" (H 175), „ὅς μιν ἐπιγράψας" (H 187)· ἄτοπον γὰρ τοὺς πᾶσαν τέχνην εὑρόντας οὐκ εἰδέναι γράμματα. τινὲς δὲ ὡς παρ᾽ Αἰγυπτίοις ἱερὰ ζῴδια, δι᾽ ὧν δηλοῦται τὰ πράγματα. T   50

---

163 cf. Eust. 632, 15: ὡς γάρ φασιν οἱ σοφοί, τόκος ἀποτευχθέντος ἔρωτος μῖσός ἐστιν   **164** cf. Porph. 1, 93, 13   **165** *a* ad A 170 (ex.), cf. Spitzner, Exc. XIII § 3; Cobet, Miscell. crit. 346; Leeuwen, Ench. 79   *b* Porph. 1, 93, 20, cf. Eust. 632, 16 (ἐνθυμητέον τὸ τοῦ Πορφυρίου); vide Hsd. fr. 208 M.-W.   **168** — ἐσημήναντο (47) ad H 175 *b* (ex.), cf. D ad H 175; — γράμματα (47) cf. Eust. 633, 10; sch. D. Thr. (Σᵛ) 185, 13. Vide ad Z 176 *b*   τινὲς δὲ (49) sq. cf. Eust. 632, 50; h(Ag, cf. An. Par. 3, 169, 24): σήματα· σημεῖα καὶ τύπους, ἐξ ὧν δηλοῖ τὴν ἐπιβουλήν· οὐδὲ γὰρ ἦν τῶν †πραγμάτων† (lg. γραμμάτων) χρῆσις, fort.

---

31 ἡ δὲ — δείκν. T δείκνυσι δὲ pone sch. Z 164 (coni. cum v. φείσεται) b   ὅτι b   ὅτε T   τέλος] τόκος Eust.   ἀποτευχθέντος b Eust.   **33** σοι T σοί φησι b   **33** sq. τοῦ καθυβρ. σε pone κατισχ. b   **34** κατισχύνειν T   **36** le. add. Ma. (Bk.)   **36** sq. οὐδέ σοι ὦ ἦμαι ᾧ ἔρροντι T em. Bk.   **38** μίξε(ως) C   **39** βουλομένης utroque loco T   ὡς νῦν T μιγῆναι, ὡς νῦν οὗτος λοιδορεῖται b   **41** sq. τὴν — δόμ. δέ T τῇ κλυταιμνήστρα ἔθέλων ἐθέλουσῃ b   **43** μίγν. T πώποτε μίγνυται b   **44** le. Bk., χόλος λάβεν, οἷον ἄκουσεν T, om. b   δὲ om. T   ἤλεγξε διασύρει b   **45** τὸ — ἀνθρ. T διὰ τούτου τὸ τῶν ἀνδρῶν γυναικοπαθὲς ὅμηρος b   **46** le. add. Vᶜ   **47** ἐσημήνατο T suppl. Ma.

169 *a*. γράψας ἐν πίνακι πτυκτῷ: ὅτι ἔμφασίς ἐστι τοῦ τῆς *Ariston.*
λέξεως γράμμασι χρῆσθαι. οὐ δεῖ δὲ τοῦτο δέξασθαι, ἀλλ' ἔστι γράψαι
τὸ ξέσαι· οἷον οὖν ἐγχαράξας εἴδωλα, δι' ὧν ἔδει γνῶναι τὸν πενθε-
ρὸν τοῦ Προίτου. Α

55   *b*. ⟨πίνακι πτυκτῷ:⟩ πινακιδίῳ. Τ^(il)   *ex.*

168—9. ⟨σήματα ——— πίνακι πτυκτῷ:⟩ σήματα μὲν τὰ *ex.*
γράμματα, πίνακα δὲ τὸ λεγόμενον πινακίδιον. b(BC)

170 *a*. {δεῖξαι δ'} ἠνώγειν: οὕτως σὺν τῷ ν̄ ἠνώγειν 'Ἀρί- *Did.*
σταρχος· ἠνώγεεν γάρ. Α

60   *b*. ⟨ᾧ πενθερῷ:⟩ ὅτι τοῦτον οἱ νεώτεροι 'Ἰοβάτην φασί. Α^(int) *Ariston.*

    c. ᾧ πενθερῷ: 'Ἰοβάτῃ ἢ 'Ἀμισωδάρῳ (cf. Π 328). Τ   *ex.*

171 *a*. ὑπ' ἀμύμονι {πομπῇ}: ὁ 'Ἰξίων (fr. 29 St.) ἐν τῷ πρώτῳ *Did.*
τῷ Πρὸς τὰς ἐξηγήσεις προφέρεται ,,μετ' ἀμύμονι". Α

    b. ⟨θεῶν ὑπ' ἀμύμονι πομπῇ:⟩ αἰσίοις οἰωνοῖς. Τ^(il)   *ex.(?)*

65 172 *a*.^1 Ξάνθον τε ῥέοντα: ποῖος γάρ †φησι† ποταμὸς οὐ ῥεῖ; *ex.*
ῥητέον ὅτι ἐπεὶ καὶ πόλις Λυκίας ἐστὶ Ξάνθος. ἢ εὐρὺ ῥέοντα. ἢ ἐπεὶ
ἀέναός ἐστιν. Τ

    a.^2 καὶ ποῖος †φησι† ποταμὸς οὐ ῥεῖ; b(BCE^3E^4)   ῥη-
τέον· ἐπεὶ Ξάνθος ἐστὶ Λυκίας πόλις, πρὸς ἀντιδιαστολὴν ἁπλῶς τὸ
70 ῥέοντα τέθεικεν. b(BCE^3)   ἢ τὸν ἀέναον λέγει καὶ ἀεὶ ὡσαύτως
ἔχοντα. ἢ μᾶλλον τὸν ῥευματώδη. b(BCE^3E^4)

173. ⟨προφρονέως:⟩ ἀπὸ τοῦ προφρόνως. Τ^(il)   *ex.*

sch. rec.   **169** *a* ad Ζ 178. Η 175. 187 (Ariston.), Ι 99; cf. Lehrs Ar.^3 95, Hof-
mann, Ar. 20. Vide ad Η 89 *b*   οὐ δεῖ δὲ (52) sq. cf. sch. θ 163, sch. D. Thr.
(Σ^1) 490, 18. Vide Ioseph. c. Ap. 1, 2, 11   τὸ ξέσαι (53) cf. He. ξ 91; Lex.
Vind. 38, 9 (καὶ γράφω παρ' Ὁμήρῳ ἀντὶ τοῦ ξύω)   *b* cf. Eust. 632, 9; vide
Poll. 10, 83   **168—9** conflatum e scholiis ad Ζ 168 et 169 (*b*); Porphyrio
(1, 94, 7) temere attribuit Li   **170** *a* cf. sch. ε 112. Vide ad Γ 388 *a* (test.) et
ad Ζ 412 (Did.)   *b* cf. Lehrs Ar.^3 177   *c* ad Π 328 (ex.), cf. E^4 (fol. 54^r,
ubi sch. relatum est ad Ζ 170): τοῦτον οἱ μὲν 'Ἰοβάτην καλεῖσθαί φασιν, οἱ δὲ
'Ἀμισόδωρον, καὶ Ὅμηρος δὲ ὑπὸ 'Ἀμισοδώρου φησὶ τραφῆναι τὴν Χίμαιραν·
,,θρέψεν ἀμαιμακέτην πολέσιν κακὸν ἀνθρώποισιν" (Π 329), originis incertae,
fort. h vel sch. rec.; Eust. 635, 24   **172** cf. Porph. 1, 75, 16. 76, 9, Eust.

51 ὅτι Α, ἡ διπλῆ, ὅτι Vill.   τοῦ Frdl., τοῖς Α   **53** ξῦσαι Cob.   **55** le. add. Ma.
56 le. addidi   **56** sq. σήματα sq. sch. ad Ζ 168 rettulit b   **58** (le.) δεῖξ. δ' del. Bk.
60 le. add. Vill.   ὅτι Α, ἡ διπλῆ, ὅτι.   **62** (le.) πομπῇ delevi   **63** τῷ Α,
τῶν Ldw.   **64** le. add. Bk.   **65** φασί Ma.   **68** φησί Β, cp. CE^3, om. E^4, φασί
Bk.   ῥέει E^4   **70** ἢ τὸν] ἀλλὰ τὸν E^4   ὡς αὕτως E^3   **72** le. add. V^c   προ-
φρόνος Τ em. Ma.

Ariston.   **174** *a.* ἐννῆμαρ: ἡ διπλῆ, ὅτι Α   ἐπίφορός ἐστι πρὸς τὸν ἐννέα ἀριθμόν. ΑΑ^{int}

Did.   *b.* ⟨ξείνισσε:⟩ Ἀρίσταρχος καὶ ξείνισσε καὶ „ξείνιζε". Α^{im} 75

ex.   *c.* ἐννῆμαρ ξείνισσε: ἢ ὡς παρὰ κηδεστοῦ ἥκοντα φιλο-
φρονεῖται, ἢ ὅτι ἐν θυσίαις αὐτὸν εὖρεν, ἢ ὀκνῶν οὗτος οὐκ ἀπεδίδου,
μὴ θέλων ἀποδημεῖν τάχιστα διὰ τὴν γυναῖκα. b(BCE³E⁴) T

Ariston.   **176** *a.* καὶ τότε μιν ἐρέεινε: ὅτι ἔθος ἦν παρὰ τοῖς παλαιοῖς
ξενίζειν πρότερον, εἶτα πυνθάνεσθαι, τίνος ἕνεκεν παραγεγόνασιν 80
οἱ ξένοι. Α

ex.   *b.* σῆμα {ἰδέσθαι}: σῆμα τὸ ἐπίταγμα, „σημαίνων ἐπέτελ-
λεν" (Φ 445)· ἢ τὸ πτυκτὸν τὸ ἔχον τὰ σήματα, ὅ ἐστι τὰ γράμ-
ματα. T

Ariston.   **178.** {αὐτὰρ ἐπεὶ δὴ} σῆμα κακόν: ὅτι σημεῖα λέγει, οὐ γράμ- 85
ματα· εἴδωλα ἄρα ἐνέγραψεν. Α

ex.   **179.** ⟨ἀμαιμακέτην:⟩ τὴν ἄγαν μαιμῶσαν ἢ τὴν ἀκαταμάχη-
τον. T^{il}

ex.   **180.** θεῖον γένος: τὰ τερατώδη εἰς θεοὺς ἀναφέρει. ἤτοι οὖν διὰ
τὸ παρηλλαγμένη κεχρῆσθαι φύσει ἢ διὰ τὸ Τυφῶνος καὶ Ἐχίδνης 90
εἶναι. b(BCE³E⁴) T

Ariston.   **181** *a.* ⟨πρόσθε λέων, ὄπιθεν δὲ δράκων, μέσση δὲ χί-
μαιρα:⟩ ὅτι ἓν σῶμα ἡ Χίμαιρα. Α^{int}

634, 16 (κατὰ Πορφύριον)   **174** ante versum diple in A, antisigma et diple in
pap. IV   *a* ad Α 53—5 (test.), cf. Eust. 634, 23 (ἀριθμὸς γὰρ οὗτος φίλος διὰ
τὰς Μούσας τῷ ποιητῇ). Vide ad Μ 25   *c* ἢ ὀκνῶν (77) sq. cf. Eust. 634,
19   **176** diple ante versum in A et in pap. IV   *a* cf. sch. γ 69. θ 489; Car-
nuth, Ariston. p. 28; Hofmann, Ar. 35; fort. excidit pars scholii Aristonici de
v. σῆμα, vide ad Ζ 178; — πρότερον (80) cf. Eust. 634, 20; Athen. 5, p. 185 *b/c*
(p. 404, 12 Kaib.)   *b* γράμματα (83) ad Ζ 168 (ex.)   **178** diple ante versum
in A et in pap. IV   ὅτι (85) sq. ad Ζ 169 *a* (Ariston.)   **179** — μαιμῶσαν
(87) cf. Eust. 634, 35   ἀκαταμάχητον (87) ad Π 329 (ex.), cf. Ap. S. 25, 16;
Meth. (Et. Gen. [AB] ἀμαιμακέτην, An. Ox. 1, 80, 27); Ep. Hom. (An. Ox.
1, 44, 10, Et. Gud. 105, 4 Stef.); Lex. Αἱμ. 622, 5; aliter sch. ξ 311   **180** Ge
(e T ut vid.): θεῖον γένος· ὡς τερατῶδες καὶ παρηλλαγμένον, aliter Eust. 635,
11   τερατώδη (89) cf. Eust. 635, 15   ἢ διὰ τὸ (90) — εἶναι (91) cf. Hsd.
th. 319   **181** diple ante versum in A et in pap. IV

---

73 le. A, om. A^{int} ἐπίφ. Α τὸ ἐπιφερόμενον A^{int}, εὐεπίφορος Cob.   **75** le. (= A^{cont})
add. Vill.   **76** le. Ma., ἐννῆμαρ μὲν ξείνισε T, om. b   **77** οὗτος om. T   **78** ἀποδημεῖν
post γυν. b, ἐπιδημεῖν Bk.   **79** ὅτι Α, ἡ διπλῆ, ὅτι Vill.   **82** (le.) ἰδέσθαι del.
Bk.   **85** (le.) αὐτ. ἐπεὶ δὴ et κακόν del. Ddf.   ὅτι Α, ἡ διπλῆ, ὅτι Vill.
87 le. add. Li V^c **90** παρηλλαγμένη T   **90** sq. τυφ. — εἶναι T ἐκ τυφῶνος καὶ
ἐχίδνης μυθολογεῖσθαι γεννηθῆναι αὐτήν b   **92** sq. le. add. Vill.   **93** ὅτι Α,

b. πρόσθε λέων, ⟨ὄπιθεν δὲ δράκων, μέσση δὲ χί-   *ex.*
95 μαιρα⟩: εἰ τὸ πλεῖον καὶ ἐμπρόσθιον μέρος εἶχε λέοντος, ἔδει αὐτὴν
1 λέοντα καλεῖσθαι. ἦν οὖν τὸ πᾶν χίμαιρα, ἀφ' οὗ καὶ ὠνομάζετο,
κεφαλὴν δὲ εἶχε λεαίνης, οὐράν δὲ δράκοντος. τοίνυν πῦρ εἰσάγεται
ἀναπνέουσα διὰ τοῦ στόματος τοῦ λέοντος. Ἡσίοδος (sc. th. 321)
δὲ ἠπατήθη τρικέφαλον αὐτὴν εἰπών. b(BCE³E⁴) T   οἱ δὲ παν-
5 δοκεῖς εἶναι λέγουσι ⟨Λέοντα⟩ καὶ Δράκοντα καλουμένους, μέσην δὲ
αὐτῶν πανδοκεύτριαν Χίμαιραν, ἣ τοὺς παριόντας ἧψε μεληδὸν καὶ
τοῖς ἄλλοις παρεῖχε παρατιθέναι. ἔνιοι δὲ ὅρος εἶναι κατὰ Λυκίαν, ὅ
καλεῖται Χίμαιρα· τοῦτο δὲ κατὰ μέσον ἔχειν ἀναφυσήματα πυρός,
κατὰ δὲ τὰ ἄκρα πολύθηρον ⟨εἶναι⟩. T
10 **182.** ⟨πυρὸς μένος:⟩ λείπει τὸ ὧς, ὡς πυρός. T^il   *ex.*
183 a. καὶ τὴν μὲν κατέπεφνε ⟨θεῶν τεράεσσι πιθήσας⟩:   *Ariston.*
ὅτι οὐδὲν περὶ τῆς κατὰ τὸν Πήγασον ἱστορίας ἐμφαίνει. A
    b. καὶ τὴν μὲν κατέπεφνε θεῶν τεράεσσι πιθήσας: *ex.*
ἀπίστου ὄντος, πῶς τὸ τοιοῦτον θηρίον κατηγωνίσατο, ἰάσατο τὸ
15 ἄπιστον θείαν δύναμιν ἐπαγαγών. b(BCE³E⁴) T
184. δεύτερον αὖ Σολύμοισι: καὶ „ἐκ Σολύμων ὀρέων" (ε 283)·   *ex.*
ἀπὸ γὰρ τῶν ἀνατολικῶν Αἰθιόπων ἐπανιὼν ἀπὸ Πισιδίας καὶ Κι-
λικίας ὁρᾷ Ὀδυσσέα ὁ Ποσειδῶν. T

b similia ap. Porphyrium exstitisse videntur, cf. Eust. 634, 42: καὶ ζητητέον τὸν
Πορφύριον καλῶς τοῖς περὶ τούτων διαιτῶντα, cf. sch. D ap. Schimberg I 450; Serv.
(auct.) Verg. A. 5, 118. 6, 288; aliter ad Π 328 (T)   εἰ τὸ πλεῖον (95) — αὐτὴν εἰπών
(4) cf. Eust. 634, 45   οἱ δὲ πανδοκεῖς (4) sq. cf. Eust. 634, 58   ἔνιοι δὲ (7) sq. cf.
Strab. 14, 3, 5 (p. 665), Isidor. orig. 11, 3, 36   πολύθηρον (9) cf. Eust. 634,
56: οἱ δὲ θηρία εἶναι ἀπρόσμαχα ἱστοροῦσι τρία περὶ τι Λυκιακὸν ὅρος, ἐγχώριον
λέοντα καὶ χίμαιραν ὑπερφυῆ τινα, ὁποία καὶ ἡ κατὰ Πτολεμαῖον ὁ μεγαλό-
κερως, καὶ δράκοντα, φύσει μὲν διεστῶτα καὶ τόπῳ, διὰ δὲ τὸ συγγενὲς τῆς ἐξ
αὐτῶν βλάβης καὶ τὸ εἰς κάκωσιν σύντροχον εἰς ἓν οἷον σῶμα ὑπὸ τοῦ μύθου
συναγόμενα καὶ συμφυόμενα, originis incertae, fort. e Ptolem. Ch. (cf. Palaeph.
p. 39, 6 F.)   **183** a ad Z 191 (Ariston.)   **184** — Κιλικίας (17) aliter Strab. 12, 8, 5
(p. 573), 13, 4, 16 (p. 630; cf. Bidder 30), 14, 3, 10 (p. 667); sch. Pind. Ol.
13, 128 b   Πισιδίας (17) cf. Eust. 635, 32; Ap. S. 143, 23, Porph. 1, 96, 5,
Steph. B. 524, 3. 582, 3   Κιλικίας (17) cf. sch. ε 283 (Antim. fr. 69 W.); He.

ἡ διπλῆ, ὅτι Vill.   94 sq. le. T supplevi (auctore Vill.), om. b   95 πλέον
Ma.   95 sq. αὐτὴν — καλ. T αὐτὸ χίμαιραν μὴ καλεῖσθαι, ἀλλὰ λέοντα b
3 τοῦ¹ om. E⁴   4 εἰπών] καλῶν C   5 λέοντα add. Bk. (cl. Eust.)   δρά-
κοντα T m. pr., σ in fine v. add. m. sec.   9 εἶναι add. Wil.   10 le. add. Bk.
11 le. A suppl. Frdl.   12 ὅτι A, ἡ διπλῆ, ὅτι Vill.   14 κατηγ. T ἀνάλωσε
b   14 sq. ἰάσατο post ἄπιστον b   15 δύν. post ἐπαγ. b

14*

ex. 185. ⟨φάτο:⟩ εὖ τὸ μὴ εἰπεῖν 'ἔφασαν ἄλλοι', ἀλλ' αὐτὸς ὁ πε-
πειραμένος. b(BCE³) Tⁱˡ 20

ex. 186 a.¹ ⟨'Αμαζόνας:⟩ κατέτρεχον γὰρ τὴν 'Ασίαν. ἀμέλει ἐξ
αὐτῶν Ἔφεσος καὶ Σμύρνα καλεῖται· „καὶ †φρυνα' ἐσήλυθον" (Γ
184). Tⁱˡ

a.² αὗται γὰρ κατατρέχουσαι τὴν 'Ασίαν ἐληΐζοντο. οὐ
†μὴν† δέ, ἀλλὰ „καὶ Φρυγίην εἰσήλυθον". b(BCE³E⁴) 25

Did. 187 a.¹ ⟨ἀνερχομένῳ:⟩ οὕτως 'Αρίσταρχος. ἄλλοι δὲ διὰ τοῦ
†ε̄, „ἐπερχομένῳ†". Aⁱⁿᵗ

a.² τῷ δ' ἄρ' ἀνερχομένῳ: 'Αρίσταρχος „†ἀπερχομένῳ"
γράφει διὰ τοῦ ᾱ. γράφεται δὲ καὶ τῷ δ' ἀνερχομένῳ†. T

Nic. 188 a. κρίνας ἐκ Λυκίης: βέλτιον τοῖς ἐξῆς συντάττειν τοῦτον 30
τὸν στίχον. A

ex. (Nic.) b.¹ κρίνας ἐκ Λυκίης: ἀπὸ οἰκείας ἀρχῆς ὁ στίχος. T

b.² ἀπὸ ἰδίας δὲ ὁ στίχος ἀρχῆς. b(BCE³)

ex. c. ⟨φῶτας ἀρίστους:⟩ διδάσκει τοὺς ἀλκιμωτάτους μό-
νους λοχᾶν· „ἔνθα μάλιστ' ἀρετὴ διαείδεται ἀνδρῶν" (Ν 277). b 35
(BCE³E⁴) T

ex. 189 a. εἶσε λόχον: δῆλον οὖν ὡς καὶ αὐτὸς διὰ τὴν καλοκάγα-
θίαν τοῦ ἀνδρὸς οὐκ ἠθέλησεν ἐκ τοῦ προφανοῦς αὐτὸν φονεῦσαι.
b(BCE³) T

Ariston. b. ⟨τοὶ δ' οὔ τι πάλιν οἶκον δὲ νέοντο:⟩ πρὸς τὸ πάλιν, 40
ὅτι οὐ χρονικῶς. Aⁱⁿᵗ

Ariston. 191 a.¹ ἀλλ' ὅτε δὴ γίνωσκε ⟨θεοῦ γόνον⟩: ὅτι ἐκ τῶν πρατ-
τομένων τοῦτο συνέβαλεν. εἰ δὲ προσέκειτο καὶ ὁ Πήγασος, πολὺ
πλέον αὐτοῦ τὴν δόξαν ἐπιστώσατο. A

α 2928   186 diple ante versum in pap. IV, fort. error scribae, cf. Martinazzoli
I 65   187 a cf. Ludwich, A. H. T. 1, 268, 32; aliter Valk II 157 (cui non
assentior)   189 b ad B 276 a (Ariston.)   191 a ad Z 183 a (Ariston.)

19 le. add. Bk. (φάτο δύμεναι add. Li)   ἐφ. ἄλλ. T ὅτι ἄλλοι ἔφασαν b   21 le. add.
Ma. (ἀμαζόνας ἀντιανείρας ante sch. a² add. Li)   22 φρυγίην εἰσήλυθον Hom. (qui
Priamum de se ipsum loquentem facit)   25 μὴν] μόνον Bk., μόνην Nickau   26 le.
add. Bk. (Vill.), ἀπερχομένῳ add. Valk (qui cetera in scholiis a¹ et a² tradita tangi
vetuit)   27 ē̄ A, π̄ Lehrs (recte)   ἐπερχ. A, ἀπερχομένῳ Ldw.   28 sq. debuit
ἀνερχομένῳ γράφει διὰ τοῦ ῡ. γράφεται δὲ καὶ „τῷ δ' ἄρ' ἀπερχομένῳ", cf. Li
(ἀρίσταρχος δὲ ἀνερχομένῳ)   33 ἀπὸ ἰδίας sq. pone sch. c (coni. cum v. ἀν-
δρῶν) in b   34 le. add. Bk. (Vill.)   34 sq. τοὺς ἀλκ. μόνους T μόνους τοὺς
ἀρίστους b   37 οὖν om. b   38 ἐκ τ. προφ. αὐτ. T αὐτὸν προφανῶς b   40 le.
add. Frdl.   πρὸς A, ἡ διπλῆ πρὸς Vill.   42 le. A suppl. Frdl. (Vill.)   ὅ-
τι A, ἡ διπλῆ, ὅτι Vill.

45   *a.*² ὅτι οὐκ οἶδεν Ὅμηρος τὸν Πήγασον. **Τ**

*b.*¹ ⟨ἀλλ᾽ ὅτε δὴ γίνωσκε θεοῦ γόνον ἧν ἐόντα:⟩ ἐκ   *ex.*
τῶν πράξεων τὰς εὐγενείας ἀξιοῖ κρίνεσθαι ὁ ποιητής. Ποσειδῶνος
δὲ ἦν καὶ Μήστρας τῆς Ἐρυσίχθονος. **Τ**ⁱˡ

*b.*² ἡ πρᾶξις αὐτὸν ὡς θεοῦ ἔδειξεν υἱόν· ἐκ τῶν πράξεων γὰρ
50 τὰς εὐγενείας ἀξιοῖ κρίνεσθαι ὁ ποιητής. **b**(BCE³E⁴)

192. δίδου δ᾽ ὅγε θυγατέρα ἧν: Ἀλκιμέδουσαν ἢ Πασάνδραν. **Τ**   *ex.*

194 *a.*¹ ⟨καὶ μέν οἱ Λύκιοι τέμενος τάμον ἔξοχον ἄλλων:⟩   *ex.*
ὡς τῶν δεινῶν δι᾽ αὐτοῦ ἀπηλλαγμένοι· πολλὰ γὰρ παρὰ τῶν γει-
τονούντων δεινὰ καθ᾽ ἑκάστην ἔπασχον. **b**(BCE³)

55   *a.*² καὶ μέν οἱ Λύκιοι τέμενος τάμον: ὡς †ἀπηλαγμένοι†
τῶν δεινῶν. **Τ**

b. {καὶ μέν οἱ λύκιοι} τέμενος τάμον: ὅτι παρετυμολογεῖ   *Ariston.*
τὸ τέμενος ἀπὸ τοῦ τεμεῖν καὶ ἀφορίσαι. **A**

195. ⟨πυροφόροιο:⟩ γράφεται „ὄφρα νέμοιτο“. **A**ⁱᵐ   *Did.(?)*

60 198. Λαοδαμείη μέν: ὅτι πρὸς τὸ δεύτερον πρότερον ἀπήν-   *Ariston.*
τηκεν. **A**

199. ἡ δ᾽ ἔτεκ᾽ ἀντίθεον Σαρπηδόνα: ὅτι καθ᾽ Ὅμηρον Σαρ-   *Ariston.*
πηδὼν υἱὸς Εὐρώπης οὐκ ἔστιν οὐδ᾽ ἀδελφὸς Μίνωος, ὡς οἱ νεώ-
τεροι· καὶ γὰρ οἱ χρόνοι εὔδηλοι. **A**

---

b cf. Eust. 636, 6   *b*¹ Μήστρας (48) cf. Schwartz 407; Wilamowitz, Hell. Dicht.
(Berol. 1924) 2, 43, 1; fort. doctrina Hesiodi, cf. fr. 43 a, 70—91 M.-W.   **194**
diple ante versum in A et in pap. IV   *b* ad Σ 550 (Ariston.), cf. D, D ad
B 696. Σ 550, sch. ζ 293, Ap. S. 151, 4, Porph. 1, 131, 25. 299, 1; Philox. in Et.
Gen. (sim. EM. 751, 42, Et. Gud. 525, 42), fort. ex Orione; Eust. 636, 13; Serv.
Verg. A. 9, 272   παρετυμολογεῖ (57) ad Ζ 201. l 137 *a*. Ξ 518. P 86 (Ariston.);
cf. Fehling, Die Wiederholungsfiguren (Berol. 1969) 156   **198** ad B 621.
M 400 *c* (Ariston.)   **199** cf. Eust. 636, 28. Vide ad Ζ 198—9   ὡς οἱ νεώτεροι
(63) i. e. Hesiodus, cf. fr. 141, 14 M.-W. (sch. M 292, sch. Eur. Rhes. 29). Vide
ad M 292—3   καὶ γὰρ οἱ χρόνοι (64) sq. cf. N 449—54; Diod. 5, 79, 3. Ceterum
diple ante versum in A et in pap. IV

---

45 pone sch. Ζ 192 in T, transposui, sed sch. fort. ad Ζ 183 *a* referendum   46 le.
addidi (Vill.), ἀλλ᾽ ὅτε — γόνον add. iam Vᵛ   48 μήστρας Wil., μητρός T (cf. sch.
[Tz.] Lyc. 1206, ubi Wil. μήστρας pro ἀλίστρας scripsit)   51 κασάνδραν Li (e
coniectura)   52 le. add. Vill. (καὶ μέν οἱ λύκιοι iam Li)   57 (le.) καὶ μ. οἱ
λύκιοι eiecit Bk.   ὅτι A, ἡ διπλῆ, ὅτι Vill.   59 le. (= Aᶜᵒⁿᵗ) addidi   ὄφρα
νέμοιτο = vulg.   60 et 62 ὅτι A, ἡ διπλῆ, ὅτι Vill.

ex.   198—9 *a.*¹ Λαοδαμείη μὲν παρελέξατο μητίετα Ζεύς· / ἢ δ' 65
ἔτεκ' ⟨ἀντίθεον⟩ Σαρπηδόνα: ἐπεὶ πῶς †εὐρώπη ἦν οὐ στρα-
τεύει† 'Ιδομενεῖ. ἢ ὅτι παρὰ Διὸς τὴν ἥβην †ἐπεὶ ἐξ ἔσχον† γενεάς.
τινὲς δὲ Εὐρώπην τὴν Λαοδάμειαν, ἐπεὶ εὐόφθαλμος ἦν. Τ

           *a.*² καὶ πῶς ἐν ἑτέρᾳ ἱστορίᾳ Εὐρώπης αὐτόν φησιν; λέγομεν
δὲ ὅτι ἡ αὐτή ἐστιν· εἴρηται γὰρ Εὐρώπη οὐχὶ κυρίως, ἀλλὰ τοῦ ρ̄ 70
πλεονάζοντος· εὐόφθαλμος γὰρ ἦν. b(BCE³E⁴)

ex.   200—5. ἀλλ' ὅτε δὴ κἀκεῖνος (200) / ἤτοι ὁ κἀπ πεδίον
(201), / Ἴσανδρον δέ οἱ υἱὸν Ἄρης (203) / ⟨κατ⟩ έκτανε (204), /
τὴν δὲ χολωσαμένη χρυσήνιος Ἄρτεμις ἔκτα (205): ἵνα ἡ
ἀπώλεια τῶν παίδων αἰτία αὐτῷ ᾖ μονασμοῦ, ὡς καὶ τῷ Λαέρτῃ 75
(cf. λ 187—96). καὶ 'Αλήϊον πεδίον, ὅπερ ᾤκει ἀλεείνων τοὺς ἀν-
θρώπους. τὰ δὲ ἐκ τῆς τύχης εἰς θεοὺς ἀναφέρομεν. ὥσπερ δὲ ἐν ἀρχῇ
διέσυρε τὰ ἀνθρώπινα τὸ φρύαγμα Διομήδους καθαιρῶν (sc. Z 145—9),
καὶ νῦν οὐκ ἀπώκνησε τὴν περὶ τὸν πρόγονον μεταβολὴν τῆς τύχης
ὁμολογῆσαι. ἢ τάχα πιστοῦται τὰ ἀγαθὰ διὰ τῆς ὁμολογίας τῶν 80
ἀτυχιῶν. b(BCE³E⁴) Τ   εἰ δὲ χωλὸς ἦν, πῶς ἠλᾶτο; Τ

ex.   200 *a.*¹ ἀλλ' ὅτε δὴ κἀκεῖνος ἀπήχθετο: ὥσπερ καὶ οἱ
†πρόγονοι† αὐτοῦ, Ἴσανδρος δὲ καὶ †λαοδάμειαν† ἢ ὡς τὸ γένος
τῶν ἀνθρώπων. Τ

198—9 cf. sch. Eur. Rhes. 29 (= Hellanicus, FGrHist 4, 94); Valk I 508   *a*¹ ἢ ὅτι
(67) — γενεάς cf. [Apoll.] bibl. 3, 6 (καὶ αὐτῷ δίδωσι Ζεὺς ἐπὶ τρεῖς γενεὰς ζῆν); vide
Hsd. fr. 141, 20 M.-W.; ad Μ 292—3 (Τ)   200—5 — Λαέρτῃ (75) cf. Eust.
636, 6   'Αλήϊον (76) — ἀνθρώπους ad Ζ 201 *a*   τὰ δὲ ἐκ τῆς τύχης (77) —
ἀναφέρομεν cf. Porph. 1, 95, 9   ὥσπερ δὲ ἐν ἀρχῇ (77) — καθαιρῶν (78) cf.

65 sq. le. Τ suppl. Ma.; ἔτεκ' (= Hom.) Ma., ἔτεκε Τ   66 sq. verba luxata; εὐρώπης
τῆς κρητικῆς ὢν οὐ συστρατεύει Roe. (Ar. 165), fort. εὐρώπης (Ma.) ἦν; οὐδὲ συστρα-
τεύει (συστρ. Ma.)   67 ἐπὶ ἐξ (malim τρεῖς) ἔσχεν Ma. (cf. test.)   post γενεάς ali-
quid vid. deesse (cf. test.)   68 post ἦν fort. lac. statuenda; neque enim argumen-
tum alterum (sc. Sarpedonem non cum Idomeneo profectum esse) hactenus confu-
tatum est   69—71 sch. ad Ζ199 revocavit b   69 sq. καὶ πῶς—ἐστιν absc. in Ε⁴
69 fort. φασιν   70 sq. εἴρηται—ἦν absc. in Ε⁴ (exstant reliquiae paucarum litte-
rarum)   73 (le.) δέ οἱ Ma. (Hom.), γάρ οἱ Τ (le. om. b, ubi sch. ad Ζ201 relatum
esse vid.)   (le.) ἔκτανε Τ supplevi (cl. Hom.)   74—81 pone sch. Ζ200*a*² in b   74
sq. ἵνα — μονασμοῦ Τ ἢ τῶν παίδων ἀπώλεια γέγονεν αὐτῷ τοῦ μονασμοῦ αἰτία b
76 καὶ ἀλ. Τ ἀλήϊον δὲ b   77 τὰ — τύχης Τ τάχα δὲ καὶ τὰ τῆς τύχης (ψυχῆς
Ε³) b   ἀναφέρει b   79 τῆς τύχης pone τὴν b   79 sq. ὁμολ. μεταβ. b
81 πωλησάτω Τ corr. Ma.   83 voluit ἀπόγονοι et λαοδάμεια (cf. sch. *a*²)

85   *a.*² ὥσπερ καὶ οἱ ἀπόγονοι αὐτοῦ Ἴσανδρος καὶ Λαοδάμεια ἢ ὡς οἱ ὑπ᾽ αὐτοῦ ἀναιρεθέντες. b(BCE³E⁴)

    201 *a.* Ἀλήϊον οἷος ἀλᾶτο: ὅτι παρετυμολογεῖ τὸ Ἀλήϊον   *Ariston.|Hrd.* ἀπὸ τῆς γενομένης ἐν αὐτῷ τοῦ Βελλεροφόντου πλάνης. | τὸ δὲ Ἀλήϊον οἱ μὲν ἐψίλωσαν ἀπὸ τῆς ἄλης τοῦ Βελλεροφόντου, οἱ δὲ

90 ἐδάσυναν ἀπὸ τοῦ τοὺς ἅλας ἐκεῖ πήγνυσθαι. βέλτιον δὲ τὸ πρότερον. A

    b. Ἀλήϊον: τινὲς ἐδάσυναν διὰ τὸ ἅλας ἐκεῖ πήγνυσθαι.   *ex. (Hrd.)* ἄμεινον δὲ ψιλοῦν ἀπὸ τῆς ἄλης. b(BCE³E⁴) T

    202 *a.* ὃν θυμὸν κατέδων: οὐχ ὡς οἱ νεώτεροί φασι, μελαγχο-   *ex.*

95 λάνας, ἀλλ᾽ ὀδυνώμενος ἐπὶ τῇ τῶν παίδων ἀπωλείᾳ ἐμόναζεν. b

1 (BCE³E⁴) T

    b. ⟨ὃν θυμὸν κατέδων:⟩ διδάσκει, πόσην ψυχαγωγίαν   *ex.* ἔχει ἡ συντυχία, b(BCE³E⁴) Tⁱⁱ καὶ μάλιστα ἡ τῶν ἰδίων, ὅτι δι᾽ αὐτοὺς τὴν ψυχὴν ἀπελέγετο. b(BCE³E⁴)

5   *c.* πάτον {ἀνθρώπων ἀλεείνων} : πάτον ὡς λόγον· τὰ γὰρ   *Hrd.* εἰς τος λήγοντα δισύλλαβα, βραχείᾳ παραληγόμενα, μονογενῆ βαρύνεται, κρότος κότος μίτος, „Νότος" (Β 145 al.), πότος. οὕτως ἄρα

Porph. 1, 95, 2   ἢ τάχα (80) — ἀτυχιῶν (81) cf. Porph. 1, 95, 6   **200 a²** ἢ ὡς (85) — ἀναιρεθέντες (86) cf. Antim. fr. 68 W.   **201 a** — πλάνης (88) Et. Gen. (A, om. B) Ἀλήϊον (pars prima), fort. ex hyp. Iliad., cf. Eust. 636, 50 (κατὰ τοὺς παλαιούς); D, Porph. 1, 298, 17. 2, 124, 15; Tz. Lyc. 17 (p. 19, 2). Vide ad Z 200—5   παρετυμολογεῖ (87) ad Z 194. Vide ad Z 12. 18. Μ 343   οἱ μὲν ἐψίλωσαν (89) sq. Et. Gen. (AB) Ἀλήϊον (pars tertia): ἰστέον δὲ (ἰστ. δὲ om. B) ὅτι οἱ μὲν ἐψίλωσαν αὐτὸ (αὐτῷ A) ἀπὸ — ἀπὸ τοῦ τοὺς (ΕΜ., τοῦ τὰς Β τούτοις A) — βέλτιον δὲ πρότερον (βέλτιον sq. om. B), fort. ex hyp. Iliad., cf. Eust. 636, 53   ἀπὸ τοῦ (90) — πήγνυσθαι cf. Strab. 13, 1, 48 (p. 605)   **202** a — μελαγχολάνας (94) cf. Porph. 1, 95, 23; at vide Koerner, Heilk. 12   μελαγχολάνας (94) cf. Aristot. probl. 30, 1 p. 953 a 21; Aristoteles' Problemata Physica übers. v. H. Flashar, Darmstadii 1962, 718   ἀλλ᾽ ὀδυνώμενος (95) sq. cf. Porph. 1, 95, 19; sch. Soph. Ai. 614   ὀδυνώμενος (95) cf. Cic. Tusc. 3, 63 *(in animi doloribus)*   c Et. Gen. (AB) πάτον, fort. ex hyp. Iliad., cf. Eust.

87 le. Bk., ἤτοι ὁ καπ πεδίον: A   ὅτι A, ἡ διπλῆ, ὅτι Vill.   **90** ἅλας sec. λ deleto A   πείγνυσθαι A em. Vill.   **92** le. scripsi, τὸ δὲ ἀλήϊον pone sch. Z 200—5 (coni. cum v. ἀτυχιῶν) b, κὰπ πεδίον τὸ ἀλήϊον T   διὰ τὸ T παρὰ τὸ CE⁴ παρὰ τὸ τὸ BE³   **94** le. T, τὸ δὲ ὃν θυμὸν κατέδων (cum scholio pone sch. Z 201 b) E⁴, om. BCE³   οἱ om. CE⁴   φασι om. T   **94** sq. μελαγχολήσας b **95** ὀδώμενος (?) C   τῶν T τῶν ἑαυτοῦ b   **2** le. addidi   διδάσκει δὲ pone sch. *a* (coni. cum v. ἐμόναζε) in b   **2** sq. ἔχει ψυχ. b   **3** sq. καὶ μάλιστα sq. fort. sch. rec.   **5** (le.) ἀνθρ. ἀλεείνων del. Bk.   λόγον cf. O 393   **7** κότος cf. A 82 al., μίτος cf. Ψ 762   νότος μίτος Et. Gen.   ἄρα] οὖν Et. Gen.

καὶ πάτος. δοκεῖ ἀντικεῖσθαι τὸ „στρατός" (ω 81)· τὸ γὰρ „βρο-
τός" (Γ 223 al.) κατὰ δύο τρόπους ἀποφεύγει, ὅτι καὶ κοινὸν καὶ
ἔχει ἀντέμφασιν. A						10

ex.	204. μαρνάμενον Σολύμοισι: ἴσως ὡς γηράσαντος τοῦ Βελ-
λεροφόντου ἀπέστησαν, ὁ δὲ ὡς πατρῴας ἀρχῆς ἀντιποιούμενος
ἐπολέμει. b(BCE³E⁴) T

ex.	205 *a*. ⟨χολωσαμένη:⟩ ἴσως διὰ τὰς Ἀμαζόνας. Tⁱˡ
Hrd.		*b*. ⟨ἔκτα:⟩ ἀποκοπὴ τοῦ „ἔκταν᾽ἐπὶ προμάχων" (Σ 456). Aⁱᵐ 15
ex.	206. ⟨Ἱππόλοχος δέ μ᾽ ἔτικτε:⟩ ἐκ Δημωνάσ⟨σ⟩ης. Tⁱˡ
ex.	207—8. καί μοι μάλα πόλλ᾽ ἐπέτελλεν / αἰὲν ἀριστεύειν:
τοῦτο ἀναφέρει πρὸς τὸ ὑπὸ Διομήδους εἰρημένον „ἀτὰρ μὲν νῦν γε
πολὺ προβέβηκας ἁπάντων" (Z 125). b(BCE³) T

Ariston.	210. ἔν τ᾽ Ἐφύρῃ ἐγένοντο: ὅτι οἱ μὲν ἥρωες Ἔφυραν παρ- 20
άγονται λέγοντες, αὐτὸς δὲ Κόρινθον λέγει τὴν πόλιν (sc. Β 570.
Ν 664). A

ex.	211. ταύτης τοι γενεῆς καὶ αἵματος: σπέρματος· τὸ γὰρ αἷμα
εἰς θορὸν μεταβάλλεται· οἱ γοῦν συνεχῶς ἀφροδισιάζοντες τὸ τελευ-
ταῖον αἷμα φέρουσιν· τὸ γὰρ μεταβαλλόμενον ἀναλώσαντες τὸ ἀμε- 25
τάβλητον ἐξέλκουσιν. A b(BCE³E⁴) T

ex.	212. γήθησεν δὲ βοὴν ἀγαθὸς Διομήδης: ἔοικε διὰ τὸ ὄνομα
Βελλεροφόντου καὶ τοὺς πολλοὺς ἀνασχέσθαι λόγους τοῦ Γλαύκου.
b(BCE³) T

ex.	213. ἔγχος μὲν κατέπηξεν: γραφικῶς ἔχει καὶ τοῦτο. A b(B 30

636, 61; Ep. Hom. (An. Ox. 1, 378, 23, Et. Gud. 263, 19 Stef.), ubi in exemplis
etiam v. βάτος enumeratur 205 *b* ad Β 662 *a* (Hrd.); cf. Eust. 637, 17 206
incertum an sch. Herodiani (vix Didymi) exstiterit docentis pro δέ μ᾽ hic esse
legendum δ᾽ ἔμ᾽ ⟨vel δ᾽ ἐμέ⟩, ad Η 198, cf. sch. δ 619. η 223 (Hrd.); Bk., H. Bl.
1, 71. 322	ἐκ (16) sq. cf. Schwartz 407	210 ad Z 152 *b* (Ariston.)	211
cf. Eust. 637, 39; aliter He. α 1936: αἷμα· γένος, σπέρμα. | „ταύτης τοι γενεῆς τε
καὶ αἵματος εὔχομαι εἶναι", κατὰ μὲν τὴν γενεὴν τοῦ πατρὸς θεωρουμένου, κατὰ
δὲ τὸ αἷμα τῆς μητρός· τὸ γὰρ καταμήνιον αἷμα τῇ καταβολῇ τῆς γονῆς παγὲν
καὶ σὰρξ γενόμενον διαπλάττεται ὑπὸ φύσεως, e Synag. ut vid. (cf. Ba. 44, 26,

10 ἀντέμφασιν ἔχει πρὸς τὸ βρότος Eust.	11 ὡς om. b	12 ἀπέστ. T πάλιν
ἐπέστησαν b	δὲ ὡς T δὲ τῆς b	ἀρχῆς post ἀντιπ. b	13 ἐπολέμει αὐτοῖς
b	14 le. add. Vᶜ	15 le. add. Bk.	ἐνὶ προμάχοισι Hom.	16 le. add.
Li	δημωνάσης T suppl. Bk.	18—9 sch. ad Z 208 revocavit b	18 μὲν
om. T	20 ὅτι A, ἡ διπλῆ, ὅτι Vill.	23 le. AT, om. b, ταύτ. τοι γεν. καὶ del.
Bk.	σπέρμ.] τοῦ σπέρματος λέγει b	24 θόρον BCE³	25 φέρ.] ἀφιᾶσιν
Wil.	28 τοῦ γλ. λόγους b	30 le. T, κατέπηξεν A, om. b	ἔχει om. b

CE³) T   ἵνα δὲ μηκέτι πόλεμος εἶναι δοκῇ, καταπήγνυσι τὸ ἔγχος
ὁ Διομήδης. A b(BCE³E⁴) T

214. ⟨μειλιχίοισι:⟩ ἐπὶ φιλοξενίαν προτρέπεται, δεικνὺς ὡς καὶ   *ex.*
ἐκ κινδύνων ῥύεται. b(BCE³) T^il

35 217 *a.* ⟨ξείνισεν ἐν μεγάροισι:⟩ γράφεται „ξείνισ᾽ ἐνὶ μεγά-   *Did.(?)*
ροισι". A^im

     b. ⟨ἐείκοσιν:⟩ οὕτως Ἀττικοί· ὅθεν καὶ „εἰκοσινήριτα"   *ex.*
(Χ 349). T^il

218. ⟨οἱ δὲ καὶ ἀλλήλοισι:⟩ ὅτι περιττὸς ὁ καί σύνδεσμος. A^int   *Ariston.*

40 219 *a.* Οἰνεὺς μέν: σημειοῦνταί τινες ὅτι πρὸς τὸ πρῶτον ἀπήν-   *Ariston.*
τηκεν. A

     b. Οἰνεὺς μὲν ζωστῆρα: οὐκ ἐκαπήλευε γὰρ τὰς δόσεις.   *ex.*
ἢ καὶ ὁ ζωστὴρ πολυτιμότερος ἦν. T

219—20. Οἰνεὺς μὲν ζωστῆρα / Βελλεροφόντης δὲ χρύσεον   *ex.*
45 δέπας: ὁ μὲν ὡς μένοντι, ὁ δὲ ὡς ἐκδημοῦντι. b(BCE³E⁴) T

221 *a.* καί μιν ἐγὼ κατέλειπον: ἄπαιδος γὰρ τελευτῶντος   *ex.*
Οἰνέως Διομήδης αὐτὸ κληρονομεῖ. b(BCE³E⁴) T

     b. καί μιν ἐγὼ ⟨κατέλειπον⟩: „μνῆμα ξείνοιο φίλοιο"   *ex.*
(φ 40). T

50   *c.* ⟨μίν:⟩ τὸ δέπας. A^int   *ex.*

222—3. Τυδέα δ᾽ οὐ μέμνημαι ⟨——— Ἀχαιῶν⟩: ἄτοποι   *ex.* | *ex.*
οἱ δύο στίχοι. | τὸ δὲ Τυδέα δ᾽ οὐ μέμνημαι (222) ὡς „μέμνημαι
τόδε ἔργον" (Ι 527). T

Su. αι 187, Ph.); Synag. fort. e scholiis (?)   **213** ἵνα δὲ (31) sq. cf. Eust.
637, 41   **217** Eust. 637, 59: ἐνταῦθα δὲ ἀναγκαία κεῖται στιγμὴ μετὰ τὸ „μεγά-
ροισιν", ἵνα μή τις ἴσως ἐρεῖ σοφιζόμενος „μεγάροισιν εἴκοσι (fort. ἐείκοσιν)", vix
e scholiis   **219** deest diple ante versum in A, fort. error scribae   *a* ad
O 6—7 (ex.), test. ad B 621 (Ariston.); sim. ad Λ 103 *b*; vide ad Λ 221 *a* (Nic.);
cf. Lehrs Ar.³ 11   **221** *b* cf. Eust. 638, 19   **222—3** — οἱ στίχοι (52) cf.
Ludwich, A. H. T. 1, 269, 12; Friedl., Zoil. 77, 1 („ . . . obscurum est; athetesis

31 δὲ] γὰρ BCE³   33—4 sch. in T supra versum Z 215 scriptum   33 le.
add. Bk.   35 le. (= A^cont) add. Vill.   γράφ. cp. (γρ) A   37 le. add. V^c
39 le. addidi   ὅτι A, fort. ἡ διπλῆ, ὅτι   40 sq. sch. pone sch. Z 210 in A,
trps. Vill.   40 le. οἰνεὺς γάρ ποτε δῖος ἀμύμονα βελλεροφόντην (216) — οἰνεὺς
μὲν (219) — βελλεροφόντης δέ (220) Frdl.   44 sq. le. et sch. cum scholio prae-
cedenti coni. T, dist. Bk.   (le.) χρύσειον T em. Ma. (le. om. b)   45 sch. ad v.
220 rettulit b   μένοντι δίδωσι b   47 αὐτὸν b emendavi, om. T   48
le. et sch. cum scholio *a* (v. κληρονομεῖ) coni. T, distinxi et le. supplevi; le. del.
Ma., qui verba μνῆμα ξ. φίλοιο cum scholio Z 219—20 conexuit; at cf. test.   50
le. addidi   51 le. T supplevi

ex.   **224.** Ἀργεῖ μέσσῳ: τὸ Ἄργος μέσον Πελοποννήσου. **T**

Nic.   **226** *a.* ἔγχεσι δ' ἀλλήλων ἀλεώμεθα ⟨καὶ δι' ὁμίλου⟩: 55
στικτέον κατὰ τὸ τέλος τοῦ στίχου. ἀμφίβολον δὲ τὸ λεγόμενον· ἤτοι
γὰρ ἀλλήλων παρακελεύεται φείσασθαι τόν τε Διομήδη καὶ τὸν Γλαῦ-
κον καὶ πάλιν ἀλλήλων τὰ πλήθη, τοὺς Λυκίους καὶ τοὺς Ἀργείους,
ἵν' ὥσπερ σπονδὰς ἔχωσιν οὗτοι οἱ βασιλεῖς καὶ τὰ πλήθη. ἢ καὶ
ἐναλλὰξ καὶ οἱ βασιλεῖς τῶν πληθῶν καὶ τὰ πλήθη τῶν βασιλέων, 60
ὡς δὲ συντομώτερον εἰπεῖν, πάντες πάντων, Διομήδης Γλαῦκος, Ἀρ-
γεῖοι Λύκιοι· μειοῦνται γὰρ αἱ τῆς φιλίας συνθῆκαι, εἰ μόνοι οἱ βασι-
λεῖς ἀλλήλων ἀφέξονται. **A**

Did.   *b.* ⟨ἀλλήλων:⟩ οὕτως ἀλλήλων. Ζηνοδότειος δέ ἐστιν ἡ
„ἀλλήλους". **A**^{im}   65

ex.(Did.)   *c.* ἔγχεα δ' ἀλλήλων: ἀλλήλων τὰ ἔγχη ἐκκλίνωμεν. **b**
(BCE³E⁴) **T**   γράφεται δὲ καὶ „ἔγχεσιν", ἵν' ᾖ **b**(BCE³E⁴) ἀπο-
τύχωμεν ἀλλήλων καίτοι ἐν πλήθει ὄντες. **b**(BCE³E⁴) **T**   Ζηνό-
δοτος δὲ γράφει „ἀλλήλους †ἀλεσώμεθα". **T**

ex.   *d.* ἔγχεα δ' ἀλλήλων ἀλεώμεθα καὶ δι' ὁμίλου: ἐπὶ 70
παντὸς τοῦ πλήθους, ὅπως γνῶσιν ὅτι ξεῖνοί εἰσιν· ἢ διὰ πάσης τῆς
μάχης, ὡς „τανυσσάμενος διὰ μήλων" (ι 298)· ἢ καὶ ἡμεῖς καὶ αἱ
ἡμέτεραι στρατιαὶ παραφυλάξωνται τὴν πρὸς ἀλλήλας στάσιν. **b**
(BCE³E⁴) **T**

ex.(?)   *e.* ⟨ἀλεώμεθα:⟩ ἀντὶ τοῦ φειδώμεθα. **A**^{int}   75

ex.   **227—9** *a.* ⟨πολλοὶ μὲν γὰρ ――― δύνηαι:⟩ οἷον οὐκ ἐπείγει

non esse videtur")   **224** vide ad Z 152 *b* (Ariston.)   **226** E⁴ (fol. 54ᵛ):
στικτέον — στίχου (56)· οὐ μόνον γὰρ ἀλλήλων φείσασθαι παρακελεύεται τὸν
Γλαῦκον καὶ τὸν Διομήδην, ἀλλὰ καὶ τὰ πλήθη· καὶ ἐναλλὰξ καὶ οἱ βασιλεῖς τῶν
πληθῶν καὶ πάντες πάντων, Διομήδης Γλαῦκος, Ἀργεῖοι Λύκιοι· μειοῦνται γὰρ
(62) — ἀφέξονται, fort. ex **h**, cf. Porph. 1, 97, 6   μειοῦνται (62) sq.] μειοῦνται
γὰρ αἱ τῆς φιλίας συνθῆκαι, εἰ μόνοι οἱ βασιλεῖς ἀλλήλων ἀφέξονται, οὐ μὴν δὲ καὶ
πλήθη τὰ ὑπ' αὐτούς T m. sec. in fine scholii *d* (coni. cum v. στάσιν)   *b*/*c*
Aristarchus ἔγχεα δ' ἀλλήλων, Zen. ἔγχεσι δ' ἀλλήλους optimam lectionem
putavisse vid., cf. Ludwich, A. H. T. 1, 269, 15; aliter Valk I 75   *c* — ἐκκλί-

55 le. A suppl. Vill.   64 le. addidi   οὔτ. ἀρίσταρχος ἀλλ. Cob.   66 τὰ ἔγχη
om. T   67 sq. ἀλλήλων ἀποτύχωμεν **b**   69 ἀλεώμεθα V, fort. recte   70—4 le.
et sch. scholio praecedenti adhaerent in T, dist. Ma.   70 (le.) ἀλεσώμεθα T
emendavi   ἐπὶ T τὸ γὰρ δι' ὁμίλου ἀντὶ τοῦ ἐπὶ coni. cum scholio praecedenti
(v. ὄντες) **b**   71 τοῦ om. E⁴   εἰσιν **b** εἶεν T   72 ὡς τὸ **b**   τανυσσάμενος
T   73 παραφυλάξονται T   στάσιν T ἐν πολέμῳ στάσιν ἐκκλίνουσαι **b**   75
le. add. Ddf.   76 le. addidi

πρὸς ἀλλήλους ἡμᾶς ἀμφοτέρους μάχεσθαι. A^{im}

    b. πολλοὶ μὲν γὰρ ἐμοὶ ⟨Τρῶες κλειτοί τ' ἐπίκουροι /⟩   *ex.*
κτείνειν ὅν κε θεός γε πόροι ⟨———— ὅν κε δύνηαι⟩· καίτοι
80 εὐημερῶν παραπεφυλαγμένως λαλεῖ ὡς πρὸς φίλον μετριάζων· b(BC
E³) T   ηὔξησέ τε αὐτὸν διὰ τοῦ δύνηαι. T

    229. {ὅν κε} δύνηαι· ὡς λέγηαι καὶ φέρηαι· ,,σὺ δέ κεν κακὸν   *Hrd.*
οἶτον ὄληαι" (Γ 417). Τυραννίων (fr. 15 P.) δὲ προπερισπᾶ· καὶ
δῆλον ὅτι καὶ τὸ πρῶτον αὐτοῦ πρόσωπον δώσει δυνῶμαι ὡς νικῶ-
85 μαι. ἀλλ' εἰ ἅπαξ ἐστὶ τὸ ὁριστικὸν κατὰ χρῆσιν, δύναμαι δύνασαι,
καὶ ὁμολογεῖται ἀπὸ τῶν εἰς μῑ, ὁμοτονήσει τούτοις καὶ τὰ ὑποτα-
κτικά. οὕτως καὶ Ἀρίσταρχος καὶ οἱ ἄλλοι. A

    230. ⟨τεύχεα δ' ἀλλήλοις ἐπαμείψομεν·⟩ ἀπλοϊκῶς τοῦτο,   *ex.*
οὐ δι' αἰσχροκέρδειαν. b(BCE³E⁴) T

90   **230—1.** ὄφρα καὶ οἵδε / γνῶσιν· δῆλον οὖν ὡς ἐν ἡσυχίᾳ εἰσὶ   *ex.*
τὰ πλήθη, καραδοκοῦντες τὸ τέλος. b(BCE³E⁴) T

    234 a. ἔνθ' αὖτε Γλαύκῳ ⟨Κρονίδης φρένας ἐξέλετο Ζεύς⟩·   *ex.*
εἰκότως ὁ Γλαῦκος τοῦ προγόνου τὸ φιλότιμον ἀκούσας Βελλερο-
φόντου χρυσὸν δωρεῖται πρὸς τὸ παρόν· ἄλλως τε ὑπερήδεται τῇ
95 συντυχίᾳ γινόμενος ἰδιόξενος τοῦ παναρίστου Διομήδους. b(BCE³
1 E⁴) T   τὸ δὲ ἐξέλετο ἀντὶ τοῦ ὑπερηύξησε τῇ φιλοτιμίᾳ, ὡς τὸ
,,γέρας ἔξελον" (Π 56 al.). b(BE³E⁴) T

    *b.*¹ ἔνθ' αὖτε Γλαύκῳ ⟨Κρονίδης⟩ φρένας ἐξέλετο· ὅτι   *ex.*
κατὰ τῶν συμμάχων ἐκόσμει λαμπροτέροις αὐτὸν ὅπλοις. ἢ ὡς Ἡφαι-
5 στότευκτα. ἢ, ὡς Πῖος (fr. 2 H.), ἵνα κἂν τούτῳ αὐξήσῃ τὸν Ἕλληνα
μὴ ἐξ ἴσου ἀπηλ⟨λ⟩αγμένον, ὅπερ ἡδὺ τοῖς ἀκούουσιν. T

    *b.*² ἢ μᾶλλον αἰτιᾶται αὐτόν, ὅτι λαμπροῖς ὅπλοις ἐκοσμεῖτο

νωμεν (66) cf. D   **229** ad Γ 417 (Hrd.), cf. Arcad. 194, 18   **230** cf. Eust.
638, 63   **230—1** ad Z 116 a   **233** incertum an sch. exstiterit de more vete-
rum, qui ut fidem amicitiae adderent, manus inter se porrigebant, cf. Eust.
638, 30, sch. Ar. nub. 81   **234 a** — τὸ παρόν (94) cf. Porph. 1, 96, 11; Eust.
638, 44; aliter Porph. 1, 96, 28 (Aristot. fr. 155 R.)   ἄλλως τε (94) — Διο-
μήδους (95) cf. Max. Tyr. 39, 1 *c*   τὸ δὲ ἐξέλετο (1) sq. cf. Porph. 1, 96, 33

---

78 sq. le. π. μ. γ. ἐμοὶ κτ. ὅν γε ϑ. γε π. T, emendavi et supplevi, om. b   82 (le.)
ὅν κε del. Bk.   84 δώδει A em. Bk.   88 le. add. Bk. (τεύχεα Li)   τοῦτο T φησὶ
τοῦτο διὰ φιλίας σύμβολον, ἀλλ' b   90—1 sch. ad Z 230 rettulit b   91
καραδοκοῦντα b   92 le. T supplevi (auctore Vill.), om. b   95 γενόμενος
Bk., fort. rectius   1 sq. τῇ φιλοτ. sq. T τῇ φιλότητι (ceteris omissis) b, fort.
sola verba τῇ φιλοτιμίᾳ   3 le. T supplevi   4 αὐτόν sc. Diomedem   5
κἂν τοῦτο T em. Ma.   6 ἀπηλαγμένον T suppl. Ma.   7—9 ἢ μᾶλλ. sq. cum

κατὰ ἑαυτοῦ καὶ τῶν συμμάχων· ὅπου γὰρ ταῦτα, εὔκαιρος ἡ τῶν
πολεμίων ὁρμή. b(ΒΕ³Ε⁴)

ex.   235 *a*.¹ ὃς πρὸς Τυδείδην Διομήδη ⟨τεύχε' ἄμειβε⟩: καὶ 10
πῶς οὐ δέδιε Διομήδης γυμνούμενος πρὸ μικροῦ †τρώων† παρασπον-
δησάντων; τάχα οὖν τὸν ζωστῆρα μόνον καὶ τὸ ξίφος ὡς οἱ περὶ
Ἕκτορα (cf. Η 303—5) ἤμειψαν· †χάρης† γὰρ οὐ θέλει τὴν ἀσπίδα·
ἢ γὰρ †ταῦτ† προὔκρινεν αὐτὴν Ἕκτωρ τοῦ Νέστορος. Τ

        a.² καὶ πῶς οὐ Διομήδης φρενῶν λείπεται γυμνούμενος πρὸ 15
μικροῦ τῶν Τρώων παρασπονδησάντων; τάχα οὖν τὸν ζωστῆρα
μόνον καὶ τὸ ξίφος ὡς οἱ περὶ Ἕκτορα ἤμειψαν· οὐ γὰρ τὴν ἀσπίδα
πρὸς χάριν ἐδίδουν· ἢ γὰρ ἂν προὔκρινε τὴν Αἴαντος Ἕκτωρ, εἰ
ἐδίδοτο, ὑπὲρ τὴν Νέστορος. b(ΒCΕ³Ε⁴)

ex.   236 *a*.¹ ⟨ἑκατόμβοι':⟩ ἑκατὸν ἄξια νομισμάτων· οἱ γὰρ Ἀθη- 20
ναῖοι ἐν τοῖς ἑαυτῶν νομίσμασι βοῦν ἐνετύπουν. b(ΒCΕ³)

ex. | D | ex.   *a*.² ἑκατόμβοι': ἐκ τοῦ παρ' Ἀθηναίοις νομίσματος· | οὐ
γὰρ νομίσμασιν ἐχρῶντο· ὅθεν καὶ „ἀλφεσίβοιαι" (Σ 593). | οἱ δὲ
παρ' Ἀθηναίοις νόμισμα ἔχον βοῦν. Τ

D | ex.   *a*.³ ἑκατόμβοια: ἑκατὸν βοῶν ἄξια· οὐ γὰρ νομίσμασιν 25
ἐχρῶντο· ὅθεν καὶ „ἀλφεσίβοιαι". | οἱ δὲ παρ' Ἀθηναίοις νόμισμα
ἔχον βοῦν. Α

D   *b*. ἐννεαβοίων: ἐννέα βοῶν. Α   κεκώλυται δὲ ὑπὸ τοῦ
μέτρου εἰπεῖν δεκαβοίων. ΑΤ

ex.   237 *a*. ⟨Ἕκτωρ δ' ὡς:⟩ εὐκαίρως μεταβαίνει τὸ διάκενον τῆς 30
πορείας Ἕκτορος ἀναπληρώσας τοῖς διὰ Γλαύκου καὶ Διομήδους.
b(ΒCΕ³) Τ^il

Ariston.   *b*. Σκαιάς τε ⟨πύλας καὶ φηγὸν ἵκανεν⟩: ὅτι τὰς Σκαιὰς

(unde Eust. 638, 52), 1, 97, 16   **235** cf. Valk I 525   τοῦ (vel τὴν) Νέστορος
(14. 19) cf. Θ 191—3   *a*² ἂν προὔκρινε (18) cf. Η 305 et Θ 191—3   **236** *a*¹
cf. D ad Β 449. Φ 79; aliter Ecl. (An. Ox. 2, 438, 11, Et. Gud. 441, 14 Stef.)   οἱ
γὰρ (20) sq. cf. Eust. 639, 8   *a*²/*a*³ οὐ γὰρ νομίσμασι ἐχρῶντο (22. 25) cf.
Poll. 9, 60. 73; vide ad Η 473   **237** *a* ad Z 116 *b*   *b* ad Ε 789 (Ariston.)

---

scholio *a* (v. φιλότητι, vide ad l. 1 sq.) coni. b   **8** καθ' ἑαυτοῦ Ε⁴   **10** le. Τ
supplevi   **11** τῶν τρώων (cf. sch. *b*²) Ma.   **13** ἡ χάρις Ma., vix χαῖρις (hoc
Valk), fort. χάριν vel χάριτι (tum οὐδεὶς pro οὐ)   **14** ἂν Ma.   τοῦ Τ, τῆς
Valk, fort. recte   **14** et **19** νέστορος] ζωστῆρος Schrader (perperam)   **16** πα-
ρασπονδισάντων CΕ³Ε⁴   **20** le. add. Ddf.   **22** ἐκ] fort. ἐπὶ (cf. Eust.
639,7)   **24** νόμισμα scripsi (cl. sch. *a*³), ν ss. ὁ Τ   **25** ἑκατὸν D, ἑκατῶν Α   **26**
sq. οἱ δὲ παρ'] οἱ δὲ ὡς μεταφορὰν ἀπεδέξαντο, ὅτι παρ' Roe. (Ar. 181), audacius
quam rectius   **27** ἔχον Α em. Ddf., ἦν ἔχον Roe.   **28** βοῶν ἄξια D   **28**
sq. κεκώλυται sq. pone sch. *a*² (coni. cum v. βοῦν) Τ   **30** le. add. V^c, ἕκτωρ δ' ὡς
σκαιάς add. Li   **33** le. Α suppl. Frdl., om. Α^int   ὅτι Α, ἡ διπλῆ, ὅτι Vill.

ὀνοματικῶς Δαρδανίας λέγει (sc. E 789. X 194. 413). **AA**int

35 **238.** ἀμφ' ἄρα μιν Τρώων ἄλοχοι ⟨θέον ἠδὲ θύγατρες⟩: *ex.*
ἤδη ἐπὶ τὸ περιπαθὲς ἔρχεται· διὸ οὐδὲ τῶν γερόντων ἐμνήσθη, ἀλλὰ
τῶν γυναικῶν. οἰκεῖον δὲ ἐπ' αὐτῶν τὸ θέειν. **b**(BCE³) **T**

239 *a.* εἰρόμεναι ⟨παῖδάς τε κασιγνήτους τε ἔτας τε⟩: *Ariston.*
πρὸς τὸ σχῆμα, ἀντὶ τοῦ περὶ παίδων καὶ κασιγνήτων ἐρωτῶσαι. **A**
40 *b.* ⟨παῖδας:⟩ ἀντὶ τοῦ ὑπὲρ παίδων. **b**(BCE³E⁴) **T**il   **D**
c. ἔτας {τε}: ὁ Ἀσκαλωνίτης (p. 47 B.) ψιλοῖ, ἐφ' οὗ ἂν   *Hrd.*
τάσσηται, φησί, σημαινομένου· πολλὰ γὰρ ἡ λέξις σημαίνει. εἰ δὲ
καὶ ἐπὶ τῶν ἑταίρων, φησί, πάλιν ψιλωτέον, ἐπεὶ συγκοπὴ ἐγένετο
ὡς ἀπὸ τοῦ ἧλατο „ἆλτο" (A 532 al.). πιθανώτερον δέ ἐστι, φησίν,
45 ἐνθάδε ἀκούειν ἐπὶ τῶν συγγενῶν. Ἀλεξίων (fr. 30 B.) δὲ δασύνει.
ὁ δὲ Ἀρίσταρχος οὐδὲν ἄντικρυς περὶ τοῦ πνεύματος ἀπεφήνατο.
ἡμῖν δὲ δοκεῖ ἀφορμῇ ἐκείνῃ χρήσασθαι· εἰ ἄδηλόν ἐστι τὸ πνεῦμα,
τὰ δὲ τοιαῦτα πολλάκις ἐκ συναλιφῶν κρίνεται, εὑρέθη δὲ διὰ ψιλοῦ
ἡ συναλιφή, οὐδέποτε δὲ διὰ δασέος, δῆλον ὅτι διὰ τοῦτο συγκατα-
50 θετέον τῷ Ἀσκαλωνίτῃ ψιλοῦντι. παρὰ γοῦν Αἰσχύλῳ (fr. 377 N.²
= 530, 28 M.) οὕτως εὕρομεν· „οὔτε δῆμος οὔτ' ἔτης ἀνήρ", καὶ παρ'
Εὐριπίδῃ (fr. 1014 N.²) τὸ „†πόλει μὲν ἄρχωντ, φωτὶ δ' οὐκ ἔτη
πρέπον". **A**

239 *a* ad P 35 (Ariston.), cf. sch. δ 836. κ 15; sch. Ar. av. 167   *c* brevius Eust.
641, 56: ἰστέον δὲ ὅτι τὸ ἔτης πολλὰ μὲν σημαίνει κατὰ τοὺς παλαιούς, ἐφ' οὗ
δ' ἂν τάσσηται σημαινομένου, ψιλοῦται· εἰ γὰρ καὶ ὁ Ἀλεξίων, φασί, δασύνει
αὐτὸ ὡς ἀπὸ τοῦ ἑταῖρος συγκοπέν, ἀλλ' ἐκ τῆς συναλοιφῆς κρινόμενον, ὡς Ἀπίων
φησὶ καὶ Ἡρόδωρος, τὸ ψιλὸν πνεῦμα κεκλήρωται· Αἰσχύλος γάρ φησιν·
„οὔτε δῆμος οὔτ' ἔτης ἀνήρ" καὶ Εὐριπίδης· „πόλει μὲν ἄρχων, φωτὶ δ' οὐκ ἔτη
πρέπων". συγκαταθητέον οὖν, φησί, τῷ Ἀσκαλωνίτῃ ψιλοῦντι τὸ ἔτης, fort. ex
hyp. Iliad.; cf. sch. δ 3. 16   ἑταίρων (43) ... συγγενῶν (45) ad H 295 (ex.),
cf. D, Porph. 1, 77, 10. 2, 10, 17; Bechtel, Lex. 142; Latte, Herm. 66, 1931,
34, 3 (= Kleine Schr., Monaci 1968, 256, 10)   ἐπεὶ (43) — ἆλτο (44) ad
A 532 (Hrd.), cf. Wackernagel I 766, 1   Αἰσχύλῳ (50) ... οὔτε (51) — ἀνήρ
Pap. Ox. 2256 fr. 9a, 28; cf. S. L. Radt, Pindars zweiter und sechster Paian,

35 le. T supplevi (auctore Vill.), om. **b**   36 sq. τῶν utroque loco om. **b**   37
θέειν **b** θεῖον T, θεῖν Ma.   38 le. A suppl. Vill.   39 πρὸς A, ἡ διπλῆ πρὸς
Vill.   ἀντὶ A, ὅτι ἀντὶ Ddf. (vide sch. Z 510 a)   fort. κασιγν. καὶ ἐτῶν ἐρ.
40 le. add. Ma. (Vill.)   41 (le.) τε delevi   43 ἑτέρων A em. Bk.   51 οὔτ'
ἔτης Eust., οὔτετις A   52 οὐκ ἔτη Eust., οὐκέτι A   53 πρέπων Eust.

ex.(Hrd. ?)   *d.* ἔτας: ψιλωτέον τὸ ἔτας. b(BCE³) T   ἔται δὲ λέγον-
ται καὶ οἱ πολῖται καὶ οἱ συγγενεῖς. b(BCE³E⁴) T   55

ex.   240. θεοῖς εὔχεσθαι ἀνώγει: ὡς πάντων περιόντων χρηστὰς
ὑπέδειξεν ἐλπίδας· οὐδεὶς γὰρ ὑπὲρ τεθνεώτων εὔχεται. b(BCE³E⁴) T

Ariston.   241 *a.* πάσας ἐξείης: ὅτι ἔν τισι γράφεται ,,πᾶσι μάλ' ἐξείης``
(= λ 134), κατὰ τὸ ἑξῆς λέγων τοῖς θεοῖς εὔχεσθαι, ἀλλὰ μὴ κατὰ τὸ
τυχόν. A   60

ex.   *b.* ⟨πάσας ἐξείης:⟩ πρὸς πάσας ἐφεξῆς τὴν αὐτὴν ἀπόκρι-
σιν ἐποιεῖτο. b(BCE³) Tⁱˡ

Nic.   242—51 *a.*¹ ἀλλ' ὅτε δὴ Πριάμοιο δόμον ⟨——— ἦλυθε
μήτηρ⟩: τὸ ἑξῆς ἀλλ' ὅτε δὴ Πριάμοιο (242), ἔνθα οἱ ἠπιόδω-
ρος (251). τὰ δὲ λοιπὰ ὡς διὰ μέσου λεγόμενα διορθωτέον. A   65
          *a.*² τὸ ἑξῆς ἀλλ' ὅτε δὴ Πριάμοιο δόμον, ἔνθα οἱ ἠπιό-
δωρος. τὰ δὲ †ἑξῆς† διὰ μέσου. b(BCE³E⁴) T

ex.   243 *a.*¹ ⟨αἰθούσησι:⟩ τειχίοις τῆς αὐλῆς. Tⁱˡ
          *a.*² αἴθουσαι δὲ τὰ τῆς αὐλῆς τειχία. b(BCE³)
D   αἰθούσησι: στοαῖς ταῖς ——— ἡλίου βολήν. A   70
ex.   244—6. πεντήκοντα ἔσαν θάλαμοι ⟨——— ἀλόχοισι⟩:
ἴσως οἱ περὶ Ἕκτορα ἀνδρωθέντες καὶ βασιλικοὶ γεγονότες ἀπέστη-
σαν τοῦ πατρός. b(BE³E⁴) T

Amstelodami 1958, 198   *d* πολῖται (55) ad Z 262 *b* (ex.), cf. sch. Aesch.
Suppl. 247; Syll.³ 9 not. 7 et 141 not. 19   συγγενεῖς (55) cf. sch. *c*; Choer.
O. 215, 3   **240** fort. exstabat sch. Nicanoris, cf. test. ad Z 265   **241** cf.
pap. V, fr. ˙a, col. I 9   **243** *a* cf. sch. Theocr. (?) 7, 26 d

---

54 le. scripsi, ἔτας τε T, om. b   ψιλωτέον δὲ sq. pone sch. *b* (coni. cum v. παίδων)
b   **55** πολῖται — συγγ.] συγγενεῖς καὶ οἱ πολῖται (πολῖται C) b   **57** ἐπέ-
δειξεν C   ὑπὲρ b περὶ T   **58** ὅτι A, ἡ διπλῆ, ὅτι Vill.   **59** λέγων ,,sc. Hec-
tor vel Homerus`` Frdl.   **61** le. add. Li Vᶜ   ὅτι πρὸς b   **61** sq. ἐπ. ἀπό-
κρισιν b   **63** sq. le. A suppl. Frdl.   **64** πριάμ.] fort. πριάμοιο δόμον περι-
καλλέ' ἵκανε / ξεστῆς αἰθούσησι τετυγμένον (242—3)   **66—7** sch. ad. v. 242
rettulerunt bT   **66** τὸ ἑξῆς BCE³ ἀλλ' ὅτε δὴ πριάμοιο: τὸ ἑξῆς T οὕτως συν-
τακτέον E⁴   δόμ.] δόμον ἵκανε T   **67** τὰ δὲ ἑξ.] τὸ δὲ λοιπὸν E⁴, voluit τὰ δὲ
λοιπὰ   **68** le. add. Ma.   **69** αἴθουσαι sq. cum scholio Z 242—51 *a*² coni. BCE³,
distinxi   αἴθ. — τείχ.] τοῖς ὑπὸ ἡλίου αἰθομένοις λαμπομένοις τειχίοις τῆς αὐλῆς
E⁴ⁱˡ (cf. D)   **70** αἰθούσησι sq. pone sch. Z 244 in A, trps. Vill.   **71** le. T
supplevi, om. b (ubi sch. ad Z 245 revocatum fuisse vid.), παῖδες: Bk.   **72** sq.
ἀπέστησαν sq. h. e. ut Hector e domo patris emigraverunt

244. {πεντήκοντ'} ἔνεσαν {θάλαμοι} : ἔνεσαν ὡς ἔλεξαν. οὕτως   *Hrd.*
75 καὶ Ἀρίσταρχος· ἀληθὲς γάρ ἐστιν ὡς πᾶς παρῳχημένος δισύλλαβος,
παθὼν κατὰ τὴν ἀρχὴν καὶ βραχεῖαν ἀναδεξάμενος, ἀναδίδωσι τὸν
τόνον, κατεῖχε „κάτεχε" (Γ 243. ν 269). οὕτως οὖν ἀνέγνωμεν „ἦμε-
νον εἰσεῖδε" (Ζ 158) προπερισπωμένως, τὸ δὲ ἕτερον „τὰ φρονέων
μνηστῆρσι μεθήμενος εἴσιδ' Ἀθήνην" (α 118) προπαροξυτόνως. A
80   246. ⟨παρὰ μνηστῆς ἀλόχοισι:⟩ ἐν ἄλλῳ „παρ' αἰδοίης   *Did.(?)*
ἀλόχοισι". Aⁱᵐ
248 *a.* τέγεοι: ὡς τέλεοι· τέγος γὰρ ὡς „τέλος" (Γ 291 al.) καὶ   *Hrd.*
τέγειος ὡς τέλειος. Aⁱᵐ
b. {δώδεκ' ἔσαν} τέγεοι θάλαμοι: ὅτι ὑπερῷοι ἦσαν· διὸ   *Ariston.*
85 τέγεοι, ἵνα μὴ διοδεύωνται. ἐπιμελῶς δὲ Ὅμηρος καὶ διὰ τῆς Ἰλιά-
δος καὶ διὰ τῆς Ὀδυσσείας τοὺς γυναικείους θαλάμους συνίστησιν. A
c. τέγεοι ⟨θάλαμοι⟩: ὑπερῷοι ἐπὶ τοῦ τέγους ᾠκοδομη-
μένοι· b(BCE³) T   τοιοῦτοι γὰρ κατεσκευάζοντο ταῖς γυναιξὶ
πρὸς τὸ μὴ ὁρᾶσθαι συνεχῶς ἀνδράσιν. b(BCE³E⁴) T
90   249—50. ἔνθα δὲ γαμβροὶ / κοιμῶντο Πριάμοιο παρ' αἰ-   *ex.*
δοίης ἀλόχοισιν: εἰς τὸ φιλότεκνον Πριάμου· φησὶ γὰρ „πλησίοι
ἀλλήλων δεδμημένοι" (Ζ 245. 249). T
250 *a.*¹ ⟨παρ' αἰδοίης ἀλόχοισιν:⟩ οὕτως Ἀρίσταρχος παρ'   *Did.*
αἰδοίης ⟨ἀλόχοισιν⟩. Aⁱⁿᵗ
95   *a.*² ἐν ἄλλῳ „παρὰ μνηστῆς ἀλόχοισι". Aⁱᵐ
1   251. ἠπιόδωρος: δῶρον παρὰ τῆς φύσεως ἔχουσα τὸ εἶναι ἠπία,   *ex.*
A b(BCE³E⁴) T   ὅτι κλαυθμυριζομένοις τοῖς παισὶ τὸν μαστὸν
προτείνουσι τὸν „λαθικηδέα" (Χ 83). A b(BCE³) T

2̲4̲4̲ ad A 611. Vide ad A 565. Γ 426 (Hrd.); — κάτεχε(ν) (77) Et. Gen. (AB)
ἔνεσαν, fort. ex hyp. Iliad.; cf. Beiträge 142   2̲4̲6̲ ad Ζ 250 (Did.)   2̲4̲8̲ *b/c* ὑπερ-
ῷοι (84. 87) cf. D; Synag. (Ba. 382, 25, Ph., Su. τ 216 c. test.)   *b* ad Π 184 *a*
(Ariston.), cf. Eust. 639, 61; Lehrs Ar.³ 195   2̲4̲9̲—5̲0̲ aliter Eust. 640, 12
2̲5̲0̲ ad Ζ 246 (Did.)   2̲5̲1̲ cf. D; — ἠπία (1) cf. Eust. 640, 15

7̲4̲ (le.) πεντ. et θάλ. del. Bk.   ἔλ. A (cf. Ζ 252), ἔρεξαν Et. Gen.   8̲0̲ le. add. Vill.
8̲2̲ τέγεοι ὡς τέλ. A em. Lehrs   8̲4̲ (le.) δώδ. ἔσαν del. Frdl.   ὅτι A, ἡ διπλῆ, ὅτι
Vill.   8̲5̲ διοπτεύωνται Lehrs, vix recte (cf. Eust.)   8̲7̲ le. T suppl. Li, om. b
8̲7̲ sq. στέγους ᾠκοδόμηντο b   8̲9̲ πρὸ [.....] et συν[......]δρασιν T, suppl. m.
sec.   9̲3̲ le. add. Bk.   9̲3̲ sq. παρ' αἰδ. ἀλόχ. = vulg.   9̲4̲ ἀλ. add. Ldw.   1̲
le. AT, om. b   δῶρον] ἢ καὶ πολλὰ δῶρα ἔχουσα ἢ καὶ δῶρον E⁴   2̲ παισὶ
τὸν] παισὶν ἑὸν T   μαζὸν Ab   3̲ προτείνει A   τὸν λαθικ. om. A   λα-
θικ. b, λαθ[.]κηδέα T suppl. m. sec.

Ariston.   252 a. ⟨Λαοδίκην ἒς ἄγουσα:⟩ ὅτι πρὸς Λαοδίκην πορευο-
μένη, „εἰς ᾿Αγαμέμνονα" (Η 312). Αⁱᵐ   5

ex.   b. Λαοδίκην ἐσάγουσα: εἰσιοῦσα, b(BCE³E⁴) ΤΤⁱˡ ὡς
φαμεν ῾ποῖ εἰσάγεις᾽ ἀντὶ τοῦ εἰσέρχῃ. τινὲς δὲ τὴν ἒς ἀντὶ τῆς πρός,
πρὸς Λαοδίκην. εἴσεισι δὲ πρὸς Λαοδίκην πευσομένη τὴν αἰτίαν, δι᾽
ἣν ἐξήγαγεν ῾Ελένην· αὐτῇ γὰρ ἡ ῏Ιρις εἰκασθεῖσα ἐξήγαγεν εἰς τὸ
τεῖχος τὴν ῾Ελένην (sc. Γ 121—4). b(BCE³E⁴) Τ   10

ex.   255. δυσώνυμοι υἷες ᾿Αχαιῶν: οὐδὲ γὰρ ὄνομα αὐτῶν ὀνο-
μάζειν ἐθέλει. καὶ ἡ Πηνελόπη „Κακοΐλιον οὐκ ὀνομαστήν" φησιν
(τ 260). Α b(BCE³) Τ

ex.   256—7 a.¹ σὲ δ᾽ ἐνθάδε θυμὸς ἀνῆκεν ⟨/———⟩ Διῒ χεῖρας
ἀνασχεῖν: εἰκότως διὰ τὴν ἀρετὴν τούτου οὐχ ὑπώπτευσε φυγήν. Τ 15
           a.² δεόντως τὴν τοῦ παιδὸς ἀρετὴν ἐξειδυῖα φυγὴν οὐχ
ὑπώπτευσεν. b(BCE³)

Ariston.   257. ⟨ἄκρης πόλιος:⟩ ὅτι διαλελυμένως ἄκρην πόλιν εἶπε τὴν
ἀκρόπολιν. Αⁱᵐ

Hrd.   260 a.¹ {πρῶτον ἔπειτα} ΔΕ ΚΑΥΤΟΣ: τοῦτο διχῶς ἀναγινώ- 20
σκεται· ὅσοι γὰρ ἡγοῦνται τὸν κέ ἐγκλιτικόν, ῥωννύουσι τοῦ δέ τὴν

252 a/b cf. Valk II 225   a ad H312. X 492. Ψ 36. Ω 338, cf. sch. γ 317. 337, sch.
Hsd. opp. 84 b, Tz. ex. 124, 4, Tz. Ar. Plut. 404; Lehrs, Quaest. ep. 87; pars scholii
excidisse vid., in qua Aristonicus docebat, cur nunc Laodicen, alibi Cassandram
pulcherrimam Priami filiarum poeta dixerit, ad Γ 124. N 365 a (Ariston.), cf.
Eust. 620, 24: ὅτι ἡ Λαοδίκη ... εἶδος ἀρίστη τῶν Πριάμου θυγατέρων ἦν, αἱ
δηλονότι ἄνδρας εἶχον. ἐν ἄλλοις δὲ τὴν Κασάνδραν οὕτω καλεῖ ταῖς ἔτι παρθένοις
ἐκείνην συγκρίνων, Porph. 2, 104, 1. Fort. Aristonicus etiam de usu intransitivo
vocis ἄγουσα egit   ὅτι (4) — πορευομένη cf. D, He. λ 290 (πρὸς Λαοδίκην
πορευομένη. Λαοδίκην δὲ οἱ νεώτεροι ᾿Ηλέκτραν λέγουσιν. Verba Λαοδ. δὲ sq. ab
hoc loco aliena sunt)   b cf. pap. V; Porph. 1, 98, 16. 99, 8   εἰσιοῦσα (6) cf.
D, Eust. 640, 26; Ap. S. 7, 7 (plura He. α 854)   αὐτῇ γὰρ (9) sq. sc. Γ
121—45   255 cf. Eust. 640, 31   256—7 cf. Eust. 640, 36   257 ad Z 317.
H 345 b, cf. pap. V, D ad Z 88. 257. 317, Ap. S. 18, 22, Su. σ 81. Vide ad Δ
105—6. Ζ 307 a (ex.); suspicari licet Aristonicum etiam de v. χεῖρας ἀνασχεῖν
egisse, cf. pap. V   260 a cf. sch. γ 255 (Hrd.). Vide sch. b (test.)

4 le. add. Lehrs   ὅτι A, fort. ἡ διπλῆ, ὅτι   6—8 τὸ δὲ ἐσάγουσα ἀντὶ τοῦ
εἰσιοῦσα — πρὸς λαοδίκην¹ in fine scholii (coni. cum v. τεῖχος) in b   7 τοῦ ποῖ (ποῦ
E⁴) εἰσέρχη b   7 sq. πρός, ἵν᾽ ᾖ πρὸς λ. b   8 εἴσεισι — λαοδ. Τ πρὸς λαοδίκην
εἴσεισι b   9 sq. εἰς τὸ — ἐλ. Τ αὐτὴν εἰς τὸ τεῖχος b   11 le. Τ, δυσώνυμοι: A,
om. b   ὄνομα] οὐδὲ τὸ ὄνομα b   12 θέλει A   καὶ] ὡς καὶ b   ἡ πην.] ἡ (ss. π)
νελόπη A   φησιν om. A   14 sq. le. Τ suppl. Ma.   15 ἀρ[. . . . .]
ὑπωπτ[. . .]ε φυγήν Τ suppl. m. sec., fort. ἀρετὴν τοῦ υἱοῦ οὐχ ὑπ. φ.   16—7 sch.
ad Z 256 rettulit b   18 le. add. Bk.   ὅτι A, fort. ἡ διπλῆ, ὅτι   20 (le.) πρ.
ἔπειτα del. Bk.   (le.) δέ κ᾽ αὐτός A   21 κέ Bk., καὶ A

ὀξεῖαν, ὡς καὶ ⟨ὁ⟩ Ἀσκαλωνίτης (p. 48 B.)· οὕτως γὰρ καὶ τὸ ἐν τῇ
Ὀδυσσείᾳ (γ 255) ἀναγινώσκει· „ἤτοι μὲν τόδε κ᾽ αὐτὸς ὀίεαι". ὅσοι
δὲ τὸν καί κατὰ κρᾶσιν καὶ ἔκθλιψιν, καὶ αὐτός καὐτός, ἐγκλίνουσι
25 τὸν δέ. A

   a.² τὸ ⟨δε⟩ καυτός διχῶς, καὶ βαρέως καὶ ὀξέως. Aⁱᵐ

   a.³ δε καυτός: διχῶς· οἱ μὲν γὰρ τὸν κέ συνειλῆφθαι, οἱ δὲ
τὸν καί, ἵν᾽ ᾖ κατὰ ἔλλειψιν ἢ κρᾶσιν. T

   b. ⟨κ᾽ αὐτός:⟩ ὅτι τὸ πλῆρές ἐστι κὲ αὐτός. Ὁμηρικὸν δὲ   *Ariston*
30 τὸ τὸν κέ περιττὸν εἶναι. Aⁱⁿᵗ

   c. ἔπειτα δὲ καὐτὸς ὀνήσεαι, ⟨αἴ κε πίησθα:⟩ μητρὸς   *ex.*
ἦθος ἀναφαίνεται· καὶ γὰρ ἀεὶ φαγεῖν καὶ πιεῖν ἀξιοῦσι τὰ τέκνα.
πιθανὸν δὲ αὐτὸν νοεῖν διψῆν ἀπὸ τῆς κινήσεως τοῦ πολέμου. ὑφαι-
ρουμένη δὲ αὐτοῦ τὴν αἰδῶ καὶ τὸ „σπείσης" (Z 259) εἶπεν. ὀνίνησι
35 δὲ οἶνος μέτριος ποθεὶς δύναμίν τε ἐμποιεῖ, ὡς καὶ τὸ „τὸ γὰρ μένος
ἐστὶ καὶ ἀλκή" (I 706). b(BCE³E⁴) T   καὶ Ὀδυσσεὺς „ὃς δέ κ᾽
ἀνὴρ οἴνοιο κορεσσάμενος καὶ ἐδωδῆς / ἀνδράσι δυσμενέεσσι πανη-
μέριος πολεμίζῃ, / θαρσαλέον νύ οἱ ἦτορ ἐνὶ φρεσίν, οὐδέ τι γυῖα /
πρὶν κάμνει πρὶν πάντας ἐρωῆσαι πολέμοιο" (T 167—70). T   ὁ δέ,
40 ἐπεὶ πραΰνει ὁ οἶνος, b(BCE³E⁴) T   βούλεται δὲ ἄγριος πρὸς τοὺς
πολεμίους εἶναι, παραιτεῖται. ἢ ὅτι δίχα τροφῆς βλάπτει τῶν νεύρων
καθαπτόμενος, b(BE³E⁴) T   ὥς φησι Λύκος. ἢ ὅτι μετέωρον ἔχει
τὸ πνεῦμα ὡς δρομαῖος ἐλθών, σπεύδει δὲ καὶ ἀπελθεῖν δρομαῖος. T

---

b ad A 523 a (Ariston.). Vide ad N 734 b/c. O 403—4. Y 311   c ὀνίνησι (34) —
πολέμοιο (39) cf. D ad Z 264 (Porph. 1, 100, 14); Eust. 640, 60   ἐπεὶ πραΰνει
(40) — εἶναι (41) ad Z 264 b (ex.)   ἢ ὅτι δίχα τροφῆς (41) — δρομαῖος (43)
cf. D ad Z 264 (Porph. 1, 100, 20)   Λύκος (42) cf. Erot. p. XXIV 3; 19, 3 al.;
Synag. (Ba. 355, 10, Ph., Su. π 3138), Plin. n. h. 20, 220; Kind, R. E. 13, 2

---

22 ὁ add. Bk.   23 μὲν Lehrs, μέντοι A   καυτός A em. Bk.   24 καὐτός
Bk. (Vill.), κ᾽αὐτός A   26 δε add. Cob.   διχῶς i. e. δέ κ᾽ αὐτός aut δὲ
καὐτός   27 sq. pone sch. d in T, transposui   27 le. scripsi, ἔπειτα δέ κ᾽ αὐτός T
28 ᾖ scripsi, καὶ T   29 le. addidi (Frdl.)   ὅτι A, fort. ἡ διπλῆ, ὅτι   29 sq. κε
(utroque loco) Lehrs, καὶ A   31 le. T supplevi (auctore Vill.), om. b   32
ἀναφ. T ἀναφαίνεται διὰ τούτου b   ἀεὶ φαγ. b ἐμφαγεῖν T   33 litt. ὑτὸν
νοεῖν διψῆν ἀπὸ evanuerunt in T   34 σπείσεις C   35 καὶ τὸ T τὸ καὶ b
36 δέ κ᾽ Ma. (Hom.), δέ κεν T   37 οἴν. κορ. Ma. (Hom.), οἴνου κορεσάμενος T
38 πολεμίζει T em. Ma. (Hom.)   40 sq. εἶναι pone ἄγριος E⁴   41 παρ[ca.
24 litt.]απτει T novavit m. sec.   42 ὤ[....]σι T novavit m. sec.   43 δρο-
μαῖος¹] δρομαίως ss. ο T   δρομαῖος² T m. sec., evanuit m. pr.

ἄλλως τε στρατιώταις μὲν θράσος πορίζεται, στρατηγοὺς δὲ τῆς φρο-
νήσεως ὑπεκλύει. ἢ τοῖς ἀποκαμοῦσιν μόνον ὠφέλιμος, ὁ δὲ ἔτι ἰσχύει. 45
b(BE³E⁴) T

ex.   *d.* ἔπειτα δὲ καὐτὸς ὀνήσεαι: καὶ πῶς φησι ,,μή μ' ἀπο-
γυιώσῃς‘‘ (Z 265); T   ἀλλ' ἔστιν ἐν ὑπερβατῷ· ,,χερσὶ δ' ἀνί-
πτοισιν Διῖ λείβειν / ἅζομαι (Z 266—7), μή μ' ἀπογυιώσῃς‘‘ (Z 265).
ἄλλως τε ὁ μὲν μετὰ πόνους οἶνος ὠφέλιμος, ὁ δὲ πρὸ πόνου ἐπιβλα- 50
βής. b(BE³E⁴) T

ex.   **261** *a.* ⟨ἀνδρὶ δὲ κεκμηῶτι μένος μέγα οἶνος ἀέξει:⟩ ὡς
γραῦς ἀποδέχεται τὴν πόσιν. T^{il}

ex.   *b.*¹ μένος: ἡ προθυμία παρὰ τὸ μένω ῥῆμα, ὃ δηλοῖ τὸ προ-
θυμοῦμαι, ὅθεν παρακείμενος μέμακα, μετοχὴ μεμακώς, ἐνδείᾳ τοῦ K̄ 55
μεμαώς· ,,μεμαὼς πόλιν ἐξαλαπάξαι‘‘ (Δ 40). μέσος παρακείμενος
μέμονα. καὶ ὡς φθείρω φθαρτός, οὕτως μένω ματὸς καὶ αὐτόματος
ἐν συνθέσει. A

     *b.*² μένος: ἡ προθυμία παρὰ τὸ μένω ῥῆμα, ὃ δηλοῖ τὸ προ-
θυμοῦμαι, ὅθεν ὁ παρακείμενος γράφεται μέμακα, ὁ μέσος μέμαα, ἐξ 60
οὗ καὶ τὸ ,,μεμαὼς ἀπὸ θυμὸν ὀλέσσαι‘‘ (E 852). ἔστι δὲ καὶ μέμονα
ὁ παρακείμενος ἀπὸ τοῦ μένω μενῶ. καὶ ὡς φθείρω φθαρτός, οὕτως
μένω ματὸς καὶ αὐτόματος. b(BCE³)

Ariston.   **262** *a.* ⟨τύνη:⟩ ὅτι ἄκρον Δώριον τὸ τύνη. A^{im}

ex.   *b.* ἔτησιν: πολίταις. εὖ δὲ τὸ μὴ φάναι ἑαυτῷ μηδὲ τοῖς οἰ- 65
κείοις, b(BCE³E⁴) T   ἀλλὰ τῇ πόλει· T   ἡγεμόνι γὰρ τοῦτο
πρέπον. b(BCE³E⁴) T

(1927), 2408, 18 s. v. Lykos nr. 51   *d* cf. D ad Z 264 (Porph. 1, 101, 5); Eust.
640, 38. Vide ad Z 265 (Ariston.), 266 (ex.)   ἄλλως τε ὁ μὲν (50) sq. vide
sch. *c*   **261** *a* cf. D ad Z 264 (Porph. 1, 100, 11), aliter sch. Ar. equ. 91   *b* —
ῥῆμα (54) cf. Or. 103, 1 (unde Et. Gen. = EM. 579, 50)   **262** *a* ad T 10 (Ari-
ston.), cf. Eust. 641, 52; Ahrens, G. L. D. 2, 248, 6; vide ad Θ 378 *a*¹   *b* πολί-
ταις (65) = D, cf. D ad I 464, aliter sch. Ap. Rh. 1, 305. Vide ad Z 239 *d*

----

45 ἢ — ὠφέλ. Ma. (e. g.), ἢ τοῖς ἀποκαμοῦσιν T μόνους δὲ τοὺς ἀποκαμόντας
ὠφελεῖ b   47 le. et sch. cum scholio praecedenti coni. T   47 sq. φησί[10
litt.]σῃς T, novavit m. sec.   48 ἀλλ' — ὑπ. T, ἢ ἐν ὑπερβατῷ ἐστιν pone sch.
c (coni. cum v. ἰσχύει) b   49 λείβειν αἴθοπα οἶνον Hom.   ἀπογ.] ἀπογυιώσῃς
μένεος ἀλκῆς τε λάθωμαι b, fort. rectius   50 πόνους] πόνον T m. sec.   οἶνος
evanuit in T, novavit m. sec.   52 le. addidi (ἀνδρὶ δέ iam Li)   59—63 sch. ad
Z 265 (v. μένεος) rettulit b   62 οὕτω BE³   64 le. addidi (auctore Vill.)   ὅτι
A, ἡ διπλῆ, ὅτι Vill.   ἄκρως Vill.   65 πολ. εὖ δὲ τὸ T m. rec.   πολίταις
om. E⁴   66 sq. ἡγεμ. sq. Ma., [. . . . . . .] γὰρ τοῦτο πρέπον T suppl. m. rec.,
τοῦτο γὰρ ἡγεμόνι πρέπον b

264 a. ⟨ἄειρε:⟩ ἀντὶ τοῦ πρόσφερε, δίδου. A^im   *Ariston.*

    b. μελίφρονα: τὸν ἀναγκάζοντα ἡδέα διανοεῖσθαι· ἱλαρω-   *ex.*
70 τέρους γὰρ ποιεῖ ὡς τὰ πολλὰ τοὺς πίνοντας. ὁ δὲ βούλεται εἶναι
ἄγριος πρὸς τοὺς πολεμίους. b(BCE³E⁴) T

265. μή μ' ἀπογυιώσῃς ⟨μένεος, ἀλκῆς τε λάθωμαι⟩: ἡ δι-   *Ariston.*
πλῆ πρὸς τὸ δοκοῦν μάχεσθαι· ἡ γὰρ Ἑκάβη λέγει· „μένος μέγα οἶ-
νος ἀέξει" (Z 261), ὁ δὲ Ἕκτωρ μή μ' ἀπογυιώσῃς μένεος. ἔστι
75 δὲ διάφορα τὰ λέγοντα πρόσωπα, καὶ ἑκάτερον πρός τι εἴρηται. A

266 a. ⟨ἀνίπτοισιν:⟩ οὕτως Ἀρίσταρχος. ὁ δὲ †ἡρωδιανὸς†   *Did.*
διὰ τοῦ η̄ „ἀνίπτῃσιν". A^im

    b. ⟨ἀνίπτοισιν:⟩ ὅτι Ζηνόδοτος γράφει „ἀνίπτῃσιν". οὐκ   *Ariston.*
ἔστι δὲ ἡ εὐθεῖα ἀνίπτη. A^int

80   c. χερσὶ δ' ἀνίπτοισιν: ἄμφω τὰς προτάσεις αὐτῆς παραι-   *ex.*
τεῖται ὁ Ἕκτωρ. b(BCE³E⁴) T

---

264 diple ante versum in A. Fort. exstabat sch. Herodiani de vocibus μή μοι,
ad I 614 (Hrd.)   *a* — πρόσφερε cf. Ap. S. 10, 22, Eust. 641, 18, sch. Ar. pac. 1
(= Euphron. fr. 5 Strecker)   *b* ad Z 260 *c* (ex.); — πίνοντας (70) cf. Ap.
S. 110, 24   **265** fort. exstabat sch. Nicanoris, cf. Eust. 641, 28: τὸ δὲ
„μένεος" ἐκτείνει μετρικῶς ἐνταῦθα τὴν λήγουσαν διὰ τὴν ἀρέσκουσαν Ἀριστάρχῳ
τελείαν στιγμὴν καὶ τὸ ἐν αὐτῇ οὕτω χρονίζον καὶ στάσιμον τῆς φωνῆς λόγῳ
κοινῆς συλλαβῆς, sch. D. Thr. (Σ^d) 54, 27: πέμπτος τρόπος (sc. breves syllabas
producendi) ὁ διὰ τῆς στιγμῆς. αὕτη τοίνυν ἡ στιγμὴ ⟨ * * * ⟩ (lac. indicavit
Bk., verba τὴν πρὸ αὐτῆς βραχεῖαν μηκύνει add. Lehrs). καὶ ἡ τυχοῦσα μὲν ὡς
ἐπὶ τοῦ „μή μ' ἀπογυιώσῃς μένεος, ἀλκῆς τε λάθωμαι"· ἐνταῦθα γὰρ τὸ ὃς ἐμήκυνεν
ἡ πασῶν τῶν στιγμῶν ἐλάττων, ἡ ὑποδιαστολή. μάλιστα δὲ ἡ τελεία καὶ ἡ ὑπο-
τελεία τῇ πρὸ αὐτῆς βραχείᾳ δύναμιν χαρίζεται, καὶ ἀντὶ μακρᾶς αὐτὴν παρα-
λαμβάνομεν παρὰ τῷ ποιητῇ. καὶ οὐκ ἀκαίρως· τῇ γὰρ σιωπῇ τῆς στιγμῆς χρόνον
ἡμῖν ἐνδιδούσης δοκεῖ μηκύνεσθαι ἡ βραχεῖα, ὡς ἐπὶ τοῦ „καὶ πόσιας· ὁ δ' ἔπειτα
θεοῖς εὔχεσθαι ἀνώγει" (Z 240)· τοῦ γὰρ „πόσιας" ἡ ὃς βραχεῖα οὖσα διὰ τῆς
ὑποτελείας στιγμῆς μηκύνεται· ὡς ἐμάθομεν γὰρ ἐπὶ τῆς στιγμῆς, τοῦ δὲ ἐπιφερο-
μένου καὶ μὴ προκειμένου τοῦ μέν ἡ ὑποτελεία τίθεται   ἡ διπλῆ πρὸς (72) sq.
cf. D ad Z 264 (Porph. 1, 100, 2); Roemer, Ar. 223. Vide ad Z 260 *d*, aliter Plut.

---

68 le. add. Bk.   ἀντὶ A, ἡ διπλῆ, ὅτι ἀντὶ Vill.   **69** le. Bk., μελίφρονα δὲ
οἶνον T (ubi le. et sch. adhaerent scholio Z 266 *d*, coni. cum v. γίνεται), om. b
70 sq. ὁ δὲ — πολεμ. T ὁ δὲ ἐν πολέμῳ οὐ βούλεται πρᾷος (θυμὸν [θμ̄] add. E⁴)
εἶναι b   **72** le. A suppl. Frdl.   **75** τι] τί ἔχοντα A (ἐχ. ipse expunxit)   **76**
le. add. Bk.   ἡρωδ. A, ζηνόδοτος Schm. (recte)   **77** ἀνίπτῃσιν Dtz.   **78** le.
add. Frdl.   ὅτι A, ἡ διπλῆ (sc. περιεστιγμένη), ὅτι Vill.   γράφει cp. (γρ) A   ἀν.
Vill., ἀνίπτῃσιν A (et Dtz.)   **79** ἀνίπτη A, ἀνίπτης Vill., Dtz.   **80** le. hab.
E⁴T, om. BCE³   ἄμφω τὰς προτ. cf. Z 259—60   αὐτῆς T ἑκάβης b

15*

ex.   *d.*¹ χερσὶ δ᾽ ἀνίπτοισιν: ἐδύνατο ὑπὸ τῆς Ἑκάβης ῥα-
δίως λυθῆναι ἡ πρόφασις Ἕκτορος ὕδωρ αὐτῷ κομισθῆναι κελευού-
σης, ἵνα πρότερον νίψηται. ἢ οὐ τοῦτο ἦν ἀρχαῖον ἔθος τὸ τὰς χεῖρας
ἀποπλύνασθαι μόνας, ἀλλὰ †τῶι ὅλωι σώματι† ἀπολούεσθαι, ὅπερ 85
οὐκ εὔκαιρόν ἐστιν Ἕκτορι ἐπειγομένῳ. ἀλλὰ πῶς ἐν τοῖς ἑξῆς ἀνί-
πτοις χερσὶν εὔχεται· ,,Ζεῦ ἄλλοι τε θεοί, δότε δὴ καὶ τόνδε γενέσθαι /
παῖδ᾽ ἐμὸν ὡς καὶ ἐγώ περ" (Z 476—7); ἢ οὐδὲ τοῦτο ἐναντίον· οὐ
γὰρ ταὐτόν ἐστιν ἐπισπένδειν καὶ ἁπλῶς διὰ λόγων εὔχεσθαι· τὸ μὲν
γὰρ διὰ σώματος, τὸ δὲ διὰ ψιλῶν λόγων γίνεται. T   90
          *d.*² ἠδύνατο μὲν οὖν ῥαδίως κομισθῆναι ὕδωρ κελευσάσης,
ἵνα πρότερον νίψηται καὶ λυθῇ αὐτοῦ ἡ πρόφασις. ἀλλ᾽ οὐ τοῦτο
ἦν ἔθος ἀρχαῖον τὸ τὰς χεῖρας ἀπονίπτεσθαι μόνον, ἀλλὰ τὸ ὅλον
ἀπολούεσθαι σῶμα, ὅπερ †εὐχερὲς Ἕκτορι ἐπειγομένῳ. καὶ πῶς ἐν
τοῖς ἑξῆς ἀνίπτοις χερσὶν εὔχεται· ,,Ζεῦ ἄλλοι τε θεοί, δότε δὴ καὶ 95
τόνδε γενέσθαι / παῖδ᾽ ἐμὸν ὡς καὶ ἐγώ περ"; οὐκ ἔστιν τοίνυν ἐναν- 1
τίον· οὐ γὰρ ταὐτόν ἐστιν ἐπισπένδειν καὶ ἁπλῶς διὰ λόγων εὔχε-
σθαι· τὸ μὲν γὰρ διὰ σώματος, τὸ δὲ διὰ ψιλῶν ῥημάτων γίνεται.
b(BE³E⁴)

ex. | ex.   267—8. ⟨οὐδέ πη ἔστι —— εὐχετάασθαι:⟩ αἵματι (268) 5
τῷ ἐκ πολέμου. | φεύγων δὲ τὴν καταφρόνησιν τῶν θεῶν ἐπέτεινε τὴν
εὐσέβειαν. T^il

ex.   268 a. ⟨αἵματι καὶ λύθρῳ:⟩ αἵματι τῷ ἐκ πολέμου, ὁμοίως
καὶ λύθρῳ τῷ τῇ κόνει ἐπιμίκτῳ. **b**(BCE³E⁴)

Hrd.   *b.*¹ εὐχετάασθαι: Ἀρίσταρχος τὸ δεύτερον ἄλφα συστέλ- 10
λει καὶ ὁ Ἀσκαλωνίτης (p. 48 B.). ἄλλοι δὲ ἐκτείνουσιν, οὐχ ὑγιῶς·
ὅσα γὰρ εἰς θαι λήγει ἀπαρέμφατα μὴ κατ᾽ Αἰολίδα διάλεκτον, τρί-
την ἀπὸ τέλους ἔχοντα τὴν ὀξεῖαν, φιλεῖ πρὸ τέλους βραχύνεσθαι,

mor. 625 a   **266 d** ad Z 260 d   ἢ οὐ (84) — ἐπειγομένῳ (86) cf. sch. Hsd.
opp. 724—6 (Procl.)   **267—8** — πολέμου (6) ad Z 268 a   **268 a** — πολέμου
(8) ad Z 267—8   καὶ λύθρῳ (9) sq. cf. Eust. 641, 46; Comment. in Antim.
fr. 179 (p. 83, 23 W.), D ad Υ 503, Or. 91, 11, Cyr. (An. Par. 4, 171, 22)   b τὸ
δεύτερον (10) — συστέλλει cf. sch. γ 35 (Hrd.); diverse censet Hrd. de activi
formis distractis verborum in -άω exeuntium, ad E 256 (Hrd.); vide ad Φ 467

85 τὸ ὅλον σῶμα Ma., cl. sch. d²   91—03 sq. ἠδύνατο μὲν sq. pone sch. c (coni. cum
v. ἕκτωρ) in b   94 ὅπερ οὐκ εὐχερὲς Vill., ὅπερ οὐκ ἦν εὐχερὲς Ddf., fort. voluit ὅπερ
δυσχερὲς   2 sq. ἁπλῶς post εὔχεσθαι E⁴   5 le. addidi   5—7 sch. in T supra
v. 268 exaratum cl. Li ad versus 267—8 revocavi   8 le. add. Li   11
ὑγιῶς A em. Vill.

„λέγεσθαι" (Ν 275), τίθεσθαι, „ἵστασθαι" (τ 201), κίχρασθαι, πίμ-
15 πρασθαι. ὅσα δὲ πρὸ τέλους ἔχει φύσει μακράν, προπερισπᾶσθαι θέ-
λει, νικᾶσθαι φιλεῖσθαι· τὰ γὰρ τοιαῦτα δίζησθαι φίλησθαι ὑπο-
φαίνει Αἰολικὸν χαρακτῆρα· ὅθεν οἱ ἀξιοῦντες ἐκτείνειν τὸ δεύτερον
ᾱ ἐν τῷ εὐχετάασθαι πάντως καὶ προπερισπῶσιν· εἰ δὲ δεδώκασι
τρίτην ἀπὸ τέλους τὴν ὀξεῖαν, δώσουσι καὶ τὴν παραλήγουσαν
20 βραχυνομένην. οὕτως οὖν πάντα τὰ τοιαῦτα ἀναγνωστέον· „ἀλλ᾽
ἤτοι σε γυναῖκας ἐγὼ δεδάασθαι ἄνωγα" (π 316), „ἐν μεγάροισι δ᾽
ἕκητι σέθεν κακὰ μηχανάασθαι" (γ 213), „ἄλλοτε μέν σε καὶ αἰτιά-
ασθαι ἄνωγα" (Κ 120), „καὶ ἑδριάασθαι ἄνωγον" (γ 35), „μήτε
μνάασθαι ἄκοιτιν" (α 39). A

25 ___ b.² εὐχετάασθαι: τὸ δεύτερον ᾱ συσταλτέον· τὰ γὰρ εἰς
θαι ἀπαρέμφατα προπαροξυνόμενα βραχυπαράληκτά εἰσι, τὰ δὲ
παροξυνόμενα μακροπαράληκτα. b(BCE³) T

270 a.¹ {ἔρχεο σὺν} θυέεσσι⟨ν⟩: ἡμεῖς θυμιάματα, Ἀττικοὶ ex.
†θηλύματα†· τὸ δὲ ἔμψυχον ἱερεῦσαι, σφάξαι, ῥέξαι. T
30   a.² ἃ ἡμεῖς θυμιάματά φαμεν, οἱ δὲ Ἀττικοὶ †θηλύματα†
ἀπὸ τοῦ ἐκθηλύνειν. ἐπὶ δὲ τῶν ἐμψύχων κυρίως τὸ ἱερεῦσαι λέγεται,
ὅ ἐστι σφάξαι. b(BCE³E⁴)
   a.³ τοῖς θυλήμασιν, ὅ ἐστι θυμιάμασιν. Tⁱˡ
   b. ⟨γεραιάς:⟩ γράφεται καὶ „γεραιράς". Aⁱⁿᵗ   Did.(?)
35 272. ⟨καί τοι πολὺ φίλτατος αὐτῇ:⟩ ἵνα ἐκ προθυμίας ᾖ τὸ ex.
δῶρον. b(BCE³E⁴) Tⁱˡ
273. ⟨ἐπὶ γούνασιν:⟩ ὅτι πάλιν ἀντὶ τοῦ παρὰ γούνασιν. Aⁱᵐ   Ariston.
277. ⟨Ἰλίου ἱρῆς:⟩ ὅτι θηλυκῶς τὴν Ἴλιον. Aⁱᵐ   Ariston.
278. ⟨φόβοιο:⟩ ὅτι πάλιν φόβον τὴν φυγήν. Aⁱᵐ   Ariston.

(Hrd.)   270 a θυμιάματα (28 et 30) cf. D, Eust. 641, 61; sch. Ap. Rh. 4,
1217—19 c   b ad Z 87 b (ex.)   272 δῶρον (36) cf. sch. Aesch. Sept. 101   273
ad Z 15 c (Ariston.)   πάλιν ad Z 92 a   277 fort. exstabat sch. Didymi de
lectione Aristarchi (sc. ὡς κεν pro αἴ κεν), ad Z 96 a   ὅτι sq. cf. pap. V, ad
Γ 305 b (Ariston.)   278 cf. pap. V, ad B 767 (Ariston.)

21 sq. ἐν μεγάροισ᾽ ἀέκητι Hom. (et fort. Hrd.)   23 καὶ] καὶ ἑδριάασθαι ἄνωγα καὶ
A   25 le. T, τοῦ εὐχετάασθαιο δὲ pone sch. a (coni. cum. v. ἐπιμίκτῳ) b   25
sq. εἴσσθαι B   28 (le.) ἔρχ. σὺν delevi, θυέεσσι suppl. Li   29 et 30 θυλήματα
Wil. (cf. sch. a³)   31 θηλύνειν E⁴   33 θυλήμ. T m. pr. (casu ut vid.), θηλύμα-
σιν m. sec.   34 le. add. Vill.   γράφ. cp. (γρ) A   35 le. add. Bk.   37 le.
add. Ddf.   ὅτι A, fort. ἡ διπλῆ, ὅτι   παρὰ γούν. Ddf., παραγεγόνασιν A
38 et 39 le. add. Bk.   ὅτι A, ἡ διπλῆ, ὅτι Vill.

ex.   **280.** Πάριν μετελεύσομαι: ἵνα μὴ δι᾽ Ἀνδρομάχην δοκῇ τῆς 40
μητρὸς ὑπεξίστασθαι. καλῶς δὲ τὰ ἀναγκαῖα προκρίνει τῶν ἡδέων·
A b(BCE³, E⁴[bis]) T   τοῦτο γάρ ἐστι φρονήσεως τὸ πάντα
εἰδέναι, τὰ δὲ ὠφέλιμα αἱρετώτερα ἡγεῖσθαι. b(BCE³E⁴)

     281—2 *a.*¹ ⟨αἴ κ᾽ ἐθέλησ᾽ εἰπόντος ἀκουέμεν ——— Ὀλύμ-
πιος ἔτρεφε πῆμα:⟩ ἐνδείκνυται διὰ τούτου τὸ ἀπειθές, μᾶλλον δὲ 45
ἐμπαθὲς Ἀλεξάνδρου. οὐκ εἶπε δὲ ὅτι σὺ αὐτὸν ἔτρεφες, ἵνα ⟨μὴ⟩ μᾶλ-
λον λυπήσῃ αὐτὴν ὡς κακοῦ θρέπτριαν, ἀλλ᾽ ὁ Ὀλύμπιος. b(BC
E³E⁴)

         *a.*² εἰς τὸ ἀπειθὲς Ἀλεξάνδρου. Tⁱˡ

         *a.*³ Ὀλύμπιος (282), ἵνα μὴ εἴπῃ σύ. Tⁱˡ   50

D   **282.** γαῖα χάνοι: διασταίη ἡ γῆ ——— καταπίοι ἡ γῆ. A

ex.   **283** *a.*¹ ⟨Τρωσί τε καὶ Πριάμῳ μεγαλήτορι τοῖό τε παι-
σίν:⟩ οὐ προσέθηκεν οὐδὲ ἐνταῦθα τὸ σοί, ἵνα ἔτι ἔχῃ ἐλπίδας ὡς ἡ
πόλις οὐχ ἁλωθήσεται. b(BCE³E⁴)

         *a.*² οὐκ εἶπε σοί. Tⁱˡ   55

Ariston.   **285** *a.* φαίην κε φρέν᾽ ἄτερ που ὀιζύος ἐκλελαθέσθαι: ὅτι
τὸ σημαινόμενον, εἰ ἐκεῖνον ἴδοιμι τετελευτηκότα, δόξαιμι ἂν ἐκλε-
λῆσθαι τῆς κακοπαθείας καὶ χωρὶς αὐτῆς γεγονέναι. ἔνιοι δὲ ἀγνοή-
σαντες γράφουσιν „ἀτέρπου". A

Did.   *b.*¹ φαίην κε φρέν᾽ ἀτέρπου: Ζηνόδοτος „φαίην κεν φίλον 60
ἦτορ". ἔστι δὲ καὶ ἄλλη γραφή „†φαίη περ". T

         *b.*² Ζηνόδοτος „⟨φαίην κεν⟩ φίλον ἦτορ". Aⁱᵐ

---

280 cf. pap. V   τοῦτο γάρ (42) sq. fort. sch. rec.   285 *a* cf. D. Vide pap.
V   ἀτέρπου (59) cf. Naber 110; Latte, Glotta 35, 1956, 297; Valk II
203   *b* cf. Duentzer, Zen. 119

40—1 pone sch. Z 282 (A = D, coni. cum v. γῆ) in A, trps. Bk.; supra l. et in
mg. hab. E⁴   40 le. T, om. Ab   δοκῇ] δοκεῖ A   41 ἐξίστασθαι E⁴ (supra l.)
et T, δέξασθαι A   τῶν ἡδ. προκρ. BC, E⁴ (supra l.)   44 sq. le. addidi (sch. ad
v. 282 rettulit b)   46 μὴ add. B (ante l.), om. CE³E⁴   49 supra v. Z 281,
et 50 supra v. Z 282 in T   52 le. add. Vill.   53 οὐ — σοί] οὐδὲ ἐνταῦθα
προσέθηκε τὸ σοί E⁴   56 le. Frdl. (Vill.), φαίη κεν φρένἀτέρπου: A   ὅτι A,
ἡ διπλῆ, ὅτι Vill.   57 sq. δόξαιμι — γεγον.] „accuratius δόξαιμι ἂν χωρὶς τῆς
κακοπαθείας γενόμενος ἐκλελῆσθαι αὐτῆς" Lehrs   61 fort. φαίην περ (Heyne)
φίλον ἦτορ   62 φ. κ. add. Ldw.

*c.*¹ ἄτερ που οἰζύος: ἄτερ †που ἀπολόμενον, ἵνα μὴ ἐπὶ *ex.*
ἐμοῦ διὰ τὸ φιλάδελφον. ἀλλ' εἶπεν „ἴδοιμι" (Ζ 284). οἱ δὲ τὸ γενο-
65 μένην ἀκούουσιν. **Τ**

    *c.*² εἰ εἶδον, φησίν, αὐτὸν ὀλεσθέντα, ὑπέλαβον ἂν κατὰ φρένα
χωρὶς ταλαιπωρίας καὶ θλίψεως ἐπιλαθέσθαι αὐτοῦ καίπερ μὴ οὕτως
διὰ τὸ φιλάδελφον ἐπιλαθόμενος. **b(BCE³E⁴)**

    286. ὡς ἔφαθ, ἡ δὲ μολοῦσα: εὔκαιρος ἡ ἀποσιώπησις· οὔτε *ex.*
70 γὰρ συναινεῖν τῇ Ἀλεξάνδρου ἀρᾷ δύναται ὡς μήτηρ, οὔτε ἀπολο-
γεῖσθαι, ἵνα μὴ παροξύνῃ Ἕκτορα. **b(BCE³E⁴) Τ**

    288. ⟨αὐτὴ δ' ἐς θάλαμον κατεβήσετο κηώεντα:⟩ ἐν ταῖς *Did.*
Ἀριστάρχου φέρεται καὶ ἑτέρως „ἡ δ' εἰς οἶκον ἰοῦσα παρίστατο
φωριαμοῖσιν". **Aⁱᵐ**

75   289 *a.*¹ ἔσαν οἱ: ὅτι ἐγκεκλιμένως ἀναγνωστέον οὕτως δύο τό- *Hrd.*
νοις, καίτοι πυρριχιακῆς οὔσης τῆς λέξεως, ἵνα μὴ ἄρθρον νοηθῇ τὸ
οῑ, ἀλλ' ἀντωνυμία. **Α**

    *a.*² ἔσαν οἱ: δύο παράλληλοι ὀξεῖαι ὑπὲρ τοῦ ⟨μὴ⟩ συν-
εμπίπτειν τὴν οῑ ἄρθρῳ πληθυντικῷ. **Τ**

80   291 *a.* ἤγαγε Σιδονίηθεν: δεδιὼς γὰρ τὸν διωγμὸν διὰ Φοι- *ex.*
νίκης καὶ Αἰγύπτου ἦλθεν, **Α b(BCE³) Τ**   ὡς καὶ οἱ Ἀργοναῦται
διὰ τοῦ Ἴστρου. **ΑΤ**   τῆς περιεργίας δὲ Ἀλεξάνδρου τὸ μή†
ὠνήσασθαι πέπλους, ἀλλὰ καὶ πρίασθαι τὰς ἐργαζομένας. **Α b(BC
E³E⁴) Τ**

c cf. Eust. 642, 16: ἰστέον δὲ ὅτι τε οἱ γράφοντες „ἄτερ που οἰζύος" ἤγουν
δίχα κακοπαθείας ἐννοίας οὐκ ἀστείας προΐστανται καὶ ὅτι κτλ.   *c*¹ ἄτερ
(63) — φιλάδελφον (64) cf. D   288 παρίστατο φωριαμοῖσιν (73) = ο 104   289
diple ante versum in A, fort. error scribae, cf. in universum Mnemos. 1953, 28   ἐγ-
κεκλιμένως (75) sq. sch. Herodiani, ad Β 255, cf. sch. ο 105 (Hrd.); Arcad.
166, 15; Ludwich, Mus. Rhen. 32, 1877, 194; Wackernagel ΙΙ 1106; M. L. West,
Hesiod: Theogony (Oxon. 1966) p. 442. Vide ad H 199, sch. η 200   **291 a**

63 (le.) ἄτερ που Ma., ἄτερπου Τ   ἄτερ — ἀπολ. Τ, fort. ἄτερ (an ἄνευ?)
μόχθου (πόνου?) τοῦ ἀπολομένου (sc. ἀδελφοῦ ἐπιλαθέσθαι), quod tamen non
satisfacit. Locus desperatus   64 sq. γενομένην sc. φρέν' ἄτερ που οἰζύος
γενομένην   65 fort. ὑπακούουσιν   66—8 auctor fontem male vid. intelle-
xisse   70 αἰνεῖν τὴν ἀλεξάνδρου ἀρὰν C   δύν. Τ βούλεται b   72 le. add.
Vill.   73 φέρ. καὶ Bk., φέρε καὶ Α, φέρεται Vill. (proll. ΧΧVΙ)   75 le. Bk.,
ἔθεσανοὶ πέπλοι: Α   ὅτι Α, ἡ διπλῆ, ὅτι Vill.   post ὅτι fort. lac. statuenda,
quae sch. Aristonici hausisse potest (at cf. test.)   78 μὴ addidi   79 ἄρθρον
πληθυντικῶς Τ em. Ma.   80 le. Τ, σιδονίηθεν Α, om. b   δεδηὼς Α   82
τῆς περ. Ma., τῆς περιεργείας Τ τῆς περιεργασίας Α περιεργασία b   μὴ] μὴ μό-
νους b, μὴ μόνον Vill.   83 πέπλ. ὠνήσ. b   τὰς ἐργ. πρίασθ. b

Ariston.   b. ⟨Σιδονίηθεν:⟩ ὅτι ἀπὸ μιᾶς πόλεως τῆς Σιδῶνος τὴν 85
Φοινίκην σημαίνει. Aᵢⁿᵗ

ex.   c. ἐπιπλώς: ἀποκοπή, οὐ συγκοπή. T

Ariston.   292 a. ἀνήγαγεν: ὅτι τὸν ἐκ Πελοποννήσου ἐπ᾽ Ἴλιον πλοῦν
ἀναγωγὴν λέγει. A

ex.   b. ἀνήγαγεν: καλῶς τὸ ἀνήγαγε· b(BE³E⁴)   βορειο- 90
τέρα γὰρ τῆς Ἑλλάδος ἐστὶν ἡ Ἰλιάς. b(BE³E⁴) T

ex.   293 a. τῶν ἕν᾽ ἀειραμένη: οὐ πρεπόντως, φασίν, ἐκ τῆς Ἀλε-
ξάνδρου ἀδικίας δίδοται τῇ θεῷ τὸ δῶρον. ἀλλ᾽ οὔτε Ἑλένης ὁ πέ-
πλος ἐστὶν οὔτε ἐκ Λακεδαίμονος αἱ γυναῖκες. T

ex.   b. τῶν ἕν᾽ ἀειραμένη ⟨Ἑκάβη φέρε⟩: τὰ σπουδαῖα δι᾽ 95
ἑαυτῶν αἱ ἐλεύθεραι οἰκονομοῦσι παρ᾽ Ὁμήρῳ. καὶ νῦν μὲν ἡ Ἑκάβη 1
τὸν πέπλον ἐκφέρει, ἑτέρωθι (sc. ο 123—8) δὲ ἡ Ἑλένη Τηλεμάχῳ
τὸν πέπλον καὶ ἡ Πηνελόπη τοῖς μνηστῆρσι τὸ τόξον (cf. φ 59—60).
b(BCE³E⁴) T

ex.   295. ἔκειτο δὲ νείατος ἄλλων: ὧν γὰρ ἡ χρῆσις συνεχής, ταῦτα 5
καὶ πρόχειρα· b(BCE³E⁴) T   οἷς δὲ μὴ χρῷτό τις, ταῦτα καὶ
νείατα. b(BCE³E⁴)

Nic.   299. ⟨Κισσῆῖς, ἄλοχος Ἀντήνορος ἱπποδάμοιο:⟩ βραχὺ
διασταλτέον ἐπὶ τὸ Κισσῆῖς. Aᵢⁿᵗ

ex.   300. τὴν γὰρ Τρῶες ἔθηκαν: οὔτε κληρωτοὺς οὔτε ἐκ γένους 10
βούλεται τοὺς ἱερεῖς εἶναι οὔτε ἑνὸς ψήφῳ, ἀλλ᾽ ὃν πλῆθος ἕλοιτο,
b(BCE³E⁴) T   διὰ τὸ πολλὰς δημοτικὰς τοῖς προχειριζομένοις
καὶ προχειρίζουσι τὰς αἰτίας ἀνακύπτειν. b(BCE³E⁴)

cf. D, Eust. 642, 62   c cf. Ep. Hom. (An. Ox. 1, 142, 7)   ἀποκοπή (87) cf.
Eust. 643, 15   συγκοπή (87) cf. D   292 a ad Γ 48 (Ariston.), cf. D, Eust.
643, 10   293 b vide ad H 435 (ex.)   300 — ἕλοιτο (11) sim. Ge (e T), cf.

85 le. addidi (Frdl.)   ὅτι A, ἡ διπλῆ, ὅτι Vill.   88 le. Bk., τὴν ὁδόν: A   ὅτι
A, ἡ διπλῆ, ὅτι Vill.   90 le. scripsi, ἐπιπλὼς εὑρέα πόντον ἐκείνην τὴν ὁδὸν ἣν ἑλένην
περ ἀνήγαγεν T (qui sch. cum scholio Z 291 c, v. συγκοπή, coni.), om. b   91
ἐστὶν om. b   95—03 sch. cum scholio praecedenti coni. T   95 le. T supple-
vi (auctore Bk.), om. b   2 sq. τῷ τηλεμάχῳ πάλιν δίδωσι πέπλον b   3 καὶ
T ἀλλὰ καὶ b   6 καὶ¹ (ante πρόχειρα) om. T, fort. recte   8 le. add. Frdl.
10 οὔτε¹] οὔτε γὰρ E⁴   11 βούλονται εἶναι ἱερεῖς E⁴   εἶναι om. T   ψή-
φῳ ἑνός BCE³   ὀνὶ οὓς Ge   ὃν — ἑλ. T, οὓς πλῆθος ψηφιζόμενον ἕλοιτο
BCE³, ὃν ψήφος ἕλοιτο πλήθους ψηφιζομένου E⁴   12 sq. διὰ τὸ — ἀνακ. fort.
sch. rec.   13 τὰς abesse malim

303. ⟨ἐπὶ γούνασιν:⟩ ὅτι πάλιν παρὰ γούνασιν. A^{im}   *Ariston.*

304. εὐχομένη δ᾽ ἠρᾶτο: ὅτι τὸν ἱερέα περὶ τῶν κοινῶν εὔ- *ex.*
χεσθαι δεῖ, οὐκ ἰδίᾳ ἕκαστον. ἑκάστου δὲ τὸ ἀξίωμα οἶδεν ὁ ποιητής·
τὴν Θεανὼ γοῦν Ἑκάβης παρισταμένης ποιεῖ εὐχομένην, καὶ τὸν
Χρύσην τῷ Ἀπόλλωνι ὑπὲρ τῶν Ἑλλήνων παρόντος τοῦ Ὀδυσ-
σέως (cf. Α 446—56). b(BCE³E⁴) T

305. ἐρυσίπτολι: πλεονασμὸς τοῦ ε̄. παρὰ Καλλιμάχῳ (fr. 626)· *ex.*
„τ̣οὶ δὲ τῶν οὐκ ἀγαθῶν ἐρυσίπτολιν". παρά τισι δὲ ἡ ποιοῦσα ἐρι-
πεῖν τὰς πόλεις. ἄμεινον δὲ „ῥυσίπτολι". AT   καὶ οἰκεῖον ταῖς
περὶ σωτηρίας εὐχομέναις τῆς πόλεως, ὡς καὶ ἐκεῖ „Ἀθηναίη ληΐτιδι"
(Κ 460). A b(BCE³E⁴) T

307 a. πρηνέα δὸς πεσέειν: ἕτερα παρὰ τὴν πρόσταξιν (sc. *ex.*
Ζ 96—7. 277—8) εὔχεται· διὸ ἀνανεύει ἡ Ἀθηνᾶ. T

    b. Σκαιῶν προπάροιθε πυλάων: ὡς μέχρι τούτων ἐλά- *ex.*
σαντος αὐτοῦ τοὺς Τρῶας. ἔμφασιν δὲ ἔχει βιαζομένου ἐμπεσεῖσθαι
εἰς τὴν πόλιν. b(BCE³E⁴) T

311 a. ὣς ἔφατ᾽ εὐχομένη, ⟨ἀνένευε δὲ Παλλὰς Ἀθήνη⟩: *Ariston.*
ἀθετεῖται, ὅτι πρὸς οὐδὲν τὸ ἐπιφώνημα καὶ οὐκ ἠθισμένον· κατὰ μὲν
γὰρ τὸ ἐναντίον ὁ Ζεὺς ἐπιβεβαιοῖ κατανεύων (sc. Α 528). καὶ ἑξῆς
δὲ ἐπιλεγομένου „ὣς αἱ μέν ῥ᾽ εὔχοντο" (Ζ 312) σαφῶς γίνεται πε-
ρισσὸς ὁ στίχος. γελοία δὲ καὶ ἡ ἀνανεύουσα Ἀθηνᾶ. A

    b. ἀνένευε δέ: τῇ γνώμῃ ἀνένευεν ἐπὶ τῇ ἀναιρέσει, ἐπεί τοι *ex.*

Eust. 643, 26   **303** ad Z 15 c (Ariston.)   **305** — ῥυσίπτολι (22) cf. Et.
Gen. (= EM. 378, 35, Et. Gud. 532, 4 Stef.); — ἐρυσίπτολιν (21) et ἄμεινον δὲ
(22) cf. D: ὦ φυλάσσουσα τὴν πόλιν· ἐρύειν γὰρ τὸ φυλάσσειν   καὶ οἰκεῖον (22)
sq. cf. Eust. 643, 45: ὅτι ὥσπερ ὁ ἐφιέμενος λείας ἀγελείαν Ἀθηνᾶν (cf. Z 269)
ἐπεκαλεῖτο, οὕτως οἱ περὶ σωτηρίας πόλεως χεῖρας αὐτῇ ἀνέχοντες, ὡς νῦν οἱ
Τρῶες, ἐρυσίπτολιν Ἀθηνᾶν ἐπεβοῶντο, ἤγουν φύλακα πόλεως, ἀπὸ τοῦ ἐρύω
τὸ φυλάσσω   **306** fort. exstabat sch. Herodiani de accentu v. ἄξον, cf. Hrd.
διχρ. 2, 14, 18: τὸ ᾱ ἔχον ἐν τῇ δευτέρᾳ συλλαβῇ τὸ ξ̄ ἢ τὸ ψ̄ μὴ ἐν ῥηματικῇ
κλίσει φιλεῖ συστέλλεσθαι, ἄξων ἄξιος ἀξίνη ἀψίς ἄψεα Ἄψυρτος ἀψευδής. τὸ δὲ
„ἄξον δὴ ἔγχος Διομήδεος" καὶ τὸ κρᾶξον ἐκτεταμένον ἔχουσι τὸ ᾱ· διὸ ἔφην
μὴ ἐν ῥηματικῇ κλίσει. Vide ad Σ 521 (Hrd.)   **307** a cf. Eust. 644, 2   b
— Τρῶας (28) cf. Serv. Verg. A. 11, 485   **311** a at vïde U. Hoelscher,
Hermes-Einzelschrifen 6, Berol. 1939, 35 et 41   b aliter Serv. (auct.) Verg.

---

14 le. add. Bk.   ὅτι A, ἡ διπλῆ, ὅτι Vill.   πάλιν A, πάλιν ἀντὶ τοῦ mavult
Nickau   **18** τῶν om. b   τοῦ om. b   **20** sq. παρὰ — ἀγαθῶν T οἱ δὲ παρὰ
καλλιμάχῳ τὸν οὐκ ἀγαθὸν A   **21** παρά τισι δὲ T ἄλλως A   **22** ῥυσίπτολιν
T   καὶ οἰκ. AT οἰκεῖον καὶ μάλα ἁρμόδιον b   **23** σωτηρίαν A   τῆς om. b   ὡς
κ. ἐκεῖ] καὶ ἀλλαχοῦ A   **25** πρόστ. T ss. τοῦ ἑλένου m. sec.   **27** τούτων T
τούτου b   **30** le. A suppl. Vill.   **31** εἰθισμένον Bk.   **31** sq. κατὰ — κα-
τανεύων del. Bolling (A. L. 99), at hoc vult 'quia contrarium tantum apud
poetam inveniri videtur, hic versus spurius est; nam Π 250 et 252 ἀνανεύειν non
proprie adhibetur, sed translative (sc. ut idem valeat quod denegare)'   **35** ἐπὶ
T ἀλλ᾽ ἐπὶ μόνῃ b   τοι T καὶ b

παύει Διομήδεα διὰ τῆς Αἴαντος πρὸς Ἕκτορα μονομαχίας. b(BC
E³E⁴) T

ex.　313—4. πρὸς δώματ' Ἀλεξάνδροιο βεβήκει ⟨/ —— αὐ-
τὸς ἔτευξε⟩: ὡς περὶ ἁβροδιαίτου καὶ τοῦτό φησιν· οὐκ ἐβουλήθη
γὰρ σὺν τοῖς ἀδελφοῖς καὶ κηδεσταῖς κατοικεῖν, ἀλλ' ἑαυτῷ ἐδείματο 40
οἴκησιν κατ' ἰδίαν. b(BCE³E⁴) T

ex.　315. τέκτονες: τέκτονες οἱ λαοξόοι, b(BCE³E⁴) T　　ὅθεν καὶ
ἀρχιτέκτων. T　τὸ δὲ „ἔτευξεν" (Z 314) ἐπεστάτησε (καλλωπιστὴς
γάρ) καὶ ἴσως πρὸς ζῆλον τῆς Μενελάου οἰκίας, ὥστε, εἰ δυνατὸν ἦν,
ἥρπασεν ἂν καὶ αὐτήν. b(BCE³E⁴) T　　　　　　　　　　　　45

ex.　316 *a*.¹ οἳ οἳ ἐποίησαν θάλαμον καὶ δῶμα καὶ αὐλήν: δῶμα
ἐποίησαν, ἐν ᾧ ἦν θάλαμος καὶ αὐλή. ἢ δῶμα τὸν ἀνδρῶνά φησιν. T
　　　　a.² οἴκημα αὐτῷ ἐποίησαν, ἐν ᾧ ἦν θάλαμος, ὅ ἐστι νυμφικὸς
κοιτωνίσκος, καὶ δῶμα, τουτέστιν ἀνδρών, καὶ αὐλή, ὅ ἐστι τὸ ἐξώ-
τερον. b(BCE³E⁴)　　　　　　　　　　　　　　　　　　　50

Ariston.　317 *a*. ⟨πόλει ἄκρῃ:⟩ ὅτι πάλιν διῃρημένως εἴρηκεν. Aⁱᵐ
ex.　　　*b*. ἐν πόλει ἄκρῃ: μέχρι νῦν ἴχνη αὐτῶν ἔστιν. τὰ δὲ
Ἕκτορος πρυτανεῖά ἐστι νῦν τῇ πόλει. T

ex.　319—20. ἔγχος ἔχ' ⟨ἑνδεκάπηχυ· πάροιθε δὲ λάμπετο
δουρός / αἰχμὴ χαλκείη⟩: πρὸς ὑπογραμμὸν καὶ προτροπὴν Ἀλε- 55

A. 1, 479　**316** *a*¹ ἢ δῶμα (47) sq. et *a*² cf. Eust. 644, 29　　*a*² θάλαμος (48)
— κοιτωνίσκος (49) cf. Ep. Hom. (An. Ox. 1, 199, 3, Et. Gud. 253, 23, EM.
441, 13); vide ad Δ 143 (ex.)　**317** *a* ad Z 257 (Ariston.), cf. Eust. 644,
12　**318**—**20** nulla signa (praeter diplen iuxta 319 positam) ante versus in A,
sed exstabat fort. sch. Aristonici referentis Aristarchum (contra ac Zenodotum)
versus hoc loco damnavisse, infra (Θ 493—5) probavisse, ad Θ 493 *a* (Ari-

---

36 μον. πρὸς ἕκτορα b　　38 sq. le. T supplevi (auctore Vill., Bk.), om. b (qui
sch. ad Z 314 relegavit)　　39 ἠβουλήθη CE⁴　　40 sq. ἐδείμ. sq. T, ἰδίᾳ (BE³,
ἰδία C ἰδίαν E⁴) οἴκησιν ἐδείματο b　　42 τέκτονες²] τέκτονες δὲ pone sch. Z 316 *a*²
(coni. cum v. ἐξώτερον) E⁴　　οἱ T κυρίως οἱ b　　43—5 τὸ δὲ ἔτευξεν — αὐτήν
cum scholio praecedenti coni. Bk., fort. recte　　43 ἔτευξε T (= Hom.)　　ἐπεστ.
T ἀντὶ τοῦ εὖ ἐπεστάτησε b　　γὰρ ἦν b　　44 οἰκίας ποιεῖ, ὥστε b　　εἰ ἦν
αὐτῷ δυνατόν b　　48—50 οἴκημα δὲ αὐτῷ sq. pone sch. Z 313—4 (coni. cum v.
ἐδείματο) E⁴　　49 αὐλήν E⁴　　51 le. add. Dtz.　　ὅτι A, ἡ διπλῆ, ὅτι Vill.　δι-
ειρημένως A em. Vill.　　52 μέχρι V, //// χρι T, possis ἄχρι　　53 ἐστι νῦν
Wil., ἐστιν ἐν T　　54 sq. le. ἔγχος ἔχε T emendavi et supplevi (auctore Vill.;
ἔγχος ἔχ' ἑνδεκ. iam Li), om. b (ubi sch. ad v. 319 relatum est)　　55—7 πρὸς

ξάνδρου θρασὺς φαίνεται "Εκτωρ διὰ τοῦ δόρατος προμηνύων τὴν
ἄφιξιν. ἐνδεκάπηχυ (319) δὲ ἕνδεκα πηχῶν, ἐπεὶ τὸ κολλητὸν δύο
καὶ εἰκοσίπηχυ (cf. Ο 678). b(BCE³E⁴) Τ

319 a. ⟨ἐνδεκάπηχυ:⟩ ὅτι ὑφ' ἓν ἐνδεκάπηχυ ἀναγνωστέον· *Ariston.*
60 τὸ γὰρ διπλάσιον δύο καὶ εἰκοσίπηχυ (cf. Ο 678). Aⁱᵐ

b. ⟨ἔχ'⟩ ἐνδεκάπηχυ: οἱ μὲν διαιροῦσιν, „ἔχεν", εἶτα „δε- *Hrd.*
κάπηχυ", οἱ δὲ ἐνδεκάπηχυ. ὁ μὲν οὖν Ἀσκαλωνίτης (p. 48 B.)
οὐδεμίαν προκρίνει· οἱ δὲ περὶ Ἡρακλέωνα (fr. 4 B.) καὶ Ἀλεξίωνα
(fr. 31 B.) πιθανωτέραν ἡγοῦνται τὴν τοῦ ἕνδεκα ἀριθμοῦ διαστολήν,
65 ἐπειδήπερ τὰ ναύμαχα, τὰ ἐκ δύο συμβληθέντα καὶ κολληθέντα, λέγε-
ται „δύο καὶ εἰκοσίπηχυ" (Ο 678). A

320 a.¹ πόρκης: ὁ τῆς ἐπιδορατίδος δακτύλιος. b(BCE³) Τ *ex.*
πόρκης δὲ διὰ τὸ πείρειν τὸ δόρυ δι' αὐτοῦ. Τ

a.² πόρκης: ὁ κρίκος ὁ συνέχων τὸν σίδηρον πρὸς τὸ ξύλον D | *ex.*
70 τοῦ δόρατος, | διὰ τὸ πείρειν τὸ δόρυ δι' αὐτοῦ. A

321. τὸν δ' εὗρ' ἐν μεγάροις περικαλλέα τεύχε' ἔποντα: *ex.*
τὸν καλλωπιστὴν δηλοῖ καὶ ἐναβρυνόμενον τῇ γυναικὶ καὶ μόνον οὐχὶ
πομπῆς χάριν κεκτημένον τὴν σκευήν. b(BCE³E⁴) Τ   ἄλλως τε
οὐδὲ ἐν τῇ αὐλῇ ἐστιν, ἀλλ' ἐν μέσαις ταῖς ἐρίθοις. Τ

75 **322 a. ἀσπίδα καὶ θώρηκα, ⟨καὶ ἀγκύλα τόξ' ἀφόωντα⟩:** *Nic.*
βραχὺ διασταλτέον ἐπὶ τὸ θώρηκα· πρεπωδέστερον γὰρ ἐπὶ τοῦ
τόξου τὸ ἀφόωντα. A

b.¹ **ἀσπίδα καὶ θώρηκα, ⟨καὶ ἀγκύλα ΤΟΞΑΦΟΩΝ-** *Nic.* | *ex.*
ΤΑ⟩: βραχὺ διασταλτέον εἰς τὸ θώρηκα. | τὸ δὲ „φόωντα" τινὲς λαμ-
80 πρύνοντα παρὰ τὸ φῶς. ἢ „ἀφόωντα" ἀντὶ τοῦ ἐρευνῶντα, ψηλαφῶν-
τα. Τ

ston.)   **319—20** ἐνδεκάπηχυ (57) sq. ad Z 319 *a* et *b*   **319** *a* ad Z 319—20, cf.
sch. *b*   *b* cf. sch. *a*, Eust. 644, 37 (οἱ παλαιοί). Vide ad Z 319—20; — οἱ δὲ
ἐνδεκάπηχυ (62) cf. sch. γ 391 (Hrd.). Vide ad Ο 678 (Hrd.)   **320** *a* διὸ τὸ
πείρειν (68 et 70) cf. Or. 125, 31: πόρκης· ὁ δακτύλιος (Larcher, δάκτυλος cod.),
παρὰ τὸ πείρειν (scripsi cl. EM. 683, 35, περιέχειν cod.), in sede scholiorum,
aliter D, Ap. S. 133, 27, Eust. 644, 45 (qui vocem πόρκης derivant ἀπὸ τοῦ
περιέχειν)   *a*¹ — δακτύλιος (67) cf. D, Schem. Hom. 92   **322** *a* cf. Classen,
Beob. 133   *b*¹ τὸ δὲ (79) sq. cf. D, Theogn. can. 81, 21 Alp., Et. Gen. (B,

ὑπογραμμὸν δὲ — ἄφιξιν in fine scholii (coni. cum v. εἰκοσίπηχυ) in b   56
προμην. Τ ἅμα δὲ καὶ προμηνύει b   57 ἐνδεκ. — πηχῶν om. E⁴, ἐνδεκάπ. δὲ
(sc. initio scholii) om. BCE³   59 le. addidi   ὅτι A, fort. ἡ διπλῆ, ὅτι · 60
fort. δυωκαιεικοσίπηχυ (Bk., ut Hom.)   61 le. A supplevi   66 fort. δυω-
καιεικοσίπηχυ (Bk., ut Hom.)   67 πόρκης: ὁ Τ, πόρκης καλεῖται ὁ b   71 (le.)
τεύχεα Τ em. Ma.   72 καλλωπισμὸν E³   73 πομπῆς — σκευήν Τ δι' αὐτήν τὰ
ὅπλα μεταχειριζόμενον b   75 le. A suppl. Frdl.   78 sq. le. Τ supplevi   80
ἀφ. scripsi, ἀφόωντα Τ

Nic.   b.² βραχὺ διασταλτέον εἰς τὸ θώρηκα, ἵν' ἦ πρὸς τὸ ,,ἔπον-
τα" (Z 321). b(BCE³E⁴)

ex.   **324.** καὶ ἀμφιπόλοισι ⟨περικλυτὰ ἔργα⟩ κέλευε: ἐμπρα-
κτοτέρα αὕτη 'Αλεξάνδρου. περικλυτὰ δὲ ἔργα κέλευεν ἀντὶ τοῦ 85
περὶ τῶν ἔργων. b(BCE³E⁴) T

Ariston. **325 a.** τὸν δ' Ἕκτωρ νείκεσσεν ⟨ἰδὼν αἰσχροῖς ἐπέεσ-
σιν⟩: ὅτι κυκλικῶς κατακέχρηται· οὐδὲν γὰρ λέγεται ἐπιπληκτικόν.
A

ex.   b. αἰσχροῖς: λοιδόροις. b(BCE³E⁴) T   παρ' ἑαυτοῦ δὲ 90
ἐξήνεγκεν ὁ ποιητὴς τὸν στίχον. b(BCE³) T

Ariston. **326 a.** δαιμόνι', ⟨οὐ μὲν καλὰ χόλον τόνδ' ἔνθεο θυμῷ⟩:
ὅτι ἄπορον, ποῖον χόλον. λύοιτο δ' ἂν ἐξ ὑποθέσεως. μήποτ' οὖν
ἀκούων τοὺς Τρῶας καταρᾶσθαι αὐτῷ ἐχολοῦτο. ἀμείβεται γοῦν
,,οὔτοι ἐγὼ ⟨Τρώων⟩ τόσσον χόλῳ οὐδὲ νεμέσσει" (Z 335). A   95

ex.   b.¹ οὐ μὲν καλὰ χόλον: ἀφορμὴν αὐτῷ δίδωσι τῆς ἀργίας· 1
οὐ γὰρ ὡς ἀσθενοῦς, ἀλλ' ὡς ῥαθύμου κατηγορεῖ· οὐχ ὑγιῶς, φησίν,
ἐν νῷ ἔχεις τὴν μῆνιν, ἥν σοι οἱ Τρῶες μηνίουσιν (ὡς θελήσαντες αὐτὸν
ἐκδοῦναι Μενελάῳ). ἄλλως τε οὐκ ἔδει ἐπὶ Ἑλένης αὐτὸν λοιδορεῖ-
σθαι. T   5

b². ἀφορμὴν λαμβάνει διὰ τῆς αὐτοῦ ἀργίας· οὐ γὰρ ὡς
ἀσθενοῦς, ἀλλ' ὡς ῥαθύμου αὐτοῦ κατηγορεῖ. καί φησιν· οὐχ ὑγιῶς
ἐν ἑαυτῷ τὴν μῆνιν ἔχεις· σοὶ γὰρ οἱ Τρῶες μηνίουσιν (ὡς θελησάντων
αὐτὸν ἐκδοῦναι Μενελάῳ). ἢ χόλον τὴν ῥαθυμίαν λέγει. ἐβούλετο μὲν
οὖν αὐτοῦ πλειόνως καθάψασθαι, ἀλλ' οὐκ ἔδει αὐτὸν ἐπὶ Ἑλένης 10
λοιδορεῖσθαι. b(BCE³E⁴)

deest A) φόωντα   ψηλαφῶντα (80) Eust. 644, 54. 58, cf. sch. θ 196, Ap. S.
26, 5. 49, 11, Et. Gen. (AB) ἀφόωντα   **324** cf. Eust. 644, 56   **325 a** fort.
excidit pars scholii Aristonici; nam similia censeo de v. αἰσχροῖς ἐπέεσσιν eum
dixisse laudavisseque versum Γ 38, ubi poeta eadem verba proprie usurpa-
vit   κυκλικῶς (88) ad I 222 a. Ο 610—4 a; cf. Merkel XXXI; Friedl., Ariston.
253; Lotz 20; Pfeiffer 230; vide ad Λ 805 a¹. Ω 628   **326 a** ad Z 335 a (Ari-
ston.)   b cf. D; — Μενελάῳ (4 et 9) cf. Eust. 644, 63; Plut. mor. 73 e

84 le. T suppl. Ma., om. b (sch. ad Z 323 referens)   **85** αὕτη T λίαν ἐστὶν
αὕτη τοῦ b   περικλυτὰ — κέλ. T τὸ δὲ ἔργα b   ἀντὶ τοῦ om. E⁴   **87** sq.
le. A suppl. Frdl.   **88** ὅτι A, ἡ διπλῆ, ὅτι Vill.   κυκλικῶς i. e. neglegenter
92 le. A suppl. Vill.   **93** ὅτι A, ἡ διπλῆ, ὅτι Vill.   **94** αὐτῷ Frdl., non
urguet   **95** τρώων (= Hom.) addidi   **9** αὐτὸν BE³E⁴ αὐτῶν C

327—8. λαοὶ μὲν φθινύθουσι ⟨——— / μαρνάμενοι⟩: περι- ex.
κέκοπται ὁ λόγος· ἐφυλάξατο γὰρ εἰπεῖν· σὺ δὲ καθέζῃ ἀκίνδυνος.
b(BCE³E⁴) T

15 327. περὶ π⟨τ⟩όλιν: περὶ πόλιν εἶπε διαφθείρεσθαι τὸν λαόν, ὡς ex.
ἐγγὺς ὄντος τοῦ δεινοῦ. T

328. σέο δ᾽ εἵνεκ᾽ ἀϋτή: Μενέλαος δὲ πολεμεῖ πρὸς Ἀλεξάνδρου ex.
†ἀδίκως†, πρὸς Ἕκτορα ὑπὲρ ἑαυτόν· νυκτὶ γὰρ ἔτι ὑπερασπίζει
Πατρόκλου (cf. P 563 sq., imprimis 581. 717). T

20 330 a.¹ ⟨εἴ τινά που:⟩ Ἀρίσταρχος „ὅν τινά που“. Aⁱᵐ   Did.
a.² εἴ τινά που {μεθιέντα}: „ὅντινά που“. οὕτως αἱ Ἀρι-
στάρχου. T

331 a. ἀλλ᾽ ἄνα: ἐφυλάξατο ἐπαγαγεῖν τῷ „λαοὶ μὲν“ (Z 327) ex.
‘σὺ δὲ καθέζῃ’. T

25 b. ⟨πυρὸς δηΐοιο θέρηται:⟩ ὅτι ἐλλείπει ἡ ὑπό πρόθεσις, Ariston.
ὑπὸ πυρός. Aⁱⁿᵗ

c. ⟨θέρηται:⟩ καυθῇ. Tⁱˡ   ex.(?)

335 a. οὗτοι ἐγὼ Τρώων ⟨τόσσον χόλῳ⟩: ὅτι σαφὲς γέγονε Ariston.
τὸ ἐν τοῖς ἐπάνω ἄδηλον διὰ τοῦ „δαιμόνι᾽, οὐ μὲν καλὰ χόλον τόνδ᾽
30 ἔνθεο θυμῷ“ (Z 326). A

b. {οὔτε} νεμέσ⟨σ⟩ι: διὰ τοῦ ῑ μακροῦ τὸ νεμέσ⟨σ⟩ι ὡς ex.
Θέτι. T

336 a.¹ ἦμην {ἐν θαλάμῳ}: προσπνευστέον τὸ ῆ· ἐνδιατρίβειν γὰρ Hrd.
σημαίνει καὶ τὸ καθῆσθαι. ὅσοι δὲ ἠθέλησαν σημαντικὸν εἶναι τοῦ
35 ὑπάρχειν, ἐψίλωσαν· ὃ σπανίως εὑρίσκεται κατὰ τὴν χρῆσιν τῶν
Ἑλλήνων, οὗ τὰ ὑποδείγματα δίδομεν ἐν τῷ Περὶ τῶν εἰς μῑ (fr. 12,
Hrd. 2, 840, 9). ὁ μέντοι ποιητὴς οὐκ ἐχρήσατο. A

327—8 vide ad Z 331 a (ex.)   327 ad Z 434 b (test.)   329 nescio an sch. fuerit de
v. ἀμφιδέδηε, cf. Et. Gen. (AB) ἀμφιδέδηε· περιειλεῖται, περιορίζει ἤγουν (ἤγ. om.
B) ἀμφοτέρωθεν περιεκύκλωσεν. ἀπὸ τοῦ δαίω μέσος παρακείμενος· „ἄστυ τόδ᾽
ἀμφιδέδηε“ (Z 329), originis incertae; cf. Reitzenstein, Gesch. 35, 25   331 de
v. ἄνα vide ad I 247 (test.)   a vide ad Z 327—8 (ex.)   b ad I 242 a. Λ 667 b.
Π 81 a (Ariston.); cf. Friedl., Ariston. 21   c idem Eust. 645, 39; cf. D (ἀντὶ τοῦ
καίηται)   335 a ad Z 326 a (Ariston.)   b cf. Et. Gen. (= EM. 600, 29);
Ahrens, Philcl. 4, 1849, 604; Schulze, Quaest. ep. 434   336 a ad O 10 (Hrd.)   a¹
— καθῆσθαι (34) ad Δ 412 c. O 245 (Hrd.), cf. Lex. spir. 224   σπανίως
εὑρίσκεται (35) cf. Choer. Th. 2, 352, 14; Uhlig ad Ap. Dysc. synt. 452, 8

---

12 le. T supplevi, om. b (qui sch. ad Z 327 revocavit)   13 εἰπεῖν T ἐπα-
γαγεῖν b   15 (le.) πόλιν T suppl. V   17 ante μενέλ. lac. stat. Ma.   18
fort. ἀδικούμενος vel ἠδικημένος   νυκτὶ cf. P 644 sq.   20 le. add. Vill.
21 (le.) μεθιέντα delevi   23 τῷ Ma., τὸ T   25 le. add. Bk.   ὅτι A,
ἡ διπλῆ, ὅτι Vill.   27 le. add. Ma.   28 le. A supplevi (Bk.)   ὅτι A, ἡ
διπλῆ, ὅτι Vill.   31 (le.) οὔτε delevi; νεμέσι T suppl. Ma. (νεμέσσει Ba.)   νε-
μέσι² T suppl. Bk.   33 (le.) ἐν θαλάμῳ del. Bk.   34 τοῦ Bk., τὸ A

     a.² δασυντέον τὸ ἦμη ν, ἀντὶ τοῦ ἐκαθήμην. τινὲς δὲ ψιλοῦσιν ἀντὶ τοῦ ὑπῆρχον, κακῶς. b(BCE³) T

ex.   *b*. ἄχεῖ προτραπέσθαι: εἶξαι τῇ συμφορᾷ καὶ ἀφησυχά- 40 σαι. δέον δὲ ἔργοις ἀνανεοῦσθαι τὸ πταῖσμα διὰ ἡσυχίας φησὶν ἀνακτᾶσθαι ἑαυτόν. b(BCE³E⁴) T

ex.   *c*. ⟨ἄχεῖ προτραπέσθαι:⟩ οἱονεὶ εἶξαι τῇ συμφορᾷ καὶ σχολάσαι τῇ μάχῃ. A^int

D   {ἔθελον δ'} ἄχεῖ προτραπέσθαι: διὰ τὴν λύπην τοῦ δυση- 45 μερήματος ——— δὲ εἶξαι. A

Ariston.   **337** *a*. νῦν δέ με ⟨παρειποῦσ' ἄλοχος μαλακοῖς ἐπέεσ- σιν⟩: ὅτι οὐ κατὰ τὸ ῥητὸν παραγείοχε τὴν παραμυθίαν, δεῖ δὲ κατὰ τὸ σιωπώμενον νοῆσαι· διὸ καὶ εὑρίσκεται περὶ τὰ ὅπλα ἀσχο- λούμενος. A   50

ex.   *b*. νῦν δέ με παρειποῦσ' ἄλοχος: ὡς ἐρῶν κηδεμόνα τῆς πόλεως αὐτὴν θέλει δεῖξαι· ἅμα δὲ μειοῖ τὴν παραίνεσιν τοῦ ἀδελ- φοῦ. T

ex. | Ariston. (?)   **339.** νίκη δ' ἐπαμείβεται ἄνδρας: ὡς τὸ „κεῖνον δ' αὖθις ἐγώ" (Γ 440). b(BCE³) T   τῇ δὲ τύχῃ, οὐ τῷ πολεμίῳ περιά- 55 πτει τὸ κατόρθωμα. b(BCE³E⁴) T | ὁ δὲ δέ ἀντὶ τοῦ γάρ. T

ex.   **340—1.** ἀλλ' ἄγε νῦν ἐπίμεινον ⟨———/⟩ ἢ ἴθ' ⟨ἐγὼ δὲ μέτειμι,⟩ κιχήσεσθαι δέ σ' ὀίω: πρὸς ἀναβολὴν καὶ εὐκαιρίαν Ἕκτορος. T

ex.   **342.** τὸν δ' οὔτι προσέφη: καλῶς οὐδὲ ἀποκρίσεως αὐτὸν 60 ἠξίωσεν εἰπόντα „νῦν δέ με παρειποῦσ' ἄλοχος" (Z 337), ἀλλὰ τῇ Ἑλένῃ αὐτὸν παρορμᾶν παραινεῖ· b(BCE³E⁴) T   „ἀλλὰ σύ ⟨γ'⟩ ὄρνυθι τοῦτον" (Z 363). T

Did.   **343** *a*. ⟨προσηύδα μειλιχίοισι:⟩ ἐν ἄλλῳ „προσηύδα δῖα γυ- ναικῶν". A^int   65

---

b — ἀφησυχάσαι (40) cf. D, Eust. 645, 6   *c* cf. sch. *b* et D   **337** *a* κατὰ τὸ σιωπώμενον (49) ad E 231 *b*; cf. Meinel 10   **339** ὁ δὲ δέ (56) sq. ad Z 360 *b* (Ari- ston.); ceterum nullum signum ante versum in A   **342** cf. Eust. 645, 49

---

38 δασυντ. b, ἤμην ἐν θαλάμῳ: δασυντέον T   τινὲς T ἄμεινον γάρ. τινὲς b   ψι- λοῦσι E³   **39** ὑπ. κακῶς T ἤμην, ὃ δηλοῖ τὸ ὑπῆρχον b   **40** καὶ εἶξαι E⁴ (pone D)   **40** sq. ἡσυχάσαι b   **41** δὲ — διὰ T μὲν οὖν ἦν τὸ πταῖσμα ἔργοις ἀνανεοῦσθαι. οὗτος δὲ διὰ b   **43** le. addidi   συμφᾷ ss. ο A   **44** τῆς μάχης Ddf., vix recte   **45** (le.) ἔθελον δ' del. Bk.   **47** sq. le. A suppl. Frdl.   (le.) δέ με Vill. (cf. Bk., H. Bl. 1, 84), δ' ἔμε A   **48** ὅτι A, ἡ διπλῆ, ὅτι Vill.   παρα- γήοχε Bk., fort. rectius   **54** δ'² b δὲ T   **55** οὐ τῷ] αὐτῶι E³, quod ipse cor- rexit   **57** le. T supplevi; ἴθ' scripsi pro ἴθι; le. solum ἐπίμεινον Bk.   **58** καὶ T, fort. ἢ   **60** οὐδὲ] οὐδ' E⁴   **60** sq. ἠξ. αὐτὸν E³   **62** παρορμᾶν παρ.] παρ- ορμᾷ E⁴   γ' addidi cl. Hom.   **64** le. addidi (auctore Vill.)

b. προσηύδα μειλιχίοισι: προσάγεται αὐτόν· ξυνίησι *ex.*
γὰρ ὡς διὰ τὴν πρὸς αὐτὴν αἰδῶ τὰς ἐπιπλήξεις παρῆκεν. b(BCE³E⁴)
T

344. δᾶερ ⟨ἐμεῖο κυνὸς κακομηχάνου ὀκρυοέσσης⟩: τῷ *ex.*
70 συγγενικῷ ὀνόματι προσάγεται τὸν Ἕκτορα. ἐπεὶ δὲ δι' αὐτὴν
ἀτυχοῦσι Τρῶες, προαναστέλλει τὴν κατηγορίαν καὶ τὴν εὔνοιαν αὐ-
τῶν ἐπισπᾶται. b(BCE³E⁴) T

345. ὅτε με πρῶτον τέκε μήτηρ: ὡς παρ' αὐτὸ ⟨τὸ⟩ τῆς γενέ- *ex.*
σεως εἱμαρμένων τούτων, ἅπερ αὐτῆς ἐδόκει εἶναι πλημμελήματα.
75 b(BCE³E⁴) T

348 *a.* ἀπόερσε: ψιλωτέον· τὰ γὰρ φωνήεντα καταλήγοντα εἰς *Hrd.*
τὸ ρ̄, ἐπιφερομένου τοῦ σ̄, ψιλοῦσθαι φιλεῖ, „ἄρσαντες" — οὕτως γὰρ
ἐλέγομεν περὶ τούτου καὶ ἐν τῇ Α ῥαψῳδίᾳ (136) —, Ἀρσινόη, „ἐν δὲ
σταθμοὺς ἄρσε" (φ 45), „ὄρσας" (Χ 190 al.), „ὄρσεο, κυλλοπόδιον"
80 (Φ 331). ταύτῃ ἀναλογώτερον τὸ ἔερσα τρισύλλαβον. **A**

b. ἀπόερσε: ψιλωτέον τὸ ἔρσε· πᾶν γὰρ φωνῆεν λῆγον εἰς ρ̄, *Hrd. | ex.*
ἐπιφερομένου τοῦ σ̄, ψιλοῦσθαι θέλει. b(BCE³) T | γίνεται δὲ ἀπὸ
τοῦ ἔρρω, „ἔναυλος ἀποέρσει" (Φ 283). **T**

c. πάρος τάδε ἔργα γενέσθαι: πιθανῶς παρέδραμε τὴν *ex.*
85 αἰσχύνην τῶν εἰργασμένων. b(BCE³E⁴) T

349. ⟨τεκμήραντο:⟩ εἰς τέλος ἤγαγον, | διὰ τὸ τέκμωρ. b(BC *D | ex.*
E³E⁴) T^(il)

350. ἀνδρὸς ἔπειτ' ὤφελλον ἀμείνονος: διδάσκει ὁ ποιητής *ex.*
τὰς ἐπιγαμίας πρὸς συνετοὺς ποιεῖσθαι. ἡ γοῦν Ἑλένη πλούσιον
90 ἄνδρα ἔχουσα τὸν Ἀλέξανδρον καὶ υἱὸν βασιλέως εὔχεται συνετοῦ γε-
γενῆσθαι γυνή. b(BCE³E⁴) T

---

347 Ep. Hom. (An. Ox. 1, 172, 3): ἐς·... παρὰ δὲ τῷ ποιητῇ συμφώνου μὲν ἐπιφερομέ-
νου ἐκβάλλειν τὸ ῑ λέγεται, φωνήεντος δὲ ἐπιφερομένου φυλάττει :.. ἀμφίβολον τὸ
„εἰς ὅρος ἢ εἰς κῦμα"· ἀναγινώσκεται γὰρ καὶ „ἐς κῦμα", (sim. ib. 1, 179, 23), fort. e
scholio deperdito **348** *a* — ῥαψῳδίᾳ (78) ad Α 136 (Hrd.); cf. Lehrs Ar.³ 308;
La Roche, H. T. 419 ψιλωτέον (76) ad Φ 282 (pap. XII) ταύτῃ (80) sq.
ad Ζ 351 (Hrd.) *b* γίνεται δὲ (82) sq. cf. Eust. 646, 21; vide ad Φ 283. 329
(ex.); Bechtel, Lex. 50 **349** — ἤγαγον (86) cf. D ad Η 70 τέκμωρ (86) ad

---

69 le. T supplevi (auctore Vill.; δ. ἐμ. κυνὸς iam Li), om. b 70 προσοικειοῦται b
71 προαναγγέλλει τε τὴν ἑαυτῆς κατηγορίαν b (perperam) 73 sq. παρ' αὐτὸ
τὸ (τὸ add. Wil.) τῆς γ. T καὶ παρ' αὐτὴν τὴν γένεσιν b 80 ἔερσα Bk., ἔερσα Α
(ἔερσα Pind. N. 3, 78) **81—3** pone sch. *c* in T 84 sq. πιθανῶς δὲ sq. pone
sch. *b* (coni. cum v. θέλει) BCE³ τὴν τῶν αὐτῇ εἰργ. αἰσχύνην BCE³ 86 le.
add. V^c διὰ τὸ τέκμωρ T ἀπὸ τοῦ τέκμαρ b (cf. test.)

ex.   **351.** ἤδη νέμεσίν τε ⟨καὶ αἴσχεα⟩: ἤδει πρὸς τὸ φυλάσσεσθαι μὴ ἐμπίπτειν εἰς αὐτά· b(BCE³E⁴) T   „οἶδεν τό γ᾽ αἰσχρὸν κανόνι τοῦ καλοῦ μαθών" (Eur. Hec. 602). T

ex.   **352—3.** οὔτ᾽ ἄρ ⟨νῦν⟩ φρένες ⟨ἔμπεδοι⟩ οὔτ᾽ ἄρ᾽ ὀπίσ⟨σ⟩ω / 95 ⟨ἔσσονται⟩: οὐδὲ ἐλπίδα ὑποδείκνυσι σωτηρίας. T

Did.(?)   **353 a.** ⟨κέν μιν:⟩ γράφεται „καί μιν". Aⁱⁿᵗ

ex.(?)   **b.** ⟨ἐπαυρήσεσθαι:⟩ τῆς ἰδίας ἀνοίας δηλονότι. Aⁱⁿᵗ   98

Did.   **354 a.** ⟨ἀλλ᾽ ἄγε νῦν:⟩ οὕτω νῦν αἱ Ἀριστάρχου. Aⁱⁿᵗ   1

ex.   **b.** ἕζεο: τὸ μὲν παθητικὸν διὰ τοῦ ē, τὸ δὲ ἐνεργητικὸν διὰ τοῦ ī. T

ex.   **354—5 a.** ἀλλ᾽ ἄγε νῦν εἴσελθε ⟨——, /⟩ δᾶερ: τὸ συνεχὲς τοῦ λόγου ἐκεῖνο ἦν „δᾶερ ἐμεῖο κυνός" (Z 344) εἴσελθε καὶ ἕζεο 5 (354). μέσα δὲ παρενθεῖσα πλείονα ἀπ᾽ ἄλλης ἀρχῆς ἤρξατο, ἀλλ᾽ ἄγε νῦν εἴσελθε καὶ ἕζεο (354). b(BCE³E⁴) T   τὸ δὲ δᾶερ (355) ἕνεκα φιλοφροσύνης ἐπαναλαμβάνει. b(BE³E⁴) T

ex.   **b.** ἀλλ᾽ ἄγε νῦν εἴσελθε ⟨——, / δᾶερ⟩: μέχρι γὰρ τῆς αὐλῆς προεληλύθει, φιλοφρονητικὸν δὲ τοῦτο. b(BCE³E⁴) T   10

Hrd.   **355 a.¹** δᾶερ, ἐπεί σε μάλιστα: τὸ δᾶερ ὡς „ἄνερ" (Ω 725)· τοιαῦται γὰρ αἱ εἰς ēρ κλητικαί. τὴν δὲ σέ ἀντωνυμίαν ὀξυτονοῦσι, τουτέστιν ὀρθοτονοῦσιν, ἐπεὶ πρός τί ἐστιν. ἔστι μὲν οὖν ἀληθὲς ὅτι ἀντιδιασταλτική ἐστιν νῦν ἡ ἀντωνυμία· ἡ μέντοι κοινὴ ἀνάγνωσις ἀνέγνω ἐγκλιτικῶς ἀεὶ τὴν τοιαύτην σύνταξιν. ὃ δὲ λέγω, τοιοῦτόν 15 ἐστι· τὸ ἐπεί σε εὑρέθη συνεχῶς οὕτως ἀνεγνωσμένον, ἐγκλιτικῶς᾽ ἀεί, μὴ ἐπιφερομένου συνδέσμου, „ἐπεί σ᾽ εἴασεν Ἀχιλλεύς" (Ω 684) „ἐπεί σε πρῶτα κιχάνω" (ν 228), „ἐπεί σε φυγὼν ἱκέτευσα" (ο 277)᾽

H 70 (A); cf. Bechtel, Lex. 310   **353 a** cf. Valk II 109   **354 a** νῦν „cuius loco quid alii dederint, difficile est affirmare, nisi putaveris ἀλλ᾽ ἄγε δή olim obtinuisse" (Spitzner); sch. Herodiano dub. attr. Ludwich, A. H. T. 1, 270, 22 (cl. ad A 421—2), frustra opinor   **354—5 a** τὸ δὲ δᾶερ (7) sq. cf. Eust. 647, 7 **355 a¹** τὴν δὲ σέ (12) sq. ad B 190 a (Hrd., test.); cf. Lehrs, Quaest. ep. 121   τὴν δὲ σέ (12) — ἀντωνυμία (14) ad H 198 (Hrd.)

92 le. T suppl. Bk., om. b   ἤδει] εἰ ἤδει T, an ὃς ἤδει?   93 μὴ — αὐτά T καὶ μὴ εἰς αὐτὰ ἐμπίπτειν b   95 sq. le. T suppl. Ma. (ἔσσ. addidi)   97 le. addidi (= vulg., καί μιν Aᶜᵒⁿᵗ)   γράφ.] γρ (cp.) A   98 le. add. Bk.   1 le. add. Bk., fort. rectius νῦν solum   2 le. scripsi, τὸ δὲ ἕζεο pone sch. Z 356 (coni. cum v. ἕκτορος) T, trps. Bk.   4 le. T suppl. Ma., om. b (scholio ad Z 354 relato)   5 λόγου b δᾶερ T   κυνὸς T κυνόπιδος b   8 λαμβάνει b   9 le. T dub. supplevi, om. b   μέχρι γὰρ T εἴσελθε δέ, ὅτι μέχρι (coni. cum scholio praecedenti) b   10 τοῦτο T καὶ τοῦτο b   11 ἄνερ A em. Bk.   12 κλητικαί Bk., ἐγκλιτικαί A   15 ἐγκλητικῶς A em. Vill.

„ἐπεί σε λέοντα" (Φ 483). οὕτως δὲ καὶ ἐπεί σε μάλιστα πόνος
20 φρένας. καί μοι δοκοῦσι τῷ πρώτῳ προσώπῳ ἀκολουθεῖν οἱ οὕτως
ἀνεγνωκότες, πιθανῶς πάνυ· διὰ γὰρ τῆς φωνῆς τὸ πρῶτον πρόσω-
πον ἐπιδείκνυται τό τε ὀρθοτονούμενον καὶ τὸ ἐγκλιτικόν, εἴ γε ἡ ἐμέ
αἰτιατική, ὅτε φυλάσσει τὸ ε̄, ὀρθοτονεῖται, εἰ δὲ ἀποβάλοι, ἐγκλιτική
ἐστιν. εὑρέθη τοίνυν μετὰ τοῦ ἐπεί συνδέσμου παρὰ τῷ ποιητῇ κατὰ
25 ταύτην τὴν σύνταξιν ἀποβάλλουσα τὸ ε̄· „Ἕκτορ, ἐπεί με κατ᾽ αἶσαν"
(Γ 59), „ἐπεί μ᾽ ἀφέλεσθέ γε δόντες" (Α 299). τούτῳ τοίνυν τῷ λόγῳ
πιθανὸν ἂν εἴη κατακολουθήσαντας ἡμᾶς ἀναγινώσκειν ἐγκλιτικῶς
ἐπεί σε μάλιστα. Α
    a.² ἐπεί σε μάλιστα: ἔστι μὲν νῦν ἀντιδιασταλτικὴ ἡ σέ
30 ἀντωνυμία, καὶ ἐχρῆν αὐτὴν ὀρθοτονεῖσθαι. ἡ δὲ συνήθεια ἐγκλιτικῶς
ἀνέγνω. b(BCE³) T
    356. εἴνεκ᾽ ἐμεῖο κυνός: Ἕκτωρ μὲν οὐ συμπαραλαμβάνει αὐτὴν   ex.
Ἀλεξάνδρῳ· „σέο" γάρ φησιν „εἴνεκ᾽ ἀϋτή τε †πόλεμός† τε" (Ζ 328).
ἡ δὲ τὴν αἰτίαν τοῦ πολέμου καὶ εἰς ἑαυτὴν φέρει προκαταλαμβάνουσα
35 τὴν αἰτίαν Ἕκτορος. b(BCE³E⁴) T
    357 a.¹ οἷσιν ἐπὶ Ζεὺς θῆκε: ὁ Ἀσκαλωνίτης (p. 48 B.) ἀνα-   Hrd.
στρέφει, ἵν᾽ ᾖ ἐφ᾽ οἷς. δύναται δὲ τὸ ἑξῆς εἶναι ἐπέθηκε⟨ν⟩· οὕτως γὰρ
βούλονται καὶ οἱ περὶ Ἡρακλέωνα (fr. 5 B.)· ἢ περισσὴν λαμβάνειν
τὴν ἐπί, ἥτις πάλιν οὐκ ἀναστραφήσεται, δι᾽ ὃν εἴπομεν λόγον (sc. ad
40 Δ 423)· τοῦτο γὰρ βούλεται καὶ ὁ Ἀλεξίων (fr. 32 B.). οὐδὲν μέντοι
κεκώλυκε καὶ τὸ τοῦ Ἀσκαλωνίτου, ἐπεὶ οὐχ ὁρῶ τινα λόγον ἀναγκα-
στικόν. Α
    a.² Πτολεμαῖος ἀναστρέφει τὴν ἐπί πρόθεσιν, b(BCE³) T^il
Ἡρακλέων δὲ οὔ. b(BE³) T
45   b. ⟨Ζεύς:⟩ ἰᾶται τὰ πταίσματα, b(BE³) Tᵗ   εἰς τὸν Δία   ex.
ἀνάγουσα τὴν αἰτίαν. Tᵗ

ἡ ἐμέ αἰτ. (22) ad E 117. Vide ad K 242 b¹ (Hrd.)   εἰ δὲ ἀποβάλοι, ἐγκλιτική
ἐστιν (23) ad Γ 400 (test.), cf. Ap. Dysc. pron. 36, 20   356 nullum signum
ante versum in A; fort. exstabat sch. Aristonici, qui notavisse vid. poetam
voce ἄτης hic, ubi Helena culpam ad se refert, suo iure usum esse; tamen
quosdam legisse ἀρχῆς (e. g. Ap. Dysc. synt. 185, 9). Vide ad Γ 100 b (Ariston.),
cf. Ludwich, A. H. T. 1, 270, 26   357 a ἀναστρέφει (36) ad B 699 (test.)   δύ-
ναται (37) sq. ad A 67 b (test.)   ἢ περισσὴν (38) — ἀναστραφήσεται (39) ad
E 178, cf. sch. δ 386. ε 40. Vide ad Δ 423

21 sq. πρώσωπον A em. Vill.   22 εἴ γε Bk., εἰ γὰρ A   29 διασταλτικὴ
C   σέ b ἔ T   33 σέο b σεῖο T, σέο δ᾽ Hom.   εἴνεκ᾽ om. T   πτόλεμός
(τε) Hom.   34 τοῦ πολ. om. b   35 τὴν αἰτ. Ἑκτ. T αὐτόν b   36 (le.) ζ. θῆκε
del. Bk.   37 ἐπέθηκε A suppl. Bk.   41 τὸ Lehrs, ὁ A   43 πρόθεσιν
om. b   45 le. add. Ma.   45 sq. ἰᾶται δὲ τὰ ἑαυτῆς πταίσματα cum scholio
praecedenti coni. b

ex.　　**358.** πελώμεθ᾽ ἀοίδιμοι: λεληθότως αὔξει τὴν ποίησιν. b(BE³) T

ex.　　**360** *a.* φιλέουσά περ: πιθανῶς προσέθηκε τὸ φιλέουσα, ἵνα μὴ ὑπ᾽ ἀπεχθείας δοκῇ μὴ καθέζεσθαι. b(BCE³E⁴) T　　　　　50

Ariston.　　*b.* ⟨οὐ δέ με πείσεις:⟩ ὅτι ὁ δέ ἀντὶ τοῦ γάρ· οὐ γάρ με πείσεις. Aⁱᵐ

Hrd.　　**362** *a.* ⟨Τρώεσσ᾽:⟩ τὸ τέλειον Τρώεσσι· διὸ προπαροξύνεται. Aⁱᵐ

ex.　　*b.* οἳ μέγ᾽ ἐμεῖο ποθήν ⟨ἀπεόντος⟩ ἔχουσιν: στρατιω- 55 τικὸν τὸ τῆς ἀλαζονείας καὶ κατὰ τὸν Ἕκτορα. b(BCE³E⁴) T

Hrd.　　*c.* ⟨ποθήν:⟩ τὸ ποθήν ὡς κριθήν. Aⁱⁿᵗ

ex.　　**363.** ἀλλὰ σύ γ᾽ ὄρνυθι τοῦτον: οὐκ ἠξίωσεν αὐτῷ διαλέξασθαι τὸ πᾶν ἐπιτρέποντι τῇ γυναικί. b(BCE³E⁴) T

ex.　　**364** *a.¹* ὥς κεν ἔμ᾽ ἔντοσθεν πόλιος: ὡς τάχιστα διαλεξόμενος 60 τῇ γυναικί. T

　　　　a.² ἐδήλωσεν ὅτι οὐ χρονίσει ἐν τῷ τῇ γυναικὶ ὁμιλεῖν. b(BCE³E⁴)

ex.　　**365—6.** ὄφρα ἴδωμαι / οἰκῆας: τοὺς ἐν τῷ οἴκῳ· ἀσυμπαθοῦς γὰρ ἐλθόντα μὴ ἰδεῖν. προὔκρινε δὲ τῶν ἡδέων τὰ ἀναγκαῖα. b(BCE³ 65 E⁴) T

ex.(?)　　**366.** ⟨οἰκῆας:⟩ οἰκέτας. Aⁱᵐ

ex.　　**367** *a.* οὐ γάρ τ᾽ οἶδ᾽, εἰ ἔτι σφιν ὑπότροπος ἵξομαι: τὸ τέλειον ᾽οὐ γάρ τε οἶδα᾽. Aⁱᵐ b(BCE³E⁴) T　　　　πολεμικὸς δὲ ὢν †ὸ μὲν† τὸ τῶν πολεμικῶν κινδύνων ἄδηλον. b(BCE³E⁴) T　　　70

360 *b* ad H 401 *b.* Θ 85. 344. Ο 261. Π 116 (Ariston.), cf. sch. β 6. θ 363. λ 501. ρ 261. σ 229. 234. τ 46. φ 1. 29; Polyb. barb. 289, 9. Vide ad Z 339. l 640 *b.* Ν 70. 163. 191 *g.* 429 *a.* 481 *b.* Π 90. 107—11. 255. 336 *a²* **365—6** — οἴκῳ (64) cf. Eust. 647, 25 (σημειοῦνται οἱ παλαιοί). Vide ad Ε 413 (ex.), sch. ξ 4, Amm. 343 **366** οἰκέτας = D ad Ε 413, cf. sch. ξ 4, Amm. 343, aliter D (νῦν ἀντὶ τοῦ οἰκείους,

47 καὶ ληθθ. (coni. cum scholio praecedenti, v. πταίσματα) b　　**51** le. addidi (auctore Frdl.)　　ὅτι A, fort. ἡ διπλῆ, ὅτι　　δέ Bk., μ͞ε A　　**53** le. add. Vill.　　**55** le. T supplevi (auctore Vill.), om. b　　**56** κατὰ τ. ἕκτ. T οἰκεῖον ἕκτορος b　　**57** le. addidi　　κριθήν cf. Λ 69 al.　　**58** sq. οὐκ ἠξίωσε δὲ sq. pone sch. Z 362 *b* (coni. cum v. ἕκτορος) b　　αὐτῷ διαλ. T διαλέξασθαι ἀλεξάνδρῳ b　　**59** τῇ γυν. ἐπιτρέπων b　　**60** (le.) ἔντοσθε πόληος T em. Ma.　　ὡς T, fort. τοῦτο προφέρει ὡς sim.　　**64—5** sch. ad v. 366 revocavit b　　**65** τὸ ἐλθόντα b　　**67** le. add. Ddf.　　**68** le. T, om. Ab　　**68** sq. τὸ τέλ. om. b　　**69** τε οἶδα A τεοῖσ T τέως b　　δὲ om. T (fort. recte)　　**69** sq. ὁ μὲν T ὑποπτεύει b (e coniectura ?), οἶδεν Wil.　　**70** τὸ ante ἄδηλον trps. b

b. {οὐ γάρ τ᾽ οἶδ᾽ εἰ} ἔτι σφιν {ὑπότροπος ἵξομαι αὖτις}:   *Hrd. | Ap. H. (?)*
οὕτως {εἶ} ἔτι σφιν, εἷς τόνος. καίτοι ἐχρῆν δύο διὰ τὸ ἐπιφέρεσθαι
ἀντωνυμίαν ἀπὸ τοῦ σ̅φ̅ ἀρχομένην, ὁμοίως τῷ „ὅθί σφισι πέφραδ᾽
Ἀχιλλεύς" (Ψ 138), „ἦρχε δ᾽ ἄρά σφιν ἄναξ ἀνδρῶν Ἀγαμέμνων"
75 (Ζ 134). | σεσημείωται οὖν αὕτη ἡ ἀνάγνωσις μόνη, ὡς ἐν ἄλλοις (sc.
ad B 255) ὁ Ἡρωδιανὸς λέγει (2, 57, 18). A

370 a. ⟨εὖ ναιετάοντας:⟩ ὅτι ἀντὶ τοῦ εὖ ναιομένους. A^{im}   *Ariston.*

b. δόμους εὖ ναιετάοντας: διὰ τὴν τῶν δεσποτῶν πρό-   *ex.*
νοιαν· ἐπὶ δὲ Ἀλεξάνδρου (sc. Ζ 314) „καλά". b(BCE³E⁴) T

80 371. οὐδ᾽ εὖρ᾽ Ἀνδρομάχην: ἐκκλίνων τὸ ὁμοειδὲς πιθανῶς   *ex.*
ἐποίησε τὴν Ἀνδρομάχην μὴ εὑρισκομένην ἔνδον, ἅμα δὲ καὶ κρίνειν
τὸν ἀκροατὴν †εἴγε Ἑκάβην μὲν εὖρε καὶ Ἑλένην†. ἀπήει δὲ κατηφὴς
τῶν φιλτάτων †οὐκ ἀπολλυμένων†. ἐν δὲ τῷ τείχει παραδόξως συν-
τυγχάνει αὐτοῖς. b(BCE³E⁴) T

85 373 a. ⟨ἐφειστήκει:⟩ Ἀρίσταρχος χωρὶς τοῦ ι̅ „ἐφεστήκει".   *Did.*
A^{im}

b. ⟨γοόωσά τε μυρομένη τε:⟩ ἐκ παραλλήλου τὸ αὐτό.   *Ariston.(?)*
A^{int}

c. πύργῳ ἐφεστήκει ⟨γοόωσά τε μυρομένη τε⟩: τὴν   *ex.*
90 αἰτίαν τῆς ἐξόδου φησί, παραμυθούμενος ἡμᾶς συναχθομένους τῷ
Ἕκτορι. βούλεται δὲ ὥσπερ ἱκετήριον τῷ πατρὶ προτεῖναι τὸν παῖδα
διὰ τὸ ῥιψοκίνδυνον. b(BCE³) T

377. πῇ ἔβη Ἀνδρομάχη λευκώλενος: τοῦ ποιητοῦ τὸ ἐπί-   *ex.*
θετον, οὐ τοῦ προσώπου. b(BCE³E⁴) T

τοὺς κατὰ τὴν οἰκίαν) 　　367 b ad B 255, cf. sch. μ 40 (Hrd.); Arcad. 161, 13;
Lehrs, Quaest. ep. 106; Wackernagel II 1096 　　370 a ad B 626 (Ariston.); cf.
Polyb. barb. 288, 11; Classen, Beob. 68 　　371 cf. Eust. 647, 49: τοῦτο δὲ πάνυ
ἐπιστρέφει τὸν ἀκροατήν, τάχα που καὶ ἀχθόμενον, εἴπερ ὁ καλὸς Ἕκτωρ ἃ μὲν οὐ
πάνυ ἔστεργεν εὖρε, τὰ δὲ φίλτατα οὐχ εὑρίσκει 　　373 a ad Δ 329 (Did.) 　　b
vide ad A 99—100 a (Ariston.) 　　376 fort. exstabat sch. Nicanoris de vi co-
hortativa vocis εἶ, ad I 46—7 a¹. Vide ad Θ 18 　　377 v. λευκώλενος redundare
docet Ap. Dysc. de coni. 249, 25, vide ad K 220 b. O 171 b; incertum, an huc

71 (le.) οὐ — εἰ et ὑπ. ἵξ. αὖτις del. Bk. 　　72 εἶ del. Bk. 　　77 le. add. Ddf.
(Vill.) 　　ὅτι A, ἡ διπλῆ, ὅτι Vill. 　　78 sq. πρόν. καὶ φρόνησιν b 　　79
μόνον καλά b 　　81 καὶ om. C 　　82 εἴγε — ἑλένην T ἀξιοῖ ὅστις ἐπληρώθη μὲν
λύπης εὑρὼν ἑλένην, ἀνδρομάχην δὲ οὐ b, fort. ἀξιοῖ ὅστις ἐπληρώθη λύπης, εἴ γε
ἐκ. μὲν εὖρε καὶ ἑλ., ἀνδρομάχην δὲ οὔ (nisi forte κρίνειν [l. 81] corruptum) 　　83
οὐκ ἀπ. T, μὴ θεαθέντων b (e coni. ut vid.), οὐ κατειλημμένων Wil. (recte) 　　δὲ T
γοῦν b 　　83 sq. ἐντυγχάνει C 　　85 le. add. Bk. 　　87 le. addidi 　　89 le. T
supplevi (auctore Vill.), om. b 　　91 τῷ πατρὶ T τὸν πατέρα (cp.) τῷ διὶ b
92 τὸ T τὸ τοῦ πολέμου b 　　93 le. λευκώλενος solum Bk., fort. rectius 　　94
προσώπου T ἕκτορος b

16*

ex.   **378 *a*. ἤ πη ἐς γαλόων:** τὰς αἰτίας φησί, δι᾿ ἃς προϊέναι τὰς 95
σώφρονας δεῖ. b(BCE³E⁴) T   1

D   *b.* ⟨εἰνατέρων:⟩ εἰνάτερες αἱ τῶν ἀδελφῶν γυναῖκες. T^il

ex.   **383. οὔτε πη ἐς γαλόων:** ὀργιζομένῳ τῷ Ἕκτορι ἀπολογεῖται
ὑπὲρ αὑτῆς ἡ θεράπαινα ὡς οὐ χαιρούσης προόδοις, ἠναγκασμένης δὲ
νῦν διὰ φιλανδρίαν, ἵνα οἰκτίσῃ μᾶλλον αὐτὴν ὁ Ἕκτωρ. b(BCE³ 5
E⁴) T

ex.   **389 *a*. μαινομένῃ εἰκυῖα:** ἵνα ἀπροαιρέτως δοκῇ ἐκβεβακχεῦ-
σθαι τῇ προόδῳ. b(BCE³E⁴) T

ex.   *b.* **φέρει δ᾿ ἅμα παῖδα τιθήνη:** ἢ ὅτι ὑποτίτθιος ὁ παῖς
ἦν, ἢ ἐπεὶ ἐν τοῖς δεινοῖς οὐκ ἐῶσι μόνους τοὺς παῖδας. b(BCE³E⁴) T 10

ex.   **390. ὁ δ᾿ ἀπέσσυτο δώματος Ἕκτωρ:** οὐκ ἀποκρίνεται ὑπὸ
θυμοῦ. εὖ δὲ τὸ μὴ περιμεῖναι τὴν γυναῖκα. καὶ ἔστιν ἰδεῖν ἀντικείμενα
τὰ πρόσωπα, Ἕκτορος μὲν προτιμήσαντος τῶν ἡδέων τὴν βοήθειαν
τῶν πολιτῶν, Ἀλεξάνδρου δὲ τῇ Ἑλένῃ παρακαθημένου. b(BCE³
E⁴) T   15

ex.   **392. ⟨εὖτε πύλας ἵκανε διερχόμενος μέγα ἄστυ:⟩** μετὰ τὸ
διελθεῖν τὰς λεωφόρους πρὸς τέλει ἐλθών. b(BCE³E⁴) T^il   τοῦτο δέ
φησιν, b(BCE³)   ἵνα ἀγωνιώτερος ὁ ἀκροατὴς γένηται. b(BCE³)
T^il

ex.   **393. τῇ ἄρ᾿ ἔμελλε διεξίμεναι:** ἐῴκει αὐτῷ, καὶ ἐδόκει ἡ γυνὴ 20
προεληλυθέναι. T

spectet Demetr. Ix. fr. 26 (= Ap. S. 131, 8): πῆ· εἰς τίνα τόπον· ,,πῆ ἔβη Ἀνδρο-
μάχη;'' καὶ ,,πῆ δὴ τόνδε μολοβρὸν ἄγεις;''(p 219). ὁ δὲ Δημήτριος ὁ Ἰξίων τοῦ ποῖ
τῶν Ἀττικῶν ὄντος ἰδίου τὸ {δὲ} (del. Staesche) πῆ Ἰακὸν καὶ Ὁμήρῳ σύνηθες
(λέγει add. Vill.), cf. Staesche p. 47   **380** incertum, an sch. fuerit de v. l.
εὐπλόκαμον, cf. Eust. 649, 6: ,,εὐπλόκαμον'' δὲ ,,δεινὴν θεόν'' τὴν Ἀθηνᾶν λέγει ...
τινὲς δέ γε οὐ τὴν Ἀθηνᾶν ἀφιᾶσιν εὐπλόκαμον λέγεσθαι, ἀλλὰ γράφουσι ,,Τρωαὶ
εὐπλόκαμοι'' (= vulg.)   **389 *a*** Ge (e T ut vid.)   **390** εὖ δὲ (12) sq. cf. Eust.

95 le. ἢ ἔπη ἐς γ. T em. Ma., om. b   τὰς αἰτ. φ. T λέγει δὲ καὶ τὰς αἰτίας
(coni. cum scholio praecedenti) b   2 le. add. V^c   post γυν. verba ὡς ἑλένη
πρὸς ἀνδρομάχην add. T m. sec. (e D ut vid.)   5 διὰ φιλ. T φιλανδρίας
χάριν b   μᾶλλ. οἰκτίσῃ b   7 δοκῇ ἀπρ. Ge   ἀπροαίρετος T   7 sq. ἐκβεβ.
Vill., ἐκβεβακχεῦσθαι Ge   ἐκβεβαχεῦσθαι T ἐκβεβακχεῦσθαι BCE³ ἐκβεβαχεῦθαι
E⁴   8 τῇ πρ. om. b   9 ἢ T παῖδα δὲ φέρει τιθήνη ἢ (coni. cum scholio
praecedenti) b   ὁ παῖς om. b   10 ἐπεὶ T ὅτι b   13 πρόσωπα
T   ἡδέων T φιλτάτων b   13 sq. τὴν τῶν πολ. βοήθ. E⁴   16 le. add. Vill. (εὖτε
πύλας ἵκανεν iam Li, εὖτε πύλας V)   17 πρὸς T καὶ πρὸς b   ἐλθών T ἐλθεῖν
b   18 φασιν C   ὁ ἀκρ. ἄγων. b   20 (le.) διεξιέμεναι T em. Ma.   ἑαυτῷ
T em. Bk., sc. per hanc portam exire

394 a. ἔνθ' ἄλοχος πολύδωρος: ἀναβέβηκεν ἐπὶ τὸ τεῖχος *ex.*
ὡς ἐκεῖθεν ὀψομένη τὸν Ἕκτορα, b(BCE³E⁴) T   ὡς δῆλον ἐκ τοῦ
„πύργῳ ἐφεστήκει" (Z 373). T   οὐδαμοῦ δὲ ὁρωμένου οἴκαδε
25 ἐπανέρχεται καὶ ἰδοῦσα ἐξιέναι μέλλοντα προστρέχει, ἵνα αὐτὴν μὴ
φθάσῃ παραλλάξαι. b(BCE³E⁴) T

⟨πολύδωρος:⟩ πολλὰ ἕδνα παρὰ τοῦ ἀνδρὸς λαβοῦσα. *D*
A^im

b.¹ ἦλθε θέουσα: μὴ προεξελθεῖν φθάσῃ Ἕκτωρ. δείκνυσι *ex.*
30 δὲ τὸ φίλανδρον τῆς Ἀνδρομάχης. T

b² διὰ τοῦτο γὰρ ἔθει πάντως, ἵνα μὴ ἐξελθεῖν φθάσῃ. b
(BCE³E⁴)

395—6 a. Ἀνδρομάχη, θυγάτηρ μεγαλήτορος Ἠετίω- *Nic.*
νος, ⟨/Ἠετίων ὃς ἔναιεν ὑπὸ Πλάκῳ⟩: τὸ Ἠετίων (396) εἰ
35 μὲν τοῖς ἄνω συντάττοιμεν, ἐμφανέστερον ποιεῖ τὸ ἀκατάλληλον τῆς
ἐπαναλήψεως, ἥτις ὁμοιόπτωτος ὀφείλει γίνεσθαι· εἰ δὲ τοῖς μετὰ ταῦ-
τα, δύναται εἶναι ὁ λόγος κατὰ τὸ ἑξῆς μεγαλήτορος Ἠετίωνος
(395), ὅστις Ἠετίων ᾤκει ὑπὸ Πλάκῳ. A

b. μεγαλήτορος Ἠετίωνος, / Ἠετίων: „οἵη περ φύλ- *ex.*
40 ⟨λ⟩ων γενεή ⟨——— / ⟩ φύλλα" (Z 146—7). T

396 a. Ἠετίων, ὃς ἔναιεν: ἡ διπλῆ πρὸς τὴν ἐπανάληψιν, ὅτι *Ariston.*
πλεονάζει ἐν Ἰλιάδι, καὶ τὸ τῶν πτώσεων ἀκατάλληλον. A

b. Ἠετίων: ἐνήλλακται ἡ πτῶσις. τινὲς δὲ Ἠετίων⟨α⟩ τὸ *ex.*
τέλειόν φασιν ἀντὶ γενικῆς, ὡς τὸ „ᾆσσον ἰόνθ' ὅτε κέν τοι" (A 567). T

45 ὃς ἔναιεν ὑπὸ Πλάκῳ: Γράνικος, οἱ δὲ ——— ἐκάλεσεν. ἡ *D*
ἱστορία παρὰ Δικαιάρχῳ (fr. 53 We.). A

650, 4   **394** b vide ad I 146 b   **395—6** a/b ad Z 396. Vide ad K 437 c. Π 56 a.
Σ 435, cf. Eust. 1586, 44; Carnuth, Nic. p. 52   a ἥτις (36) — γίνεσθαι cf. Eust.
649, 34; Macrob. sat. 4, 6, 23   **396** a/b ad Z 395—6 a/b   a — ἐπανάληψιν
(41) ad E 734—6. Z 154   ἀκατάλληλον (42) cf. Wackernagel II 1234   b —
πτῶσις (43) ad A 171 a (Ariston.)   τινὲς δὲ (43) sq. ad A 567 a (Ariston.); vide

23 ἕκτορα om. T, ss. m. rec.   **27** le. add. Bk.   λαβ. παρὰ τοῦ μνηστευσα-
μένου D   **31** διὰ τοῦτο sq. coni. cum scholio a (v. παραλλάξαι) **b**   **33**
sq. le. A suppl. Frdl.   **34** ἠετίων² Frdl., ἠετίωνος A   **37** κατὰ scripsi, καὶ
A   **39** sq. φύλων T suppl. Ma.   **40** γενεή φῦλα T em. Ma., ipse supplevi
43 ἠετίων T supplevi (h. e. quidam ἠετίων' scribi iusserunt); possis et ἠετίωνι, cf.

ex.   **397 a.** Θήβη Ὑποπλακίη: †ἀνδράμυς τις Πελασγὸς ἀφικόμε-
νος εἰς τὴν Ἴδην τὴν ἐν Κιλικίᾳ κτίζει πόλιν †ἀδραμύστειαν† καλου-
μένην. ἔχων δὲ θυγατέρα Θήβην ἔπαθλον δρόμου αὐτὴν ὥρισε τῷ
βουλομένῳ. Ἡρακλῆς δὲ ταύτην λαβὼν ὑπὸ τὸ Πλάκιον τῆς Κιλικίας 50
πόλιν κτίσας Θήβην αὐτὴν ὠνόμασεν. b(BCE³) T

ex.   **b.** ἄλλως· Ἐριθήλας καὶ Λέβης οἱ Ἀστάκου ἀπαρχὰς εἰς
Φοινίκην ἀπὸ Θήβης φέροντες ἐξώσθησαν καὶ †οἰκήσαντες ἔκτισαν†
αὐτὴν καθ᾽ ὁμωνυμίαν. T   ὑπέρκειται δὲ αὐτῆς πλακῶδες ὄρος
συνεχεῖς ἔχον πέτρας b(BCE³E⁴) T   προσπιπτούσας ἀλλήλαις. 55
ἄλλοι δὲ οὗτοι παρὰ τοὺς Σύρους Κίλικας ὑπὸ τὴν Ἴδην καὶ Πήδασον
ὄντες. T

Ariston. **398 a.** ⟨ἔχεθ᾽ Ἕκτορι:⟩ ὅτι ἀντὶ τοῦ εἴχετο ὑφ᾽ Ἕκτορος· ἡ γὰρ
γυνὴ ἔχεται, ὁ δὲ ἀνὴρ ἔχει. Aⁱⁿᵗ

ex.   **b.** τοῦ περ δὴ θυγάτηρ ἔχεθ᾽ Ἕκτορι: ἐπὶ ἀνδρὸς ,,θύ- 60
γατρ᾽ εἶχε ξανθὴν Ἀγαμήδην" (Λ 740), ὡς ἐγάμει καὶ ἐγαμεῖτο. T

Ariston. **400 a.** {παῖδ᾽ ἐπὶ} κόλπῳ: ὅτι κόλπον τὰς ἀγκάλας νῦν εἶπεν.
εἴωθε δὲ καὶ τὸ ἄνω τοῦ πέπλου οὕτως καλεῖν· ,,κόλπον ἀνιεμένη"
(Χ 80). A

D   **b.** ⟨ἀταλάφρονα:⟩ μὴ δυνάμενον τλῆναι κακοπάθειαν. 65
b(BE³) Tⁱˡ

D (~)   ⟨ἀταλάφρονα:⟩ ἁπαλὰ φρονοῦντα, μὴ δυνάμενον τλῆναι
καὶ κακοπαθεῖν. Aⁱⁿᵗ

ex.(?) **c.** ⟨νήπιον αὔτως:⟩ οὕτως ὡς οἱ παῖδες. Aⁱˡ

---

test. Wackernagel, Vorlesungen über Syntax I, Basileae 1926, 56   **397** a/b cf.
Valk I 344   *a* cf. Eust. 649, 45; Strab. 13, 1, 65 (p. 613—4)   Ἀνδράμυς
(47) cf. Schulze 281; vide He. α 1188 (Diog.)   ὑπὸ τὸ Πλάκιον (50) cf. Eust.
649, 43; at vide Porph. ap. Eust. 322, 30. 649, 50   *b* — ὁμωνυμίαν (54) cf. sch.
Eur. Andr. 1; Schwartz 441 et eund., Ges. Schr. II (Berol. 1956), 91; — Ἀστάκου
(52) cf. [Apoll.] bibl. 3, 74   **398** *a* — ὑφ᾽ Ἕκτορος (58) ad N 16. Ο 376 *b*. Π 326.
P 2. Σ 103. 461. X 40. 55. 110, cf. sch. ο 6. σ 100. 406. Vide ad Ε 903. Θ 526 *a*.
N 474 *a*. Φ 541 (Ariston.); praeterea ad N 29 *b* (Hrd.), 603 (ex.)   ἡ γὰρ (58)
sq. cf. Eust. 650, 2   *b* ὡς (61) sq. cf. D   **400** *a* καὶ τὸ ἄνω (63) sq. ad. Ζ 219 *a*

---

47 ἀδραμύστιος (gen.) Eust. (qui fort. pro ἀδραμυς τις legebat ἀδραμύστις),
ἀτράμυς ἤγουν ἀτράμυτος D (ἀτράμους A); de forma nominis cf. Aristot.
fr. 484 R., Athen. 12, 515 e; vide test.   ὁ πελ. b   48 λυκίᾳ Li,
Ddf.   ἀδραμυστίαν Eust., ἀνδραμυστίαν T ἀτραμύττειον D (ἀδραμύττιον
A)   50 sq. ὑπὸ τὸ — αὐτὴν T καὶ τὴν πόλιν ὑπόπλακον θήβην b   52—7
ἀλλ(ως) sq. sch. praecedenti adhaeret in T   53 fort. (καὶ) πόλιν κτίσαντες
ἐκάλεσαν (ἐκάλ. iam Ma.)   54 κατομωνυμίαν T em. Bk.   ὑπερκ. δὲ T ὅτι
ὑπέρκειται pone sch. *a* (coni. cum v. ὠνόμασεν) BCE³, ὑπὸ πλάκῳ δὲ ὅτι
ὑπέρκειται pone D ad Ζ 396 (coni. cum v. δικαιάρχῳ) E⁴   58 le. add. Bk.   ὅ-
τι A, ἡ διπλῆ, ὅτι Vill.   60 sq. θύγατρ᾽ Hom., θυγατέρα T   62 (le.) π. ἐπὶ
eiecit Bk.   ὅτι A, ἡ διπλῆ, ὅτι Vill.   63 ἀνειεμένη A em. Vill.   65 le. add.
Vᶜ   67 le. add. Bk. (Vill.)   φρον. Bk., φρονῶν ἢ A   69 le. addidi (αὐτ.
iam Ddf.)

70   **401.** Ἑκτορίδην ἀγαπητόν, ἀλίγκιον ἀστέρι καλῷ: προ-   *ex.*
παραδίδωσιν ἡμῖν τὸ χάριεν τοῦ παιδός, ἵνα προσανέχωμεν αὐτῷ τὸν
νοῦν, ὅταν εἴπῃ τὸ „οὗ παιδὸς †ὠρέξατο" (Z 466). πρέπον δὲ παιδίῳ
τὸ μὴ ἡλίῳ ἢ σελήνῃ, ἀλλ᾽ ἀστέρι αὐτὸν εἰκάσαι. b(BCE³E⁴) T

    402—3 *a.* τόν ῥ᾽ Ἕκτωρ καλέεσκε Σκαμάνδριον, ⟨αὐτὰρ   *ex.*
75 οἱ ἄλλοι / Ἀστυάνακτα⟩: ἄμφω πρέποντα· ὁ μὲν οὐ βουλόμενος
ὀνειδίζειν τοῖς ὑποτεταγμένοις ἢν παρεῖχεν αὐτοῖς σωτηρίαν, ἀπὸ τοῦ
ἐγχωρίου Σκαμάνδρου καλεῖ τὸν υἱόν, οἱ δὲ Τρῶες, ἀνθ᾽ ὧν ἐφύλαττεν
αὐτοὺς ὁμολογοῦντες χάριν, Ἀστυάνακτα καλοῦσιν αὐτὸν οἰκείαν
θέμενοι τὴν προσηγορίαν· καὶ γὰρ ὁ Ἕκτωρ οὕτως ἐκαλεῖτο διὰ τὸ
80 ἔχειν „ἀλόχους κεδνὰς b(BCE³E⁴) T   καὶ νήπια τέκνα" (Ω
730). T

    b. αὐτὰρ οἱ ἄλλοι / Ἀστυάνακτα: προτρέπει ἡμᾶς ἐπ᾽   *ex.*
ἀρετήν, δι᾽ ὧν καὶ παισὶν αἴτιοι εὐκλείας οἱ ἀγαθοί. b(BCE³E⁴) T

    402. ⟨καλέεσκε Σκαμάνδριον:⟩ σημείωσαι τὸ μέτρον. Aⁱⁿᵗ   *ex.*

85   **403.** ⟨Ἀστυάνακτ᾽· οἷος γὰρ ἐρύετο Ἴλιον Ἕκτωρ:⟩ ὅτι   *Ariston.*
παρετυμολογεῖ. Aⁱᵐ

    404 *a.* ἤτοι ὁ μὲν μείδησεν: πατρικὸν ἦθος δείκνυσιν ὁ ποι-   *ex.*
ητής· προσαγορεύομεν γὰρ μειδιασμῷ τοὺς παῖδας τοὺς μηδέπω μὲν
συνιέντας λόγους, γνωρίζοντας δὲ ἤδη τὴν ὄψιν. b(BE³E⁴) T

90   *b.* ἤτοι ὁ μὲν μείδησεν ⟨ἰδὼν⟩ ἐς παῖδα σιωπῇ: ἡρωϊ-   *ex.*
κὸν καὶ μεγαλοφυὲς τὸ μὴ ἀθρόως γελᾶν. χαρίζεσθαι δὲ ταῖς γυναιξὶ
δοκοῦσι τοὺς παῖδας φιλοφρονοῦντες· σύνδεσμος γὰρ ἀνδρῶν καὶ γυ-
ναικῶν ἡ παιδοποιία. b(BE³E⁴) T

(Ariston.); vide ad X 80 (ex.); Lehrs Ar.³ 149   **401** πρέπον (72) sq. cf. Eust.
650, 15; Bechtel, Die att. Frauennamen (Gotting. 1902) 112, 2   **402—3** *a* ad
Z 4 *c*; — υἱόν (77) cf. Eust. 650, 29   οἱ δὲ Τρῶες (77) sq. cf. Eust. 650, 32; sch.
Eur. Hipp. 88. Vide Plat. Crat. 393 *a*—394 *c*; Schulze 172, 3. 674; aliter Asclep.
Myrl. in Et. Gen. (AB) Ἀστυάναξ; cf. Lehrs, Hrd. 443   **402** ad A 1 *i*. Vide ad
Z 4 *c*   **404** *a* cf. Eust. 650, 51

---

71 χαρίεν Bk.   72 τὸ οὗ T τοῦ b   ὀρέξατο Hom.   73 αὐτ. εἰκ. T,
εἰκασθῆναι b (fort. rectius)   74 sq. le. T suppl. Ma., om. b   75 μὲν T
μὲν γὰρ b   78 αὐτὸν om. b   79 ὁ ἑκτ. οὗτ. T καὶ οὗτος ἕκτωρ b   83
παισὶ T (ut vid.)   84 le. add. Bk.   85 le. addidi   ὅτι A, fort. ἡ διπλῆ,
ὅτι   87—9 πατρικὸν — ὄψιν pone sch. *b* (coni. cum v. παιδοποιία) in b
87 sq. πατρ. — ποιητής T πατρικὸν δὲ καὶ τὸ σχῆμα b   89 λόγ. συν. b   90
le. T suppl. Ma. (post Bk., auctore Vill.), om. b   90 sq. ἡρ. T σιωπῇ μείδησε
(μείδησεν E⁴)· τοῦτο γὰρ ἡρωϊκὸν b   91 sq. δοκ. τ. γυναιξὶ b   92 συν-
δέσιμος b   93 ἡ om. T

ex.   **405.** δακρυχέουσα: ἤδη προεδίδαξε, τί μέλλει λεχθῆναι. πιθανὸν δὲ ἀπὸ τῆς ἀπροσδοκήτου χαρᾶς κλαίειν τὴν γυναῖκα. γραφικῶς 95 δὲ ὁ μὲν μειδιᾷ ἀφορῶν εἰς τὸ παιδίον, ἡ δὲ δακρύουσα παρέστηκεν 1 αὐτῷ. b(BCE³E⁴) T

ex.   **406.** ⟨φῦ χειρί:⟩ τὸ δυσαποσπάστως ἔχεσθαι τοῦ ἀνδρὸς δηλοῖ τὸ φῦ χειρί. b(BCE³E⁴) T^{il} .

ex.   **407 a.** φθίσει σε τὸ σὸν μένος: διὰ τὴν φιλοστοργίαν πέπεισ- 5 ται αὐτὸν ὑπερέχειν Ἑλλήνων καὶ οὐ τοσοῦτον τοῖς πολεμίοις εὐχείρωτον εἶναι, ὅσον ἑαυτῷ διὰ τὸ ῥιψοκίνδυνον. b(BCE³E⁴) T

ex.   **b.** ⟨δαιμόνιε,⟩ φθίσει σε τὸ σὸν μένος: θαυμάζει τὴν ἰσχύν, οὐκ ἐπαινεῖ δὲ τὸ θράσος. οὔτε δὲ ,,Ἕκτορ‘‘ (ut Z 429) οὔτε ,,ἄνερ‘‘ (ut Ω 725) φησίν, ἀλλὰ δαιμόνιε, ᾧ παρεμφαίνει θυμόν τε 10 καὶ εὔνοιαν. b(BCE³E⁴) T

ex.   **407—8.** οὐδ᾽ ἐλεαίρεις / παῖδά τε νηπίαχον: τοιαύτη τίς ἐστιν, οἵα ἂν μήτηρ ἐκ πολλῶν παίδων ἐφ᾽ ἑνὶ σαλεύουσα. T

Ariston.   **408.** ⟨καὶ ἔμ᾽ ἄμμορον:⟩ ὅτι τινὲς γράφουσι ,,καὶ ἐμὸν μόρον‘‘, οὐκ εὖ. A^{im} 15

ex.   **409.** ⟨σεῦ ἔσομαι:⟩ οὐ τῇ κοινῇ χηρείᾳ ἄχθεται, ἀλλὰ τῇ Ἕκτορος. b(BE³E⁴) T^{il}

ex.   **410 a.¹** ⟨πάντες ἐφορμηθέντες:⟩ ἕνα ἕκαστον ἥττω αὐτοῦ ἡγεῖται. T^{il}

          a.² ἕνα γὰρ ἕκαστον αὐτοῦ ἥττονα ἡγεῖται αὕτη. b(BCE³ 20 E⁴)

ex.   **411 a.¹** ⟨σεῦ ἀφαμαρτούσῃ χθόνα δύμεναι:⟩ φίλανδρον τὸ ἦθος. ἡ δὲ ἀντωνυμία ἦθος κινεῖ παραληφθεῖσα πολλάκις. T^{il}

          a.² †φιλάδελφον† τὸ ἦθος αὐτῆς. ἡ δὲ ἀντωνυμία πολλάκις παραληφθεῖσα πάθος καὶ ἦθος κινεῖ. b(BCE³E⁴)   25

---

405 ἡ δὲ δακρύουσα (1) sq. cf. Eust. 650, 53   **406** — ἔχεσθαι (3) ad T 7—8, cf. D ad Z 232   · **407 b** cf. Eust. 651, 10   **408** ad Ω 773 (T)   τινές (14) h. e. fort. Zen., cf. Wecklein, Zen. Ar. 17   οὐκ εὖ (15) cf. Bechtel, Lex. 39   **410** cf. Eust. 651, 4   **411** — ἦθος¹ (23 et 24) cf. Eust. 651, 61

---

94 προυδίδαξε BCE³   **3** le. add. Bk. (ἔν τ᾽ ἄρα οἱ φῦ χειρί add. Li V)   **3** sq. τὸ φῦ χειρί δηλοῖ ante τὸ δυσαπ. E⁴   **8** le. T supplevi, om. b   **8—11** θαυμ. μὲν οὖν (οὖν om. E³) τὴν sq. pone sch. *a* (coni. cum v. ῥιψοκίνδυνον) b   **9** θράσον ss σ E³   **10** ᾧ T ὃ b   **14** le. add. Bk.   ὅτι A, ἡ διπλῆ, ὅτι Vill.   **16 et 18** le. add. Li, V^c **16** sq. ἄχθ. pone ἕκτορος b   **22** le. addidi (duce Vill., σεῦ ἀφαμ. iam Li)   **24** δὲ] δ᾽ E⁴

411—2 *a*.¹ οὐ γὰρ ἔτ' ἄλλη / ἔσται θαλπωρή: περιπαθῶς *ex.*
συναπολεῖσθαί φησι τῷ ῞Εκτορι πάντα αὐτῆς τὰ καλὰ καὶ τὸ κοινότα-
τον ἀνθρώπων ἁπάντων ἀφαιρεθήσεσθαι, τὴν ἐλπίδα. T

    a.² περιπαθῶς φησιν ὅτι ἅμα σοὶ πάντα τὰ ἐμοὶ ἀπολοῦνται
30 καλά, ἀλλὰ καὶ τὸ κοινότατον πάντων ἀνθρώπων ἀφαιρεθήσεται, ἡ
ἐλπίς. b(BCE³E⁴)

412. πότμον ἐπίσπῃς: ὑπὸ τοῦ πότμου καταληφθήσῃ. b *ex.*
(BCE³E⁴) T^{il}

413. ⟨οὐδέ μοι ἔστι πατὴρ καὶ πότνια μήτηρ:⟩ οἶκτον ἐπά- *ev.*
35 γεται ἀντὶ πάντων αὐτὸν λέγουσα ἔχειν· ἐλεοῦμεν γὰρ μᾶλλον τοὺς
ἡμῶν μόνον ἠρτημένους. b(BE³E⁴) T^{il}

414 *a*. ἤτοι γὰρ πατέρ' ἀμὸν ἀπέκτανε δῖος Ἀχιλλεύς: *ex.(?)*
διὰ τί διηγεῖται τῷ ἐπισταμένῳ; ὅτι οὐκ ἔστιν ἀναλογισμὸς τοῦ
συμφέροντος ταῖς ἀσθενούσαις ψυχαῖς. αὗται δὲ πρὸς τὸ πενθεῖν εἰσι
40 καὶ τὸ δεῖσθαι διὰ τὴν ταραχήν. A

    b. ἤτοι γὰρ πατέρ' ἀμόν: οὐκ ἀγνοοῦντι διαλέγεται, ἀλλ' *ex.*
ἐκ πάντων τῶν οἰκείων αὔξουσα ῞Εκτορα· οἱ γὰρ ἀτυχοῦντες φιλοῦσι
καὶ πρὸς εἰδότας λέγειν τὸ μῆκος τοῦ λόγου. τὸ δὲ ΑΜΟΝ ἐν μὲν τῇ
Ἰλιακῇ προσῳδίᾳ (2, 57, 19) φησὶν ὁ Ἡρωδιανὸς Δωρικώτερον εἶναι
45 ἀπὸ τοῦ ἀμέτερον, ἐν δὲ ἐπιμερισμῷ (fr. 8 L.) φησιν ὅτι ἀπὸ τοῦ
ἐμόν ἐκτέταται τὸ ε̄ εἰς ᾱ μακρόν, b(BE³E⁴) T   ὡς τὸ αἴ κα, ,,αἴ
κα τῆνος ἔλῃ'' (Theocr. 1, 4). T

    c. ἀμόν: Δημήτριός (fr. 7 = 48 St.) φησιν ἀντὶ τοῦ ἐμόν· *Hrd.* | *Ap.*
διὸ καὶ ἄντικρυς ψιλοῖ. | πιθανώτερον δέ ἐστι Δωρικώτερον εἶναι ἀντὶ   *Dysc.*
50 τοῦ ἡμέτερον ἀμόν. οὕτως Ἀπολλώνιος (cf. pron. 112, 3). A

---

414 *a* cf. Eust. 652, 8   *b* οἱ γὰρ ἀτυχοῦντες (42) — λόγου (43) cf. Eust.
652, 11   τὸ δὲ αμόν (43) sq. cf. Ahrens G. L. D. II 263; Beiträge 347;
Valk I 602   αμόν (43) — ἀμέτερον (45) cf. Et. Gen. ὑμόν (p. 292 Mill.), fort.
sch. ad Ap. Rh. 2, 1181   Δωρικώτερον (44) ad N 96 *b* (Hrd.), cf. Hrd. παθ. in
Et. Gen. (AB) ἀμός (Reitzenstein, Gesch. 28, 17)   ἀμέτερον (45) = D   ὡς
τὸ αἴ κα (46) at cf. sch. Theocr. 1, 3/4 i—k   *c* — ψιλοῖ (49) cf. Wackernagel,
S. U. 52; erravi Beiträge 342, 3   ἀντὶ τοῦ ἡμέτερον (49) cf. Kuehner-Blass,

---

29—31 sch. ad Z 412 rettulit b   29 τὰ om. E³   ἐμοὶ] ἐμὰ E⁴   32 le.
Ma., om. T, τὸ δὲ πότμον ἐπίσπῃς ἀντὶ τοῦ pone sch. Z 411—2 *a*² (coni. cum
v. ἐλπίς) b   τοῦ om. b   καλυφθήσῃ b   34 le. add. Vill. (οὐδέ μοι iam
Li)   35 μᾶλλον om. T, fort. recte   36 μόνον Ddf.   37—40 pone sch. *c*
in A, trps. Bk.   41 sq. οὐκ ἀγνοοῦντι μὲν οὖν διαλ. sq. pone sch. Z 413 (coni.
cum v. ἠρτημένους) b   41 διαλ.] διηγεῖται Ma. (cf. sch. *a*)   42 αὔξ. T
αὔξει τὸν b   43 ἀμόν bT   43 sq. τῇ Ἰλιακῇ om. b   44 δωρικότερον
E⁴   45 ἀμ. b ἀμέτερον καὶ ἀμᾶν T, ἀμέτερον ἀμόν Valk (I 527 n. 584, fort.
recte)   ὅτι om. T (fort. recte)   47 κα τῆνος Wil., κἐσ οἶνος T

Ariston.   **415** *a.* ⟨εὖ ναιετάωσαν:⟩ ὅτι ἀντὶ τοῦ εὖ ναιομένην. **A**ⁱⁿᵗ

Did.   *b.*¹ ⟨ναιετάωσαν:⟩ 'Αρίσταρχος διὰ τοῦ ō ,,ναιετόωσαν''.
Aⁱᵐ

             *b.*² ,,ναιετόωσαν'' διὰ τοῦ ō. **T**ⁱˡ

Ariston.   **417** *a.* οὐδέ μιν ἐξενάριξε: ὅτι διδάσκει, τί τὸ ἐξενάριξεν· 55
ἐπιφέρει γὰρ ,,ἀλλ' ἄρα μιν κατέκηε σὺν ἔντεσιν'' (Ζ 418). **A**

D   *b.* ⟨ἐξενάριξε:⟩ ἐσκύλευσε. **A**ⁱᵐ

ex.   *c.* ⟨οὐδέ μιν ἐξενάριξε:⟩ ὡς τίμιον καὶ βασιλικόν. οὐ πε-
ριττὰ δὲ ταῦτα· ἀξίωμα γὰρ τοῦ πατρὸς ἐμφαίνει, ὃν ἠδέσθη καὶ πολέ-
μιος b(BCE³E⁴) **T**ⁱˡ   ⟨ὃν⟩ καὶ κτείνας. **T**ⁱˡ   60

D(?)   **419.** ⟨ἠδ' ἐπὶ σῆμ' ἔχεεν:⟩ καὶ τάφον ἔχωσεν. **A**ⁱᵐ

Hrd.   **422** *a.*¹ {οἱ μὲν πάντες} ἰῷ ⟨κίον⟩ : ἰῷ ὡς σοφῷ 'Αρίσταρχος, καὶ
ἐπεκράτησεν αὐτοῦ ἡ ἀνάγνωσις. ἐκεῖνο μέντοι ἀναγκαῖον προσθεῖναι
ὅτι τὸ ἴα βαρυτόνως ἀνέγνω ὁ ἀνὴρ καὶ τὸ μία, ,,οὐδ' ἴα γήρυς'' (Δ
437) καὶ ,,μία δ' οἴη'' (Σ 565). τὰς μέντοι δοτικὰς περιέσπασεν ,,ἰῇ 65
ἄρα γινόμεθ' αἴσῃ'' (Χ 477) καὶ ,,ἰῇ δ' ἐν νυκτὶ γένοντο'' (Σ 251). καὶ
φασί γε τὸ τοιοῦτο εἶδος 'Ιώνων εἶναι. τινὲς δὲ ἐτόλμησαν λέγειν αὐτὸ
'Αττικόν, λέγω δὲ ⟨τὸ⟩ ἐπὶ τῶν τοιούτων θηλυκῶν καταβιβασμὸν
γίνεσθαι τόνου. οὕτως οὖν καὶ ,,μέσην ἐς ἄγυιαν'' (Υ 254) ἀνέγνω,
,,ἐϋκτιμένας'' δὲ ,,κατ' ἀγυιάς'' (Ζ 391). μήποτε οὖν, ἐπεὶ καὶ τὸ ἰῇ 70
ἐπὶ τῆς δοτικῆς περιέσπασε, συνεξομοιῶν τῷ τοῦ θηλυκοῦ τόνῳ κατὰ
τὴν αὐτὴν πτῶσιν καὶ τὸ οὐδέτερον οὕτως ἀνέγνω ὁμοτόνως. **A**

             *a.*² ἰῷ {κίον ἤματι} : τὰς μὲν εὐθείας τούτων βαρέως ἀναγι-
νώσκει ὁ 'Αρίσταρχος, τὰς δὲ δοτικὰς περισπωμένως, ἴα ἰῇ, μία μιᾷ,
ἴον ἰῷ. **T**   75

Ausf. Gramm. d. griech. Sprache I 602 n. 2   **415** *a* cf. sch. α 404   *b* ad Γ 387
(ex.); cf. Cauer 108   **417** *a* ad Φ 485 (Ariston.), cf. Ap. S. 68, 6; Eust. 652, 26.
Vide ad H 146. K 528 *b* (Ariston.); Lehrs Ar.³ 145   *b* = D ad Λ 246, cf. D ad
Π 850   **419** τάφον = D   **422** *a*¹ sch. valde decurtatum esse iam Lehrs ob-
servavit, vide ad Β 592 et Θ 109 (Hrd.); — γένοντο (66) cf. Choer. Th. 1,
376, 32; — ἀνάγνωσις (63) cf. Theogn. 48, 27   'Αρίσταρχος (62) et τινὲς δὲ
ἐτόλμησαν (67) sq. cf. Eust. 652, 50   ἴα¹ (64) — γένοντο (66) ad Π 173 *a* (Hrd.) 'Ι-
ώνων (67) cf. Choer. Th. 1, 369, 4, unde Ep. Hom. (An. Ox. 1, 134, 14. Et. Gud.

51 le. add. Ddf.   ὅτι A, fort. ἡ διπλῆ, ὅτι   **52** le. add. Bk., ναιετάωσαν
ante sch. *b*² in Vᶜ   **55** (le.) οὐδέ μιν fort. delenda   ὅτι A, ἡ διπλῆ, ὅτι
Vill.   **57** le. add. Vill.   **58** le. add.Li   **60** ὃν add. Ma.   **61** le. addidi (duce
Ddf.)   **62** (le.) οἱ μ. πάντ et κίον eiecit Bk.   **68** τὸ add. Bk.   **70** μήποτ'
Vill.   **71** sq. κατὰ τὴν αὐτὴν Bk., κατ' αὐτὴν τὴν A   **73** (le.) κίον ἤμ. delevi

423. ⟨πάντας γὰρ κατέπεφνε ποδάρκης δῖος Ἀχιλλεύς:⟩   *ex.*
λεληθότως ὑποβάλλει αὐτῷ κἀκ τούτου φοβεῖσθαι τὸν Ἀχιλλέα. b
(BCE³E⁴) Tⁱˡ

428 *a.* πατρὸς δ' ἐν μεγάροισι: μητροπάτορος· ἐτεθνήκει γὰρ   *ex.*
80 Ἠετίων. b(BCE³E⁴) T

   b. ⟨βάλ' Ἄρτεμις ἰοχέαιρα:⟩ αἰφνιδίως ἐτελεύτησε·   *ex.(?)*
τοὺς γὰρ αἰφνιδίους θανάτους ἀναφέρουσιν εἰς Ἀπόλλωνα καὶ Ἄρτε-
μιν. Aⁱᵐ

429. Ἕκτορ, ἀτὰρ σύ μοί ἐσσι πατήρ: τὸ σχῆμα καλεῖται   *ex.*
85 σχέσις. ἐμφαίνει δὲ εὔνοιαν καὶ πάθος ψυχῆς. b(BCE³E⁴) T

430. θαλερός: ἀγαπητός· „τοιόνδε θάλος" (ζ 157), ἀγάπημα.   *ex.*
b(BCE³E⁴) T

431. ἀλλ' ἄγε, νῦν ἐλέαιρε καὶ αὐτοῦ μίμν' ἐπὶ πύργῳ: ἡ   *ex.*
μὲν Ἑλένη ὡς αἴτιον τοῦ πολέμου ἐκπέμπει τὸν Πάριν, ἡ δὲ ὡς ριψο-
90 κίνδυνον κατέχει. καλῶς δὲ οὐ μένειν αὐτὸν οἴκοι ἀξιοῖ (οἶδε γὰρ ὅτι οὐ
πείσει), ἀλλ' ἐπὶ τοῦ τείχους μένειν, ὅθεν καὶ ἀμυνεῖται τοὺς πολε-
μίους, ὅθεν καὶ σωθήσεται. b(BCE³E⁴) T

432. θῆης: οὕτως Ἀρίσταρχος διὰ τοῦ η̄, θῆης. AⁱᵐT   *Did.*

433—9. λαὸν δὲ στῆσον παρ' ἐρινεόν ⟨——— καὶ ἀνώ-   *Ariston.*
95 γει:⟩ ἀθετοῦνται στίχοι ἑπτὰ ἕως τοῦ (439) ἥ νυ καὶ αὐτῶν θυ-
1 μός, ὅτι ἀνοίκειοι οἱ λόγοι τῇ Ἀνδρομάχῃ· ἀντιστρατηγεῖ γὰρ τῷ
Ἕκτορι. καὶ ψεῦδος περιέχουσιν· οὐ γὰρ παρέδωκεν εὐεπίδρομον τὸ
τεῖχος κατὰ τοῦτο τὸ μέρος, οὐδ' οὕτως ἐστὶ πλησίον ἡ μάχη τοῦ
τείχους. καὶ ὁ Ἕκτωρ πρὸς τὰ πρότερα ἀπαντᾷ λέγων· „ἦ καὶ ἐμοὶ
5 τάδε πάντα" (Z 441). A

432, 10 Stef., EM. 305, 30)   425 incertum an sch. exstiterit de v. βασίλευεν, cf. sch.
λ 285 (. . . καὶ ἐπὶ θηλειῶν δὲ τάσσει τὸ βασίλευε, „μητέρα δ', ἦ βασίλευεν"), Eust.
652, 56   429 cf. Eust. 652, 65   σχέσις (85) h. e. pausa post vocativum postu-
latur; cf. Classen, Beob. 14   431—κατέχει (90) cf. Eust. 653, 13   432 ad
Γ 436 b (Did.), cf. Eust. 653, 43   433—9 obeli ante versus in A   ἀθετοῦνται
(95) sq. ad Z 441 (Ariston.)   καὶ ψεῦδος περιέχουσιν (2) sq. cf. F. Albracht,
Kampf und Kampfschilderung bei Homer, Progr. Numburgi 1895, 21

76 le. add. Vill. (πάντας γὰρ κατέπ. iam Li)   77 τὸν ἀχ. φοβεῖσθαι b   79
τοῦ μητροπάτ. E⁴   79 sq. τεθνήκει et ἠετίων ἤδη b   81 le. add. Vill.
86 le. scripsi (duce Bk.), θαλερὸς παρακοίτης T, om. b   οἷον ἀγάπημα
b   89 τοῦ om. E⁴   91 ἀμ. Le (e coni.) et T, ἀμύνεται BCE³E⁴   93
le. Bk., μὴ παῖδ' ὀρφανικὸν θῆης T, om. A   ἀρίστ. om. T   θῆης (alt.) A
τὸ θῆης T   94 sq. le. A suppl. Frdl.   95 αὐτὸν A em. Vill.   2 παρέχουσιν A
em. Lehrs

ex.   **433.** λαὸν δὲ στῆσον παρ' ἐρινεόν: οὐ πρέποντα τὰ τῆς
ὑποθήκης γυναικί. ἀλλ' εἰ καὶ γυναικὶ μὴ πρέπει, τῇ γε Ἀνδρομάχῃ
πρέπει, ἐπεὶ καὶ οὐχ ἱπποκομεῖν γυναικός, ἡ δὲ Ἀνδρομάχη τοῖς
Ἕκτορος καὶ πυρὸν παρατίθησι καὶ κεράσασα οἶνον (cf. Θ 186—90),
ὡς φίλανδρος ἐπιμελομένη καὶ τῶν φερόντων αὐτῆς τὸν ἄνδρα. b(BC 10
Ε³Ε⁴) **T**   μείνασα δὲ χρόνον ἐπὶ τοῦ τείχους εἶδεν. **T**

Did.   **434** *a.* ⟨ἀμβατός:⟩ οὕτως Ἀρίσταρχος ἀμβατός. **AⁱᵐTⁱˡ**
Καλλίστρατος (p. 316, 26) δὲ διὰ τοῦ η̄ „ἀμβατή.'' **AⁱⁿᵗTⁱˡ**

ex.   *b.¹* ἀμβατός ἐστι πόλις: πέπλασται πρὸς τὸ ἀποστῆσαι
τὸν ἄνδρα τοῦ πεδίου· διὸ οὐδὲ ἀποκρίνεται περὶ αὐτῶν ὁ Ἕκτωρ. **T** 15

            b.² περίπλασμά τι τοῦτό ἐστιν, ὅπως αὐτὸν ἀποστήσῃ τοῦ
πεδίου· διὸ οὐδὲ ἀποκρίνεται περὶ τούτου. b(BCE³Ε⁴)

Did.   **435** *a.* τῇ γ' ἐλθόντες: γράφεται καὶ διὰ τοῦ δ̄ καὶ διὰ τοῦ γ̄. **Aⁱᵐ**

ex.   *b.¹* τρὶς γὰρ τῇδ' ἐλθόντες: διὰ τί, φασί, τοῦτο οὐ συνεῖ-
δεν ὁ Ἕκτωρ; ἀλλὰ συνεῖδεν· φησὶ γὰρ „ἦ καὶ ἐμοὶ τάδε πάντα 20
†μέλλει†, γύναι'' (Z 441). **T**

            b.² διὰ τί δέ, φασίν, οὐ συνεῖδε ταῦτα ὁ Ἕκτωρ; φαμὲν οὖν
ὅτι συνεῖδεν· „ἐμοί'', γάρ φησι, „τάδε πάντα μέλει, γύναι.'' b(BCE³Ε⁴)

433 cf. Porph. 1, 103 not. ad l. 17—20 (= Ε⁴ fol. 57ᵛ); vide praeterea Strab. 13, 1, 35
(p. 598)   μείνασα δὲ (11) sq. fort. ad Z 435 pertinet   **434** *a* cf. Eust. 653, 26;
de accentu cf. Ep. Hom. (An. Ox. 1, 214, 23), fort. ex Herodiano (1, 228, 27)   *b*
plura (an ap. Ap. H.?) vid. legisse Eust. (653, 15): οἴονται δὲ οἱ παλαιοὶ τὸ τρὶς
ἐλθόντας ἐπὶ τὸ τεῖχος πειράσασθαι τοὺς ἀρίστους (cf. Z 435) σχῆμα εἶναι κατὰ τὸ
σιωπώμενον, ὡς ἀληθῶς νῦν ἐλθόντων ἐκεῖ τῶν Ἑλλήνων, εἰ καὶ μὴ ἱστόρηκεν
Ὅμηρος. ἐμφαίνει δὲ αὐτὸ καὶ ὁ Ἕκτωρ, ἐν οἷς πρὸ μικροῦ εἶπεν ὅτι „λαοὶ ⟨μὲν⟩ (ad-
didi) φθινύθουσι περὶ πτόλιν αἰπύ τε τεῖχος / μαρνάμενοι'' (Z 327—8). καὶ οὕτω μέν
τινες. οἱ δὲ ἀκριβέστεροι καὶ ἐκεῖνο πλάττεσθαί φασιν ὑπὸ τοῦ Ἕκτορος, ὡς ἂν
αἰσχύνῃ τὸν Ἀλέξανδρον, καὶ τοῦτο δὲ πλάσμα εἶναι τῆς γυναικὸς νοοῦσιν, ὡς ἂν
ἀποστήσῃ τῆς πεδιάδος τὸν Ἕκτορα . . . τινὲς δὲ τὸ τοὺς Ἀχαιοὺς ἀπὸ τοῦ ἐρινεοῦ
ἐπιθέσθαι τῇ Τροίᾳ οὐχ ὡς γενόμενον ἄρτι νοοῦσιν, ἀλλ' ὡς πάλαι ποτὲ ἐπιχειρη-
θέν, ὥστε οὐ διδάσκει αὐτὸ ἡ γυνὴ τὸν Ἕκτορα, ἀλλ' ἀναμιμνήσκει. οὕτω δὲ καὶ τὸ
„περὶ π⟨τ⟩όλιν αἰπύ τε τεῖχος'' (Z 327) μάρνασθαι τοὺς Ἀχαιοὺς οὐ νῦν γενέσθαι
φασίν, ἀλλ' ἐν ἄλλοις καιροῖς. ἔφη γοῦν πρὸ ὀλίγου ὁ ποιητὴς ὅτι ἔνθα κε Τρῶες
ὑπ' Ἀχαιῶν Ἴλιον εἰσανέβησαν, εἰ μὴ ὁ Ἕλενος εἶπεν ἃ εἶπεν (cf. Z 73—101), ὥστε
οὔπω σήμερον ἤγγισαν οἱ Ἕλληνες τῷ τείχει. Totum sch. *b* ad Z 433—9 vel 435

6 τὰ **T** μὲν τὰ **b**   7 τῇ γε **T** ἀλλά γε τῇ **b**   8 πρέπει om. **b**   οὐχ —
γυν. **T** τὸ ἱπποκομεῖν οὐ γυναικός **b**   δὲ] δ' Ε⁴   8 sq. τοῖς ἕκτορος — οἶνον
T καὶ τοῦτο ποιεῖ **b**   10 ὡς] ὡς καὶ **B**·   post ἐπιμελ. add. δὲ **B** vel *B
11 εἶδεν sc. τὰ γινόμενα, sed εἶδεν τὴν μάχην propos. Nickau   12 le. add. Ddf.,
de accentu cf. test.   ἀμβατός² om. **T**   13 δὲ om. **A**   διὰ τοῦ η̄ om. **T**   ἀμ-
βατή **A** ἀμβατεῖν **T**   18 γράφεται cp. (γρ) **A**   δ̄...γ̄] h. e. τῇδ' et τῇ γ'
(Ldw.)·   22—3 διὰ τί sq. pone sch. Z 436—7 (coni. cum v. γεγονότων) in **b**
22 οὖν **C** δὲ **BE³Ε⁴**

436—7. ἀμφ’ Αἴαντε δύω ⟨———— Τυδέος ἄλκιμον υἱόν⟩: *ex.*
25 περιειργάσατο τὰ ὀνόματα παρά τινος. ἅμα δὲ θέλει ὁ ποιητὴς καὶ
δηλῶσαί τι τῶν μετὰ τὴν Γλαύκου καὶ Διομήδους μάχην γεγονότων.
b(BCE³E⁴) T

437 *a*.¹ {ἠδ’ ἀμφ’} ’Ατρείδας: ὁ ’Ιξίων (fr. 30 St.) ἐν τῷ Πρὸς *Did.*
τοὺς ἠθετημένους ,,’Ατρείδα‘‘ προφέρεται δυϊκῶς. A

30　　　 *a*.² ’Ιξίων δυϊκῶς ,,†ἀτρεῖδαι†‘‘. T^il

438. ἦ πού τί⟨ς⟩ σφιν ἔνισπε θεοπροπίων εὖ εἰδώς: ὑπο- *ex.*
βάλλει ταῦτα προοικονομῶν, ὡς κατὰ τοῦτο τὸ μέρος εἴμαρτο ἁλῶναι
τὴν πόλιν. b(BCE³E⁴) T

438—9 *a*.¹ ἦ πού / ἦ νυ: διὰ τὸ πού (438) καὶ νύ (439) τὸν ἦ *Hrd.*
35 ὀξυτονητέον, ὃς δύναται εἶναι διαζευκτικὸς ἦ καὶ παραδιαζευκτι-
κός. A

　　　 a.² {ἦ νυ καὶ αὐτῶν θυμός:} διὰ τὸ ἦ που καὶ τὸ νύ ὀξυν-
τέον τὸν η̄, ὃς δύναται διαζευκτικὸς ἦ παραδιαζευκτικὸς εἶναι. T

439 *a*.¹ ⟨ἦ νυ καὶ αὐτῶν θυμός:⟩ ἐν ἐνίοις ,,ἦ νυ καὶ αὐτοὺς *Did.*
40 θυμός.‘‘ A^int

　　　 a.² γράφει δὲ καὶ ,,αὐτούς‘‘. T

441 *a*. ἦ καὶ ἐμοὶ τάδε ⟨πάντα μέλει, γύναι⟩: ὅτι πρὸς τὴν *Ariston.*
λέγουσαν ,,ἀλλ’ ἄγε νῦν ἐλέαιρε‘‘ (Z 431) καὶ ,,μὴ παῖδ’ ὀρφανικὸν
θείης‘‘ (Z 432) οἰκείως ἀπήντηκεν. ὁ δὲ διασκευαστὴς ἐπλανήθη. A

45　　　 *b*.¹ ⟨τάδε πάντα:⟩ ἡ ὀρφανία τοῦ παιδὸς καὶ ἡ χηρεία. T^il *ex.*

　　　 b.² ἡ ὀρφανία καὶ ἡ χηρεία καὶ ἡ τῶν πολεμίων σκόπησις.
b(BCE³E⁴)

442 *a*. αἰδέομαι Τρῶας ⟨καὶ Τρωάδας⟩: νόμος ἄρχουσιν αἰ- *ex.*
δεῖσθαι τοὺς ὑποτεταγμένους. χεῖρον δὲ παρὰ γυναιξὶν ἀκούειν δει-
50 λόν. b(BCE³E⁴) T

referendum. Vide ad Z 327 et 436—7　　436—7　437 ad A 16 (Did.)　　438—9 ad
E 885—7 *a*. Θ 290 *a*　　*a*¹ — ὀξυτονητέον (35; cf. *a*²) ad E 812 (Hrd.)　　441
deest diple ante versum in A, fort. error scribae　　*a* ad Z 433—9 (Ariston.)　　ὁ
δὲ διασκευαστὴς (44) sq. cf. Lehrs Ar.³ 330

24 le. T supplevi, om. b (qui sch. ad v. 436 revocavit)　　25 παρά τινος
ante τὰ b　　καὶ om. b　　26 τὴν—μάχην T, γλαῦκον καὶ διομήδην b (fort.
rectius; non pugnabant)　　28 (le.) ἠδ’ ἀμφ’ eiecit Bk.　　30 debuit
ἀτρεΐδα (itaque Ma.)　　31 le. T suppl. Ma., om. b　　31 sq. ἀποβάλλει C
32 ταῦτα προοικ. om. T, nescio an recte　　33 πόλιν T ἴλιον b　　34 le. scripsi,
ἦ που τίς σφιν: ἦ νυ καὶ αὐτῶν: A, ἦ . . . ἦ Bk.　　πού A, πού Bk. (at cf. Ap.
Dysc. pron. 39, 19)　　νύ Bk., νῡ A, fort. recte　　37 le. delevi　　ἦ που T,
voluit π‾ο‾υ　　39 le. add. Ldw.　　41 γράφει sq. pone sch. Z 438—9 *a*² (coni.
cum v. εἶναι) T, transposui　　γράφει T, fort. γράφεται (Ma.)　　42 le. A suppl.
Vill.　　ὅτι A, fort. ἡ διπλῆ, ὅτι　　43 ἐλέαινε A em. Vill.　　45 le. add. V^c
48 le. T supplevi (auctore Bk.)　　νόμος T νόμος γὰρ b　　49 sq. δειλῶν T

ex.   *b*.¹ ἑλκεσιπέπλους: αἱ ἐν τῷ βαδίζειν ἐπισύρουσαι τοὺς πέπλους. A

b.² ἑλκεσιπέπλους δὲ τὰς ἐν τῷ βαδίζειν ἑλκούσας τὸν πέπλον. T

ex.   444 *a*.¹ ⟨οὐδέ με θυμὸς ἄνωγεν, ἐπεὶ μάθον ἔμμεναι ἐ- 55
σθλός:⟩ ἐξ ἐπιλογισμοῦ. Tⁱˡ

a.² ἐξ ἐπιλογισμοῦ δὲ τοῦτό φησιν. b(BCE³E⁴)

ex.   *b*. ἐπεὶ μάθον ἔμμεναι ἐσθλός: διδακταὶ γὰρ αἱ ἀρεταί.
ἄμεινον δὲ τὸ μάθον ἀντὶ τοῦ εἴωθα. A b(BCE³E⁴) T

Nic.   445 *a*. αἰεὶ καὶ πρώτοισι ⟨μετὰ Τρώεσσι μάχεσθαι⟩: τὸ 60
αἰεί τοῖς ἐπάνω προσδοτέον, ἵνα μὴ ὑπερβατὸν γένηται τοῦ καὶ συν-
δέσμου, καὶ αἰεὶ πρώτοισι. κοινὸν μέντοι νοεῖται κατ' ἀμφοτέρων τὸ
αἰεί ὥσπερ καὶ τὸ „μάθον" (Z 444). A

ex.   *b*. αἰεὶ καὶ πρώτοισι ⟨μετὰ Τρώεσσι μάχεσθαι⟩: ὁ
Νικάνωρ (p. 187 Friedl.) φησὶν ὅτι δεῖ στίζειν εἰς τὸ †ἀεί†. b(BCE³E⁴) 65
T   ὅπως μὴ τοῦ συνδέσμου ὑπερβατὸν γένηται. b(BCE³) T
κοινὸν δὲ τὸ αἰεί, †μάθον καὶ ἀεὶ μάθον†. T

ex.   446 *a*. ⟨ἀρνύμενος πατρός τε μέγα κλέος ἠδ' ἐμὸν αὐτοῦ:⟩
οὐ μόνον ἑαυτῷ δόξαν, ἀλλὰ καὶ τῷ πατρὶ θέλει διασῴζειν. b(BCE³)
Tⁱˡ
                                                          70

ex.   *b*. ⟨ἀρνύμενος:⟩ ἀντὶ τοῦ περικτώμενος. Aⁱᵐ

ex.   448 *a*.¹ ἔσσεται ἦμαρ: οὐκ ἐκφοβεῖ, ἀλλὰ πρὸς τὸ μέλλον εὐ-
παράμυθον ποιεῖ. AT   ἢ οὐ τῆς ἁλώσεως μέμνηται, ἀλλὰ τὴν
ἑαυτοῦ φιλοστοργίαν ἐμφαίνει πρὸς τὴν γυναῖκα· διὸ T   οὐδὲ τὸν

---

442 *b* cf. D, Synag. (Ba. 216, 17, Ṣu. ε 879), Et. Gen. (= EM. 331, 12); He.
ε 2131   443 Eust. 654, 46: σημείωσαι δὲ ὅτι τε τὸ „κακὸς ὥς" (=vulg.)
γράφεται καὶ „κακὸς ᾆ" ἤγουν καθὰ κακός, καὶ ὅτι τὸ „κακός", δι' οὗ
λαγαροῦται ὁ στίχος, ἐκτείνει ἐνταῦθα τὴν λήγουσαν λόγῳ κοινῆς συλλαβῆς, διότι
τε φύσει ὀξύνεται καὶ διὰ τὸ καταπεραιοῦσθαι καὶ ἔχειν τὴν ἑξῆς συλλαβὴν ἀρχο-
μένην ἀπὸ φωνήεντος καὶ διὰ τὴν ἐπαγομένην δασεῖαν καὶ δι' ἕτερα, incertum an e
scholiis deperditis, cf. ib. 1464, 66   444 *b* — ἀρεταί (58) cf. Eust. 654, 35; Plut.
mor. 31 e/f   448 *a* cf. Eust. 654, 63

---

53 sq. cum sch. *a* (v. δειλῶν) coni. T, fort. rectius   55 sq. le. addidi, οὐδ' ἐμὲ
θυμός add. Vᶜ, θυμός add. Ma.   57 pone sch. *b* (coni. cum v. εἴωθα) in b, trans-
posui   58 le. T, ἐπ. μ. ἔμμ. A, om. b   59 ἔμαθον A   60 le. A suppl. Vill.
61 τοῖς ἐπάνω sc. verbis ἔμμεναι ἐσθλός (Z 444)   64 le. T supplevi (auctore
Vill.), om. b   64 sq. ὁ — ἀεί] ὁ δὲ νικάνωρ στίζει εἰς τὸ ἀεί (coni. cum scholio Z
444 *a*²) E⁴   65 fort. ὑποστίζειν   ἀεί] debuit ἀεί   66 ὅπως T ἵνα b   67
„μάθον ἔμμεναι ἐσθλός / αἰεί" (444—5) καὶ αἰεὶ μάθον μάχεσθαι (cf. 445) Ma.
68 le. add. Vill.   69 μόνον T μόνον φησὶν b   τὴν δόξ. b   θέλει διασ. T
σῶσαι σπουδάζει b   71 le. add. Ddf.   73 ἢ T, καὶ Ma. (cl. sch. *b*²)   ἀλ.
αὐτῆς Ma.   74 sq. οὐδὲ — ὁρίζει T οὐχ ὡρίζει δὲ τὸν χρ. τ. ἁλώσεως A

75 χρόνον τῆς ἁλώσεως ὁρίζει· ὧν δὲ δεινῶν ὁ χρόνος οὐχ ὁρίζεται, τού-
των ἧττον ἐλύπησεν ἡ προσδοκία, ὥσπερ ἔστιν ἰδεῖν καὶ ἐπὶ τοῦ θα-
νάτου· προειδότες γὰρ ὅτι τεθνηξόμεθα διὰ τὸ μὴ εἰδέναι τὸ πότε
ἧττον ἀχθόμεθα. **AT**

a.² οὐκ ἐκφοβεῖ, εἰ καὶ τῆς ἁλώσεως μέμνηται, ἀλλὰ μᾶλλον
80 εὐπαράμυθον ποιεῖ καὶ τὴν αὐτοῦ φιλοστοργίαν πρὸς τὴν γυναῖκα
ἐμφαίνει· διὸ οὐδὲ τὸν τῆς ἁλώσεως ὁρίζει χρόνον. ὧν δὲ δεινῶν χρόνος
οὐχ ὁρίζεται, τούτων ἧττον ἡ προσδοκία ἐλύπησεν, ὥσπερ ἔστιν
ἰδεῖν καὶ ἐπὶ τοῦ θανάτου· προειδότες γὰρ ὅτι τεθνηξόμεθα διὰ τὸ μὴ
εἰδέναι τὸ πότε ἧττον ἀχθόμεθα. **b(BCE³E⁴)**

85   *b.* ⟨ἔσσεται ἦμαρ:⟩ ἐλπίζει τὰ δεινὰ διὰ τὴν παράβασιν καὶ   *ex.*
τὴν ἀριστείαν Διομήδους. **b(BE³E⁴) Tⁱˡ**

c. ⟨Ἴλιος ἱρή:⟩ ὅτι θηλυκῶς τὴν Ἴλιον. **Aⁱᵐ**   *Ariston.*

450—4 *a.* ἀλλ' οὔ μοι Τρώων ⟨——— /⟩ οὔτ' αὐτῆς Ἑκά-   *ex.*
βης οὔτε Πριάμοιο ⟨——— / ὅσσον σεῖ'⟩: ἐπεὶ ἐκεῖνοι ἑκόντες
90 ἐδυστύχουν ἐπιτρέποντες Ἀλεξάνδρῳ ἀδικεῖν. ἡ δὲ Ἀνδρομάχη διὰ
τὰς ἐκείνων ἁμαρτίας καὶ προητυχήκει τοσούτων οἰκείων στερηθεῖσα
ἐν ἡμέρᾳ μιᾷ. **b(BCE³E⁴) T**

b. ἀλλ' οὔ μοι Τρώων τόσ⟨σ⟩ον μέλει ⟨——— / ὅσσον   *ex.*
σεῖ'⟩: ὑπερεβάλετο τὴν τῆς γυναικὸς φιλοστοργίαν· ἡ μὲν γὰρ ἀντὶ
95 τῶν οὐκέτι ὄντων οἰκείων ἔθετο αὐτόν, ὁ δὲ καὶ τῶν περιόντων αὐτὴν
1 προτιμᾷ. ἅμα δὲ ἐλεεινὴ καὶ ἡ ἡλικία καὶ ἡ δουλεία. μιμεῖται δὲ καὶ βαρ-
βάρου φιλογύναιον ἦθος, οἳ περὶ πλείστου ποιοῦνται τὰς γυναῖκας.
b(BCE³E⁴) T

451. ⟨οὔτ' αὐτῆς Ἑκάβης:⟩ ηὔξηται διὰ τῆς ἀντωνυμίας ἡ φι-   *ex.*
5 λοστοργία. **Tⁱˡ**

ἧττον (76 et 82) cf. Wackernagel II 1050   *b* — παράβασιν (85) Ge (e T ut
vid.)   *c* Ariston. etiam hic adnotavisse vid. v. ὀλώλη pro ὀλεῖται positum et
particulam ἄν superfluam esse, ad Δ 164 *d* (test.)   ὅτι sq. ad Γ 305 *b* (Aris-
ton.)   **419** vide supra pap. IV   **450—4** *a* ἐν ἡμέρᾳ μιᾷ (92) cf. Z 422   *b* —
ἡ δουλεία (1) cf. Eust. 655, 25; — φιλοστοργίαν (94) ad Z 464 *a*

---

75 δὲ Τ γὰρ Α   ὁ om. Α   76 ἥττονα Τ   80 αὐτοῦ Bk.   81 ὧν] ὃν *Β in
ras.   82 τούτων] τοῦτ(ον) *Β (in ras. ut vid.)   85 le. add. Vᶜ   85 sq.
ἐλπ. δὲ τὰ sq. coni. cum scholio praecedenti in b   τὰ δεινά] τὴν ἅλωσιν Ge
86 διομ. ἀριστ. b   87 le. add. Frdl.   fort. ἡ διπλῆ, ὅτι   88 sq. le. T
supplevi, om. b (ubi sch. ad v. 450 relatum est)   91 καὶ om. b   93 sq. le. T
(ἀλλ' οὔ μ. τρ. τόσον μέλει) emendavi et supplevi, om. b   94 ὑπερεβ. Ma.,
ὑπερεβάλλετο Τ, ὑπερέβαλε δὲ (coni. cum scholio praecedenti) b   95 οὐκ ἔτι
ΒΕ³   αὐτὸν post ὄντων b   οἰκεῖον *Β (in ras.)   1 sq. βαρβάρου in -ων corr. Β
4 le. add. Vᶜ

ex.   **454** *a.*¹ ὅσσον σεῖ᾽, ὅτε κέν τις: δεινὸν γὰρ ἡ τῶν γυναικῶν
ὕβρις καὶ αὐτῶν αἰσχύνη· „πρίν τινα πὰρ Τρώων ἀλόχῳ κατακοι-
μηθῆναι" (Β 355). **T**

           *a.*² δεινῶν γὰρ πάντων χείρων ἡ τῶν γυναικῶν ὕβρις. b
(BCE³)

ex.   **455.** ⟨ἦμαρ:⟩ ἀντὶ τοῦ ἤματος. **T**ⁱˡ

ex.   **456** *a.* πρὸς ἄλλης ἱστὸν ὑφαίνοις: ἀντὶ τοῦ ὑπὲρ ἄλλης, ὡς
„πρὸς Τρώων" (Ζ 57) καὶ „πρὸς ἄνακτος" (Ω 734), ἵνα μὴ κακοπα-
θῇ. **T**

ex.   *b.* ἄλλως· πρὸς ἄλλης: ἀντὶ τοῦ **T**   ὑπὸ ἄλλης κελευο-
μένη·· τοῦτο γὰρ τὴν ὕβριν φέρει, οὐχὶ τὸ ἔργον σύνηθες ὂν ταῖς
ἀρχαίαις. b(BCE³E⁴) **T**

Ariston.   **457** *a.* καί κεν ὕδωρ φορέοις: ὅτι κατὰ τὸ προστυχὸν οὕτως
εἰπόντος Ὁμήρου οἱ νεώτεροι τῷ ὄντι ὑδροφοροῦσαν εἰσάγουσιν
αὐτήν. **A**

ex.   *b.* καί κεν ὕδωρ φορέοις: τέτακται μὲν ἡ δουλεία εἰς ὑδρο-
φορίαν ἢ εἰς ἱστουργίαν. ὁ δὲ ἄμφω φησὶν (sc. Ζ 456 et 457) εἰς ἐπίτα-
σιν. θαρρῶν δὲ τῇ σωφροσύνῃ τῆς γυναικὸς ὅτι οὐκ ἂν ὑπομείνειεν
οὐδὲ ἀκουσίως προδοῦναι ἑαυτῆς τὸ σῶμα, ἑτέρου ἀνδρὸς οὐ μέμνηται.
b(BCE³E⁴) **T**

D(?)   *c.* ⟨Μεσσηίδος ἢ Ὑπερείης:⟩ Μεσ⟨σ⟩ηῒς καὶ Ὑπέρεια
κρῆναι Ἄργους. **A**ⁱᵐ

ex.   *d.* Ὑπερείης: Ὑπέρεια Θεσσαλίας. Πίνδαρος (P. 4, 125)·
„ἐγγὺς μὲν Φέρης κράναν Ὑπερῇδα λιπών". **T**

---

454 ad Β 355 *b*; cf. Apsin. rhet. 314, 12 Sp.-H.   **456** *b* — κελευομένη
(15) cf. D, Eust. 654, 5   **457** *a* οἱ νεώτεροι (19) = Trag. ad. fr. 40
b N.³ (suppl.). Cf. observationem similem ad Ω 735 (Ariston.); Lehrs
Ar.³ 176   *b* — ἱστουργίαν (22) cf. Eust. 654, 16   *c* = Ge, fort. ex
h, cf. D: Ὑπερείης· Ὑπέρεια κρήνη Ἄργους. Μεσσηίδος· Μεσσηῒς
καὶ Ὑπέρεια κρῆναι τῆς Πελοποννήσου, κατ᾽ ἄλλους δὲ τῆς Λακωνικῆς,

---

6 (le.) σεῖ᾽ Bk. (= Hom., vulg.), σεῖο T; τις] erat fort. τις ἀχαιῶν
(Ma.)   **7** ἀλ. scripsi (= Hom.), ἀλόχων T   **11** le. add Vᶜ   **13** πρὸ ἄν.
Hom.   **15** ἄλλως· πρὸς ἄλλης T, om. b   ὑπὸ] ἀπὸ C   **17** ἀρχαίαις T πα-
λαιαῖς b   **18** ὅτι A, ἡ διπλῆ, ὅτι Vill.   προστυχὸν A em. Vill.   **21**—5
τέτακται sq. ad Ζ 458 (πόλλ᾽ ἀεκαζομένη) rettulit b   **21** sq. ὑδροφορίαν b
ὑπηρεσίαν T   **22** ἢ εἰς T καὶ b   ὁ — εἰς T ὁ δὲ κατ᾽ ἄμφω τίθησιν b   **23**
τῆς γυν. T αὐτῆς b   **24** οὐδὲ ἀκ. T ἐκουσίως b   **26** le. addidi   μεσηῒς A
suppl. Vill.   **28** ὑπ.: ὑπέρεια scripsi, ὑπέρεια: T   **29** φερῆς κρανάης ὑπερηῒδα
T em. Ma. (cl. Pind.)

30   **459.** εἴπησιν: ὅτι τὸ εἴπησιν ἀντὶ τοῦ εἴποι ἄν. ἡ δὲ ἀναφορὰ   *Ariston.*
πρὸς Φιλίταν γράφοντα (fr. 57 K.) „θρώσκων τις κατὰ κῦμα μέλαιναν
φρῖχ᾽ ὑπαλύξει" (Φ 126). οὗτος γὰρ μὴ νοήσας ὅτι τὸ „ὑπαΐξει" (Φ
126) ἐστὶ τὸ ἐφορμῆσαι ὑπὸ τὴν φρῖκα, τουτέστι τὸ τοῦ ὕδατος ἐπα-
νάστημα, ὃς φάγοι ἂν Λυκάονος τοῦ δημοῦ (cf. Φ 127), τὴν φρῖκα
35 ἐδέξατο τὴν ὑπὸ τοῦ ψύχους γινομένην φρίκην καί φησι τοὺς πιμελώ-
δεις τῶν ἰχθύων ὑπομένειν τὸ ψῦχος, ὥστε ὃς ἂν τὸ τοῦ Λυκάονος
λίπος φάγῃ, ἐκκλίνει τὴν φρίκην. A
      460 *a.* Ἕκτορος ἥδε γυνή, ⟨ὃς ἀριστεύεσκε μάχεσθαι⟩:   *ex.*
παρέδραμε τὰ ἑαυτοῦ. ἔστι δὲ ἐν τῇ λέξει πάντα ὑπονοεῖν. b(BCE³
40 E⁴) T
      b. Ἕκτορος ἥδε γυνή, ⟨ὃς ἀριστεύεσκε μάχεσθαι⟩:   *ex.*
ἐπιγραμματικὸν ἔχει τύπον ὁ στίχος. b(BCE³) T
      462—3. σοὶ δ᾽ αὖ νέον ἔσσεται ἄλγος ⟨/ χήτεϊ τοιοῦδ᾽ ἀν- *ex.*
δρός⟩: βεβαιοῖ αὐτῆς τοὺς λόγους. χήτει δὲ ἀπορία, σπάνει. T
45   **464** *a.*¹ ἀλλά με τεθνειῶτα χυτὴ κατὰ γαῖα καλύπτοι: *ex.*
ὑπερβάλλει τῇ φιλοστοργίᾳ τὴν γυναῖκα· ἡ μὲν γὰρ στερηθεῖσα τοῦ
Ἕκτορος θανεῖν εὔχεται λέγουσα „ἐμοὶ δέ κε κέρδιον εἴη χθόνα δύμε-
ναι" (cf. Z 410—1), ὁ δὲ αἱρεῖται θανεῖν, ἵνα μηδὲ κλαίουσαν ἴδῃ. T
      *a.*² καὶ πάλιν ἡ Ἕκτορος ὑπερβάλλει φιλία· ἡ μὲν γὰρ Ἀν-
50 δρομάχη στερηθεῖσα τοῦ Ἕκτορος θανεῖν εὔχεται, ὁ δὲ μὴ κλαιούσης
αὐτῆς ἀκοῦσαι. b(BCE³E⁴)
      b. χυτή: ὅτι οὐ πᾶσα γῆ οὕτως λέγεται παρ᾽ αὐτῷ, ἀλλ᾽ ἡ   *Ariston.*
τοῖς νεκροῖς ἐπιχεομένη. A

sch. Pind. P. 4, 221 c, Paus. 3, 20, 1 (Bacher 81); aliter Eust. 654, 10
459 ad Δ 191 *b.* Φ 126. 127 (Ariston.), cf. Friedl., Ariston. p. 9; — εἴποι ἄν (30)
cf. D   **462—3** αὐτῆς τοὺς λόγους (44) sc. Z 407—11   σπάνει (44) = D
464 vide supra pap. IV   *a* ad Z 450—4*b*   *b* ad Ẕ 114. Ψ 256 (Ariston.), cf. Eust.
655, 35. 971, 21; D ad Z 464. Ẕ 114 *a.* Ψ 256; Ap. S. 167, 24; sch. Ap. Rh. 4, 1536;
Synag. (Ba. 417, 32, Su. χ 606)   οὐ πᾶσα γῆ (52) et ἀλλ᾽ ἡ sq. EM. 816, 7 (e

30 le. Bk., καὶ ποτέ τις ἰατρεῦσαι: A   ὅτι A, ἡ διπλῆ, ὅτι Vill.   ἄν: — A
31 φιλ. scripsi, φιλητὰ A, φιλίταν Kuchenmueller, fort. rectius; vide ad H
171 *a*   γράφοντι A em. Vill.   **32** ὑπαΐξει A, fort. ὑπαΐξαι   **34** ὃς sc.
τοῦτον, ὃς   δήμου A em. Bk.   τὴν (ante φρῖκα) abesse malim   **35** sq.
πημελώδεις A em. Vill.   **37** φάγῃ Frdl., φάγοι A   ἐκκλίνει scripsi, ἐκκλίνει
A   **38** le. T supplevi (auctore Vill.)   **41** le. T (coni. cum scholio praecedenti),
supplevi   **42** ἐπ. δὲ ἔχει coni. cum scholio *a* (v. ὑπονοεῖν) b   **42** ὁ
στίχος om. T, fort. rectius   **43** sq. le. T supplevi   **44** σπάνη T em. Ma.
46 στερρηθεῖσα A em. Ma.   **47** δέ κε et εἴη Ma., δέ κεν et εἰς T   χθόνα T σεῦ
ἀφαμαρτούσῃ χθόνα Hom.   **52** le. Bk., ἀλλά με τεθνειῶτα: A   ὅτι A, ἡ
διπλῆ, ὅτι Vill.

Hrd.   **465.** πρίν γέ τι {σῆς τε βοῆς}: Διονύσιος ὁ Σιδώνιος τὸν γέ ἐκ πλήρους ποιεῖ. οὕτως καὶ ᾿Αλεξίων (fr. 33 B.) καὶ οἱ περὶ ῾Ηρακλέωνα 55 (fr. 6 B.)· οὐ γὰρ πιθανὸν ἐγκεῖσθαι τὸ ἔτι· οὐ γὰρ δή γε καὶ πρότερον συνέβη ταῦτα τῇ ᾿Ανδρομάχῃ. ἔστιν οὖν τὸ τί καθ᾿ ὕπαρξίν τινα λεγόμενον ἢ καὶ παρελκόμενον ὁμοίως τῷ „ἤ νύ τοι οὔ τι μέλει Τρώων πόνος" (X 11) καὶ „μή τι φόβον δ᾿ ἀγόρευε" (E 252) καὶ „μή τί μευ ἦΰτε παιδός" (H 235). οὐχ ὑγιῶς οὖν ὁ Πτολεμαῖος (p. 48 B.) οἴεται 60 συναλιφὴν εἶναι. **A**

ex.   **466.** οὗ παιδὸς ὀρέξατο: πρῶτος παῖδας εἰσάγει τῇ τραγῳδίᾳ. **b(BCE³E⁴) T**

D   ὀρέξατο: ἀντὶ τοῦ ἐλάβετο. **Aⁱᵐ**

ex.   **467.** ἂψ δ᾿ ὁ πάϊς πρὸς κόλπον: δυσαποσπάστως μὲν ἔχουσι 65 τῶν τροφῶν. τοῦτον δὲ καὶ ἡ ὄψις φοβεῖ. ταῦτα δὲ τὰ ἔπη οὕτως ἐστὶν ἐναργείας μεστά, ὅτι οὐ μόνον ἀκούεται τὰ πράγματα, ἀλλὰ καὶ ὁρᾶται. λαβὼν δὲ τοῦτο ἐκ τοῦ βίου ὁ ποιητὴς ἄκρως περιεγένετο τῇ μιμήσει. **b(BCE³E⁴) T**

ex.   **468.** πατρὸς ⟨φίλου⟩ ὄψιν ἀτυχθείς: ἐπὶ τῇ τοῦ πατρὸς ὄψει 70
b(BCE³E⁴)   ταραχθείς. ἠθικὸν δὲ ὅτι οὐκ ἄλλον, ἀλλὰ τὸν πατέρα φοβηθείς. **b(BCE³E⁴) T**

Nic.   **469 a.¹** ταρβήσας χαλκόν τε: διασταλτέον χαλκόν τε· μέρος γάρ ἐστι περιόδου ἐπανειλημμένον μετοχικόν. ἀτυχθεὶς ὄψιν (cf. Z 468) καὶ ταρβήσας χαλκὸν καὶ λόφον νοήσας (cf. Z 469—70). **A**   75

         a.² ταρβήσας χαλκόν τε: διασταλτέον εἰς τὸ τέλος τῶν τριῶν ἐπῶν. ἔστι γάρ· ἀτυχθεὶς ὄψιν καὶ ταρβήσας χαλκὸν καὶ λόφον δεινὸν νεύοντα νοήσας. **b(BCE³) T**

ex.   **b.** ταρβήσας χαλκόν τε: τὰ γὰρ ἀνόμοια φόβον κινεῖ. **T**

Ven. A ut vid., cf. Beiträge 165)   **465** aliter Eust. 655, 37; vide ad K 246 (Hrd.): γ᾿ ἑσπομένοιο aut γε σπομένοιο   **467** ταῦτα δὲ τὰ ἔπη (66) sq. cf. Eust. 655, 52   **468** ταραχθείς (71) = D; vide ad Z 38 b (test.)   **469 a** cf. Friedl., Nic. 187, qui verba genuina Nicanoris restituere conatus est

---

54 (le.) σῆς τε βοῆς del. Bk.   **56** πειθανὸν A em. Vill.   **58** τῷ Vill., τὸ A **60** ὑγειῶς A em. Vill.   **62** πρῶτος δὲ sq. pone sch. Z 467 (coni. cum v. μιμήσεως) in b   ἐν τραγ. εἰσάγει b   **65—9** pone sch. Z 468 in BE³E⁴, pone sch. Z 474 in C   **65** δυσαπ. μὲν T καὶ χωρὶς μέν τινος μορμολύττοντος δυσαποσπάστως b, fort. vere   **66** sq. ταῦτα — μεστά T οὕτως δέ ἐστιν ἐναργείας μεστὰ τὰ ἔπη b   **67** ὅτι οὐ b οὔτε T, ὥστε οὐ Wil.   **68** λαβὼν] λαβ(ὴν) E⁴   **69** τῆς μιμήσεως b   **70** le. T suppl. Ma., om. b   **71** δὲ T δὲ καὶ τοῦτο b   **72** φοβ. T φοβεῖται b   **73—8** intellege ᾿non modo post ἀτυχθείς interpungendum, sed etiam post ταρβήσας χαλκόν τε, quod haec verba soluta sunt.᾿ Sequitur, ut voces λόφον ... νεύοντα e participio νοήσας pendeant, cf. test.   **76—8** pone sch. b in T   **76** le. scripsi, χαλκόν τ᾿ ἠδὲ λόφον T, om. b   τὰ τέλη b **76** sq. τῶν τρ. ἐπῶν om. T   **77** τριῶν] λοιπῶν E³   καὶ¹ om. b   **77** sq. λόφον — νοήσας T λόφον νοήσας ἀπονεύοντα b

80　471 a.¹ ἐκ δ᾽ ἐγέλασ⟨σ⟩ε: ἀπὸ τῆς πολλῆς λύπης ἐκ μικρᾶς αἰ- *ex.*
τίας γέλωτα κινεῖ. Τ

a.² ἀπὸ τῆς πολλῆς αὐτῶν λύπης ἡ μικρὰ τοῦ παιδὸς αἰτία
φυσικόν τινα κινεῖ καὶ μέτριον γέλωτα. b(BCE³E⁴)

472 a. αὐτίκ᾽ ἀπὸ κρατὸς κόρυθ᾽ εἵλετο φαίδιμος ⟨Ἕ- *Ariston.*
85 κτωρ⟩: σημειοῦνταί τινες τοῦτον διὰ τὸ τὸν τραγικὸν Ἀστυδάμαντα
παράγειν τὸν Ἕκτορα λέγοντα (fr. 2, p. 778 N².)· „δέξαι †κοινήν μοι
πρὸς πόλεμον δὲ καὶ φοβηθῇ παῖς". A

b. αὐτίκ᾽ ἀπὸ κρατὸς κόρυθ᾽ εἵλετο: μιμητικῶς· εὐάλω- *ex.*
τος γὰρ καὶ ὁ τραχὺς τέκνου φιλοστοργίᾳ. b(BCE³E⁴) Τ

90　474. ἐπεὶ κύσε πῆλέ τε χερσίν: τοῦτο γὰρ ποιοῦμεν πρὸς *ex.*
διάχυσιν αὐτῶν. ἄκρως δὲ περιεγένετο τῇ μιμήσει οὐδέν τι λυπήσας
τὴν ἡρωϊκὴν σεμνότητα. ταῖς δὲ χερσὶ τὴν ἐπιθυμίαν πληροῖ, ἐπειδὴ
μὴ δύναται περιπλέξασθαι αὐτόν. b(BCE³E⁴) Τ　　τὸ δὲ πῆλε ἀν-
τὶ τοῦ †ἐκλήρωσεν. Τ

95　475 a.¹ ⟨εἶπεν ἐπευξάμενος:⟩ Ἀρίσταρχος διὰ τοῦ δ̄, „εἶπε δ᾽ *Did.*
1 ἐπευξάμενος". Aⁱᵐ

a.² εἶπεν ἐπευξάμενος: „εἶπε δ᾽ ἐπευξάμενος"· Ἀρίσταρ-
χος γὰρ σὺν τῷ „δέ" γράφει. Τ

476 a.¹ δότε δὴ καὶ τόνδε γενέσθαι: φιλότιμος ἡ εὐχή. δια- *ex.*
5 χυθεὶς δὲ ἐπιλέλησται τῶν πρώην. ἢ ὅτι δυνατὸν θεοῖς καὶ παρ᾽ ἐλπίδα
τι ποιῆσαι. οὐ πλούσιον δὲ ὡς νῦν †εὔχονται τὸν υἱόν, ἀλλ᾽ ἀγαθὸν
βίην, θαρσύνων τὴν μητέρα, ἵνα ἔχῃ ἐπίκουρον. Τ

a.² φιλότιμος ἡ εὐχή. διαχυθεὶς δὲ ἐπιλέλησται τῶν πρώην. ἢ
ὅτι δυνατὸν θεοῖς καὶ παρ᾽ ἐλπίδα τι ποιῆσαι. ὡς νῦν δέ ἐστι πλούσιος,
10 οὐκ εὔχεται τὸν υἱὸν γενέσθαι, ἀλλ᾽ ἢ μόνον ἄρχοντα καὶ ἀνδρεῖον, τὴν
μητέρα θρασύνων, ἵν᾽ ἔχῃ ἐπίκουρον. b(BCE³E⁴)

478 a.¹ ⟨ὧδε βίην τ᾽ ἀγαθόν:⟩ ἄλλοι „ὧδε βίην ἀγαθὸν *Did.*
τε". Aⁱᵐ

a.² οὕτως „ἀγαθόν τε." Tⁱˡ

478 cf. pap. IV; Valk II 620

────────

80 le. Τ suppl. Ma. (ἐκ γ᾽ ἐγέλασσε iam Li ante sch. a²)　　84 sq. le. A suppl. Vill.　　88
μιμ. Τ μιμητικῶς καὶ τοῦτο b　　89 φιλ. τέκνου b　　91 τῇ μιμ. Τ τοῦ ἤθους b
92 σεμνότ. Τ συμμετρίαν b　　χερσὶ Τ χερσὶ λαβόμενος αὐτοῦ b　　ἐπεὶ b　　93
περιπλ. αὐτόν Τ περιπλακῆναι αὐτοῦ (αὐτῷ E⁴) b　　94 ἐκλήρωσεν def. Valk I
415, tamen vix sanum, ἐκίνησεν Ma. (cf. Eust. 656, 52 διεκίνησεν), possis ἐξιλάρω-
σεν vel ἐφαίδρωσεν　　95 le. add. Vill.　　6 εὔχ. Τ εὔχεται Ma. (cf. sch. a²)
12 le. (= Aᶜᵒⁿᵗ, vulg.) add. Bk.

17*

Did.   **479** *a.* ⟨πατρὸς δ᾽ ὅγε:⟩ Ἀρίσταρχος „πατρός γ᾽ ὅδε“. A^im T 15

ex.   *b.* πατρὸς δ᾽ ὅ γε πολλὸν ἀμείνω: φυσικῶς ἐκ τοῦ βίου
τοῦτο ἔλαβεν· ἐν ἅπασι γὰρ τῶν ἄλλων ἀμείνονες εἶναι θέλοντες μόνοις
ἡττᾶσθαι παισὶν εὐχόμεθα. b(BCE³E⁴) T

Nic. | *Ariston.*   **479—80** *a.*¹ καί ποτέ τις εἴποι ⟨———— ἀνιόντα⟩: τὸ ἑξῆς·
καί ποτέ τις εἴποι ἐκ πολέμου ἀνιόντα. καὶ οὐ λείπει τὸ ἰδών, ἀλλ᾽ 20
ἔστι συνήθης Ἀττικοῖς ἡ φράσις. Εὐριπίδης Ῥήσῳ (390—1)· „χαίρω
δέ σ᾽ εὐτυχοῦντα καὶ προσήμενον / πύργοισιν ἐχθρῶν“, καὶ αὐτὸς
Ὅμηρος ἀλλαχοῦ „ἤχθετο γάρ ῥα / Τρωσὶ⟨ν⟩ δαμναμένους“ (N
352—3). | ἤλ⟨λ⟩ακται δὲ πτῶσις, ἀντὶ τοῦ ἐκ πολέμου ἀνιόντος.
A   25

Ariston.   *a.*² ἀνιόντα: ἀνιόντος, ὡς τὸ „γυναῖκά τε θήσατο μαζόν“
(Ω 58). T

Nic.   *a.*³ ἄλλως· στικτέον εἰς τὸ ἀνιόντα (480), καὶ †λείπει τὸ
ἰδών· ἤδη γὰρ σύνηθές ἐστι τοῖς Ἀττικοῖς· „χαίρω δέ σ᾽ εὐτυχοῦντα
καὶ προσήμενον“. καὶ ἀλλαχοῦ ὁ ποιητής· „ἤχθετο γάρ ῥα / Τρωσὶν 30
δαμναμένους“. T

ex.   **480** *a.*¹ ἄλλως· ἐκ πολέμου ἀνιόντα: οὐκ ἀεὶ εὔχεται πολε-
μεῖσθαι τὴν πόλιν, ἀλλ᾽ ἐν ταῖς χρείαις ἄριστον εἶναι. T

                  *a.*² οὐκ ἀεὶ πολεμεῖσθαι καὶ πολεμεῖν εὔχεται, ἀλλ᾽ ἐν μόναις
ἄριστον εἶναι ταῖς χρείαις. b(BCE³E⁴)   35

D   ἔναρα βροτόεντα: τὰ ἀπὸ πολέμου ——— νεκροὶ ἔνα-
ροι. A

D   βροτόεντα: ἡμαγμένα· βρότος ——— ἢ ἡματωμένα. A

ex.   **482.** ⟨ἀλόχοιο φίλης ἐν χερσὶν ἔθηκε:⟩ ἵνα καὶ αὐτὴ δια-
χυθῇ. T^il   40

479 Ge (fort. ex h): ⟨εἴποι⟩ (add. Nicole)· γράφεται καὶ „εἴπησι“ (εἴπησι
= vulg.)   *a* et *b* (Did.) cf. pap. IV   *b* ἐν ἅπασι γὰρ (17) sq. cf. Eust.
656, 48   **479—80** nullum signum ante versus in A (exspectes diplen ante v.
480)   *a*¹ — δαμναμένους (23) ad N 351—3 (Nic.), vide Wackernagel, Vorl.
über Syntax I (Basil. 1926) 264; — ἰδών (20) aliter Eust. 657, 3   ἤλλακται (24)
sq. vide ad A 567 *a.* N 477 *a* (Ariston.), cf. Anon. fig. 154, 26; Su. χ 174 (Eur. fr.

15 le. add. Ddf.   ἀρίστ. δὲ sq. post sch. *b* (coni. cum v. εὐχόμεθα) in T   ὅδε
A   ὅδε γράφει T   17 ἐν om. b   17 sq. μόν. εὐχόμεθα παισὶν ἡττᾶσθαι b
19 le. A supplevi   22 ἐχθρῶν Eur., ἐχθρόν A   23 τρωσὶ A suppl. Ddf.
24 ἤλακται A suppl. Vill.   28 καὶ οὐ λείπει Ma.   30 προσήμ. Ma., προσση-
μαίνων T   31 δυναμένους T em. Ma.   33 ἄριστον αὐτὸν εἶναι Ma.   36 sq.
ἔνεροι D, cf. Blomfield ad Aesch. Pers. (Lond. 1780) 635 (hodie 629)   39 le. addidi

483. κηώδεϊ: ἐν ᾧ τὰ βρέφη κοιμίζεται. ΑΤ[il] *ex.*

484. δακρυόεν γελάσασα: δυνατῶς ῥηθὲν ἀνερμήνευτόν ἐστιν· *ex.*
οὐ γὰρ ἁπλοῦν τὸ πάθος, ἀλλὰ σύνθετον ἐξ ἐναντίων παθῶν, ἡδονῆς
καὶ λύπης· εἰς γέλωτα μὲν γὰρ αὐτὴν προήγαγε τὸ βρέφος, εἰς δά-
45 κρυον δὲ ἡ περὶ τοῦ Ἕκτορος ἀγωνία. Α b(BCE³E⁴) Τ   οὐκ ἐνόησεν
οὖν Καλλίμαχος τὸν στίχον εἰπών· „ἐπεὶ θεὸς οὐδὲ †γέλασεν† / ἄ-
κλαυτί" (fr. 298 Pf.) · ᾤήθη γὰρ ὑπὸ τῆς διαχύσεως τοῦ γέλωτος τὰ
δάκρυα γενέσθαι. Τ

487. ⟨οὐ γάρ τίς μ’ ὑπὲρ αἶσαν ἀνὴρ Ἄϊδι προϊάψει:⟩ *ex.*
50 ὑποθεὶς αὐτὸν τῇ εἱμαρμένῃ ἴσον ἐποίησε τό τε κινδυνεύειν καὶ τὸ ἀ-
σφαλῶς ζῆν. b(BCE³E⁴) Τ[il]

489. ἐπὴν τὰ πρῶτα γένηται: τινὲς „πρωτά" ὡς γνωστά, *ex. | ex.*
ἵν’ ᾖ τὰ πεπρωμένα, οὐχ ὑγιῶς. Τ | φαίνεται δὲ καὶ τὴν μαθηματικὴν
πρῶτος εἰδὼς Ὅμηρος, ἐν οἷς τὴν ἐπὶ γενέσεως ὥραν περιέχειν τὰ
55 ἀποτελέσματα λέγει. Α b(BCE³E⁴) Τ

490—3. ἀλλ’ εἰς οἶκον ἰοῦσα ⟨——— ἐγγεγάασιν⟩: τέσ- *Ariston.*
σαρσι στίχοις ἑξῆς ἀστερίσκοι παράκεινται, ὅτι νῦν μὲν ὀρθῶς κεῖνται
καὶ πρὸ τῆς μνηστηροφονίας (sc. φ 350—3), ἐν δὲ τῇ α̅ ῥαψῳδίᾳ τῆς
Ὀδυσσείας (sc. 356—9) οὐκέτι. Α

673); Friedl., Ariston. p. 20   483 cf. Philox. in Or. 85, 35 (. . . παρὰ τὸ κέω τὸ
κοιμῶμαι . . .), aliter D ad Z 288, Ap. S. 99, 21; vide Bechtel, Lex. 195   484 —
ἀγωνία (45) cf. Eust. 657, 17; breviter D; — λύπης (44) cf. sch. Pind. N. 1, 85 b
488 nescio an sch. de significatione v. μοῖρα hic non exstiterit; cf. Porph. 1, 104,
3: ἐζήτησάν τινες (an Aristoteles?), πῶς ἐνταῦθα ἀπαράβατον λέγει τὴν μοῖραν ὁ
ποιητής. ἐν δὲ τῇ Ὀδυσσείᾳ παραβατὸν ὑφίσταται, ὅταν λέγῃ „ὡς καὶ νῦν Αἴγι-
σθος ὑπὲρ μόρον Ἀτρείδαο / γῆμ’ ἄλοχον" (α 35—6). λύεται δὲ τοῦτο ἐκ τοῦ δεί-
κνυσθαι ὅτι τριχῶς ἡ μοῖρα παρὰ τῷ ποιητῇ λέγεται· ἡ εἱμαρμένη, ἡ μερὶς καὶ τὸ
καθῆκον (sequuntur exempla, tum altera solutio, quae dicitur ἐκ προσώπων), Ap.
S. 113, 11: μοῖραι· ἐπὶ τῶν μερίδων, „οἵ †δὴ μοίρας† (lege οἳ δ’ ἤδη μοίρας τ’)
ἔνεμον" (θ 470), | ἐπὶ δὲ τῆς εἱμαρμένης, „μοῖραν δ’ οὔ τινά φημι †πεφευγμένον† (lg.
πεφυγμένον) ἔμμεναι ἀνδρῶν" (cf. D ad Δ 170), | ἐπὶ δὲ τοῦ καθήκοντος καὶ ἁρμόζον-
τος, „ταῦτά γε πάντα, †γέρων† (lg. γέρον), κατὰ μοῖραν ἔειπες" (Α 286 al., cf. D ad
Α 286. Τ 186). Ergo explanationes et Apollonii Sophistae et Pophyrii videntur
pendere e scholiis, quae Didymi vocantur. Vide ad Α 3 c (ex.)   489 — οὐχ
ὑγιῶς (53) sim. Ep. Hom. (An. Ox. 1, 340, 9), cf. Hrd. μον. 38 (2, 943, 30 L.);
Ep. Hom. l. c. 340, 2   490—3 asterisci ante versus Z 490—3 in A, ante versus
Z 490—2 in pap. IV, cuius scriba vid. erravisse   τέσσαρσι (56) sq. cf. sch. α

41 le. AV[c], om. Τ   42 le. AT, om. b   δυν. καὶ σοφῶς ῥηθ. b   ἀν. ἐστιν]
ὡς ἀνερμήνευτον πεφώραται. ἔστι δὲ εὐπρεπές b   43 γάρ] γὰρ ὡς ΒΕ⁴   43 sq.
ἡδοναὶ καὶ λῦπαι Α   44 προσήγαγε Τ   45 τοῦ om. Ε⁴   46 γελάσσαι Call.
49 le. add. Vill. (οὐ γὰρ — αἶσαν iam Li)   50 αὐτὸν Ma., αὐτὸν Τ ἑαυτὸν b
52 le. Τ, οὐ κακὸν οὐδὲ μὲν ἐσθλόν: Α, om. b   53 δὲ om. Ab   54 εἰδὼς b, εἶδος
Α εἰδέναι Τ   οἷς τὴν ἐπὶ ΑΤ ᾖ τὴν τῆς b   περ. τὰ Τ περιέχοντα Α, om. b
55 λέγει] περιέχει b   56 le. Α suppl. Frdl.

ex.   **491.** ἱστόν τ' ἠλακάτην τε: διὰ βραχέων βίον καὶ οἰκονομίαν ₆₀
ὑπογράφει σώφρονος γυναικός. οἰκονομικῶς δὲ ἐποίησε τὸν Ἕκτορα
ἐπιτρέποντα αὐτῇ οἰκουρεῖν, ἵνα μὴ κατὰ τὴν πρὸς τὸν Ἀχιλλέα
μάχην ὀφθεῖσα ἐπὶ τοῦ τείχους πείσῃ αὐτὸν μὴ πολεμεῖν Ἀχιλλεῖ. b
(BCE³E⁴) T

D   ἠλακάτην: τὸ τῶν γυναικῶν―――― ἔχουσαν Ἄρτεμιν. A ₆₅

ex.   **492 a.** πόλεμος δ' ἄνδρεσ⟨σ⟩ι μελήσει: ἄνδρεσ⟨σ⟩ι διὰ τὰς
παραινέσεις αὐτῆς. ἔστι δὲ ἤθη σκοπεῖν διάφορα Ἀλεξάνδρου καὶ Ἕ-
κτορος· ὁ μὲν γὰρ φησι πόλεμος δ' ἄνδρεσσι μελήσει, ὁ δὲ Ἀλέ-
ξανδρος ,,νῦν δέ με παρειποῦσ' ἄλοχος" (Z 337). b(BCE³E⁴) T

ex.   **b.** πόλεμος ⟨δ'⟩ ἄνδρεσσι μελήσει: ἐνθάδε πόλεμος, ₇₀
ἐπὶ δὲ Τηλεμάχου ,,μῦθος" (α 358), ἐπὶ δὲ τῆς θέσεως τοῦ τόξου ,,τό-
ξον δ' ἄνδρεσσι μελήσει" (φ 352). A

ex.   **493.** ⟨πᾶσιν, ἐμοὶ δὲ μάλιστα:⟩ ἀντὶ τοῦ πλέω πάντων τῶν
ἐν Ἰλίῳ. Aⁱⁿᵗ

ex.   **495—6.** οἶκον δὲ βεβήκει / ἐντροπαλιζομένη: ἀπῆγε μὲν ἡ ₇₅
ἐπίπληξις, ἐπέστρεφε δὲ ἡ εὔνοια· ποία γὰρ ἂν ἦν, τοιοῦτον ἄνδρα
τοιούτῳ κινδύνῳ προπέμπουσα; b(BCE³E⁴) T   τὸ δὲ ἐντροπα-
λιζομένη (496) ἀντὶ τοῦ μεταστρεφομένη. T

ex.   **499.** γόον πάσῃσιν ἐνῶρσεν: ἢ διηγησαμένη, ἢ ἀπὸ τῶν
ἰδίων δακρύων. ηὔξησε δὲ τὸ συμπαθὲς διὰ τοῦ παρανόμου θρήνου· ₈₀
θρηνοῦσι γὰρ ζῶντα. ἅμα δὲ καὶ ἐνδείκνυται ὡς δεῖ οὕτω δεσπόζειν,
ἵνα καὶ εὐνοῶνται. b(BCE³E⁴) T

ex.   **500 a.¹** γόον {ἕκτορα}: γόαον καὶ κατὰ συγκοπήν· ἢ ἀπὸ βα-
ρυτόνου. T

     a.² ἀντὶ τοῦ ἐγόων συνεστάλη. Aⁱⁿᵗ

₈₅

356—9   **492** *a* ἔστι δὲ ἤθη (67) sq. cf. Eust. 657, 48   *b* cf. Eust. 657, 46
493 fort. exstabat sch. de exitu, quem hic versus in Od. (α 359. φ 353) praebet
(τοῦ γὰρ κράτος ἔστ' ἐνὶ οἴκῳ)   **494** cf. pap. IV   **495—6** — εὔνοια (76) cf.
Eust. 657, 58   τὸ δὲ ἐντροπαλιζομένη (77) sq. cf. D, Eust. 657, 57   **500**
ἐγόων (85) = D; v. γόον sec. commentarium Zenobii grammatici (Et. Gen. [B,
deest A] γόον) Hrd. (2, 802, 19) aoristum esse censuit, Ap. Dysc. (Frg. p. 111, 17)

---

60 βίον T τῶν ῥημάτων βίον b   **61** σώφρονος ante ὑπογράφει b   **63** μὴ om.
E⁴   ἀχιλλεῖ om. b   **66** le. T suppl. V (ἄνδρεσσι μελήσει Li), om. b   ἄνδρ.²
Ma., ἄνδρεσι T ταῦτά φησι b   **70** le. A supplevi   **73** le. add. Ddf.   **75—8**
sch. ad Z 496 revocavit b   **75** ἀπῆγε BE³E⁴ ἐπῆγε C ἀπήγαγε T   **76** ἂν
ἦν BCE³ ἦν ἂν E⁴ εἴη T   **80** θρήνου om. T   **81** θρηνοῦσι T κλαίουσι
b   ἔτι ζῶντα b, fort. rectius   **83** (le.) ἕκτορα del. Bk.   **83** sq. βαρυτ. sc.
γόων

503. οὐδὲ Πάρις δήθυνε: δῆλον οὖν ὡς διὰ τοῦτον ἐνδιέτριβεν *ex.*
ὁμιλῶν τῇ γυναικὶ ὁ Ἕκτωρ καὶ οὐ ταχέως διῆλθεν, ἵνα μετ' αὐτοῦ
προελθὼν παραθαρσύνῃ τοὺς Τρῶας ἰδόντας αὐτὸν παραδόξως σε-
σωσμένον, ὡς τῶν θεῶν εὐνοϊκῶς ἐχόντων πρὸς αὐτούς. b(BCE³E⁴) T

90 **505.** σεύατ' ἔπειτ' ἀνὰ ἄστυ ⟨ποσὶ κραιπνοῖσι πεποι-'*ex.*
θώς⟩: ἑαυτῷ πρόεισι ἀρέσκων, τὴν ἧτταν οὐδ' ὅλως ἐνθυμούμενος.
b(BCE³E⁴) T

506—11 *a.*¹ ὡς δ' ὅτε τις στατὸς ⟨——— καὶ νομὸν ἵπ- *Ariston.*
πων⟩: καὶ τούτοις ὁμοίως ἀστερίσκοι παράκεινται, ὅτι τὴν παρα-
95 βολὴν ὅλην ἐπὶ Ἕκτορος βληθέντος λίθῳ ὑπ' Αἴαντος (sc. O 263—8)
1 μετήνεγκεν ἐντεῦθεν. ἡ δὲ διπλῆ πρὸς τὸ ἀκοστήσας (506), ὅτι ἄλ-
λοι ἄλλως ἀπέδωκαν. ἔστι δὲ ἤτοι ἐν ἄχει γενόμενος διὰ τὴν στάσιν ἢ
ἄκος τι καὶ βοήθημα τῆς στάσεως ζητῶν. **A**
*a.*² ὅτι εἰς O κεῖται. **A**ᵉˣᵗ

imperfectum **506—11** asterisci ante versus 506—9 in A, fort. error scribae;
diplae ante versus 506. 507. 510, diple periestigm. ante 511 in A   καὶ τούτοις
(94) — ἐντεῦθεν (1) ad O 265 *a* (Ariston.)   ἡ δὲ διπλῆ (1) sq. plura vid.
legisse Ap. S. ap. He. α 2503: ἀκοστήσας· κριθιάσας, ἀδδηφαγήσας κατὰ τοὺς
Γλωσσογράφους (cf. D) ἀπὸ τοῦ ἄκος λαμβάνειν. τίθησι δὲ τὸ ἄκος ἐπὶ τῆς ἀπο-
παύσεως τοῦ τε λιμοῦ καὶ τῆς δίψης, ,,πίον τ' ἀκέοντό τε δίψαν'' (X 2). ὁ δὲ 'Αρι-
στόνικος ἐν ἄχει γενόμενος· διὸ ἐπιφέρει ,,δεσμὸν ἀπορρήξας θείῃ πεδίοιο κροαί-
νων'' (Z 507), ὃ καὶ βέλτιον εἴρηται. τινὲς δὲ ἄδην πληρωθείς, brevius Ap. S. 20, 14:
ἀκοστήσας· οἱ μὲν κριθιάσας· ἀκοστὰς γὰρ τὰς κριθὰς λέγουσιν, ὅπερ ἐξ 'Ομήρου
†δυνήσονται (οὐ δυνήσονται παραστῆσαι ci. Vill.). οἱ δὲ †ὅτι στάσεως ἐπιζητήσας·
διόπερ εἶπεν ,,δεσμὸν ἀπορρήξας''· ὃ καὶ βέλτιον, cf. Leyde 21; Beiträge 413; vide
ad Z 506 *b*. Sch. uberius Aristonici etiam Meth. legisse videatur, cf. Et. Gen.
(B, Sym., deest A) ἀκοστήσας· κριθιάσας. Ὅμηρος· ,,ὡς δ' ὅτε τις στατὸς ἵππος
ἀκοστήσας ἐπὶ φάτνης'' (ὡς — φάτνης om. B). οἱονεὶ ἀκοστήσας, τουτέστιν ἐπὶ τῇ
στάσει δυσχεράνας, ὅθεν ἐπιφέρει· ,,δεσμὰ διαρρήξας θείη πεδίοιο κροαίνων''
(Z 507). ἢ ἀκοσταὶ αἱ κριθαί, ἵν' ᾖ κριθιάσας καὶ ὑπὸ τῆς τροφῆς ἀκρατὴς ὤν. ἢ
ὑψαυχενήσας καὶ ἀτιμαγέλης γεγονώς. παρὰ τὸ ἄγω ἀγὸς καὶ ἀκοστὴς κατὰ τροπὴν
τοῦ γ̄ εἰς κ̄, ὁ ἔμπροσθεν θέλων εἶναι καὶ προηγεῖσθαι, An. Ox. 1, 75, 15: ἀκοστή-
σας· ἀκοσταὶ αἱ κριθαί, ἵν' ᾖ κριθιάσας καὶ ὑπὸ τρυφῆς ἀκρατής τις ὢν ἢ ὑψαυχενή-
σας καὶ ἀτιμαγέλης γεγονώς. ἢ παρὰ τὸ ἀγόν, ἀγὸς θέλων εἶναι καὶ ἡγεῖσθαι, καὶ
ἀκρατής, τοῦ γ̄ εἰς τὸ κ̄ μεταπεσόντος. εἰ δὲ ἀχθεσθείς, ἵν' ᾖ ἀχθεστήσας, ἄρσει τοῦ
θ̄ καὶ τροπῇ τοῦ ε̄ εἰς ο̄, †ἄχοστος (lg. ἀχοστήσας), Beiträge 272; sim. Lex. rhet. in
B. A. 1, 213, 4; Bowra, Journ. Hell. Stud. 54, 1934, 67; vide Buttmann II 152   ὅ-
τι ἄλλοι ἄλλως (1) sq. Su. α 934: ἀκοστήσας·... | κριθιάσας ἢ ἀκολασήσας
κατὰ συγκοπήν, ἢ ἐν ἄχει — ζητῶν, fort. ex exemplo Ven. A, cf. Beiträge 177;

86 τοῦτο C   ἐνέτριβεν ss. δι T (m. pr.)   87 ὁμιλῶν — διῆλθεν T δηθύνων
ὁ ἔκτωρ b   90 le. T supplevi (auctore Vill.; κραιπν. πεπ. Li), om. b   93 sq.
le. A suppl. Frdl.   94 ὁμοίως Bk. (sc. aeque ac v. Z 490—3), ὁμοίοις A
95 αἴαντός τις W. Ribbeck (Mus. Rhen. 35, 1880, 470)   1 ἐντεῦθεν A, fort.
ἐνθένδε   διπλῆ sc. ante v. Z 506   4 sch. a m. pr. scriptum

ex.　　**506 a. στατὸς ἵππος**: ὁ τῆς ἀγέλης ἀποσπασθεὶς καὶ ἐπὶ φά- 5
τνης ἑστώς· οὕτω γὰρ ποθεῖ τὴν συνήθη δίαιταν. b(BCE³E⁴) T

　　　　b. **ἀκοστήσας**: ἄκος τῆς στάσεως λαβών, τουτέστιν ἴαμα,
D | ex. | D | ex. καὶ κριθιάσας. κυρίως δὲ {αἱ} πᾶσαι αἱ τροφαὶ ἀκοσταὶ καλοῦνται |
παρὰ Θεσσαλοῖς, ὡς καὶ Νίκανδρος (cf. al. 106), | παρὰ τὸ ἵστασθαι
τὰ σώματα τρεφόμενα. ἐν ἄλλῳ· καιρῷ παραλαβών. βέλτιον δὲ δυσ- 10
χεράνας ἐπὶ τῇ τῆς φάτνης στάσει. | οἱ δὲ „ἀγοστήσας‟. ἀγοστὸς γὰρ
ὁ ῥύπος. ἢ ἡσυχάσας παρὰ τὴν ἀκήν. A

ex.　　**506—8. ἀκοστήσας ἐπὶ φάτνῃ** ⟨/————/⟩ **εἰωθὼς λούεσθαι**
⟨**ἐϋρρεῖος ποταμοῖο**⟩: οὐ πονεῖν ἐθελήσας, ἀλλὰ μεταβολὴν τῆς
στάσεως εὑρεῖν. ἀκοστήσας (506) δὲ ἡσυχάσας παρὰ τὴν ἀκήν. οἱ 15
δὲ παρὰ Θεσσαλοῖς ἀκοστὰς τὰς κριθάς, b(BCE³E⁴) T　　ὡς καὶ Νί-
κανδρος (cf. al. 106). οἱ δὲ „ἀγοστήσας‟. ἀγοστὸς γὰρ ὁ ῥύπος.
εὐρρεῖος (508) δὲ ἀπὸ τοῦ εὐρρεής. T

vide Eust. 658, 48 (exscriptum infra ad Z 506)　　**506 a** — ἑστώς (6) cf. Eust.
658, 41　　*b* cf. Eust. 658, 45: ἀκοστῆσαι δὲ τὸ πολυκριθῆσαι κατὰ τοὺς πα-
λαιούς, ἤγουν τὸ κριθιάσαι· ἀκοσταὶ γὰρ αἱ κριθαί, ὅπερ, φασίν, ἐξ Ὁμήρου μὲν οὐ
δείκνυται (vide test. ad Z 506—11), παρὰ δέ γε Νικάνδρῳ καὶ ἄλλοις κεῖται. οἱ δὲ
παλαιοί φασι καὶ πάσας τὰς τροφὰς παρὰ Θεσσαλοῖς ἀκοστὰς λέγεσθαι. ἄλλοι δὲ
ἀκοστῆσαί φασι τὸ σχεῖν ἄχος ἐν τῷ ἵστασθαι, ἔνιοι δὲ τὸ λαβεῖν ἄχθος ἢ μᾶλλον
κατ’ αὐτοὺς καὶ τοῦτο εἰπεῖν, ἄκος τῇ στάσει καὶ τῇ τῆς τροφῆς ἀπολαύσει, ὡς τὸ
„πίον τ’ ἀκέοντό τε δίψαν‟ (X 2, vide test. ad Z 506—11). ἕτεροι τὸ ἀκολάστως
διατεθῆναι, ἵνα ᾖ ἀκολαστῆσαι καὶ ἐν συγκοπῇ ἀκοστῆσαι. ἄλλοι δὲ τὸ ἡσυχάσαι
παρὰ τὸ ἀκὴν ἤγουν ἡσύχως στῆναι. τινὲς δὲ γράφουσιν „ἀγοστήσας‟, ὅ ἐστι ῥυ-
πανθεὶς καὶ διὰ τοῦτο φαντασάμενος τὰς συνήθεις νομὰς καὶ τὰ πρῴην λουτρά, καί
φασιν ὅτι γοῖτος λέγεται ὁ ῥύπος, ὅθεν καὶ τὸ ἀγοστήσας γίνεται, vide de sch. ex. ad
Z 506—8. O 263　　παρὰ Θεσσαλοῖς (9) ad N 314. 466　　οἱ δὲ ἀγοστήσας (11)
cf. EM. 51, 20 (sec. A. Adler fort. e Diogeniano): ἢ ὁ ἀγοστήσας, ῥυπανθείς·
γοῖτος γὰρ ὁ ῥύπος, Eust. 648, 48 (supra exscriptum), Theogn. 74, 9: γοῖτος ὁ
ῥύπος, Beiträge 160　　fort. exstabat sch. de v. φάτνη, cf. **h**(Ag = An. Par. 3,
170, 31, pone D): φάτνη· ὁ τόπος, ὅπου ἐσθίει τὰ κτήνη. ἐν ἄλλῳ ἡ τῶν τετραπό-
δων, ὥσπερ ἡ τράπεζα　　**506—8** ad Z 506 *b*　　οἱ δὲ παρὰ (15) — τὰς κριθάς

5 le. scripsi (duce Bk.), ὡς δ’ ὅτε τις στατὸς ἵππος T, om. **b**　　**8** αἱ del. Ddf.
10 καιρῷ παραλαβών h. e. ‘facultate arrepta’, cf. Holwerda, Mnemos. 1966, 287;
fort. pot. καιρὸν παραλαβών　　**11** ἀγοστήσας ὁ ῥυπανθείς· ἀγοστὸς γὰρ Bk.
(cf. test. ad Z 506—8)　　ἀγοστὸς sic A　　**12** ἀχήν A em. Bk.　　**13** sq. le.
T supplevi, om. **b**　　**14—5** οὐ πονεῖν δὲ — εὑρεῖν pone sch. Z 508 (coni. cum v.
ὕδασιν) **b**　　**14** ἀλλά T, τοῦτο ποιεῖ, ἀλλὰ **b** (fort. rectius)　　μεταβ. **b**,
////βολὴν T　　**15—6** ἀκοστήσας — κριθάς pone sch. Z 506 *a* (coni. cum v.
δίαιταν) in **b**　　δὲ¹ T δὲ τὸ **b**　　παρὰ — κριθάς T τὰς κριθάς φασι παρὰ θεσσαλοῖς
ἀκοστὰς εἶναι (καλεῖσθαι C) BCE³, om. E⁴　　τήν] τὸ C　　ἀκήν ΒΕ⁴　　**17** ἀγοστή-
σας Ma. (qui add. ὁ ῥυπανθείς, cf. sch. Z 506 *b*), ἀγοστή //// T　　ἀγοστὸς Ma.,
ἀγοιστὸς T (γοιστος V)

507 a. ⟨δεσμόν:⟩ δεσμὸς Ἀλεξάνδρου ἡ Ἑλένη. b(BCE³E⁴) Tⁱˡ   *ex.*

20   b.¹ πεδίοιο κροαίνων: ἡ διπλῆ, ὅτι ἐλλείπει ἡ διά, καὶ τὸ   *Ariston.*
κροαίνων οὐκ ἔστιν ἐπιθυμῶν, ὡς Ἀρχίλοχος ἐξέλαβεν (fr. 176
Bgk.⁴ = 252 T.), ἀλλ' ἐπικροτῶν τοῖς ποσὶ διὰ τοῦ πεδίου. A

b.² ἄλλως· οἱ νεώτεροι ἐπιθυμεῖν τὸ κροαίνειν, καὶ Ἀρχίλο-
χος. A

25   c.¹ κροαίνων: κυμβαλίζων. καὶ „ἐρίγδουποι" (Λ 152) καὶ   *ex.*
„ὑψηχέες ἵπποι" (Ε 772, cf. Ψ 27). Στησίχορος κοιλωνύχων ἵππων
πρύτανιν τὸν Ποσειδῶνά φησιν (fr. 58 P. = P. M. G. 235). T

c.² ὑψηχῶν, ἐριγδουπῶν, κυμβαλίζων· ἀρίστῳ γὰρ ἵππῳ
χηλὴ ἡ κοίλη, ᾗ καὶ κυμβαλίζει. b(BCE³E⁴)

30   508. ⟨εἰωθὼς λούεσθαι:⟩ φιλόλουτρον γὰρ τὸ ζῷον· ἐν πο-   *ex.*
ταμῷ δέ, ἐπεὶ τοῖς θολεροῖς ὕδασιν ἥδεται b(BCE³E⁴) Tⁱˡ   ὁ ἵππος.
τὰ δὲ στάδια διαυγῆ. Tⁱˡ

εἰωθὼς λούεσθαι ἐϋρρεῖος ποταμοῖο: λείπει ——— D
ὕδωρ. A

35   509. ἀμφὶ δὲ χαῖται: δοκεῖ ἡ κόμη μεγαλοπρεπείας αἰτία εἶναι   *ex.*
τοῖς ἵπποις. A b(BCE³E⁴) T   καὶ Πάρις δὲ εὔκομος. b(BCE³E⁴) T

510 a. ⟨ὁ δ' ἀγλαΐηφι πεποιθώς:⟩ πρὸς τὸ σχῆμα, Aⁱᵐ   *Ariston.*
ἀντὶ τοῦ ἀγλαΐηφι πεποιθότα. Aⁱⁿᵗ

b.¹ ὁ δ' ἀγλαΐηφι πεποιθώς: πρεπόντως ἐπὶ τοῦ καλλω-   *ex.*
40 πιστοῦ. ὡσαύτως καὶ τὸ „ἀμφὶ δὲ χαῖται / ὤμοις ἀΐσσονται" (Ζ
509—10). T

b.² πρεπόντως δὲ τοῦτο ἐπὶ τοῦ καλλωπιστοῦ. καὶ τὸ παρά-
δειγμα ἀπὸ γαυρικοῦ ἵππου καὶ ἀλογίστου. b(BCE³E⁴)

---

(16) cf. Fellner 64   507 ante versum diple in pap. IV, diple et asteriscus in A
(vide ad Z 506—11)   b¹ — ἡ διά (20) ad B 801 (Ariston.); cf. D   ἐπιθυμῶν
(21) et ἐπικροτῶν (22) cf. D, Ap. S. 104, 13, Synag. (Ba. 283, 25, Ph., Su. κ 2457) ἐ-
πιθυμῶν (21) ad O 264 (T), cf. Theogn. 21, 14; Alpers, Diss. p. 57   ἀλλ'
ἐπικροτῶν (22) sq. cf. sch. Greg. Naz. or. 44, 11 (p. 241 nr. 197 Punt.); Theogn.
21, 6; Bechtel, Lex. 205   τοῖς ποσί (22) sq. cf. Ar. Byz. p. 234·   508 — ζῷον
(30) cf. Aristot. an. h. 605 a 12   ἐπεὶ τοῖς θολ. ὕδ. ἥδεται (31) cf. Aristot. h. an.
605 a 10   510 diple ante v. in pap. IV et in A   a ad B 353 a (Ariston.); vide

---

19 le. add. Li V   δεσμὸς οὖν b   ἐλ. νοηθήσεται b   20 le. scripsi (Vill.), δεσμὸν
ἀπορρήξας: A   23 sq. in exemplo codicis A erat fort. sch. intermarginale
25 ἐρίγδουποι πόδες ἵππων Hom.   27 πρύτανιν sic T   29 χηλὴ ἡ κ.] ἡ
χηλὴ κοίλη E⁴   ᾗ] ἢ C   30 le. add. Li   γὰρ om. b   31 θολ. ὕδ. ἥδεται
scripsi (cf. Valk. I 189), θολ. ἥδ. ὕδ. b   καθαροῖς ἥδεται T   33—4 pone sch.
Z 509 in A, trps. Vill.   35 le. T, ὑψοῦ δὲ κάρη ἔχει: A, om. b   35 sq. τοῖς
ἵπποις post κόμη b   εἶναι αἰτία b   37 le. add. Bk.   πρὸς A, ἡ διπλῆ πρὸς
Vill.   38 ἀντὶ A, ὅτι ἀντὶ Bk. (at cf. sch. Z 239 a)   τὸν δὲ post τοῦ add.
Bk. (improbabiliter)   42—3 pone sch. Z 509 (coni. cum v. εὔκομος) in b

Ariston.   **511** *a.* ῥίμφα ⟨ἒ γοῦνα φέρει⟩: Ζηνόδοτος „ῥίμφ᾽ ἐὰ γοῦνα
φέρει". Ποσειδώνιος δὲ ὁ ἀναγνώστης Ἀριστάρχου ⟨ἄνευ⟩ διαιρέσεως 45
τὸ ε̄ ψιλῶς προφέρεται, παρέλκειν αὐτὸ λέγων ὡς ἐν τῷ „ἠὲ σὺ τόνδε
δέδεξο" (E 228), καὶ λύεται τὸ σολοικοφανές. ὁ δὲ Ὅμηρος ὑπὸ τῶν
γονάτων καὶ ποδῶν φέρεσθαι λέγει· „τὸν μὲν ἄρ᾽ ὡς εἰπόντα πόδες
φέρον" (Ο 405). Α

ex.(?)   *b.* ⟨ῥίμφα ἒ γοῦνα φέρει:⟩ μετέβη τὴν πτῶσιν· τὸ γὰρ ε̄ 50
αὐτόν σημαίνει. Α^{im}

Ariston. | ex.   **510—1** *a.*[1] ὁ δ᾽ ἀγλαΐηφι ⟨πεποιθώς / ῥίμφα ἒ γοῦνα φέ-
Ariston.   ρει⟩: ἀντὶ τοῦ τούτον. | καὶ τὸ ἒ ἀντὶ τοῦ αὐτόν, φημὶ τὸ ῥίμφα †ῑ.
| Ποσειδώνιος δὲ ψιλῶς τὸ ἒ προφέρεται καί φησιν αὐτὸ πλεονάζειν
ὡς ἐν τῷ „ἠὲ σύ" (E 228). T   55

Ariston. | ex.   *a.*[2] ἀντὶ τοῦ τὸν δὲ πεποιθότα. | καὶ τὸ ῥίμφα ἒ ἀντὶ τοῦ αὐ-
τόν. b(BCE³E⁴)

Nic.   **513** *a.* ⟨τεύχεσι παμφαίνων ὥς τ᾽ ἠλέκτωρ:⟩ διασταλτέον
ἐπὶ τὸ ἠλέκτωρ· λάμπειν γὰρ αὐτόν φησιν ὡς ἥλιον. Α^{im}

Nic. | ex.   *b.* ὥς τ᾽ ἠλέκτωρ: διαστολὴ εἰς τὸ ἠλέκτωρ. b(BCE³) T 60
| δύο δὲ παραβολὰς ἔμιξεν. b(BCE³E⁴) T

ad Z 511 a; — σχῆμα (37) cf. Eust. 659, 3   **511** diple periestigm. ante versum
in A, vide ad Z 506—11.   Anon. fig. 153, 29: „ὁ δὲ ἀγλαΐηφι πεποιθώς", ἀντὶ τοῦ
τοῦ δὲ ἀγλαΐηφι πεποιθότος, „ῥίμφα ἒ γοῦνα φέρει" . . . συντακτέον οὖν οὕτως· ὁ δὲ
τῇ ἀγλαΐᾳ θαρρῶν ταχέως φέρει τὰ κατ᾽ αὐτὸν γόνατα, ἵνα τὰ γοῦνα εἴη πτῶσις
αἰτιατικὴ καὶ μὴ εὐθεῖα. | τινὲς δὲ τῶν ἀρχαίων κτλ. (sequitur interpretatio volga-
ris), Eust. 659, 8: τινὲς δὲ ὑπερπαθοῦντες οἷον Ὁμήρου, εἰ σόλοικα φθέγγεται,
θεραπεύουσι διὰ προθέσεως τὸ σολοικοφανὲς φάμενοι ὅτι ὁ ἵππος ῥίμφα ἒ κατὰ
γοῦνα φέρει, ἵνα λέγῃ ὅτι ὁ ἵππος τῇ ἀγλαΐᾳ θαρρῶν εὐκόλως ἑαυτὸν φέρει τοῖς γό-
νασι (καὶ ἴσως, ὥσπερ ἐν τῷ „πεδίοιο κροαίνων" [Ζ 507] λείπει πρόθεσις . . . καὶ ἐν
τῷ „λούεσθαι ποταμοῖο" [cf. Ζ 508], οὕτω καὶ ἐν τῷ γοῦνα ἐνόμισαν ἐνδεῖν τὴν κατὰ
πρόθεσιν). | ἕτεροι δὲ μεταγράφουσιν „ῥίμφ᾽ ἐὰ γοῦνα φέρει" κτλ., originis incertae,
fort. pars scholii perditi   *a* Ζηνόδοτος (44) sq. cf. Eust. 659, 12; — φέρει (45) et
ὁ δὲ Ὅμηρος (47) sq. ad Z 514 b. Ο 405. Ρ 700. Σ 148 (Ariston.)   Ποσειδώνιος
(45) cf. Ap. Dysc. synt. 488, 4; vide ad Z 510—1 a¹   ἀναγνώστης (45) cf. De-
genhardt 8; Usener, Kl. Schr. II (Lips. 1913) 266; vide ad P 75 (Nic.)   παρ-
έλκειν αὐτὸ λέγων (46) ad Z 510—1 a¹ (Ariston.); vide Ο 241 b (ex.)   ὁ δὲ
Ὅμηρος (47) sq. vide ad Ν 514—5 (ex.)   *b* ad Z 510—1 a   **510**—1 a¹
τοῦτον (53) ad Z 510 a (Ariston.)   καὶ τὸ (53) — ῥίμφα ἒ ad Z 511 b (ex.)   Πο-
σειδώνιος δὲ (54) sq. ad Z 511 a (Ariston.)   **512** diple ante versum in A, fort.
exstabat sch. Aristonici de genere feminino vocis Περγάμου, cf. Wismeyer 19;
vide ad E 446. 460   **513** b δύο δὲ (61) sq. cf. Eust. 659, 30

44 le. A suppl. Bk.   ζην. A, fort. ἡ διπλῆ περιεστιγμένη, ὅτι ζην.   **45** ποσει-
δόνιος A em. Vill.   ἄνευ add. Vill.   **48** εἰπόντασ (σ expuncto) A   **50** le.
addidi   **52** sq. le. T supplevi (auctore Vill.)   **53** ι T, debuit ἒ   **55** ἠὲ σύ
Ma. (= Hom.), ἰῆς T   **56** sq. fort. ῥίμφα αὐτόν   **58** le. add. Vill.   **61** δὲ
om. E⁴   ἔμιξεν T ἐνταῦθα ἔμιξεν b

c. ἠλέκτωρ: ὁ ἥλιος παρὰ τὸ λέχους μὴ μεταλαμβάνειν. A *ex.*

514 a. καγχαλόων: ὡς ἠγαπημένος τῇ Ἀφροδίτῃ γαυριᾷ ἐν *ex.*
μέσαις ταῖς Τρῳάσιν. ὁ δὲ Ἀχιλλεὺς Κυνὶ εἴκασται (cf. Χ 26—31),
65 ἅμα τῷ λαμπρῷ καὶ τὸ φθοροποιὸν ἔχων. b(BCE³E⁴) T

b. πόδες φέρον: ὅτι ὑπὸ τῶν ποδῶν φέρεται, οὐκ αὐτὸς *Ariston.*
τοὺς πόδας φέρει. πρὸς ἔλεγχον Ζηνοδότου. A

515—6. εὖτ᾽ ἄρ᾽ ἔμελλε / στρέψασθ᾽ ⟨ἐκ χώρης, ὅθι ᾖ *ex.*
ὀάριζε γυναικί⟩: οἰκονομικῶς· τί γὰρ ἂν ἔδρασεν ὁ γυναικώδης
70 ἀκούσας Ἕκτορος „ἀλλ᾽ οὔ μοι Τρώων τόσσον μέλει" (Ζ 450)· κα-
ταλιπὼν γὰρ ἂν τὴν μάχην πάλιν οἴκοι ἐκαθέζετο παρὰ τῇ Ἑλένῃ. b
(BCE³E⁴) T

516. ⟨ὀάριζε:⟩ διελέγετο. Tⁱˡ *ex.(?)*

517. πρότερος: ὡς τὸ πταῖσμα θεραπεύων ἑαυτοῦ. b(BE³E⁴) *ex.*

75 518 a. ἠθεῖε: ταῦτά τινες προσαγορευτικά. οὐδέποτε δὲ περὶ *ex.(D)|Choer.*
τινος αὐτά φησιν· „τέττα" (Δ 412) φίλου, „ἄττα" (Ι 607 al.) τροφέως,
„πάπ⟨π⟩α" (ζ 57) πατρός, ἠθεῖε ἀδελφοῦ. | γέγονε δὲ τὸ ἠθεῖος ἢ
παρὰ τὸ θεῖος κατὰ πλεονασμὸν τοῦ η ἠθεῖος — πλεονάζει γὰρ τὸ η ἐν
πολλαῖς λέξεσι⟨ν⟩, ὡς μύει ἡμύει, „τῷ κε τάχ᾽ ἡμύσειε πόλις" (Β 373),
80 πεδανός „ἠπεδανός" (Θ 104. θ 311), εὐγενής εὐηγενής, „τείχει ὕπο
Τρώων εὐηγενέων ἀπολέσθαι" (Ψ 81), βαιός ἠβαιός (cf. Β 380 al.) —
ἢ παρὰ τὸ ἔθος ἔθειος, ὡς τέλος τέλειος (cf. Α 66, Ω 34), ὄρος ὄρειος,
ὄνειδος ὀνείδ⟨ε⟩ιος (cf. Α 519 al.), καὶ τροπῇ τοῦ ε εἰς τὸ η καὶ κατα-

---

c Eust. 659, 28: ἠλέκτωρ δὲ ἀντὶ τοῦ ἥλιος, ὡς δὲ Ἀπίων φησίν, ὁ λάμπων ὡς ἤλεκτρον,
cf. D, Ap. S. 83, 20; explicationem, quae inter glossas Apionis non invenitur, Eust.
fort. e commentario Ap. H. hausit ὁ ἥλιος (62) sq. ad T 398 (ex.), cf. Ap. S. 83, 21
514 b ad Z 511 a (Ariston.) 516 aliter D, at cf. D ad X 127 518 diple ante
versum in A et pap. IV, fort. erat sch. Aristonici de v. ἠθεῖε, ad Κ 37. Χ 229; cf. Wis-
meyer 20 a — ἀδελφοῦ (77) ad Δ 412 (Ariston.), cf. Eust. 659, 53; He. η 220.
Vide sch. b²; ad I 607 (Ariston.), sch. ζ 57 γέγονε (77) — εἰς τὸ η (83) cf.
Choer. O. in An. Ox. 2, 216, 29 et in Et. Gen. (AB) ἠθεῖος (Beiträge 107). Vide
Or. 68, 19 γέγονε (77) — ἀπολέσθαι (81) eadem fere *B, E⁴ (fol. 58ᵛ) παρὰ
τὸ θεῖος (78) sq. Et. Gud. 238, 31 (e Ven. A ut vid., cf. Beiträge 167) παρὰ
τὸ θεῖος (78) — ἡμύει (79) cf. sch. Ap. Rh. 2, 1219—21 a μύει ἡμύει (79) ad

---

64 κυνὶ T κυνάστρῳ b 65 ἔχων T ἐπιφερόμενος b 66 le. Bk., καγχαλόων
ταχέες δὲ πόδες: A ὅτι A, ἡ διπλῆ, ὅτι Vill. 68 sq. le. εὖτ᾽ ἄρ᾽ ἔμ.
στρέψασθαι T emendavi et supplevi om. b (ubi sch. ad Z 516 revocatum est)
69 οἰκ. οὐ παρατυγχάνει ταῖς ὁμιλίαις· τί b 70 ἐκτ. T εἰπόντος ἕκτορος
b τόσσ. μέλ. b τόσον μέλλει T 71 τὴν ἑλένην C 73 le. add. Ma. 77 πάπα
A suppl. Vill. 79 λέξεσι A suppl. Bk. 81 ἀπολέσθαι: — A 83 ὀνείδιος
A suppl. Bk.

βιβασμῷ τοῦ τόνου γίνεται ἠθεῖος. ἀναλογώτερον δέ ἐστιν ἐκ τοῦ
θεῖος αὐτὸ κανονίζειν ἤπερ ἐκ τοῦ ἔθος· ἐκ γὰρ τοῦ θεῖος καὶ ἡ αὐτὴ 85
τάσις σώζεται καὶ ὀλίγα πάθη δίδονται, ἐκ δὲ τοῦ ἔθος καὶ ἀλλότριος
ὁ τόνος καὶ πολλὰ τὰ πάθη δίδονται. Α

Hrd.   b.¹ ἠθεῖε: Ἀρίσταρχος προπερισπᾷ ὡς οἰκεῖε. καὶ ἴσως ⟨πα-
ρὰ⟩ τὸ θεῖος, λέγω δὲ τὸ σημαντικὸν τοῦ ἐπαίνου, κατὰ πλεονασμὸν
τοῦ η ἐγένετο, εἰ καὶ νεωτέρου ἐστὶ πρὸς πρεσβύτερον ἀδελφὸν ἔχουσα 90
σεβασμὸν προσφώνησις. οὐκ ἀγνοῶ δὲ ὅτι συγχεῖται ἐν τοῖς μεθ᾽
Ὅμηρον. Α

Hrd. | D   b.² ἠθεῖε: παρὰ τὸ θεῖος τὸ σημαντικὸν τοῦ θαυμασίου κατὰ
πλεονασμὸν τοῦ η ἠθεῖε· διὸ καὶ προπερισπαστέον. | ταῦτα δέ τινες
προσαγορευτικά. οὐδέποτε δὲ περί τινος αὐτά φησιν, ἀλλὰ πρός τινα· 95
„τέττα“ φίλου, „ἄττα“ τροφέως, „πάππα“ πατρός, ἠθεῖε ἀδελφοῦ. 1
b(BCE³) T

ex.   c.¹ ⟨ἦ:⟩ τὸ ἦ ἐνταῦθα πευστικὸν καὶ ἠθικόν. b(BCE³) Tⁱˡ
c.² τὸ ἦ πευστικῶς καὶ ἠθικῶς. Aⁱᵐ

ex.   519. ⟨οὐδ᾽ ... ἐναίσιμον:⟩ ἀσυντάκτως. Tⁱˡ 5

ex.   521. δαιμόνι᾽, οὐκ ἄν τίς τοι ἀνήρ: ὁμοίως τοῖς πρόσθεν ἀμε-
λείας αὐτὸν κρίνει, οὐ βουλόμενος αὐτοῦ θραύειν τὴν ὁρμήν. b(BCE³
E⁴) T

ex.(?)   522—3. ⟨ἐπεὶ ἄλκιμός ἐσσι, / ἀλλὰ ἑκὼν μεθιεῖς:⟩ ἀλλ᾽ ἐπεὶ
ἄλκιμός ἐσσι, ἑκὼν μεθιεῖς. Aⁱᵐ 10

ex.   523—4. τὸ δ᾽ ἐμὸν κῆρ / ἄχνυται ἐν θυμῷ, ⟨ὅθ᾽ ὑπὲρ σέθεν
αἴσχε᾽ ἀκούω⟩: φιλαδέλφως ἀπολογεῖται ὑπὲρ τῶν ὕβρεων. θυμῷ
(524) δὲ τῷ λογισμῷ, καὶ „ἕτερος δέ με θυμὸς ἔρυκε“ (ι 302). λυποῦμαι

Β 373 (ex.)   ἀναλογώτερον (84) sq. EM. 422, 22 (ex. Et. Gud. aut e Ven. A,
cf. Beiträge 165, 3)   b παρὰ τὸ θεῖος (88) sq. cf. Eust. 659, 50 (ἐν δὲ τοῖς
Ἀπίωνος καὶ Ἡροδώρου κεῖται ὅτι)   νεωτέρου (90) — ἀδελφὸν (90) ad Κ 37.
Χ 229. Ψ 94 (Ariston.), cf. sch. ξ 147, sch. Ap. Rh. 3, 52   ἐν τοῖς μεθ᾽ Ὅμηρον
(91) cf. Antim. fr. 52 W.   b² — ἠθεῖε (94) cf. Eust. 659, 45   **521** — κρίνει
(7) cf. Porph. (?) 1, 106, 24

86 τάσις Bk., στάσις Α   **88** sq. παρὰ add. Bk. (cf. sch. *c*)   **90** η Lehrs,
θ Α   νεοτέρου Α em. Vill.   **94** ἠθεῖε om. b   τινες] τισι D   **95** προσαγ.
λέγουσιν b   φησιν T φησιν ὁ ποιητής b, κατηγορεῖται D   **1** τέττα T ἔστιν οὖν
τὸ μὲν τέττα b   πρὸς φίλον et πρὸς τροφέα et πρὸς πατέρα et πρὸς ἀδελφόν D,
τὸ ἄττα et τὸ πάππα et τὸ ἠθεῖε b   **3** le. addidi   τὸ ἦ ἐνταῦθα T, τὸ δὲ ἦ
μάλα coni. cum scholio b² (v. ἀδελφοῦ)· b   πνευστικὸν T   **5** le. addidi
6 (le.) δαιμόνιε em. Ma. (le. om. b)   πρόσθεν T προτέροις b   **7** [.]ρίνει T
suppl. m. sec., κατακρίνει BCE³ κατακρίνει καὶ E⁴   θρ. τὴν ὁρμὴν T κἂν τὴν
μικρὰν ταύτην θραύειν ὁρμὴν b   **9** le. addidi   **11** sq. le. T supplevi, om. b
(ubi sch. ad Z 524 revocatum est)   **13** ἔρυκε b (ἔρυκεν Hom.), [.] ρ[...] T,
ε et ὑκει suppl. m. sec.

δέ, φησί, λογιζόμενος, b(BCE³E⁴) T   ὅταν κατὰ σοῦ b(BCE³E⁴)
15 Tⁱˡ   ὕβρεις ἀκούω. τοῦτο δὲ λέγει b(BCE³E⁴)   διὰ τὸν τοῦ
Σαρπηδόνος λόγον (cf. Ε 472—92). b(BCE³E⁴) Tⁱˡ

525. ⟨πρὸς Τρώων, οἳ ἔχουσι πολὺν πόνον εἵνεκα σεῖο:⟩ *ex.*
ἀπολογεῖται ὑπὲρ αὐτῶν. Tⁱˡ

526. τὰ δ’ ὄπισθεν ἀρεσσόμεθα: ἁρμοσόμεθα ἢ πρὸς Τρῶας ἢ *ex.*
20 πρὸς ἀλλήλους. τοῦτο δὲ παρ’ Ὁμήρῳ φασὶν οἱ μετὰ τὸ ἀδικῆσαι εἰς
εὐμένειαν προτρεπόμενοι τὸν ἀδικηθέντα (cf. Δ 362). b(BCE³E⁴) T

527—8. ⟨δώῃ ἐπουρανίοισι θεοῖς αἰειγενέτῃσιν / κρητῆ- *Nic.*
ρα στήσασθαι:⟩ βραχὺ διασταλτέον ἐπὶ τὸ δώῃ (527)· θεοῖς γὰρ
κρατῆρα στήσασθαι λέγει. Aⁱᵐ

25 528. κρητῆρα ⟨στήσασθαι⟩ ἐλεύθερον: τὸν ἐπὶ ἐλευθερίᾳ *ex.*
ἱστώμενον. b(BCE³E⁴) T

529. ἐκ Τροίης ἐλάσαντας: μεγαλοφυῶς, ἵνα μὴ εἴπῃ φόβων *ex.*
ἀπηλλαγμένους. b(BCE³E⁴) T

Παράκειται τὰ Ἀριστονίκου σημεῖα καὶ τὰ Διδύμου Περὶ
30 τῆς Ἀρισταρχείου διορθώσεως, τινὰ δὲ καὶ ἐκ τῆς Ἰλιακῆς προσῳ-
δίας Ἡρωδιανοῦ καὶ ἐκ τῶν Νικάνορος Περὶ στιγμῆς. Α

523—4 κατὰ σοῦ (14) cf. sch. Dem. 18, 215 (p. 321, 31 Ddf.), aliter D   526 τοῦτο
δὲ (20) sq. cf. Eust. 660, 30   528 cf. D, Eust. 660, 39

---

14 δέ T οὖν b   14—6 ὅταν κατὰ sq. verba, quae praebet T, supra v. 524 exarata
sunt   14 ὅταν om. Tⁱˡ   15 τοῦ om. Tⁱˡ, fort. recte   17 le. addidi (auctore
Bk.)   20 τοῦτο sq. vide et χ 55   ὁμήρου Wil. (improbabiliter)   22 sq.
le. add. Frdl.   23 δώῃ A em. Bk.   25 le. T supplevi (auctore Vill.), om. b
29—31 sub ipso textu Iliadis scripta in A

H

Pap. VI: ad H 75—83

Col. I

[.....].(.)ρε[...]ων.μοιτεκ.πρ..[..]εϲαι πάν-
[τ.....]εϲ[....]εἰκὸϲ ἦν καὶ [.]....λαχεῖν δί-
[κ....]μ ποι[.]ν, ἔτι δ' ἀπολύϲεϲθαι τοὐγκλή-
[ματο]ϲ.ο (.) ϲ[...]ηϲ[.(.)]ντας, ὡς Ἕλενος αὐτῶι

75   [ἐπέ]τειλε.[...].   **πρόμος ἔμμεναι·** ἀντι   5
[......(.)]ϲ, ὡς κα[ὶ τὸ] „μὴ δὲ πρόμος ἵϲταϲο τού-
[τω]ι‟:   **Ἕκτ[ορι δί]ωι·** ἀν(τὶ τοῦ) ἐμοί· ϲυ[ν]εχὲς γάρ
[ἐϲτι τὸ ϲ]χῆμα[.]..ε...θη[.]αιυπ[...]χης θέ-
[λο]ντες ἐμφε...ἐξ ὀνομ[άτω]ν ποιοῦ-
[νται] τὸν περὶ αὐτῶν λόγον· „ἀλλ' οὐκ ἂν [ἐ]-   10
[ρύϲαι]τ' ἐξ οὐρανόθεν πεδίον δέ / Ζῆν' ὑπ[α]-
[τον] μήϲτωρα‟. καὶ ὁ 'Απόλλων δὲ πιθα-

---

75 l. 1—5 ad verba δεῦρ' ἴτω ἐκ πάντων pertinere videntur, vide sch. bT   l. 5
sq. ad H 75 *a*¹; vide ad Γ 44 (test.)   l. 6—7 Χ 85   l. 7 ad H 75 *a*¹ (test.)   l. 7
sq. ad H 75 *c*; aliter ad K 88 (ex.)   l. 10—2 Θ 21—2   l. 11—12 Ζῆν' ὕπατον

Pap. Ox. 1087 (nunc Cair. 47433 = Pack² 1186), fort. primo ante Chr. natum
saeculo scriptam, scholia ad H 75—83 continentem primum edidit A. S. Hunt
(The Oxyrhynchus Papyri VIII, Londinii 1911, 100), in usum meum contulit E.
Siegmann (a. D. 1959); ipse imagine usus sum lucis ope facta. Supplementa nisi
aliter notatur editionis principis (ed. pr.) sunt. De papyri ratione interpungendi
non rettuli (cf. ed. pr. p. 101), accentus notavi.

1—9 lineae (detritae vel obfuscatae) lectu difficillimae   1]ων pot. qu.
]ϲον   μοιτεκ incertiss.   πρω[vel προκ[, fort. προκ[αλ]έϲαι   2]εϲ[vel
]εν[, possis παν | [ταϲ τον] ἔκ[τορα   καὶ [.]ικλη Siegm. dub., fort. καὶ [π]αντη
2 sq. δί | [κην vel δί | [καϲ   3]μπ pot. qu.]μη, fort. τῶ]μ πόν[ω]ν   ἀπολύε-
ϲθαι vel ἀπολύϲαϲθαι vestigiis repugnat   τουγκλ vel τουγκη agn. Siegm.   4
ϲ[..]ν pot. qu. ϲ[.]ν   ]νταϲ vel] ναϲ, fort. τοὺϲ [πον]ήϲ[α]ντας   ωϲ incertiss.
5]·π aut punctum aut vestigium litterae   5 sq. ἀντί[παλο]ϲ ed. pr., brevius
spatio, fort. ἀντὶ (τοῦ) | [πρόμαχο]ϲ   7 αᵛ pap.   8 ἐϲτι supplevi   α[.]τ
vel α[.]φ vel α[.]ρ vel α[.]ι   μεϲτωθη[vel τεϲτο[.]θη[vel τετο[.]θη vel [.]ε-
πο[.]θη[,]αι pot. qu.]ν, fort. [ε]ὶ μεϲτωθῆ[ν]αι   ὑπ[ερο]χῆϲ ed. pr.   9].τες
pot. qu.]. γες vel].ης, supplevi   φει vel φερ (φαν legi non potest), possis ἐμ-
φερῶν   ]υπ pot. qu.]ϲπ, supplevi (ὀνόμ[ατο]ϲ ed pr.)   9 sq. supplevi   10
]τον vel]που vel]γου, vix].ιν   fort. ⟨ἐ⟩αυτῶν, cf. l. 14. 17   λόγων pap.
emendavi   αν incertiss.   12 -ωρα pot. qu. -ωρ[α]

[νῶ]ς εἰς ῥῶσιν τοῦ Ἕκτορος καὶ τὴν ὑπερ-
[οχὴ]ν διασαφεῖ καὶ ἑαυτόν· „θάρσει νῦν·
15 [τοῖόν τ]οι ἀοσσητῆρα Κρονίων / ἐξ Ἴδης
[προέ]ηκε παρεστάμεναι καὶ ἀμύνειν, /
[Φοῖβ]ον Ἀπόλλωνα.“ αὐτέπαινος δ᾽ ἑαυ-
[τὸ]ν δῖον καλῶν, πλὴν ὅμοιος τοῖς
[πλ]είστοις ἐκ σκηνῆς στρατιώταις.
20 **[Ζεὺς δ᾽ ἄ]μμι·** τὸν ἐξ ὑμῶν προελευσόμε-
[νόν] μοι ἐμέ τε. **ἐπὶ μάρτυρος ἔστω·** τὸ
[ἐξῆς ἐ]πέστω. τὸ δὲ μάρτυρος παρώνυμον
[τῆι γ]ενικῆ[ι] τοῦ πρωτοτύπου συν-
[πέ]πτωκεν, ὡς τὸ Τροίζηνος, ἔνθεν
25 [„Τρ]οιζήνοιο“· χρυσάορος, ἔνθεν „χρυ-
[....(.)]. αις“ εἴρηκε Πίνδαρος· τὸ Χάροπος,
[ἔνθε]ν τὸ „Χαρόποιό τ᾽ ἄνακτος“· τὸ Χά-
[λυβος], ἔνθεν „Χαλύβοις“ εἶπεν Εὐριπ⟨ί⟩δης
[ἐν Τη]μένωι· τὸ Μέλητος — οὕ(τως) δ᾽ ἐλέγετο ὁ Σω-
30 [κράτους] κατηγορήσας — · τὸ τανυπτέρυ-
[γος, ἔνθ]εν Σιμωνίδης· „ὠκεῖα γὰρ οὐδὲ τα-
[νυπτερύ]γου μυίας“· τὸ διάκτορος, ἀφ᾽ οὗ „Ἑρ-
[μείαν] πέμψαντε διάκτορον“· τὸ ἅρπαγος,

76

vide ad H 75 *c*[1] 1. 14—7 O 254—6 1. 17 sq. ad H 75 *a*[1] **76** 1. 22 sq.
sim. ad H 76 *b*, cf. Steph. B. 325, 1 (= Ap. Dysc. Fr. p. 47, 15): Ἀπολλώνιος
ἐν τοῖς Παρωνύμοις φησίν· ἀπὸ γενικῶν εὐθεῖαι παράγονται, τῶν μὲν ὑπὲρ δύο
συλλαβὰς ὁμοίως τῇ εὐθείᾳ κατὰ τὸν τόνον προπαροξυνόμεναι, καὶ ἢ ἐν ἁπλῷ
σχήματι ἢ ἐν συνθέτῳ. ἁπλῶν μὲν οὖν μάρτυρ μάρτυρος ὁ μάρτυρος, Χάροψ
Χάροπος ὁ Χάροπος, ‘Χαρόποιό τ᾽ ἄνακτος’ (cf. pap. 1. 26—7), Τροίζην Τροίζηνος
ὁ Τροίζηνος, ‘υἱὸς Τροιζήνοιο’ (cf. pap. 1. 24—5), Ἴβηρ Ἴβηρος ὁ Ἴβηρος (cf.
pap. 1. 37) .... τὸ αὐτὸ καὶ Ἅβρων ἐν Παρωνύμοις (= fr. 17 B.) φησὶ κτλ. (vide
ad 1. 37); sch. Ap. Rh. 1, 132 *b*. Vide ad B 302. N 521 *b*; Leumann, H. W. 71 1. 25
B 847. Vide Hrd. ad B 847 1. 26 Pind. fr. 330 1. 27 B 672. Vide Hrd.
ad B 672 1. 28—9 Eur. fr. 751 a (T. G. F.² cur. Snell p. 1036) 1. 31—2
Simon. fr. 16, 3 P. 1. 32—3 α 38 1. 33 sq. de v. ἅρπαγος cf. Arcad. 116,
18, sch. (Par. Graec. 2717) Ar. Plut. 800 33—5 Aesch. fr. 258 b Wil. (= 259 b

13 sq. ὑπερ | [βολὴ]ν Wil., spatio longius ut. vid. 19]έιστ pap., [γε πλ]είσ-
τοις ed. pr., spatio longius 20 τον vel τοιτ, non τωι 21]μοι vel]κοι,
non]και τε incertiss. 22 ἐξῆς supplevi 23]ενικη[lectio incerta sec. ed.
pr., vestigia hodie distingui non iam possunt 26]π,]γ,]τ, vix]ρ; χρυ |
[σαό]ραις ed. pr., χρυ | [σαόρου] παις longius spatio χάροπος pap. 27 χαρό-
ποιο pap. 28 ευριπδης pap. corr. ed. pr. (at fort. Π = πι) 29 ελεγετο σω
vel ελεγενο σω pap. 31]εν incertiss. 33 πέμψαντε pap. (ut Zen., Ar. Byz.
al.), πέμψαντες codd. διακτορον pap., v. l. antiqua (et Zen. et Ar. Byz. sec.
Buttmann), ἐΰσκοπον codd. Hom.

Col. II

ἔνθεν ἐπ[λ]ήθυνεν Αἰσχ[ύ]λος ἐν Φινεῖ
„ἁρπάγοι⟨ν⟩ χε[ρ]οῖν" καὶ Σοφοκλῆς ἐν Φινεῖ α̅   35
„χερσὶν ἁρπ[ά]γοις"· τὸ πολυπίδακος· τὸ
„Ἴβηρος· †τοτρα[..]. ωνος" παρὰ Κρα-
τίνωι ἐν Μαλθακοῖς· τὸ ἄτμενος

παρ' Ἀρχιλόχωι· τὸ λᾶος, ἀφ' οὗ φη(σι) Σιμωνί-
δης· „ξύλα κα[ὶ] λάους ἐπιβάλλων"· τὸ Ἔρυ-   40
κος παρὰ Ξεν[ο]φάνει ἐν ε̅ Σίλλων· τὸ Ἄι-
δος, ἔνθεν τὴν αἰτιατικὴν τέθηκεν
Ἀντίμαχος ἐν α̅ Θηβαΐδος „Ἄιδον δέ"·
τὸ Κάωνος, ἔνθεν τὴν αἰτιατικὴν τέ-
θηκε Λεάνδριος „Κάωνον"· τὸ ῥιψάσπι-   45
δος, ἀφ' οὗ φη(σιν) Εὔπολις· „ῥ[ι]ψάσπιδόν τε χεῖ-
ρα τὴν Κλεωνύμου"· τὸ λίθακος, ἔνθεν
φη(σὶ) Στησίχορος ἐν Ὀρεστείας β̅ „λιθάκοις"·
τὸ Κ[ό]ρυθος — γέγονε δ' οὗτος υἱὸς Ἀλεξάνδρου
τοῦ [Π]άριδος —· τὸ ἀπάτωρος, ἔνθεν ἐν τῶι   50

Murr. = 434 Mette) l. 35—6 Soph. fr. 706 P. l. 36 πολυπ. vide ad Ζ 157.
Υ 59 (A) l. 37 cf. Steph. B. 325, 10 (supra ad l. 22 sq. exscriptum), post
φησί: καὶ αὐτὸς (οὗτος Mein. dub., ὁ αὐτὸς Kock) „Ἴβηρος τραγοπώγων' ἐν
Μαλθακοῖς εἴρηται Κρατίνου" (II 78 M. = fr. 101 K.; test. papyri om. Edmonds
in editione sua, Lugd. Bat. 1957) l. 38 de. v. ἄτμενος cf. Call. fr. 507
(test.) l. 38—9 Archil. fr. 155 Bgk. = 239 T. (He. α 689 cum Addendis
p. 506) l. 39 λᾶος cf. sch. Soph. O. C. 195 (= Hrd. 1, 109, 6), Ep. Hom.
(An. Ox. 1, 264, 27), Choer. Th. 1, 115, 29; vide Hsd. fr. 234, 3 M.-W.; E. G.
Turner, Greek Papyri (Oxon. 1968), 99 l. 39—40 Simon. fr. 66 A (Diehl²);
cf. fr. 14 (= P. M. G. 519), 5 (b) 3 (Page); Call. fr. 496 l. 41 Xenoph.
(Vors.⁶ 21) B 21 a l. 43 Antim. fr. 11 l. 45 FGrHist 492, 19 l. 46 Eup.
fr. om. Edmonds; cf. sch. Ar. nub. 353 l. 47—8 λίθακος et Στησίχορος ἐν
Ὀρεστείας β' cf. Hrd. καθ. fr. 5 Hunger (H. Hunger, Palimpsest-Fragmente aus
Herodians Καθολικὴ Προσῳδία, Buch 5—7, in: Jahrbuch der Österreichischen
Byzantinischen Gesellschaft 16, 1967, 5 et 20) l. 47 λίθακος cf. Arcad. 57, 5
(= Hrd. 1, 150, 1). Vide ad Ω 566 (A) l. 48 Stesich. fr. 37 P. (= P. M. G.
214) l. 49—50 cf. FGHist 4, 29. 26, 1 (XXIII), sch. et Tz. Lyc. 57; aliter

35 αρπαγοι pap. suppl. Wil. 37 α[γο]πωνος vel α[πω]γωνος, voluit ἴβηρος
τραγοπώγων (cf. test.) 40 λάους pap. 41]. . σιει pot. qu.]φανει, sed
variae formae litt. ν inveniuntur 47 -μου· το pap. λιθακός (oxyt.) scriben-
dum esse docuit Hrd. (cf. test.)

Κή[υκ]ος γάμωι εἴρηται τὸ „ἀπάτωροι"· τὸ
κόκκυγος — ἡ δὲ λέξις παρ' Ἀλκαίωι —· τὸ
δμωός παρ' Ἡσιόδωι· „δμωὸς ἔχων μα-
κέλην"· καὶ παρὰ Λεύκωνι ἐν Φράτερσι
55   „[δ]μ[ω]ὸν ἀλλ' οὐκ οἰκέτην"· τὸ Τρωός πα-
ρ' Ἡσι[όδ]ωι· „Τεύκρου δὲ Τρωός"· τὸ σωλῆνος
π[α]ρ' Ἀνανίωι. ἔσθ' ὅτε δὲ καὶ ἀλλασσομέ-
νου τοῦ τόνου ὡς τὸ ἄγωνος, ἔνθεν τὴν
αἰ[τ]ιατικὴν εἴρηκεν Εὐριπίδης ἐν Αἰ-
60   γεῖ· „ἄγω[νο]ν ἀθλήσαντα"· καὶ τὸ ἴκτινο[ς   77
μένην ἔχον[τι τ]ὴν ἀκμήν. Μῆνις δὲ ἢ ὀξεῖ
ὡς Αἰτωλοὶ ἢ ὀξυθήκτωι ὡς Λοκροί: δό-   79
μενα[ι] πάλιν[·] ἀποδότω ὁ πρὸς ἐμὲ μαχό-
65   μενος: ὄφρα πυρός με· πυρὶ γὰρ ἐκαί-
ετο πάντα τὰ σώματα εἰς τὸ μὴ νεκρῶν

Col. III

[
σ[
δ[
70   δ[
σι[

sch. δ 11   l. 51 Hsd. fr. 268 M.-W.; cf. R. Merkelbach et M. West, Mus. Rhen.
108, 1965, 314   l. 52 Alc. fr. 416 L.-P.   l. 53—4 Hsd. opp. 470. De accentu
cf. Choer. Th. 1, 115, 31. 1, 121, 13; adn. ad Hrd. 1, 112, 2   l. 54—5 Leuc. fr.
om. Edmonds   l. 56 Hsd. fr. 179 M.-W. De accentu vide ad Ψ 291 (Hrd.),
Arcad. 41, 8. 47, 1; test. ad l. 53 laudata   l. 56—7 Anan. fr. om. Diehl[3]   l. 58
cf. He.α 963, Ph. 28, 16 R. (Alc. fr. 403 L.-P.)   l. 59—60 Eur. fr. 11 c (T. G.
F.[3] cur. Snell p. 1027)   l. 60 ἴκτινος de accentu cf. Choer. Th. 1, 267, 9, Theogn.
67, 17. At ἰκτῖνος sec. Hrd. ap. Eust. 1825, 12 (= Hrd. 1, 183, 12)   77 l. 61—2
τεταμένην ἔχ. τ. ἀκμήν = D, cf. Ap. S. 149, 11   l. 62 Menis grammaticus
ignotus   79 l. 65—6 sim. ad H 79 b (test.)

58 ἄγωνος pap.   60 -τα καὶ pap. (spatium breve inter α prim. et κ)   τοίκτινο[
pap.   61 suppl. Wil.   -ηκεῖ pap.   62 εχον[. .(.).]ην pap.   63 -οι: δο pap.
65 μενος: ὄφρα pap.   69 δ[pot. qu. λ[, vix α[71 σι[vel ν[vel π[

α[
τρ. [
πτ. [
νο[75
ειν[
τι. [
τω. [
αντ[
μητ. [80
Φρυξὶ. [
οιδεν[
τοὺς ν[
τουτο[
80   ὡς φη(σι) Κ[. . . . . .λελάχωσι θανόν-   85
τα·λαχεῖν[
φρων. [
μέμφε[
ποιητᾳ[
81 εἰ δέ κ' ἐγ[ὼ τὸν ἕλω· . . . . .δώῃ δέ]   90
μοι εὖχος Ἀπ[όλλων·

---

l. 80 sq. fort. conferendum sch. ad B 862 (A, test.)   80 l. 85 sq. vide ad
H 80 (test.) et E 37, cf. D ad H 80

---

73 τρω[vel τρο[74 πτω[pot. qu. πτο[73—5 versus paulo tantum
in partem sinistram prominent, fort. non lemmata continentes, sed verba
alius cuiusdam auctoris. Neque tamen scriba sibi constat (cf. mg. l. 1—9).
Possis α[— — τρῶες καὶ] | τρώ[ων ἄλοχοι λελάχωσι θανόντα (H 80)·
πε] | πτω[κότα, tum θα] | νό[ντ . . cf. Ψ 70, Ρ 379 al.   75 sq. de Hectoris
propinquis agi videatur   76 ειν[pot. qu. ειγ[77 τιδ[vel τια[78 ν[,
π[, γ[, ι[79 α et paragr. pot. qu. α supra litt. γ (vide l. 80)   80 in. μ-
vel 'γ' μ-, tum ρ[vel ι[, fort. μήτρ[ως sim.   81 ν[vel λ[, fort. [— — αἰ-
σχύλος ἐν] | φρυξίν?, cf. Aesch. fr. 446 N.² = 242 c M.   82 οιδεν[vel διδεν[,
fort. οἱ δὲ ν[εώτεροι   85 κ[vel κ[αλλίμαχος spatio aptum cf. h. 5, 18   86
λαχεῖν [ποιήσωσι ed. pr.   86 sq. [— — λυκό] | φρων Wil.   87 δ[vel α[, fort.
ἀ[ναδιπλασιασμὸς vel ἀ[ναδίπλωσις   88 μέμφε[ται ed. pr.   89 ποιητα[pot.
qu. ποικιλ[, fort. [— — τοῖς] | ποιητα[ῖς   90 desunt ca. 11—13 litt., fort. ἐὰν
αὐτὸν ἀνέλω (cf. D ad E 37) vel ἐὰν ἀποκτείνω (cf. D ad H 8) vel αὐτοῦ κρατήσω
(cf. D ad Γ 446)

ε[
  .. [
  ....(·)[
95 μάχας α. [... ... ... (·) **καὶ κρεμόω**]   83
ποτὶ νηόν· ουϛ[
  νος οὐδὲν π[
  παρεπομεν[... ... ... τὸ κρεμόω]
  δὲ βαρυτον[ητέον.

83 l. 98—9 cf. Arcad. 182, 7

---

92 ε[vel ο[**94** σαυτ[vel εστι.[(Siegm.), ϛαγ.[(ed. pr.)   **95** fort. αχ[, vix αλ[**96** sq. fort. [— — ἀπόλλω] | νος   **97** π[, non ι[**97** sq. [— — ἐν τοῖς] | παρεπομέν[οις στίχοις ed. pr.   **98** [— — τὸ κρεμόω] suppl. Wil.

18*

ex.   **1.** πυλέων ἐξέσσυτο: διὰ τῶν πυλῶν ἐξώρμησε. δηλοῖ δὲ τὸ πρόθυμον Ἕκτορος, ὃ ἐνεδείκνυτο πρὸς προτροπὴν Ἀλεξάνδρου· διὸ καὶ ὁ ποιητὴς ἐπάγει κἀκείνου τὴν προθυμίαν. b(BCE³E⁴) T

ex.   **2.** ⟨τῷ δ' ἅμ' Ἀλέξανδρος κί' ἀδελφεός:⟩ διδάσκει, ὅσον ἐστὶ προτροπὴ κατὰ καιρὸν γινομένη. b(BCE³E⁴) Tⁱˡ   5

ex.   **3.** ⟨πολεμίζειν ἠδὲ μάχεσθαι:⟩ ἐπανείληφε τὸ αὐτὸ πρὸς ἔμφασιν τῆς προθυμίας. b(BCE³E⁴) T

ex.   **4—6.** ὡς δὲ θεὸς ναύτῃσι ⟨——— λέλυνται⟩: καὶ ἀλλαχοῦ ἐπὶ λήξει τῶν δεινῶν „ἀσπάσιος γῆ νηχομένοισι φανείη" (ψ 233) φησίν. ἐνταῦθα δὲ μεσοῦντος τοῦ δεινοῦ τὸν οὖρον (5) ἔλαβεν. b(BCE³ 10 E⁴) T

Ariston.   **5 a.** {οὖρον} ἐπεί κε ⟨κάμωσιν⟩: ὅτι ἔν τισι γράφεται „ἐπήν". ἐὰν δὲ οὕτως ἔχῃ, προενεκτέον ὑφ' ἓν „κεκάμωσιν" ὡς „λελάχωσιν" (Η 80 al.). A

Did.   **b.** ⟨ἐπεί κε:⟩ οὕτως Ἀρίσταρχος, ἄλλοι δὲ „ἐπήν κε". Aⁱⁿᵗ   15

ex.   **c.** ἐπήν κε κάμωσι: οὕτως. τινὲς δὲ „κεκάμωσιν" ὡς „λελάχωσιν". ἀλλ' ἐν τοῖς τοιούτοις μᾶλλον οἱ σύνδεσμοι ἐπικρατοῦσιν ἤπερ οἱ διπλασιασμοί· φιλεῖ γὰρ μετὰ τὸν ἐπεί καὶ τὸν εἰ ὁ κέ σύνδεσμος ἐπιφέρεσθαι. τινὲς „ἐπεί κε"· ὁ δὲ Σιδώνιος ἐπήν κε ὡς „οὔτ' ἂν κεν Ἄρης" (Ν 127). T   20

Did. | ex.(?)   **6 a.¹** {πόντον} ἐλαύνοντες, ⟨καμάτῳ δ' ὑπὸ γυῖα λέλυνται⟩: κατ' ἔνια τῶν ὑπομνημάτων „ἐρέσσοντες"· | τὸ δὲ λέλυνται ἐπὶ τὰ γυῖα ἀνενεκτέον. A

Did.   **a.²** τινὲς „ἐρέσσοντες" γράφουσιν. Tⁱˡ

---

1 ἐξώρμησε (1) = D   3 Li: ἐπανάληψις δέ ἐστι κατὰ τὸν Νικάνορα ἡ τῶν αὐτῶν ἢ τῶν ὁμοίων σχημάτων δὶς ἢ πλεονάκις σύνδεσις· τῶν αὐτῶν ὡς τὸ „δαιτρεῦσαι καὶ ὀπτῆσαι" (cf. ο 323) καὶ τὸ „πολεμίζειν ἠδὲ μάχεσθαι" (ἀμφότερα γὰρ ἀπαρέμφατα)· τῶν ὁμοίων ὡς μετοχῆς ἀτελοῦς καὶ ἀπαρεμφάτου ἢ εὐκτικοῦ τελείου καὶ ὑποτακτικοῦ ἢ ἀντωνυμίας καὶ ὀνόματος, ὡς τὸ „αὐτὰρ ἐγὼ καὶ Τυδεΐδης" (δ 280), originis incertae, vix sch. vetus; nam doctrinae Nicanoris omnia plane repugnant, vide e. g. ad Ζ 395—6. Λ 490. Π 463. Χ 57—8   **5 a** ad Α 168 (Ariston.)   ὡς λελάχωσιν (13) ad Ε 228 (Ariston.), cf. sch. c   c τινὲς δὲ (16) — λελάχωσιν cf. sch. a   **6 a** — ἐρέσσοντες (22) praeterea in mg. γρ.

---

1 ἐξώρμησεν T   2 ἐδείκνυτο b   4 le. add. Vill. (τῷ δ' ἅμ' ἀλ. iam Li) 6 le. add. Li   6—7 ἐπανείλ. δὲ τὸ sq. pone sch. Η 4—6 (coni. cum v. ἔλαβεν) T 8 le. T supplevi, om. b (ubi sch. ad Η 5 relatum est)   9 πλήξει b   12 (le.) οὖρον del. et κάμωσιν add. Frdl.   ὅτι A, fort. ἡ διπλῆ, ὅτι   15 le. add. Bk. (Vill.)   19 sq. fort. ὡς ἃς (pro ὡς) et ἄρης ὀνόσαιτο (cf. Hom.)   21 (le.) πόντον del. Bk., καμάτῳ — λέλ. addidi   24 le. ἐλαύνοντες add. Vᶜ   γράφ. Ma., cp. (γρ) T

25   *b.* καμάτῳ δ᾽ ὑπὸ γυῖα ⟨λέλυνται⟩: οὐκ ἀναστρεπτέον διὰ   *Hrd.*
τὸν σύνδεσμον, ἄλλως τε καὶ τὸ ἑξῆς ἐστιν ὑπολέλυνται. Α

    c. ⟨γυῖα λέλυνται:⟩ πρὸς τὸ σχῆμα, ὡς „σπάρτα λέλυνται"   *Ariston.*
(Β 135). Α^int

    7 *a.*[1] ⟨τώ:⟩ Ἀμμώνιος ἐν τῷ Πρὸς Ἀθηνοκλέα „τοί" {τρώεσσι}   *Did.*
30 προφέρεται πληθυντικῶς. Α^int

    a.[2] οὕτως Ἀρίσταρχος τώ δυϊκῶς. Α^im

    a.[3] Ἀρίσταρχος τώ, Ἀμμώνιος δὲ „τοί". Τ^il

    8 *a.* {ἔνθ᾽} ἐλέτην: ὅτι ἐλέτην συλληπτικῶς, ὕστερον δὲ προσ-   *Ariston.*
διασαφεῖ. καὶ ὅτι πρὸς τὸ δεύτερον πρότερον ἀπήντηκε· τὸν γὰρ
35 Ἀλέξανδρον ⟨δεύτερον⟩ κατείρηκεν (cf. Η 2). Α

    b. ⟨ἐλέτην ὁ μέν:⟩ βραχὺ διασταλτέον ἐπὶ τὸ ἐλέτην· ἡ γὰρ   *Nic.*
σύλληψις εἰς διάλυσιν τρέπεται. Α^int

    c. ἐλέτην: εἰς τὸ ἐλέτην βραχεῖα διαστολή. | πρῶτος δὲ   *Nic.* | *ex.*
ἀριστεύει Ἀλέξανδρος ὡς προπετής· „Τρωσίν μὲν προμάχιζεν" (Γ 16)·
40 ἢ ὡς ἐξ ἀναπαύσεως ὢν καὶ ὑπὸ τῶν Ἕκτορος λόγων ἠρεθισμένος.
b(BCE³E⁴) Τ

    9 *a.* Ἄρνη: ὅτι Ζηνόδοτος ἐν μὲν τῷ Καταλόγῳ (sc. Β 507)   *Ariston.*
πεποίηκεν „οἵ τε πολυστάφυλον Ἄσκρην ἔχον", ἐνθάδε δὲ εἴασε τὴν
Ἄρνην· διὸ ἡ διπλῆ ἐν τῷ Ἄρνη. Α

45   *b.* Μενέσθιον: δοκεῖ μάχεσθαι ἑαυτῷ ὁ ποιητὴς ἀεὶ πρεσβύτε-   *ex.*
ρον λέγων Νέστορα τῶν ἐπὶ Ἴλιον στρατευσάντων — „μετὰ δὲ τρι-
τάτοισιν ἄνασσεν" (Ω 252) —, ἐνταῦθα δὲ Μενέσθιον· δυσὶ γὰρ γε-
νεαῖς παράγεται πρεσβύτερος ὢν τοῦ Νέστορος· Ἀρηΐθόου γὰρ λέγει
(sc. Η 9—10) τοῦ ἐπικαλουμένου κορυνήτου παῖδα εἶναι Μενέσθιον·
50 ὑπὸ δὲ Λυκούργου φησὶν (sc. Η 142—56) ἀνηρῆσθαι τὸν Ἀρηΐθοον,

ἐρέσσοντες Α^ext   *b* ad Ε 283 *a* (Hrd.)   ἄλλως τε καὶ (26) sq. ad Α 67 *b*
(Hrd.)   *c* ad Β 135 (Ariston.), vide ad Β 36 *c* (Ariston.)   7 *a*[1] Ἀμμώνιος
(29) — Ἀθηνοκλέα ad Γ 368 *a*   8 *a* — προσδιασαφεῖ (33) cf. sch. *b*   ὕστερον
δὲ (33) sq. sc. Η 8 et 11   καὶ ὅτι (34) sq. ad Β 621 (Ariston.), cf. Eust. 661,
57   *b* ad Γ 103 (Nic.)   εἰς διάλυσιν (37) sc. Η 8 et 11   9 *a* ad Β 507
(Ariston.)   *b* cf. Eust. 661, 54 et 671, 49; — ἄνασσεν (47) ad Α 250

25 le. A supplevi, ὑπό: Bk.   27 le. add. Frdl.   πρὸς Α, ἡ διπλῆ πρὸς Vill.
29 le. add. Bk.   τρώεσσι eiecit Bk.   31 τὸ δυϊκῶς Α em. Pluyg.   33
(le.) ἔνθ᾽ eieci   ὅτι Α, ἡ διπλῆ, ὅτι Vill.   35 δεύτερον ins. Frdl.   36 le.
add. Bk.   38 le. scripsi, ἔνθ᾽ ἐλέτην Τ, om. *b*   42 le. Bk., ὃν κορυνήτης
γείνατο: Α   ὅτι Α, fort. ἡ διπλῆ περιεστιγμένη, ὅτι   44 ἐν τῷ ἄρνη del.
Frdl., fort. recte, nisi intellegas 'in eo versu, qui incipit a verbo ἄρνη'   45 le.
Bk., ἄρνη ναιετάοντα Τ, om. *b*   ὁ π. ἑαυτῷ Ε⁴   45 sq. πρεσβύτατον Bk.,
haud urguet   50 φησὶν ἀναιρεῖσθαι φησὶν C

ὃν δὴ καὶ τὰ ὅπλα αὐτοῦ λαβεῖν· γηράσαντα δὲ τοῦτον Ἐρευθαλίωνι
παραδοῦναι, τὸν δὲ Ἐρευθαλίωνα ὑπὸ Νέστορος ἀναιρεθῆναι νέου
ὄντος· φησὶ γὰρ „γενεῇ δὲ νεώτατος ἔσκον ἁπάντων" (Η 153). —
ῥητέον δὲ ὅτι ἴσως ἀπέθανεν Ἀρηΐθοος ἐνιαύσιον ἐάσας τὸν υἱόν,
ἀνεῖλε †τὸν Ἀρηΐθοον ὁ Λυκοῦργος ἤδη γηραιὸς ὤν· φησὶ γοῦν 55
„ἔπεφνε δόλῳ, οὔτι κράτεΐ γε" (Η 142). ὀλίγον δὲ ἐπιβιοὺς δύναται
Ἐρευθαλίωνι παραχωρεῖν τὴν πανοπλίαν. προκαλούμενος δὲ οὗτος
τοὺς Πυλίους οὐκ ἀπεικότως ὑπὸ Νέστορος νέου ὄντος ἀναιρεῖται
ὥστε Νέστορα μὲν εἶναι Μενεσθίου πρεσβύτερον, τῶν δὲ ἄλλων τῶν
ἐπὶ Ἴλιον στρατευσάντων μείζονα Μενέσθιον. b(BCE³E⁴) T   60

ex.   c. ἄλλως· Μενέσθιος Ἀρηϊθόου ἦν παῖς τοῦ Ἀρηϊθόου ⟨τοῦ⟩ καὶ
κορυνήτου, ὁμωνυμούντων τοῦ πατρὸς καὶ τοῦ πάππου, ἵν' ᾖ „ὃν
κορυνήτης / γείνατ' Ἀρηΐθοος" (Η 9—10). τίνα γείνατο; δηλονότι
Ἀρηΐθοον (cf. Η 8) τὸν πατέρα Μενεσθίου. T

ex.   d.¹ ἄλλως· πλανῶνται τῇ ὁμωνυμίᾳ· ὁ γὰρ τοῦ Μενεσθίου 65
πατὴρ Ἀρηΐθοος Βοιωτὸς ἦν, κατοικῶν Ἄρνην — ἔστι δὲ αὕτη Βοι-
ωτίας, ὡς καὶ Ἡσίοδός φησιν (fr. 218 M.-W.) —, ὁ δὲ ὑπὸ Λυκούρ-
γου ἀναιρεθεὶς (cf. Η 142) Ἀρκάς (cf. Η 134). τινὲς δὲ Ἄρνην τὴν
Ἀρήνην τὴν Ἀρκαδικὴν ὡς Μέσσην τὴν Μεσ⟨σ⟩ήνην (cf. Β 582)
φασίν. T   70

        d.² ἢ τῇ τοῦ ὀνόματος πλανῶνται ὁμωνυμίᾳ· ὁ γὰρ τοῦ Μενε-
σθίου πατὴρ Ἀρηΐθοος Βοιωτὸς ἦν, ὁ δὲ ὑπὸ Λυκούργου ἀναιρεθεὶς
Ἀρκάς. b(BCE³E⁴)

ex.   e. ὃν κορυνήτης: ἐπεὶ κορύνῃ ὅπλῳ ἐχρῆτο. τὸ δὲ κύριον
ὄνομα „Ἀρηΐθοος" (Η 10). T   75

D   10. Ἀρηΐθοος ὁ Βοιώτιος ἄριστος ——— μετὰ καὶ τῆς κορύνης. ἡ
ἱστορία παρὰ Φερεκύδει (FGrHist 3, 158). A

Ariston.   a.¹ γείνατ' Ἀρηΐθοος ⟨καὶ Φιλομέδουσα βοῶπις⟩:
ἡ διπλῆ, ὅτι οὗτος τοῦ Ἀρηϊθόου ὁμώνυμός ἐστι τοῦ ὑπὸ Νέστορος
λεγομένου „τεῦχε' ἔχων ὤμοισιν Ἀρηϊθόοιο ἄνακτος" (Η 137). καὶ 80

c cf.Porph. 1, 107, 18   d ad Η 10 a (Ariston.)   d¹ ἔστι δὲ αὕτη Βοιωτίας (66) cf.
Eust. 661, 47   Μέσσην (69) sq. ad Β 582 (Ariston.)   e τὸ δὲ κύριον (74)
sq. cf. Eust. 661, 48   10 a¹ — ἄνακτος (80) ad Η 138 a (Ariston.), vide ad

51 λαβεῖν αὐτοῦ τὰ ὅπλα b   51 sq. ἐρευθελίωνι et ἐρευθελίωνα Β   54 ἐνιαυ-
σιαῖον b   55 τὸν] δὲ τὸν Bk.   γοῦν T γὰρ b   56 πέφνε b   κράτει γε
ΒΕ³Ε⁴   57 ἐρευθελίωνι Β   παραχωρεῖν] παρέχειν Ε⁴   58 ἀναιρ. νέου
ὄντος b   60 μενέσθιον om. T   61 τοῦ add. Ma.   66 sq. αὐτῆς βοιωτίας T
em. Bk.   68 τὴν post ἄρνην del. Wil.   69 μέσσην τὴν scripsi, τὴν μέσην
T   μεσήνην T suppl. Ma.   71—3 ἢ τῇ sq. cum scholio b (v. μενέσθιον) coni. b
78 le. A supplevi   79 sq. ὁμών. — ἀρηΐθ. bis in A   80 ἀρηϊθόοιο A (secundo
loco), ἀρηϊθόου A (primo loco)

ὅτι ἐνθάδε μόνον ἐφ' ἡρωίνης τὸ ἐπίθετον καὶ ἐν τῷ ἀθετουμένῳ ,,Αἴ-
θρη, Πιτθῆος θυγάτηρ, Κλυμένη τε βοῶπις" (Γ 144). A
  a.² ὅτι καὶ νῦν ἐπὶ θνητῆς. Τⁱˡ
  11. ⟨ὀξυόεντι:⟩ ἀπὸ παραγωγῆς, ὡς φαίδιμος φαιδιμόεις· ,,φαι-   ex.
85 διμόεντες Ἐπειοί" (Ν 686). b(BCE³) Τⁱˡ
  12. a. ⟨στεφάνης:⟩ ὅτι περικεφαλαίας εἶδος ἡ στεφάνη. Aⁱⁿᵗ   Ariston.
  · b. ⟨στεφάνης:⟩ στεφάνη Τⁱˡ εἶδος περικεφαλαίας ἐξο-   ex.
χὴν ἔχον. ἡ δὲ μεταφορὰ ἀπὸ τῆς τῶν ὀρῶν ἐξοχῆς. b(BCE³) Τⁱˡ
  {αὐχέν' ὑπὸ} στεφάνης: στεφάνη εἶδος ——— χειμάρροος D
90 ὤσῃ (Ν 138). A
  c. ⟨λῦσε δὲ γυῖα:⟩ Ἀρίσταρχος ,,λύντο δὲ γυῖα". Aⁱᵐ   Did.
  13. Γλαῦκος δ' Ἱππολόχοιο: καλῶς τρίτος ἀριστεύει μὴ σβέ-   ex.
σας τὴν εἰς Διομήδην ὁρμήν· ὁρμήσας γὰρ ἐπὶ ἀνδραγαθίαν τῷ ἀνα-
γνωρισμῷ τῶν προγόνων ἐκεκώλυτο. b(BCE³E⁴) Τ
95 **15** a.¹ Δεξιάδην: εἴτε ὄνομα πατρωνυμικὸν τὸ Δεξιάδην εἴτε   Nic.
1 ποιότητος ἢ τόπου ἐπίρρημα, δύναται καὶ τοῖς ἄνω καὶ τοῖς ἑπομένοις
συνάπτεσθαι· ἢ γὰρ ,,Ἰφίνοον" (Η 14) Δεξιάδην, ἢ ,,βάλε" (Η 14)
δεξιάδην ,,ὦμον" (Η 16), ἢ δεξιάδην ἐπιάλμενον, ἀπὸ τῶν δε-
ξιῶν μερῶν ἐφαλλόμενον. A
5 a.² τινὲς δεξιάδην ἐπιάλμενον, ἀπὸ τῶν δεξιῶν μερῶν
ἀλλόμενον. Τⁱˡ
  a.³ τινὲς δεξιάδην †ἐπάλμενον ἤτοι ἀπὸ τῶν δεξιῶν ἐπι-

Η 9 d καὶ ὅτι (80) sq. ad Γ 144 a (Ariston.)   a² καὶ νῦν sc. ut in Γ
144   **11—2** non liquet, num hic annotare quibusdam visum sit in Iliade
praeter Eionea et Deiochum neminem Graecum a tergo umquam necatum vel
vulneratum esse, ad O 341 b (ex.)   **11** παραγωγή (cf. 84) = forma derivativa,
cf. Glotta 39, 1961, 217; vide ad E 50   **12** a/b cf. D, D ad K 30; Eust. 661, 58.
Vide ad Σ 597; Isid. orig. 19, 30, 1   b — ἔχον (88) cf. Serv. Verg. A. 5,
556   ἡ δὲ μεταφορά (88) sq. vide ad Ν 138 a   c eadem Li (fort. ex A), cf.
Eust. 661, 63   **15** a Et. Gen. (AB) Δεξιάδην (post D), fort. ex hyp. Iliad.,
cf. D, Ap. S. 57, 29; He. δ 633; Eust. 662, 2; Friedl., Nic. 9. 189, qui quattuor
modos verba coniungendi enarratos esse censet, prout vox δεξιάδην pro adverbio
an pro nomine accipiatur trahaturque ad praecedentia an ad insequentia

84 le. add. Li   ἀπὸ om. T   ὡς T τοῦ ὀξὺς ὡς b   φαίδ. φαιδιμόεις om. T
84 sq. φαιδιμόεντες (-μόεντος BC) ἠλεῖοι b   **86** le. addidi   ὅτι A, fort. ἡ
διπλῆ, ὅτι   **87** le. add. Vill., ὑπὸ στεφάνης add. Li Vᶜ   **88** ἐξοχῆς T στεφάνης
b   **89** (le.) αὐχέν' ὑπὸ del. Bk.   **90** ὤσῃ A   **91** le. add. Vill.   λύντο
Bk. (ut Li), λῦντο A   **93** εἰς T πρὸς b   ἐπὶ T ἐπ' b   **94** κεκώλυται τῶν
προγόνων b   **95** εἴτε¹ A, εἴτε οὖν (pone D) Et. Gen.   **1** δύν.] δύναται εἶναι
Et. Gen.   **2** συντάττεσθαι Et. Gen.   ἢ βάλε A βάλε, ἢ βάλε Et. Gen., fort.
rectius   **3** ἢ ΔΕΞΙΑΔΗΝ ἐπιάλμενον ἢ ἀπὸ Frdl.   **4** μερ. ἐφ. A ὤμων Et.
Gen.

βαίνοντα. b(BCE³)

ex. 　　16 *a.* ⟨ὦμον:⟩ κατὰ τὸν ὦμον. A^int

Ariston. 　　*b.* ⟨λύντο:⟩ ὅτι λύντο εἶπεν ἀντὶ τοῦ ἐλύθη. A^im 　　10

ex. 　　17—8. τοὺς δ' ὡς οὖν ἐνόησε θεά ⟨——— ὑσμίνη⟩: ἀγωνιστικὸν τὸν πόλεμον τῇ ὁρμῇ τῶν θεῶν ποιεῖ, καὶ διαναπαύει τὸ ὁμοειδές. ὡς φιλέλλην δὲ καὶ τοὺς τρεῖς τοὺς ἀπολωλότας πολλοὺς εἶναι δοκεῖ. b(BCE³E⁴) T

ex. 　　17. ⟨τοὺς δ' ὡς οὖν ἐνόησε:⟩ τὴν ὁρμὴν ἑωρακυῖα. T^il 　　15

Ariston. 　　20. ⟨῎Ιλιον εἰς ἱερήν:⟩ ὅτι θηλυκῶς τὴν ῎Ιλιον. A^int

ex. 　　21. Περγάμου ἐκκατιδών: διὰ τὸ ,,αὐτὸς μὲν ἐφέζετο Περγάμῳ ἄκρῃ'' (Ε 460)· παρατηρεῖ γάρ, μή τις θεῶν ἐπίθηται Τρωσίν. b (BCE³E⁴) T 　　Πέργαμα δέ φασιν οἱ νεώτεροι. T

Ariston. 　　22 *a.* φηγῷ: ἡ διπλῆ, ὅτι πρὸ τῶν πυλῶν τὴν φηγὸν ταύτην 20 ὑποτίθεται. πρὸ πολλοῦ δὲ (sc. Ε 446. 460) ὁ Ἀπόλλων ἐστὶν ἐπὶ τῆς Περγάμου. A

ex. 　　*b.* φηγῷ: ἀξιοπίστως ἔθηκε καὶ τὸν τόπον. A b(BCE³E⁴) T ἔστι δὲ τὸ δένδρον τοῦτο καὶ ἰσχυρὸν καὶ πολυχρόνιον. φηγὸς δὲ b (BCE³E⁴) T 　　παρὰ τὸ φώγω, ὅ ἐστι τὸ καίω· τὰ γὰρ ἔσω τῶν 25 βαλάνων ἐσθίοντες τὰ ἔξω ἔκαιον πρὸς θέρμην· ὅθεν καὶ βαλανεῖα. A b(BCE³E⁴) T 　　καὶ οἱ ἑταῖροι Ὀδυσσέως ἐπιλειφθέντες ἐκ τοῦ πλεῖν αὐτῇ ἐκέχρηντο τῇ τροφῇ. AT

---

16 *b* ad Β 135 (Ariston.) 　　17—8 τοὺς τρεῖς (13) cf. Η 8—16 　　20 ad Γ 305 *b* (Ariston.) 　　21 Πέργαμα δέ (19) sq. cf. D ad Δ 508; Serv. Verg. A. 1, 95 　　22 *a* — ὑποτίθεται (21) ad Ε 789 (Ariston.) 　　πρὸ πολλοῦ δὲ (21) sq. fort. ab Aristonico aliena 　　*b* ad Ε 693 (ex.) 　　φηγὸς δὲ (24) — θέρμην (26) Et. Gen. (AB) φηγός . . . | εἴρηται παρὰ τὸ φώγεσθαι, ὅ ἐστι καίεσθαι· τὰ γὰρ — θέρμην, originis incertae, fort. ex hyp. Iliad.; cf. Mus. Rhen. 95, 1952, 175; aliter Apio fr. 141 (Ap. S. 162, 10), cf. Eust. 594, 34. 664, 46 (brevius 664, 36) 　　τὰ γὰρ (25) — βαλανεῖα (26) cf. Su. β 64; vide Epaphr. fr. 9 　　τὰ γὰρ (25) — ἐσθίοντες (26) cf. Hdt. 1, 66, 2; Plut. v. Coriol. 3, 3; sch. τ 163; sch. Theocr. 9, 20/21 a; sch. Lyc. 15 (p. 15, 12); Poll. 1, 234; Serv. Verg. B. 1, 1. 1, 17; G. 1, 8. 1, 348; Macrob. sat. 5, 18, 3; Isid. orig. 17, 7, 26. 28 　　ὅθεν καὶ

---

9 le. add. Vill. 　　10 le. add. Ddf. 　　ὅτι A, fort. ἡ διπλῆ, ὅτι 　　11 le. T supplevi, om. b 　　15 le. add. Ma. 　　16 le. add. Vill. 　　ὅτι A, ἡ διπλῆ, ὅτι Vill. 　　17 sq. διὰ — περγάμῳ (Ma., περγάμου T) ἄκρη T ὅτι αὐτὸς περγάμῳ ἄκρῃ ἐφίζετο b 　　20 le. Bk., ἀλλήλοισι δὲ: A 　　23 le. φηγῶι: A, συναντέσθην παρὰ φηγῷ T (fort. rectius), om. b 　　ἀξιοπίστως: A 　　καὶ om. A 　　24 τοῦτο τὸ (τὸι E³) δένδρ. b 　　25 τὸ¹] γὰρ τὸ A 　　φώγω scripsi, φωγῶ T φαγῶ(?) A φήγω b 　　τὸ² om. ABCE³ 　　καίω T m. rec., κλυῶ A τρώγω b, |||||| (κλῶ Ge) 26 ἐσθ.] τρώγοντες C 　　πρὸς] διὰ b 　　ὅθεν κ. βαλαν. om. C 　　βαλανεῖον E⁴ Ge 　　27 ἐπιληφθέντες Ge T (ἐπιλειφθ. = cum res frumentaria eos defecisset, cf. Valk I 416, 14) 　　28 αὐτῇ] malim ταύτῃ 　　κέχρηνται A 　　τῇ τροφῇ om. Ge T

24. τίπτε ⟨σὺ⟩ δ᾽ αὖ μεμαυῖα: τί πάλιν ἐθέλουσα ποιεῖν, ἐπειδὴ   *ex.*
30 ἡ πρώτη αὐτῆς ὁρμὴ μέγιστα τοῖς ᾽Αχαιοῖς συνεβάλετο. b(BCE³
E⁴) T

26—7. ἢ ἵνα ⟨δὴ⟩ Δαναοῖσι ⟨μάχης ἑτεραλκέα νίκην/⟩ δῷς: *ex.(?)* | *ex.*
οὐ γὰρ λεκτέον ἵνα †δώσεις† ἐπὶ πρώτου ἀορίστου καὶ μέλλοντος. |
ἑτεραλκέα δὲ ἐπίθετον τῆς νίκης· καὶ γὰρ ἑτεραλκὴς λέγεται νίκη,
35 ὅταν οἱ νικηθέντες πρώην πάλιν νικήσωσιν. T

26 a.¹ ⟨ἑτεραλκέα:⟩ ἐπίθετον τοῦτο τῆς νίκης. γίνεται δὲ ὅταν   *ex.*
οἱ πρότερον νικήσαντες ἐξ ἑτεροδυναμίας τινὸς παρεισβαλούσης ἡτ-
τηθῶσιν. b(BCE³E⁴)

     a.² ἑτεραλκέα: οὕτως ἡ νίκη ――― παρέχουσαν. | ἢ ὅταν   *D* | *ex.*
40 οἱ πρώην νικηθέντες νικήσωσιν. A

28 a.¹ ἀλλ᾽ εἴ μοί τι πίθοιο ⟨τό κεν πολὺ κέρδιον εἴη⟩:   *Nic.*
ὑποστικτέον εἰς τὸ πίθοιο καὶ εἰς τὸ πολὺ κέρδιον εἴη. τινὲς δὲ τελεί-
αν τῷ στίχῳ νέμουσιν. b(BCE³E⁴) T

     a.² {ἀλλ᾽ εἴ μοι τί πίθοιο:} ἐπὶ δὲ τὸ εἴη ἤτοι στικτέον ἢ
45 ὑποστικτέον. A

29. νῦν μὲν παύσωμεν: ὁ μὲν ἀκροατὴς δεινὰ ἐλπίζει ἐπὶ τῇ πα-   *ex.*
ρόδῳ τῶν θεῶν, οἷα καὶ πρώην γέγονεν, ὁ δὲ ἀνακόπτει τὸ προσδο-
κώμενον, θέαμα δὲ ἀντεισάγει τὴν ἀλαζονείαν Ἕκτορος, τὴν αἰδῶ
Ἑλλήνων, τὴν σπουδὴν Μενελάου καὶ ᾽Αγαμέμνονος, τὴν Νέστορος
50 δημηγορίαν. b(BE³E⁴) T

31. ⟨ὥς:⟩ βαρυτονητέον τὸ ὥς· δηλοῖ γὰρ τὸ οὕτως. Aⁱᵐ   *Hrd.*

32 a.¹ ὑμῖν ἀθανάτῃσι: Ζηνόδοτος „⟨ὑμῖν⟩ ἀθανάτοισιν". ἐν   *Did.*
μέντοι τῇ ᾽Αριστοφάνους „ὑμῖν ἀμφοτέρῃσιν" εἶχε, τῇ ᾽Αθηνᾷ καὶ τῇ
Ἥρᾳ, οὐκ ἀπιθάνως. A

(26) sq. cf. Et. Gud. 551, 36 (e Ven. A ut vid.); Beiträge 167   **24** ἡ πρώτη
αὐτῆς ὁρμή (30) sc. in rhapsodia quinta   **26—7** ὅταν (35) sq. ad H 26 a²;
cf. D   **26** a¹ vide ad O 738; aliter ad N 303 (ex.)   a² ἢ ὅταν (39) sq. ad
H 26—7   **28** utrumque sch. decurtatum. Nicanor docuit „ὑποστικτέον (sc.
post εἴη) si pro relativo sumitur pronomen τό, διαστολῇ post πίθοιο posita;
στικτέον (sc. post εἴη) si pro demonstrativo: tum autem post πίθοιο ὑποστικτέον"
(Friedl., Nic. 190)   **31** ad Λ 720—21 (Hrd.), cf. sch. ε 430, Ap. Dysc. adv.
172, 5; Ep. Hom. (An. Ox. 1, 449, 6), unde Ecl. 472, 28   **32** diple periestigm.
ante versum in A   a/c cf. Valk II 75   a ἀθανάτοισι (52) improbabiliter
enarravit G. Jachmann, Symb. Coloniensia, Coloniae 1949, 45 n. 64   εἶχε (53)
ad B 12. 221. Γ 51 (Did.)   τῇ ᾽Αθηνᾷ καὶ τῇ Ἥρᾳ (53) = Eust. 662, 54

29 le. T suppl. V, om. b   ποιεῖν om. b   **32** le. T supplevi, ἢ pro ῆ
scripsi   33 δωσ ss. ⸔ T, fort. δώσῃς   36 le. add. Li   39 sq. ὅταν οἱ
πρώην A em. Vill.   41 le. T supplevi (auctore Vill.), om. b   42 εἴς¹ T καὶ
εἰς b   πολὺ κέρδιον scripsi, πολυκέρδιον T, om. b   42 sq. τελ. τῷ στ. T τῷ
πίθοιο τελείαν b   43 νέμουσι T   44 le. A del. Bk.   48 θέαμα T καὶ ἅμα b
51 le. addidi (auctore Vill.)   52 ὑμῖν addidi   53 sq. τὴν ἀθηνᾶν καὶ τὴν
ἄραν A em. Bk. (cf. test.)

a.² Ζηνόδοτος „ἀθανάτοισι", Ἀριστοφάνης „ἀμφοτέρῃσι". Τ 55

ex.   *b.* ὑμῖν ἀθανάτῃσιν: ἐμφαντικῶς, Ἥρᾳ καὶ Ἀθηνᾷ. Τ

Ariston.   *c.* ⟨ὑμῖν ἀθανάτῃσιν:⟩ ὅτι Ζηνόδοτος ⟨✳✳✳⟩. Aⁱᵐ

Did.   **33.** ⟨τὸν δ' αὖτε προσέειπε:⟩ γράφεται „τὸν δ' ἡμείβετ' ἔπειτα". Aⁱᵐ

ex.   **34—5.** τὰ γὰρ φρονέουσα καὶ αὐτή ⟨/ἦλθον⟩: ἧκε γὰρ 60 πρὸς τὸ μηδὲν βλαβῆναι τὸ Ἑλληνικόν. ἡ οὖν ἡσυχία οὐδὲν ἔβλαπτεν. b(BCE³E⁴) Τ

ex.   **36.** ἀλλ' ἄγε, πῶς μέμονας: οὐκ ἔδει γὰρ ἀλόγως ἐν τοιαύτῃ ἀκμῇ γίνεσθαι τὴν παῦσιν. b(BE³E⁴) Τ

ex.   **38.** Ἕκτορος ὄρσωμεν ⟨κρατερὸν μένος⟩: ἵνα ὀλίγην ἀνα- 65 κωχὴν δῷ Τρωσίν· εἶπε γὰρ „ὡς δὲ θεὸς ναύτῃσιν" (Η 4). καὶ Ἀθηνᾶ δὲ συναινεῖ πρὸς τὸ κεχαρισμένον ταῖς Τρωάδων εὐχαῖς ποιοῦσα. b(BCE³E⁴) Τ

Ariston.   **39** *a.* προκαλέσσεται οἰόθεν οἷος: ὅτι συνέσταλται διὰ τοῦ ε̄ τὸ η̄· ἔστι γὰρ προκαλέσσηται. καὶ πρὸς τὸ σχῆμα, μονόθεν μόνος 70 ἀντὶ τοῦ μόνος πρὸς μόνον. A

ex. | *ex.*   *b*¹ οἰόθεν: ἀντὶ τοῦ οἴως | ἢ οἰόθεν· οἰόθεν ἐστὶ μὲν ἐξ οἵου, ὡς οὐρανόθεν. ἰδίως δὲ ὁ ποιητὴς αὐτῷ χρῆται ἀντὶ τοῦ οἴως. Τ

ex.   *b*.² τὸ μὲν οἰόθεν ἐξ οἵου σημαίνει, b(BCE³)   ὡς τὸ οὐρα- νόθεν. ἰδίως δὲ ὁ ποιητὴς χρῆται αὐτῷ ἀντὶ τοῦ †οἴῳ, τουτέστι μόνος 75 μόνῳ. b(BCE³E⁴)

ex. | *ex.*   **40.** ἐν αἰνῇ δηϊοτῆτι: ἄμεινον τελείαν δοῦναι εἰς τὸ δηϊοτῆτι καὶ τὸν ἑξῆς „δέ" (Η 41) ἀντὶ τοῦ γὰρ λέγειν. b(BCE³) Τ | δηϊοτής δὲ παρὰ τὸ δηοῦν, ὅθεν καὶ „δηΐῳ ⟨ἐν πολέμῳ⟩" (Ε 117)· πόλεμος δὲ παρὰ τὸ πελεμίζεσθαι. Τ   80

---

c cf. Ludwich, Mus. Rhen. 32, 1877, 177; eund., A. H. T. 1, 273, 1   **39** *a* —προ- καλέσσηται (70) ad A 141 (Ariston.)   μόνος πρὸς μόνον (71) = D, cf. sch. Ap. Rh. 3, 1169 (test.)   **40** — λέγειν (78) nescio an fr. Nicanoris; quam- quam eum non τελείαν, sed ὑποτελείαν scripsisse censeo   πόλεμος (79) sq. cf.

---

55 sch. *a*² post sch. *b* (coni. cum v. ἀθηνᾷ) in Τ, transposui   ἀθανάτοισι et ἀμφοτέρῃσι Τ, rectius ὑμῖν ἀθ. et ὑμῖν ἀμφοτ.   **57** le. addidi   ὅτι A, fort. ἡ διπλῆ περιεστιγμένη, ὅτι   lac. stat. Ldw.; Aristonicum de v. l. (coniectura?) Zenodoti (ἀθανάτοισι) egisse verisimile est   **58** le. addidi (auctore Ldw.)   γράφ. cp. (γρ) A   **60** le. Τ supplevi, om. b (qui sch. ad v. 34 revocavit)   **61** οὖν Τ γὰρ b   αὐτοὺς ἔβλ. b, fort. rectius   **63** sq. ἐν — παῦσιν Τ τὴν παῦσιν γίνε- σθαι ἐν τῇ τοιαύτῃ ἀκμῇ τοῦ πολέμου b   **65** le. Τ suppl. Bk., om. b   ὀλίγ. Τ μικρὰν b   **66** ναύτ. om. b   **66** sq. συναινεῖ δὲ καὶ ἀθηνᾶ b   **67** ποιοῦσα om. b   **69** le. Bk., ἥν τινα που δαναῶν: A   ὅτι A, ἡ διπλῆ, ὅτι Vill.   **70** μόνωθεν A em. Bk.   **75** sq. fort. οἴως τουτέστι μόνος μόνως   **77** τελείαν cf. test.   **78** τὸν] τὸ E³   λέγειν om. Τ   **79** ἐν πολ. addidi   **80** πελεμίζειν Ma.

41 a. οἱ δέ κ' ἀγασσάμενοι: ὅτι τὸ ἀγάσσεσθαι ποτὲ μὲν ἐπὶ   *Ariston.*
τοῦ ἀποδέχεσθαι, ποτὲ δὲ ἐπὶ τοῦ φθονεῖν τίθησι. περιττεύει δὲ καὶ ὁ
κέ σύνδεσμος. A

    b. ⟨ἀγασσάμενοι:⟩ Ἀρίσταρχος διὰ τοῦ ō „ἀγασσόμε-   *Did.*
85 νοι". A^{im}

    c. ⟨ἀγασσάμενοι:⟩ φθονήσαντες ἢ θαυμάσαντες. T^{il}   *ex.*

  44. σύνθετο θυμῷ: ὅτι μαντικῶς συνῆκεν οὐκ ἀκούσας αὐτῶν   *Ariston.* | D
τῆς φωνῆς. | μυθεύεται τῶν ἐξ Ἑκάβης ———— μεταλαβεῖν. ἡ ἱστορία
παρὰ Ἀντικλείδῃ (FGrHist 140, 17). A

90   44—5. τῶν δ' Ἕλενος ⟨————⟩ σύνθετο ⟨θυμῷ/⟩ βουλήν: *ex.*
διὰ τί γὰρ οὐχ ὁ Ἀπόλλων ὑπέθετο Ἕκτορι προκαλέσασθαι; ὅτι ἡτ-
τηθεὶς ἔμελλεν ἀπιέναι. b(BCE³E⁴) T   φασὶ δὲ Ἕλενον καὶ Κασάν-
δραν διδύμους εἶναι, λαθόντας δὲ τοὺς γονεῖς ποτε νυκτὸς καταδραθεῖν
τὸν μὲν εἰς τὸν τοῦ Ἀπόλλωνος τοῦ Θυμβραίου ναόν, τὴν δὲ εἰς τὸν
95 τῆς Ἀρτέμιδος, ἕωθεν δὲ εὑρεθῆναι †ἐκκαθαριζομένους† τὰς ἀκοάς.
1 b(BCE³) T

  46. ⟨ἰών:⟩ ὅτι ἀντὶ τοῦ πορευθείς. A^{im}   *Ariston.*

  47 a. Ἕκτορ, υἱὲ Πριάμοιο: τινὲς οὕτω ποδίζουσιν „Ἕκτορ,   *ex.*
†υἱὲ Πριάμοιο". T

5   *b.* Διὶ μῆτιν ἀτάλαντε: διδάσκει ὅτι δεῖ τὸν ἄρχοντα μὴ   *ex.*
μόνον μιᾶς πόλεως, ἅπαντος δὲ κόσμου προνοεῖν δύνασθαι. b(BCE³
E⁴) T

  48. κασίγνητος δέ τοί εἰμι: βραχεῖ προοιμίῳ τῆς φύσεως ὑπο-   *ex.*
μιμνήσκων προτρέπεται. b(BCE³E⁴) T

Eust. 505, 34   41 a — τίθησι (82) ad P 71 (Ariston.), cf. sch. θ 565, Ap. S.
4, 32; vide sch. ζ 168. κ 249. ν 173. ψ 64. 211; Porph. 2, 29, 11; Lehrs Ar.³ 146,
Valk I 592   περιττεύει δὲ (82) sq. ad A 523 a (Ariston.)   *b* cf. Ludwich,
A. H. T. 1, 273, 4; Valk II 171   *c* θαυμάσαντες ad P 71, cf. sch. ζ 168 (Ari-
ston.); Eust. 663, 27   44 — φωνῆς (88) ad H 53 (Ariston.); cf. Eust. 663,
32   συνῆκεν (87) = D   44—5 φασὶ δὲ (92) sq. cf. Valk I 331   46 ad Z 87
(Ariston.). Vide ad A 163 a   47 a ad Λ 200 (h); de prosodia vocativi υἱέ cf.
sch. D. Thr. (Σ^m) 350, 12   *b* plura h(Ag, cf. An. Par. 3, 171, 8): Διὶ μῆτιν·
ἀφ' ὧν ἕκαστος τιμᾶται, ἀπὸ τούτων τὸν ἔπαινον ἢ τὸν ψόγον ποιῶν (lg. ποιεῖ),
ὡς καὶ Ἀχιλλεὺς Ἀγαμέμνονι τὴν δειλίαν (cf. A 225—8). | ἅμα δὲ διδάσκει ὅτι

---

81 ὅτι A, fort. ἡ διπλῆ, ὅτι   83 κέ Frdl., καῖ A   84 le. add. Bk.   86 le. add.
V^c   87 le. Bk., τῶν δ' Ἕλενος πριάμοιο: A   ὅτι A, ἡ διπλῆ, ὅτι Vill.   90—01
sch. ad v. 44 rettulit b   90 le. T supplevi, om. b   91—2 διὰ τί — ἀπιέναι
in fine scholii (pone v. ἀκοάς) in b   91 γὰρ T δὲ b   προύπέθετο E³   91
sq. ἡττιθεὶς T   92 φασὶ δὲ T φασὶν b   92 sq. κάσανδρον b, fort. κασσάνδραν
93 τοὺς γον. ante καταδρ. b   νυκτὸς om. E³   94 τὴν] τὸν B   95 ἐκκαθ. T
ὑπὸ ὄφεως καθαρισθέντας (καθαρισθῆναι C) b, κεκαθαρισμένους Ma., recte   2 le.
add. Ddf.   ὅτι A, fort. ἡ διπλῆ, ὅτι   4 πριάμου υἱέ Wil., fort. υἱὲ πριάμοιο
(cf. test.)   6 παντὸς b

ex.   **52** *a.* οὐ γάρ πώ τοι μοῖρα θανεῖν: πάντοθεν θαρσύνει αὐτόν· 10
ἐπ' οὐδεμιᾶ γὰρ χρείᾳ ὡς 'Αλέξανδρος μέγιστον αἱρεῖται κίνδυνον.
b(BCE³E⁴) T   ἄλλως τε †προυφαίνει† τὴν ἀρετὴν Αἴαντος, ὡς, εἰ
μὴ τὸ μοιρίδιον ἐπεῖχε, κἂν ἀπώλετο ὑπὸ Αἴαντος. b(BCE³) T

Hrd.   *b.*¹ ἐπισπεῖν: ὡς „ἐπιπλεῖν" (ι 227. 470)· μονοσύλλαβον γὰρ
τὸ σπεῖν ἀπαρέμφατον. πᾶν δὲ ἀπαρέμφατον συντιθέμενον φυλάσσει 15
τὸν αὐτὸν τόνον. A

     *b.*² ὡς πλεῖν οὕτω καὶ ἐπισπεῖν. πᾶν δὲ ἀπαρέμφατον ἐν τῇ
συνθέσει φυλάσσει τὸν τόνον. b(BCE³) Tⁱˡ

Ariston.   **53** *a.* ὡς γὰρ ἐγὼν ⟨ὅπ' ἄκουσα θεῶν αἰειγενετάων⟩: ἀθε-
τεῖται· διὰ γὰρ τῆς μαντικῆς αὐτῶν συνῆκεν, ὡς εἴρηται (sc. H 44). 20
A

ex.   *b.* ὡς γὰρ ἐγὼν ὅπ' ἄκουσα ⟨θεῶν⟩: καὶ μὴν οὔτε τοῦτο
εἰρήκασιν οὔτε †τε παραστάντες αὐτῷ. ἢ οὖν ὅπα λέγει τὴν μαντικήν·
καὶ γὰρ ὁ τυχὼν ἀκούσας δύναται λέγειν, ἵνα ᾖ τὸ ἄκουσα ἠσθόμην,
ὡς τὸ „μάλιστα δέ τ' ἔκλυον αὐτοί" (ζ 185). b(BCE³E⁴) T   ἢ τὸ 25
ἑξῆς ἐστιν „αὐτὸς δὲ †προκάλεσαι" (H 50). ὡς γὰρ ἐγὼν ὅπ'
ἄκουσα θεῶν, δηλονότι τὸ δεῖν προκαλέσασθαι. ἐν δὲ τῷ μεταξὺ
ἔφη· „οὐ γάρ πώ τοι μοῖρα θανεῖν" (H 52), παρ' ἑαυτοῦ τοῦτο προσ-
θείς. b(BE³E⁴) T

ex.   **54** *a.* ὡς ἔφαθ', Ἕκτωρ δ' αὖτ' ἐχάρη: τὸ φιλότιμον ὑπέφηνε 30
τῷ μὴ ἀποκρίνασθαι. οὐ διακηρυκεύεται δέ, ἀλλὰ πρὸς κατάπληξιν
τῶν πολεμίων καὶ ἰδίαν δόξαν αὐτουργεῖ. b(BCE³E⁴) T

κ. τ. λ.   **52** *a* ad H 303 *b*   ἄλλως τε (12) sq. cf. Eust. 663, 59   μοιρίδιον
(13) = D   *b* cf. Et. Gen. (B, om. A) ἐπισπεῖν καὶ ἐπίσπῃ· ... τὸ δὲ
ἐπισπεῖν ἐκ τοῦ σπῶ, μονοσύλλαβον σπεῖν ὡς πλεῖν· καὶ φυλάσσει τὸν τόνον ὡς
ἀπαρέμφατον, Beiträge 142, 5; vide ad Δ 126 *c* (Hrd.)   **53** *a* ad H 44 (Ari-
ston.); Bolling, A. L. 101; Von der Muehll 130   *b* ἢ οὖν (23) — αὐτοί (25) cf.
Eust. 663, 57   τὸ ἤκουσα ἠσθόμην (24) ad O 252 *b* (Ariston.)   ἢ τὸ ἑξῆς

---

10 πάντοτε b   11 τὸν κίνδ. b, fort. rectius   12 προεμφαίνει Bk., malim προ-
ϋποφαίνει   ὡς b ὃς T   13 κἂν ἀπώλεσεν ἕκτορα b. fort. (si ὃς pro ὡς recipias)
recte   17 ὡς — ἐπισπεῖν T ὥσπερ τὸ πλεῖν, οὕτω καὶ τὸ ἐπισπεῖν b   19 le. A
suppl. Vill.   22 le. T supplevi (auctore Bk.), om. b   τοῦτο b τούτῳ T   23
τε T, om. b, fort. τι vel τι ἄλλο   αὐτῷ T αὐτῷ εἶπον ἃ ἐβούλοντο b   ἢ —λέγει
T ἢ τοίνυν ὑπολύει b   24 ἤκουσα ἀντὶ τοῦ ἠσθόμην b   25 αὐτοί] αὐτοῦ E⁴
26 ἐστιν T οὕτως b   προκάλεσσαι Hom., fort. προκάλεσσαι — δηϊοτῆτι (H 50—1)
26 sq. ὡς — θεῶν (coni. cum v. προκάλεσαι) tamquam lemma scripsit T   27
θεῶν om. b   28 sq. παρ' — προσθείς T τοῦτο παρ' ἑαυτοῦ προσθεὶς διὰ τὸ θαρ-
σῦναι b   31 τῷ CT τὸ BE³E⁴

b. ἄλλως· Ἕκτωρ δ' αὖτ' ἐχάρη: ὡς ἀκινδύνως εὐδοξήσων ex.
καὶ τὴν πρώην θεραπεύσων ἀργίαν. b(BCE³) T

35　56 a. μέσ⟨σ⟩ου δουρὸς ἑλών: μέσου τοῦ δόρατος ἐπιλαβόμενος ex.
πρὸς ἔνδειξιν τοῦ μὴ πρὸς πολεμικὴν χρῆσιν ἔχειν αὐτό, ἀλλὰ πρὸς
ἔμφασιν τοῦ διαλεχθῆναι. ἔδει δὲ εἰπεῖν μέσον λαβὼν τὸ δόρυ. A

b. μέσ⟨σ⟩ου δουρὸς ἑλών: τοῦ ἀπράκτου· ἀκμαζούσης γὰρ ex.
τῆς μάχης οὐκ ἐνῆν βοᾶν. ἐπὶ δὲ τοῦ 'Αλεξάνδρου (sc. Γ 78) ἀρχὴ τῆς
40 μάχης ἦν. b(BCE³E⁴) T

57. κὰδ δ' 'Αγαμέμνων εἶσε: ᾤετο γὰρ αὐτὸν μετεγνωκέναι ex.
τὴν παράβασιν καὶ ἐν συμβουλίᾳ δημογερόντων γεγονέναι ἐν τῇ πό-
λει. b(BCE³E⁴) T

58—61. κὰδ δ' ἄρ' 'Αθηναίη ⟨τε⟩ καὶ ⟨———⟩ 'Απόλλων ex.
45 ⟨/———τερπόμενοι⟩: ὑψῶν τὰ πραττόμενα θεατὰς αὐτῶν ὑπο-
γράφει θεούς. b(BCE³E⁴) T

59. ⟨ἐζέσθην ὄρνισιν ἐοικότες⟩ αἰγυπιοῖσι: σαρκοφάγον ex.
γὰρ τὸ ζῷον. παιδεύει δὲ πᾶν ζῷον ὁρῶντας ὑπονοεῖν εἶναι θεόν, b
(BCE³E⁴) T　　　καὶ ἐν αὐτῷ τῷ πολέμῳ λογισμῷ χρῆσθαι τῷ
50 θυμῷ. b(BCE³E⁴)　　　ἢ ὡς ἐφίζει ὄρνεον φυτῷ, οὕτω καὶ αὐτοὶ ῥα-
δίως ἐκαθέσθησαν. T

60. φηγῷ ⟨ἐφ' ὑψηλῇ⟩ πατρὸς Διός: καλῶς τοῦ Διὸς τὰ τέ- ex.
κνα ἐπὶ τῇ τοῦ πατρὸς κάθηνται δρυΐ. καὶ τὸ ὑψηλὸν πρὸς θέαν ἐπι-
τήδειον. b(BCE³E⁴) T

ἐστιν (25) cf. Valk II 419 n. 204 (vix recte)　　56 a — διαλεχθῆναι (37) cf. D;
Eust. 664, 11　　b — βοᾶν (39) ad Γ 78 (ex.)　　ἐπὶ δὲ τοῦ (39) sq. h. e. mane
proelium proxime commissum erat, cum Hector promulgavit Menelaum a Paride
ad pugnam singularem provocari. Tamen in tanto tumultu ante illam orationem
eodem signo usus est, quod nunc adhibet. — Fort. exstabat sch. ex. ad verba
οἱ δ' ἱδρύνθησαν ἅπαντες, cf. Eust. 664, 20: οὐκ ἐκδύεσθαι δέ, ὡς καὶ ἐκεῖ, τὰ ὅπλα
δοκοῦσιν. ὡς μέντοι ἄλλοι φασί, κατὰ σιωπώμενον σχῆμα ποιῆσαι καὶ τοῦτο
νοοῦνται (sc. duces et milites), ὡς μετ' ὀλίγα φαίνεται, ὅπου ὁ Μενέλαος ἀγασά-
μενος καὶ φιλονεικήσας, εἰ μηδεὶς ἀνίσταται μονομαχήσων Ἕκτορι, αὐτὸς τεύχεα
κατεδύσατο (cf. H 103)　　59 ἢ ὡς ἐφίζει (50) sq. cf. F. Dirlmeier, Die Vogel-
gestalt homerischer Götter, in: Sitz. Ber. Heidelb. Ak. der Wissensch., phil.-

33—4 ante sch. a in C, ante sch. H 53 b in BE³　　33 v. ἄλλως et le. et sch. cum
scholio praecedenti coni. T, ἄλλως et le. om. b　　34 ἀργίαν] ἀνδρίαν C　　35 (le.)
μέσου A suppl. Vill.　　38 le. TV suppl. Li, μέσσου (textui explicationis attribu-
tum) BCE³, τὸ δὲ μέσσου δουρὸς (pone sch. H 54 a, v. αὐτουργεῖ) E⁴　　τοῦ ἀπρ.
T διὰ τὸ ἄπρακτον b　　42 συμβολίαι T　　44 sq. le. T supplevi, om. b　　45 sq.
ὑψῶν δὲ τὰ sq. pone sch. H 59 (coni. cum v. θυμῷ) in b　　47 le. T supplevi (auc-
tore Vill.), om. b　　48 γὰρ om. b　　πᾶν ζ. T τὰ τοιαῦτα ζῷα b　ὑπονοεῖν
εἶναι θεόν T θνητότητα ὑπονοεῖν b　　50 ὄρνεον Bk., οὖν νέον T　　52 le. T
supplevi, om. b　　52—4 καλ. δὲ τὰ τοῦ δ. τέκνα sq. pone sch. H 58—61 (coni.
cum v. θεούς) in b　　53 πρὸς T δὲ πρὸς τὴν b

ex.   **61** *a*.¹ ἀνδράσι τερπόμενοι· ⟨τῶν δὲ στίχες εἴατο πυ- 55
κναί⟩: ἐχρῆν ἐπαγαγεῖν τοὺς λόγους. Ἕκτορος δὲ τῷ φιλοτίμῳ
προσλιπαρεῖ τῇ τε διαγραφῇ καὶ εἰκόνα παραφέρει. **T**

ex.   *b*.¹ ἄλλως· ἀνδράσι τερπόμενοι: φιλοσόφως ὡς ἰδίῳ κτή-
ματι. **T**

ex. | *ex.*   *b*²/*a*.² φιλοσόφως, οἷς ἕκαστος πρόσκειται, ὡς ἰδίοις τέρπονται 60
κτήμασιν· ᾧ γὰρ ἐμφύτως τις ἔγκειται, τούτῳ καὶ ὑπερήδεται μηδὲν
φροντίζων τοῦ ἀπολλυμένου. οὐκ ἀμφοτέροις δὲ ἀμφότεροι τέρπονται,
ἀλλ' εἷς ἑνί. **b**(BCE³E⁴) | ἐχρῆν δὲ μετὰ τοῦτο τοὺς λόγους ἐπαγα-
γεῖν Ἕκτορος, ὅπως φιλοτίμως ἐκλιπαρεῖ. ἀλλὰ τῇ τοῦ πλήθους δια-
γραφῇ καὶ εἰκόνα παραφέρει. **b**(BE³)   65

ex.   **62** *a*. ἀσπίσι καὶ κορύθεσσι καὶ ἔγχεσι πεφρικυῖαι: ἡ τοι-
αύτη προφορὰ φαντασίαν μὲν τῇ διανοίᾳ, κόσμον δὲ τῇ ἀπαγγελίᾳ
ποιεῖ. **b**(BCE³E⁴) **T**

Did.   *b*. ⟨πεφρικυῖαι:⟩ γράφεται καὶ „βεβριθυῖαι". **A**ⁱᵐ

D | *ex.*   *c*. πεφρικυῖαι: φρίσσει τις φόβῳ ἢ ψύχει ἢ ὀργῇ. | ἐψύχωσεν 70
οὖν τὰ ὅπλα, φρίσσειν αὐτὰ λέγων. **b**(BCE³) **T**

D   φρίσσει τις ――― φρίσσειν φησί. **A**

ex. | *ex.*   **63** *a*. οἵη δὲ Ζεφύροιο ⟨――― φρίξ⟩: καλῶς τὴν ἠρεμίαν τῶν
ὅπλων κινήσει Ζεφύρου παρέβαλεν· οὐ γὰρ ἀθρόως ἐμπίπτει ὁ ἄνεμος
οὗτος τῇ θαλάττῃ, μελαίνων δὲ αὐτὴν καὶ ὥσπερ ἐπιστίζων κατὰ 75

hist. Kl. 1967, 2 (Heidelbergae 1967), p. 31   **61** *a*¹ τῇ τε διαγραφῇ (57) —
παραφέρει cf. Porph. 1, 129, 19   *b*²/*a*² — ἑνί (63) his verbis nonnulla fort.
continentur e vetere scholio uberiore deprompta   ἐχρῆν δὲ (63) sq. verba
scholii *a*¹ auctor classis **b** perperam interpretatus est   **62** *b* ad Δ 282 (Did.)   *c*
de textu classis **b** cf. Clausing 104   **63** fort. exstabat sch. Aristonici de v.
φρίξ, ad Φ 126, cf. Eust. 664, 53: ὅτι φρῖκα Ζεφύρου καλεῖ τὴν πρώτην ἠρεμαίαν
αὐτοῦ κατὰ θαλάσσης ἐπίπνοιαν, ὑφ' ἧς ὁ πόντος γαληνότερον σαλευόμενος μελαί-
νεται, sch. δ 402: φρίκην λέγουσι τὴν ἐπιγενομένην μελανίαν τῷ ὕδατι ἐν τῇ ἐπι-
πολαίῳ κινήσει τοῦ ὕδατος κατὰ τὰς ἀρχὰς τῶν ἀνέμων τοῦ πνεῖν, vide Lehrs

55 sq. le. T supplevi (auctore Vill.)   56—7 Ἕκτορος δὲ τῷ φιλοτ. sq. lo-
cus difficilis; fort. haec dicere vult 'tantum abest, ut orationes, quae hic exspec-
tantur, post ipsum versum 61 proferat, ut in Hectoris gloriae cupiditate diutius
versetur (sc. H 67—91), antea (sc. H 62—5) etiam exercituum descriptionem
similiter amplificatam inserat'. Scholio *a*² diffidere praestat   67 ἐπαγγελία C
69 le. add. Bk. (Vill.)   71 αὐτὰ λέγων T λέγων αὐτὰ διὰ τῆς παραβολῆς **b**
72 φρίσσει sq. pone sch. H 63 *b* (coni. cum v. ἀκούειν) in A, trps. Ddf.   73 le.
T supplevi, om. **b**   73—6 καλῶς δὲ τὴν – ὑποκινήσαντος pone sch. H 64 *d*²
(coni. cum v. κοιλαίνει) in **b**   73 sq. τὴν τῶν ὅ. ἐρημίαν (sic!) καὶ ἀργίαν **b**
74 ἀθρόος ss. ω T   75 θαλάσσῃ **b**   ὥσπερ T οἱονεὶ **b**

μικρὸν ἐγείρεται. καὶ ἀλλαχοῦ „Ζεφύρου ὑποκινήσαντος" (Δ 423).
b(BE³E⁴) **T** | φρὶξ δὲ ἡ ἐπανάστασις τῶν κυμάτων. b(BCE³) **T**

    b. πόντον ἔπι φρίξ: ὁ Ἀσκαλωνίτης (p. 48 B.) ἀναστρέ- *Hrd.* | *D*
φει, ἐπὶ πόντον· οὕτως καὶ οἱ ἄλλοι, καὶ ἄμεινον· οὐδὲν γὰρ ἔσται τὸ
80 ἐπιφρίξ, χωρὶς εἰ μὴ παρέλκη ἡ πρόθεσις· ὅπερ οὐ πιθανόν· οὐ γὰρ
κατεπείγει. | φρὶξ δὲ ἡ ἐξ ἐπιπλοκῆς ――― πνεῖν. βέλτιον δὲ τὴν
πρώτην ἔγερσιν τῶν κυμάτων ἀκούειν. **A**

    64 *a.* μελάνει: ὡς „οἰδάνει" (l 554), ὁ Ἀσκαλωνίτης (p. 48 *Hrd.*
B.)· ἐκ γὰρ τοῦ μελαίνει, φησίν, ἐνδείᾳ τοῦ ῑ ἐγένετο. **A**

85   *b.* ⟨πόντος ὑπ' αὐτῆς:⟩ Ἀρίσταρχος „πόντον" διὰ τοῦ ῡ, *Did.*
καὶ „ὑπ' αὐτῇ", τῇ φρικί. ἄλλοι δὲ „πόντος ὑπ' αὐτοῦ". **A**ⁱⁿᵗ

    c. {ὀρνυμένοιο νέον} μελάνει δέ τε πόντος ⟨ὑπ' αὐτῆς⟩: *Ariston.*
ὅτι ἐὰν μὲν γράφηται „πόντος ὑπ' αὐτοῦ", ἔσται μελαίνεται ὁ πόν-
τος ὑπὸ Ζεφύρου, ἐὰν δὲ „πόντον ὑπ' αὐτῇ", ἔσται μελαίνει δὲ τὸν
90 πόντον ὁ Ζέφυρος ὑπὸ τῇ φρίκῃ. **A**

    *d.*¹ μελάνει δέ τε πόντος ὑπ' αὐτῇ: διὰ τοῦ ῡ τὸ „πόν- *ex.(Ariston.?)*|
τον", καὶ ἔστι 'μέλανα ποιεῖ τὸν πόντον ὑπὸ τῇ φρικὶ ὁ Ζέφυρος'· καὶ *Hrd.*
ἔστι Ὁμηρικὸν τὸ σχῆμα. εἰ δὲ †γράφει† „πόντος ὑπ' †ταύτῆς†", τὸ
μελάνει ἀντὶ τοῦ μελαίνεται ὑπὸ τῇ φρικὶ τοῦ Ζεφύρου. ἄμεινον δὲ τὸ
95 πρῶτον. | τὸ δὲ μελάνει ὡς „οἰδάνει" (l 554) βαρυτονητέον· ἀπὸ γὰρ
1 τοῦ μελαίνει γέγονεν. **T**

    *d.*² διὰ τοῦ ῡ τὸ „πόντον", „μελάνει δέ τε πόντον ὑπ' αὐτῇ".
καὶ ἔστι 'μέλανα ποιεῖ τὸν πόντον ὑπὸ τῇ φρικὶ ὁ Ζέφυρος'. ἔστι δὲ
Ὁμηρικὸν τὸ σχῆμα. εἰ δὲ γράφεται „μελάνει δέ τε πόντον ὑπ' αὐτῇ",
5 τὸ μελάνει ἀντὶ τοῦ μελαίνεται ὑπὸ τῇ φρικὶ τοῦ Ζεφύρου. ἄμεινον
δὲ τὸ πρῶτον. | τὸ δὲ μελάνει ἀπὸ βαρυτόνου ἐνεστῶτος ἀποβολῇ
τοῦ ῑ, ὡς τὸ κοιλάνει ἀντὶ τοῦ κοιλαίνει. b(BE³E⁴)

Ar.³ 90   *a* — ὑποκινήσαντος (76) ad Δ 422 (ex.)   φρὶξ δὲ (77) sq. cf. D,
D ad Φ 126, sch. δ 402, sch. Pind. P. 4, 325   *b* — κατεπείγει (81) ad B 699
(Hrd.), cf. Eust. 665, 1   παρέλκη (80) ad Δ 423 (Hrd.)   **64** *a* ad Ζ 73 *a*
(Hrd.), cf. Eust. 665, 20. Vide ad l 554   *c/d* μελαίνει resp. μελάνει (89. 94. 05) et
μελαίνεται (88. 94. 05) cf. D, Eust. 665, 19   *c* — ἔσται μελαίνεται (88) ad
B 626; vide ad M 285 *a* (Ariston.)   ἔσται μελαίνει δὲ (89) sq. cf. sch. η 221   *d*
— σχῆμα (93. 04) ad l 554. Vide ad E 37 *b* (ex.)   μέλανα ποιεῖ (92. 03) cf.
sch. *c*   τὸ δὲ μελάνει (95. 06) sq. ad Ζ 73 (Hrd.)

76 καὶ ἀλλαχοῦ δέ φησιν b   **77** φρὶξ δὲ λέγεται καὶ ἡ sq. pone sch. H 62 *c* (coni.
cum v. παραβολῆς) in b   **79** πόντον ἔπι Bk.   **80** παρέλκη A, possis παρέλ-
κει, at cf. Blass-Debr.⁷ § 376   **83—4** pone sch. *c* in A, trps. Vill.   **85** le.
add. Ldw.   **87** le. A vocibus ὀρν. νέον deletis supplevi   **88** ὅτι A, ἡ διπλῆ,
ὅτι Vill.   **93** γράφει et αὐτῆς cf. sch. *d*²   **3** sq. ὅμ. δέ ἐστι τὸ E⁴   **7** debuit
οἰδάνει et οἰδαίνει

ex.   **69.** ὅρκια μὲν Κρονίδης ⟨ὑψίζυγος οὐκ ἐτέλεσσεν⟩: εἰς θε-
οὺς ἀναφέρει τὴν αἰτίαν, Τρῶας ἐλευθερῶν καὶ τὸ παράδοξον προφέρων
τῆς προκλήσεως. b(BCE³E⁴) T   10

ex.   **70.** ⟨τεκμαίρεται:⟩ ἐπιτελεῖ· τέκμωρ γὰρ τὸ τέλος. A^int

ex.   **71—2 a.** ⟨εἰς ὅ κεν ἢ ὑμεῖς ——— ἕλοιτε/⟩ ἢ αὐτοὶ παρὰ
νηυσὶ δαμείετε: ἔδει ἐπαγαγεῖν 'ἢ ἡμεῖς παρὰ ταῖς ναυσὶν ἕλοιμεν
ὑμᾶς'. ὁ δὲ διὰ τὸ νεμεσητὸν ἐσχημάτισε ιὸν λόγον. b(BCE³E⁴) T

ex.   **b.** ἄλλως· εἰς ὅ κεν ἢ ὑμεῖς Τροίην ⟨———⟩ ἕλοιτε / ἢ 15
αὐτοὶ ⟨———⟩ δαμείετε: πιθανῶς ἐξ ἴσου τὸν κίνδυνον ἀμφοτέ-
ροις κατέστησεν, παρελὼν Ἑλλήνων τὴν ἐκ θεῶν ἐπικουρίαν. b(BC
E³E⁴) T

Did.   **73 a.¹** ὑμῖν μὲν γὰρ ἔασιν ⟨ἀριστῆες⟩: αἱ Ἀριστάρχου οὕτως
„ὑμῖν δ' ἐν γὰρ ἔασιν"· καὶ ἔστι τὸ ἑξῆς· ὑμῖν δ' ἔνεισι γάρ, ἢ ἐν ὑμῖν 20
δέ εἰσι γὰρ ἀριστῆες. A

      a.² „ὑμῖν †ἐν γάρ", οὕτως αἱ Ἀριστάρχου. καὶ ἔστι τὸ ἑξῆς·
ἐν ὑμῖν δέ εἰσι γὰρ ἀριστῆες. T^il

Did.   **74 a.¹** ⟨τῶν νῦν ὅν τινα θυμός:⟩ γράφεται καὶ „τῶν εἰ καί τινα
θυμός". A^int   25

      a.² γράφεται „τῶν ⟨εἰ⟩ καί τινα θυμός". T^il

ex.   **b.** ὅντινα θυμὸς ⟨———⟩ ἀνώγει: οὐ πρὸς διορισμόν·
πρὸς ἀνάπαυσιν γὰρ τοῦ στρατοῦ γίνεται ἡ μάχη. T

Ariston.   **75 a.¹** πρόμος ἔμμεναι Ἕκτορι δίῳ: ὅτι ἰδίως ὡς περὶ ἑτέρου.
καὶ ὅτι πρόμον τὸν πρόμαχον κατὰ συγκοπήν. καὶ ὅτι ἀκαίρως δῖον 30
ἑαυτὸν ὁ Ἕκτωρ. A

---

69 cf. Plut. mor. 24 a/b   **70** ad Z 349 (ex.), cf. Eust. 665, 49; D   **73** aliter
Eust. 665, 54; cf. Valk II 196 n. 501, at vide Leaf ad loc.   **74** *a* cf.
Valk I 476   *b* ad H 74—6   **75** *a*¹ — ἑτέρου (29) ad H 447. Θ 22.
Π 496 *a* ⟨Ariston.⟩, cf. sch. Soph. O. C. 1329, Ap. Dysc. pron. 7, 10.
25, 24; vide pap. VI (l. 7)   καὶ ὅτι πρόμον (30) — συγκοπήν ad Γ 44 *b*
(Ariston.); cf. Norden, Verg. Aen. VI⁴ (Darmstadii 1957), 34, 1; Bechtel,
Lex. 285   καὶ ὅτι πρόμον (30) — πρόμαχον cf. pap. VI (l. 5—7)   καὶ ὅτι
ἀκαίρως (30) sq. ad Γ 352 *a* (Ariston.); cf. Friedl., Zoil. 66; vide pap. VI

---

8 le. T supplevi (auctore Vill.), om. b   **9** προφέρων om. T   **11** le. add.
Bk.   **12** sq. le. T supplevi, om. b (scholio ad H 72 relato)   **13—4** pone
sch. *b* in b   **13** sq. ὑμᾶς ἕλοιμεν b   **14** ὁ δὲ sq. T διὰ δὲ τὸ νεμεσητὸν (νεμεσ-
σητὸν B) οὕτως ἐσχημάτισε τὸν λόγον b   **15-7** cum scholio *a* coni. T,
dist. et suppl. Ma., ἄλλως et le. om. b (scholio ad H 70 relato)   **17** κατέστη-
σε ἐξ ἑλλήνων b   ἐκ T τῶν b   **19** le. A suppl. Vill.   **22** ἐν cf.
sch. *a*¹   **24** le. addidi   γράφ.] cp. (γρ) A   εἰ καί A, νῦν εἰ Cob. (vix recte)
26 εἰ add. Ma.   **27** le. T supplevi   **29** le. Bk., δεῦρ ἴτω: A   ὅτι A, ἡ
διπλῆ, ὅτι Vill.

*a.*² πρόμαχος. πάθος συγκοπή. Α^{im}

b. δεῦρ᾽ ἴτω ἐκ πάντων πρόμος: ἵνα πάντες αἰδεσθῶσι μὴ *ex.*
προβαλλόμενοι, καὶ ὡς πρόμος ἐκεῖνος τοῦ στρατοῦ σαλεύει περὶ τὴν
35 κοινὴν ὑπόληψιν. Τ

*c.*¹ 〈Ἕκτορι δίῳ:〉 γίνονται αἱ τοιαῦται προσφωνήσεις δι᾽ *ex.*
ἐξοχήν, ὡς τὸ ,,Ζῆν᾽ ὕπατον‘‘ (Θ 22) · δι᾽ οἶκτον, ὡς τὸ ,,Σαρπηδόνος
ἀμφιμάχεσθαι‘‘ (Π 496) καὶ δι᾽ ἦθος, ὡς τὸ ,,οὐδὲ σύ γ᾽ ἔγνως / Παλ-
λάδ᾽ ᾽Αθηναίην‘‘ (ν 299—300). b(BCE³E⁴)

40 *c.*² Ἕκτορι δίῳ: κατ᾽ ἐξοχήν. ,,Σαρπηδόνος ἀμφιμάχεσθαι‘‘
διὰ οἶκτον. ,,Παλλάδ᾽ ᾽Αθηναίην‘‘ διὰ ἦθος. Τ

76 a. Ζεὺς δ᾽ ἄμμ᾽ ἐπιμάρτυρος: παρατέμνει τὰ ὅρκια, ἐπεὶ *ex.*
ἔναγχος παρέβησαν ὅρκους. Τ

b. ἐπιμάρτυρος: ὅτι οὕτως λέγει, ὁ μάρτυρος, ἀφ᾽ οὗ οἱ *Ariston.*
45 μάρτυροι. ἀπὸ δὲ τοῦ μάρτυς μάρτυρες. Α

74—6. 〈τῶν νῦν —— ἔστω:〉 ἵνα πάντες αἰδεσθῶσι μὴ προ- *ex.*
βαλλόμενοι, κουφότερον διαλέγεται · ὅθεν καὶ δῖον ἑαυτὸν κατ᾽ ἐξοχὴν
ἐκάλεσεν. οὐκ ἀπαιτεῖται δὲ ὅρκων προσθήκη, ὅτι πρὸς μόνην ἀνάπαυ-
σιν τοῦ στρατοῦ ἡ μάχη γίνεται, ἢ ὅτι ἔναγχος τοὺς ὅρκους παρέβη-
50 σαν. b(BCE³E⁴)

79 a. σῶμα δὲ οἴκαδ᾽ ἐμόν: βαρβαρικὸν τὸ σπεύδειν περὶ τὰς *ex.*
ταφάς. περιπαθῶς δὲ προπαρασκευάζει ὁ ποιητής, πρὸς ὃ μάλιστα
ἀπεύχεται, εἰς τοῦτο δυστυχήσαντα (cf. Χ 346—54). b(BCE³) Τ

(l. 17—8); ad Θ 22 *a*   *a*² πρόμαχος (32) = D   *b* et *c* ad Η 74—6   *c*¹ —
ὕπατον (37) cf. pap. VI (l. 7—12); — ἐξοχήν (37) cf. Eust. 665, 59   **76** nullum
signum ante versum in A, fort. neglegentia scribae   *a* ad Η 74—6; aliter Eust.
666, 2   *b* ad Β 302 *a* (Ariston.), cf. Eust. 665, 64; vide pap. VI (l. 22 sq.). Fort.
excidit pars scholii Aristonici, cf. Eust. 666, 1: περιττὴ δὲ ἡ πρόθεσις ἐν τῷ
,,ἐπιμάρτυρος‘‘, ὡς καὶ ἐν τῷ ,,ἐπιβουκόλος‘‘ (γ 422 al.) καὶ ,,ἐπίουρος‘‘ (ν 405, cf.
Ν 450 al.) καὶ ἐπιφρίξ (vide ad Η 63) καὶ ἄλλοις πολλοῖς, vide ad Α 39 *a*. Ζ 19
(Ariston.); Lehrs Ar.³ 107   **74—6** — διαλέγεται (47) ad Η 75 *b*   ὅθεν (47) —
ἐκάλεσεν (48) ad Η 75 *c*   ὅτι πρὸς (48) — γίνεται (49) ad Η 74 *b*   ἢ ὅτι (49)
sq. ad Η 76 *a*   **79 a** περιπαθῶς δὲ (52) sq. cf. Eust. 666, 9

---

34 fort. σαλεύῃ   34 sq. περὶ sq. Τ, ἐπὶ τῇ κοινῇ ὑπολήψει Ma. (non necessarium)
36 le. addidi (auctore Vill.)   γίνονται scripsi, γίνονται δὲ pone sch. Η 74—6 (coni.
cum v. παρέβησαν) b   προφωνήσεις Β et edd., fort. rectius   **37** ὡς τὸ ss. ἰλιάδος
θ̄ Β   ὕπ.] ὕπατον· τοῦτο δὲ ἐν τῇ ἰλιάδι θῆτα εἴρηται Ε⁴   σαρπ. ss. ἰλιάδος π̄
ΒΕ³Ε⁴   **38** ἀμφιμ.] ἀμφιμάχεσθαι· καὶ τοῦτο ἐν ἰλιάδος π̄ Ε⁴   ἔγνως ss. duabus
litteris (quae non iam perspiciuntur) Β   **39** ἀθ.] ἀθηναίην· καὶ τοῦτο ἐν ὀδυσσείας
†η (voluit ῡ) Ε⁴   **42** παρατέμνει cf. Valk I 530 n. 597, malim παρατρέχει   **44** le.
Bk., ὧδε δὲ μυθέομαι: Α   ὅτι fort. ἡ διπλῆ, ὅτι   **46—50** sch. in b ad Η 75 rela-
tum huc revocavi, le. addidi   **48** προσθήκην Le   **53** εἰς τοῦτο om. b

19 Scholia Iliad. II rec. Erbse

H 79 b—86 b

Ariston.   *b*. ὄφρα πυρός με: ὅτι καθόλου διὰ πυρὸς οἶδεν γινομένας
τὰς ταφάς. **A**   55

Ariston.   **80.** ⟨λελάχωσι:⟩ ὅτι ἀντὶ τοῦ λαχεῖν ποιήσωσιν. ἀναδιπλα-
σιασμὸς λελάχωσι. **A**

Ariston.   **82.** ⟨Ἴλιον ἱρήν:⟩ ὅτι θηλυκῶς τὴν Ἴλιον. **A**^int

Nic.   **85—7** *a*.¹ ὄφρα ἑ ταρχύσωσι κάρη κομόωντες Ἀχαιοί
⟨/———/ καί ποτέ τις εἴπησι⟩: διαστολαὶ Ἀχαιοί (85), Ἑλ- 60
λησπόντῳ (86), καὶ κοινὸν κατὰ πάντων τὸ ὄφρα (85), ἵνα ταρχύ-
σωσι καὶ χέωσι καὶ εἴπῃ ποτέ τις. **A**

     a.² ἀπὸ κοινοῦ τὸ ὄφρα. **b**(BCE³E⁴)   **T**^il

ex. | *D*   **85** *a*.¹ ὄφρα ἑ ταρχύσωσι: πόθεν τὸ ταρχῦσαι; | †ταρχῶα† τὰ
νενομισμένα τοῖς νεκροῖς πρὸς κηδείαν, ἀπὸ τῆς ταραχῆς. **T**   65

     a.² ἀπὸ τοῦ ταρχύω. | καὶ †ταρχύματα† δὲ ἃ τοῖς νεκροῖς
πρὸς κηδείαν ὡς νενομισμένα ἐποίουν. **b**(BCE³E⁴)

D   ταρχύσωσι: θάψωσι. †ταρχέα† τὰ νενομισμένα τοῖς νε-
κροῖς, ἀπὸ τῆς ταραχῆς. **A**

Ariston.   **86** *a*. σῆμά τέ οἱ χεύσωσι⟨ν ἐπὶ πλατεῖ Ἑλλησπόντῳ⟩: 70
ὅτι οὐ κατεκομίζετο τὰ ὀστᾶ εἰς τὰς πατρίδας. πλατεῖ δὲ καθ’ ὃ μέρος
ἐ⟨σ⟩τὶ πλατύς, καὶ ἀντὶ τοῦ παρὰ πλατεῖ. **A**

ex.   *b*. σῆμά τέ οἱ χεύσωσι: λεληθότως ἀποτρέπει τῆς μονο-
μαχίας τοὺς Ἕλληνας· αὐτὸς γὰρ ἂν ἔμελλεν ἀναιρούμενος θάπτεσθαι
ἐν Ἰλίῳ πόρρω τῆς θαλάττης ὥστε μηδεμίαν γίνεσθαι μνήμην τῷ φο- 75

b ad H 333. 334—5. 410. 429. 1546. X 342. Ω 38 (Ariston.), cf. Lehrs Ar.³ 195. Vide
pap. VI (l. 65 sq.), ad Θ 70 *b* (ex.); D ad A 52   **80** ad O 350. X 343 (Ariston.), cf. D
et D ad Ψ 76; vide ad E 37 (Ariston.); pap. VI (l. 85 sq.)   ἀναδιπλασιασμὸς (56)
ad E 228. Z 50 (Ariston.), cf. sch. ζ 303; **h**(M¹ P¹¹ V³ V¹⁵): ὁ τρόπος ἀναδίπλωσις
κτλ., vix e scholiis   **82** ad Γ 305 *b* (Ariston.)   **83** de accentu vocis κρεμόω cf.
pap. VI (l. 98 sq.)   **85—7** cf. Friedl., Nic. 83   **85** cf. M. Andronikos, Toten-
kult (Archaeologia Homerica III W, Gottingae 1968) p. 6   *a*¹ ἀπὸ τῆς ταραχῆς
(65, = D) susp.   **86** *a* — πατρίδας (71) ad Δ 174 (Ariston.)   πλατεῖ (71) ad
P 432, aliter Athen. 2, 41 *b*   καὶ ἀντὶ τοῦ (72) sq. ad Z 15 (Ariston.), cf. sch.
ξ 294; vide ad Γ 460 (Ariston.)

54 le. Bk., σῶμα δὲ οἴκαδ’ ἐμόν: A   ὅτι A, ἡ διπλῆ, ὅτι Vill.   56 le. add.
Bk. (Vill.)   ὅτι A, ἡ διπλῆ, ὅτι Vill.   58 le. addidi   ὅτι A, fort. ἡ διπλῆ,
ὅτι   59 sq. le. A supplevi   63 ἀπὸ κοινοῦ T ἐπὶ πάντων δὲ κοινόν pone
sch. H 86 *c* (coni. cum v. σκαμάνδρου) b   68 τάρχαι δὲ τὰ ἀπονενομισμένα D   69
ἀπὸ A πρὸς κηδείαν ἀπὸ D   70 le. A suppl. Vill.   71 ὅτι A, ἡ διπλῆ, ὅτι Vill.
72 ἐπὶ A suppl. Vill.   74 ἂν Wil., ἐν T, om. b

νεύσαντι. τοῦ δὲ ἀντιπάλου ἐπὶ τοῦ Ἑλλησπόντου ταφέντος ἀείμνη-
στον κλέος ἔχειν ἔμελλε παρὰ τοῖς πλέουσιν· διὸ καὶ ἐγκολάπτει δυοῖν
ἐποῖν ἐπιγραφὴν τῷ τάφῳ· „ἀνδρὸς μὲν τόδε σῆμα, / ὅν ποτ᾽ ἀριστεύ-
οντα“ (H 89—90). b(BCE³E⁴) T

80   *c.* ἐπὶ πλατεῖ Ἑλλησπόντῳ: καθ᾽ ὃ μέρος ἐστὶ †πλατύτε-   *ex.*
ρος† ἑαυτοῦ περὶ τὰς ἐκροὰς τοῦ Σκαμάνδρου. b(BCE³E⁴) T
    Ἀθάμας ὁ Αἰόλου μὲν παῖς, βασιλεὺς δὲ ——— ἡ ἱστορία παρὰ   *D*
Φιλοστεφάνῳ (F.H.G. 3, 34, fr. 37). A

    89   *a.* ἀνδρὸς μὲν τόδε σῆμα: ὡς ἤδη νενικηκὼς ἐπιγράφει τῷ   *ex.*
85 τάφῳ †τὸν† ἐπινίκιον, οὐκ ἐπὶ τεθνηκότι, ἀλλ᾽ οὐδὲ γιγνωσκομένῳ
τῷ μέλλοντι μονομαχεῖν τὸ ἐπικήδειον πρὸ τοῦ θανάτου διατιθείς.
b(BCE³E⁴) T

    b. ἀνδρὸς μὲν τόδε σῆμα: πρὸς τὴν τῶν γραμμάτων εὕρε-   *ex.(?)*
σιν. T

90   *c.* ⟨μέν:⟩ ὅτι ὁ μέν ἀντὶ τοῦ δέ, ὅ ἐστιν ἀντὶ τοῦ δή. Aⁱⁿᵗ   *Ariston.*
    d. ⟨μέν:⟩ τὸ μέν ἀντὶ τοῦ μήν. Tⁱˡ   *ex.*
    e. ⟨κατατεθνειῶτος:⟩ Ἀρίσταρχος διὰ τοῦ η̄ „κατα-   *Did.*
τεθνηῶτος“. Aⁱᵐ
    90. *a.* ⟨ὅν ποτε:⟩ γράφεται καὶ „ὅν τινα“. AⁱˡTⁱˡ   *Did.(?)*
95   *b.*¹ ὅν ποτ᾽ ἀριστεύοντα: πρὸς ἰδίαν ἐπίτασιν, εἰ τοῦ ἀρί-   *ex.*
1 στου φανεῖται κρείττων. φιλότιμος δὲ ὁ Ἕκτωρ χαρακτηρίζεται, ὡς
καὶ ἐκεῖ „ἀλλὰ μέγα ῥέξας τι“ (X 305). T
    *b.*² ἀριστεύοντα δὲ προστίθησι πρὸς ἰδίαν ἐπίτασιν, εἰ καὶ
τοῦ ἀρίστου φανεῖται κρείττων. φιλότιμος δὲ καὶ ἀλαζὼν καὶ βαρβα-
5 ροήθης ἀεὶ ὁ Ἕκτωρ χαρακτηρίζεται. b(BCE³E⁴)

---

c cf. D; Eust. 666, 65   **89** *a* sim. Eust. 666, 40   *b* an sch. Aristonici? Ad Z 169
(Ariston.)   *d* ad N 622 *b*. Ψ 311. Ω 488 (ex.), cf. sch. ε 478   *e* ad Z 71 (Did.)

---

77 fort. παρὰ τοῖς παραπλέουσιν   **77** sq. ἐγκολ. — ἐπιγρ. Ma., ἐγκολάπτειν δ.
ἐποῖν ἐπιγράφει T ἐγκαλλωπιζόμενος δ. ἐποῖν οἷον ἐπεγκολάπτει καὶ ἐπιγράφει b
78 μὲν b δὲ T   **78** sq. ὅν π. ἀριστ. om. T   **80** le. T, τὸ δὲ πλατεῖ ἑλλησπόντῳ
(coni. cum scholio praecedenti) b   **80** sq. πλατύτατος Bk., recte   **85** τὸ
Bk.   γινωσκομένῳ b, fort. rectius   **90** le. add. Ddf.   ὅτι A, fort. ἡ διπλῆ, ὅτι
91 le. addidi (auctore Bk.)   **92** le. add. Ldw.   **92** sq. κατατεθνηιῶτος A em. Ddf.
94 le. add. Ddf.   γράφ. cp. (γρ) A   τινα T τιν᾽ ἄριστον A   **2** ἐκεῖ T em. Bk.
3—5 ἀριστεύοντα δὲ sq. pone sch. H 89 *a* (coni. cum v. διατιθείς) b   **4** sq. καὶ
ἀλ. καὶ βαρβαροήθης om. E⁴

D   **93 a.** αἴδεσθεν μὲν ἀνήνασθαι, ⟨δεῖσαν δ᾽ ὑποδέχθαι⟩:
ἰσόκωλον τὸ ἔπος, ὅπερ ἐστὶ φράσις δύο ἢ καὶ πλειόνων κώλων ἀπη-
κριβωμένων ἀλλήλοις πρὸς ἀντιστρόφου ἐμφέρειαν· ,,χρὴ ξεῖνον
παρεόντα φιλεῖν, ἐθέλοντα δὲ πέμπειν" (ο 74). ἢ ὁμοιόπτωτον καὶ
ὁμότροπον· ,,Ὕλλῳ ἐπ᾽ ἰχθυόεντι ⟨καὶ Ἑρμῳ δινήεντι⟩" (Υ 392). T 10

D   **b.** αἴδεσθεν μέν: δειλῶν γάρ· †καλεῖ δὲ διὰ τὸν παρασπον-
δηεμόν†· ἢ περιμένοντες κέλευσιν, b(BCE³E⁴) T   ὡς δῆλον ἐπὶ
τῶν ἑξῆς· ἢ ὑπὸ θεοῦ ὡρμῆσθαι αὐτὸν ὑπονοοῦντες πρὸ ὀλίγου ἡτ-
τώμενον· καὶ γὰρ τοῦ Διομήδους ἀκηκόασι· ,,καὶ †γάρ† οἱ πάρα κεῖνος
Ἄρης" (Ε 604). b(BCE³) T   τινὲς δέ· δείσαντες τὸν Ἀγαμέμνονα, 15
ὡς καὶ ,,σιγῇ δειδιότες" (Δ 431). T

D   αἴδεσθεν μὲν ἀνήνασθαι: αἴδεσθεν μέν· δειλῶν γάρ. δεῖ-
σαν δὲ διὰ τὰς ——— ὡς καὶ ,,σιγῇ δεδιότες". A

ex.   **94 a.¹** ὀψὲ δὲ δὴ Μενέλαος: ὡς αἰτίαν ἔχων τοῦ παντός. καὶ τῇ
πρὸς Ἀλέξανδρον δὲ ἐπήρτηται μονομαχίᾳ. διὰ δὲ τοῦ ὀψέ διδάσκει 20
μὴ παραχρῆμα ποιεῖσθαι τὰς ἀποκρίσεις. T

93 fort. aderat sch. ex., cf. Porph. 1, 107, 27: διὰ τί προκαλουμένου Ἕκτορος εἰς
μονομαχίαν οἱ μὲν ἄλλοι ἄριστοι ,,αἴδεσθεν μὲν ἀνήνασθαι, δεῖσαν δ᾽ ὑποδέχθαι",
Μενέλαος δὲ πρῶτος ἀνίσταται καὶ μεμψάμενος τοὺς ἄλλους ,,κατεδύσατο τεύχεα
καλά" (Η 103) μάχεσθαι προθυμούμενος, ὅτε δὲ προτραπέντες οἱ ἐννέα ἀνίσταντο,
οὐδαμοῦ οὗτος ἐν τούτοις εὑρίσκεται, ἀλλ᾽ Ἀγαμέμνων καὶ Διομήδης καὶ οἱ Αἴαντες
καὶ Ἰδομενεὺς καὶ Μηριόνης καὶ Εὐρύπυλος καὶ Θόας καὶ Ὀδυσσεύς (cf. Η 161—8);
φησὶ δὲ ὁ Ἀριστοτέλης (fr. 156 R.) ὅτι ἅπαξ ἀκούσας ,,μηδ᾽ ἔθελ᾽ ἐξ ἔριδος σεῦ
ἀμείνονι φωτὶ μάχεσθαι / Ἕκτορι" (Η 111—2) οὐκ ἔμελλεν αὖθις ἀνίστασθαι, καὶ ὅτι
τὸ πρότερον ἐκ φιλονεικίας ἡ ἀνάστασις, καὶ ὅτι ἤδη μονομαχήσας ἐτύγχανεν
Ἀλεξάνδρῳ καὶ οὐ καλῶς ἀπαλλάξας, καὶ νεωστὶ ἐτέτρωτο ὑπὸ Πανδάρου, καὶ ὅτι
ἀποκινδυνεύειν τοῦτον οὐκ ἐχρῆν, ἐν ᾧ τὸ τέλος ἤρτητο τοῦ πολέμου· ἐπὶ γὰρ
Ἀλεξάνδρου ἴσον ἦν τὸ τοῦ κινδύνου   de interpunctione versus cf. sch. D. Thr.
(Σᵈ) 27, 1: . . . ὡς ἐπὶ τοῦ ,,αἴδεσθεν μὲν ἀνήνασθαι, ⟨δεῖσαν δ᾽ ὑποδέχθαι⟩" (add.
Hilgard) εἰς τὸ τελευταῖον ῑ τοῦ ,,ἀνήνασθαι" ἡ πρώτη ἄνω τίθεται διὰ τὸ ἐπιφέρεσθαι
τὸν δέ τοῦ μὲν προκειμένου, non e scholiis, sed e libro Nicanoris, qui Π. στιγμῆς
τῆς καθόλου inscribebatur; cf. Beiträge 218   a cf. Anon. fig. 155, 2   **94 a¹**
διὰ δὲ τοῦ ὀψέ (20) sq. cf. Eust. 667, 51

---

6 le. T supplevi   7 ἰσόκ. τὸ ἔπος T ἔστι δὲ τὸ ἔπος ἰσόκωλον D   καὶ om. D
7 sq. ἀποκρινομένων D   8 exspectes ἀλλήλων   ἀντίστροφον D   χρὴ T
δεύτερον· χρὴ D   9 παρεόντα (= D, Hom.) scripsi, περ ἐόντα T   ἢ T τρίτον D
10 ὁμότρ. T ὁμοιότονον D   καὶ ἑρμῳ διν. e D inserui   11 le. (et sch.) cum
scholio praecedenti coni. T, dist. Bk., om. b   11 sq. καλεῖ — παρασπ. (παρασπ.
v. aliunde ignota) T, καὶ ἀσθενῶν τὸ ἔργον b (δεῖσαν δὲ διὰ τὰς σπονδὰς D),
fort. καλεῖ δὲ μετὰ τὸ παρασπόνδημα b   12 ἢ T (= D), δεδίασι δὲ τὴν ἐκ τῶν
βασιλέων b   ἐπὶ] ἀπὸ D   13—5 πρὸ ὀλίγου ἡττώμενον· καὶ γὰρ (κ. γ. T καὶ
γὰρ καὶ b) τοῦ — ἄρης deest in editionibus sch. D   14 καὶ γὰρ οἱ πάρα T τὸ
πάρα γάρ οἱ b, καὶ νῦν οἱ πάρα Hom.   17—8 pone sch. H 95 a¹ in A, ad
versum H 93 traxit Vill.   17 αἴδ. μέν· (pone le.) scripsi, αἰδεσϻ A

a². ὡς αἴτιος ὢν τοῦ παντὸς καὶ πλέον ὀδυνώμενος. καὶ ἐν τῇ
πρὸς Ἀλέξανδρον δὲ μονομαχίᾳ οὕτως προπετεύεται. διὰ δὲ τοῦ ὀψέ
διδάσκει μὴ παραχρῆμα ποιεῖσθαι τὰς ἀποκρίσεις. b(BCE³E⁴)

25   **95** a.¹ νείκει ὀνειδίζων: ἔν τισι τῶν ὑπομνημάτων ,,νείκε'   *Did.*
ὀνειδίζων'' ἔξω τοῦ τ ὥστε κατὰ συναλιφὴν νοεῖσθαι τὸ ὑγιὲς ,,νεί-
κεε''. A

a.² ἔν τισι ,,νείκε' ὀνειδίζων''. Aⁱᵐ
b. ⟨νείκει:⟩ τῷ ἐλέγχῳ. Tⁱˡ   *ex.(?)*

30   **96.** ἀπειλητῆρες: καυχηταί ——— καυχηματίας λέγουσιν. | *D | ex.(?)*
ἐν ἄλλῳ· ὑβρισταί. A

97. ἦ μὲν δὴ λώβη τάδε γ' ἔσσεται αἰνόθεν αἰνῶς: ἐκ δεινοῦ   *D | ex.(?) |*
δεινὰ ἦ καὶ τῶν δεινῶν δεινότερα. A | ἐκ τῶν δεινοτάτων ὑμῶν πράξεων   *Did.(?)*
δεινή ἐστιν ἡ λώβη. Aⁱᵐ b(BCE³E⁴) T | ἔν τισι δὲ ,,λώβη γε τάδ'
35 ἔσσεται''. T

99. ὕδωρ καὶ γαῖα γένοισθε: τῶν στοιχείων ὕδωρ καὶ γῆ κατὰ   *D*
φύσιν ἀκίνητα, τὰ δὲ ἄλλα κινητὰ δι' ἑαυτῶν. ταῦτα οὖν φησι τὴν
ἀκινησίαν ὀνειδίζων· ἢ ἐξ ὧν συνεστήκασιν, εἰς ταῦτα αὐτοὺς ἀνα-
λυθῆναι εὔχεται. b(BCE³E⁴) T   καὶ Ξενοφάνης (Vors.⁶ 21 B
40 33 + 27)· ,,πάντες γὰρ γαίης τε καὶ ὕδατος ἐκγενόμε⟨σ⟩θα· / ἐκ
†γῆς† γὰρ πάντα καὶ εἰς γῆν πάντα τελευτᾷ.'' b(BCE³) T   ἢ ὅτι
τὸ ὕδωρ τὰς ψυχὰς διαφθείρει. T

ὕδωρ καὶ γαῖα γένοισθε: ἀναλυθείητε εἰς ὕδωρ ——— ψυ-   *D*
χὰς διαφθείρει. A

97 δεινοτάτων (33) ... δεινή (34) cf. D, D ad Θ476; Meth. (An. Ox. 1, 72, 14), sim.
Or. in Et. Gen. (B, deest A) αἰνός (Et. Gud. 48, 9 Stef., cf. Or. 46, 12); Choer. O.
194, 23; aliter Orus a Meth. l. c. laudatus; cf. Reitzenstein, Philol. 49, 1890, 418
99 cf. Eust. 668, 57; [Her.] Qu. Hom. 22 (p. 34, 4); Aristid. or. 46, 6 (II p. 364,
10 K.)   καὶ Ξενοφάνης (39) sq. cf. Porph. ap. Philopon. in Aristot. phys. I 5, p. 125,
27, Simplic. in Aristot. l. c., p. 188, 32, Sext. Emp. adv. math. 9, 361. 10, 314, [Plut.]
v. p. Hom. 93, Prob. Verg. B. 6, 31 (p. 343, 22 H.); H. Diels, Doxographi Graeci
91, 2. 92, 2; H. Schrader, Porph. Quaest. Hom. I 406; P. Steinmetz, Mus. Rhen. 109,
1966, 41   **100** fort. exstabat sch. de v. ἀκλεές cf. Eust. 669, 1: τὸ δὲ ,,ἀκλεές''
εὐθεῖά ἐστι πληθυντικὴ ἀντὶ τοῦ ἀκλεεῖς, ἀπελθόντος τοῦ τ, ὡς καὶ ἐν τῷ ,,ἐρέτας
ἐπιτηδές'' (Α 142). κεῖται δὲ καὶ ἐν Ὀδυσσείᾳ χρῆσις τοιαύτης λέξεως (cf. ο 28). τινὲς
μέντοι ἐπίρρημα τοῦτό φασιν εἶναι. ἄλλοι δὲ παροξύνουσιν· ὡς γὰρ ἀγακλέες (cf.
Π 738. Ψ 529) κατὰ ἔλλειψιν τοῦ ἑνὸς ε, οὕτω φασὶ καὶ ἀκλέες, sim. Ap. Dysc. pron.
93, 7: οὐκ ἐπίληπτος ἡ τάσις (sc. vocis ἀμές), καθὸ τὰ πτωτικὰ ἀπέστραπται τὴν

29 le. add. Ma.   **32** le. T, om. A b   **33** δεινὰ ... δεινότερα] δεινῶς ... δεινοτέρως
D   ἐκ (ante τῶν) om. A   ὑμῶν πράξεων om. A   **34** δεινή — λώβη] δεινοτέρα
καὶ ἡ λώβη γενήσεται b   ἐστι T   τάδε T em. Ma.   **37** δ' ἄλλα BCE³   **40**
ἐκγενόμεθα T suppl. Ma., om. b   **41** γῆς] γαίης Xenoph.   πάντα² om. b

ex.   **101.** ⟨αὐτὸς θωρήξομαι:⟩ ὡς ἀνάγκῃ δεχόμενος τὸ μονο- 45
μάχιον. T^il

Ariston. **102** *a.* νίκης πείρατ' ἔχοντα⟨ι⟩: ὅτι τῷ ἀπηρτισμένῳ κέχρη-
ται, νίκης πείρατ' ἔχονται, οὐκ ἔχεται. A

ex.   *b.* ⟨νίκης πείρατα:⟩ τὸ ἄνισον οἶδεν, ὡς καὶ Πρίαμος·
„Ζεὺς μέν που τόδε οἶδε" (Γ 308). b(BE³E⁴) T^il   50

ex.   **103** *a.*[1] ὡς ἄρα φωνήσας κατεδύσετο τεύχεα καλά: ἀλλά,
φασίν, ὥπλισται. ἴστωσαν δὲ ὅτι ἀσφαλέστερα ὅπλα ἀναλαβεῖν θέλει
ὡς ἂν μέλλων μονομαχεῖν. T

          a.[2] πῶς ἐν πολέμῳ ὢν οὐκ ἦν ὡπλισμένος; φαμὲν ὅτι ἀσφα-
λέστερα ὅπλα ἀναλαβεῖν θέλει μέλλων εἰσιέναι εἰς μονομάχιον. b(BC 55
E³E⁴)

ex.   **104—8.** ἔνθα κέ τοι, Μενέλαε, φάνη βιότοιο τελευτή
⟨—— ἔκ τ' ὀνόμαζεν⟩: εἰς κίνδυνον προαγαγὼν τὴν ὑπόθεσιν καὶ
λύσιν τοῦ παντὸς πιθανῶς ἀνίστησι τὸν ἀδελφόν. φιλοστόργως δὲ
πρὸς αὐτὸν ποιεῖται τὸν λόγον ὁ ποιητὴς καὶ συμπαθῶς προανεφώνη- 60
σεν αὐτοῦ τὸν κίνδυνον. καὶ τὸ βασιλῆες (106) δὲ χάριεν καὶ εὐνοϊ-
κὸν διὰ τὸ προλαβεῖν τοὺς φίλους τὴν σπουδὴν Ἀγαμέμνονος. b
(BE³E⁴) T

Did.   **104** *a.*[1] {ἔνθα κέ τοι μενέλαε φάνη} βιότοιο τελευτή: γράφεται
καὶ „θανάτοιο τελευτή", οἷον θανάσιμον τέλος. AA^im   65

          a.[2] γράφεται καὶ „θανάτοιο". T^il

ex.   **107.** αὐτός τ' Ἀτρείδης: διὰ τί τὸν μὲν Ἀλέξανδρον κελεύει
μονομαχεῖν Ἕκτωρ, τὸν δὲ Μενέλαον κωλύει κινδυνεύειν Ἀγαμέμνων
καὶ οἱ ἄλλοι τῶν Ἀχαιῶν βασιλεῖς; ὅτι τοῦ μὲν Ἀλεξάνδρου ἀδικοῦν-
τος ἡδέως οἱ Τρῶες ἀπηλλάττοντο, τὸν δὲ ὡς ἀδικούμενον ἠλέουν. b 70
(BCE³E⁴) T

ἐπὶ τὸ εξ ὀξεῖαν (καὶ διὰ τοῦτο ἔνιοι τὸ βιόπλανες βαρύνουσιν ἀπὸ τοῦ βιοπλανής,
καὶ ἐπίτηδες καὶ „ἄκλεες αὔτως" ἀπὸ τοῦ ἀκλεής). Aliter He. ε 5331. Vide ad A 142 *c*
(ex.); Buttmann I 39   **101** cf. Meinel 14   **102** cf. sch. (min. ?) ap. De Mar-
co II 131: νίκης πείρατ' ἔχονται· τά (fort. ἄ) ἐστιν ὑπεράνω πάντων παρὰ τοῖς
θεοῖς, τουτέστιν ἐν τῇ ἐξουσίᾳ αὐτῶν, κείμενα· ἢ ὅτι ἡ νίκη ἐπὶ τοῖς θεοῖς ἐστιν τοῖς
οὖσιν ὑπερθεν ἡμῶν. πληθυντικῶς δὲ εἶπεν „ἔχονται" ἀντὶ τοῦ ἔχεται. πολλάκις δὲ
καὶ τούτῳ χρῆται τῷ σχήματι ὦ⟨σπερ⟩ (suppl. De Marco) „σπάρτα λέλυνται" (B
135)   *a* ad A 291 *b* (Ariston.), vide ad B 397 (Did.)   τῷ ἀπηρτισμένῳ (47) cf.
Friedl., Ariston. p. 15   **104—8** φιλοστόργως δὲ (59) — κίνδυνον (61) cf. Eust.
668, 2   **107** ὅτι τοῦ (69) sq. cf. Eust. 668, 12

---

45 le. add. Ma.   47 le. A suppl. Vill.   ὅτι A, ἡ διπλῆ, ὅτι Vill.   τῷ Vill., τὸ
A   49 le. add. V^c   50 που om. b   τό γ' b   οἶδεν E⁴   54—5 sch. relatum
ad H 101 in b (αὐτὸς θωρήξομαι le. add. Li)   55 μονομαχίαν C, fort. rectius
57 sq. le. T supplevi, om. b (scholio ad H 104 relato)   58 προαναγαγὼν b
61 δὲ om. T   χάριεν b, fort. rectius   62 λαβεῖν BE⁴   64 (le.) ἔνθα — φάνη
eiecit Vill.; τελευτῆι A em. Vill.; le. om. A^im   67 διὰ] καὶ διὰ E⁴   68 κωλ.]
κελεύει C   69 τῶν ἀχαιῶν om. b   70 ἀπηλλάττοντο T εἶχον b   ἐλεοῦσιν b,
fort. rectius

109. ἀφραίνεις, Μενέλαε: παραφρονεῖς, μωραίνεις, ἀσυνετεῖς. D | ex.
A | φιλοδόξως γάρ, οὐ φρονίμως ἐσπούδακεν ἐπὶ τὴν μάχην. δεῖ οὖν
τὸ κατὰ δύναμιν, οὐ τὸ κατὰ προθυμίαν σκοπεῖν. A b(BCE³E⁴) T
75 ἄλλως τε πρώην μαχεσάμενος τοῦ μὲν ἄθλου ἀφῄρηται, τὸν δὲ κίνδυνον
ᾔρηται. T

110 a.¹ ⟨ἀνὰ δὲ σχέο:⟩ Ἀρίσταρχος „ἀνὰ †δ᾽ ἄνσχεο†“, ἀνά- Did.
σχου δέ. Aᵗⁿᵗ

a.² Ἀρίσταρχος καὶ Ἡρωδιανὸς „†ἀναδίσχεο†“. Tⁱˡ

80 b. ἀνὰ δὲ σχέο: τὸ σχέο τὴν ὀξεῖαν ἴσχει ἐφ᾽ ἑαυτοῦ νῦν. Hrd.
ὅταν μέντοι ἀπολάβῃ τὴν πρόθεσιν, τὸ τηνικαῦτα ἀναπέμπει τὸν τό-
νον, ἀνάσχεο. A

111 a. ⟨μηδ᾽ ἔθελ:⟩ ὅτι τὸ ἐθέλω ἀεὶ ἀπὸ τοῦ ē ἄρχεται. Aᵗⁿᵗ Ariston.

b. μηδ᾽ ἔθελ᾽ ἐξ ἔριδος: τῆς πρὸς Ἀχαιοὺς ἔριδος. ἔστι δὲ ex.
85 τοῦτο τὸ γνῶθι σαυτόν. b(BCE³E⁴) T

c. τεῦ ἀμείνονι φωτί: τεχνικῶς ἥττονα πολὺ φησιν αὐτὸν ex.
Ἕκτορος, ὅπως μὴ τῶν ἄλλων Ἑλλήνων †καταφρονήσειν δοκοίη†,
τὸν μὲν τοῦ κινδύνου ῥυόμενος, τοὺς δὲ κινδυνεύειν προτρεπόμενος.
b(BCE³E⁴) T

109 h(P¹¹ V¹⁵): ἀφραίνεις (P¹¹, om. V¹⁵)· οὐ κατὰ προθυμίαν οὐδὲ κατὰ φιλοδοξίαν·
πῶς γὰρ κατὰ φιλοδοξίαν, ὅς γε κατὰ ἀπορίαν τοῦ ἀντιταξομένου τῷ Ἕκτορι ἑαυτὸν
ἐπιδέδωκεν, οὐ διὰ τὴν ἑαυτοῦ δύναμιν λέγων, ἀλλὰ διὰ τὸ μὴ αἰσχυνθῆναι τοὺς Ἕλλη-
νας, δηλῶν δὲ καὶ τὴν ἑαυτοῦ πρὸς Ἕκτορα ἀσθένειαν ἐκ τοῦ λέγειν ὅτι ἐκ τῶν θεῶν ἡ
νίκη· ἴσως, φησίν, ὁ ἀσθενὴς ἐγὼ τὸν ἰσχυρὸν Ἕκτορα διὰ θεῶν νικήσω (cf. H 101—2).
οὗτοι νῦν φιλοδόξου ταῦτα, ἵνα (οἷα V¹⁵) ἄφρων ἀκούσῃ. ἀλλ᾽ οὐδὲ προθύμου· πῶς
γὰρ ὃς γε πολὺ τὸ τῆς ἀντιτάξεως ἀκούσιον ἐνέφηνεν ἐκ τοῦ δυσανασχετεῖν ⟨καὶ⟩
(addidi) ἐπαρᾶσθαι τοὺς Ἕλληνας, ὅτι μηδεὶς ἀνέστη; ἢ τοίνυν ἐξ ὀργῆς καὶ θυμοῦ
ἀνέστη καὶ ἀπὸ (an ὑπὸ?) λύπης, ὁρῶν εἰς αὐτὸν (fort. αὐτὸν) ἥκοντα τὸν κίνδυνον
τὸν ὑπὲρ τῆς γυναικός· οἱ γὰρ Ἕλληνες οὐκ ἂν ἐπιδοῖεν ἑαυτοὺς ὑπὲρ ἑτέρου γυναικὸς
(οἱ γὰρ — γυναικὸς om. V¹⁵) μονομαχεῖν. λύπη δὲ καὶ θυμὸς ἐκστατικὰ (ἐκστ. P¹¹ ὄντα
τινὰ V¹⁵) φρενῶν. διὰ τοῦτο καὶ ἀφραίνει καὶ ἀκούει ὡς ἐξ ἔριδος καὶ θυμοῦ κρείττονι
πολεμῶν, fort. sch. vetus　　110 a cf. Eust. 668, 7: ... οὐδέ τί σε χρὴ ταύτης ἀφρο-
σύνης· ἀνὰ δ᾽ ἴσχεο (τουτέστιν ἀνέχου) ἢ ἀνὰ δὲ σχέο (τουτέστιν ἀνάσχου), κη-
δόμενός περ, fort. sec. scholia a¹ et a²; vide ad E 104 a. K 321 b. Ω 518; Ludwich,
A. H. T. 1, 274, 15; Valk II 203　　a¹ ἀνάσχου δέ (77) = D　　a² cf. Beccard 87
111 a ad A 277 a (Ariston.)　　b ἔστι δὲ (84) sq. Ge (e T): ὡς τὸ γνῶθι σαυτόν, cf.
sch. Eur. Or. 1552　　c Ge (e T)

72—4 σκοπεῖν pone sch. H 110 b in A　　72 le. AT, om. b　　73 γὰρ οὐ] οὐ
BCE³ γὰρ καὶ οὐ E⁴　　ἐπὶ τ. μ. ἐσπουδ. E⁴ ἐπὶ τῇ μάχῃ ἐσπουδ. A　　74 οὐ τὸ]
οὐ T　　75 ἄθλου Wil., ἄλλου T　　77 le. (= Aᶜᵒⁿᵗ) add. Bk. (Vill.), iam Vᶜ ante
sch. a²　　δὲ σχέο Heyne　　79 καὶ ἡρωδ. additamentum rec., ut vid., cf. sch.
b　　ἀναδίσχεο cf. sch. a¹, ἀνὰ δ᾽ ἴσχεο Vict.　　81 ἀναπέμπειν A em. Bk.
83 le. add. Bk. (Vill.)　　ὅτι A, ἡ διπλῆ, ὅτι Vill.　　85 τοῦτο om. T　　86 (le.)
σεῦ Hom.　　αὐτὸν om. b　　87 κατ. δοκ. T (καταφρονεῖν δοκοίη Ge), κατα-
φρονεῖν ὑποπτευθῇ b, fort. recte, καταφρονῆσαι δοκῇ Ma. (cf. Mayser Gramm.
2, 1, 1926, 252—3)

ex.   **112.** ⟨στυγέουσι:⟩ καταπλήττονται. T^il   90

ex.   **113—4.** καὶ δ᾽ Ἀχιλλεὺς τούτῳ γε ⟨————/ ⟩ ἔρριγ᾽ ἀν-
τιβολῆσαι: τοῦτον παρέλαβεν, οὗ καὶ Μενέλαος οὐκ αἰδεῖται ἥττων
εἶναι ὁμολογεῖν, οὐκ ἄλλον τινὰ τῶν ὀλίγῳ τοῦ Μενελάου κρειττόνων.
ἀναπολεῖ δὲ πανταχοῦ τὸ ὄνομα Ἀχιλλέως ὑπὲρ τοῦ μὴ λήθη δοθῆ-
ναι. b(BCE³E⁴) T   95

Did.   **113.** ⟨τούτῳ γε:⟩ †ὅτι† τούτῳ γε, τῷ Ἕκτορι. γράφεται καὶ   1
,,τοῦτόν γε''. A^int

Did.   **114 a.**¹ ἔρριγ᾽ ἀντιβολῆσαι, ⟨ὅ περ σέο πολλὸν ἀμείνων⟩:
γράφεται καὶ διὰ τοῦ μ̄, ,,ἀντιμολῆσαι''. βέλτιον δ᾽ ἄν, φασίν, εἴρητο
Ὁμήρῳ ,,ὅ περ μέγα φέρτατός ἐστιν'' (cf. A 581)· ἐπ᾽ αὐτοῦ γὰρ ψι-   5
λῶς λεγόμενον τοῦ Μενελάου ἔχει τι ὀνειδιστικόν. A

Ariston.   **b**¹ ⟨ἀμείνων:⟩ Ζηνόδοτος χωρὶς τοῦ ν̄ ,,ἀμείνω'' γράφει.
A^im

Ariston. | *Did.*   **b²/a.²** ὅπερ σέο πολλὸν ἀμείνων: γράφεται καὶ ,,†ἀμεί-
νων†''. | ἄμεινον δέ φασιν ,,ὅπερ μέγα φέρτατός ἐστιν'', ἵνα ψιλότερος   10
εἴη ὁ ὀνειδισμὸς Μενελάου. T

ex.   **116 a.** τούτῳ δὲ πρόμον ἄλλον ⟨ἀναστήσουσιν Ἀχαιοί⟩:
ἐντέχνως παρυπέμνησεν ὅτι πάντως δεῖ τινα αὐτῶν ἀναστῆναι. b(BC
E³E⁴) T

Ariston.   **b.** ⟨πρόμον:⟩ ὅτι πρόμον τὸν πρόμαχον κοινῶς λέγει. A^im   15

---

112 cf. D   **113** γράφεται καὶ (1) sq. cf. Lesbon. 38, 16: τῶν δὲ τῆς Ἀσιάδος
Ἑλλήνων ἐστὶ τὸ τὰ ῥήματα τὰ συντασσόμενα δοτικαῖς πτώσεσιν αἰτιατικαῖς
συντάττειν· φασὶ γὰρ 'συνήντησέ με' ἀντὶ τοῦ ἐμοί. καὶ Ὅμηρος· ,,καὶ δ᾽ Ἀχιλεὺς
τοῦτόν γε μάχῃ ἐνὶ κυδιανείρῃ / ἔρριγ᾽ ἀντιβολῆσαι'', ἀντὶ τοῦ τούτῳ   **114** diple
periestigm. ante versum in A   fort. exstabat sch. ex. de verbis ἔρριγ᾽ ἀντιβολῆσαι,
cf. sch. (min. ?) ap. De Marco II 132: ἔρριγ᾽ ἀντιβολῆσαι· ἐφοβήθη ἀπαντῆσαι.
τοῦτο δὲ ἐψεύσατο· ἵνα δὲ ἀποστρέψῃ τὸν Μενέλαον εἶπεν αὐτῷ   **a¹** — ἀντιμολῆσαι
(4) cf. Ap. S. 31, 31, Or. 7, 21 (Et. Gud. 151, 21 Stef., EM. 112, 47)   βέλτιον (4) sq.
ad B 665   **b¹** ad A 80 (Ariston.); cf. Ludwich, A. H. T. 1, 275, 18   **115** fort.
exstabat nota Aristonici vel Didymi de v. ἵζευ, ad Ω 522; vide ad Γ 162   **116 b**
ad Γ 44 b (Ariston.)   κοινῶς ,,sc. ἐπὶ πάντων, non ἐπὶ μόνων βασιλέων'' (Friedl.,
Ariston. p. 129)

---

90 le. add. V^c   91 sq. le. T suppl. Ma., om. b (ubi sch. ad v. 113 revocatum est)
93 ὀλίγῳ BT ὀλίγον CE³ ὀλίγων E⁴   94 ἀναπαλεῖ (o ss. m. rec.) T   1 le. add.
Bk.   ὅτι A, οὕτως Ldw., del. Bk. Ddf.   3—6 pone sch. H 118 (A = D) in A, trps.
Ddf. (Vill.)   3 le. A suppl. Vill.   4 ἄν Bk., αρ᾽ A   7 le. addidi (auctore
Frdl.)   fort. ὅτι ζην vel ἡ διπλῆ περιεστιγμένη, ὅτι ζην.   9 sq. ἀμείνων² cf.
sch. b¹   10 sq. scholiasta verba Didymi (cf. l. 5 sq.) egregie depravavit   11 εἴη]
exspectes ᾖ (sic Ma.), at cf. Schwyzer-Debrunner II 338; ad H 164 al.   12 le. T
supplevi (auctore Vill.), om. b   15 le. addidi (Vill.)   ὅτι A, ἡ διπλῆ, ὅτι Vill.

117—8. εἴπερ ἀδειής τ᾽ ἐστὶ ⟨καὶ εἰ μόθου ἐστ᾽ ἀκόρητος,/   *Did.* | *Nic.*
——— φύγῃσι⟩: γράφεται καὶ διὰ τοῦ γέ, „ἀδειής γε" (117). A
A^{int} | ἀφ᾽ ἑτέρας δὲ ἀρχῆς ταῦτα· διόπερ ὑποστικτέον ἀκόρητος
(117)· ὁ γὰρ λόγος· εἰ καὶ πάνυ ἄφοβος καὶ ἀπλήρωτος πολέμου
20 ἐστίν, ἀγαπητῶς ὑπολαμβάνω αὐτὸν φεύξεσθαι. A
117. μόθου ⟨ἀκόρητος⟩: †μότος† παρὰ τὸ τάχιστα πληροῦ-   D
σθαι τὴν ἐπιθυμίαν. T
118 *a.* φημί μιν ἀσπασίως: ταῦτα εἰς προτροπὴν τῶν   *ex.*
Ἀχαιῶν. T
25   *b.* γόνυ κάμψειν: ἀντὶ τοῦ φυγεῖν. A^{int} *ex.(?)*
γόνυ κάμψειν: ἀναπαύσεσθαι, ἢ ——— διώκεσθαι. A   D
122 *a.*¹ γηθόσυνοι θεράποντες: παρὸν αὐτῷ καὶ ‘ὀτρηροὶ   *ex.*
θεράποντες’ (cf. A 321) εἰπεῖν καὶ ‘καρπαλίμως θεράποντες’ γηθό-
συνοι φησί, τὴν τῶν θεραπόντων πρὸς τὸν βασιλέα ἐμφαίνων κηδε-
30 μονίαν. T
*a.*² τὴν πρὸς αὐτὸν ἁπάντων κηδεμονίαν δηλοῖ. b(BCE³E⁴)
123. Νέστωρ δ᾽ Ἀργείοισιν: πιθανῶς τοῦτον ἐπιπλήσσοντα   *ex.*
παρεισάγει, ὃς διὰ τὴν ἡλικίαν οὐχ ὑποφέρει τὸ ὅμοιον ἔγκλημα. b
(BCE³E⁴) T   καὶ μετὰ Ἀγαμέμνονα δὲ ὅμως ἀσφαλεῖς πάλιν οἱ
35 Ἕλληνες. T
124. ὦ πόποι, ⟨ἦ μέγα πένθος Ἀχαιίδα γαῖαν ἱκάνει⟩:   *ex.*
λειπόμενοι γὰρ οἱ γέροντες δυνάμει τῷ σχετλιάζειν ἐμφαίνουσι τὴν
οἰκείαν προθυμίαν. μόνον οὐχὶ δὲ τὴν Ἑλλάδα πᾶσαν ἐν αὐτοῖς ἐλεεῖν
φησιν. εὖ δὲ καὶ τὸ μὴ λύπην εἰπεῖν, ἀλλὰ πένθος καὶ μέγα. b (BCE³
40 E⁴) T
125. ἦ κε μέγ᾽ οἰμώξειε γέρων ἱππηλάτα ⟨Πηλεύς⟩: διδά-   *ex.*
σκει ὅτι καὶ ἀπόντας δεῖ τοὺς πρεσβυτέρους τιμᾶν, λέγων ὡς δεῖ τοὺς

---

117 de v. μόθος cf. Apion. fr. 71 B. (Ap. S. 113, 16)   118 *b* ad T 72 (ex.), at cf.
D, Porph. 1, 232, 15; Call. fr. 311   122 *a*¹ καρπαλίμως θεράποντες (28) exem-
plum fictum   123 καὶ μετὰ Ἀγαμ. (34) sq. cf. app. crit.   124 excidit nota
fort. Herodiani de ind. praes. ἱκάνει pro ind. fut. usurpato, ad Π 129 *d*   125 ad
H 131 *c*; cf. sch. min.(?) ap. De Marco II 132 sq.: ἱππηλάτα Πηλεύς: ἀντὶ τοῦ

---

16 sq. le. A suppl. Frdl., om. A^{int} 21 le. T suppl. Valk   μότος aut delendum aut
in οἱονεὶ μότου (cf. D) ἀπλήρωτος mutandum   25 le. γόνυ κάμψειν textui explica-
tionis attribuit A   33 οὐχ ὑποφ. T οὐκ ἐπισπᾶται b   ὅμ.] ἴδιον C   34 ἀγαμέμνονος
Bk., sed auctorem hoc velle suspicor ‘tamen postea Agamemnonem imitati denuo
fidos se praebent’   36 le. T supplevi (auctore Vill.), om. b   37 δυνάμεως b
38 μονονουχὶ CE³E⁴   ἐν αὐτοῖς T αὐτοὺς b   41 le. T supplevi (auctore Vill.),
om. b   42 καὶ ἀπόντας — πρεσβ. T τοὺς γέροντας δεῖ καὶ ἀπόντας b   42 sq.
λέγων (Bk., λέγειν T) ὡς — πηλεῖ T ὡς πηλεῖ μέλλει (μέλει Bk.) ἑλλήνων b

Ἕλληνας ἀρέσκειν Πηλεῖ καὶ μὴ παρόντι. ἀνόητον δέ φασι τὸ μὴ τοὺς
γονεῖς αὐτῶν παραλαβεῖν ἀχθομένους, ἀλλὰ τὸν Πηλέα, ὃν ἔδει χαί-
ρειν δυστυχούντων Ἑλλήνων διὰ τὴν Ἀχιλλέως ὕβριν. τοῦτο δέ ἐστιν 45
ἔντεχνον· εἰ γὰρ ὁ τοῦ πολεμίου πατὴρ ἀθυμεῖ, πόσῳ μᾶλλον οἱ
ἡμῶν· ἅμα δὲ καὶ ὑπομιμνήσκει Ἀγαμέμνονα Ἀχιλλέως ὅτι ὁ νῦν
προκαλούμενος πάντας, ὄφρ' Ἀχιλλεὺς μετ' Ἀχαιοῖσι πολέμιζεν (cf.
Ι 352), ,,οὐκ ἐθέλεσκε μάχην ἀπὸ τείχεος ὀρνύμεν Ἕκτωρ‘‘ (Ι 353)·
ἐπαχθὲς γὰρ ἦν τὸ σαφῶς ὀνειδίσαι. προμνηστεύει οὖν τὰς λιτάς, καὶ 50
τοῖς βαρβάροις δὲ ἐμφαίνει ὅτι οὐκ ἔσται ἡ Ἀχιλλέως ὀργὴ πολυχρό-
νιος τοῦ Πηλέως οὕτω πρὸς τοὺς Ἕλληνας διακειμένου· καὶ τὸν Ἀχιλ-
λέα ὑποθωπεύει λεληθότως. b(BCE³E⁴) T

ex.   **126.** βουληφόρος: ὁ φέρων εἰς πέρας, ἃ βούλεται. συνίστησι δὲ
τὸ πρόσωπον, ὅπως ὁ τούτου σχετλιασμὸς δεινότατος ἐγείρῃ τοὺς 55
Ἕλληνας. b(BCE³E⁴) T

Ariston. | Did.   **127 a.**¹ ὅς ποτέ μ' εἰρόμενος ⟨μέγ' ἐγήθεεν⟩: ὅτι Ζηνόδοτος
γράφει ,,μέγα δ' ἔστενεν‘‘, ἐξ οὗ φανερός ἐστιν ἀνεγνωκὼς ,,μειρόμε-
νος‘‘, οἷον στερόμενος. ὁ δὲ Ὅμηρος τὸ μείρεσθαι οὐκ ἐπὶ τοῦ στέρεσθαι
τίθησιν, ἀλλ' ἐπὶ τοῦ μερίζεσθαι· ,,καὶ ἥμισυ μείρεο τιμῆς‘‘ (Ι 616). 60
δέον οὖν εἰρόμενος, ἐρωτῶν. | προκρίνει δὲ ὁ Ἀρίσταρχος τὴν
μέγ' ἐγήθεεν γραφήν. A

Ariston.   **a.**² Ζηνόδοτος ,,μειρόμενος‘‘ γράφει, κακῶς. Tⁱˡ
ex.(?)   **b.** ὅς ποτέ μ' εἰρόμενος: τὸ πλῆρες· ἐμὲ εἰρόμενός †τε. A

.ἱππηλάτης, μεταπλασμός, ὡς ,,μητίετα Ζεύς‘‘ (A 175 al., cf. D ad A 175; vide
Ariston. ad B 107). | διὰ τί τοῦ Πηλέως ἐμνημόνευσεν πατρὸς ὄντος τοῦ ἐχθροῦ, ὃν
εἰκὸς ἦν καὶ μισεῖν αὐτοὺς ὑπὲρ τοῦ παιδὸς ἀγανακτοῦντα; καὶ ῥητέον ὅτι ἢ βουλό-
μενος ἐκ τούτου θεραπεῦσαι τὸν Ἀχιλλέα μνημονεύων τοῦ πατρὸς αὐτοῦ, ἢ καθ'
ὑπερβολὴν τῇ διανοίᾳ χρησάμενος καὶ βουλόμενος δεῖξαι τὸ μέγεθος τοῦ ἀτυχή-
ματος ὅτι καὶ παρὰ τοῖς ἐχθροῖς ἐλέου φανεῖεν ἄξιοι   **127 a** ad I 616 (Ariston.)   μει-
ρόμενος (58) cf. Roemer, Zen. 709   ἐρωτῶν (61) = Eust. 670, 52   προ-
κρίνει (61) sq. Didymo attr. Lehrs   **b** cf. Ludwich, Mus. Rhen. 32, 1877, 209

44 παραβάλλειν C   45 δυστ. b ἀξιούντων T, ἀτυχούντων Ma. (fort. rectius),
δυστυχούντων τῶν Nickau   τοῦτο δέ ἐστιν T ἔστι δὲ b   46 οἱ] ὁ C   47
ὑμῶν b   48 ἀχιλεύς b   50 τὸ T οὕτω b   51 ἡ ὀργὴ ἀχιλλέως E⁴
52 οὕτως b   52 sq. καὶ — λελ. T ὑποθωπεύει δὲ λεληθότως τὸν ἀχιλλέα b
55 τὸ om. E⁴   55 sq. δεινότατος (ὢν add. Ma., fort. recte) — ἕλληνας T δεινὸς
γένηται b   57 le. A suppl. Vill.   ὅτι A, ἡ διπλῆ (malim δ. περιεστιγμένη)
ὅτι Vill.   58 μέγα δ' A, μεγάλ' Spitz.   62 μέγ' ἐγ. Vill., μέγ' γήθησεν (sic)
A, possis et μέγα γήθεεν (Ddf.)   64 ἐμὲ A, fort. ὃς ἐμὲ   τε A, ποτε Ldw.

65 **128 a.¹** ἐρέων γενεήν τε τόκον τε: θαυμασίως τῆς εὐγενείας *ex.*
αὐτοὺς ὑπέμνησεν οὐκ ἐπαινῶν τοὺς γονεῖς αὐτῶν, ἀλλὰ Πηλέα τὸν
ἄκρον ἐπ᾽ εὐγενεία χαίρειν ἐπὶ τῇ γονῇ αὐτῶν λέγων. ἀλλ᾽ οὐδέ φησιν
ὅτι ἐμαρτύρησα τῷ Πηλεῖ περὶ ὑμῶν· τὸ μὲν γὰρ κολακικόν, τὸ δὲ
λέγειν ὅτι μεμαρτύρηκα ὑμῖν εὐγένειαν ἐπίφθονον. **b(BCE³E⁴) T**

70 **a.²** γενεήν τε τόκον τε: πατέρα καὶ παῖδα· | τὸ μὲν γὰρ *D. | ex.*
ἐπαινεῖν τοὺς προγόνους κολακικόν, τὸ δὲ λέγειν ὅτι μεμαρτύρηκα
ὑμῖν εὐγένειαν ἐπίφθονον. **A**

129—130. ἀκοῦσαι ... ἀεῖραι: παροξυτονητέον ἀμφότερα· *Hrd.*
ἔφαμεν γὰρ (sc. ad A 255) τὴν α̅ι̅ δίφθογγον ἐν εὐκτικοῖς μακρὰν
75 εἶναι. **A**

130 a.¹ ⟨φίλας⟩ ἀνὰ χεῖρας {ἀεῖρας}: ἐν ταῖς ἐξητασμέναις Ἀρι- *Did.*
στάρχου ,,βαρείας χεῖρας'', τὰς βεβαρημένας ὑπὸ γήρως νῦν καὶ δυσ-
κινήτους. ἀλλαχοῦ δὲ τὰς ἐρρωμένας· ,,βαρείας χεῖρας ἐποίσειν'' (A
89). **A**

80 **a.²** φίλας ἀνὰ χεῖρας {ἀεῖραι}: Ἀρίσταρχος ,,βαρείας χεῖ-
ρας'', τὰς ὑπὸ τοῦ γήρως δυσκινήτους. **T**

131 a. θυμὸν ἀπὸ μελέων: δηλοῖ ὅτι παρέσπαρται ἡ ψυχὴ παν- *ex.*
τὶ τῷ τοῦ σώματος μέρει. **b(BCE³E⁴) T**

b.¹ ἄλλως· θυμὸν ἀπὸ μελέων δῦναι: ὅτι τοιούτοις πεπί- *ex.*
85 στευκε τὸν ἴδιον υἱόν. **T**

b.² τοῦτο δὲ πάσχει, φησίν, ὅτι τοιούτοις ἀγενέσι καὶ δειλοῖς
τὸν ἴδιον υἱὸν πεπίστευκεν. **b(BCE³E⁴)**

129—30 ad A 255—8 (Hrd.) **130** *a¹* ἐν ταῖς ἐξητασμέναις (76) cf. Lehrs Ar.³ 23;
vide ad B 111; Pfeiffer 217; etiam Herm. 87, 1959, 293 ἀλλαχοῦ δὲ (78) sq. ad
A 89 (ex.) **131** *a* ad M 386 *d* (ex.), cf. Zenon. fr. 145 (St. V. Fr. I 40, 1), Chrys.

66 οὐκ T οὐκ αὐτὸς b αὐτῶν om. T, fort. recte **67** ἄκρως E⁴ (ut vid.) ἐπ᾽
(ante εὐγεν.) del. Ma. (fort. τὴν εὐγένειαν) αὐτὸν T **68** sq. τὸ μὲν —
εὐγέν. T τὸ γὰρ λέγειν ὅτι ἐπ᾽ εὐγενεία ὑμῖν ἐμαρτύρησα b **69** σφόδρα ἐπίφθ.
b, πολὺ ante ἐπίφθ. ipse del. T **73** le. Bk., ἀκοῦσαι: ἀεῖρας (sic) A **76** (le.)
φίλας add. et ἀεῖρας del. Bk. τοῖς ἐξητασμένοις propos. Lehrs, probavit Pfeif-
fer **77** et **78** χεῖρας A em. Bk. **78** ἐποίσει Hom. **80** (le.) ἀεῖραι delevi
82 δηλοῖ ὅτι b δηλονότι T **83** τοῦ σ. μέρει T σώματι b **84** sq. ἄλλως sq.
cum scholio praecedenti coni. T, dist. Ma. **86** sq. τοῦτο (ταῦτα BE⁴) sq. cum
scholio *a* (v. σώματι) coni. b **86** ἀγεν. BE⁴ ἀγενέσι ss. ν C, ἀγεννέσι E³

ex.   c.¹ δῦναι δόμον Ἄιδος ⟨εἴσω⟩: μέτριος μὲν ὁ λόγος τῇ
φαντασίᾳ, πικρὸς δὲ τῇ δυνάμει· εἰ γὰρ ἐκεῖνος ἀκούων ἀβίωτα σπεύ-
δει, πόσῳ μᾶλλον ἐγὼ ὁρῶν †ᾗ ὑμεῖς ἀσχημονοῦντες†; πραγματικῶς 90
καὶ πρὸς Ἀχιλλέα ἀποτείνεται· εἰ γὰρ οὕτω βαρέως οἴσει ὁ Πηλεὺς
τὴν τῶν ἀλλοτρίων ἀνανδρίαν, πῶς οὐκ ἂν μᾶλλον ἐπὶ τῷ υἱῷ ἄ-
χθοιτο; T

       c.² μέτριος μὲν οὖν ὁ λόγος τῇ φαντασίᾳ, πικρὸς δὲ τῇ δυνά-
μει· εἰ γὰρ ὁ Πηλεὺς τὰ ὑμῶν ἀκούων δεινὰ θανεῖν εὔχεται, πόσῳ μᾶλ- 95
λον ἐγὼ ὁ τοσαῦτα ποιήσας ἐν νεότητι καὶ νῦν ὁρῶν ὑμᾶς· πραγμα- 1
τικῶς δὲ καὶ πρὸς Ἀχιλλέα ἀποτείνεται· εἰ γὰρ οὕτως βαρέως οἴσει ὁ
Πηλεὺς τὴν τῶν ἀλλοτρίων ἀνανδρίαν, πῶς οὐκ ἂν μᾶλλον ἐπὶ τῷ
υἱῷ ἄχθοιτο; b(BE³E⁴)

ex.   132. αἲ γάρ, Ζεῦ τε πάτερ: οὐκ ἄκαιρος ὁ λόγος· ἐπιτιμήσας 5
γὰρ τοῖς ἀρίστοις ὤφειλεν ἀποδεῖξαι διὰ τῆς παραθέσεως τῶν πε-
πραγμένων αὐτῷ ὅτι δεόντως ἄγει ταύτην τὴν παρρησίαν, ἵνα πρὸς
ζῆλον αὐτοὺς τῶν ὁμοίων κινήσῃ. b(BE³E⁴) T   τοιοῦτος καὶ Φοῖ-
νιξ καὶ Λαέρτης. T

Ariston.   133—5 *a.* ἐπ᾽ ὠκυρόῳ κελάδοντι . . . , Ἰαρδάνου ἀμφὶ 10
ῥέεθρα: ὅτι ἰδίως τὰ ἐπίθετα προτάξας τὸ κύριον ἐπήγαγεν, Ἰαρ-
δάνου ἀμφὶ ῥέεθρα (135). A

ex. | ex.   *b.* Κελάδοντι (133): τῷ νῦν Ἀκίδωνι. | τινὲς δὲ ἄμφω ἐπί-
(Ariston.) θετα τοῦ Ἰαρδάνου καὶ τὴν φράσιν σημειοῦνται· προτάξας γὰρ δοτι-
κὰς ἐπιφέρει γενικὴν Ἰαρδάνου (135). T   15

---

fr. 471 (St. V. Fr. II 153, 10); Valk I 480   *c* ad H 125 (ex.)   **132** — λόγος
(5) cf. sch. Ar. Ach. 211   **133**—5 diplae ante versus 133 et 135 in A (vide ad H 135
a); certe auctor archetypi sch. *a* ad solum versum 133 rettulit (cf. app. crit.);
fort. erat sch. Didymi de v. l. in H 133 et 135, cf. Strab. 8, 3, 21 (p. 348): περὶ
ταύτης δὲ τῆς Χάας (cf. sch. min. ap. De Marco II 133) γενέσθαι φασὶν ἔνιοι τὸν
πόλεμον τοῖς Ἀρκάσι πρὸς τοὺς Πυλίους, ὃν ἔφρασεν Ὅμηρος, καὶ δεῖν οἴονται γρά-
φειν· „ἡβῷμ᾽, ὡς ὅτ᾽ ἐπ᾽ ὠκυρόῳ †κελάδοντι† (Ἀκίδωνι Corais) μάχοντο / ἀγρό-
μενοι Πύλιοί τε καὶ Ἀρκάδες / Χάας πὰρ τείχεσσιν‟, οὐ Κελάδοντι, οὐδὲ Φειᾶς· τῷ
γὰρ τάφῳ τοῦ Ἰαρδάνου τοῦτον πλησιάζειν καὶ τοῖς Ἀρκάσι τὸν τόπον μᾶλλον ἢ
ἐκεῖνον, cf. Lehrs Ar.³ 238 n. 151; Bidder 23; W. Aly, Strabonis Geographica IV
(1957), 362   *a/b* cf. D; Eust. 671, 11   *b* — Ἀκίδωνι (13) cf. Strab. 8, 3, 21

---

88 le. T supplevi   **89** sq. ἀβ. σπεύδει fort. mutilum, cf. sch. *c*², ἀβ. ⟨ἀποθανεῖν⟩
σπεύδει Nickau   **90** cf. sch. *c*² (ὁρῶν ὑμᾶς ἀσχημονοῦντας Ma., fort. bene)
94—**04** μέτριος μὲν οὖν sq. pone sch. H 132 (coni. cum v. κινήσῃ) in b   **5** ὁ
λόγος T ἡ πρότασις b   **7** αὐτῷ Bk., fort. rectius   **10** sq. le. perspicuitatis
causa scripsi (auctore Frdl.), ἡβῷμ᾽ A (vide test.)   **11** ὅτι A, ἡ διπλῆ, ὅτι
Vill.   **11** sq. Ιορδάνου A em. Vill.

135 *a.* Φειᾶς {πὰρ τείχεσσιν} : ὅτι ἐν ᾿Οδυσσείᾳ (ο 297) πλη-   *Ariston.*
θυντικῶς· „ἡ δὲ Φεαῖς ἐπέβαλλεν ἐπειγομένη Διὸς οὔρῳ", ὡς Μυκήνην
καὶ Μυκήνας. **A**

    b. Φειᾶς ⟨πὰρ τείχεσσιν: Φειᾶς⟩ περισπαστέον· ἑνικὴ γάρ   *Hrd.* | *D*
20 ἐστι γενική. πρόδηλον κἀκ τῆς συντάξεως τοῦ τείχεσ⟨σ⟩ι, παρὰ τοῖς
τῆς Φειᾶς τείχεσι. | Φεὰ δὲ πόλις ――――― παρ᾿ ἣν ὁ †᾿Ιορδάνης†
ῥεῖ. **A**

    c. Φειᾶς πὰρ τείχεσσιν: καὶ ἡ Φειὰ παραθαλάσσιός ἐστι,   *ex.*
καὶ ᾿Ιάρδανος οὐχ ὁρᾶται ποταμὸς αὐτόθι. ἄμεινον οὖν ὡς Δίδυμος
25 (p. 114 Schm.) „Φηρᾶς" γράφειν καὶ „Δαρδάνου ἀμφὶ ῥέεθρα". οὕτω
γὰρ καὶ Φερεκύδης ἱστορεῖ (FGrHist 3, 159). **AT**

136 *a.* ⟨πρόμος:⟩ ὅτι ἀντὶ τοῦ πρόμαχος κοινῶς. **A**ⁱᵐ   *Ariston.*

    b. ⟨ἰσόθεος φώς:⟩ ἐπαίρει τὸν πολέμιον ᾿Ερευθαλίωνα. **T**ⁱˡ   *ex.*

138 *a.* δίου ᾿Αρηϊθόου: ὅτι πυκναὶ ἐν ᾿Ιλιάδι αἱ ἐπαναλήψεις,   *Ariston.*
30 ἅπαξ δὲ ἐν ᾿Οδυσσείᾳ (sc. α 23). καὶ ὅτι οὗτος ὁ ᾿Αρηΐθοος ᾿Αρκὰς ὢν
ὁμώνυμός ἐστι τῷ Βοιωτῷ. **A**

    *b.*¹ δίου ᾿Αρηϊθόου: εὐκαίρως ἐρευνᾷ, πρώην (sc. H   *ex.* | *ex.*
9—10) ἁπλῶς παρελθών. | οὗτος δὲ ὁ ᾿Αρηΐθους Βοιωτὸς μὲν ἦν τῷ
γένει, συνεμάχει δὲ ᾿Αρκάσιν. τούτῳ φθονέσας Λυκοῦργος ἀναιρεῖ. **T**
35   *b.*² οὗτος †ὁ μὲν† ᾿Αρηΐθους Βοιωτὸς ἦν τὸ γένος, ᾿Αρκάσι δὲ
συνεμάχει. τοῦτον δὲ Λυκοῦργος ὁ ᾿Αρκὰς φθόνῳ ἀναιρεῖ. **b**(BCE³E⁴) |
εὐκαίρως δὲ ἐνταῦθα ἐρευνᾷ, πρώην ἁπλῶς παρελθών. **b**(BE³E⁴)

(p. 348)   **135** *a* cf. sch. min. ap. De Marco II 133: Φειᾶς· ἀντὶ τοῦ Φεῶν. ἔστι
δὲ πολίχνιον τῆς Πελοποννήσου, Strab. 8, 3, 27 (p. 351), Steph. B. 661, 11. 664, 6;
sch. γ 488   ἡ δὲ Φεαῖς (17) sq. cf. Valk II 243   Μυκήνην (17) ad Η 180
(Ariston.), cf. Serv. Verg. A. 5, 52; Muehmelt 113   *b* περισπαστέον (19) cf.
Theogn. 103, 25   ἑνικὴ (19) — γενικὴ (20) cf. sch. *c*   ἑνικὴ (19) cf. Choer. O.
274, 19   *c* — παραθαλάσσιός ἐστι (23) cf. Strab. 8, 3, 12 (p. 342/3)   καὶ
᾿Ιάρδανος (24) — αὐτόθι at cf. D, Strab. l. c.   ἄμεινον οὖν (24) sq. Et. Gen.
(AB) Φειά (Φεὰ A)· „Φειᾶς πὰρ τείχεσσιν (cp. A)". ὁ δὲ Δίδυμος „Φηρᾶς" (φηρὰς
B, φειρᾶς A) λέγει, παρὰ τὸ Φηράς (an Φηρά?)· †γενικὴ γάρ (γὰρ γενικὴ A, fort.
ἑνικὴ γὰρ γενικὴ) ἐστιν, fort. ex hyp. Iliad. (vide sch. *b*), cf. Lehrs Ar.³ 238 n. 151;
Ludwich, A. H. T. 1, 276, 21; Valk II 240   Φηρᾶς (25) cf. Choer. O. 274, 25
136 *a* ad Γ 44 *b* (Ariston.)   κοινῶς ad Η 116 (Ariston.)   **138** *a* — ᾿Οδυσσείᾳ (30)
ad Μ 96. Υ 372 (Ariston.); — ἐπαναλήψεις (29) ad Ε 734—6 (test.), Ζ 154. 396
(Ariston.), cf. Eust. 672, 5. Vide ad Δ 448 (Ariston.)   καὶ ὅτι οὗτος (30) sq. ad

---

16 (le.) πὰρ τείχ. del. Bk.   ὅτι A, ἡ διπλῆ, ὅτι Vill.   **17** φεαῖς Vill., θεαῖς A, φερὰς
Hom. codd.   **19** πὰρ τ.: φειᾶς addidi   **20** τείχεσι A suppl. Vill.   **23** le. Ma., φ.
πὰρ τ. ἰαρδάνου V, φειᾶς παρ τείχεσι T, om. A   ἀλλὰ καὶ ἡ φειὰ sq. (coni. cum
scholio praecedenti) A   **24** ἰορδάνης A   **25** φηρᾶς γράφ. T φηρᾶ σπάρτη
A   δαρδ.] ἰαρδάνου propos. Lehrs (cf. test.)   **27** le. add. Ddf. (Vill.)   ὅτι A, ἡ
διπλῆ, ὅτι πρόμος Vill.   **28** le. add. Nickau   **29** ὅτι A, ἡ διπλῆ, ὅτι Vill.
30 οὗτος Vill., οὕτως A   **34** τούτῳ T, τοῦτον Ma.   **35** ὁ μὲν CE³ μὲν ὁ BE⁴

ex.   **139.** ⟨ἄνδρες κίκλησκον καλλίζωνοί τε γυναῖκες:⟩ ἔμφασις τοῦ κλέους, ὅπου καὶ γυναιξὶν ἐγνώσθη. b(BCE³E⁴) T^il

Nic.   **140.** οὕνεκ' ἄρ' οὐ τόξοισι μαχέσκετο ⟨δουρί τε μακρῷ⟩: 40 τοῖς ἐπάνω συναπτέον· αἰτία γὰρ τῆς τοῦ κορυνήτου (cf. H 138) ὀνομασίας αὕτη. καὶ τὸν ἐξῆς δὲ ὁμοίως συνάπτειν δεῖ ,,ἀλλὰ σιδηρείη κορύνη" (H 141), βραχὺ μόνον διαστέλλοντα. A

ex.   **142.** ⟨δόλῳ, οὔτι κράτεΐ γε:⟩ εἰς σύστασιν αὐτοῦ. T^il

ex.   **143—4.** ⟨στεινωπῷ ἐν ὁδῷ, ὅθ' ἄρ' οὐ κορύνη οἱ ὄλεθρον / 45 χραῖσμε:⟩ οὐ διὰ τὸ στενόν, ἀλλὰ διὰ τὴν πρόληψιν. b(BCE³E⁴) T^il

Ariston. | Did.   **144** *a.* {χραῖσμε σιδηρεῖν: πρὶν γὰρ λυκόοργος} ὑποφθάς: ὅτι ἀντὶ τοῦ ὑποφθάσας Ἰακῶς. | Ἀρίσταρχος δέ φησι καὶ ,,ἀναστάς", οἷον ἐκ λόχου ἀναστάς. A

Did.   *b.*¹ ⟨ὑποφθάς:⟩ Ἀρίσταρχος ,,ἀναστάς", ἐκ τοῦ λόχου 50 δηλονότι. T^il

*b.*² γράφεται καὶ ,,ἀναστάς". A^int(A^il)

Did.   **146** *a.*¹ ⟨τεύχεα δ' ἐξενάριξε:⟩ οὕτως Ἀρίσταρχος. ἄλλοι δὲ διὰ τοῦ τέ, ,,τεύχεά τ' ἐξενάριξε". A^im

*a.*² Ἀρίσταρχος διὰ τοῦ δέ. T^il   55

Ariston.   *b.* τεύχεά τ' ἐξενάριξε: ὅτι κυρίως τὸ ἐξενάριξεν νῦν, τὰ ἔναρα περιεῖλεν. A

ex.   *c.* τά οἱ πόρε χάλκεος Ἄρης: λεληθότως τὸν ἴδιον ἔπαινον αὔξει ὁ Νέστωρ, εἰ περιεγένετο ἀνδρὸς ὅπλα φοροῦντος θεῖα. b (BCE³E⁴) T   60

ex.   *d.* ἄλλως· τά οἱ πόρε χάλκεος Ἄρης: τινὲς 'ἃ ἦν σκυ-

H 10 *a*   141 fort. exstabat sch. de v. σιδηρείη, cf. sch. Ap. Rh. 2, 115: ἀζαλέη (sc. κορύνη)· τῇ ξηρᾷ, ἐπεί ἐστι ξυλίνη. Ὅμηρος δὲ καὶ σιδηρᾶν οἶδεν· ,,ἀλλὰ σιδηρείη κορύνη". τινὲς δὲ ἀποδεδώκασι ,,σιδηρείη" τῇ εὐτόνῳ, ὥσπερ καὶ ,,σιδήρειος δ' ὀρυμαγδὸς ὀρώρει" (P 424), vide ad P 424   142 αὐτοῦ sc. Areithoi; cf. Eust. 672, 21   144 nullum signum ante versum in A, fort. error scribae   *a/b* ἀναστάς (48 et 50) cf. Paus. 8, 4, 10; Bacher 24   *a* — Ἰακῶς (48) ad P 197 (Ariston.)   φησί (48) cf. Ludwich, A. H. T. 1, 277, 4   146 *a* ad H 336. Σ 538, cf. sch. γ 289 (Did.)   *b* ad Z 417 *a* (Ariston.)   *c* ad H 155 (ex.)   *d* τινὲς (61)

---

38 le. add. Vill. (καλλίζωνοί τε iam Li)   **39** κλέους b κάλλους T   ὅπου T ὅτι b   **40** le. A suppl. Vill.   **42** καὶ τῶν A em. Bk.   **44** le. add. Bk.   **45** sq. sch. ad H 143—4 revocavi et le. addidi (auctore Vill.; κορύνη οἱ ὄλ. Li), sch. supra v. 143 exaravit T, ad eundem versum rettulit b   **46** στενὸν οὐκ ἐχραίσμησεν b, fort. recte   **47** (le.) χραῖσμε — λυκ. del. Bk.   ὅτι A, fort. ἡ διπλῆ, ὅτι   **50** le. addidi   **53** le. add. Vill.   **55** sch. supra v. 147 habet T, trps. Ma.   **56** ὅτι A, ἡ διπλῆ, ὅτι Vill.   **61** ἄλλως: τά οἱ sq. cum scholio praecedenti coni. T, dist.

λεύσας ἐκ τοῦ πολέμου'. T

147. μετὰ μῶλον Ἄρηος: τὸν ἐγχρονισμὸν καὶ μόλυνσιν τῆς *ex.*
μάχης. T

65 **148.** ⟨ἐγήρα:⟩ ὅτι ἀντὶ τοῦ ἐγήρασεν τὸν παρατατικὸν ἔταξεν. *Ariston.*
A^int

149. δῶκε δ' Ἐρευθαλίωνι: ὅτι οὕτως εἴωθε φράζειν, καὶ ὅτι *Ariston.*
περιττὸς ὁ δέ. τινὲς δὲ γράφουσι „δῶκεν Ἐρευθαλίωνι". A

152—3. ⟨πολεμίζειν/⟩ θάρσει ᾧ: τῷ ἑαυτοῦ· „βουλὴ γὰρ *ex.*
70 ἄρχει, χεὶρ δ' ἐπεξεργάζεται" (Io fr. 63, 3 N.²). b(BCE³E⁴)T τινὲς δὲ
ἀντὶ τοῦ τῷ ἁπλήστῳ θάρσει αὐτοῦ τοῦ Ἐρευθαλίωνος μάχεσθαι. T

153 a.¹ θάρσει ᾧ: ὅτι Ζηνόδοτος „θάρσει ἐμῷ". ἀδιανόητον δὲ *Ariston.*
γίνεται, ἡ ψυχή με ἀνέπεισε τῷ θάρσει τῷ ἐμῷ. A

a.² γράφεται δὲ καὶ „θάρσει ἐμῷ". ἀμείνων δὲ ἡ ἄλλη. T   *Ariston. (Did.?)*

75   b. γενεῇ δὲ νεώτατος ⟨ἔσκον ἁπάντων⟩: διὸ ἐθάρσουν. *ex.*
ἐντέχνως δὲ τοὺς μὲν πρεσβυτέρους ἀπολύει τοῦ κινδύνου, τοὺς δὲ
νεωτέρους ἀνίστησιν. b(BCE³E⁴) T

154. δῶκεν δέ μοι εὖχος Ἀθήνη: ὅτι δεῖ τὰ ἴδια θεοῖς ἀναφέ- *ex.*
ρειν· καὶ γὰρ συνεργοῦσι τοῖς προθύμοις. b(BCE³E⁴) T

80 **155.** τὸν δὴ μήκιστον καὶ κάρτιστον: †καὶ ὥς† οὐχ ἑαυτὸν *ex.*
μήκιστον εἶπε καὶ κάρτιστον, ἀλλὰ τῷ μὲν Ἐρευθαλίωνι ταῦτα ἐμαρ-
τύρησεν, ἐκείνου δὲ περιγεγενῆσθαι λέγων λεληθότως καὶ ἀνεπιφθόνως
ἑαυτὸν ηὔξησεν. ζηλωτὸν δὲ ἑαυτὸν καθιστὰς προτρέπει αὐτοὺς εἰς

sq. h. e. interpretatio a scholio *c* diversa   **147** cf. Ap. S. 114, 19: μῶλος· ὁ
ἐγχρονισμὸς τῆς μάχης ἢ οἶον μόλυσις, Ep. Hom. (An. Ox. 1, 271, 27, Et. Gen.
= EM. 592, 32, Et. Gud. 401, 9); sch. Ap. Rh. 1, 164. Aliter Or. 106, 21. Vide
Valk I 509   μόλυνσιν (63) aliter D ad B 401. Σ 134   **148** ad A 163 *a* (Ari-
ston.); de v. ἐγήρα cf. Meister, H. K. 100   **149** ad A 41 *c* (Ariston.)   **152—3**
cf. Ap. Dysc. pron. 48, 11, synt. 212, 3; Beiträge 334; — ἐπεξεργάζεται (70) ad
B 273 *a*; — ἑαυτοῦ (69) cf. Eust. 672, 49   **153** *a* cf. Duentzer, Zen. 93 sq.;
verba θάρσει ἐμῷ interpretationem, non variam lectionem Zenodoti esse suspica-
tur Brugman, Probl. 110   **155** ad H 146 *c*   προτρέπει (83) cf. Aristid. or.

Ma.   **63** τὸν ... καὶ T, fort. μετὰ τὸν ... καὶ τὴν   μόλυσιν Valk (haud ur-
guet), μόλυνσιν Ma.   **65** le. add. Bk.   **65** et **67** ὅτι A, fort. ἡ διπλῆ, ὅτι
69 le. T suppl. Ma., om. b (ubi sch. ad v. 153 revocatum est)   **71** ἀπλείστῳ T
(V) em. Bk.   **72** ὅτι A, ἡ διπλῆ (sc. περιεστιγμένη), ὅτι Vill.   **73** με ἀνέπεισε
Bk., νέαν ἔπεισε A   **74** γράφεται δὲ sq. post sch. H 152—3 (coni. cum v. μάχε-
σθαι) in T, distinxi et transposui   **75** le. T supplevi, om. b   διὸ T, νεώτερος δὲ
ἤμην φησὶ διὸ καὶ (coni. cum scholio H 152—3 v. ἐπεξεργάζεται) b   **80** καὶ
ὥς T, om. b, εἴθ' ὥς ci. et lemmati attr. Ma., malim καλῶς   **81** sq. ἐμαρτ.]
ηὔξησε E³   **83** ἑαυτὸν¹] αὐτὸν B, ἐ ss. *B   ηὔξησε b

ἔννοιαν ἀγωνίας. b(BCE³E⁴) T

ex. | *ex.*   **156** *a.* πολλὸς γάρ τις ἔκειτο παρήορος ἔνθα καὶ ἔνθα: 85
(Ariston.?) ἀπὸ τῶν ἀριθμουμένων ἐπὶ τὰ μετρούμενα μεγέθη, A b(BCE³E⁴) T   ὡς
τὸ „τύμβον †δὲ οὔ† μάλα πολλὸν ἐγὼ πονέεσθαι ἄνωγα" (Ψ 245). A
T | παρήορος δὲ εἰς μῆκος καὶ πλάτος παρηρτημένος. b(BCE³) T

Ariston.   *b.* πολλὸς γάρ τις ἔκειτο παρήορος: σημειοῦνταί τινες
διὰ τὸ παρήορος, ὅτι παρηρτημένος καὶ κεχυμένος. A   90

D   παρήορος: παρηωρημένος τῷ σώματι ——— καὶ τὸν ἄ-
φρονα. A

ex. (?)   **158.** ⟨ἀντήσειε:⟩ ἤντησεν ἄν. Tⁱˡ

ex.   **159.** ⟨ὑμέων δ' οἵπερ ἔασιν:⟩ σχῆμα περὶ πρόσωπον. b (BCE³
E⁴) Tⁱˡ   95

ex.   **160.** ⟨οὐδ' οἳ προφρονέως μέματε:⟩ σχῆμα περὶ πρόσωπον. 1
Tⁱˡ

Ariston.   **161** *a.* ὡς νείκεσσ' ὁ γέρων, ⟨οἱ δ' ἐννέα πάντες ἀνέσταν⟩:
πρὸς τὸ νείκεσσεν, ὅτι ἀντὶ τοῦ ἐπέπληξεν, οὐδέποτε δὲ ἐπὶ τοῦ ἔκρι-
νεν, ὡς ἐν τῷ „ὃς †νείκεσσεν τε† θεάς" (Ω 29). καὶ ὅτι παρέλκει συνή- 5
θως αὐτῷ τὸ πάντες. A

ex.   *b.* οἱ δ' ἐννέα πάντες ἀνέσταν: πλεονάζει τὸ πάντες· οὐ
γάρ, ὥς τινες, οἱ ἅπαντες ἐννέα· τί γὰρ ἐπὶ τοῦ „δέκα πάντα τάλαντα"
(Τ 247. Ω 232); ἴσχυσε δὲ καὶ τοὺς ὁμογέροντας ἐγεῖραι. T

ex.   **162.** ὦρτο πολὺ πρῶτος ⟨———⟩ Ἀγαμέμνων: ὡς βασι- 10
λεὺς προτρέπων καὶ ὡς ἀχθόμενος τῇ †μελλήσει† αὐτῶν. καὶ τὸν ἀδελ-
φὸν ἐπισχὼν ἐνδείκνυται †οὐχ ὡς δεδιὼς Ἕκτορα ἀπέτρεπε τὸν Με-
νέλαον. b(BCE³E⁴) T

28 (49), 35 (II p. 153, 6 K.)   **156** *a* — ἄνωγα (87) ad Λ 307 *b.* Ψ 245 (ex.); — με-
γέθη (86) cf. D, sch. Eur. Hipp. 1   *b* ad Ψ 603 (Ariston.), cf. Eust. 672, 58;
Lehrs Ar.³ 146; Leumann, H. W. 226   **157** Ge: ἐπανάληψις, fort. sch. rec.
159—60 cf. Eust. 673, 10   **161** *a* — θεάς (5) ad Ω 25—30 (Ariston.), cf. Lehrs
Ar.³ 152; — ἔκρινεν (4) cf. Su. ν 283: νεικέσαι· παρ' Ὁμήρῳ τὸ λοιδορῆσαι, ἀλλ'
οὐ τὸ κρῖναι   καὶ ὅτι παρέλκει (5) sq. ad Ο 189 *a.* Σ 373. 470. Ψ 882. Ω 232
(Ariston.), cf. Eust. 673, 43; sch. ε 244. θ 258   **162** cf. Eust. 673, 56

85 le. Vill., πολλὸς ἔκειτο T, πολλὸς: A, om. b   86 τὰ μετρ.] αμετρούμενα
A   μεγ. AT μεταβαίνει μεγέθη b   87 δ' οὐ Hom.   ἐγὼ T ἔσω A   88 εἰς T
ἤτοι εἰς b   ἀπηρτημένος C   93 et 94 le: add. Vᶜ   94 σχῆμα T τὸ σχῆμα
τοῦτό ἐστιν, ὃ καλεῖται b   1 le. add. Ma.   3 le. A (> ante ὡς), suppl. Vill.
4 πρὸς A, ἡ διπλῆ πρὸς Vill.   5 νείκεσσε (sine τε) Hom.   10 le. T suppl. Ma.,
om. b   ὡς T καὶ ὡς b   11 μελλήσει Bk.   12 ἐπισχὼν T δὲ ἐπισχὼν b   οὐχ
ὡς δεδ. T ὅτι καὶ αὐτὸς οὐ δέδιεν b, fort. ὡς οὐ δεδιὼς   12 sq. ἀπέτρεπε sq. T εἰ
καὶ ἐκεῖνον ἐκώλυσεν b

163 *a.* τῷ δ᾽ ἐπί {τυδείδης} : οὐκ ἀναστρεπτέον τὴν πρόθεσιν· *Hrd.*
15 μεταξὺ γὰρ πέπτωκεν ὁ δέ σύνδεσμος. **A**

b. τῷ δ᾽ ἐπὶ Τυδείδης: φιλοτιμεῖται γὰρ ἐπὶ τοῖς πεπρα- *ex.*
γμένοις καὶ θερμότερός ἐστι τῶν Αἰάντων. b(BCE³E⁴) **T**

164. τοῖσι δ᾽ ἐπ᾽ Αἴαντες: δευτερεύει γὰρ Αἴας ᾿Αχιλλέως. συν- *ex.*
ανέστησε δὲ αὐτῷ καὶ τὸν Λοκρόν· „ἴσον" γὰρ „θυμὸν †ἔχοντες†"
20 (N 704). πολεμεῖ δὲ νῦν καὶ κρατεῖ, ἵνα, ὅταν ἡττᾶται ῞Εκτορι (cf.
Π 114—24), τὸν Δία νοοῖμεν. b(BCE³E⁴) **T**   *ex.*

165—6. τοῖσι δ᾽ ἐπ᾽ ᾿Ιδομενεύς ⟨——— / Μηριόνης⟩: ἐκεί-
νων μὲν λείπονται, Εὐρυπύλου δὲ καὶ Θόαντος ὑπερέχουσιν. συνεργεῖ
δὲ ἀεὶ Μηριόνης τῷ ᾿Ιδομενεῖ. b(BCE³E⁴) **T**

25 **167** *a.* τοῖσι δ᾽ ἐπ᾽ Εὐρύπυλος: οὐδὲ ἐνθάδε ἀναστρεπτέον, *Hrd.*
καὶ ὅτι συνήλειπται. **A**

b. τοῖσι δ᾽ ἐπ᾽ Εὐρύπυλος: κρείττων καὶ οὗτος τὰ πολεμι- *ex.*
κὰ Θόαντος· περὶ λόγους γὰρ μᾶλλον δεινὸς ὁ Θόας· „ἀγορῇ δέ ἑ
παῦροι ᾿Αχαιῶν / νίκων, b(BCE³E⁴) **T**   ὀπ⟨π⟩ότε κοῦροι ἐρίσ-
30 ⟨σ⟩ειαν" (Ο 283—4). **T**

c. ⟨Εὐαίμονος:⟩ ψιλωτέον τὸ Εὐαίμονος εἰς ἰδιότητα. *Hrd.*
προείρηται δέ (sc. ad E 76). **A**ⁱⁿᵗ

168 *a.*¹ δῖος ᾿Οδυσσεύς: οὐχ ὡς δειλός, ἀλλ᾽ ὡς σοφὸς εἰς πάντα *ex.*
μέλλει. ἄλλως τε περὶ πάντων ἀπελογίσατο· „πάντες ἄρ᾽ οἵ γ᾽ ἔθε-
35 λον" (Η 169). **T**

*a.*² ἔσχατος τέθειται οὐχ ὡς δειλός, ἀλλ᾽ ὡς σοφός· πάντα γὰρ
λογισμῷ πράττων εἰς πάντα μέλλει. b(BCE³E⁴)

170. τοῖς δ᾽ αὖτις μετέειπε Γερήνιος ⟨ἱππότα Νέστωρ⟩: *ex. | ex.*
ὁ καὶ ἀναστῆναι προτρέψας, οὐχ ὁ βασιλεύς, ὃς πονεῖν ἐθέλει. b(BCE³
40 E⁴) **T** | ὅτι τοὺς μὲν καθίστησι, τοὺς δὲ ἀνίστησι Νέστωρ. **T**

---

163 *a* ad E 283 *a*¹ (Hrd.). Vide ad H 167 (Hrd.)   **167** *a* ad E 283 *a*¹ (Hrd.). Vide
ad H 163 *a* (Hrd.)   ὅτι συνήλειπται (26) ad B 6 *a*   περὶ λόγους (28) sq. ad
O 281—4 (ex.)   *c* ad E 76 (Hrd.), cf. Lehrs Ar.³ 313. 314   **168** — δειλός (33)

14 (le.) τυδ. eieci   18 αἴας om. **T**   19 γὰρ **T** γάρ φησι b   ἔχοντε
Hom.   21 exspectes νοῶμεν (sic Ma.), at vide ad H 114 *b*²/*a*²   22 le.
T supplevi, om. b (ubi sch. ad H 165 revocatum est)   23 θόαντος] αἴαντος
C   ὑπερέχουσι b   26 συνείληπται A em. Bk.   27 sq. κρείττων — θόας iterantur
in C post sch. H 177   28 ἑ om. **T**   29 ἀχ. νίκων b ἐνίκων ἀχαιῶν **T**   29
sq. ὀπότε et ἐρίσειαν **T** suppl. Ma.   31 le. (= **A**ᶜᵒⁿᵗ) addidi   34 ἀπελογή-
σατο Bk., at cf. Valk I 521   38 le. **T** supplevi (auctore Vill.; ἱππ. νέστ. le. in
Li), om. b   39 ἐθέλει ἀεί b

Ariston.   **171** *a.* κλήρῳ νῦν πεπάλασθε ⟨διαμπερές, ὅς κε λάχη-
σιν⟩: ὅτι τηρεῖ τὴν διαφορὰν τοῦ κληρώσασθαι καὶ λαχεῖν. καὶ πρὸς
τὸ λάχησιν, ὅτι ὃς ἂν λάχοι. ἡ δὲ ἀναφορὰ πρὸς τὸ ,,ἰχθύς, ὅς κε
φάγησι‘‘ (Φ 127) πρὸς Φιλίταν. **A**

Did. + Hrd.   *b.* ⟨πεπάλασθε:⟩ οὕτως Ἀρίσταρχος καὶ Ἡρωδιανὸς διὰ 45
τοῦ σ̄, πεπάλασθε, οὐ διὰ τοῦ χ̄. **A**ⁱᵐ

ex.   *c.*¹ πεπάλαχθε: αἱ πᾶσαι ,,πεπάλασθε‘‘ παρὰ τὸν Πάλλαν-
τα ἢ ἀπὸ τοῦ ἀναπάλλεσθαι τοὺς κλήρους. πεπάλαχθε δὲ μολύνθητε.
T

*c.*² αἱ πᾶσαι ,,πεπάλασθε‘‘, ὅ ἐστι τῷ κλήρῳ ἤτοι τῷ λαχμῷ 50
κινήθητε. ἕκαστος, φησί, τῷ ἑαυτοῦ κλήρῳ ἐν λαχήσει κινήθητε. ἀπὸ
τοῦ πάλλω παλάσσω. τὸ δὲ πεπάλαχθε τὸ μολύνθητε δηλοῖ.
b(**BCE³E⁴**)

ex. | *Did.(?)*   *d.* πεπάλασθε: οἷον κλήρῳ διακληρώσασθε. ἀπὸ τοῦ ἀνα-
πάλλεσθαι τοὺς κλήρους πεπάλασθε λέγει. | τὸ δὲ ὅς κε λάχησι 55
τινὲς γράφουσι διὰ τοῦ ω̄, ἵνα λείπῃ τὸ τίς, ὡς πολλαχοῦ παρ’ αὐτῷ.
A

ex.   *e.* ἄλλως· κλήρῳ νῦν πεπάλαχθε: ἀνοήτως, φασίν, ἐπὶ
κλῆρον ἔρχεται, δέον ἑλέσθαι τὸν ἄριστον, ὅπου κίνδυνος ἦν καὶ τὸν

---

ad Θ 97 *b*. Κ 149   **171** — λαχεῖν (42) cf. Amm. 292: λαχεῖν καὶ κληρώ-
σασθαι διαφέρει· λαγχάνει μὲν εἷς, οὗ ἂν ὁ κλῆρος ἔλθῃ (῞Ομηρος· ,,κλήρῳ νῦν πε-
πάλαχθε διαμπερές, ὅς κε λάχησι‘‘), κληροῦνται δὲ πάντες οἱ καθιέντες εἰς τὸν κλῆρον.
καὶ λαχεῖν μέν ἐστι τὸ ἐκ τῶν κληρουμένων τοῦ προκειμένου τυχεῖν, κληρώσα-
σθαι δὲ τὸ κλήρῳ χρήσασθαι, incertum, an e scholio uberiore, cf. Beiträge 302, 2   τὴν
διαφορὰν (42) cf. Eust. 674, 20   καὶ πρὸς τὸ (42) sq. ad Ζ 459 (Ariston.).
Vide ad Δ 191 *b*   Φιλίταν (44) cf. fr. 57 K.   *b* cf. sch. ı 331; Ludwich, A. H. T.
1, 277, 16. 575, 14; Bechtel, Lex. 266; Valk II 205; vide Beiträge 91   *c* cf.
Eust. 674, 11   *c*¹ cf. Ap. S. 126, 19: πάλος· κλῆρος, ἀπὸ τοῦ πάλλεσθαι πρὸς τὴν
ἄρσιν τοῦ λαγχάνοντος ἢ ἀπὸ τοῦ πάλεσθαι τὴν καρδίαν τῶν κληρουμένων· ὅθεν
ἁμαρτάνουσιν οἱ γράφοντες (sc. in ı 331) πεπαλάχθαι (Lehrs, πεπαλᾶσθαι cod.)·
τοῦτο γάρ ἐστι τὸ μεμολύσθαι, καθά φησιν· ,,αἵματι καὶ λύθρῳ πεπαλαγμένον‘‘
(Ζ 268), vide ad sch. *b*; — τοὺς κλήρους (48) ad Η 181 (ex.), cf. D ad Η 171   ἀπὸ
τοῦ ἀναπάλλεσθαι τοὺς κλήρους (48) cf. D; Et. Gen. (= EM. 661, 3)   *d* ἀπὸ

---

41 sq. le. A suppl. Frdl.   **42** ὅτι A, fort. ἡ διπλῆ, ὅτι   **43** λάχοι Frdl.,
λάχηι A   ἰχθῦς A em. Bk.   **44** φιλ. scripsi, φιλιτᾶν A, φιλίταν Kuchen-
mueller; vide ad Ζ 459   **45** le. add. Ddf. (Vill.)   οὕτως Vill., ουτος
(sine accentu) A   **52** δὲ] γὰρ E⁴   **54** le. A, fort. πεπάλασθε . . . ὅς
κε λάχησιν: πεπάλασθε   **55** ὅς κε Bk., καὶ ὥς κε A   **56** τινὲς Ddf., τινὲς
δὲ A   **58** ἄλλως et le. (coni. cum scholio *c*¹, v. μολύνθητε) T, om. **b**   ἀ-
νοήτως δέ φασιν sq. pone sch. Η 171—3 (coni. cum v. ὠφ. τοὺς ἕλληνας) **b**   **59**
δέον γὰρ **b**   τὸν ἀρ. πάντων **b**   **59** sq. ὅπου — λαχεῖν T ὅπου τοιοῦτος ὁ
κίνδυνος ἦν, τὸν δὲ φαυλότατον ἐᾶσαι **b**

60 φαυλότατον λαχεῖν. τοῦτο δὲ ποιεῖ ὁ Νέστωρ, ἵνα †μηδενός† προ-
κριθέντος ὑβρισθῶσιν οἱ λοιποί, πρός τε τὸν πολέμιον ἵνα ἐνδείξηται
ὅτι οὐχ ἕνα μόνον οἴεται ἀξιόχρεων εἶναι πρὸς αὐτὸν μάχεσθαι, καὶ
ἵνα μήτε νικήσας τὸν ἄριστον δοκῇ νενικηκέναι, ἀλλὰ τὸν ὑπὸ τοῦ
κλήρου δεδομένον, μήτε ληφθεὶς ὑπὸ τοῦ ἀρίστου λελῆφθαι, ἀλλ᾿ ὑπὸ
65 τοῦ λαχόντος. ἅμα δὲ καὶ ἀγωνιᾷ ἐπὶ τῷ κλήρῳ ὁ ἀκροατής. b(BE³
E⁴) T

171—4 a.¹ κλήρῳ νῦν πεπάλασθε ⟨―――― δηϊοτῆτος⟩:　*Nic.*
στικτέον κατὰ τὸ τέλος τοῦ στίχου (sc. 171). τὸ δὲ ἑξῆς λεγόμενον
οὗτος γὰρ δὴ ὀνήσει (172) ἤτοι περὶ τοῦ κλήρου ἐστὶν ἢ τοῦ λα-
70 χόντος, ὃ καὶ βέλτιον· ἐπιφέρει γὰρ καὶ δ᾿ αὐτὸς ὃν θυμὸν ὀνήσε-
ται (173). ἄλλως μέντοι γε ὕποπτος οὗτος ὁ στίχος ἦν· δυσέλπιδας
γὰρ †τούτους† ποιεῖ. τὸ δὲ ἐν τῷ πρώτῳ στίχῳ δοκοῦν ἀκατάλληλον
εἶναι ʻκληρώθητε ὃς ἂν λάχῃσιʼ (cf. 171) σύνηθες Ὁμήρῳ ἐστίν, οἷον
κληρώθητε· λάχοι γὰρ ἄν τις. τὸ δὲ διαμπερὲς πρόσκειται ἀντὶ τοῦ
75 διηνεκῶς, οἷον πάντες. ταῦτα δέ τινες ὑπιδόμενοι ἀφ᾿ ἑτέρας ἀρχῆς
ποιοῦσιν ἀναγινώσκειν, διαμπερές, ὅς κε λάχῃσιν, / οὗτος γὰρ
δὴ ὀνήσει (171—2), ἵν᾿ ᾖ τὸ ἑξῆς οὗτος γὰρ δὴ διαμπερὲς ὀνήσει, ὅς
κε λάχῃσι. οἱ δὲ καὶ οὕτως· ὅς κε λάχῃσιν, / οὗτος γὰρ δὴ ὀνήσει
(171—2), δῆλον ὅτι μετὰ τὸ διαμπερές (171) στίζοντες. ταῦτα ὁ
80 Νικάνωρ (p. 191 Friedl.). A

a.² οὕτως συνάπτειν δεῖ ὅς κε λάχῃσιν, οὗτος γὰρ δὴ
ὀνήσει. Aⁱⁿᵗ

171—3. διαμπερὲς ⟨―――― ὀνήσεται⟩: διηνεκῶς ἀπὸ πέρατος　*ex.(Nic.)*
εἰς πέρας ἐλθόντος τοῦ κλήρου, ὅ ἐστι διὰ πάντων. εἶτα ἀπὸ ἄλλης

τοῦ (54) — κλήρους (55) cf. sch. c¹　　e — μάχεσθαι (62) cf. Eust. 074, 5　　τοῦ-
το δὲ (60) — δεδομένον (64) sim. Ge (e T): κλῆρον ποιῆσαι λέγεται ὁ Νέστωρ,
ἵνα μηδενὸς — οἱ λοιποί, καὶ ἵνα δείξῃ ὅτι οὐχ ἕνα μόνον ἔχουσιν ἀξιόχρεων
πρὸς αὐτὸν μάχεσθαι, καὶ ἵνα μὴ νικήσας δοκῇ τὸν ἄριστον νενικηκέναι, ἀλλὰ —
δεδομένον　　**171—4** ὕποπτος (71) cf. Friedl., Nic. 119: „Apparet versum su-
spectum fuisse propter verba αἴ κε φύγῃσιν. Quem qui rejiculum putaret, ei etiam
sequens expungendus erat“　　**171—3** — ὠφελήσει (85) cf. D; — πάντων (84) cf.

---

60 fort. μὴ ἑνὸς　　61 πρός τε — ἐνδ. T τῷ τε πολεμίῳ ἐνδείκνυται b
62 οἴεται om. T (de Ge cf. test.)　　εἶναι om. b　　εἰς τὴν πρὸς αὐτὸν
μάχην b　　63 τοῦ (ante κλήρου) om. b　　64 λειφθεὶς . . . λελεῖφθαι b
65 λαχ. τὸν κλῆρον. ἅμα δὲ b　　67 le. A suppl. Frdl.　　71 γε Bk., τε
A　　72 τούτοις (sc. verbis αἴ κε φύγῃσι sq.) Lehrs, fort. recte　　73 ἂν
Frdl., ἐὰν A　　75 ὑπειδόμενοι A em. Vill.　　81 sq. δὴ ὀνήσει Vill., διο-
νήσει A　　83 le. T ꞌsupplevi, om. b　　διην. ἀπὸ T τὸ δὲ διαμπερὲς τὸ διηνεκῶς
ἀπὸ coni. cum scholio H 171 c² (v. δηλοῖ) in b, fort. τὸ διαμπερὲς διηνεκῶς ἀπὸ
84 τοῦ om. E³

20*

ἀρχῆς· ὃς γὰρ ἂν λάχη, καὶ Ἕλληνας καὶ ἑαυτὸν ὠφελήσει. τινὲς τε- 85
λείαν εἰς τὸ λάχησιν (171). λέγει δὲ κληρώθητε· λάχοι γὰρ ἄν τις,
b(BCE³E⁴) T   ὡς καὶ τὸ „μάρνασθ᾽, ὁπ⟨π⟩οτέροισι πατὴρ Ζεὺς
κῦδος ὀρέξει" (Ε 33). T   οἱ δὲ στίζουσιν εἰς τὸ „πεπάλασθε"
(171), εἶτα, ὃς γὰρ ἂν λάχη, διηνεκῶς καὶ εἰς πάντα τὸν βίον ὠφελήσει
τοὺς Ἀχαιούς. b(BCE³E⁴) T   90

ex.   172. ⟨Ἀχαιούς:⟩ ὡς ἔχοντας ἀξιόμαχον Ἕκτορι. Tⁱˡ

Ariston.   175 *a.* ⟨ἐσημήναντο:⟩ ὅτι σημείοις χρῶνται, οὐ γράμμασιν.
AⁱᵐAⁱⁿᵗ

ex.   *b.*¹ ἐσημήναντο: γράμμασιν. T   καὶ πῶς οὐ γινώσκει ὁ
κῆρυξ; ἐθνικὰ γὰρ ἦν. T   95

           *b.*² γράμμασιν ἐσημήναντο. b(BCE³E⁴)   καὶ πῶς ὁ κῆ- 1
ρυξ οὐδὲ οἱ ἄλλοι γνωρίζουσιν; ὅτι ἐθνικὰ ἦν. b(BCE³)

Hrd.   177 *a.*¹ ⟨λαοὶ δ᾽ ἠρήσαντο⟩ θεοῖς ἰδὲ χεῖρας ἀνέσχον: ὁ
Ἀσκαλωνίτης (p. 48 B.) διαστέλλει ἰδὲ χεῖρας ἀνέσχον, ὡς „ἰδὲ
κλέος ἐσθλὸν ἄροιτο" (Ε 3), ἵνα γένηται καὶ χεῖρας ἀνέσχον. Ἀλεξίων 5
(fr. 34 B.) δὲ τὴν κατειθισμένην παραλαμβάνει, „λαοὶ δ᾽ ἠρήσαντο,
θεοῖσι δὲ χεῖρας ἀνέσχον". οὕτως καὶ οἱ περὶ Ἡρακλέωνα (fr. 7 B.).
οὐκ ἀποδοκιμάζει μέντοι τὴν ἑτέραν ὁ Ἀλεξίων· καὶ ἡμῖν οὕτως δο-
κεῖ. A

           *a.*² διχῶς, καὶ „θεοῖσι δέ" καὶ θεοῖς ἰδέ. Aⁱᵐ   10

           *a.*³ διχῶς δὲ θεοῖς ⟨ἰδὲ χεῖρας⟩ καὶ „θεοῖσι δὲ χεῖρας". T

ex.   *b.* λαοὶ δ᾽ ἠρήσαντο ⟨θεοῖς ἰδὲ χεῖρας ἀνέσχον⟩: ἡδέα
καὶ Ἑλληνικὰ ἀγωνιᾶν τοὺς Ἕλληνας περὶ εὐδοξίας. b(BCE³E⁴) T

ex.   179—80. ἢ Αἴαντα λαχεῖν ⟨———— Μυκήνης⟩: τάξιν ἡ εὐχὴ
ἔχει, τὸν πρῶτον κατ᾽ ἀλκὴν καὶ τὸν δεύτερον καὶ τὸν τρίτον κατα- 15
λέγουσα. b(BCE³E⁴) T

Eust. 674, 32   **175 *a*** ad Η 187 (Ariston.), cf. D, D ad Η 187; Eust. 674, 35   ***b***
ad Ζ 168 (ex.); vide ad Η 185 *a*   γράμμασιν (94 et 01) cf. Ep. Hom. (An. Ox.
1, 239, 27, Et. Gen. = EM. 519, 7, Et. Gud. 327, 36)   ***b***¹ verba καὶ πῶς (94) —
γὰρ ἦν (95) in mg. E⁴, fort. ex h   **176** cf. sch. min.(?) de v. κυνέη ap. De Marco
II 136; vide He. κ 4569   **177 *a*** cf. sch. D. Thr. (Σᵛ) 150, 24, ibid. (Σˡ) 444, 34,
Eust. 674, 46. Vide ad Γ 318 (Nic.)   **179—80** cf. Max. Tyr. 10, 7 f—h

---

85 τινὲς δὲ b   **86** δὲ T δὲ ὅτι BE³E⁴ γὰρ ὅτι C   **87** μάρνασθαι T em.
Bk.   ὁποτέροισι T suppl. Bk.   **90** ἀχ. T Ἕλληνας b   **91** le. add.
Ma.   **92** le. add. Bk., om. A (utroque loco)   ὅτι A (utroque loco), ἡ
διπλῆ, ὅτι Bk.   **94** sq. ἀπορία ante καὶ, et λύσις ante ἐθνικὰ add. m. sec.   **3**
le. A suppl. Vill.   **5** et **7** χεῖρας A em.
Bk.   **11** διχῶς δὲ θεοῖς sq. post sch. *b* (coni. cum v. εὐδοξίας) in T, transposui
12 le. T supplevi (auctore Vill.), om. b   **13** καὶ T ταῦτα καὶ b   ἀγων. T τῶι
(τὸ Bk.) ἀγωνιᾶν b   περὶ T περὶ τῆς b   **14** le. T supplevi, om. b (qui sch. ad
v. 179 rettulit)   **15** sq. καταλέγ. om. T

179. ⟨λαχεῖν:⟩ λείπει τὸ δός. Τ^il   *ex.*

180. ⟨Μυκήνης:⟩ ὅτι ἀλλαχοῦ (sc. Β 569. Δ 376) πληθυντικῶς   *Ariston.*
Μυκήνας. Α^int

181. πάλλεν δὲ Γερήνιος: ὡς μὴ κακουργηθῆναί τι περὶ τὸν   *ex.* | *D*
κλῆρον· πιστότατος γάρ. b(BCE³E⁴) Τ | τὸ δὲ πάλλεν ἀντὶ τοῦ
ἐκλήρου. Τ

182 a. ⟨ἐκ δ᾽ ἔθορε κλῆρος κυνέης:⟩ ὅτι ἀνέσειον τοὺς κλήρους,   *Ariston.*
οὐκ ἐξηροῦντο, ὡς ἡμεῖς νῦν. Α^im

b. ⟨ὃν ἄρ᾽ ἤθελον αὐτοί:⟩ πιθανῶς εἴρηται τοῦτο, εὐχῆς   *ex.*
γὰρ τὸ ἔργον ἦν, καὶ κεχαρισμένως τῷ ἀκροατῇ. b(BCE³E⁴)

184 a.¹ ἐνδέξια: ὅταν ἀντὶ ἐπιρρήματος ᾖ, ἀντὶ τοῦ ἐπιδεξί-   *Hrd.*
ως ἐνδέξια, τρίτη ἀπὸ τέλους ἡ ὀξεῖα. Α

a.² βαρυντέον τὸ ἐνδέξια· ἐπίρρημα γάρ ἐστιν ἀντὶ τοῦ ἐν-
δεξίως. b(BCE³) Τ

185 a. οἱ δ᾽ οὐ γιγνώσκοντες: οὐχ οἱ αὐτοὶ γὰρ ἦσαν παρὰ   *ex.*
πᾶσι τοῖς Ἕλλησι χαρακτῆρες. διάφορα δὲ καὶ τὰ τῶν στοιχείων
ὀνόματα, ὡς τὸ σάν. Καλλίστρατος δὲ Σάμιος ἐπὶ τῶν Πελοποννησια-
κῶν μετήνεγκε τὴν γραμματικὴν καὶ παρέδωκεν Ἀθηναίοις ἐπὶ ἄρχον-
τος Εὐκλείδου, ὥς φησιν Ἔφορος (FGrHist 70, 106). b(BCE³E⁴) Τ
τινὲς δὲ τὸ οὖ περισπωμένως καὶ δασέως, ἵν᾽ ᾖ αὐτοῦ τοῦ Αἴαντος αὐ-
τὸν εἰδότες, κακῶς. Τ

b. ⟨ἀπηνήναντο ἕκαστος:⟩ ἐναρτᾷ τέως ἡμῶν τὸν νοῦν,   *ex.*
οὐκ εὐθὺς ἐπὶ τὸν Αἴαντα τὸν κλῆρον φέρων. b(BCE³E⁴) Τ

---

179 cf. Eust. 674, 49   180 ad H 135. Λ 46 (Ariston.). Vide ad Δ 52   181 cf.
Eust. 675, 9   πιστότατος γάρ (21) cf. sch. min. ap. De Marco II 136   τὸ δὲ
πάλλεν (21) sq. cf. sch. min. ap. De Marco II 136. Vide ad H 171 c¹   184 cf.
sch. ρ 365, Ep. Hom. (An. Ox. 1, 169, 23. 176, 3), Et. Gen. (AB) ἐνδεξιᾷ (e Choer.
O. ?); He. ε 2764; vide ad l 236 b (Hrd.); Buttmann I 165   ἐπιδεξίως (27) = D
185 a vide ad H 175 b   Καλλίστρατος (33) — Ἔφορος (35) cf. Paus. att. σ 3
(test.)   ἐπὶ ἄρχ. Εὐκλείδου (34) h. e. anno 403/2; FGrHist = Artium scriptores
ed. Radermacher (1951) B 33, 8 (p. 197)   τινὲς δὲ (36) sq. cf. Aristot. soph. el.
166 b 3 (vide ad Ψ 328)   b ἐναρτᾷ (38) cf. Valk I 514

---

17 le. add. Ma.   18 le. add. Bk.   ὅτι Α, ἡ διπλῆ, ὅτι Vill.   21 γάρ
Τ γὰρ οὗτος ἦν (ἦν περὶ ΒΕ⁴) τῶν ἄλλων (τ. ἑτέρων C) b   23 le.
add. Vill.   ὅτι Α, ἡ διπλῆ, ὅτι Vill.   25 le. add. Li   27 ᾖ Bk.,
ἡ Α   27 sq. ἀντὶ τοῦ ἐπιδ. (ἐπιδεξιῶς Α) ἐνδ. Α, τοῦ ἐπιδεξίως τὸ
ἐνδέξια Bk.   29 ἐπίρημα Τ   ἀντὶ] ἀπὸ ΒΕ³   33 ὡς τὸ ἐὰν Τ em. Bk., om.
b   δὲ Τ δὲ ὁ b   33 sq. πελοποννησιακῶν C   34 ταύτην μετήν. τὴν b
34 sq. ἐπὶ ἄρχ. εὐκλ. om. b   35 εὐκλήτου Τ em. Ma.   36 τὸ οὖ scripsi, τὸ οἷ
Τ   αἴαντες Τ em. Bk.   38 le. add. Ma.   ἐναρτᾷ — νοῦν Τ τέως δὲ ἡμῶν
ἐξαρτᾷ τὸν νοῦν (coni. cum scholio praecedenti, v. Ἔφορος) b   ἐξαρτᾷ Ma.,
olim fuisse credo ἀναρτᾷ   39 ἐπὶ τὸν κλῆρον ss. τὸν αἴαντα Τ (τὸν αἴαντα ante
τὸν κλ. add. Τ^rec)   φέρων τὸν κλ. b

Did.   186 *a*.¹ ⟨ἀλλ' ὅτε δὴ ῥ' ἵκανε:⟩ διχῶς· ἀλλ' ὅτε δὴ ῥ' ἵκα- ⁴⁰
νε καὶ „ἀλλ' ὅτε δὴ τὸν ἵκανε". A^{im}

               a.² διχῶς ἡ γραφή. T^{il}

Ariston.   187. ὅς μιν ἐπιγράψας: ὅτι οὐ γράμμασι τῆς λέξεως, ἀλλ' ἐγ-
χαράξας σημεῖα· εἰ γὰρ κοινῶς ᾔδεσαν γράμματα, ἔδει τὸν κήρυκα
ἀναγνῶναι καὶ τοὺς ἄλλους, οἷς ἐπεδείκνυτο ὁ κλῆρος. A   ⁴⁵

ex.   189—90 *a*.¹ γήθησε δὲ θυμῷ. ⟨/ τὸν μὲν πὰρ πόδ' ἑὸν χα-
μάδις βάλε⟩: ἀλλαχοῦ τὸ σῶμα, νῦν δὲ τὴν γνώμην αὐτοῦ ἐπαινεῖ.
καλῶς δὲ οὐκ εἶπεν ἐμειδίασεν· τοῦτο γὰρ εἰρωνικὸν ἐπὶ τῶν φίλων ἦν,
ἑξῆς δὲ καταπλῆσσον τὸν πολέμιον. T

               a.² καλῶς οὐκ εἶπεν ἐμειδίασε· τοῦτο γὰρ εἰρωνικὸν ἐπὶ ⁵⁰
τῶν φίλων ἦν. βάλλει δὲ χαμαὶ τὸν κλῆρον τύπον τῆς ἥττης Ἕκτορος
παρεντιθείς. b(BCE³E⁴)

ex.   192. δοκέω νικησέμεν: μέτριον καὶ Ἑλληνικὸν τὸ ἦθος· οὐχ ὡς
ὁ Ἕκτωρ γὰρ περὶ τῶν ἀδήλων ὑπισχνούμενος b(BCE³E⁴) T   „ὡς
πυρὶ νῆας ἐνιπρήσω, κτείνω δὲ καὶ αὐτούς" (Θ 182). T   ⁵⁵

ex.   193 *a*. ⟨ὄφρ' ——— δύω:⟩ ἐπασφαλίζεται ὡς διακινδυνεύων. T^{il}
Did.   *b*. ⟨δύω:⟩ Ἀρίσταρχος „δύνω", ἄλλοι δὲ δύω. A^{int}

ex. | *ex.* 194. τόφρ' ὑμεῖς εὔχεσθε: Ἑλληνικὸν τὸ πρὸ τῶν κινδύνων
εὔχεσθαι. ἅμα καὶ τὸ διάκενον πληροῖ. ἡ δὲ τῶν πολλῶν εὐχὴ εἰσα-
κούεται. | ὅτι καὶ τὸν κράτιστον ἐπὶ θεοὺς δεῖ καταφεύγειν. b(BCE³ ⁶⁰
E⁴) T

Ariston.   195—9. σιγῇ ἐφ' ὑμείων (195) ἕως τοῦ ἔλπομαι ἐν Σαλα-
μῖνι (199): στίχοι πέντε ἀθετοῦνται, ὅτι οὐ κατὰ τὸν Αἴαντα οἱ λό-
γοι καὶ ἑαυτῷ ἀνθυποφέρει γελοίως. A

---

186 A m. rec. in mg. exteriore verba ἀλλ' ὅτε δὴ τὸν ἵκανε adscripsit   187
ad H 175 *a* (Ariston.). Vide ad Z 169 *a* (Ariston.)   εἰ γὰρ (44)
sq. ab Aristarcho abiudicat Leeuwen, Ench. 11 not. j, fort. temere   189—
90 καλῶς δὲ (48) sq. vide ad H 212 *b*   ἑξῆς δὲ (49) sq. ad H 212 *b*
(ex.)   192 cf. Eust. 675, 61   194 cf. Ge (e T): Ἑλληνικὸν —
εὔχεσθαι. καὶ δείκνυσιν ὅτι δεῖ καὶ τὸν ἄριστον ἐπὶ θεοὺς καταφεύγειν,
cf. app. crit.   195—9 ad H 198 (Ariston.)   οὐ κατὰ τὸν Αἴαντα (63) cf. Wi-
lamowitz, H. U. 244, 6; aliter Cauer 621, 17   ἀνθυποφέρει (64) sc. H 196

---

40 le. add. Vill.   40 sq. ῥ' ἵκανε (ante καὶ) Lehrs, ῥ' ἵκοντο A   42
supra v. H 187 in T (καὶ ἐνιγράψας add. m. rec.), trps. Ldw. (ὃς μιν
ἐπιγράψας le. in V^c)   43 ὅτι A, ἡ διπλῆ, ὅτι Vill.   43 sq. ἐνχαράξας
A em. Vill.   46 sq. le. T supplevi   49 καταπλήσσων T emen-
davi   50—2 sch. ad H 189 revocavit b   50 εἴρων. γὰρ τοῦτο E⁴   52
παρενθείς E⁴   53 τὸ ἦθος om. T   54 γὰρ om. T   ὑπισχνεῖται b   56 le.
add. Nickau, cl. scholio ad H 103   fort. ὡς διακινδυνεύσων   57 le. addidi
(auctore Vill.)   59 πληροῖ sc. Homerus   59 sq. εἰσακούεται, ὅτι bT, dist.
Ma. (cf. Ge)   62 σιγῇ ἐφ' ὑμείων: A (instar lemmatis scriptum), signum trans-
posui   64 ἀνθ' ὑποφέρει A em. Vill.

65 **195.** σιγῇ ἐφ' ὑμείων: ἵνα μὴ δόξωσιν ἐπ' εὐχὰς τρέπεσθαι *ex.*
τὸν Ἕκτορα δεδοικότες. b(BCE³E⁴) T

196. ⟨οὔτινα δείδιμεν:⟩ οὐ διὰ δέος αὐτὸ ποιοῦμεν. T^il *ex.*

197—8 *a.*¹ οὐ γάρ τίς με βίῃ ⟨———/⟩ οὐδέ τ' ἀϊδρείῃ· ἐκ *ex.*
δυοῖν γὰρ νίκη προσγίνεται †περὶ† ὧν τὸ μὲν ἐγνωσμένον παρῆκε, τὸ
70 δὲ ἑξῆς ἐπεξεργάζεται. μετρίως δέ φησιν οὐ βιάσεταί μέ τις. ὁ δὲ Ἕκτωρ
,,αὐτὰρ ἐγὼν εὖ οἶδα μάχας ἀνδροκτασίας τε'' (H 237). T

*a.*² ἐκ δυοῖν γὰρ ἡ νίκη προσγίνεται, ἀνδρείας καὶ πολυπει-
ρίας, ὧν τὸ μὲν ἐγνωσμένον παρῆκε, τὸ δὲ ἑξῆς ἐπεξεργάζεται. μετρίως
δέ φησιν ὅτι μὴ βουλόμενόν με οὐδεὶς βουλόμενος βιάσασθαι βιάσεται.
75 καὶ τίς, φασί, βούλεται βιασθῆναι; διὰ τούτου φαμὲν ὅτι τὸ τῶν
πολλῶν ἀμελὲς ἐνδείκνυται. b(BE³E⁴)

197 *a.*¹ ⟨ἑκών:⟩ Ἀρίσταρχος διὰ τοῦ λ̄ ,,ἑλών''. A^im   *Did.*

*a.*² αἱ Ἀριστάρχου καὶ αἱ πλείους ,,ἑλών''. T^il

*a.*³ γράφεται {δὲ} καὶ ,,ἑλών''. b(BE³E⁴)

80 *b.* ⟨δίηται:⟩ †πορεύηται. T^il   *ex.*

198 *a.*¹ οὐδέ τ' ἀϊδρείῃ: διὰ τοῦ τ̄ι εἶχον αἱ Ἀριστάρχου. ἡ *Did.* | *Did.*
δὲ Ἀριστοφάνους ,,οὐδὲ μὲν ἰδρείῃ''. | ἠθέτηντο δὲ καὶ παρὰ Ἀρι-
στοφάνει καὶ Ζηνοδότῳ. A

*a.*² οὐδέ τ' ἀϊδρείῃ: ,,οὐδέ τι ἰδρείῃ''. παρὰ Ἀριστοφάνει
85 ,,οὐδὲ μὲν ἰδρείῃ''. | ἠθέτηντο δὲ καὶ παρὰ Ἀριστοφάνει καὶ Ζηνο-
δότῳ. T

b. ἀϊδρείῃ: τῇ πολυπειρίᾳ, ἐπιτάσει τοῦ ᾱ. b(BE³E⁴)   *ex.*

*c.*¹ {ἐπεὶ οὐδ'} ἐμέ: ἐν ὀρθῇ τάσει ἀναγνωστέον, ἵνα ᾖ ἀντι- *Hrd.*
διαστολὴ πρὸς ἄπειρα πολέμου τινὰ πρόσωπα. A

197—8 — περὶ (69, resp. πολυπειρίας 72) cf. Eust. 676, 12   μετρίως δὲ (70 et
73) sq. cf. Eust. 676, 19   197 b cf. sch. min. ap. He. δ 1766 (δίηται· διώξῃ);
Valk I 415, 9   198 a A m. rec. in mg. exteriore verba γράφεται οὐδέ τε ἰδρείη
appinxit   ἡ δὲ Ἀριστοφ. (resp. παρὰ Ἀριστοφ.) — ἰδρείη (82 et 85) cf. Duent-
zer, Zen. 16 n. 61: ,,Aristophanem lectionem οὐδὲ μὲν ἰδρείη a Zenodoto accepisse
est probabile'', at cf. Ludwich, A. H. T. 1, 278, 22 not.   ἠθέτηντο (82 et 85) sc.
versus H 195—9 (cf. app. crit.). Vide ad H 195—9   c ad Z 355 (Hrd.). Vide ad

---

65 sq. δεδ. τὸν ἕκτ. (ἕκτ. δεδοικότες E⁴) post δόξωσι b   66 δεδοικότας
T   67 le. add. Bk. (οὔτ. δείδ. ἔμπης add. V^c)   68 le. T suppl.
Ma.   69 περὶ cf. sch. a²   72—6 sch. ad H 197 rettulit b   72 ἀνδρίας
B (ut b aliis locis scribere solet)   75 φησὶ (cp.) BE³E⁴ em. Bk.
77 le. add. Bk.   79 γράφεται δὲ sq. coni. cum scholio H 197—8 a² (v. ἐνδεί-
κνυται) in b, δὲ delevi   80 le. add. Ma.   fort. πορεύῃ   81 τ̄ι Spitz., ī A
82 οὐδὲ μὲν A, οὐδέ με Nck.   82—3 et 85—6 ἠθέτηντο sq. ad sch. H 195—9
trps. Ldw., quod in Didymo valet   87 le. Bk., ἀϊδρείῃ δὲ (τῇ sq.) coni. cum
scholio H 197 a³ (v. ἑλών) in b   ᾱ BE⁴ ᾱι E³   88 (le.) ἐπεὶ οὐδ' del. Bk.,
ἐμέ le. in V ante sch. c²

c.² ἡ παράδοσις ὀρθοτονεῖ τὴν ἐμέ. Τᵗ   90

c.³ τὴν δὲ ἐμέ ὁ Ἡρωδιανὸς (cf. 2, 58, 37) εὐλόγως ὤξυνεν.
b(ΒΕ³Ε⁴)

ex.(?)   d. ⟨νηΐδα:⟩ δειλόν. Τⁱˡ

ex.   199 a. ἔλπομαι ἐν Σαλαμῖνι: καλῶς τὴν ἐκ παιδείας ἀρετὴν τῇ
θρεψαμένῃ περιάπτει b(ΒCΕ³Ε⁴) Τ   πατρίδι· καὶ τοῦτο γὰρ Ἑλ- 95
ληνικὸν καὶ φιλοδίκαιον. b(ΒCΕ³Ε⁴)   1

Hrd.   b. γενέσθαί τε: ἀλλεπάλληλοι ὀξεῖαι, καίτοι σπονδειακόν
ἐστιν, ἀλλ᾿ ἴσως ἵνα ἐκφύγωμεν τὸν διπλασιασμὸν τοῦ ῥήματος, λέγω
δὲ τοῦ τετραφέμεν τε, ὡς καὶ ἐν τῇ τ̄ τῆς Ὀδυσσείας (sc. 320) παραλό-
γως ἐνεκλίναμεν ἐν τῷ „ἠῶθεν δὲ μάλ᾿ ἦρι λοέσσαί τε χρῖσαί τε", ἵνα 5
μὴ πληθυντικὸν ῥῆμα ὑπολάβωμεν. Α

Ariston.   202 a. {ζεῦ πάτερ} Ἴδηθεν: ὅτι τὸ θ̄ε̄ν̄ παρέλκει νῦν· ἔστι γὰρ
ἀντὶ τοῦ Ἴδης. Α

ex.   b. Ἴδηθεν μεδέων: καλῶς †ἐγχωρίως† καλεῖ τὸν θεόν, ἐν
ᾗ καὶ ἀγωνίζονται, ἵνα μὴ παρὰ μόνοις Τρωσὶ τιμώμενος ἐναντίος εἴη 10
Αἴαντι. b(ΒCΕ³Ε⁴) Τ

ex.   204. εἰ δὲ καὶ Ἕκτορά ⟨περ⟩ φιλέεις: θέλων αὐτοὺς ἐπ᾿ ἴσης
διαλλάξαι ὁ ποιητὴς οὐ συνίστησιν ἐν τῇ εὐχῇ. b(ΒCΕ³Ε⁴) Τ

ex.   208 a. σεύατ᾿ ἔπειθ᾿ ⟨οἷός τε πελώριος ἔρχεται Ἄρης⟩:
ἐκτείνει τὰς συλλαβάς, τὸ σχῆμα τῆς ὄψεως καὶ τῆς πορείας δηλῶν. b 15
(ΒCΕ³Ε⁴) Τ

ex.   b. οἷός τε πελώριος ⟨————⟩ Ἄρης: ἤδη προεπαίρει τὸν
Αἴαντα καὶ τὴν ἔκβασιν ὑποφαίνει. καὶ ἀπήρκει μὲν μέχρι τούτου τὸ
τῆς εἰκόνος, προσφιλοτιμεῖται δὲ ὁ ποιητὴς τὰ λοιπά (sc. Η 209
—10). b(ΒCΕ³Ε⁴) Τ   20

Ζ 206 (test.)   *d* aliter D (ἄπειρον)   **199** *a* — περιάπτει (95) cf. Eust. 676, 8   *b*
ad Ζ 289 (Hrd.), cf. sch. γ 28; Isid. orig. 1, 18, 6. Vide ad Β 223. Σ 191 (Hrd.);
Wackernagel II 1106; Beiträge 394; M. L. West, Hesiod: Theogony (Oxon. 1966)
p. 440   **202** *a* ad Γ 276 *a* (Ariston.)

---

91 sq. τὴν δὲ ἐμέ sq. coni. cum scholio *b* (v. τοῦ ᾱ) in *b*   93 le. add.
Ma.   94 παιδιᾶς Τ   2 le. γενεσθαί τε: Α em. Bk., fort. γεν. τε
τραφέμεν τε: 3 ἵνα Vill., ἔρ ἵνα Α   4 τετράφεμέν τε Α em. Bk.   5 ἦρη Α
em. Vill.   χρῖσέν Α em. Bk. (Vill.)   7 (le.) ζ. πάτερ eiecit Bk.   ὅτι Α, ἡ
διπλῆ, ὅτι Vill.   9 ἐγχ.] ἐκ χώρας Wil., recte   9 sq. ἐν ᾗ Τ ἵνα *b*   10
ἀγωνίζωνται *b*   εἴη] exspectes ᾖ (itaque Ma.), at vide ad Η 114 *b*²/ *a*²   12 le.
Τ suppl. Ma. (auctore Vill.)   ἐπίσως Τ   13 οὐ συνίστησι Τ οὐδένα συνίστησιν
οὐδὲ *b*, οὐδὲ διίστησιν Ma., fort. προσυνίστησιν   ἐν om. Τ   14 le. Τ suppl.
Ma. (auctore Vill.), om. *b*   15 ἐκτείνει δὲ καὶ τὰς sq. pone sch. *b* (coni. cum v.
λοιπά) in *b*   πορ.] δειλίας C   δηλῶν αἴαντος *b*, fort. recte   17 le. Τ
suppl. Ma., om. *b*   18 μὲν Τ μὲν καὶ *b*

210. ⟨ἔριδος μένεῖ:⟩ περιφραστικῶς ἔριδι. A^{int}T^{il}   *ex.*

212 a. μειδιόων βλοσυροῖσι ⟨προσώπασι⟩: οἷον ἥμερόν τι *ex.*
καὶ γενναῖον ἔχων τὸ πρόσωπον. b(BE³E⁴) T

   b. μειδιόων: πολλὰ τεκμήρια τῆς τοῦ Αἴαντος γενναιότη- *ex.*
25 τος· καὶ λαχὼν γὰρ ἥσθη, πλησίον δὲ ὢν τοῦ δεινοῦ μειδιᾷ, οὐ γελᾷ·
τὸ μὲν γὰρ γελᾶν θρασύτητος ἄφρονος, τὸ δὲ μειδιᾶν γέλωτος μὲν
αὐστηρότερον, σκυθρωπίας δὲ φαιδρότερον, b(BCE³E⁴) T ἐκ-
πλῆττον Ἕκτορα, θρασῦνον δὲ τοὺς φίλους. b(BE³E⁴) T

   c. προσώπασι: ἀπὸ τῆς πρόσωπα b(BCE³E⁴) T^{il} εὐ- *ex. | ex.*
30 θείας Αἰολικῶς προσώπατα καὶ προσώπασιν. b(BCE³E⁴) | εὖ τὸ
πληθυντικῶς προσώπασι· σμικρύνει γὰρ τὸ πρόσωπον καὶ ἀπο-
στενοῖ δειλία, χαρὰ δὲ πληθύνει τε καὶ διαχέει. b(BCE³E⁴) T
   ⟨προσώπασι:⟩ ἀντὶ τοῦ προσώπῳ. A^{im}   *D*

213 a. μακρὰ βιβάς: ἡ κίνησις τοῦ σώματος ἐμφαίνει τὸ θρασὺ *ex.*
35 τῆς ψυχῆς. τῶν δὲ δειλῶν „μετοκλάζει καὶ ἐπ' ἀμφοτέρους πόδας
ἵζει" (Ν 281). b(BCE³E⁴) T

   b. ⟨βιβάς:⟩ οὕτως Ἀρίσταρχος βιβάς. A^{int}   *Did.*

214 a. ⟨τὸν δὲ καὶ Ἀργεῖοι μέγ' ἐγήθεον:⟩ Ἀρίσταρχος *Did.*
„τὸν δὲ καὶ Ἀργεῖοι μὲν ἐγήθεον". A^{im}

40   b. Ἀργεῖοι μέγ' ἐγήθεον: ἣν ὁ ποιητὴς ἔχει διάθεσιν, καὶ *ex.*
τοῖς †πρώτοις† περιάπτει. ἀπὸ δὲ τῆς τῶν ὁρώντων διαθέσεως τὸν
ἔπαινον τοῦ ὁρωμένου ηὔξησεν. b(BCE³E⁴) T

---

212 *b* τὸ δὲ μειδιᾶν (26) — φαιδρότερον (27) cf. Eust. 676, 53; vide ad
Η 189—90   *c* — προσώπασι (31) cf. Eust. 677, 10 et 28   προσώπατα
(30) cf. Tz. Lyc. 1182   εὖ τὸ (30) — προσώπασι (31) cf. sch. μ 425;
Polyb. barb. 287, 8   σμικρύνει γὰρ (31) sq. cf. Eust. 676, 61   **213** *a* cf.
Eust. 676, 62   *b* ad Ν 371. Ο 307 (Did.). Alios βιβῶν legisse suspicatur Lud-
wich, A. H. T. 1, 278, 33, cf. Γ 22. Ν 807. Π 609. λ 539; vide ad Ο 686; Leaf ad

---

21 le. add. Bk. (Vill.)   ἔριδι A τὸ ἔριδι T   **22** le. T supplevi,
om. b   οἷον T, μειδιόων γὰρ οἷον coni. cum scholio *b* (v. φίλους) in
b   **24** πολλὰ T, πολλὰ δὲ coni. cum scholio *c* (v. διαχέει) in b   **25**
γὰρ et δὲ om. T   ὢν τοῦ δεινοῦ T ὄντα γνοὺς τὸν κλῆρον b   **26** ἄφρ.
T καὶ ἀφροσύνης b   **27** sq. ἐκπλήττων T   **28** θρασ. b θαρσύνων T
29 le. (= V^c) scripsi, βλοσυροῖσιπροσώπασι T (V), om. bT^{il}   τῆς b τοῦ T^{il}   πρό-
σωπας Lob. (Paralip. I 176) cl. Eust. 677, 28   **30** εὖ δὲ τὸ b, fort. rectius
31 προσώπασι T χρήσασθαι b   **33** le. add. Bk.   ἀντὶ τοῦ A προσώποις, ὅ
ἐστι D   **34** sq. ἐμφ. — ψυχῆς T τὸ τῆς ψυχῆς ὑπεμφαίνει θάρσος b   **37** le.
add. Bk. (Vill.)   **38** le. add. Vill.   **41** πρώτοις T πρώην b, προσώποις Bk.
(recte ut vid.)   διαθ. T σχέσεως b   **41** sq. τὸν — ὁρ. T καὶ τὸν ὁρώμενον b

ex.   215. Τρῶας δὲ τρόμος αἰνός: οὐ μόνος ὁ κινδυνεύων ἔτρεμεν, ἀλλὰ καὶ οἱ λοιποί. b(BCE³E⁴) T   ταῦτα δὲ λέγει ὁ ποιητὴς μεγαλύνων Αἴαντα. T   45

ex.   216. Ἕκτορι δ᾽ αὐτῷ θυμὸς ἐνὶ στήθεσσι πάτασσεν: τὴν κίνησιν καὶ ἀγωνίαν τῆς διανοίας ὑπέγραψε, τῶν δὲ σημείων τῆς δειλίας οὐδὲν παρέλαβεν ὡς ἐπὶ τοῦ Ἀλεξάνδρου ,,ὦχρός τέ μιν εἷλε παρειάς" (Γ 35) καὶ ἐπὶ τοῦ Δόλωνος ,,ὑπὸ δ᾽ ἔτρεμε γυῖα" (Κ 390), ἀλλὰ μόνον τὴν ἀγωνίαν· περὶ γὰρ ἀξιοπίστου προσώπου ἐστὶν ὁ 50 λόγος αὐτῷ. b(BCE³E⁴) T

ex.   217. ἀλλ᾽ οὔ πως ἔτι εἶχεν ὑποτρέσαι: ὡς, εἴγε δυνατὸν ἦν, κἂν ἔφυγεν. ταῦτα δὲ καὶ περὶ τοῦ Ἴρου νόει (cf. σ 75—88). b (BE³E⁴) T

ex.   218. χάρμη: κατ᾽ εὐφημισμόν, ἢ παρὰ τὸ κείρω κάρμη, ἢ παρὰ 55 τὸ χαράσσεσθαι τὰ δόρατα. T

ex.   219 a.¹ Αἴας δ᾽ ἐγγύθεν ἦλθε: ὅτι οὐ περιμένει τὸν προκαλεσάμενον. T

          a.² γενναῖος γὰρ ὢν οὐ μένει τὸν προκαλεσάμενον. b(BCE³ E⁴)   60

ex.   220 a.¹ ὅ οἱ Τυχίος κάμε τεύχων: δόξαν ἡμῖν ἀληθείας ἐμποιῆσαι θέλων τὸν τρόπον τῆς παρασκευῆς, τὸν τεχνίτην, τὴν πόλιν φησίν. πηρωθεὶς δὲ ἐκ Κολοφῶνος μετῳκίζετο εἰς Σμύρναν· μετὰ δὲ βίου

O 307. Ipsum poetam scripsisse βιβῶν censet Valk II 136   215 — λοιποί (44) cf. Eust. 677, 52; sim. Plut. mor. 30 a   216 aliter sch. σ 77; — διανοίας (47) cf. Wackernagel II 1048, 1   τὴν κίνησιν (46) cf. D   217 fort. paulo plura legit Eust. 678, 6: ἔνθα καί φασιν οἱ παλαιοὶ ὅτι πρώτη αὕτη Ἕκτορος ἧττα τὸ πατάσσειν αὐτῷ τὸν θυμὸν ὡς καὶ φυγεῖν ἄν, εἰ μὴ προεκαλέσατο χάρμη φθάσας αὐτός   κἂν ἔφυγεν (53) cf. D   ταῦτα δὲ (53) sq. cf. sch. σ 77   218 — εὐφημισμόν (55) = Or. 162, 26   παρὰ τὸ χαράσσεσθαι (55) sq. ad N 82 a (ex.)   220—1 Eust. 678, 12: Ὕλη δὲ νῦν πόλις Βοιωτίας . . . τινὲς δὲ γράφοντες ,, Ὕδην" διὰ τοῦ δ φασὶ πόλιν εἶναι Ὕδην, ἐν ᾗ ᾤκει Ὀμφάλη, βασίλειον Λυδῶν, τὰς νῦν Σάρδεις, | ἱστοροῦντες ὅτι πηρωθεὶς Ὅμηρος μετοικίζεται εἰς Σμύρναν ἐκ Κολοφῶνος, ἐλθὼν δὲ εἰς τὸ Νέον τεῖχος, ὃ ἦν ἀποικία Κυμαίων, καὶ μεταλαβὼν ἐκεῖ τῆς τοῦ Κυμαίου Τυχίου φιλοφροσύνης ἐνέθετο αὐτὸν τῇ ποιήσει ἐς μνήμην τοῖς ἐντυγχάνουσιν, ὃ δὴ καὶ μόνον τῷ Τυχίῳ ἀντιδοῦναι ἴσχυεν. ἔστι δὲ καλλίων ἡ πρώτη γραφή· ἐξ Ὕλης μὲν γάρ, φασίν, εἶχεν ὁ Αἴας κτήσασθαι ἀσπίδα, χώρας Εὐρωπαίας, ἔνθα εἰκὸς ἦν καὶ Τυχίον εἶναί τινα σκυτοτόμον γνώριμον. ἐξ Ὕδης δὲ τῆς Λυδίας ἄπορον, πῶς εὐπόρησεν, fort. non plura legit, quam codices nostri praebent, sed locum Strabonis et sch. ex. in unum confudit; vide ad H 221   220 a¹ πηρωθεὶς (63) —

────────

43 οὐ μόνος δὲ ὁ (coni. cum scholio praecedenti, v. ηὔξησεν) E⁴   44 λοιποί T ἄλλοι b   49 ὑπέτρεμε C   50 μόνην Bk.   50 sq. αὐτῷ ἐστιν ὁ λόγος b 53 ἔφυγε b   ταῦτα B   καὶ om. T   ἤρου T   56 χαράσσασθαι T (et V). em. Bk.   63 μετὰ] κατὰ Cob. (Miscell. crit. 432)

ζήτησιν εἰς Κύμην μετοικιζόμενος †ἐλθεῖν εἰς Νέον τεῖχος, ὅπερ ἦν ἀποι-
65 κία Κυμαίων, ὅπου μεταλαβὼν τῆς τοῦ σκυτέως Τυχίου φιλοφροσύνης
ταῦτα περὶ αὐτοῦ φησιν· ὁπότε γὰρ περὶ ἥρωος δημιουργοῦ λέγει,
ἱκανὸν προσθεῖναι καὶ μόνον τὸ ὄνομα, ,,ὅν ποτε τέκτων / ποίησ᾽
Ἰκμάλιος‘‘ (τ 56—7). †πολλῆι τε αὐτοῦ ἀριστεία μετῆλθεν ἀφικνεῖ-
σθαι πρὸς αὐτὸν καὶ τοῦ φοροῦντος σπουδῆ †, ὃς ἐκ Σαλαμῖνος ἧκεν εἰς
70 Βοιωτίαν πρὸς τὸν ἄριστον ὁπλοποιόν. T

a.² δόξαν ἡμῖν ἀληθείας ἐμποιῆσαι θέλων τὸν τρόπον τῆς
κατασκευῆς καὶ τὸν τεχνίτην καὶ τὴν πόλιν ὑπέγραψε, καὶ μαρτυρεῖ
αὐτῷ ὡς τῶν ἄλλων τεχνιτῶν ἐν τεχνητοῖς ἀρίστῳ. b(BCE³E⁴)

221. {σκτυτοτόμων ὄχ᾽ ἄριστοσ} Ὕλη {ἐνιοικία ναίων} : ὅτι ἐν-   *Ariston.*
75 ταῦθα συνεσταλμένως, ἐν δὲ τῷ Καταλόγῳ (B 500) ἐκτεταμένως ,,ἠδ᾽
Ὕλην καὶ Πετεῶνα‘‘. A

222 a.¹ σάκος αἰόλον: ποικίλον· διὸ ,,κάμε τεύχων‘‘ (H 220).   *ex.*
ἢ εὐκίνητον. ἢ αἰόλον ἀντὶ τοῦ αἰόλως. T

a.² ποικίλον· διὸ καὶ τὸ ,,τεύχων‘‘ πρόσκειται· δηλοῖ γὰρ τὸ
80 καλλωπίζων. b(BCE³E⁴)

225 a.¹ ⟨ἀπειλήσας δὲ προσηύδα:⟩ νωθὴς μέν ἐστι, κινηθεὶς   *ex.*
δὲ ὀργὴν ἐνδείκνυται, ἀφ᾽ ἧς αὐτῷ καὶ ἡ κίνησις· εὐμεγέθης γὰρ ὢν
κινεῖσθαι οὐ δύναται. τὴν ὀργὴν δὲ καὶ πρὸ τῶν λόγων τῷ σχήματι
ἐπεδείξατο. b(BCE³E⁴)

85 a.² ἀπειλήσας δὲ προσηύδα: νωθής ἐστι, κινηθεὶς δὲ ἐν-
δείκνυται ὀργήν. τὴν δὲ καὶ πρὸ τῶν λόγων ἀπέδειξε τῷ σχήματι. T

τεῖχος (64) cf. [Hdt.] vit. Hom. 6, 16   μετοικιζόμενος (64) — φησιν (66) cf.
ib. 15, 10   **221** ad B 500 b (Ariston.), cf. Strab. 9, 2, 20 (p. 408), ubi quosdam
Ὕδη scripsisse dicitur: ὁ Τυχίος ,,σκυτοτόμων ὄχ᾽ ἄριστος Ὕλη ἔνι οἰκία ναίων‘‘,
οὐδ᾽ ἐνταῦθα εὖ γραφόντων τινῶν ,,Ὕδη ἔνι‘‘· οὐ γὰρ (ἂν add. Wil.) ὁ Αἴας ἐκ
Λυδίας τὸ σάκος μετεπέμπετο. At cf. Wilamowitz IV 563. Vide ad E 708 (Ari-
ston.)   **222** cf. Eust. 678, 26   ποικίλον (77) = D, cf. D ad E 295. M 208 al.,
sch. Hsd. th. 300, Porph. 1, 284, 19, Meth. in Et. Gen. (= EM. 37, 7)   ἢ
εὐκίνητον (78) vide Buttmann II 66; Bechtel, Lex. 21

---

64 ἐλθὼν Eust., ἐλθεῖν λέγεται Ma., fort. ἐλθὼν (deleto ὅπου [65]) vel
ἦλθεν   67 ὅν T, ἥν Hom.   ποίησ᾽ Ma. (= Hom.), ποίησεν T   68
sq. nondum expeditum, πολλή τε et σπουδῆ Bk., ludere possis πολλοὶ
δὲ αὐτοῦ ἀριστείαν μετῆλθον ὥστε ἀφικνεῖσθαι πρὸς αὐτὸν κατὰ τὴν τοῦ
φοροῦντος σπουδήν, sed meliora facile excogitantur; certe de Tychio
Boeotio agitur   74 (le.) σκ. ὄχ᾽ ἄρ. et ἐνιοικία v. del. Bk.   ὅτι A, ἡ
διπλῆ, ὅτι Vill.   81 le. add. Bk. (Vill.; ἀπειλ. δέ Li)   84 ἐπιδείκνυται C
85—6 nescio an praestet, verba scholii a² scholio a¹ anteferre

ex. 226—7. εἴσεαι οἰόθεν οἶος, ⟨/ οἶοι ―――― μετέασι⟩: οὐκ εἶπεν
γνώσῃ οἷός εἰμι, κοινοποιεῖται δὲ ἅπαντα τοῖς φίλοις καὶ ἕνα ἐκ πολ-
λῶν ἑαυτόν φησιν· οὐχ οἷος Ἕκτωρ „οἶδ' ἐπὶ δεξιά, οἶδ' ἐπ' ἀριστε-
ρά" (Η 238). b(BCE³E⁴) T   90

ex. 228—9. καὶ μετ' Ἀχιλλῆα ῥηξήνορα ⟨―――/⟩. ἀλλ' ὁ
μὲν ἐν νήεσσι: ἐπίτηδες καταπλήττει τὸν πολέμιον τῇ τοῦ κρείττο-
νος προσδοκίᾳ, ὅπως μὴ εὔελπις ᾖ οἰόμενος τεθνάναι Ἀχιλλέα ἢ ἀπο-
πεπλευκέναι. b(BCE³E⁴) T

D 228. ῥηξήνορα: τὸν ῥηγνύντα ―――― ἠνορέη δυνάμενον του- 95
τέστι τῇ ἀνδρείᾳ. A   1

Did.(?) 230. ⟨ἀπομηνίσας:⟩ Ἀρίσταρχος „ἐπιμηνίσας". Tⁱˡ

ex. 231 a.¹ ⟨τοῖοι:⟩ οἱ Γλωσσογράφοι τὸ τοῖοι ἀντὶ τοῦ ἀγαθοί·
ὅθεν καὶ Καλλίμαχος τῷ „τοῖον †ἀεὶ" κέχρηται (fr. 627). b(BCE³E⁴)
a.² ἀγαθοί. Tⁱˡ   5

ex. 232. ἀλλ' ἄρχε μάχης: βραδὺς γὰρ καὶ δεύτερος ὁ Αἴας ἀεί.
ἅμα δὲ εὐτελίζει τὸ προπετές. ἢ εὐτελίζων αὐτόν φησιν, b(BCE³E⁴) T
ὡς καὶ αὐτὸς „ἠΰτε παιδὸς ἀφαυροῦ" (Η 235) φησίν, ἢ ἵνα πλεονεκτῇ
κἂν τούτῳ ὁ Ἕκτωρ. T

ex. 235. μή τί μευ ἠΰτε παιδός: συνεῖδε καὶ ὁ Ἕκτωρ ὅτι μεμφόμε- 10
νος καὶ καταπλήττων αὐτὸν ἄρχειν ἐκέλευε τῆς μάχης. b(BCE³E⁴) T

ex. 238 a.¹ οἶδ' ἐπὶ δεξιά, οἶδ' ἐπ' ἀριστερά: ὁ Κάσ⟨σ⟩ιος
δεξιά μὲν τὸ διώκειν, ἀριστερά δὲ τὸ φεύγειν· καὶ Ἀχιλλεὺς γάρ,
φησί, „ποδώκης" (Σ 234 al.) καὶ „ποδάρκης" (Α 121 al.). T

226—7 cf. Plut. mor. 30 b   228—9 cf. Porph. 1, 109, 13 (Aristot.
fr. 157 R.)   230 ad Ν 460. T 62, cf. Heracl. Mil. fr. 2 (Ap. Dysc.
synt. 483, 7): ... καθὸ καὶ ἐν ἑτέροις ἡ ἀπό ἀντὶ τῆς ἐπί· τὸ γάρ
„ἀπομηνίσας" ἐστὶν ἐν ἴσῳ τῷ ἐπιμηνίσας   231 ad Ψ 16. Ω 164
(Ariston.), cf. sch. δ 206; Lehrs Ar.³ 37; praepostere Valk I 183 n. 241
(„sub τοίων ἀεί fragmentum Call. latere videtur" Pfeiffer ad Call. l. c.; cf.
Pfeiffer 139)   238 fort. exstabat sch. Didymi de vocibus οἶδ' ... οἶδ', cf.
Eust. 678, 50: καὶ ὅρα ὅτι ἐν τῷ τόπῳ τούτῳ πεντάκις ὁ Ὅμηρος εἶπε τὸ οἶδα,
οὔτε συνδήσας ἐν τόποις δυσί, καὶ ἐπιμείνας τῇ λέξει διὰ τὸ καίριον, εἰ καί τινες
πειρῶνται τὸ „οἶδ' ἐπὶ δεξιά οἶδ' ἐπ' ἀριστερά" μεταγράψαι „ἠδ' ἐπὶ δεξιά ἠδ'
ἐπ' ἀριστερά"   a¹ Κάσσιος (12) vide ad Ν 103 b   δεξιά μὲν (13) — φεύγειν

87 le. T supplevi (auctore Vill.; οἶοι καὶ δαναοῖσιν Li), om. b (ubi sch. ad v. 227 re-
vocatum est)   88 γνώσῃ T ὅτι γνώσῃ b   89 οἷος ἕκτωρ T ὡς ὁ ἕκτωρ δὲ αὐχεῖ
τὸ b   89 sq. οἶδ' ἐπ' ἀριστερά om. E⁴   91 sq. le. T suppl. Ma., om. b (qui
sch. ad v. 228 rettulit)   92 ἐπίτ. δὲ καταπλ. E⁴   93 ᾖ] εἴη C   93 sq. ἀχιλλέα
sq. T ἢ ἀποπεπλευκέναι (ἀποπλευκέναι E⁴) τὸν πολέμιον b   2 le. add. Vᶜ   3 le.
add. Bk.   τοῖοι² Bk., τοιοῦτοι b   4 τῷ] τὸ C   τοῖον C τοίων BE³E⁴ (cf. Pfeiffer
140,1)   6 ἀεὶ ὁ αἴας b   7 ἢ — φησιν T ἢ καὶ αὐτὸν εὐτελίζων τοῦτό φησιν
εἰρωνικῶς b   10 sq. μεμφ. καὶ om. T, fort. recte   11 κελεύει b   12 κάσιος T (et V)
suppl. Ma.

15   *a.*² δεξιά μὲν τὸ †φεύγειν†, ἀριστερὰ δὲ τὸ †διώκειν. **b**
(BCE³E⁴)

     b. νωμῆσαι βῶν: τοῦτο ἐξήγησίς ἐστι τοῦ „σακέσπαλος"   *ex.* | *D*
(Ε 126). | βῶν δὲ ἀντὶ τοῦ †ἀσπίδος. **T**

     *c.*¹ βῶν: οὕτως αἱ Ἀριστάρχου βῶν σὺν τῷ ν̄. ἡ Ἀριστο-   *Did.*
20 φάνους „βοῦν". τινὲς δὲ ἔξω τοῦ ν̄ „βῶ", καὶ μήποτε πιθανῶς, ἀντὶ
τοῦ βόα. **A**

     *c.*² βῶν {ἀζαλέην}: αἱ Ἀριστάρχου βῶν. ἡ Ἀριστοφάνους
„βοῦν". ἡ Ῥιανοῦ (deest M.) „βῶ", ὡς βορέαο „βορέω ὑπ᾽ ἰωγῇ"
(ξ 533). ἐν τοῖς παλαιοῖς ἐγέγραπτο ΒΟΝ, ὅπερ οὐκ ἐνόησαν οἱ διορ-
25 θωταί. **T**

     d. ⟨βῶν:⟩ οὕτως Ἀρίσταρχος βῶν | ἀντὶ τοῦ ἀσπίδα. **A**ⁱᵐ   *Did.* | *D*
βῶν: βοῦν Δωρικῶς τὴν ἀσπίδα ———— τῷ ὅπλῳ. **A**   *D*

239 *a.* ἀζαλέην: ὅτι τὴν ἀσπίδα ξηρὰν λέγει „βῶν" (Η 238)   *Ariston.*
διὰ τὸ ἐκ βοείων εἶναι δερμάτων· καὶ ὅτι προτάξας θηλυκὸν οὐδέτερον
30 ἐπήνεγκεν τὸ μοί ἐστι πρὸς τὸ σημαινόμενον. τὸ δὲ ταλαύρινον
παρῆκται, εὔτολμον· οὐ γὰρ ἡ ῥινὸς ἔγκειται, ὡς ᾠήθησάν τινες. **A**

     b. τὸ μοί ἐστι ταλαύρινον: τὸ σάκος· πρὸς γὰρ τὸ συνώ-   *ex.*
νυμον ἀπήντησεν, ὡς „νεφέλη δέ μιν ⟨ἀμφιβέβηκε / κυανέη·⟩" τὸ μὲν
οὔποτε" (μ 74—5). **T**

35   **240.** ⟨ἐπαῖξαι:⟩ γράφεται καὶ „ἐπαΐσσειν". **A**ⁱᵐ**T**ⁱˡ   *Did.*

cf. Eust. 679, 16   *a*² cf. Leaf ad loc.   *c* cf. Bechtel, Lex. 295   *c*² ἐν τοῖς
παλαιοῖς (24) ad Φ 363 (Ge), cf. sch. α 52, sch. Eur. Phoen. 682 (1, 320, 9
Schwa.), sch. Pind. N. 1, 34 b/c, Porph. 1, 287, 25; Cobet, Miscell. crit. 292;
Lehrs Ar.³ 349; Ludwich, A. H. T. 1, 11, not. 10; 1, 279, 11. Vide ad Λ 104 *a*   **239**
diple ante versum, non ante versum Η 238 in A   *a* — δερμάτων (29) ad
Π 636 *a*¹ (Ariston.), cf. D ad Μ 105. 137; Lehrs Ar.³ 191   ξηρὰν (28) =
D   καὶ ὅτι προτάξας (29) — σημαινόμενον (30) ad Α 251 *a* (Ariston.); cf.
Porph. 1, 230, 13; sch. μ 75 (Carnuth, Ariston. p. 114)   τὸ δὲ ταλαύρινον (30)
sq. cf. Ap. S. 148, 29: ταλαύρινον· τολμηρόν. | παρῆκται δὲ ἡ λέξις παρὰ τὸ
τλῆναι, καὶ οὐκ ἔγκειται ὁ ῥινός, ὡς οὐδὲ ἐν τῷ κελαινεφές τὸ νέφος, Wilamowitz,
Sappho u. Simon. (Berol. 1913), 95   ὡς ᾠήθησάν τινες (31) h. e. Trypho (fr.
96 V.), vide ad Ε 289 *b*¹, praeterea ad Π 638 *a*; cf. Et. Gen. (= EM. 745, 12),
Eust. 548, 30. 679, 25. 1243, 10; Bechtel, Lex. 307   **240** cf. Valk II 172

18 ἀσπίδος cf. sch. *d*   19 βῶν² Bk., βῶν A   22 (le.) ἀζ. eieci
23 ἡ ῥιανοῦ Hck. (Philol. 5, 1850, 429), ἡ ἡριανοῦ TV   ὑπιωγή V em. Ma., ὑπτωγῇ
T   24 sq. verba ἐν τοῖς παλ. sq. a Didymo aliena esse suspicatur Ldw. (cf.
test.) BON Bk., βῶν T   26 le. addidi   28—31 sch. ad v. Η 238 et 239 rettulit Bk.
28 ὅτι A, ἡ διπλῆ, ὅτι Vill.   33 μιν τὸ T suppl. Ma.   35 le. add. Vᶜ   ἐπαΐσ-
σειν T ἐπαΐξειν A

Did.　　241 *a.*¹ ⟨δηΐῳ:⟩ Ἀρίσταρχος σὺν τῷ ‾ν „δηΐων" πληθυντικῶς.
Aⁱᵐ

　　　　*a.*² δηΐῳ μέλπεσθαι: αἱ Ἀριστάρχου „δηΐων μέλπεσθαι". **T**

ex.　　　*b.* ⟨μέλπεσθαι:⟩ ὄρχησις γὰρ καὶ παιδιὰ γενναίων ὁ πόλε-
μος. πολλὴν δὲ εὐχέρειαν ἐμφαίνει τῶν δεινῶν. **b**(BCE³E⁴) **T**　　40
D　　　μέλπεσθαι: κυρίως μὲν παίζειν ——— μάχην. **A**

ex.　　242—3 *a.*¹ ἀλλ᾽ οὐ γάρ σε θέλω βαλέειν ⟨———/⟩ λάθρη:
καίτοι πάντα τρόπον μάχης εἰδώς· ἡ γὰρ μετὰ ἀπάτης ἀριστεία αἰ-
σχρά. **T**

　　　　*a.*² καίτοι πάντα τρόπον μάχης εἰδώς, φησίν, οὐ θέλω σε λά-　45
θρα βαλεῖν· ἡ γὰρ μετὰ ἀπάτης ἀριστεία αἰσχρά. **b**(BCE³E⁴)

ex.　　242 *a.*¹ ⟨τοιοῦτον:⟩ ἠθικῶς, μέγαν τε ὁρῶν καὶ θαυμαστόν. **Tⁱˡ**

　　　　*a.*² ἠθικὸν δέ ἐστι καὶ τὸ τοιοῦτον, οἱονεὶ μέγαν καὶ θαυ-
μαστόν. **b**(BCE³E⁴)

ex.(?)　　246. ⟨ἀκρότατον:⟩ ἄκρον. **Tⁱˡ**　　50

ex.　　247—8 *a.*¹ ἐξ δὲ διὰ πτύχας ἦλθε ⟨——— / ἐν τῇ δ᾽ ἑβδο-
μάτῃ ῥινῷ σχέτο⟩: συναριθμουμένου τοῦ χαλκοῦ τῇ ἑβδόμῃ, ἥτις ἦν
ῥινός, ἢ μιᾶς παραλειπομένης. **T**

　　　　*a.*² ἢ καὶ τὸν χαλκὸν συναριθμήσεις, ἵνα καὶ αὐτός ἐστιν ἡ
ἑβδόμη ῥινός, ἢ ὄγδοον αὐτὸν λάβῃς· ὃ καὶ ἄμεινον. **b**(BCE³E⁴)　　55

ex.　　252. ἠρήρειστο: ἐτράχυνε τὰς συλλαβάς, τὴν βίαν τῆς εἰσόδου
δηλῶν. **b**(BCE³E⁴) **T**

Ariston.　　255 *a.* τὼ δ᾽ ἐκσπασσαμένω δολίχ᾽ ἔγχεα: ὅτι κυρίως ἔγχη
τὰ δόρατα, οὐχ ὥς τινες τὰ ξίφη. λέγει δὲ τὰ ἐνεχόμενα ταῖς ἀσπίσι⟨ν⟩,
ἃ προήκαντο. **A**　　60

n. 384　　**241** *b* cf. D, Ap. S. 111, 2; Eust. 679, 28; sim. Et. Gen. (cf. Reitzen-
stein, Gesch. 34, 7 not.): μέλπειν (pone D)· ἢ κινεῖσθαι καθάπερ παίζων καὶ
ὀρχεῖσθαι　　**242** ceterum vide ad Λ 612 *b*　　**243** Eust. 679, 40: τὸ δὲ „τύχοιμι"
δηλοῖ μὲν ἐπιτυχίαν· γράφεται δὲ καὶ „τύχωμι" ἐκταθέντος τοῦ ō, καθὰ καὶ ἐπὶ
τοῦ κτείνοιμι κτείνωμι καὶ τῶν ὁμοίων, nescio an sch. rec.　　**246** ad Δ 139 *a*
(ex.)　　**250** diple periestigm. ante versum in A, fort. error scribae, nisi fort.
Zen. versum mutavit, vide ad Υ 273—4; Wismeyer 20　　**252** ad Γ 358 (ex.),
cf. Norden, P. Vergilius Maro Aeneis Buch VI⁴ (Darmstadii 1957), 415　　**255**
diple pura (non periestigmene) ante versum in A　　*a* ad H 273 (Ariston.), cf.
Lehrs Ar.³ 47　　οὐχ ὥς τινες τὰ ξίφη (59) cf. Eust. 422, 35. 604, 1. 644, 47;

36 le. addidi (auctore Vill.)　　**39** le. addidi, totum versum 241 add.
Vill. (δηΐῳ μέλπεσθαι add. Li)　　**40** τῶν δεινῶν ἐμφ. b　　**42** le. T
suppl. Ma.　　**45—6** sch. ad H 242 rettulit b　　**47** le. add. Ma., fort. rectius
τοιοῦτον ἐόντα:, tum ἠθ. μέγαν σε ὁρῶν κτλ.　　**48** sq. ἠθ. δέ ἐστι sq. cum
scholio H 242—3 *a*² (v. αἰσχρά) coni. b　　μέγα BE⁴, cp. (με ss. γ) C　　**50** le.
add. Nickau　　**51** sq. le. T supplevi　　**54—5** sch. ad H 248 revocavit b
56 τῆς εἰσόδου om. T, fort. recte　　**58** (le.) τῶιδ᾽ A em. Frdl. (Vill.)　　ὅτι A,
ἡ διπλῆ, ὅτι Vill.　　**59** ἀσπίσι A suppl. Vill.

b. ⟨τὼ δ' ἐκσπασσαμένω δολίχ' ἔγχεα χερσὶν ἄμ'   *Nic.*
ἄμφω:⟩ ἐπὶ τὸ τέλος τοῦ στίχου βραχὺ διασταλτέον. **A**[im]

c. τὼ δ' ἐκσπασ⟨σ⟩αμένω δολίχ' ἔγχεα: τὸ ἴδιον ἑκάτε-   *ex.*
ρος ἀπὸ τῆς τοῦ ἑτέρου ἀσπίδος. **b**(BCE³E⁴) **T**

65   **256—7.** {τῶι δ' ἐκσπασσαμένω} σύν ῥ' ἔπεσον ⟨λείουσιν   *Did.* | *Ap. H.*
ἐοικότες ὠμοφάγοισιν/⟩ ἢ συσὶ κάπροισιν: τοὺς στίχους τού-
τους οὐ προσίενται ἔνιοι, ὥσπερ οὐδὲ Ζηνόδοτος, ἀλλὰ τὸ τῆς συνε-
πείας οὕτως ἔχει παρ' αὐτῷ, | ὥσπερ καὶ ὁ Ἀριστόνικος (p. 132
Friedl.) ἐκτίθησιν, ἣν περιττὸν ἐνομίσαμεν γράψαι. **A**

70   **258.** Πριαμίδης μὲν ⟨———⟩ σάκος: ἐνάρχεται πάλιν, οὐκ ἂν   *ex.*
οἶμαι ἀμβλυνθείσης τῆς ἀκμῆς ἐν τῇ πρώτῃ βολῇ. **b**(BCE³E⁴) **T**

259. ⟨χαλκόν:⟩ Ἀρίσταρχος διὰ τοῦ σ̄ „χαλκός". **A**[im]   *Did.*

261. στυφέλιξε δέ μιν μεμαῶτα: εἰς τοὔμπροσθεν ὁρμῶντα   *ex.*
ἔστησε καὶ εἴλησεν. **b**(BCE³E⁴) **T**

75   **262.** τμήδην αὐχέν' ἐπῆλθε: φυλάσσει μὲν Ἕκτορα τῇ ὑπο-   *ex.*
θέσει, τὴν δὲ καιρίαν Αἴαντι δωρεῖται ἐπὶ τὸ ἐπικίνδυνον φέρων τὴν
ὑπόθεσιν. **b**(BCE³E⁴) **T**

263. ἀλλ' οὐδ' ὡς ἀπέληγε: Αἴαντα ἐπιτείνει, τὸ πρόθυμον τοῦ   *ex.*
Ἕκτορος αὔξων. **b**(BCE³E⁴) **T**

80   **264.** ἀλλ' ἀναχασσάμενος ⟨λίθον εἵλετο⟩: ἡττώμενος ἐν τῇ   *ex.*
συστάδην μετάγει τὴν μάχην ὡς πρὸς ἄτρωτον ἢ βαρύοπλον πολε-
μῶν. **b**(BCE³E⁴) **T**

265. μέλανα τρηχύν τε: τραχύν· τοῦτο συμβαίνει τοῖς μέλα-   *ex.*
σιν. **T**

85   **269.** ἐπέρεισε δὲ ἲν' ἀπέλεθρον: συνεπέδωκεν ὅλον τὸ σῶμα   *ex.*
τῇ βολῇ, καὶ πάσῃ δυνάμει ἐχρήσατο. **b**(BCE³E⁴) **T**

---

sch. Soph. Ai. 658. 907, Ant. 1236; Duentzer, Zen. 163; Dimpfl 14   **256—7**
cf. Ludwich, A. H. T. 1, 279, 20; Bolling, Ext. Ev. 91; vix recte Valk II 397
n. 104   **259** ad Γ 348 (Did.)   **261** aliter D; vide ad Φ 380 (ex.)   **263** τὸ
πρόθυμον (78) sq. cf. Eust. 680, 45   **265** cf. Eust. 680, 29

---

61 sq. le. add. Vill.   **63** le. T suppl. Ma., om. **b**   **63** sq. τὸ
ἴδιον ἑκάτ. pone ἀσπίδος **b**   **64** τοῦ ἑτέρου T ἑαυτοῦ **b**   **65** sq. le. A
suppl. Frdl.; verba τῶιδ' ἐκσπ. del. Lehrs (sch. ad H 256 et 257
referens); ἔπεσσον A em. Vill.   **68** post αὐτῷ olim lacunam fuisse suspi-
catur Lehrs, verba τὼ δ' ἐκσπασσαμένω / πριαμίδης μὲν ἔπειτα supplens
70 le. T suppl. Ma., om. **b**   **70** sq. οὐκ ἂν οἶμαι T οὗτος **b**   **71** ἀμβλ. E⁴
ἀμβλυθείσης BCE³T   ἀκμῆς T μάχης **b**   **72** le. add. Bk.   **74** εἴλ. T
ἐπέσχεν (ἐπέσχε C) **b**   **75** (le.) fort. τμήδην δ' αὐχ.   ἕκτορα T αἴαντα **b**
76 καιρ. πληγὴν **b**   αἴαντι T ἕκτορι **b**   δωρ. T, δίδωσιν **b** (fort. rectius)
78 ἐπιτ. αἴαντα E⁴   **79** αὔξ. ἑκτ. (om. τοῦ) E⁴   **80** le. T supplevi (auctore
Vill.), om. **b**   **81** συστάδι C

ex.   **270.** εἴσω δ' ἀσπίδ' ἔαξε: ἐπὶ μὲν Ἕκτορος τὸ ἀσθενὲς τῆς βολῆς δηλῶν „περιήχησεν" (H 267) εἶπεν, ὡσὰν μηδὲ τοῦ ὀμφαλοῦ θλασθέντος· ἐπὶ δὲ Αἴαντος οὕτω κατέαξε τὴν ἀσπίδα ὡς καὶ πεσεῖν Ἕκτορα. b(BCE³E⁴) T   90

ex.   **271—2** *a*.¹ ⟨ὁ δ' ὕπτιος ἐξετανύσθη / ἀσπίδι ἐγχριμφθείς:⟩ οὐκ εἶπεν ὑπὸ λίθου, ἀλλὰ καὶ ὑπὸ τῆς ἀσπίδος· συνῶσε γὰρ αὐτὴν ἐπ' αὐτὸν ἡ βολή. b(BCE³E⁴)

          a.² {βλάψε δέ οἱ φίλα γούναθ':} οὐκ εἶπεν ὑπὸ τοῦ λίθου, ἀλλὰ καὶ τῆς βολῆς συνωσάσης ἐπ' αὐτὸν τὴν ἀσπίδα. T   95

Did.   **272** *a*. ⟨ἀσπίδι ἐγχριμφθείς:⟩ Ἀρίσταρχος „ἀσπίδ' ἐνιχριμφθείς". Aⁱᵐ   1

Did.   *b*. τὸν δ' αἶψ' ὤρθωσεν Ἀπόλλων: οὕτως Ἀρίσταρχος, οὐκ „ἄψ"· χρεία γὰρ τάχους πρὸς τὴν σωτηρίαν. παρῆν δὲ „φηγῷ ἐφ' ὑψηλῇ" (H 60). T   5

Ariston.   **273** *a*. καί νύ κε ⟨δὴ ξιφέεσσ'⟩: ὅτι ἀρτίως ἐπὶ ⟨τὸ⟩ τοῖς ξίφεσι χρῆσθαι ἐληλύθασιν. ὅταν δὲ λέγῃ „τὼ δ' ἐκσπασσαμένω δολίχ' ἔγχεα" (H 255), τὰ δόρατα λέγει ἐκ τῶν ἀσπίδων ἀπεσπάσαντο. A

ex. | *Hrd.*   *b*. καί νύ κε δὴ ξιφέ(ε)σσ' αὐτοσχεδὸν ⟨οὐτάζοντο⟩: τοῦτο γὰρ ἔλειπεν. T | τὸ δὲ αὐτοσχεδόν ὀξυντέον· τὰ γὰρ εἰς δον ἐπιρρήματα ἐν τῇ συνθέσει φυλάσσει τὸν τόνον. b(BCE³) T   10

ex.   **274—5.** εἰ μὴ κήρυκες ⟨———/⟩ ἦλθον: οἰκονομικῶς σῶσαι θέλων τὸν Ἕκτορα τῇ ποιήσει διαλύει τὴν μάχην. b(BCE³E⁴) T

Ariston.   **276** *a*. ⟨Ταλθύβιός τε καὶ Ἰδαῖος:⟩ ὅτι πρὸς τὸ δεύτερον πρῶτον· ὁ γὰρ Ταλθύβιός ἐστιν Ἀχαϊκός. Aⁱᵐ   15

ex.   *b*. Ταλθύβιός τε καὶ Ἰδαῖος: ὁ μὲν Ἰδαῖος εἰκότως προσέρχεται τὸν Ἕκτορα σώσων κινδυνεύοντα, ὁ δὲ Ταλθύβιος οὐκέτι, τὴν νίκην τοῦ Αἴαντος παραιρούμενος. ἀλλ' οὐδέπω ἀκριβὴς ἦν ἡ νίκη

---

272 *a* de elisione vocalis in dativo tertiae declinationis cf. Lehrs, Quaest. ep. 47; vide ad Λ 589 (Ariston.)   **273** *a* ad H 255 (Ariston.)   **276** *a* ad B 621 (Ariston.)   *b* cf. Eust. 681, 12

---

88 περιήχησέ φησιν ὡσανεὶ μὴ δὲ b   **89** τοῦ αἴαντος b   οὕτω om. b   κατ. b   κατήγαγε T, erat fort. κατέξηνε   καὶ T καὶ ὑπ' αὐτῆς b   **91** le. addidi (auctore Bk.; ἀσπ. ἐγχρ. le. in Li; sch. ad H 272 revocavit b)   **94** le. T delevi   **94—5** fort. sch. decurtatum   **95** an τῆς β. τῆς συνωσάσης?   **1** le. add. Vill.   **1** sq. ἀρίστ. ἀσπίδι ἐνιχριμφθείς Spitz. (Exc. VII p. XVI), at cf. test.   **3** (le.) verba τὸν δ' et ὤρθ. ἀπ. abesse malim   **4** οὐκ ἄψ Bk., οὐχ' ἄψ T   **6** le. A suppl. Bk. (Vill.)   ὅτι A, ἡ διπλῆ, ὅτι Vill.   τὸ add. Bk.   **7** τὼ δ' Bk., τῶιδ' A   **9** le. T supplevi (auctore Vill.), om. b   **10** τὸ δὲ — ὀξ. T ὀξυντέον τὸ αὐτοσχεδόν b   **11** ἐπιρήματα T φυλάττουσι b   **12** le. T suppl. Ma., om. b (ubi sch. ad v. 274 relatum est)   **13** τῇ ποιήσει T οὕτω b   **14** le. add. Frdl.   ὅτι A, fort. ἡ διπλῆ, ὅτι   **16** le. AT, om b   **17** τὸν om. T   **18** τοῦ om. b   παρ. T προαιρούμενος A ἀφαιρούμενος b   ἀλλ'] φαμὲν δὲ ὅτι b

περὶ τὸν Αἴαντα (ἐπὶ ξίφη γὰρ αὐτοὺς ὁρμῆσαι λέγει), ἔτι τε καὶ τὸν
20 Ἕκτορα ὁρῶν ὑπὸ θεῶν βοηθούμενον· καὶ διὰ τὸ τῆς νυκτὸς κατά-
στημα, ἔνθα τύχης οὐ τέχνης κρίσις. ἀπὸ ἴσου †γὰρ† ὁρμῶνται.
A b(BCE³E⁴) T

    c. ⟨Ταλθύβιός τε καὶ Ἰδαῖος:⟩ κατὰ τὸ σιωπώμενον οἱ   ex.
ἡγεμόνες αὐτοὺς πέμπουσιν. b(BCE³E⁴) Tⁱˡ

25   278. ⟨κῆρυξ Ἰδαῖος, πεπνυμένα μήδεα εἰδώς:⟩ ἠτυμολόγη-   ex.
ται ὁ Ἰδαῖος· δεῖ δὲ συνετὸν εἶναι τὸν κήρυκα. Tⁱˡ

    279. μηκέτι, παῖδε φίλω: ὁ μὲν σεμνοποιῶν τὰ καθ᾽ ἑαυτὸν ex.
παῖδε φίλω φησίν, ὁ δὲ Αἴας ἐξ ὀνόματος „Ἰδαῖε“ (Η 284). b(BCE³
E⁴) T

30   281. ἄμφω δ᾽ αἰχμητά: ἴσους ἔφησεν αὐτούς, τὴν τοῦ Ἕκτορος ex.
ἧτταν ἐπικαλύπτων. b(BCE³E⁴) T

    282 a. νὺξ δ᾽ ἤδη τελέθει· ⟨ἀγαθὸν καὶ νυκτὶ πιθέσθαι⟩: Ariston.
ὅτι ἐντεῦθεν εἰς τὰ ἑξῆς (sc. Η 293) μετενήνεκται· ὁ μὲν γὰρ κῆρυξ
αἰτίαν λέγει, δι᾽ ἣν οὐ πολεμητέον, ὁ δὲ Ἕκτωρ ἑαυτὸν μετὰ προφά-
35 σεως μὴ συλλυέτω. A

    b. νὺξ ἤδη τελέθει: εὐπροσώπως, ἵνα διὰ τὸν καιρὸν εἴκειν ex.
δοκῇ. τὸ δὲ τελέθει ἀντὶ τοῦ γίνεται, ἀρ[χὴν] λαμβάνει ἡ νύξ, τέ-
λει[ος] ἐγένετο νύξ. T

    c. πιθέσθαι: παροξυντέον· μέσος γάρ ἐστι δεύτερος ἀόρι- Hrd.
40 στος. A

c cf. Eust. 681, 8   280 fort. exstabat sch. Didymi de v. σφῶι, cf. Ap.
Dysc. pron. 89, 3: βίαιος ὁ Ἰξίων ἐστὶ τὴν σφῶε καὶ ἐπὶ δευτέρου τάσσων,
„ἀμφοτέρω γὰρ σφῶε φιλεῖ“ (Η 280. Κ 552)· „ἐπεὶ καὶ ἡ νῶε διὰ τοῦ ε. καὶ
ἔτι ὡς τῇ σφώ ἐπὶ τρίτου νοουμένη τὸ ε προσέρχεται, οὕτω καὶ τῇ κατὰ τὸ
δεύτερον πάλιν νοουμένη Ἀττικῇ προσέρχεται“ (fr. 8 et 13 St.). Ap. Dysc. e
Tryphone (fr. 31 V.) vid. pendere; doctrinam Ixionis falsam esse loco laud.
demonstrat; cf. Buttmann I 54; Duentzer, Zen. 57; Ludwich, A. H. T. 1, 279,
35; Beiträge 342. Vide ad Κ 552. Μ 366 a; Wackernagel I 622   282 a ad
Η 293 (Ariston.)   b ad Η 293 b   c ad Η 293 (Hrd.)

19 αὐτοῦ E³   ὡρμῆσθαι b   20 ὁρᾷ b, sed subaudiendum ταλθ. προσέρχε-
ται   καὶ] ἀλλὰ καὶ b   21 ἔνθα — ὁρμ. AT, ἔνθα μάλιστα τύχης οὐ τέχνης
καὶ ἰσχύος κρίσις τὸ πλεῖστον ἔχει· ἀπὸ ἴσου γὰρ ὁρμῶνται inter verba λέγει
et ἔτι τε in b, sim. Bk. (at cf. Eust. 681, 13)   γὰρ] ἄρα Wil., sententiam ad
praecones referens, recte opinor   ὁρμῶνται] ἡ κρίσις A   23 le. add. Vᶜ   κατὰ
τ. σ. δὲ οἱ sq. coni. cum scholio praecedenti (v. κατάστημα) in b   25 le. addidi
(auctore Ma.)   27 (le.) μηκέτι fort. delendum   30 αὐτούς (ἀμφοτέρους
E⁴) ἔφησε b   31 καλύπτων b   32 le. A suppl. Vill.   33 ὅτι A, ὁ ἀστερίσ-
κος, ὅτι Frdl.   37 ἀρ[. . .] T suppl. m. sec.   37 sq. τέλει[. .] T (detr.), novavit
m. sec.

ex.   **284.** Ἕκτορα ταῦτα κελεύε⟨τε μυθήσασθαι⟩: πράου μὲν τὸ
ἦθος· οὐ γὰρ προσφιλονεικεῖ κρατῶν τῇ μάχῃ· συνετοῦ δέ, ὅτι μὴ
εὐθέως τῷ κήρυκι συνεχώρησεν, ἵνα μὴ ἄσμενος δοκῇ τὴν διάλυσιν
προσίεσθαι, b(BCE³E⁴) T   ἀλλὰ τὸν προκαλεσάμενον ᾠήθη δεῖν
περὶ διαλύσεως ποιεῖσθαι τοὺς λόγους. ἀξιόπιστον δὲ ἑαυτῷ πορίζει 45
νίκην· τὸ μὲν γὰρ φονεύειν κοινόν, τὸ δὲ ὁμολογίαν ἥττης δέξασθαι
καὶ ἀπαγορεύσαντα ἐᾶσαι ἀξιόπιστον· διὸ φησι ,,καὶ πινυτήν'' (H
289) καὶ νῦν ἐγκωμιάζει, ὑπογύως τῆς ἀρετῆς αὐτοῦ πειραθεὶς καὶ
πρὸς ἀπαλλαγὴν ὑποθωπεύων. ἡνίκα δὲ ὑπὸ τῆς τύχης ἐπῆρτο, ,,Αἴαν
ἁμαρτοεπές'' φησιν (N 824). b(BE³E⁴) T   ἀντὶ δὲ τοῦ ἐπιταφίου 50
εἰκόνα ἀνιεροῖ Αἴαντι ὁ ποιητής. T

Did.(?)   **285.** ⟨αὐτὸς γάρ:⟩ ἐν ἄλλῳ ,,οὗτος γάρ''. Aⁱᵐ

ex.(?)   **286.** ⟨ἧπερ ἄν:⟩ ὥσπερ ἄν. Tⁱˡ

Hrd. | Nic.   **289** *a.* καὶ πινυτήν, περὶ δ' ἔγχει ⟨'Αχαιῶν φέρτατός
ἐσσι⟩: 'Αρίσταρχος ⟨πινυτήν⟩ ὡς καλήν, καὶ ἐπεκράτησεν οὕτως ἡ 55
παράδοσις. | ὑποστικτέον πινυτήν, ἵνα περισσὸς ὁ σύνδεσμος ᾖ· ἢ
ὑποστικτέον καὶ κατὰ τὸ τέλος τοῦ στίχου, ἵνα γένηται ἀνταπόδοσις
αὕτη, ,,νῦν μὲν παυσώμεσθα'' (H 290). A

Nic. | ex.   *b.* καὶ πινυτήν ⟨——— ἐσσι⟩: ὑποστικτέον εἰς τὸ πινυ-
τήν ἢ εἰς τὸ ἐσσί. b(BCE³E⁴) T | καλῶς δὲ τὸ 'Αχαιῶν, ἵνα μὴ καὶ 60
ἑαυτὸν συμπεριλάβῃ· ἀλαζὼν γάρ ἐστι καὶ οὐδὲ ὑπὸ τοῦ ἀρίστου
πλεονεκτεῖσθαι θέλει. b(BCE³E⁴)   ἢ μᾶλλον· οὐ μόνον ἐμοῦ ἐσσι
κρείττων, ἀλλὰ καὶ τῶν ἄλλων 'Αχαιῶν. b(BĖ³E⁴)

Did.(?)   **290.** ⟨νῦν μὲν παυσώμεσθα μάχης καὶ δηϊοτῆτος:⟩ ἐν ἄλλῳ
,,νῦν μὲν παύσωμεν πόλεμον καὶ δηϊοτῆτα'' (= H 29). Aⁱᵐ   65

---

284 καὶ νῦν ἐγκωμιάζει (48) sq. cf. Eust. 681, 31   **289** *a* ὡς καλήν (55) ad I 150.
O 445. Σ 39. Vide ad B 592 (Hrd.)   *b* ἢ μᾶλλον (62) sq. cf. Eust. 681, 40

---

41 le. T supplevi (auctore Ma.), om. b   **42** μὴ om. b, οὐκ Ma. (vix recte)
43 μὴ (post ἵνα) om. T   **44** ᾠήθη b   **45** τὸν λόγον b   **47** φησι (sc.
Hector) καὶ πινυτήν om. b   **48** καὶ νῦν b νῦν T   ἐγκ. αὐτόν b, fort. rec-
te   ὑπογύως (ὑπ. δὲ E⁴) b (et Eust.), fort. rectius   **52** le. add. Bk.   **53** le.
add. Ma.   **54** sq. le. A suppl. Vill.   **55** πινυτήν addidi   **56** ὁ σύνδεσμος sc.
v. δ(έ) post περί   **59** le. T supplevi (auctore Vill.), om. b   **60** ἢ b, [.] T,
suppl. m. sec.   ἐσσί b, φέρτατός ἐσσι T (fort. recte)   **63** ἄλλων om. Bk.
64 le. add. Vill.

290—1 *a*.¹ νῦν μὲν παυσώμεσθα ⟨——— /⟩ σήμερον: καλῶς *ex.*
προσέθηκε σήμερον, ἐπεὶ τὸ νῦν ἀόριστόν ἐστιν. T

    a.² ἐπεὶ τὸ νῦν ἀόριστόν ἐστι, διὰ τοῦτο καὶ τὸ σήμερον
προστέθειται. b(BCE³E⁴)

70 292. ⟨δώῃ δ' ἑτέροισί γε νίκην:⟩ ἐντέχνως b(BCE³E⁴) Tⁱˡ *ex.*
ἑαυτὸν τῆς νίκης ὑπεξίστησιν, b(BCE³E⁴)   ὡς νῦν μὴ νικηθείς.
b(BCE³E⁴) Tⁱˡ

    293 *a*. ⟨νὺξ δ' ἤδη τελέθει· ἀγαθὸν καὶ νυκτὶ πιθέσθαι:⟩ *Ariston.*
ὅτι ἀπὸ τοῦ λόγου τοῦ κήρυκος (sc. H 282) μετενήνεκται. Aⁱᵐ

75   *b*. ⟨νὺξ δ' ἤδη τελέθει· ἀγαθὸν καὶ νυκτὶ πιθέσθαι:⟩ *ex.*
εὐπροσώπως καὶ τοῦτο, ἵνα διὰ τὸν καιρὸν εἴκειν δοκῇ. b(BCE³E⁴)

    c. πιθέσθαι: παροξυντέον· μέσου γάρ ἐστι δευτέρου ἀο- *Hrd.*
ρίστου, b(BE³) T   ἀντὶ τοῦ πεισθῆναι. T

    295 *a*. σούς τε μάλιστα ἔτας ⟨καὶ ἑταίρους, οἵ τοι ἔασιν⟩: *Ariston.*
80 ἀθετεῖται ὡς καθαιρῶν τὰ προειρημένα „ὡς σύ τ' εὔφρήνῃς πάντας"
(H 294). ἔχει δὲ καὶ διλογίαν ἔτας καὶ ἑταίρους. A

    b. σούς τε μάλιστα ἔτας: καλῶς ἐπὶ Αἴαντος ἡ προσθήκη· *ex.*
πολλοὺς γὰρ εἶχεν ἀντιζήλους, οἳ συνανέστησαν αὐτῷ κληρωσόμενοι.
εὐφρανεῖς οὖν πάντας μέν, φησίν, ἐπεὶ δὲ διαφθονοῦνται τοῖς ἀρίστοις
85 οἱ ἄριστοι, ἀλλά γε τοὺς σοὺς ἑταίρους. Ἕκτωρ δὲ ἀντίζηλον οὔκ
ἔχει. b(BCE³E⁴) T   ἔται δὲ λέγονται οἱ συνήθεις παρὰ τὸ ἦθος. T

    298 *a*. {αἵ τε μοι εὐχόμεναι} θεῖον δύσονται ἀγῶνα: ὅτι οὔ- *Ariston.*
τως τὴν ἄγυριν καὶ συναγωγὴν τῶν θεῶν διὰ τὸ πολλῶν θεῶν ἐν ταὐ-
τῷ εἶναι ἀγάλματα. A

290—1 cf. Eust. 681, 50. Vide ad Θ 141—2 (ex.)   νῦν ἀόριστον (67) cf. Ap. Dysc.
adv. 123, 21 (unde Ep. Hom. [An. Ox. 1, 185, 1, Et. Gud. 236, 48]), synt. 284, 2. 489,
9; sch. D. Thr. (Σʰ) 96, 35   **293** *a* ad H 282 *a* (Ariston.)   *b* ad H 282 *b*
(ex.)   *c* ad H 282 *c* (Hrd.)   **295** *a* ἔχει δὲ καὶ (81) sq. at vide ad Z 239 *c* et
Eust. 681, 53   *b* ἔται δὲ (86) sq. cf. D ad Z 239, Or. 51, 22; Ecl. (An. Ox.
2, 434, 31, Et. Gud. 547, 13 Stef.), fort. e Seleuco (cf. Reitzenstein, Gesch. 172);
Et. Gen. (= EM. 386, 44). Vide ad Z 239 *c*   **298** nullum signum ante versum
in A, fort. error scribae   *a* ad Π 500 *a*. Σ 376 (Ariston.), Ω 1 (ex.), cf. D ad

---

66 le. T suppl. Ma.   68—9 sch. ad H 291 revocavit b   69 προτέθειται C
70 le. add. Bk. (Vill.), δώῃ δ' ἑτέροισι νίκην le. in Li   73 le. add. Vill.   74 ὅτι
A, ὁ ἀστερίσκος καὶ ὁ ὀβελός, ὅτι Ldw. (Frdl.)   75 le. add. Vill. (νὺξ δ' ἤδη
iam Li)   77 le. scripsi, ἀγαθὸν καὶ νυκτὶ πιθέσθαι T, om. b   παροξ. T τὸ δὲ
πιθέσθαι παροξυτόνως (coni. cum scholio praecedenti, v. δοκῇ) in b   77 sq.
μέσος . . . δεύτερος ἀόριστος b   79 le. A suppl. Vill.   80 εὔφρηνεις A em.
Vill.   83 ἀντιζ. T ἰσοθύμους b (cf. Fraenkel, Aeschylus Ag. III, Oxon. 1950,
696,2)   συνέστησαν b   κληρώσοντες T   84 οὖν — φησίν T μὲν οὖν φησι
πάντας b   φθονοῦνται b   85 οἱ ἄρ. om. T   ἀλλά γε b ἀλλ' ἄγε
T   ἀντιζήλους b   87 (le.) αἵ τε μ. εὐχόμ. del. Bk.   ὅτι Aʼ, ἡ διπλῆ, ὅτι Vill.

ex.   *b.* θεῖον δύσονται ἀγῶνα: τὰ ἱερά, ἔνθα οἱ θεοὶ αὐλίζονται, 90
διὰ τὰ ἀγάλματα. b(BCE³E⁴) T

Did.(?)   *c.*¹ ⟨δύσονται:⟩ ἔν τισι „δύνονται", οὐκ ὀρθῶς. Tⁱˡ

rec.   *c.*² γράφεται δὲ καὶ „θύονται", ὡς Ἡρωδιανός· οὕτω γὰρ
ἄμεινον. b(BCE³E⁴)

ex.   **299.** δῶρα δ' ἄγ' ἀλλήλοισι: ἵνα δοκῇ καὶ ἐξ ἴσου ἀπηλλάχθαι, 95
καὶ ἐπαγόμενος τὴν φιλίαν Αἴαντος. b(BCE³E⁴) T   1

ex.(?)   **301.** ⟨ἤ:⟩ τὸ ἤ ἀντὶ τοῦ καί. Tⁱˡ

ex.   **302.** ἀρθμήσαντε: ἁρμοσθέντες καὶ συμβιβασθέντες. b(BCE³) T

Ariston.   **303** *a.* δῶκε ξίφος: σημειοῦνταί τινες ὅτι ἀφώπλισεν ἑαυτὸν δοὺς
τὸ ξίφος ὁ Ἕκτωρ. A   5

ex.   *b.* δῶκε ξίφος ἀργυρόηλον: ὁ μὲν ἀφρόνως ἄοπλον ἑαυ-
τὸν ἐκδίδωσιν, ὁ δὲ ὅμως καὶ προπαρασπονδησάντων Τρώων οὐδὲν
εἰς αὐτὸν πλημμελεῖ. b(BCE³E⁴) T   ἄλλως τε ἐπεποίθει ὁ Ἕ-
κτωρ μηδὲν πείσεσθαι· „οὐ γάρ πώ τοι μοῖρα θανεῖν" (H 52) ἤκου-
σεν. b(BCE³E⁴)   10

ex.   **304** *a.* σὺν κολεῷ τε φέρων: οὐ περιττὸν τὸ ἔπος, ἀλλ' ἐπειδὴ
ἐσπασμένον ἦν τὸ ξίφος, b(BCE³E⁴) T   ἵνα μὴ μόνον νοοῖμεν αὐτό.
b(BCE³E⁴)   ἀναφορεὺς δὲ μαχαίρας ἢ ἀσπίδος ⟨ὁ τελαμών⟩. T

Did.   *b.* ⟨ἐϋτμήτῳ:⟩ Ἀρίσταρχος διὰ τοῦ κ̄ „ἐϋκμήτῳ". AⁱᵐTⁱˡ

ex.   **305** *a.* Αἴας ⟨δὲ⟩ ζωστῆρα: οὐκ ὠφέλιμος τῷ πολεμίῳ ἡ δωρεά· 15
ἐπάγει γὰρ „τὼ δὲ διακρινθέντες" (H 306). T

Ariston.   *b.* φοίνικι φαεινόν: ὅτι ἀντὶ τοῦ φοινικῷ ἄνθει πεφωτι-
σμένον, ⟨ὅ⟩ ἐστι κεχρωτισμένον. A

Σ 376, sch. Aesch. Sept. 219; Porph. 1, 110, 8, Eust. 682, 9. Vide ad O 428.
Π 239. T 42. Ω 141 (Ariston.); aliter Lex. Vind. 30, 16   *b* — ἱερά (90) =
D   *c*² cf. Valk I 172   **299** cf. Eust. 682, 21   **302** cf. D. Vide Call. fr.
80, 19   **303** *a* ἀφώπλισεν ἑαυτὸν (4) cf. Eust. 682, 44   *b* — πλημμελεῖ (8)
eadem Ge (e T)   ἄλλως τε (8) sq. ad H 52 *a*   **304** *b* Ἀρίσταρχος sq. cf.
Meineke 105   **305** *b* ad O 538 *a* (Ariston.). Vide ad Δ 141 *d*. N 29 *c*

90 θ. δ. ἀγ.: τὰ ἱερά T θεῖον ἀγῶνα τὸν περὶ τὰ ἱερά b   92 le. add. Ma.
93 sq. γράφεται sq. cum scholio b (v. ἀγάλματα) coni. b, fort. sch. rec. (cf. test.)
2 le. add. Bk., ἤ μέν add. Vᶜ. (et sic Ma.)   3 le. Bk., ἀριθμήσαντε T(V), om. b
4 le. Bk., ὡς ἄρα φωνήσας: A   6 (le.) ἀργ. fort. delendum   μὲν ἕκτωρ Ge
6 sq. ἐκδίδ. ἑαυτ. b   7 ὁ δὲ αἴας ὅμως Ge   προπαρασπονδισάντων b   τῶν
τρώων E³Ge   8 εἰς αὐτὸν om. b, εἰς ἑαυτὸν Ge   11 le. σὺν κουλεῷ τε φέρων
T em. Ma., om. b, fort. correctius σὺν κολεῷ τε φέρων — τελαμῶνι: ἀλλ' damn.
Ma.   13 ὁ τελ. addidi (ὁ κολεὸς ins. Ma., perperam)   14 le. add. Vᶜ   διὰ
τοῦ κ̄ om. T   15 le. T suppl. Ma.   16 διακρινθέντες T, malim διακρινθέντε
17 ὅτι A, ἡ διπλῆ, ὅτι Vill.   18 ὁ add. Bk.

306—7 *a*. τὼ δὲ διακρινθέντε ⟨ὁ μὲν ——— ὁ δέ: ὅτι⟩ οὕτως   *Ariston.*
20 εἴρηκεν ἀντὶ τοῦ τῶν δὲ διακριθέντων ὁ μέν, ὁ δέ. καὶ ὅτι πρὸς τὸ δεύτερον πρότερον ἀπήντηκεν. **A**

    b.[1] ⟨μετὰ λαὸν Ἀχαιῶν...⟩ ἐς Τρώων ὅμαδον: †κα-   *ex.*
λόν† καὶ ὅμαδον καλῶς διέστειλε· πανταχοῦ δὲ τὸ θορυβῶδες
ὑποσημαίνει τῶν Τρώων. **T**

25   *b.*[2] ἐπὶ μὲν Αἴαντος τὸ λαόν, ἐπὶ δὲ Ἕκτορος ὅμαδον φησὶ
διαστείλας· ἀεὶ γὰρ θορυβώδεις αὐτοὺς ἐκδέχεται. **b(BCE³E⁴)**

307—8 *a.*[1] τοὶ δ' ἐχάρησαν, / ὡς εἶδον ζῶόν τε ⟨καὶ ἀρ-   *ex.*
τεμέα προσιόντα⟩: οἷον ἀνέλπιστον πρᾶγμα. καλῶς δὲ ἐπὶ μὲν
Ἕκτορος τὴν ἀνέλπιστον σωτηρίαν ἐδήλωσεν, ἐπὶ δὲ Αἴαντος τὴν
30 ἐπὶ τῇ νίκῃ ἡδονήν. **ΑΤ**

    a.[2] καλῶς θαυμάζουσι καὶ χαίρουσιν ὡς ἀνέλπιστον πρᾶγμα
ἰδόντες. ἐπὶ μὲν οὖν Ἕκτορος τὴν ἀνέλπιστον σωτηρίαν ἐδήλωσεν,
ἐπὶ δὲ Αἴαντος τὴν ἐπὶ τῇ νίκῃ ἡδονήν. **b(BCE³E⁴)**

310 *a.*[1] ἀελπτέοντες σόον εἶναι: μείζονα χαρὰν εἶχον, ὅτι ἐξ   *ex.*
35 ἀπροσδοκήτου τὸν στρατηγὸν ἐδέξαντο. **T**

    a.[2] μείζων αὐτοῖς ἡ χαρά, ὅτι ἐξ ἀπροσδοκήτου τὸν στρατηγὸν ἐδέξαντο. **b(BCE³E⁴)**

    b. ἀελπτέοντες: οὐκ ἐλπίζοντες, | ἀλλ' ἀπεγνωκότες. **A**[im]   *D | ex.(?)*

312 *a*. ⟨εἰς Ἀγαμέμνονα:⟩ ὅτι ἀντὶ τοῦ πρὸς Ἀγαμέμνονα.   *Ariston.*
40 **A**[im]

    b. εἰς Ἀγαμέμνονα δῖον ἄγον κεχαρηότα νίκῃ: ὡς   *ex.*
φαμεν εἰς διδασκάλου, κἂν μὴ ᾖ [ἐκ]εῖ ὁ διδάσκαλος. κεχαρηότα δὲ
νίκῃ· **T**   τέτρωται γὰρ καὶ πέπτωκεν Ἕκτωρ καὶ ἀπηγόρευσε τῇ
μάχῃ. **b(BCE³E⁴) T**

306—7 diple ante versum 306 (non ante versum 307) in A   *a* — ὁ δέ (20) ad
Γ 211 (Ariston.); vide ad A 171 *a* (Ariston.)   καὶ ὅτι πρὸς τὸ (20) sq. ad. B 621
(Ariston.)   *b* cf. Eust. 682, 40   ὅμαδον (23 et 25) sq. vide ad B 96
(test.)   *b*[1] πανταχοῦ δὲ (23) sq. ad Δ 433. Θ 542. N 41 *a*   **312** *a* ad Z 252 *a*
(Ariston.); cf. Polyb. barb. 289, 4

---

19 (le.) τῶι A em. Vill., ὁ μέν — ὁ δέ addidi (auctore Bk.)   ὅτι add. Ddf.,
fort. rectius ἡ διπλῆ, ὅτι   **22** le. T supplevi (μετὰ λαὸν ἀχ. iam Li ante sch. *b*[2])
22 sq. καλὸν cf. sch. *b*[2]   **25** τὸ CE³, om. BE⁴   **27** sq. le. T supplevi, ἀρτεμέα : le.
A   **31**—3 sch. ad v. 308 rettulit b   **31** ἀνέλπιστα C   **38** ἐπεγνωκότες A
em. Bk.   **39** le. add. Vill.   ὅτι A, ἡ διπλῆ, ὅτι Vill.   **41** (le.) κεχαρ. νίκῃ
scripsi (auctore Vill.), οἱ δ' ὅτε δὴ κλισίῃσι T (le. om. b; qui sch. recte ad v. 312
revocavit)   **42** ᾖ [. .]εῖ T suppl. m. rec.   **43** πέπτ. ἔκτωρ T πέπτωκε b   ἀπηγόρευσε E⁴   **44** μάχῃ ὁ ἔκτωρ b

Ariston.   **314 a.** ⟨τοῖσι δέ:⟩ ὅτι ὁ δέ περισσός. **A**int   45

ex.   **b.** τοῖσι δὲ βοῦν ἱέρευσε: ἡ μὲν τιμὴ εἰς Δία γίνεται, ἡ δὲ χρεία τῶν κρεῶν εἰς τοὺς στρατιώτας. **b**(BCE³E⁴) **T**

Ariston.   **319.** ⟨πόνου:⟩ ὅτι ἀντὶ τοῦ ἔργου. **A**int

ex.   **321.** νώτοισιν δ' Αἴαντα: εὐτελῆ γὰρ τῆς ἀνδραγαθίας τὰ ἄθλα, ὡς κότινος καὶ σέλινον, τὰ δὲ τῆς πλεονεξίας χρυσὸς καὶ ἄργυρος. 50 ἅμα δὲ διὰ τὸ μὴ δεῖξαι τῷ πολεμίῳ τὰ νῶτα. **b**(BCE³E⁴) **T**

ex.   **324.** τοῖς ὁ γέρων πάμπρωτος ⟨ὑφαίνειν ἤρχετο μῆτιν⟩: ὁ γέρων κατ' ἐξοχὴν ὡς ὁ ποιητής· εἰς τοῦ[το] γὰρ ἐστράτευσεν, ἀγωνιούμενος τῇ βουλῇ. **T**

ex.   **325.** Νέστωρ, οὗ καὶ πρόσθεν ⟨ἀρίστη φαίνετο βουλή⟩: 55 Ἀχιλλέα γὰρ †τὸ ὅσον ἐφ' ἑαυτῷ χαλεπαίνοντα διήλλαξεν Ἀγαμέμνονι καὶ τοὺς Ἕλληνας ὁρμῶντας εἰς τὰς πατρίδας ἐπέσχεν· καὶ περὶ διατάξεως ὑπέθετο ,,ὡς φρήτρη φρήτρηφιν ἀρήγῃ'' (Β 363) καὶ τοὺς ἀριστέας ὀκνοῦντας εἰς τὴν πρὸς Ἕκτορα μάχην ἀνήγειρεν. **b**(BC E³E⁴) **T**   60

ex.   **327.** Ἀτρείδη τε καὶ ἄλλοι: καλῶς τὴν ἀρχὴν τῆς συμβουλίας εἰς τὸν ἄρχοντα φέρει μηδὲ τοὺς ἄλλους παρείς. **b**(BCE³E⁴) **T**

ex.   **328 a.** πολλοὶ γὰρ τεθνᾶσι: προθυμοτέρους τοὺς ζῶντας ποιεῖ τῶν τεθνεώτων μεταποιούμενος· αἰσχρὸν γὰρ ἐδόκει τὸ μὴ ἀξιοῦσθαι ταφῆς. ἅμα δὲ καὶ διαναπαύειν θέλει τὸν ἀκροατὴν καὶ τειχοποιίαν 65 εἰσφέρειν. δῆλον δὲ ὡς ἑκάστοτε τὰς ἀναιρέσεις ἐποιοῦντο τῶν νεκρῶν. **b**(BCE³E⁴) **T**

---

314 a ad A 41 c (Ariston.)   **319** ad A 467 a (Ariston.)   **321** — σέλινον (50) cf. Eust. 682, 55; — ἄθλα (49) aliter sch. δ 65. ξ 437; Athen. 1, 13 e/f   κότινος (50) cf. sch. Pind. I. hyp. b   σέλινον (50) cf. sch. Pind. Ol. 3, 27. 13, 45 a et c, N. hyp. c et d, 6, 71 b/c, I. 2, 19 e   χρυσὸς (50) ad Μ 319 (T)   ἅμα δὲ διὰ (51) sq. cf. Eust. 682, 51   **325** — ἐπέσχεν (57) = Ge (e T)   **328 a** — ταφῆς (65) sim. Eust. 683, 20   μεταποιούμενος (64) cf. Valk I 520   δῆλον δὲ (66) sq. ad Θ 491

---

45 le. add. Bk.   ὅτι A, fort. ἡ διπλῆ, ὅτι   **46** sq. ἡ δὲ τῶν κρ. χρεία E⁴   **48** le. add. Bk.   ὅτι A, fort. ἡ διπλῆ, ὅτι   ἀντὶ τοῦ cp. A   **49** τὰ γὰρ τῆς ἀνδρ. ἄθλα εὐτελῆ b   **50** σέλινα b   χρυσὸς om. b   **51** διὰ om. E⁴   **52** le. T supplevi   **53** τοῦτο] τοῦ T m. pr., το ss. m. rec.   **55** le. T supplevi (auctore Vill.), om. b   **56** γὰρ (om. b) τὸ (τὸ om. Ge, del. Ma.) ὅσον ἐφ' ἑαυτῷ (ἑαυτοῦ b)] fort. γὰρ ὅσον τὸ ἐπ' αὐτῷ (an τὸ ἐφ' ἑαυτῷ?)   **57** ἐπέσχε b   **58** ὑπέσχετο C   φρίτρη φρίτρηφιν C   ἀρήγῃ om. T   **59** ἀνήγειρε T   **61** (le.) ἀτρεῖδαι Ma., male (le. om. b)   **62** μηδὲ] μὴ δὲ BT   **63—7** προθυμοτέρους δὲ sq. pone sch. c² (coni. cum v. πράγματος) in b   **63** τῶν ζώντων τοὺς ζῶντας C   **64** μεταποιούμενος] μεταποιεῖσθαι Wil. (dub.), μελέτην ποιεῖσθαι Ma. (improbabiliter)   **65** τειχομαχίαν T   **66** εἰσφέρει b   ποιοῦνται b

b. ⟨πολλοὶ γὰρ τεθνᾶσι:⟩ ὅτι ἀπὸ τοῦ γάρ αἰτιώδους *Ariston.*
εἰσέβαλεν ἀρχαϊκῶς. **A**ⁱᵐ

70   c.¹ πολλοὶ γὰρ τεθνᾶσι: εἴωθεν ἄρχεσθαι ἀπὸ †ἡλίου†· *ex.*
τὴν γὰρ αἰτίαν προτάσσει τοῦ πράγματος. ἐχρῆν δὲ τοὐναντίον ποι-
εῖν. **T**

c.² εἴωθεν ἀεὶ ἀπὸ τοῦ γάρ ἄρχεσθαι, **b**(BCE³)   τὴν
αἰτίαν προτάσσων τοῦ πράγματος. **b**(BCE³E⁴)

75   **330** a. ἐσκέδασ᾽ ὀξὺς Ἄρης: σκληρῶς καὶ ἐμφαντικῶς τοῦτό *ex.*
φησιν. **T**

b.¹ ψυχαὶ δ᾽ Ἄιδος δὲ κατῆλθον: ὅτι συμφώνως τῷ *Ariston.*
κατὰ τὴν ἀρχὴν τῆς Ἰλιάδος (A 3) „πολλὰς δ᾽ ἰφθίμους ψυχάς"· οὐκ
ἄρα γραπτέον „κεφαλάς". **A**

80   b.² ψυχαὶ δ᾽ Ἄιδος δὲ κατῆλθον: ὅτι κἀκεῖ δεῖ γράφειν
„πολλὰς δ᾽ ἰφθίμους ψυχάς", οὐ „κεφαλάς". **T**

331. ⟨τῷ σὲ χρή:⟩ τὸ σέ παρέλκει. **A**ⁱᵐ   *ex.*

332. ⟨κυκλήσομεν:⟩ ἐπ᾽ ἀμαξῶν κομίσομεν. **T**ⁱˡ   *D(∼)*

333. ⟨κατακείομεν:⟩ ὅτι οἱ ἀρχαῖοι ἔκαιον τὰ σώματα. **A**ⁱⁿᵗ   *Ariston.*

85   **334—5.** τυτθὸν ἀπὸ πρὸ νεῶν ⟨——— γαῖαν⟩: ἀθετοῦνται, *Ariston.*
ὅτι οὐ διὰ τοῦτο ἐκαίοντο, ὅπως τὰ ὀστᾶ κομίσωνται, ἀλλὰ συνη-
θείᾳ· καὶ γὰρ οἱ ἐπὶ τῆς ἰδίας τελευτῶντες ἐκαίοντο. καθόλου οὖν οἶδεν
πυρὶ καιομένους τοὺς πάλαι καὶ ἐνταῦθα τιθεμένους, ὅπου καὶ ἐτελεύ-
τησαν. ἐναντιοῦνται δὲ καὶ τὰ ἑξῆς „τύμβον δ᾽ ἀμφὶ πυρήν / ἄκριτον
90 ἐκ πεδίου" (cf. H 336—7), ἀδιαχώριστον, ἀδιάστατον, τουτέστι πο-
λυάνδριον· πῶς οὖν ὡς κ᾽ ὀστέα παισὶν ἕκαστος (334); **A**

b ad B 284 (Ariston.)   c¹— πράγματος (71) cf. Eust. 683, 38   **330** b ad A 3 b
(Ariston.)   **331** cf. Beiträge 320; vide ad N 773 a (Ariston.)   **332** = Eust.
683, 58   **333** ad H 79 b (Ariston.), cf. D ad A 52 (= Andro, FGrHist 10, 10).
Vide ad Θ 70 b   **334—5** obelus ante utrumque versum in A   ἀθετοῦνται
(85) sq. cf. Wilamowitz, Il. Hom. 55; F. Jacoby, Patrios Nomos, Journ. Hell.
Stud. 64, 1944, 44 n. 30; D. L. Page, History and the Homeric Iliad, in urbibus
Berkeley et Los Angeles 1959, 323; M. Andronikos, Totenkult (Archaeologia
Homerica III W, Gottingae 1968) 31   καὶ γὰρ (87) — ἐτελεύτησαν (88) ad
H 333 (Ariston.). Vide ad H 79 b   καθόλου (87) sq. ad Δ 174 (Ariston.), aliter
sch. Lyc. 367 (p. 142, 6). Vide Cauer 328; Jacoby l. c. 42 n. 19; Valk II 422   ἀδια-

68 le. add. Frdl. (Vill.)   ὅτι A, ἡ διπλῆ, ὅτι Vill.   70—2 le. et sch. cum
scholio a (v. νεκρῶν) coni. T, dist. Ma.   70 ἡλίου] cf. sch. c²   77 le. Bk. (Vill.),
ἐσκέδασ᾽ ὀξὺς ἀρης: A   ὅτι A, ἡ διπλῆ, ὅτι Vill.   τῷ Bk., τὸ A   81 δ᾽
Ma., δὲ T   82 le. add. Vill.   83 le. add. Vᶜ   ἐφ᾽ ἀμαξῶν Ma. (= D,
Eust.), fort. rectius   κομ.] οἴσομεν D   84 le. (= Aᶜᵒⁿᵗ, cf. Eust. 684,1) addidi,
κατακήομεν add. Ddf.   ὅτι A, fort. ἡ διπλῆ   85 le. A supplevi
89 ἐναντιοῦται Frdl.   ἄκρητον A em. Vill.

Hrd.   **334** *a.* ἀπὸ πρὸ νεῶν· τὰς δύο προθέσεις ἐγκλίνειν δεῖ, ἵνα ἡ μὲν
ἀπό συντάσσηται τῇ νεῶν γενικῇ, ἡ δὲ πρό παρέλκηται.   **A**

ex.   *b.*[1] {τυτθὸν} ἀπὸ πρὸ νεῶν· ἄπωθεν μὲν αὐτῶν, ἔμπροσθεν
δέ. Ἀρίσταρχος ἀναστρέφει τὴν ἀπό, ἵνα σημαίνη τὸ ἄπωθεν, καὶ 95
τὴν πρό πλεονάζουσαν κοιμίζει. ὁ δὲ Ἡρωδιανὸς (2, 59, 10) τῆς 1
ἀπό φυλάσσει τὸν τόνον καὶ συντάσσει αὐτὴν †τῇ† νεῶν, τὴν δὲ
πρό ὡς πλεονάζουσαν κοιμίζει. τινὲς δὲ τοῦ ἀπόπροθι ἀποκοπὴν αὐτὸ
νομίζουσιν.   **T**

     b.[2] ὁ Ἡρωδιανὸς τῆς ἀπό φυλάσσει τὸν τόνον καὶ συντάσσει 5
αὐτὴν τῷ νεῶν· τὴν δὲ πρό ὡς πλεονάζουσαν †κομίζει†. τινὲς δὲ τοῦ
ἀπόπροθι ἀποκοπὴν αὐτὸ νομίζουσιν. ἢ ἡ ἀπό σημαίνει τὸ ἄποθεν,
τὸ δὲ πρό νεῶν ἀντὶ τοῦ πλησίον, τουτέστι καύσομεν αὐτοὺς ὀλίγον
μὲν ἡμῶν ἄποθεν, πρὸ τῶν νεῶν δέ.   **b**(BCE[3]E[4])

ex.   **335.** οἴκαδ' ἄγῃ· καὶ πῶς ἐν Ὀδυσσείᾳ φησίν· ,,ἀμφ' αὐτοῖ- 10
σ⟨ι δ'⟩ ἔπειτα μέγαν ⟨καὶ ἀμύμονα τύμβον / χεύαμεν)‘‘ (ω 80—1);
T   τοῦτο πρὸς παραμυθίαν τῶν ζώντων εἴρηται μέν, οὐχ οὕτω δὲ
πέπρακται διὰ τὴν στάσιν τῶν Ἀτρειδῶν καὶ τὸν ἀποθύμιον πλοῦν.
b(BCE[3]E[4])   **T**

Did.   **336** *a.* ⟨τύμβον δ' ἀμφί·⟩ Ἀρίσταρχος διὰ τοῦ τ̄ ,,τύμβον τ' 15
ἀμφί‘‘.   **A**[im]

Nic.   *b.* τύμβον δ' ἀμφὶ πυρὴν ἕνα χεύομεν ἐξαγαγόντες·
διασταλτέον ἐπὶ τὸ χεύομεν. τὸ δὲ ἐξαγαγόντες ἤτοι ὕλην πρὸς
τὴν τειχοποιίαν ἢ ἀντὶ τοῦ προελθόντες πολὺ εἰς τὸ πεδίον, ἵνα ἡ
μὲν ἐξ πρόθεσις ἀντὶ τοῦ ἔξω ἐπιρρήματος κέηται, τὸ δὲ ἀγαγόντες ἐν 20
ἴσῳ τῷ πορευθέντες· περιλαμβάνουσι γὰρ τῷ ναυστάθμῳ καὶ τοῦ
πεδίου μέρος. τὸ δὲ δεύτερον ἄμεινον.   **A**

ex.   *c.* τύμβον δ' ἀμφὶ πυρὴν ἕνα· μεγάλην περιβολὴν ποιη-
σάμενοι. γράφεται δὲ καὶ ,,ἀμφίβολον‘‘, μέγιστον, ἐν ᾧ ἑκάστου ἀπο-
κείσονται τὰ ὀστᾶ .**T**   25

Nic. | *Porph.*   **336—7** *a.*[1] ἕνα χεύομεν ἐξαγαγόντες ⟨/ ἄκριτον ἐκ πε-
δίου⟩· ὑποστικτέον εἰς τὸ χεύομεν. | τὸ δὲ ἐξαγαγόντες ὅμοιόν

χώριστον (90) = D ad H 337   **334** *a* — γενικῇ (93) ad B 162 (Hrd.)   παρ-
έλκηται (93) ad Δ 423 (Hrd.)   *b*[1] — αὐτῶν (94) cf. sch. Eur. Or. 142   κοι-
μίζει (1) cf. Ap. Dysc. pron. 36, 1, Io. Char. 1150   **335** οὐχ οὕτω δὲ πέπρακται
(12) sq. at cf. Eust. 683, 3   **336** *a* ad H 146 *a* (Did.)   **336—7** τὸ δὲ ἐξ-

92 le. ἀποπρονέων A em. Lehrs   94 (le.) τυτθὸν delevi; προνεῶν T dist. Ma.
2 τῇ cf. sch. *b*[2]   **6** κομίζει cf. sch. *b*[1]   **7** ἀποσκοπὴν C   **10** sq. αὐτοῖς T
supplevi ex Hom.   **11** καὶ — χεύαμεν addidi   **12—4** τοῦτο (τοῦτο δὲ E[4]
post D) sq. pone sch. H 328 *a* in b   **12** μὲν ante τῶν trps. b   οὕτως b
15 le. addidi (auctore Ldw.)   **26** sq. le. T supplevi

ἐστι †τοῦ† „Λαοδίκην ἐσάγουσα" (Ζ 252) ἀντὶ τοῦ εἰσερχομένη.
οὕτω καὶ νῦν ἀντὶ τοῦ ἐξελθόντες τοῦ πεδίου. ἄκριτον δὲ ἀντὶ τοῦ
30 χύδην ἰσόπεδον, ὅπως μὴ ἐπιγινώσκηται, εἰ ἔστι τάφος. οὕτω Πορ-
φύριος (1, 99, 9). Τ

        a.² ὑποστικτέον εἰς τὸ χεύομεν. | τὸ δὲ ἐξαγαγόντες
ὅμοιόν ἐστι τῷ „Λαοδίκην ἐσάγουσα" ἀντὶ τοῦ εἰσερχομένη. οὕτω
καὶ τὸ ἐξαγαγόντες ἀντὶ τοῦ ἐξελθόντες. τὸ δὲ ἄκριτον ἀντὶ τοῦ
35 ἀγνώριστον, ἀχώριστον, ὅμοιον τῷ λοιπῷ πεδίῳ. b(BCE³)

337—8. δείμομεν ὦκα / πύργους: ὦκα, ἵνα μὴ ἀπίθανον *ex.*
δοκῇ τὸ ἐν μιᾷ ἡμέρᾳ τεῖχος γενέσθαι. b(BE³E⁴) Τ

338. ⟨εἶλαρ:⟩ ὀχύρωμα. Τⁱˡ   *ex.*

339 *a*. ἐν δ' αὐτοῖσι πύλας ποιήσομεν ⟨εὖ ἀραρυίας⟩: ὅτι *Ariston.* | *Did.(?)*
40 πληθυντικῶς, καὶ ὅτι μία ὑπόκειται πύλη ἐν τῷ τείχει. | τινὲς δὲ γρά-
φουσιν „ἕπτ' ἀραρυίας". Α

        b.¹ ἐν δ' αὐτοῖς⟨ι⟩ πύλας ποιήσομεν: μία μὲν ἦν ἱππήλα- *ex.*
τος ἐπὶ τὸ ἀριστερὸν τοῦ ναυστάθμου πρὸς τὸ Ῥοίτειον, „νηῶν ἐπ'
ἀριστερά, τῇ περ Ἀχαιοί / ⟨ἐκ πεδίου⟩ νίσοντο σὺν ἵπποισιν" (Μ
45 118—9)· ἄλλας δὲ πυλίδας εἶχον πρὸς ἄλλας χρείας. Τ

        b.² μία μὲν ἱππήλατος ἐπὶ τὸ ἀριστερὸν τοῦ ναυστάθμου. τὰς
δὲ λοιπὰς πυλίδας εἶχον πρὸς τὰς ἄλλας μικρὰς χρείας. b(BCE³E⁴)

342. ⟨ἀμφὶς ἐοῦσα:⟩ γράφεται „ἀμφὶς ἔχουσα". Τⁱˡ   *Did.(?)*

345 *a*. Τρώων αὖτ' ἀγορή: ἔδει γὰρ τῶν τοῦ βασιλέως υἱῶν *ex.*

αγαγόντες (27 et 32) sq. cf. Eust. 684, 13. Vide ad Ζ 252; Porph. 1, 98, 24   *a*²
ἀχώριστον (35) cf. ἀδιαχώριστον = D, D ad Γ 412. Ω 91, Ap. S. 19, 30, Or.
Koes. 175, 22 (unde Et. Gud. 73, 10 Stef.), Or. in Et. Gen. ἄκριτον (p. 19 Mill.),
EM. 52, 47   **337—8** cf. Eust. 684, 20   **338** cf. D   **339** *a/b* ad Η 438
(test.)   *a* ad Μ 470 (Ariston.), cf. Lehrs Ar.³ 125; Goedhardt 55; — πληθυν-
τικῶς (40) ad Θ 58. Ι 354 *a*. 383 *a*. 475. Μ 120. 291. Ζ 167 *a* (Ariston.)   καὶ
ὅτι (40) sq. ad Μ 118 *a*¹. 175. 340 *a*¹ (Ariston.), Ν 675 (ex.), Ο 414 *a*². Vide ad
Β 809 (Ariston.)   τινὲς δὲ (40) sq. cf. Goedhardt 61   *b*¹ fort. huc spectat
Eust. 684, 24   ἐπὶ τὸ (43) — Ῥοίτειον ad Μ 118 (ex.)   ἄλλας δὲ (45) sq.
vide ad Μ 87 *a*. Ν 124 *b*   **342** cf. Schulze 347   **345** *a* ἔδει γὰρ (49) —

28 τοῦ cf. sch. *a*²   32—5 sch. ad Η 336 revocavit b   32 sq. τὸ δὲ ἐξαγαγόντες
sq. sch. *a*² a verbis Porphyrii propius abest quam sch. *a*¹   35 ἀχώριστον
susp., fort. ἀδιαχώριστον (cf. test.)   36 ὦκα, ἵνα μὴ ἀπίθανον Τ, τὸ δὲ ὦκα
προστέθειται, ἵνα πιθανὸν (coni. cum scholio praecedenti, v. πεδίῳ) b   37 γεν.
om. b   38 le. add. Ma.   39 le. A suppl. Vill.   ὅτι A, ἡ διπλῆ, ὅτι
Vill.   42 (le.) αὐτοῖσ͂ Τ suppl. Ma.   43 πρὸς Ma., περὶ Τ   44 ἐκ πεδίου
addidi ex Hom.   48 le. add. Vᶜ

ἡττωμένων καὶ κινδυνευσάσης τῆς πόλεως ὑπὸ Διομήδους, δυσελπί- 50
δων ὄντων διὰ τὴν παράβασιν, σκοπεῖν τι τῶν ἀναγκαίων. ἔστι δὲ ἐν
τοῖς Ἕλλησι Νέστωρ, ἐν δὲ Τρωσὶν Ἀντήνωρ. b(BE³E⁴) T

Ariston.　　　b. ⟨πόλει ἄκρῃ:⟩ ὅτι διαλελυμένως τῇ ἀκροπόλει. Aⁱᵐ

Nic.　　346 a.¹ δεινή, τετρηχυῖα: βραχὺ διασταλτέον κατ' ἀμφότερα·
μᾶλλον γὰρ οὕτως ἐμφαίνει. A　　　　　　　　　　　　　　55

　　　　　a.² κατ' ἄμφω ὀλίγον διασταλτέον. Tⁱˡ

ex.　　　b. τετρηχυῖα: τεταραγμένη, ἢ διὰ τὰ προλεχθέντα ἢ διὰ
τὸ „πολύκλητοι δ' ἔσαν" (Δ 438) ἢ διὰ τὸ διχογνωμεῖν περὶ Ἑλένης
ὡς Ἀντήνωρ καὶ Ἀντίμαχος (cf. H 347—53 et Λ 123—5). δηλοῖ ὡς
οὐχ οἱ βασιλεῖς συνήγαγον αὐτούς, ἀλλ' ἀγανακτοῦντες ἧκον εἰς τὰ 60
βασίλεια. A b(BCE³E⁴) T

ex.　　347 a. τοῖσιν δ' Ἀντήνωρ: ὡς πρόξενος Ἑλλήνων καὶ δημη-
γορῶν καὶ θεοσεβής. Ἕκτωρ δὲ σιωπᾷ αἰσχυνόμενος διαλύειν τὴν μά-
χην, ἵνα μὴ δοκῇ δεδοικέναι διὰ τὸ νεωστὶ ἡττῆσθαι. b(BCE³E⁴) T

Did.(?)　　b. ⟨ἀντίον ηὔδα:⟩ γράφεται „ἦρχ' ἀγορεύειν". Aⁱⁿᵗ　　65

ex.　　351—2. ὅρκια ⟨πιστά/⟩ ψευσάμενοι: μετρίως καὶ ἑαυτὸν
συγκαταλέγει, ἵνα μὴ πικρότερον χρήσηται τῷ ἐλέγχῳ. b(BCE³E⁴) T

Ariston.　　353 a. ἔλπομαι ἐκτελέεσθαι, ⟨ἵνα μὴ ῥέξομεν ὧδε⟩: ἀθετεῖ-
ται, ὅτι ἀγνοήσας τις ὅτι ὑπακοῦσαι δεῖ τῷ „οὔ νύ τι κέρδιον ἡμῖν"
(H 352) τὸ ἔσται, ὡς ἐλλείποντος τοῦ λόγου προσανεπλήρωσεν· καὶ 70
ὅτι τὸ ἵνα οὐχ Ὁμηρικῶς παρείληπται ἀντὶ τοῦ ἐάν. A

ex.　　　b. ⟨ἔλπομαι ἐκτελέεσθαι:⟩ μετριώτερον, ὡς τὸ „ὀίομαι ἄν-
δρα χολωσέμεν" (A 78). Tⁱˡ

ἀναγκαίων (51) Ge (e T)　　b ad Z 257 (Ariston.)　　τῇ ἀκροπόλει = D, cf.
Eust. 684, 38　　346 b τεταραγμένη (57) = Synag. (Ba. 385, 24, Ph.), cf. D;
Bechtel, Lex. 308. Vide ad B 95 a¹　　ἢ διὰ τὸ (57) — ἔσαν (58) ad Δ 437
(ex.)　　ἢ διὰ τὸ διχογν. (58) — Ἀντήνωρ (59) cf. Eust. 684, 45　　353 a —
προσανεπλήρωσεν (70) ad Ι 416 a. Φ 570. Ω 45 (Ariston.); cf. Lehrs Ar.³ 338.
Vide ad A 139. Ι 44. Ζ 158. Φ 470 (Ariston.)　　καὶ ὅτι τὸ (70) — ἐάν (71) cf.
Eust. 684, 51; sch. Ar. ran. 175 (vide W. Kraus, Testim. Aristoph. [Lips. 1931]
44)　　b ad A 78 (ex.)

---

51 τι] περὶ Wil. (et Ge ut vid.), parum probabiliter　　51 sq. ἔστι δὲ ἐν αὐτοῖς
νέστωρ ὁ ἀντήνωρ b, fort. ἔστι δέ, ὃ ἐν τ. Ἑλλ. ν., ἐν τρ. ἀντ.　　53 le. addidi
(auctore Frdl.)　　ὅτι A, ἡ διπλῆ, ὅτι Vill.　　57 le. T, τὸ τετρηχυῖα: coni. cum
scholio a (v. ἐμφαίνει) A, om. b　　59 ὡς — δηλοῖ ὡς om. b　　fort. δηλοῖ δὲ ὡς
60 βασιλεῖς δὲ συν. b　　62 καὶ T καὶ ἀεὶ b　　64 δεδοικ. om. b　　διὰ T
πρὸς b　　τὸ b τοῦ T　　νεωστὶ T τέλος b　　65 le. add. Bk. (Vill.)　　66 le.
T suppl. Ma., om. b (scholio ad H 351 relato); fort. correctius ὅρκια πιστά /
ψευσάμενοι μαχόμεσθα:　　67 ἵνα μὴ b ὅπως T　　πικρ.] μετρί ss. ω C　　68 le.
A suppl. Vill.　　72 le. add. Bk. (ἔλπομαι iam Vᶜ)

c. ⟨ἐκτελέεσθαι, ἵνα μή:⟩ Ἀρίσταρχος „ἐκτελέεσθαι,   *Did.*
75 †ἵνα† ἂν μή". **A**ⁱᵐ

    d. ἵνα {μὴ ῥέξωμεν ὧδε}: „ἵν' ἂν" αἱ Ἀριστάρχου σὺν τῷ   *Did.* |
ν̄, | καίτοι ὠβελισμένου τοῦ στίχου. **T**   *Ariston.(?)*

    e. ⟨ἵνα:⟩ τὸ ἵνα ἀντὶ τοῦ ἐάν παρὰ Ἡρωδιανῷ. | παρὰ δὲ   *D(~)* |
τοῖς ἄλλοις ὠβέλισται. **b**(BCE³E⁴)   *Ariston.(?)*

80 **357** a.¹ οὐκέτ' ἐμοὶ φίλα: οὐ γὰρ τὰ κοινῇ συμφέροντα θέλει   *ex.*
ἀκούειν, ἅπαξ καταβυθισθεὶς τῷ ἔρωτι τῆς Ἑλένης. **T**

    a.² οὐ γὰρ τὰ κοινῇ συμφέροντα βούλεται ἀκούειν, ἀλλὰ τὰ
πρὸς ἰδίαν χάριν. **b**(BCE³E⁴)

358 a.¹ οἶσθα καὶ ἄλλον μῦθον ἀμείνονα: καὶ τί βέλτιον τοῦ   *ex.*
85 δοῦναι τὰ ἀλλότρια καὶ τοῖς ὅρκοις ἐμμένειν; ὡς πολέμια δὲ φρονοῦντα
διαβάλλει, οὐ διὰ τὸ εὐσεβές. **T**

    a.² καίτοι οὐδὲν ἦν βέλτιον τοῦ δοῦναι τὰ ἀλλότρια καὶ τοῖς
ὅρκοις ἐμμένειν. οὗτος δὲ ἡττώμενος θηλυμανίας ὡς πολέμιον αὐτὸν
διαβάλλει. **b**(BCE³E⁴)

90 **359** a. ⟨εἰ δ' ἐτεόν:⟩ οὕτως Ἀρίσταρχος, ἄλλοι δίχα τοῦ δ̄, „εἴ   *Did.*
ἐτεόν". **A**ⁱⁿᵗ

    b. εἰ δ' ἐτεὸν δὴ τοῦτον ἀπὸ σπουδῆς ἀγορεύεις: ὑπο-   *Nic.*
στικτέον κατὰ τὸ τέλος τοῦ στίχου καὶ γραπτέον τὴν ἀρχὴν μετὰ τοῦ
δέ συνδέσμου, εἰ δ' ἐτεὸν δὴ τοῦτον· τὸ γὰρ ἀσύνδετον ἀπρεπὲς
95 ἐνθάδε. **A**

1 **360.** ἐξ ἄρα δή τοι ἔπειτα: αὐτὸς ἐν μεγίστῃ φρενοβλαβείᾳ ὢν   *ex.*
τοῦτο ὀνειδίζει τῷ γέροντι. **b**(BCE³E⁴) **T**

    362 a. ἀντικρύ: κατὰ πρόσωπον καὶ ἐξ ἐναντίας πάντων. **b**   *ex.*
(BCE³E⁴) **T**

---

c/d cf. Eust. 685, 24: τὸ δὲ „ἵνα μὴ ῥήξωμεν ὧδε" ἠθέλησάν τινες εἰπεῖν ἀντὶ
τοῦ ὅπου μὴ ποιήσομεν οὕτω. οὐκ εὖ δέ· στέργεται γὰρ μᾶλλον ἡ προρρηθεῖσα
ἐξήγησις (h. e. eadem interpretatio, quae scholio D continetur, cf. Eust. 684, 51);
Valk II 227   c cf. Schulze, Quaest. ep. 418   d cf. Spitzner ad l.   e τὸ ἵνα
(78) sq. fort. totum sch. e depromptum est e nota Aristonici (cf. sch. a), si
modo concedis verba παρὰ Ἡρωδιανῷ interpolata esse   **362** a et c Ge
(e T)   a ad Ψ 673 (ex.), cf. D ad Γ 359

---

74 le. addidi (auctore Ldw.)   75 ἵνα ἂν μή] ἵνα μμὴ Aristarchum scripsisse
suspicatur Schulze   ἵνα A, ἵν' Lehrs (Heyne)   76 (le.) μὴ ῥέξ. ὧδε eieci   ἵν'
ἂν Ma., ἵναν T   78 le. addidi, ἵνα μὴ ῥέξωμεν add. Li   ἀντὶ — ἡρ.] παρὰ
ἡρωδιανῷ ἀντὶ τῆς ἐάν E⁴   ἡρωδιανῷ susp. (cf. test. ad sch. e)   79 ὠβέλισται
cf. sch. a et d   85 (et 87) ἀποδοῦναι Ma.   90 le. add. Bk.   1 le T,
om. b; fort. correctius ἐξ ἄρα δή τοι ἔπ. θεοὶ φρένας ὤλεσαν αὐτοί: 2 τοῦτο
T τὰ αὐτοῦ b   3 le. Bk., ἀντικρὺ δ' ἀπόφημι T, om. b   ἀπάντων Ge

Hrd.   *b.* ἀπόφημι: ὡς „ἄπειμι" (ρ 593)· τὰ γὰρ ὀξυνόμενα τῶν 5
ῥημάτων ἐν τῇ συνθέσει ἀναδίδωσι τὸν τόνον. **A**

ex.   *c.* γυναῖκα μὲν οὐκ ἀποδώσω: χαρακτηρίζει κιναίδου
λόγον καὶ τέλεον ἀπηρυθριακότος· διὰ γοῦν τοῦ ἀποδώσω ὁμολογεῖ
ἀδίκως αὐτὴν ἔχειν. **b**(BCE³E⁴) **T**

ex.   **363—4.** κτήματα δ᾽ ⟨——⟩ ἐθέλω δόμεναι οὐχ ὡς πει- 10
σομένων Ἑλλήνων, ἀλλ᾽ ὅπως ἔχῃ πρόβλημά τι. **b**(BCE³E⁴) **T**

ex.   **366—7.** Δαρδανίδης Πρίαμος ⟨——⟩ ἀγορήσατο: οὔτε
γὰρ Ἀντήνορι ἀντιλέγει οὔτε τῷ παιδί, πολιτικὴν ὑφορώμενος στάσιν
διὰ τοὺς συναιρομένους αὐτοῖς. ἢ τάχα καὶ τοὺς Ἕλληνας ἀκούων
δυσχεραίνειν τῷ μήκει τῆς μάχης ᾤετο δέξασθαι τὴν πρεσβείαν. **b** 15
(BCE³E⁴) **T**

Did.   **370.** ⟨κατὰ πτόλιν:⟩ γράφεται „κατὰ στρατόν". **A**ⁱᵐ

ex.   **374.** μῦθον Ἀλεξάνδροιο, ⟨τοῦ εἴνεκα νεῖκος ὄρωρε⟩: τὸ
τυραννικὸν Ἀλεξάνδρου †δείκνυσι πραοτέρους κατὰ τῶν Τρώων
τοὺς Ἕλληνας· **b**(BCE³E⁴) **T**   διὰ τοῦτο γὰρ εἶπε· τοῦ εἴνεκα 20
νεῖκος ὄρωρε. **T**

ex.   **375** *a.*¹ καὶ δὲ τόδ᾽ εἰπέμεναι πυκινὸν ἔπος: πυκινόν,
ἐπειδὴ τοῦτο ἀνακτήσεται τοὺς κάμνοντας, †ἵνα δὲ ὡς† ἐπιμιγνύμενοι
ἀλλήλοις ἀφορμὴν τοῦ ποιήσασθαι εἰρήνην λάβωσιν. ὃ ἔσπευδον δ᾽
Ἕλληνες, τοῦτο δοκοῦσι χαρίζεσθαι. **T**
                                                                                     25
                *a.*² ὅτι τοῦτο τοὺς κάμνοντας ἀνακτήσεται, καὶ ἵνα ἀδεῶς
ἐπιμιγνύμενοι ἀλλήλοις ἀφορμὴν τοῦ ποιῆσαι εἰρήνην λάβωσιν. ὃ δὲ
καὶ Ἕλληνες ἐβούλοντο, τὸ συνάξαι τοὺς νεκρούς, τοῦτο καὶ αὐτοῖς
δοκοῦσι χαρίζεσθαι. **b**(BCE³E⁴)

368—9 A m. rec. (in mg. exteriore): ἐν ἄλλῳ καὶ ἐνταῦθα οὗτοι οἱ στίχοι κεῖνται·
„κέκλυτέ μευ, Τρῶες καὶ Δάρδανοι ἠδ᾽ ἐπίκουροι, / ὄφρ᾽ εἴπω τά με θυμὸς ἐνὶ
στήθεσσι κελεύει" (versus om. Aᶜᵒⁿᵗ)   **375** ποιήσασθαι (24) cf. E. Roos, Apopho-
reta Tartuensia (Holmiae 1949), 32; vide praeterea Eranos 52, 1954, 76   **380** A m.
rec. (in mg. exteriore): ἐν ἄλλῳ καὶ οὗτος ὁ στίχος· „δόρπον ἔπειτ᾽ εἵλοντο κατὰ

7—9 χαρακτηρίζει δὲ sq. coni. cum scholio *a* (v. πάντων) in **b**   **8** τέλειον T
(τέλεον etiam Ge)   γοῦν] δὲ Ge   τοῦ] τοῦ οὐκ Ge   **9** αὐτ. ἔχειν T
κατέχειν **b**   **10** le. T suppl. Ma., om. **b** (qui sch. ad H 364 revocavit)   **11** ὅπως
ἔχει βουλῆς ἐνδεικνύμενος ταῦτά φησιν **b**   **12** le. T suppl. Ma., om **b** (scholio
ad H 367 relegato)   **14** αὐτοῖς **b** αὐτῷ T   **15** δυσχεραίνοντας C δυσχεράναν-
τας BE³E⁴   δέξεσθαι Wil., at cf. Kühner-Gerth, Ausf. Gramm d. griech.
Sprache I 195   **17** le. add. Bk. (Vill.)   **18—21** sch. ad H 388 trps. **b**, fort.
recte   **18** le. T supplevi, om. **b**   **19** δεικνὺς **b**, fort. ἀποδείκνυσι   **20** τοὺς
T ποιεῖ τοὺς **b**   **23** ἵνα δὲ ὡς cf. sch. *a*²   **26** τοῦτο om. C

30   382. τοὺς δ’ εὗρ’ εἰν ἀγορῇ: οὐκ εἰς ἐκκλησίαν, ἀλλ’ ἔωθεν *ex.*
πρὸς Ἀγαμέμνονα ἐλθόντας, εἴ τι δέοι πράσσειν τῶν βουλευθέντων.
b(BCE³E⁴) T
      384. ἠπύτα: ὡς „ἱππότα“ (Β 336 al.) καὶ „ἱππηλάτα“ (Δ 387 *ex.* | *D*
al.). | ἠπύτα δὲ ἀντὶ τοῦ μεγαλόφωνος. T
35   390. ὡς πρὶν ὤφελλ’ ἀπολέσθαι: ὅτι σαφῶς ὑπὸ τῶν Τρώων *Ariston.*
ἐμισεῖτο Ἀλέξανδρος, πρὸς Ζηνόδοτον γράφοντα „ἀλλὰ μάλα Τρῶες
ἐλεήμονες“ (Γ 56). A
      390—1. ⟨ἠγάγετο Τροίην δ’, ὡς πρὶν ὤφελλ’ ἀπολέ- *Nic.*
σθαι, / πάντ’ ἐθέλει δόμεναι:⟩ τὸ ὡς πρὶν ὤφελ⟨λ⟩’ ἀπολέ-
40 σθαι (390) εἴτε καὶ τοῖς Ἕλλησιν εἰς ἐπήκοον λέγει ὁ κῆρυξ πρὸς τὸ
συγγνωμονεῖν τοῖς ἄλλοις Τρωσὶν ὡς καὶ αὐτοῖς ὀργιζομένοις, εἴτε καθ’
ἑαυτὸν καὶ ἠρέμα, ὡς Δημόκριτος ἀξιοῖ (Vors.⁶ 68 B 23) ἀπρεπὲς ἡγη-
σάμενος τὸ φανερῶς λέγεσθαι, †ἀμφότερα προστικτέον† ὡς διὰ μέσου
†ἀναπεφωνημένου†· τὸ γὰρ ἑξῆς ἠγάγετο Τροίην δέ (390), πάντ’
45 ἐθέλει δόμεναι (391). A
      392. ⟨κουριδίην δ’ ἄλοχον Μενελάου:⟩ ὅτι οὐ προγεγάμη- *Ariston.*
ται ἑτέρῳ καθ’ Ὅμηρον ἡ Ἑλένη. Aⁱⁿᵗ
      393 a. ἦ μήν: περισπᾶται ὁ ἦ· ἰσοδυναμεῖ γὰρ ⟨τῷ δή⟩ βεβαιω- *Hrd.*
τικῷ. ὅμοιον δέ ἐστι τὸ „ἦ μὴν καὶ πόνος ἐστίν“ (Β 291). A
50   b. ⟨ἦ μὴν Τρῶές γε κέλονται:⟩ οὕτως ἦ μήν· βούλεται *Did.*
γὰρ λέγειν, Τρῶές γε μὴν †ἔλωνται. Aⁱᵐ

στρατὸν ἐν τελέεσσι“ (versum om. Aᶜᵒⁿᵗ)   384 — ἱππηλάτα (33) cf. Eust.
686, 26; sch. Pind. Ol. 8, 64 b; vide ad Β 107 a (Ariston.)   μεγαλόφωνος (34)
cf. Eust. 686, 22   385 A m. rec. (in mg. exteriore): ⟨ἀριστῆες Παναχαιῶν·⟩
(le. addidi auctore Ddf.) ἐν ἄλλῳ „ἐυκνήμιδες Ἀχαιοί“ (= Α 17). Versum Ἀτρείδη
τε καὶ ἄλλοι ἀριστῆες Παναχαιῶν, quem in contextu omiserat, in mg. (supra sch.
rec.) addidit A   390 ad Γ 56 (Ariston.)   390—1 cf. Eust. 686, 45   Δημό-
κριτος (42) cf. Schrader, Porph. Quaest. Hom. I (Lipsiae 1880) 386, 1   392
ad Ν 626 (Ariston.); cf. sch. λ 430. ν 45. Vide ad Γ 140. 144 c   393 a ad
Β 291 (Hrd.)   b alios scripsisse ἦ μιν suspicatur Spitzner ad l., cf. Eust.

31 εἴ T καὶ εἴ b, fort. recte   βουλ. T, βουλευθέντων ἐρομένους b (fort. recte)
35 le. scripsi (auctore Vill.), ἠγάγετο: A   ὅτι A, ἡ διπλῆ, ὅτι Vill.
36 μάλα Ddf., μᾶλλον A   38 sq. le. add. Frdl.   39—45 τὸ ὡς sq. pone
sch. Η 390 (coni. cum v. ἐλεήμονες) A, dist. Bk.   39 ὤφελ’ A suppl.
Vill.   40 sq. συγγνωμονεῖν A em. Bk.   43 ἀνυποκρίτως στικτέον Frdl.,
ἀμφότερα ὑποστικτέον Valk (I 523 n. 568), fort. ἐπ’ ἀμφότερα ὑποστικτέον
44 ἀναπεφωνημένον Frdl., recte ut vid.   ὅσα ἠγάγετο Frdl.   46 le. add.
Frdl. (Vill.)   ὅτι A, ἡ διπλῆ, ὅτι Vill.   48 le. Lehrs, ἥμιν τρῶες: A   τῷ δή
inserui (cf. sch. ad A 229 a¹ al.; τῷ add. iam Bk.)   50 le. add. Vill.   51
κέλονται Ldw.

ex.   *c.* ἦ μὴν Τρῶές γε κέλονται: ψεύδεται εἰς τὸ κεχαρισμένον
Τρωσί, καὶ ἵνα ἐάσωσι ταφῆναι τοὺς Τρῶας καὶ γνόντες ὡς οὐχ οἷοί τέ
εἰσιν ἀναγκάσαι Ἀλέξανδρον, ἀποπλεύσωσιν. b(BCE³E⁴) T

ex.   **394.** ⟨ἠνώγεον:⟩ οἱ ἄλλοι Τρῶες. Tⁱˡ   55

ex.   **398.** ἀκὴν ἐγένοντο: στρατηγικῶς τέως Ἀγαμέμνων σιωπᾷ
ἐπιτρέπων τοῖς Ἀχαιοῖς τὸ πέρας, ὅπως αἰσχυνόμενοι μηδὲν ἄναν-
δρον εἴπωσι καὶ ἵνα καταπλαγῶσι Τρῶες τῇ τῶν συμμάχων προθυ-
μίᾳ. b(BCE³E⁴) T

ex.   **399.** ὀψὲ δὲ δὴ μετέειπε ⟨————⟩ Διομήδης: ἀνέμενε γὰρ τὴν 60
τῶν Ἀτρειδῶν γνώμην· ὡς πεποιθὼς δὲ τῇ ἀριστείᾳ ἀνέστη. b
(BCE³E⁴) T

ex.   **401** *a.* ⟨μήθ' Ἑλένην:⟩ ἐπιτατικῶς. Tⁱˡ
ex.(Ariston.)   *b.* ⟨δέ:⟩ ὁ δέ ἀντὶ τοῦ γάρ. Tⁱˡ

ex.   **402** *a.* Τρώεσσιν ὀλέθρου πείρατα: καὶ διὰ τὴν παράβασιν 65
καὶ τὸ σπεύδειν ἐπὶ τὴν διάλυσιν Τρῶας. b(BCE³E⁴) T

ex.   *b.* ⟨ἐφῆπται:⟩ ἐγγύς. πᾶν γὰρ τὸ ἁπτόμενον ἐγγὺς †οὐχ†
ἅπτεται. Aⁱⁿᵗ

ex.   **403—4.** ⟨ἐπίαχον υἷες Ἀχαιῶν/⟩ μῦθον ἀγασσάμενοι:
σύμψηφοι γίνονται τῇ καταθέσει· διό φησιν· „ἤτοι μῦθον Ἀχαιῶν 70
αὐτὸς ἀκούεις" (Η 406). b(BCE³E⁴) T

Ariston.   **404.** ⟨μῦθον ἀγασσάμενοι Διομήδεος ἱπποδάμοιο:⟩ ὅτι
ἐντεῦθεν μετάκειται εἰς τὴν ἀποπρεσβείαν (sc. I 694). Aⁱᵐ

Ariston.   **407** *a.* ὥς τοι ὑποκρίνονται: ἡ διπλῆ, ὅτι πρόθεσις ἐνήλλα-
κται, ἀντὶ τοῦ ἀποκρίνονται. A   75

686, 36. Ceterum diple ante versum in A   **398—9** asterisci ante versus in A,
fort. error scribae (vide ad H 404).   **398** cf. Eust. 687, 2   **401** *b* ad Z 360
(Ariston.)   **404** nullum signum ante versum in A, fort. neglegentia scribae
(cf. app. crit.)   ὅτι ἐντεῦθεν (72) sq. ad I 694 *b* (Ariston.); cf. Lehrs ap. Friedl.
(Ariston. p. 134): „Ceterum quibusdam locis versus qui μετακεῖσθαι dicuntur,
non ad amussim respondent, sed παραπεποιημένοι inveniuntur, cf. e. g. K 158.
Λ 179." Ceterum vide ad I 431 (test.)   **407** *a* ad M 228 *a* (Ariston.), cf. sch.
β 111; Ap. Dysc. Frg. p. 138, 7 (= Or. 158, 3), sim. Et. Gen. (= EM. 782, 47);
Lehrs, Quaest. ep. 88. Vide ad Γ 460 (Ariston.)   ἀντὶ τοῦ ἀποκρίνονται (75)

55 le. add. Ma.   56 καὶ ἀγαμ. B   58 οἱ τρῶες Nickau   60 le. T suppl.
Ma., om. b   61 τῇ Τ τῇ ἑαυτοῦ BCE³ (fort. rectius), τῇ αὐτοῦ E⁴   ἀνίστα-
ται b   63 le. addidi (ἑλένην iam Vᶜ)   64 le. addidi (γνωτὸν δέ add.
Ma.)   66 τό] διὰ τὸ b, fort. rectius   σπεύδ. sq. Τ σπεύδειν αὐτοὺς ἐπὶ τὴν
τῆς μάχης διάλυσιν b   67 le. add. Bk.   ἐγγύς h. e. ἐγγύς ἐστιν   οὐχ
(ου ss. χ) ut vid. A, οὐ Bk., fort. οὔ (= τούτου, οὔ, cf. Snell in LfgrE. s. v. ἅπτω
Σχ)   68 le. T supplevi, om. b (classis b sch. ad v. H 403 rettulit)   70
σύμψ. γὰρ γίν. b, fort. recte   71 αὐτὸς ἀκ. om. T   72—3 sch. ad versus H
398—9 rettulit A (cf. test. et I 693. 696), ad H 404 trps. Frdl. (cf. test.)   72 le.
add. Frdl.   ὅτι A, ὁ ἀστερίσκος, ὅτι Vill.   73 μετάκεινται A em. Frdl.

b. ὡς τοι ὑποκρίνονται: ἀποκρίνονται· b(BCE³) T   ὅθεν *ex.*
καὶ ὑποκριτὴς ὁ πρὸς τὸν χορὸν ἀποκρινόμενος. b(BCE³E⁴) T

408 a. ἀμφὶ δὲ νεκροῖσιν ⟨κατακαιέμεν οὔ τι μεγαίρω⟩:   *Nic.*
βραχὺ διασταλτέον ἐπὶ τὸ νεκροῖσιν· καὶ γὰρ ἡμῖν οὕτως σύνηθες
80 δια⟨σ⟩τέλλειν· 'περὶ δὲ τῶν νεκρῶν, οὐ φθονῶ θάπτειν.' καὶ ἄλλως
συναπτόμενα σόλοικον ποιεῖ τὸν λόγον. A

b. ἀμφὶ δὲ νεκροῖσιν· μετὰ ὑποκρίσεως δεῖ ὑποστίζειν εἰς   *Nic. | ex.*
τὸ νεκροῖσιν. | μεγαλοφυῶς δὲ οὐκ ἀποκρύπτει τὴν ἰδίαν γνώμην.
ἠθικεύεται δὲ δοκῶν αὐτοῖς χαρίζεσθαι. b(BCE³E⁴) T

85 409—10 a. οὐ γάρ τις φειδὼ νεκύων ⟨——— μειλισσέμεν   *ex.*
ὦκα⟩: οὐδὲν γὰρ κέρδος τοὺς τῶν πολεμίων νεκροὺς ἀτάφους εἶναι.
b(BCE³E⁴) T

b.¹ ἄλλως· οὐ γάρ τις φειδὼ ⟨——— μειλισσέμεν   *ex.*
ὦκα⟩: Ἀττικὴ ἡ σύνταξις· οὐ γάρ τις φειδὼ γίνεται τοῖς τεθνεῶσι
90 νέκυσι χαρίζεσθαι τοῦ πυρός· τοῦτο γὰρ δηλοῖ τὸ μειλισσέμεν
(410), ἐπεὶ γλυκεῖα ἡ χάρις. b(BCE³E⁴) T   οὕτως ἔχει καὶ τὸ ,,μη-
δέ τί μ' αἰδόμενος μειλίσσεο'' (γ 96) ἀντὶ τοῦ χαρίζεο. T

b.² ⟨οὐ γάρ τις φειδὼ ———⟩ πυρὸς μειλισσέμεν
ὦκα: ὁ νοῦς· οὐ φειδόμεθα ὥστε ἐκμειλίσσειν ὑμᾶς τοὺς νεκρούς. A

95 409. ⟨κατατεθνειώτων:⟩ Ἀρίσταρχος ,,τεθνηώτων'', ἄλλοι δὲ   *Did.*
1 τεθνειώτων. Aⁱⁿᵗ

410. ⟨πυρὸς μειλισσέμεν ὦκα:⟩ ὅτι διὰ πυρὸς ἐθάπτοντο πάν-   *Ariston.*
τες. Aⁱˡ

411. ὅρκια δὲ Ζεὺς ἴστω: ἢ τὰ νῦν περὶ τῶν νεκρῶν ἢ τὰ πρό-   *ex.*
5 τερα, ἃ παρέβησαν, ἵνα ἐκδειματώσῃ τοὺς Τρῶας. b(BCE³E⁴) T

412. τὸ σκῆπτρον ἀνέσχεθε πᾶσι θεοῖσι: μάρτυρας αὐτοὺς   *ex.*
καλῶν. T

= D, sim. sch. D ap. De Marco II p. 144, D ad M 228, sch. β 111, Ap. S. 160, 1;
sch. Call. vol. II p. 101 (fr. 1 a 24)   b cf. Eust. 687, 12; Synag. (Ph., Su.
υ 526 c. test.)   409—10 b¹ cf. D ad H 410; — πυρός (90) cf. Anon. fig. 155,
13   οὕτως ἔχει (91) sq. cf. sch. γ 96   409 ad Z 71; vide ad Z 464 (pap.
VI)   410 nullum signum ante versum in A, fort. error scribae   ὅτι (2) sq.
ad H 333 (Ariston.). Vide ad H 79 b   412 cf. sch. D ap. De Marco II p. 144:

77 ἀποκρ. T διαλεγόμενος BCE³ διαλεγόμενος ἢ ἀποκρινόμενος E⁴   78 le. A.
suppl. Vill.   80 διατέλλειν A suppl. Vill.   φθονῶ Vill., φρονῶ A   θά-
πτειν: A   83 νεκροῖσι b   85 sq. le. T supplevi, om. b   86 οὐδὲν γ. κέρδ. T
φησὶ δὲ ὅτι οὐδέν ἐστι κέρδος coni. cum scholio b¹ (v. χάρις) in b   88 ἄλλως et
le. T supplevi, om. b   90 τοῦ πυρὸς om. b   μειλ. E⁴T, μ[. .]λισσέμεν B (no-
vavit *B), μελισσέμεν E³ μελησέμεν C   93 le. A supplevi   95 le. add. Vill.,
fort. κατὰ τεθνειώτων vel τεθνειώτων   τεθνηιῶτων A em. Vill.   2 le. add.
Ddf.   ὅτι A, fort. ἡ διπλῆ, ὅτι   4 περὶ T καὶ περὶ b   4 sq. πρότερα T
πρότερον καὶ b   5 τοὺς τρῶας T αὐτοὺς b

Ariston.   **413.** ⟨Ἴλιον ἱρήν:⟩ ὅτι θηλυκῶς τὴν Ἴλιον. A[im]A[int]

ex.   **416** *a.*[1] ἀγγελίην ἀπέειπε: †ὅπως† μὴ προσεδέξαντο τὴν πρεσβείαν οἱ Ἕλληνες. T   10

     a.[2] ἀπεδοκίμασε καὶ ὡς ἀνωφελῆ ἀνήγγειλεν, ὅτι μὴ προσεδέξαντο τὴν πρεσβείαν οἱ Ἕλληνες. b(BCE³E⁴)

ex.   **417.** τοὶ δ' ὡπλίζοντο μάλ' ὦκα: οὐκ ἔδει γὰρ λόγων ἀλλ' ἀντέχεσθαι ἔργου. b(BCE³E⁴) T

Did.   **420.** ⟨ὤτρυνον νέκυας:⟩ Ἀρίσταρχος „νέκυς" ἐκτεταμένως καὶ 15 „ὀτρύνοντο", οὐκ ὄτρυνον. A

ex. | *D*   **421—2.** νέον προσέβαλ⟨λ⟩εν ἀρούρας ⟨/ ἐξ ἀκαλαρρείταο⟩: καλῶς τῷ παρατατικῷ ἐχρήσατο· κατ' ὀλίγον γὰρ φωτίζει τὴν γῆν ὁ ἥλιος σφαιροειδῆ οὖσαν. b(BCE³E⁴) T | ἐξ ἀκαλαρρείταο (422) δὲ ἐκ τοῦ πραέως ῥέοντος. T   20

Ariston.   **422.** ἐξ ἀκαλαρρείταο ⟨βαθυρρόου Ὠκεανοῖο⟩: ὅτι αὐτὸς μὲν ἐξ Ὠκεανοῦ ἀνατέλλειν καὶ εἰς Ὠκεανόν φησι καταδύεσθαι τὸν ἥλιον. ὁπόταν δὲ πρόσωπον ἡρωϊκὸν εἰσάγῃ, ὑπὲρ γῆς καὶ ὑπὸ γῆν. τὸ αὐτὸ δὲ ποιεῖ καὶ ἐν Ὀδυσσείᾳ. A

D   ἐξ ἀκαλαρ⟨ρ⟩είταο: ἡσύχως καὶ ——— ἥσυχον λέγουσιν. 25
A

ex.   **424.** ἔνθα διαγνῶναι χαλεπῶς ἦν ἄνδρ⟨α⟩ ἕκαστον: καὶ τοῦτο προσετραγῴδησεν. T

Hrd.   **425.** ⟨νίζοντες ἄπο:⟩ τὸ ἑξῆς ἐστιν ἀπονίζοντες· διὸ ἀναστρεπτέον. A[int]
            30

ἀνέσχεθε πᾶσι θεοῖς· ἀνέτεινεν μάρτυρας ποιούμενος αὐτούς   **413** ad Γ 305 *b* (Ariston.) · **416** cf. Eust. 688, 30   **420** at vide ad P 215. Ψ 111; Ludwich, A. H. T. 1, 280, 33   **421—3** fort. exstabat sch. de computatione dierum, ad Π 202 *b* (ex.)   **421—2** — οὖσαν (19) ad Θ 1 *c* (ex.)   **422** nullum signum ante versum in A, fort. error scribae   ὅτι (21) sq. ad Θ 485. Λ 735 *b*; cf. sch. γ 335. μ 3; Strab. 1, 1, 3 (p. 2); Lehrs Ar.³ 173; Bachmann 15 (cum n. 2 de Eust. 1947, 16); Roemer, Krit. Ex. 587. Ad D cf. sch. uberius ap. De Marco II p. 144; Theogn. 45, 16, Choer. O. 169, 30; sch. τ 434   **425** ad B 699 (Hrd.)

---

8 le. add. Bk. (Vill.)   ὅτι A, ἡ διπλῆ, ὅτι Vill.   **9** ὅπως] cf. sch. *a*² (errat Valk I 159 n. 130)   **13** sq. ἀλλὰ τοῦ ἔργου ἀντέχεσθαι b   **15** le. add. Vill. **16** ὄτρυνον A, fort. ὤτρυνον   **17** sq. le. T supplevi (προσέβαλεν ss. λ iam V, προσέβαλλεν Li), om. b (ubi sch. ad v. 421 revocatum est)   **20** post ῥέοντος add. T m. sec. ἄκαλον γὰρ παρὰ τοῖς παλαιοῖς τὸ ἥσυχον (cf. D)   **21** le. A suppl. Vill.   ὅτι A, ἡ διπλῆ, ὅτι Vill.   **23** γῆς ... γῆν Frdl., γῆν ... γῆς A **25** le. A suppl. Bk. (Vill.)   **27** le. T suppl. Ma.   **29** le. add Bk. (Vill.)

426 a.¹ δάκρυα θερμὰ χέοντες: βαρβάρων ἴδιον ὁ θρῆνος, ἐπὶ   *ex.*
δὲ τῶν Ἑλλήνων μόνον „ἀχνύμενοι" φησίν (Η 431)· ΑΤ   πάλιν
γὰρ τὸ μὴ λυπεῖσθαι ἀπαθείας ἦν. Τ

    a.² βαρβάρων ἴδιον ὁ θρῆνος, τῶν δὲ Ἑλλήνων τὸ μεγαλό-
35 ψυχον· μόνον γὰρ „ἀχνύμενοι" φησίν· τὸ γὰρ μηδ' ὅλως λυπεῖσθαι
ἀπαθείας ἐστίν. b(BCE³E⁴)

427 a. οὐδ' εἴα κλαίειν Πρίαμος: ἵνα μὴ κατάδηλοι τοῖς πο-   *ex.*
λεμίοις εἶεν μαλακιζόμενοι. b(BCE³E⁴) Τ

    b. ⟨οἱ δὲ σιωπῇ:⟩ ἐν ἄλλῳ „ἀλλὰ σιωπῇ". Aⁱⁿᵗ   *Did.(?)*

40 427—8. οἱ δὲ σιωπῇ / νεκροὺς ⟨πυρκαῗς⟩ ἐπενήνεον: *ex.(?)*
πληθυντικῶς, ἐπὶ τῶν Τρώων. Τ

428 a.¹ πυρκαῗς: οὕτως αἱ Ἀριστάρχου κατὰ γενικήν· †αἱ†   *Did.*
δὲ Ζηνοδότου „πυρκαῗῇ". καὶ ἔστι χαριέστερον, ὡς τὸ „ἐν δὲ πυρῇ
ὑπάτῃ νεκρὸν θέσαν" (Ψ 165). ΑΤ

45   a.² οὕτως Ἀρίσταρχος †πυρκαϊᾶς† κατὰ γενικήν. Aⁱⁿᵗ

    b. ἐπενήνεον: γράφεται καὶ „ἐπινήνεον", καὶ ἔστιν Ἰακόν.   *Did.*
ΑΤ

429. ἐν δὲ πυρῇ πρήσαντες ⟨ἔβαν προτὶ Ἴλιον ἱρήν:⟩ ὅτι   *Ariston.*
ἐκαίοντο οἱ νεκροί, καὶ ὅτι θηλυκῶς τὴν Ἴλιον. Α

50 433 a. ἀμφιλύκη νύξ: τὸ καλούμενον λυκόφως ——— ἔτι σκο-   *D | Ariston.*
τῶδες. | ἡ διπλῆ δέ, ὅτι ἅπαξ μόνον ἐνταῦθα τῇ λέξει κέχρηται. Α

    b. ἀμφιλύκη νύξ: παρὰ τὴν λύγην, ὅ ἐστι σκιάν. καὶ λυ-   *ex.*
κόφως τὸ μεταξὺ σκότους καὶ φωτός. b(BCE³E⁴) Τ

---

426 — φησίν (32) cf. Eust. 688, 61   428 b ἐπινήνεον (46) vide ad Θ 163. Ζ 285.
Π 290 (Did.)   Ἰακόν (46) vide ad Α 162 (Did.)   429 — νεκροί (49) ad
Η 333 (Ariston.), cf. D. Vide ad Η 79 b   καὶ ὅτι θηλυκῶς (49) sq. ad Γ
305 b   433 b cf. D, D ap. De Marco II p. 144, He. α 4057; sch. Ap. Rh.
2, 671; Poll. 1, 70; Porph. 1, 300, 6; Lex. Αἱμ. 618, 60 (unde Et. Gud. 124, 1
Stef.); Eust. 689, 15; — λυκόφως (52) cf. Orion. in Et. Gen. (AB) ἀμφιλύκη
νύξ· λυκόφως, σκοτεινή. ἔστι λυγαῖον τὸ σκοτεινόν, παρὰ τὸ λύειν τὴν αὐγὴν

---

32 μόνον om. A   35 φησί CE⁴   γὰρ] δὲ C   38 ὡς μαλακ. b, fort. rectius
39 le. add. Bk. (Vill.)   40 le. T supplevi (cf. Ludwich, A. H. T. 1, 281, 3)   41
πληθυντ. sc. πυρκαῗῆς (Graeci enim unum rogum exstruunt)   τρώιων:— T em.
Ma.   42 le. A, πυρκαῗῆς ἐπενήνεον T   κατὰ γενικήν om. T   42 sq. αἱ δὲ AT, ἡ
δὲ Lehrs   45 πυρκαϊᾶς A, debuit πυρκαῗῆς   46 le. A, om. T   γράφ. δὲ καὶ coni.
cum scholio a¹ (v. θέσαν) T   ἐπινήνεον A, ἐπὶ νήνεον Ldw. (cf. test.)   48 le. A
supplevi; πυρῇ] πυρὶ Aᶜᵒⁿᵗ, vulg.   ὅτι A, ἡ διπλῆ, ὅτι Vill.   52 λύγην T ἠλύκην
b   σκιὰν δωρικῶς b (cf. Valk I 179)   καὶ om. E⁴   53 τὸ T δὲ τὸ b   σκοτ. καὶ
φ. T (pone φωτός add. T m. rec. οἱονεὶ λυγόφως τι ὂν τὸ μὴ καθαρὸν φῶς, ἀλλ' ἔτι
σκοτῶδες, cf. D), σκότους καὶ σκιᾶς BCE³ σκιᾶς καὶ σκότους E⁴

ex.　　434. κριτὸς ⟨———⟩ λαός: εἰς αὐτὸ τοῦτο κριθεὶς τὰ περὶ τὴν
πυρκαϊὰν ἐκπονῆσαι. b(BCE³E⁴)T　　　　　　　　　　　　　　　55

ex.　　435 *a*.¹ τύμβον δ' ἀμφ' αὐτὴν ἕνα ποίεον: τὰ ἀνάξια τῆς
ἡρωϊκῆς μεγαλονοίας παρατρέχει. καὶ οὐδεὶς αὐτῶν χειρωνακτῶν
ὁρᾶται. T

　　　　　　a.² οὐ προστέθειται θρῆνος ἐνταῦθα· τὰ γὰρ ἀνάξια τῆς
ἡρωϊκῆς μεγαλοφυίας παρατρέχει. καὶ οὐδεὶς αὐτῶν χείρων ὁρᾶται 60
τῶν ἀτάκτων καὶ θορυβωδῶν ἐκείνων Τρώων. b(BCE³E⁴)

Ariston.　436 *a*. ⟨ἄκριτον ἐκ πεδίου:⟩ ὅτι πολυάνδριον. πῶς οὖν „ὥς κ'
ὀστέα παισὶν ἕκαστος / οἴκαδ' ἄγῃ" (H 334—5); Aⁱᵐ

Did.　　　*b*.¹ ἄκριτον ἐκ πεδίου, ⟨ποτὶ δ' αὐτὸν τεῖχος ἔδει-
μαν⟩: ἐν τῇ κατὰ 'Αριστοφάνη οὕτως ἐγέγραπτο, „ἄκριτον ἐν πεδίῳ, 65
περὶ δ' αὐτὸν τεῖχος ἔδειμαν"· καὶ μήποτε ἄμεινον οὕτως. A

　　　　　　b.² {ἄκριτον} ἐκ πεδίου: ἐν τῇ 'Αριστοφάνους „ἐν πεδίῳ",
καὶ μήποτε ἄμεινον οὕτως. T

Ariston.　443—64 *a*. οἱ δὲ θεοὶ πὰρ Ζηνί (443) ἕως τοῦ ὣς οἱ μὲν τοι-
αῦτα πρὸς ἀλλήλους ἀγόρευον (464) ἀθετοῦνται στίχοι εἴκοσι 70
δύο, ὅτι περὶ τῆς ἀναιρέσεως τοῦ τείχους λέγει πρὸ τῆς τειχομα-
χίας (sc. M 3—35) ὡς ἂν μὴ προειρηκὼς ἐνθάδε. A

καὶ μὴ ἐᾶν συστῆναι αὐτήν. ἐξ αὐτοῦ γίνεται λύγη καὶ τροπῇ τοῦ γ̅ εἰς κ̅ λύκη
καὶ ἀμφιλύκη. οὕτως 'Ωρίων (οὔτ. ὤρ. om. B; cf. Reitzenstein, Gesch. 38, 1).
Brevius et ordine mutato Or. 7, 23, ubi post συστῆναι τὴν αὐγήν (lg. συστ.
αὐτήν) additur οὕτως εὗρον, sc. in scholiis; cf. Ap. S. 28, 4. Vide ad I 29
(ex.)　　434 — κριθείς (54) cf. D　　435 *a*¹ χειρωνακτῶν (57) vide ad Z
293 *b*　　*a*² cf. Valk I 148　　436 *a* ad Δ 174 (Ariston.); — πολυάνδριον (62)
cf. Eust. 689, 29　　438 fort. exstabat sch. Didymi, cf. Eust. 689, 37: ἐν δὲ τῷ
„πύλας ἐνεποίεον εὖ ἀραρυίας" γράφουσί τινες „πύλας ἐνεποίεον ἑπτ' ἀραρυίας",
ὡς ἑπτὰ πυλῶν οὐσῶν ἐκεῖσε, ἱππηλάτων δηλαδὴ κατὰ τὸν ποιητὴν εἰπόντα
(H 340)· „ὄφρα δι' αὐτῶν (lg. αὐτάων) ἱππηλασίη ὁδὸς εἴη". 'Αρίσταρχος μέντοι,
ὡς καὶ προεδηλώθη (sc. 684, 24), ἐναντιούμενος καὶ δοκῶν παραδοξολογεῖν, ἐπ-
αγωνίζεται δεῖξαι πυλίδας μὲν πολλὰς εἶναι πρὸς διαφόρους χρείας, ἱππήλατον δὲ
μίαν ἐπὶ τὰ ἀριστερὰ τοῦ ναυστάθμου περὶ τὸ προρρηθὲν †ῥήγειον† (lg. 'Ροίτειον)
ἀκρωτήριον, vide ad H 339 *a* (Did.) et *b*¹ (ex.)　　443—64 fort. excidit pars
scholii Aristonici, qui videtur exposuisse haec discrepare ab iis, quae dicit
Neptunus de muro a se et ab Apolline exstructo, ad Φ 446 (Ariston.)　　*a* ἀθε-
τοῦνται (70) sq. cf. sch. *b* et *c*, ad M 17 (Ariston.), ad Φ 447 (ex.); test. ad M 4

54 προκριθεὶς E³　　τὰ T τοῦ τὰ CE³ τὸ τὰ BE⁴　　57 αὐτῶν Bk., αὐτὸν T　　62
le. addidi　　ὅτι A, ἡ διπλῆ, ὅτι Vill.　　64 sq. le. A suppl. Ldw.　　67 (le.) ἄκρ.
delevi　　70 sq. εἴκ. δύο scripsi, κβ' A

b.¹ ⟨οἱ δὲ θεοὶ ——— ὡς οἱ μὲν τοιαῦτα:⟩ καθόλου δὲ τὴν   *Did.*
τῶν θεῶν ἀγορὰν ἠθέτουν οἱ περὶ Ζηνόδοτον καὶ Ἀριστοφάνη καὶ
75 αὐτὸς Ἀρίσταρχος. Α

b.² οἱ δὲ θεοὶ πὰρ Ζηνὶ καθήμενοι ἀστεροπητῇ ⟨———
ὡς οἱ μὲν τοιαῦτα⟩: τὴν ἀγορὰν τῶν θεῶν ἠθέτουν οἱ περὶ Ζηνόδο-
τον καὶ αὐτὸς Ἀρίσταρχος. Τ

c. οἱ δὲ θεοὶ πὰρ Ζηνὶ ⟨——— ὡς οἱ μὲν τοιαῦτα): τοῦ-   *ex.*
80 το εἰς ἀξιοπιστίαν τοῦ ἔργου καὶ ἀναιρῶν, ὃ ἐπλάσατο. Τ

445. τοῖσι δὲ μύθων ἦρχε Ποσειδάων: ἀναιρῆσαι τὸ πλάσμα   *ex.*
τοῦ τείχους σπουδάζων ὁ ποιητὴς ὥσπερ ἀπὸ μηχανῆς βοήθειαν πο-
ρίζεται εἰς τὸ μηδένα ἐπιζητεῖν ὕστερον τὰ τῶν τειχῶν ἴχνη. οὐδενὶ δὲ
ἥρμοττεν ἡ κατηγορία ἢ Ποσειδῶνι καὶ Ἀπόλλωνι, ἀντιτειχιζόντων
85 τῶν Ἑλλήνων τῷ Τρωϊκῷ τείχει. καὶ ὁ μὲν Ἀπόλλων οὐ λαλεῖ — ἢ
γὰρ ἂν εἶπεν ἡ Ἥρα ,,εἴη κεν καὶ τοῦτο τεὸν ἔπος'' (Ω 56) — Ποσειδῶν
δὲ Ἑλληνικὸς ὢν θεὸς δοκεῖ ἀπαθῶς τῶν Ἑλλήνων κατηγορεῖν. b
(BCE³E⁴) Τ

446—7. ἦ ῥά τίς ἐστι βροτῶν ⟨——— μῆτιν ἐνίψει): ἆρα   *ex.*
90 ἔτι, φησί, τίς τῶν ἀνθρώπων κοινώσεται διὰ τῶν θυσιῶν, ἃ βούλεται,
τοῖς θεοῖς; Α

447 a. {ὅστις ἔτ'} ἀθανάτοισι: ὅτι ὡς καὶ αὐτὸς οὐκ ὢν ἀθάνα-   *Ariston.*
τος λέγει. καὶ ἐν ἄλλοις δὲ κέχρηται τῷ γένει. Α

b. καὶ μῆτιν ἐνίψει: λέξει, Τ | ἀνακοινώσεται διὰ θυσιῶν   *D | ex.*
95 συνεργοὺς αὐτοὺς θέλων λαβεῖν· οἱ γὰρ θύοντες εἴσονται παρὰ θεῶν,
1 εἰ δεῖ ἐγχειρεῖν ἔργοις ἢ οὔ. b(BCE³E⁴) Τ

c. ἐνίψει: τινὲς ἀπὸ τοῦ ἐνισπήσει ἢ λοιδορήσει. Τ   *ex.*

450. οὐδὲ θεοῖσι δόσαν: ἠθικὸν μὴ συγκαταλέγειν ἑαυτόν, ὡς   *ex.*

---

congesta   c vide ad Η 464 (ex.)   **415** — τὰ τῶν τειχῶν ἴχνη (83) ad Μ
3—35 (ex.)   καὶ ὁ μὲν Ἀπόλλων (85) — ἔπος (86) ad Η 450   **446—7** ad
Η 447 b, cf. Eust. 690, 37, aliter 690, 33   **447 a** ad Η 75 a¹ (Ariston.). Vide
ad Η 450 (ex.)   b ad Η 446—7   **450** — ἀθανάτοισι (4) ad Η 447 a

---

73 le. addidi   **73—5** καθόλου δὲ sq. pone sch. Η 452 (coni. cum v. ἐγώ) in A,
dist. et trps. Bk.   **76** sq. le. Τ supplevi   **79** le. Τ supplevi   **80** καὶ ἀν. susp.,
fort. λέγει ἀναιρῶν vel ἔστιν ἀναιροῦν   **85** sq. ἢ γὰρ — ἔπος Τ ἵνα μὴ ἐπιπλήξῃ
αὐτὸν (αὐτ. ἐπιπλ. ΒΕ⁴) ἢ (ἡ om. C) ἦρα b   **87** ἀμαθῶς Cob. (Miscell. crit. 432),
improbabiliter   **89** le. A supplevi   ἆρα A em. Bk.   **90** κοινώσηται A em. Bk.
92 (le.) ὅστις ἔτ' del. Bk.   ὅτι A, ἡ διπλῆ, ὅτι Vill.   **1** ἔργοις ἐγχειρεῖν b
2 ἐνίψει sq. cum scholio b (v. οὔ) coni. Τ, dist. Ma.   ἐνισπείσει Τ em. Ma.

22*

τὸ „ὅστις ἔτ' ἀθανάτοισι" (Η 447). παιδεύει δὲ ὅτι καὶ προσφιλὴς ὢν
τοῖς Ἕλλησιν ὁ θεὸς οὐ νέμει συγγνώμην, οὐδὲ 'Αθηνᾶ, 'Απόλλων δὲ 5
σιωπᾷ· ἢ γὰρ εἶπεν Ἥρα „εἴη κεν καὶ τοῦτο τεὸν ἔπος" (Ω 56). Ἕλλη-
νες δὲ πρόφασιν ἔχουσι τὸ ἐπὶ τῇ τῶν νεκρῶν ταφῇ τὸ τεῖχος ἐγεῖραι. Τ

ex.   **451** *a.* τοῦ δ' ἤτοι κλέος ἔσται, ⟨ὅσην τ' ἐπικίδναται
ἠώς⟩: ἴσως διὰ τὴν ποίησιν αὐτοῦ· διὰ γὰρ ταύτην τὸ τεῖχος ἀοίδι-
μόν ἐστιν, οὐ δομηθὲν τοῖς Ἕλλησιν, ἀλλ' Ὁμήρῳ γενόμενον ἕνεκεν 10
τῆς ἐπ' αὐτῷ μάχης. **b**(BCE³E⁴) Τ   διὰ δὲ τοῦ ὅσην τ' ἐπικί-
δναται ἠώς ὑπερβολικῶς καὶ τὴν ἀοίκητον περιέλαβεν. **b**(BE³E⁴) Τ

Did.   **b.¹** ⟨ὅσην:⟩ 'Αρίσταρχος ὅσην, ἄλλοι δὲ „ὅσον". **A**ⁱᵐ

    b.² ὅσην: οὕτως 'Αρίσταρχος, Ζηνόδοτος „†τόσον". Τ

Did.   **452** *a.¹* τό τ' ἐγὼ καὶ Φοῖβος: χωρὶς τοῦ τέ ἐν ταῖς 'Αριστάρ- 15
χου „τὸ ἐγὼ καὶ Φοῖβος", κατ' ἔνια δὲ τῶν ὑπομνημάτων „τὸ δ'
ἐγώ". **A**

    a.² 'Αρίσταρχος „τὸ ἐγώ". **A**ⁱᵐ

Ariston.   **453** *a.* ⟨ἥρῳ:⟩ ὅτι δισυλλάβως καὶ ἐν 'Οδυσσείᾳ (θ 483)·
„ἥρῳ Δημοδόκῳ". **A**ⁱⁿᵗ   20

ex.   **b.** ἥρῳ Λαομέδοντι ⟨πολίσσαμεν⟩: καὶ „ἥρῳ Δημοδό-
κῳ" (θ 483) καὶ „ἦλθεν Ἄρη ἐπίκουρος" (Φ 431). τὸ δὲ πολίσσαμεν
ἀντὶ τοῦ περὶ πόλιν ᾠκοδομήσαμεν. Τ

ex.   **455.** ἐννοσίγαι' εὐρυσθενές: κατὰ γὰρ Θαλῆν (cf. Vors.⁶ 11 A
14) ὕδατι ὀχεῖται ἡ γῆ· ὅθεν καὶ χάσματα γίνεται. Τ   25

'Απόλλων δὲ (5) — ἔπος (6) ad Η 445   **451** *b* ad Η 458   **452** cf. Valk II 130
n. 210   **453** *a* cf. Su. η 556 (pone Synag.): δισυλλάβως δὲ κέχρηται Ὅμηρος
„ἥρῳ", ἅπαξ ἐν Ἰλιάδι καὶ ἅπαξ ἐν 'Οδυσσείᾳ, cf. Beiträge 177; sim. Eust.
691, 12; Choer. Th. 1, 251, 6, Et. Gen. (= EM. 437, 54). Vide ad Ν 428 *a* (T);
sch. ν 35. ο 157   *b* τὸ δὲ πολίσσαμεν (22) sq. cf. D, Et. Gen. (= EM.
680, 9)   **455** fort. Aristarchus hoc loco eos refutavit, qui censebant inter-
iectionem ὦ πόποι significare „o di", velut Apio (fr. 104 B. = He. s. πόποι,
brevius Ap. S. 133, 19): πόποι· παπαί. ἐπίφθεγμα σχετλιαστικόν. 'Απίων δὲ
φησιν ὅτι (Schm., οἱ cod.) δαίμονές εἰσι πόποι· καὶ ἔστιν „ὦ δαίμονες", cf. Theogn.

6 εἶπεν Τ, ἂν εἶπεν (cl. scholio ad Η 445) Ma.   8 sq. le. T supplevi (auctore Vill.),
om. b   10 ἔσται b   10 sq. διὰ τὴν ἐπ' αὐτῷ μάχην b   11 ὅσον Β ὅσσον
E⁴   τ' om. T   11 sq. ἐπικίδνατ' ἠώς E³   12 περιέλ. T δηλοῖ b   13 le. (= A^cont)
add. Ldw.   14 le. scripsi, ὅσον τ' ἐπικίδναται Τ   τόσον] ὅσον Ma., recte ut vid.,
δὲ ὅσον Ldw. (aliter Valk I 425)   19 le. add. Vill.   ὅτι A, ἡ διπλῆ, ὅτι Vill.   21
le. T supplevi   22 ἄρη Bk., ἄρει Τ   25 γίνετ. Cob. (Miscell. crit. 433), γράφεται Τ

458. ὅσον τ᾽ ἐπικίδναται {ἠώς}: οὕτως Ἀρίσταρχος, ὅσην τ᾽   *Did.*
ἐπικίδναται θηλυκῶς, Ζηνοδότ(ε)ιος δὲ ἡ „ὅσον τ᾽ ἐπικίδναται". Α

464. ὡς οἱ μὲν τοιαῦτα: παρεκτείνων τὸ ἔργον τὴν τῶν θεῶν   *ex.*
ἀγορὰν παρέλαβεν· ἄτοπον γὰρ ἦν εἰπεῖν „ὡς οἱ μὲν πονέοντο" (H
30 442), εἶτα εὐθὺς „δύσετό τ᾽ ἠέλιος" (H 465). b(BCE³E⁴) Τ

465. ⟨δύσετο:⟩ σημειοῦνταί τινες ⟨ὅτι⟩ ἀντὶ τοῦ ἐδύετο. Αⁱⁿᵗ   *Ariston.*

466. βουφόνεον: βουφονεῖν ἐστιν οὐ τὸ θύειν θεοῖς (ἄτοπον γὰρ   *ex.*
ἐπὶ θυσίας φόνον λέγειν), ἀλλὰ τὸ φονεύειν βοῦς εἰς δείπνου κατα-
σκευήν. Α b(BCE³E⁴) Τ

35 **467.** νῆες δ᾽ ἐκ Λήμνοιο: ἐπιτηδείως ἐδήλωσεν, πόθεν αὐτοῖς ἡ   *ex.*
χορηγία ἦν. b(BCE³) Τ

νῆες δ᾽ ἐκ Λήμνοιο παρέστασαν: Λήμνιοι τὰς ἐξ ἔθους   *D*
———— παρ᾽ Ἀσκληπιάδῃ ἐν τοῖς Τραγῳδουμένοις (FGrHist 12,
14). Α

40 **468.** Ἰησονίδης Εὔνηος: ὅτι καὶ τὰ Ἀργοναυτικὰ οἶδεν. οἰ-   *ex.(Ariston.?)*
κεία δὲ Εὐνήῳ ἡ ἐμπορία καὶ πρὸς ὁμοφύλους γινομένη. Τ

471. μέθυ, χίλια μέτρα: ἀντὶ τοῦ μέθυος, ὅ ἐστι οἴνου. Τ   *ex.*

158, 5 (textum emendavit Lehrs Ar.³ 119): ... τὸ ὦ πόποι δυσὶ τόνοις χρησά-
μενον ἔμφασιν ἐδίδου ὡς ἄρα δύο μέρη λόγου εἰσίν. Ἀρίσταρχος δέ φησιν ἀπίθανον
εἶναι τὸ τὸν Δία „ὦ πόποι" λέγειν (sc. H 455 vel ν 140) κ. τ. λ. (Theogn. partim
ex Hrd. καθ. pendet); de accentu (πόποι, non ποποῖ) cf. Ap. Dysc. adv. 177, 2
al.; Lehrs l. c. 118; vide ad A 254—6. Ο 286 (ex.) ὕδατι ὀχεῖται (25) sq. cf.
D ad N 125   **456—63** h(M¹ P¹¹ V³ V¹⁵): ἐν ἐρωτήσει τινὲς τόν στίχον (sc. 456,
lecto τίς) φασίν, ὡς ἐξουθενοῦντος τοῦ Διὸς καὶ λέγοντος ὅτι ʽτοῦτο δέδοικας,
ὅτι δοξασθήσεται τὸ τεῖχος; ἄγε δὴ (δὴ om. M¹) μετὰ τὴν τῶν Ἑλλήνων ὑπο-
στροφὴν κατάστρεψον αὐτό'. τινὲς δὲ οὕτω· ʽἄλλος ἄν, ὦ Πόσειδον, τοῦτο δείσειε
τὸ ἐνθύμημα, ὅτι, καθόσον διήκει ἡ ἡμέρα, δοξασθήσεται τὸ τεῖχος'. τινὲς δὲ „σὸν
δή τοι (δήτι P¹¹) κλέος" (458) γράφουσιν. ἔστι δὲ οὐχ οὕτως   **458** ad H 451 b
(Did.); cf. Ludwich, A. H. T. 1, 282, 3   **464** vide ad H 443—64 c; Wilamo-
witz, Il. Hom. 53   **465** vide ad B 35 a; cf. Friedl., Ariston. p. 6, 1   **466** τὸ
θύειν (32) cf. D   **467** fort. erat nota de vi inusitata vocis ἄγουσαι, ad Ο 705 e
(ex.)   **468** nullum signum ante versum in A   ὅτι (40) sq. fort. sch. Aristo-
nici (Friedl.); — οἶδεν (40) ad Φ 40 (Τ)   οἰκεία δὲ (40) sq. ad. Φ 43 (Τ)   **471**
cf. Eust. 692, 33; vide ad N 424 (ex.)   **472** suspiceris sch. de v. οἰνίζοντο

———

26 (le.) ἠώς eieci   27 ζηνοδότιος A em. Ddf.   28—30 sch. inter scholia
ad H 451 et 466 (fort. recte relatum ad versum 465) in b, ad H 443 trps. Bk.;
bis habent B (fol. 102ʳ et 102ᵛ), C (fol. 128ʳ), E³ (fol. 97ʳ et 97ᵛ), verba ἄτοπον
γὰρ sq. secundo loco om. C   30. εἶτα εὐθὺς om. b (sc. Β et E³ utroque loco)   31
le. add. Bk. (Vill.)   ὅτι add. Bk.   32 le. AT, om. b   βουφονεῖν — θεοῖς]
οἱ δὲ ἑρμηνεύοντες τὸ βουφονεῖν ἀντὶ τοῦ θύειν θεοῖς, κακῶς ἑρμηνεύουσιν Ε⁴   φου-
φονεῖν C   33 sq. κατασκ.] κατασκευήν, ὡς καὶ ἐνταῦθα:— Ε⁴   35 ὅθεν b
37 (le.) παρέστασιν A em. Vill.   42 (le.) χίλια μέτρα fort. delenda

Ariston.   **473.** ἄλλοι μὲν χαλκῷ, ⟨ἄλλοι δ' αἴθωνι σιδήρῳ⟩: ὅτι ἀμοιβαῖς ἐχρῶντο οἱ παλαιοὶ καὶ οὐ νομίσμασιν. **A**

Ariston. | D   **474.** ἄλλοι δὲ ῥινοῖς, ⟨ἄλλοι δ' αὐτῇσι βόεσσιν⟩: ὅτι ῥι- 45 νοῖς ταῖς βύρσαις, αὐταῖς δὲ βουσὶν ἀντὶ τοῦ ζώσαις. | ἰστέον δὲ ὅτι ὁπόταν περὶ πλήθους ——— προφέρονται. **A**

Ariston.   **475** *a.* ἄλλοι δ' ἀνδραπόδεσσι· ⟨τίθεντο δὲ δαῖτα θά- λειαν⟩: ἀθετεῖται, ὅτι νεωτερικὴ ὀνομασία τοῦ ἀνδράποδον· οὐδὲ γὰρ παρὰ τοῖς ἐπιβεβληκόσιν Ὁμήρῳ νοεῖται. λυπεῖ δὲ καὶ τὸ ἄλλοι 50 πλεονάζον. **A**

D   *b.* ⟨ἀνδραπόδεσσι:⟩ Ἀρίσταρχος διὰ τοῦ ō ,,ἀνδραπό- δοισι". **A**^{int}

ex. | Did. | *c.* ἄλλοι δ' ἀνδραπόδεσσι: οὐ περισπούδαστος γὰρ ἡ *Ariston.* τῶν ἀνδραπόδων κτῆσις b(BCE³E⁴) **T**   ἐκεῖσε οὖσιν ἦν πρὸς φυ- 55 λακήν. b(BCE³E⁴) | γράφεται καὶ ,,ἀνδραπόδοισι". | νεωτερικὸν τὸ τῶν ἀνδραπόδων ὄνομα· διὸ καὶ ἠθέτητο ὑπὸ Ἀριστάρχου. **T**

ex.(?)   *d.* ⟨θάλειαν:⟩ ἡδεῖαν. **T**^{il}

fuisse, cf. Eust. 692, 11 (unde sch. in Par. Graec. 2767 [An. Par. 3, 228, 13]): ὅρα δὲ ὡς ἄψογον μὲν τὸ οἰνίζεσθαι, οὐκ ἐπαινετὸν δὲ τὸ οἰνοῦσθαι· μέθην γὰρ ἡ λέξις ἐνδείκνυται, ὡς δηλοῖ καὶ παρὰ Σοφοκλεῖ (fr. 843, 1 N.² = 929, 1 P.) τὸ ,,οἰνωθείς". τὸ δὲ ἀεὶ ἀναύξητον τοῦ ,,οἰνίζοντο" (καθὰ καὶ τοῦ οἰωνίζοντο καὶ ἄλλων δέ τινων) σημειῶδές ἐστι τοῖς παλαιοῖς   **473** cf. Eust. 692, 4; Poll. 9, 73. Vide ad Z 236   **474** — ζώσαις (46) cf. Eust. 692, 16; — βύρσαις (46) cf. D ad Δ 447, Ap. S. 139, 2, Or. 139, 20 (unde Et. Gen. = EM. 704, 31), Choer. O. (An. Ox. 2, 255, 13, Et. Gen. [= EM. 704, 28], Et. Gud. 492, 59). Vide ad Θ 62   αὐταῖς (46) — ζώσαις cf. D   **475** *a* cf. Eust. 692, 21: ἡ δὲ τῶν ἀνδρα- πόδων λέξις νεωτερική ἐστι κατὰ τοὺς παλαιούς· διὸ καὶ Ἀριστοφάνης καὶ Ζηνόδοτος ἠθέτουν τὸ ἔπος, ἐν ᾧ κεῖται ἡ λέξις αὕτη et 25 (pone verba ad sch. *b* exscripta): ἅπαξ δὲ ἡ λέξις εἴρηται, Lehrs Ar.³ 34; vide Roemer, Ar. 5; Valk II 449 n. 342 (improbabiliter)   νεωτερικὴ ὀνομασία (49) cf. Wilamowitz, Il. Hom. 53; Wackernagel, S. U. 154   *b* cf. Eust. 692, 25: τινὲς δὲ ,,ἀνδρα- πόδοισι" γράφουσιν, cf. Ludwich, A. H. T. 1, 282, 14. Vide Bolling, A. L. 105, 2. De le. (ἀνδραπόδεσσι) cf. sch. Pind. Ol. 5, 56: κτεάτεσσιν· ... τὰ γὰρ εἰς ōν εἰς ōς ποιοῦσιν, ὡς παρ' Ὁμήρῳ ,,ἀνδραπόδεσσιν", at vide Wackernagel I 661   *d* cf. D; Athen. 1, 24 b: ὅτι Σέλευκος (fr. 26 M. = 24 D.) φησὶ τὴν παρ' Ὁμήρῳ ,,δαῖτα θάλειαν" στοιχείων μεταθέσει δίαιταν εἶναι. τὸ δὲ ἀπὸ δαίσασθαι λέγειν (vide doctrinam Aristarchi ap. Athen. 1, 12 c) βιαιότερόν ἐστιν, fort. similia

43 le. A suppl. Vill.   **43 et 45** ὅτι A, ἡ διπλῆ, ὅτι Vill.   **45** le. A suppl. Frdl. **48 sq.** le. A suppl. Ldw.   **49** τοῦ A, ἡ τοῦ Nickau   **50** νοεῖται] κεῖται Frdl.   **50** sq. post ἄλλοι πλεον. verba ἠθετεῖτο καὶ παρὰ ζηνοδότῳ καὶ ἀριστοφάνει add. Lehrs cl. Eust. (cf. test.)   **52** le. addidi   τοῦ ō] τοῦ ō ἀνδραπόδεσσι, τινὲς δὲ καὶ Bolling, malim τοῦ ōῑ   **55 sq.** ἐκεῖσε — φυλακήν fort. delenda   **58** le. add. Ma.

479. σμερδαλέα κτυπέων: προκινεῖ καὶ ἀγωνιᾶν ποιεῖ τὸν *ex.*
60 ἀκροατὴν ἐπὶ τοῖς ἐσομένοις ὁ ποιητής. **b**(BCE³E⁴) **T**

480. χέον: καλῶς τὸ χέον, ἐπεὶ μὴ προσίεται τὴν σπονδὴν ὁ *ex.*
Ζεύς, ὡς καὶ ἐπὶ τοῦ μονομαχίου Ἀλεξάνδρου (sc. Γ 296—302). **b**
(BCE³E⁴) **T**

481 *a.* ⟨πρὶν πιέειν, πρὶν λεῖψαι:⟩ Ἀρίσταρχος „πιέμεναι, *Did.*
65 πρὶν †λείψω". **A**ⁱᵐ

b.[1] πρὶν λεῖψαι: πρὶν ἤ, ὡς τὸ „μὴ πρὶν παρ' νηῶν ⟨——/⟩ *ex.*
πρὶν πυρί" (Ζ 46—7). **T**

b.[2] ⟨πρὶν πιέειν, πρὶν λεῖψαι:⟩ τὸ δεύτερον πρίν ἀντὶ
τοῦ πρὶν ἤ, τὸ δὲ πρῶτον ἀντὶ τοῦ πρότερον. **b**(BCE³)

70 *c.* ⟨ὑπερμενέϊ:⟩ ὡς καταιβάτῃ. **T**ⁱˡ *ex.*

482 *a.* κοιμήσαντ' ἄρ' ἔπειτα ⟨καὶ ὕπνου δῶρον ἕλον- *Ariston.*
το⟩: ὅτι διέστειλε τὸ κοιμηθῆναι καὶ τὸ ὑπνῶσαι. τοῦτο δὲ πρὸς τὸ
ἐν Ὀδυσσείᾳ (υ 4)· „Εὐρυνόμη δ' ἄρ' ἐπὶ χλαῖναν βάλε κοιμηθέντι"·
ἐπιφέρει γὰρ „κεῖτ' ἐγρηγορόων" (υ 6). Ζηνόδοτος δὲ καὶ τοῦτον
75 καὶ τὸν πρῶτον τῆς ἑξῆς ῥαψῳδίας (sc. Θ 1) ἦρκε στίχον. **A**

erant in scholiis ex. **479** fort. exstabat sch. Aristonici de v. χλωρόν (nul-
lum signum ante versum in A), cf. sch. Pind. P. 4, 144: φρίσσοντας ὄμβρους·
οὐκ αὐτοὺς φρίσσοντας, ἀλλὰ φρίσσειν ποιοῦντας. καὶ Ὅμηρος (Ζ 132) „ὅς ποτε
μαινομένοιο Διωνύσοιο τιθήνας", οὐκ αὐτοῦ μαινομένου, ἀλλὰ τοῦ μανιοποιοῦ. καὶ
„χλωρὸν δέος" τὸ χλωροποιόν (χλωροπ. etiam D)· διὸ καὶ τὸ σημεῖον, sch. Thuc.
4, 32, 4: ... καὶ γὰρ καὶ Ὅμηρος ἐχρήσατο τῇ τοιαύτῃ λέξει, „χλωρὸν" εἰπὼν
„δέος" οὐκ αὐτὸ ἔχον τὴν χλωρότητα, ἀλλ' ἑτέροις ἐμποιοῦν, καὶ τὸν Διόνυσον
μαινόμενον, οὐχ ὅτι αὐτὸς μαίνεται, ἀλλ' ὅτι ποιεῖ μαίνεσθαι. Vide ad Ζ 132
(Ariston.) **482** deest diple ante versum in A, fort. error scribae *a* —
ἐγρηγορόων (74) cf. Eust. 693, 8; Lehrs Ar.³ 114; Carnuth, Ariston. 153 Ζηνό-
δοτος (74) sq. ad Θ 1 (Ariston.)

59 καὶ ἀγ. ποιεῖ om. T, fort. recte 61 le. Bk., χαμάδις χέον T, om. **b** σπουδὴν T
64 le. add. Vill. πινέμεναι Cob., Nck. 65 λείψω A, λεῖψαι Lehrs 68 le. add.
Vill. (πρὶν πιέειν iam Li) 70 le. add. Ma. καταβάτην T em. Ma. 71 sq. le. A
suppl. Frdl. 72 ὅτι A, fort. ἡ διπλῆ, ὅτι 73 βάλ. κοιμ. Vill., βέλε κοιμοιθεντι A
74 ἐγρηγορῶν A em. Ddf. (cl. Hom.) 75 ἦρκε Bk., εἴρηκε A

ex.   *b.* κοιμήσαντο: ἀνεκλίθησαν, ὡς τὸ ,,Εὐρυνόμη δ' ἄρ' ἐπὶ χλαῖναν βάλε κοιμηθέντι'' (υ 4). b(BCE³E⁴) T

ex.   *c.* ὕπνου δῶρον: δῶρον ὕπνου τὸ κοίμημα, ὅπερ ἡμῖν ὁ σωματοειδὴς Ὕπνος δωρεῖται. A b(BCE³E⁴) T

Παράκειται τὰ ᾽Αριστονίκου σημεῖα καὶ τὰ Διδύμου Περὶ τῆς 80 ᾽Αρισταρχείου διορθώσεως, τινὰ δὲ καὶ ἐκ τῆς ᾽Ιλιακῆς προσῳδίας Ἡρωδιανοῦ καὶ τῶν Νικάνορος Περὶ στιγμῆς. A

c aliter D (περιφραστικῶς τὸν ὕπνον)

---

76 τὸ om. T   **77** βάλλε T   **78** le. A, ὕπν. δ. ἕλοιτο T, om. b   τοῦ ὕπνου E⁴   τὸ AT, αὐτὸ τὸ b   **80—2** sub ipso textu Iliadis scripta in A   **81** ἀριστάρχου A em. Bk.   **82** τῶν A, ἐκ τῶν Bk. (cl. subscriptione ad Z), at cf. subscriptionem ad E

Θ

1   **0.** Τὴν ῥαψῳδίαν †κῶλον† μάχην καλοῦσι· συντέμνει γὰρ τὴν   *ex.*
διήγησιν συναχθόμενος τοῖς Ἀχαιοῖς. A b(BCE³E⁴) T

     1. ἠώς: σημαίνει πολλά: ὁτὲ μὲν ——— ἐς Ἴλιον εἰλήλουθα (Φ   *D*
80—1). A

5   *a.* ἠὼς ⟨μὲν κροκόπεπλος ἐκίδνατο πᾶσαν ἐπ᾽ αἶαν⟩:   *Ariston.*
ὅτι Ζηνόδοτος μετατίθησι τὴν ἀνατολὴν κάτω πρὸς τὸ „οἱ δ᾽ ἄρα
δεῖπνον ἕλοντο“ (Θ 53), ὥστε τὴν τῶν θεῶν ἀγορὰν ὀψὲ γίνεσθαι
ἀπρεπῶς. A

     b. κροκόπεπλος: ὅταν πολὺ σκότους ἔχῃ, ὀλίγον δὲ φωτός.   *ex.*
10 τὸ δὲ „ῥοδοδάκτυλος“ (Α 477 al.) ἐναντίον. ποιητικὴ δέ ἐστι περί-
φρασις, A b(BCE³E⁴) T   ὡσεὶ εἶπεν ‘ἡμέρα μὲν γέγονεν’. A b
(BE³E⁴) T

     c. ἐκίδνατο: ἐν παρατάσει· σφαιροειδὴς γὰρ οὖσα ἡ γῆ οὐ   *ex.*
πᾶσα ὑφ᾽ ἓν φωτίζεται. A b(BCE³E⁴) T

15   **2** *a.* Ζεὺς δὲ θεῶν ἀγορήν: εἰκότως νῦν ἄρχεται συμμαχεῖν Τρω-   *ex.*
σὶν ὁ Ζεύς, ὁπότε τῆς παραβάσεως δίκας ἀπέτισαν Διομήδει καὶ Πάν-
δαρος ἀνῃρέθη καὶ Τρῶες ὡμολόγησαν τὴν παράβασιν, δι᾽ ὧν πέμ-
πουσιν Ἰδαῖον ἀπολογούμενον τοῖς Ἕλλησιν. b(BCE³E⁴) T   αὔξει
δὲ τὰ Ἑλλήνων ὁ ποιητής, εἴ γε καὶ ἐκκλησίας ἐδέησε τῷ Διῒ ἔν τε τοῖς
20 ἑξῆς (sc. Θ 133—5) καὶ κεραυνῶν πρὸς τὴν ἧτταν αὐτῶν· καὶ ἐν ἄλλοις

---

0 τὴν ῥαψῳδίαν (1) — διήγησιν (2) cf. Eust. 693, 31   1 a ad Η 482. Θ 53 a
(Ariston.); cf. Valk II 19   b cf. Eust. 693, 43; — ἐναντίον (10) cf. Porph.
1, 112, 5   c ad Η 421—2 (ex.); cf. Porph. 1, 113, 7   2 a ἔν τε τοῖς ἑξῆς (19)

1 τὴν ῥαψ. T τὴν ῥαψῳδίαν ταύτην A, ταύτην τὴν ῥαψῳδίαν b (hoc fort.
rectius) κῶλ. μαχ. AT κολοβομάχην b, κόλον μάχην Eust. καλοῦσιν T   5
le. A suppl. Frdl.   6 ὅτι A, fort. ἡ διπλῆ περιεστιγμένη, ὅτι   8 ἀπρεπές ss.
ω A   9 le. AT, κροκόπεπλος δὲ ἡ ἠὼς λέγεται (tamquam pars explicationis
scriptum) b ὀλίγου T   10 ἐστιν ἡ b   11 γέγονε b   13 le. T, τὸ δὲ
ἐκίδνατο (coni. cum scholio praecedenti) Ab   16 δίκην b καὶ (ante πάνδ.)
om. C   18 ἀπολογούμενοι b, fort. rectius   19 διῆ. ἐν δὲ τοῖς b   20 πρὸς T
δεῖται πρὸς b

(sc. Δ 1. H 443. Υ 4) μὲν γὰρ ποιεῖ ἐκκλησιάζοντας τοὺς θεούς, ἀλλ᾽ ἁπλούστερον, ἐνταῦθα δὲ Ζεὺς συνάγει καὶ πρωτολογεῖ, τόπος τε ἀποδείκνυται τῇ ἀγορᾷ ὡς δὴ περὶ μεγάλων καὶ ἀναγκαίων. δηλοῖ δὲ καὶ ἡ ἔωθεν ἀγορὰ τὸ παννύχιον αὐτὸν περὶ αὐτῆς ἐσκέφθαι· ἄλλως τε καὶ προεῖπε· „παννύχιος δέ σφιν κακὰ μήδετο‟ (Η 478). μέγα οὖν, εἰ 25 ἐν τοιούτῳ καιρῷ κἂν ἀντέσχον Ἕλληνες. b(BE³E⁴) T

D   b. ⟨τερπικέραυνος:⟩ ὁ τοῖς κεραυνοῖς τρέπων τοὺς ἐναντίους. b(BCE³) T^il

Ariston.   3. ⟨ἀκροτάτῃ κορυφῇ πολυδειράδος Οὐλύμποιο:⟩ καὶ ὅτι ἀντὶ τοῦ ἄκρᾳ, καὶ ὅτι λείπει ἡ ἐπί, καὶ ὅτι τὰ ἐπίθετα ὡς ἐπὶ ὄρους. 30 A^im

Hrd.   4 a.¹ θεοὶ δ᾽ ὑπὸ πάντες ἄκουον: ἡ ὑπό φέρεται †καὶ ἐπὶ τοῦ† ἄκουον· διὸ οὐκ ἀναστρεπτέον. τὸ αὐτὸ δὲ καὶ ἐπὶ πάσης προθέσεως ἔστιν ἰδεῖν ἐχούσης σύνταξιν πρὸς τὰ ἐπιφερόμενα. „οἳ κατὰ βοῦς Ὑπερίονος Ἠελίοιο / ἤσθιον‟ (α 8—9)· καὶ γὰρ διαφέρει τὸ 35 ἀκούειν ἁπλῶς λεγόμενον τοῦ ὑπακούειν, ᾗ ἐκ μὲν τοῦ ἀκούειν οἷόν τ᾽ ἐστὶν ἐκδέξασθαι καὶ τὸ μόνον ἀκοῦσαι, μὴ μέντοι πείθεσθαι τοῖς λεγομένοις. οὕτως οὖν τινες ἐδέξαντο „οὐδ᾽ ἐσάκουσε πολύτλας δῖος Ὀδυσσεύς‟ (Θ 97)· ἀκούσας γὰρ οὐκ ἐπείσθη· διὸ ἐν ἑτέροις Ὀδυσσεὺς ἐπαινούμενος ὑπὸ τοῦ Διομήδους παραιτεῖται καὶ τὸ ἐπισκώ- 40 πτεσθαι, ἐν οἷς φησι „Τυδείδη, μή τ᾽ ἄρ με μάλ᾽ αἴνεε μή τέ τι νείκει‟ (Κ 249). ἐν μέντοι τῷ ὑπακούειν τὸ πάντως πείθεσθαι τοῖς λεγομένοις ἤτοι ἑκόντας ἢ ἄκοντας. οὕτως οὖν ἔχει καὶ τὸ ὑπήκοος, ὥσπερ ὑποτεταγμένος τινί. τοῦτο δὲ ἀπαιτεῖ ἡ διάνοια· οἱ γὰρ θεοὶ ὑπήκουον τῷ Διὶ ὡς ὑποτεταγμένοι. A 45

sq. cf. Porph. 1, 115, 2   b ad Α 419 (b)   3 — ἄκρᾳ (30) ad Α 176 (Ariston.), cf. D   ὅτι λείπει ἡ ἐπί (30) ad Κ 277 a. Ν 82 d (Ariston.), cf. sch. μ 330   καὶ ὅτι τὰ ἐπίθετα (30) sq. ad Α 44 a (Ariston.); cf. Lehrs Ar.³ 164   4 a cf. Eust. 694, 17; — ἤσθιον (35) ad Α 67 (Hrd.)   καὶ γὰρ διαφέρει (35) sq. ad. Θ 97 a (Ariston.)   διὸ ἐν ἑτέροις (39) — νείκει (41) cf. Ap. Dysc. synt. 424, 18: εἰς τοῦτο (sc. Θ 97) γοῦν τινες ἀναφέρουσι τὸ „Τυδείδη, μή τ᾽ ἄρ με μάλ᾽ αἴνεε μή τέ τι νείκει‟ (Κ 249), ἐφ᾽ οὗ δύναιτ᾽ ἀντιπαραιτησάμενος τὸ ἄγαν ἐπαινεῖσθαι συμπαραιτεῖσθαι καὶ τὸ μὴ ὀνειδίζεσθαι· ἁρμόζει γοῦν τὸ ἐπιφερόμενον πρὸς ἀμφότερα, „εἰδόσι γάρ τοι ταῦτα μετ᾽ Ἀργείοις ἀγορεύεις‟ (Κ 250), fort. partim e scholiis;

21 γὰρ om. b   22 δὲ T δὲ καὶ b   23 δὴ T, δὴ καὶ b (fort. recte)   24 αὐτὸν b αὐτῶν T   ἐσκεῦθαι T   25 προεῖπε sc. Homerus   27 le. add. Ddf.   (ἢ) ὁ τρέπ. τοὺς ἐν. κεραυνοῖς D   27 sq. post ἐναντίους add. T m. rec. καὶ ὁ τερπόμενος τοῖς κεραυνοῖς (= D)   29 le. add. Vill.   καὶ ὅτι A, fort. ἡ διπλῆ, καὶ ὅτι (sim. Vill.)   32 (le.) ἄκουσαν A em. Lehrs   32 sq. καὶ ἐπὶ τοῦ A, ἐπὶ τὸ Lehrs, recte ut vid.   36 ᾗ Bk., ἢ A   38 fort. ἐδέξαντο τὸ οὐδ᾽   42 τῷ Vill., τοῦ A   43 sq. ὑποτεταγμένως A em. Vill.

a.² θεοὶ δ' ὑπὸ πάντες ἄκουον: ἡ ὑπό πρὸς τὸ ἄκουον·
διὸ οὐκ ἀναστρεπτέον τὴν πρόθεσιν, πρὸς τὸ πειθαρχικόν· b(BCE³)
T   ὑπακούειν γάρ ἐστι τὸ τὰ λεγόμενα πράσσειν ἑκόντας ἢ ἄκον-
τας. b(BCE³E⁴) T

50 5. κέκλυτέ μευ, πάντες ⟨τε⟩ θεοὶ ⟨πᾶσαί τε θέαιναι⟩: ex.
κοινοποιεῖται τὴν ἀρετήν, ἵνα μὴ λυπήσῃ τοὺς 'Αχαϊκούς. τὸ δὲ
θέαιναι δι' "Ηραν καὶ 'Αθηνᾶν. b(BCE³E⁴) T

7 a.¹ μήτε τις οὖν θήλεια θεός: καὶ νῦν ἀπ' αὐτῶν ἄρχεται, ex.
ὑπονοῶν τὰς περὶ "Ηραν· οἶδε γὰρ ταύτας ἀπειθούσας. T

55 a.² ἀπὸ τῶν θηλειῶν ἄρχεται ὑπονοῶν αὐτῶν τὸ θορυβῶδες καὶ
ἄτακτον· ἧττον γὰρ οἱ ἄρρενες ἢ αἱ θήλειαι ταραχώδεις εἰσί. b
(BCE³E⁴)   ταῦτα δὲ δι' "Ηραν καὶ 'Αθηνᾶν φησιν. b(BE³E⁴)

b. ⟨θεός:⟩ 'Αρίσταρχος „θεῶν". Aⁱᵐ   Did.

c. θήλεια θεός ⟨——— ἄρσην⟩: τὸ θεός κοινόν, ᾧ ἀντὶ τοῦ ex.
60 ἄρθρου παρέπλεξε τὸ θήλεια καὶ ἄρσην. b(BCE³E⁴) T

8. διακέρσαι ⟨ἐμὸν ἔπος⟩: διακόψαι· ὅθεν καὶ κέρμα τὸ εἰς ex.
μικρὰ διακεκομμένον. A b(BCE³) T   τὸ δὲ ἐμὸν ἔπος τὴν ἐμὴν
ἐπαγγελίαν, ἣν ὑπεσχόμην Θέτιδι. πρόθυμος δέ ἐστι δεικνύς, οἵους δεῖ
περὶ τὰς ὑποσχέσεις εἶναι. b(BCE³E⁴) T

65 9 a. ⟨τάχιστα:⟩ σπεύδει γὰρ ἐξαγαγεῖν Πάτροκλον καὶ τιμῆσαι ex.
'Αχιλλέα. b(BCE³E⁴) Tⁱˡ

b. τελευτήσω τάδε ἔργα: ποῖα ἔργα; τὸ τιμῆσαι μὲν 'Αχιλ- ex.
λέα, πολλοὺς δὲ τῶν 'Ελλήνων ἀπολέσαι. πιθανῶς δὲ οὐκ ἐπεξηγεῖται,
ποῖα ἔργα. b(BE³E⁴) T

vide ad K 249 (ex.)   5 sim. Ge (e T); — 'Αχαϊκούς (51) ad Θ 11; cf. Porph.
1, 115, 5   τὸ δὲ θέαιναι (51) sq. ad Θ 7 a²   7 a — ἄρχεται (53) fort. spectat
ad Δ 5—8   a¹ cf. Porph. 1, 115, 6   a² ταῦτα δὲ (57) sq. ad Θ 5   c cf. Ap.
Dysc. synt. 37, 9 (= Frg. p. 60, 8); Beiträge 359. Vide Wackernagel, Vorlesun-
gen über Syntax II (Basil. 1928) 10   8 διακόψαι (61) = D, Ap. S. 58, 16;
cf. Eust. 694, 33   9 b cf. Porph. 1, 115, 26   πιθανῶς δὲ (68) sq. cf. Eust.

47 ἀνατρεπτέον T   πρὸς τ. πειθ. T, ἀλλὰ πρὸς τὸ πειθαρχικὸν χρὴ νοεῖν b (fort.
rectius)   48 πρασσ. ἀκούοντας, ἑκόντας b, fort. rectius   50 le. T supplevi (auctore
Vill.), om. b   51 τὴν ἀρετήν T τὸ βούλευμα b, τὴν βουλὴν Ge (inutili coniec-
tura), τὴν ἀπειλὴν mavult Nickau   ἀχαϊκούς T   58 le. add. Bk. (Ddf.)   59 le.
T supplevi (fort. μήτε τις οὖν θ. — ἄρσην), om. b   θεός² BT δὲ θεὸς E⁴ θεοῖς CE³
59 sq. τοῦ ἄρθρου T, ἄρθρων CE³ (fort. rectius), ἄρθρου BE⁴   60 παρέπλεκται b
61 le. T supplevi (auctore Vill.), om. A b   62 μικρὸν E³   τὸ δὲ ἐμ. ἔπος T
ἐμὸν δὲ ἔπος b   62 sq. ἐμὴν φησιν ἐπ. BCE³ ἐμὴν ἀπαγγελίαν E⁴   63 πρόθυμος —
δεικν.] διδάσκει δὲ E⁴   65 le. add. Bk. (ὄφρα τάχιστα add. Li)   67 ποῖα δὲ
ἔργα φησί (coni. cum scholio praecedenti, v. ἀχιλλέα) b   67 sq. ἀχιλλέα T
αὐτὸν b   69 ποῖα ἔργα T, αὐτά b (fort. rectius)

ex.   **10—1.** ὃν δ' ἂν ἐγὼν ἀπάνευθε θεῶν ⟨ἐθέλοντα νοήσω / 70
ἐλθόντ' ἢ Τρώεσσιν ἀρηγέμεν ἢ Δαναοῖσι⟩: τὸ ἑξῆς· ὃν ἂν ἐγὼ
ἴδω τῶν θεῶν χωρὶς ἐμοῦ καὶ δίχα τῆς ἐμῆς ἐπιτροπῆς ἐλθόντα εἰς τὴν
μάχην, θέλοντα Τρωσὶν ἢ Ἕλλησι βοηθῆσαι. b(BCE³E⁴) T

Did.   **10** a.¹ ⟨ἀπάνευθε:⟩ ἐν τῇ Ἀριστοφάνους „ἀπάτερθε", Ζηνόδο-
τος „μετόπισθε". Aⁱᵐ   75

            a.² Ἀριστοφάνης „ἀπάτερθε". {χωρὶς ἐμοῦ, δίχα ἐμῆς ἐπιτρο-
πῆς} Tⁱˡ

ex.   **11.** ⟨ἢ Τρώεσσιν ——— ἢ Δαναοῖσιν:⟩ τὸ κοινὸν οὐ λυπεῖ.
b(BCE³E⁴) Tⁱˡ

Nic.   **12** a. ⟨πληγεὶς οὐ κατὰ κόσμον ἐλεύσεται Οὔλυμπον 80
δέ:⟩ τὸ οὐ κατὰ κόσμον βέλτιον τοῖς ἑξῆς συνάπτειν· †συλλαβὼν
γὰρ αὐτόν. Aⁱᵐ

ex. (Nic.)   b. ἄμεινον ὑποστίζειν εἰς τὸ πληγείς, καὶ ἔστιν b(BCE³) Tⁱˡ
ἀντὶ τοῦ κεραυνωθείς· b(BCE³E⁴) Tⁱˡ   καὶ „οὐκ ἂν ἐφ' ὑμετέρων
ὀχέων πληγέντε κεραυνῷ" (Θ 455). Tⁱˡ   85

ex.   c. πληγεὶς οὐ κατὰ κόσμον ⟨ἐλεύσεται Οὔλυμπον
δέ⟩: διδάσκει ὡς οἱ παραβαίνοντες τὰ τῶν ἀρχόντων θεσπίσματα
κολαστέοι εἰσίν. b(BCE³E⁴) T

ex.   **13** a. ⟨ἤ:⟩ τὸ ἤ ἀντὶ τοῦ ἀλλά. Tⁱˡ

694, 39   **10—1** cf. Eust. 695, 24 (... τὸ μὲν „ὃν ἂν ἐγὼν ἀπάνευθε θεῶν νοήσω"
διχῶς νοεῖται· ἢ γὰρ ὃν ἂν τῶν θεῶν νοήσω, ἢ ὃν ἂν νοήσω ἐθέλοντα ποιεῖν τόδε
ἀπάνευθε θεῶν, τῶν ἄλλων δηλαδὴ τῶν πειθομένων μοι); errat scholiasta, cf.
Β 391—2; Classen, Beob. 148 n. 73. Vide test. ad Θ 10   **10** fort. exstabat
sch., cuius auctor putabat v. ἐθέλοντα superfluam esse, cf. Porph. 1, 116, 11:
λέγουσι δὲ κἀν τούτῳ περιττεύειν τὸ „ἐθέλοντα"· ἔδει γὰρ „ὃν δ' ἂν ἐγὼ νοήσω
ἐλθόντα Τρώεσσιν ἀρηγέμεν" (cf. Θ 10—1). οὐκ ἔστι δὲ περισσόν, ἀλλ' ἔστιν
ἡ διάνοια· ὃν δ' ἂν ἐγὼ νοήσω ἢ Τρώεσσι θέλοντα ἀρηγέμεν ἢ Δαναοῖσιν ἐλθόντα.
Vide test. ad Θ 10—1   **11** ad Θ 5 (ex.)   **12** a cf. Friedl., Nic. 193; vide

70 sq. le. T supplevi, om. b (ubi sch. ad v. 10 relatum est)   **71** ἑξῆς T ἑξῆς οὕτως b
71 sq. ἂν ἐγὼ ἴδω] ἐγὼ τιμήσω C   **72** καὶ δίχα — ἐπιτρ. hoc loco om. T, cf. ad Θ 10 a²
(l. 76 sq.)   **73** θέλ. T καὶ θέλοντα τοῖς b   ἢ T ἢ τοῖς b   **74** le. add. Bk.   **76** sq.
χωρ. — ἐπιτρ. hoc loco delevi, cf. ad Θ 10—1 (l. 72)   **78** le. add. Ma. (ἢ τρ.
ἀρηγέμεν iam Vᶜ)   τὸ γὰρ κοιν. οὐ λυπεῖ τινα pone sch. Θ 10—1 (coni. cum v.
βοηθῆσαι) in b   **80** sq. le. add. Frdl.   **81** sq. συλλαβὼν γ. αὐτὸν εἰς τὸν τάρταρον
ῥίψει, ὥστε οὐ κατὰ τὸ πρέπον ὑποστρέψει εἰς ὄλυμπον Frdl. (cf. Θ 455—6)   **84** τοῦ
om. T   **86** sq. le. T supplevi (auctore Vill.), om. b   **87—8** διδάσκει δὲ ὡς sq. coni.
cum scholio b (v. κεραυνωθείς) in b   **89** le. addidi, ἢ μιν add. Ma.

90   b. ἐς Τάρταρον ἠερόεντα: ὡς τὰ οὐράνια ――― εἰς Τάρ- D(ad Θ 16) |
ταρον. Α | ἐναντίος Ὀλύμπῳ ὁ Τάρταρος· ὁ μὲν γὰρ „†οὔποτ'† ex.
ἀνέμοισι τινάσσεται οὐδέ ποτ' ὄμβρῳ" (ζ 43), ὁ δὲ Τάρταρος καὶ τε-
τάρακται καὶ ψυχρὸς εἶναι δοκεῖ· καὶ γοῦν τὸ σφόδρα ῥιγοῦν ταρ-
ταρίζειν φασίν. καὶ ὁ μὲν ὅλος καταλάμπεται, ὁ δὲ ἠερόεις ἐστίν. Α
95 b(BCE³E⁴) Τ

1   Τάρταρος: τὸ ὑπὸ τὴν γῆν ――― ἀπεδέξαντο. Α   D
14 a.¹ ὑπὸ χθονός ἐστι βέρεθρον: οἱ Ἀττικοὶ βάραθρόν φα- ex.
σιν. πῶς δὲ †μεσούσης† κατενεχθήσεται εἰς Τάρταρον· ἢ ὅτι οἱ ἀπει-
λοῦντες †πάντα δυνατά. Τ

5   a.² οἱ Ἀττικοὶ βάραθρον αὐτό φασιν. b(BCE³E⁴)   πῶς δὲ
δύναταί τις ἐκεῖσε κατελθεῖν· φαμὲν δὲ ὅτι οἱ ἀπειλοῦντες τὰ ἀδύνατα
σχεδὸν ἀπειλοῦσι πρὸς κατάπληξιν. b(BE³E⁴)

15. ἔνθα σιδήρειαί τε πύλαι: κολαστήριον γάρ ἐστι φυλάσσον ex.
τοὺς δεσμώτας· b(BCE³E⁴) Τ   καὶ „πυλάρταο κρατεροῖο" (Ν
10 415). οὐχ ἱστορεῖ δέ, ἀλλὰ φοβερὰν δείκνυσι τὴν ἄνοδον. b(BE³E⁴) Τ
16 a. τόσσον ἔνερθ' Ἀΐδεω, ⟨ὅσον οὐρανός ἐστ' ἀπὸ Ariston.
γαίης⟩: πρὸς τὴν καθ' Ὅμηρον τοῦ κόσμου τάξιν. καὶ ὅτι οὐδὲν
τοιοῦτον ἐπὶ τοῦ Ὀλύμπου λέγει. καὶ ὅτι λείπει τὸ ὕπερθεν, ὅσον
ἐστὶν ὕπερθεν. Α

Eust. 695, 28   13 b ὡς τὰ (90) — Τάρταρον (D), vide ad Θ 16 b   ἐναντίος
(91) sq. cf. Eust. 694, 46; Isid. orig. 14, 9, 8   καὶ τετάρακται (92) et ὁ δὲ
ἠερόεις (94) cf. D; sch. Hsd. th. 119. 721; vide ad Θ 16 a   ταρταρίζειν (93)
cf. Eust. 985, 43   14 a¹ — βάραθρον (2) cf. Orum (?) in Et. Gen. (AB) βάραθρον,
vide Ap. S. 51, 4 (Apion. fr. 27 B.)   βάραθρον (2) cf. Eust. 695, 33   15 —
δεσμώτας (9) cf. D   16 a — τάξιν (12) ad Ζ 279. Ο 225 a. Ψ 73 (Ariston.),
cf. Steph. B. 606, 8 (ubi Θ 478 sq. respiciuntur): Τάρταρος· Κράτης (fr. 39 a
M.) τὸν ὑπὸ τοῖς πόλοις ἀέρα παχύν τε καὶ ψυχρόν τινα καὶ ἀφώτιστον, Ὅμηρος
δὲ τόπον εἶναι συνέχοντα τοὺς περὶ Κρόνον καὶ ὑπὸ γῆν ὄντας. λέγεται δὲ ἀρσενι-
κῶς καὶ θηλυκῶς καὶ οὐδετέρως, nescio an partim quidem e scholiis; [Apoll.]

90 le. Τ, om. Ab   91—4 iuxta sch. b haec fere figura picta est in codd. Α et Τ

          αἰθήρ
ἀήρ
ἅιδης
τάρταρος

91 ἐναντίως δὲ Α   οὔποτ'] οὔτ' Hom.   92 ποτ'] ποτε δὲ Τ   ὁ δὲ τάρτ. καὶ
Τ ὁ δὲ καὶ Α οὗτος δὲ b   93 sq. καὶ γοῦν — φασίν om. C   93 καὶ γοῦν τὸ]
ὅθεν καὶ τὸ ΒΕ³Ε⁴   94 φασί b   δὲ] δὲ καὶ ΒΕ³Ε⁴   ἠεροειδής b   1 pone
sch. Θ 16 a in A, trps. Vill.   3 μεσ. γῆς Wil., fort. μεσ. τῆς γῆς vel γῆς μέσης
οὔσης (cf. D ad Θ 16)   4 πάντα δ. ὑφίστανται πρὸς κατάπληξιν Wil. (e. g.)   10
οὐχ — ἄνοδον Τ φοβερὰν δὲ δείκνυσι τὴν ἄν. διὰ τούτου b   11 sq. le. A suppl.
Vill.   12 ἡ διπλῆ πρὸς Vill.

D   τόσσον ἔνερθ' Ἀΐδεω: τοσοῦτόν φησι ——— ἴσας λέγων 15
εἶναι. **A**

ex. | *D*   *b.*¹ τόσσον ἔνερθ' Ἀΐδεω: ἔδει τόσον ἔνερθ' ἀπὸ γῆς.
τάχα οὖν ἀπὸ τῆς ἀρχῆς τοῦ Ἀίδου φησίν. | ὡς οὐράνια τρία διαστή-
ματα ἔχει, ἀέρα μέχρι νεφελῶν, εἶτα αἰθέρα μέχρι τῶν φαινομένων καὶ
τῆς Διὸς ἀρχῆς, οὕτω καὶ ἀπὸ γῆς εἰς Ἅιδου, ἀπὸ δὲ Ἅιδου εἰς Τάρτα- 20
ρον. δῆλον δὲ ὅτι οὐ σφαιροειδὴς ἡ γῆ κατὰ τοῦτον τὸν λόγον, ἀλλ'
ἐπίπεδος. **T**

D | *ex.*   *b.*² τὰ οὐράνια, ὥς φησι, τρία διαστήματα ἔχει, ἀέρα μέχρι
νεφελῶν, εἶτα αἰθέρα μέχρι τῶν φαινομένων καὶ τῆς Διὸς ἀρχῆς·
οὕτω καὶ ἀπὸ τῆς γῆς εἰς Ἅιδου, ἀπὸ δὲ Ἅιδου εἰς τὸν Τάρταρον. δῆ- 25
λον δὲ ὡς τὸ μέσον κέντρον ἐστὶν ἡ γῆ. **b**(BCE³E⁴) | ἔδει δὲ εἰπεῖν τόσ-
σον ἔνερθε γῆς ὅσον ἀπ' αὐτῆς εἰς οὐρανόν. τάχα οὖν τὸ Ἀΐδεω
ἀπὸ τῆς ἀρχῆς τοῦ Ἀίδου φησίν. **b**(BE³E⁴)

D | *ex.* | *ex.*   **18 a.** εἰ δ' ἄγε πειρήσασθε: πεῖραν λάβετε. **A** | τῷ ἀποτόμως
(*Nic.*)   ἀπειλοῦντι καὶ τὴν ῥώμην οὐκ ἄτοπον ἐνδείκνυσθαι· **A b**(BCE³E⁴) 30
T   εἰ βούλεσθε τὴν διαφορὰν γνῶναι, πειράθητε. **b**(BCE³E⁴) **T**
μεγάλα δὲ ὄντα τὰ προστάγματα **A b**(BE³E⁴) **T**   μείζοσιν ὑπερ-
βολαῖς ἐπιστώσατο. | τοῦτον δὲ καὶ τὸν ἑξῆς συνάπτει Νικάνωρ (p.
193 Frdl.)· **b**(BE³E⁴) **T**   εἰς δὲ τὸ „κρεμάσαντες" (Θ 19) τελείαν
τίθησιν. **b**(BCE³E⁴) **T**
     35

Hrd.   *b.*¹ {ἵνα} εἴδετε {πάντες}: ὡς λέγετε. ἢ συστολὰς μὲν τὰ
τοιαῦτα παραληπτέον ἢ ἐναλλαγὰς ἐγκλίσεων, „ὄφρ' εὖ πᾶσαι /
εἴδετ' ἀκούουσαι" (Σ 52—3)· „μηδ' ὡς Πάτροκλον λίπετ' αὐτόθι

bibl. 1, 2; Lehrs Ar.³ 173. Vide ad Θ 13 *b*; sch. Hsd. th. 721   *b* ὡς (τὰ)
οὐράνια (18 et 23) — Τάρταρον (20 et 25) cf. Eust. 695, 18   εἶτα αἰθέρα (19
et 24) cf. Serv. (auct.) Verg. A. 1, 394   **18** fort. exstabat sch. Nicanoris de
vi cohortativa vocis εἰ, ad | 46—7 *a*¹. Vide ad Z 376   *b* — συστολὰς (36 et 42)
ad A 141 (Ariston.), Σ 53 (T), praeterea ad M 42 *a*   *b*¹ ἐγκλίσεων (37) vide

15 sq. pone sch. D (= A) ad Θ 13 (cf. l. 1)   **17** τόσον] τόσσον b (sch. *b*²)   **18**
τὰ οὐράνια D et A ad Θ 13 (cf. sch. *b*²)   **19** sq. καὶ τῆς δ. ἀρχῆς non in D   **21** sq.
δῆλον δὲ sq. T δῆλον δὲ ὡς οὕτω σφαιροειδὴς ἡ γῆ D (cf. sch. *b*²)   **24** φενομένων B,
αι ss. m. rec.   καὶ τῆς δ. ἀρχῆς om. C (ut D)   **26** τὸ μέσον — ἐστὶν **b** οὕτω
σφαιροειδῆ D, cf. sch. *b*¹   **29** le. AT, om. **b**   **30** ἐνδείκνυσθαι:— **b**, ἐνδείκνυσθε
A   **31** τὴν T φησί, τὴν **b**   πειράσθητε C   **34** ὑποτελείαν Frdl.   **36—41** pone
D (= A, sch. alterum) ad Θ 19 in A, trps. Bk.   **36** (le.) ἵνα et πάντ. del. Bk.
38 λίπετ' Ddf. (= Hom.), εἴπετ' A

τεθνειῶτα" (Τ 403)· „ὄφρα καὶ †ταὐτώ μοι σαώσετον ἐκ πολέμου" (Ρ
40 452)· „αἴ κέν πως ἀρνῶν κνίσης αἰγῶν τε τελείων / βούλεται ἀντιάσας"
(Α 66—7). Α

b.² {ἵνα εἰδῆτε πάντες:} ἢ συστολὰς ἢ ἐναλλαγὰς κλίσεων νο-
μιστέον τὰ τοιαῦτα, ὡς τὸ „ὄθ᾽ ἡδέϊ λέξεται ὕπνῳ" (Δ 131). Τ

19. σειρὴν χρυσείην ⟨ἐξ οὐρανόθεν κρεμάσαντες⟩: ὅτι εἰ μὴ   *Ariston.*
45 ἐκδεξόμεθα Ὄλυμπον (cf. Θ 25) τὸ ἐπὶ Μακεδονίας ὄρος, οὐ συμφωνή-
σει τῇ διαθέσει ταύτῃ· ἐπὶ γὰρ τοῦ οὐρανοῦ στάς φησιν τὸν Ὄλυμ-
πον ἀνέλκειν τῆς σειρᾶς ἐκ τοῦ ῥίου (cf. Θ 25) ἐκδεθείσης. καὶ ὅτι ἡ
ἐξ περισσή. Α

σειρὴν χρυσείην: χρυσῆν προσέθηκεν ———— τὸν ἥλιον. Α   D
50 σειρὴν ἐξ †οὐρανῶθεν† κρεμάσαντες καὶ τὰ ἑξῆς: κατὰ   D
τὸν μῦθον ὁ Ζεὺς ———— ὥστε ἢ αὐτὸν καθελκυσθῆναι †ὑπ᾽ αὐτοῦ. Α

20. πάντες δ᾽ ἐξάπτεσθε θεοί ⟨πᾶσαί τε θέαιναι⟩: ταῦτά   *ex.*
φησι δεικνὺς ὡς οὐ καθ᾽ ἕνα, συλλήβδην δὲ πάντων κρείττων. b
(ΒCΕ³Ε⁴) Τ   καὶ Ποσειδῶν· οὔ πως ἔστι „Διὶ Κρονίωνι μάχεσθαι /
55 ἡμέας τοὺς ἄλ[λους]" (Θ 210—1). Τ

22 a. ⟨Ζῆν᾽ ὕπατον μήστωρ᾽:⟩ ὅτι ἀντὶ τοῦ ἐμέ, ὡς περὶ ἄλ-   *Ariston.*
λου. Αⁱⁿᵗ

b. ⟨Ζῆν᾽ ὕπατον μήστωρ:⟩ δείκνυσιν, οἷς δεῖ κοσμεῖσθαι   *ex.*
τὸν ἄρχοντα, ῥώμῃ καὶ συνέσει. b(ΒCΕ³Ε⁴) Τⁱˡ

60 c. ⟨κάμοιτε:⟩ γράφεται καὶ „πάθοιτε". ΑⁱᵐΤ   *Did.*

ad Α 302 (Hrd.)   λίπετ᾽ (38) at cf. Bk., H. Bl. 1, 89   **19** — ἐκδεθείσης (47)
cf. Eust. 694, 59; — ὄρος (45) ad Α 44 a (Ariston.)   καὶ ὅτι ἡ ἐξ περισσή (47)
cf. Eust. 695, 42; Ap. Dysc. pron. 67, 16, synt. 164, 5; sch. ε 477. κ 351; Polyb.
barb. 285, 16; vide ad Β 820, praeterea ad Θ 21. 365. 1 456. Haud scio an Ap.
Dysc. adv. 186, 1 scholio uberiore non usus sit: οἶμαι δὴ ὅτι . . . καὶ τὸ „ἐξ οὐρα-
νόθεν" ἀπολογίαν ἕξει ἀφορμὴν δεδωκός τισι τοῦ κακοῦν τὰς φράσεις· ἐπεὶ γὰρ
οὐχ ὑγιές τὸ λέγειν „ἐξ οἴκοθεν", φασὶν ὡς καὶ Ὅμηρος εἴη κεχρημένος τῷ „ἐξ
οὐρανόθεν". †εἰ οὔκ† (εἰκῆ, ἐπεὶ D. Holwerda, Mnemos. 1962, 404, ἀλλ᾽ Dronke)
ἄπειρός ἐστι τοιαύτης παραγωγῆς τοῦ αὐτοῦ σημαινομένου, τοῦ „οὐρανόθεν"
παρ᾽ αὐτῷ σημαίνοντος τὸ οὐρανοῦ, ὡς καὶ τὸ „Ἴδηθεν" (Γ 276) τὸ Ἴδης, cf.
adv. constr. 208, 28, [Hrd.] Phil. 242. Vide ad Γ 276 (Ariston.)   **20** καὶ
Ποσειδῶν (54) sq. vide ad Θ 210 (ex.)   **21** de v. ἐξ οὐρανόθεν vide ad Θ
19   **22 a** ad Η 75 (Ariston.), cf. Ap. Dysc. pron. 25, 27; vide ad Γ 352 a

---

39 αὐτομέδοντα (pro αὐτώ μοι) et πολέμοιο Hom.   **42** le. Τ delevi   κλίσεων cf.
sch. b¹   **43** ὄθ᾽ Ma. (= Hom.), ὄθεν Τ   **44** le. Α (ante v. σειρὴν asteriscus pictus
est), suppl. Vill.   ὅτι Α, ἡ διπλῆ, ὅτι Vill.   **45** ἐκδεξώμεθα Α em. Bk.   **47** σειρᾶς
Bk., πείρας Α   **50—1** cum scholio praecedenti coni. Α, dist. Bk.   **52** le. Τ
supplevi (auctore Vill.), om. b   **53** κρείττων ἐστίν b, fort. rectius   **55** ἀλ[. . . .]
Τ suppl. m. sec.   **56** le. add. Vill.   ὅτι Α, ἡ διπλῆ, ὅτι Vill.   **58** le. add. Vill.
(ζῆν ὕπ. iam Li)   **60** le. add. Bk.   πάθ. Α πείθητε Τ

Did.   **23** *a.*¹ πρόφρων ἐθέλοιμι {ἐρρῦσαι} : Ἀρίσταρχος διὰ τοῦ ω̄
,,ἐθέλωμι''. Πτολεμαῖος δὲ ὁ τοῦ Ὀροάνδου ἀντὶ τοῦ πρόφρων
,,πρόσσω'' γράφει. A

         *a.*² {ἀλλ' ὅτε δὴ πρόφρων:} οὕτω διὰ τοῦ ω̄. Πτολεμαῖος δὲ
ἀντὶ τοῦ πρόφρων ,,πρός⟨σ⟩ω'' [γράφει]. T   65

         *a.*³ Ἀρίσταρχος ,,ἐθέλωμι''. Aⁱᵐ

Ariston. | ex.   **24.** αὐτῇ κεν γαίη ἐρύσαιμι: λείπει ἡ σύν, ὡς τὸ ,,αὐτῇσι
ῥίζῃσι'' (Ι 542). | πιθανῶς δὲ οὐ μόνους εἶπεν ἀνασπάσειν θεούς, ἀλλὰ
καὶ τὸν περιέχοντα αὐτοὺς τόπον, τὸν Ὄλυμπον. b(BCE³E⁴) T

Ariston.   **25—6.** σειρὴν μέν κεν ⟨———— πάντα γένοιτο⟩: ὅτι Ζηνόδο-   70
τος ἀμφοτέρους ἠθέτηκεν. δι' αὐτῶν δὲ διδασκόμεθα †πᾶσαν τὴν γῆν
σὺν τῇ θαλάσσῃ. A

Ariston.   **25** *a.* ⟨ἔπειτα:⟩ ὅταν θελήσω ἐρύσαι φησίν. Aⁱⁿᵗ

Ariston.   *b.* περὶ ῥίον: ἵνα αὐτὸ δεσμεύσας καὶ τὰ λοιπὰ ἐπάρῃ, συν-
ερριζωμένης αὐτῷ μὲν τῆς γῆς, τῇ δὲ γῇ τῆς θαλάττης. b(BCE³E⁴) T   75

D   σειρὴν μέν κεν: ἐνταῦθα οἱ μέν φασι τὸν Ὅμηρον αἰνίττε-
σθαι ———— ἐκ τοῦ φανερῶς κρατεῖν. A

Ariston.   **26.** ⟨τὰ δέ κ' αὖτε μετήορα πάντα γένοιτο:⟩ δείκνυσιν ὅτι
βέβηκεν ὁ Ὄλυμπος καὶ οὐκ ἔστι μετέωρος. Tⁱˡ

23 *a* cf. Ludwich, A. H. T. 1, 283, 3; de hac lectione Aristarchea cf. Hermann, Opusc.
IV (Lips. 1831), 172: ,,Non enim facturum se id Iuppiter indicat, sed dicit, quid,
si velit facere, futurum sit''   **24** nullum signum ante versum in A   λείπει
(67) — ῥίζῃσι (68) ad l 542 (Ariston.), cf. D, sch. Eur. Phoen. 3. Vide ad Γ 2 *a*;
— σύν (67) cf. Eust. 695, 52   **25—6** diplae periestigm. ante versus in A; quos
olim etiam diplas puras notatas habuisse suspicatur Lehrs (ap. Friedl., Ari-
ston. p. 137)   ὅτι (70) sq. cf. Heyne, Homeri Carmina V (Lips. 1802), 417;
Duentzer, Zen. 186, 24   **25** *a* sch. Aristonico attr. Lehrs Ar.³ 167   *b* cf.
Lehrs Ar.³ 167 (,,certa vestigia Aristarchearum observationum'')   **26** cf. Lehrs
Ar.³ 167 n. 104: ,,Huius loci explicatio Aristarchea certissima est''

61 (le.) ἐρρ. eiecit Bk.   62 ἐθέλωμι] Aristarchum praeterea ὅτε δή κεν ἐγὼ vel ὅτε
κεν καὶ ἐγὼ legisse suspicatur Cob. (cf. sch. *b*)   64 le. T delevi   ω̄ T, fort. ω̄, ἐθέλωμι
65 πρόσω T suppl. Ma.   γράφει T m. rec., [......] T   67 αὐτῇσι b αὐτοῖς T
αὐτῇσιν Hom.   70 le. A supplevi (auctore Bk.)   ὅτι A, fort. αἱ διπλαῖ περιεστιγ-
μέναι, ὅτι   71 πᾶσαν A, πῶς σπάσει Lehrs (Hrd. 460), recte ut vid.   71 sq.
πᾶσαν — θάλασσα συμπεπλέχθαι (vel συνερριζῶσθαι) Heyne, πᾶσα — θάλασσα
μετέωρον γενέσθαι Dtz.   73 le. add. Lehrs, cf. test. (sch. iuxta v. Θ 26 scriptum
est)   74 καὶ — ἐπάρῃ b ἐπαίρῃ T   78 le. addidi (τὰ δέ κ' — μετ. iam Vᶜ)

80   27. περί τ' εἰμὶ θεῶν περί τ' εἴμ' ἀνθρώπων: ἔδει τὸ ἀσθενὲς *ex.*
προτάξαι. ἢ τὸ μέτρον αἴτιον· b(BCE³) T   ,,ὥστε γὰρ ἠελίου
αἴγλη πέλεν ἠὲ σελήνης" (δ 45)· T   ἢ εὐτελίζων τοὺς θεούς. b
(BCE³) T
      28. ὡς ἔφαθ', οἱ δ' ἄρα πάντες: ἐντεῦθεν ἕως τοῦ ,,πρόφρονι *Ariston.*
85 μυθέομαι" (Θ 40) ἀθετοῦνται στίχοι τρεῖς καὶ δέκα, ὅτι ἐξ ἄλλων τό-
πων μετάκεινται. καὶ ἐν τοῖς κατὰ μέρος διαπίπτει οὐκ ὀρθῶς χρώμενος
ταῖς λέξεσιν· ,,ὀδυσσαμένοιο τεοῖο" (Θ 37)· τοῦτο γάρ ἐστι τοῦ σοῦ,
θέλει δὲ ὁ λόγος ὀργισθέντος σοῦ, ἀσυνάρθρως. A
      29. ἀγασσάμενοι: γράφεται καὶ ,,φρασσάμενοι"· ATⁱˡ   μᾶλ-   *Did.*
90 λον δὲ τὸ ἀγασσάμενοι τοῖς ἑξῆς συνᾴδει. A
      30. ὀψὲ δὲ δὴ μετέειπε ⟨θεὰ γλαυκῶπις Ἀθήνη⟩: πιθανῶς *ex.*
οὐχὶ Ἥρα λέγει· ἐξεκαύθη γὰρ ἂν μεγάλη ἔρις, εἰωθυίας ἀεὶ πρὸς τὸν
Δία ἀντιλέγειν. Ἀθηνᾶ δὲ μετὰ αἰδοῦς τῷ πατρὶ διαλέγεται b(BCE³
E⁴) T   μετριώτερον, οὐχ ὡς ἡ Ἥρα φθεγγομένη· ἄλλως τε καὶ
95 τοῖς προοιμίοις αὐτὸν ἐξαίρει καὶ τὰ μὲν κελευσθέντα φησὶν ἀποπλη-
1 ροῦν, ὑποθήκης δὲ ἀξιοῖ μὴ φθονέσαι, καὶ ταῦτα οὐχ ἵνα αὐτῷ ἐμπο-
δίσῃ, ἀλλ' ὅπως μὴ πάντες ἀπόλωνται. b(BE³E⁴) T
      31. ὦ πάτερ ἡμέτερε, ⟨Κρονίδη, ὕπατε κρειόντων⟩: με- *ex.*
τρίοις χρῆται λόγοις· πατέρα γὰρ αὐτὸν ἐν προοιμίοις ἀποκαλεῖ καὶ
5 τῶν ἄλλων θεῶν μέγιστον καὶ τὴν ὑπεροχήν, ἣν ἔχειν βούλεται, μαρ-
τυρεῖ συντόμως. b(BCE³E⁴) T

---

27 cf. sch. δ 45; vide ad O 108   **28** ante versus Θ 28—34 et Θ 39—40 asterisci et
obeli, ante versus Θ 35—8 obeli in A   ἐξ ἄλλων τόπων (85) sc. Θ 32—4 =
Θ 463—5, Θ 39—40 = X 183—4; vide ad Θ 32—4. 463—5. X 183—4   καὶ ἐν
τοῖς (86) sq. ad Θ 37 b (T); cf. Ap. Dysc. pron. 108, 27: εἰ αἱ κτητικαὶ οὐδέποτε
ἐπὶ πρᾶγμα φέρονται (h. e. numquam cum verbo construuntur), σαφὲς ὅτι ὡς
τὸ ,,ὀδυσσαμένοιο τεοῖο" (Θ 37) ἐπὶ πρᾶγμα φερόμενον ὠλιγώρηται· δέον γὰρ
γενικὴν παραλαμβάνειν, ἥτις καὶ ἐπὶ πρᾶγμα φέρεται. εἰ δ' ἀπὸ τῆς τέο Θετταλι-
κῶς ἐξετάθη, ὥς τινες ᾠήθησαν, δῆλον ὡς καὶ κατὰ τὸ πρῶτον καὶ τρίτον·
ὅπερ οὐκ ἔστι. ψεῦδος ἄρα καὶ τοῦτο. Incertum, an talia in scholiis invenerit.
Sed notam Aristonici eum legisse apparet e synt. 222, 7; Wackernagel I
548   τοῦτο γάρ ἐστι (87) sq. aliter Eust. 696, 11   **29** — φρασσάμενοι (89)
ad I 694. 711 (Did.)   **30** — μετριώτερον (94) cf. Eust. 696, 26

---

80 τὸ ἀσθενὲς T, μὲν τὸ ἀσθενέστερον b (fort. rectius)   **81** ἢ T ἀλλ' ἢ b   αἴτιον
ἐγένετο b   ὥς τε Hom.   **82** εὐτ. τ. θεούς T τοὺς θεοὺς εὐτελίζων τοῦτό φησιν
b   **85** τρεῖς καὶ δέκα scripsi, ιγ' A   **89** le. Bk., μῦθον ἀγασσάμενοι A, om.
T   φρασάμενοι T   **91** le. T supplevi (auctore Vill.), om. b   πιθανῶς δὲ (post
D) E⁴   **92** οὐχὶ T οὐχ ἡ BE³ οὐχὶ ἡ E⁴   **93** μετ' b   **1** φθονῆσαι b (at vide b
ad H 138 b¹)   **2** ὅπως T ἵνα b   **3** le. T supplevi (auctore Vill.), om. b   **5**
τῇ ὑπεροχῇ b   **6** συντόμως αὐτή b

23 Scholia Iliad. II rec. Erbse

Ariston. | *D*   **32—4.** εὖ νυ καὶ ἡμεῖς —— ὄλωνται: τούτους πάλιν μετ᾽
ad Θ 31   ὀλίγα ἡ "Ηρα παραγίνεται λέγουσα (sc. Θ 463—5). | αἱ τοιαῦται δὲ
              προσφωνήσεις —— παραδίδωσιν. **A**

ex.   **33.** ἀλλ᾽ ἔμπης Δαναῶν ⟨ὀλοφυρόμεθ᾽ αἰχμητάων⟩: ὁ μὲν 10
              οὐκ ἐγύμνωσεν ἑαυτοῦ τὴν γνώμην ὅτι τοῖς Τρωσὶν ἐπικουρεῖν θέλει,
              b(BCE³E⁴)**T**   ἀλλ᾽ ἀμφοτέροις βοηθεῖν ἐκώλυσεν· **b**(BE³E⁴) **T**
              ἡ δὲ ξυνιεῖσα ἤλεγξεν αὐτοῦ τὴν προαίρεσιν. **b**(BCE³E⁴) **T**

ex.   **34.** κακὸν οἶτον: διὰ τοῦτο γὰρ ἄχθεται, οὐχ ὅτι ἀπολοῦνται· ὃ
              καὶ οἶκτον ἐκίνησεν. **b**(BCE³E⁴) **T**   15

ex.   **35—6.** πολέμου μὲν ἀφεξόμεθα ⟨—— ὀνήσει⟩: τὸ μὲν γὰρ
              ἐπαμῦναι ἔργῳ ἐναντίωσιν ἔχει τοῦ Διός· τὸ δὲ λόγῳ πρὸς τὸ μὴ πάν-
              τας ἀπολέσθαι, ἀλλὰ δεηθῆναι Ἀχιλλέως καὶ αὐτὸς θέλει· **b**(BCE³E⁴)
              T   ,,οὐδ᾽ ὅ γε πάμπαν / ἤθελε λαὸν ὀλέσθαι / ἀλλὰ Θέτιν κύδαινε"
              (N 348—50). **T**   20

Did.   **35 a.**¹ ⟨ὡς σὺ κελεύεις:⟩ οὕτως Ἀρίσταρχος. ἄλλοι δὲ ,,εἰ σὺ
              κελεύεις". **A**ⁱᵐ

              a.² ,,ὡς σὺ κελεύεις". **T**ⁱˡ

Ariston. | *ex.*   **37 a.** ⟨ὡς μὴ πάντες ὄλωνται ὀδυσσαμένοιο⟩ τεοῖο: ἀθε-
              τοῦσιν. οὐδὲ ἐν τῇ Ζηνοδότου δὲ ἐφέρετο· τὸ γὰρ τεοῖο συγχεῖ τὸν 25
              λόγον. | ὁδοὺς ὁδύσσω, παρ᾽ ὃ ,,ὁδὰξ ἐν χείλεσι φύντες" (α 381.
              σ 410). **T**

ex.   **b.** ὀδυσσαμένοιο τεοῖο: τοῦ σοῦ οὐδετέρως, ὡσεὶ λέγοι·
              ἐπεὶ τὰ σὰ οὕτω πρὸς αὐτοὺς ἔχει. **T**

32—4 — λέγουσα (8) ad Θ 463—5. Vide ad Θ 28 (Ariston.)   **34** verba ὃ καὶ
(14) — ἐκίνησεν (15) male intellexit Ge: εἰς οἶκτον διὰ τοῦτο κινεῖ τὸν Δία   **35—6**
ad N 348   **37** a/b cf. Lehrs, Hrd. 455   a ad Θ 28 (Ariston.); — λόγον (26)
Aristonico attr. Friedl. (Ariston. p. 137), quae verba e scholiis Aristonici et
Didymi confusa esse coniecit Nickau; cf. Lehrs l. c. (,,media pars . . . ex optimis
fontibus sine dubio derivata"); Duentzer, Zen. 10, not. 39; 163. Vide Valk II
504 n. 95

---

7 le. scripsi, ὦ πάτερ ἡμέτερε: A   **10** le. T supplevi (auctore Vill.), om.
b   **12** ἐκώλ. T ἐκέλευσε κωλύειν b   **13** ξυνεῖσα E³   **14** le. fort.
κακ. οἶτ. ἀναπλήσαντες: τοῦτο γὰρ T τὸ εἶναι κακὸν b   ὅτι T, ὅτι
μόνον b (fort. verum)   **15** κινεῖ b, perperam   **16** le. T supplevi,
om. b (ubi sch. ad Θ 36 relatum est)   γὰρ om. b   **19** ὀλ. T ὀλέ-
σθαι ἀχαιικὸν Ἰλιόθι πρό Hom.   **21** le. add. Bk. (Vill.)   **23** fort. εἰ σὺ κε-
λεύεις (= Tᶜᵒⁿᵗ)· γράφεται ὡς σὺ κελ.   **24** sq. τεοῖο — οὐδέ] τε οὐ σθένουσιν
οὐδὲ (cum scholio praecedenti coni.) T, dist. et corr. Lehrs (τεοῖο Ma. pro τεοῦ,
quod ci. Lehrs; ὡς μὴ — ὀδυσσ. addidi)   **25** ἐφ.· τὸ Lehrs, ὁ φέρων τότε T, ἐφέ-
ροντο· τὸ Ldw. (et antea ἀθετοῦνται), ὁ στίχος ἐφέρετο· τὸ Dtz.   **26** ὁδοὺς T,
fort. ὀδυσσαμένοιο· ὁδοὺς   παρ᾽ ὃ (καὶ) Lehrs, παρὰ τὸ T, possis παρ᾽ ὃ τὸ
29 ἔχειν T em. Lehrs

30   **39—40.** θάρσει, Τριτογένεια, ⟨———— ἤπιος εἶναι⟩: ὅτι   *Ariston.*
ὑπὸ Διὸς πάλιν λέγονται πρὸς Ἀθηνᾶν πρὸ τῆς Ἕκτορος τελευτῆς
(sc. Χ 183—4). ἐναντιοῦνται δὲ ἐνθάδε τοῖς ὑποκειμένοις. **A**

     39 *a.* Τριτογένεια: Μῆτιν τὴν Ὠκεανοῦ ἀμείβουσαν εἰς πολλὰ   *ex.*
τὴν μορφὴν Ζεὺς βουλόμενος παρ' ἑαυτῷ ἔχειν κατέπιεν ἔγκυον οὖσαν

35 ὑπὸ Βρόντου τοῦ Κύκλωπος. τελεσφορηθείσης δὲ τῆς παιδὸς ὁ Ζεὺς
διὰ τῆς κεφαλῆς τεκὼν δίδωσι τῷ Τρίτωνι τῷ ποταμῷ τρέφειν. ὅθεν
Τριτογένεια ἐκλήθη ὡς ἐκ τριῶν συναυξηθεῖσα, Βρόντου Διὸς Τρί-
τωνος. Δημόκριτος (Vors.⁶ 68 B 2) δὲ ἐτυμολογῶν τὸ ὄνομά φησιν
ὅτι φρόνησίς ἐστιν, ἀφ' ἧς τρία συμβαίνει, εὖ λογίζεσθαι, λέγειν κα-

40 λῶς, πράττειν ἃ δεῖ. **b(BCE³E⁴) T**   ἢ ὅτι τρίτη φθίνοντος ἐτέχθη.
καὶ παροιμία (cf. prov. ap. Su. τ 1019) „παῖς μοι τριτογενὴς εἴη, μὴ
τριτογένεια"· ἀρρενώδεις γὰρ αἱ τοιαῦται γυναῖκες. **b(BE³E⁴) T**

     Τριτογένεια: Ὅμηρος μὲν ———— τῆς Λιβύης. **A**   D

     b. θάρσει, Τριτογένεια: δείκνυσιν ὅσον δύναται λόγος   *ex.*
45 εὐμενὴς **b(BCE³E⁴) T**   καίτοι παιδὸς πρὸς πατέρα. **b(BCE³) T**

     40 *a.* πρόφρονι: ἀντὶ τοῦ ὑπέρφρονι, ὡς „πρό τε παίδων καὶ   *ex.*
πρὸ γυναικῶν" (Θ 57). ὁ λόγος οὖν οὐ τυραννικὴν ἀπήνειαν, ἀλλὰ
βασιλικὴν παρίστησι προσήνειαν. **b(BCE³E⁴) T**

39—40 ad Θ 28 (Ariston.); versus defendit Porph. 1, 116, 20: ὁ νοῦς
ἀσαφής, ὅντινα ἀγνοήσαντες ἠθέτησαν τὰ ἔπη. ἡ δὲ ἀσάφεια ἐκ τοῦ „πρό-
φρονι" (40)· ἀπέδοσαν γὰρ ὡς δηλοῦντος τοῦ ποιητοῦ διὰ τοῦ πρόφρονι· οὐ
κατὰ σπουδὴν ταῦτα ἀγορεύω. ἔστι δὲ οὐ τοῦτο, ἀλλὰ . . . (vide ad Θ 40)   **39** *a*
cf. sch. γ 378; Apostol. 17, 26 (C. P. G. 2, 692) c. test.; West ad Hsd. th. 889.
894   διὰ τῆς κεφαλῆς (36) — τρέφειν cf. Synag. (Ph., Su. τ 1020)   διὰ τῆς
κεφαλῆς (36) cf. Eust. 696, 38; sch. Ar. nub. 989   τῷ Τρίτωνι (36) — τρέφειν
cf. D, D ad Δ 515, Ap. S. 154, 22; sch. Ap. Rh. 1, 109 (test.); 4, 1311; Or.
151, 10; Serv. (auct.) Verg. A. 2, 171   Δημόκριτος (38) — ἃ δεῖ (40) cf. Or.
153, 5, Eust. 696, 36 (uterque e scholiis ut vid.); Diog. L. 9, 46; Su. τ 1019   ἢ
ὅτι (40) — ἐτέχθη cf. Callisth. (FGrHist 124, 52), Harp. 178, 15 (unde Ph., Su.
τ 1021); Cyr. (An. Par. 4, 192, 31); Choer. O. 264, 19   καὶ παροιμία (41) sq.
cf. Burkert, Weisheit u. Wissenschaft (Norimbergae 1962) 450 n. 80   *b* cf.
Eust. 696, 33   **40** *a* cf. Porph. 1, 116, 23 (vide ad Θ 39—40. 56 *b*); Eust.

---

30 le. A supplevi (auctore Bk.)   ὅτι A, fort. οἱ ἀστερίσκοι καὶ οἱ ὀβελοί,
ὅτι   33 le. Bk., θάρσει τριτογένεια T, om. b   ἀμείβ. T ὥς φασιν b   34
ζεὺς βουλ. T ἀμείβουσαν βουλόμενος ὁ ζεὺς b   ἔγγυον C   39 συμβ. T συμ-
βαίνει ἀπογεννᾶσθαι ἀγαθὰ b   39 sq. καλῶς] ἀναμαρτήτως Or.   40 καὶ
πράττ. C   40—2 τρίτη sq. absc. E⁴   40 τρίτη om. BE³   41 μὴ T ἢ BE³
44 sq. δείκνυσι δὲ ὅσον sq. pone sch. Θ 40 *a* (coni. cum v. προσήνειαν) b   δύναν-
ται λόγοι εὐμενεῖς b   45 καίτοι b καὶ τότε T   46 le. Bk., πρόφρονι μυθέομαι
T, om. b   τε om. b   47 πρὸ (ante γυν.) om. E⁴   οὐ T οὕτως οὐ βούλομαί
σοι b   48 παρίστησι T ἐνδείκνυσθαι b

23*

ex.　　　*b.* ⟨ἐθέλω δέ τοι ἤπιος εἶναι:⟩ εἰρωνεύεται αὐτήν. A[im]

ex.　　　**41.** τιτύσκετο: οἰκεῖον τῷ ἀπειλοῦντι τὸ αὐτουργεῖν. b(BCE[3] 50 E[4]) T[il]

ex.　　　**42.** ⟨χρυσέῃσιν ἐθείρῃσιν κομόωντε:⟩ μεγαλοπρεπὴς ἡ διάνοια. T[il]

Ariston.　**43 a.** χρυσὸν δ' αὐτὸς ἔδυνε ⟨περὶ χροΐ, γέντο δ' ἱμάσ- θλην⟩: ὅτι ἀντὶ τοῦ χρυσῆν πανοπλίαν· καὶ ὅτι ἐνθάδε λεγομένου 55 τοῦ Διὸς ἀνειληφέναι τὴν ἰδίαν πανοπλίαν, οὐκέτι ἑξῆς (sc. Θ 387) ἐγχωρεῖ τὴν αὐτὴν ταύτην πανοπλίαν ἀνειληφέναι τὴν Ἀθηνᾶν· καὶ ὅτι τὸ γέντο ἐκ τῶν συμφραζομένων νοεῖται τεταγμένον ἀντὶ τοῦ ἔλαβεν. A

ex.　　　*b.* ⟨χρυσόν:⟩ τὴν αἰγίδα φησίν· καὶ ἀλλαχοῦ „περὶ δ' αἰγίδι 60 πάντα κάλυψε / χρυσείῃ" (Ω 20—1). b(BCE[3]E[4]) T

ex.　　　**45 a.** ⟨μάστιξεν δ' ἐλάαν:⟩ τὸν ἀέρα ἔπληξε⟨ν⟩ ὀτρύνων αὐ- τούς. T[il]

ex.　　　*b.* ⟨οὐκ ἄκοντε:⟩ οὐκ ἀπρόθυμοι. A[im]

Ariston.　**46 a.** μεσσηγὺς γαίης τε ⟨καὶ οὐρανοῦ ἀστερόεντος⟩: ὅτι 65 οὐδέποτε εἶπεν μεσσηγὺς γαίης τε καὶ Ὀλύμπου νιφόεντος, οὐδὲ τὸν Ὄλυμπον ἀστερόεντα· διαφέρει γὰρ κατ' αὐτὸν ὁ Ὄλυμπος τοῦ οὐρανοῦ. A

ex.　　　*b.* ⟨οὐρανοῦ ἀστερόεντος:⟩ οὐδέποτε δὲ Ὀλύμπου ἀστε- ρόεντός φησιν. b(BCE[3]E[4]) T[il]　　ἔνθεν δῆλον ὅτι Ὄλυμπος οὐ 70 τὸν οὐράνιον τόπον δηλοῖ, ἀλλὰ τὸν ὑπ' οὐρανόν. b(BCE[3]E[4])

696, 33. 46　　**41** cf. W. Arend, Die typischen Scenen bei Homer (= Proble- mata 7), Berol. 1933, 87　　τὸ αὐτουργεῖν (50) cf. Eust. 697, 1　　**42** cf. Eust. 696, 60　　**43 a** — Ἀθηνᾶν (57) ad Θ 385—7 (Ariston.); cf. Choriz. fr. 36 K.　　τὴν ἰδίαν πανοπλίαν (56) cf. D　　καὶ ὅτι τὸ γέντο (58) sq. ad N 25 b　　ἔλαβεν (59) = D; cf. Hoffmann, Gr. D. I 111; Bowra, J. H. St. 54, 1934, 68　　**46 a** ad A 44 a; cf. Lehrs Ar.[3] 166. Vide ad A 497. Θ 555 a; temere

---

49 le. addidi (auctore Bk.), ad versus Θ 39 et 40 sch. refert Ddf., sed iuxta v. 40 scriptum est　　50 le. E[4], om. cett.　　52 le. addidi　　54 sq. le. A suppl. Vill.　　55 ὅτι A, ἡ διπλῆ, ὅτι Vill.　　60 le. add. Bk.　　καὶ T ὡς καὶ b　　61 καλ. b καλύπτει (voluit κάλυπτε) T　　χρυσέῃ BT　　62 le. addidi (auctore Bk.)　　ἔπληξε T suppl. Bk.　　64 le. add. Vill.　　65 le. A suppl. Vill.　　ὅτι A, ἡ διπλῆ, ὅτι Vill.　　66 fort. οὐλύμπου　　69 le. add. Ma., καὶ οὐρ. ἀστ. V[c]　　δὲ T φησιν ἀπ' b　　70 φησιν om. b

47—8 *a*. ῎Ιδην δ᾽ ἵκανεν ⟨... / Γάργαρον⟩: πρὸς τὴν ἰδιό-   *Ariston.*
τητα τῆς φράσεως, ἀντὶ τοῦ τῆς ῎Ιδης εἰς Γάργαρον ἦλθεν· προτάξας
γὰρ τὸ γενικὸν τὸ εἰδικὸν ἐπήνεγκεν· μέρη γὰρ τῆς ῎Ιδης ἄλλα τε καὶ
75 τὸ Γάργαρον. A

    b. ῎Ιδην δ᾽ ἵκανεν ⟨... / ⟩ Γάργαρον: ῎Ιδην Γάργαρον   *ex.*
ἀντὶ τοῦ εἰς Γάργαρον ῎Ιδης, ὡς „ἡ δ᾽ ἄρα Κύπρον ἵκανε ⟨... /⟩ ἐς
Πάφον" (θ 362—3). ἔστι δὲ καὶ πόλις Γάργαρος. b(BCE³E⁴) T

    47 *a*. ⟨πολυπίδακα:⟩ πίδακές εἰσι⟨ν⟩ αἱ τῶν ὑδάτων ἀναδό-   *ex.*
80 σεις αἱ μικραί. Aⁱᵐ

    b. μητέρα θηρῶν: ἁρμόδιον τὸ ἐπίθετον τῷ ὄρει· λέγεται   *ex.*
γὰρ ὄφεις ἐνεγκεῖν, οἳ τῷ μεγέθει τοὺς ἐλάφους ἀναιροῦσιν, εἰλούμενοι
περὶ τὰ σκέλη καὶ τοὺς αὐχένας, καὶ τοῖς δένδροις προσαρτῶντες αὐ-
τούς, καὶ οὕτω διαφθείροντες. b(BCE³E⁴) T

85 48. Γάργαρον: τὸ ἀκρωτήριον —— Φαλάκρη. τούτου μνη-   *D*
μονεύει Καλλίμαχος ἐν πρώτῳ Αἰτίων (fr. 34). A

    51. ⟨κύδεϊ γαίων:⟩ τῇ ἑαυτοῦ ἐνηδόμενος δόξῃ καὶ ἀρετῇ. b   *ex.*
(BCE³)

Serv. Verg. A. 2, 779   47—8 diple ante versum Θ 47, non ante Θ 48 in
A   *a* fort. excidit pars scholii de omissione vocis εἰς, ad Κ 195. Λ 405. Σ 291.
Φ 40 (Ariston.), cf. sch. δ 29, sch. Vind. χ 304 ap. Carnuth, Ariston. p. 160,
sch. ψ 7; Eust. 697, 27; Serv. Verg. A. 11, 683 (Muehmelt 111)   πρὸς τὴν
ἰδιότητα (72) sq. ad Ε 27—8, cf. sch. Pind. N. 9, 1 a. Vide ad Ξ 230. 283—4
(ex.); praeterea sch. *b*   *b* ἔστι δὲ καὶ (78) sq. cf. Ephor. (FGrHist 70, 47),
Strab. 13, 1, 5 (p. 583); Serv. Verg. G. 1, 102; Macrob. sat. 5, 20, 7. Vide ad
Ξ 292 (ex.)   47 *a* cf. D, D ad Π 825; Macrob. sat. 5, 20, 11. 15   *b* — τῷ
ὄρει (81) cf. D; sch. Theocr. 9, 15 a   λέγεται γὰρ (81) sq. cf. Eust. 697, 39   48
fort. exstabat sch. ex., cf. Epaphr. ap. Orum in Et. Gen. (AB) Γάργαρος·
πόλις τῆς ῎Ιδης ἐν ὑψηλῷ τόπῳ κειμένη, ἣν κατῴκουν Λέλεγες· ἐξ ἧς διὰ τὸ
κρυῶδες ὑποκατέβησαν (ὑπεκατέβησαν B) οἱ Γαργαρεῖς καὶ ᾤκισαν (Sylb., ᾤκη-
σαν AB) αὐτὴν πρὸς τὸ πεδίον Γάργαρον. ἐκείνη δὲ ἐρημωθεῖσα καλεῖται Παλαιὰ
Γάργαρος. ὠνομάσθη δὲ ἀπὸ Γαργάρου τοῦ Διός, ὡς δηλοῖ Νύμφις (Sylb., Νύμφιος
A Νυμφίας B) ὁ φιλόσοφος (ὁ ἱστορικὸς Sturz; FGrHist 432, 19). οὕτως ᾽Επ-
αφρόδιτος ἐν Ὑπομνήματι Θ ᾽Ιλιάδος (fr. 32 L.), παρατιθέμενος Κλείταρχον Αἰγι-
νήτην λεξικογράφον, vide Strab. 13, 1, 5 (p. 583), Steph. B. 198, 20; Macrob.
sat. 5, 20, 4; ad Ξ 292 (ex.), praeterea ad Ο 152 *b*   50 fort. exstabat sch. de
iunctura ἤερα πουλὺν, cf. Eust. 697, 24: ἔνθα τὸ „πουλύν" θηλυκοῦ γένους
φασὶν οἱ παλαιοί, καθὰ καὶ τὸ „ἤερα". καὶ ἔστιν ἡ λέξις ᾽Ιωνικὴ ὁμοίως τῷ
„πουλὺν ἐφ᾽ ὑγρήν" (Κ 27), ad Ε 776   51 cf. D ad Α 405   ἐνηδόμενος (87)

72 le. A supplevi (auctore Bk.)   πρὸς A, ἡ διπλῆ (sc. ante versum
47, erat fort. αἱ διπλαῖ) πρὸς Vill.   76 le. T suppl. Ma., om. b   ῎Ιδην²
T ἐν ὑπερβατῷ, οἷον ῎Ιδην b   77 ὡς τὸ b   ἱκ. ἐς T suppl. Ma., ἵκανεν
ἐς b   78 γάργ. πόλις b   79 le. add. Vill.   εἰσι A suppl. Vill.   81
μητέρα — ὄρει T ἁρμόδιον δὲ τῷ ὄρει τὸ μητέρα θηρῶν (coni. cum scholio
Θ 47—8 *b*, v. πόλις) b   86 αἰτίαν A em. Vill.   87 le. add. Li.   ἐνηδόμενος
δόμενος E³

310   Θ 53 a—56 b

Ariston.   53 a. οἱ δ᾽ ἄρα δεῖπνον ἕλοντο ⟨καρηκομόωντες Ἀχαιοί⟩: ὅτι πρὸ τούτου τὴν ἀνατολὴν τίθησι Ζηνόδοτος. τὸ δὲ συνεχὲς τοῦ λό- 90 γου οὕτως ἐστίν· ἡμέρας ἐνστάσης ὁ μὲν Ζεὺς θεῶν ἀγορὰν ἐποιεῖτο, οἱ δὲ Ἀχαιοὶ δεῖπνον εἵλαντο. A

ex.   b. οἱ δ᾽ ἄρα δεῖπνον ἕλοντο ⟨————⟩ Ἀχαιοί: καλῶς μετὰ θεοὺς εἰς Ἕλληνας μέτεισιν. δυσὶ δὲ τροφαῖς ἐχρῶντο, ὧν ἡ μὲν δόρπον τὸ μετὰ τὴν παῦσιν τῶν δοράτων διδόμενον, ἡ δὲ δεῖπνον 95 καὶ ἄριστον. T   1

ex.(?)   c. ⟨δεῖπνον ἕλοντο:⟩ ἠρίστησαν. A^int

D | ex.(?)   54 a. ⟨ρίμφα:⟩ ταχέως | ἢ ἐλαφρῶς. T^il

Did.   b. ἀπὸ δ᾽ αὐτοῦ θωρήσσοντο: ἐξωπλίζοντο καὶ ἀνελάμβανον τὰ ὅπλα, ὅπερ ἀγνοήσαντές τινες γράφουσι „τοὶ δ᾽ αὐτόθι θω- 5 ρήσσοντο". A

Did.   55 a.¹ ⟨ὡπλίζοντο:⟩ Ἀρίσταρχος διὰ τοῦ ō „ὁπλίζοντο". A^int
             a.² τὸ δὲ „ὁπλίζοντο" διὰ τοῦ ō. T

Ariston.   56 a. παυρότεροι: ὅτι ἐλάσσους ἀεὶ τοὺς Τρῶας σὺν τοῖς ἐπικούροις λέγει. ἡ δὲ ἀναφορὰ πρὸς ἐκεῖνα τὰ ἀθετούμενα „πολλέων ἐκ 10 πολίων ἐγχέσπαλοι ἄνδρες" (Β 131) καὶ πρὸς Ζηνόδοτον γράφοντα (sc. in Θ 562) „μυρία δ᾽ ἐν πεδίῳ". A

ex.   b. παυρότεροι: καὶ πῶς φησι „πολλέων ἐκ πολίων" (Β 131); καὶ νῦν τοὺς ἰθαγενεῖς φησιν· διὸ καὶ τὸ „πρό τε παίδων καὶ πρὸ γυναικῶν" (Θ 57). ἢ ἑαυτῶν ἥττους διὰ τὸν θάνατον. b(BCE³E⁴) T 15

cf. Theogn. 8, 15   53 a ad H 482. Θ 1 a (Ariston.); cf. Cantarella 123   τὸ δὲ συνεχὲς (90) sq. cf. Griesinger 73   b ad B 381 a/b   54 a ταχέως = D, D ad Z 511. K 54, cf. Or. 139, 7, Ep. Hom. (An. Ox. 1, 383, 3)   ἢ ἐλαφρῶς (3) ad X 163 (ex.)   b cf. Porph. 1, 117, 10 (Πορφυρίου E⁴): τὸ δὲ ἐν τοῖς προκειμένοις „ἀπὸ δ᾽ αὐτοῦ θωρήσσοντο" οὐκ ἔστιν ὑπερβατόν, ὥς τινες, ἀπεθωρήσσοντο δὲ αὐτοῦ, ἀλλά φησιν ἀπὸ τοῦ δείπνου ἐθωρήσσοντο. καὶ ἔστι πεζοτέρα ἡ φράσις, καὶ διὰ τοῦτο λανθάνει τὸ νόημα. Suspicari licet Porphyrium solum sch. b ante oculos habuisse, cf. app. crit.   55 cf. sch. π 453   56 a — ἄνδρες (11) ad B 130—3; — λέγει (10) cf. Eust. 698, 3   καὶ πρὸς Ζηνόδοτον (11) sq. ad Θ 562 (Ariston.)   b vide ad Θ 40 a

89 le. A suppl. Vill.   **90** ὅτι A, ἡ διπλῆ (sc. περιεστιγμένη), ὅτι Vill.   **93** le. T suppl. Ma.   **2** le. addidi   **3** le. add. V^c   **5** ὅπερ ἀγν. τινες γράφ. sq.] qui textum mutaverunt, timuisse videntur, ne verba tradita valerent 'cenantes vino se complebant'; aliter Nickau, qui putat illos grammaticos cavere voluisse, ne quis ἀπο-θωρήσσεσθαι nostro loco idem valere censeat ac quod verbis ἔντεα ἀφοπλίζεσθαι infra (sc. Ψ 26) significari videmus, sc. 'arma deponere'   **7** le. add. Vill.   **8** pone sch. Θ 56 b (coni. cum v. θάνατον) in T, transposui   **9** ὅτι A, ἡ διπλῆ, ὅτι Vill.   **11** πολλίων A em. Vill.   **13** le. scripsi, τρῶες δ᾽ ἑτέρωθεν παυρότεροι T, om. b   πολλέων] πολέων BC   **14** καὶ νῦν T νῦν οὖν b   φησι b   **14** sq. καὶ πρὸ γυν. om. T   **15** ἥττ. γενόμενοι διὰ b   τὸν πολλῶν θάνατον propos. Wil.

c. μέμασαν δὲ καὶ ὡς ⟨ὑσμῖνι μάχεσθαι⟩: ἀναγκαίως *ex.*
τοῦτο ἐπιφέρει, ἵνα μὴ νομίσωμεν αὐτοὺς ἐπτηχότας ἐξιέναι διὰ τὴν
προγενομένην ἧτταν. b(BCE³E⁴) T

57 *a.* ⟨χρειοῖ:⟩ ὡς „Λητοῖ" (Υ 72. Ω 607)· ἡ γὰρ εὐθεῖα „χρειὼ *Hrd.*
20 ἐμεῖο γένηται" (Α 341). Aⁱᵐ

b. ⟨πρό τε παίδων:⟩ ἀντὶ τοῦ ὑπὲρ τῶν παίδων. Tⁱˡ　　　*D(?)*

58 *a.*¹ πᾶσαι δ' ὠΐγνυντο πύλαι: ὅτι μία ἐστὶ πύλη καὶ *Ariston.*
πληθυντικῶς εἶπεν πύλαι. τὸ δὲ πᾶσαι ἀντὶ τοῦ ὅλαι, ὡς „θριξὶ δὲ
πάντα νέκυν καταείνυον" (Ψ 135). Α

25　　　*a.*² ἀντὶ τοῦ ὅλαι, ὡς „πάντα νέκυν καταείνυον". μία δὲ ἦν
ἱππήλατος πύλη. Tⁱˡ

60. ⟨ἵκοντο:⟩ γράφεται „ἵκανον". Aⁱⁿᵗ　　　*Did.(?)*

62 *a.* ἀτὰρ ἀσπίδες ὀμφαλόεσσαι: ὅτι ταὐτὸν ἐξ ἐπαναλή- *Ariston.*
ψεως εἶπεν· προειπὼν γὰρ „ῥινούς" (Θ 61), ἐπενήνοχεν ἀτὰρ ἀ-
30 σπίδες ὀμφαλόεσσαι, ἐξ ἀμφοτέρων ταὐτὰ σημαίνων. Α

b. ἀτὰρ ἀσπίδες ὀμφαλόεσσαι: ὅτι ἐξ ἀναλήψεως τὸ *ex.*
ἀσπίδες· b(BCE³E⁴) T　　　καὶ γὰρ καὶ „ῥινούς" τὰς αὐτάς φησι
(sc. Θ 61). b(BCE³E⁴)

63. ἔπληντ' ἀλλήλησι: πρὸς φαντασίαν τῶν ῥηθησομένων τὸ *ex.*
35 ἔπληντο. b(BCE³E⁴) T　　　ἔστι δὲ ὡς τὸ „ἀσπὶς ἄρ' ἀσπίδ' ἔρει-
δε" (Ν 131). b(BCE³) T　　　πρὸ δὲ τοῦ κατὰ μέρος ἐξαίρει τὸν
ἀκροατήν. b(BCE³E⁴) T

---

57 *a* ad Α 341 (Hrd.)　　*b* ad Κ 286 *a* (Ariston.); cf. Eust. 698, 12. Vide
ad Γ 460　　**58** ad Β 809 (Ariston.), vide ad Μ 340 *a*¹. Ν 191 *f*; —
πύλαι (23) vide ad Η 339 *a*. Aliter Porph. 1, 117, 20, fort. scholio deperdito
usus (Πορφυρίου Ε⁴): οὐ λέγει περὶ τῶν ἐν Ἰλίῳ πυλῶν μόνον, ἀλλὰ καὶ
περὶ τῶν ἐν τῷ ναυστάθμῳ τῶν Ἑλλήνων, οὐδὲ λαὸν τὸν Τρωϊκὸν μόνον,
ἀλλὰ καὶ τὸν Ἑλληνικόν· τούτῳ γὰρ ἀκόλουθον καὶ τὸ „οἱ δ' ὅτε δή ῥ' ἐς
χῶρον ἕνα ξυνιόντες ἵκοντο" (Θ 60) κτλ., Eust. 698, 18: τὸ δὲ „πᾶσαι πύλαι"
δεδήλωται καὶ ἀλλαχοῦ ὡς οἱ μὲν ἐπὶ δύο μόνων πυλῶν ἡρμήνευσαν, οἱ δὲ ἐπὶ
πολλῶν　　**60** diple ante versum in Α, fort. error scribae, cf. Wismeyer 21　　**62** *a*
ad Δ 448 *a* (Ariston.), cf. Eust. 698, 22　　ταὐτὰ σημαίνων (30) ad Η 474, cf.
Ap. S. 139, 2, Et. Gen. (= EM. 704, 25). Vide ad Μ 263　　**64** fort. exstabat
sch. de v. ἅμα, cf. Amm. 34: καὶ Ὅμηρος διαστέλλει (sc. τὸ ἅμα et τὸ ὁμοῦ)·

---

16 le. T supplevi, om. b　　16—8 ἀναγκ. δὲ καὶ τὸ μέμασαν ἐπιφέρει sq. coni. cum
scholio b (v. θάνατον) in b　　19 le. add. Bk.　　χρειὼ] fort. χρειώ, „χρειὼ
20 ἐμείω Α em. Vill.　　21 le. add. Vᶜ　　ὑπ. τ. παίδων Τ καὶ ὑπὲρ τέκνων D
22 ὅτι Α, ἡ διπλῆ, ὅτι Vill.　　ἱππήλατος πύλη Bk., cf. sch. *a*²　　27 le. add.
Ddf.　　γράφ. cp. (γρ) Α　　28 le. scripsi (auctore Vill.), χαλκεοθωρήκων: Α　　ὅ-
τι Α, ἡ διπλῆ, ὅτι Vill.　　29 ἀτὰρ Α em. Vill.　　30 ταῦτα Α em. Bk.　　31
ὅτι om. b　　*b.* ἐπαναλήψεως (2), fort. recte in T αἱ b　　32 ἀσπίδων T　　34
sq. πρός — ἔπληντο T τὸ δὲ ἔπληντο πρὸς φαντασίαν τῶν ῥηθησομένων pone sch.
Θ 62 *b* (coni. cum v. φησι) b　　35 ἔστι δὲ ὡς τὸ T ὅμοιον δέ ἐστι τῷ b　　37
ἄκρ. T τῶν ἀκροατῶν νοῦν b

Ariston.   **65.** ⟨ὀλλύντων τε καὶ ὀλλυμένων,⟩ ῥέε δ᾽ αἵματι γαῖα: ὅτι
ἀντὶ τοῦ ἐρρεῖτο ἡ γῆ, καὶ ὅτι πρὸς τὸ δεύτερον πρότερον ἀπήντη-
κεν. **A**   40

Ariston.   **66** *a.* ὄφρα μὲν ἠὼς ἦν καὶ ἀέξετο ἱερὸν ἦμαρ: ἡ διπλῆ, ὅτι
νῦν τὴν πρὸ μεσημβρίας ὥραν ἠῶ λέγει. **A**

ex.   *b.* ὄφρα μὲν ἠὼς ἦν: πρὸς πίστιν τὸν καιρὸν ὡς παρατυγ-
χάνων. ἠῶ δὲ καὶ τὸν ὄρθρον καὶ τὴν ἕως ἕκτης καὶ ἡμέραν τὴν σωμα-
τοειδῆ. εἰς τρία δὲ αὐτὴν διαιρεῖ· „ἢ ἠὼς ἢ δείλη ἢ μέσον ἦμαρ“ (Φ 45
111). b(BCE³E⁴) **T**   „ἦρι“ (Ι 360) δὲ παρὰ τὸ αἴρεσθαι. **T**

ex.   *c.* καὶ ἀέξετο ἱερὸν ἦμαρ: τὸ μέχρι μεσημβρίας αὔξησιν
ἀποκαλεῖ ὡς σφαιροειδῶς τῷ οὐρανῷ προσαναβαίνοντος τοῦ ἡλίου.
b(BCE³E⁴) **T**

D   ἀέξετο: αὔξησιν ἐλάμβανεν ——— ποιῶν. **A**   50

ex.   *d.* ἱερὸν ἦμαρ: τὸ πρὸ τῆς μεσημβρίας διὰ τὸ ἐν τούτῳ τοῖς
θεοῖς θύειν· τὸ γὰρ μεσημβρινὸν τοῖς κατοιχομένοις νέμεται. b(BCE³
E⁴) **T**

Ariston. | *Did.*   **68** *a.* ἦμος δ᾽ ἥλιος μέσον οὐρανὸν ⟨ἀμφιβεβήκει⟩: ὅτι
οὐδέποτε ἐν Ὀλύμπῳ τὸν ἥλιον, ἀλλ᾽ ἐν οὐρανῷ· οὐκ ἄρα ὁ αὐτὸς 55
τῷ οὐρανῷ. | τὸ δὲ ἀμφιβεβήκει **A**   γράφεται καὶ σὺν τῷ $\overline{ν}$,
„ἀμφιβεβήκειν“. **AA**ⁱᵐ

„ἔνθ᾽ ἅμα οἰμωγή τε καὶ εὐχωλὴ πέλεν ἀνδρῶν / ὀλλύντων καὶ ὀλλυμένων“ (Θ
64—5), κατὰ τὸν αὐτὸν χρόνον. Vide ad Α 61 (test.)   **65** — ἡ γῆ (39) ad
Β 626 (Ariston.), cf. Wackernagel I 749—50   καὶ ὅτι πρὸς (39) sq. ad Β 621
(Ariston.)   **66** *a* cf. D   *b* ἠῶ (44) — ἕκτης ad Λ 84 (ex.), cf. sch. β 1 (p. 72,
20 Ddf.); sch. D. Thr. (Σᵐ) 429, 20   τὸν ὄρθρον (44) cf. Eust. 698, 28; vide
ad Β 48 (ex.)   εἰς τρία (45) — ἦμαρ ad Φ 111   *c* — ἀποκαλεῖ (48) cf. D,
Eust. 698, 24   *d* Or. 75, 1 (unde Et. Gen. [= EM. 468, 31], Et. Gud. 272, 48):
ἱερὸν ἦμαρ· οὕτως εἴρηται τὸ πρὸ τῆς μεσημβρίας· ἐν τούτῳ γὰρ τῷ καιρῷ
ἔθυον τοῖς Ὀλυμπίοις θεοῖς, ἀπὸ δὲ μεσημβρίας τοῖς χθονίοις, in sede scholiorum;
cf. Eust. 698, 34; — θύειν (52) ad Λ 84 (test.)   **68** *a* — οὐρανῷ (56) ad Α
44 *a*   τὸ δὲ ἀμφιβεβήκει (56) sq. (et *b*) ad Ξ 412. Vide ad Γ 388 *a*. Ε 661

38 le. A suppl. Frdl.   ὅτι A, ἡ διπλῆ ὅτι Vill.   42 ἠὼς A em. Bk.   43—6
πρὸς πίστ. δὲ καὶ τὸν sq. pone sch. *d* (coni. cum v. ἐνέμετο) in b   43
sq. ὡς παρατ. T ἔλαβεν b, ἔλαβεν ὡς παρατυγχάνων Ma.   44 ἠῶ δὲ
καὶ T ἠὼς δὲ σημαίνει b   τὴν (ante ἕως) om. T   44 sq. ἡμ. τὴν σωμ.
T τὴν ἡμέραν b   45 αὐτὴν διαιρεῖ T, διαιρεῖ τὴν ὅλην περίοδον τῆς
ἡμέρας b (fort. rectius)   δείλης T   47—9 sch. *c* pone sch. *d* in T   47
sq. λέγει αὔξησιν b   48 τοῦ οὐρανοῦ E³   51 ἱερὸν — διὰ τὸ T ἱερὸν δὲ
διὰ τὸ post sch. *c* (coni. cum v. ἡλίου) b   52 ἐνέμετο b   54 le. A suppl.
Vill.   ὅτι A, ἡ διπλῆ, ὅτι Vill.   55 ἥλιον cp. A   56 καὶ A, om. Aⁱᵐ

b. ἦμος δ' ἠέλιος μέσον οὐρανὸν ⟨ἀμφιβεβήκει⟩: γινώ-   *ex.*
σκει καὶ μεσουράνημα, †ἡνίκα οὖν δηλονότι κατ' ἴσον† ἀπόστημα
60 ἀνατολῆς τε καὶ δύσεως. b(BCE³) T

c. μέσον οὐρανὸν ἀμφιβεβήκει: δείκνυσιν ὡς μείζων ὁ   *ex.*
ἥλιος οὐρανοῦ· τὸ γὰρ ἀμφιβῆναι μείζονός ἐστι περὶ ἔλαττον, ὡς λέον-
τες μὲν σκύμνοις περιβαίνουσι, κύνες δὲ σκύλαξιν. b(BCE³) T

69. καὶ τότε δὴ χρύσεια ⟨πατὴρ ἐτίταινε τάλαντα⟩: ποιη-   *ex.*
65 τικῶς τὸ δισταζόμενον ἐπανάγει τῷ ζυγῷ. οἱ Στωϊκοὶ (St.V.Fr. II
267, 41 = Chrys. fr. 931) δέ φασιν ὡς ταὐτὸν εἱμαρμένη καὶ Ζεύς.
διττὸν δὲ τὸ τῆς Μοίρας· ἀπαράβατον, ὡς τὸ δεῖ θνητὸν ὄντα ἀπο-
θανεῖν, οὗ οὐδὲ Ζεὺς κρατεῖ, ὡς ἐπὶ Σαρπηδόνος (cf. Π 431—61)· τὸ
δὲ ταχὺ ἢ βραδύ, ὡς ἐπὶ Ἀχιλλέως, οὗ κρατεῖ Ζεύς (cf. Ο 72—7. Χ
70 356—60 al.). b(BE³E⁴) T   ταύτην οὖν ταλαντεύει· T   ταῦτα
δὲ λεγόμενα ἔχει φαντασίαν, δρώμενα δὲ οὐδέν ἐστι διὰ τὸ σύνηθες. b
(BE³E⁴) T

τάλαντα: τὴν τοῦ Διὸς διάνοιαν. A   D

70 a. ἐν δ' ἐτίθει δύο κῆρε ⟨τανηλεγέος θανάτοιο⟩: μίαν   *Ariston.*
75 ὑπὲρ ἑκατέρου στρατεύματος· καὶ ὅτι τὰς θανατηφόρους μοίρας λέγει.
ὁ δὲ Αἰσχύλος (p. 88 N.² = fr. 205 b M.) νομίσας λέγεσθαι τὰς
ψυχὰς ἐποίησε τὴν Ψυχοστασίαν, ἐν ᾗ ἐστιν ὁ Ζεὺς ἱστὰς ἐν τῷ ζυγῷ
τὴν τοῦ Μέμνονος καὶ Ἀχιλλέως ψυχήν. A

b. ἐν δ' ἐτίθει δύο κῆρε: πῶς δύο κῆρας ἐντίθησιν ὁ Ζεὺς   *ex. | ex.*
80 ὥσπερ ἀνὰ μίαν ἑκατέρου στρατοῦ, ἐν δὲ τοῖς ἑξῆς (sc. Θ 73—4)
πλείους αὐτάς φησιν, ,,αἱ μὲν Ἀχαιῶν κῆρες'' (Θ 73); ἢ ὅτι αἱ δύο καὶ
πολλαὶ ἂν εἶεν· λέγομεν γοῦν διττὰ πράγματα. πλειόνων δὲ ἔμφασιν
διδόντος τοῦ ὀνόματος εἰκότως ἐν τῇ μεταλήψει πλέονας εἶπε κῆρας.

(Did.)   c — οὐρανοῦ (62) ad Κ 394 b. T 398 (ex.), cf. Valk I 503   **69** οἱ
Στωϊκοὶ (65) — εἱμαρμένη καὶ Ζεύς (66) ad Ρ 409, cf. Zenon. fr. 102 (St. V. Fr.
I 28, 23) al.   διττὸν δὲ (67) — Ζεὺς κρατεῖ (68) cf. Eust. 698, 52   διττὸν
δὲ (67) — Μοίρας ad Θ 72   **70 a** ad Θ 73—4 (Ariston.); — στρατεύματος (75)
cf. Eust. 698, 43   καὶ ὅτι τὰς θανατηφόρους (75) sq. cf. Eust. 699, 31; Porph.
1, 117, 29; Ecl. (An. Ox. 2, 456, 17), fort. Seleuc. (vide Reitzenstein, Gesch.
172)   ὁ δὲ Αἰσχύλος (76) sq. ad Χ 210 (Ariston.), cf. Plut. mor. 17 a   **b** ἢ ὅτι
αἱ δύο (81) — εἶπε κῆρας (83) aliter Porph. 1, 118, 6

---

58 le. T supplevi (auctore Vill.)   59 ἡνίκα — ἴσον T ὁ καὶ νῦν δηλοῖ· ἔστι δὲ τὸ
ἴσον (ἴσον BE³)' b, edd., nondum sanatum, fort. ἡλίου ὄντος δηλονότι κατ' ἴσον. An
lectio T defendi potest?   61 δείκν. ὡς T δείκνυσι δὲ διὰ τοῦ ἀμφιβεβήκει ὅτι
coni. cum scholio praecedenti (v. δύσεως) b   61 sq. ὁ ἥλιος οὐρ. b πρὸς ἥλιον
οὐρανός T   62 ἐλ. ὡς b ἐλάττονος T   64 le. T supplevi, om. b   67 δεῖν
Wil.   68 κρ. ζεύς b   71 δὲ¹ T μὲν οὖν b   ἐστιν (omissis verbis διὰ τὸ σ.) T
74 le. ἐν δ' ἐτίθη δύο κῆρε A em. et suppl. Vill.   81 ἢ om. b   82 οὖν C
83 εἶπ. κῆρ. T εἶπεν b

b(BCE³) T   συνεκδοχή δέ ἐστιν. b(BE³) T | ΚΗΡ δὲ παρὰ τὸ
κῆαι (διὰ πυρὸς γὰρ ἔθαπτον), οἱ δὲ παρὰ τὸν κηρόν· ἐντετυπῶσθαι 85
γὰρ αὐτῇ καθάπερ ἐν κηρῷ τὰ πράγματα. b(BCE³E⁴) T

ex. | ex.   **72.** ῥέπε δ᾽ αἴσιμον ἦμαρ Ἀχαιῶν: οὐκ ἄρα, φασίν, ἐχαρίσατο
τῇ Θέτιδι, εἰ μοιρίδιον ἦν. φαμὲν δὲ ὅτι εἰς ἐπίτασιν τῆς Μοίρας καὶ Δία
ὁπλίζει κατ᾽ Ἀχαιῶν· b(BCE³E⁴) T   ὅπερ ἦν τῆς χάριτος. b
(BCE³E⁴) | ὅτι δισσὸν τὸ τῆς Μοίρας. T   90

Ariston.   **73—4.** αἱ μὲν Ἀχαιῶν κῆρες ⟨——— ἄερθεν⟩: ἀθετοῦνται,
ὅτι ὑπὲρ ἑκάστου στρατεύματος κῆρα ζυγοστατεῖ ὁ Ζεύς, οὐ πλείους,
ὡς ἐπὶ Ἀχιλλέως καὶ Ἕκτορος (cf. Χ 210—1). ὁ δὲ διασκευαστὴς
ἐξέλαβε πολλάς. εἰ δέ τις δύο ὑπὲρ ἑκατέρου ἵστασθαι φήσει, ῥυόμενος
τὴν σύγχυσιν τοῦ δυϊκοῦ σχήματος, ἄλογον· πρὸς τί γὰρ δύο, ἀλλ᾽ 95
οὐ μία; A   1

ex.   **73 a.**¹ †ἐν δ᾽ ἐτίθει δύο κῆρε (Θ 70)† αἱ μὲν Ἀχαιῶν κῆρες:
ὡς τὸ „†δύο† δέ τέ οἱ θύραι εἰσίν, / αἱ μὲν πρὸς Βορέαο" (ν 109—10).
T

    a.² ὅμοιόν ἐστι τῷ „δύω δέ τε †θύραι εἰσίν, / αἱ μὲν πρὸς Βο- 5
ρέαο καταιβαταὶ ἀνθρώποισιν", οἷον δύο μὲν τὰ μέρη, ἀρκτικὸν καὶ
μεσημβρινόν, καὶ δύο θυρῶν ἔξοδοι· εἰς δὲ τὸ κατὰ μέρος πλείονες αἱ
κῆρες. b(BCE³)

ex.   **b.** αἱ μὲν Ἀχαιῶν κῆρες: ἀπὸ μὲν τοῦ ζυγοῦ τὸ μέγεθος τοῦ
ταλαντεύοντος δηλοῖ. ἐπειδὴ δὲ τὰ ἐπίγεια θνητά, τὰ μὲν δυστυχῆ 10
πλησιάζει τῇ γῇ, τὰ δὲ εὐτυχῆ μετεώρῳ τῇ πλάστιγγι ἕπεται. b
(BCE³) T

παρὰ τὸ κῆαι (84) cf. Ecl. (An. Ox. 2, 456, 25)   διὰ πυρὸς γὰρ ἔθαπτον
(85) ad Η 79 b. 333 (Ariston.)   οἱ δὲ (85) sq. cf. Plat. Theaet.
194 c/d   **72** ὅτι (90) sq. ad Θ 69   **73—4** ad Θ 70 a. Χ 210 (Ariston.);
cf. Bolling, A. L. 107; W. Poetscher, Wien. Stud. 73, 1960, 21; Valk II 420
73 a cf. sch. ν 109   **b** τὰ μὲν δυστυχῆ (10) sq. cf. Porph. 1, 118, 10; Eust.
699, 37; sch. Aesch. Pers. 346

---

84 συν. — ἐστιν T ἔστι δὲ τὸ (τὸ om. B) σχῆμα συνεκδοχικῶν σχημάτων
ἕν b   **84—6** κῆρ δὲ παρὰ sq. pone sch. Θ 73 a¹ (coni. cum v. βορέαο)
in T   **84** κῆρ δὲ παρὰ τὸ] κῆρ δὲ ἡ θανατηφόρος μοῖρα. γίνεται δὲ ἀπὸ
τοῦ Ε⁴ δὲ] δὲ εἴρηται BCE³   **85** κῆαι T καίω b   ἐθάπτοντο b   **85** sq.
οἱ δὲ sq. T εἰ δὲ τὴν ψυχὴν δηλοῖ (εἰ — δηλοῖ BCE³, κῆρ δὲ ἡ ψυχὴ Ε⁴), παρὰ τὸν
κηρόν (π. τὸ κηρός Ε⁴) · δίκην γὰρ αὐτοῦ (αὐτοῦ BCE³, κηροῦ Ε⁴) τὰ μαθήματα ἐν
ἑαυτῇ (ἐν τῇ ψυχῇ Ε⁴) ἀπομάττεται b   **86** πράγματα T, γράμματα Wil.   **87**
φασίν (cp.) BCE⁴, fort. Ε³ (partim absc.), φησίν T   **88** τῆς om. T, fort. melius
88 sq. δία — ἀχαιῶν T καὶ αὐτὸς ὁπλίζεται κατ᾽ αὐτῶν b   **91** le. A suppl.
Frdl.   **95** δυϊκοῦ cp. A   **2** (le.) ἐν δ᾽ — κῆρε fort. delendum, cf. sch. a² (in b
relatum ad v. 73)   **3** δύω Hom.   **5** οἱ θύραι Hom.   **9—11** ἀπὸ μὲν sq.
cum scholio praecedenti coni. b   **9** τοῦ CT οὖν τοῦ BE³   **10** τὰ μὲν om. T,
τὰ (sine μὲν) ci. Ma. (fort. rectius)   **11** τῇ² (ante πλαστ.) om. T

74 a. ⟨ἐζέσθην:⟩ ἐν ἐνίοις διὰ τοῦ ε͞, „ἔζεσθεν". A^int   *Did.*

b. ἐζέσθην: ἀντὶ τοῦ ἔζεσθεν, ὡς „κόσμηθεν" (Γ 1). ὅμοιον *ex.*
15 δέ ἐστιν αὐτῷ καὶ τὸ „μιάνθην αἵματι μηροί" (Δ 146). b(BE³) T

75 —6. δαιόμενον δέ ⟨/ ἧκε⟩ σέλας: τὸ σέλας (76) δηλοῖ τὴν *ex.*
ἔλλαμψιν. βουλόμενος οὖν εἰπεῖν ὡς οὐκ ἦν ἀστραπὴ τὸ γινόμενον,
ἀλλὰ κεραυνὸς μετὰ τὴν βροντὴν προσέθηκε τὸ δαιόμενον (75)· b
(BCE³) T   ἡ γὰρ πρὸ βροντῆς ἀστραπὴ οὐ κεραυνός· μετὰ γὰρ
20 τὴν βροντὴν ὁ κεραυνός, ὅς ἐστι καυστικός. b(BCE³)

77 a.¹ καὶ πάντας ὑπὸ χλωρὸν δέος εἷλεν: δαιμονίαν ὑπο- *ex.*
φαίνει τῶν Ἀχαιῶν τὴν φυγὴν αὔξων αὐτούς, ὅπως μὴ μένοντος ἑτέ-
ρου αἰσχύνοιτο ἄλλος τις. κατ' αὐτῶν δὲ φέρεται τὸ πῦρ· οὐ γὰρ Ἑλ-
ληνικὸς ὁ Ζεύς. T

25   a.² δαιμονίαν ὑποφαίνει τῶν Ἀχαιῶν τὴν φυγὴν αὔξων αὐ-
τούς· ἑτέρου γὰρ ὑποχωροῦντος καὶ οἱ λοιποὶ τοῦτο ποιοῦσι· δόξαν
γὰρ ἔχουσι περὶ αὐτῶν ὡς οὐδείς ἐστι φυγοπόλεμος, ἀλλ' ἕνα θυμὸν
ἔχουσιν. ὅταν οὖν ἴδωσι τοὺς ἀρίστους ὑποχωροῦντας, οὐκ ἐξ ἀναλ-
κίας ὑποπτεύουσι φεύγειν, ἀλλὰ θεομηνίαν νοοῦσιν εἶναι· ὃ γέγονε καὶ
30 νῦν. b(BCE³E⁴)

b. ⟨εἷλεν:⟩ ἐν ἄλλῳ „{δέος} ᾕρει". A^im   *Did.*

78. ἔνθ' οὔτ' Ἰδομενεὺς τλῆ μίμνειν: ὡς φιλέλλην παρατρέ- *ex.*
χει τὰ δυσχερῆ, ἐπ' ὀλίγα πρόσωπα τὴν ἧτταν φέρων. καὶ ἡ ἐκλογὴ
δὲ τῶν ὀνομάτων θεραπεύοντός ἐστι τὴν ἧτταν· b(BCE³) T   οὐ
35 γὰρ εἶπεν ἔφυγεν, ἀλλὰ τλῆ μίμνειν· ἐκφαίνει γὰρ τὸν βουλόμενον
κακοῖς ἀγωνίζεσθαι ἐπηρεαζόμενον ὑπὸ τοῦ Διός. b(BE³) T

80. Νέστωρ οἶος ἔμιμνε ⟨Γερήνιος, οὖρος Ἀχαιῶν⟩: μετα- *ex. | ex. |*
φορικῶς ὁ ἄνεμος· δι' αὐτοῦ γὰρ ἰθύνεται τὰ πράγματα, καὶ εἰ οὗτος   *ex.(?)*
ἀπολεῖται, συναπόλυσι σχεδὸν τὸ πᾶν. b(BCE³E⁴) | οὐκ εἰσάγει
40 αὐτὸν ἀναιροῦντα διὰ τὸ ἀπίθανον, ἀλλ' οὐδὲ πάσχοντά τι διὰ τὴν

---

74 b cf. Porph. 1, 118, 13; at vide ad Δ 146 a   75—6 cf. Porph. 1, 119, 4—8
(E⁴: Πορφυρίου, fr. decurtavit *B)   ἀλλά (18) — δαιόμενον cf. Eust. 700,
18. 23   80 ὁ ἄνεμος (38) auctor iuncturam οὖρος Ἀχαιῶν male intellexit

---

13 le. add. Vill.   14—5 τὸ δὲ ἐζέσθην ἀντὶ τοῦ sq. coni. cum scholio Θ 73 b (v.
ἔπεται) in b   14 κόσμ. T ἄερθεν (Θ 74) b   15 ἐστιν — τὸ T ἐστι τῷ b   μηροί
ἀντὶ τοῦ ἐμιάνθησαν b   16 le. T supplevi, om. b (qui sch. ad Θ 75 revocavit)
17 ἔλαμψιν T   οὖν] οὖν ὁ ποιητὴς C   τὸ γενόμενον b   19—20 ἡ γὰρ —
καυστ. fort. sch. rec. (cf. test.)   23 αἰσχύνοιτο ad H 114 b²/a². 164   27
αὐτῶν b em. Bk.   31 le. add. Bk., δέος εἷλεν add. Vill.   δέος del. Bk.   34
ἧτταν T φυγήν b   35 ἔφυγον b   τλῆ μίμνειν T περιπετείᾳ τινὶ περιέπεσον b,
fort. οὐ τλῆ μίμνειν   γὰρ τ. βούλ. T δὲ ὅτι βουλόμενοι b   36 κακοῖς T, καλῶς
Wil., om. b   ὑπὸ τοῦ διὸς ἐπηρεάζονται b   37 le. T supplevi (auctore Vill.),
om. b   40 αὐτὸν (sc. Nestorem) T, δὲ αὐτὸν b

ἐξαίρετον φυλακὴν περὶ αὐτόν. οὐ τυχόντα δὲ δι' αὐτοῦ ἐκίνησεν
ἡμῖν ἀγῶνα. ἐπεὶ δὲ ἄπιστον ἦν τοσούτων νέων φευγόντων μόνον
μεῖναι τὸν γέροντα, ὥσπερ ἐν ἀπολογίας μέρει ἐπιφέρει τὸ ,,οὔτι
ἑκών, b(ΒΕ³Ε⁴) Τ   ἀλλ' ἵππος ἐτείρετο'' (Θ 81). | οὖρος δὲ
εὐθύντωρ ἢ φύλαξ. Τ   45

Did.   81 a.¹ ⟨ἐτείρετο:⟩ ἔν τισι τῶν ὑπομνημάτων ,,ἐδάμνατο''. Αⁱⁿᵗ
            a.² γράφεται καὶ ,,ἐδάμνατο''. Τⁱˡ

ex.   82—3. τὸν βάλεν ἰῷ / δῖος Ἀλέξανδρος: καὶ πόρρωθεν πο-
λεμεῖ καὶ οὐκ ἄνδρα τοξεύει, ἀλλ' ἵππον γέροντος βάλλει. καὶ συμ-
πλέκεται οὗτος πάντων φευγόντων. b(ΒCΕ³) Τ   50

ex.   83 a.¹ ὅθι τε πρῶται τρίχες: πρῶται ἀντὶ τοῦ ἄκραι. θερμὸς
δὲ ὁ περὶ τὴν μήνιγγα τόπος· διὸ προφύει τρίχας. Τ

            a.² ἀντὶ τοῦ ἄκραι. θανάσιμος δέ ἐστιν ὁ τόπος διὰ τὸ τὸν
ἐγκέφαλον πλησιάζειν ταῖς μήνιγξιν. b(ΒCΕ³Ε⁴)

D   84. ⟨καίριον:⟩ ἐπικίνδυνον. Τⁱˡ   55

D   καίριόν ἐστι: εὔκαιρον ——— ὅ ἐστιν ἐπικίνδυνον. Α

ex.   85 a. ⟨ἀλγήσας δ' ἀνέπαλτο, βέλος δ' εἰς ἐγκέφαλον δῦ:⟩
γραφικῶς εἶπε πάντα. Τⁱˡ

Ariston.   b. ⟨βέλος δ':⟩ ὅτι ὁ δέ ἀντὶ τοῦ γάρ· βέλος γάρ. ΑⁱⁿᵗΤⁱˡ

ex.   87 a.¹ ⟨ὄφρ' ὁ γέρων ἵπποιο⟩ παρηορίας ἀπέτεμνε: διὰ 60
τοῦ ἀπέτεμνε τὸ νωθρὸν τοῦ γήρως δηλοῖ. ἐπὶ δὲ Αὐτομέδοντος
ῥαδίως ἐνεργήσαντός φησιν ,,ἀΐξας ἀπέκοψε παρήορον'' (Π 474). γέ-
ροντα δὲ εἶπεν (ὄφρ' ὁ γέρων) ἢ δι' οἶκτον ἢ †πᾶσα τῶν ἑλλήνων ἡ
εὐχή†. ἐν ἀγωνίᾳ δὲ καθιστὰς τὸν ἀκροατὴν καὶ τὸν δεινὸν Ἕκτορα
αὐτῷ ἐπάγει. Τ   65

φύλαξ (45) = D, D ad O 659, Eust. 700, 37; sch. γ 411; Ap. S. 125, 2
(unde EM. 642, 22), cf. Or. 115, 6. 118, 32, Synag. (Su. o 954, ubi test.). Vide
Philod. De regno Hom. col. 14, 16; Bechtel, Lex. 262   83 cf. Aristot. gen. an.
5, 5 p. 785 a 13; Koerner, Ärztl. Kenntn. 43; eund. Tierwelt 29; — ἄκραι (51)
cf. D   διὸ προφύει (52) sq. Aristot. h. an. 1, 7 p. 491 a 30   a² θανάσιμος
(53) cf. Koerner, Heilk. 21   85 nullum signum ante versum in A, fort. error
scribae   b ὁ δέ ἀντὶ τοῦ γάρ (59) ad Ζ 360 b (Ariston.), cf. Ap. Dysc. de coni.
240, 7 (qui fort. ex Aristonico pendet): καὶ οὐκ ἔστιν ἀσύνηθες τὸν δέ εἰς τὸν γάρ
μεταλαμβάνεσθαι· ,,βέλος δ' εἰς ἐγκέφαλον δῦ'' (Θ 85)· αἰτία γάρ ἐστι τοῦ ἀναπα-
λῆναι τὸν ἵππον   ἀντὶ (59) — βέλος γάρ cf. D   87 a cf. D, Eust. 701,

41 οὐ] οὐ τὸν Wil., vix recte   διὰ τούτου b   43 ὥσπερ om. b   46 le.
add. Vᶜ   48—50 sch. ad Θ 82 rettulit b   48 πόρρω Τ   50 οὗτος πάντων Τ
αὐτῷ πάντων ἑλλήνων b (perperam)   51 θερμὸς cf. sch. Α 189 (Valk I 514 n.
535)   55 le. add. Ma.   57 le. addidi, βέλος — δῦ add. Ma.   59 le. add.
Bk.   ὅτι Α, om. Τ, fort. ἡ διπλῆ, ὅτι   ὁ δέ — γάρ post sch. a (coni. cum v.
πάντα) Τ, distinxi et transposui   δέ sc. δὲ alterum   60 le. Τ supplevi (auc-
tore Vill.)   63 sq. nondum expeditum; παρὰ τῶν ἑλλ. ἔσχε τὴν ἐπίκλησιν Ma.,
fort. ἐντείνας (hoc Nickau pro πᾶσα) τῶν ἑλλ. τὴν τύχην

*a.*² οἴκτου χάριν τὸ γέρων τίθησιν. ἐν ἀγωνίᾳ δὲ καθιστὰς τὸν ἀκροατὴν καὶ τὸν δεινὸν Ἕκτορα αὐτῷ ἐπάγει. διὰ δὲ τοῦ ἀπέτεμνε τὸ νωθρὸν τοῦ γήρως ἐδήλωσεν. b(BCE³)

b. ⟨παρηορίας:⟩ ὡς παρηγορίας. Aⁱᵐ   *Hrd.(?)*

70 παρηορίας: τὰς τοῦ †παρήορος ——— ἱμάντας. A   *D*

ἀπέταμνε: δεινός ἐστιν Ὅμηρος ——— συντόμως τὸ πρᾶγ- *D*
μα δηλῶν. A

89 *a.* ⟨ἀν' ἰωχμόν:⟩ παρὰ τὴν συμβολήν. Tⁱˡ   *ex.(?)*

b. ⟨ἡνίοχον:⟩ ὅτι τὸν παραιβάτην Ἕκτορα ἡνίοχον εἶ- *Ariston.*
75 πεν. Aⁱⁿᵗ

91 *a.* εἰ μὴ ἄρ' ὀξὺ νόησε ⟨βοὴν ἀγαθὸς Διομήδης⟩: εἰκό- *ex.*
τως Διομήδης τὸν πρεσβύτην κινδυνεύοντα ὁρᾷ ὡς ἀναχωρῶν ἔσχα-
τος· θελήσας γὰρ μονομαχῆσαι, ἀποσφαλεὶς δὲ τῷ κλήρῳ, νῦν καὶ τοῦ
καιροῦ μὴ συγχωροῦντος πειρᾶται πολεμεῖν. b(BCE³E⁴) T   βοηθεῖ
80 δὲ τῷ Νέστορι διὰ τὸ τῶν ἠθῶν παραπλήσιον· b(BCE³) T   καὶ ἐν
τῇ νυκτεγερσίᾳ δυσχεραίνει κάμνοντα ὁρῶν παρ' ἡλικίαν τὸν Νέστο-
ρα καί φησι· „σχέτλιός ἐσσι, γεραιέ" (Κ 164), καὶ ἐπὶ τὴν κατασκοπὴν
ἐξιὼν παρὰ Θρασυμήδους ὅπλα λαμβάνει, „Τυδείδη μὲν δῶκε" (Κ
255)· καὶ ὁ Νέστωρ φησὶ πρὸς αὐτόν· „Τυδείδη Διόμηδες, ἐμῷ κεχα-
85 ρισμένε θυμῷ" (Κ 234). T

b. ⟨εἰ μὴ ἄρ'——— Διομήδης:⟩ εἰκότως Διομήδης αὐτὸν *ex.*
σῴζει· ἐραστὴς γὰρ συνέσεως. Tⁱˡ

92. σμερδαλέον δ' ἐβόησεν ἐποτρύνων Ὀδυσῆα: ἐν σχή- *ex.*
ματι ἐδήλωσεν ὡς καὶ Ὀδυσσεὺς ἔφυγεν ἄνω μὴ μνησθεὶς αὐτοῦ. b
90 (BCE³E⁴) T   ἀεὶ δὲ ἀσφαλὴς Διομήδης· καὶ ἐν τῇ κατασκοπῇ —
„σύν τε δύ' ἐρχομένω" (Κ 224) — Ὀδυσσέα τε καλεῖ ὡς φίλον καὶ
ἑταῖρον Νέστορι. Νέστωρ γοῦν φησι· „ἔνθ' ἤτοι ⟨εἴως⟩ μὲν ἐγὼ καὶ
δῖος Ὀδυσσεύς / οὔτε ποτ' εἰν ἀγορῇ δίχ' ἐβάζομεν" (γ 126—7). b
(BCE³) T

---

13   89 *a* Or. 75, 4: ἰωχμός· διωχμός τις ὢν καὶ διωγμός, κατὰ τροπὴν τοῦ x̄
εἰς γ̄, in sede scholiorum   *a* παρὰ τὴν συμβολήν cf. D, D ad Θ 158   *b* Et.
Gen. (AB) ἡνίοχος· κυρίως ὁ τὰς ἡνίας ἔχων (= Or. 67, 4). | εἴρηται δὲ καὶ
ἐπὶ τοῦ παραιβάτου (παραβάτου B), οἷον· „θρασὺν ἡνίοχον φορέοντες (φέροντες
B) / Ἕκτορα" (Θ 89—90), fort. ex hyp. Iliad., cf. D; vide ad Ζ 19 *b.* Ψ 502
(ex.), praeterea ad Θ 126. 312 *b*   91 *a* — ἔσχατος (77) cf. Eust. 700, 1

---

67 τοῦ (post διὰ δὲ)] τὸ C   69 le. add. Ddf.   73 le. add. Bk.   74 le. add.
Bk.   ὅτι A, ἡ διπλῆ, ὅτι Vill.   76 le. T supplevi (auctore Vill.), om. b
80 τῶν ἠθ. παραπλ. T χάριεν αὐτοῦ τῶν ἠθῶν b   81 νυκτιγερσία T em. Bk.
84 νέστωρ immo Agamemno   86 le. addidi (εἰ μὴ ἄρ' ὀξὺ νόησε iam Vᶜ)
88 (le.) ὀδυσσῆα T em. Bk. (le. om. b)   89 μὴ om. b   90 ἀσφαλὴς i. e.
cautus   90—3 καὶ ἐν τῇ κατ. sq. T καὶ μόνος οὐδαμῆ θέλει πορεύεσθαι b   92
εἴως (= codd. Hom.) addidi

ex.   **93 a.**[1] πολυμήχαν᾽ Ὀδυσσεῦ: πρὸς ἐπιστροφὴν τὸ ἐπίθετον. 95
ἔστι δὲ γεωργός, ,,ἐν ποίῃ, δρέπανον μέν`` (σ 368)· κυβερνήτης, ,,αἰεὶ 1
γὰρ πόδα νηός`` (κ 32)· τέκτων ἀπὸ τῆς κλίνης (cf. ψ 189) **AT**   καὶ
τοῦ δουρείου ἵππου (at cf. λ 523)· **T**   ναυπηγὸς ἀπὸ τῆς σχεδίας
(cf. ε 243—61)· κυνηγὸς ἀπὸ τοῦ Παρνασοῦ (cf. τ 428—54)· μάν-
τις, ,,φήμην τίς μοι φάσθω`` (υ 100)· μάγειρος, ,,δαιτρεῦσαί τε καὶ 5
ὀπτῆσαι`` (ο 323)· ἰατρός, ,,ὄφρα οἱ εἴη / ἰοὺς χρίεσθαι`` (α 261—2)·
μουσικός, ,,μῦθον δ᾽ ὡς ὅτ᾽ ἀοιδός`` (λ 368)· πύκτης, ,,πὺξ μὲν ἐνίκησα
Κλυτομήδεα`` (Ψ 634)· παλαιστής, ,,Ἀγκαῖον δὲ πάλῃ Πλευρώνιον``
(Ψ 635)· δισκευτὴς παρὰ Φαίακι (cf. θ 186—98)· τοξότης, ,,εὖ μὲν
τόξον οἶδα`` (θ 215)· ἀκοντιστής, ,,δουρὶ δ᾽ ἀκοντίζω`` (θ 229)· ῥή- 10
τωρ, ,,καὶ ἔπεα νιφάδεσ⟨σ⟩ιν ἐοικότα`` (Γ 222)· ἀστρολόγος, ,,Πληϊά-
δας θ᾽ ὁρόωντι`` (ε 272). **AT**

a.[2] πρὸς ἐπιστροφὴν τὸ ἐπίθετον τέθειται· δεῖ γὰρ τὸν στρα-
τιώτην τοιοῦτον εἶναι· γεωργὸς μὲν γὰρ ἀπὸ τοῦ καλῶς ἐν πόα τὴν
ἅρπην καὶ τὰ ἄλλα τῆς γεωργίας ὅπλα κινεῖν γινώσκεται, κυβερνή- 15
της ἀπὸ τοῦ πόδα νηὸς ἰθύνειν καλῶς, τέκτων ἀπὸ τῆς εὐθεσίας τῶν
λίθων καὶ τῆς εὐπριστίας τῶν ξύλων, ναυπηγὸς ἀπὸ τῆς νηός, **b**
(**BCE**[3]**E**[4])   κυνηγὸς ἀπὸ τῆς κυναγωγῆς καὶ τῆς ὀρεσινομίας,
μάντις ἀπὸ τῶν ἐκβάσεων, μάγειρος ἀπὸ τοῦ ὡς δεῖ ὀπτᾶν καὶ
δαιτρεύειν, ἰατρὸς ἀπὸ τοῦ νόσους γινώσκειν καὶ τάμνειν ἰούς, μουσι- 20
κὸς καὶ ἀοιδὸς ἐξ ᾠδῶν κάλλους καὶ μύθων, πύκτης καὶ παλαιστὴς ἐξ
εὐστροφίας καὶ χειρῶν συμπλοκῆς, **b**(**BE**[3]**E**[4])   τοξότης ἀπὸ δια-
σκέψεως ἀρίστης, ἀκοντιστὴς ἀπὸ τοῦ εὖ πάλλειν τὸ δόρυ, ῥήτωρ ἀπὸ
πιθανότητος, στρατηγὸς ἀπὸ φρονήσεως καὶ ἀνδρείας, στρατιώτης
ἀπὸ πολυμηχανίας καὶ πολυπειρίας. **b**(**BCE**[3]**E**[4]) 25

---

93 *a*[1] cf. Eust. 701, 25   *a*[2] cf. app. crit.

1—11 α´ ἔστι δὲ γ.... β´ κυβερν....γ´ τέκτων...δ´ ναυπηγὸς...ε´
κυνηγὸς...ϛ´ μάντις ... ζ´ μάγειρος .... η´ ἰατρὸς...θ´ μουσ....ι´
πύκτης ... ια´ παλ....ιβ´ δισκ....ιγ´ τοξ.... ιδ´ ἀκοντ.... ιε´ ῥήτωρ καὶ
ἀστρ. A (verbis laudatis in altera [sc. sinistra] columna scriptis, ceteris in altera
[sc. dextra])   1 ἐν A ἔνθα T   ἀεὶ T   4 παρνασσοῦ A (cf. v. l. τ 432)
5 φημι A   6 οἱ εἴη Bk. (= Hom.), εἴη T οἴει A   7 μῦθον om. T   δ᾽ ὡς
ὅτ᾽ Hom., ὡς ὅτ᾽ T ὥστ᾽ A   9 φαίαξιν A   10 δὲ ἀκοντίζων A   10 sq.
ῥήτωρ—ἀστρ. T ῥήτωρ καὶ ἀστρολόγος A   11 νιφάδεσι T suppl. Bk.   12 τ᾽
ἐσορῶντι codd. Hom.   13—25 sch. rec. esse apparet, quod auctor classis b
confecit verbis scholii genuini *a*[1] usus   14 τήν] καὶ τὴν E[3]   17 καὶ τῆς—
ξύλων om. C   18 κυνηγεσίας Bk. (frustra)   24 ἀνδρείας C, ἀνδρίας E[3]E[4]
(fort. rectius), ἀνδρ ⁄⁄⁄⁄ ας B (᾽ add. *B)

94 a. πῆ φεύγεις ⟨μετὰ νῶτα βαλών, κακὸς ὥς, ἐν ὁμίλῳ⟩:   *Nic.*
βραχὺ διασταλτέον ἐπὶ τὸ βαλών καὶ ὥς· χωριζόμενον γὰρ σαφέ-
στερον ποιεῖ τὸν λόγον. ἀμφίβολον δέ ἐστι καὶ οὕτως τὸ λεγόμενον·
ἤτοι γὰρ ὡς δειλὸς ἐν πλήθει φεύγεις, οἷον μετὰ ταραχῆς, ἢ ὡς ἐν
30 ὄχλῳ ἀπαρακαλύπτως. ἢ τὸ ἑξῆς ἐστι· πῆ φεύγεις ἐν ὁμίλῳ, οἷον καὶ
σὺ μετὰ τοῦ πλήθους ὡς εἷς τῶν πολλῶν. A

     b.[1] ⟨πῆ φεύγεις μετὰ νῶτα βαλών, κακὸς ὡς ἐν ὁμίλῳ:⟩   *ex.|ex.(Nic.?)*
οὐ δειλὸν αὐτὸν καλεῖ, ἀλλὰ δειλοῦ ποιοῦντα ἔργον. | ὀλίγον δὲ δια-
σταλτέον εἰς τὸ βαλών, ἵν' ᾖ ποῦ φεύγεις μεταβαλὼν τὰ νῶτα ὡς οἱ
35 δειλοὶ ἐν ὁμίλῳ καὶ θορύβῳ; ἢ πῆ φεύγεις ἐν ὁμίλῳ ὡς κακός, †ἵν' ᾖ†
εἰς τὸ κακὸς ὡς ἡ στιγμή, τὸ δὲ ἐν ὁμίλῳ τῷ ἑξῆς συναπτέον. b
(BCE³E⁴)

     b.[2] {κακὸς ὡς ἐν ὁμίλῳ:} οὐ δειλὸν αὐτὸν καλεῖ, ἀλλὰ δειλοῦ
ἀνδρὸς ἔργα †ποιεῖν†. | ὀλίγον δὲ διασταλτέον εἰς τὸ μετὰ νῶτα βα-
40 λών, ὡς φεύγουσι δειλοὶ ἐν θορύβῳ. ἢ πῆ φεύγεις ἐν ὁμίλῳ; T

94—5. ⟨πῆ φεύγεις———— βαλών, κακὸς ὥς,⟩ ἐν ὁμίλῳ;/   *ex.*
μή τις τοι φεύγοντι ⟨———— πήξῃ⟩: περικέκοπται ὁ λόγος τὸν
ἀγωνιῶντα ὑποφαίνων. T   ἀπὸ δὲ τοῦ εὐπρεποῦς καὶ συμφέροντος
ἀναστέλλει τὴν φυγήν. αἰσχρότερον δὲ καὶ τοῦ ἀκοντίσαι τὸ πῆξαι.
45 b(BCE³E⁴) T

95. μή τίς τοι φεύγοντι ⟨μεταφρένῳ ἐν δόρυ πήξῃ⟩: τινὲς   *Nic.*
διαστέλλουσιν ἐπὶ τὸ φεύγοντι. κἂν συνάπτωμεν δὲ ὅλον τὸν στί-
χον, ἴσμεν ὅτι οὐ τὸ μετάφρενον φεύγει. A

96. ⟨ἄγριον:⟩ ἄγριον τὸν βάρβαρον· καὶ „ἀγριοφώνους" (θ   *ex.*
50 294) αὐτούς φησιν. T^il

---

94 a — βαλών καὶ ὥς (27) at cf. Eust. 701, 56 (... εἰς γὰρ τὸ „φεύγεις" ἐξ
ἀνάγκης τεθήσεται ὑποδιαστολή, ἵνα μή τις νοήσῃ 'πῆ φεύγεις με', εἶτα ἐπιφέρῃ
'τὰ νῶτα βαλών'), vix e scholiis   χωριζόμενον (27) — λόγον (28) ad Λ 102
(Nic.)   ἤτοι γὰρ ὡς (29) — πλήθους (31) h(P¹¹): πῆ φεύγεις· ὁ νοῦς, ὡς
δειλὸς ἐν πλήθει φεύγεις μετὰ ταραχῆς ἢ ὡς ἐν ὄχλοις ἀπαρακαλύπτως, ἐπεὶ καὶ
οἱ ἄλλοι· ἢ τὸ ἑξῆς ἐστι, ποῦ (fort. ποῖ) φεύγεις ἐν ὁμίλῳ οἷον καὶ σὺ μετὰ τοῦ
πλήθους (fol. 116ʳ)   96 cf. sch. θ 294, aliter D

---

26 le. A suppl. Vill.   27 ὡς A, κακὸς ὡς Lehrs (qui etiam pro καὶ scripsit
εἶτα)   χωρ. Lehrs (sc. τὸ κακὸς ὥς), χαριζόμενος A   29 δειλὸς Bk., δηλ
ss. ο A   30 εὐπερικαλύπτως Lehrs, at cf. test.   πῆ A em. Bk. (at cf. test.)
32 le. add. Vill.   35 πῆ A em. Bk.   ἵν' ᾖ b, fort. ᾖ   36 τῷ (sc. στίχῳ) b,
fort. τοῖς   38 le. T delevi   39 ποιεῖν T, cf. sch. b¹   40 πῆ T, cf. sch. b¹
41 sq. le. T supplevi, om. b   43—4 ἀπὸ δὲ sq. coni. cum scholio Θ 94 b¹ (v.
συναπτέον) in b   44 ἀναστ. τ. φυγήν h. e. fugam impedire conatur   καὶ
τὸ πῆξαι τοῦ ἀκοντίσαι b   46 le. A suppl. Vill.   47 τὸ Bk., τῷ A   κἂν
Bk., καὶ A   49 le. addidi   50 φασιν T em. Ma.

Ariston.   **97 a.** {ὡς ἔφατ᾽} οὐδ᾽ ἐσάκουσε: πρὸς τὸ ἀμφίβολον, πότερον
οὐκ ἀντελάβετο καθόλου τῆς φωνῆς διὰ τὸν θόρυβον ἢ ἀκούσας παρε-
πέμψατο· ὅπερ δέχεται ὁ Ἀρίσταρχος. A

D   οὐδ᾽ ἐσάκουσεν: οὐδὲ ἤκουσεν. | †ἐξηγεῖται† δὲ πότερον
ἄρα οὐδ᾽ ὅλως ――――― ἐπιδεικνύμενος. A   55

ex.   **b.** οὐδ᾽ ἐσάκουσεν: οὐκ ᾔσθετο ὑπὸ τοῦ θορύβου, ἢ οὐκ
ἐπείσθη διὰ τὸν καιρόν· φεύγει γὰρ σὺν Αἴαντι καὶ θεομαχεῖν οὐ θέλει·
b(BCE³E⁴) T   „ἐν γὰρ δαιμονίοισ⟨ι⟩ φόβοις / φεύγοντι καὶ παῖ-
δες θεῶν“ (Pind. N. 9, 27). T   πῶς δὲ δειλὸς ὁ μετὰ πάντας φεύ-
γων· οὐ γὰρ ἂν Διομήδης τοῦτον μόνον ἐκάλει. b(BCE³E⁴) T   δει- 60
λὸν δὲ αὐτόν φασι καὶ ἀπὸ τοῦ ἔσχατον ἀναστῆναι (cf. H 168) καὶ
Δόλωνα ἰδεῖν (cf. K 339—48) καὶ Ῥῆσον μὴ φονεῦσαι (cf. K 481) καὶ
τὴν μάστιγα μὴ ἑλέσθαι (cf. K 500—1). T

Ariston.   **99.** ⟨αὐτός:⟩ ὅτι ἐν ἴσῳ τῷ μόνος. Aⁱᵐ

ex.   **101.** ⟨ἔπεα πτερόεντα προσηύδα:⟩ τὰ μὲν πράγματα τάχι- 65
στα γέγονεν, ἡ δὲ τῶν λόγων σχολὴ ποιητική. b(BCE³) Tⁱˡ

ex.   **102.** ⟨νέοι τείρουσι:⟩ ἀλλ᾽ οὐ νῦν δι᾽ ἐμέ. Tᵗ

ex.   **103 a.** ⟨λέλυται:⟩ πέπηγε γὰρ ἐν τῇ νεότητι. τέλος δὲ λύσεως
θάνατος. b(BCE³) Tⁱˡ

97 a cf. Eust. 701, 34 et 39; Ap. Dysc. synt. 424, 13: τοιοῦτόν ἐστι καὶ τὸ „οὐδ᾽
ἐσάκουσε πολύτλας δῖος Ὀδυσσεύς“· ἢ γὰρ κατὰ τὸν πρῶτον λόγον, οἷον
τῆς φωνῆς οὐ μετέλαβεν διὰ τὸν ἐπιόντα θόρυβον· ἢ μετέλαβεν, οὐ μὴν τῷ
Διομήδει ἐπείσθη ἀντιστατοῦντος θεοῦ (cf. sch. b). εἰς τοῦτο γοῦν τινες κτλ.
(vide ad Θ 4 a), cf. Lehrs Ar.³ 146; Beiträge 325   ἀκούσας παρεπέμψατο (52)
ad Θ 4 (Hrd.), 266 (Ariston.)   b cf. Eust. 701, 34. 45   δειλὸν δὲ αὐτὸν (60)
— ἀναστῆναι (61) ad H 223 (test.), I 346 a   καὶ Δόλωνα
ἰδεῖν (61) ad K 339—40 (ex.), Eust. 810, 24   καὶ Ῥῆσον μὴ φονεῦσαι (62) ad
K 480 b (ex.)   **99** cf. D, Tryph. fr. 36 V. (Ap. Dysc. pron. 56, 6; vide 63, 17),
sch. Theocr. 11, 12, sch. Arat. 311, sch. Dem. 18, 53 (p. 283, 11 Ddf.), Ep. Hom.
(An. Ox. 1, 53, 19), Ep. Ps. 37, 7 (EM. 172, 56, Et. Gud. 237, 20 Stef.). Vide
ad E 880   · **103 a** Ge (e T)

51 (le.) ὡς ἔφατ᾽ del. Bk.   πρὸς A, ἡ διπλῆ πρὸς Vill.   52 sq. παρεπ. Vill.
(cl. scholio, quod proxime sequitur), γὰρ ἐπαρεπέμψατο A   54 sq. ἐξηγεῖται
(lg. ἐζήτηται) δὲ πότερον οὐκ ἀντελάβετο κτλ. (sequitur iterum sch. a usque ad)
παρεπέμψατο· ὅπερ δέχ. ὁ ἀρίσταρχος. οὐδ᾽ ἐσάκουσεν: οὐδὲ ἤκουσεν. ἐξηγεῖται
(lg. ἐζήτηται) δὲ πότερον ἄρα οὐδ᾽ ὅλως A em. Vill. (cf. Valk I 478 n. 354)
56 ὑπό] διὰ C   58 δαιμονίοισι ... φεύγοντι scripsi (cl. Pind.), δαιμονίοις ...
φεύγουσι T   59 δὲ T γὰρ b   δειλὸς b, δ[. .]λὸς T   60 μόνον om. C   64 le.
add. Bk.   ὅτι A, ἡ διπλῆ, ὅτι Vill.   τῷ Bk., τὸ A   65 le. add. Bk.   65 sq.
τὰ μὲν sq. sch. supra v. ὦ γέρον (Θ 102) scriptum in T   67 le. add. Ma.   ἀλλ᾽
οὐ ... δι᾽ ἐμέ h. e. neque tamen mea culpa hostes tibi instabunt   68 le. add.
Bk. (σῇ δὲ βίᾳ λέλυται add. Li)   νεότητι ἡ δύναμις Ge

70   b.¹ ⟨ὀπάζει:⟩ οὕτως Ἀρίσταρχος ὀπάζει. ὁ δὲ Ἰξίων (fr.   *Did.*
9 St.) „ἐπείγει". Aⁱᵐ
        b.² ἐν ἄλλῳ „{γῆρας} ἱκάνει". Aⁱⁿᵗ
        104 a. ἠπεδανός: ὁ μὴ δυνάμενος ἐν τῷ πεδίῳ στῆναι διὰ τὸ   *D*
ἀσθενές. b(BCE³E⁴) T
75   ἠπεδανός: ἀσθενὴς ἢ ——— ἑστώς. A   *D*
        b. ἠπεδανὸς δέ ⟨νύ τοι⟩ θεράπων, βραδέες δέ τοι ἵπ-   *ex.*
ποι: εἰκότως ὅλα συνήγαγε τὰ κακά, ὅπως πείσῃ τῷ ἰδίῳ ἐπιβῆναι
ἅρματι τὸν εἰπόντα „ὃς δέ κ' ἀνὴρ ἀπὸ ὦν ὀχέων" (Δ 306). b(BCE³
E⁴) T   εὖ δὲ τὸ μὴ τὸν Νέστορα ταῦτα προβαλέσθαι εἰς τὸ τυχεῖν
80 βοηθείας. ἐγκώμιον δὲ Νέστορος ἔχει ὁ λόγος, ὃς οὐδὲ τῷ γήραϊ
ἐπέτραπεν ἑαυτόν (cf. K 79). b(BE³E⁴) T
        105—7. ἀλλ' ἄγ' ἐμῶν ὀχέων ⟨——— φέβεσθαι⟩: ὑπογρά-   *ex.*
φων ἄνω τὸ ἀσθενὲς τοῦ γέροντος οὐδὲν περὶ τοῦ ἰδίου σθένους ἀνθ-
υπήγαγεν, ἀλλ' ἐλπίδα αὐτῷ ὑπογράφει σωτηρίας διὰ τοῦ τάχους. b
85 (BCE³E⁴) T
        106—7. οἷοι Τρώϊοι ἵπποι ⟨——— ἔνθα καὶ ἔνθα διωκέμεν   *Nic.*
ἠδὲ φέβεσθαι⟩: βραχὺ διασταλτέον ἐπὶ τὸ ἵπποι (106)· μᾶλλον
γὰρ ἐμφαίνει τὴν τοῦ εἰσίν ἔλλειψιν. καὶ ἄλλως συναπτόμενον ἀκατ-
άλληλόν ἐστι τὸ ἐπιστάμενοι (106). οὐ μὴν ἡ διὰ πρόθεσις ἐνταῦθα
90 λείπει, ἵν' ᾖ διὰ πεδίου, ἀλλὰ τὸ ἑξῆς ἐστιν ἔνθα καὶ ἔνθα πεδίου.
τοιοῦτο καὶ τὸ ⟨ἐν τῷ⟩ ἕκτῳ „πολλὰ δ' ἄρ' ἔνθα καὶ ἔνθα ἴθυσε μάχη
πεδίοιο" (Ζ 2). A
        106 a. ⟨ἐπιστάμενοι:⟩ ἀντὶ τοῦ δυνάμενοι· „ἐπίστατο πῆλαι   *ex.(Ariston.?)*
Ἀχιλλεύς" (Π 142). Tⁱˡ
95   b. ⟨πεδίοιο:⟩ ὅτι ἐλλείπει ἡ διά. Aⁱⁿᵗ   *Ariston.*

b ad Ψ 623 (Did.)   b¹ ad Δ 321 (Did.)   104 cf. Roemer 73   106 a ad N
223. Π 142 a. Φ 320 (Ariston.), sim. ad N 238; cf. Lehrs Ar.³ 147; vix recte
Roemer, Ar. 36   b ad B 801 (Ariston.)

70 le. add. Bk.   72 sch. b² Didymo attr. Vill., Bk.   γῆρας delevi   73 le.
E⁴, om. BCE³T   ἐν] δι' ὑπερβολὴν ἀσθενείας ἐν D   πέδῳ E⁴, πεδίῳ, ὅ ἐστιν ἐν
τῷ ἐδάφει D   στῆναι ante ἐν τ. π. E⁴   73 sq. διὰ τὸ ἀσθ.] ἐτράπη τὸ ἂ εἰς ἤ E⁴,
om. D   76 le. T suppl. Ma. (auctore Vill.), om. b   77—81 εἰκότως δὲ ὅλα sq.
pone sch. Θ 105—7 (coni. cum v. τάχος) in b   81 ἐπετρ. ἑαυτόν T δὴ (δὴ om. E⁴)
τρυχόμενος ἀμελεῖ b   82 le. T supplevi, om. b   82—4 ὑπογράφων δὲ ἄνω sq.
pone sch. Θ 104 a (coni. cum v. ἀσθενές) in b   84 διὰ τὸ τάχος b   86 sq.
le. A suppl. Frdl.   87 τὸ Bk., τῷ A   88 συναπτώμενον A em. Vill.   89 τὸ
(ante ἐπιστ.) Bk., οὐ A, ὁ Vill.   91 τοιούτῳ A em. Bk.   ἐν τῷ add.
Ddf.   ἕκτῳ Ddf., ἑβδόμῳ A   μάχηι A em. Vill.   93 le. add. Vᶜ   95 le.
add. Frdl.   ὅτι A, ἡ διπλῆ, ὅτι Vill.

Ariston. **107** *a.* κραιπνὰ μάλ᾽ ἔνθα καὶ ἔνθα διωκέμεν ἠδὲ φέβε- 1
σθαι: ὅτι ἀντὶ τοῦ φεύγειν ἀεὶ τὸ φέβεσθαι παρ᾽ αὐτῷ, καὶ ὅτι ἐν-
τεῦθεν τὸ „φόβον Ἄρηος φορεούσας" (Β 767). A

ex.   *b.* ⟨ἔνθα καὶ ἔνθα διωκέμεν ἠδὲ φέβεσθαι:⟩ τοὺς δίχα
ταράχου πάντη δεόντως δυναμένους φέρειν τοὺς ἐπιβάτας. T^(il)   5

Ariston. **108** *a.* οὕς ποτ᾽ ἀπ᾽ Αἰνείαν ἑλόμην: ἀθετεῖται, ὅτι ἄτοπον
προστιθέναι τὴν ἱστορίαν τῷ εἰδότι, καὶ ὁ καιρὸς δεῖται συντομίας.
καὶ ὅτι τὸ ποτέ χρονικὴν ἔχει ἔμφασιν τῆς ἀφαιρέσεως γεγονυίας τῇ
πρὸ ταύτης ἡμέρᾳ. A

ex. | *ex.* | *b.* οὕς ποτ᾽ ἀπ᾽ Αἰνείαν ⟨ἑλόμην, μήστωρε φόβοιο⟩: 10
Did.(?) ἠθικῶς τὸν χθὲς ἀνάγει χρόνον· καὶ Φιλοίτιος· „τοῦτό τοι ἀντὶ ποδὸς
ξεινήϊον, ὅν ποτ᾽ ἔδωκας / ἀντιθέῳ †ὀδυσσῆϊ†" (χ 290—1). b(BCE³)
T   ἅμα δὲ καὶ θαρσαλεώτερον ποιεῖ τὸν γέροντα ἡ Αἰνείου νίκη.
b(BCE³E⁴) T | τὸ δὲ ποτέ ἀντὶ τοῦ χθές. | τὸ δὲ μήστωρε τινὲς
„μήστωρα" ἐπὶ τοῦ Αἰνείου διὰ τὸ αὐξητικόν. T   15

Ariston. **109** *a.* τούτω μὲν θεράποντε: ὅτι τετήρηται παρ᾽ αὐτῷ κα-
θαρῶς τὰ δυϊκά, καὶ νῦν ὡς ἐπὶ δύο ἵππων διαλέγεται. A

Did.   *b.*¹ ⟨κομείτην:⟩ Ἀρίσταρχος „κομείτων". A^(im)

     *b.*² τὸ δὲ κομείτην Ἀρίσταρχος μὲν „κομείτων", Ζηνόδοτος
δὲ κομείτην. T   20

Hrd.   *c.* τώδε δὲ νῶϊ: παροξύνεται τὸ τώδε παραλόγως· ἀληθὲς
γὰρ ὡς ὅτι τὰ διὰ τοῦ δε ἐκτεταμένα, εἰ ἔχοι πρὸ τέλους φύσει μακράν,
προπερισπᾶται. ὅπερ ὤφειλε κἀπὶ τοῦ τώδε δὲ νῶϊ εἶναι, ἀλλ᾽ ὅμως
πάλιν ἐπεκράτει καὶ ἐπὶ τούτου πρὸ τέλους ἡ ὀξεῖα. ταῦτα ὁ Ἡρωδια-
νὸς (2, 57, 22; cf. 2, 60, 3) ἐν τῇ Ζ (sc. ad 422), ὅπου περὶ τοῦ ἰῷ 25
διαλαμβάνει. A

---

107 *a* ad Β 767 (Ariston.); vide ad Ε 223 *b* (Ariston.)   **108** *b* τὸ δὲ ποτέ (14) —
χθές cf. Eust. 702, 3   τὸ δὲ μήστωρε (14) sq. ad Ε 272 (Did.), cf. Eust. 702,
25: οἱ δὲ γράψαντες „μήστωρε φόβοιο" (ἤγουν μήστωρας) διὰ τοὺς ῥηθέντας
ἵππους πάνυ σφάλλονται τοῦ ὀρθοῦ   τινές (14) cf. Valk II 322   **109** *a* ad
Ε 233—4 (Ariston.); vide ad Θ 185 *a*. 186. 191 *a*   *b* cf. Ep. Hom. (An. Ox. 1,
397, 24, imprimis 398, 2): καὶ γράφουσι μέν τινες (sc. in Θ 109) „κομείτων" (ἀλλ᾽
οὐδέποτε δυϊκῷ προστακτικῷ τρίτου προσώπου ἐχρήσατο Ὅμηρος κτλ.), cf.
Ludwich, A. H. T. 1, 284, 25   *c* ἀληθὲς (21) — ἡ ὀξεῖα (24) cf. h(M¹ P¹¹)

---

2 ὅτι A, ἡ διπλῆ, ὅτι Vill.   4 le. addidi, φέβεσθαι Ma.   4—5 sch. fort. ad
Θ106—7 referendum   5 πάντη T em. Bk.   10 le. T supplevi (auctore Vill.),
om. b   11 καὶ φιλ. T ὡς καὶ ἐν ὀδυσσείᾳ φιλοίτιος b   τοι] σοι b   12 ὀδυ-
σῆϊ Β (= Hom.)   13 ἅμα — θαρσ.] θαρσαλεώτερον δὲ Ε⁴   νίκη T ἧττα b
16 ὅτι A, ἡ διπλῆ, ὅτι Vill.   18 le. addidi (κομείτων ss. ην A^(cont))   19—20 τὸ
δὲ sq. pone sch. Θ 113 (coni. cum v. φησιν) T, trps. Spitz.   23 ὤφειλε A em.
Vill.   24 ἐπεκρ. Bk., κατ᾽ ἐπικρατεῖ A   24 sq. ἡρωδιανὸς A em. Vill.

111. ἢ καὶ ἐμὸν δόρυ μαίνεται: καὶ ἐμόν διὰ ᾽Αχιλλέα ἢ   *ex.*
Αἴαντα τὸν μονομαχήσαντα αὐτῷ ὑπογύως. b(BCE³E⁴) T   ὁ δὲ
ἢ ἀντὶ τοῦ εἰ συναπτικοῦ, ὡς τὸ „ἢ κεν ζὼς ἀμενηνός" (E 887), ἢ ἀντὶ
30 τοῦ ὡς καὶ δασύνεται, ὡς τὸ „ἢ θέμις ⟨ἐστίν⟩, ἄναξ" (I 276). T

112 a. οὐδ᾽ ἀπίθησε Γερήνιος ἱππότα Νέστωρ: οἰκονομι-   *ex.*
κῶς ἐπὶ τὸ ἅρμα Διομήδους ἀναβιβάζει τὸν Νέστορα, ἵνα πεισθῇ φυ-
γεῖν καὶ εἴκειν Διῒ ταῖς τοῦ Νέστορος παραινέσεσιν· Σθενέλῳ γὰρ οὐκ
ἂν ἐπείσθη, ὅπου γε μηδὲ ἐν τοῖς ἀνωτέρω (sc. E 249—56), ἀναβῆναι
35 ἐπὶ τὸ ἅρμα παραινοῦντι b(BCE³E⁴) T   καὶ μὴ ἀγωνίζεσθαι πρὸς
Πάνδαρον πεζόν. T

b. ⟨οὐδ᾽ ἀπίθησε:⟩ τῷ καιρῷ πειθόμενος πάντα σιωπῇ   *ex.*
πράσσει. Tⁱˡ

113. Νεστορέας ⟨——⟩ ἵππους: πῶς ἐν τῷ ἐπιταφίῳ ἀγῶνι   *ex.*
40 τοὺς ἵππους φησὶν ἄρσενας „ἀλλά τοι ἵπποι / βάρδιστοι θείειν" (Ψ
309—10), καὶ πρὸς τοὺς ἵππους ᾽Αντίλοχος „μὴ σφῶϊν ἐλεγχείην κα-
ταχεύῃ / Αἴθη θῆλυς ἐοῦσα" (Ψ 408—9); ὅτι δὲ τοῖς τοῦ πατρὸς ἵπ-
ποις ᾽Αντίλοχος ἐχρῆτο, μαρτυρεῖ τὸ „οὐ σφῶϊ⟨ν⟩ κομιδὴ παρὰ
Νέστορι" (Ψ 411). ἀδιαφόρως οὖν ἵππους καὶ θηλυκῶς καὶ ἀρσενι-
45 κῶς φησιν. T

114 a. Σθένελός τε καὶ Εὐρυμέδων: ἐν σχήματι ἐδήλωσε τὸ   *ex.*
δοκοῦν παραλελεῖφθαι· οὐ γὰρ εἴρηκεν ἀνωτέρω, ποῖοι ἦσαν οἱ θε-
ράποντες. τὸν δὲ Σθένελόν φασιν ἀπὸ τοῦ τείχους κατενεχθέντα τρω-
θῆναι τὸ σκέλος· διὸ ἡνιοχεῖ Διομήδει. b(BCE³E⁴) T

---

ad Γ 157: ἡ δὲ διὰ τὸ δέ παραγωγή, εἰ ἔχει πρὸ τέλους μακράν, προπερισπᾶται.
σεσημείωται τὸ (σεσημειωμένου τοῦ P¹¹) „τώδε δὲ νῶϊ", eadem fere EM. 416, 22;
ad B 346 (Hrd.), K 17 (test.), Λ 432 a (Hrd.), sch. δ 26; Ap. Dysc. pron. 92, 6;
Ep. Hom. (An. Ox. 1, 398, 29); vide praeterea ad K 292 b¹   ταῦτα ὁ ῾Ηρω-
διανὸς (24) sq. ad Z 422   **111** h(M¹ P¹¹ V³ V¹⁵): τῷ (M¹, τὸ cett.) „εἴ καὶ (εἴ
κ. P¹¹ V³ V¹⁵ ἢ εἴ M¹, lg. ἢ καὶ) γένει ὕστερος ἦεν" (Γ 215) τινὲς ἐπόμενοι διὰ τοῦ
ἢ καὶ τοῦτο γράφουσιν. ἄμεινον δὲ διὰ διφθόγγου γράφεσθαι· ἀντὶ γὰρ τοῦ ὅτι
ἐστὶν ἐνταῦθα ὁ εἰ σύνδεσμος, ὥσπερ καὶ ἐν τῷ „οὐ μὴν (M¹ P¹¹ V³, οὐκ ἂν V¹⁵)
οἶδ᾽ εἰ αὖτε κακορραφίης" (κακοραφίης V³; O 16), fort. sch. vet.   διὰ ᾽Αχιλλέα
(27) sq. brevius Ge (e T, cf. app. crit.)   ὁ δὲ ἢ ἀντί (28) sq. ad E 885—7 b
(ex.)   **114 a** τὸν δὲ Σθένελον (48) sq. vide ad Θ 117 a. Π 245 (ex.); Schwartz

---

27 καὶ² — διὰ T ἐμόν φησι δι᾽ b   ἀχιλέα C (ut semper), E³   ἢ T ἢ μᾶλλον b
28 μονομαχήσαν T   ὑπογυίως E³   29 ἀντὶ τοῦ ἐάν Ge   30 θέμ. ἂν. T suppl.
Ma.   **31** (le.) ἀπείθησε T em. Ma.   **31** sq. οἰκονομικῶς sq. sch. relatum ad
Θ 115 in b   οἴκον. — πεισθῇ omnia fere haec verba absc. in E⁴ (fol. 68ʳ)
32 πεισθῇ sc. Diomedes   33 εἴκ. διῒ T εἶξαι b   34 μηδὲ] μὴ δὲ B   ἀνωτέ-
ρωι b ἀναβαίνειν T   37 le. add. Vᶜ   39 le. T suppl. Ma.   40 φασίν
TV em. Bk.   43 σφῶϊ T suppl. Ma.   48—9 τὸν δὲ σθέν. sq. pone sch. Θ 115
(coni. cum v. φησίν) T   48 φασὶ δὲ τὸν σθέν. b   σθέ[tum spatium, tum
σθένελον (incipit sch. separatum) C   49 διὸ T διὰ τοῦτο οὐ πολεμεῖ ἀλλ᾽ b
(rectiusne?)

Ariston.　　　　*b.* ⟨Εὐρυμέδων:⟩ ὅτι ὁμωνύμως οὗτος τῷ Ἀγαμέμνονος 50
ἡνιόχῳ (cf. Δ 228). Α[im]

ex.　　115. τὼ δ' εἰς ἀμφοτέρω ⟨Διομήδεος ἅρματα βήτην⟩: ἔδει
εἰπεῖν Ἁιομήδης δὲ ἅμα Νέστορι εἰς τὸ ἴδιον ἔβη ἅρμα' †ὡς† ἑτέρου
τινὸς ὄντος τοῦ Διομήδους φησίν. Τ

ex.　　116 *a.* ⟨ἡνία:⟩ τὰ ἡνία αὐτῶν ἐξ ἀστραγαλίσκων ἐλεφαντίνων 55
ἦσαν, ὅθεν καὶ τὸ „ἡνία λεύκ' ἐλέφαντι" (Ε 583). b(BCE[3]E[4])

Did.(?)　　*b.* ⟨φοινικόεντα:⟩ ἐν ἄλλῳ „σιγαλόεντα". Α[im]

ex.　　117 *a.* ⟨μάστιξεν δ' ἵππους:⟩ σημειωτέον ὅτι καὶ πολεμισταὶ
καὶ ἡνίοχοι οἱ πρώην βασιλεῖς. b(BCE[3]E[4]) Τ[il]

ex.　　*b.* τάχα δ' Ἕκτορος ἄγχι γένοντο: εἰ τοσοῦτον ἀπῆν, 60
διὰ τί μὴ φεύγει; τὸ ὅλον πεπραγμάτευται πρὸς τὸ μὴ ἀθρόως ἀ-
κμητὶ νικᾶν Τρῶας, ἀλλὰ τοὺς φεύγοντας ἀνακωχὴν λαβεῖν. ἄλλως τε
ἢ νικήσειν οἴεται ἢ νικώμενος ῥᾳδίως φεύξεσθαι. b(BE[3]E[4]) Τ

ex.　　118. ⟨ἰθὺς μεμαῶτος:⟩ ἄντικρυς βουλευομένου ὁρμᾶν. Α[int]

ex. | ex.　　120 *a.*[1] ⟨υἱὸν — Θηβαίου⟩ Ἠιοπῆα: παρὰ τὰς ἡνίας τῶν 65
ἵππων ἐστὶ τὸ ὄνομα. εἰκὸς δὲ καὶ τοῦτον εἰς τοῦτο ἀγηοχέναι τὴν Ἀν-
δρομάχην διὰ τὴν τῶν ἵππων ἐπιμέλειαν (cf. Θ 186—90). | τὸ δὲ
Θηβαίου οὐ γένει, ἀλλὰ κύριον ὄνομα, ὡς ἐν Ὀδυσσείᾳ „Αἰγύ-
πτιος" (β 15). Τ

ex.　　*a.*[2] υἱὸς Θηβαίου οὐ τῷ γένει· κύριον γάρ ἐστιν ὄνομα, ὡς 70
καὶ ἐν Ὀδυσσείᾳ ὁ „Αἰγύπτιος". b(BCE[3])

ex.　　122. ὑπερώησαν δέ οἱ ἵπποι: ὡς ὑπεχώρησαν παρὰ τὴν χώ-
ραν, οὕτως ὑπερώησαν παρὰ τὴν †ἔραν†. δηλοῖ δὲ καὶ τὴν ὁρμήν,
„ἐρωήσει περὶ δουρί" (Α 303). b(BCE[3]E[4]) Τ　ἀναγκαῖον δὲ τοῦτο
εἰς τοὐπίσω φερομένου τοῦ ἡνιόχου. b(BE[3]E[4]) Τ　　　　　75

Ariston.　　124 *a.* ⟨Ἕκτορα δ' αἰνὸν ἄχος πύκασε φρένας ἡνιόχοιο:⟩
ὅτι ἐλλείπει ἡ περί, καὶ ὅτι ἀντὶ τοῦ Ἕκτορος φρένας. Α[int]

413　　*b* ad Δ 228 (Ariston.)　　**115** vide ad Λ 618　　**116** *a* ad Ε 583　　*b* ad
Θ 137 *b*; cf. Valk II 578. Vide ad Π 159 *b* (ex.)　　**117** *a* ad Θ 114 *a*　　**122**
ὑπεχώρησαν (72) = D, cf. Eust. 703, 4; sch. μ 75　　δηλοῖ (73) — δουρί (74)
ad Α 303　　**124** *a* — περί (77) ad Α 65 *b* (Ariston.), cf. Eust. 703, 12; vide ad
Θ 125 *b*. 316 *a*　　καὶ ὅτι ἀντί (77) sq. ad Ε 27—8 (Ariston.), cf. Eust.

---

50 le. add. Bk.　　ὅτι Α, ἡ διπλῆ, ὅτι Vill.　　**52** le. Τ supplevi　　δέον Ma.
53 fort. ὁ δὲ ὡς vel ἀλλ' ὡς sim.　　**55** le. add. Bk.　　**57** le. add. Bk. (Vill.)　　**58**
le. add. Ma.　　**58**—9 σημ. δὲ ὅτι sq. pone sch. Θ 116 *a* (coni. cum v. ἐλέφαντι) in
b　　καὶ πολ. κ. ἡνίοχοι ἐτύγχανον pone βασ. b　　**61** μὴ[1] cf. Valk I 506　　πραγ-
ματεύεται b　　**61** sq. ἀκμητὶ Τ καὶ ἄνευ πόνου b　　**62** τοὺς τρῶας b
64 le. add. Bk.　　**65** le. Τ supplevi　　**72** ὡς Τ ὥσπερ τὸ b　　**73** οὕτως Τ
οὕτως τὸ b　　ἔραν] erat ἐρωήν　　**74** ἐρ. Τ ὡς τὸ ἐρωήσει b　　**76** le. add. Vill.
77 ὅτι Α, ἡ διπλῆ, ὅτι Vill.

b.¹ ⟨πύκασε:⟩ ἐσκέπασε, „πυκάσασα ἓ αὐτήν" (P 551). Tⁱˡ *ex.*

b.² ἐσκέπασε, περιεκάλυψεν· | ἀπὸ τοῦ πυκάζειν, ὅ ἐστι κα- D | *ex.(?)*
80 λύπτειν. b(BCE³E⁴)

125 a. καὶ ἀχνύμενός περ ἑταίρου: οὐκ ἔστιν ἡ περί πρόθε- *Hrd.*
σις, ἀλλ᾽ ὁ πέρ σύνδεσμος ἐναντιωματικὸς καὶ ἐγκλιτικός· διὸ τὸ τέ-
λος τῆς μετοχῆς ὀξυτονητέον. A

b. ⟨ἑταίρου:⟩ ὅτι καὶ ἐνθάδε λείπει ἡ περί. Aⁱᵐ *Ariston.*

85 126 a.¹ ⟨ἡνίοχον μέθεπε θρασύν:⟩ ἀνάλογον ἑαυτῷ (cf. Θ *ex.*
89) ἡνίοχον ⟨. . .⟩ θρασύν. Tⁱˡ

a.² θρασύς ἐστι καὶ ὁ ἡνίοχος ἀναλόγως αὐτῷ διὰ τὸ ὁμο-
ψυχεῖν. b(BCE³E⁴)

128. Ἀρχεπτόλεμον: ὅτι Ζηνόδοτος ἐνθάδε μὲν γράφει „Ἐρα- *Ariston.*
90 σιπτόλεμον", ἐν δὲ τοῖς μετὰ ταῦτα (sc. Θ 312) εἴασεν „Ἀρχεπτόλε-
μον". A

130 a.¹ ἔνθα κε λοιγὸς ἔην: δῆλον ὡς καὶ ἄλλα διαθεμένου *ex.*
Διομήδους. ὅρα δὲ ὡς οὐδὲ ἡ φυγὴ τῶν Ἀχαιῶν ἄπρακτός ἐστιν. T

a.² δῆλον ὡς καὶ ἄλλα διαθεμένου Διομήδους. τέως δὲ ἡ τῶν
95 Ἀχαιῶν φυγὴ οὐ μεμένηκεν ἄπρακτος, ἀλλὰ Τρῶες ἀναιροῦνται. b
1 (BCE³E⁴)

b. ⟨ἔργα γένοντο:⟩ ὅτι κατὰ τοῦ οὐδετέρου τὸ πληθυν- *Ariston.*
τικόν, ὡς „σπάρτα λέλυνται" (B 135). Aⁱⁿᵗ

130—1. ἔνθα κε λοιγὸς ἔην / καὶ νύ κ᾽ ἐσήκασθεν: ἔν τισι *ex.(Did.)*
5 τῶν παλαιῶν φέρονται δύο στίχοι „Τρῶες ὑπ᾽ Ἀργείων, ἔλιπον δέ
κεν Ἕκτορα δῖον / χαλκῷ δηϊόωντα, δάμασ⟨σ⟩ε δέ μιν Διομήδης"
(= Θ 131 a et b). T

131. σήκασθεν: εἰς σηκὸν ──── τὰ ἀγάλματα. A D

a. ⟨σήκασθεν — ἠΰτε ἄρνες:⟩ ὅτι τὸ σήκασθεν αὐτὸς *Ariston.*
10 ἐπεξηγεῖται εἰπὼν ἠΰτε ἄρνες. A

703, 9   b¹ ἐσκέπασε (78) = D, cf. D ad P 551   125 b ad A 65 b; vide ad
N 403 a (Ariston.); cf. Eust. 703, 13; aliter Lesbon. 45, 21 (ἀντὶ τοῦ ἑταί-
ρῳ)   καὶ ἐνθάδε vide ad Θ 124 a   126 vide ad Θ 89 b (Ariston.)   128
ad Θ 312 a (Ariston.)   ἐν δὲ τοῖς (90) sq. Aristonicum erravisse suspicatur
Duentzer (Zen. 21)   130 b ad A 291 a (Ariston.); vide ad Θ 137 a et c   130—1
cf. Duentzer, Zen. 159, 4; Sengebusch I 198; recte Cantarella 127; Bolling, Ext.

78 le. add. Vᶜ (πύκασεν φρένας ante sch. b² add. Li)   79—80 ἐσκεπ. sq. cum
scholio Θ 122 (v. δουρί) coni. C   82 ἐγκλητικός A em. Vill.   84 le. add.
Bk.   ὅτι A, fort. ἡ διπλῆ, ὅτι   85 le. addidi (θρασύν· le. in Li ante sch. a²)
87 καὶ ὁ ἡνίοχος om. E⁴   87 sq. ἀναλ. αὐτῷ post ὁμοψ. E⁴   89 le. Bk.,
Ἰφιτίδην: A   ὅτι A, ἡ διπλῆ (sc. περιεστιγμένη), ὅτι Vill.   2 le. add.
Bk.   ὅτι A, ἡ διπλῆ, ὅτι Vill.   6 δάμασε T suppl. Bk.   9 le. addidi, ἄλ-
λως add. Vill.   ὅτι A, fort. ἡ διπλῆ, ὅτι   τὸ σίκασθεν A em. Vill.

ex.   *b.* καὶ νύ κ' ἐσήκασθε⟨ν⟩ κατὰ Ἴλιον ἠΰτ⟨ε⟩ ἄρνες: καὶ
τὴν Διομήδους ἀρετὴν αὔξει καὶ τὴν βαρβάρων δειλίαν κωμῳδεῖ, εἰ
δὴ τοῦ Διὸς ἐπαμύνοντος αὐτοῖς καθειρχθῆναι ἐκινδύνευσαν προβά-
των τρόπον, καὶ οὐδὲ τούτων τελείων· ἀρνῶν γάρ φησιν. b(ΒΕ³Ε⁴)
Τ | τί δ' ἐστὶν ἠΰτ⟨ε⟩ ἄρνες, πρώην εἶπεν· „αἱ μέν τ' ἀγχηστῖναι" 15
(Ε 141). Τ

Nic.   133. βροντήσας δ' ἄρα δεινόν, ⟨ἀφῆκ' ἀργῆτα κεραυνόν⟩:
βραχὺ διασταλτέον ἐπὶ τὸ δεινόν· κεῖται γὰρ ἀντὶ μεσότητος, δεινῶς
βροντήσας. ἐπὶ δὲ τοῦ κεραυνοῦ ἐν ἀρκεῖ ἐπίθετον τὸ ἀργῆτα. Α

ex.   134. κὰδ δὲ πρόσθ' ἵππων Διομήδεος: πεφεισμένως· ἐκδειμα- 20
τοῦν γὰρ αὐτὸν βούλεται· οὐ γὰρ μισέλλην ὁ Ζεύς. b(ΒCΕ³Ε⁴) Τ

ex.   135 *a.* ⟨δεινὴ δὲ φλὸξ ὦρτο θεείου καιομένοιο:⟩ δεινὴ γάρ
ἐστιν ἡ δυσωδία αὐτοῦ, ὅταν προσψαύσῃ ὕλῃ τινί, καὶ πικραίνει τὴν
αἴσθησιν. b(ΒCΕ³Ε⁴)

Ap. S.   *b.* ⟨θεείου καιομένοιο:⟩ τοῦ κεραυνίου πυρός. Αⁱᵐ   25

D   θεείου: θείου. προσληπτέον δὲ ——— τῷ τόπῳ. Α

Did.   137 *a.* ⟨φύγον:⟩ Ἀρίσταρχος φύγον, ἄλλοι δὲ „φύγεν". Αⁱᵐ
Did.(?)   *b.* ⟨σιγαλόεντα:⟩ ἐν ἄλλῳ δὲ τὸ „φοινικόεντα". Αⁱᵐ
ex. | Did.   *c.* Νέστορα δ' ἐκ χειρῶν φύγον ἡνία: παρατηρεῖ γὰρ
τὰς διοσημίας ὁ Νέστωρ ἐν οἷς φησιν „ἀστράπτων ἐπιδέξια" (Β 353). 30
†πῶς† ἀντιτάξεται αὐταῖς; ἢ οὐχ ὑπὸ δέους τὰς ἡνίας εἴασεν, ἀλλ' οἱ
ἵπποι καταπτήξαντες ὑπὸ τοῖς ἅρμασι βιαιότερον αὐτὰς ἐπεσπάσαν-
το. b(ΒCΕ³Ε⁴) Τ   διὰ τοῦτό φησι Νέστορα δ' ἐκ χειρῶν φύγον
ἡνία. | τὸ δὲ φύγον διὰ τοῦ ο̄. Τ

Εv. 106   131 *b* τί δ' ἐστὶν (15) sq. ad Ε 141   133 ἐπὶ δὲ τοῦ κεραυνοῦ (19)
sq. ad Κ 6 (Nic.). Vide ad Γ 419   135 h(Μ¹ Ρ¹¹): πολλὰ εἴδη τῶν κεραυνῶν·
ὁ ἀργός, ὁ ψολόεις, ὁ καταιβάτης, sim. V³: εἴδη τῶν κεραυνῶν ἐστι ἑξ· ψολόεντες
(scripsi, ψωλόεντες cod.), πυρόεντες, σκηπτοί· καὶ καταιβάται καὶ ἑλικίαι (scripsi,
ἑλιβίαι cod.) μετ' αὐτούς· σὺν τούτοις καὶ ἀργῆται, originis incertae   *a* cf.
D   *b* = Ap. S. 86, 19, cf. Et. Gen. (= EM. 449, 22, Et. Gud. 256, 54)   137 *a*
ad Β 397 (Did.); vide ad Α 291 *a* (Ariston.); praeterea ad Π 507 *a* (Did.)   *b* ad
Θ 116 *b*, cf. Eust. 703, 26   *c* τὸ δὲ φύγον (34) sq. vide ad sch. *a*

11 le. Τ suppl. Ma., om. b   12 διομήδους δὲ Ε⁴   τὴν² Τ τὴν τῶν b   κωμῳδεῖ
om. b   13 δὴ Τ γε καὶ b   αὐτοῖς om. b   εἰρχθῆναι b   ἐκινδύνευσεν Τ
15 ἠΰτ' Τ em. et suppl. Bk.   17 le. Α suppl. Vill.   18 δεινῶς Bk., δεινὸς
Α, δεινὸν Vill.   20 (le.) κάδδε Τ em. Ma. (Bk.); le. om. b   πεφ. καὶ τοῦτο b,
fort. recte   21 γὰρ Τ, γὰρ μόνον b (fort. verum)   οὐ γὰρ sq. Τ ἐπεὶ οὐδὲ
αὐτὸς μισέλλην ὑπάρχει ὁ ζεύς b   22 le. add. Vill. (δεινὴ δὲ φλόξ iam Li)   23
πικρ. C πικραίνηι Ε³Ε⁴ πικραίν///// Β (ει in ras. add. *B)   25 le. add. Vill.
27 et 28 le. (= vulg.) addidi (auctore Vill.)   28 ἐν ἄλλῳ δὲ cum scholio prae-
cedenti coni. Α, distinxi   29 παρατ. γὰρ Τ εἰ γὰρ παρατηρεῖ b   30 διοση-
μείας ΒΕ⁴   ἐπιδ. Ma., ἐπιδέξι' Τ ἐπιδέξι' ἐναίσιμα (αἰνέσιμα ΒΕ³) b   31 fort.
πῶς οὖν   32 βιαιότ. αὐτὰς Τ τῇ βίᾳ καὶ αὐτὰς b

35 **138.** δεῖσε δ' ὅ γ' ἐν θυμῷ: ἐν θυμῷ κατὰ κρίσιν, οὐκ ἔκ- *ex.*
πληξιν. **T**

139 *a.* ἄγε δ' αὖτε φόβον δ': ὅτι πάλιν φόβον τὴν φυγήν· *Ariston.*
καὶ ὅτι Ζηνόδοτος γράφει „ἄγε νῶϊ φόβον δέ", ὅ ἐστιν ἡμεῖς ἢ ἡμᾶς,
ὧν οὐδέτερον ἁρμόζει. **A**

40   *b.* Τυδεΐδη, ἄγε δ' αὖτε φόβον δ' ἔχε: ἡ εὔκαιρος φυγὴ *ex.*
οὐκ αἰσχύνει. τοῦτο δὲ διὰ στρατηγικοῦ προσώπου δηλοῖ· καὶ ἑτέ-
ρωθι διὰ τοῦ 'Αγαμέμνονος „βέλτερον, ὃς φεύγων προφύγῃ κακόν"
(Ξ 81)· εἰ γὰρ τὰ βέλη φεύγομεν παρασχηματίζοντες τὸ σῶμα **b**
(BCE³E⁴) **T**   οὐδὲν αἰσχρὸν οἰόμενοι δρᾶν, **T**   πόσῳ μᾶλλον
45 τὸν θάνατον φεύγειν δεῖ. **b**(BCE³E⁴) **T**

139—40 *a.*¹ φόβον δ' ἔχε μώνυχας ἵππους. ⟨/ ἢ οὐ——— *ex.*
ἀλκή⟩: εὐπρεπῶς οὐκ εἶπεν ὅτι ἐναντιοῦταί σοι ὁ θεός — ὑπεκλύοντος
γὰρ ἦν —, ἀλλὰ μὴ ἀντιστῇς τῷ θεῷ. **T**

*a.*² ἵνα μὴ τῷ θεῷ ἀντιστῇ, λέγει ὅτι οὐ βοηθῇ, φησί, παρ'
50 αὐτοῦ. εὐπρεπῶς δὲ οὐκ εἶπεν ὅτι ἐναντιοῦταί σοι ὁ θεός· ὑπεκλύοντος
γὰρ ὁ λόγος ἦν. **b**(BCE³E⁴)

141—2 *a.*¹ νῦν μὲν γὰρ τούτῳ ⟨Κρονίδης Ζεὺς⟩ κῦδος *ex.*
ὀπάζει / σήμερον: νῦν σήμερον, ὅτι πρὸς ὀλίγον ἔσται αὐτῷ ἡ
χαρά. καὶ οὐδὲ τὸν Ἕκτορα φοβερόν, ἀλλὰ τὸν Δία φησίν. **T**

55 *a.*² δηλοῖ διὰ τῆς ἐπαναλήψεως ὅτι πρὸς ὀλίγον ἔσται αὐτῷ
ἡ χαρά· **b**(B, C [bis], E³E⁴)   νῦν γάρ φησι καὶ τὸ σήμερον
προστίθησι, ἵνα μὴ τὸ νῦν ᾖ ἀόριστον. καὶ οὐδὲ τὸν Ἕκτορα φοβερόν,
ἀλλὰ τὸν Δία φησίν. **b**(BCE³E⁴)

142—3. ὕστερον αὖτε καὶ ἡμῖν ⟨——— / δώσει⟩: χρηστὰς *ex.*
60 αὐτῷ ὑπογράφει ἐλπίδας, ἵνα μὴ αἰδεσθῇ φυγεῖν, ὡς ἀνακαλέσασθαι
τὴν ἧτταν δυνάμενος. οὐ δεῖ δὲ τὸ ἄδηλον ὁρίζειν, ἀλλὰ μόνον ἀγαθὴν
προΐσχεσθαι ἐλπίδα. **b**(BCE³E⁴) **T**

---

139 *a* — φυγήν (37) ad B 767 (Ariston.), cf. D, Eust. 704, 1. 12; sch. Hsd. th.
934   *b* ad Ξ 80 (ex.)   παρασχηματίζοντες (43) cf. Valk I 523   **139—40**
ὅτι (47 et 50) — θεός cf. Ge (e T ut vid.), conexum cum scholio praecedenti
(v. προφύγῃ κακόν, ad Θ 139 *b*): νῦν γὰρ ὁ Ζεὺς ἐναντιοῦται   **141—2** *a*¹ —
χαρά (54) cf. Eust. 704, 8. Vide ad H 290—1 (ex.)

---

37 le. scripsi, τυδεΐδη ἄγε δ' αὖτε: A   ὅτι A, ἡ διπλῆ (sc. περιεστιγμένη), ὅτι Vill.
41 αἰσχύνη **b**   καὶ **T** ὡς καὶ **b**   **43** φεύγομεν **T** φησὶ φεύγειν πειρώμεθα **b**
44 sq. πόσῳ — δεῖ **b** πόσῳ θάνατον **T**, πόσῳ μᾶλλον τὸν θάνατον Ma. (fort.
rectius)   **46** sq. le. T supplevi (auctore Vill.)   **49—51** sch. ad Θ 140 rettulit **b**
52 sq. le. T suppl. Ma.   **55—8** sch. ad Θ 142 revocasse vid. **b**   **55** αὐτῷ
ἔσται E⁴   **59** le. T supplevi, om. **b**   **59—62** καὶ χρηστὰς sq. cum scholio
Θ 141—2 *a*² (v. φησίν) coni. **b**   **60** φυγεῖν **b** φεύγειν **T**   **60** sq. ὡς ἂν
μὴ δυν. τὴν ἧτταν ἀνακαλέσ. **b**   **61** μόνην **b**   **62** προσδέχεσθαι **b**

ex.   **143** *a*. ⟨ἀνὴρ δέ κεν⟩ οὔ τι{ς} Διὸς νόον εἰρύσ⟨σ⟩αιτο: λεί-
πει ἡ μετά. τὸ δὲ ὅλον· ἀνὴρ γὰρ ἂν τὸν τοῦ Διὸς νοῦν, παρ' ὃ θέλει
αὐτὸς ὁ Ζεύς, οὐκ ἂν μεθελκύσαι οὐδὲ μεταθείη. **b**(BCE³E⁴) **T**   65

ex.   *b*. ἀνὴρ δέ κεν οὔτι Διὸς νόον εἰρύσσαιτο: ὁ λόγος· οὐ-
δεὶς ἀνὴρ τὸν τοῦ Διὸς νόον ἐπισπάσαιτο ἢ φυλάξαιτο ὥστε τὰ συμ-
φέροντα αὐτῷ γενέσθαι. **A**

ex.   **144** *a*.¹ οὐδὲ μάλ' ἴφθιμος: οὐδὲν γὰρ ἀνθρωπίνη ἰσχὺς πρὸς
θείαν. **T**   70

a.² ὅτι ἡ ἀνθρωπίνη ἰσχύς, οἷα τε ἂν ᾖ, πρὸς τὴν θείαν οὐδέν
ἐστιν. **b**(BCE³E⁴)

ex.   **146.** ναὶ δὴ ταῦτά ⟨γε πάντα⟩, γέρον, κατὰ μοῖραν ἔει-
πες: θεοσεβὴς γὰρ ὁ Διομήδης, εἴ γέ φησι „σὺν γὰρ θεῷ εἰλήλουθμεν‟
(I 49). **b**(BCE³) **T**   75

ex.   **148.** Ἕκτωρ γάρ ποτε φήσει ἐνὶ Τρώεσ⟨σ⟩' ἀγορεύων:
κἂν τούτοις τὸ φιλότιμον Διομήδους ἐμφαίνεται, ὃς μὴ μόνον παρὰ
τοῖς Ἕλλησιν εὐδοκιμεῖν σπουδάζει, ἀλλὰ καὶ παρὰ τοῖς πολεμίοις.
b(BCE³E⁴) **T**   ἄλλως τε καὶ νεωτερικὸν τὸ δόξης μᾶλλον ἢ τοῦ
ἀσφαλοῦς ἔχεσθαι, ἀμηχανῶν τε καταισχῦναι τὰ πραχθέντα ταῦτά 80
φησιν. **T**

Ariston.   **149.** ⟨φοβεύμενος:⟩ ὅτι σαφῶς ἀντὶ τοῦ φεύγων. **A**ⁱⁿᵗ

ex.   **150** *a*.¹ ⟨ὥς ποτ' ἀπειλήσει· τότε μοι χάνοι εὐρεῖα χθών:⟩
τὸ εὐρεῖα ἀντὶ τοῦ εὐρέως. κρείσσων δέ φησι θάνατος ψόγου. **b**
(BCE³E⁴)   85

a.² {εὐρεῖα χθών:} ἀντὶ τοῦ εὐρέως. ὅτι κρείσσων θάνατος
ψόγου. **T**

D   ἀπειλήσει: καυχήσεται, κομπάσει ——— ἐλεύσεσθαι (Ο
179—80). **A**

ex.   *b*. ⟨τότε μοι χάνοι εὐρεῖα χθών:⟩ τότε ἡ γῆ χανοῦσα 90
εὐρέως δέξαιτό με. **A**ⁱⁿᵗ

---

143 *a* μεθελκύσαι (65) cf. Eust. 704, 11   **146** ad I 49 (ex.)   **148** φιλότιμον
(77) cf. Eust. 704, 35   **149** ad E 223 *b*, cf. D   σαφῶς (82) cf. Roemer,
Ar. 17   **150** *b* δέξαιτό με (91) cf. D

---

63 (le.) ἀν. δέ κεν addidi, οὔ τις et εἰρύσαιτο T em. Ma. (le. om. **b**)   **64** τὸ δὲ ὅλον
οὕτως BCE³, bis E⁴   γὰρ ἂν T δὲ **b**   **65** μεθελκύση **b**   μεταθήσει BE³E⁴
μεταστήση C   **71** voluit οἷα δήποτέ ἐστιν vel sim.   **73** sq. le. T suppl. Ma.
(auctore Vill.), om. **b**, κατὰ μοῖραν ἔειπες: Bk.   **76** le. T suppl. Ma. (Vill.),
om. **b**   **82** le. addidi (auctore Vill.)   ὅτι A, ἡ διπλῆ, ὅτι Vill.   **83** le.
addidi   **84** τὸ] τὸ δὲ coni. cum scholio Θ 148 (v. πολεμίοις) E⁴   **86** le.
delevi, fort. voluit εὐρεῖα (ἀντὶ sq.)   **88** pone sch. *c* in A, trps. Bk.   **90** le.
add. Bk.   τότε Vill., τάτε A   **91** εὐρέως Bk., εὐμαρῶς A

c. τότε μοι χάνοι εὐρεῖα χθών: ὅτι οὐκ ἐν τῷ καθόλου *Ariston.*
εὐρεῖαν λέγει, ἀλλ᾽ ἐμοὶ εὐρεῖα ἡ γῆ γένοιτο ἀντὶ τοῦ εὐρὺ χάσμα
ποιήσει⟨εν⟩. A

95   **152** a. ⟨ὦ μοι Τυδέος υἱὲ δαΐφρονος:⟩ ἐπὶ τὸ δαΐφρονος *Nic.*
1 στικτέον· μᾶλλον γὰρ ἐμφαίνει. A^im

    b. ὦ μοι Τυδέος υἱὲ ⟨δαΐφρονος⟩: διὰ τῆς οἰμωγῆς καὶ *ex. | Nic. | D(?)*
τοῦ μοί ἐκφαυλίζει τὸν λόγον ὡς ἀνάξιον ὄντα τοῦ λέγοντος. | εἰς
τὸ δαΐφρονος δὲ στικτέον. b(BCE³E⁴) T | καὶ ἔστιν ἀντὶ τοῦ πολε-
5 μικοῦ. T

    153—4. εἴπερ γάρ σ᾽ Ἕκτωρ γε κακὸν καὶ ἀνάλκιδα φήσει *ex.*
⟨/——— πείσονται⟩: πρῶτον μὲν ἄδηλον, εἰ ἐρεῖ, ἄλλως τε οὐ πεί-
σει. καθάπτεται δὲ τῶν φροντιζόντων, τί ἐροῦσιν †ταὐτοῖς† οἱ ἄνθρω-
ποι, τοῦ δὲ πράγματος ὁποῖόν ἐστιν ἀμελούντων. b(BCE³E⁴) T

10   **157** a. φύγαδε {τράπε}: ὡς „ἅλαδε" (B 165 al.). καὶ ἤτοι τὴν *Hrd.*
φυγὴν φύγα εἶπεν ὡς τὴν σκέπην σκέπα· ἢ ὡς τὸ οἶκον δέ „οἴκαδε"
(A 19 al.), οὕτως φυγὴν δέ φύγαδε. A

    b. ⟨τράπε:⟩ οὕτως διὰ τοῦ ᾱ τράπε αἱ Ἀριστάρχου. A^im   *Did.*

    c. ὡς ἄρα φωνήσας φύγαδ᾽ ἔτραπε: φρονίμως οὔτε ἀν- *ex. | Hrd. | Did.*
15 τίρρησιν Διομήδους περιμένει οὔτε βιάζεται αὐτὸν φιλότιμον ὄντα
φεύγειν ὁμολογεῖν, ἀλλ᾽ αὐτὸς τρέπει τοὺς ἵππους, ἵνα μηδὲ ἐκ τούτων
μειώσῃ τὸν Διομήδην ὁ ποιητής. b(BCE³E⁴) T | τὸ δὲ φύγαδε ὡς
οἴκαδε. ἢ τὴν φυγὴν εἶπε κατὰ μεταπλασμόν, ὡς τὸ σκέπην σκέπα{ν}·
ἢ ἀπὸ τῆς φυγῆς. | διὰ τοῦ ᾱ δὲ ἔτραπε. T

20   **159.** βέλεα στονόεντα χέοντο: ἔμφασιν ἐκίνησεν ἡ μεταφορά. *ex.*
δηλοῖ δὲ ὅτι λίαν ἀπελείποντο· ἐπεὶ πῶς αὐτὸν βλασφημεῖ ὁ Ἕκτωρ
λόγοις; b(BCE³E⁴) T

c ad Δ 182 (Ariston.)   **152** b καὶ ἔστιν ἀντὶ (4) sq. cf. D ad B 23. 875.
Δ 93   **157** a/b Et. Gen. (AB) φύγαδε· τὸ „φύγαδε" ὡς ἅλαδε — οἴκαδε,
οὕτω φυγὴν δέ (ὡς φυγὴν B) φύγαδε. „τράπε" δὲ διὰ τοῦ ᾱ (τράπε sq. om. B),
fort. ex hyp. Iliad., cf. Eust. 704, 52   a ad Θ 257 (Hrd.); vide ad Λ 446 a.
Π 697 b¹ (Hrd. καθ.); cf. Lehrs, Quaest. ep. 41   b vide sch. c; cf. Ludwich,
A. H. T. 1, 285, 18: alii scripserunt (φύγαδε) τρέπε vel (φύγαδ᾽) ἔτρεπε (cf. app.
crit.)   c — ποιητής (17) cf. Eust. 704, 39   διὰ τοῦ ᾱ δὲ ἔτραπε (19) vide
sch. b

92 le. Frdl., ὡς ποτ᾽ ἀπειλήσει: A   ὅτι A, fort. ἡ διπλῆ, ὅτι   94 ποιήσει A
suppl. Bk.   95 le. add. Vill.   2 le. T supplevi, om. b   2 sq. διὰ — καὶ
τοῦ T διὰ τοῦ οἴ b   3 ἐκφαυλ. post λόγον b   3 sq. δὲ pone εἰς b   6 sq. le.
T supplevi, om. b (in b sch. relatum est ad v. 154)   7 οὐ E³T ὅτι οὐ BCE⁴
8 αὐτούς Ma.   9 τοῦ δὲ — ἔστιν b ὁποῖόν τί ἐστιν T   10 (le.) τράπε del.
Bk.   11 εἶπεν om. Et. Gen. (B)   τὸ] τὸν Et. Gen. (A)   13 le. add.
Vill.   τράπε² sc. alii τρέπε vel ἔτερπε (ἔτραπε vulg.)   14 sq. ἀντίρησιν T
15 ἀναμένει b   16 μηδὲκ b μηδὲν T   17 τὸν διομ. T διομήδεα b   18 σκέπαν
T em. Ma.   20 le. T, χέοντο BE³ λέοντος C, om. E⁴

Hrd.   **161.** {τυδείδη} περὶ μέν σε τίον: ἡ σέ ἐγκλιτική ἐστιν· ἀπο-
λέλυται γὰρ νῦν. καὶ τὸ τίον δὲ ποιητικώτερον ἀπέβαλε τὸν κατ᾽
ἀρχὴν χρόνον· διὸ ἐπὶ τὴν τῑ ἡ ὀξεῖα ἵσταται. περὶ δὲ τῶν τοιούτων 25
ῥημάτων ἔφαμεν (sc. ad B 808) ὅτι ἴση ἐστὶν ἡ χρῆσις παρὰ τῷ
ποιητῇ. A

Hrd.   **163** *a.* ἀντ᾽: κακῶς ὅσοι ἀναστρέφουσιν· ἡ γὰρ ἀντί ἀναστρέ-
φεται ⟨οὔ⟩ποτε. εἰ δὲ τὸ ἄντα ἐπίρρημα ἐκδέχονται, ἐναντίον τῇ δια-
νοίᾳ παραλήψονται. A   30

Did.   *b.* ⟨ἀντ᾽ ἐτέτυξο:⟩ Ἀρίσταρχος „ἀντὶ {τοῦ} τέτυξο‟. Aⁱᵐ

Did. | ex. | Hrd.   *c.*¹ γυναικὸς ἄρ᾽ ἀντ᾽ ἐτέτυξο: διὰ τοῦ τ̄ εἶχον αἱ ἐκδόσεις
„ἀντί‟. | ὁ δὲ λόγος ‘γυναικὸς ἄρα ἴσος ἦσθα’, ὡς „ἀντί τοί εἰμ᾽ ἱκέ-
ταο‟ (Φ 75). ‘οὐ διαφέρει γυναικός’ τὸ δημῶδες. | ὁ δὲ Ἡρωδιανὸς
(cf. 2, 60, 19) διὰ τοῦ ε̄ ἀντ᾽ ἐτέτυξο. T   35

Did. | Hrd. | ex.   *c.*² διὰ τοῦ τ̄ εἶχον αἱ ἐκδόσεις. | ὁ δὲ Ἡρωδιανὸς διὰ τοῦ ε̄
ἐξέθετο. | ἔστι δὲ τὸ ὅλον οὕτως ‘γυναικὸς ἄρα ἴσος ἦσθα’. b(BCE³)

Ariston.   **164—6** *a.* ἔρρε κακὴ γλήνη ⟨——— δαίμονα δώσω⟩:
ἀθετοῦνται στίχοι τρεῖς ὅτι εὐτελεῖς εἰσι τῇ κατασκευῇ καὶ τὸ πάρος
τοι δαίμονα δώσω (166) τελείως ἐστὶν οὐ κατὰ τὸν ποιητήν. ἀνάρ- 40
μοστα δὲ καὶ τὰ λεγόμενα τοῖς προσώποις. A

Did.   *b.*¹ ⟨ἔρρε ——— δώσω:⟩ τούτους καὶ Ἀριστοφάνης ἠθέ-
τηκεν. Aⁱᵐ

     *b.*² Ἀριστοφάνης δὲ ἀθετεῖ T

ex.   **164** *a.* κακὴ γλήνη: τινὲς ὅτι μικρόφθαλμος ἦν ὁ Διομήδης. T 45

ex.   *b.* ⟨κακὴ γλήνη:⟩ ὅτι μικρόφθαλμος, ὥς φασί τινες, ὁ Διο-
μήδης ἦν ἢ ὑπόρραιβος, ὃ καὶ ὀνειδίζεται. b(BCE³E⁴)

---

161 incertum an sch. Herodiani de accentu vocis περί exstiterit, vide ad A
258 *a*; Δ 257   ἡ σέ (23) sq. ad B 808. Δ 27 (Hrd.)   ἀπολέλυται (23) ad
B 28 (Hrd.), al.   **163** diple ante versum in A, fort. erat sch. Aristonici de v.
ἀντί; vide ad I 116; cf. Wismeyer 21   *b/c* cf. EM. 388, 12: γράφεται καὶ
„ἀντιτέτυξο‟, fort. e Ven. A; Beiträge 165, 4. Vide Antim. fr. 44, 2 W.   *c*¹ ὁ
δὲ λόγος (33) — δημῶδες (34) cf. D, Eust. 705, 7; vide ad Φ 75 (Ariston.)
164—6 *a* ἀνάρμοστα (40) sq. at cf. Dachs 37, 2   *b* vide ad Θ 164 *a*   **164** *a/b*
μικρόφθαλμος aliter Melet. 69, 2

---

23 (le.) τυδ. eiecit Lehrs   **28** le. Bk., γυναικὸς ἄρ· A   **29** ποτε A suppl.
Lehrs   **31** le. (= Aᶜᵒⁿᵗ, vulg.) add. Vill.   τοῦ del. Ldw. (ἀντετέτυξο Vill.,
Bk., Ddf.)   **38** le. A suppl. Frdl. (ἔρρε iam Vill.)   **42** le. addidi, ἄλλως
Vill.   **44** ἀριστοφ. δὲ ἀθετεῖ post sch. Θ 164 *a* (coni. cum v. διομήδης) T,
distinxi et transposui   **46** le. addidi (auctore Vill.), ἔρρε κακὴ γλήνη add.
Li   τινές φασι E⁴   **47** ἢ ὑπόρραιβος sq. cf. Valk I 156

*c.*¹ οὐκ εἴξαντος ἐμεῖο: ἀλλὰ μείναντος, ὅπερ σὺ ποιεῖς. *ex.*
ἀναφέρει δὲ εἰς τὰ ἀπαγγελθέντα ὑπὸ Ἰδαίου Τρώεσσιν (cf. Η
50 400—17). Τ

*c.*² τὸ δὲ οὐκ εἴξαντος οὐχ ὑποχωρήσαντος, ἀλλὰ μείναν-
τος, b(BCE³E⁴)   ὅπερ σύ, φησί, ποιεῖς. ἀναφέρει δὲ τὸν λόγον ἐπὶ
τὰ ὑπὸ Ἰδαίου ἀπαγγελθέντα Τρωσίν. b(BE³E⁴)

166 *a.* ⟨δαίμονα δώσω:⟩ ἐν τῇ Ζηνοδότου „πότμον ἐφήσω". *Did.*
55 A^{int}T^{il}

*b.*¹ ⟨ἄξεις ἐν νήεσσι· πάρος τοι δαίμονα δώσω:⟩ λόγον *ex.*
κακὸν καὶ ἀγγελίαν· δώσω γάρ σοι, φησίν, ὑπόμνησιν, ὅταν ἐν ταῖς
ναυσὶ κρατήσω σου. ἢ μᾶλλον τὴν δαίμονα ἤτοι τὴν τοῦ θανάτου
ψῆφον. b(BCE³E⁴)

60 *b.*² δαίμονα λόγον κακόν. T^{il}

167. Τυδείδης δὲ διάνδιχα μερμήριξεν: πῶς δύο εἰπὼν τὸν *ex.*
Διομήδην μεριμνῆσαι ἐν ἐπάγει; φαμὲν δὲ ὡς δύο βουλὰς ἐμερίμνησεν
εἰς ἓν νευούσας „ἵππους τε στρέψαι καὶ ἐναντίβιον μαχέσασθαι" (Θ
168)· ἢ ὡς ὡμολογημένον ἀφίησι τὸ ἓν b(BCE³E⁴) T   †καὶ† ὡς
65 αἰσχρὸν ἐσιώπησεν. Τ

168. ἵππους τε στρέψαι ⟨καὶ ἐναντίβιον μαχέσασθαι⟩: *Ariston.*
ὅτι ὑποτάσσουσιν „ἢ μήτε στρέψαι μήτ᾽ ἀντίβιον μαχέσασθαι". οὐκ
ἔστιν δέ· τὸ γὰρ „διάνδιχα" (Θ 167) οὔκ ἐστι δύο ἐμερίμνησεν ἐναντία,
ἀλλ᾽ ἐπὶ τὸ αὐτὸ φερόμενα, στρέψαι τοὺς ἵππους καὶ μάχεσθαι. Α

*c*² ὑποχωρήσαντος (51) = D   166 obelus ante versum in A (ut ante Θ 164 et 165),
non diple periestigm.   *a* πότμον ἐφήσω (54) cf. Duentzer, Zen. 123   *b*¹ cf. Roemer
65   ἢ μᾶλλον (58) cf. Eust. 705, 19   167 cf. Eust. 705, 51 ·   168 ad A 189
(Ariston.)   ὑποτάσσουσιν (67) — μαχέσασθαι versum a Zenodoto adiectum esse

48 ἀλλὰ μείναντος olim post ποιεῖς fuisse cognovit Nickau   49 τρώεσσιν Τ, τρωσίν
Ma., cf. sch. *c*²   51—3 τὸ δὲ οὐκ sq. conexum cum scholio *b* (v. ὀνειδίζεται) in b
51 sq. cf. sch. *c*¹   54 le. add. Bk.   sch. *a* post sch. *b*² (coni. cum v. κακόν)
T^{il}, distinxi et transposui   ἐν τῇ Ddf., εν ss. τ Α, ἡ δὲ Τ   56 le. add. Vill.
(δαίμονα solum add. Li)   58 τὴν (ante δαίμ.) om. E⁴   ἤτοι τὴν] ἢ E⁴
62 ἐν ἐπάγει sc. in versu Θ 168   63 μαχέσ.] πολεμῆσαι BCE³   64 ὁμολογη-
μένον Τ   ἀφ.] exspectes ἀφῆκε   ἐν Τ ἕν· ἤτοι τὸ ἢ στραφῆναι ἢ μὴ στραφῆναι,
ὃ κατέλιπεν b (edd.)   καὶ Τ, ἢ Wil. (recte ut vid.)   66 le. A suppl. Vill.
67 ὅτι Α, ἡ διπλῆ, ὅτι Vill.   ὑποτάσσ. sc. τόνδε τὸν στίχον   69 φερ. Bk.,
φερόμεθα Α

ex.   **169.** τρὶς μὲν μερμήριξε κατὰ φρένα καὶ κατὰ θυμόν: φρένα 70
μὲν τὸ λογιστικόν, θυμὸν δὲ τὸ θυμοειδές. ἐπεμερίζετο οὖν, φησίν,
ὑπό τε τοῦ νοῦ κωλυόμενος καὶ τοὐναντίον ὑπὸ τοῦ θυμοῦ διεγειρόμε-
νος πρὸς τὴν πρᾶξιν. b(BCE³E⁴) T

Did.   **170.** ⟨ἀπ' Ἰδαίων:⟩ γράφεται καὶ „ἐπ' Ἰδαίων". Aᵢⁿᵗ

Nic.   **171** *a.* σῆμα τιθεὶς Τρώεσσι, ⟨μάχης ἑτεραλκέα νίκην⟩: 75
βραχὺ διασταλτέον ἐπὶ τὸ Τρώεσσιν· αὐτὸ γὰρ τὸ σημεῖον, πρὸς τὸ
σημαινόμενον ὑπαντήσας, εἴρηκε νίκην. ἐὰν δὲ συνάπτωμεν, γίνεται
σολοικοφανές. A

ex. | *Nic.*   *b.* ⟨σῆμα τιθεὶς Τρώεσσι:⟩ ἀντὶ τοῦ σημαίνων. | καὶ εἰς τὸ
Τρώεσσι στιγμή. b(BCE³E⁴) Tⁱˡ   80

ex.   *c.* σῆμα τιθείς: ὧδε στικτέον. T   τί δὲ ἦν τὸ σῆμα;
Τρώεσ⟨σ⟩ι μάχης ἑτεραλκέα νίκην. b(BCE³E⁴) T

ex.   **175.** γινώσκω δ' ὅτι μοι πρόφρων ⟨κατένευσε Κρονίων⟩:
στρατηγικῶς μὲν τὴν εὐημερίαν αὐτοῖς δηλοῖ, οἰκειοῦται δὲ αὐτὴν
ὑπερόπτως. b(BCE³E⁴) T   ὁμοίως καὶ τὸ „κτείνω δὲ καὶ αὐτούς" 85
(Θ 182). ὁ δὲ Ἕλλην „ἀλλ' ἄνδρας κτείνωμεν" (Ζ 70) φησίν. T

Hrd.   **177.** {νήπιοι} οἵ {ἄρα δὴ τάδε}: Ἀρίσταρχος τὸ οἵ ἄρθρον φησίν,
ὁ Σιδώνιος δὲ οἷα τὸ πλῆρες, οὐχ ὑγιῶς. T

Hrd.   **178** *a.* ἀβληχρ': Ἡρακλείδης ὁ Μιλήσιος (fr. 7 C.) βαρύνει ὡς
ἄσιτα. λόγῳ δὲ χρῆται τούτῳ ὡς βληχρόν ἐστι τὸ ἰσχυρόν, ὅπερ κατὰ 90
στέρησιν ὀφείλει λέγεσθαι ἀβληχρος ὡς ἄκακος· σημαίνει γὰρ τὸ ἀ-
σθενές. ἡ μέντοι παράδοσις ὀξύνει τὸ ἀβληχρά καὶ „ἀβληχρήν" (Ε
337), πεισθεῖσα πρῶτον τῷ παρασχηματισμῷ ὡς ἁπλῷ· οὕτως γὰρ

suspicatur Duentzer (Zen. 159, 4)   **171** aliter ac Nicanor et auctor scholii *c*
verba coniunxit Eust. 705, 56: ἐν δὲ τῷ „σῆμα τιθεὶς μάχης ἑτεραλκέα νίκην" τὸ
„μάχης" δύναται καὶ εἰς τὸ „σῆμα" κεῖσθαι καὶ εἰς τὴν „νίκην"· ὀρθὸν γὰρ καὶ
μάχης εἰπεῖν σῆμα καὶ μάχης ἑτεραλκέα νίκην, vix e scholiis   **175** ὁ δὲ Ἕλλην
(86) sq. ad Ζ 70 (ex.)   **178** *a* partim plura Eust. 705, 60: ἐν δὲ τοῖς Ἡροδώρου
καὶ Ἀπίωνος φέρεται ὅτι Ἡρακλείδης μὲν ὁ Μιλήσιος βαρύνει τὴν λέξιν λέγων ὡς
βληχρόν ἐστι τὸ ἰσχυρὸν καὶ ἐν συνθέσει ἀβληχρον ὡς ἄκακον. ἡ δὲ παράδοσις

---

70 le. Vill., κατὰ φρένα δὲ καὶ κατὰ θυμόν pone sch. Θ 167 (coni. cum v. ἐσιώπη-
σεν) in T, om. b   **71** λογ. b λογικόν T   θυμός T   **73** πρὸς τ. πρᾶξιν om.
T, fort. recte   **74** le. add. Bk.   **75** le. A suppl. Vill.   **79** le. addidi (auc-
tore Vill.), σῆμα τιθεὶς add. LiVᶜ   καὶ εἰς T εἰς δὲ b   **79** sq. εἰς — στιγμ.
pone sch. *c* (coni. cum v. νίκην) E⁴   **80** στιγμή b, fort. rectius   **81** sq. τί δὲ
sq. pone sch. *b* (coni. cum v. στιγμή) in b   **82** τρώεσι T suppl. Ma.,
om. b   νίκη T   **83** le. T supplevi (auctore Vill.), om. b   **84** μὲν om. b
85 ὑπερόπτ. T ὑπερηφάνως καὶ οὐ μετριοφρονεῖ b   **87** (le.) νήπ. et ἄρα δὴ τ.
eiecit Bk.   **89** le. ἀβληχρά: A corr. Bk. (Vill.)   μιλ. Eust. μειλήσιος A
90 ἄσητα A em. Bk. (ad v. cf. δ 788)

παρεσχηματίσθη· ὡς πενιχρά, ψυχρά (λέγω δὲ θηλυκῶς), οὕτως ἀ-
95 βληχρά, οὐ κοινωνοῦντός ποτε τοῦ γένους (λέγω δὲ ὁ ἄβληχρος καὶ
1 ἡ ἄβληχρος). ἄλλως τε ἤδη αὐτὸ τὸ βληχρός σημαίνει ὡς ἐπὶ τὸ πλεῖ-
στον μᾶλλον τὸ ἀσθενές. Ἀλκαῖος θ΄ (fr. 319 L.-P.)· „βληχρῶν ἀνέ-
μων ἀχείμαντοι πνοαί"· καὶ ὁ Νίκανδρος· „βληχρὸν γὰρ μυὸς οἷα
μυληβόρου ἐν χροΐ νύγμα" (ther. 446). †τούτωι δὴ πλεονάσαν τὸ† ᾱ
5 φυλάξει τὸν αὐτὸν τόνον ⟨∗∗∗⟩ ἀεί· οἶδα γὰρ τὸ ἄβορος, †ἄγαυ-
ρος†, ἄσταχυς. A

    b. ⟨ἀβλήχρ᾽:⟩ δύναται καὶ ἐν ἐπιτάσει εἶναι τὸ ᾱ. T[il]   *ex.*
    οὐδενόσωρα: οὐδεμιᾶς φροντίδος ———— φροντίς. A   D
    c. οὐδενόσωρα: ὡς κυνόσουρα ὑφ᾽ ἓν κατὰ σύνθεσιν, εἰ καὶ   *Hrd.*
10 σπάνιος ἡ τοιαύτη σύνθεσις ἐξ ἀποφάσεως καὶ συνδέσμου καὶ τῆς
ἑνὸς γενικῆς ἐντελοῦς· οὐδέποτε γὰρ οὕτως αὕτη ἡ γενικὴ συντίθεται.
ἀλλ᾽ οἵ γε ποιηταὶ τολμῶσι ξένας συνθέσεις. A

ὀξύνει· βληχρὸν γὰρ τὸ ἀσθενές, ὡς Ἀλκαῖος· „βληχρῶν — πνοαί", καὶ Νίκαν-
δρος· „βληχρὸν μυὸς — νύγμα". ἐν τούτῳ πλεονάσαν τὸ ᾱ φυλάσσει τὸν αὐτὸν
τόνον, ὡς καὶ ἐν τῷ λαλητός ἀλαλητός, στεροπή ἀστεροπή. οὐκ ἐκεῖνο
μέντοι διηνεκές, φασί, λέγομεν ὅτι ὁ πλεονασμὸς τοῦ ᾱ φυλάσσει τὸν αὐ-
τὸν τόνον ἀεί· οἴδαμεν γὰρ τὸ γαῦρος ἄγαυρος, στάχυς ἄσταχυς, cf. Ep. Hom.
(An. Ox. 1, 95, 8, fort. ex Herodiano): βληχρόν· Πίνδαρος μὲν βληχρὸν τὸ ἰσχυ-
ρόν, „πρόφασιν βληχροῦ γίνεται νείκεος" (fr. 245 Sn.)· διὰ τοῦτο †λαμβάνων τὸ ᾱ,
στερητικὸν αὐτὸ ἡγεῖται καὶ βαρύνει, ἄβληχρος (αὔληχρος cod.)· ἔνθεν Ἡρακλεί-
δης ὁ Μιλήσιος κατὰ βαρεῖαν τάσιν τὸ θηλυκὸν ἀνέγνω „ἀβλήχρην" (scripsi, ἀμ-
βλήχρην cod.; E 337)· ἡγεῖται γὰρ στέρησιν, οὐ πλεονασμόν. λέγομεν δὲ ὅτι βλη-
χρὸν σημαίνει τὸ ἀσθενές, οἷον „βληχρῶν ἀνέμων ἀχείμαντοι πνοαί". τὸ δὲ ἀβληχρόν
(αὔληχρὸν cod.) κατὰ πλεονασμόν, Lex. rhet. in Et. Gen. (AB) βληχρόν, vide Or.
7, 3 (= Hrd. παθ. 2, 166, 4), unde Et. Gen. (Sym., desunt AB) ἀβληχρόν, Et.
Gud. 2, 17 Stef.   κατὰ στέρησιν (90) cf. sch. Ap. Rh. 2, 205   ἀσθενές (91) cf.
sch. Opp. Hal. 1, 100 Vári   κοινωνοῦντος (95) — γένους cf. Ap. Dysc. synt. 75,
13   *b* cf. D, D ad E 337, sch. λ 135, Ap. S. 2, 22; Cyr. (An. Par. 4, 178, 33):
ἀβληχρά· ἀσθενῆ, ἀπαλά, aliter ad E 337 (T)   *c* Et. Gen. (AB): οὐδενόσωρα·
ὡς κυνόσ. — ἑνὸς γενικῆς. ταῦτα δὲ ποιητῶν τολμήματα αἱ ξέναι συνθέσεις, fort.

---

94 πενιχρά cf. γ 348; ψυχρά cf. O 171 al.   2 βλήχρων Alc.
(cf. Ep.Hom.), πνοιαί A, πνόαι Alc.   4 ἐν τούτῳ πλ. τὸ Eust., τοῦτο δὴ
πλ. τῷ Bk., recte ut vid.   5 φυλάσσει Eust.; tum lac. stat. Lehrs verbis hisce
supplendam λαλητός (fort. rectius ὡς τὸ λαλητός) ἀλαλητός, στεροπή ἀστεροπή·
οὐκ ἐκεῖνο μέντοι διηνεκές λέγομεν ὅτι πλεονασμὸς τοῦ ᾱ φυλάσσει τὸν αὐτὸν
τόνον, cf. Eust. (test.)   ἄβορος susp., om. Eust.; ἄδορος Lob. (Pathol. elem.
I 31), Lentz, Hiller   5 sq. ἄγαυρος A Eust., ἀγαυρός Bk. (recte)   7 le. addidi

334 Θ 178 d—185 a

Hrd. | *ex.* | *ex.*

    d. οὐδενόσωρα: ὑφ' ἕν τὸ οὐδενόσωρα, εἰ καὶ σπάνιος
ἡ τοιαύτη σύνθεσις· λέγω δὲ ἐξ ἀποφάσεως καὶ συνδέσμου καὶ τῆς
ἑνὸς γενικῆς τελείας. b(BCE³E⁴) T | τινὲς δὲ οὐδενὸς φυλακτικά. | πι- 15
θανῶς δὲ καὶ τοῦ ὑπογύου ἔργου μνημονεύει ἐξευτελίζων τὴν πρᾶξιν.
b(BE³E⁴) T

ex.   180. ⟨ἀλλ' ὅτε κεν ——— γένωμαι:⟩ ἀλαζονεύεται, ὡς οὐ πρὸ
μικροῦ σηκασθεὶς „ἠΰτε ἄρνες“ (Θ 131). b(BCE³E⁴) T

ex.   182. ὡς πυρὶ νῆας ἐνιπρήσω: ἀλαζονείαν βαρβαρικὴν ἔχει τὸ 20
πρὸ τῆς †χρείας† διορίζεσθαι. ἅμα δὲ καὶ στρατηγικὸν τὸ προνοεῖ-
σθαι. b(BCE³E⁴) T

Ariston. | *Nic.*   185 a. Ξάνθε τε καὶ σὺ Πόδαργε καὶ Αἴθων Λάμπε τε δῖε:
⟨ἀθετεῖται,⟩ ὅτι οὐδαμοῦ Ὅμηρος τεθρίππου χρῆσιν παρεισάγει.
μάχεται δὲ καὶ τὰ ἐπαγόμενα δυϊκά, καὶ ἡ προσφώνησις εὐήθης. | 25
βραχὺ δὲ διασταλτέον καθ' ἕκαστον ὄνομα. κἂν συνάπτηται δέ, τὸ

ex hyp. Iliad.; — κυνόσουρα (9) cf. Eust. 706, 1   *d* τινὲς δὲ οὐδενὸς φυ-
λακτικά (15) cf. Apion. fr. 90 B. ap. He. o 1564: Ἀπίων δὲ οὐδενὸς φυλακτικά
183 incertum an sch. Didymi exstiterit de hoc versu, qui hodie in codicibus ple-
risque deest   **185** obelus ante versum in A   Eust. 706, 43: τῶν δὲ παλαιῶν
οἱ μὲν τὰς τέσσαρας τῶν ἵππων κλητικὰς μίσγοντες εἰς δύο συναλείφουσι συζυγίας
καὶ ξυνωρίδα{ς} (delevi) ποιοῦσιν ἵππων, δύο νοοῦντες ὀνόματα ἐπίθετα, κείμενα
δυσὶ ὀνόμασιν ἵππων κυρίοις, οἷον λόγου χάριν Ξάνθε τε καὶ σὺ Λάμπε, πόδαργε καὶ
αἴθων, τουτέστι ταχύτατε καὶ πυρρέ (cf. D; de textu Eustathii Friedl., Nic. p. 39,
10). χρῶνται δὲ πρὸς ἀπόδειξιν καὶ τῷ „ἀποτίνετον“ (Θ 186) δυϊκῷ ῥήματι καὶ
τῷ „ἐφομαρτεῖτον καὶ σπεύδετον“ (Θ 190)· ὡς ἐπὶ συνωρίδος γάρ, φασί, κεῖνται τὰ
τοιαῦτα δυϊκά. λέγουσι δὲ καὶ οὐδὲ τεθρίππου χρῆσιν εἶναί ποτε τοῖς ἥρωσιν, ἀλλὰ
ξυνωρίσι χρᾶσθαι πάντας (cf. sch. *a*), καί που καὶ παρηόρῳ ἑνί, ὡς ἐφάνη ἐπὶ Νέστο-
ρος. ἔτι δέ φασιν ὡς, εἴπερ ἦν τέθριππον, καὶ δύο ἂν εἶχε ῥυμούς, ὡς
Αἰσχύλος (fr. 324 N.² = fr. 645 M.) φησίν· ἐν διρρυμίᾳ πῶλοι·   *a* —
εὐήθης (25) ·ad T 400. Ψ 295 (Ariston.); cf. Lehrs Ar.³ 193; Valk II 426; vide ad
E 195 b (Ariston.)   *μάχεται* (25) — δυϊκά ad Θ 186. 191 (Ariston.); vide ad
Θ 109 a   *τὸ ψυχρὸν ἐκεῖνο* (26) sq. cf. Eust. 706, 56: οἱ δ' αὐτοί φασι (sc. οἱ
παλαιοί, quos 706, 43 commemoraverat; vix recte Valk I 14) ὡς ψυχρόν ἐστι
νοεῖν ἐπίθετα μὲν τὰ δύο, τὰ δὲ λοιπὰ κύρια· ἐπεὶ κατὰ Ἡρόδωρον καὶ Ἀπίωνα
οἱ σύνδεσμοι παρακείμενοι χωρίζουσιν αὐτὰ ἀπ' ἀλλήλων· κύρια γὰρ πρὸς ἐπίθετα
οὐδέποτε συνδεῖται, vide D et Eust. 706, 43 (supra laud.); vid. erravisse Prob.

13—6 pone sch. Θ 180 in b   **14** δὲ] δὲ καὶ BE⁴   **15** sq. πιθανὸν b   **16** τοῦ]
τὸ E³E⁴   μνημον. sq. T μεμνῆσθαι τῶν ἀχαιῶν τὴν πρᾶξιν ἐξετευλίζοντα b,
fort. μνημονεύει ἐξευτελίζων τῶν ἀχαιῶν τὴν πρᾶξιν   **18** le. addidi   οὐ]
ὁ C   πρὸ om. T   **19** ἀρνός BCE⁴ ἀρνειός E³   **20** βαρβ. om. b   **21** χρ.
διορ. T νίκης τὴν τοῦ πυρὸς διορίζεσθαι χρείαν b, νίκης τὴν χρείαν διορ. Ma.,
νίκης διορ. χρείαν Vill.   **21** sq. τὸ προν. στρατηγικόν ἐστιν b   **23** (le.) δῖε
Vill., δῖον A   **24** ἀθετ. add. Frdl.   **25** δυϊκά sc. Θ 186 et 191

ψυχρὸν ἐκεῖνο οὐ δύναται νοεῖσθαι ὅτι δύο μέν ἐστιν ἐπίθετα, δύο δὲ
κύρια· ἐπεὶ οἱ σύνδεσμοι παρακείμενοι χωρίζουσιν αὐτὰ ἀπ᾽ ἀλλή-
λων, τὰ δὲ κύρια πρὸς τὰ ἐπίθετα οὐδέποτε συνδεῖται. Α

30   b. Ξάνθε τε καὶ σὺ Πόδαργε ⟨καὶ Αἴθων Λάμπε τε   ex.
δῖε⟩: ἀθετεῖται ὁ στίχος πρῶτόν γε διὰ τὸ σύ, εἶτα διὰ τὰ ὀνόματα·
Λάμπος γὰρ τῆς 'Ηοῦς ἐστιν ἵππος (cf. ψ 246), Ξάνθος δὲ 'Αχιλλέως
(cf. Τ 400), Πόδαργος Μενελάου (cf. Ψ 295), Αἴθη 'Αγαμέμνονος (cf.
ib.), ἣν Αἴθωνα νῦν εἶπε μεταθεὶς τὸ γένος. οὐδαμοῦ δὲ τεθρίππῳ κέ-
35 χρηνται ἥρωες, εἰ μὴ ἐν 'Οδυσσείᾳ ἐπὶ παραβολῆς· ,,ἡ δ᾽, ὡς τ᾽ ἐν
πεδίῳ †τετράωροι† ἄρσενες ἵπποι" (ν 81)· τὸ γὰρ ,,†τέσσαρας ἀθλο-
φόρους ἵππους†" (Λ 699) ὑπώπτευται ὡς νόθον, ἢ δύο ἅρματα δηλ-
οῦν βούλεται· ,,τὸ⟨ν⟩ δ᾽ ἐλατῆρ᾽ ἀφίει ἀκαχημένον" (Λ 702), τὸν
ἑκατέρας συνωρίδος. — εἴποι δ᾽ ἄν τις πρὸς τοῦτο ὅτι εἰκός, τῶν ἄλ-
40 λων τεθρίπποις μὴ χρωμένων, τὸν "Εκτορα θαρσῆσαι τέσσαρας ἵπ-
πους ὑποζεῦξαι πρὸς κατάπληξιν τῶν πολεμίων b(BCE³E⁴) Τ   διὰ
τὸ ἀπόγονον αὐτὸν εἶναι Τρωός, ᾧ Ζεὺς ὑπὲρ Γανυμήδους ἔδωκεν
ἵππους, ὅθεν φιλότιμός ἐστι περὶ ἱππικήν· οἶδε γὰρ ἵππος ἀγαθὸς
πρὸς ἱππικὴν ἐγείρειν ὡς καὶ πρὸς πόλεμον διάφορα ὅπλα καὶ θηρευ-
45 τικὴ κύων ἐπὶ κυνηγέσιον ἐξοιστρᾶν τὸν κτώμενον. διὰ τοῦτο τὸν "Ε-
κτορα ,,θρασὺν ἡνίοχόν" φησιν "Ομηρος (sc. Θ 89), καὶ οὐ μόνον τοῦ-
τον θρασύν, ἀλλὰ καὶ τὸν ἡνιοχοῦντα αὐτῷ ,,'Ιφιτίδην 'Αρχεπτόλε-
μον θρασύν" (Θ 128, cf. 312)· οὐ τοῦ τυχόντος γὰρ ἦν τέτρωρον
ἡνιοχεῖν. — ἀλλ᾽ εἰ τέτρωρον ἦν, φασί, πῶς δυϊκὸν ἐπήγαγε ,,τὴν
50 κομιδὴν ἀποτίνετον" (Θ 186) καὶ ,,ἀλλ᾽ ἐφομαρτεῖτον καὶ σπεύδε-

---

Verg. G. 3, 89—91 (App. Serv. 380, 7)   ἐπίθετα (27)] de πόδαργε vide ad
Π 150   b Pio grammatico sch. dubitanter attr. Hiller, Philol. 28, 1869, 99   ἀθε-
τεῖται (31) cf. Eust. 706, 64   Λάμπος γὰρ (32) — τὸ γένος (34) cf. Eust. 706,
62   οὐδαμοῦ δὲ (34) — ἄρσενες ἵπποι (36) cf. Eust. 707, 1   τὸ γὰρ τέσσαρας
(36) — συνωρίδος (39) ad Λ 699 (Ariston.)   τὸν "Εκτορα θαρσῆσαι (40) sq. cf.
Anon. fig. 155, 21   τὸν "Εκτορα θαρσῆσαι (40) — φησιν "Ομηρος (46) cf.

27 δύο . . . ἐπίθετα sc. πόδαργε καὶ αἴθων, cf. test.   30 le. T supplevi (auc-
tore Vill.), om. b   31 διὰ¹ Τ καὶ διὰ b   τὸ b τοῦ Τ   εἶτα] εἶτα καὶ C
32 δὲ om. b   34 αἴθονα BE⁴T   μετατιθεὶς b   δὲ] γὰρ E⁴, om. Τ   36 τε-
τράοροι Hom.   ἵππων C   36 sq. τέσσαρες ἀθλοφόροι ἵπποι Hom.   38 τὸν
δὲ ἐλ. ἀφ. ἀκ. τὸν om. b   τὸ Τ suppl. Bk.   δ᾽ ἐλατῆρ᾽ (= Hom.) Ma., δὲ
ἐλατῆρα Τ   39 ἑκατ. Τ ἐξ ἑκατέρας b   41 sq. διὰ τὸ — εἶναι Τ ἀπόγονος
γάρ ἐστι b   43 ὅθεν Τ καὶ b   οἶδε] εἴωθε Ma.   44 sq. θηρευτικὴν b
45 ἐπὶ Τ καλῶς (καλὸς E³) ἰχνηλατῶν ἐπὶ τὸ b   ἐξοιστρᾶν τὸν κτώμενον
om. b   διὰ τοῦτο τὸν Τ, διὸ καὶ τὸν b (fort. rectius)   47 sq. ἰφιτ. et θρασύν
om. b   48 ἦν Τ ἦν τὸ b   49 ἀλλ᾽ εἰ — φασί Τ φασὶ δὲ εἰ τέτρωρον
ἦν b   δυϊκ. ἐπήγ. Τ ὡς πρὸς δυϊκὸν ἀποτείνεται καί φησι νῦν μοι b   50
ἀλλ᾽ om. b

τον" (Θ 191); ῥητέον δὲ καὶ πρὸς τοῦτο ὅτι πρὸς τὰ συστήματα (δύο γὰρ ζύγιοι καὶ δύο παρήοροι ἦσαν), ὡς τὸ ,,τόφρα μάλ' ἀμφοτέρων βέλε' ἥπτετο" (Θ 67)· πρὸς ἑκατέραν γὰρ στρατιάν, καὶ τὸ ,,ὡς ἀψῖσι λίνου ἁλόντε" (Ε 487), τὸν Ἕκτορα καὶ τοὺς Τρῶας· φησὶ γὰρ ,,τύνη δ' ἕστηκας, ἀτὰρ οὐδ' ἄλλοισι κελεύεις ⟨/ ——— /⟩ μή πως ὡς 55 ἀψῖσι λίνου ἁλόντε" (Ε 485. 487). b(BE³E⁴) T   καὶ τὸ ,,αἵ κ' ἀπο- κηδήσαντε φερώμεθα χεῖρον ἄεθλον" (Ψ 413) τὸ δυϊκὸν ἔχει πρὸς τὸν ἡνίοχον καὶ τοὺς ἵππους. T   τρισὶ δὲ ἵπποις ἐχρῶντο οἱ ἥρωες, ἵνα τρωθέντος ἑνὸς τῶν ζυγίων εἰς τὴν τούτου χώραν ὁ παρήορος ἄγηται. οἱ δὲ Ὁμηρικοὶ θεοὶ συνωρίσι χρῶνται, ἐπεὶ τιτρωσκόμενοι οὐχ ὁρῶν- 60 ται. ὁ δὲ Ἕκτωρ ἐτόλμησε προσθεῖναι τὸν τέταρτον ἅμα μὲν διὰ τὰ προειρημένα, ἅμα δὲ καὶ τοῖν δυοῖν ἵπποιν τρῶσιν ὑφορώμενος. b(BE³E⁴) T

ex.(Nic.)   c. Ξάνθε τε ⟨καὶ σὺ Πόδαργε καὶ Αἴθων Λάμπε τε δῖε⟩: καθ' ἑκάστην κλητικὴν βραχεῖα διαστολή. οὐκ ἐῶσι δὲ οἱ σύνδεσμοι, 65 ὥς τινες, εἶναι δύο ἐπίθετα καὶ δύο κύρια. b(BE³E⁴) T

Ariston.   186. ⟨ἀποτίνετον:⟩ ὅτι ἐπὶ δυεῖν ἡ φράσις, ἀλλ' οὐκ ἐπὶ τεσσά- ρων. Aᵢⁿᵗ

ex.   186—8. ἣν μάλα πολλήν / Ἀνδρομάχη ⟨——— πυρὸν ἔθηκεν⟩: οἰκονομικὸν καὶ εἰς σωτηρίαν τοῦ ἀνδρὸς τεῖνον, εἴ γε καὶ τὰ 70

Eust. 706, 51   πρὸς τὰ συστήματα (51) cf. Eust. 706, 58; sch. Ar. pac. 7 (aliter Tz. Ar. nub. 148 a [p. 420, 3 H.])   τρισὶ δὲ ἵπποις ἐχρῶντο (58) sq. cf. sch. δ 590   186 ad Θ 185 a (Ariston.), vide ad Θ 109; cf. Anon. fig. 157, 2

---

51 sq. πρὸς τὰ — ὡς τὸ T, οὐ πρὸς ἕκαστον ἵππον λέγει, ἀλλὰ πρὸς τὰ ἐξ αὐτῶν συστήματα· δύο γὰρ ζύγιοι ἦσαν καὶ δύο παρήοροι. τοὺς μὲν οὖν ζυγίους ἀνθ' ἑνός, τοὺς δὲ παρηόρους ἀνθ' ἑτέρου λαμβάνει. ὅμοιον δέ ἐστι τῷ b (fort. verum) 53 πρὸς b τὸ πρὸς T   γὰρ T γὰρ κἀκεῖνο b   καὶ τὸ T καὶ τῷ b   53—6 ὡς ἀψ. — λίνου ἁλόντε (56) T τύνη δ' ἕστηκας, ἀτὰρ οὐδ' ἄλλοισι κελεύεις, μήπως ὡς ἀψῖσι λίνου ἁλόντε· πρὸς γὰρ τὸν ἕκτορα καὶ τοὺς τρῶας b   54 τὸν T, πρὸς τὸν Ma. (cf. b)   φησὶ sc. poeta resp. Sarpedo   57 φερόμεθα T em. Bk. 58 τρισὶ] τρῶσι E⁴   59 ἑνὸς b τινὸς T   ὁ om. b   60 sq. τιτρ. οὐχ ὁρῶνται sc. equi deorum   62 τῶν δυοῖν ἵππων ὑφορώμενος τὴν τρῶσιν b   τρωσὶν T em. Ma.   64 le. T supplevi, om. b   65—6 καθ' ἑκάστην δὲ sq. coni. cum scholio praecedenti (v. τρῶσιν) in b   65 κλητ. βρ. διαστ. b χρῆται βραχεῖαν διαστολήν T   66 ὥς τινες b ὥστε T   εἶναι sq. T δύο εἶναι κύρια καὶ δύο ἐπίθετα ὀνόματα b (cf. sch. a)   67 le. add. Bk. (Vill.)   ὅτι A, ἡ διπλῆ, ὅτι Vill.   69 le. T supplevi, om. b (qui sch. ad Θ 187 revocavit) 70 οἰκον. T οἰκονομικὴ γὰρ ἦν b   τεῖνον T ἐπισπεύδουσα b

ὅπλα αὐτοῦ δέχεται, ὡς δηλοῖ ὁ Ζεύς· „ὅ οἱ οὔτι μάχης ἐκνοστήσαντι/
δέξεται Ἀνδρομάχη κλυτὰ τεύχεα" (Ρ 207—8). b(BCE³E⁴) Τ   ὡς
γυνὴ δὲ παρὰ φύσιν τὸν πυρὸν αὐτοῖς παραβάλλει. καὶ αἱ Διομήδους
δὲ ἵπποι „μελιηδέα πυρὸν" (Κ 569) ἔδουσι. παρὰ προτέροις (cf. 188)
75 δὲ διὰ τὸ μὴ ἐπιλαθέσθαι αὐτῶν· ἄλογον γὰρ ὂν τὸ ζῷον ἀφ᾽ ἑαυτοῦ
τροφὴν οὐκ αἰτεῖ. b(BCE³E⁴)

188—90 a.¹ ⟨ὑμῖν πὰρ προτέροισι ——— εὔχομαι εἶναι:⟩ ex.
ἀθετεῖται {δὲ} τὸ οἶνόν τ᾽ ἐγκεράσασα (189), ὅτι οὐ σύνηθες οἶνον
πίνειν ἵππους, καὶ διὰ τὸ ὅτε θυμὸς ἀνώγοι (189) ψυχρὸν γὰρ καὶ
80 τοῦτο ἐπὶ ἵππων. — ἔστιν οὖν ὑπερβατόν· ὑμῖν προτέροις πυρὸν
παρέθηκεν ἢ ἐμοὶ τὸν αὐτὸν πυρὸν ἔθηκεν οἶνόν τ᾽ ἐγκεράσασα
πιεῖν ὅτε θυμὸς ἀνώγοι (189), ἵν᾽ ᾖ τὸ πυρὸν ἔθηκεν (188) ἀπὸ
κοινοῦ. b(ΒΕ³E⁴)

a.² {οἶνον τ᾽ ἐγκεράσασα ἢ ἐμοί:} τὸ ἑξῆς „ἣν μάλα πολλὴν"
85 (Θ 186) / ὑμῖν πὰρ προτέροισιν ἔθηκεν (188) — τί δ᾽ ἔθηκεν;
μελίφρονα πυρόν (188) — ἢ ἐμοὶ οἶνον ἐγκεράσασα (190. 189)
καὶ τὰ ἑξῆς συναπτέον· ὑπερβατὸν γάρ ἐστιν, ὅτι οὐκ ἔστι σύνηθες ἵπ-
πους πίνειν οἶνον. ψυχρὸν δὲ ἐπὶ ἵππων καὶ τὸ ὅτε θυμὸς ἀνώγοι
(189). Τ

188—90 Eust. 707, 11 (vide infra ad a¹/a²): ἕτεροι δὲ καὶ τὸ πυρὸν παρέβαλε (cf.
188) καὶ τὸ οἶνον ἐνεκέρασε (cf. 199) τοῖς ἵπποις προσαρμόττουσι διὰ τὸ τῇ συν-
τάξει εὐθὺ καὶ ἀπερίεργον καὶ ἀνυπέρβατον καὶ τῇ ὀρθῇ φράσει κατάλληλον· τὸ γὰρ
ἐπὶ Ἕκτορος αὐτὰ νοεῖν ὀρθὸν μέν ἐστι τῷ νοήματι, στρεβλὸν δὲ τῇ συντάξει καὶ οὐ
σύνηθες Ὁμήρῳ. εἰ δέ τις λέγοι μὴ ἵππων εἶναι τὸ οἰνοποτεῖν ἢ πυροφαγεῖν, εἰς μὲν
τὸ ἓν πλατέως ψεύδεται· πολλοὶ γὰρ τῶν ἵππων οὐ μόνον κριθοφαγοῦσι καὶ ὀλύρας
ἐρέπτονται (ταῦτα δὴ τὰ συνήθη), ἀλλὰ καὶ πυροὺς καὶ ἄλλα τῶν σπορίμων προσιέ-
μενοι τρέφονται· οὓς ὁ συνεθισμὸς καὶ ἀρτοφαγεῖν προκαλεῖται, ἤδη δέ που ἐθιζομέ-
νους καὶ εἰς κρεῶν ἐνάγει βορὰν καὶ αὐτῶν ὠμῶν, ὡς μηκέτι ἀπίθανον εἶναι τοὺς τοῦ
Θρᾳκὸς Διομήδους ἵππους ἀνθρωποφαγεῖν. εἰς δὲ τὸ μὴ οἰνοποτεῖν τοὺς ἵππους τὰ
μὲν ὡς ἐπὶ πολὺ φαινόμενα συμφωνεῖ. ἡ δὲ τοῦ γίνεσθαι δύναμις ἐὰν εὐοδωθῇ πρὸς
συνήθειαν, οὐκ ἂν οὐδὲ τοῦ τοιούτου συνεθισμοῦ ἀπείρξῃ τοὺς ἵππους. καὶ ὦπται
καὶ τοῦτο οὐκ εἰς πλάτος μέντοι πραχθέν. οὔκουν ἀδύνατον τὴν καὶ φίλανδρον καὶ
φίλιππον Ἀνδρομάχην προσιτὸν ποιῆσαι τοῖς ἵπποις κατά τι μέτριον κρᾶμα τὸν
οἶνον ἀφελέστερον καὶ οἷον εὐηθέστερον ἱπποκομοῦσαν, καὶ τοῦτο οὐκ ἀεί, ἀλλ᾽ ὅτε
αὐτῇ θυμὸς ἀνώγει, ὃς πολλοὺς πρὸς οὐδὲν ἀναγκαῖον φιλοῦντας τὸ ζῷον πείθει πα-
ραμιγνύειν καί τι μελιτόεν τῷ ὕδατι, κολακεύοντας οὕτω τὸ ἄλογον, fort. nonnulla
quidem e scholiis deprompsit; aliter Eust. 707, 26, ubi eosdem versus propriis
viribus consiliisque enarravit   a¹ ἀθετεῖται (78) — ἵππων (80) ad Θ 189 a, cf.
Eust. 707, 22   a¹/a² ὑπερβατὸν (80 et 87) sq. cf. Eust. 707, 7; Anon. fig. 157, 6   a²

73 sq. καὶ αἱ διομ. sq. fort. initium novi scholii ad Θ 188 pertinentis   77 le.
addidi   78—83 ἀθετεῖται δὲ τὸ coni. cum scholio praecedenti in b (δὲ [78]
delevi)   84 le. Τ delevi (auctore Bk.)   85 προτέροισι (μελίφρ. πυρ. ἔθ.)
Hom.   86 οἶνόν τ᾽ ἐγκ. Hom.

25 Scholia Iliad. II rec. Erbse

ex. | D   a.³ {ὑμῖν παρ προτέροισι:} τὸ ἑξῆς τοῦτό ἐστιν· ἢ ἐμοί, ὅς 90
πέρ οἱ θαλερὸς πόσις εὔχομαι εἶναι, / οἶνόν τ᾽ ἐγκεράσασα
πιεῖν, ὅτε {μοι} θυμὸς ἀνώγοι (190. 189). | ἰστέον δὲ ὅτι πρὸ
τοῦ εὑρεθῆναι ――― κέρασιν ἔπινον. A

Ariston.   189 a. οἶνόν τ᾽ ἐγκεράσασα ⟨πιεῖν, ὅτε θυμὸς ἀνώγοι⟩:
γελοιότατος ἐπὶ ἵππων ὁ στίχος, ὅτι οἶνον ἵπποι οὐ πίνουσι. καὶ ὅτι 95
θυμὸς ἀνώγοι εἰς μέθην γελοῖον. A   1

Did.   b. ⟨οἶνόν τ᾽――― ἀνώγοι:⟩ καὶ παρὰ Ἀριστοφάνει ἀθε-
τεῖται. Aint

Ariston.   191 a. {ἀλλ᾽} ἐφομαρτεῖτον καὶ σπεύδετον: ὅτι ὡς πρὸς δύο
τοῖς δυϊκοῖς σχήμασι χρῆται· διὸ ἀθετητέον τὸν προκείμενον στίχον 5
(sc. Θ 185), ἐν ᾧ τέσσαρά ἐστιν ὀνόματα. A

ex.   b. ⟨ἐφομαρτεῖτον:⟩ ἐπιδιώκετον. Til

Did.   c. ⟨ὄφρα λάβωμεν:⟩ οὕτως Ἀρίσταρχος, ἄλλοι δὲ „αἴ κε
λάβωμεν". Aint

ex.   192—7. ἀσπίδα Νεστορέην, ⟨―――⟩ αὐτὰρ ἀπ᾽ ὤμοιϊν 10
Διομήδεος ⟨――― ἐπιβησέμεν ὠκειάων⟩: ἄτοπον νῦν φυσιολο-
γεῖν Ἕκτορα· ἔστιν οὖν τίμια τὰ Ἐρευθαλίωνος ὅπλα. δηλοῖ δὲ (sc.
196—7) ὅτι, εἰ περιέσται τοῦ συνετοῦ καὶ ἀνδρείου, τοὺς λοιποὺς εὐ-
κόλως Ἕλληνας ἕξει. b(BCE³E⁴) T

D   192. ἀσπίδα Νεστορέην: αὐτὸν τὸν Νέστορα――― γὰρ ἦν. A 15

Ariston.   193. ⟨πᾶσαν:⟩ ὅτι Aim   ἀντὶ τοῦ ὅλην, Aim Til   ὡς „πᾶ-
σαι ⟨...⟩ πύλαι" (Θ 58), ὅλη πύλη. Til

D   κανόνας: ῥάβδους, αἷς ――― ὀχάνοιο. A

οὐκ ἔστι σύνηθες ἵππους πίνειν οἶνον (87) cf. Koerner, Tierwelt 27   189 obelus
ante versum in A   a ad Θ 188—90 a¹; — πίνουσι (95) cf. Poll. 1, 183   191
desideratur diple ante versum in A, fort. socordia scribae omissa   a ad Θ
185 a (Ariston.), vide ad Θ 109   b aliter D   192—7 φυσιολογεῖν (11) i. e.
allegorice loqui, cf. Eust. 707, 52; Valk I 483 n. 382; vide Friedl., Zoil. 75   δη-
λοῖ δὲ ὅτι (12) sq. ad Θ 195 (Ariston.); cf. Eust. 707, 56   193 ad B 809 (Ariston.),
vide ad Θ 58   κανόνας (18) sq. sch. D etiam in E⁴ (fol. 68) exstat, ubi haec
verba sequuntur: ἐπεὶ οὐδ᾽ ἐκ πόρπακος εἶχον τὰς ἀσπίδας ἠρτημένας, ἀλλ᾽ ἐκ τελα-
μώνων. διὰ τοῦτο πρὸς τὸ κατευθύνειν αὐτὰς ἐχρῶντο κανόσιν †δύο σχήματα ἀποτε-
λοῦντα (ἀποτελοῦντας ci. Le) ἐργασάμενοι (κανόσι δυεῖν, σχήματι χῖ ἀποτελοῦντας
ἐργασάμενοι Lorimer, malim κανόσι δυοῖν, σχῆμα τοῦ Χ ἀποτελοῦντε ἀπεργασά-
μενοι), originis incertae, fort. sch. ex. vel Porphyrii fr., vide ad N 407 c; cf. H.

90 le. del. Bk.   92 μοι eieci cl. Hom.   94 le. A suppl. Frdl.   95 γελ. A, ἀθετεῖται,
ὅτι γελοιότατος Cob.   1 εἰς A, οἶον εἰς propos. Lehrs   2 le. add. Vill.   4 (le.)
ἀλλ᾽ eiecit Bk.   ὅτι A, ἡ διπλῆ, ὅτι Vill.   7 le. add. Vc   8 le. add. Vill.
10 sq. le. T supplevi, om. b (ubi sch. ad v. 192 relatum est)   10 (le.) αὐτὰρ Ma.,
ᾶῦτ ss. ὁ (= αὐτός) T   12 sq. ἔστιν — ὅτι T δηλοῖ δὲ ὅτι τὰ ἐρευθαλίωνος ὅπλα
τίμια καὶ ὅτι b   13 fort. τοῦ ἀνδρείου   13 sq. εὐκόλως om. T   16 le. add.
Bk.   ὅτι A, fort. ἡ διπλῆ, ὅτι   16 sq. πᾶσαι πύλαι T suppl. Ma.

195 a. τὸν Ἥφαιστος κάμε τεύχων: ὅτι ἡφαιστότευκτα τὰ   *Ariston.*
20 ὅπλα· ἀπὸ γὰρ Γλαύκου ἔλαβεν (cf. Ζ 235—6). καὶ ἀπὸ τῶν ὅπλων
ἐπὶ τοὺς ἄνδρας ἀναφέρεται, καὶ οὐκ ἔστιν ἀλληγορία. Α

      b. ⟨τὸν Ἥφαιστος κάμε:⟩ διὰ τὸ διάπυρον Διομήδους.   *ex.*
οἱ δὲ ὅτι τὸν Γλαύκου θώρακά φησιν. Τ^il

196—7. ἐελποίμην ⟨κεν⟩ Ἀχαιούς / αὐτονυχὶ νηῶν ἐπι-   *ex.*
25 βησέμεν: καὶ πῶς πρὸ ὀλίγου καῦσαι ἤθελεν αὐτάς; κωμῳδεῖ τοίνυν
τὴν βαρβαρικὴν μεταβολὴν ὁ ποιητής. b(BCE³E⁴) Τ

198. νεμέσησε δὲ πότνια Ἥρη: ἐβάσκηνεν, ὠργίσθη, ἐφ᾽ οἷς   *D*
ἀναξίως εἶπεν. Τ

199 a. σείσατο δ᾽ εἰνὶ θρόνῳ: γυναικεῖον ἦθος ὑπογράφει τῆς   *ex.*
30 Ἥρας, ἣ νικᾶται μὲν τῇ ἀπειλῇ Διὸς καὶ κατὰ χώραν μένει, οὐκ ἠρεμεῖ
δὲ τὸ σῶμα ὑπὸ τῆς ὀργῆς καὶ τὸν ὁμότιμον Διῒ Ποσειδῶνα διεγείρει.
καὶ νῦν μὲν μέχρι λόγων προέρχεται· b(BCE³E⁴) Τ   ἑξῆς δὲ (sc.
Θ 218—9) ἐντίθησιν Ἀγαμέμνονι αὐτῷ ποιπνύσαντι θοῶς ἐγεῖραι
Ἀχαιούς· τέλεον δὲ ἡττηθεῖσα ὑπὸ τοῦ θυμοῦ καὶ προέρχεται. b
35 (BCE³E⁴)

      b. ⟨σείσατο δ᾽ εἰνὶ θρόνῳ:⟩ Ζεὺς δὲ νεύματι μόνῳ σείει   *ex.*
τὸν Ὄλυμπον. Τ^il

      c. ⟨μακρὸν Ὄλυμπον:⟩ ὅτι μακρὸν Ὄλυμπον ὡς   *Ariston.*
ὄρος. Α^im

40   201. ὦ πόποι, ἐννοσίγαι᾽ ⟨εὐρυσθενές⟩: παροξύνει αὐτὸν   *ex.*
διὰ τῶν ἐπιθέτων, ἰσότιμον αὐτὸν ἀποφαίνουσα τῷ Διῒ καὶ ἀξιόμαχον.
b(BCE³E⁴) Τ

Oppel, ΚΑΝΩΝ, Philol. Suppl. 30, 1937, 8; Lorimer 193; Valk I 153 n. 97   **195**
nullum signum ante versum in A, fort. error scribae   *a* verba καὶ ἀπὸ τῶν ὅ-
πλων (20) sq. ad Θ 191—96 pertinent, cf. R. Hahn, Die Allegorie in der antiken
Rhetorik, Diss. Tubingae 1967, 43 (Hector de armis loquitur, sed ipsos hostes
significat)   *b* οἱ δὲ (23) sq. cf. sch. *a*   **197** Eust. 708, 2: τὸ δὲ „αὐτο-
νυχεί" ἐν τοῖς Ἀπίωνος μὲν καὶ Ἡροδώρου διὰ τοῦ ῑ γράφεται, ἄλλοι δὲ διὰ
διφθόγγου αὐτὸ ἔγραψαν, fort. e scholio deperdito   **199 a** — τὸ σῶμα (31) et *b*
cf. Strab. 8, 3, 30 (p. 354); Bidder 24   *c* ad Α 402 (Ariston.)   ὡς ὄρος ad

19 le. Bk., δαιδάλεον: Α   ὅτι Α, fort. ἡ διπλῆ, ὅτι   22 le. add. Ma.   24 sq. le.
Τ suppl. Ma., om. b (qui sch. ad Θ 197 relegavit)   25 αὐτὰς ἤθελε b   25 sq.
τοίνυν — ὁ π. Τ διὰ τούτου ὁ ποιητὴς τὸ τῶν βαρβάρων εὐμετάβολον b   29 τῆς
Τ διὰ τῆς b   30 οὐχ Τ   31 ὑπὸ] διὰ C   Διῒ Τ Διὸς b   32 διέρχεται C   34
καὶ] fort. καὶ αὐτὴ   προσέρχεται Vill.   36 le. addidi (σείσατο Ma.)   38 le. add.
Bk.   ὅτι Α, ἡ διπλῆ, ὅτι Vill.   40 le.ὦ πόποι ἐννοσίγαιε Τ emendavi et supplevi,
om. b   40—1 παροξύνει δὲ αὐτὸν sq. pone sch. Θ 201—2 (coni. cum v. ἐλεεῖς)
in b   41 διὰ Τ καὶ διὰ b

ex.   **201—2.** οὐδέ νυ σοί περ / ὀλλυμένων Δαναῶν ⟨———— θυ-
μός⟩: ἠθικῶς τῶν ἄλλων φησὶ θεῶν ἀμελούντων τοῦ Ἑλληνικοῦ
οὐδὲ σὺ τοὺς Ἕλληνας ἐλεεῖς. b(BCE³E⁴) T   45

ex.   **203 a.** οἱ δέ τοι ⟨————⟩ δῶρ' ἀνάγουσιν: προτρεπτικὸν
τοῦτο πρὸς τὴν βοήθειαν, b(BCE³E⁴) T   ἵνα μὴ προκατάρχειν,
ἀμείβεσθαι δὲ μᾶλλον δοκοίη, ὡς καὶ τὸ ,,εἴ ποτέ τοι χαρίεντα'' (A
39). T

ex.   **b.** ⟨Ἑλίκην τε καὶ Αἰγάς:⟩ Ἑλίκη πόλις τῆς Ἀχαίας ὑπὸ 50
σεισμοῦ ἠφανισμένη, b(BCE³E⁴) T   ὅθεν καὶ Ἑλικώνιος (cf. Y
404) ὁ Ποσειδῶν. T   καὶ Αἰγαὶ νῆσος πλησίον Εὐβοίας. b(BCE³)
T

ex.   **c.** {οἱ δέ τοι εἰς} Ἑλίκην {τε καὶ αἰγάς}: Ἑλίκη πόλις ἐν
Πελοποννήσῳ Ποσειδῶνος, ἀφ' ἧς αὐτὸν ,,Ἑλικώνιον'' (Y 404) ὁ 55
ποιητὴς καλεῖ. A

ex.   **d.** ⟨ἀνάγουσι:⟩ ἀντὶ τοῦ ἄξουσι. T^il

ex.   **204 a.¹** ⟨σφίσι βούλεο νίκην:⟩ ἠθικῶς· οἷον, εἰ θελήσειας, δύ-
νασαι †κροτῆσαι†. T^il

        a.² ἠθικῶς καὶ τοῦτο· οἷον, εἰ θελήσειας, δύνασαι καὶ βοηθῆσαι 60
αὐτοῖς. βούλεο οὖν, φησίν, αὐτοῖς τὴν νίκην. b(BCE³E⁴)

ex.   **206 a.¹** καὶ ἐρυκέμεν: ὧδε στικτέον. καὶ †ἐξῆς εὐρύοπα ζεύς†·
οὐ γὰρ εἰκὸς ἐπιβουλεύειν Διῒ τὴν πρώην κολασθεῖσαν· ἐμφαίνεται δὲ
καὶ θρασὺς θυμὸς γυναικεῖος θρασύτερον τῶν ὑπερεχόντων καταφρο-
νῶν. T   65

A 44 a (Ariston.). Vide ad Θ 443   **201—2** ἐλεεῖς (45) cf. D   **203** a ἀμείβεσθαι
δὲ μᾶλλον (48) cf. Eust. 708, 41   b/c cf. D, D ad Y 404; Eust. 708, 39   b —
ἠφανισμένη (51) cf. Strab. 8, 7, 2 (p. 384), Paus. 7, 24, 5, Diod. 15, 49, 2—4,
Aelian. an. h. 11, 19; Bacher 43; — Ἀχαίας (50) cf. sch. Call. h. 4, 101   καὶ
Αἰγαὶ (52) sq. ad N 21 b; cf. sch. Pind. N. 5, 67 a, sch. Ap. Rh. 1, 831; aliter
Strab. 8, 7, 4 (p. 386), qui in Θ 203 urbem Peloponnesi, in N 21 oppidum Eu-
boeae audit; vide Paus. 7, 25, 12   c — Πελοποννήσῳ (55) cf. Steph. B. 266, 19;
Hygin. de astron. 2, 13 (p. 48, 12 B.). Vide Strab. 8, 7, 2 (p. 384/5). Ad Y 404   d
cf. Eust. 708, 59 (ἀντὶ τοῦ ἁπλῶν ἄγουσιν); sch. σ 89   **204** cf. D, Eust. 708,
43   **206** a¹ πρώην (63) cf. O 18—30

---

43 sq. le. T supplevi, om. b (scholio relato ad Θ 201)   44 ἠθ. — φησὶ T ἠθικῶς
αὐτῷ διαλέγεται καί φησι τῶν ἄλλων b   46 le. T suppl. Ma. (Vill.), om. b
47 τοῦτο T καὶ τοῦτο b   48 δοκῇ Ma., at vide ad H 114 b²/a²   ὡς — εἴ scripsi,
εἰ καὶ τὸ ὡς T   50 le. addidi (ἑλίκην τε iam V)   ἐλ. δέ ἐστι τῆς ἀχαίας πόλις
coni. cum scholio praecedenti (v. βοήθειαν) b   52 καὶ αἰγαὶ T αἰγαὶ δὲ b   54
(le.) οἱ — εἰς et τε κ. αἰγάς delevi   57 le. add. Bk.   ἀνάξουσι Ma., at cf. test.
58 le. add. Ma.   **59** κρατῆσαι Ma., sed fort. et T legit κ(αὶ) βοηθῆσαι   **60**
οἰονεὶ C   **62** ἐξῆς — ζεύς cf. sch. a²

*a.*² στικτέον εἰς τὸ ἐρυκέμεν. τὸ δὲ ἐξῆς εὐρύοπα Ζῆν (ἀν-
τὶ τοῦ Ζεύς) / „αὐτοῦ †κεν† ἀκάχοιτο" (Θ 206—7)· οὐ γὰρ εἰκὸς ἐπι-
βουλεύειν τῷ Διῒ καὶ αὐτὸν κωλῦσαι σπεύδειν τὴν παρ᾽ αὐτοῦ κολα-
σθεῖσαν πολλάκις. ἐμφαίνεται δὲ αὐτῆς καὶ τὸ ἄγαν θρασύ· ὁ γὰρ
70 γυναικεῖος θυμὸς θρασύτερος ὢν τῶν ὑπερεχόντων καταφρονεῖν ἀλό-
γως ποιεῖ. b(BCE³E⁴)

b. ⟨Ζῆ/ν᾽:⟩ πρὸς τὴν συναλιφὴν ἀντὶ τοῦ Ζῆνα. Aim   *Ariston.*

206—7 *a.*¹ Τρῶας ἀπώσασθαι καὶ ἐρυκέμεν εὐρύοπα *Nic.*
Ζῆ/ν᾽, αὐτοῦ κ᾽ ἔνθ᾽ ἀκάχοιτο: ἡ διὰ τὸν „εἶ" (Θ 205) σύνδεσμον
75 ἀποτελουμένη ὑποστιγμὴ πίπτει μετὰ τὸ Ζῆν᾽ (206) ὄνομα. ἀλλ᾽ εἰ
μὲν ἐκ πλήρους ἔκειτο, οὐδὲν ἂν ἐζητεῖτο. ἐπεὶ δὲ συνήλειπται καὶ ὑπὸ
τῶν γραμματικῶν μετενήνεκται τὸ ν̄ εἰς τὸν ἐξῆς στίχον, δύο παρη-
κολούθησεν ἄλογα· ἐν μὲν ὅτι μεταξὺ μιᾶς συλλαβῆς τῆς ναῡ ὑποστιγ-
μὴ πέπτωκεν, καὶ αὕτη χρόνου ἔχουσα διάστημα, ᾧ παραπλήσια κά-
80 κεῖνα „ὣς ἔφαθ᾽, αἱ δ᾽ ἐπέμυξαν" (Δ 20), „ὣς ἔφατ᾽, οὐδ᾽ ἀπίθησεν"
(Β 166). ἕτερον δὲ ὅτι συμβήσεται κατ᾽ ἀρχὰς τοῦ στίχου (sc. 207)
μετὰ τὸ ν̄ μόνον στοιχεῖον διάστημα εἶναι τῆς ὑποστιγμῆς. Α

*a.*² {ν᾽. αὐτοῦ:} ὅτι καὶ μεταξὺ συλλαβῆς στιγμὴ καὶ μετὰ
συναλιφὴν καὶ ἐν ἀρχῇ στίχου. Τ
85 *a.*³ ἐν ἀρχῇ τοῦ στίχου τὸ ν̄ θετέον, ὅτι τὸ πρὸ τῆς ἀπο-
στρόφου σύμφωνον τῷ ἐπιφερομένῳ συνάπτεται φωνήεντι. μετὰ δὲ τὸ
ν̄ ἡ στιγμή· καὶ μεταξὺ γὰρ συλλαβῆς καὶ †μεταξύ† συναλιφῆς καὶ ἐν
ἀρχῇ στίχου πολλάκις ποιητικῶς ἡ στιγμὴ τίθεται. b(BCE³E⁴)

*a*² κωλῦσαι (68) cf. D   *b* ad Ω 331 (Ariston.); vide ad Θ 206—7   **206—7**
Choer. in Heph. 225, 19: δῆλον δὲ ὅτι καὶ ἀπὸ τελείας θέλει ἄρχεσθαι (sc.
τὸ μέτρον)· ὅθεν καὶ συνηγοροῦντές τινες εἰς τὸ „εὐρύοπα Ζῆν᾽, / αὐτοῦ κ᾽ ἔνθ᾽
ἀκάχοιτο" καὶ ἐν τοῖς ὁμοίοις, ὅτι τὸ ν̄ εἰς τὸ τέλος τοῦ πρώτου στίχου ἐστὶ
καὶ οὐκ ἔστιν ἀρκτικὸν τοῦ ἐξῆς στίχου, ἐκέχρητο τούτῳ τῷ λόγῳ ὅτι πᾶν
μέτρον θέλει ἀπαρτίζειν εἰς τέλος λέξεως καὶ πάλιν ἀπ᾽ ἀρχῆς θέλει ἄρχεσθαι. |
μᾶλλον δ᾽ ἀκριβέστερον ἐξετάσαντες οἱ περὶ Ἀριστοφάνην τὸν
γραμματικὸν καὶ Ἀρίσταρχον, ὡς ἐν τῇ συντάξει τῆς Ὀρθογραφίας
ἀκριβέστερον ἔγνωμεν, τὸ ν̄ τῷ ἐπιφερομένῳ στίχῳ ἐπετίθεσαν, λέγοντες
ὅτι ὁ λόγος ἔρρωται ἐπὶ παθῶν, originis incertae, cf. Beiträge 229; vide ad Θ 206 *b*
(Ariston.), Ω 331 (Did.); cf. Eust. 709, 11. 984, 6; Tz. Ar. Plut. 119; Ehrlich, Un-
tersuchungen über die Natur der griech. Betonung (Berol. 1912), 263; Zuntz, An
inquiry into the Transmission of the Plays of Euripides, Cantabrigiae 1965, 232;

66 ζήν Bk., ζῆν᾽ E³E⁴ ζῆνα BC   67 κεν b, κ᾽ ἔνθ᾽ Hom.   ἀκάχατο B   72 le.
addidi   fort. ἡ διπλῆ (sc. ante Θ 206) πρὸς   74 ἡ Bk., εἶ A   75 ζῆν᾽ Vill., ζῆν
A   76 συνείληπται A em. Bk.   79 αὕτη Bk., αὐτὴ A   80 ἀπίθησε Hom.
83 le. T delevi   85—8 sch. ad Θ 207 revocavit b   85 τὸ om. C   87 γὰρ]
δὲ C   μεταξὺ b, μετὰ Bk. (recte)   συναλοιφῆς C, fort. rectius

Ariston.   207. αὐτοῦ κ᾽ ἔνθ᾽ ἀκάχοιτο καθήμενος: ὅτι Ζηνόδοτος ἀνά-
παλιν „αὐτοῦ κ᾽ ἔνθα κάθοιτ᾽ ἀκαχήμενος". ΑΤ^il   90

ex.   208. ⟨τὴν δὲ μέγ᾽ ὀχθήσας προσέφη:⟩ οὐκ ἔφη κοινῶς „τὴν
δ᾽ ἠμείβετ᾽ ἔπειτα" (Υ 132), ἀλλὰ διὰ τοῦ σχετλιασμοῦ τὸ θράσος
αὐτῆς ἀναστέλλει. b(BCE³E⁴) T^il

Ariston.   209 a. ἀπτοεπές: ὅτι δασύνουσιν „ἀπτοεπές", καθαπτομένη
τοῖς ἔπεσιν. Ἀρίσταρχος δὲ ψιλοῖ. ἐμφαντικώτερον δὲ τὸ ψιλοῦν, καὶ 95
ἴσως ἦν παρὰ τὸ πτοεῖσθαι, ἡ ἄγαν πτοοῦσα, ἢ παρὰ τὸ ἁπτόν, τὸ 1
ἰσχυρόν, ὥστε εἶναι δεινοεπές. Α

ex. | ex.   b. ἀπτοεπές: ἁπτομένη · ἢ ἀάπτους λόγους λέγουσα. ἢ
ἁπτόητε · b(BCE³) T   διὸ καὶ ποῖον τὸν μῦθον ἔειπες. b(BCE³
E⁴) T | ἀναπαύων δὲ ἡμᾶς τῆς διηγήσεως τῶν Ἑλληνικῶν ἀτυχη- 5
μάτων παρεισάγει τὸν διάλογον τῶν θεῶν. b(BCE³) T

ex.   c. ⟨ποῖον τὸν μῦθον:⟩ Ἀττικῶς τὸν ποῖον μῦθον. b
(BCE³E⁴) T^il

ex.   210 a.¹ οὐκ ἂν ἔγωγ᾽ ἐθέλοιμι Διῒ ⟨————⟩ μάχεσθαι: πῶς
οὖν αὐτὸς ἐναντιοῦται τῷ Διῒ ἐν τῇ ἐπὶ ναυσὶ μάχῃ; ὁ πολὺς αὐτὸν 10
ἀνέκλασε φόνος τῶν Ἑλλήνων. T

    a.² πῶς οὖν ἐν τῇ περὶ τὰς νῆας μάχῃ ἠναντίωται αὐτὸς τῷ
Διῒ; ὅτι ἐκεῖσε αὐτὸν ὁ πολὺς τῶν Ἑλλήνων ἀνέπεισεν ὄλεθρος. b
(BCE³E⁴)

Did. | ex.   213 a.¹ τῶν δ᾽ ὅσον ἐκ νηῶν ἀπὸ πύργου τάφρος ἔεργε: 15
διχῶς αἱ Ἀριστάρχου ἔεργε καὶ „ἔρυκε". καὶ τὸ δι᾽ ἀμφοτέρων ση-
μαινόμενόν ἐστι τοιοῦτον · τῶν Ἀχαιῶν, ὅσον ἀπὸ τοῦ τείχους ἡ τά-
φρος ὥριζεν, ἐπλήθυεν ὁμοίως ἵππων καὶ ἀνδρῶν συνελαυνομένων καὶ

West ad Hsd. th. 884. Ceterum vide test. ad I 439—40. Ƶ 265—6   207 cf.
Duentzer, Zen. 98—9   209 a brevius Et. Gen. (AB) ἀπτοεπές · „Ἥρη ἀ-
πτοεπές". τινὲς δασύνουσι τὸ ἀπτοεπές, καθαπτομένη τοῖς ἔπεσιν. ἐμφατικώτερον
δὲ τὸ ψιλοῦν · ἄαπτον γάρ ἐστι τὸ δεινὸν ὥστε εἶναι (ἐστὶν Β) δεινοεπές, fort. ex hyp.
Iliad., cf. Eust. 709, 8; D, Ap. S. 40, 16; He. α 6876; Meth. (?) in Et. Gen. (AB)
ἀπτοεπής; Valk I 213 n. 60. Vide ad A 567 b¹. N 49; de veriloquio Wackernagel,
Bezz. Beitr. 4, 1878, 283   c ad Θ 462 b (ex.)   210 vide ad Θ 20   213
deest diple ante versum in A, fort. neglegentia scribae   a¹ cf. Ludwich, A. H. T.

---

89 le. Ddf., ν αὐτοῦ κ᾽ ἔ. ἀκ. καθήμενος A (Vill., Frdl.), αὐτοῦ Vᶜ, om. T   ὅτι
A, om. T, ἡ διπλῆ (sc. περιεστιγμένη), ὅτι Vill.   89 sq. ἀνάπαλιν om. T   90
αὐτοῦ κ᾽ Lehrs, αὐτοῦ T τοῦ κ᾽ A   91 le. add. Bk. (Vill.), τὴν δὲ μέγ᾽ Li
92 ἠμ. ἐπ. b ἠμείβετο T   93 προαναστέλλει BE³E⁴   94 ὅτι A, ἡ διπλῆ, ὅτι
Vill.   1 ἁπτόν vel ἀπτόν A, ἄαπτον Et. Gen.   2 ἰσχ.] δεινόν Et. Gen.
3 λέγουσα λόγους b   5 τῆς T ἀπὸ τῆς b   6 τὸν τῶν θεῶν παρ. διάλ. b
7 le. add. Ma.   ἀττικῶς sq.] ἀντὶ τοῦ τὸν ποῖον ἀττικῶς in scholio b (pone
v. ἔειπες) b   9 le. T suppl. Ma. (auctore Vill.)   12—3 καὶ πῶς sq. coni.
cum scholio Θ 209 c (v. ἀττικῶς, cf. l. 7) in E⁴   12 ἠνιαντίωται E³   15—9
verba τῶν δ᾽ ὅσον — δὲ γράφει bis in A (cf. test.)   16 sq. σημαινομένων
A (utroque loco), em. Vill.   17 ὅσων A, primo loco

συνειργομένων ὑπὸ τοῦ ῞Εκτορος. Ζηνόδοτος δὲ γράφει· ,,τῶν δ᾽
20 †ὅσων ἐν† νηῶν καὶ πύργου''. | ἔνιοι δὲ τὰ δύο διαστήματα πεπλη-
ρῶσθαί φασι τῶν ῾Ελλήνων, τό τε ἀπὸ τῶν νεῶν ἕως τοῦ τείχους καὶ
⟨τὸ⟩ ἀπὸ τοῦ τείχους ἕως τῆς τάφρου, ὃ δὴ στεῖνος προσαγορεύει (sc.
Θ 476). A

     *a.*² διχῶς ᾽Αρίσταρχος, καὶ ἔεργε καὶ ,,ἔρυκε''. A^im   *Did.*
25   *a.*³ γράφεται καὶ ,,ἔρυκεν''. T^il

     b. τῶν δ᾽ ὅσον ἐκ νηῶν ἀπὸ πύργου ⟨τάφρος ἔεργε⟩: *ex.*
τινὲς οὕτω τὸ ἑξῆς· ὅσον ἀπέεργεν ἡ τάφρος ἐκ τοῦ πύργου τῶν νεῶν,
τουτέστιν ἐκ τοῦ πύργου τοῦ διὰ τὰς ναῦς γενομένου. b(BE³E⁴) T

     c. τῶν δ᾽ ὅσον ἐκ νηῶν ⟨ἀπὸ πύργου τάφρος ἔεργε⟩: *ex.* | *ex.(?)* |
30 τοῦτο δήλωσίς ἐστι τοῦ συνελάσθαι τοὺς ῞Ελληνας εἰς τὸ μεταξὺ τῆς   *Did.*
τάφρου καὶ τοῦ τείχους στενόν, b(BCE³E⁴) T   ὃ δὴ καὶ στεῖνος
καλεῖ (sc. Θ 476). T   τὸ δὲ ἑξῆς· ὅσον εἶργε διάστημα ἀπὸ τῶν
νεῶν ἔξω τοῦ τείχους ἡ τάφρος, ἐπλήθυνεν ὁμοίως ἵππων τε καὶ
ἀνδρῶν b(BCE³E⁴) T   ἀποκλειομένων (cf. Θ 214—5) †ἅμα μήτε
35 δυνηθέντων εἰσδραμεῖν τῷ τείχει, ἀλλὰ μήτε† τολμήσαντος ἔξω τῆς
τάφρου μεῖναί τινος. b(BE³E⁴) T   καὶ τὸ ,,ἵππων'' (Θ 214) δὲ
ἐπέτεινε δηλῶν τὴν στενοχωρίαν. T   ἔνιοι δὲ τὰ δύο διαστήματα
πεπληρῶσθαί φασι, τό τε ἀπὸ τῶν νεῶν ἕως τοῦ τείχους καὶ τὸ ἀπὸ
τοῦ τείχους ἕως τῆς τάφρου. b(BE³E⁴) T | τὸ δὲ ἑξῆς· ὅσον δὲ ἡ τά-
40 φρος διώριζεν ἐκ τῶν νεῶν καὶ τοῦ τείχους τοὺς πολεμίους, τοῦτο ἐπε-
πλήρωτο· ἡ γὰρ ἀπὸ πρὸς τὸ ἔεργε, καὶ λείπει ὁ καί, ἵν᾽ ᾖ ῾καὶ
πύργου᾽. | Ζηνόδοτος δὲ γράφει ,,τῶν δ᾽ ὅσον ἐκ νηῶν καὶ πύργου'',
ὃ καὶ ἄμεινον. T

     d. ἄλλως· ὅτι ἔν τισι γράφεται ,,ἀπὸ τάφρου πύργος ἔεργε''. *Ariston.*
45 ⟨οὐ⟩ δύναται δὲ τὸ ἐκ νηῶν συναφὲς εἶναι τῷ ,,ἀπὸ τάφρου''· πρὸς
γὰρ ταῖς ναυσὶ μᾶλλον ὁ πύργος ἢ ἡ τάφρος. καὶ ἔστι τὸ λεγόμενον·

1, 287, 2   Ζηνόδοτος δὲ (19) — πύργου (20) sq. cf. sch. *c*   ἔνιοι δὲ (20) —
τάφρου (22) cf. sch. *e*; D   *c* — καλεῖ (32) cf. Eust. 709, 21   ὃ δὴ (31) — κα-
λεῖ (32) et ἔνιοι δὲ (37) — τῆς τάφρου (39) et Ζηνόδοτος δὲ (42) sq. cf. sch. *a*¹   ἔ-
νιοι δὲ (37) — καὶ πύργου (42) cf. sch. *e*   *d* cf. D   ἐκ νηῶν (45) ad Δ 500 *b*

---

20 ὅσον ἐκ Vill., recte ut vid.   22 τὸ add. Bk.   ὃ Bk., ᾧ A   26 le. T supple-
vi, om. b   27—8 τινὲς δὲ οὕτως sq. pone sch. *c* (coni. cum v. τάφρου, l. 39) in
b   27 τὸ ἑξῆς om. b   29 le. (coni. cum scholio praecedenti) T supplevi
(auctore Vill.), om. b   30 συνηλᾶσθαι BCE³ συνηλάσθαι E⁴   32 εἶργε T
εἶχε b   33 ἡ ἔξω τ. τ. τάφρος b   πλῆθεν ὁμῶς b   34 ἀποκλεισθέντων b
34 sq. ἅμα — μήτε T, καὶ μὴ δυνηθέντων εἰσδραμεῖν ἐν τῷ τείχει, ἀλλὰ μηδὲ b, fort.
ἅμα μήτε δυνηθέντος εἰσδραμεῖν ἔσω τείχους μήτε   35 τολμήσαν ss. τ E⁴   38
τό τε b τότε T   τὸ² om. T   42 πύργου²] πύρ⟨ T   44 ὅτι A, fort. ἡ
διπλῆ, ὅτι   ἔεργεν Frdl., fort. recte   45 οὐ add. Lehrs

τὸ μεταξὺ τοῦ τείχους καὶ τῆς τάφρου πλῆρες ἦν ἵππων καὶ ἀνδρῶν.
ἐκ νηῶν δὲ λέγει ἀπὸ τοῦ κατὰ τὰς ναῦς τόπου. σημειωτέον δὲ ὅτι
μεταξὺ τοῦ τείχους καὶ τῆς τάφρου διάστημα ἀπελείπετο κατὰ τὴν το-
ποθεσίαν τῆς νεωλκίας. **A**   50

Nic.   **e.** τῶν δ' ὅσον ἐκ νηῶν ⟨ἀπὸ πύργου τάφρος ἔεργε⟩:
βραχὺ διασταλτέον ἐπὶ τὸ νηῶν· σαφέστερον γὰρ ποιεῖ τὴν διάνοιαν
τοιαύτην οὖσαν· ὅσον ἡ τάφρος ἀπέχει τοῦ τείχους καὶ τῶν νηῶν,
τοῦτο πλῆρες ἦν πεζῶν τε καὶ ἵππων (cf. Θ 214), λείποντος τοῦ καί
συνδέσμου· τὸ γὰρ ἔεργεν ἐστὶ περιώριζεν· ἐντός, τῶν τε νηῶν καὶ 55
τοῦ τείχους μεταξύ, κενὸν ἦν εἰς δίοδον, τὸ μὲν πλάτος πλεθριαῖον
ὑπάρχον, τὸ δὲ μῆκος δι' ὅλου τοῦ ναυστάθμου. πάλιν δὲ οὕτως τοῦ
τείχους ἐκτὸς ἦν διάστημα βραχύ, μεθ' ὃ ἡ τάφρος ὤρυκτο. τοσοῦτον
μέντοι εἰκάζει τὸ διάστημα ἐκεῖνο ὡς ἐντὸς βέλους εἶναι τὴν τάφρον καὶ
ἐφικνεῖσθαι τὰ βαλλόμενα τοῦ τείχους ἀπὸ τῶν ἐπιόντων. ἀμφότερα 60
οὖν τὰ διαστήματα ἑκατέρωθεν τοῦ τείχους, τὸ μὲν πρὸς τὴν τάφρον,
τὸ δὲ πρὸς τὰς ναῦς, ἐπεπλήρωτο. οὕτως Νικάνωρ (p. 194 Friedl.). **A**

ex.   **216.** ὅτε οἱ Ζεὺς κῦδος ἔδωκε: τοῦτο πρὸς μείωσιν τοῦ πολε-
μίου Ἕκτορος. **T**

ex.   **217 a.** καί νύ κ' ἐνέπρησεν: εἰς ἄκρον τοὺς κινδύνους εἴωθεν 65
ἐξάγειν ἀεί, καὶ ἐναγώνιον ποιήσας τὸν ἀκροατὴν τῇ προσδοκίᾳ
εὐθὺς τὴν ἴασιν ἐπιφέρει. **b(BCE³E⁴) T**

Hrd.   **b.** κηλέω: ὡς μελέω. γέγονε δὲ παρὰ ⟨τὸ⟩ κᾶλον καὶ κῆλον
κήλ(ε)ιον, ὡς παρὰ τὸ μῆλον μήλ(ε)ιον δέρος, καὶ Ἰωνικῶς κήλεον καὶ
κηλέω. ἐκεῖνο γοῦν ἐντελές ἐστι τὸ „σὺν πυρὶ κηλείῳ χάριν Ἕκτορος" 70
(Ο 744). **A**

ex.   **c.** ⟨κηλέῳ:⟩ κᾶλον κάλειον κήλεον. σημαίνει δὲ τὸ καυστι-
κόν. **Tⁱˡ**

ex.   **218.** εἰ μὴ ἐπὶ φρεσὶ θῆκ' ⟨Ἀγαμέμνονι πότνια Ἥρη⟩: ἐν

(Ariston.); cf. Cauer 486, 5; Schadewaldt 98, 1; Valk II 60   *e* ad Θ 475—6.
M 66 (Ariston.), Ο 426 (ex.); cf. Friedl., Nic. p. 113   ἐντός, τῶν τε νηῶν καὶ τοῦ
τείχους μεταξύ (55) sq. cf. sch. *a*¹ et *c*   **216** μείωσιν (63) at cf. ad Θ 218   **217 b**
ad Ο 744 *a* (T); — κήλειον (69) at vide Schulze, Quaest. ep. 475   κήλειον (69)
cf. Eust. 709, 35; vide ad Θ 235 *d*   *c* καυστικόν (72) cf. D   **218** at vide ad

50 νεωλκίας A em. Bk.   **51** le. A supplevi, ἀπὸ πύργου — ἀσπιστάων (Θ 213—4)
add. Frdl.   **53** ἀπεῖχε Frdl.   **53** et **55** fort. νεῶν   **59** ἐντός Frdl., εν ss. ο
(= ἐνός) A   **63** sq. πολεμίου susp., κλέους Ma., fort. τολμηροῦ   **66** εἰσάγειν
C   ἀεὶ καὶ T ἀεί **b**   ποιῶν **b**   τῇ προσδοκίᾳ om. **b**   **67** τὴν ἴ. T τε τὴν
ἴασιν αὐτοῖς **b**   **68** μελέω cf. Κ 480 al.   τὸ add. Vill.   **69** κήλιον et μήλιον
A suppl. Bk.   **72** le. add. Ma. (πυρὶ κ. Vᶜ)   **74** le. T supplevi (auctore Vill.),
om. **b**; θῆκε T emendavi

75 καταπλήξει γὰρ ἦσαν ἅπαντες. τοῦτο δὲ ἰάσατο ἡ Ἀγαμέμνονος
προτροπή. b(BCE³E⁴) T   δεῖ δὲ αὐτουργεῖν ἐν τοῖς δεινοῖς τοὺς
ἄρχοντας. b(BE³E⁴) T

221 a. πορφύρεον μέγα φᾶρος ⟨ἔχων ἐν χειρὶ παχείη⟩:   *ex.*
κατὰ τὸ σιωπώμενον ἔλαβε τὸ φᾶρος. ἐπισείων δὲ τὸ φᾶρος τῇ χειρὶ τῷ
80 παραδόξῳ τοῦ σχήματος ἐπιστρέφειν πειρᾶται τοὺς ἔσω τείχους εἰσ-
ελθόντας. b(BCE³E⁴) T

    b. ἔχων ἐν χειρί: πρὸς τὸ ἔχων ἐν χειρί, τί ποτε σημαίνει.   *Ariston.* | D
ὁ μὲν Ἀπολλόδωρος (FGrHist 244, 228) ὅτι περιειλήσας εἶχεν ἐν τῇ
χειρί· ὁ δὲ Διονύσιος (fr. 34 S.), πρὸς τὸ κατασείειν εὐθέτως λαβόμενος
85 τοῦ φάρους. | φᾶρος δέ ἐστι πορφυροῦν ἱμάτιον ——— αὐτοὺς κατα-
στεῖλαι. A

222. ⟨μεγακήτεϊ:⟩ μεγάλη, παρὰ τὸ κῆτος. Tⁱˡ   D

223. ἤ ῥ᾽ ἐν μεσσάτῳ ⟨ἔσκε γεγωνέμεν ἀμφοτέρωσε⟩: πρὸς   *Ariston.*
τὴν τάξιν τῆς νεωλκίας ἡ παρατήρησις, καὶ πρὸς τὸ γεγωνέμεν ὅτι
90 οὐ ψιλῶς ἐστι φωνεῖν, ἀλλ᾽ ἀκουστὸν φθέγγεσθαι. A

227 a.¹ ⟨διαπρύσιον:⟩ †διαπερύσιον† ἢ διαπορεύσιμον. Tⁱˡ   *ex.*
    a.² διαπορεύσιμον καὶ μέγα καὶ εἰς πάντας ἧκον. b(BCE³E⁴)

228. αἰδώς, Ἀργεῖοι, ⟨———⟩ εἶδος ἀγητοί: οἱ τὰ μὲν παρὰ   *ex.* | *ex.*
τῆς φύσεως εὐποροῦντες, οἰκείᾳ δὲ κακίᾳ μειοῦντες· ὃ καὶ ἀλλαχοῦ
95 „οὐκ ἄρα σοί γε ἐπὶ εἴδεϊ καὶ φρένες ἦσαν" (ρ 454)· ἢ ὅτι οὐδέν ἐστι
1 κάλλος δίχα δυνάμεως. b(BCE³E⁴) T | τὸ δὲ εἶδος ἀγητοί θαυμα-
στοί· ἄγη γὰρ ἡ ἔκπληξις. T

229 a. πῇ ἔβαν εὐχωλαί, ⟨ὅτε δή φαμεν εἶναι ἄριστοι⟩:   *ex.*

Θ 216   **221** b Διονύσιος potius Thrax quam Sidonius   εὐθέτως (84) cf. sch.
δ 134   **223** nullum signum ante versum in A, fort. error scribae   Eust. 709,
39: ἐν τῷ μέσῳ δὲ ἡ τοῦ Ὀδυσσέως ναῦς οὐ διὰ δειλίαν, ὡς οἱ ψέγοντες εἶπον (vide
ad Θ 97 b), ἀλλ᾽ ἵνα τῷ στρατῷ οἷον καρδία τις εἴη ἐκ τοῦ μέσου πᾶσιν ἐπαρκοῦσα
τῷ ζωογόνῳ τῆς φρονήσεως· διὸ καὶ ὁ βασιλεὺς ἐπ᾽ αὐτῆς ἵσταται ὥστε γεγωνεῖν
ἀμφοτέρωσε, originis incertae, fort. explicatio ipsius Eustathii   πρὸς τὴν τάξιν
(88) sq. vide ad Λ 6, praeterea ad Κ 53 b. Λ 808; Lehrs Ar.³ 221; Duentzer, Zen.
198   γεγωνέμεν (89) sq. cf. D, D ad Μ 337 (sim. Ap. S. 54, 2), Eust. 709, 41;
sch. ε 400. ι 473; Did. (p. 402 Schm.) ap. Orion. in Et. Gen. (AB) γεγωνεῖν; Lehrs
Ar.³ 100; aliter sch. ρ 161   **227** a¹ cf. D ad Ν 149 (unde *B ad Μ 439)   a²
μέγα (92) cf. D, Et. Gen. (= EM. 269, 14); Ap. S. 58, 23   **228** — μειοῦντες
(94) cf. D   θαυμαστοί (1) = D, Eust. 710, 7   **229** a ad Α 42 c; cf. Plut. mor.

78 le. T supplevi (auctore Vill.), om. b   79 τὸ φ. τῇ χειρὶ T αὐτὸ b   82 le.
scripsi, πορφύρεον μέγα φᾶρος: A   πρὸς A, fort. ἡ διπλῆ πρὸς   84 χειρί Vill.,
χειρίας A   εὐθέτως Frdl., εὐθέες A   87 le. add. Vᶜ   88 le. A suppl. Vill.   πρὸς A,
fort. ἡ διπλῆ πρὸς   89 sq. νεολκίας et φωνῆν A em. Bk.   91 le. add. Vᶜ   διαπε-
ράσιον Ma.   93 le. T suppl. Ma., om. b   οἱ b ὦι T   94 μειοῦντες T ἀμε-
λοῦντες b   ὃ T ὡς b   95 γε] γ᾽ Homeri codd.   ἢ T δηλοῖ δὲ b   3 le.
T supplevi, om. b

λεληθότως μανθάνομεν τὰ προγεγονότα. πιθανῶς δὲ συμπεριέλαβε
καὶ ἑαυτόν, ἵνα μὴ ἄντικρυς αὐτοὺς διαστρέψῃ. b(BCE³E⁴) T   5

Hrd. b. ὅτε δὴ φάμεν: οὐκ ἀναγκαῖον ὀξύνειν τὸν δή, ἵνα κρᾶσις
γένηται, ὁμοίως τῷ „μήτε σὺ Πηλείδηθελε" (Α 277)· ἐπὶ μὲν γὰρ τοῦ
ἐθέλω πᾶσα ἀνάγκη τὸ ε̄ μένειν κατὰ τὸν ποιητήν, ὡς εἴρηται (sc. ad
Α 277)· ἐπὶ δὲ τούτου τοῦ παρῳχημένου δύναται ποιητικῶς ἀποβε-
βλῆσθαι τὸ ε̄, ὥστε ἐπὶ τὴν φᾱ συλλαβὴν θετέον τὴν προσῳδίαν. καὶ 10
ἔστιν ὅμοιον τῷ ἐν Ὀδυσσείᾳ „†τηλέμαχος δ' ὡς εἶδεν†· φάμεν δέ
οἱ οὐ τελέεσθαι" (δ 664 = π 347). A

Ariston. **230 a.** ἃς ὁπότ' ἐν Λήμνῳ ⟨κενεαυχέες ἠγοράασθε⟩: ὅτι
τοῦτο γινόμενον μὲν οὐ παρέστησεν, ὡς γενόμενον δὲ παραδίδωσιν. A

ex. b. ⟨ἃς⟩ ὁπότ' ἐν Λήμνῳ: τὸ ὁπότε ἀντὶ τοῦ ποτέ. Aⁱⁿᵗ b 15
(BCE³E⁴) T   οἱ δὲ εἰς τὸ Λήμνῳ στίζουσιν, λείποντος τοῦ ἦμεν.
δείκνυσι δὲ ὡς ἀβέβαιος ἡ παρὰ κύλικας ὑπόσχεσις. b(BCE³E⁴) T

Did. c. ⟨ἠγοράασθε:⟩ ἐν ἄλλῳ „εὐχετάασθε". Aⁱᵐ

Ariston. **231 a.** ἔσθοντες κρέα πολλὰ ⟨βοῶν ὀρθοκραιράων⟩: πε-
ριττὸς ὁ στίχος· ἐκ γὰρ τοῦ πίνειν, οὐκ ἐκ τοῦ ἐσθίειν τὸ καυχᾶσθαι 20
συμβαίνει. A

ex. b. ⟨ὀρθοκραιράων:⟩ κ⟨ρ⟩αῖρα ἡ κεφαλή. Tⁱˡ

71f   b ad A 277 b (Hrd.); cf. Lehrs Ar.³ 356   ἐπὶ δὲ τούτου (9) sq. ad O 735
b. Ψ 440, cf. sch. π 347 (Hrd.)   **230 a** ad M 211 a (Ariston.); cf. Lehrs Ar.³
11   b — ποτέ (15) Aristonico attr. Friedl. (Ariston. p. 144), cf. Eust. 710, 16: τὸ δὲ
„ἃς ὁπότε" ἀντὶ τοῦ ποτέ εἴρηται, ἀσυνήθως μέντοι· διὸ καὶ σημειῶδές ἐστι, at cf.
Lehrs Ar.³ 360   ποτέ (15) cf. D   **231 a** Athen. 1, 39 d/e: καλῶς οὖν ἐν τῷ
„πῇ ἔβαν εὐχωλαί, ἃς ἐν Λήμνῳ ἠγοράασθε, ἔσθοντες κρέα πολλὰ καὶ πίνοντες οἴνου
κρατῆρας ἐπιστεφέας" (cf. Θ 229—32) ἐπεσημήνατο ὁ γραμματικὸς Ἀρίσταρ-
χος περιγράφων τὸν στίχον, ὃς ἀπὸ κρεωφαγίας αὐχεῖν ποιεῖ τοὺς Ἕλληνας· οὐ
γὰρ ἀπὸ πάσης εὐθυμίας καὶ πληρώσεως τὸ καυχᾶσθαι καὶ σκώπτειν καὶ γελοιάζειν,
ἀπὸ δὲ τῆς ἀλλοιούσης τὴν γνώμην καὶ πρὸς τὸ ψευδὲς τρεπούσης, ἢ γίνεται κατὰ
τὴν μέθην, vide ad Υ 84 (Ariston.)   b cf. Eust. 710, 50: κραῖρα γὰρ Ἀττικῶς τὰ

---

4 μανθ. (scripsi, λανθάνομεν T) τὰ πρ. T τῶν προγεγονότων αὐτοὺς ὑπομιμνήσκει b
5 αὐτόν C   διατρέψῃ Valk (I 531 n. 597), fort. rectius, vide ad A 445; ἀποστρέψῃ
Wil.   11 τηλεμάχῳ ὁδὸς ἥδε Hom., potius hoc quam τηλέμαχος δ' ὡς εἶδε scrip-
sisse putandus est Hrd.; certe mendum ortum est, priusquam litterae minusculae
adhiberentur   12 τελέομεν A em. Lehrs   13 le. A suppl. Vill.   ὅτι A, ἡ διπλῆ,
ὅτι Vill.   15 le. T suppl. Li, om. A b   τὸ δὲ ὁπότ' ἐν λήμνῳ ἀντὶ (pone sch. Θ 229 a,
coni. cum v. διαστρέψῃ) E⁴   ποτέ] ὅτε A   16 στίζ. ante εἰς b   ἦμεν b ἡμῖν T
17 ὡς] ὅτι ὡς C   ἀβέβ. — ὑπόσχ. T ἀβέβαιοι εἰσὶν αἱ π. κ. ὑπσσχέσεις C αἱ π. κ.
ὑποσχέσεις ἀβέβαιοι BE³E⁴   18 le. add. Vill.   19 le. A suppl. Vill.   19 sq.
περιττὸς A, ἀθετεῖται ὅτι περιττὸς Ddf. (ὅτι περιττὸς Cob.)   22 le. add. Ma.
(κραιράων add. Vᶜ)   καῖρα T, ρ parvum add. m. sec.

231—2. ἔσθοντες κρέα πολλὰ ⟨————/⟩ πίνοντες κρητῆ-   *ex.*
ρας: πρῶτος ἔγραψε στράτευμα μεθύον καὶ †μεγαλορημονοῦντ†
25 Ὅμηρος, εἶτα σῶφρον †μετ᾽ αὐτόν†. b(BCE³E⁴) T

233 a. ⟨Τρώων ἀνθ᾽ ἑκατόν:⟩ πρὸς τὴν ἀνάγνωσιν, ὅτι οὕτως   *Ariston.*
προενεκτέον. A^int

b. Τρώων ἄνθ᾽ ἑκατόν {τε}: ἐπὶ τὴν α̅ν̅θ̅ συλλαβὴν ἡ   *Hrd.*
ὀξεῖα, ἵνα τὸ πλῆρες ᾖ ἄντα. οὕτως δὲ ἀξιοῖ Δημήτριος ὁ Γονύπεσος·
30 καὶ ἐμοὶ δὲ οὕτως ἀρέσκει τὸ τῆς διανοίας· ἄντικρυς γὰρ Τρώων ἑκα-
τὸν καὶ διηκοσίων εἷς ἕκαστος στήσεσθαί φησιν· οὐ γὰρ κωλύεται ἡ
τοῦ ἄντα σύνταξις, εἴ γε ἐπὶ γενικὴν φέρεται. A

c.¹ ⟨Τρώων ἀνθ᾽ ἑκατόν:⟩ τὸ πλῆρες μᾶλλον ἄντα, ὡς καὶ   *ex.(Hrd. +*
τῷ Ἡρωδιανῷ (sc. 2, 61, 16) ἀρέσκει, οὐχὶ δὲ ἀντί, καθὼς Ἀριστάρ-   *Ariston.)*
35 χῳ ἔδοξεν. b(BCE³E⁴)

c.² ἄνθ᾽ ἑκατόν τε: τὸ πλῆρες ἄντα, οὐκ ἀντί, ὡς ἀρέσκει
τῷ Ἡρωδιανῷ. T

235 a. Ἕκτορος, ὃς τάχα νῆας ⟨ἐνιπρήσει πυρὶ κηλέῳ⟩:   *Ariston.*

περὶ τὴν κεφαλήν   **233 a** cf. Ap. S. 31, 9 (unde EM. 111, 27): ἀντί· δηλοῖ μὲν
κυρίως τὴν πρόθεσιν, ὡς καὶ ἡμεῖς τίθεμεν, καὶ ὡς Ἀρίσταρχος ἀναγινώσκει
†τοῦτον δὲ† (aut τοῦτον aut τόνδε scribendum) τὸν στίχον· „Τρώων ἀνθ᾽ ἑκατόν
τε διηκοσίων τε ἕκαστος", cf. Porph. 1, 121, 12; Lehrs Ar.³ 114   *b* Ecl. 2, 466, 18:
Τρώων ἀνϑ᾽ ἑκατόν τε διηκοσίων τε ἕκαστος· ὁ Ἀσκαλωνίτης (p. 48 B.)
ἀντὶ ἑκατὸν ἐκδέχεται τὸ πλῆρες· λέγει οὖν τότε μὲν ἀνθ᾽ ἑκατόν, νῦν δὲ
†οὐδενὸς λόγου ἄξιοι εἰ μὲν† (fort. οὐδ᾽ ἑνὸς ἄξιοί ἐσμεν τοῦ) Ἕκτορος. εἰσὶ δὲ οἳ
ὀξύνουσι τὴν α̅ν̅ συλλαβήν, ἵνα ᾖ τὸ πλῆρες „ἄντα". οὕτως δὲ ἀξιοῖ Δημήτριος ὁ
Γονυπεσσός. καὶ ἔμοιγε οὕτως ἀρέσκει τὸ τῆς διανοίας †ὡς Τρώων ἑκ. (30)
— κωλύεται καὶ ἡ τοῦ ἄντα †σύνταξιν†, εἴ γε ἐπὶ γενικὴν φέρεται· „ἄντα †γὰρ†
(lg. δ᾽ ἄρ᾽) Ἡφαίστοιο" (Υ 73), „ἄντα δ᾽ Ἐνυαλίοιο" (Υ 69), „αὐτὰρ
Ἀχιλλεύς/Ἕκτορος ἄντα" (Υ 76), „τολμήσαις (lg. τολμήσεις) Διὸς ἄντα
πελώριον" (Θ 424), fort. e scholio uberiore, cf. Beiträge 249   ἄντα (29) cf. D;
Schulze 669   Δημήτριος ὁ Γον. (29) cf. Cohn, R. E. 4, 2 (1901), 2847 (s. v.
Demetrios nr. 102)   **235** obelus ante versum in A

23 sq. le. T suppl. Ma., om. b   24—5 πρῶτ. δὲ ὅμηρος ἔγρ. sq. pone sch.
Θ 230 b (coni. cum v. ὑποσχέσεις resp. ἀβέβαιοι) b   24 μεγαλορρημονοῦν C Le
(e coniectura ut vid.)   24 sq. ὅμ. ante ἔγραψε b   25 εἶτα σῶφρ. T ἐν δὲ
ἀνάγκαις χρειώδεσι σωφρονοῦν b   μετ᾽ αὐτόν T (erat fort. καὶ μετανοοῦν), καὶ
ἀτυχοῦν b   26 le. add. Bk. (Vill.)   πρός A, ἡ διπλῆ πρός Vill.   οὕτως „sc.
ut plenum sit ἀντί non ἄντα" (Frdl.)   28 (le.) τε del. Lehrs   29 γόνυπεσος
A em. Bk.   33 le. add. Li   38 le. A suppl. Vill.

ὅτι ἐκλύει καὶ ἀπαμβλύνει τὸν ὀνειδισμὸν ὁ στίχος· κρείσσων γὰρ κα-
θολικώτερον ἐᾶσαι, οὐδήποτε ἀνδρός, ἀλλ' οὐχὶ τοῦ διαφορωτά- 40
του. A

Did.   b.¹ Ἕκτορος, ὃς τάχα ⟨νῆας ἐνιπρήσει πυρὶ κηλέῳ⟩:
ἧττον ἄν φησιν Ἀρίσταρχος ὀνειδιστικὸν εἶναι, εἴπερ οὕτως ἐγέγρα-
πτο „Ἕκτορος, ᾧ δὴ κῦδος Ὀλύμπιος αὐτὸς ὀπάζει". ἠθέτητο δὲ καὶ
παρὰ Ἀριστοφάνει. A   45

b.² Ἕκτορος, ὃς τάχα νῆας ἐνιπρήσει ⟨πυρὶ κηλέῳ⟩:
ἧττονά φησιν ὀνειδισμὸν Ἀρίσταρχος εἶναι, εἰ οὕτως ἐγέγραπτο
„Ἕκτορος, ᾧ δὴ κῦδος Ὀλύμπιος αὐτὸς ὀπάζει". περισσὸς δέ· ὡς γὰρ
ἐκεῖνοι ἀοριστωδῶς ἔλεγον, οὕτως ἔδει καὶ τοῦτον ἀοριστωδῶς. T

ex.   c. ⟨Ἕκτορος, ὃς —— κηλέῳ:⟩ μέγαν {δὲ} φησὶν ὀνει- 50
δισμὸν τὸ τοιοῦτον εἶναι, εἰ πάντες ἄξιοι ἑνὸς τοῦ Ἕκτορος οὐκ εἰσίν,
ἀλλ' ὡς νεβροὶ ἡσσῶνται λέοντος. b(BCE³E⁴)

ex.   d. πυρὶ κηλέῳ: καθ' ὕφεσιν τοῦ ῑ γέγονεν· τὸ γὰρ τέλειόν
ἐστι κηλείῳ. T

ex.   236. Ζεῦ πάτερ: διὰ τῆς ἀναφωνήσεως καὶ ὀνειδίζει καὶ ψυχα- 55
γωγεῖ, τὴν αἰτίαν εἰς θεοὺς ἀνάγων. b(BCE³E⁴) T   οἰκειοῦται δὲ
τὴν συμφοράν, ὅπως καταιδῇ παρακαλῶν. b(BE³E⁴) T   ἄλλως
τε „τούτῳ μὲν γὰρ κῦδος ἅμ' ἕψεται, / τούτῳ δ' αὖ μέγα πένθος
Ἀχαιῶν δῃωθέντων" (Δ 415. 417). T

ex. | *ex.*   236—7. ⟨ἦ ῥά τιν' ——⟩ καί μιν μέγα κῦδος ἀπηύρας: καί 60
μιν ἀπηύρας Ἀττικῶς, ὡς καταφρονεῖ με. | ἀντὶ τοῦ 'εἰργάσω ἄλλον
τινὰ τῶν βασιλέων οἶα ἐμέ·' T

ex.(?)   237. ⟨μὶν ... ἀπηύρας:⟩ ἀπηύρας αὐτόν. Tⁱˡ

---

b cf. Ludwich, A. H. T. 1, 288, 33; Cauer 59; Reinhardt, Ilias 195, 8; Valk I 429.
II 430   b¹ ἧττον (43) — ἐγέγραπτο ad B 665   c cf. Porph. 1, 121, 20   d ad
Θ 217 b (Hrd.), cf. Eust. 710, 37   236—7 — καταφρονεῖ με (61) ad Α 275
(Ariston.); cf. Eust. 710, 42

---

39 ὅτι A, ὁ ὀβελός, ὅτι Vill.; ἀθετεῖται, ὅτι Bolling   42 le. A suppl. Ldw.
43 ἄν del. Reinhardt   φασὶν ἀρίσταρχον A corr. Bk.   εἴπερ] ὡς εἴπερ (an
ὡσεὶ?) Reinhardt   44 ᾧ Bk., ὃ A   lac. post ὀπάζει stat. Ldw. (cf. sch. b²)
46 le. T supplevi   47 εἰ T, cf. sch. b¹   48 ᾧ Ma., ἕως (quod genuinum esse
putat Valk) T   περισσὸς scripsi, περισσῶς T   49 ἐκεῖνος et ἔλεγεν T em.
Lehrs   ἀοριστ.² Lehrs, ἀορίστου ἔθει T   50 le. addidi   50—2 μέγαν δὲ
sq. pone sch. Θ 236 (coni. cum v. παρακαλῶν, l. 57) in b, transposui; δὲ (post
μέγαν) delevi   55 ἀναφ. ταύτης b   56 ἀναφέρων b   57 καταιδῇ] κατάδη
Wil. (minus probabiliter)   60 le. T supplevi (auctore Bk.)   63 le. add. Ma.

239 a. {νηῒ πολυκλήϊδι παρελθέμεν ἐνθάδε} ἔρρων· ὅτι τὸ ἔρ- *Ariston.*
65 ρων οὐκ ἔστι ψιλῶς παραγινόμενος, ἀλλὰ μετὰ φθορᾶς· δυσαρε⟨σ⟩τεῖ
γὰρ τῇ παρουσίᾳ. A
    b. ἔρρων· φθοράν, οὐ πλοῦν ὀνομάζει τὴν ὁδόν. b(BCE³ *ex.*
E⁴) T
    240 a. δημόν· Ἀρίσταρχος κατ᾽ ὀξεῖαν τάσιν ἐπὶ τοῦ λίπους· *Hrd.*
70 τὸ γὰρ ἐπὶ τοῦ πλήθους βαρύνει. οὕτως καὶ ὁ Ἀσκαλωνίτης (p. 49 B.)
λέγων τὸ μὲν παρὰ τὸ δέμας γεγενῆσθαι, οἱονεὶ σῶμά τι τυγχάνον, ἢ
παρὰ τὸν δασμόν, τὸ δὲ ἐπὶ τοῦ λίπους παρὰ τὸ δαίω· εὔκα⟨υ⟩στον
γὰρ τὸ λίπος. δύναιτο δ᾽ ἄν τις καὶ ἄλλως ἐτυμολογεῖν, εἰ παρὰ τὸ
δέω γένοιτο· δέεμος καὶ ἐν συναλιφῇ δῆμος, τὸ συνδεδεμένον πλῆθος·
75 τὸ γὰρ ἐναντίον λύη ἀπὸ τῆς διαλύσεως. A
    b.¹ βοῶν δημὸν καὶ μηρί᾽ ἔκηα· διὰ τούτων παιδεύει *ex.* | *ex.*
ἡμᾶς καὶ ἐπὶ ξένης θύειν. | δημὸν δὲ στέαρ, π[ι]μελήν, παρὰ τὸ δαίω
τὸ καίω. T
    b.² παιδεύει δὲ ἡμᾶς καὶ ἐπὶ ξένης ὄντας θεῷ προσανέχειν *ex.*
80 ἀεί, ἀφ᾽ οὗ πᾶν τὸ διδόμενον. b(BCE³E⁴)
    242 a.¹ ⟨ἀλλά, Ζεῦ, τόδε πέρ μοι ἐπικρήηνον ἐέλδωρ·⟩ *ex.*
Ἕλλην ὢν καὶ ἀγαθὰ φρονῶν τῆς εἰς θεοὺς ἐλπίδος οὐδέποτε ἀφίστα-
ται. παιδευτικοὶ δὲ οἱ λόγοι. b(BCE³E⁴)
    a.² {τόδε μοι κρήηνον ἐέλδωρ·} ὡς †ἑλληνικός† οὐκ ἀφίστα-
85 ται τῆς εἰς θεοὺς ἐλπίδος. T
    243 a.¹ αὐτοὺς δή περ ἔασον ὑπεκφυγέειν· ἐλεεινὸν ἡ παρ᾽ *ex.*
ἐλπίδας ἀπόδοσις· πάλαι μὲν εὐχόμεθα περὶ νίκης, νῦν δὲ περὶ σωτη-
ρίας αἰτοῦμεν. T
    a.² ἐλεεινὸν ἡ παρ᾽ ἐλπίδας ἀτυχία· πάλαι γὰρ περὶ νίκης

239 a ad l 364 b. Σ 421 (Ariston.), cf. sch. κ 72; Lehrs Ar.³ 102   μετὰ φθορᾶς
(65) cf. D, Ap. S. 77, 14   b φθοράν (67) cf. D, Eust. 710, 46   **240** a cf. Eust.
710, 52; — βαρύνει (70) ad M 213 a (Hrd.), cf. Amm. 131, Io. Phil. coll. 9, 60,
Theogn. 63, 6   ἐπὶ τοῦ λίπους (72) cf. sch. ι 464   παρὰ τὸ δαίω (72) — λίπος
(73) cf. Or. 45, 10: δημός· παρὰ τὸ καίεσθαι, δαιμὸς καὶ δαμός, καὶ τροπῇ τοῦ ā εἰς
η̄ δῆμος, τὸ εὐχερῶς καιόμενον, Ep. Hom. (An. Ox. 1, 110, 9, Et. Gud. 353, 7
Stef.), Et. Gud. 353, 16 Stef.   παρὰ τὸ δέω (73) sq. cf. Or. 50, 10, sim. Et. Gud.
353, 26 Stef.; vide Et. Gud. 354, 3 (v. δημός sec. Herodianum a verbo δέω deri-
vata)   b¹ παρὰ τὸ δαίω (77) cf. sch. a

64 (le.) νηῒ — παρ. ἐνθ. del. Bk.   ὅτι A, ἡ διπλῆ, ὅτι Vill.   65 δυσαρετεῖ A
suppl. Vill.   67 le. scripsi (auctore Bk.), νηῒ πολυκλήϊδι ἐνθάδε ἔρρων T, om.
b   φθορ. T φθορὰν ὀδυνώμενος, ἀλλ᾽ b   τὴν ὁδόν] τὸ δεινόν C   72 εὔκαστον A
suppl. Vill.   75 λύει A corr. Lehrs   77 π[.]μελήν T, novavit m. rec.   79—80
παιδ. δὲ sq. coni. cum scholio Θ 239 b (v. ὁδόν) in b   81 le. add. Vill. (ἀλλὰ ζεῦ
τόδε iam Li)   84 le. delevi   87 ἐλπίδα Ma.   89 ἐλεεινὸν δὲ E⁴

εὐχόμενοι νῦν περὶ τῆς σφῶν αἰτοῦσι σωτηρίας. b(BCE³E⁴)   90

ex.   245. ⟨δακρυχέοντα:⟩ καὶ ὅτι ἐδάκρυσεν Ἀγαμέμνων, νῦν ἐσή-
μανεν. b(BCE³E⁴) Tⁱˡ

ex.   246 *a.* ⟨νεῦσε ——— ἔμμεναι:⟩ ὑπὲρ ἀναπαύσεως τοῦ ἀκροα-
τοῦ. Tⁱˡ

Did.   *b.* ⟨οὐδ' ἀπολέσθαι:⟩ Ἀρίσταρχος „οὐδ' Aⁱᵐ   ἀπο- 95
λεῖσθαι". AⁱᵐTⁱˡ   1

ex.   247—50. αἰετὸν ἧκε ⟨——— ῥέζεσκον Ἀχαιοί⟩: οἱ μέν φασι
τικτομένου τοῦ Διὸς τεχθῆναι καὶ τὸν ἀετόν, οἱ δὲ καὶ ἐν τῇ γιγαντο-
μαχίᾳ αἴσιον τῷ Διΐ γενέσθαι· διὸ ἱερὸς αὐτοῦ ἐστιν. εἴρηται δὲ ἀετὸς
παρὰ τὸ ἀεὶ ἐτεὸν αὐτὸν εἶναι, ὅ ἐστιν ἀληθῆ. τελειότατον δὲ πε- 5
τεεινῶν (247) ἤτοι τὸν τελεστικώτατον, ἐπεὶ Διός ἐστιν, ἢ τὸν
μείζονα. b (BCE³) T   ὁ δὲ νεβρός (cf. 248 et 249) τοὺς κατεπτη-
χότας δηλοῖ Ἕλληνας καὶ ὁ κοινὸς βωμὸς τὴν κοινὴν ἅπασιν ἀπὸ τοῦ
Διὸς σωτηρίαν (cf. 249)· b(BCE³E⁴) T   ἄδειαν γὰρ τοῖς καταφεύ-
γουσιν ὁ βωμὸς πορίζεται. ὅτι δὲ κοινὸς καὶ τῷ πανομφαίῳ (250) 10
δηλοῖ, οἷον ἀπὸ πάσης φωνῆς καὶ γλώττης τετιμημένῳ· b(BE³E⁴) T
ὀμφὴ γὰρ ἡ φωνή. T

D   247. αὐτίκα δ' αἰετὸν ἧκε τελειότατον: μέγιστον ἢ ἐντελῆ
——— δηλοῦν, τὸ ἀληθές. A

ex.   248 *a.*¹ νεβρόν: τὸ νεωστὶ βορᾶς δεχόμενον †εὐθυμον† φασὶ γε- 15
νόμενον †σάρκα φάγεσθαι ἀετοῦ· νεβρὸς αἰετοῦ ἀετός†. T

*a.*² ὁ νεωστὶ βορὰν δεχόμενος ἢ πρὸς αὐτὴν ἐπιτήδειος. b
(BCE³E⁴)

245 cf. Eust. 711, 1   **247—50** — μείζονα (7) ad Ω 293 (ex.), cf. D   παρὰ τὸ
ἀεὶ ἐτεὸν (5) cf. D, Ep. Hom. (An. Ox. 1, 37, 21, Et. Gud. 28, 19 Stef., EM. 20,
54)   τελειότατον (5) — μείζονα (7) cf. Et. Gen. (B, deest A) ἀετός   τελεστικώ-
τατον (6) ad Ω 315 (Ariston.)   μείζονα (7) cf. D ad Ω 293; Dionys. auc. 1,
3   ὁ δὲ νεβρός (7) — Ἕλληνας (8) cf. Eust. 711, 12   ὀμφὴ γὰρ (12) sq. cf. D
ad Θ 250, sim. D ad B 41. Υ 129. Vide ad Θ 250 *b*   **248** *a*¹ — δεχόμενον (15) ad
Χ 1, cf. Ar. Byz. ap. Eust. 711, 38 (brevius Miller Mél. 431, 1), D, D ad Δ 243.
Ο 579, Ap. S. 115, 1, sch. Ap. Rh. 4, 12 (test.)

91 le. add. Vᶜ   ἐδάκρυεν b   **93** le. addidi, σῶον ἔμμεναι add. Vᶜ, νεῦσε: add. Ma.
95 le. addidi (auctore Vill.)   **2** le. T supplevi, om. b (ubi sch. ad. Θ 247 revocatum
est)   **3** sq. καὶ ἐν — ἐστιν T ὅτι ἐν τῇ γιγαντομαχίᾳ αἴσιος τῷ διῒ ἐγένετο b   **5**
ἀλ. b αἴσιον καὶ ἀληθῆ T   **5** sq. πετ. om. b, fort. rectius   **6** τελεστ. b τε-
τελεστικώτατον T ἐπιτελεστικώτατον D   ἐπεὶ διός ἐστιν om. b   **7** μείζονα T
μέγαν b   ὁ δὲ νεβρὸς δὲ b (in E⁴ pone D)   **8** Ἕλλ. δηλοῖ δὲ b   καὶ om. b   ὁ] ὁ
δὲ E⁴   ἀπό om. C   **10** τῷ T τὸ b   **15** τὸ T, τὸν Ma.   βορὰν Wil.   εὔχυ-
μόν φασι Ma.   **16** nondum expeditum, σαρκοφαγεῖσθαι ὑπ' ἀετοῦ νεβρὸν. | ἀεὶ
ἐτεός, αἰετός, ἀετός Ma.   **17** τὸν . . . δεχόμενον E⁴   ἐπιτήδειον E⁴

249 *a*.¹ πὰρ δὲ Διὸς βωμῷ: καλὸν τὸ ἔσω γενέσθαι τὸ ση- *ex.*
20 μεῖον· ἢ γὰρ ἂν ἰδόντες Τρῶες πλέον ἐθάρρουν. T

　　　a.² καλῶς δὲ τοῦ τείχους ἐντὸς τὸ σημεῖον ἐγένετο· εἰ γὰρ εἶ-
δον αὐτὸ οἱ Τρῶες, πλέον ἂν ἐθάρρησαν. b(BCE³)

　　　b. ⟨κάββαλε νεβρόν:⟩ ἐν ἄλλῳ ,,θήκατο νεβρόν''. Aᶦⁿᵗ　　*Did.(?)*

250 *a*. πανομφαίῳ: ὅτι οὐκ ἔστι καθολικὸν ἐπίθετον ὁ πανομ- *Ariston.*
25 φαῖος, ὁ κληδόνιος καὶ πάσης κληδόνος παραίτιος. καὶ ὅτι ἅπαξ ἐν-
ταῦθα τὸ ἐπίθετον. A

　　　b. πανομφαίῳ: τινὲς τῷ ὑπὸ πάντων φωνουμένῳ, παρόσον *ex.*
αὐτός ἐστιν ὁ ἀήρ, A b(BCE³) T　　ὅθεν ἡ φωνή. ὀμφὴ δὲ ἡ φωνή,
ἡ τὸ ὂν φαίνουσα. b(BCE³) T　　ἢ ὅτι †ἐν† τῇ 'Οδυσσέως νηΐ, ὅπου
30 ἡ ἀγορά (cf. Λ 806—8), διὰ τὰς γινομένας ἐξ αὐτῆς φήμας. ἢ ὅτι φησὶν
,,ἢ ὄσσαν ἀκούσεις / ἐκ Διός'' (α 282—3). T

　　　251. οἱ δ' ὡς οὖν εἶδον ὅτ' ἄρ' ἐκ Διὸς ἤλυθεν ὄρνις: ἐπὶ τοῖς *ex.*
'Αγαμέμνονος λόγοις γέγονεν· διὸ φανερὸν ἦν τοῖς "Ελλησιν b(BCE³
E⁴) T　　ὡς πάντως ἠλέηται ὑπὸ Διός. b(BCE³E⁴)

35　　251—2. οἱ δ' ὡς οὖν εἶδον ——— ὄρνις / μᾶλλον ἐπὶ Τρώ- *ex.*
εσσι θόρον: ὅτι καὶ πρώην ἦσαν πρόθυμοι ἐκ τῶν 'Αγαμέμνο-
νος παρορμήσεων. μᾶλλον δὲ ἐθάρρησαν τοῦ σημείου πεφηνότος. b
(BCE³E⁴) T

　　　253—4. οὔ τις πρότερος ⟨———/⟩ εὔξατο Τυδείδαο ⟨πά- *ex.*
40 ρος σχέμεν ὠκέας ἵππους⟩: τελευταῖος γὰρ ὑποχωρῶν πρῶτός

---

250 *a* ad B 41 (Ariston.); cf. Lehrs Ar.³ 88; Friedl., Ariston. p. 145; Wila-
mowitz, Il. Hom. 45, 1; Latte, R. E. 18, 1 (1939), 831, 5 s. v. Orakel (= Kl.
Schrift. [Monaci 1968] 154)　　οὐκ ἔστι (24) — πανομφαῖος et καὶ ὅτι ἅπαξ (25)
sq. sim. Et. Gen. (AB) πανομφαίῳ·... | οὐκ ἔστι δὲ καθόλου ἐπίθετον ὁ πανομ-
φαῖος. ἀλλ' ἅπαξ ἐνταῦθα (ὀμφὴ ὀμφαῖος add. B), fort. ex hyp. Iliad.　　ὁ κλη-
δόνιος (25) sq. cf. Eust. 711, 56　　ὁ κληδόνιος (25) — παραίτιος cf. D; Ap. S. 127,
22　　*b* ὀμφὴ (28) — φαίνουσα (29) cf. Eust. 711, 54　　ὀμφὴ (28) — φωνή ad
Θ 247—50　　251 φανερὸν ἦν (33) sq. cf. Eust. 711, 60　　253—4 'Οδυσσεὺς

21—2 καλῶς δὲ sq. pone sch. Θ 250*b* (coni. cum v. φαίνειν, l. 29) in b　　23 le. add.
Ddf.　　24 ὅτι A, ἡ διπλῆ, ὅτι Vill.　　οὐκ ἔστι Vill., οὐκέτι A　　25 κληδόνιος
et κληδῶνος A em. Vill.　　27 le. AT, om. b　　τῷ] τὸ A　　φωινουμένωι A
28 ὁ AT κατά τινα λόγον ὁ b　　ἡ φωνή¹ T καὶ ὁ λόγος b　　29 ἡ τὸ ὂν φαίν.
T διὰ τὸ τὸ ὂν φαίνειν b　　ἐπὶ Wil., recte ut vid.　　31 ἀκούσῃς Hom.　　32
ἐπὶ T ἐπὶ γὰρ b　　33 γέγονε λόγοις b　　φαν. ἦν T, καὶ φανερὸν b (fort. recti-
us)　　τοῖς Ἑλλ. ἦν b　　34 ὑπὸ τοῦ διὸς E⁴　　35 (le.) εἶδον — ὄρνις Ma., εἶδον ὄρνιν
T (le. om. b, ubi sch. ad v. 252 relatum esse vid.)　　37 δὲ T, δὲ νῦν b (fort. recti-
us)　　πεφ. T φανέντος αὐτοῖς b　　39 sq. le. T supplevi (auctoribus Vill. et
Ma.), om. b (qui sch. ad v. 254 revocavit)

ἔστιν εἰς ἐπιστροφήν· ἄλλως τε καὶ παρώξυνται ὑφ' Ἕκτορος. δείκνυ-
σιν οὖν ὅτι τοῖς κεραυνοῖς εἶκεν. Ὀδυσσεὺς δὲ πολέμιον ὁρῶν τὸν Δία
οὐ πιστεύει ταῖς αἰφνιδίοις μεταβολαῖς. b(BCE³E⁴) T

Ariston.(?)   257 a. ὁ μὲν φύγαδ' ἔτραπεν ἵππους: ὅτι εὐθέως ἐτράπησαν
Τρῶες. ἐν δὲ τῇ τηλικαύτῃ τροπῇ οὐδεὶς Ἑλλήνων πλήττεται. b 45
(BCE³) T

Hrd.   b. ⟨φύγαδ':⟩ φύγαδε ὡς ,,οἴκαδε'' (B 154 al.). Aⁱᵐ
Did.(?)   260. ⟨ἀράβησε δὲ τεύχε' ἐπ' αὐτῷ:⟩ ἐν ἄλλῳ ,,ὑπερώησαν δέ
οἵ ἵπποι'' (= Θ 314). Aⁱᵐ

ex.   261—6. τὸν δὲ μετ' Ἀτρείδαι ————/ Τεῦκρος δ' εἴνατος 50
ἦλθε: τὴν μὲν φυγὴν τῶν Ἑλλήνων ἀπήγγειλεν οὐ πολλὰ διελθὼν
ὀνόματα, νῦν δὲ εἰς τὴν μάχην ἐπιστρέφων αὐτοὺς τῶν πλείστων Ἑλ-
λήνων μέμνηται. b(BCE³) T

ex.   261. ⟨τὸν δὲ μετ' Ἀτρείδαι:⟩ τάφρου ἐξήλασαν δηλονότι. Aⁱⁿᵗ
Ariston.   266 a. Τεῦκρος δ' εἴνατος: ὅτι πάντων ὑποστρεψάντων μόνος 55
ὁ Ὀδυσσεὺς παρέμεινε πρὸς ταῖς ναυσὶν ὥστε τὸ ἐπάνω εὐκρινὲς γί-
νεσθαι τὸ ,,ὡς ἔφατ' οὐδ' ἐσάκουσεν'' (Θ 97), ὅτι ἑκουσίως παρεπέμ-
ψατο. A

ex.   b. Τεῦκρος δ' εἴνατος ἦλθε παλίν⟨τονα⟩ τόξα ⟨τι-
ταίνων⟩: διήρηκεν ὡς μέλλων περὶ αὐτοῦ λέγειν. ἔνδον δέ ἐστιν 60
Ὀδυσσεὺς ὀτρύνων δι' Ἀγαμέμνονα. ἀλλ' οὐδὲ Θόαντος μέμνηται,
καὶ οὐ πάντως ἐστὶ δειλός (cf. H 168). b(BCE³) T

D | Ariston.   c. ⟨παλίντονα τόξα τιταίνων:⟩ εἰς τοὐπίσω τεινόμενα. |
εἶδος δὲ τοξ⟨ε⟩ίας. Aⁱⁿᵗ

Did.(?)   267. ⟨στῆ δὲ παρ' Αἴαντος:⟩ γράφεται ,,στῆ δ' ἄρ' ὑπ' Αἴαν- 65
τος''. Aⁱᵐ

δὲ (42) sq. vide ad Θ 261—6. 266 *a* et *b*   **257** diple ante versum in A   *b* ad
Θ 157 *a* (Hrd.)   **261**—6 τῶν πλείστων (52) vide ad Θ 253—4   **261** cf. D
266 fort. exstabat nota Herodiani de accentu vocis Τεῦκρος (nominis proprii
properispomeni), cf. Arcad. 84, 23; Steph. B. 3, 8. 49, 17; D ad Θ 284; Eust. 713,
26. 1967, 35; Lehrs Ar.³ 271   *a* et *b* ad Θ 97 *a* (Ariston.); vide ad Θ 253—4   *c*

---

41 ὑποστροφήν b   παρώξυται T   **42** οὖν T δὲ b   τοῖς T οὐκ ἄλλῳ ἢ τοῖς b
43 οὐ πιστ. — μεταβ. T ταῖς αἰφνιδίοις οὐ πιστεύει μεταβολαῖς ὡς ἀδήλοις b   **44**
ὅτι] fort. ἡ διπλῆ, ὅτι   **44** sq. τρῶες post ὅτι b   **45** τροπῇ οὐδ. ἑλλ. T ἑλλήνων
τροπῇ οὐδεὶς οὐδαμοῦ b   **47** le. addidi (auctore Vill.)   **48** le. add. Bk. (Vill.)
50 sq. le. scripsi, τὸν δὲ μετ' ἀτρείδαι, τοῖσι δ' ἐπ' αἴαντες T, om. b (qui sch. ad
Θ 261 rettulit)   **51** sq. ἀπαγγέλλων οὐ πολλῶν δεῖται τῶν ὀνομάτων b   **52** sq.
ἑλλήνων om. b, fort. rectius   **54** le. addidi   τάφρου scripsi (cl. Θ336), τάφρον
A   **55** (le.) δείνατος A em. Vill.   ὅτι A, ἡ διπλῆ, ὅτι Vill.   **59** sq. le. T suppl.
Ma., om. b   **61** ὀτρ. T τὸν λαὸν διεγείρων b, fort. τὸν λαὸν ὀτρύνων   δι' ἀγ.
om. b   οὐδὲ b, [. . . .] T nov. m. sec.   **63** le. add. Vill.   **64** τοξίας A suppl.
Vill.   **65** le. (= Aᶜᵒⁿᵗ) add. Bk. (Vill.)   γράφ. cp. (γρ) in A

268 *a*.¹ ἔνθ' Αἴας μὲν ὑπεξέφερεν ⟨σάκος⟩: τοῦτο καὶ τὴν φι-   *ex.*
λαδελφίαν δείκνυσι τῶν Αἰάντων καὶ τὸ μέγεθος τῆς ἀσπίδος †περι-
λαμβανούσης. „ὕπαιθα† ἔφερεν", ὅ ἐστιν ἔμπροσθεν. T

70   *a*.² ἀντὶ τοῦ ἔμπροσθεν αὐτοῦ ἔφερε. τοῦτο δὲ καὶ τὴν φιλαδελ-
φίαν τῶν Τελαμωνίων ἐδήλωσε καὶ τὸ μέγεθος φανεροῖ τῆς ἀσπίδος
περιλαμβανούσης αὐτούς. b(BCE³E⁴)

269—70. παπτήνας, ⟨ἐπεὶ ἄρ' τιν' ὀϊστεύσας ἐν ὁμίλῳ /   *Nic.*
βεβλήκει⟩: βραχὺ διασταλτέον ἐπὶ τὸ παπτήνας (269), ὑπο-
75 στικτέον δὲ ἐν ὑποκρίσει βεβλήκει (270). A

269. παπτήνας: βραχεῖα διαστολὴ εἰς τὸ παπτήνας. ἡδὺς δὲ ὁ   *ex.(Nic.+ex.)*
λόγος καὶ τὸ σχῆμα. b(BCE³) T

270 *a*. βεβλήκει: Ἀρίσταρχος διὰ τοῦ ō „βεβλήκοι". AⁱᵐT   *Did.*

     b. ⟨βεβλήκοι:⟩ ὅτι σαφῶς ἀντὶ τοῦ ἐκ βολῆς ἐπιτύχοι. Aⁱⁿᵗ   *Ariston.*

80 274—6 *a*.¹ ⟨Ὀρσίλοχον μὲν πρῶτα —— Μελάνιπ-   *ex.*
πον:⟩ φιλέλλην ὢν τοὺς μὲν ἐξ αὐτῶν ἐν τῇ πρώῃ ἥττῃ τελευτήσαν-
τας οὐ καταλέγει νεκρούς, τοὺς δὲ τῶν Τρώων ἀεὶ ἀριθμεῖ καὶ νῦν.
b(BCE³)

     a.² {ὀρσίλοχον μὲν πρῶτον:} τοὺς δὲ τῶν Ἑλλήνων οὐ κατέ-
85 λεξεν. T

276 *a*.¹ Πολυαιμονίδην Ἀμοπάονα ⟨καὶ Μελάνιππον⟩:   *Hrd.*
ψιλωτέον πάντα, ἵνα κύρια γένηται. παραιτητέον δὲ τοὺς διαλύοντας
τὸ Ἀμοπάονα· πιθανώτερον γάρ ἐστι κύριον αὐτὸ παραλαβεῖν,
ἵνα τὸ προκείμενον αὐτοῦ πατρωνυμικὸν τυγχάνῃ. A

εἶδος δὲ (64) sq. ad Θ 325 (Ariston.)   268 *a*¹ ὕπαιθ(α) (69) sq. fort. nota Di-
dymi   269—70 cf. Eust. 712, 47. Nicanor certe ad textum receptum spectat,
non ad interpretationem, quae in D legitur: παπτήνας·... ἤτοι ὄνομα κύριον ὁ
Ἐπίαρτις „παπτήνας Ἐπίαρτιν" (vel ὁ Ἴαρτις, „παπτήνας ἐπ' Ἴαρτιν")· ἢ
„παπτήνας ἐπὶ ἄρ τίν' ὀϊστεύσας", ἵν' ᾖ ἐπὶ τίνα δὴ ὀϊστεύσας, τοξεύσας (cf. D in
Ve¹ ap. Allen, Homeri Ilias I, Oxon. 1931, ad loc.)   270 *a* cf. Cobet, Nov. Lect.
218   *b* cf. Eust. 713, 8; vide ad Δ 527 *b* (Ariston.)   276 diple ante versum in
A, fort. exstabat sch. Aristonici scholio *a*¹ simile, vide ad Δ 458; cf. Wismeyer
21   *a*¹ Et. Gen. (AB) Ἀμοπάονα· „Πολυαιμονίδην Ἀμοπάονα". ψιλωτέον
πάντα, ἵνα (π. ἵνα πάντα A) κύρια — τυγχάνῃ. οὕτως ἐν ὑπομνήματι (οὕτως sq.
om. B), fort. ex hyp. Iliad.; vide ad E 76 (Hrd.)   παραιτητέον δὲ (87) sq. cf.

67 le. T supplevi (auctore Vill.)   68 sq. τῆς ἄμφω περιλαμβανούσης. | γράφεται
ὕπαιθ' Ma. (γράφεται add. Wil.; τῆς abesse malim), cf. sch. *a*²   71 καὶ — φαν.]
φανεροῖ δὲ καὶ τὸ μέγεθος E⁴   73 sq. le. A suppl. Frdl.   77 σχῆμα T σχῆμα
ὅμοιον b   78 le. T, om. A   διὰ τοῦ ō om. A   διὰ — βεβλ.] βεβλήκειν
Cob.   79 et 80 sq. le. addidi   79 ὅτι A, fort. ἡ διπλῆ, ὅτι   80—2 sch. ad Θ 274
rettulit b   82 ἀεὶ καὶ νῦν ἀριθμεῖ C, fort. rectius   84 le. T delevi   ante τοὺς
lac. indic. Ma.   86 le. A suppl. Vill.   89 πατρ. Et. Gen., πατρωνυμικὸν A

a.² ψιλωτέον· κύριον γάρ ἐστιν. T^il   90

a.³ τὸ Ἀμοπάονα ἐν ἑνὶ μέρει λόγου ἀναγνωστέον· κύριον γάρ. A^int

ex. 279 a.¹ Τρώων ὀλέκοντα φάλαγγας: πλῆθός τι δηλοῖ τῶν ἀναιρουμένων. T

a.² τὸ πλῆθος τῶν ἀναιρουμένων διὰ τῆς φάλαγγος ἐδήλω- 95
σεν. b(BCE³)   1

ex. 281—2. Τεῦκρε, φίλη κεφαλή, ⟨Τελαμώνιε, κοίρανε λαῶν,/ βάλλ' οὕτως⟩: εἰς εὔνοιαν αὐτὸν διὰ τῆς φιλίας ἐπάγεται καὶ τοῦ πατρὸς ὑπομνήσας καὶ τῆς ἡγεμονίας, ὅπως μὴ ἀνάξιος ὀφθῇ τούτων. καλὴ δὲ καὶ ἡ παράτασις τοῦ βάλλε (282). b(BCE³E⁴) T   5

ex. 281. Τελαμώνιε, κοίρανε λαῶν: „πατρόθεν ἐκ γενεῆς / πάντας κυδαίνων" (Κ 68—9). T

ex. 282. αἴ κέν τι φόως Δαναοῖσι ⟨γένηαι⟩: λεληθότως καθ' Ἕκτορος αὐτὸν ὁπλίζει· ὅθεν κἀκεῖνος συνείς φησι· „τοῦτον δ' οὐ δύναμαι βαλέειν κύνα" (Θ 299). b(BCE³E⁴) T   10

Hrd. 283 a. ὅ σ' ἔτρεφε: ἡ σέ ἀντωνυμία ἐγκλιτική ἐστι· τὸ δὲ ὅ παρὰ τῷ ποιητῇ κείμενόν ἐστιν ἀντὶ τοῦ ὅς. A

Hrd. | ex. b. ὅ σ' ἔτρεφε: τὸ ὅ ἀντὶ τοῦ ὅς. b(BCE³) T | πανταχόθεν δὲ αὐτὸν προτρέπει ὡς καὶ τὸν πατέρα καὶ τοὺς Ἕλληνας εὐεργετήσοντα. b(BCE³E⁴) T   15

Did. | Ariston. 284 a. καὶ σε νόθον περ ἐόντα ⟨——— οἴκῳ⟩: παρὰ Ζηνοδότῳ οὐδὲ ἦν. ἠθέτητο δὲ καὶ παρὰ Ἀρισταφάνει. | ὅτι ἄκαιρος ἡ γενεαλογία καὶ οὐκ ἔχουσα προτροπήν, ἀλλὰ τοὐναντίον ὀνειδισμὸν καὶ ἀποτροπήν. A

Did. b. καί σε νόθον περ ⟨——— οἴκῳ⟩: παρὰ Ζηνοδότῳ οὐκ 20
ἦν. ἠθέτει δὲ καὶ Ἀριστοφάνης. T

Eust. 712, 54   281—2 — ἐπάγεται (3) cf. Plut. mor. 55 b   283 a/b ἀντὶ τοῦ ὅς (12 et 13) cf. D ad A 73, Ep. Hom. (An. Ox. 1, 315, 3, Et. Gud. 417, 13, sim. EM. 614, 6); aliter Eust. 713, 19 (ad lect. vulg. spectans): τὸ δὲ „ὅς ἔτρεφε" λείπεται τῆς σέ ἀντωνυμίας   a — ἐγκλιτική ἐστιν (11) ad B 28 (Hrd.)   284 obelus (sine dipla) ante versum in A   a/b (Did.) ad M 371 b. Ο 439 (ex.); cf. Duentzer, Zen. 163   a ὅτι ἄκαιρος (17) sq. cf. Roemer, Philol. 70, 1911, 209 (vix

95 debuit διὰ τοῦ φάλαγγας   2 sq. le. T supplevi (auctore Vill.), om. b (scholio ad Θ 281 revocato)   4 ἀναξίως E³   4 sq. τούτων ὀφθῇ b   5 καλὴ] καὶ μὴ C   παράτ. pone βάλλε b   6 sq. γενεῆς ὀνομάζων ἄνδρα ἕκαστον / π. κυδ. Hom. 8 le. T supplevi, om. b   8—10 λεληθότως δὲ καθ' sq. coni. cum scholio Θ 281—2 (v. παράτασις, 1. 5) E⁴   8 sq. αὐτὸν κατὰ τοῦ ἕκτ. ὁπλ. BCE³ αὐτὸν ὁπλ. κατὰ τοῦ ἕκτ. E⁴   9 συνιείς b   10 βαλεῖν C   κύνα om. T, fort. recte 14 ἑλλ. πάντας b, fort. rectius   16 le. A suppl. Vill.   17 ὅτι A, erat fort. ὁ δὲ ὀβελός, ὅτι   20—1 καί σε sq. pone sch. c (coni. cum v. φιλαδελφίᾳ) T, transposui et le. supplevi

c. καί σε νόθον περ ⟨———— οἴκῳ⟩: οὐκ ὀνειδίζει, ἀλλ' *ex.*
ἐπαινεῖ, ὅτι διὰ τρόπου χρηστότητα καίπερ νόθος ὢν οὕτως ἐτράφη.
ἄλλως τε διδάσκει ὅτι οὐκ ἔστιν ὄνειδος τὰ ἴδια ἀκούουσιν. ἀλλ' οὐδὲ
25 ὄνειδος ἦν ἡ νοθεία παρὰ τοῖς παλαιοῖς. πολεμεῖ δὲ τοὺς ὁμοφύλους
νικώμενος τῇ φιλαδελφίᾳ. b(BCE³E⁴) T

‘Ηρακλῆς πορθήσας ᾽Ιλιον ———— τοὺς γνησίους ὑπερ- *D*
έβαλεν. A

289. πρώτῳ τοι μετ' ἐμέ: φιλαλήθως πρὸς πίστιν. ἐντεῦθεν νό- *ex.*
30 μος τοὺς ἀριστεῖς γέρας δέχεσθαι. T

290 a. ἢ τρίποδ' ἠὲ δύω ἵππους: παραδιαζευκτικὸς ὁ ἢ ὡς *Hrd.*
τὸ „ἠὲ δύω †ἠ† τρεῖς ἄνδρας ἔρυσθαι" (ε 484). A T

b. ⟨δύω ἵππους αὐτοῖσιν ὄχεσφιν:⟩ ὅτι δύο ἵπποις *Ariston.*
ἐχρῶντο. Aⁱⁿᵗ

35 c. ⟨ἵππους:⟩ οἱ περὶ Ζηνόδοτον καὶ ᾽Αριστοφάνη „ἵπ- *Did.*
πω". Aⁱᵐ

291 a. ⟨γυναῖκα:⟩ Ζηνόδοτος „᾽Ιόπην". Tⁱˡ *Did.*

b.¹ ὁμὸν λέχος εἰσαναβαίνοι: ἀρίστην, ἣν ἀξιώσεις καὶ *ex.*
γαμετὴν κτᾶσθαι. T

40 b.² τοιαύτην φησὶ δώσω σοι, ἣν ἂν ἀξιώσαις κτᾶσθαι καὶ
γαμετήν. b(BCE³E⁴)

293 a. ⟨σπεύδοντα:⟩ ἀντὶ τοῦ προθύμως ἐνεργοῦντα. Aⁱⁿᵗ *Ariston.*

b.¹ ⟨σπεύδοντα:⟩ τὸ σπεύδειν ἐνταῦθα τὸ κακοπαθεῖν δη- *ex.*
λοῖ, b(BCE³E⁴) ἢ μᾶλλον ἐπείγεσθαι. b(BCE³)

45 b.² {τί με σπεύδοντα:} παρ' ‘Ομήρῳ κακοπαθοῦντα. T

296 a. τόξοισι: βέλεσιν. „συναίνυτο καμπύλα τόξα / πεπτεῶ- *ex.*
τα" (Φ 502—3). T

recte) *c* καίπερ (23) — παλαιοῖς (25) cf. D, Eust. 713, 22 **290 a** ad Z
438—9 (Hrd.), cf. Ap. Dysc. de coni. 219, 12 *b* ad E 195 *b* (Ariston.), cf. Eust.
713, 44 **291** nullum signum ante versum in A *b* sim. Eust. 713, 47 **293**
diple ante versum in A *a* ad Δ 232 (Ariston.), vide ad B 99 (Ariston.), cf. D;
Lehrs Ar.³ 116 *b*¹ κακοπαθεῖν (43) ad Δ 232. N 236 (Ariston.) **296 a** ad

22 le. T supplevi (auctore Vill.), om. b οὐχ T 23 διὰ τὴν τοῦ τρόπου b
24 ἀκούειν b 25 νοθία T πολεμεῖ sc. Teucer ὁμοφ. b ἀλλοφύλους T
26 νικ. τῇ φιλαδ. T βαρβαρόθεν καὶ αὐτὸς ὤν, ὅτι τῇ φιλαδελφίᾳ μᾶλλον ἡττᾶται
b, fort. βαρβαρόθεν καὶ αὐτὸς ὤν, νικώμενος τῇ φιλαδελφίᾳ 31 le. Vill., ἢ τρί-
ποδ'ἠὲ δύω: A, ἢ τρίποδα T, fort. ἠ τρ. — ἠὲ γυναῖκα διαζευκτικὸς T 32 δύο
A ἠὲ ⟨τρεῖς⟩ Hom. ἔρυσθε A 33 le. addidi ὅτι A, ἡ διπλῆ, ὅτι Vill.
35 le. addidi 37 le. add. Ma. 42 le. add. Bk. ἀντί] fort. ἡ διπλῆ, ὅτι τὸ
σπεύδοντα ἀντὶ 43 le. addidi (cl. Li, qui habet τί με σπεύδοντα:) 43 sq. τὸ
σπ. ἐντ. — δηλοῖ] ἢ κακοπαθοῦντα E⁴ (fort. sch. vulg.) 45 le. T delevi
46—7 pone sch. *b*² in T, transposui (auctore Bk.)

26*

Did.   b.¹ {ἐκ τοῦ δὴ τόξοισι} δεδεγμένος: οὕτως αἱ Ἀριστάρχου
διὰ τοῦ γ δεδεγμένος. †ἡρωδιανοῦ† διὰ τοῦ χ „δεδεχμένος". καί
φησι Διογένης ἐν τοῖς ὑπομνήμασιν ὅτι εἰρωνευόμενος λέγει, οἷον δε- 50
ξιούμενος τοῖς τόξοις· τὸ γὰρ δέχεσθαι δεξιοῦσθαί ἐστιν. οὐκ ἄχαρις ἡ
ἐξήγησις. Α

       b.² δεδεγμένος {ἄνδρας ἐναίρω} : αἱ Ἀριστάρχου διὰ τοῦ
γ, †ἡρωδιανοῦ† διὰ τοῦ χ. καί φησιν ὅτι εἰρωνευόμενός φησιν ἀντὶ
τοῦ δεξιούμενος αὐτούς· δέχεσθαι γάρ ἐστι τὸ δεξιοῦσθαι. Τ   55

       b.³ εἰρωνευόμενος τοῦτό φησιν ἀντὶ τοῦ δεξιούμενος καὶ φιλο-
φρονούμενος· τοῦτο γὰρ δηλοῖ τὸ δεδεγμένος ἀπὸ τοῦ δέχεσθαι. b
(BCE³E⁴)

Ariston.   299 a. ⟨βαλέειν:⟩ ὅτι ἀντὶ τοῦ παῖσαι τὸ βαλεῖν. Aⁱᵐ

ex.   b. κύνα: διὰ τὸ θρασὺ καὶ πολύλαλον· „ἐξ αὖ νῦν ἔφυγες 60
θάνατον, κύον" (Λ 362)· A b(BCE³E⁴) Τ   „ὡς δ' ὅτε τίς τε κύων
συὸς ἀγρίου" (Θ 338). ΑΤ

Ariston.   301. ⟨βαλέειν:⟩ πρὸς τὸ βαλέειν. Aⁱᵐ

Did.   304 a. ⟨Αἰσύμηθεν:⟩ Ἀρίσταρχος „Αἰσύμνηθεν" καὶ ἡ Ζηνο-
δότου καὶ ἡ Ἀριστοφάνους. Aⁱᵐ   65

Did. | *ex.* b. ἐξ ΑΙΣΥΜΝΗΘΕΝ: „Αἰσύ⟨μ⟩νηθεν" διὰ τοῦ ν καὶ ἡ
Ζηνοδότου καὶ ἡ Ἀριστοφάνους. | „ἐξ Αἰσύμηθεν" ἴσως τῆς Νιρέως
Σύμης (cf. Β 671). οἱ δὲ „αἰσύμνηθεν" ἀπὸ βασιλικοῦ γένους. Τ

Φ 502 (ex.)   b¹/b² cf. Valk I 431; de Diogene grammatico vide ad Θ 441 a;
Cohn R.E. 5, 1 (1903), 777 (nr. 52)   διὰ τοῦ χ (49 et 54) ad I 191. Ψ 273 (Did.)   δε-
ξιούμενος (50 et 55) sq. cf. Eust. 713, 61; sch. b³   δέχεσθαι (51 et 55) sq. aliter
D   299 a ad Δ 527 b, vide ad Ζ 9 a. Θ 301. 313 c. 322 (Ariston.)   b —
θρασὺ (60) cf. Eust. 714, 9   301 ad Δ 527 b, vide ad Θ 299 a (Ariston.)   303
diple ante versum in A, fort. erat sch. Aristonici de v. βάλεν, ad Δ 527 b, vide ad
Θ 299 a; cf. Wismeyer 21   304 a/b (Did.) cf. Duentzer, Zen. 104, 10; Lud-
wich, A. H. T. 1, 290, 9; Valk II 201 n. 521   b ἐξ αἰσύμηθεν (67) — σύμης (68)
pro (Νιρεὺς αὖ Σύμηθεν v. l. antiqua δ' Αἰσύμηθεν vel δ' Αἰσύμνηθεν in Β 671;
aliter D, Steph. B. 54, 13, Et. Gen. (B, deest A) Αἰσύμηθεν. Vide Steph. B. 487, 8   οἱ

48 (le.) ἐκ — τόξ. del. Bk.   49 ἡρωδιανὸς Ddf. (ἡρωδιανὸς δὲ Vill.), ἡ ριανοῦ
Valk   50 φησι Vill., φασι Α   51 δέχ. Ldw., δεδέχεσθαι Α, erat fort. δεδέχθαι
(Vill.)   53 (le.) ἀνδρ. ἐν. eieci   54 ἡρωδιανοῦ vide sch. b¹   φησιν ὅτι
cf. sch. b¹   55 δέχεσθαι vide sch. b¹   56 φησιν sc. Homerus sec. auctorem
hyparchetypi b   59 le. add. Bk.   ὅτι Α, fort. ἡ διπλῆ, ὅτι   τὸ Lehrs, καὶ
Α   60 (le.) κύνα pars explicationis in b   ἐξ ΑΤ ὡς καὶ ἀλλαχοῦ ἐξ b   αὖ]
οὖ Α   61 ὡς Τ, καὶ τὸ ὡς (fort. rectius) Α   63 le. addidi (auctore Vill.)   πρὸς
Α, ἡ διπλῆ πρὸς Vill.   64 le. add. Bk.   66 αἰσύνηθεν Τ suppl. Spitz.   ἡ
Ma., αἱ Τ   67 fort. ἐξ αἰσύμνηθεν (cf. test.)

306—8 *a.* μήκων δ' ὡς ἑτέρωσε ⟨————— βαρυνθέν⟩: ἤτοι τὸ   *Nic.*
70 ἑξῆς ἐστιν ἑτέρωσε δὲ κάρη βάλεν ὡς μήκων, ἥτ' ἐνὶ κήπῳ καρπῷ βρι-
θομένη ἐστί (cf. 306—7)· λείπει γὰρ τὸ ῥῆμα τοῦτο, καὶ οὐκ ἔστιν ἡ
μετοχὴ ἀντὶ ῥήματος. ἔσται δὲ οὕτως δὶς ἡ ἀνταπόδοσις λεγομένη· καὶ
γὰρ ἑξῆς ἐπιφέρει· ὡς ἑτέρωσ' ἤμυσε κάρη (308)· καὶ ἐν ἄλλοις δὲ
εἴωθεν. κατὰ δὴ ταύτην τὴν ἐξήγησιν ἐπὶ μὲν τὸ βάλε (306) διαστε-
75 λοῦμεν, ἐπὶ δὲ τὸ εἰαρινῆσιν (307) ὑποστίξομεν. δύναται δὲ καὶ
ὑποστίζεσθαι ἀμφότερα ἐν ὑποκρίσει, ἵνα μία ἀνταπόδοσις ᾖ ἡ ἐπι-
φερομένη· ἔσται δὲ τὸ ἑξῆς, ὡς δὲ μήκων ἑτέρωσε κάρη βάλε (cf. 306),
ὡς ἑτέρωσ' ἤμυσε κάρη (308). ἢ περισσόν ἐστι τὸ ἤ (306) ἄρθρον
καὶ ὁ τέ (306) σύνδεσμος· ὁ δὲ λόγος, ὡς δὲ μήκων ἑτέρωσε κάρη βάλε
80 {ὡς ἑτέρωσ' ἤμυσε κάρη βάλλει} καρπῷ βριθομένη, ὡς ἑτέρωσ'
ἤμυσε (308). βέλτιον δὲ ⟨δὶς⟩ ὑποστίζειν. A

    b. μήκων δ' ὡς ἑτέρωσε ⟨————— βαρυνθέν⟩: ὅλον ὅλῳ   *ex.|*
παραβέβληται. ἔστι δὲ διάκενος ἡ μήκων· διὸ βαρεῖται. | ἔστι δὲ κοι-   *Ariston.(?)*
νὸν τὸ κάρη βάλεν (306). A b(BCE³E⁴) T

85   307 *a.* καρπῷ βριθομένη: ὅτι ἔξωθεν προσληπτέον τὸ ἔστιν,   *Ariston.*
εἰ μὴ ἡ μετοχὴ ἀντὶ ῥήματος παρείληπται, βριθομένη ἀντὶ τοῦ βρί-
θεται. ἢ κοινὸν τὸ ,,κάρη βάλεν" (Θ 306). A

    b. καρπῷ βριθομένη: λείπει τὸ ἔστιν· οὐ γὰρ ἀναδέχεται ὁ   *ex.(Nic.)*
Νικάνωρ (p. 195 Friedl.) τὴν μετοχὴν ἀντὶ ῥήματος. b(BCE³E⁴) T

90   *c.* νοτίῃσί τε εἰαρινῇσιν: εἰ γὰρ μὴ ἦν ὑγρά, οὐκ ἂν   *ex.*
ἐπεκάμφθη, ἀλλ' ἐκλᾶτο. b(BCE³E⁴) T

δὲ (68) sq. cf. Aristarchum ad Ω 347 (ex.)   **306—8** diplae ante versus in A;
fort. exstabat sch. Aristonici etiam ad Θ 306 pertinens (cf. sch. *b*); diplen ante
Θ 306 delendam esse censet Wismeyer 21   **ἤτοι** (69) — ἀντὶ ῥήματος (72) et **ἤ**
περισσὸν (78) — κάρη βάλε (79) brevius h(M¹ P¹¹ V³ V¹⁵): μήκων δ' ὡς ἑτέρωσε
κάρη βάλεν, ἥ τ' ἐνὶ καρπῷ (le. V³, om. cett.)· ἤτοι τὸ ἤ μετὰ τοῦ τ̅ (ε̅ P¹¹ V³, fort.
τέ) περισσόν (περιττεύει V³, pro ἤτοι — περ. hab. τὸ ἤτε περιττεύει V¹⁵), ἵν' (ἵνα
P¹¹) ᾖ ὡς μήκων ἑτέρωσε κάρη βάλεν. ἤ τῷ (scripsi, τὸ codd.) ,,βριθομένη" (V¹⁵,
cp. V³, βεβρίθεται M¹ P¹¹) λείπει ῥῆμα, καὶ οὐκ (οὐκ V¹⁵, om. cett.) ἔστι μετοχὴ
ἀντὶ ῥήματος   ἤτοι (69) — ἀντὶ ῥήματος (72) ad Θ 307 *b*   ἐν ὑποκρίσει (76)
cf. Friedl., Nic. 69 (et 196)   *b* — παραβέβληται (83) cf. Eust. 715, 7   **307 a**
cf. Eust. 714, 60; Lehrs Ar.³ 361; — ἔστιν (85) ad Δ 400 (Did.), cf. sch. Aesch.
Cho. 644   εἰ μὴ (86) — βρίθεται cf. D, Ap. Dysc. pron. 7, 12. 64, 5; sch. Aesch.
Eum. 783; Hrd. rhet. fig. 90, 3, sch. D. Thr. (Σ¹, ex Heliodoro) 447, 8; vide ad
E 661—2; sch. ν 113   *b* οὐ γὰρ (88) sq. ad Θ 306—8 (Nic.)

69 le. A suppl. Frdl.   **75** ὑποστίξωμεν A em. Bk., στίξομεν propos. Frdl.
80 ὡς — βάλλει del. Frdl.   **81** δὶς add. Lehrs   **82** le. T supplevi, μήκων δ'
ὡς: A, om. b   **83** παραβ.] παραβέβληται μηδενὸς ἐλλείποντος b   **83** sq.
κοινὸν δέ ἐστι τὸ b   **84** βάλε T βάλλει A   **85** ὅτι A, ἡ διπλῆ, ὅτι Vill.   **88** οὐ
γὰρ om. b   ἀναδέχ. T (cf. Valk I 530 n. 597), ἐκδέχεται b   ὁ T δὲ b   **90** le.
T, νοτίησι δέ, ὅτι coni. cum scholio b (v. ῥήματος) b   γὰρ om. b   **91** ἐπεκάμ-
φθη T ἐκέκλιτο b   ἐκλᾶτο T ἐκέκλαστο b, fort. ἐκλάσθη

Ariston. **308** *a.* ⟨ἑτέρωσ':⟩ ὅτι τὸ πλῆρες ἑτέρωσε. **A**ⁱᵐ

ex.   *b.* πήληκι βαρυνθέν: Αἰτωλικὸν τὸ πήληξ. **T**

Did. **311** *a.* ⟨ἀλλ' ὅ γε καὶ τόθ' ἅμαρτε:⟩ διχῶς „ἀλλ' ὅ γε τοῦ μὲν ἅμαρτε" καὶ ἀλλ' ὅ γε καὶ τόθ' ἅμαρτε. **A**ⁱᵐ 95

ex.   *b.* παρέσφηλε⟨ν⟩ γὰρ Ἀπόλλων: καὶ τὸν Ἕκτορα σῴζει 1 καὶ Τεῦκρον ἐπαίρει ὡς μὴ ἀποτυχόντα, ἀλλὰ σφαλέντα. παρέσφηλε δὲ τὸ βέλος ἢ τὸν Τεῦκρον. **b**(BCE³E⁴) **T**

Ariston. **312** *a.* {ἀλλ'} Ἀρχεπτόλεμον: ὅτι ἐνταῦθα καταλέλοιπε Ζηνόδοτος Ἀρχεπτόλεμον, πεποίηκε δὲ ἄνω (sc. Θ 128) „Ἰφιτίδην 5 Ἐρασιπτόλεμον". **A**

ex. | ex.   *b.* ἀλλ' Ἀρχεπτόλεμον: ὅτι μόνους τοὺς Ἕκτορος ἡνιόχους ἐποίησεν ἐν τῷ πολέμῳ τιτρωσκομένους, ἄνω μὲν (sc. Θ 119—23) Ἠνιοπέα, νῦν δὲ Ἀρχεπτόλεμον, μετὰ δὲ ταῦτα (sc. Π 737—43) Κεβριόνην· θρασὺς γὰρ ἡνίοχός ἐστιν ὁ Ἕκτωρ (cf. Θ 89—90). διδάσκει 10 οὖν ὅτι βλάπτει ἡ πρὸς τοὺς θρασεῖς φιλία. **b**(BCE³E⁴) **T** | τρεῖς δὲ αὐτοῦ ἡνίοχοι ἀναιροῦνται. **T**

Nic. **313** *a.* ⟨ἱέμενον πόλεμον δέ:⟩ βραχὺ διασταλτέον μετὰ τὴν δε συλλαβήν. **A**ⁱᵐ

ex.   *b.*¹ ἱέμενον πόλεμον δέ: ἔδρασεν οὖν ἄν τι χαλεπόν, εἰ μὴ 15 †βέβληται. **T**

    *b.*² ἐμφαίνει διὰ τούτου ὅτι ἔδρασεν ἄν τι χαλεπόν, εἰ μὴ ὑπὸ Ἀπόλλωνος μὲν παρεσφάλη, ὑπὸ δὲ Ἕκτορος ἐτρώθη. **b**(BCE³E⁴)

Ariston.   *c.* ⟨βάλε στῆθος:⟩ πρὸς τὸ βάλε ἀντὶ τοῦ ἔπαισεν. **A**ⁱⁿᵗ

Ariston. **316** *a.* ⟨Ἕκτορα δ' αἰνὸν ἄχος πύκασε φρένας ἡνιόχοιο:⟩ 20 ὅτι ἐλλείπει ἡ [περί], περὶ ἡ[νι]όχου. **A**ⁱⁿᵗ

---

308 *b* vocem πήληξ neque in titulis Aetoliis neque in inscriptionibus Aeoliis inveni **312** *a* ad Θ 128 (Ariston.) *b* ἡνίοχος (10) vide ad Θ 89 *b* (Ariston.) **313** *b*² sch. ab archetypo **b** male intellectum et amplificatum esse suspicor *c* ad Δ 527 *b*, vide ad Θ 299 *a* (Ariston.) **316** *a* ad A 65 *b*, vide ad Θ 124. 317 (Ariston.)

---

92 le. add. Bk. ὅτι A, fort. ἡ διπλῆ, ὅτι **93** (le.) βαρ. fort. delendum **94** le. add. Vill. **1** le. T suppl. Bk. (Vill.), om. **b** **2** ἐπαινεῖ **b** ὡς — σφαλ. om. T ἀποφυγόντα **b** corr. Bk. (cf. D) **3** τὸ βέλος sq. T ἢ τὸν τεῦκρον ἢ τὸ τόξον **b** τὸν] an αὐτὸν? **4** (le.) ἀλλ' eiecit Bk. ὅτι A, fort. ἡ διπλῆ περιεστιγμένη, ὅτι **7** ὅτι om. **b** **10** ἐστιν ὁ T ἐστι **b** **11** οὖν T δὲ ὁ ποιητὴς **b** **13** le. addidi (auctore Frdl.) **15** ἔδρασεν sc. Archeptolemus **16** ἐβλήθη Ma., fort. recte **17** ἔδρασεν sc. Teucer, sed exemplum male intellexit auctor classis **b** **19** le. addidi (auctore Vill.) ἡ διπλῆ πρὸς Vill. τὸ βάλεν Vill. ἔπεσεν A em. Vill. **20** le. addidi **21** ὅτι A, fort. ἡ διπλῆ, ὅτι v. περί¹ et syllaba νι absc. in A (margo resectus est)

b.¹ πύκασε φρένας ἡνιόχοιο: λείπει ἡ περί, ὡς „οἰκτρο-   *ex.*
τάτην ἤκουσα ὄπα Πριάμοιο θυγατρός" (λ 421), οὐ κατ' αὐτῆς ὄπα,
ἀλλὰ περὶ αὐτῆς, ἣν ἔλεγε Κλυταιμνήστρα καταβοῶσα Ἀγαμέμνονος
25 ὅτι ἐπαγάγοι αὐτῇ βάρβαρον γυναῖκα. ὁ οὖν ἐξ αὐτῆς ψόγος οἰκτρὸς
ἦν τῷ Ἀγαμέμνονι. οὕτως οὖν καὶ ἐνταῦθα λείπει ἡ περί, Ἕκτορα δ'
αἰνὸν ἄχος πύκασε φρένας περὶ τοῦ ἡνιόχου. Τ
    b.² ⟨ἡνιόχοιο:⟩ περί. Tⁱˡ
    317. ⟨καὶ ἀχνύμενός περ ἑταίρου:⟩ λείπει ἡ περί, περὶ ἑταί-   *Ariston.*
30 ρου. Aⁱᵐ
    321 a. σμερδαλέα ἰάχων, ὁ δὲ ⟨χερμάδιον λάβε χειρί⟩: ὅτι   *Ariston.*
ὡς περὶ ἑτέρου ὁ δὲ χερμάδιον ἐπὶ τὸ αὐτὸ ἀναφέρων πρόσωπον, ὡς
εἰ ἔλεγεν· οὗτος δὲ αὐτὸς χερμάδιον λάβε χειρί. A
    b. ὁ δὲ χερμάδιον: ὁ δέ Ὁμηρικὸν ἔθος, ὡς περὶ ἑτέρου λε-   *ex.(Ariston.?)*
35 γόμενον. AT
    322. ⟨βαλέειν:⟩ ὅτι ἐπὶ τοῦ τρῶσαι. Aⁱᵐ
        Ariston.
    325 a.¹ αὐερύοντα ⟨παρ' ὦμον⟩: ὅτι αὐερύοντα σαφῶς εἰς   *Ariston.|Nic.*
τοὐπίσω ἕλκοντα· καὶ „παλίντονα τόξα" (Θ 266, cf. Κ 459. Ο 443)
ἀπὸ τούτου. | οὐ πάντως διασταλτέον ἐπὶ τὸ αὐερύοντα, ὡς ἀξιοῖ
40 Νεοτέλης· ἀμφότερα γὰρ συμβέβηκε πρὸς τὸν ὦμον, καὶ τὸ βληθῆναι
αὐτὸν καὶ τὸ ἐρύσαι. ὁ μέντοι Νεοτέλης Σκυθικὴν εἶναι τὴν τοξείαν ἔφα-
σκεν τοῦ τόξου πρὸς τὸν ὦμον ἑλκομένου. A

b cf. sch. λ 421   **317** ad A 65 b, vide ad Θ 316 (Ariston.)   **321** a/b cf. Eust.
715, 37   a ad E 734—6 (Ariston.)   **322** ad Δ 527 b, vide ad Θ 299 a (Ariston.)
325 a¹ εἰς τοὐπίσω ἕλκοντα (37) ad A 459, cf. D, D ad A 459. Θ 266; aliter Schem.
Hom. 14   παλίντονα τόξα (38) sq. ad Θ 266 c   οὐ (39) sq. cf. Porph. 1, 123, 11
(sim. Eust. 715, 25): ἐν τούτοις τοῖς ἔπεσι τοῖς περὶ τοῦ Τεύκρου εἰρημένοις ζητοῦσι,
ποίαν χεῖρα τέτρωται ὁ Τεῦκρος (vide ad Θ 328 c) καὶ πότερον τὴν νευρὰν ἐπὶ τὸν
ὦμον ἕλκει καθάπερ οἱ Σκύθαι· τοῦτο γὰρ ᾤετο Νεοτέλης, ὅλην βίβλον γράψας
περὶ τῆς κατὰ τοὺς ἥρωας τοξείας καὶ τοὺς μὲν Κρῆτας φάμενος τὴν νευρὰν ἕλκειν ἐπὶ
τὸν μαστόν, τὴν δὲ τάσιν κυκλοτερῆ ποιεῖσθαι (τῶν Σκυθῶν οὐκ ἐπὶ τὸν μαστόν, ἀλλ'
ἐπὶ τὸν ὦμον ἑλκομένων), ⟨ὥστε⟩ (e. g. addidi) μὴ προέχειν τὰ εὐώνυμα μέρη
τοξεύοντα τὰ δεξιά. ῥητέον δέ· τὸ „αὐερύοντα" οὐ δεῖ συνάπτειν τῷ „παρ' ὦμον",
ἀλλὰ στίξαντα ἐν τῷ „αὐερύοντα" τὸ ἑξῆς λέγειν „παρ' ὦμον ὅθι κληῒς ἀποέργει /
αὐχένα τε στῆθός τε"· τοῦτο γὰρ τῷ μὲν τὴν νευρὰν ἐπὶ τὸν ὦμον ἕλκειν οὐ συνάδει,
τῷ δ' ἐμφῆναι βουλομένῳ τὴν παρ' ὦμον πληγήν, ὅπως καὶ πόσε, μάλιστα συνᾴ-
δει· παρὰ γὰρ τὸν ὦμον ἡ κλείς ἐστιν ἀποδιαιροῦσα τὸ στῆθος ἀπὸ τοῦ αὐχένος.
τοῦτο μὲν οἶμαι οὕτως λύεται …, incertum an horum nonnulla quidem e scholiis
fluxerint; Beiträge 31   Σκυθικήν (41) — τοξείαν vide ad Δ 122—3 (ex.)

23 δ' ἤκουσα Hom.   οὐ κατ' susp., οὐ γὰρ Ma. (Bk.), malim οὐκ ἀπ'   **28** le.
add. Ma.   **29** le. addidi (auctore Vill.), ἑταίρου solum add. Bk.   λείπει A,
ἡ διπλῆ, ὅτι ἐλλείπει Vill.   **31—3** pone sch. b in A, transposui   **31** le. A
suppl. Frdl.   ὅτι A, ἡ διπλῆ, ὅτι Vill.   **36** le. add. Bk.   ὅτι A, fort. ἡ διπλῆ,
ὅτι   **37** le. A supplevi (auctore Vill.)   ὅτι A, ἡ διπλῆ, ὅτι Vill.

Nic.(?)   *a.*² παρ' ὦμον: δύναται ἀμφοῖν συντάσσεσθαι. Τ

Did.(?)   *b.* {ὅθι κληῒς} ἀποέργει: οὕτω χωρὶς τοῦ Τ ἀποέργει. Τ

ex.   **326.** μάλιστα δὲ καίριόν ἐστιν: διὰ τὸν σύνδεσμον τῆς ὠμο- 45
πλάτης πρὸς τὸν ὦμον. καίριον δὲ ὡς πρὸς τοξότην. b(BE³E⁴) Τ

Ariston.   **328** *a.* ῥῆξε δέ οἱ νευρήν· ⟨νάρκησε δὲ χεῖρ' ἐπὶ καρπῷ⟩:
ὅτι ἐν τοῖς ἑξῆς (sc. Ο 469) τούτου μνημονεύει „νευρὴν δ' ἔξερ⟨ρ⟩ηξε
νεοστρεφέα". καὶ ὅτι οὕτως εἶπε τὸ ἐνάρκησεν ἐν ἴσῳ ⟨∗∗∗⟩ τὴν χεῖρα
κατὰ τὸν καρπόν. Α
                                                         50

ex.   *b.* ῥῆξε δέ οἱ νευρήν: προδιέλυσε τὴν ὁρμὴν τοῦ λίθου ἡ
νευρὰ κοπεῖσα. b(BE³E⁴) Τ

ex.   *c.* νάρκησε δὲ χείρ: ποῖος ὦμος βέβληται; δηλονότι ὁ
ἀριστερὸς δι' ὧν φησι „τόξον δέ οἱ ἔκπεσε χειρός" (Θ 329). ἄλλως τε
τὸν προβεβλημένον ὦμον εἰκὸς πεπλῆχθαι, οὐχὶ τὸν συνεσταλμένον 55
ἐν τῷ τοξεύειν. Α b(BE³E⁴) Τ

Hrd.   *d.*¹ χεὶρ ἐπὶ καρπῷ: τινὲς προπεριέσπασαν τὸ χεῖρ, ἵν'
ἔχῃ ἐντέλειαν πτώσεως αἰτιατικῆς. ὁ μέντοι Ἀσκαλωνίτης (p. 49 B.)
ὀξύνει καὶ εὐθεῖαν παραλαμβάνει, ἵνα καὶ σχῆμα γένηται. Α

           *d.*² χεὶρ ἐπὶ καρπῷ: τινὲς „χεῖρα" κατ' αἰτιατικήν. ΑΤ   60

ex.   **331** *a.*¹ ἀλλὰ θέων περίβη: τὴν προθυμίαν αὐτοῦ δηλοῖ διὰ
τοῦ θέων. οὐ γὰρ ἦν πόρρω. Τ

           *a.*² τὴν προθυμίαν καὶ σπουδὴν αὐτοῦ διὰ τοῦ θέων ἐδήλω-
σεν, ἐπεὶ οὐ μακρόθεν ἦν, ἀλλ' ἐγγύς. b(BE³E⁴)

Ariston.   *b.* περίβη: ὅτι ἀπὸ τῶν ὑπερμαχούντων τοῖς ἐκγόνοις 65
ζώων, πρὸς τὸ „Χρύσην ἀμφιβέβηκεν" (Α 37). Α

ex.   **335.** Τρώεσσιν Ὀλύμπιος ἐν μένος ὦρσεν: πάλιν ἐπὶ τὸν
Δία τὸ αἴτιον ἀναφέρει τῆς νίκης, b(BE³E⁴) Τ   μὴ θέλων μωμῆσαι
Ἕλληνας. b(BE³E⁴)

---

328 *a* — νεοστρεφέα (49) ad Ο 470 *a* (Ariston.)   καὶ ὅτι (49) sq. ad Ε 37 *b*
(Ariston.)   *c* cf. Porph. 1, 123, 24 (unde Eust. 715, 30, vide Beiträge 31, 3);
Lehrs Ar.³ 211 not. 132; vide Plut. mor. 739 b   **331** *b* ad A 37 (Ariston.)

---

44 (le.) ὅθι κληῒς deleui   45 διὰ Τ περὶ b   46 πρὸς τ. ὦμον Τ ἤτοι τὴν
ἀκρωμίαν b   δὲ Τ δὲ τοῦτο b   τοξ. καλεῖ b   47 le. Α suppleui   48 ὅτι
Α, fort. ἡ διπλῆ, ὅτι   ἐξέρρηξε Α suppl. Bk.   49 νεόστροφον Hom.   ἐνάρκ.]
fort. νάρκησε   lac. indic. Lehrs verbis τῷ ναρκᾶν ἐποίησε supplens   51—2
προδιέλυσε δὲ sq. pone sch. *c* (coni. cum v. τοξεύειν) b   52 κοπ. νευρά b   53
le. ΑΤ, om. b   ποῖος δὲ ὦμ. pone sch. Θ 326 (coni. cum v. καλεῖ, l. 46) Ε⁴
54 δι' ὧν] διό b   55 εἰκὸς Α   60 le. scripsi, νάρκησε δὲ χείρ Τ, om. Α
τινὲς δὲ sq. pone sch. *c* (coni. cum v. τοξεύειν) in Α   65 le. Bk., ἀλλὰ θέων: Α
ὅτι Α, ἡ διπλῆ, ὅτι Vill.   66 ἀμφιβέβηκας Hom.   68 τὸ τῆς ν. αἴτ. ἀναφ. b
68 sq. μὴ θέλων sq. fort. sch. rec.   μωμ.] fort. μωμήσασθαι

70 336. ⟨οἱ δ' ἰθὺς τάφροιο βαθείης ὦσαν Ἀχαιούς:⟩ τῇ τα- *ex.*
ραχῇ τῶν φευγόντων μονονουχὶ καὶ οἱ ἄριστοι τῇ τάφρῳ φεύγοντες
ἐνέπεσον. b(BCE³E⁴)

337. Ἕκτωρ δ' ἐν πρώτοισι κίε: αἱ Ἀριστάρχου χωρὶς τοῦ ν̄, *Did.*
ΑΤ   „Ἕκτωρ δὲ πρώτοισι‘‘ · Α   καὶ ἔστιν· ὁ δὲ Ἕκτωρ ἐπὶ
75 τοὺς πρώτους ὦρμα. ΑΤ

338—40. ὡς δ' ὅτε τίς τε κύων ⟨——— δοκεύει): οὐ δεόν- *ex.*
τως, φασί, τῷ κυνὶ ἐν ζῷον διώκοντι παραβάλλει τὸν Ἕκτορα διώ-
κοντα Α b(BCE³E⁴) Τ   πολλούς. ἄλλως τε οὐκ ἔδει εἰκάζειν τὸν
διώκοντα b(BCE³E⁴) Τ   κυνί, τοὺς δὲ διωκομένους ἀλκιμωτέρῳ
80 ζῴῳ καὶ πρώην λέοντι. ῥητέον δὲ πρὸς μὲν τὸ πρότερον ὅτι ὁ Ἕκτωρ
εἴκασται κυνὶ ἑνὶ καὶ ὁ ἀποκτεινόμενος θηρὶ ἑνί· φησὶ γὰρ „αἰὲν ἀπο-
κτείνων τὸν ὀπίστατον‘‘ (Θ 342). πρὸς δὲ τὸ δεύτερον ὅτι ἡ παραβολὴ
οὐ πρὸς ἰσχύν, ἀλλὰ τάχος· κύνες γὰρ ἐν ταῖς θήραις ἐπιτήδειοι πρὸς
δίωξιν· διὰ τοῦτο ὁ Ἕκτωρ διώκοντι εἴκασται κυνί. Α b(BCE³E⁴)
85 Τ   τὰ δὲ ἄγρια ζῷα φεύγειν εἴωθε τὰ πολλά. διὰ τοῦτο οἱ ὑποχω-
ροῦντες Ἕλληνες τοῖς φεύγουσιν εἰκάζονται. b(BCE³E⁴) Τ   ἔπειτα
καὶ δεόντως τοῖς ἀλκιμωτέροις ζῴοις φεύγουσι παρέβαλε τοὺς Ἕλλη-
νας· προεῖχον γὰρ τῇ ῥώμῃ καὶ τὰ νῦν δυστυχοῦσι, καὶ ἀεὶ ὁ ποιητὴς
εἴωθε κακοπραγοῦντας αὐτοὺς εἰκάζειν θηρσίν· b(BE³E⁴) Τ   ὁ μὲν
90 γὰρ Ἀντίλοχος θηρί, „ἀλλ' ὁ γὰρ ἔτρεσε θηρὶ ⟨κακὸν ῥέξαντι ἐοι-
κώς)‘‘ (Ο 586), ὁ δὲ Αἴας καὶ τοῦ Διὸς φοβοῦντος αὐτὸν ἀναχωρῶν
λέοντι παραβάλλεται (sc. Λ 548—57), οἱ δὲ Τρῶες νεβροῖς (cf. Χ 1). Τ

339—40. ἅπτεται ⟨———/ ἰσχία τε γλουτούς τε ἐλισσό- *ex.*
μενόν τε δοκεύει): εὖ τὸ ἅπτεται (339) · οὐ γὰρ ἐπιλαμβάνεται,
95 ἐπιπηδᾷ δὲ ὑλακτῶν. εὖ δὲ καὶ τὸ ὄπισθεν· ἐναντίος γὰρ οὐ πρόσεισι
1 τῷ θηρίῳ τὴν ἐμβολὴν αὐτοῦ φοβούμενος. καλῶς δὲ οὐ τῇ πλευρᾷ
ἐπίκειται, ἀλλὰ τοῖς γλουτοῖς καὶ τοῖς ἰσχίοις πρὸς τὸ ῥᾳδίως ἐκκλίνειν
τὴν ἐπιστροφὴν τοῦ θηρίου· ἐπιφέρει γοῦν ἐλισσόμενόν τε δο-
κεύει (340). καὶ ἐν τῇ δυστυχίᾳ δὲ ὑψοῦται τὸ Ἑλληνικόν. b(BCE³
5 E⁴) Τ

---

337 ad Ζ 202 b. Σ 568 (Did.), cf. sch. ζ 8. π 106 (vide Ludwich, A. H. T. 1, 615, 11) 338—40 cf. Eust. 716, 22

---

70 le. add. Vill. (ἰθὺς τάφροιο iam Li) 71 τῇ τάφρῳ om. C 73 le. T, ἕκτωρ δ' ἐν πρ.: Α αἱ ἀρ. pone ν̄ Τ 76 le. Α supplevi, ὡς δ' ὅτε τις κύων Τ, om. b (qui et ipse sch. ad v. 338 rettulit) 80 καὶ πρ.] τῷ b, πρώην susp., fort. τοῦτο ὁ om. Α 81 ὁ om. C ἀποκτ.] διωκόμενος Α 82 τὸ] τὸν Α 83 τάχους Α, πρὸς τάχος Vill. 85 οἱ om. ΒΕ⁴ 87 φεύγουσι abesse vult Wil. (vix recte) 88 τὴν ῥώμην Τ 89 θηρσὶν εἰκ. b 90 sq. ἔτρ. θηρὶ Τ suppl. Ma. 93 sq. le. Τ supplevi, om. b (ubi sch. ad v. 339 revocatum est) 95 ὄπισθεν] correctius κατόπισθε (339) ἀντίος b πρόεισι Τ 2 ῥᾳδίως C

Did. **339** ⟨διώκων:⟩ γράφεται ,,πεποιθώς''. A^(im)

Nic. **340** *a*.[1] ἰσχία τε γλουτούς τε: τὸ ἡμιστίχιον ἢ τοῖς ἄνω συναπτέον, ἵν᾽ ἦ σχῆμα ,,ἅπτηται'' (339) ἰσχία ἀντὶ τοῦ ἰσχίων, ὡς ,,Ἥρη δὲ μάστιγι θοῶς ἐπεμαίετ᾽ ἄρ᾽ ἵππους'' (Ε 748. Θ 392). ἢ τοῖς ἑξῆς προσδοτέον, ἵνα τὸ δοκεύει κοινὸν ἦ. A   10

a.[2] {ἅπτηται ἰσχία:} ὡς ,,ἐπεμαίετ᾽ ἄρ᾽ ἵππους''. οἱ δὲ 'δοκεύει ἰσχία καὶ ἐλισσόμενον'. T

Ariston. *b*. ⟨ἰσχία τε γλουτούς τε:⟩ σημειοῦνταί τινες ὅτι ὑγιῶς διέσταλκεν. A^(im)

Did. *c*.[1] ⟨ἐλισσόμενον:⟩ οὕτω διὰ τοῦ v̄ ἐλισσόμενον· τὸν   15 γὰρ ὗν ἐπιστρεφόμενον παρατηρεῖ. A^(int)

c.[2] διὰ τοῦ v̄· περὶ γὰρ τοῦ συὸς λέγει. T^(il)

ex. **343—4.** αὐτὰρ ἐπεὶ διά τε σκόλοπας ⟨καὶ τάφρον ἔβησαν/ φεύγοντες⟩: τῆ ταραχῆ τῶν φευγόντων καὶ μονονουχὶ ἐμπιπτόντων τῆ τάφρῳ οἰκεῖον τὸ ὑπερβατόν. T   20

ex.(Ariston.?) **344.** ⟨πολλοὶ δέ:⟩ ὁ δέ ἀντὶ τοῦ γάρ. ἔστι δὲ διὰ μέσου. T^(il)

ex. **345—7.** οἱ μὲν δὴ παρὰ νηυσὶν ⟨――――/⟩ ἀλλήλοισί τε κεκλόμενοι καὶ πᾶσι θεοῖσι/ χεῖρας ⟨ἀνίσχοντες ――― εὐχετόωντο ἕκαστος⟩: οὐχ ὥσπερ οἱ Τρῶες ,,πεφυζότες ἠῦτε νεβροί'' (Χ 1)· φιλάλληλον γὰρ καὶ αἰδέσιμον τὸ Ἑλληνικόν. εὔχονται γοῦν   25 θεοῖς καὶ ἀλλήλους παρακαλοῦσιν. b(BCE³E⁴) T

Nic. **346—7** *a*. ἀλλήλοισί τε κεκλόμενοι ⟨καὶ πᾶσι θεοῖσι/ χεῖρας ἀνίσχοντες μεγάλ᾽ εὐχετόωντο ἕκαστος⟩: μετὰ τὸ κεκλόμενοι (346) στικτέον· ἑτέραν γὰρ πεποίηκε περίοδον τὴν ἑξῆς, ὡς εἴ γε διὰ τοῦ δ̄ ἐγράφετο ,,μέγα δ᾽ εὐχετόωντο'', ἐστίξαμεν ἂν ἐπὶ τὸ   30 ἀνίσχοντες (347). καὶ τάχα γραφικὸν ἁμάρτημα γέγονεν. A

---

340 *a*[1] — ἰσχίων (8) cf. Eust. 716, 31   **344** ad Z 360 *b* (Ariston.)   **346—7** *a* cf. sch. P³ (= Par. Graec. 2681, An. Par. 3, 39, 1): στικτέον εἰς τὸ ,,κεκλόμενοι'', ἵνα μὴ ἡμαρτημένα ἦ ὅτι τοῖς θεοῖς παρακελευόμενοι· ηὔχοντο γὰρ τοῖς θεοῖς, ἀλλήλους δὲ παρεκελεύοντο, fort. sch. rec., cf. Beiträge 197. Vide ad Ο 368—9

---

6 le. add. Bk.   **8** ἅπτητε A em. Bk.   **10** δοκεύειν A em. Bk.   **11—2** pone sch. Θ 338—40 in T, transposui   **11** le. T delevi   **13** le. add. Frdl., ἰσχ. τε γλ. τε ἐλισσομενόν τε δοκεύει: add. Vill.   ὑγιῶς sanum, ad Δ 540 al.   **15** le. add. Bk., ἐλισσόμενόν τε ante sch. *c*² add. V^c   **18** sq. le. T supplevi   **21** le. add. Ma.   **22—4** le. T suppl. Ma., verba ἀνίσχοντες ἕκαστος ipse addidi; totum le. om. b (qui sch. ad v. 345 revocavit)   **24** ὥσπερ οἱ τρ. T κατὰ τοὺς τρῶας b   ἠῦτε T ἔμενον ἠῦτε b   **25** καὶ αἰδέσ. om. E⁴   τὸ E⁴T ἀεὶ τὸ BCE³   γοῦν T δὲ b   **26** παρακαλοῦσι T   **27** sq. le. A suppl. Frdl.

b. ⟨ἀλλήλοισί τε κεκλόμενοι καὶ —————— /⟩ χεῖρας ἀνί- *ex.*
σχοντες μεγάλ᾽ εὐχετόωντο: ἀπὸ μετοχῆς εἰς ῥῆμα μετέβη, ὡς τὸ
„ἰοῖσίν τε τιτυσκόμενοι λάεσ⟨σ⟩ί τ᾽ ἔβαλλον" (Γ 80). **T**

35 **348.** ἀμφιπεριστρώφα: οὐ περιττὴ ἡ ἑτέρα πρόθεσις, ἀλλ᾽ *ex.*
ἐναργῶς δείκνυσι τὴν ἐν ταὐτῷ γινομένην συνεχῆ τοῦ ᾽Εκτορος
ἐπιστροφὴν ζητοῦντος, κατὰ ποῖον εἰσελάσει τοὺς ἵππους μέρος. **b**
(BCE³E⁴) **T**

 349 *a.*¹ Γοργοῦς ὄμματ᾽ ἔχων ⟨ἠδὲ βροτολοιγοῦ Ἄρηος⟩: *Ariston.(?)* |
40 ὁ Ζηνόδοτος γράφει „Γοργόνος ὄμματ᾽ ἔχων ἠὲ βροτολοιγοῦ Ἄρη- *Did.*
ος". ὁ δὲ Ὅμηρος χωρὶς τοῦ ῡ λέγει „τῇ δ᾽ ἐπὶ μὲν Γοργὼ" (Λ 36) ὡς
Σαπφώ· διὸ λέγει Γοργοῦς ὡς Σαπφοῦς. | ᾽Αρίσταρχος δὲ γράφει
σὺν τῷ ῑ „οἶματ᾽ ἔχων", καί φασι παρὰ τὴν οἶμον γεγενῆσθαι· τὰς
ὁδοὺς καὶ τὰ ὁρμήματα. αἱ μέντοι πλείους τὴν δημώδη εἶχον Γοργοῦς
45 ὄμματ᾽ ἔχων, οἷς συλλαμβάνει καὶ τὸ ἀλλαχοῦ λεγόμενον „τῇ δ᾽
ἐπὶ μὲν Γοργὼ βλοσυρῶπις" (Λ 36). χαλεπὸν οὖν τὸ σαφὲς εἰπεῖν. **A**
 *a.*² ᾽Αρίσταρχος „Γοργοῦς οἶματ᾽ ἔχων". **Aⁱᵐ**   *Did.*
 b. Γοργοῦς ὄμματ᾽ ἔχων: Ζηνόδοτος „Γοργόνος", κά- *ex.(Ariston.?)* ·
κῶς· οὔτε γὰρ ὁ ποιητὴς οὔτε ᾽Ησίοδος Γοργών φασιν, ἀλλὰ „Γορ-
50 γώ" (Λ 36, Hsd. scut. 224) **b**(BCE³E⁴) **T**   καὶ „Γοργείη κεφαλή"
(Ε 741) καὶ „Γοργούς θ᾽, αἳ ναίουσι" (Hsd. th. 274). **T**
 *c.*¹ Γοργοῦς ὄμματ᾽ ἔχων: αἱ ᾽Αριστάρχου „οἶματα", αἱ *ex.(Did.)*
δὲ πλείους ὄμματα· φησὶ γὰρ „Γοργὼ βλοσυρῶπις" (Λ 36), καὶ ἀπὸ
τῶν ὀμμάτων εἴωθε χαρακτηρίζειν, ὡς „ὄμματα καὶ κεφαλήν" (Β 478),
55 „κυνὸς ὄμματ᾽ ἔχων" (Α 225) καὶ „φολκὸς ἔην" (Β 217). **T**

---

b ad Γ 80 *a*; vide ad O 369 (ex.)   **348** cf. D, Eust. 716, 49   **349** diple
(non diple periestigm.) ante versum in Λ   *a*¹ multo brevius Eust. 716, 53; verba
ὁ Ζηνόδοτος (40) — Σαπφοῦς (42) Aristonico attr. Lehrs, Friedl.   ὁ δὲ Ὅμηρος
(41) — Γοργώ cf. D, He. γ 853   ᾽Αρίσταρχος (42) — ὄμματ᾽ ἔχων (45) ad X
308 (Ariston.)   ᾽Αρίσταρχος (42) — ὁρμήματα (44) cf. D   τὰς ὁδοὺς (43) cf.
sch. Dem. 18, 4 (p. 264, 7 Ddf.)   βλοσυρῶπις (46) de accentu cf. Schwyzer, Gr.
Gr. I 463, 5   χαλεπὸν οὖν (46) sq. ad Ζ 76 *b* (Did.)   *b* ἀλλὰ Γοργώ (49) at
cf. [Hsd.] scut. 230 (Γοργόνες), Eur. Her. fur. 883, vide Et. Gen. (B, deest A)
Γοργών (fort. ex Oro)   *c* καὶ ἀπὸ τῶν ὀμμάτων (53 et 57) sq. ad Λ 36 *b* (ex.)

---

32 sq. le. T suppl. Nickau   33 ἰοισσί T em. Bk.   34 λάεσί T suppl. Bk.
36 ἐν αὐτῷ C   συνεχῆ τ. ἔκτ.] περὶ τὸν ἕκτορα C   37 ἐπιστρ. T συστρο-
φὴν b   εἰσελ. μέρος τοὺς ἑαυτοῦ ἵππους b   39 le. A suppl. Vill.   40 ὁ
A, fort. ὅτι vel pot. ἡ διπλῆ περιεστιγμένη, ὅτι   41 γοργῶι A em. Vill.   42
λέγει (post διὸ) del. Lehrs   43 οἶμματ᾽ A em. Vill.   φασι A, φησι Lehrs (fort.
recte)   44 τῶν δημωδῶν Vill.   46 γοργ (ss. ο) βλωσσυρῶπις A em. Vill.
48—50 ζην. sq. T γοργόνος δὲ γράφει ἀρίσταρχος κακῶς· οὔτε κτλ. pone sch. *c*²
(coni. cum v. ἔχων) in b

c.² Ἀρίσταρχος μὲν „οἴματα" φησίν, οἱ δὲ ἄλλοι ὄμματα·
φησὶ γὰρ „βλοσυρῶπις", καὶ ἀπὸ τῶν ὀμμάτων δὲ εἴωθε καὶ τοῦ
προσώπου χαρακτηρίζειν, ὡς τὸ „κυνὸς ὄμματ' ἔχων". b(BCE³E⁴)

ex. 350. τοὺς δὲ ἰδοῦσ' ἐλέησε ⟨θεὰ λευκώλενος Ἥρη⟩: ἀναρτᾷ
πάλιν ἡμᾶς ἀπὸ τῶν παρόντων μὴ διηγούμενος τὴν δυστυχίαν τῶν 60
Ἑλλήνων ὡς φιλέλλην. b(BCE³) T

ex. 351. αἶψα δ' Ἀθηναίη: αἶψα δίχα ἐπιλογισμοῦ· διὸ καὶ με-
ταμεληθήσεται ὕστερον. ἀποτυχοῦσα δὲ Ποσειδῶνος (sc. Θ 198—211)
ταύτην πείθει. b(BCE³E⁴) T

ex. 352. ⟨ὢ πόποι:⟩ οἰκεῖον τῇ σχετλιαζούσῃ τὸ προοίμιον. b 65
(BCE³E⁴) Tⁱˡ

D   νῶϊ: †ἡμῖν† κοινῇ διαλέκτῳ· Δωριεῖς ———— πτώσεως,
†ἡμῶν καὶ ἡμῖν. A

ex. 352—3 a.¹ οὐκέτι νῶϊ / Ἀργείων ⟨Δαναῶν⟩ κεκαδησόμεθ'
ὑστάτιόν περ: οὐκέτι ὕστερον χαριούμεθα †τῶν ἑλλήνων†· ἀπο- 70
λοῦνται γάρ, ὡς μὴ χρείαν ἔχειν τῆς ἐξ ἡμῶν ἐπικουρίας. τινὲς δὲ
κατ' ἐρώτησιν. T

        a.² κατ' ἐρώτησιν δὲ αὐτῇ διαλέγεται· οὐκέτι, φησί, κἂν ἐ-
σχάτως τῶν Ἀργείων κεκαδησόμεθα Ἑλλήνων; b(BCE³E⁴)

Did.(?)   353 a. ⟨ὀλλυμένων:⟩ γράφεται „Ἀργείων". Aⁱᵐ   75
ex. | ex. | ex.   b. κεκαδησόμεθα: ἀντὶ τοῦ φροντιοῦμεν, παρὰ τὸ κήδε-
σθαι. b(BCE³) T | ἔχουσιν οὖν ἀπολογίαν διὰ τὸ μὴ περιορᾶν τὴν
Ἑλλήνων ἐσχάτην ἀπώλειαν. | ἔστι δὲ μέσος δεύτερος μέλλων καθή-
σομαι καὶ Αἰολικῷ ἀναδιπλασιασμῷ κεκαδήσομαι. T

Nic.   c. ὑστάτιόν περ: δύναται καὶ τοῖς ἑξῆς συνάπτεσθαι, ἵνα ᾖ 80
ὑστάτιον „οἴτου" (Θ 354), βέλτιον δέ, ὡς σύνηθες, τοῖς ἄνω. ἡ δὲ
διάνοια· οὐκέθ' ἡμεῖς τῶν Ἑλλήνων ἀποστησόμεθα τό γε πανύστατον
νῦν. A

---

350 μὴ (60) cf. Kühner-Gerth II³ (Hannoverae 1904), 188. 201 not. 3   **352—3**
κατ' ἐρώτησιν (71) cf. Eust. 717, 7   **353** b φροντιοῦμεν (76) = D, cf. Eust. 716, 65

---

59 le. T supplevi (auctore Vill.), om. b   **60** sq. ὡς φιλ. τὴν τῶν ἑλλ. δυστυχίαν
b   **62** αἶψα δίχα ἐπ. T δείκνυσι τὸ αἶψα ὅτι δίχα ἐπιλογισμοῦ τοῦτο ποιεῖ
b   **64** ἀναπείθει b   **65** le. add. LiVᶜ   **69** (le.) ἀργ. T, suppl. Nickau,
ὀλλυμένων δαναῶν Hom. (vulg.); κεκαδησόμεθα T em. Ma.   **70** χαρ. T m. pr.,
χατιούμεθα T m. sec.   fort. τοῖς ἕλλησι   **73—4** κατ' ἐρώτησιν δὲ sq. pone
sch. Θ 352 (coni. cum v. προοίμιον) b   **74** τῶν ἀργ.] τειρομένων Ddf.   ἑλλ.
del. Bk. (τῶν ἀργ. servans)   **75** le. add. Vill.   γράφεται cp. (γρ) A   **76**
κεκαδ.: ἀντὶ (sq.) cum scholio Θ 352 — 3 a¹ (v. ἐρώτησιν) coni. T, dist. Ma.; τὸ δὲ
κεκαδησόμεθα ἀντὶ (ἀπὸ E⁴) coni. cum scholio Θ 352 — 3 a² (v. ἑλλήνων) in b
76 sq. ἀντὶ — κήδεσθαι] ἀπὸ τοῦ κήδω τὸ φροντίζω E⁴   παρὰ τὸ T ἀπὸ τοῦ BCE³

d. ὑστάτιον: ἀντὶ τοῦ ὕστατον, ὡς ,,†μάλλιον†'' (Tyrt. fr.   *ex.*
85 9, 6 D.³ = P.) τὸ μᾶλλον. **AT**

355—6. ἀνδρὸς ἑνὸς ῥιπῇ, ὁ δὲ μαίνετ⟨αι οὐκέτ᾽ ἀνεκτῶς⟩/   *ex.*
Ἕκτωρ Πριαμίδης: τεχνικῶς οὐ κατὰ Διὸς αὐτὴν ὀτρύνει, μὴ ἄρα
αἰδεσθῇ τῷ πατρὶ ἐναντιοῦσθαι. ἡ δὲ συνιεῖσα τὸ σιωπηθέν φησιν
,,ἀλλὰ πατὴρ οὑμός'' (Θ 360). ἐμφαντικὴ δὲ ἡ μεταφορά· τὸ γὰρ
90 ῥιπῇ (355) ἐπὶ ἀνέμου καὶ πυρὸς τάττεται, ἄμφω δὲ ἔχει ἐπὶ Ἕκτο-
ρος· ,,ἐν δ᾽ ἔπεσ᾽ ὑσμίνη ὑπεραέϊ ἴσος ἀέλλῃ'' (Λ 297) καὶ ,,μαίνετο δ᾽
ὡς ὅτ᾽ Ἄρης ἐγχέσπαλος ἢ ὀλοὸν πῦρ'' (Ο 605). **b**(BE³E⁴) **T**

355. ἀνεκτῶς: ὡς ἀνδρικῶς Ἀρίσταρχος περισπᾷ. λέλεκται δὲ   *Hrd.*
ἡμῖν περὶ τῆς προσῳδίας, ὁπότε διελάβομεν περὶ τοῦ ,,ἦ δὴ λοίγια
95 ἔργα τάδ᾽ ἔσσεται, οὐκέτ᾽ ἀνεκτά'' (Α 573). **A**

1   **358—60.** ⟨καὶ λίην οὗτός γε—— μαίνεται οὐκ ἀγαθῇ-   *ex.*
σι:⟩ περὶ τούτου μὲν οὖν οὔ μοι μέλει, φησίν· ἀπολεῖται γὰρ ὅσον
οὐδέπω. ὁ δὲ πατήρ ἐστιν ὁ ἐμὸς αἴτιος. **b**(BCE³E⁴) **Tⁱˡ**

358. λίην: ὅσον οὐδέπω. οὕτως ἔχει καὶ τὸ ,,ἀλλ᾽ ἴομεν· μάλα   *ex.*
5 γὰρ νὺξ ἄνεται'' (Κ 251). **T**

360 *a.* ⟨οὑμός:⟩ ὁ μέγας καὶ σεμνός. **Tⁱˡ**   *ex.*

b. φρεσὶ μαίνεται: ἐνθουσιᾷ, ὡς τὸ ,,μαίνετο δ᾽ ὡς ὅτ᾽   *ex.*
Ἄρης'' (Ο 605). τὸ φιλότιμον δὲ τῆς κακώσεως δηλοῖ. **b**(BCE³E⁴) **T**

361 *a.* σχέτλιος: σημειοῦνταί τινες, ὅτι ἀντὶ τοῦ ἀγνώμων, οὐκ   *Ariston.*
10 ἐν τῷ καθόλου δέ, ἀλλ᾽ εἰς ταύτην μόνην. **A**

b. ⟨ἀλιτρός:⟩ εἰς ἐμὲ ἀλιτρός, διὰ τὰ πεπονημένα εἰς   *ex.*
Ἡρακλέα. **Tⁱˡ**

c. ⟨ἀπερωεύς:⟩ ἀποκωλυτής. **Tⁱˡ**   *D*

---

d μάλιον (84) cf. He. μ 187, Choer. Ο. 240, 1 (= Hrd. 2, 548, 9), Eust. 1643, 33
355—6 ῥιπῇ ἐπὶ ἀνέμου (90) ad Ο 170—1 *a*¹ (ex.)   **355** ad Λ 610 (Hrd.)   ὁπότε
διελάβομεν (94) sq. illud sch. desideratur, vide ad Α 573   **360** *b* ἐνθουσιᾷ (7)
cf. Eust. 716, 59   **361** *a* — ἀγνώμων (9) ad Κ 164 *b* (Ariston.), cf. D ad Κ 164.
Σ 13 = Ap. S. 148, 1 (Apio fr. 127 B.); Lehrs Ar.³ 145; vix recte Roemer, Philol.
70, 1911, 340   *b* ad Θ 362 (ex.)

84—5 ὑστάτιον sq. cum scholio praecedenti coni. A   μάλλιον A μᾶλλον T, μάλιον
Wil., recte   **85** τὸ μ. T τ(ὸν) ἀλλ(ον) a m. pr. e τ(ῶν) ἀλλ(ων) factum in A   **86**
sq. le. T supplevi, om. b (ubi sch. ad Θ 355 revocatum est)   **87** sq. μή πως αἰδ.
b, fort. rectius   **88** συνίησι τὸ σ. καὶ φησιν b   **90** ἐπὶ πυρὸς καὶ ἀνέμου
E⁴   δ᾽ ἔχει E⁴, δὲ λέγει Ma.   **92** ὅτ᾽ ἄρ ἐγχέσπαλος T   **95** οὐδέπ τ᾽ vel οὐδ᾽ ἔτ᾽ codd.
Hom.   **1—3** sch. supra Θ 358 exaravit T, ad eundem versum rettulit b   **1**
sq. le. addidi (καὶ λίην οὗτός γε iam LiVᶜ)   **2** περὶ T καὶ μὴν περὶ b   οὖν οὔ
T οὐδέν b   μέλει T   **3** ὁ ἐμός] ὁμὸς C   **4—5** sch. cum le. λίην propter an-
gustias marginis supra v. Θ 359 scriptum in T (le. χερσὶν ὑπ᾽ ἀργείων Vᶜ)   **6**
le. add. Vᶜ, πατὴρ οὑμός: add. Ma.   **11** le. add. Ma., αἰὲν ἀλιτρός suppl.
Vᶜ   τὰ πεπονημένα sc. τὰ ὑπ᾽ ἐμοῦ   **13** le. add. Ma.   κωλυτής D

ex.　　362. οὐδέ τι τῶν μέμνηται: πρὸς μὲν τὸν Δία εὐπρεπὴς ἡ εἰς
τὸν Ἡρακλέα τῆς εὐεργεσίας ἀνάμνησις, πρὸς δὲ τὴν Ἥραν οὐκέτι· 15
αὐτὴ γὰρ ἠναντιοῦτο αὐτῇ σῳζούσῃ τὸν Ἡρακλέα. ἢ ἐκεῖνο ῥητέον
ὅτι ἀνθρώπινόν τι ἔχει ἡ εἰκών· πολλὴν γὰρ σπουδὴν εἴς τινας εἰσενεγ-
κάμενοι καὶ δι' αὐτῶν τοῖς ἀναγκαίοις εἰς ἀπέχθειαν ἐλθόντες, ἀχαρί-
στων ὄντων τῶν εὖ πεπονθότων, εἰώθαμεν σχετλιάζοντες εἰσφέρειν
πρὸς οὓς ἀπηχθήμεθα τὴν τῶν εὐεργετηθέντων ἀχαριστίαν μεμφόμενοι 20
ἑαυτοὺς ἐπὶ τῇ ἀβούλῳ κρίσει. b(BE³E⁴) T

D　　363. ⟨ἀέθλων:⟩ κακοπαθειῶν. T^il

ex.　　364 a.¹ ⟨πρὸς οὐρανόν:⟩ αὔξει τὴν ἐπικουρίαν. δηλοῖ δὲ καὶ τὸ
εὐσεβὲς Ἡρακλέους. T^il

　　　　　　a.² τὸ εὐσεβὲς Ἡρακλέους δηλοῖ καὶ τὴν ἑαυτῆς αὔξει ἐπικου- 25
ρίαν. b(BCE³E⁴)

ex.　　364—5. ⟨αὐτὰρ ἐμὲ Ζεύς / ——— προΐαλλεν:⟩ ἀπολογεῖται
τῇ μητρυᾷ. T^il

ex.　　367—8. εὖτέ μιν εἰς Ἀΐδαο ⟨——— Ἀΐδαο⟩: ἀπὸ τοῦ μείζο-
νος ἄθλου πάντας δηλοῖ. οἶδε δὲ τὸν κύνα καὶ τὴν φύσιν αὐτοῦ. Πίν- 30
δαρος (fr. 249 b, p. 75 Sn.) δὲ ἑκατόν, Ἡσίοδος (cf. th. 312) δὲ πεν-
τήκοντα ἔχειν αὐτὸν κεφαλάς φασιν. A b(BCE³E⁴) T

ex.　　367. ⟨πυλάρταο:⟩ διὰ τὸ μηδένα ἀνιέναι. T^il

D　　　　πυλάρταο: ἰσχυρῶς ——— ἐξ Ἅιδου. A

Ariston.　　368. ἐξ Ἐρέβευς ἄξοντα κύνα στυγεροῦ Ἀΐδαο: ὅτι τού- 35
του μόνου τοῦ ἄθλου μέμνηται κατὰ τὸ ῥητὸν †τίνες ἦσαν†. καὶ ὅτι
κύνα μόνον λέγει, Κέρβερον δὲ οὐκ ὀνομάζει, ὡς οἱ νεώτεροι (e. g. Hsd.
th. 311). A

---

362 ad Θ 361 b　　364 δηλοῖ (23) sq. cf. Eust. 718, 13　　365 de v. ἀπ'
οὐρανόθεν cf. Ap. Dysc. adv. 186, 1, pron. 67, 16, synt. 164, 5, adv. con-
str. 208, 28; vix credam Apollonium ad Θ 365 scholium legisse, vide ad Θ 19
367—8 — ἄθλου (30) cf. Bethe, Diss. 43 n. 55　　Πίνδαρος δὲ (30) sq. cf. sch.
Greg. Naz. or. 4, 115 (p. 234, 15 Piccol.)　　ἑκατόν (31) cf. Hor. c. 2, 13, 34 (*belua
centiceps*)　　368 καὶ ὅτι κύνα (36) sq. cf. Eust. 717, 55; Paus. 3, 25, 6 (vide
Bacher 70)　　κύνα (36) — Κέρβερον (37) cf. sch. λ 623; sch. Hsd. th. 311　　ὡς

---

16 αὐτὴ E³ T αὐτῇ BE⁴　　ἠναντίωτο b　　17 ἀνθρ. τι b ἀνθρωπίνως T　　τινας b
ἰδίας T ἰδίους Valk (I 518; vix recte)　　20 ἀπεχθήμεθα T　　21 ἑαυτοῖς b, fort. melius
(at cf. Valk I 507)　　22 le. add. Ma., ἄθλων add. V^c　　23 le. add. Ma.　　27
le. addidi, οὐρανόθεν προΐαλλεν add. V^c, αὐτὰρ ἐμὲ ζεύς: add. Bk., ἐμὲ ζεύς: add. Ma.
(sch. supra v. 364 exaravit T)　　28 μητρυᾷ Bk., fort. recte　　29 le. T supplevi,
om. Ab (sch. ad Θ 368 rettulit b; de A vide notam sq.)　　29—32 ἀπὸ δὲ sq.
pone sch. Θ 368 (coni. cum v. νεώτεροι) in A　　30 οἶδεν A　　καὶ b ἦ T　　31
δὲ¹ T μὲν οὖν b γοῦν A　　32 κεφ. αὐτὸν ἔχ. φησίν b　　33 le. add. V^c　　35
ὅτι A, ἡ διπλῆ, ὅτι Vill.　　36 τίνες ἦσαν del. Lehrs (Hrd. 457; postea propos.
τὴν νέκυιαν vel πρὸς τὴν νέκυιαν, cf. λ 623—6); verba luxata; fort. aliquid excidit,
e. g. τοὺς ἄλλους σιωπῶν (vel τοὺς δὲ ἄλλους σιωπᾷ), τίνες ἦσαν

κύνα ⟨στυγεροῦ⟩ Ἀίδαο: τὸν Κέρβερον. τελεσθέντων D

40 ——— Ἀίδου βοῶν ἀπέσφαξεν. A

369. Στυγὸς ὕδατος: Στὺξ μία ——— κρήνη ἐν Ἀίδου. A   D

αἰπὰ ῥέεθρα: προσάντη καὶ ἄνωθεν καταρρέοντα. b   ex.

(BCE³E⁴) T ,,καὶ τὸ κατειβόμενον Στυγὸς ὕδωρ" (O 37). T τὸν

πλοῦν δὲ τοῦ Κωκυτοῦ φησιν, ,,ὃς δὴ Στυγὸς ὕδατός ἐστιν ἀπορρώξ"

45 (κ 514). b(BCE³E⁴) T

370 a. ⟨στυγέει:⟩ οὐκ εἶπεν ὅτι οὐδὲν ἀντευεργετεῖ, ἀλλ᾽ ἠθι-   ex.
κῶς ὅτι καὶ μισεῖ με. b(BCE³E⁴) Tⁱˡ

*b.*¹ Θέτιδος δ᾽ ἐξήνυσε βουλάς: ἀπέκρυψεν αὐτῆς τὴν   ex.
χάριν, τὴν δὲ ἰδίαν ὠνείδισεν. T

50   *b.*² τὴν μὲν Θέτιδος χάριν ἀπέκρυψε λέγουσα δωρεὰν αὐτὴν
εὐεργετεῖσθαι, τὴν δὲ ἰδίαν ὠνείδισε εὐεργετουμένη. b(BCE³E⁴)

371—2 a. ἢ οἱ γούνατ᾽ ἔκυσσε ⟨——— πτολίπορθον⟩:   Ariston.
ἀθετοῦνται δύο στίχοι, ὅτι οὐκ ἔδει κατὰ μέρος διηγήσασθαι, καὶ ταῦ-
τα πρὸς τὴν καλῶς εἰδυῖαν. καὶ μὴν οὐδὲ ἡμεῖς περισσόν τι προσιστο-
55 ροῦμεν. A

*b.*¹ ἢ οἱ γούνατ᾽ ἔκυσσε ⟨——— πτολίπορθον⟩: παρὰ   Did.(?)
Ζηνοδότῳ οὐκ ἦσαν οἱ δύο. T

*b.*² οὐδὲ παρὰ Ζηνοδότῳ ἦσαν. Aⁱᵐ

373 a. ἔσται μάν, ⟨ὅτ᾽ ἂν αὖτε φίλην γλαυκώπιδα εἴπῃ⟩:   Ariston.
60 πρὸς τὸ τῆς ἑρμηνείας ἴδιον, ὡς ἐκεῖ ,,ἔσσεται ἦμαρ, ὅτ᾽ ἄν ποτ᾽ ὀλώλῃ
Ἴλιος ἱρή" (Δ 164. Ζ 448) ἀντὶ τοῦ ὅτε ὀλεῖται. A

οἱ νεώτεροι (37) cf. Roemer, Ar. 113   (A = D) τὸν Κέρβερον. τελεσθέντων (39)
sq. quae in scholio D de Herculis ultimo labore narrantur, verbatim fere ex
[Apoll.] bibl. 2, 122—25 illata sunt   **369** — καταρρέοντα (42) cf. Or. 9, 5 (unde
Et. Gen. αἰπὰ ῥέεθρα = EM. 37, 40; Et. Gud. 51, 17 Stef.): αἰπὰ ῥέεθρα· παρὰ
τὸ αἰπύ αἰπέα καὶ συγκοπῇ αἰπά (Et. Gud., καὶ κατὰ συγκοπὴν αἰπά EM., om.
cod. Or.), ὅθεν τὸ ᾱ βραχύ. ,,αἰπὰ" οὖν ,,ῥέεθρα" τὰ δύσβατα ἀπὸ μεταφορᾶς τῶν
ἀκρωτηρίων (EM., Et. Gud., ἀκρωρειῶν cod. Or.)· αἶπος γὰρ τὸ ἀκρωτήριον (EM.,
Et. Gud., ἀκρώρειον cod. Or.), in sede scholiorum; vide Ep. Hom. (An. Ox. 1, 44,
6)   **370 a** ὅτι καὶ μισεῖ με (47) cf. Eust. 718, 38   **371—2** obeli ante versus in
A, deesse vid. diple ante 372, cf. sch. *a*   *a* fort. excidit pars notae Aristonici
de iunctura Ἀχιλλῆα πτολίπορθον, ad O 56 a; vide ad Ι 328 (test), Φ 550
(Ariston.)   *b* sch. Didymo attr. A. Roemer, Jhbb. class. Philol. 25, 1879, 84
373 a ad Δ 164. Vide ad Ζ 448 (Ariston.)

---

39 (le.) κύνα ἅδου: A emendavi et supplevi   **41** sch. pone sch. Θ 373 a in A, trps. et
ἅδου A em. Vill.   **42** τὸ δὲ αἰπὰ ἀντὶ τοῦ προσάντη καὶ ἄνωθεν ῥέοντα (pone
sch. D) E⁴   **44** δὴ — ἐστιν T ἐστι στυγὸς ὕδατος b   **46** le. add. Vᶜ (ἐμὲ μὲν
στυγέει add. Li)   ὅτι οὐκ ἀντευεργετήθην b   **47** ὅτι C ὅτι μᾶλλον BE³E⁴,
om. T   μισεῖ με T μεμίσηκα b   **52** le. A suppl. Vill.   **56** le. T suppl.
59 le. A suppl. Vill.   **60** πρὸς A, ἡ διπλῆ πρὸς Vill.

ex.

    b. ὅτ᾽ ἂν αὖτε φίλην γλαυκώπιδα: ἠθικῶς πάνυ τῶν φιλοφρονήσεων τοῦ πατρὸς μέμνηται ταῦτα τὰ ὀνόματα εἰποῦσα, οἷς ὑπεκορίζετο αὐτὴν ὁ Ζεὺς πρὸς τὰς χρείας παρακαλῶν. b(BCE³E⁴) T

ex.

  374. ἐπέντυε μώνυχας ἵππους: οὐχ ὡς ἥττονι προστάσσει, 65 ἀλλὰ καιρὸν λαμβάνουσα πρὸς τὸν ὁπλισμόν. b(BCE³E⁴) T

Did.(?)

  376. ⟨ἴδωμαι:⟩ γράφεται „ἴδωμεν". Aⁱᵐ

ex.

  377—8. εἰ νῶϊν Πριάμοιο πάϊς ⟨——/ γηθήσει⟩: ἠθικῶς πρὸς τὸ „ὁ δὲ μαίνεται οὐκέτ᾽ ἀνεκτῶς" (Θ 355). b(BCE³E⁴) T

Ariston.

  377 a.¹ {εἰ} νῶϊ: ὅτι Ζηνόδοτος γράφει σὺν τῷ ν̄ „νῶϊν". τοῦτο 70 δὲ τίθεται ἀντὶ τοῦ ἡμῖν ἢ ἡμῶν· οὐδέτερον δὲ ἁρμόζει· τὸ γὰρ νῶϊ ἐστὶν ἢ ἡμεῖς ἢ ἡμᾶς. A

  a.² ἀντὶ τοῦ ἡμῶν. Aⁱⁿᵗ

Did.|Hrd.(?) |
Did.|Hrd.(?)

  378 a.¹ γηθήσει προφανεῖσα ⟨ἀνὰ πτολέμοιο γεφύρας⟩: Ἀρίσταρχος „προφανέντε" ὡς „πληγέντε κεραυνῷ" (Θ 455), δυϊκῶς. 75 ὁ δὲ Ζηνόδοτος „γηθήσει προφανεῖσας ἰδὼν ἐς δοῦπον ἀκόντων" (cf. Λ 364), συστέλλων τὴν τελευταίαν, | παροξυτόνως προφερόμενος μετ᾽ ἐκτάσεως τοῦ ᾱ. | ἔστι δὲ ἄκρατον Δώριον. | σπάνιον δὲ τὸ τοιοῦτο παρὰ τῷ ποιητῇ. A

Hrd.(?)

  a.² γράφεται „προφανεῖσα". Aⁱᵐ   80

377 a ad Θ 428. Λ 767 a¹. Ν 326 a. Ο 437—8 (Ariston.). Vide ad E 219 a (Hrd.) **378** diple periestigm. ante versum in A, fort. erat sch. Aristonici de lectione Zenodoti (cf. Did.; Wismeyer 22)   a¹ προφανέντε (75) ad Θ 455 a (Ariston.); cf. Cobet, Miscell. crit. 400   verba παροξυτόνως (77) — τοῦ ᾱ (78) et σπάνιον δὲ (78) sq. Herodiano dubitanter attribui, cf. Ep. Hom. (An. Ox. 1, 373, 19): λέγει δὲ ὁ Ἀσκαλωνίτης (p. 43 sq. B.)· „οὐκ ἔστιν εὑρέσθαι ἐπὶ θηλυκῶν ὀνομάτων παρὰ τῷ ποιητῇ τοιοῦτο δυϊκόν" (sc. dualem παρειά). προσέθηκε δὲ „ἐπὶ ὀνομάτων" διὰ τὸ „γηθήσει προφανεῖσα ἀνὰ πολέμοιο (lg. πτολέμοιο) γεφύρας" (vide ad Γ 35 d); ergo v. l. προφανεῖσα hoc loco laudata est, fort. teste Ptolemaeo Ascal., cf. Lentz, Philol. 21, 1864, 391; Ludwich, A. H. T. 1, 292, 4; Valk I 548   ἄκρατον Δώριον (78) vide ad Ζ 262; Ahrens, G. L. D. 2, 172; A. M. Morpurgo-Davies, Glotta 42, 1964, 156   σπάνιον δὲ (78) sq. cf. verba in Τ a m. sec. in mg. (iuxta versus Θ 377—9) exarata: σπάνιον τοῦτο παρὰ τῷ ποιητῇ   a² cf. D

62 πάνυ om. b   **63** ταῦτα Τ, αὐτὰ b (fort. rectius)   **63** sq. οἷς sq. Τ οἷς παρακαλῶν αὐτὴν ὁ ζεὺς πρὸς τὰς ἰδίας εἰσεπορίζετο χρείας b   **65** προστάσσει Τ κελεύει b   **67** le. add. Bk. (Vill.)   **68** le. Τ supplevi, om. b (qui sch. ad v. 378 revocavit)   **69** πρὸς Τ καὶ τοῦτο πρὸς b   **70** (le.) εἰ delevi   ὅτι Α, ἡ διπλῆ (sc. περιεστιγμένη), ὅτι Vill.   **74** le. γηθήσει προφανεῖσα Α em. et suppl. Ldw.   **75** προφανέντες Α em. Vill.   **76** προφανεῖσας Α em. Dtz.   **77** fort. lac. statuenda ante παροξ., cf. test.   **78** δόριον Α em. Vill.   **78** sq. τῷ τοιούτῳ (τοι supra l. scriptum) Α em. Vill.   **80** γράφεται cp. (γρ) in Α   προφανεῖσα Α em. Bk.

b.¹ ⟨γηθήσει⟩ προφανεῖσα ⟨ἀνὰ πτολέμοιο γεφύ-   *ex.(Did.)*
ρας⟩: δυϊκῶς. Ἀρίσταρχος δὲ „προφανέντε" ὡς „πληγέντε κεραυνῷ"
(Θ 455). ὁ δὲ Ζηνόδοτος „γηθήσει προφανεῖσας ἰδὼν ἐς δοῦπον
ἀκόντων", συστέλλων τὸ σᾱς ὡς Δωρικώτερον, ὡς τὸ „λαγέτας
85 υἱούς" (cf. Pind. Ol. 1, 89) καὶ „τροπὰς ἠελίοιο" (Hsd. opp. 564.
663). T

b.² προφανεῖσα δὲ γράφει Ἀρίσταρχος δυϊκῶς, ὁ δὲ Ἡρω-
διανὸς „προφανεῖσας" βούλεται συστέλλων Δωρικῶς τὸ ᾱ, ᾧ καὶ
πειθόμεθα. b(BCE³E⁴)

90 379 a. ἤ τις {καὶ Τρώων}: περισπαστέον τὸν ἤ σύνδεσμον, ἵνα   *Hrd.*
διαπορητικὸς γένηται. καὶ βεβαιωτικὸς δὲ ἤ περισπασθήσεται. A

b. ἤ τις καὶ Τρώων κορέσει ⟨κύνας⟩: περισπαστέον   *Hrd. | ex.*
τὸ⟨ν⟩ ἤ· διαπορητικὸς γάρ ἐστιν. | τὸ δὲ τίς ἤ περισσόν, ἤ τὶς ἐκ τῶν
Τρώων. εἰ δὲ ἐπὶ Ἕκτορος, οὗτος ὁ νοῦς· 'ὡς ἄλλος τις κορέσει κύ-
95 νας'. T

1 385—7 a.¹ πέπλον μὲν κατέχευεν ⟨——— νεφεληγερέ-   *Ariston. | Did.*
ταο⟩: ἀθετοῦνται στίχοι τρεῖς, ὅτι ἐν τῇ τοῦ Διομήδους ἀριστείᾳ (sc. E
734—6) καλῶς ἐπεξείργασται· πράττεται γάρ τινα. ἐνταῦθα δὲ πρὸς
οὐδὲν ἀναλαμβάνει τὴν παντευχίαν. | ἠθέτει δὲ καὶ Ἀριστοφάνης. Ζη-
5 νόδοτος δὲ οὐδὲ ἔγραφεν. A

a.² {πέπλον μὲν κατέχευε:} Ἀριστοφάνης ἠθέτει τοὺς τρεῖς,   *Did.*
Ζηνόδοτος δὲ οὐδὲ ἔγραψεν. T

385. ⟨κατέχευεν:⟩ θαυμασίως οὐ γυμνοῖ τὴν παρθένον. Tⁱˡ   *ex.*

389 a.¹ λάζετο {δ' ἔγχος}: Πτολεμαῖος ὁ τοῦ Ὀροάνδου ἐν τῷ   *Did.*
10 Περὶ Ὁμηρικοῦ χαρακτῆρος διὰ τοῦ ῡ προφέρεται „λάζυτο". καὶ ἔστιν
οὐκ ἀδόκιμος ἡ φράσις. A

379 a — γένηται (91) ad A 190—2   καὶ βεβαιωτικὸς sq. ad A 156 a   b ὡς
ἄλλος τις (94) sq. cf. T m. sec. in mg.: ἵνα ᾖ· ἤ (fort. ὡς) τις ἄλλος τῶν Τρώων ὁ
Ἕκτωρ   385—7 ad E 734—6 (Ariston.); excidit pars scholii Aristonici, qui
docebat Iovem arma sua supra ipsum induisse, ad Θ 43 a (Ariston.)   ἐνταῦθα (3)
— παντευχίαν (4) cf. Bachmann, Ar. 33   385 at vide ad E 734 a (ex.); cf. Bolling,
A. L. 112 (improbabiliter)

81 sq. le., προφανεῖσα T em. Ma., ipse supplevi   83 προφανεῖσας T em. Ma.
84 ὡς δωρ. supra l. add. T m. pr.   λαγέτᾱς Pind.   85 ἠελ. Heyne, ἐξόδοιο
T   87 προφ. δὲ pone sch. Θ 377—8 (coni. cum v. ἀνεκτῶς) in b   προφανεῖσα
b em. Bk.   88 προφανεῖσας b em. Ddf.   90 (le.) καὶ τρ. eiecit Bk.   91 ἤ
A, ὢν Bk. (fort. melius)   92 le. T supplevi (ἤ τις T emendavi)   93 τὸ T
supplevi   διαπορρητικὸς T em. Ma.   94 οὕτως T em. Ma.   1 sq. le. A
suppl. Frdl.   6 le. T delevi   8 le. add. Ma., μὲν κατέχευεν add. Vᶜ   9 (le.)
δ' ἔγχος del. Bk.   10 οῑ et λάζοιτο A corr. Bk.   11 φράσις A, γραφή Bk.
(cf. sch. a²)

a.² {λάζετο δ' ἔγχος:} Πτολεμαῖος διὰ τοῦ ῡ. καὶ ἔστιν οὐκ
ἄκαιρος ἡ γραφή „λάζυτο". T

Ariston.   390—1. βριθὺ μέγα ⟨——— ὀβριμοπάτρη⟩: ἀθετοῦνται καὶ
οὗτοι, ὅτι ἀκαίρως ἐκεῖθεν (sc. ex E 746—7) μετηνέχθησαν. A   15

Ariston.   393 a. πύλαι μύκον οὐρανοῦ: ὅτι πύλας οὐρανοῦ τὰ νέφη
ὑποτίθεται· τὸν γὰρ ὑπὲρ τὰ νέφη τόπον ὁμωνύμως τῷ στερεμνίῳ
οὐρανὸν καλεῖ. πρὸς τὰ περὶ Ὀλύμπου. A

ex. | ex.(?)   b. μύκον: οὕτω λέγει ἐπὶ τῶν θυρῶν, b(BCE³E⁴) T   ἀεὶ
ταύτην μιμούμενος τὴν φωνήν· b(BCE³E⁴)   „τὰ δ' ἀνέβραχεν 20
ἠΰτε ταῦρος ⟨/ βοσκόμενος λειμῶνι⟩· τόσ' ἔβραχε καλὰ θύρετρα" (φ
48—9). b(BCE³E⁴) T | τὸ δὲ μύκον ἀντὶ τοῦ ἀνεῴχθησαν. T

ex.   396. ⟨τῇ:⟩ ἀντὶ τοῦ ἐκεῖ. Tⁱˡ

Ariston.   399 a. βάσκ' ἴθι Ἶρι ταχεῖα: ὅτι οὐκ ἔστι κοινὸν νῦν ἐπίθετον
τὸ ταχεῖα, ἀλλὰ πορεύου ταχεῖα. A   25

ex.   b. βάσκ' ἴθι, Ἶρι, ταχεῖα: ἀντὶ τοῦ ταχέως — „λῦσεν δ'
ἀγορὴν αἰψηρήν" (T 276) b(BCE³E⁴) T   ἀντὶ τοῦ αἰψηρῶς, T
καὶ „ταχέες δ' ἱππῆες ἄγερθεν" (Ψ 287) b(BCE³E⁴) T   καὶ
„βράχε δ' εὐρεῖα χθών" (Φ 387) · ἀελλόπους γάρ (cf. Θ 409 al.). T

ex.   399—400 a.¹ μηδ' ἔα ἄντην ⟨/ ἔρχεσθ'——— πτόλεμον 30
δέ⟩: μηδὲ ἔα εἰς τὸ ἐναντίον τῆς ἐμῆς κελεύσεως ἔρχεσθαι αὐτάς· οὐ γὰρ
καλῶς εἰς τὸν πόλεμον σπευσόμεθα. T

a.² λέγει δὲ ὅτι μὴ συγχώρει αὐτὰς ἐξ ἐναντίας τῆς ἐμῆς κε-
λεύσεως ἔρχεσθαι· οὐ γὰρ καλῶς ὑποστραφήσονται. b(BCE³E⁴)

Did.   401. ⟨ὡς καὶ τετελεσμένον ἔσται:⟩ γράφεται „τὸ δὲ καὶ τε- 35
τελεσμένον ἔσται". Aⁱᵐ

ex.   402 a. γυιώσω μέν σφωῗν ⟨——— ὠκέας ἵππους⟩: βλάψω,
ὅ ἐστι χωλανῶ, καὶ κενοὺς εἰς τὴν πορείαν ποιήσω. T

390—1 ad E 746—7 (Ariston.)   393 a ad E 749 (Ariston.), cf. Lehrs Ar.³ 163   τὸν
γὰρ (17) sq. ad B 458 (Ariston.)   b cf. D   399 a ad Δ 182 a (Ariston.)   b ad
T 276; cf. Ap. S. 150, 7   399—400 καλῶς (32) cf. Eust. 719, 64   402 a —
χωλανῶ (38) cf. D, D ad Z 265, Eust. 720, 13; Or. in Et. Gen. (AB) ἀμφίγυια

---

12 le. T delevi   14 le. A suppl. Frdl.   16 le. Bk. (Vill.), αὐτόμαται δὲ
πύλαι: A   ὅτι A, ἡ διπλῆ, ὅτι Vill.   19 le. scripsi, πύλαι μύκον T, om.
b   οὕτως b   20 τὰ δ' b τὸ δ' T   21 ταῦρος τόσ' suppl. Ma.   τόσ' T
τόσσον b   23 le. add. Ma., δι' αὐτάων add. Vᶜ, Bk.   24 ὅτι A, ἡ διπλῆ,
ὅτι Vill.   25 ταχεῖα²] ταχέως Ddf. (cl. A ad Λ 186), fort. ταχεῖα ἀντὶ τοῦ
ταχέως   26 λῦσεν T, ὡς τὸ λῦσε b   29 ἀελλόπουν T em. Ma.   30 sq.
le. T supplevi   32 καλῶς — πολ. T, fuisse καλῶς εἰς πόλεμον ci. Wil.   σπευ-
σούμεθα (pot. qu. σπευσοίμεθα) T em. Ma.   33—4 coni. cum scholio Θ 399 b (v.
ἄγερθεν) in b   35 le. add. Bk.   γράφ. cp. (γρ) in A   37 le. T supplevi,
fort. rectius γ. ὠκ. ἵππ.:

b. σφῶϊν: ἐγκλιτικὴ νῦν ἐστιν ἡ ἀντωνυμία· τρίτου γὰρ   *Hrd.*
40 προσώπου, τὰ δὲ τρίτα δυϊκά, τό τε σφωέ καὶ σφῶϊν, ἐγκλιτικά
ἐστι⟨ν⟩. ὅτε μέντοι δευτέρου γίνεται τὸ σφωῖν, προπερισπᾶται· ὀρ-
θοτονεῖται γὰρ τὸ „γυιώσειν μὲν σφῶϊν" (Θ 416). **A**

405 a. ἕλκε' ἀπαλθήσεσθον: ἐν τῇ ἑτέρᾳ τῶν 'Αριστάρχου   *Did.*
„ἕλκε' ἀπαλθήσονται"· καὶ μήποτε κρεῖττον, τὰ ἕλκη ἀπαλθήσον-
45 ται. **A**

b. ἀπαλθήσεσθον: ἀποθεραπευθήσεσθον· ἀλθαίνω γὰρ τὸ   *ex.*
θεραπεύω. **T**

406—8. ὄφρ' εἰδῇ ⟨——— ὅττι κεν εἴπω⟩: ὅτι τῷ τοῦ Διὸς   *Ariston.*
προσώπῳ ἁρμόζουσιν οἱ λόγοι, τῷ δὲ τῆς Ἴριδος (sc. Θ 420—2)
50 οὐκέτι. **A**

406. ὄφρ' εἰδῇ γλαυκῶπις, ⟨ὅτ' ἂν ᾧ πατρὶ μάχηται⟩:   *ex.*
καίπερ ὀργιζόμενος οὐ τὴν ἀρχὴν οὐδὲ τὴν ἰσχύν, ἀλλὰ τὴν φύσιν
προβάλλεται. b(BCE³E⁴) **T**

407. Ἥρῃ δ' οὔτι ⟨τόσον⟩ νεμεσίζομαι: τὰ μὲν θεῖα ἐᾷ,   *ex.*
55 σκοπεῖ δὲ τὰ βιωτικά· ἐναντιοῦνται γὰρ ἀλλήλοις ἄνδρες καὶ γυναῖ-
κες. b(BCE³E⁴) **T**

408 a.¹ ἐνικλᾶν, ὅττι νοήσω: ἐνικλᾶν ἐμποδίζειν. ἡ μετα-   *ex. | Did.*
φορὰ ἀπὸ τῶν εἰς τὰς ἀσπίδας ἀποθραυομένων δοράτων. **A b**
(BCE³E⁴) **T** | οὕτως δὲ γραπτέον „ὅττι κεν εἴπω", οἷον κατακάμ-
60 πτειν καὶ μὴ ἐᾶν τὰ ὑπ' ἐμοῦ εἰρημένα. καὶ πάλιν ἑξῆς, ἐν οἷς ἡ Ἴρίς
φησιν, „ὅττι κεν εἴπη" γράφεται (Θ 422). **A**

a.² ⟨ὅττι νοήσω:⟩ 'Αρίσταρχος „ὅττι κεν εἴπω". **Aⁱᵐ**   *Did.*

(Reitzenstein, Gesch. 35, 14)   b ad A 336, cf. Ap. Dysc. pron. 111, 9, synt. 228,
5 (locus ad A 8 a exscriptus est); — προσώπου (40) ad Λ 627. Ο 155 b. Ψ 281
(Hrd.), cf. sch. δ 28   τὰ δὲ τρίτα (40) — ἐγκλιτικά ἐστιν cf. Ap. Dysc. pron. 92,
5, synt. 249, 1; Hrd. 1, 478, 22   σφωέ (40) ad A 8 a (Ariston.)   ὅτε μέντοι (41)
sq. cf. sch. π 171. φ 212. De casibus vocis σφῶϊν vide Ap. Dysc. pron. 89, 14. 91, 8.
111, 6   405 b — ἀποθεραπευθήσεσθον (46) cf. D, Eust. 720, 18; He. α 5744
408 a¹ ἐμποδίζειν (57) cf. D, Ap. S. 69, 14; sch. Ap. Rh. 3, 306—07 (test.)   οὕτως

39 le. Bk., γυιώσω μὲν σφῶϊν ὑφ' ἅρμασιν ὠκέας ἵππους· A   ἐγκλητική A em.
Vill.   41 ἐστι A suppl. Bk.   44 κρεῖττων A em. Vill.   48 le. A suppl.
Frdl.   ὅτι A, οἱ ἀστερίσκοι, ὅτι Vill.   51 le. T supplevi (auctore Vill.),
om. b   54 le. T suppl. Ma. (ἥρη δ' οὔτι τόσον iam Li), om. b   57 le. scripsi,
αἰεὶ γάρ μοι ἔσωθεν ἐνικλ. ὃ ν.: A, ἐνικλᾶν T, om. b   ἐνικλᾶν alt. A, om.
bT   ἐμπ. AT ἐμποδίζειν. εἴληπται δὲ BCE³, om. E⁴   62 le. addidi

ex. **409.** ἀελλόπος: κατ' ἔλλειψιν τοῦ ū, ἀελλόπους, ταχεῖα, ἀέλλαις κατὰ τὸ τάχος παραπλησία. A

Ariston. **411 a.** πρώτησιν δὲ πύλησι: οὐχ ὡς καὶ ἄλλων οὐσῶν, ἀλλ' ἀντὶ τοῦ ἄκραι, ὡς τὸ „ἄξαντ' ἐν πρώτῳ ῥυμῷ" (Z 40. Π 371) ἀντὶ τοῦ ἄκρῳ. A

ex.(Ariston. *b.* πρώτησιν δὲ πύλησι: ἄκραις, ὡς „πρώτῳ ῥυμῷ" (Z
+ ex.?) 40)· οὐ γὰρ πολλαὶ πύλαι τοῦ Ὀλύμπου. πολὺ δὲ τάχος ὑποφαίνεται Ἴριδος. b(BCE³E⁴) T

ex. **413.** πῆ μέματον: καλῶς μηδὲ προσφωνήσασα αὐταῖς τοῦ πράγματος ἄρχεται. οἰκεῖον δὲ τῇ ἐπιπλησσούσῃ πολλαῖς ἀρχαῖς κεχρῆσθαι. b(BCE³E⁴) T

Did. **415 a.¹** εἰ τελέει περ: εἰ ἀντὶ τοῦ ὡς, ἵν' ᾖ σύμφωνον τῷ „ὧδε γὰρ ἐξερέω, τὸ δὲ καὶ τετελεσμένον ἔσται" (Θ 401). αἱ δὲ Ἀριστάρχου διὰ τοῦ ῇ, „ᾖ τελέει περ"· καὶ γὰρ ὁ Ζεύς φησι „τὸ δὲ καὶ τετελεσμένον ἔσται" (Θ 401). A

a.² Ἀρίσταρχος διὰ τοῦ ῇ, „ᾖ τελέει περ". Aⁱᵐ

a.³ Ἀρίσταρχος διὰ τοῦ ῇ. καὶ ἔστιν ἀντὶ τοῦ ὡς, ἵν' ᾖ σύμφωνον τῷ „ὧδε γὰρ ἐξερέω, τὸ δὲ καὶ τετελεσμένον ἔσται". b(BCE³E⁴)

Ariston. **420—4 a.** ὄφρ' εἰδῇς, γλαυκῶπι, ⟨——— ἔγχος ἀεῖραι⟩: ἀθετοῦνται στίχοι πέντε, ὅτι ἐκ τῶν ἐπάνω (sc. e Θ 406—8) μετάκεινται. ἱκανὸν δὲ ἦν εἰπεῖν ὅτι οὐκ ἐᾷ ὁ Ζεύς, καὶ ἀποσυνίσταται ἐπιεικὲς ὂν τὸ τῆς Ἴριδος πρόσωπον· οὐ γὰρ ἂν εἶπεν κύον ἀδδεές (423). A

δὲ (59) sq. ad Θ 422 (test.)   **409** nescio an sch. Herodiani fuerit de accentu vocis ἀελλόπος, ad Ι 505 b (Hrd.)   κατ' ἔλλειψιν τοῦ ū (63) cf. Eust. 720, 53. 768, 47. 1264, 27; sch. Pind. N. 10, 114 a (test.); Choer. Th. 1, 243, 16; vide ad Λ 648. Ω 77   ταχεῖα (63) sq. cf. D; EM. 20, 6   **410** nullum signum ante versum in A; tamen sch. Aristonici de v. δ' ἐξ fuisse credam, ad Λ 196 (Ariston.), Ο 79 (T), 169 (Ariston.)   **411** diple ante versum in A   a ad E 729; vide ad Π 371 c (Ariston.)   **415 a** cf. Leaf ad l.; Valk I 540   **420—4 a** cf. Bolling, Ä. L. 113   ἐπιεικὲς ὂν (83) vide ad Ο 166—7 (Ariston.)

66 ἄκραι vel ἄκραις Frdl.   **68** ὡς T ὡς τὸ ἐν b   **69** ἀποφαίνεται B   **70** τῆς Ἴριδος b, fort. rectius   **71** αὐτὰς Bk.   **72** ἐπιπληττούσῃ b   **74** τῷ Vill., τὸ A   **79** ἔστιν sc. τὸ ᾖ?   **81** le. A suppl. Frdl.   **82** sq. ὅτι — μετάκεινται fort. decurtatum, cf. test.; vide ad Θ 423—4   **83** ἀποκαθίσταται Lehrs (Hrd. 460), προσυνίσταται Cob. (at ἀποσυν. idem valet quod συνίσταται)   **84** οὐ γὰρ A, exspectes οὐκ ἄρ(α), nisi supra scribendum οὐκ ἐπιεικὲς ὂν. Sed tradita defendi possunt

b. ὄφρ' εἰδῇς ——— ἀεῖραι: οὐκ ἔδει, φασί, ταῦτα πρὸς *ex.*
τῆς Ἴριδος λέγεσθαι, ἀλλὰ μόνον τὰ τῆς ἀπειλῆς (sc. Θ 414—9) · ταῦ-
τα γὰρ σχετλιάζων ἀναπεφώνηκεν. ἢ οὐ σχετλιάζων, ἀλλ' ἐντέχνως
τὴν ὁμόνοιαν αὐτῶν διϊστάς, δι' ὧν τὴν μὲν ἀεὶ ἐναντιοῦσθαι αὐτῷ
90 λέγει, τὴν δὲ νῦν πρῶτον, ἵνα αἰδεσθῇ μεταβάλλεσθαι. b(BCE³E⁴) T

423—4. ἀλλὰ σύ γ' αἰνοτάτη, κύον, ——— ἀεῖραι: ἀθε- *ex.*
τοῦνται διὰ τὸ τραχύ. ὅσῳ δὲ δεινά ἐστι, τοσούτῳ τὴν κηδομένην ἐμ-
φαίνει. θεραπεύεται δὲ καὶ διὰ τοῦ εἰ ἐτεόν γε / τολμήσεις· οὐ γὰρ
ἄντικρυς αὐτὴν ἀναιδῆ λέγει, ἀλλ' εἰ ἐθελήσεις μάχεσθαι τῷ Διί. πιθα-
95 νῶς δὲ οὐκ ἤρκεσεν αὐτῇ ἀπαγγεῖλαι μόνον τὰ παρὰ Διός, ἀλλὰ καὶ
1 παρ' αὐτῆς τι προσέθηκεν. τοιαύτη δὲ ὁρᾶται καὶ ὅτε πρὸς τὸν Ποσει-
δῶνα πέμπεται, οὐ μόνον τὴν τοῦ ἀγγέλου, ἀλλὰ καὶ τὴν τοῦ συμβού-
λου ἀποπληροῦσα χώραν (cf. O 178—83 et 201—4). b(BCE³E⁴) T

423 *a.*¹ ⟨ἀλλὰ σύ γ', αἰνοτάτη, κύον ἀδδεές:⟩ οὕτως „σύ" *Did.*
5 διὰ τοῦ u̅, τὸ δὲ „ἀδεές" δι' ἑνὸς δ̅ ὁ Ἀρίσταρχος. Aⁱᵐ

*a.*² {ἀλλὰ σύ:} „σύ" ἄνευ τοῦ γέ, καὶ „ἀδεές" δι' ἑνὸς δ̅. T

424. Διὸς ἄντα: ῥητορικῶς ἀμφοτέρας ἐνέθηκε τὰς προσηγο- *ex.*
ρίας, ἐκεῖ μὲν ἐντρέπουσα „σῷ πατρί" (Θ 420), νῦν δὲ ἐκδειματοῦσα
Διὸς ἄντα φησίν. καὶ ἡ μὲν καθ' Ἕκτορος ὁρμᾷ, ἡ δὲ ἀλλοιωτικῇ στά-
10 σει χρωμένη κατὰ Διός φησιν αὐτὴν πολεμεῖν. b(BCE³E⁴) T

425. ἡ μὲν ἄρ' ὣς εἰποῦσ' ἀπέβη: οὐ περιμένει τὴν ἀπόκρισιν, *ex.*
ἀλλ' ἐν ταῖς ἀπειλαῖς αὐτὰς καταλείπει πρὸς κατάπληξιν μείζονα. b
(BCE³E⁴) T

426 *a.*¹ αὐτὰρ Ἀθηναίην Ἥρη ⟨πρὸς μῦθον ἔειπεν⟩: Ἥρη *ex.*
15 ἡ καὶ προκαταρξαμένη τῆς νουθεσίας. T

*a.*² ἡ καὶ τῆς συμβουλῆς προκατάρξασα. b(BCE³E⁴)

---

b μόνον τὰ τῆς ἀπειλῆς (87) cf. Serv. Verg. A. 9, 801   **422** fort. exstabat sch.
Didymi de v. l. ὅττι κεν εἴπῃ pro ὅττι νοήσῃ (vulg.), vide ad Θ 408 *a*¹
423—4 sch. Pio attr. Hiller, Philol. 28, 1869, 101. Aliter Eust. 721, 11   **423** δι'
ἑνὸς δ̅ (5 et 6) at cf. Et. Gen. (B, deest A) ἀδδεές; vide ad E 203 *a*¹ (Hrd.)   **426**
vide ad B 156—69 (Ariston.)

---

86 le. scripsi, ἥρη δ' οὔτι τόσον T (scholio ad Θ 421 relato), om. b (ubi sch.
ad v. 420 revocatum est)   φησὶ b   88 γὰρ T δὲ b   ἀναπεφ. T (sc. Iup-
piter), φησὶν b   89 αὐτ[.] T suppl. m. sec., αὐτῷ b   90 πρῶ[...] T suppl.
m. sec., καὶ πρῶτον b   μεταβ. bV, μεταβ[T   91 le. scripsi, ἀλλὰ σὺ κύον
αἰνότατε T, om. b   93 fort. θεραπεύει   94 θελήσεις E⁴ ἐθελήσειε T   1 αὐτῆς
b   προσέθηκε b   3 ὥραν T   4 le. (= Aᶜᵒⁿᵗ) addidi   6 ἀλλὰ σύ: σὺ sq.
cum scholio praecedenti coni. T, dist. Bk.; le. delevi   7 le. Bk., διὸς ἄντα
πελώριον T, om. b   9 φησίν abesse malim   9 sq. συστάσει C   10 αὐτὴν
φησι b   11 κατάκρισιν C   14 le. T supplevi (auctore Vill.)

Ariston.   **428** *a.* ⟨νῶϊ:⟩ ὅτι τινὲς γράφουσι σὺν τῷ ν̄, κακῶς. **A**int

Did.   *b.*[1] ⟨νῶϊ:⟩ οὕτως νῶϊ χωρὶς τοῦ ν̄. **A**im

     b.[2] †διχῶς† τοῦ ν̄ τὸ νῶϊ. **T**il

ex.   *c.* Διὸς ἄντα βροτῶν ἕνεκα: τὸν ἐναντιούμενον ηὔξησε 20 καὶ τὴν αἰτίαν ἐμείωσεν, ἕνεκεν ἀνθρώπων λέγουσα μὴ δεῖν διαφέρεσθαι τῷ Διΐ, **b**(BCE³E⁴) **T**   ὡς ἐκεῖ „εἰ δὴ σφὼ ἕνεκα θνητῶν ἐριδαίνετον" (Α 574). **T**

ex.   **429.** τῶν ἄλλος μὲν ἀποφθίσθω: ὅταν εἰς τὴν ἀξίαν ἀτενίσῃ τῶν θεῶν, τότε φησὶν αὐτοὺς μὴ κινεῖσθαι περὶ θνητῶν ὡς οὐδὲ ἂν 25 ἡμεῖς περὶ μυρμήκων. ὅταν δὲ ἐπιλογίσηται τὴν ποιητικήν, ἔπεται τοῖς μύθοις καὶ τὴν ὑπόθεσιν ἐκτραγῳδεῖ, **b**(BCE³E⁴) **T**   συμμαχίας καὶ θεομαχίας παράγων. **A b**(BE³E⁴) **T**

ex.   **433** *a.*[1] τῆσιν δ' Ὧραι μὲν λῦσαν: ὅτι οὐκέτι μέλλουσιν ἐναντιοῦσθαι τῷ Διΐ, αἱ Ὧραι ὑπηρετοῦσιν αὐταῖς. **T**   30

     a.[2] διὰ τοῦτο αὐταῖς αἱ Ὧραι ὑπηρετοῦσιν, ὅτι οὐκέτι τῷ Διΐ μέλλουσιν ἐναντιοῦσθαι. **b**(BCE³E⁴)

D   **434.** κάπῃσιν: φάτναις ——— ὅ ἐστιν ἐσθίειν. **A**

Ariston.   **435** *a.* ⟨ἄρματα:⟩ ὅτι τὰ ὀχήματα ἄρματα λέγουσι. **A**int

Nic. | *Ariston.*   *b.* ⟨ἄρματα δ' ἔκλιναν⟩ πρὸς ἐνώπια παμφανόωντα: 35 βραχὺ διασταλτέον ἐπὶ τὸ πρὸς ἐνώπια, ἵνα ᾖ ἄρματα παμφανόωντα. | ἰστέον δὲ ὅτι τὰ ὀχήματα ἄρματα λέγει. **A**

ex.   *c.* ἐνώπια παμφανόωντα: τοὺς παροδίους τοίχους· οὗτοι γὰρ μόνοι φαίνονται τοῖς παριοῦσιν. τινὲς δὲ τὸ ἑξῆς ἄρματα παμφανόωντα· **A b**(BCE³E⁴) **T**   τί οὖν ἐστι τὸ „τόξον μὲν 40 πρὸς σταθμὸν ἔκλινε πρὸς ἐνώπια παμφανόωντα" (cf. χ 120—1); **T**

---

428 diple (non periestigm.) ante versum in A, fort. error scribae   *a* ad Θ 377 *a* (Ariston.); cf. Cobet, Miscell. crit. 256; Griesinger 55; Valk II 72   *c* τὴν αἰτίαν ἐμείωσεν (21) ad Α 574   **429** cf. Antisth. (= fr. 58 C.) ap. Dion. Chrys. or. 53, 4—5 = Zenon. (St. V. Fr. I) fr. 274; Wehrli Diss. 65   **435** *a* excidit pars scholii Aristonici, qui quaesivit, ad utrum nomen v. παμφανόωντα pertineret; ad Ψ 509 (Ariston.), vide sch. *b* et *c*   ὅτι τὰ ὀχήματα (34) sq. ad Δ 226 *b*, vide ad Θ 441   *b* ad Ν 261 *a* (Nic.), cf. sch. *a*; Friedl., Nic. 89   *c* — παμφανόωντα (40) cf. Eust. 722, 8; Tryph. fig. 203, 28; — παριοῦσιν (39) ad Ν 261 *b*; aliter D; D ad

---

17 le. add. Vill.   ὅτι A, ἡ διπλῆ (fort. rectius δ. περιεστιγμένη), ὅτι Vill.   τινὲς] ζηνόδοτος Cob., cf. test.   σὺν τῷ ν̄ sc. νῶϊν   18 le. addidi (auctore Ldw.)   οὕτως Schm., ὅτι οὕτως A   19 debuit δίχα   21 ἀντιφέρεσθαι C   24 le. AT, om. **b**   25 φασὶν A   περὶ **b** (Bk., Ma.), τῇ περὶ T   οὐδ' ἂν E⁴   29 (le.) λύσαν em. Ma.   34 le. add. Bk.   ὅτι A, ἡ διπλῆ, ὅτι Vill.   35 le. A suppl. Frdl.   38 le. AT, om. **b**   παριδίους A   39 παροῦσι A   40 παμφανόωντα οὐκ εὖ A   41 πρ. σταθμ. εὐστάθεος μεγάροιο / ἔκλιν' ἐστάμεναι πρὸς Hom.

439 a. {οὔλυμπον δὲ} δίωκε: ὅτι κυρίως διώκειν λέγεται, ὅταν   *Ariston.*
προφεύγῃ τις, νῦν δὲ ἐπὶ τοῦ συντόνως ἐλαύνοντος. A

    b. ἐδίωκε: οὐκ εἶπεν ἤλαυνεν, ἀλλ᾽ ἐδίωκεν ἐμφαντικῶς   *ex.*
45 διὰ τὸ ταχύ, ὡς „ῥίμφα διωκομένη" (ν 162) b(BCE³E⁴) T   ἤτοι
ἐπειγομένη. b(BCE³E⁴)

    440 a.¹ ἵππους μὲν λῦσε κλυτὸς ἐννοσίγαιος: ἐπεὶ ἵππιός   *ex.*
ἐστιν ὁ θεός. ἱκανὸν δὲ πρὸς φιλαδελφίαν τοῦτο. T

    a.² διὰ φιλαδελφίαν τοῦτο, οὐ διὰ τὴν τοῦ Διὸς ποιεῖ ἐνδοξό-
50 τητα. b(BCE³E⁴)

    441 a.¹ ⟨ἀμβωμοῖσι:⟩ οὕτως Ἀρίσταρχος „†βωμοῖσι†". Aⁱᵐ   *Did.*
ἐν τοῖς Διογένους „ἀμβώνεσσι". Aⁱⁿᵗ

    b.¹ ἀμβωμοῖσι: Χρύσιππος (St. V. Fr. III, fr. 771) ὑφ᾽ ἓν   *Hrd. | Hrd. ὀρθ.*
προφέρεται, ὁ μέντοι Ἀρίσταρχος δύο μέρη λόγου παραλαμβάνει καὶ
55 προπερισπᾷ· λέγει γοῦν καὶ ἀλλαχοῦ „χρύσειοι δ᾽ ἄρα κοῦροι ἐϋδμή-
των ἐπὶ βωμῶν" (η 100). χρὴ μέντοι γινώσκειν ὅτι διὰ τοῦ μ̄ γράφε-
ται, κἂν παράθεσις ᾖ, ὁμοίως τῷ „ἂμ φόνον, ἂν νέκυας" (Κ 298). | τὸ
δὲ αἴτιον ἐν τοῖς Περὶ ὀρθογραφίας εἴρηται (2, 408, 20). A

    b²/a.² ἂμ βωμοῖσι: διὰ τοῦ μ̄ ἡ γραφή· ὅμοιον γάρ ἐστι   *Hrd. | Did. | D*
60 τῷ „ἂμ φόνον". φησὶ δὲ „ἐϋδμήτων ἐπὶ βωμῶν". | Ἀρίσταρχος
„†βωμοῖσι†", Διογένης „†ἀμβώνεσι†", | τοῖς ἀναβαθμοῖς. T

    c. κατὰ λῖτα πετάσσας: μεταπλασμός ἐστιν, ἔνθεν βαρύ-   *Hrd. | ex.(?)*

Ν 261, sch. δ 42, sch. Eur. Andr. 729. Nescio an olim plura fuerint, cf. He. ε 3470:
ἐνώπια· τὰ κατ᾽ ἀντικρὺ τοῦ πυλῶνος φαινόμενα μέρη, ἃ καὶ διεκόσμουν ⟨ἔνεκα⟩
(add. Musurus) τῶν παριόντων. ὁ δὲ Κράτης τὰς φλιὰς ἀπέδωκεν (Latte, παρέδω-
κεν cod.) †ἐνίνοχος (ἐν Ἰλιάδος Schm., ἐν Ἰλιάδος ὑπομνήματι Latte)   **439** *a* ad
Χ 158 (Ariston.); cf. Lehrs Ar.³ 147   νῦν δὲ (43) sq. cf. Eust. 722, 20; sch. *b*   *b*
ἤλαυνεν (44) = D; cf. sch. *a*   **441** diple ante versum in A, fort. exstabat sch.
Aristonici de v. ἅρματα, ad Δ 226 *b*, vide ad Θ 435 *a*; cf. Wismeyer 22   *a*
Διογένους (52) vide ad Θ 296 *b*   *b*¹ — νέκυας (57) Et. Gen. (AB) ἂμ βωμοῖσι
(pone D), fort. ex hyp. Iliad.; ad Π 248 *a*, cf. sch. ε 329—30   *b*²/*a*² τοῖς ἀναβαθ-
μοῖς (61) cf. sch. η 100, Amm. 113 (p. 28, 1 Nick.)   *c* ad Σ 352 (Hrd.), cf. sch.

---

42 (le.) οὐλ. δὲ del. Bk.   ὅτι A, ἡ διπλῆ, ὅτι Vill.   **43** συντόμως A corr. Bk.
44 le. scripsi, οὔλυμπον δ᾽ ἐδίωκε T, om. b   **45** διὰ τὸ ταχύ om. T   ὡς
τὸ b   **49** διὰ alt. om. E³   ποιεῖ pone τοῦτο E⁴   **51** le. add. Bk.   βω-
μοῖσι A, ἂμ βωμοῖσι Pfeiffer (ad Call. fr. 75, 34)   **52** διογ. ὑπομνήμασιν ἀμβ.
Villoison XXX   **53** le. Lehrs, ἅρματα δ᾽ ἂν βωμοῖσι: A   **54** περιλαμβάνει
Et. Gen. (A)   **55** προπισπᾶται Et. Gen. (A, cp. B)   **56** μέντοι om. Et. Gen.
56 sq. γράφονται Et. Gen. (A, cp. B)   **57** τῷ Et. Gen. (A, ὁμ. τῷ om. B),
τὸ A   ἂμ φόνον Et. Gen., ἂν φόνον A   **61** βωμοῖσι vide ad sch. *a*¹   ἀμβώ-
νεσι cf. sch. *a*¹   **62** le. Vill., κατὰ λῖτα: A, fort. κ. λ. πετάσσας: λῖτα

νεται, ἐπεὶ πᾶσα αἰτιατικὴ ἑνικὴ ἀπαθὴς εἰς ᾱ λήγουσα βαρύνεται,
ὑπεσταλμένης τῆς τινά. ἀπαθὴς διὰ τὸ εὐφυᾶ διφυᾶ καὶ τὰ τοιαῦτα. |
τὸ δὲ ἑξῆς ἐστι καταπετάσας καὶ καλύψας λιτῷ περιβολαίῳ. A   65

ex.   *d.* λῖτα: ὡς θῆτα, ,,λιτί'' (Σ 352) δὲ ὡς θητί. ἔστι δὲ μετα-
πλασμός· διὸ βαρύνεται. ἔστι δὲ ἁπαλὸν καὶ τρυφερὸν λινοῦν ἱμά-
τιον. T

Ariston.   **444 a.** {αἱ δ' οἷαι} Διὸς ἀμφίς: πρὸς τὴν καθέδραν, ὅτι ἑκα-
τέρωθεν τοῦ Διὸς Ἥρα καὶ Ἀθηνᾶ. A   70

ex.   *b.* Διὸς ἀμφίς: χωρίς, οὐκ εἰς τὴν συνήθη ἕδραν· ἀλλαχοῦ
γοῦν ,,πλησίαι αἵ γ' ἥσθην'' (Δ 21)· ὅθεν φησὶν ,,οὐδ' εἴ κε τὰ νείατα
πείραθ' ἵκηαι'' (Θ 478). b(BCE³E⁴) T

ex.   **446.** αὐτὰρ ὁ ἔγνω: ἐκ τῆς καθέδρας ἢ τῆς σκυθρωπότητος. b
(BCE³E⁴) T   75

ex.   **447.** τετίησθον: καταπέπληχθε, ὡς τὸ ,,φίλον τετιμέναι
ἦτορ'' (Θ 437), ,,ἷζον ⟨δ'⟩ εἰν ἀγορῇ ⟨τετιηότες⟩'' (Ι 13). T

ex.   **448—9.** οὐ μέν θην κάμετόν ⟨γε μάχη ἔνι κυδιανείρη / ὀλ-
λῦσαι Τρῶας⟩: τινὲς ἐν ἐρωτήσει, καὶ περὶ τῆς προτέρας νοοῦσι
μάχης, οἷον 'οὐκ ἀπήρκεσεν ὑμῖν ἐκεῖνα;'. οἱ δὲ ἐν ἀποφάσει καὶ περὶ 80
τῆς νῦν κερτομικῶς. A b(BCE³E⁴) T

Ariston.   **448.** {οὐ μέν θην} κάμετον {γέ}: ὅτι Ζηνόδοτος γράφει ,,κα-

---

d; — τινά (64) cf. Eust. 722, 35   μεταπλασμός ἐστιν (62) cf. sch. α 130   ἔνθεν
βαρύνεται (62) —λήγουσα βαρύνεται (63) eadem fere EM. 568,1 (fort. ex A)   τὸ
δὲ ἑξῆς (65) sq. cf. D; Eust. 722, 28   *d* cf. sch. *c*   **443** diple ante versum in
A; fort. exstabat sch. Aristonici de v. Ὄλυμπος (vide ad A 44 *a*) vel de iunctura
μέγας ... Ὄλυμπος (vide ad Θ 199 *c*) vel de v. τῷ (pro τοῦ, vide ad A 24); cf.
Wismeyer 22   **444 a** ad Δ 21 (Ariston.), cf. Ap. S. 29, 1; at vide sch. *b*   *b* —
χωρίς (71) cf. Eust. 722, 49; D, D ad Ψ 393; Ap. S. 29, 19   **447** — κατα-
πέπληχθε (76) cf. D, Eust. 722, 51; vide ad Ι 13 (D), Ρ 664 (A), Ω 283 (ex.)
448 Eust. 722, 58: ἔστι δὲ καὶ ἑτεροίας ἐκδόσεως γραφὴ ὑποδύσκολος καθ' Ἡρα-
κλείδην (fr. 16 Co., cf. Eust. 1726, 27) αὕτη· ,,οὐ μέντον κάμετόν γε'' ἀντὶ τοῦ οὐ
μέντοι. καὶ ἔστιν κατ' αὐτὸν τὸ ,,οὐ μέντον'' Ἀργείων καὶ Κρητῶν γλώσσης, οἳ πολ-
λάκις ἐξαιροῦντες, φησί, τὸ ῑ ἐντάττουσι τὸ ν̄, τὴν εἰς πρόθεσιν ἕνς λέγοντες ... καὶ τὸ
οὐ μέντοι οὐ μέντον κτλ. Fort. Heraclides Mil. scholio deperdito Didymi usus est;
cf. Wackernagel I 801   ὅτι Ζηνόδοτος (82) sq. ad Κ 545 *a* (Ariston.), Λ 782

---

64 εὐφυᾶι A em. Vill.   **69** (le.) αἱ δ' οἷοι del. Bk.   πρὸς A, ἡ διπλῆ πρὸς Vill.
71 οὐχ' T   **71** sq. ἀλλ. γοῦν T ἀλλ' ἀλλαχοῦ b   **72** πλησ. αἵγ' T πλησίον b   κε
T καὶ b   **73** πείρ. ἵκ. om. T   **74** le. T, ἔγνω BCE³, om. E⁴   ἐκ T διὰ BCE³
ἢ διὰ E⁴   **76** φίλον τετ. Ma., τετιμένοι φίλον T   **77** δ' adiecit Ma.   τετ. addidi
78 sq. le. T supplevi, οὐ μέν θην: A, om. b (qui et ipse sch. ad v. 448 rettulit)
80 ἀπήρκεσεν T   **82** (le.) οὐ μέν θ. et γε delevi   ὅτι A, ἡ διπλῆ (rectius δ.
περιεστιγμένη), ὅτι Vill.

μέτην" διὰ τοῦ η̄ ἀντὶ τοῦ ἔκαμον. τὸ δὲ κάμετον πρὸς τὸ πρόσωπον
ἀντὶ τοῦ ἐκάμετε, ὃ καὶ συμφωνεῖ. A

85   **449.** ⟨τοῖσιν κότον:⟩ Ἀρίσταρχος „τοῖον κότον", καὶ ἔχει τινὰ   *Did.*
ἔμφασιν. A^{im}

450—6. πάντως, οἷον ἐμόν γε μένος ⟨καὶ χεῖρες ἄαπτοι, /   *ex.*
οὐκ ἄν . . ./ ἄψ ἐς Ὄλυμπον ἵκεσθον⟩: ὡς ἔχω χειρὸς καὶ δυνά-
μεως, οὐκ ἂν ἐπανήλθετε. T

90   **450—1.** ⟨πάντως, οἷον ἐμόν γε μένος καὶ χεῖρες ἄαπτοι /   *ex.*
οὐκ ἄν με τρέψειαν:⟩ ἀντὶ τοῦ ἐκ παντὸς τρόπου οὐκ ἄν με τρέ-
ψειαν. A^{im}

πάντως, οἷον ἐμόν γε μένος καὶ τὰ ἑξῆς: εἰ δὲ τοῦ ——— D
καταγωνισθῆναι. A

95   **454.** ⟨τὸ δέ κεν τετελεσμένον ἦεν:⟩ ἐν ἄλλῳ „καί κεν τετελε-   *Did.(?)*
1 σμένον ἔπλεν". A^{im}

455 *a.* {οὐκ ἂν ἐφ' ὑμετέρων ὀχέων} πληγέντε: ὅτι ἀρσενικῶς τὸ   *Ariston.*
δυϊκὸν ἐσχημάτισται, πληγέντε A   ἀντὶ τοῦ πληγεῖσαι. AA^{int}
καὶ Ἡσίοδος „προλιπόντ' ἀνθρώπων" (opp. 199) ἐπὶ Αἰδοῦς καὶ
5 Νεμέσεως, ἀντὶ τοῦ προλιποῦσαι. A

b. πληγέντε κεραυνῷ: ὡς „καλυψαμένω χρόα καλόν"   *ex.*
(Hsd. opp. 198). T

459. ⟨ἀκέων:⟩ ὅτι ἀντὶ τοῦ ἀκέουσα. A^{int}   *Ariston.*

460. σκυζομένη: παρὰ τὸ ἐπεισάγειν τὸ ἐπισκύνιον. A^{im}T   *ex.*

10   **462** *a.* αἰνότατε Κρονίδη: οὐκ ἔδει λέγειν ʿΖεῦ πάτερʾ   *ex.*
(οὐ γὰρ φιλοφρονεῖται), οὐδὲ αἰνότατε Κρονίδη πρὸς τὸ μὴ ἐρεθίσαι
αὐτόν. αὐτοῦ οὖν ἄρχεται τοῦ πράγματος. καὶ ἡ Ἀθηνᾶ δὲ ταῦτα
ἔλεγεν, ἀλλὰ φιλοφρόνως (διὸ ἐδάμασε τὸν Δία), ἡ δὲ ἐπιτεταμένως.

(Did.). Vide test. ad Λ 776   ἐκάμετε (84) cf. D   **455** *a* cf. Eust. 723, 15;
Polyb. barb. 287, 6; Anon. barb. sol. 292, 3 (= Hrd. sol. 308, 2); vide ad Θ 378
(Did.)   ἐσχημάτισται (3) sq. cf. Ap. Dysc. synt. 294, 3   ἀντὶ τοῦ πληγεῖσαι
(3) = D   ἀντὶ τοῦ προλιποῦσαι (5) cf. sch. Hsd. opp. 199 a (test.)   **459** ad
Δ 22 (Ariston.), cf. D (ἡσυχάζουσα); aliter Eust. 723, 25   **460** cf. sch. Theocr.
16, 8; vide ad Δ 23, D ad Ρ 136   **462** *a* οὐδὲ (11) — ἐπιτεταμένως (13) cf. Eust.

83 ἀντὶ A, ἔστι δὲ ἀντὶ Lehrs   πρὸς τὸ πρ. A, δευτέρου προσώπου propos.
Cob. (non necessarium, vide ad Δ 223. 429 al.)   **85** le. add. Bk.   **87** sq.
le. T supplevi   **90** sq. le. addidi   **95** le. add. Vill. (= A^{cont}), possis καί κεν
τετελεσμένον ἔσται (= vulg.)   **2** (le.) οὐκ — ὀχέων del. Bk.   ὅτι A, ἡ διπλῆ,
ὅτι Vill.   **3** ἀντὶ τ. πληγεῖσα Bk.   **4** ἀνθρώπους Hsd.   **5** προλιποῦσα
Uhlig   **6** (le.) κερ. fort. delendum   **8** le. add. Bk.   ὅτι A, ἡ διπλῆ, ὅτι Vill.
9 le. T, om. A   ἐπισυνάγειν Wil.   **11** οὐδ' b   αἰνότα[. .] T suppl. m.
sec.   κρον. om. T   **12** αὐτόν. αὐτοῦ οὖν ἄρχ.] fort. αὐτόν, ἀλλ' αὐτοῦ
ἄρχεσθαι   οὖν] an γοῦν?   ταῦτα C   **13** ἐντεταμένως Bk. (recte ut vid.)

b(BCE³E⁴) T   λέγω δὴ τὸ „ἔμπης Δαναῶν ὀλοφυρόμεθα" (Θ 33
= 464)· T   διὸ ἐπιτείνει τὴν ὀργὴν Διός. b(BCE³E⁴) T   15

ex.   b. ⟨ποῖον τὸν μῦθον:⟩ τὸν ποῖον μῦθον. T^il

Ariston.   463—5. ⟨εὖ νυ καὶ ἡμεῖς —— ὄλωνται:⟩ ὅτι ἐντεῦθεν ἄνω
(sc. Θ 32—4) μετάκεινται. A^im

Did.   463. ⟨οὐκ ἀλαπαδνόν:⟩ γράφεται „οὐκ ἐπιεικτόν" (Θ 32). A^int

Ariston.   470 a. ἠοῦς δή: ὅτι Ζηνόδοτος γράφει „ἄας δή" {καὶ μᾶλλον} 20
ἀντὶ τοῦ ἐσαύριον. ἔστι δὲ ἡ λέξις οὐχ Ὁμηρική. A

ex.   b. ⟨ἠοῦς:⟩ ἅμα ἡμέρᾳ, οἱονεὶ ὄρθρου, σημαίνει δὲ τὸ αὔ-
ριον. A^int

D   c. ἠοῦς: ἔωθεν, ὄρθρου, τῇ ἐπιούσῃ ἡμέρᾳ. T

ex.   470—6. ⟨ἠοῦς —— θανόντος:⟩ κινητικὰ μὲν ταῦτα τῶν 25
ἀκουόντων. ἀλλ' ὁρίζων τὸ πέρας παραμυθεῖται τὴν ἀτυχίαν. b
(BCE³E⁴) T

Did.   471. ⟨αἴ κ' ἐθέλησθα:⟩ ἐν ἄλλῳ „ἢν ἐθέλησθα". A^im

ex.   473 a.¹ οὐ γὰρ πρὶν ⟨πολέμου ἀπο⟩παύσεται ὄβριμος
Ἕκτωρ: τὸ ὄβριμος προσέθηκε πρὸς τὸ λυπεῖν αὐτήν. T   30
              a.² τὸ οὐκ ἀποπαύσεται καὶ τὸ ὄβριμος πρὸς τὸ ἔτι λυ-
πεῖν προστέθεινται. b(BCE³E⁴)

Hrd.   474 a. {πρὶν} ὄρθαι: ἀπὸ βαρυτόνου τοῦ ὄρω κέκλιται. ὅτι δέ
ἐστι βαρύτονον τὸ ὄρω, πρόδηλον ἐκ τοῦ „ὅτε τ' ὤρετο" (Μ 279),
„ὦρτο πολὺ πρῶτος μέν" (Η 162). A   35

D   b. ⟨ὄρθαι:⟩ διεγερθῆναι. A^im T^il

723, 59   b ad Θ 209 c (ex.)   463—5 asterisci ante versus in A   ὅτι (17)
sq. ad Θ 32—4 (Ariston.); vide ad Θ 28   466—8 cum hi versus in vulgata
desint, haud verisimile est scholium Didymi vel Aristonici exstitisse; qui eos hoc
loco certe non admisissent, vide ad Θ 28 (Ariston.); at cf. Valk II 428. Scholium
recens codicis Mus. Brit. Harleiani 1771 (s. XV) τρεῖς στίχοι παρ' ἐνίοις ἀθετοῦνται
nullius pretii esse cognovit Merkelbach, Gnom. 27, 1955, 273   470 nullum sig-
num ante versum in A, fort. error scribae   a ἄας cf. He. α 23 (Diog.): ἐς αὔριον
Βοιωτοί. οἱ δὲ εἰς τρίτην (fort. Θ 470 enarratur); Lobeck, Rhem. 253; Bechtel,
Voc. 93; Pasquali, Storia 203. 237; Lesky, Wien. Stud. 63, 1948, 23 (= Ges.
Schriften, Bernae 1966, 27); Valk II 49; Schwarz 15   b cf. Eust. 724, 2

15 τὴν τοῦ διὸς ὀργήν b   16 le. add. Ma.   17 le. addidi   ὅτι A, οἱ ἀστε-
ρίσκοι, ὅτι Frdl.   19 le. add. Vill.   20 ὅτι A, fort. ἡ διπλῆ περιεστιγμένη,
ὅτι   καὶ μᾶλλον eieci   22 le. add. Vill.   25 le. addidi   κινητικὰ sq. ad
v. 472 revocavit b, cum scholio praecedenti (v. ἡμέρᾳ) coni. T   μὲν ταῦτα b
δὲ T   28 le. add. Bk.   29 sq. le. T suppl. Ma.   31 τὸ¹] τὸ δὲ (coni. cum
scholio Θ 470—6, v. ἀτυχίαν) E⁴   33 (le.) πρὶν damn. Bk.   35 ὦρτο Lehrs
(= Hom.), ὤρετο A   36 le. add. Ma. (πρὶν ὄρθαι iam V^c)   ἐγερθῆναι A

475—6. ἤματι τῷ, ὅτ' ἄν —— θανόντος: ἀθετοῦνται στί-   *Ariston.* | D | D
χοι δύο, ὅτι διὰ τοῦ ἤματι τῷ (475) πλείονος χρόνου ὑπέρθεσιν ση-
μαίνει, τῇ δὲ ἑξῆς ἐπὶ τὸν τάφρον παράγει τὸν Ἀχιλλέα (cf. Σ 215—29).
40 καὶ ἀκριβολογεῖν οὐκ ἀναγκαῖον, κατὰ τίνα καιρὸν ἐξαναστήσεται,
ἀρκεῖ δὲ ,,πρὶν ὄρθαι παρὰ ναῦφι ποδώκεα Πηλείωνα'' (Θ 474). τό τε
ἐπιφερόμενον ψεῦδός τι ἔχει· οὐ γὰρ ἐν τῷ στείνει μάχονται. | στείνει
(476) δὲ εἴωθε λέγειν —— στενοχωρίαν. | αἰνοτάτῳ (476) δὲ τῷ
χαλεπῷ διὰ τὸν φόβον. A

45   476 *a.* στείνει {ἐν αἰνοτάτῳ}: τὴν τῶν πραγμάτων στενοχω-   *ex.*
ρίαν δηλοῖ. ἅμα δὲ καὶ στενός ἐστι τόπος οὕτω καλούμενος. T
     b. ⟨θανόντος:⟩ γράφεται ,,πεσόντος''. Aᵢⁿᵗ   *Did.(?)*
   477. ὡς γὰρ θέσφατόν ἐστι: τὸ μοιρίδιον προβάλλεται, ἵνα   *ex.*
μὴ δοκῇ τυραννεῖν. b(BCE³E⁴) T

50   478—9. πείραθ' ἵκηαι / γαίης καὶ πόντοιο: δείκνυσιν ὁ   *ex.*
ποιητὴς ὅτι συναπολήγει γῆ καὶ θάλασσα, ὡς ἂν τοῦ ὕδατος περι-
κεχυμένου τῇ γῇ σφαιρικῶς καὶ καλύπτοντος αὐτὴν πλὴν τῶν ἀνε-
χουσῶν ἠπείρων, ἐν αἷς κατοικοῦμεν. A b(BCE³E⁴) T
   479. ⟨Ἰαπετός:⟩ εἷς τῶν Τιτάνων. Aⁱᵐ   D
55   ⟨Ἰαπετός τε Κρόνος τε:⟩ Διὸς μεταστήσαντος ——   D
ὄρος ἐπιθεὶς †ἀφ οὗ Ὀφιώνιον προσηγορεύθη. A
   480. ⟨ὑπερίονος ἡελίοιο:⟩ τοῦ ὑπὲρ ἡμᾶς ὄντος ἡλίου. Aⁱᵐ   *ex.*
     Ὑπερίονος: τοῦ ἡλίου. ἤτοι —— τὰ ὅλα συνέχεται. A   D
   484. τὸν δ' οὔτι προσέφη λευκώλενος: ἐν καιρῷ ἡ ἀποσιώ-   *ex.*
60 πησις· οὔτε γὰρ ἐπαινεῖν ἔχει τὰ λεχθέντα οὔτε ἀντιλέγειν πρὸς ὀργὴν
τοιαύτην. b(BCE³E⁴) T
   485 *a.* ἐν δ' ἔπεσ' Ὠκεανῷ ⟨λαμπρὸν φάος ἡελίοιο⟩: ὅτι   *Ariston.*
αὐτὸς μὲν εἰς Ὠκεανὸν δύνοντα καὶ ἐξ Ὠκεανοῦ ἀνίσχοντα λέγει τὸν
ἥλιον, ἐξ ἡρωϊκοῦ δὲ ⟨προσώπου⟩ οὐκέτ:. A
65   *b.* ἐν δ' ἔπεσ' Ὠκεανῷ ⟨λαμπρὸν φάος ἡελίοιο⟩: τῷ   *ex.*
ὁρίζοντί φησιν, ὃς διατειχίζει τοῦ κόσμου τὸ φανερὸν καὶ ἀφανές. οὐκ
ἀληθῆ οὖν δηλοῖ ἔμπτωσιν τοῦ ἡλίου, ἀλλὰ φαντασίαν δίδωσιν, ὡς
ἐπὶ τὸν Ὠκεανὸν ἔρχεται ἐπὶ τὴν δύσιν ἐλθών. b(BCE³E⁴) T

475—6 τό τε ἐπιφερόμενον (41) sq. ad Θ 213 *e* (Nic.)   476 cf. D   ἅμα δὲ καὶ
(46) sq. ad M 66 (ex.)   480 τοῦ — ὄντος cf. D   485 *a* ad H 422 (Ariston.);

---

37 le. Frdl. (Vill.), στείνει ἐν αἰνοτάτῳ: A   39 fort. τὴν τάφρον   42 fort. ἔν τῳ
45 (le.) ἐν αἰν. del. Bk.   47 le. add. Bk.   50 le. Ma., πείρατα γαίης ἵκηαι καὶ
πον (ss. τ) T, γαίης καὶ πόντοιο: A, om. b (qui et ipse sch. ad Θ 479 relegavit)
54 le. add. Vill.   55 le. addidi (cl. D)   57 le. addidi   62 le. A suppl.
Vill.   ὅτι A, ἡ διπλῆ, ὅτι Vill.   64 προσ. add. Bk., cf. test.   65 le. T
supplevi (auctore Vill.), om. b   66 ἀφανές] τἀφανές propos. Nickau   67
οὖν Ma., οὖν οὖν T δὲ b   68 ἐπὶ τὸν] ὑπὸ τὸν Ma.

ex. **486.** ἕλκον νύκτα μέλαιναν ⟨ἐπὶ ζείδωρον ἄρουραν⟩: ἕλ-
κον Τ   τῆ ἀσθενείᾳ τοῦ φωτὸς τῶν ἀκτίνων. εὖ δὲ καὶ τὸ παρατα- 70
τικόν· σφαιροειδὴς γὰρ οὖσα ἡ γῆ οὐ πᾶσα ὑφ' ἓν σκιάζεται, b
(BCE³E⁴) Τ   ἀλλὰ κατὰ μικρόν. Τ

ex. **487—8.** Τρωσὶ μέν ῥ' ἀέκουσι ⟨——— ἐρεβεννή⟩: βραχεῖαν
ταύτην τὴν μάχην ἐποίησεν, ἐγχρονίζειν ταῖς τῶν Ἑλλήνων δυστυ-
χίαις οὐ θέλων· ὅθεν τινὲς αὐτὴν καλοῦσι †κῶλον. b(BCE³) Τ   75

Ariston. **488 a.** τρίλλιστος: ὅτι τὰ τρία ἐπὶ πλήθους τάσσει. τρίλλι-
στος οὖν πολυλιτάνευτος. Α

ex.   *b.*¹ ⟨τρίλλιστος:⟩ πολυλιτάνευτος. πλεονάζει δὲ τὸ λ̄. Τ^il
,   *b.*² πλεονάζει τὸ λ̄. ὁ πολυλιτάνευτος. Α^int

ex. **490.** νόσφι νεῶν ἀγαγὼν ποταμῷ ἔπι δινήεντι: συνελάσας 80
μέχρι τῶν νεῶν αὐτοὺς ἀφίσταται παρὰ τὸν ποταμὸν b(BCE³E⁴) Τ
ὡς προβλήματι χρησόμενος τῷ ῥείθρῳ καὶ Τ   πρὸς τὸ μὴ ἐξακούε-
σθαι τοῖς πολεμίοις καὶ μὴ μακρὰν ἀπεῖναι τῆς πόλεως. b(BCE³E⁴) Τ

Ariston. **491 a.** ἐν καθαρῷ, ὅθι δὴ ⟨νεκύων διεφαίνετο χῶρος⟩: ὅτι
οὐκέτι γέγονε νεκρῶν ἀναίρεσις. πρὸς Ἴστρον (cf. FGrHist 334, 70). Α 85

ex.(?)   *b.* ⟨ὅθι δὴ νεκύων διεφαίνετο χῶρος:⟩ ἀμέτοχος ἦν καὶ
καθαρός. Α^im

D   ἐν καθαρῷ ὅθι δὴ νεκύων: ἔξωθεν δεῖ λαβεῖν ——— τῶν
νεκρῶν. Α

cf. Lehrs Ar.³ 173; — τὸν ἥλιον (63) cf. Eust. 724, 50   **486** aliter Eust. 724, 52;
vide etiam Strab. 3, 2, 12 (p. 149)   **488** a/b πολυλιτάνευτος = D   a — τάσσει
(76) ad Ζ 38 a (Ariston.), cf. Ap. S. 154, 35: τρίλλιστος· πολυλιτάνευτος· τὰ
γὰρ τρία ἀρχὴν πλήθους σημαίνει, ὅθεν καὶ „τρισμάκαρες Δαναοί" (ε 306), Eust.
725, 20; vide Strab. 1, 2, 36 (p. 44), sch. Theocr. 15, 86 a   b cf. Eust. 725, 11
491 a ad K 199. 298 b (Ariston.). Vide ad K 469 (Ariston.), sim. ad A 4 d. H 328.
K 349—50; cf. Hofmann, Ar. 40   b fort. sch. rec., cf. D; aliter Eust. 725, 49:
„ἐν καθαρῷ ὅθι δὴ νεκύων διεφαίνετο χῶρος" ἤγουν ἔνθα τόπος ἦν καθαρεύων
νεκρῶν· συντάσσεται γὰρ καθ' ὑπερβατόν, ἐν καθαρῷ νεκρῶν, ὅπου διεφαίνετο
χῶρος ἤτοι διαφανὴς ἦν. ἕτεροι δὲ οὕτως· ὅθι νεκύων ἤγουν ἔνθα τῆς τῶν νεκρῶν
πτώσεως ἦν διαφαινομένη ἡ γῆ, ὅπερ ἐστὶν ἑρμηνεία τοῦ ἐν καθαρῷ. ἄλλοι δὲ τὸ
„διεφαίνετο" γενικῇ συντάξαι τολμήσαντές φασιν· ἔνθα διεφαίνετο νεκύων ὁ χῶρος
ἤγουν ἔνθα καθαρὰ νεκύων ἦν ἡ γῆ, originis incertae, fort. partim e scholiis, vide

69 le. T supplevi (auctore Vill.), om. b   **70** τοῦ — ἀκτ. Τ τοῦ τῶν ἀκτίνων
φωτὸς ἐφέλκεται ἡ νύξ b   **70** sq. ὁ παρατατικός b   **73** le. T supplevi, om. b (ubi
sch. ad Θ 486 relatum est)   **74** sq. οὐ θέλων ante ταῖς b   **75** ὅθεν sq. Τ ὅθεν
μέρος μάχης καλεῖται b   κόλον Ma. (cf. inscr. libri Θ)   **76** le. Bk., ἀσπασίη
τρίλληστος: Α   ὅτι Α, ἡ διπλῆ, ὅτι Vill.   **78** le. add. V^c   **82** sq. μὴ ἐξ.
— καὶ μὴ Τ μήτε τοῖς πολεμίοις ἐξακούεσθαι μήτε b   **84** le. A suppl.
Vill.   ὅτι Α, ἡ διπλῆ, ὅτι Vill.   **86** le. addidi   **88—9** pone sch. Θ 493 a in
A, trps. Vill.

90   **493** *a.* τόν ῤ' Ἕκτωρ: ὅτι Ζηνόδοτος περιγράφει ἀπὸ τούτου   *Ariston.*
τέσσαρας στίχους κατὰ τὸ ἑξῆς (sc. Θ 493—6) διὰ τὸ καὶ ἐν ἄλλῳ
τόπῳ γεγράφθαι (cf. Ζ 318—20). ὁ δὲ Ἀρίσταρχος οἰκειότερον ἐν-
ταῦθα κεῖσθαι λέγει διὰ τὸ ἐν τῷ στρατεύματι διαλέγεσθαι. Α
        b. Διῒ φίλος: οὐδαμοῦ μᾶλλον ὁ Ἕκτωρ ἐν καιρῷ ἐλέχθη   *ex.*
95 Διῒ φίλος ἢ νῦν, εἴ γε καὶ θεοῖς ἀπέχθεται δι᾽ αὐτόν. b(BCE³E⁴) Τ

1   **494** *a.*¹ ἔγχος ἔχε: ὡς ἐν πολέμῳ δημηγορῶν ἀντὶ σκήπτρου τῷ   *ex.*
δόρατι χρῆται, τὰ σημεῖα τῆς ἀνδρίας προβαλλόμενος. Τ
        *a.*² καλῶς οὐ σκῆπτρον κατέχων δημηγορεῖ, ἀλλὰ τὰ τῆς
ἀνδρίας σημεῖα προβαλλόμενος. b(BCE³E⁴)

5   **496.** ⟨ἔπεα Τρώεσσι μετηύδα:⟩ γράφεται „ἔπεα πτερόεντ᾽   *Did.(?)*
ἀγόρευε". Aⁱᵐ

     497. κέκλυτέ μευ, Τρῶες: ὑπερηφανίας μεστὸς ὁ λόγος· οὐ γὰρ   *ex.*
εὔνους θέλει ποιήσασθαι τοὺς ἀκροωμένους, ἀλλὰ μόνον καυχᾶσθαι,
οὐχ ὡς τὸ „ὦ φίλοι, ἥρωες Δαναοί" (Β 110). b(BCE³E⁴) Τ

10   **498—9** *a.*¹ νῦν ἐφάμην νῆάς ⟨τ᾽⟩ ὀλέσας ⟨————/ ἂψ ἀπο-   *ex.*
νοστήσειν⟩: πάλιν οἰκειοῦται τὸ κατόρθωμα καὶ ἐν τοῖς ἑξῆς „ἔλπο-
μαι εὐχόμενος ⟨————/⟩ ἐξελάαν ἐνθένδε κύνας κηρεσ(σ)ιφορήτους"
(Θ 526—7). Τ
        *a.*² καὶ πάλιν δὲ τὸ κοινὸν οἰκειοῦται κατόρθωμα καὶ πάλιν
15 τῇ νίκῃ γαυριᾷ. b(BCE³E⁴)

     499. ⟨Ἴλιον ἠνεμόεσσαν:⟩ ὅτι θηλυκῶς τὴν Ἴλιον. Aⁱᵐ   *Ariston.*

     500. ἀλλὰ πρὶν κνέφας ἦλθε: εὐέλπιδας καὶ ἐπιθυμητὰς ἐποίη-   *ex.*
σεν αὐτοὺς τῆς ἠοῦς. Τ

     501. ἐπὶ ῥηγμῖνι θαλάσσης: ὅτι Ζηνόδοτος γράφει „ἐπεὶ   *Ariston.*
20 Διὸς ἐτράπετο φρήν". ἐξ ἄλλου δὲ στίχου (sc. Κ 45) τὸ ἡμιστίχιόν
ἐστι νῦν ἀναρμόστως προστεθειμένον· οὐ γὰρ κατὰ Διὸς προαίρεσιν
νὺξ ἐγένετο. Α

---

ad Κ 199 *b*   **493** diplae periestigm. ante versus Θ 493—5, rasura ante versum
Θ 496 in A   ὅτι Ζηνόδοτος (90) sq. vide ad Ζ 318—20   *a* cf. Reinhardt, Ilias
182   *b* cf. Eust. 726, 22   **494** cf. Eust. 725, 57   **497** ad Β 110 *b*   **498—9**
ad Θ 526 *a* (Ariston.), 527 *a* (ex.)   **499** ad Γ 305 *b* (Ariston.)   **501** ad Κ 45

---

90 ὅτι Α, ἡ διπλῆ περιεστιγμένη, ὅτι Vill.   91 τέσσ. sc. etiam v. Θ 496, qui cum
tribus praecedentibus cohaereat   92 possis καὶ οἰκειότερον   95 δι᾽ αὐτ.
(αὐτῶν C) ἀπέχθ. b   4 ἀνδρείας CE⁴   5 le. (= Acont) add. Bk. (Vill.)   5
sq. πτερόεντα προσηύδα vulg.   7—9 ὑπερηφ. sq. sch. ad v. Θ 498 relatum in b
8 καυχήσασθαι b   10 sq. le. Τ supplevi   12 εὐχόμενος ἐξελάαν et κηρε-
σιφορήτους Τ suppl. Ma.   14—5 καὶ πάλιν δὲ sq. coni. cum scholio Θ 497
(v. δαναοί) in b   16 le. add. Frdl.   ὅτι Α, ἡ διπλῆ, ὅτι Vill.   19 le. Bk.,
ἀργείους καὶ νῆας: Α   ὅτι Α, ἡ διπλῆ (περιεστιγμένη), ὅτι Vill.

ex. **502.** ἀλλ᾽ ἤτοι νῦν μὲν πειθώμεθα νυκτί: τοῦτο, ἐπεὶ ἧσσον ἦν, ἐκοινοποίησε πρὸς αὐτούς. **T**

Ariston. **503.** ⟨ἐφοπλισόμεσθα:⟩ ὅτι Ζηνόδοτος γράφει „ἐφοπλίζε- 25 σθον‟. συγχεῖ δὲ τὸ δυϊκόν. **A^{int}**

ex. **503—4.** ἀτὰρ καλλίτριχας ἵππους ⟨/——ἐδωδήν⟩: στρα- τηγικῶς πρὸ αὐτῶν τῶν ἵππων φροντίζει, ὃ καὶ Ἀνδρομάχη ποιεῖ· „ὑμῖν πὰρ προτέροισι μελίφρονα πυρὸν ἔθηκεν‟ (Θ 188). **b(BCE³E⁴) T** 30

Ariston. **505** *a.* ⟨ἄξεσθε:⟩ ὅτι οὐ μέλλοντα σημαίνει τὸ ἄξεσθε, ἀλλ᾽ ἐν ἴσῳ τῷ ἄγετε. **A^{int}**

ex.(?) *b.* ⟨ἴφια:⟩ εὔχρηστα. οἱ δὲ ἰσχυροποιά. ἢ εὐθηνοῦντα καὶ λιπαρά. **A^{im}**

ex. **507.** σῖτόν τ᾽ ἐκ μεγάρων: οὐκ ἔστιν ἐπὶ τοῦ σίτου κοινὸν τὸ 35 „ἄξεσθε‟ (Θ 505)· οὐδὲν γὰρ τῶν ἀψύχων ἄγεται, φέρεται δὲ μᾶλλον. προσυπακουστέον οὖν τὸ φέρετε. **A b(BCE³E⁴) T**

ex. **509.** καίωμεν πυρὰ πολλά: πρὸς ἀσφάλειαν μὲν ἑαυτῶν, κα- τάπληξιν δὲ τῶν πολεμίων. **b(BCE³E⁴) T**

ex. **510—1.** μή πως καὶ διὰ νύκτα ⟨——/⟩ φεύγειν ὁρμήσων- 40 ται: στρατηγικῶς εὐέλπιδας αὐτοὺς ποιεῖ διὰ τῆς τῶν πολεμίων φυγῆς. **b(BCE³E⁴) T**

D **510.** ⟨διὰ νύκτα:⟩ διὰ νυκτός. **A^{im}**

Ariston. **512.** ⟨μὴ μὰν ἀσπουδί γε:⟩ ὅτι ἀντὶ τοῦ μὴ ῥᾳδίως, μήπως χωρὶ⟨ς⟩ σπουδῆς. **A^{im}** 45

(Ariston.)   **503** ad A 567 *a* (Ariston.), vide ad l 66. Non liquet, num fuerit sch. de syllaba finali vocis ἐφοπλισόμεσθα, cf. sch. Arat. 1 (p. 334, 17): τὸ δὲ „ἀρχώμεσθα‟ μετὰ τοῦ σῖγμα· ἔστι γὰρ καὶ ἀρχαϊσμός. Ὅμηρος „δόρπον ἐφοπλι- σόμεσθα‟ (cf. Θ 503. l 66)   **505** *a* ad Γ 103 *a.* Vide ad Θ 545 (Ariston.)   *b* cf. D ad E 556. Θ 545. l 406. 466; Ap. S. 93, 19; vide Eust. 728, 38   **507** vide ad l 367 (test.)   οὐδὲν (36) — μᾶλλον ad N 213 (Ariston.)   προσυπακουστέον (37) sq. ad K 407 *a.* M 267—8. 320, cf. sch. l 166; Porph. 1, 330, 21; aliter Eust. 726, 35. Vide ad M 328 *a* (Ariston.)   **509** κατάπληξιν (38) sq. cf. Eust. 726, 42 **512** ad O 476 *a.* X 304 (Ariston.); cf. Eust. 726, 46; vide ad B 99 *a* (Ariston.)   χω-

---

25 le. add. Bk.   ὅτι A, ἡ διπλῆ περιεστιγμένη, ὅτι Vill.   27 le. T supplevi, om. b (qui et ipse sch. ad v. 503 revocavit)   31 le. addidi (auctore Frdl.)   ὅτι A, ἡ διπλῆ, ὅτι Vill.   ἄξεσθαι A em. Bk.   33 le. add. Vill.   35 le. AT, om. b   (le.) μεγάροιο T   36 ἄξ. Bk., ἄξεσθαι AT ἄξασθε b   37 προσυπ. (πρὸς ὑπακουστέον A) οὖν AT, ὅθεν προσυπακουστέον b   38 ἑαυτῶν BCE⁴, αὐτῶν ss. ἒ E³, αὐτῶν T   40 sq. le. T suppl. Ma., om. b   41—2 στρατ. δὲ εὐέλπιδας sq. coni. cum scholio praecedenti (v. πολεμίων) in b   43 le. add. Vill.   44 le. add. Frdl.   ὅτι A, ἡ διπλῆ, ὅτι Vill.   45 χωρὶσπουδῆς A dist. et suppl. Vill.

513 a.¹ ⟨ἀλλ' ὥς τις τούτων γε βέλος καὶ οἴκοθι πέσσῃ:⟩ Did.
αἱ 'Αριστοφάνους „πέσσοι". Παρμενίσκος δὲ ἐν τῷ α' Πρὸς Κράτητα
(fr. 2 Br.) ὡς 'Αριστάρχειον γραφὴν προφέρεται „ἀλλ' ὥς τις κείνων
γε". A

50   a.² {ἀλλ' ὅστις τούτων γε:} 'Αρίσταρχος δὲ „κείνων γε". T
       a.³ 'Αριστοφάνης „πέσσοι". Tⁱˡ

       b. {ἀλλ' ὥς τις τοῦτόν γε} βέλος: ὅτι βέλος εἴρηκε τὸ τραῦ- Ariston.
μα ὁμωνύμως τῷ τιτρώσκοντι. A

       c.¹ {ἀλλ' ὥς τις τούτων γε} βέλος: βέλος νῦν τὸ βεβλημένον ex.(Ariston.)
55 μέρος, τὸ τραῦμα τὸ ἐκ βολῆς· „ὡς δ' ὅταν ὠδίνουσαν ἔχῃ βέλος" (Λ
269). T

       c.² τὸ ἐκ βολῆς τραῦμα, ὡς τὸ „ὡς δ' ὅταν ὠδίνουσαν ἔχῃ
βέλος". b(BCE³E⁴)

       d. ⟨οἴκοθι πέσσοι:⟩ καὶ μέχρις οἴκου κατάσχοι τὴν πλη- ex.
60 γήν. Aⁱⁿᵗ

       515 a. ⟨νηὸς ἐπιθρώσκων:⟩ γράφεται „νηὸς ἀποθρώσκων". Did.(?)
Aⁱᵐ

       b. ἵνα τις στυγέῃσι καὶ ἄλλος: ἀλαζονείαν ἔχει ὁ λόγος ex.
βαρβαρικήν. T

65   517. ⟨ἀγγελλόντων:⟩ ὅτι ἀντὶ τοῦ ἀγγελλέτωσαν. Aⁱⁿᵗ   Ariston.

       518. παῖδας πρωθήβας ⟨πολιοκροτάφους τε γέροντας⟩: ex.
πᾶς γὰρ ἱκανὸς ἀπὸ τείχους ἀμῦναι. καὶ οἱ μὲν παῖδες μεθ' ἡδονῆς φιλο-
νείκως ἀγρυπνοῦσιν, οἱ δὲ γέροντες πρὸς ὕπνον ἀλλοτρίως ἔχουσιν. T

       519 a. λέξασθαι προτὶ ἄστυ ⟨θεοδμήτων ἐπὶ πύργων⟩: Ariston. | ex.(?)
70 ὅτι ἀντὶ τοῦ ἐγκοιμηθῆναι. | θεοδμήτων δέ, καθὸ ὑπὸ θεῶν ᾠκοδο-
μήθη τὸ τεῖχος τῆς 'Ιλίου. A

ρὶς σπουδῆς (45) cf. D, D ad O 476 (Ap. S. 45, 20)   513 a αἱ 'Αριστοφάνους
(47) cf. sch. ε 83 (Did.)   ὡς 'Αριστάρχειον (48) sq. cf. Wachsmuth, Crat. 20, 1   b
Su. β 234: βέλος· καὶ τὸ τραῦμα ὁμωνύμως τῷ τιτρώσκοντι παρ' 'Ομήρῳ, ad
Ζ 439 a (Ariston.), cf. Lehrs Ar.³ 59. Vide ad M 458 b   c¹ νῦν (54) — τραῦμα
(55) = D   515 a cf. Eust. 726, 51: τὸ δὲ νηὸς ἐπιθρώσκειν ἀνάπαλιν ἔχει πρὸς
τὸ νηὸς ἀποθρώσκειν   517 ad B 438; vide ad Θ 521 (Ariston.)   ἀντὶ τοῦ sq.
= Ep. Hom. (An. Ox. 1, 398, 1), cf. EM. 6, 55   ἀγγελλέτωσαν = D, cf. Eust.
726, 55   519 a — ἐγκοιμηθῆναι (70) cf. Or. 92, 1: λέξασθαι· τὸ κοιμηθῆναι,
παρὰ τὸ λέχριον πεσεῖν. κυρίως ἐπὶ ἀνθρώπου. καταχρηστικῶς δὲ ἐπὶ ἀλόγων, fort.
partim quidem e scholiis; cf. Roemer, Philol. 70, 1911, 328 (improbabiliter)   θεο-

46—9 pone sch. b (coni. cum v. τιτρώσκοντι) in A, auctore Bk. transposui
46 le. add. Ldw.   47 αἱ] ἡ Nck.   ἀριστοφ. A, ἀριστάρχου Lehrs, at vide sch.
a³   50 le. T delevi   52 (le.) ἀλλ' — γε damnavi   ὅτι A, ἡ διπλῆ, ὅτι
Vill.   54 (le.) ἀλλ' — γε eieci   59 le. add. Bk.   61 le. add. Vill.   γρά-
φεται cp. (γρ) A   65 le. add. Bk. (Vill.)   ὅτι A, ἡ διπλῆ, ὅτι Vill.   66
le. T supplevi   69 le. A suppl. Frdl.   (le.) προτὶ A, fort. περὶ   70 ὅτι
A, ἡ διπλῆ, ὅτι Vill.

ex.

    *b.*¹ λέξασθαι: παρὰ τὸ λέχος. καὶ „ξύλα †λέγετε‟ (cf. Θ 507), συλλέγεσθε†. καὶ „Σύλλογος Ἀχαιῶν‟ (cf. T.G.F. p. 161 N.² = Soph. frgg. I p. 97 P.). „Τρῶας λέξασθαι‟ (cf. B 125), ἀριθμηθῆ-ναι· ὅθεν λογάδες. **T**   75

    *b.*² παρὰ τὸ λέχος. καὶ ξύλα λέξασθαι καὶ „Τρῶας μὲν λέξα-σθαι‟ (B 125), ὅθεν καὶ λογάδες καὶ „Σύλλογος Ἀχαιῶν‟. **b**(BCE³)

Did.(?)
    c. ⟨προτὶ ἄστυ:⟩ γράφεται „περὶ ἄστυ‟. **A**ⁱᵐ

ex.
    d. θεοδμήτων: ἀπαρκεῖ πρὸς φυλακὴν ἡ ἄχρηστος ἡλικία· ἀφ' ἑαυτῶν γὰρ τὸ ὀχυρὸν ἔχουσι τὰ τείχη, θεόδμητα ὑπάρχοντα. **T** 80

ex.
    520. θηλύτεραι: τῶν ἄλλων ζῴων, ἢ τῶν παρθένων. αἱ τε-τοκυῖαι τὴν συνήθη, φησίν, οἰκουρίαν προσεχέτωσαν ἅμα συνεργοῦ-σαι κατὰ δύναμιν τοῖς κακοπαθοῦσιν. **b**(BCE³E⁴) **T**

D
    θηλύτεραι: αἱ πρὸς τὰ ἀφροδίσια ——— πλησιάζουσιν. **A**

Ariston.
    521. ⟨καιόντων: ✳✳✳⟩ ἀντὶ τοῦ **A**ⁱᵐ   καιέτωσαν. **A**ⁱᵐ**T**ⁱˡ 85

ex.
    523 *a.*¹ ὧδ' ἔστω, Τρῶες: τυραννικῶς ἀπειλεῖ· ὅθεν καὶ „χαλε-πὴν ἀποθέσθαι ἐνιπήν‟ (E 492). **T**

    *a.*² τυραννικῶς αὐτοῖς, οὐχὶ βασιλικῶς διαλέγεται ἐπηρμένος τῇ ἀλαζονείᾳ. **b**(BCE³E⁴)

Ariston.
    524—5. μῦθος δ' ὃς ⟨——— ἀγορεύσω⟩: ἀθετοῦνται δύο 90 στίχοι, διότι τῇ ἑξῆς οὐδὲν λέγει καὶ τὸ ὑποτακτικὸν ἄρθρον ἀντὶ προ-τακτικοῦ παρείληπται, ὃς μέν (524) ἀντὶ τοῦ ὁ μέν. ὁ δὲ νοῦς ἐστι τοιοῦτος· περὶ μὲν τῶν νῦν καὶ τήμερον συντετέλεσταί μοι ὁ λόγος καὶ οὐδὲν παραλέλειπται, περὶ δὲ τῶν εἰς αὔριον ὑπὸ τὴν ἔω μηνύσω. **A**

δμήτων δὲ (70) sq. cf. sch. *d*; D, Eust. 727, 28   *b* ad B 125 *b*/*c*. 435 *a* et *c*; cf. Apion. 74, 245, 19 Ldw.; Lehrs Ar.³ 147   *b*¹ Τρῶας (74) — ἀριθμηθῆναι cf. D ad B 125   **520** cf. Porph. ap. Eust. 727, 32 (vide Porph. 1, 125, 2 Schr.)   τῶν ἄλλων (81) — παρθένων aliter Ap. S. 87, 32   τῶν ἄλλων ζῴων (81) cf. D **521** diple ante versum in A   ἀντὶ τοῦ sq. ad B 438; vide ad Θ 517 (Ariston.)   ἀν-τὶ τοῦ καιέτωσαν = D, cf. Eust. 726, 56   **523** ad Z 107 *b* (ex.)   **524—5** cf. E⁴ (fol. 73ᵛ, unde Le): μῦθος δ' ὃς μὲν νῦν· οὗτος μὲν δὴ ὁ λόγος, (= D) | ὁ μὲν νῦν μῦθος. ὑποτακτικὸν ἄρθρον ἀντὶ προτακτικοῦ. ὁ δὲ νοῦς ἐστι τοιοῦτος· περὶ μὲν τῶν νῦν καὶ σήμερον συντετέλεσταί μοι ὁ λόγος. καὶ οὐδὲν παραλέλειπται. περὶ δὲ τῶν εἰς αὔριον ὑπὸ τὴν ἔω μηνύσω. ἡ ὑπισχνούμενος λόγον εἶπεν οὐδαμοῦ· διὸ καὶ ἀθετοῦνται οὗτοι οἱ στίχοι νόθοι ὄντες τοῦ ποιητοῦ· ὅθεν καὶ ἀστερίσκοι καὶ ὀβελί-σκοι περιφέρονται, originis incertae, fort. sch. h; vide Valk II 434 n. 269   τὸ ὑποτακτικὸν (91) — ὁ μέν (92) ad N 278 *b*, cf. Anon. sol. 201; Polyb. barb. 287,

72 ξύλα] ξύλα πολλὰ Hom.   **73** sq. λέγεσθε, συλλέγετε Ma.   **74** τρ. μὲν λέξ. Hom.   **74** sq. ἀριθμ. T, debuit ἀριθμήσασθαι   **78** le. (= Aᶜᵒⁿᵗ) add. Ddf. (Vill., Bk.)   γράφ. cp. (γρ.) A   **82** φησὶ τὴν συν. ἐπικουρίαν **b** πρασ-σέτωσαν · **b**   ἅμα om. **b**   **83** κακοπαθοῦσῖ C   **85** le. add. Bk., tum lac. in-dicavi verbis ἡ διπλῆ, ὅτι (ἀντὶ, Vill.) vel verbo ὅτι (ἀντὶ, Ddf.) supplendam   **87** δ' ἀποθ. Hom.   **90** le. A suppl. Frdl. (Vill.)   **91** τῇ ἑξῆς sc. ἡμέρᾳ

95 524 a.¹ ⟨ὑγιής:⟩ ὁ ἀπαραποίητος καὶ ἀπαράβατος. b(BCE³) ex.

a.² ἀπαράβατος ὑμῖν. Tⁱˡ

1 525. τὸν δ᾽ ἠοῦς ⟨————⟩ ἀγορεύσω: τὸν δὲ ἐξῆς αὔριον ἐρῶ. ex.
πάντως δὲ περὶ διανομῆς σκύλων. T

526 a. εὔχομαι ἐλπόμενος: ὅτι Ζηνόδοτος γράφει ,,ἔλπομαι Ariston.
εὐχόμενος''. οὐ κατὰ τὸν Ἕκτορα δὲ τὸν οὕτως ἐπηρμένον λέγει, ἐλπίζω
5 εὐχόμενος τοῖς θεοῖς· ἐπιεικὲς γάρ· τοὐναντίον γὰρ οἰκεῖον, εὔχομαι
ἐλπόμενος, καυχῶμαι ἐλπιδοποιούμενος ὑπὸ τοῦ Διὸς καὶ τῶν ἄλλων
θεῶν. A

b. ⟨εὔχομαι ἐλπόμενος:⟩ οὕτως ἡ γραφή, εὔχομαι ἐλ- Did.
πόμενος, οὐ τὸ ἐναντίον. Aⁱᵐ

10 c. εὔχομαι ἐλπόμενος: ἀντὶ τοῦ καυχῶμαι. T ex.

527 a. ἐξελάαν ἐνθένδε κύνας κηρεσ⟨σ⟩ιφορήτους: ὑφ᾽ Hrd. | ex.
ἓν Ἀρίσταρχος. T | ὅρα δὲ τὸ παλίμβολον Ἕκτορος· τῇ γυναικὶ
ἔλεγεν ,,ἔσσεται ἦμαρ ὅτ᾽ ἄν ποτ᾽ ὀλώλῃ Ἴλιος ἱρή'' (Z 448)·
ἐκεῖ μὲν γὰρ τῶν Τρώων ἡττωμένων δύσελπις ἦν, ἐνταῦθα δὲ τῇ
15 μάχῃ κρατῶν ἐλπίζει τὰ χρηστά. b(BCE³E⁴) T

b. κηρεσσιφορήτους: συνθέτως ἀνέγνω ὁ Ἀρίσταρχος Hrd.
καὶ οἱ πλείους, ἴσως δέ, ἐπεὶ ἀναλύει αὐτὸ ,,οὓς κῆρες φορέουσιν'' (Θ
528)· ἔθος γὰρ αὐτῷ πολλάκις τὰ σύνθετα ἀναλύειν. οὐδέποτε δὲ δο-
τικὴ ἐπεκτεταμένη κατ᾽ ἀρχὴν συντέθειται, οἷον πᾶσι καὶ πάντεσσι,
20 ,,πασιμέλουσα'' (μ 70), οὐχὶ παρὰ τὴν πάντεσσι ἡ σύνθεσις· ,,Ναυ-
σικάα'' (ζ 17 al.), ,,Ναυσίθοος'' (ζ 7 al.), ,,ἐγχεσίμωροι'' (H 134 al.),
,,τειχεσιπλήτης'' (cf. E 31. 455). κατ᾽ ἀρχὴν δὲ προσέθηκα διὰ τὸ παρ᾽
Ἐπιχάρμῳ (fr. 218 K.) κατὰ τέλος συντεθειμένον ,,γυναικάνδρεσσι
ποθεινοί''. εἴπερ οὖν τοῦτο ἀληθές, δηλονότι παράλογον τὸ κηρεσ-
25 σιφορήτους κατὰ σύνθεσιν †ἀναγνωστέον†. ἀλλ᾽ ὅμως ἐπεκράτησεν
ἡ Ἀριστάρχειος, δι᾽ ὃν εἴπομεν λόγον. A

1. Vide ad A 388   524 a¹ ἀπαραποίητος Eust. 727, 39   526 a ad Ƶ 45 a (Ariston.);
cf. Roemer, Zen. 697; at vide Cobet, Miscell. crit. 286; Valk II 76   οὐ κατὰ τὸν
Ἕκτορα (4) sq. ad Θ 498—9 (ex.), 535—7. Ƶ 366 a   ἐλπιδοποιούμενος (6) cf. D, vide
He. ε 2213   ὑπὸ (6) sq. ,,i. e. ut dativus sit pro ὑπό cum genetivo'' Friedl., Ariston.
p. 151; ad Z 398 (Ariston.)   c cf. D   527 a/b cf. Ap. Dysc. synt. 11, 2   a
ἐλπίζει (15) ad Θ 498—9   b — ποθεινοί (24) cf. Eust. 727, 47   πασιμέλουσα
(20) cf. sch. μ 70; Classen, Beob. 67

95 le. add. Bk. (cl. Li, qui habet νῦν ὑγιής:)   1 le. T suppl. Ma.   3 le. A, fort.
correctius εὔχομαι ἐλπόμενος διῖ τ᾽ ἄλλοισίν τε θεοῖσιν: (cf. test.)   ὅτι A, ἡ
διπλῆ (περιεστιγμένη), ὅτι Vill.   5 ἐπιεικὲς γάρ (sc. τοῦτο ἦν)   τοὐν. γὰρ A,
malim τοὐν. δὲ   8 le. addidi (auctore Ldw.)   11 le. T suppl. Ma., om. b
11 sq. ὑφ᾽ ἓν cf. sch. b   12 δὲ om. b   13 ἔσσ. ἦμ. om. T   14 ἐκεῖ T ὧδε
δὲ ἄλλως· ἐκεῖ b   18 sq. δοτικῆι ἐπεκτεταμένη A em. Bk.   20 πᾶσι μέλουσα
A em. Bk.   21 ἐγχεσίμοροι A em. Bk.   23 γυναῖκ᾽ ἄνδρεσσι A em. Bk.
25 ἀναγνωσθέν Bk., recte ut vid.

Ariston. | *Did.*   **528.** οὓς κῆρες φορέουσι ⟨μελαινάων ἐπὶ νηῶν⟩: ἀθετεῖται,
ὅτι περισσός· ἐν γὰρ τῷ „κηρεσσιφορήτους" (Θ 527) τὸ αὐτὸ συντό-
μως εἴρηκεν. | ὁ δὲ Α   Ζηνόδοτος οὐδὲ ἔγραφεν αὐτόν. ΑΤ^il

Did.(?)   **529.** ⟨ἐπὶ νυκτί:⟩ γράφεται „ἐπὶ νύκτα". Α^int   30

Ariston.   **532.** εἴσομαι: ὅτι τὸ εἴσομαι πολλὰ σημαίνει, νῦν μὲν γνώσο-
μαι, ἐν ἄλλοις δὲ πορεύσομαι, „εἴσομαι ἐξ ἀλόθεν" (Φ 335)· καὶ ἀντὶ
τοῦ ἐφάνη, „εἴσατο ⟨δ'⟩ ὥς †ὅτε ἐρινεός" (ε 281). Α

ex.   **532—4** *a.* αἴ κέ μ' ὁ Τυδείδης ——— φέρωμαι: ἐντέχνως ἐφ'
ἑαυτοῦ μὲν εἶπεν ὅτι οὐκ ἀπωσθήσεται, ἐπὶ δὲ τοῦ Διομήδους ὅτι 35
ἀναιρεθήσεται καὶ ὅτι σκῦλα παρέξει αὐτῷ ἀποθανών. b(BCE³E⁴) Τ

ex.   *b.* αἴ κέ μ' ὁ Τυδείδης ⟨——— φέρωμαι⟩: στρατηγικῶς
παραθαρσύνει αὐτούς· δεδίασι γὰρ Διομήδην διὰ τὴν ὑπόγυον ἀρι-
στείαν. καὶ τὸ Τυδείδης (532) προσλαβὸν τὸ ἄρθρον οὐκ ἀργὴν ἔχει
τὴν ἀναφοράν. b(BCE³E⁴) Τ   40

Did.(?)   **534.** ⟨φέρωμαι:⟩ ἐν ἄλλῳ „φεροίμην". Α^im

Ariston. | *Ap.*   **535—7.** αὔριον ἦν ἀρετὴν ⟨——— ἑταῖροι⟩: ὅτι ἢ τούτους
H.(?)   δεῖ τοὺς τρεῖς στίχους μένειν, οἷς τὸ ἀντίσιγμα παράκειται, ἢ τοὺς
ἑξῆς τρεῖς, οἷς αἱ στιγμαὶ παράκεινται (sc. Θ 538—40)· εἰς γὰρ τὴν

---

528 cf. Bolling, Ext. Ev. 112; Valk II 512   τὸ αὐτὸ συντόμως εἴρηκεν (28) cf. Eust.
727, 45   **530** fort. exstabat sch. de vocibus πρῶι δ᾽ ὑπηοῖοι, cf. Ap. Dysc. adv. 162,
31: τούτῳ γὰρ τῷ λόγῳ (sc. quod adverbia in ˉεξεuntia barytona esse solent) καί
τινες ἀνέγνωσαν τὸ „πρῶι δ᾽ ὑπηοῖοι" ἐν βαρείᾳ τάσει, cf. Ep. Hom. (An. Ox. 1,
293, 29. 312, 10); aliter Io. Alex. 32, 7. Neque tamen Eust. 727, 57 (ἰστέον δὲ καὶ
ὅτι σπάνια τῶν ἀντιγράφων γράφουσιν „πρωὶ δ᾽ ὑπ᾽ ἠοῖ", ἵνα ἐκ παραλλήλου
ταὐτολογῆται τὸ πρωὶ καὶ τὸ ἠοῖ) sch. vetus adhibuisse videatur   **532** ad
Μ 118. Ν 45 *b.* 191 *a.* Φ 335 (Ariston.), cf. D ad Μ 118, Ap. S. 62, 25, Porph. 1,
175, 4. 2, 54, 4; Lehrs Ar.³ 147. Vide ad Ο 544. Φ 424 (Ariston.)   γνώσομαι
(31) = D, cf. sch. Ar. Ach. 332; vide ad Ν 216 (ex.)   **535—41** antisigmata ante
versus Θ 535—7, stigmae ante versus Θ 538—40, cf. Pluygers 3 et 6; Ludwich, A.
H. T. 1, 295, 21; Bolling, Ext. Ev. 112; Schadewaldt 101, 3; Valk II 428. 467
(qui versum Θ 540 genuinum esse putat Aristonicoque assentitur dicenti Aristar-
chum versum Θ 541 aut cum versu Θ 537 aut cum versu Θ 540 coniunxisse).

---

27 le. Α suppl. Vill., om. Τ   28 ἐν γὰρ τῷ Vill., ἐν γὰρ τοῦ Α, possis διὰ γὰρ τοῦ
29 γράφει τοῦτον Τ   30 le. add. Bk.   31 le. scripsi (auctore Vill.), εἴσσομαι:
Α   ὅτι Α, ἡ διπλῆ, ὅτι Vill.   32 fort. ἐξ ἀλ. χαλεπὴν ὄρσουσα θύελλαν (= Hom.)
33 δ' (= Hom.) add. Frdl.   ὅτε ῥινόν codd. Hom., ὅτ' ἐρινόν Aristarchus
34 le. scripsi, αἴ κέ μ' ὁ τυδείδης πρὸς τεῖχος ἀπώσεται ἤ κεν ἐγὼ τὸν χαλκῷ δηώσας
Τ, om. b (scholio ad Θ 532 relato)   35 ἀπώσθ(εται) Τ (ut. vid.)   37 le. Τ
(coni. cum scholio praecedenti) supplevi, om. b (qui sch. cum voce ἀποθανών
[sch. *a*] coniunxit)   37 sq. στρατηγικῶς δὲ παραθ. b   38 ὑπόγυιον b   39
προσλαβὼν Τ   39 sq. τὴν ἀν. ἔχει BCE³   40 ἐπιφορὰν E⁴   41 le. add. Bk.
42 le. Α supplevi (auctoribus Frdl., Ldw.)   44 τρεῖς] τέσσαρας Bk. (vix recte)
44 post παράκ. verba ἢ τοὺς ἑξῆς τρεῖς Α (expuncta)

45 αὐτὴν γεγραμμένοι εἰσὶ διάνοιαν. ἐγκρίνει δὲ μᾶλλον ὁ Ἀρίσταρχος τοὺς δευτέρους διὰ τὸ καυχηματικωτέρους εἶναι τοὺς λόγους. ὁ δὲ Ζηνόδοτος τοὺς πρώτους τρεῖς οὐδὲ ἔγραφεν. | τὰ αὐτὰ δὲ λέγει περὶ τῶν στίχων τούτων ὁ Δίδυμος (p. 115 Schm.), ἃ καὶ ὁ Ἀριστόνικος· διὸ οὐκ ἐγράψαμεν τὰ Διδύμου. **A**

50 **537** *a.*¹ ⟨κείσεται οὐτηθείς,⟩ πολέες δ᾽ ἀμφ᾽ αὐτὸν ἑταῖ- *ex.*
ροι: κοινὸν ληπτέον τὸ ʽκείσονται᾽. **T**

*a.*² ἀπὸ κοινοῦ ληπτέον τὸ ʽκείσονται᾽. **b(BCE³E⁴)**

538—9 *a.* εἰ γὰρ ἐγὼν ὣς ⟨/ εἴην ἀθάνατος καὶ ἀγήρως⟩: *Did.*
οὕτως διὰ τοῦ εἰ γὰρ ἐγὼν ὣς, καὶ τὸ ἀγήρως διὰ τοῦ ῶ. **A**

55 *b.* αἲ γὰρ ἐγὼν ⟨————/⟩ εἴην ἀθάνατος: βαρβαρικὸν *ex.*
τὸ εὔχεσθαι τὰ ἀδύνατα. **b(BCE³E⁴) T**

542. ἐπὶ δὲ Τρῶες κελάδησαν: καλῶς ἐπὶ μὲν Ἑλλήνων φησὶν *ex.*
„Ἀργεῖοι δὲ μέγ᾽ ἴαχον, **A b(BCE³E⁴) T** ἀμφὶ δὲ νῆες / σμερδαλέον" (Β 333—4), **AT** ἐπὶ δὲ τῶν Τρώων κελάδησαν λέγει·
60 θορυβῶδες γὰρ τὸ βαρβαρικόν. **A b(BCE³E⁴) T**

545. ἄξοντο: τὸ ἄξοντο οὐ τὸν μέλλοντα σημαίνει, ἀλλ᾽ ἀντὶ *Ariston.*
τοῦ †ἄγοντο. **A**

Vide etiam Eust. 728, 7; ad usum signorum cf. rationem Aristophanis Byz. in sch. Ar. ran. 153 expeditam; h. Hom. 3, 136—9; signa ad Θ 532—7 rettulit Wecklein, Zusätze 52   **535—7** ἐγκρίνει δὲ μ. (45) sq. at cf. Duentzer, Zen. 164   καυχηματικωτέρους (46) ad Θ 526 *a*   **542** cf. Eust. 728, 13   ἐπὶ δὲ τῶν Τρώων (59) sq. ad Δ 433. Η 306—7 *b*¹   **543—7** cf. Eust. 728, 58: ἰστέον δὲ καὶ ὅτι ὥσπερ τὰ περὶ ἵππων καὶ ἀνδρῶν ὑφ᾽ ῞Εκτορος παρηγγελμένα τετέλεσται, οὕτω χρὴ νοῆσαι καὶ τὰ ἐπὶ φυλακῇ τῆς πόλεως, εἰ καὶ ὁ ποιητὴς αὐτὸ σιγᾷ, εἰωθὼς οὕτω ποιεῖν, ἐφ᾽ ὧν οὐ ψεκτὸν ἡ σιωπή. Sch. huius argumenti exstitisse suspicatur Meinel 17   **545** nullum signum ante versum in A, fort. error scribae   τὸ ἄξοντο (61) sq. ad Ω 163 *a*; vide ad Γ 103 *a*. Θ 505 (Ariston.); cf. Cobet, Miscell. crit. 363   **548—52** versus 548 (cf. Β 306) et 550—2 (cf. Ω 27. Δ 47 al.) solo ab auctore dialogi pseudoplatonici Alcib. II 149 d/e laudantur, nescio an ab Homero alieni, cf. Wilamowitz, Il. Hom. 30; Schadewaldt 99, 1; aliter Cantarella 131; Valk, Text. Crit. 87; eund. II 527. In scholiis vix umquam commemorati sunt

46. **47** verba τοὺς δευτ. et τοὺς πρώτ. inter se commutavit Wecklein (cf. test.)
50 le. T suppl. Ma. (auctore Vill.)   **53** le. A supplevi   (le.) ὣς A em. Bk.   **55** le. T suppl. Ma., om. b (qui sch. ad Θ 539 revocavit)   **56** τὸ om. T   **57** le. AT, om. b   μὲν bT, μὲν τῶν A (fort. rectius)   **58** sq. σμερδαλέον κονάβησαν (= Hom.) Ma.   **59** τῶν om. b   **60** τὸ AT ἀεὶ τὸ b   **61** le. scripsi (auctore Vill.), ἐκ πόλιος δ᾽ ἀκάχοιντο: A   τὸ ἄξαντο A corr. Frdl.   **62** ἤγοντο Frdl., ἠγάγοντο Cob.

Nic.   **553** *a.* {οἱ δὲ μέγα φρονέοντες} ἐπὶ πτολέμοιο γεφύρη: προ-
ηγουμένως μὲν τοῖς ἑξῆς συναπτέον· τὸν γὰρ τόπον, ἐν ᾧ ἡ τοῦ πολέ-
μου συμβολὴ γίνεται, γέφυραν εἶπε πολέμου· ἢ τὰς διαβάσεις αὐτάς, 65
αἷς ἐν τοῖς πολέμοις ἐχρῶντο. λόγον δὲ ἔχει καὶ τοῖς ἄνω συνάπτειν,
ἵν' ᾖ περίφρασις, πολέμοιο γεφύρη ἀντὶ τοῦ τῷ πολέμῳ· ὁ δὲ λό-
γος, μέγα φρονοῦντες ἐπὶ τῷ πολέμῳ, τουτέστι τῷ κεκρατηκέναι κατὰ
τὸν πόλεμον. **A**

Did.(?)   *b.* ⟨γεφύρας:⟩ γράφεται „γεφύρῃ". **A**im   70

ex.   *c.* ἐπὶ πτολέμοιο γεφύρη: τὸν μεταξὺ τῶν στρατιωτῶν
τόπον. **T**

Ariston.(?)   **555** *a.* ὡς δ' ὅτ' ἐν οὐρανῷ ἄστρα φαεινὴν ἀμφὶ σελήνην:
†τοὖτως† οὐ τὴν τότε οὖσαν φαεινήν, ἀλλὰ τὴν καθόλου φαεινήν.
ἀεὶ δὲ τὰ φαινόμενα ἐν οὐρανῷ φησι καὶ οὐκ Ὀλύμπῳ. **A**   75

ex.   *b.*¹ φαεινὴν ἀμφὶ σελήνην: οἱ μὲν ἄρτι φαίνεσθαι ἀρχο-
μένην, οἷον νέαν ἐν τῷ φάει· οἱ δὲ λεπτήν, „μάστιγα φαεινήν" (Κ 500)·
οἱ δὲ τὴν φύσει φαεινήν, καὶ „ζέσ⟨σ⟩εν ὕδωρ ἐνὶ ἠνοπι χαλκῷ" (Σ
349) καὶ „εὐμελίω Πριάμοιο" (Δ 47) καὶ „Σκαμανδρίω ἀνθεμόεντι"
(Β 467). προσφυῶς δὲ τῷ νυκτερινῷ φωτὶ αὐτὰ ἀπεικάζει. **T**   80

     *b.*² οἱ μὲν ἄρτι φαίνεσθαι ἀρχομένην, οἱ δὲ λεπτήν, ὡς τὸ
„μάστιγα φαεινήν", οἱ δὲ τὴν φύσει φαεινήν. προσφυῶς δὲ τῷ νυκτε-
ρινῷ φωτὶ παρεικάζει αὐτά. **b**(BCE³E⁴)

---

553 *a* cf. Eust. 728, 62; — ἐχρῶντο (66) cf. Valk II 82   ἢ τὰς διαβάσεις (65) —
ἐχρῶντο (66) cf. sch. *c*   *b* cf. Valk II 624   *c* cf. D ad Δ 371. Υ 427   **554**
fort. exstabat sch. Herodiani, cf. **h**(M¹ P¹¹ V³ V¹⁵): πύρα (om. V³ V¹⁵)· βαρυ-
τόνως ἀναγνωστέον, ἵνα μὴ συνεμπέση τῷ πυρρά (πυρά M¹ V¹⁵) τῷ σημαίνοντι τὰ
φλογοειδῆ, Arcad. 153, 12   **555** diple ante versum in A, fort. excidit sch. vel
pars scholii Aristonici, qui adnotaverat epithetum lunae datum hoc loco non
aptum esse, ad Γ 352 *a* (Ariston.); vide sch. *a* (ubi haec ambiguitas resolvitur)   *a*
οὕτως (74) — φαεινήν ad Φ 218. Ψ 304 (Ariston.); cf. Friedl., Zoil. 67, 1; Parry
150; Sir M. Bowra, Heldendichtung (Stutgardiae 1964), 262; N. Himmelmann-
Wildschuetz, Erzählung und Figur in der archaischen Kunst, in: Akad. d.Wissen-
schaften u. d. Literatur in Mainz, Geisteswiss. Kl., 1967, 2 (Ad Fontes Mattiacos
1967), 79 et 87   ἀεὶ δὲ τὰ φαινόμενα (75) sq. ad A 44 *c*. Vide ad Θ 46 *a*   *b*¹
Eust. 729, 20: . . . ἐν τῷ „φαεινὴν ἀμφὶ σελήνην" οὐ τὴν πλησιφαῆ νοητέον καὶ
πληροσέληνον· ἐν αὐτῇ γὰρ ἀμαυρά εἰσι τὰ ἄστρα ὡς ὑπεραυγαζόμενα, καθὰ καὶ ἡ
Σαπφώ πού φησι (fr. 34 L.-P.)· „ἀστέρες μὲν ἀμφὶ κάλαν †σελάναν (lg. σελάνναν) /
ἂψ †ἀποκρύπτουσι φαεινὸν (lg. ἀποκρύπτοισι φάεννον) εἶδος, / †ὁπότ' ἂν (lg.
ὄπποτα) πλήθοισα μάλιστα λάμπῃ / γᾶν". ἀλλὰ φαεινὴν λέγει κατὰ Ἀρίσταρχον
τὴν φύσει τοιαύτην, κἂν μὴ πλήθουσα εἴη φωτός. οὕτω καὶ Ναυσικάα εἰς πλυνοὺς
ἰοῦσα φέρει „ἐσθῆτα φαεινήν" (ζ 74), οὐ τὴν τότε φαεινήν (πλυνθῆναι γὰρ αὐτὴν

---

63 (le.) οἱ δὲ μ. φρον. damn. Bk.   65 sq. ἢ τὰς — ἐχρῶντο del. Frdl. („ab ali-
quo adscripta sunt, qui acc. plur. in textu habuit")   70 le. (= Acont) addi-
di γράφ. cp. (γρ) in A   74 οὕτως A, ὅτι Roe., recte ut vid.   78 ζέσεν T suppl.
Bk.   79 εὐμελίοιο T em. Ma., ἐϋμμελίω Bk.   80 αὐτά sc. τὰ πυρά   81—2
οἱ μὲν — φύσ. φαειν.] τὴν φύσει φαεινὴν οὐχ ὥς τινες τὴν ἄρτι φαίνεσθαι ἀρχομένην
ἢ τὴν λεπτήν E⁴   82 οἱ δὲ τ. φ. φαεινήν om. CE³

557 *a*. ἔκ τ' ἔφανεν πᾶσαι ⟨σκοπιαὶ καὶ πρώονες ἄκροι⟩: ἀθετεῖται, ὅτι οἰκειότερον ἔχει κατὰ τὴν Πατρόκλου ἐπιφάνειαν (sc. Π 299). καὶ ὁ ἑξῆς (= Π 300) δὲ συναθετεῖται αὐτῷ· ἐκεῖ γὰρ αἰφνίδιον βούλεται ἐπίλαμψιν παραστῆσαι αἰφνιδίως Πατρόκλου ἐπιφανέντος, ἐνταῦθα δὲ παρατεταμένην νηνεμίαν κατ' εὐδίαν. | οὐκ ἐφέροντο δὲ οὐδὲ παρὰ Ζηνοδότῳ. ἠθέτει δὲ καὶ Ἀριστοφάνης. **A** *Ariston.* | *Did.*

b. πρώονες: ὡς σώφρονες· τὸ γὰρ πρῶνες πληθυντικὸν διῃρέθη, καὶ εἰς ὀξεῖαν καὶ βαρεῖαν ἡ περισπωμένη μετηνέχθη. **A** *Hrd.*

c. πρώονες: ἀπὸ τοῦ ὁ πρών πρῶνες, καὶ κατὰ διαίρεσιν πρώονες· εἰσὶ δὲ ὅρους ἐξοχαί. **T** *ex.*

557—8. ἔκ τ' ἔφανεν ——— αἰθήρ: οὐκ ἐφέροντο †τά γ'† παρὰ Ζηνοδότῳ. ἠθέτει δὲ καὶ Ἀριστοφάνης †τὰ γ'†. **T** *Did.*

559. ⟨δέ τ':⟩ ἄνευ τοῦ τέ. **T**[il] *Did.*

560 *a*. τόσσα μεσηγὺ νεῶν ⟨ἠδὲ Ξάνθοιο ῥοάων⟩: ἡ διπλῆ, *Ariston.*

ἔδει), ἀλλὰ τὴν κατά τι ἴδιον λαμπράν· εἰς γὰρ τὴν ἰδιότητα τῆς ἐσθῆτος ἐκεῖ ἀναφέρεται ἡ λέξις. τινὲς δέ, ὡς ἐν τοῖς Ἀπίωνος καὶ Ἡροδώρου φέρεται, διχοτομήσαντες τὴν σελήνην ἐν τῷ „φαεινήν" τὸ μὲν φάει παρώξυναν, τὸ δὲ νῆν περιέσπασαν εἰπόντες τὴν τῷ φάει νῆν, ὅ ἐστι νέην ἤγουν ἄρτι φωτίζεσθαι ἀρξαμένην, ὅτε αὐτῆς ἀμυδρὸν φαινούσης ἀριπρεπῆ τὰ ἄστρα φαίνεται, fort. ex hyp. Iliad., cf. Ap. S. 161, 20: . . . ἐν δὲ τῇ Θ τῆς Ἰλιάδος „φαεινὴν ἀμφὶ σελήνην" ἐζήτησαν, πῶς τότε ἡ σελήνη δύναται φαεινὴ εἶναι (φ. εἶν. Lehrs, φάναι cod.), ὅτε τὰ ἄστρα λαμπρὰ φαίνεται. ὅθεν ὁ Ἀρίσταρχος τοῦτο λύων φησὶ φαεινὴν οὐ τὴν τότε λαμπράν, ἀλλὰ τὴν φύσει λαμπράν, ὥσπερ καὶ ἐπὶ τῆς ἐσθῆτος τῆς Ναυσικάας „φέρεν δ' ἐσθῆτα φαεινήν", ἣν διὰ τὸ ἐρρυπῶσθαι εἰς τοὺς πλυνοὺς παρακομίζει. ἀλλὰ δῆλον, φησίν, ὅτι ⟨καὶ⟩ (add. Lehrs) ἐνταῦθα ἀκουστέον τὴν φύσει λαμπράν, sch. ζ 74: ἐσθῆτα φαεινήν· οὐ τὴν τότε οὖσαν φαεινήν (ἐρρύπωτο γάρ), ἀλλὰ τὴν φύσει καθαράν, sch. ζ 58; Beiträge 423; — φάει (77) Cyr. (An. Par. 4, 190, 9); cf. Dahlmann 22 λεπτήν (77) cf. D ad K 500, Et. Gen. (= EM. 786, 30) οἱ δὲ τὴν φύσει (78) sq. cf. D; Porph. 1, 125, 9. 2, 60, 5; vide ad B 467. M 283 *b*. O 371 **557** *a* — εὐδίαν (88) ad Π 299—300 (Ariston.) ἐνταῦθα δὲ (88) — εὐδίαν vide Koerner, Sinnesempf. 16 οὐκ ἐφέροντο (88) sq. haec verba Didymo attr. Roemer, Jhbb. class. Philol. 25, 1879, 85; vide ad Θ 557—8 *b* ad Π 299 (Hrd.). At cf. Theogn. 37, 30; Choer. Th. 1, 279, 17 (κατὰ πλεονασμὸν τοῦ ο̄), unde Et. Gen. (= EM. 692, 49); sim. Et. Gud. 484, 39 *c* ἀπὸ τοῦ ὁ πρών (92) sq. at cf. Eust. 729, 38 εἰσὶ δὲ (93) sq. cf. D, Eust. 729, 48 **557—8** ad Θ 557 *a*; cf. Valk II 459 **560**

84 le. A suppl. Vill. **91** διηρέθηι A em. Vill. **94** le. scripsi (auctore Ldw.), πάντα δέ τ' εἴδεται ἄστρα T **94. 95** τὰ γ' utrumque deleam, fort. τὰ δύο (sc. ἔπη) **1** le. (= vulg.) add. Ma. (auctore Ldw.) ἄνευ τοῦ τέ h. e. δὲ εἴδεται **2** le. A suppl. Vill.

ὅτι τῷ „ὡς" (Θ 555) ὁμοιωματικῷ ὄντι ἀκαταλλήλως ἀποδίδοται τὸ
τόσσα ποσότητος ὂν δηλωτικόν· διὸ καί τινες γράφουσιν „ὡς τὰ
μεσηγὺ νεῶν". τὸ μὲν οὖν παραβολικὸν τὸ τῆς ἀντεικασίας ἔχει, τὸ δ' 5
ἀνταποδιδόμενον τὸ τοῦ πλήθους παρεμφαίνει. καὶ ὅτι οὐ †τὸν Σκά-
μανδρον Ξάνθον καλεῖ, ἀλλὰ διὰ τῶν ἑξῆς „ὂν Ξάνθον καλέουσι θεοί,
ἄνδρες δὲ Σκάμανδρον" (Υ 74). A

Did.		b. ⟨τόσσα μεσηγύ:⟩ γράφεται καὶ „τοῖα μεσηγύ" καὶ „ὡς
τὰ μεσηγύ". A^im	10

ex.		c. τόσ⟨σ⟩α μεσηγὺ νεῶν: ἄλλως ἐσχημάτισε τὸν λόγον,
οὐκ ἐπενεγκὼν τῷ „ὡς δ' ὅτ' ἐν οὐρανῷ ἄστρα" (Θ 555) τὸ 'οὕτω
μεταξὺ νεῶν'. b(BCE³E⁴) T

Ariston.	562. χίλι' {ἄρ}: ὅτι Ζηνόδοτος γράφει „μύρια". ἐπιφέρει δὲ „ἐν
δὲ ἑκάστῳ / εἴατο πεντήκοντα σέλᾳ" (Θ 562—3) ὥστε γίνεσθαι 15
μυριάδας πεντήκοντα, ἐὰν δὲ γράφηται χίλια, πέντε μυριάδας, συμ-
φώνως· διὰ παντὸς γὰρ τοὺς βαρβάρους ἐλάσσονας τῶν Ἑλλήνων
συνίστησιν. A

ex.	562—3 a. πὰρ δὲ ἑκάστῳ ⟨/ εἴατο πεντήκοντα σέλᾳ⟩: τὸ
ἑξῆς παρὰ ἑκάστῳ σέλᾳ εἴατο πεντήκοντα ἄνδρες· ἀποκοπὴ γάρ ἐστι 20
τοῦ σέλαϊ. τὸ φιλότιμον δὲ τῶν ἀριθμῶν καὶ ἐν Ὀδυσσείᾳ „πεντηκόσιοι
δ' ἀν' ἑκάστῃ" (γ 7) καὶ „νῆες μέν μοι ἕποντο δυώδεκα" (ι 159). T

ex.(?)		b. ⟨πὰρ δὲ ... σέλα:⟩ πρὸς τῷ σέλα. b(BE³)

diple periestigm. ante versum in A, an error scribae? a/c h(M¹ P¹¹): τόσσα·
ἐνταῦθα ἡ ἀπόδοσίς ἐστι τῆς παραβολῆς· λείπει γὰρ τὸ ὡς (ὡς codd.), fort. sch.
rec.	a καὶ ὅτι (6) sq. ad Ζ 434 a (Ariston.). Vide ad Ζ 4	ἀλλὰ διὰ τῶν (7) sq. ad
Υ 40. 74 (Ariston.)	b altera lectio (sc. ὡς τὰ μ.) Zenodoti esse dub. suspicatur
Ludwich, A. H. T. 1, 296, 20	561 de accentu vocis πρό in iunctura Ἰλιόθι
πρό vide ad Ζ 472 (test.). Non est, cur censeamus ad versum 561 sch. Herodiani
umquam fuisse	562 ad Θ 56 a. Vide ad B 128. 130—3	562—3 h(M¹ P¹¹ V³
V¹⁵): τῷ (τὸ V¹⁵) „ἑκάστῳ" τὸ „σέλᾳ" συναπτέον (συν. τὸ σέλ. V¹⁵), ἵν' ᾖ παρ'
ἑκάστῳ σέλαϊ, fort. sch. rec.

---

6 οὐ τὸν A, οὐ προσυστήσας τὸν Lehrs (Hrd. 460; cf. test., impr. ad Υ 40), οὐ
προσυστήσας τὸν αὐτὸν ποταμὸν ξάνθον καὶ σκάμανδρον ὄντα τὸν Roe. (Ar. 135),
improbabiliter	9 le. addidi (auctore Ldw.)	11 le. T, om. b	(le.) τόσσα
V, τόσα T; μεσηγὺ T em. Ma.	ἄλλως b, om. T, possis ἀκαταλλήλως	12
τῷ b τὸ T	οὕτως b	14 (le.) ἄρ damn. Bk.	ὅτι A, ἡ διπλῆ (sc. περιεστι-
γμένη), ὅτι Vill.	19 le. T supplevi	20 σέλα T, fort. σέλα (= vulg.)	πεντ.
scripsi, ν' T	22 δ' ἐν Hom.	23 le. addidi; possis πὰρ δὲ ἑκάστῳ:, tum
πρὸς τὸ σέλας (cf. test.)

563. εἴατο πεντήκοντα: ἀφορμὴν λαβὼν καὶ τὸν τῶν Τρώων *ex.*
25 ἡμῖν ἀριθμὸν ἐδήλωσεν ὅτι ἀμφὶ τὰς πέντε μυριάδας ἐστὶν αὐτῶν τῶν
πολιτῶν· b(BCE³) T　　　οἱ γὰρ ἐπίκουροι καθεύδουσι, Τρωσὶ τὴν
φυλακὴν ἐπιτρέψαντες. b(BCE³E⁴) T

　　　εἴατο πεντήκοντα σέλαι πυρός: παρ' †ἑκάστῃ† δὲ σέλᾳ　D
πυρός, τουτέστι παρ' ἑκάστῃ δὲ πυρᾷ, πεντήκοντα ἐκαθέζοντο ἄν-
30 δρες. ἐκ τούτων ———— πέντε μυριάδες ἦσαν. A

564. κρῖ λευκόν: εἰ ἦν ἀπὸ τοῦ κριθή, λευκὴν ἂν ἐπήγαγεν. T *ex.*

Παράκειται τὰ Ἀριστονίκου σημεῖα καὶ τὰ Διδύμου Περὶ τῆς
Ἀρισταρχείου διορθώσεως, τινὰ δὲ καὶ ἐκ τῆς Ἰλιακῆς προσῳδίας
Ἡρωδιανοῦ καὶ ἐκ τῶν Νικάνορος Περὶ στιγμῆς. A

563 cf. D　　　**564** ἀπὸ τοῦ κριθή cf. D, aliter Eust. 730, 2; vide ad E 196 *a* (ex.)

---

24 (le.) πεντ. scripsi, ν′ T (le. om. b)　　　**24** sq. τὸν ante ἀριθμὸν b　　　**25** αὐτῶν
T ὁ b　　　**28** erat fort. ἑκάστῳ　　　**32—4** sub ipso textu Iliadis exaravit A

I

Pap. VII (ad I 447?)

. . . .

]ουφο[

447   οἶον ὅτε πρ]ωτον λίπ[ον Ἑλλάδα: Φοῖ-
νιξ ὁ Ἀμύ]ντορος κα[
. . . .]εις ὑπὸ τ.[

5 . . . . ὅπω]ς μισῇ του[5
. . . . . . κ]ατὰ τοῦ Φο[ίνικος
. . . . γ]εννῆσαι[
. . . .]ς παραγει[
. . . .]σμενως[

10 . . . .]τίθεται[10

. . . .

---

447 cf. D ad I 448; Eust. 762, 41; Tz. Lyc. 421; vide test. ad I 447 exscripta, praeterea [Apoll.] bibl. 3, 175, sch. Plat. lgg. 11, 931 b

---

Pap. Lit. Lond. 142 (Mus. Brit. 1605 C = Pack[2] 1188), secundo p. Chr. n. saeculo scriptam primum edidit H. J. M. Milne in libro, qui inscribitur Catalogue of the Literary Papyri in the British Museum (Londinii 1927), p. 121. Versum I 447 in testimonium vocatum et enarratum esse cognovit R. Pfeiffer (Philol. 92, 1937, 16 = Ausgewählte Schriften, Monaci 1960, 39), cui supplementa potiora debentur. Ipse papyrum contuli Londinii a. D. 1952. Cf. tabulam phototypicam huic volumini affixam.

Notes quaeso pro certo affirmari non posse, quot litteras singulae lineae olim continuerint. Nam ambigitur, utrum verba versus Homerici, a quibus in lacunarum longitudine computanda proficiscendum est, ἐκθέσει scripta (h. e. in partem sinistram promota) fuerint necne. Praeterea nescimus, num vox novissima versus I 447 (sc. in linea secunda) laudata sit; quo evenit, ut longitudines lacunarum, quibus dextera pars columnae hausta est, definiri nequeant. Tamen Pfeiffer, quippe qui coniecerit in fine lineae secundae non plus ca. duodecim litteras amissas esse, mihi quidem rem acu tetigisse videatur.

Valde doleo, quod discerni non potest, cuius generis in libris hoc fragmentum numerandum sit (cf. Praef. p. XXXIX et infra ad l. 1). Si quidem titulus erat Περὶ τοῦ Φοίνικος (de quo Pfeiffer inter alia cogitavit), commentariis quibusdam mythologicis, qui Narrationes (Ἱστορίαι) inscribi solebant, attribuendum esse censeo, e nostra autem editione prorsus removendum.

1 τ]οῦ φό[νου dub. Milne, περὶ τ]οῦ φο[ίνικος vel ὁ τ]οῦ φο[ίνικος λόγος Pfeiffer, qui tamen suo iure secum consideravit l. prima novissima verba scholii praecedentis contineri posse   2 sq. suppl. Pfeiffer

3]ν incertiss.   3 sq. κα[λῆ πατρὸς παλλα- | κῆ, πεισθ]εὶς Pfeiffer, sed notes ceteros auctores (cf. test.) mulierculae pulchritudinem, quae in hac fabula nullius fere momenti est, non commemorasse   4 ε[vel σ[vel ω[vel ο[, fort. η[4 sq. τῆ[ς μη-τρός, μείγ- | νυται Pfeiffer   5]. tantummodo punctulum summis litteris adaequatum,]σ verisim., neque]υ neque]α   μισητου pap., dist. Pfeiffer   5 sq. [γέροντος ἔρωτα. | ὁ δ' ἀρὰς κ]ατὰ Pfeiffer, malim [γέροντος τὸν ἔ- | ρωτα. ὁ δὲ κ]ατὰ   6 φο[suppl. Milne, Croenert, tum ἀρᾶται Pfeiffer, malim ἐπαρᾶται   7 γ] suppl. Milne, μὴ παῖδας γ] Pfeiffer   .[vestigium partis sinistrae hastae in dexteram partem curvatae, possis σ[, fort. ι[7—10 post v. γεννῆσαι aegritudo Phoenicis et fuga ad Peleum videntur narratae esse   8 .[pars hastae verticalis, ι[verisim., ν[legi potest, non τ[; θυμὸ]ς παράγει[vel]σ παρὰ γεί[τονι πηλεῖ? Pfeiffer, possis et]ς παραγεν[όμενος vel]ς παραγ{ε}ί[νεται   9 ς[certum, ἀ]σμένως[e. g. Milne   10 ὑπερ]τίθεται [τὸν υἱὸν ἀχιλλέα e. g. Pfeiffer

ex.   **0** *a*. Λιτὰς μὲν τὴν ῥαψῳδίαν καλοῦσιν. ἐπειδὴ δὲ οἱ Τρῶες ἐκ
παραδόξου νικῶσι βέλεσι Διός, οὐκ οἰκείᾳ δυνάμει, παντὶ πόνῳ τὴν
τύχην φυλάττουσιν, παρεμβολὴν ἐπὶ τῷ ναυστάθμῳ ποιούμενοι. τοῖς
δὲ Ἕλλησιν ἅπαντα δυσχερῆ, b(BCE³E⁴) **T**   πρῶτα μὲν ἐν καιρῷ
μὴ παρόντος ἀγαθοῦ συμμάχου, εἶτα καὶ μετὰ παράβασιν τοσοῦτον 5
εὐτυχούντων ⟨τῶν⟩ Τρώων· ⟨εἶτα⟩ οἱ κεραυνοὶ τοῦ Διός. μάλιστα δὲ
πάντων ὁ τὴν αἰτίαν ἔχων Ἀγαμέμνων ἄχθεται. b(BCE³E⁴)   ὅταν
δὲ ἄλλων πραγμάτων ἄρχεσθαι μέλλῃ, παραγραφὰς ἐμβάλλει, ὡς οἱ
νόμοι τῶν ἱστοριογράφων· b(BE³E⁴) **T**   μεταβαίνων γὰρ ἐπὶ τὰ
Ἑλλήνων ἀπεκορύφωσε τὸν λόγον. b(BE³E⁴)   10

ex.(?)   *b*. ἡ Ι τῆς Ἰλιάδος ἐπιγράφεται Λιτή, ὅτι Ἀγαμέμνων Νέ-
στορος συμβουλεύσαντος πρὸς τὸν Ἀχιλλέα ἄνδρας λίσσεσθαι ἔπεμψεν
ἀρίστους, Φοίνικα Ὀδυσσέα Αἴαντα. **A**

ex.   **1—2.** ⟨Τρῶες φυλακὰς ἔχον· αὐτὰρ Ἀχαιούς / ... ἔχε
φύζα:⟩ ὅρα τὸ ἀντίθετον πῶς ἐδήλωσεν ἑνὶ ῥήματι, Τρῶες ἔχον 15
(1), Ἀχαιοὺς ἔχε (1—2). **A** b(BCE³E⁴) **T**

D   ὡς οἱ μὲν Τρῶες φυλακὰς ἔχον: καλῶς εἶπεν· οἱ μὲν γὰρ
Τρῶες ———— ὑπὸ τοῦ δέους. **A**

ex.   **2** *a*. ⟨θεσπεσίη:⟩ ἡ βουλήσει θεῶν †προγεγενημένη†, b(BCE³
E⁴) **Tⁱˡ**   ὡς καὶ ἀλλαχοῦ „ἦ καὶ θεσπεσίη πόλιν οὐκ ἀλαπάξεις/ 20
ἦ ἀνδρῶν κακότητι" (B 367—8). **Tⁱˡ**

Ariston. | *ex.*   *b*. θεσπεσίη ἔχε φύζα, ⟨φόβου κρυόεντος ἑταίρη⟩: φύζα
σημαίνει τὴν μετὰ δέους φυγήν, ὅθεν καὶ „φυζακινῆς ἐλάφοισι" (N
102)· νῦν δὲ ἔκπληξις. | ἀπολογεῖται δὲ ὅτι ἐκ θεῶν. κρυόεις δὲ φόβος ὁ

0 *a* παραγραφὰς (8) ad A 304 *a* (ex.)   *b* cf. arg. pr. in D, Eust. 731, 7   **1—2**
cf. Eust. 731, 22   **2** *a* cf. Porph. 1, 126, 29; — προσγεγενημένη (19) cf. D;
vide Buttmann I 157   ὡς καί (20) sq. vide ad B 368; Lehrs, Quaest. ep. 56   *b*
cf. Eust. 731, 29; — ἔκπληξις (24) Ap. S. 164, 8: φόβος· Ἀρίσταρχος σεση-
μείωται ὅτι συνήθως φόβος ἐπὶ τῆς φυγῆς, φύζα δὲ ἐπὶ τῆς μετὰ δειλίας φυγῆς, D,

1—10 pone sch. Ι 2 *c* in T   **1** μέν om. T, fort. recte   **3** τύχην b ψυχὴν
T   φυλάττουσιν b φυλα ss. τ T   **6** τῶν et εἶτα add. Vill.   **8** παρεγγρα-
φάς T   **8—9** ὡς οἱ νόμιμοι (δόκιμοι ci. Ddf.) τῶν ἱστ. pone μέλλῃ b   **14** sq.
le. add. Ma. (Ddf.), ὡς οἱ μὲν τρῶες φυλακὰς ἔχον add. V, φυλακὰς ἔχον add. Li
(sch. ad Ι Ι rettulerunt bT; de A vide notam sq.)   **15—6** ὅρα δὲ ⟨τὸ⟩ — ἔχε
pone sch. Ι 2 *b* (coni. cum v. δεδιότας) A   **15** πῶς τὸ ἀντίθετον b   ἑνὶ ἐδ.
ῥήμ. b ἑνὶ ῥήμ. ἐδ. A   **19** le. add. Vill. (θεσπεσίη ἔχε add. Li)   ἡ b ἦ T   προσ-
γεγενημένη Bk.   **20** ἦ (ante καί)] εἰ codd. Hom. (at vide test.)   **22** le. A
suppl. Vill., φύζα T, om. b   **22** sq. φύζα — φυγήν A, ἀεὶ μὲν ἡ μετὰ δέους φυγὴ
T, φύζα δὲ ἀεὶ μὲν ἡ μετὰ δέους φυγή (coni. cum scholio *a*, v. προγεγενημένη) b, ἡ
διπλῆ, ὅτι φύζα σημαίνει τὴν μετὰ δέους φυγήν Vill.   **23** φυζακεινῆς T   ἐλά-
φοισιν A   **24** ὀκρυόεις δὲ ὁ φόβος ὁ A   φόβος om. b

25 ψυχρός· τὸ θερμὸν γὰρ ἐπιλείπει τοὺς δεδιότας. A b(BCE³E⁴) T

c. ὀκρυόεντος: φρικτοῦ, φοβεροῦ· συμβαίνει γὰρ τοὺς δεδιό- D
τας συγκρούειν τοὺς ὀδόντας. T

3 a. πένθεϊ δ᾽ ἀτλήτῳ ⟨βεβολήατο πάντες ἄριστοι⟩: οἱ μὲν ex. | x
ἄλλοι περὶ φυγήν, οἱ δὲ ἄριστοι ἐν πένθει· ἀνάξιον γὰρ Ἑλληνικῶν
30 ἀρχηγῶν ἡ φυγή. μάλιστα δὲ αὐτῶν ἅπτονται αἱ συμφοραί, ἐπεὶ καὶ
τὴν αἰτίαν τῶν κατορθωμάτων ἐπὶ τούτους ἀνάγομεν. b (BCE³E⁴) T |
τὸ μὲν οὖν βεβολήατο ἐπὶ ψυχῆς, τὸ δὲ „βεβλήατο" (Ζ 28) ἐπὶ σώ-
ματος. b(BCE³E⁴)

b. ⟨ἀτλήτῳ:⟩ ἀνυπομονήτῳ, ἀφορήτῳ. Tⁱˡ　　　　　D

35 c. {πένθεϊ δ᾽ ἀτλήτῳ} βεβολήατο: ⟨ὅτι⟩ ἔνιοι „βεβλήατο", Ariston. | Ep.
καὶ Ζηνόδοτος οὕτως. ἐπὶ δὲ τῆς κατὰ ψυχὴν τρώσεως καὶ ἀλγηδόνος Hom.
ἀεὶ τοῦτο τάττει, ἐπὶ δὲ τῆς κατὰ σῶμα πληγῆς οὐκέτι οὕτως. | τὸ βε-
βολήατο ἔκτασιν ἔχει ποιητικὴν τοῦ ε εἰς τὸ η διὰ τὴν ἐπαλληλίαν
τῶν βραχέων. τοιοῦτόν ἐστι καὶ τὸ „πεφοβήατο διηέντα" (Θ 206)
40 καὶ τὸ „ἦ ῥά νύ τοι πολλοὶ δεδμήατο κοῦροι Ἀχαιῶν" (Γ 183). A

4 a.¹ ὡς δ᾽ ἄνεμοι δύο: διττὰ γὰρ αὐτοὺς ἐλύπει, ἔκπληξις τῶν ex.
παρόντων καὶ δέος τῶν μελλόντων. οἱ δὲ „Ζηνός τε νόος καὶ Τρῶες
ἀγαυοί" (Π 103). T

a.² καὶ γὰρ καὶ τὰ τούτους λυποῦντα διττά, ἡ τῶν παρελθόν-
45 των ἔκπληξις καὶ δέος τῶν μελλόντων. b(BCE³E⁴)

ὡς δ᾽ ἄνεμοι δύο: καλῶς δύο ἀνέμους παρέλαβεν ——— λύ- D
πης τε καὶ φόβου. A

b.¹ ⟨ἄνεμοι: ἡ⟩ Ἀριστοφάνειος „ἀνέμω" δυϊκῶς. Aⁱᵐ　　　　Did.

Porph. 1, 127, 11, sch. Ar. Ach. 263; Lehrs Ar.³ 77. Vide ad B 767 a. N 102
3 diple non periestigm. ante versum in A, fort. neglegentia scribae　　a — πένθει
(29) cf. Eust. 731, 50　　τὸ μὲν οὖν (32) sq. cf. h(M¹ P¹¹ V³ V¹⁵): βεβολήατο·
(om. M¹ V³ V¹¹) ἐπὶ μὲν σώματος βεβολήατο, ἐπὶ δὲ ψυχῆς βεβολήατο, vide sch.
c, Porph. 1, 127, 14　　τὸ μὲν οὖν (32) — ψυχῆς cf. D　　b — ἀνυπομονήτῳ cf. D
ad T 367, Ap. S. 46, 30　　c ἐπὶ δὲ (36) — οὕτως (37) ad Ι 9 b (Ariston.); cf. Amm. 99;
vide sch. a　　τὸ βεβολήατο (37) sq. An. Ox. 1, 96, 27; vide ad Γ 183 b; Zenob. in
Et. Gen. (AB) βεβολήατο　　ἔκτασιν ἔχει (38) sq. cf. Schem. Hom. 29　　4 cf.

---

25 ψυχρός] φοβερός T　　τὸ γὰρ θερμὸν b　　δεδιότας A　　26 le. Bk., ὀκρυόαντος
T, fort. κρυόεντος (ut D)　　28 le. T supplevi (auctore Vill.), om. b　　29 περὶ φ.
Ma., περὶ φυγῆς T, ἐν φυγῇ b　　30 ἀρχόντων b　　30 sq. ἐπεὶ — κατορθ. T καὶ
γὰρ τὰς τῶν κατορθωμάτων αἰτίας b　　34 le. add. Ma., ἄλλως· ἀτλήτῳ add. Vᶜ
35 (le.) π. δ᾽ ἀτλ. eiecit Bk.　　ὅτι add. Ddf., ἡ διπλῆ (debuit δ. περιεστιγμένη),
ὅτι Vill.　　36 οὕτως Vill., ου ss. τ A　　42 παρόντων cf. sch. a²　　οἱ δὲ T, οἱ δύο
Wil. (vix recte), καὶ δάμνα perperam Ma.　　44 διτταί E³　　48 le. add. Bk.
(Vill.), ἡ add. Vill.

b.² ὡς δ' ἄνεμοι: ἢ ὡς Ἀριστοφάνης „ὡς δ' ἀνέμω ⟨. . ./⟩
ἐλθόντ' ἐξαπίνης" (I 4 et 6). **T**   50

Nic. | *D*   **5—6 a.** Βορέης καὶ Ζέφυρος, ⟨τώ τε Θρήκηθεν ἄητον/ ἐλ-
θόντ' ἐξαπίνης⟩: ἤτοι συναπτέον ἄητον / ἐλθόντ' ἐξαπίνης, ἢ
ὑποστικτέον ἀνυποκρίτως ἐπὶ τὸ ἄητον (5), ἵν' ᾖ τὸ ἑξῆς· Βορέης
καὶ Ζέφυρος (5) ἐξελθόντες ἐξαπίνης (6). | πῶς δὲ ἀμφοτέρους
———— ἀπὸ Θρᾴκης πνεῖ. **A**   55

ex.   **b.** τώ τε Θρήκηθεν ⟨ἄητον/ ἐλθόντ' ἐξαπίνης⟩: οἱ μὲν
συνεκδοχικῶς, ὡς „ὅσοι βεβλήατο χαλκῷ" (Ζ 28). οἱ δὲ ὅτι οἰκητήριον
τῶν ἀνέμων ἡ Θρᾴκη· εὐωχοῦνται ⟨γ⟩οῦν παρὰ Ζεφύρῳ ἐν Θρᾴκῃ (cf.
Ψ 200—1)· ἔστιν οὖν ἐλθόντε ἀπὸ Θρᾴκης ἄητον (5), ὅθεν ἑκάτερος
εἴωθε πνεῖν. ἢ ὅτι ἡ τῶν Θρακῶν γῆ σιγματοειδῶς κεῖται καὶ ἐπὶ πολὺ 60
διήκει μέχρι τῆς δύσεως· ἀφ' ἑκατέρου οὖν μέρους τῶν ἀνέμων ἔχει
ἑκάτερον. **T**

ex.   **5.** ⟨Ζέφυρος:⟩ ὁ τὰ πρὸς τὸ ζῆν φέρων· ἔαρος γὰρ ἄρχεται
πνεῖν. **T**il

ex.   **6 a.** ⟨ἐξαπίνης:⟩ σφοδρότεραι γὰρ αἱ αἰφνίδιοι τῶν ἀνέμων 65
ἐμβολαί. **A**imT

Hrd. ———— b.¹ ἄμυδις: Νικίας (fr. 10 B.) καὶ Πάμφιλος δασύνουσι τὸ
αμυδις, ἐπεὶ παρὰ τὸ ἅμα ἐγένετο. ὁ δὲ Ἀσκαλωνίτης (p. 49 B.) καὶ οἱ
περὶ Ἀλεξίωνα (fr. 35 B.) ψιλοῦσιν, πολὺ δὲ πρότερον καὶ οἱ περὶ
Ἀρίσταρχον, καθότι, φασί, φιλεῖ πως τὰ ἀπὸ δασέων {πως} πολλάκις 70

Porph. 1, 126, 18   **5—6 a** — ἐλθόντ' ἐξαπίνης (52) cf. D   **b** cf. D   συνεκ-
δοχικῶς (57) ad N 761 a. Ζ 28 b (Ariston.), cf. Porph. 1, 127, 24; sim. Hrd. rhet.
fig. 100, 11; de Borea cf. sch. Lyc. 925. 1015, sch. Hsd. opp. 507—18 (Procl.)   οἱ
δὲ (57) — ἡ Θρᾴκη (58) cf. Eust. 732, 18; sch. Theocr. 7, 111 a   ὅθεν ἑκάτερος
εἴωθε πνεῖν (59) cf. Gell. N. A. 2, 22, 16   ἢ ὅτι ἡ τῶν Θρακῶν γῆ (60) sq. cf.
Strab. 1, 2, 20 (p. 28)   σιγματοειδῶς (60) cf. Eust. 732, 21   **5** cf. Eust. 732,
16; Ecl. (An. Ox. 2, 442, 26), fort. e Seleuco (vide Reitzenstein, Gesch. 172):
Ζέφυρος· ὁ τὸ ζῆν ἡμῖν φέρων· κατὰ γὰρ τὴν τοῦ ἔαρος ὥραν „ζεφυρίη πνείουσα τὰ
μὲν φύει, ἄλλα δὲ πέσσει" (η 119). τινὲς δὲ ὁ μεγάλως φυσῶν, παρὰ τὸ ζα ἐπιτατι-
κόν, sim. Et. Gen. (EM. 408, 44, Et. Gud. 230, 35); vide Or. 66, 20; aliter ad
Φ 334, sch. ε 295   **6 a** cf. Eust. 732, 27   **b¹** ad A 576. Y 114 (Hrd.); cf. Lehrs

———————————
49 sq. sch. cum scholio a¹ coni. T, dist. Ma.   **50** ἐλθ. ἐξαπ. abesse malim   **51**
sq. le. A suppl. Frdl.   **53** ἀνυποκρήτως A em. Vill.   **56** le. T supplevi   **57**
βεβλήαται T (Li) em. Vill.   **58** οὖν T suppl. Wil.   **62** ἑκάτερον Ma. (e D),
ἑκάτερος T   **63** le. add. Bk. (βορέης καὶ ζέφυρος add. Vᶜ)   **65** le. add.
Vill.   σφοδρότεραι γὰρ sq. cum scholio I4b² (v. ἐξαπίνης) coni. T   αἰφνήδιοι
A   **69** πολὺ Bk., πολλοὶ A   **70** πως² del. Lehrs

μετασχηματιζόμενα ψιλοῦσθαι, ἡμέρα „ἦμαρ" (Α 592 al.), ἡδονὴ
„ἦδος" (Α 576 al.). πρόδηλον δὲ κἀκ τῆς συναλιφῆς· „πάντ' ἄμυδις
κεφαλῆς" (Μ 385). ἐχρῆν δὲ αὐτοὺς προσθεῖναι ἐκεῖνο ὡς ὅτι τὸ „ἄλλυ-
δις" (Λ 486 al.) καὶ ἄμυδις τρίτην ἀπὸ τέλους ἔχει τὴν ὀξεῖαν καὶ τῇ
75 παραληγούσῃ ἐξαιρέτῳ ἐχρήσαντο, ᾗ διὰ τὸ ῡ ἐξηνέχθησαν. ἐχρῆν
οὖν ἁμάδις τι εἶναι ὡς „χαμάδις" (Γ 300 al.). τροπὴ δὲ τοῦ ᾱ ἐγένετο
εἰς τὸ ῡ, ὡς τὸ σάρκες σύρκες. καὶ ἐπεὶ Αἰολικὴ ἡ τροπή, καὶ ὁ τόνος
Αἰολικὸς καὶ τὸ πνεῦμα. Α

b.² ἄμυδις: ψιλωτέον τὸ ἄμυδις· Αἰολικὸν γὰρ καὶ πνεῦμα καὶ
80 τόνον ἀνεδέξατο b(ΒCE³Ε⁴) Τ   ὁμοίως τῷ „ἄλλυδις". Τ

c. ⟨ἄμυδις:⟩ ἅμα τῷ πνεῦσαι τοὺς ἀνέμους. b(ΒCE³Ε⁴) Τ   ex.

d. ⟨κελαινόν:⟩ μέλαν | ἢ φοβερόν. Τ^il   D | ex.(?)

7 a. πολλὸν δὲ παρὲξ ἅλα φῦκος ἔχευαν: τὸ παρὲξ παρὰ τῷ   Hrd.
ποιητῇ καὶ δύο μέρη λόγου ἐστὶ καὶ ἐγκλίνονται αἱ δύο προθέσεις· διὸ
85 καὶ πολλάκις εὑρίσκεται καὶ εἰς κ̄ λήγουσα ἡ ἐξ· „παρὲκ μέγα τειχίον
αὐλῆς" (π 165. 343). ἔστι δὲ ὅτε τὸ νοητὸν ἐπικρατεῖ τῆς ἐξ προθέ-
σεως, ἔσθ' ὅτε καὶ τῆς παρά· „ἀλλὰ παρὲξ τὴν νῆσον ἐλαύνετον" (μ
276), „ὣς ἄρα φωνήσαντε παρὲξ ὁδοῦ" (Κ 349). ἐνθάδε μὲν οὖν ἡγεῖ-
ται ὁ Ἀσκαλωνίτης (p. 49 B.) παρέλκειν τὴν παρά, ἵν' ᾖ ἐξ ἁλός. ἄλ-
90 λοι δὲ τὴν παρὰ κυρίως κεῖσθαι, ἵνα γένηται παρ' ἅλα φῦκος, καὶ τὴν

Ar.³ 327; Wackernagel II 1162; S. U. 41   ἐχρῆν δὲ αὐτοὺς (73) — ἐξηνέχθησαν
(75) de regula cf. Ep. Hom. (An. Ox. 1, 438, 32, Et. Gud. 560, 56, ΕΜ. 806,
5)   ἐχρῆν οὖν (75) sq. cf. Or. 11, 18 (unde Et. Gen. [AB] ἄμυδις, Et. Gud. 119, 15
Stef. [test.]) in sede scholiorum, sim. Or. 31, 10 (unde Et. Gud. 119, 1 Stef.)   b²
cf. Eust. 732, 30. 806, 49. 1212, 5   7 a plura Ep. Hom. (An. Ox. 1, 379, 10):
παρὲξ· παρὰ τῷ ποιητῇ καὶ δύο μέρη λόγου ἐστὶν καὶ ἐγκλίνονται αἱ δύο προθέ-
σεις· ὅτε πολλάκις καὶ ἡ ἐξ εἰς κ̄ τρέπει τὸ ἑαυτῆς ξ̄· οἷον „παρὲκ μέγα τειχίον αὐλῆς"
(π 165), „παρὲκ νόον ἤγαγεν Ἕκτωρ" (Κ 391), παρελκούσης τῆς ἐξ. εἰ δὲ φωνῆεν
καὶ μὴ σύμφωνον ἐπενεχθῇ, δῆλον ὅτι τὸ ξ̄ μένει· οἷον „παρὲξ ἅλα φῦκος ἔχευεν"
(τὸ γὰρ ἑξῆς παρὰ τὴν ἅλα φῦκος ἔχευεν), „ὣς ἄρα φωνήσαντε παρὲξ ὁδοῦ" (Κ 349),
„νῆχε παρὲξ ⟨ἐς⟩ (addidi ex Hom.) γαῖαν" (ε 439), „ἀλλὰ παρὲξ εἴποιμι" (δ 348),
„δῆμον ἐόντα παρὲξ ἀγορευέμεν" (Μ 213). ἐν τούτοις δέ ἐστιν τὸ νοητὸν ὅτε ἐπικρα-
τεῖ τῆς ἐξ προθέσεως, ἔστιν ὅτε καὶ τὸ τῆς παρά. εἰσὶ δὲ οἳ ἓν μέρος λόγου παρειλή-
φασι τὸ πάρεξ σημαῖνον τὸ ἐκτός· καὶ ἡμῖν δὲ οὕτως δοκεῖ, ὅτε τὸ ξ̄ φυλάττεται ἐπι-
φερομένου συμφώνου· „ἀλλὰ πάρεξ τὴν νῆσον" (μ 276), „στῆ δὲ πάρεξ· Τρῶες δὲ
διέτρεσαν" (Λ 486) καὶ „ἄλλα πάρεξ μεμνώμεθα" (ξ 168)· καὶ δῆλον ὅτι ἐπίρρημά
ἐστι· καὶ οὐκέτι ὀφείλει τὸ ξ̄ τρέπεσθαι εἰς κ̄· οὐ γάρ ἐστι πρόθεσις, ἀλλ' ἐπίρρημα
βαρύτονον· ἀφ' οὗ χωριστικὸν ἐπίρρημα οἱ περὶ (scripsi, παρὰ cod.) Ἡρόδοτον

74 τρίτην Α, καὶ ἐξαιρέτως τρίτην Lehrs   79 ψιλωτέον δὲ sq. pone sch. c (coni.
cum v. ἀνέμους) b   79 sq. καὶ τόνον καὶ πνεῦμα b   80 ἐδέξατο b   ἄλλυδις Eust.,
ἄμυδις Τ   81 le. add. Bk.   82 le. add. Ma.   83 le. Vill., πολλὸν δὲ παρὲξ ἅλα:
Α   87 παρὲξ Α, codd. Hom., παρὲκ Nck.   ἐλαύνετε Hom.   89 ἵν' ᾖ Vill.,
ἵνα ᾖ Α   ἔξαλος Lehrs, Ptolemaeum vocem ἔξαλα in Ι 7 (ab ἔξαλος declinatam)
pro adverbio usurpasse ratus, vix recte

ἔξ συντάσσεσθαι πρὸς τὸ ἔχευαν, ὅπερ καὶ βέλτιον· παρ' ἁλὶ φῦκος
ἐξέχευαν. μετὰ γοῦν τῆς διὰ οὖσα ἡ ἔξ οὐ τρέπει τὸ ξ̄· „διὲξ σωλῆνος
εἰς ἄγγος" (Archil. fr. 213 T.). Τυραννίων (fr. 16 P.) δὲ ἓν μέρος λό-
γου ἤκουσεν, ἵν' ᾖ ἐπίρρημα, καὶ βαρύνει· καὶ ἔχει λόγον, ὡς Ἡρόδο-
τος ἐν δ' (46, 1)· „πάρεξ τοῦ Σκυθικοῦ ἔθνους". παρὰ δὲ τῷ ποιητῇ τὸ 95
παρὲξ δύο μέρη λόγου εἰσὶ καὶ ἐγκλίνονται αἱ δύο προθέσεις. A 1

ex.(Hrd.) 　　　*b.* παρέξ: δύο εἰσὶ προθέσεις. ἀμέλει καὶ τρέπεται τὸ ξ̄ εἰς κ̄,
„παρὲκ μέγα" (π 165. 343), „παρὲκ νόον" (Κ 391. Υ 133), b(BCE³
Ε⁴) T 　„παρὲξ ὁδοῦ" (Κ 349), „παρὲξ εἴποιμι" (ρ 139), „παρὲξ
ἀγορευέμεν" (Μ 213). T 　τινὲς δὲ ἓν μέρος λόγου, ὅπερ ἐστὶν ἐπίρ- 5
ρημα· ἔστι δὲ καὶ πάρεξ, ὃ γενικῇ θέλει συντάσσεσθαι. b(BCE³Ε⁴) T
μετὰ τὴν διὰ δὲ οὖσα ἡ ἔξ οὐδέποτε τρέπει τὸ ξ̄. τὸ δὲ ἐξῆς οὕτω· πολ-
λὸν δὲ παρὰ τὴν ἅλα φῦκος ἐξέχευαν. b(BCE³) T

Did. 　　　*c.* ⟨ἔχευεν:⟩ διχῶς, καὶ διὰ τοῦ ᾱ. Aⁱⁿᵗ

D 　8. ⟨ἐδαΐζετο:⟩ ἐταράσσετο, διεκόπτετο. Tⁱˡ 　　　　　　 10

ἐποίησαν ὁμοίως ὑφ' ἕνα τόνον βαρυτόνως, ὡς Λέλεξ· ὅπερ οὐκ ἔστι παρὰ τῷ ποιη-
τῇ· ὁμοίως τῷ πλήν· τοῦτο γὰρ καὶ γενικῇ φιλεῖ συντάσσεσθαι, ἧς ἐστι χωριστικόν·
„πάντες (scripsi, πάντας cod.) παρεγένοντο πλὴν Ἀπολλωνίου", πάρεξ Ἀπολλω-
νίου. οὕτως ἔχει καὶ τὸ παρ' Ἡροδότῳ (4, 46, 1)· „οὔτε ἄνδρα λόγιον οἴδαμεν γε-
νόμενον πάρεξ τοῦ Σκυθικοῦ ἔθνους καὶ Ἀναχάρσιος". καὶ παρὰ Πλάτωνι (Epin.
976 d 1)· „πάρεξ τῶν εἰρημένων". | φησὶν δὲ ἐν τῇ Καθόλου ὁ Τεχνικὸς αὐταῖς λέξε-
σιν (1, 510, 9)· „Τὸ πάρεξ βαρυνόμενον καὶ γενικῇ συντασσόμενον ἔχει τι παράση-
μον, ὡς καὶ παρὰ δύο προθέσεις ἐγένετο· ὁπότε γὰρ ὀξύνεται, οὔ φαμεν εἶναι ἐπίρρη-
μα, ἀλλὰ δύο προθέσεις", cf. Hrd. μον. 2, 931, 32: πάρεξ· οὐδὲν εἰς ἔξ ἐπίρρημα
βαρυνόμενον ἐκ δύο προθέσεων συνεστηκός, ὅπερ καὶ γενικῇ θέλει συντάσσεσθαι,
ἀλλὰ μόνον τὸ πάρεξ· καὶ γὰρ ἡ συνήθεια οὕτως ἔσθ' ὅτε φησὶ „πάρεξ Ἀπολλω-
νίου"· ὃν τρόπον καὶ Ἡρόδοτος ἐν τῇ τετάρτῃ ἔφη „πάρεξ τοῦ Σκυθικοῦ ἔθνεος".
παρὰ μέντοι τῷ ποιητῇ ἕτερόν ἐστι τὸ ὀξυνόμενον „ἀλλὰ παρὲξ τὴν νῆσον ἐλαύνετε"
(μ 276), „παρὲξ περιμήκεα δοῦρα" (μ 443). εἴρηται δὲ περὶ αὐτοῦ ἐν τῇ Ὁμηρικῇ
προσῳδίᾳ, Et. Gen. (AB) πάρεξ, sch. ε 439. μ 276. 443. ο 199; — ἐξέχευαν (92) et
παρὰ δὲ τῷ ποιητῇ (95) sq. brevius Eust. 732, 44 et 46 (... Ἀπίων δὲ καὶ
Ἡρόδωρός φασιν) παρέλκειν (89) vide ad Ε 178 (Hrd.), sch. Ap. Rh. 2,
972—75 b 　τὴν παρὰ κυρίως κεῖσθαι (90) ad Λ 486 a/b 　διὲξ σωλ. εἰς ἄγγος
(92) = Archil. fr. 5 Β D.³ 　Τυραννίων (93) sq. eadem fere h(M¹ P¹¹ V³
V¹⁵), cf. Ep. Hom. (An. Ox. 1, 160, 21, sim. Et. Gen. = EM. 652, 38, Et. Gud.
453, 44) 　καὶ βαρύνει (94) cf. sch. Ap. Rh. 2, 342—44 c; Wackernagel, Vorl.
über Syntax II (Basil. 1928), 231. 　*b* vide ad Λ 486 a/b 　8 διεκόπτετο cf.

91 ἔχευαν Vill., ἔχευεν A 　　92 lac. ante μετὰ indic. Lehrs 　　διὲκ A em. Vill. (cl.
EM. 324, 17), cf. test. 　93 ἐς Bgk. 　94 sq. ἠρ. ἐν δ' h (itaque Lehrs), ἠρωδιανὸς
ὡς ἕνα A 　95 ἔθνεος Hdt. 　2 εἰς τὸ κ̄ b 　5 post λόγου ca. 50 litt. erasae in T,
ubi m. sec. haec suppl. ἀλλὰ παρὲξ τὴν νῆσον (μ 276), στῆ δὲ παρέξ, τρῶες δέ
(Λ 486) 　7 οὕτως b 　8 ἔχευαν C 　9 le. add. Vill. 　διὰ τοῦ ᾱ sc. ἔχευαν
10 le. add. V (fort. Vᶜ)

9 *a*. ἄχεϊ μεγάλῳ: τῇ ἀλάλῳ λύπῃ. **ΤΤ**^{il}   καὶ ἑξῆς· „ἷζον *ex.*
δ᾽ εἰν ἀγορῇ τετιηότες" (l 13)· πένθους γὰρ ὄψιν γράφει τοῦ στρα-
τοῦ. **Τ**

    b. ⟨βεβολημένος ἦτορ:⟩ ὅτι πάλιν τὸ βεβολημένος τὸ διὰ *Ariston.*
15 τοῦ ō ἐπὶ ψυχῆς λέγει. **Α**^{im}

    11. ⟨κλήδην εἰς ἀγορὴν κικλήσκειν ἄνδρα ἕκαστον:⟩ τὸ *ex.*
μὲν πλῆθος οὐ συνάγει, ἐπεὶ ἐν ταῖς δυσπραγίαις ὀργίζονται τοῖς
ἄρχουσιν, ἐπ᾽ ἐκείνους τὴν αἰτίαν τῆς συμφορᾶς ἀναφέροντες, ἄλλως τε,
εἰ μηδὲν δυστυχήσαντες οὕτω πρώην ἐδέξαντο τὴν φυγήν, πολλῷ μᾶλ-
20 λον νῦν δυστυχήσαντες· κατ᾽ ὄνομα δὲ τοὺς ἀρίστους συνάγει, ἵνα μὴ
ἔκπυστα γένηται τοῖς πολεμίοις τὰ πρασσόμενα, ἢ καὶ πρὸς τὸ μὴ τα-
ράξαι τοὺς οἰκείους. οὐδὲ ἐν ταῖς δυσπραγίαις οὖν ἐξίσταται τῶν πρα-
κτέων ὁ βασιλεύς. **b(ΒΟΕ³Ε⁴) Τ**

    12 *a.* μηδὲ βοᾶν: ἀντὶ τοῦ μὴ βοᾶν δέ, ὡς „δόλῳ οὐδὲ βίηφιν" *ex.*
25 (ι 408) ἀντὶ ⟨τοῦ⟩ βίᾳ δὲ οὔ. **Τ**

    b. μετὰ πρώτοισι πονεῖτο: ταῦτα ποιεῖ τοῖς κήρυξι πρὸς *ex.*
τὸ δυσωπεῖν ἐκείνους, καὶ εἰκότως· ἡ γὰρ συμφορὰ ταπεινοῖ καὶ τὰ
μεγάλα φρονήματα. **b(Ε³) Τ**

    c. ⟨πονεῖτο:⟩ ὅτι τὸ πονεῖν ἀεὶ ἐπὶ τοῦ ἐνεργεῖν τίθησιν. | *Ariston.* | *D*
30 νυκτὸς δὲ οὔσης ——— καλεῖ, ἵνα μή τις ταραχὴ γένηται. **Α**^{int}

    13. ⟨τετιηότες:⟩ τετιμωρημένοι ἢ λυπούμενοι. **Τ**^{il}   *D(ad I 30)*

    14 *a.* ἵστατο δακρυχέων: ἵνα ἐλεεινὸς γεγονὼς μὴ καταλειφθῇ *ex.*
παρ᾽ αὐτῶν. **b(ΒΟΕ³) Τ**

    b. ὥστε κρήνη μελάνυδρος: ὅτι Ζηνόδοτος γράφει „με- *Ariston.*
35 τ⟨ὰ δ᾽⟩ Ἀργείοισιν ἔειπεν (14)/ ὦ φίλοι Ἀργείων" (l 17). περιήρηκε
δὲ πάντα τὰ κατὰ τὴν παράθεσιν (sc. l 15—6). ἀναγκαῖα δέ ἐστιν
εἰς αὔξησιν. **Α**

    μελάνυδρος: πολύυδρος. φύσει γὰρ ——— τὸ βάθος. **Α**   *D*

Bechtel, Lex. 91   **9** *a* — λύπη (11) cf. D   *b* πάλιν (14) ad l 3 *c* (Ariston.), cf.
D   **11** cf. D ad l 12   κατ᾽ ὄνομα (20) — συνάγει cf. He. κ 2945   ἵνα μὴ
(20) — πρασσόμενα (21) cf. Eust. 732, 56   **12** *c* — τίθησιν (29) ad Α 467 *a*
(Ariston.), cf. Eust. 732, 64   **13** ad Θ 447 (test.)   **14** *b* περιήρηκε (35) sq. cf.

11—3 pone sch. l 15 *b* in T, trps. Bk.   **11** le. om. T^{il}   **12** ὄψις Τ em. Wil.
14 le. addidi   ὅτι Α, ἡ διπλῆ, ὅτι Vill.   **16** le. add. Vill. (κλήδ. εἰς ἀγ. add.
V, ἄνδρα ἕκ. add. Li)   **19** εἰ Τ καὶ **b**   πολλῷ Τ πόσῳ **b**   **21** τοῖς πολ.
γένηται Ε³   **22** δυσπρ. Τ, δυστυχίαις **b** (fort. rectius)   **25** τοῦ ins. Nickau
26—8 sch. ad l 10 (v. φοίτα) rettulit Ε³   **26** εἰκότως ταῦτὰ Ε³   **27** καὶ
εἰκότως om. Ε³   **29** le. addidi   ὅτι Α, ἡ διπλῆ, ὅτι Vill.   **31** le. add. V^c
32 ἵνα Τ τοῦτο δὲ ποιεῖ ἵνα pone sch. l 16 *b* (coni. cum v. ὕδωρ) in **b**   **34** le. Bk.,
ἵστατο δακρυχέων: Α   ὅτι Α, ἡ διπλῆ (debuit δ. περιεστιγμένη), ὅτι Vill.
34 sq. μετ᾽ Α suppl. Bk.   **36** παράθ. Α, παραβολήν Cob. (parum probabiliter)

D   **15** *a*. αἰγίλιπος: ὑψηλῆς, ἣν καὶ αἲξ ἂν ἀπολίπῃ διὰ τὸ ἄγαν
ὑψηλὸν **AT**   καὶ δύσβατον· ἐν γὰρ τοῖς κρημνοῖς αἱ αἶγες ὡς ἐπί- 40
παν νέμονται. **A**   ἡ δὲ παραβολὴ πρός τε τὸ πλῆθος τῶν δακρύων
εἴληπται καὶ τῶν στεναγμῶν. **AT**

D | ex.   *b*. δνοφερόν: μέλαν. | ἢ **T**   μετὰ δονήσεως φερόμενον· τῷ
δὲ ψόφῳ ὁ στεναγμὸς εἴκασται. **b**(BCE³E⁴) **T**

Ariston.   **16** *a*. ὡς ὁ βαρὺ στενάχων: ὅτι τινὲς γράφουσιν „ὡς ὅγε δα- 45
κρυχέων‟ διὰ τὸ ἀκαταλλήλως πρὸς τὰ δάκρυα (cf. I 14) τὸ στε-
νάχων ἀποδεδόσθαι. ἔστιν δὲ ἐν τῷ στενάχειν καὶ δακρύειν ἀπὸ
προηγουμένου νοούμενον. **A**

ex.   , *b*. ὡς ὁ βαρὺ στενάχων: ἀλλ᾽ εἶπε „δάκρυ χέων ὥς τε
κρήνη‟ (I 14), εἰ μὴ λέγοις ὅτι **T**   διὰ τοῦ βαρέως στενάζειν τὸ δα- 50
κρυχέειν δηλοῦται, ὡς τὸ „ἑζόμενοι λεύκαινον ὕδωρ‟ (μ 172). **b**
(BCE³) **TT**ⁱˡ

Ariston. | Nic.   **17** *a*. ὦ φίλοι, Ἀργείων ⟨ἡγήτορες ἠδὲ μέδοντες⟩: ἡ δι-
πλῆ, ὅτι ἐνθάδε ⟨οὕτως⟩ γραπτέον· πρὸς γὰρ τοὺς ἀρίστους, οὐ πρὸς
τὸ πλῆθος ὁ λόγος. ὅταν δὲ ἀπόπειραν τῷ πλήθει προσάγῃ, προσ- 55
φυέστερον γράφεται „ὦ φίλοι ἥρωες Δαναοί, θεράποντες Ἄρηος‟ (Β
110). | διασταλτέον δὲ ἐπὶ τὸ φίλοι διὰ τὴν ἀντέμφασιν· ἑαυτῷ μὲν
γὰρ προσφιλεῖς, Ἀργείων δὲ ἡγήτορας αὐτοὺς λέγει. **A**

ex. | ex.   *b*. ὦ φίλοι, Ἀργείων ἡγήτορες: οὐ πρὸς τὸ πλῆθος ἀποτεί-
νεται, ἐπεὶ καὶ ἡγεμόνες μόνοι εἰσὶν οἱ παρόντες. **b**(BCE³E⁴) **T** | τὴν 60
μὲν πρώτην πεῖραν ὁ Ἀγαμέμνων σύμπαντος τοῦ πλήθους ἐποιεῖτο
καὶ „ὦ φίλοι ἥρωες Δαναοί, θεράποντες Ἄρηος‟ (Β 110) ἔλεγεν. νῦν
δὲ ταύτην δευτέραν πεῖραν εἰς τοὺς Ἀργείων ἡγεμόνας φέρει δεδοικὼς

Bolling, Ext. Ev. 117, Von der Muehll 161, 5   **15** *a* — νέμονται (41) cf. D ad
Π 4; — δύσβατον (40) cf. Eust. 733, 36   *b* cf. Eust. 733, 38; — φερόμενον (43)
ad Π 4, aliter sch. Ap. Rh. 4, 14; Athen. 2, 41 d/e; — μέλαν (43) = D ad Π 4 *b*,
pap. Hamb. 128, 36, cf. He. δ 2084, Or. 43, 6. Vide Ap. S. 59, 20: δνοφερόν· μέ-
λαν, | ἐξ οὗ σημαίνει τὸ πολύ· „δνοφερὸν χέει ὕδωρ‟, originis incertae   **17** *a* —
Ἄρηος (56) ad Β 110 *a*; — λόγος (55) cf. Porph. 1, 132, 29; Eust. 732, 65 (εἰς
δημηγορίαν), vix recte Ludwich, Homervulg. 91, sim. Von der Muehll 161   *b*

39 ὑψηλῆς om. A   ἣν T (= D), ἧς ἂν A   ἂν ἀπολίπῃ T, ἀπολείπεται ἂν A
43 φερόμενον om. T   **45** ὅτι A, ἡ διπλῆ, ὅτι Vill.   **50—1** διὰ τοῦ βαρέως sq.
ad I 14 relatum in b (vide ad I 14 *a*)   **50** διὰ] ἄλλως· ὡς ὁ βαρυστενάχων: διὰ
Vᶜ   **50** sq. δακρὺ χέειν Ma., at vide ad A 357   δηλ. τὸ δακρυχ. Tⁱˡ   **53** le.
A suppl. Vill.   **54** οὕτως add. Frdl.   **57** τὸ Bk., τῶι A   **59—60** οὐ —
παρόντες pone sch. I 18 *c* (coni. cum v. ἑαυτὸν) in **b**   πλῆθος δὲ ἀποτείνεται **b**
60 καὶ ἡγ. μόν. T μόνοι ἡγεμόνες **b**   οἱ παρ. εἰσί **b**

μὴ καὶ τούτων τὴν γνώμην ἡ γενομένη ἧττα καὶ ὁ παρὰ τοῦ Διὸς
65 φόβος ἀνέτρεψεν· ὅτι γὰρ ἀποπειρωμένου καὶ ἡ σύνοδος αὕτη, δῆλον
μὲν καὶ ἐξ ὧν Ἀγαμέμνων τὴν τοῦ Διομήδους ἐπίπληξιν φέρει οὐκ
ἐνεγκὼν τὴν τοῦ κρείττονος Ἀχιλλέως δικαιολογίαν, δῆλον δὲ καὶ ἐξ
ὧν ὁ Νέστωρ, ὡς τὴν τοῦ βασιλέως γνώμην ἐπιστάμενος, τὸν Διο-
μήδην ἐπαινεῖ (cf. I 53—6), πρότερον ἐπιτιμήσας Ἀχιλλεῖ (sc. A
70 277—81). b(BE³E⁴) T

    18 a.¹ ⟨μέγα:⟩ Ἀρίσταρχος σὺν τῷ σ̄ ,,μέγας''. Aⁱⁿᵗ   *Did.*
    a.² {ζεύς με} μέγα: σὺν τῷ σ̄ ,,μέγας''. T
    b. {ζεύς με} μέγα: ὅτι μέγα δεῖ γράφειν ἀντὶ τοῦ μεγάλως   *Ariston.*
ὡς ,,σάφα'' (Β 192 al.). ἀδόκιμος δὲ πάνυ ἡ μετὰ τοῦ σ̄, ,,μέγας''. A
75   c. ⟨ἄτη ἐνέδησε:⟩ ἀπαλλάσσει τῶν κατηγοριῶν ἑαυτόν.   *ex.*
b(BCE³) T

    19 a. ⟨ὃς πρὶν μέν μοι:⟩ Ἀρίσταρχος ,,ὃς τότε μέν μοι''. Aⁱⁿᵗ   *Did.*
    b. ὃς πρὶν μέν μοι: ὅτι νῦν οὕτως γραπτέον ,,ὃς τότε μέν   *Ariston.*
μοι''· ἀναφέρει γὰρ ἐπὶ τὸ πρώην κατὰ τὸν ὄνειρον. ἐν ἐκείνοις (sc.
80 Β 112) μέντοι ,,ὃς πρὶν μέν μοι''· χρόνια γὰρ ἐσήμαινε τὰ κατὰ τὴν
πρώτην ἔξοδον τῶν Ἑλλήνων. A

    c.¹ ὃς πρὶν μέν μοι: ,,ὃς τότε μέν μοι'' οὕτως Ἀρίσταρχος·   *ex.*
ὅτε τὸν ὄνειρον ἔπεμψεν. ἐκεῖ δὲ (sc. Β 112) ,,πρίν'' διὰ τὸ ,,ἀστρά-
πτων ἐπιδέξια'' (Β 353). γράφεται δὲ καὶ ἐνταῦθα ὃς πρὶν μέν μοι. T
85   c.² τότε δέ μοι, φησίν, ὑπέσχετο καὶ κατένευσε τὴν Ἴλιον ἐκ-
πορθήσαντα ἀναστρέψαι, ὅτε αὐτῷ ἐν Αὐλίδι τὰς θυσίας ἐποιοῦμεν καὶ
τὸ τέρας ἡμῖν ὑπέφηνεν ἀκριβῶς. b(BCE³E⁴)

    21. καί με κελεύει {δυσκλέα}: κελεύει διὰ τοῦ κεραυνοῦ (cf.   *ex.*
Θ 133—6). T

ἐπεὶ καί (60) — παρόντες at cf. sch. a (test.)   18 a ad B 111 (Did.)   b
Aristonicum errare apparet, cf. Lehrs Ar.³ 28; Friedl., Ariston. 154; Ludwich, A.
H. T. 1, 297, 20   c aliter Eust. 733, 43   19 b ad B 112 (test.)

65 sq. καὶ ἡ σύν. — ἐξ Τ ἦν καὶ ἐξ αὐτῆς τῆς συνόδου μανθάνομεν καὶ ἐξ b   66
τοῦ om. b   ἐπίπληξ. διομ. E⁴   67 ἐνεγκὼν Τ ἐνεγκὼν τὸ πρῶτον b   68
ἐπιστ. Τ εἰδὼς b   68 sq. ἐπαινεῖ τὸν διομ. E⁴   69 τῷ ἀχ. b   71 le. add.
Bk.   72. 73 (le.) ζεύς με delevi   73 ὅτι A, ἡ διπλῆ, ὅτι Vill.   75 le. add.
Vᶜ   ἀπαλλάττει b   τῆς κατηγορίας Bk.   77 le. addidi (auctore Ldw.)
78 le. scripsi (auctore Vill.), σχέτλιος: A, fort. rectius ὃς τότε μέν μοι: ὅτι
A, ἡ διπλῆ, ὅτι Vill.   85—7 cum scholio I 17 b (v. παρόντες εἰσί, l. 60) coni.
b (verbis scholii c¹ male intellectis)   88 (le.) δυσκλέα eieci

Did.   **23—5** *a.* οὕτω που Διΐ μέλλει ⟨—— τοῦ γὰρ κράτος 90
ἐστὶ μέγιστον⟩: παρὰ Ζηνοδότῳ οὐκ ἐφέροντο. καὶ Ἀριστοφάνης
δὲ ἠθέτει. A^int T

Ariston.   *b.* οὕτω που Διΐ μέλλει ⟨—— τοῦ γὰρ κράτος ἐστὶ
μέγιστον⟩: ἀθετοῦνται στίχοι τρεῖς, ὅτι ἄμεινον ταῦτα λέγειν ἐν τῇ
ἀποπείρᾳ (sc. B 116—8). νῦν δὲ οὐκ ἀποπειρᾶται, ἀλλὰ περὶ ἀπο- 95
στάσεως ἀληθῶς λέγει ἐγκεκυρηκὼς τοῖς τοῦ Διὸς ἐλαττώμασιν. A   1

ex.(Ariston.?)   **25** *a.*[1] ἠδ' ἔτι καὶ λύσει: ὑπόψυχρον διστάζειν περὶ τῆς ἁλώ-
σεως τῆς Τροίας ἐν τοιαύτῃ περιστάσει ὄντα. T
    a.[2] ὑπόψυχρόν ἐστι τὸ διστάζειν περὶ τῆς ἁλώσεως Τροίας
ἐν τοιαύτῃ δεινῇ συγκεκλεισμένον τῇ περιστάσει. b(BCE³E⁴)   5

Ariston.   **26—31.** ἀλλ' ἄγεθ' —— ἀγαθὸς Διομήδης: ὅτι Ζηνόδοτος
ἦρκε τοὺς στίχους πρὸς οὐδὲν ἀναγκαῖον, ἀλλ' ἕνεκα τοῦ κατ' ἄλλους
τόπους φέρεσθαι. τοιοῦτος δέ ἐστιν ἐπὶ τῶν διφορουμένων. τὴν
δὲ συνέπειαν οὕτως ποιεῖ· „δυσκλέα Ἄργος ἱκέσθαι, ⟨ἐπεὶ πολὺν
ὤλεσα λαόν⟩ (I 22)./ ἤτοι ὅγ' ὡς εἰπὼν κατ' ἄρ' ἔζετο θυμὸν ἀχεύων 10
(~ A 68 al. + E 869 al.)./ τοῖσι δ' ἀνιστάμενος μετέφη κρατερὸς
Διομήδης" (= A 58 al. + Δ 401). A

23—5 *a/b* cf. Wilamowitz, Il. Hom. 33, 1   *b* ad B 116—8 (Ariston.)   **26—31**
diplae periestigm. ante versus I 29—31 in A, desunt ante versus 26—8, fort. errore
scribae, qui lemmate falso deceptus est   ὅτι Ζηνόδοτος (6) sq. cf. Duentzer,
Zen. 147 et 164; Lehrs Ar.³ 337; Wilamowitz, Il. Hom. 33; Bolling, Ext. Ev. 117;
Von der Muehll 161, 5   ἦρκε (7) vide e. g. ad Π 89. 93; Bolling, Ext. Ev. 50

---

90 sq. le. T supplevi auctore Vill., om. A   91 παρὰ τῷ ζην. T   ἐ-
φέροντο οἱ τρεῖς T, fort. rectius   ἀριστοφ. B ἀριστοτέλης T   92 ἀθετεῖ
T   93 sq. le. A suppl. Frdl.   6—12 le. scripsi, ὡς ἔφαθ' A.
Notam Aristonici ad v. I 29 relatam ad versus 26—8 revocavit Dtz., ad
I 23—31 Bk.; solis de versibus I 29—31 auctorem agere putabat Vill. At mani-
festum est Zenodotum versus I 23—8 aut omisisse aut obelis notasse, versus
I 29—31 immutasse. Aristonicus autem, quod benigne me monuit K. Nickau, Ze-
nodotum de versuum iteratorum omissione reprehendens versus I 23—5 (= B
116—8) respicere non potuit, quippe qui et ab Aristarcho eadem de causa hoc loco
obelis notati (vide supra ad I 23—5 b) et a Zenodoto in libro B (116—8, una cum
versibus 111—5) plane omissi essent; ceterum Aristonicus de iis solis Zenodoti
omissionibus et athetesibus agere solebat, quae Aristarcho non placuissent; quo
factum est, ut supra (ad I 23—5 b) nullum verbum de Zenodoto apud eum legas.
Ergo Aristonici nota ad I 26—31 (= B 139—41. I 693. 695—6, i. e. κατ' ἄλλους
τόπους [l. 7 sq.]) pertinet   6 ὅτι A, fort. αἱ διπλαῖ περιεστιγμέναι, ὅτι (ἡ
διπλῆ, ὅτι Vill.)   9 sq. ἐπεὶ — λαόν perspicuitatis causa addidi, quamquam scio
grammaticos in versibus laudandis supra prima verba saepe non progressos esse
10—2 ἤτοι ὅγ' ὡς sq. haec verba Zen. pro versibus I 29—31 scripsisse e contextu
apparet   11 μετέφη A, προσέφη Bk.

29 a. ἀκή⟨ν⟩: ἄγη τίς ἐστιν· οἱ γὰρ ὑπερβάλλοντες θαυμασμοί *ex.*
ἐκπλήσσουσι, πᾶσα δὲ ἔκπληξις σιωπὴν ἄγει, ὡς καὶ τὸ „βῆ δ'
15 ἀκέων" (Α 34) ἀντὶ τοῦ ἐκπλαγείς. ἢ ἀχή τίς ἐστι παρὰ τὴν †ἀχανίαν,
Α b(BCE³E⁴) T   „οὔτ' ἄν τι χανεῖν δέον" (fr. com.?), ὅθεν καὶ
„προχάνα" (Call. h. 6, 73). T

   b. ἀκὴν ἐγένοντο: τὸ εὐσταθὲς καὶ ἐν ταῖς συμφοραῖς τῶν *ex.*
Ἀχαιῶν δεδήλωται. T

20   30. δὴν δ' ἄνεῳ ἦσαν: οὔτε γὰρ μένοντες χρηστὴν εἶχον ἐλπίδα *ex.*
οὔτε φεύγειν εὐκλεὲς ἡγοῦντο. ἅμα δὲ καὶ τὴν προτέραν πεῖραν εἰδότες
ὑποπτεύουσι, τίς ὁ νοῦς τοῦ λέγοντος. ἔοικε δὲ αὐτὸς ὁ ποιητὴς δι-
στάζειν, τίνα ἀντιτάξει τῇ ῥητορείᾳ Ἀγαμέμνονος εὖ ἐχούσῃ καὶ κη-
δεμονικῶς. b(BCE³E⁴) T

25   31. ὀψὲ δὲ δὴ μετέειπε ⟨βοὴν ἀγαθὸς Διομήδης⟩: οἰκεία *ex.*
Διομήδους ἡ ῥητορεία· τὸν γὰρ παραιβάτην Ἕκτορος ἐφόνευσε (cf.
Θ 120—3), τὴν σώσασαν Ἀλέξανδρον ἔτρωσε (cf. Ε 335—40), τοὺς
Αἰνείου ἵππους ἔλαβε (cf. Ε 323—7), χρύσεα ὅπλα ἔσχεν (cf. Ζ
234—6), Ἰδαίῳ μόνος ἀντεῖπε (cf. Η 400—2), τοὺς κεραυνοὺς μόνος
30 ὑπέμεινεν (cf. Θ 133—50), ἔφυγεν ὕστερος (cf. Θ 99—100), ὑπέ-
στρεψε πρῶτος (cf. Θ 254—5), ὀνειδισθείς τε ὑπὸ Ἀγαμέμνονος (cf.
Δ 370—400) εὐκαίρως αὐτῷ νῦν ἀντονειδίζει μετὰ τὴν ἀριστείαν, b

29 a cf. Or. 11, 13 (unde Et. Gen. [B, deest A] ἀκήν· παρὰ τὴν ἄγην, τὴν
ἔκπληξιν, ἥτις οἶδε ποιεῖν ἀφωνίαν· τροπῇ οὖν τοῦ γ̄ εἰς κ̄ ὡς λυκόφως παρὰ τὸ λύ-
γον (λυγαῖον Larcher) τὸ σκοτεινόν. τινὲς δὲ παρὰ τὸ μὴ χαίνειν, τροπῇ τοῦ χ̄ εἰς κ̄,
in sede scholiorum; Ep. Hom. (An. Ox. 1, 33, 19 [cf. 1, 23, 6], Et. Gud. 64, 14
Stef., EM. 47, 11); aliter Or. 8, 3 (Et. Gud. 64, 25 Stef.)   31 οἰκεία (25) —
παρώξυνιαι (33) cf. Eust. 733, 26: οἰκεία δέ, φασίν, ἡ τοιαύτη μεγαλόφρων ῥητο-
ρεία τῷ Διομήδει· παρώξυνται γὰρ οὐ μόνον φιλοτιμίᾳ καὶ θυμῷ, ἀλλὰ καὶ ἀρετῇ·
ἔτρωσε γὰρ τὴν τὸν Ἀλέξανδρον σώσασαν, ἀνεῖλε Πάνδαρον, ἔλαβε τοὺς ἵπ-
πους Αἰνείου, χρύσεα ὅπλα ἔσχεν, Ἰδαίῳ τῷ ἐκ Τροίας κήρυκι μόνος ἀντεῖπε, κεραυ-
νοῖς ἀντέσχεν, ἔφυγεν ὕστερος, ὑπέστρεψε πρῶτος, καὶ διὰ ταῦτα ὑπέρφρων γίνεται,
Plut. mor. 29 b/c   εὐκαίρως (32) — ἀντονειδίζει cf. Eust. 733, 21   μετὰ τὴν

13 le. A suppl. Vill., ἀκήν T (tamquam pars explicationis scriptum), om. b   ἄ-
γη τις A ἄγη T ἀπὸ τοῦ ἄγη b, fort. ἀκὴ ἄγη τις   ἐστιν] γίνεται b   14
καὶ om. C   15 ἢ — ἐστι A ἢ ἀχὴν T ἄγη δὲ b   ἀχ.] ἀχανίαν ἄχη καὶ ἄγη b,
ἀχάνειαν Ma.   16 χαν(ὼν) T ut vid., em. Ma.   17 πρόχανα T emendavi,
προχανά Ma. (at cf. Call. fr. 72)   18—9 ἀκὴν sq. cum scholio praecedenti coni.
TV, dist. Bk.   20—4 οὔτε οὖν μένοντες sq. cum scholio l 29 a (v. καὶ ἄγη) coni.
b   21 εὐκλεὲς b εὐκλεῶς T   23 ῥητ. bT, ῥητορία novavit T m. sec.   25 le.
T supplevi (auctore Vill.), om. b   26 ῥητορία novavit T m. sec. (cf. l.
23)   παραβάτην C   27 σώζουσαν b   28 χρύσεια b   30 ὕστατος Bk.   30
sq. ἐπέστρεψε T   πρῶτος ante ὑπέστρ. E⁴   31 τε T δὲ b   32 αὐτὸν b

29*

(BCE³E⁴)　T　　ἀρετῇ δὲ καὶ θυμῷ καὶ φιλοδοξίᾳ παρώξυνται. εἰ δὲ
ἦν γέρων, ἐδόκει ἐκγελᾶν ἀλλοτρίους πόνους· εἰ δὲ ἀσύνετος ἐτύγχα-
νεν, ὑπωπτεύετο πάντως τῆς ἀσφαλείας καταφρονῶν.　b(BCE³E⁴)　35

Did.　　**32** *a.* ⟨μαχήσομαι:⟩ Ἀρίσταρχος διὰ τοῦ η̅, μαχήσομαι. Aⁱᵐ

ex.　　*b.*¹ σοὶ πρῶτα μαχήσομαι: δῆλον ὡς καὶ τοῖς ἄλλοις μέμ-
φεται ὡς συναινοῦσι τῇ φυγῇ διὰ τοῦ σιωπᾶν. μάχην δέ φησι τὴν
ἐναντίωσιν τοῦ λόγου. T

　　*b.*² εἰπὼν τὸ πρῶτα δηλοῖ ὡς καὶ τοῖς ἄλλοις ἐπιμέμφεται τῇ 40
φυγῇ διὰ τῆς σιωπῆς συναινοῦσι. b(BCE³E⁴)　　μάχην δέ φησι τὴν
τοῦ λόγου ἐναντίωσιν. b(BCE³)

D | Nic.　　**33** *a.* ἦ θέμις ⟨ἐστίν, ἄναξ, ἀγορῇ⟩: ὡς νόμος ἐστὶν ——— ἐν
δημοκρατίᾳ. | ἐπὶ δὲ τὸ ἀγορῇ στικτέον, ὡς νόμος ἐστὶν ἐκκλησίας
μετὰ παρρησίας λέγειν. Σέλευκον (fr. 13 M. = fr. 12 D.) μέντοι φασὶν 45
ἐπὶ τὸ ἄναξ διαστέλλειν. A

ex.　　*b.* ἦ θέμις ἐστίν, ἄναξ, ⟨ἀγορῇ· σὺ δὲ μή τι χολωθῇς⟩:
προδιόρθωσις, ἐπειδὴ σφοδρότερον αὐτοῦ μέλλει καθάπτεσθαι ὡς
ἐφιεμένου μὴ ἄλλοτε, ἐν δὲ ταῖς ἐκκλησίαις ἀντιλέγειν τοῖς βασιλεῦσιν.
προπαραιτεῖται δὲ τὴν ὀργήν, ἀξιῶν δέξασθαι τὴν πρὸς τὸ συμφέρον 50
ἀλήθειαν καὶ δηλῶν ὡς τοῖς εἰρημένοις, οὐκ αὐτῷ ἀπέχθεται. b(BCE³
E⁴) T

ex.　　*c.*¹ ⟨ἦ θέμις ἐστὶν . . . ἀγορῇ:⟩ τὸ παρρησιάζεσθαι τὸ δο-
κοῦν. T

　　*c.*² θέμις δὲ τῆς δημηγορίας τὸ τὸ δοκοῦν παρρησιάζεσθαι. 55
b(BCE³E⁴)

ex.　　*d.*¹ σὺ δὲ μή τι χολωθῇς: ἀξιοπίστως. εἰ καὶ οἶδε καταθύ-
μια αὐτῷ λέξων, ὅμως ἀναφέρει πρὸς τὸ „†στυγέει† δὲ καὶ ἄλλος"
(A 186). T

　　*d.*² εὖ δὲ καὶ τὸ μή τι χολωθῇς ἀξιοπίστως εἰρημένον· εἰ γὰρ 60
καὶ οἶδε τὰ καταθύμια αὐτῷ λέξων, ὅμως ἀναφέρει πρὸς τὸ „†στυ-
γέει† δὲ καὶ ἄλλος". b(BCE³E⁴)

ἀριστείαν (32) cf. [Dion. Hal.] rhet. 8, 13 (p. 315, 16 Us.-R.)　　**32** *a* ad A 298
(Did.); alii μαχέσσομαι scripsisse putandi sunt　　**33** *b* cf. Eust. 733, 5.
55　προδιόρθωσις (48) cf. Hrd. rhet. fig. 95, 22, Alex. rhet. 14, 25 al.　　*c* cf.
Eust. 733, 54 (vide 733, 47)

---

35 πάντ(α) B (ut. vid.)　　**36** le. add. Vill.　　**41** συναινούσηι C　　**43** le. A
suppl. Vill.　　**47** le. T supplevi (auctore Vill.), om. b　　**48** προδιόρθωσίς
ἐστιν b　αὐτοῦ (αὐτοὺς C) σφοδρ. b　　**49** ἐν δὲ τ. ἐκκλ. T ἦ ἐν ταῖς δημηγορίαις
b　βασιλεῦσι b　　**53** le. addidi, ἦ θέμις ἐστίν add. Vᶜ　　**55** θέμις δὲ sq. coni.
cum scholio d^2 (v. ἄλλος) in b　　**57** εἰ καὶ cf. sch. d^2　　**58** στυγέει T m. pr.,
στυγέη m. sec., Hom.　　**60**—**2** εὖ δὲ καὶ τὸ sq. coni. cum scholio b (v. ἀπέ-
χθεται) in b　　**61** sq. στυγέει cf. sch. d^1 (l. 58)

34 *a.* ⟨ἀλκὴν μέν μοι πρῶτον ὀνείδισας ἐν Δαναοῖσιν:⟩   *Ariston.*
ὅτι τῶν κατὰ τὴν ἐπιπώλησιν πλη⟨κ⟩τικῶς εἰρημένων (sc. Δ
65 370—400) μέμνηται. **A**[im]

b.[1] ἀλκὴν μέν μοι πρῶτος ⟨ὀνείδισας ἐν Δαναοῖσιν⟩:   *ex.* | *ex.*
πρῶτος ἀντὶ τοῦ εἷς καὶ μόνος. | ὃν δὲ βαρύτατα φέρων ἠνέσχετο
ψόγον δειλίας, περὶ τούτου πρῶτον ἔρρηξε φωνήν· ὁ θυμὸς γὰρ καὶ ἡ
φιλοδοξία τοιοῦτον· †παρεὶς τὴν ὑπὲρ ἑαυτοῦ παρρησίαν †πρῶτος†
70 εἰσήγαγεν. **T**

b.[2] οὐ „πρῶτον", ἀλλὰ πρῶτος. δηλοῖ δὲ τὸ μόνος, οἷον μετὰ
σεαυτοῦ μὴ ἔχων ἕτερον· οὐ γὰρ τίς με, φησί, καὶ ἄλλος ὕβρισεν, ἀλλὰ
σὺ πρῶτος ἤτοι μόνος αὐτὸς καὶ τέλος καὶ ἀρχή. | ὃν δὲ βαρύτατα φέ-
ρων ἠνέσχετο ψόγον δειλίας, περὶ τούτου πρῶτον ἔρρηξε φωνήν· ἐκ
75 γὰρ θυμοῦ καὶ φιλοδοξίας τὰ συμβουλευόμενα παρεὶς τὴν ὑπὲρ ἑαυτοῦ
παρρησίαν πρῶτον εἰσήγαγεν. **b**(BCE[3]E[4])

ἀλκὴν μέν μοι πρῶτον ὀνείδισας: περὶ τῆς δυνάμεώς μου   *D*
ὠνείδισας ἐν τοῖς Ἕλλησιν ὡς ἀσθενεστάτου. ἤτοι δὲ ἐν ——— πτώσ-
σεις; **A**

80 *c.* ⟨ἐν Δαναοῖσι:⟩ τὸ ἐν Δαναοῖσιν ἴσως τις ἀξιώσει τοῖς   *Nic.*
ἑξῆς συνάπτειν. ἀλλ᾽ οὐ κατεπείγει. **A**[im]

36 *a.* ⟨ἠμὲν νέοι ἠδὲ γέροντες:⟩ οὕτως Ἀρίσταρχος ἠμὲν νέοι   *Did.*
ἠδὲ γέροντες. γράφεσθαι δέ φησι καὶ „ἡγήτορες ἠδὲ μέδοντες". **A**[im]

b. ἠμὲν νέοι ἠδὲ γέροντες: ὅτι Ζηνόδοτος γράφει „ἡγήτορες   *Ariston.*
85 ἠδὲ μέδοντες". βέλτιον δὲ καθολικώτερον γεγράφθαι· καταλείπεται γὰρ
ἐν πᾶσιν ἡ δόξα τἀνδρός. καὶ ὅτι νῦν γέροντας τοὺς καθ᾽ ἡλικίαν, ἐπεὶ
μικρῷ πρότερον τὸν Νέστορα αὐτὸς ἐσεσώκει ἐν τῷ πολέμῳ (sc. Θ
90—171). **A**

---

34 *a* cf. D, vide ad Δ 402 (ex.)   *b*[1] — μόνος (67) aliter Eust. 733, 60   **36**
nullum signum ante versum in A, fort. neglegentia scribae   *a* cf. Ludwich, A.
H. T. 1, 298, 12   *b* cf. Duentzer, Zen. 107   καὶ ὅτι νῦν γέροντας (86) sq. cf.
D   τοὺς καθ᾽ ἡλικίαν (86) cf. sch. β 14

---

63 le. addidi   64 ὅτι A, fort. ἡ διπλῆ, ὅτι   πλητικῶς A suppl. Ddf., ἐπιπληκτικῶς
Cob.   66 le. T supplevi (πρῶτος scripsi, πρω ss. τ T)   69 παρεὶς cf. sch. *b*[2], erat fort.
τὴν ὑπόθεσιν vel τὰ βουλευόμενα παρεὶς   πρῶτος] ος in ras. a m. pr. scriptum in T
80 le. add. Vill., ἀλκὴν μὲν — ἀνάλκιδα: add. Frdl.   82—3 sch. sub infimo
versu textus scriptum in A   82 le. add. Ldw.   83 φησι sc. Didymus (Lehrs),
at cf. test.   84 le. scripsi (auctore Vill.), ἴσασ᾽ ἀργείων: A   ὅτι A, ἡ διπλῆ
(immo διπλῆ περιεστιγμένη), ὅτι Vill.   86 τἀνδρός sc. Diomedis (τ᾽ ἀνδρὸς A
em. Bk.)   τοὺς καθ᾽ ἡλικίαν „non ut saepe principes" (Lehrs)   87 τὸν νέστ.
αὐτὸς Lehrs, ὁ νέστωρ αὐτὸν A

ex.   *c.* ἠμὲν νέοι ἠδὲ γέροντες: ἀνεπαχθῶς διὰ τὸ σῶσαι Νέ-
στορα· διό φησι· „πολέμῳ ἔνι καρτερός ἐσσι" (I 53). b(BCE³E⁴) T 90
νέοι δὲ διὰ τὸν Σθένελον· ὅτι δὲ ἡνίοχος ἦν τοῦ Διομήδους καὶ τὰς
ἀριστείας ἑώρα αὐτοῦ· καὶ γάρ φησι· „μήτι φόβον δ' ἀγόρευε" (E
252). T

ex.   **37** *a.* σοὶ δὲ διάνδιχ' ἔδωκε: τὴν τιμὴν εἰς δύο διελὼν καὶ μερί-
σας τὸ ἕτερόν σοι ἔδωκε· λέγει δὲ τὸ βασιλεύειν. A   95

ex.   *b.* διάνδιχα: διῃρημένως τὸ ἕτερον τῶν δυεῖν, οὐχ ἑκάτερον. 1
b(BCE³E⁴) T

ex.   **38.** ⟨σκήπτρῳ μέν τοι:⟩ προθεραπεύει μέλλων ὡς δειλοῦ καθά-
πτεσθαι. b(BCE³E⁴) Tⁱˡ

ex.   **39** *a.* ἀλκὴν δ' οὔ τοι δῶκεν: καὶ Ἀχιλλεὺς ταῦτα ὀνειδίζει (sc. 5
A 225—8). οὐ πειστέοι δὲ ἀντιπολιτευόμενοι· τὰ δὲ ἀπαθῆ τῶν προ-
σώπων ἱκανὰ πρὸς μαρτύρησιν, „ἀμφότερον βασιλεύς τ' ἀγαθὸς κρα-
τερός τ' αἰχμητής" (Γ 179) καὶ „ἢ αὐτὸν βασιλῆα" (H 180). b(BCE³
E⁴) T

ex.   *b.* ὅ τε κράτος ἐστὶ μέγιστον: τὸ ἄμφω κεκτῆσθαι, ὡς οὐ 10
τέλειος εἴη βασιλεὺς ὁ μὴ ἔχων τὰ δύο· καὶ ὅτι ἡ μὲν δύναται βασι-
λείαν περιποιεῖν, ἡ δὲ βασιλεία πρὸς κτῆσιν ἀλκῆς ἀδύνατος. δύο δέ
εἰσι, τὸ μὲν ἐκ τύχης, τὸ δὲ ἐξ ἀρετῆς, ὅπερ ἀποδέχεται ὁ ποιητής, b
(BCE³E⁴) T   ὡς μὴ δεήσοντος πόνου. b(BCE³E⁴)

ex.(?)   *c.* ⟨ὅ τε:⟩ τὸ ὅ τε ἀντὶ τοῦ ὅπερ. Aⁱᵐ   15

ex.   **40.** ⟨δαιμόνι':⟩ εὔκαιρος ὁ ἔπαινος διὰ τὰ εἰρημένα κατ' αὐτοῦ.
b(BCE³E⁴) Tⁱˡ

---

37 *a/b* cf. D; vide Eust. 734, 1   **39** *a* — ὀνειδίζει (5) cf. Eust. 734, 10   *b* —
ἀδύνατος (12) aliter Eust. 734, 6. 12   ὅπερ (13) — ποιητής cf. Valk I 473 n.
324   *c* cf. D   **40** ὁ ἔπαινος (16) cf. D ad B 190

---

89 διὰ T τοῦτό φησι διὰ b   σῶσαι τὸν b   **90** φησι T, κἀκεῖνος λέγει b (fort.
rectius)   κρατερὸς b   **91** ὅτι δὲ susp. (sed fort. excidit verbum
fin. post v. ἑώρα αὐτοῦ), ὅτι καὶ Ma., exspectes οὗτος γὰρ   **1** le. scripsi,
σοὶ δὲ διάνδιχα T, τὸ δὲ διάνδιχα ἀντὶ τοῦ (coni. cum scholio I 36 *c*, v.
ἐσσί) E⁴, om. BCE³   **3** le. add. Li Vᶜ   μέλλ. ὡς δειλοῦ T διὰ τούτου ὡς δει-
λοῦ μέλλων b   **5—8** καὶ ἀχιλλεὺς οὖν (καὶ ἀχ. δὲ C) ταῦτα sq. coni. cum scholio
b (v. πόνου) in b   **5** ταῦτα E⁴, ταῦτα Ddf., Ma.   **6** πιστέοι T, πιστευτέοι
Vill.   **6** sq. τῶν προσώπων om. b   **7** πρὸς μαρτ. ἱκανὰ b   ἀμφ. T οἷον τὸ
b   **7** sq. κρατ. τ' αἰχμ. om. b   **8** καὶ τὸ b   **11** ἡ b ὁ T, fort. τὸ   δύν. T
δύναμις b   **12** περιποιεῖ b   **13** ἐκ] ἐκ τῆς B   **14** ὡς μὴ δεήσ. πόνου fort.
additamentum byz.   **15** le. addidi (auctore Vill.)   **16** le. add. Li   εἰρ.
κατ' αὐτοῦ scripsi, κατ' αὐτοῦ εἰρημένα b εἰρημένα κατὰ τοῦ στρατοῦ T

41. ⟨καὶ ἀνάλκιδας ὡς ἀγορεύεις:⟩ προενεχυριάζων αὐτῶν *ex.*
τὴν ἀλκήν φησιν. T^il

20 43—5. ἔρχεο· πάρ τοι ὁδός ⟨———/⟩ ἀλλ' ἄλλοι μενέουσι: *ex.*
πικρὰ μὲν τῷ ἀκούεσθαι, ἥδιστα δέ ἐστι τῷ νοεῖν· ταῦτα γὰρ ἀκούειν
ἐθέλει Ἀγαμέμνων παρὰ τῶν Ἀχαιῶν ὡς ἐθέλονταί τὸν κίνδυνον ἀνα-
δέχονται ὡς δημοκρατούμενοι, οὐ βιαζόμενοι. b(BCE³E⁴) T
43 a. ⟨πάρ τοι ὁδός:⟩ εὐμαρής ἐστί σοι ὁδός. A^im *ex.*
25   b. νῆες δέ τοι ἄγχι θαλάσσης: ὅτι ἀπὸ κοινοῦ τοῦ πάρ *Ariston.*
τοι ὁδός τὸ πάρεισί σοι· ὅπερ οὐ συνέντες τινὲς προσέθηκασι τὸν
ἑξῆς. A
44 a. ἑστᾶσ', ⟨αἵ τοι ἕποντο Μυκήνηθεν μάλα πολλαί⟩: *Ariston.*
ἀθετεῖται, ὅτι περισσός ἐστι καὶ μὴ προσκειμένου αὐτοῦ ἐμφαντικώτε-
30 ρος ὁ λόγος γίνεται· ἐφορμοῦσιν αἱ νῆες πορευσόμεναι. οἱ δὲ γράφουσιν
(sc. in I 43) „νῆες †μέν τοι† ἀμφιέλισσαι" ὥστε παντελῶς ἀποκρίνε-
σθαι τὸν στίχον. A
     b. αἵ τοι ἕποντο Μυκήνηθεν: τούτων γὰρ ἄρχει μόνων, *ex.*
οὐχ Ἑλλήνων. πῶς δὲ οὐκ αἰσχρὸν ἐλθόντα πολλῷ στόλῳ μάταιον
35 ὑποχωρεῖν; b(BCE³E⁴) T
45. ἀλλ' ἄλλοι μενέουσι: ῥητορικῶς προενεχυριάζει αὐτῶν τὴν *ex.*
γνώμην. b(BCE³E⁴) T
46—7 a.¹ εἰ δὲ καὶ αὐτοί/ φευγόντων ⟨σὺν νηυσὶ φίλην ἐς *Nic.*
πατρίδα γαῖαν⟩: ἄνωθεν καὶ ἐκ παλαιοῦ τὰ τῆς ἀναγνώσεως ἐζή-
40 τηται. καὶ οἱ μὲν λείπειν φασὶ τὸ θέλουσιν ὑποστίζοντες ἐπὶ τὸ αὐτοί
(46). οἱ δὲ κοινὸν ἄνωθεν λαμβάνουσι τὸ „ἐπέσσυται ὥστε νέεσθαι"

---

41 aliter Eust. 734, 25   43—5 cf. [Dion. Hal.] rhet. 8, 13 (p. 315, 19 Us.-R.)
43a cf. D 44 a cf. Wilamowitz, Il. Hom. 34, 1; — πορευσόμεναι (30) cf. Lehrs
ap. Friedl., Ariston. 155: „Proprie: adest via, adsunt tibi naves prope mare, in
quo inest: speculantur quodammodo, cupide exspectant iter ingredi volentes, in-
hiant itineri" b πολλῷ στόλῳ (34) cf. D; at vide Eust. 734, 28   46—7 a¹
οἱ μὲν (40) — αὐτοί ad I 262 (Nic.), cf. D, Eust. 734, 35

---

18 le. addidi, solum ἀνάλκιδας: add. Ma.   20 le. T suppl. Ma., om. b (qui sch. ad
I 43 revocavit)   21 εἰσι τῷ νοεῖσθαι C   22 ὡς T ὅτι b   ἐθέλονταί T ἐθε-
λοντί C ἐθελοντ(ὴς) E³ ἐθελοντεῖς BE⁴   24 le. add. Ddf.   25 le. scripsi (auc-
tore Vill.), ἔρχεο πάρ τοι ὁδός: A   ὅτι A, ἡ διπλῆ, ὅτι Vill.   26 προσετεθεί-
κασι Bk.   28 le. A suppl. Vill.   30 ἐφορμῶσιν A em. Bk.   31 μέν τοι A,
δέ τοι Frdl. (recte ut vid.)   31 sq. ὥστε ... ἀποκρίν. i. e. secernatur resp.
damnetur   34 σὺν πολλῷ ἐλθόντα στόλῳ b   36 προανεχυριάζει T προενεχυ-
ρίζει C   αὐτῶν post ῥητορ. b   38 sq. le. A supplevi (auctore Frdl.)
40 τὸ αὐτοί Bk., τῶι αὐτῶι A

(I 42), εἶτα φευγόντων σὺν νηυσί (47) ἀντὶ τοῦ φευγέτωσαν. ἄμει-
νον δὲ ὑφ' ἓν ἀναγινώσκειν, εἰ δὲ καὶ αὐτοί / φευγόντων, στίζειν δὲ
ἐπὶ τὸ γαῖαν (47), ἵνα λέγηται μὲν ἀποφα⟨ν⟩τικῶς, τὸ δὲ λεγόμενον
τοιοῦτον ᾖ· 'ἄγε δὴ καὶ οὗτοι φευγέτωσαν εἰς τὰς πατρίδας'· εἴρηται 45
γὰρ ὡς ὁ εἰ σύνδεσμος ἔχει τινὰ δύναμιν παρακελευστικήν, ὡς ἐκεῖ ‚‚ἀλλ'
εἴ τις καλέσειε θεῶν Θέτιν" (Ω 74) τοῦ εὐκτικοῦ ἀντὶ προστακτικοῦ κει-
μένου, ὡς κἀκεῖ ‚‚ἐξελθών τις ἴδοι" (ω 491) ἀντὶ τοῦ ἰδέτω· ἀπρεπὲς γὰρ
εὔχεσθαι τὸν Δία. τάχα δὲ καὶ τὸ παρὰ τοῖς Ἀττικοῖς παρακελευστι-
κὸν ἐπίρρημα εἶα ἀπὸ τούτου γέγονε περιττεύοντος τοῦ ᾱ. ἄλλως τε 50
καὶ συντάττεται τῷ ἄγε ἐπιρρήματι· ‚‚εἰ δ' ἄγε νῦν, φίλε Φοῖβε" (Π
667)· οὐδὲν γὰρ πλέον τοῦ ἄγε δή. καὶ ἐνθάδε 'ἄγε δὴ καὶ οὗτοι φευ-
γέτωσαν'. A

     a.[2] {εἰ δὲ καὶ αὐτοί}: τὸ εἴ παρακελευστικόν φησιν ὁ Νικάνωρ
(p. 198 Friedl.). ὡς τὸ ‚‚εἰ δὲ σὺ μέν μευ ἄκουσον" (I 262), ‚‚ἀλλ' εἴ τις 55
καλέσειε", ‚‚εἰ δ' ἄγε νῦν, φίλε Φοῖβε"· φησὶν οὖν 'ἄγε δὴ καὶ αὐτοὶ
φευγέτωσαν· ἐγὼ γὰρ καὶ Σθένελος μαχούμεθα' (cf. I 48). T

Nic. | ex.   b. ἄλλως· εἰ δὲ καὶ αὐτοί / φευγόντων: ὑποστικτέον εἰς τὸ
αὐτοί (46), καὶ λείπει τὸ θέλουσι φυγεῖν. ἢ κοινὸν τὸ ‚‚ἐπέσσυται ὥστε
νέεσθαι (I 42)." b(BCE³E⁴) T | κομματικῶς δὲ εἶπε μιμούμενος τὸν 60
θυμούμενον. b(BE³E⁴) T

Ariston.   47 a. ⟨φευγόντων:⟩ ὅτι Ἀττικῶς ἀντὶ τοῦ φευγέτωσαν. A^im
ex.   b. ⟨φευγόντων:⟩ αἰσχρῷ ὀνόματι αὐτὸ εἶπεν. T^il
ex.   48 a.[1] ἐγὼ Σθένελός τε: οὐκ ἐδίστασε προτρεπόμενος. T
             a.[2] προτρεπόμενος αὐτοὺς οὐκ ἐδίστασεν, ἀλλὰ προθύμως 65
φθέγγεται ταῦτα. b(BCE³E⁴)
ex.   49. σὺν γὰρ θεῷ εἰλήλουθμεν: τῶν λόγων τὸ ὑψηλὸν τῇ θείᾳ
ῥοπῇ λύει. ἔστι δὲ ὅμοιον τῷ ‚‚πειθόμενοι τεράεσσι θεῶν" (Δ 408).
b(BE³) T

εἴρηται (45) sq. ad K 222—3. Ω 74 (Nic.), cf. Anon. fig. 157, 20; Friedl., Nic. p.
30   εἴρηται γὰρ (45) „fort. ad Z 376. Θ 18" (Friedl.), cf. sch. β 178, Eust.
1416, 40; Carnuth, Nic. 24. 29. 68   τάχα δὲ καὶ (49) sq. aliter Choer. O. 213, 14,
id. ap. Eust. 107, 29, sim. Et. Gud. 410, 1 Stef. (test.); vide ad Π 667 (c. test.)   47 a
ad B 438 (Ariston.), cf. Eust. 734, 36   49 ad Θ 146 (ex.)

44 ἀποφατικῶς A supplevi   48 τις ἔιδοι A em. Vill.   εἰδέτω A em. Vill.
50 εἶα A em. Bk.   54 le. T delevi   58—61 sch. cum scholio praecedenti coni.
T   58 ἄλλως et le. T, om. b (ubi sch. ad I 46 relatum est)   59 ἐπέσσυνται
T   62 le. add. Ddf.   ὅτι A, fort. ἢ διπλῆ, ὅτι   63 le. add. Ma., ἄλλως·
φευγόντων add. V^c   ταὐτὸ Ma. (cf. I 43), fort. recte   65—6 προτρεπ. sq. pone
sch. I 49 in BE³ (supra paraphrasim v. I 48 scriptum in E⁴)   66 φθεγγ.] δέ-
χεται E⁴   67—8 ante sch. I 48 a² in b   68 ῥοπῇ T προνοίᾳ b   θεῶν om. T

70   50—1. ⟨ὣς ἔφαθ᾽, οἱ δ᾽ ἄρα πάντες ――――/ μῦθον ἀγασσά-   *ex.*
μενοι:⟩ θαυμαστὴ τῶν λόγων ἡ δύναμις συγχέουσα καὶ διαστέλ-
λουσα τὴν ψυχήν. b(BE³) T^il

52 *a.* ⟨τοῖσι δ᾽ ἀνιστάμενος μετεφώνεεν:⟩ ,,τοῖσι δὲ καὶ   *Did.(?)*
μετέειπε Γερήνιος". A

75   *b.* μετεφώνεεν ἱππότα Νέστωρ: καλῶς μετὰ τὸ μαθεῖν   *ex.*
τὴν γνώμην τῶν Ἀχαιῶν ἐπάγει τὸν λόγον ὁ Νέστωρ. b(BCE³E⁴) T

c. μετεφώνεεν ⟨――――⟩ Νέστωρ: ἡ σιωπὴ Ἀγαμέμνονος   *ex.*
ἀπόπειραν δευτέραν ἔχει τῶν Ἑλλήνων. οὔτε δὲ ἀντιπράσσει Διομή-
δει (θυμήρη γὰρ εἶπεν) οὔτε ὡς ἡδόμενος συναινεῖ, ἵνα μὴ πρὸς τὸ μέλ-
80 λον ἄπιστον ἑαυτὸν καταστήσῃ τοιοῦτόν τι τεχνάσασθαι. b(BCE³
E⁴) T

53—4 *a.*¹ περὶ μὲν πολέμῳ ἔνι καρτερός ἐσσι / καὶ βουλῇ   *ex.*
παρὰ πάντας ὁμήλικας ⟨ἔπλευ ἄριστος⟩: οἷς ἀμφοῖν ἐλοιδόρησε
τὸν βασιλέα, τούτοις αὐτὸν προὔχειν φησίν, ἀλλ᾽ οὐκ ἄκρως· οὔτε γὰρ
85 ᾽καρτερώτατος᾽ εἶπεν, ἵνα μὴ τοὺς ἄλλους τοὺς τῆς ἀνδρίας ἀντιποιου-
μένους λυπήσῃ, ἀλλὰ μετὰ πάντας ὁμήλικας (54), ἵνα μὴ τοὺς
πρεσβυτέρους ἀνιάσῃ. ἄλλως τε καὶ ἀνατρέψαι αὐτοῦ τὸν λόγον βού-
λεται· διὸ †οὐ† συνετώτατον αὐτὸν καλεῖ. b(B, C [bis], E³E⁴) T

*a.*² {τυδείδη περὶ μὲν πολέμωι ἔν καρτερός ἐσσι}: οἷς ἀμφοῖν
90 τὸν βασιλέα ἐλοιδόρησε, τούτοις αὐτὸν προὔχειν εἰπών, ἀλλ᾽ οὐ καθ᾽
ὑπεροχήν· οὔτε γὰρ αὐτὸν καρτερώτατον εἶπεν οὐδὲ συνετώτατον. A

53. ⟨περί:⟩ ὅτι τὸ περί ἀντὶ τοῦ περισσῶς. A^int   *Ariston.*

53 ad B 831 *b* (Hrd.), cf. sch. μ 279; Friedl., Ariston. p. 28. Vide ad Ƶ 316

70 sq. le. addidi, ἄρα πάντες add. Vᶜ (sch. supra v. 50 exaratum in T; de b vide no-
tam sq.)   71—2 θαυμαστὴ sq. cum scholio I 49 (v. θεῶν) coni. b   72 τὴν
ψυχήν om. T, fort. recte   73 le. add. Bk. (= vulg.)   τοῖσι² A, ἐν ἄλλω· τοῖσι Vill.
75 καλῶς T καλῶς δὲ post sch. *c* (coni. cum v. τεχνάσασθαι) b   76 γνώμην super γ ss.
α᾽ T   77 le. T suppl. Ma., om. b   78 sq. τῷ διομήδει b   79 θυμήδη T   82
sq. le. T supplevi, om. b (qui sch. ad I 53 rettulisse vid.)   82 (le.) κρατερός T em.
Ma.   83—8 totum sch. sub contextu iterat C   85 καρτερ. scripsi, καρτερό-
τατος T κρατερώτατος BE⁴ κρατερώτατον CE³   85 sq. τοὺς² — λυπ. T λυπήσῃ
καὶ αὐτοὺς τῆς ἀνδρίας (ἀνδρείας CE⁴, vide ad Θ 494) ἀντιποιουμένους b   86
ἀλλὰ (ἀλλὰ καὶ b) susp., fort. οὔτε βουλῇ ἄριστος, ἀλλὰ   88 οὐ T καὶ οὐ b,
οὐδὲ Ma.   καλεῖ αὐτόν C (utroque loco), BE⁴   89 le. A del. Ddf.   εἰς ἄμφω
A em. Ddf.   90 fort. εἶπεν   91 οὐδὲ A, οὔτε Ddf. (sine necessitate)   92
le. addidi (duce Frdl.)   ὅτι A, fort. ἡ διπλῆ, ὅτι

410   Ι 55 a¹—58 a²

ex.   55 a.¹ ⟨οὔ τίς τοι τὸν μῦθον ὀνόσσεται:⟩ δύο γὰρ ἀκυροῦσι
λόγον, ἐναντίωσις καὶ μέμψις. Τ^il
             a.² δύο γὰρ τὰ ἀκυροῦντα πάντα, ἥ τε τῶν λόγων ἐναντίωσις 95
καὶ ἡ μέμψις. b(BCE³E⁴)   1
D   οὔ τίς τοι τὸν μῦθον ὀνόσσεται: οὐδείς σου τὸν λόγον
       ———— κἀκεῖνος εἰσηγεῖται. A
Ariston. | 56—7. οὐδὲ πάλιν ἐρέει ⟨————/ ἦ μὲν καὶ νέος ἐσσί, ἐμὸς
Ariston. δέ κε καὶ παῖς εἴης⟩: ὅτι οὐχ ἁρμόζει τῷ τρεῖς γενεὰς βεβιωκότι 5
λέγειν 'ἐμὸς ἂν παῖς εἴης' (cf. 57) κατὰ τὴν ἡλικίαν. πρὸς ἐπιτίμησιν
τοῦ πολέμου. | τὸ δὲ πάλιν (56) οὔκ ἔστιν ἐκ δευτέρου, ὡς ἡμεῖς,
ἀλλ' ἀντὶ τοῦ ἔμπαλιν ἐρεῖ, ἐναντίως. A
ex.(?)   56. οὐδὲ πάλιν ἐρέει. ⟨ἀτὰρ οὐ τέλος ἵκεο μύθων⟩: οὐδὲ
ἀντερεῖ. τὸ δὲ τέλος οὔκ ἐπέθηκας τοῖς λόγοις. A^int   10
D   ἀτὰρ οὐ τέλος ἵκεο μύθων: οὐ μὴν τέλος ———— ἅτινα αὐ-
τὸς ἀναπληροῖ. A
Nic.   57—8. ἦ μὴν καὶ νέος ἐσσί, ⟨ἐμὸς δέ κε καὶ παῖς εἴης/ ὁπλό-
τερος γενεῆφιν⟩: ἡ συνήθεια στίζει μετὰ τὸ ἐσσί (57), τὸ δὲ ἑξῆς
συνάπτει. ἐπεὶ δὲ ἀξιοῦσί τινες ὑπερβατὸν ποιεῖν ἦ μὴν καὶ νέος ἐσσί 15
ὁπλότερος γενεῆφι, δῆλον ὅτι τὰ διὰ μέσου λεγόμενα ἐμὸς δέ κε
καὶ παῖς εἴης τῆς ἐοικυίας διορθώσεως τεύξεται. A
Did.   57 a. ⟨ἦ μήν:⟩ διὰ τοῦ ε̄ αἱ 'Αριστάρχου, „ἦ μέν" {καὶ νέος}. A^im
ex.   b. ⟨νέος ἐσσί:⟩ ἀπολογεῖται τοῦ μὴ τελέσαι τὸν λόγον. Τ^il
ex.   c. ἐμὸς δέ κε ⟨καὶ⟩ παῖς ⟨εἴης⟩: τῷ τῆς συγγενείας ὀνόματι 20
τὴν ἐξ αὐτοῦ ἐπισπᾶται εὔνοιαν. b(BCE³E⁴) T
Did.(?)   58 a.¹ ⟨ὁπλότατος:⟩ γράφεται „ὁπλότερος". A^im
             a.² ⟨ὁπλότερος:⟩ γράφεται „ὁπλότατος". Τ^il

56—7 diplae ante versus in A   κατὰ τὴν ἡλικίαν (6) at cf. sch. D. Thr. (Σ^m ex
Heliodoro) 371, 38, ib. (Σ^l ex Heliodoro) 535, 10   τὸ δὲ „πάλιν" (7) sq. cf. D
ad N 3. Vide ad B 276 a (Ariston.)   56 cf. D; vide ad N 3 a   57 a ad
A 77—8 (Hrd.)   58 h(M¹ P¹¹, pone D): βάζειν δὲ τὸ φράζειν κατὰ συγγένειαν
τοῦ φ̄ πρὸς τὸ β̄, originis incertae, fort. sch. rec.

---

93 le. addidi (οὔ — μῦθον add. V^c)   4 sq. le. A supplevi   5 ὅτι A ἡ (δὲ) διπλῆ,
ὅτι Vill., fort. αἱ διπλαῖ, ὅτι   6 πρὸς A, an ἀλλὰ πρός?   7 πολέμου sc. ἐπιδημίου
(cf. Ι 63—4). Verba πρὸς — πολέμου ab Aristonico abiud. Frdl., vix recte. Sch.
mutilum esse vid.   9 le. A suppl. Vill.   11—2 sch. pone sch. Ι 57—8 in A,
trps. Bk. (Vill.)   13 sq. le. A suppl. Frdl.   14 ἦ A, ἦ μὲν Bk.   18 le. add.
Bk.   καὶ νέος del. Bk.   19 le. add. Bk. (ἦ μὴν καὶ νέος add. V^c)   20 le.
T supplevi (auctore Vill.), om. b   22 le. (= A^cont) add. Vill.   γράφ. cp.
(γρ) A   23 le. (= T^cont, vulg.) add. V^c, Ma.

    b. ἀτὰρ πεπνυμένα βάζεις: ὁρᾷς ὅσοι οἱ ἔπαινοι· σχεδὸν   *ex.*
25 γὰρ αὐτῷ ἀπονέμει τὸ πᾶν τῆς συμβουλῆς, **b**(BCE³E⁴) **T**   ὀλίγα
αὐτὸς προσθήσειν ἐρῶν. **T**

    58—9 *a*.¹ ἀτὰρ πεπνυμένα βάζεις ⟨/ Ἀργείων βασιλῆας,   *Nic.*
ἐπεὶ κατὰ μοῖραν ἔειπες⟩: τὸ Ἀργείων βασιλῆας (59) δύναται
καὶ τοῖς ἄνω συνάπτεσθαι καὶ τοῖς ἑξῆς. καὶ τὸ αὐτὸ μὲν σχῆμα ἐν ἀμ-
30 φοτέροις· τοὺς Ἀργείων βασιλεῖς εἶπεν ἢ περὶ βασιλέων ἢ εἰς βασιλεῖς.
εἴτε οὖν τοῖς ἄνω συνάπτοιτο, γίνεται βασιλεῖς βάζεις, εἴτε τοῖς ἑξῆς,
γίνεται βασιλεῖς ἔειπες. **A**

    a.² {ἐπεὶ κατὰ μοῖραν ἔειπας:} τοῦτο ἀμφοῖν δύναται συνά-
πτεσθαι. **T**

35   **60.** ὃς σεῖο γεραίτερος: ἀνεπιφθόνως οὐ τὴν σύνεσιν, ἀλλὰ τὴν   *ex.*
ἡλικίαν προβάλλεται, διὰ ταύτης κρεῖσσον ἔχειν ἀξιῶν, οὐ λογιώτε-
ρον. **b**(BCE³E⁴) **T**

  61 *a*. ⟨διΐξομαι:⟩ διελεύσομαι τὰ πράγματα ἀπ' ἀρχῆς μέχρι   *ex.(?)*
τέλους. **A**ⁱⁿᵗ

40   *b*.¹ διΐξομαι: δασυντέον τὸ διΐξομαι· ἀπὸ γὰρ τοῦ ἵκω   *Hrd.(?)*
ἐγένετο. †ἐπιφέρει γοῦν† „ἀτὰρ οὐ τέλος ἵκεο μύθων" (I 56). **A**

    b.² δασυντέον δὲ τὸ ⟨δι⟩ΐξομαι· ἀπὸ γὰρ τοῦ ἵκω ἐγένετο
ἀντὶ ⟨τοῦ⟩ 'διεξέλθω πάντα'. **T**

    c. ἐξείπω καὶ πάντα διΐξομαι: πρὸς τὸ „ἀτὰρ οὐ τέλος
45 ἵκεο μύθων" (I 56). **b**(BCE³E⁴) **T**

  61—2. οὐδέ κέ τίς μοι / μῦθον ἀτιμήσει οὐδὲ κρείων Ἀγα-   *ex.*
μέμνων: πρὸς τὸ μὴ ἀντειπεῖν Διομήδην τοῖς λεχθησομένοις. οἶδε δὲ
Ἀγαμέμνονα εἰπόντα „εἰ δέ ποτ' ἔς γε μίαν βουλεύσομεν" (B 379).
b(BCE³E⁴) **T**

---

b cf. D   58—9 *a*¹ εἰς βασιλεῖς (30) cf. Eust. 735, 36   **61** *a* διελεύσομαι (38) = D,
cf. Eust. 735, 38   *b* La Roche, H. T. 419; sch. satis recens esse iudicat Lehrs
Ar.³ 311, vix recte

---

24 ὁρ. ὅσοι **T** ὅρα δὲ ὁπόσοι (coni. cum scholio I 57 *c*, v. εὔνοιαν) **b**   25
ἀπένεμε **b**   26 προσθήσειεν **T** em. Bk.   27 sq. le. **A** suppl. Frdl.   28
βασιλείας **A** em. Bk., βασιλεῖς Vill.   33 le. **T** delevi τοῦτο sc. τὸ ἀργείων
βασιλῆας   36 τὸ κρεῖττον post ἀξιῶν **b**   οὐ **T** καὶ **b**   38 le. add. Bk.
41 fort. ἀναφέρεται πρ(ὸς) τὸ vel ἐπιφέρει γὰρ τῷ   42—3 δασυντέον δὲ τὸ
sq. pone sch. *c* (coni. cum v. μύθων) in **T**, transposui   42 ΐξομαι . . . ἥκω
T suppl. et em. Ma.   43 τοῦ ins. Nickau   44 πρὸς **T** τοῦτο πρὸς **b**   45
μύθων **T** μύθων ἀντιπαρατέθειται **b**, fort. rectius   46 (le.) ἀτιμήσει' Ma.
(auctore Bentley)   47—8 sch. ad I 62 revocavit **b**   47 διομ. ἀντειπ.
b   οἶδε **b** ἄδει **T**   48 εἰπόντα τὸ **b**

ex. **63—4.** ἀφρήτωρ ⟨———— ὀκρυόεντος⟩: ὁ μὲν μένειν παρήγ- 50
γειλεν, ὁ δὲ τοὺς συμμάχους ὁμονοοῦντας †ἔχει†. διδάσκει δὲ ὡς εἶναι
μὲν πολεμικὸν δεῖ, δι' ὧν φησιν ,,οἷς οὔτι μέλει πολεμήϊα ἔργα'' (B
338), οὐ μὴν φιλοπόλεμον· ἀνατρέπει γὰρ τοῦτο πᾶσαν πολιτείαν.
Διομήδης δὲ νῦν μὲν οὐκ ἀντεῖπεν, ἵνα μὴ ἀφρήτωρ δοκῇ. ὅτι δὲ οὐκ
ἠρέσθη τῇ γνώμῃ, δηλοῖ διὰ τοῦ ,,μὴ ὄφελες λίσσεσθαι'' (I 698). 55
b(BCE³E⁴) T   καὶ τὸ μὲν κεφάλαιον τῆς συμβουλῆς ἐπὶ τοῦ πλή-
θους εἶπεν, μὴ ὑπέρθηται τὰς λιτὰς ὁ Ἀγαμέμνων, τὸ δὲ κατὰ μέρος ἐπὶ
τῶν †δείπνων† (sc. I 112—3. 163—73). καὶ Ἰσοκράτης ἐν τῷ Πανη-
γυρικῷ (sc. or. 4, 15—7), τῶν ῥητόρων συμβουλευόντων πλεῖν ἐπὶ
Ἀσίαν, ἔλεγε πρῶτον διαλλάσσειν τὰς Ἑλληνίδας πόλεις καὶ κοινῇ 60
τὴν ὁρμὴν ποιεῖσθαι. b(BE³E⁴) T   διὰ δὲ τῆς τῶν ὀνομάτων
ὑπερβολῆς δυσωπεῖ Ἀγαμέμνονα, μηδὲ βασιλέα ἔσεσθαι αὐτὸν καλὸν
στρατοῦ, ἀλλ' οὐδὲ κοινῆς ἑστίας, εἰ ἀντείποι ταῖς λιταῖς. T

ex. **63 a.** ⟨ἀφρήτωρ:⟩ κοινῶς ⟨ὁ⟩ φρατρίας καὶ συγγεν⟨ε⟩ίας μὴ
μετέχων, ἀπάνθρωπος. Aⁱⁿᵗ 65

D(~)   ἀφρήτωρ: ἄπολις καὶ συγγένειαν οὐκ ἔχων· φρατρία γὰρ ἡ
συγγένεια. κυρίως δέ ἐστι τρίτον μέρος φυλῆς. A

ex.   *b.*¹ ἀθέμιστος: θηριώδης, ἄνομος, ὅπου καὶ Κύκλωπες θε-
μιστεύουσι ,,παίδων ἠδ' ἀλόχων'' (ι 115), οἱονεὶ τὸ περὶ τὴν συγγέ-
νειαν φυλάσσουσι δίκαιον. b(BE³E⁴) T 70

D | ex.   *b.*² ἄδικος | καὶ ἄνομος καὶ θηριώδης, ὅπου καὶ οἱ Κύκλωπες
θεμιστεύουσι καὶ νόμοις χρῶνται τοῖς τῶν θεῶν. A

ex.   *c.* ἀνέστιος: ὁ γὰρ ἑστίαν νέμων καὶ βίον ἑδραῖον τιμῶν τῆς
πρὸς τοὺς οἰκείους ἀπέχεται στάσεως· b(BE³E⁴) T   ἐπιδήμιος (cf.
I 64) γὰρ πόλεμος ὁ ἐμφύλιος. T 75

63—4 — πολιτείαν (53) cf. Philod. De regno Hom. col. 10, 4   63 a cf. D,
Eust. 735, 44   b¹ θηριώδης, ἄνομος (68) cf. Aristot. pol. 1, 2 p. 1253 a 3;
Schulze 205   ὅπου καὶ (68) sq. cf. sch. ι 106. 115, Ap. S. 12, 20; Lehrs Ar.³
181   c ἐπιδήμιος γὰρ (74) sq. cf. D ad I 64, Eust. 736, 4

---

50 le. T supplevi, om. b (scholio ad versum 63 relato)   **50** sq. παρήγγειλε T
51 ἔχειν Bk.   **52** μέλλει BE³E⁴T   **54** διομήδους C   οὐκ] οὐχ T   **55** λίσεσθαι T
57 μὴ T ὅπως μὴ b   ὁ om. b   τὰ δὲ b, fort. rectius   **58** συνδείπνων Ma.   **59**
sq. πλεῖν — ἔλεγε Ma., πλεῖν ἐπὶ ἀσίας ἔλεγε T ἐν τῷ πάντας πλεῖν ἐπὶ ἀσίαν δεῖν
ἔλεγε b   **60** διαλλ. — πόλεις Ma., διαλλάξειν τὰς ἑλλ. πόλεις T (in mg. ὅρα περὶ
περσῶν m. sec.), τὰς ἑλλ. διαλλάσσειν (δ. Ε³, διαλλάξειν BE⁴) πόλεις b   **63** ex-
spectes ἀλλὰ μηδὲ   **64** le. add. Bk. (Vill.)   κοινῶς Vill., κοινῆς A   ὁ add.
Vill.   συγγενίας A suppl. Vill. (συγγένειαν D)   **67** φυλῆς Bk. (= D), φυλα-
κῆς A   **68** ἀθέμιστος δέ ἐστιν ὁ θηρ. pone sch. I 63—4 (coni. cum v. ποιεῖσθαι,
l. 61) b   ἄνομος om. b   **69** οἱονεὶ T ἤτοι b   τὴν om. b   **71—2** ἄδικος sq.
cum scholio D (A = D, v. φυλακῆς, l. 67) coni. A, dist. Ddf.   **73—5** ὁ γὰρ ἐστ.
sq. cum scholio b¹ (v. δίκαιον) coni. b

64. ⟨ἔραται:⟩ ἐπιθυμεῖ. ἡ λέξις Ἰωνική. A^{im}   *ex.(?)*

65. ⟨ἀλλ' ἤτοι νῦν μέν:⟩ τοῦ καιροῦ στοχάζεται καὶ προδείξας *ex.*
τὸ ὠφελοῦν σιωπᾷ τέως τὴν θεραπείαν. b(BCE³E⁴) T^{il}

66 a. δόρπα τ' ἐφοπλισόμεσθα: ἄξιον γὰρ προνοεῖν τῆς θε- *ex.*
80 ραπείας τοῦ σώματος τοὺς κάμνοντας. οἱονεὶ δὲ ὅπλα τῆς μάχης ποιη-
σώμεθα τὰ δόρπα. b(BCE³E⁴) T

    b. φυλακτῆρες: Ἀρίσταρχος διὰ τοῦ ᾱ „φυλακτῆρας", AT *Did.*
τοὺς φύλακας. A

67 a. ⟨λεξάσθων:⟩ διαταγήτωσαν. A^{int}   *ex.*
85   *b.* ⟨λεξάσθων:⟩ ὅτι ἀντὶ τοῦ λεξάσθωσαν. A^{int} *Ariston.*
    c. ⟨παρὰ τάφρον:⟩ γράφεται καὶ „περὶ τάφρον". A^{im} *Did.(?)*
    d. τείχεος ἐκτός: ἵνα ὁρμώμενοι τοῖς πολεμίοις καταπλήσ- *ex.*
σοιεν αὐτούς, ἔσω δὲ ὄντες τῆς τάφρου †ἀσφαλῶς ὦσιν. b(BCE³E⁴) T

69. ⟨ἄρχε:⟩ ἀντὶ τοῦ σύναγε ἡμᾶς. T^{il}   *ex.*

90   70 a. δαίνυ δαῖτα γέρουσιν· ⟨ἔοικέ τοι, οὔ τοι ἀεικές⟩: *ex. | ex.*
ἔθος μὲν ἦν. ἀλλ' οἴεται αὐτὸν παραλείψειν τῇ ἐπιπλήξει τὸ ἔθος. ἄρισ-
τος δὲ ὁ καιρὸς ἐπὶ ὀλίγων, ἔνθα τὸν ἔλεγχον προσδέξεται· νῦν μὲν
γὰρ οἱ τῶν Ἀργείων ἡγήτορες καὶ μέδοντές εἰσι συνειλεγμένοι, ἐπὶ δὲ
τὸ δεῖπνον οἱ γέροντες μόνοι συνάγονται, ἐφ' ὧν ἤνεγκεν ἂν τὴν τοῦ
95 γέροντος παρρησίαν b(BCE³E⁴) T ὁ Ἀγαμέμνων. T | καὶ ἄλλως·
1 ἐν οἴνῳ ῥᾳους ἑαυτῶν ἐσμεν, ἥ τε ὁμοτράπεζος κοινωνία πάντας φίλους
ποιεῖ· διὸ καὶ Πέρσαι μεθύοντες συμβουλεύονται, νήφοντες δ' ἐπικρίνου-
σιν. καὶ τὸ μὲν πλῆθος ἀπαλλάσσει χρηστὰς ὑπογράψας ἐλπίδας περὶ

---

64 cf. D, D ad Γ 446; vide Valk I 66   66 nullum signum ante versum in A;
tamen excidisse vid. nota Aristonici de v. l. Zenodoti ἐφοπλίζεσθον, ad
Θ 503; cf. Duentzer, Zen. 8 n. 30 *b* τοὺς φύλακας (83) cf. D, Eust. 736, 16 67 a
cf. D *b* ad B 438 (Ariston.), cf. D 69 aliter D (ἡγοῦ, ἡγεμόνευε) 70 a
cf. Plut. Quaest. conv. 7, 9 (mor. 714 a—c) νῦν μὲν γὰρ (92) — παρρησίαν (95)
et καὶ τὸ μὲν πλῆθος (3) — δώρων (5) cf. Plut. mor. 29 c ἐν οἴνῳ ῥᾷους (1) sq.
cf. Eust. 736, 57 διὸ καὶ Πέρσαι (2) — ἐπικρίνουσιν cf. Hdt. 1, 133, 3, Strab.

---

76 le. add. Vill.   77 le. add. Li, νῦν μέν add. Bk.   77—8 τοῦ καιροῦ sq. supra
versum I 64 scriptum in T (ὃς πολέμου ἔραται le. in V^c)   79 (le.) ἐφοπλισώμεθα
T em. Ma. (Bk.), le. om. b   79 sq. τοὺς κάμν. ante προνοεῖν b   80 οἱονεὶ δὲ T
φησὶ δὲ ὅτι οἱονεὶ b   82 le. Bk., φυλακτῆρες δὲ ἕκαστοι T, δορπά τε: A   διὰ
τοῦ ᾱ A δὲ T   84 le. addidi (auctore Bk.)   85 et 86 le. addidi (auctore Vill.)
85 ὅτι A, ἡ διπλῆ, ὅτι Vill.   87 sq. καταπλήσσοιεν vide ad H 114 b²/a²   88
ἀσφαλέως b, ἀσφαλεῖς Ddf.   ὦσιν T εἰσίν b, ἔχωσιν ci. Ge   89 le. add. Bk.,
σὺ μὲν ἄρχε add. V^c   90 le. T supplevi (auctore Ddf.), om. b   91 παραλ.
τῇ ἐπιπλ. Ma., παραλ. ἐπιπλήξει T τῇ ἐπιπλ. παραλ. b   92 sq. μὲν γὰρ T,
γὰρ πάντες b (fort. rectius)   95 ὁ T ῥᾷον ὁ ci. Bk.   1 ῥᾳους b ῥᾷον
T   φίλ. πάντας E⁴   2 πέρσ.] ὅρα περὶ περσῶν in mg. add. T m. rec.

τῶν λιτῶν, οὐ μὴν ἀναγκάσας ἐπ' αὐτῶν τὸν βασιλέα ἀντιφωνῆσαι
περὶ τῶν δώρων· πιέζοντος γὰρ ἦν τὸν καιρόν. καὶ ὁ Ῥοδίων δὲ νόμος 5
κελεύει ταῖς μεγίσταις ἀρχαῖς συσσιτεῖσθαι τοὺς ἀρίστους, περὶ τῶν
ἔωθεν πρακτέων βουλευομένους. b(BE³E⁴) T

ex.   *b.* δαίνυ δαῖτα γέρουσι: παρασκεύαζε τὴν εὐωχίαν τοῖς
ἐντίμοις ἢ ἐφ' ⟨ἑσ⟩τίασιν ἄγε τοὺς πρωταγωνιστάς. A

Ariston.   **71.** πλεῖαι {τοι οἴνου κλισίαι}: ὅτι πλεῖαι ἀντὶ τοῦ πλήρεις. 10
πρὸς τὸ „παρῴχηκε⟨ν⟩ δὲ πλέω νύξ" (K 252) ἀντὶ τοῦ πλήρης. A

ex.   **72.** ⟨ἠμάτιαι:⟩ ἀνὰ ἑκάστην ἡμέραν ἢ διὰ μιᾶς ἡμέρας. A^int

Hrd. | *Hrd.*   **73 a.¹** {πᾶσά τοι ἐσθ'} ὑποδεξείη, ⟨πολέεσσι δ' ἀνάσσεις:
καϑ. | *Did.* ὑποδεξείη⟩ ὡς „Ἀργείη" (Δ 8 al.). τὸ δὲ ἀκόλουθον ὤφειλεν εἶναι
κοινὸν ὑποδεξία ὡς παρὰ τὸ ἀνόρεκτος ἀνορεξία. ταῦτα ἐν τῇ Προσῳ- 15
δίᾳ (Hrd. 2, 63, 18). | ἐν μέντοι τῇ Καθόλου (Hrd. 1, 292, 22) οὕτως·
„πᾶσά τοί ἐσθ' ὑποδεξίη' ἕνεκα μέτρου ἔκτασιν ἔπαθε τοῦ ῑ. ἀγνοίᾳ
μέντοι τἀκριβοῦς διὰ τῆς ῑ διφθόγγου τὴν γραφὴν ποιοῦνται". | †καὶ
οὕτως ἔχει ἡ τῶν ἀντιφάνους† παράδοσις. αἱ δὲ Ἀριστάρχου οὕτως
εἶχον διὰ τοῦ γάρ, „πολέσιν γὰρ ⟨ἀνάσσεις⟩". ἔχει δέ τι Ὁμηρικὸν 20
καὶ ἡ διὰ τοῦ δέ. A

15, 3, 20 (p. 734)   *b* ἢ ἐφ' ἑστίασιν (9) cf. D   **71** ad K 579; vide ad Δ 262.
K 252 *a* (Ariston.), cf. Porph. 1, 147, 21; Lehrs ap. Friedl., Ariston. p. 156:
„. . . additque (sc. ipse Aristonicus) adnotationem hanc pertinere ad illud K 252,
quod ibi forma quae non posset nisi comparativa esse, a quibusdam neglecto
discrimine acciperetur pro πλήρης". Illi igitur πλέω idem esse quod πλέα cense-
bant; quorum fuisse etiam Aristarchum suo iure affirmat Valk II 232 n. 668. Cf.
praeterea Ep. Hom. (An. Ox. 1, 352, 1, Et. Gud. 469, 27, plura Et. Gen. = EM.
675, 4)   **72** cf. D; — ἡμέραν cf. Eust. 736, 43; M. L. West ad Hsd. th. 597
73 a¹ — τοῦ ῑ (17) Et. Gen. (B, deest A) ὑποδεξίη· ὡς ἀεργίη. ὤφειλεν εἶναι ὑπο-
δεξία ὡς παρὰ τὸ ἀνόρεκτος ἀνορεξία (καὶ ἀσπιδοποιὸς ἀσπιδοποιία καὶ ἀεργὸς
ἀεργία, οὕτως καὶ ὑπόδεκτος ὑποδεξία). ἀλλ' ἕνεκα μέτρου ἐξέτεινε τὸ ῑ (ῑ deest B,
ubi spat. quatt. litt.), fort. ex hyp. Iliad.; cf. Eust. 736, 55 (τὸ „ὑποδεξίη" διὰ τὸ
μέτρον ἔκτασιν τῆς παραληγούσης ἔπαθεν). In Et. Gen. (B, deest A) sequitur
canon fort. Choerobosci (cf. Choer. O. 269, 18). Vide Beiträge 134   κοινὸν ὑπο-
δεξία (15) cf. Choer. O. 269, 18   ἕνεκα μέτρου (17) ad B 518; cf. Cobet, Miscell.

4 sq. περὶ τῶν δώρων ἐκφωνῆσαι b   6 κελεύει post ἀρχαῖς b   9 τίασιν A
(initio lineae) suppl. Vill.   10 (le.) τοι οἴν. κλ. delevi   ὅτι A, ἡ διπλῆ, ὅτι
Vill.   11 παρῴχηκε A suppl. Ddf.   12 le. add. Vill.   13 (le.) π. τοι ἐσθ'
delevi, πολ. δ' ἀν. (et ὑποδ. in explicatione [l. 14]) addidi   14 τὸ δὲ Lehrs, τὸ
εἰ A   ὤφειλεν Et. Gen., ὄφειλεν A   17 ὑποδεξίηι et ἀγνοίᾳ A em. Vill.   ἕνεκα]
fort. τὸ ὑποδεξίη ἕνεκα   18 sq. καὶ — ἀντιφ. locus frustra temptatus, καὶ οὕτως
ἔχ. ἡ τοῦ ἀριστοφάνους (Wolf, ἡ τῶν ἀντιγράφων Lehrs, ἡ Ldw.) παράδ. Bk. Ddf.
Ldw., οὕτως ἔχει ἡ παράδοσις. ἡ ἀριστοφάνους „πολέεσσι δ' ἀνάσσεις", (αἱ δὲ) aut
πολέεσσι δ' ἀνάσσεις· οὕτως ἔχει ἡ ἀριστοφάνους, (αἱ δὲ) Cob., malim πολέεσσι
δ' ἀνάσσεις· οὕτως ἔχει ἡ ἀριστοφάνους ὥσπερ καὶ ἡ παράδοσις, (αἱ δὲ)   20
πολ. γάρ. Vill., πολέεσσι γὰρ A   ἀν. add. Vill.   21 δέ] δέ, πολέεσσι δ'
ἀνάσσεις Vill.

a.² Ἀρίσταρχος „πολέσιν γὰρ ἀνάσσεις". Aⁱᵐ   *Did.*

b.¹ πᾶσά τοί ἐσθ᾽ ὑποδεξίη: ἡ πρὸς ὑποδοχὴν χορηγία.   *ex.*
τινὲς δὲ οὕτως, ὅτι καὶ πάντας, ἢν θέλῃς, εὐχερῶς ὑποδέξῃ. b(BCE³
25 E⁴) T

b.² πᾶσά τοί ἐσθ᾽ ὑποδεξείη: πρὸς ὑποδοχὴν ηὐτρέπισταί
σοι χορηγία. A

c. πολέεσσι δ᾽ ἀνάσσεις: ἐπαίρει τὸν βασιλέα, εἰς τὸ μετέ-   *ex.*
πειτα αὐτὸν ὑπήκοον σχήσων. A b(BCE³E⁴) T

30   **74—5.** πολλῶν δ᾽ ἀγρομένων τῷ πείσεαι ⟨ὅς κεν ἀρίστην/   *ex.*
βουλὴν βουλεύσῃ): μετρίως οὐκ ἀποδίδωσιν ᾽ἑαυτῷ᾽. διδάσκει δὲ
τὸν στρατηγὸν πολλῶν μὲν ἀκούειν, αἱρεῖσθαι δὲ τὸ κράτιστον.
b(BCE³E⁴) T

    75—6 *a*. μάλα δὲ χρεὼ πάντας Ἀχαιούς ⟨/ ἐσθλῆς καὶ πυ-   *ex.*
35 κινῆς): πρὸς τὸ πεῖσαι Ἀχιλλέα· οἶδε γὰρ αὐτοῦ τὸ φιλότιμον.
b(BCE³E⁴) T

    b. χρεὼ ⟨———⟩ Ἀχαιούς/ ἐσθλῆς: „χρεὼ βουλῆς ἐμὲ καὶ   *ex.*
σέ" (K 43) ἀντὶ τοῦ δεῖ. T

    75. ⟨χρεώ:⟩ χρεία καταλαμβάνει. Aⁱⁿᵗ   *ex.*

40   **76.** ⟨ὅτι δήϊοι:⟩ οὕτως γράφεται ὅτι δήϊοι. Aⁱᵐ   *Did.*

    76—7. ἐγγύθι νηῶν/ καίουσιν πυρά: δέδια σκοπῶν ἐγγὺς   *ex.*
νεῶν πυρά. ἐπὶ δὲ Ἑλλήνων „ἔνθα δὲ πῦρ κήαντο" (I 88). T

    77 *a*. τίς ἂν τάδε γηθήσειεν: προσυπακουστέον τὸ {ὁρῶν καὶ   *Ariston.*
βλέπων γελάσῃ} καὶ οὐ μὴ μᾶλλον θρηνήσει καὶ κόψεται; καὶ ὅτι
45 {τὸ} ἔξωθεν τὸ ἰδών. A

---

crit. 415   *b* — χορηγία (23) cf. D   **74—5** διδάσκει δὲ (31) sq. cf. Eust. 736,
56   **75—6** *b* ad K 43   **76** cf. Ludwich, A. H. T. 1, 299, 18 (nonnulli lege-
runt ὅτε δή)   **76—7** ad I 88 (ex.)   **77** *a* ad N 344 (Ariston.), cf. Friedl.,
Ariston. 156   καὶ ὅτι ἔξωθεν (44) sq. ad K 13 *a*. Π 559. Φ 570. Ω 45 (Ariston.);

23 ἤ om. T   χορηγία καὶ ἀφθονία E⁴   **28** le. T, om. Ab   **28—9** ἐπαίρ. sq. cum
scholio *b*¹ (v. ὑποδεξίη) coni. **b**, cum scholio praecedenti coni. A   **28** τὸν βασ. T,
δὲ τὸν βασιλέα A, δὲ αὐτὸν διὰ τοῦ πολέεσσι δ᾽ ἀνάσσεις **b**   **28** sq. μετέπειτα] μετά
ταῦτα **b**   **29** αὐτὸν — σχῆσ. Vill., αὐτὸν ὑπήκουον (ὑπ. T, ὑπηκον A) σχήσων
AT σχήσων ὑπήκοον **b**   **30** sq. le. T supplevi, om. **b** (ubi sch. ad I 74 relatum
est)   **31** οὐχ ἑαυτῷ ἀπόδ. **b**   **34** sq. le. T supplevi (auctore Vill.), om. **b**
(qui sch. ad I 76 revocavit)   **39** le. add. Ddf.   **40** le. (= Aᶜᵒⁿᵗ, vulg.) add.
Ldw., possis ὅτε δήϊοι γράφ. cp. (γρ) A, γραπτέον dub. Ldw.   **41** δέδιε
propos. Nickau σκοπῶν scripsi, ἀκούων T   **42** ἐπὶ δὲ ἑλλ. sc. ἑνικῶς φησιν
43 le. Frdl., καίουσιν πυρὰ πολλά: A προσυπ. A, ὅτι προσυπακουστέον
Ddf., ἡ διπλῆ, ὅτι προσυπακουστέον Vill. τὸ A, fort. τὸ ἀντικείμενον vel τὸ
ἐναντίον Lehrs (vide ad A 330)   **43** sq. ὁρῶν — γελάσῃ del. Lehrs (Hrd. 458)
45 τὸ del. Vill.

ex. b.¹ τίς ἂν τάδε γηθήσειεν: οὐ λείπει τὸ ὁρῶν, ἀλλ' ἔστι πα-
λαιὰ συνήθεια· „ἀλλ' ἕτερον ἥσθην" (Ar. Ach. 13) καὶ ἐν Πανόπταις
Κρατῖνος (fr. 158 K.)· „γέγηθε τὸν ἄνδρα". καὶ ἔστιν ἐξ ἀντικειμένου·
τίς οὐκ ἂν κλαύσειεν; ἔοικε δὲ προσκρούειν Διομήδει λέγοντι „νῶϊ δ',
ἐγὼ Σθένελός ⟨τε⟩" (Ι 48). T   50
      b.² οὐ λείπει τὸ ὁρῶν, ἀλλ' ἔστι παλαιὰ συνήθεια ἡ ἐξ ἀντικει-
μένου, οἷον τίς οὐκ ἂν κλαύσειε; b(BCE³)

Did. 78 a. ⟨διαρραίσει:⟩ δι' ἑνὸς ρ̄ αἱ 'Αριστάρχου. Aⁱᵐ

ex.   b. ἠὲ διαρραίσει στρατὸν ἠὲ σαώσει: ἐν τῷ πεῖσαι
'Αχιλλέα τὴν σωτηρίαν τίθεται· τί γὰρ ἕτερον πράσσειν νυκτὸς ἠδύ- 55
ναντο; b(BCE³E⁴) T

ex. 80. ἐκ δὲ φυλακτῆρες σὺν τεύχεσιν ἐσ⟨σ⟩εύοντο: ἄτοπον
γὰρ περὶ πρώτου λέγειν τοῦ συμποσίου. T

ex. 81. ἀμφί τε Νεστορίδην: εὖ τοῦ περὶ φυλακῆς εἰσηγησαμένου
πρῶτος ἀριθμεῖται ὁ υἱός. καὶ ὅτι ὁ παρὼν καιρὸς οὐκ εὐτελεῖς ἄνδρας 60
ἐπέτρεπε φυλάσσειν. b(BCE³E⁴) T

Did. 86. ⟨ἅμ' ἔστειχον:⟩ 'Ιακῶς τὸ „στεῖχον" AⁱᵐTⁱˡ αἱ 'Αριστάρ-
χου, „ἅμα στεῖχον". Aⁱᵐ

ex. 88 a. πῦρ κήαντο: πυρκαϊὰν τοῦ δεῖπνον ποιῆσαι· ἀσφαλέστε-
ρον γὰρ ἦν αὐτοῖς τὸ ἀπὸ σκότους ὁρᾶν τοὺς πολεμίους. b(BCE³E⁴) T 65

ex.   b. ἄλλως· ἐνθάδε πῦρ κήαντο, τίθεντο δὲ δόρπον
ἕκαστος: ἐπὶ μὲν τῶν κατεπτηχότων ψιλὴ καὶ ἡ τοῦ δείπνου
παρασκευή, καὶ ἑνικῶς πῦρ φησιν, ἐπὶ δὲ τῶν εὐημερούντων βαρ-
βάρων καὶ τὰ τῆς εὐωχίας μετὰ πολλῆς ἐπεξεργασίας δεδήλωται, „ἐκ
πόλιος δ' ἄξαντο βόας καὶ ἴφια μῆλα" (Θ 545), καὶ λαμπρότερα τὰ 70
τῆς φυλακῆς, b(BCE³E⁴) T   „μέγα φρονέοντες ἀνὰ πτολέμοιο γε-
φύρας/ εἵατο παννύχιοι, πυρὰ δέ σφισι καίετο πολλά" (Θ 553—4).
ἔστι δὲ ὅλα γραφικά. T

alia exempla in scholiis ex.; cf. D   b¹ — ἄνδρα (48) cf. Eust. 737, 1   καὶ
ἔστιν ἐξ ἀντικειμένου (48) — κλαύσειεν (49) cf. sch. Ar. Ach. 86   78 a δι' ἑνὸς ρ̄
ad Ι 154. K 216; vide ad Ι 210. 299. 574. K 258. M 26 a. O 31 b¹. 123 b. Φ 262. Ψ 417
86 'Ιακῶς (62) vide ad A 162   88 incertum an sch. Didymi de v. κήαντο ex-
stiterit, cf. Eust. 737, 12: διὰ διφθόγγου δὲ καὶ νῦν τὸ „κείαντο" (= vulg.) παρὰ
παλαιοῖς ἀντιγράφοις   a/b ad Ι 76—7

50 τε add. Bk.   51 οὐ om. C   53 le. add. Bk.   55 τὸν ἀχιλλέα b   τί T οὐδὲν b
55 sq. ἐδύνατο b   57 (le.) ἐσεύοντο T suppl. V (Vᶜ?)   59 ἡγησαμένου b   62 le.
add. Bk. (Vill.)   64 πυρκαϊὰν — ποιῆσαι T ταύτην τὴν πυρκαϊὰν πρὸς τὸ ποιῆσαι
δεῖπνον εὐτρεπίζουσιν (παρασκευάζουσιν E⁴) b   66—73 ἄλλως sq. cum scholio
praecedenti coni. T   66 (le.) τίθοντο T em. Ma. (le. om. b)   67—71 ἐπὶ μ. οὖν
τῶν sq. coni. cum scholio a in b   69 πολλῆς τῆς ἐπ. b   70 καὶ ἴφ. μῆλα om. b
70 sq. λαμπρ. post φυλακῆς b   71 ἀνὰ T, ἐπὶ Hom.

c.¹ τίθεντο δὲ δόρπον ἕκαστος: διὰ τοῦ ᾱ „δόρπα‘‘ αἱ   *Did.*
75 Ἀριστάρχου. ἄκαιρος δὲ Ζηνόδοτος γράφων „τίθεντο δὲ δαῖτα θά-
λειαν‘‘· ἄτοπον γὰρ θαλιάζειν τοὺς πένθει ἀτλήτῳ (cf. Ι 3) τὴν ψυχὴν
βεβλημένους. A
    c.² Ἀρίσταρχος μετὰ τοῦ ᾱ „δόρπα‘‘. Aⁱᵐ
    ⟨δόρπον:⟩ ἄριστον μὲν τὸ πρωϊνὸν ἔμβρωμα, †δόρπος δὲ τὸ   *D ad B 381(?)*
80 νῦν ἄριστον, ἢ δεῖπνον†, μεθ’ ὃ τὰ δόρατα ἔπαυον. A
    89. ⟨γέροντας ἀολλέας ἦγεν Ἀχαιῶν:⟩ Ἀρίσταρχος „γέ-   *Did.*
ροντας ἀριστέας AⁱᵐAⁱⁿᵗ   ἦγεν Ἀχαιῶν‘‘. Aⁱⁿᵗ
    92. ⟨ἐξ ἔρον ἕντο:⟩ τὴν ἐπιθυμίαν ἐπλήρουν. Aⁱⁿᵗ   *ex.*
    93. πάμπρωτος: οἷον προφθάσας τοὺς ἀπαιτοῦντας αὐτοῦ τὴν   *ex.*
85 γνώμην. b(BCE³E⁴) Τ
    94. Νέστωρ, οὗ καὶ πρόσθεν ⟨ἀρίστη φαίνετο βουλή⟩:   *ex.*
ὅτε παρήνει Ἀγαμέμνονι παύσασθαι τῆς πρὸς Ἀχιλλέα ὀργῆς·
„Ἀτρείδη, σὺ δὲ παῦε τεὸν μένος‘‘ (A 282)· b(BCE³E⁴) Τ   ὃ καὶ
νῦν φησιν· „οὔτι καθ’ ἡμέτερόν γε νόον‘‘ (Ι 108). Τ   καὶ ὅτε τὸ μο-
90 νομάχιον ἦν καὶ ἤγειρε τοὺς ἀρίστους (cf. Η 124—60). b(BCE³E⁴)
    97—9 a.¹ ⟨ἐν σοὶ μὲν λήξω —— βουλεύησθα:⟩ κατα-   *ex.*
πτήξαντα ἀνακτᾶται τοῖς ἐγκωμίοις καὶ πρὸς πειθὼ παρακαλεῖ. Τⁱˡ
    a.² καταπτήξαντα αὐτὸν τῇ τῶν πολεμίων ὁρμῇ καὶ τῇ τῶν
συμμαχικῶν λόγων ταραχῇ καὶ συγχύσει ἀνακτᾶται καὶ πρὸς πειθὼ
95 παρακαλεῖ διὰ τῶν ἐγκωμίων. b(BE³E⁴)
1   a.³ {ἐν σοὶ μὲν λήξω:} σύ μοι ἀρχὴ καὶ τέλος τῶν λόγων πάλιν   *D | ex.*
γενήσῃ. | ἀνακτᾶται δὲ αὐτὸν τοῖς ἐγκωμίοις, πρότερον καταπτοή-
σας. A
    b. ἐν σοὶ μὲν λήξω, σέο δ’ ἄρξομαι ⟨—— βουλεύη-   *ex.*
5 σθα): πρὸς τὸ μὴ δοκεῖν ἐπιτάσσειν κύριον αὐτὸν τῆς ἁπάντων ἀπο-

---

c δόρπα (74 et 78) cf. Valk II 162. „Nonne Aristarchus legerit etiam ἕκαστοι?‘‘
Lehrs ap. Ludwich, A. H. T. 1, 299, 26, cf. Wilamowitz, Il. Hom. 37, 1   c² sch.
Aristonico attribuendum esse suspicatur Kayser, Philol. 21, 1864, 324   89
cf. Lehrs ap. Ludwich, A. H. T. 1, 299, 31 (de v. l. ἀριστέας); Valk I 477 n. 351
92 cf. D ad N 638   97—9 a cf. sch. Arat. 14

---

79 le. addidi, δόρπα add. Ddf.   79 sq. turbata, debuit δεῖπνον δὲ τὸ νῦν ἄριστον
καὶ δόρπον, μεθ’ ὃ κτλ.   81 le. add. Valk   81 sq. γέροντας om. Aⁱⁿᵗ   82
ἀριστῆας Aⁱⁿᵗ   83 le. addidi (auctore Vill.)   84 sq. τοὺς ἀπ. αὐτ. τ. γνώμ. Τ
ἐκείνους τοὺς τὴν γνώμην αὐτοῦ ἀπαιτοῦντας b   86 le. Τ supplevi, πρόσθεν δὲ ⟨ὅτε⟩
coni. cum scholio praecedenti (v. ἀπαιτοῦντας) b   87 ἀγαμέμνονα C   ἀχιλλέως
B   ὀργῆς Τ ὁρμῆς b   91 le. addidi   93—5 sch. ad Ι 197 rettulit b   94 πειθῶ
BE⁴   1 le. delevi   4 sq. le. Τ supplevi, om. b (scholio ad v. 97 revocato)
5 sq. ἀποφαίνει ante τῆς C

φαίνει γνώμης, προσεκτικόν τε αὐτὸν ἀπεργάζεται ὡς ὅλου τοῦ πράγ-
ματος ἐπ' αὐτῷ κειμένου. ἢ ἐπεὶ τότε εἰς αὐτὸν ἔληξε λέγων· ,,λίσσομ'
Ἀχιλλῆϊ μεθέμεν χόλον" (A 283), ἐκείνην τὴν λῆξιν ἀρχὴν ποιεῖται τοῦ
νῦν διαλόγου. b(BCE³E⁴) T

D   98. ⟨ἐγγυάλιξε:⟩ ἐνεχείρισεν. T^il   10

ex.   99 a. σκῆπτρόν ⟨τ'⟩ ἠδὲ θέμιστας: σκῆπτρον διὰ τὸ κρά-
τος, θέμιστας διὰ τὸ δίκαιον· οὔπω γὰρ εἶχον γραπτοὺς νόμους, ἀλλὰ
τὸ πᾶν ἦν ἐν τοῖς κρατοῦσιν· ὅθεν καὶ ,,δικασπόλοι, b(BCE³E⁴) T οἵ
τε θέμιστας ⟨/ πρὸς Διὸς εἰρύαται⟩" (A 238—9). T †εὐγενῆ† δ' αὐ-
τὸν ποιεῖ τὰς εὐτυχίας ἐξαριθμούμενος, καὶ ἄξια δὲ τῆς ἰδίας δόξης   15
ποιεῖν ὑποτίθεται. καὶ ὅτι: πρώτη ἀρετῶν ἐστιν ἡ φρόνησις. b(BCE³)
T

ex.   b. σκῆπτρόν τ' ἠδὲ θέμιστας, ἵνα σφίσι βουλεύησθα:
ἵνα τούτοις χρώμενος προβουλεύῃς τῶν ὑποτεταγμένων. ὡς τοῦ βασι-
λέως δὲ καὶ τῶν θεμίστων κρατοῦντος· οὐδέπω γὰρ ἐχρῶντο γρα-   20
πτοῖς νόμοις. A

ex.   100. περὶ μὲν φάσθαι ἔπος ἠδ' ἐπακοῦσαι: ἵνα ἐξ ἁπάντων
αἱροῖτο τὸ χρήσιμον. ἅμα δὲ καὶ ἀναιρεῖ τὴν δόξαν τῆς ἥσσης, καθ' ἣν
τινες οἴονται ἀδοξεῖν τοῖς πλησίον πειθόμενοι. b(BCE³E⁴) T

ex.   101. ⟨κρηῆναι δὲ καὶ ἄλλῳ:⟩ καὶ ἄλλου δέ τινος ἐπιτελέσαι καὶ   25
βεβαιῶσαι τὴν γνώμην. A^im

D | Hrd.   102 a. σέο δ' ἔξεται, ⟨ὅττι κεν ἄρχῃ⟩: ἤτοι ἐν τῇ σῇ ἐξουσίᾳ
———— ἀνενεχθήσεται. | τὸ ἔξεται δασυντέον· ἀπὸ γὰρ τοῦ ἔξω μέλ-
λοντος δασυνομένου μέσος ἐστίν. A

99 diple ante versum in A, fort. exstabat sch. Aristonici, qui aut commemoravit
Aristarchum v. θέμιστας explicavisse (vide ad Π 387 c, cf. Wismeyer 22) aut
docuit versum B 206 spurium esse (vide ad B 205)   a οὔπω (12) — νόμους cf.
sch. b; R. Hirzel, Ἄγραφος νόμος, Abh. K. Sächs. Ges. Wissensch. (phil.-hist.
Cl.) 20, 1, Lips. 1900, 52; eund. Them. 43, 3   101 cf. D, Eust. 737, 51. 738, 13
102 a τὸ ἔξεται δασυντέον (28) cf. Lex. spir. 217

6 αὐτὸν om. b, fort. recte   7 ἐπ' αὐτῷ T ἐπ' αὐτὸν BCE³ Le, ἐπ' αὐ[(absc.) E⁴
8 ἀχ. T ἀχιλῆ[ϊ] B, suppl. m. rec., ἀχιλῆα CE³ ἀχιλλῆα E⁴   τὴν T δὲ τὴν b
10 le. add. V^c   post ἐνεχ. add. T m. sec. γυῖα γὰρ αἱ χεῖρες   11 le. T suppl.
Ma., om. b   13 ἦν post κρατοῦσιν b   14 πρὸς δ. εἰρ. add. Ma.   εὐγενῇ] εὐμενῆ
Wil.   δ' T δὲ b   15 δὲ om. b   τῆς ἰδ. δόξης om. T   16 ἀρετή b   19
προβουλεύεις A em. Vill.   20 θεμιτ(ων) A em. Vill.   23 αἱροῖτο vide ad H
114 b²/a²   ἥττης C   24 τοῖς πλ. πειθ. T, τῷ πλησίον εἴς τι πειθόμενοι χρη-
στόν b, fort. rectius   25 le. add. Vill.   27 le. A suppl. Vill.

30   *b.* σέο δ' ἕξεται, ὅττι κεν ἄρχη: ἴσον ἀπέφηνε τῷ συμ- *ex.*
βούλῳ τὸν βασιλέα †λέγων† κυροῦντα τὸ τέλος, ὅπως μὴ φθονοίη ταῖς
ἀγαθαῖς ὑποθήκαις· οἶδε γὰρ φθόνῳ καὶ θυμῷ καὶ ζηλοτυπίαις ἀδίκοις
πολλὰς πράξεις ἀγαθὰς ἀνῃρημένας. τὸ πέρας οὖν τῶν λεγομένων ἐπὶ
τὸν κορυφοῦντα ἀναφέρει. b(BCE³E⁴) T

35   *c.* ἄλλως· ὅττι κεν ἄρχη: ὃ δή ποτε τῆς παραινέσεως πρω- *ex.*
τεύῃ καὶ ἐπικρατυνθῇ, ἐκ σοῦ γίνεται. καὶ ἀλλαχοῦ ,,Ἀλκινόου δ' ἐκ
τοῦδ' ἔχεται ἔργον τε ἔπος τε'' (λ 346). b(BCE³E⁴) T

    103. ὥς μοι δοκεῖ εἶναι ἄριστα: προσεκτικὸν μὲν τὸν ἀκροα- *ex.*
τὴν ποιεῖ, δι' ὧν ἄριστα ὑπισχνεῖται ἐρεῖν, εὔνουν δέ, ὅτι μεθ' ὑπο-
40 στολῆς τὸ δοκεῖ προσέθηκεν. b(BCE³) T

    104 *a.* οὐ γάρ τις νόον ⟨ἄλλος ἀμείνονα τοῦδε νοήσει⟩: *ex.*
ἐπὶ διαλλαγὰς τὸν βασιλέα φέρων οὐκ ἐν ἐπιτιμήσεως μέρει τὴν Ἀχιλ-
λέως ἔχθραν προφέρει, ἀλλὰ μόνον ἄριστα συνεωρακέναι φησὶν ἑαυ-
τόν· b(BCE³E⁴) T   φησὶ γοῦν ,,πολλάκι δή μοι τοῦτον'' (Τ 85).
45 τὸ δὲ νοήσει ἀντὶ τοῦ νοήσειεν. T

      b. ⟨ἄλλος: γράφεται⟩ καὶ ,,ἄλλον''. A^(im)   *Did.(?)*

    105. ⟨οἷον ἐγὼ νοέω, ἠμὲν πάλαι ἠδ' ἔτι καὶ νῦν:⟩ εἰ τὰ *ex.*
μέλλοντα προέγνω Νέστωρ, πῶς περὶ τῶν ἐνεστώτων οὐκ ὀφείλει
πείθειν; b(BCE³) T^(il)

50   **106.** διογενεῦς: {προ}περισπωμένως ἀναγνῶμεν· συναίρεσιν *Hrd.*
γὰρ ἔπαθε τοῦ διογενέος καὶ διογενοῦς, καὶ τροπῇ τοῦ ō εἰς ē διογε-
νεῦς· γενικῆς γάρ ἐστι πτώσεως. A

---

c πρωτεύη καὶ ἐπικρατυνθῇ (35) cf. D   **103** ὅτι μεθ' ὑποστολῆς (39) sq. cf. Eust
737, 57   **105** cf. Friedl., Zoil. 75; vide ad I 108—13 *a*²   **106** incertum an sch
Didymi de v. l. διογενές exstiterit, cf. Eust. 738, 46: ἰστέον δὲ ὅτι τὸ ,,ὅτε διογενές''
καὶ ἑξῆς γράφεται καὶ ,,ὅτε διογενεῦς'' ὁμοίως τῷ Ὀδυσσέος Ὀδυσσεῦς περισπω-
μένως (50) sq. cf. Choer. Th. 1, 387, 3; sch. Herodiano attr. Valk II 142; —
διογενοῦς (51) eadem fere D (D ex Herodiano pendeat)

30—4 ἴσον δὲ ἀπέφηνε sq. post sch. *c* (coni. cum v. ἔπος τε) b   31 λέγων T τὸν b,
λόγων Wil., possis λόγῳ   33 ἀγαθὰς om. T   35—7 ἄλλως sq. scholio praecedenti
adi. T   35 δή ποτε T δὴ b; ἂν ποτε Wil., fort. recte   35 sq. πρωτεύει T em.
Ma., ἄρχει b   36 γίν.] ἄρχε γίνεται E³   40 προστέθειται b   41 le. T
supplevi (auctore Vill.), om. b   43 sq. συν. φησὶν ἑαυτὸν BCE³ συνεωρακέναι
ἑαυτόν T φησὶ συνεωρακέναι αὐτόν E⁴   44 φησὶ sc. Agamemno (antea mente
suppleas 'litem enim multos regi vitio vertisse contenderunt interpretes')   τοῦ-
τον T, fort. τοῦτον ἀχαιοὶ μῦθον ἔειπον / καὶ τέ με νεικείεσκον   45 νοῆσαι (post δὲ)
T em. Ma.   46 le. add. Ddf., γράφ. add. Vill.   47 le. add. Vill., ἠμὲν πάλαι:
add. Bk.   48 προγινώσκει ὁ ν. b   περὶ T καὶ περὶ b   οὐκ T καλῶς οὐκ b
48 sq. πείθειν T νοεῖν b   50 προπερισπ. A em. Bk.

30*

ex.   **108—13** *a*.¹ ⟨οὔ τι καθ' ἡμέτερόν γε νόον —— μειλιχίοι-
σι:⟩ προτρεπτικῶς δὲ αὐτῷ διαλέγεται καὶ τὴν πειθὼ τοῖς χείλεσι
συνεπάγεται· τοῦτο γὰρ τῆς φρονήσεως ἴδιον. b(BCE³E⁴)   55

     a.² ἐντρεπτικῶς· †εἰ γὰρ καὶ τότε προέγνω τὰ μέλλοντα, πῶς
οὐχ ὑπὲρ τῶν παρόντων πείσει;† Tⁱˡ

ex.   **108—9.** οὔτι καθ' ἡμέτερόν γε νόον· μάλα γάρ τοι ἔγω-
⟨γε/⟩ πόλλ' ἀπεμυθεόμην: εὐμάθειαν ἐργάζεται· ὁμολογῶν γὰρ
ὅτι οὐκ ἠρέσκετο τῇ εἰς τὸν Ἀχιλλέα ἀτιμίᾳ δῆλός ἐστι τὸν λόγον 60
ὑπὲρ τοῦ τιμῆσαι τοῦτον συνιστάς. T   οὐκ ὀνειδίσαι δὲ τὴν ἁμαρτίαν
θέλει, ἀλλὰ παρακελεύεται μὴ δεύτερον ἐξαμαρτάνειν. b(BCE³E⁴) T

D   **108.** ⟨οὔτι καθ' ἡμέτερόν γε νόον:⟩ ἀντὶ τοῦ οὐ κατὰ τὴν
ἐμὴν γνώμην. Aⁱᵐ

Did.   **109.** ⟨ἀπεμυθεόμην:⟩ οὕτως Ἀρίσταρχος ἀπεμυθεόμην. Aⁱᵐ 65

D   ἀπεμυθεόμην: ἀπηγόρευον, ἐκώλυον. γράφεται δὲ καὶ
„†ἀπεμυθεύομην†", ἵν' ᾖ ἀπελογιζόμην. A

ex.   **109—10.** σὺ δὲ σῷ μεγαλήτορι θυμῷ ⟨/εἶξας⟩: δεξιῶς ὑπήλ-
λαξε τὰ ὀνόματα, τὴν αὐθάδειαν μεγαλοφροσύνην καλῶν καὶ τὸ προ-
πετὲς εἶξαι λέγων. b(BCE³E⁴) T   70

Nic.   **110** *a.* εἶξας ⟨ἄνδρα φέριστον ὃν ἀθάνατοί περ ἔτισαν⟩:
ὁ λόγος αἱρεῖ διαστέλλειν ἐπὶ τὸ εἶξας, ὑποστίζειν δὲ ἐν ὑποκρίσει ἐπὶ
τὸ ἔτισαν. A

ex.   *b*.¹ ⟨ἄνδρα φέριστον, ὃν ἀθάνατοί περ ἔτισαν:⟩ συν-
θέμενος ἐν συντόμῳ τὰ κατορθώματα Ἀχιλλέως εἶπεν. Tⁱˡ   75

    b.² ἐν συντόμῳ δὲ καὶ τὰ Ἀχιλλέως εἰσφέρει κατορθώματα.
b(BCE³E⁴)

108—13a² vide ad I 105   **108** cf. sch. Theocr. 7, 39 b; Wackernagel, Vorles. über
Syntax I (Basileae 1926) 99   **109** ἀπεμυθεόμην (66) — ἀπελογιζόμην (67) eadem
fere Ap. S. 38, 7 (He. α 5964); Et. Gen. (p. 37 Mill.), unde Et. Gud. 162, 15 Stef.;
vide Valk I 238 (improbabiliter)   **109—10** cf. Eust. 738, 42; Plut. mor. 73 e/f
110 cf. Friedl., Nic. p. 64

---

53 sq. le. addidi   **54—5** προτρ. δὲ sq. pone sch. I 108—9 (coni. cum v.
ἐξαμαρτάνειν) in b   **54** fort. ἐντρεπτικῶς (cf. Valk I 521)   πειθὼ BE⁴   **56**
sq. sch. supra versum 108 scriptum in T; librarius post primum verbum in textum
scholii ad I 105 incidisse videatur   **58** sq. le. T suppl. Ma., om. b   **61** sq. οὐκ
— θέλει T, οὐκ ὀνειδίσαι θέλει τὴν ἁμαρτίαν αὐτῷ b (sch. relato ad I 106)   **63**
le. add. Vill.   **65** le. add. Bk. (Vill.)   οὕτως sq. sub Aᶜᵒⁿᵗ scriptum in A   **67**
ἐπεμυθεόμην Spitz. (cl. Ap. S.)   **68** le. T supplevi (auctore Vill.), om. b (ubi
sch. ad I 109 relatum est)   **71** le. A suppl. Vill.   **74** le. addidi   **76** ἐν
συντόμῳ sq. pone sch. I 109—10 (coni. cum v. λέγων) in b

111—2. ἀλλ' ἔτι καὶ νῦν / φραζώμεσθ', ⟨ὡς κέν μιν ἀρεσσά- *ex.*
μενοι πεπίθοιμεν⟩: προσποιεῖται τὴν παράκλησιν, ὅπως μὴ αἰσχυν-
80 θῇ ὁ βασιλεύς (τὸ γὰρ φράζου πικρότερον ἦν καὶ προστάξεως ἐχόμε-
νον, καλαὶ δὲ αἱ λιταὶ διὰ τὸ ὁμοειδές), καὶ ἵνα προμαλαχθῇ Ἀχιλλεύς.
b(BCE³E⁴) T

112 a.¹ ⟨πεπίθοιμεν:⟩ Ἀρίσταρχος „πεπίθωμεν"· ἔστιν γὰρ *Did.*
π⟨ε⟩ίθωμεν. Aⁱᵐ

85　　　　a.² διὰ τοῦ ω̄ ἡ γραφή. T

b. φραζώμεσθ' ⟨——— πεπίθοιμεν⟩: δεῖ γὰρ τὸν προα- *ex.*
δικήσαντα παρακαλεῖν. b(BCE³E⁴) T

113 a.¹ δώροισίν τε ⟨...⟩ ἔπεσσί τε: ἴσην ὑποτίθησι κτῆσιν *ex.*
χρημάτων καὶ λόγων πρὸς πειθώ. T

90　　　　a.² ἴσην τῶν χρημάτων καὶ μείζονα πρὸς πειθὼ τὴν τῶν λό-
γων ὑποτίθησι κτῆσιν. b(BCE³E⁴)

b. μειλιχίοισι: δεητικοῖς, οὐ δικαιολογουμένοις· τὰ γὰρ *ex.*
τοιαῦτα ἀνάπτει τὸν θυμόν. T

115 a. ⟨ὦ γέρον, οὔ τι ψεῦδος ἐμὰς ἄτας κατέλεξας:⟩ ὦ *ex. | Nic.*
95 γέρον, φησίν, οὐδὲ⟨ν⟩ ψευσάμενος τὰς ἐμὰς ἀδικίας ἀπηριθμήσω,
1 βλάψαι με βουλόμενος, ὡς ᾠήθης. | ἐπὶ δὲ τὸ τέλος τοῦ στίχου στι-
κτέον· τὸ γὰρ ψεῦδος ἀντὶ τοῦ ψευδῶς. A

b. οὔτι ψεῦδος ἐμὰς ἄτας: ὁμολογεῖ πρᾶξαι, ἵνα μὴ *ex.*
αἰσχύνοιτο παρακαλῶν· διὸ ἡμαρτηκέναι φησὶ οὔκ ἀδικεῖ τε εὔνοιαν
5 ποριζόμενος ἑαυτῷ. ἁπλοῦς δὲ ὁ τρόπος· τὸ μὲν γὰρ ἐπίκαιρον ἔχειν
νοῦν μακάριον, τὸ δὲ χρόνῳ μετανοῆσαι οὔκ ἄχαρι. b(BCE³E⁴) T

c.¹ ἄλλως· οὔτι ψεῦδος ἐμὰς ἄτας κατέλεξας: συνα- *ex.(Nic.)*
πτέον ὅλον. T

---

113 b Ge (e T): μειλιχίοισι· τουτέστι δεητικοῖς — θυμόν　　115 a et c² ἀντὶ τοῦ

---

78 sq. le. T (φραζώμεσθα emendavi) suppl. Ma. (qui dedit πεπίθωμεν pro πεπίθοιμεν),
om. b (ubi sch. ad Ι112 revocatum est)　　79 ὅπως T ἵνα b　　81 δὲ] τε Ma.　　83
le. add. Bk.　　84 πίθωμεν A supplevi　　85 διὰ τοῦ ω̄ ἡ γρ. post sch. b (coni. cum
v. παρακαλεῖν) in T, transposui　　86 le. φραζώμεσθα T emendavi et supplevi, om.
b　　δεῖ γὰρ T δεῖ δὲ (coni. cum scholio Ι111—2, v. ἀχιλλεύς) b　　87 παρακ. ἀεί b
88 le. T suppl. Ma. (om. b)　　90 ἴσην] ὅσην C　　πειθὼ B πειθ[(absc.) E⁴　　92
μειλ.: δεητ. scripsi, μειλιχίοισι· τουτέστι δεητικοῖς Ge, μειλιχίοισι δὲ δεκτικοῖς (coni.
cum scholio a¹, v. πειθώ) T　　93 ἀν. T μᾶλλον ἀνάπτει Ge　　94 le. add. Vill.
94 sq. ὦ γέρον φησιν: tamquam lemma scriptum in A　　95 οὐδὲ A suppl. Bk.
1 sq. στικτ. A στικτέον. φαῦλοι δὲ οἱ μετὰ τὸ ψεῦδος στίζοντες Frdl., cf. sch. c²
3 πρᾶξαι T τὴν πρᾶξιν b　　4 διὸ T καὶ b　　οὔκ ἀδ. τε T καὶ οὔκ ἀδικεῖται b,
fort. οὔκ ἀδικεῖ δὲ　　5 ἐπίκ. ἔχειν T ἀεί χρηστὸν ἔχειν τὸν b　　6 δὲ T δὲ καὶ b
7—8 ἄλλως sq. cum scholio b coni. T, dist. Ma.

Ariston.

Ariston. | ex.

Did.(?)

Ariston.

ex.

ex.

ex.

ex.

*c.*² τὸ δὲ ψεῦδος ἀντὶ τοῦ ψευδῶς. τὸν ὅλον δὲ συναπτέον
στίχον. μὴ στικτέον εἰς τὸ ψεῦδος, ὡς τινες κακῶς. b(BCE³E⁴)   10

116 a. {ἀασάμην, οὐδ' αὐτὸς ἀναίνομαι} ἀντὶ νυ πολλῶν: ὅτι
τὸ ἀντί ἐπὶ τοῦ ἴσου ἐστί· τὸ γὰρ λεγόμενον· ἴσος ἐστὶ πολλοῖς ὁ εἷς
ἀνήρ, ὅταν ᾖ θεοφιλής. A

b. ἀντὶ νυ πολλῶν: ἀντὶ τοῦ ἴσος. | προτρεπτικὸν δὲ εἰς
εὐσέβειαν. T   15

118. ⟨ἔτισεν, ὄλεσσε δὲ λαὸν Ἀχαιῶν:⟩ γράφεται „ἔτισε,
δάμασσε δὲ λαὸν Ἀχαιῶν". Aⁱᵐ

119 a. λευγαλέῃσι: ὅτι οἱ νεώτεροι λευγαλέον τὸ δίυγρον ἐπὶ
τοῦ Ἀχιλλέως· „νῦν δέ με λευγαλέον θάνατον" (Φ 281). ἔστι δὲ λευ-
γαλέον τὸ ὀλέθριον παρὰ τὸν λοιγόν. A   20

*b.*¹ ⟨φρεσὶ⟩ λευγαλέῃσι ⟨πιθήσας⟩: ὅ ἐστιν ὀργῇ πει-
σθείς· †ὀλοθρεύει† γὰρ αὕτη τὰς φρένας· „φρένας ἔφθιεν" (Σ 446). T
*b.*² οἱονεὶ λοιγαλέησιν ἀπὸ τοῦ λοιγός. λέγει δὲ τῇ ὀργῇ πει-
σθείς· ὀλεθρεύειν γὰρ ὁ θυμὸς τὰς φρένας εἴωθεν. b(BCE³E⁴)

120 a. ἐθέλω ἀρέσαι: ἐλευθερίως ὁμολογεῖ, ὃ Νέστωρ ἐκοινο- 25
ποιήσατο. b(BCE³E⁴) T

b. ἀπερείσια: ἵνα μὴ σμικροψυχίας ἕνεκεν δοκῇ τὸν στρα-
τὸν ἀποστερεῖν συμμαχίας. b(BCE³E⁴) T

121. ⟨ἐν πάντεσσι περικλυτὰ δῶρ' ὀνομήνω:⟩ δῆλον ὡς καὶ
προεσκέπτετο τὰς λιτάς. Tⁱˡ   30

ψευδῶς (2 et 9) cf. D   c cf. Eust. 739, 23   **116 a** ad Φ 75, cf. D; Carnuth,
Ariston. 5 (ad α 21), Lehrs Ar.³ 114. Vide ad Θ 163 c   ἴσος ἐστὶ (12) sq. Su.
α 2687   **119** fort. exstabat sch. Didymi de versu 119 a, cf. Athen. 1, 11 a: καὶ
Ἀγαμέμνων δὲ λέγει που περὶ αὑτοῦ· „ἀλλ' ἐπεὶ ἀασάμην φρεσὶ λευγαλέῃσι πιθή-
σας (= 119) / ἢ οἴνῳ μεθύων, ἤ μ' ἔβλαψαν θεοὶ αὐτοί" (= 119 a), εἰς τὴν αὐτὴν
τιθεὶς πλάστιγγα τὴν μέθην τῇ μανίᾳ (οὕτω δὲ καὶ τὰ ἔπη ταῦτα προηνέγκατο Διο-
σκουρίδης ὁ Ἰσοκράτους μαθητής [fr. 25, p. 105 Weber]). καὶ ὁ Ἀχιλλεὺς δ' ὀνει-
δίζων τῷ Ἀγαμέμνονί φησιν· „οἰνοβαρές, κυνὸς ὄμματ' ἔχων" (Α 225), Ludwich,
Homervulg. 167; Wilamowitz, Il. Hom. 66, 2; Valk II 485; vide ad T 137   a
ad Υ 109. Φ 281 (Ariston.)   τὸ δίυγρον (18) cf. sch. ε 312; Apion. 74, 245, 23;
Dimpfl 12   ὀλέθριον (20) cf. D, D ad N 723. Φ 281; vide ad Υ 109. Φ 281 (ex.)   πα-
ρὰ τὸν λοιγόν (20) cf. sch. b²; Et. Gen. (= EM. 561, 28)   b² οἱονεὶ (23) —

9—10 τὸ δὲ ψεῦδος sq. cum scholio b (v. ἄχαρι) coni. b   **11** (le.) ἀασ. — ἀναίν.
eiecit Bk.   ὅτι A, ἡ διπλῆ, ὅτι Vill.   **12** sq. ὁ εἷς ἀνὴρ ante πολλοῖς Su.   **16**
le. (= Aᶜᵒⁿᵗ) addidi (auctore Vill.)   γράφ. cp. (γρ) A   **18** le. Bk., ἀλλ' ἐπεὶ
ἀασάμην: A   ὅτι A, ἡ διπλῆ, ὅτι Vill.   **18** sq. ἐπὶ τοῦ A, ἀπὸ τοῦ ἐπὶ τοῦ Lehrs
19 λευγαλέῳ θανάτῳ Hom. (et sic fort. Ariston.)   **20** λυγόν A corr. Bk.   **21** le. T
suppl. Ma.   **22** debuit ὀλεθρεύει (cf. sch. b²)   **25** ὃ T, ὅ ὁ b (fort. rectius)
25 sq. ἐκοινώσατο b   **27** le. T, ἀπερείσια δὲ (coni. cum scholio a, v. ἐκοινώσατο)
b   **28** ἀποστ. συμμ. T τῆς συμμαχίας ἀποστερεῖν ἀχιλλέως b   **29** le. add.
Ma., ἐν πάντεσσι add. Vᶜ   **30** προεσκ. Wil., περιεσκέπτετο T, προέσκεπτο Ma.

122—56. ⟨ἕπτ' ἀπύρους τρίποδας ——— θέμιστας:⟩ διή- *ex.*
ρηται ἡ ὑπόσχεσις εἰς δύο τόπους καὶ χρόνους. διὰ δὲ τῆς ποικιλίας
τῶν δώρων θηρεύειν οἴεται Ἀχιλλέα, εἴτε φιλότιμος, διὰ τῶν ἵππων,
εἴτε φιλοχρήματος, πολὺν χρυσὸν καὶ χαλκὸν διδούς, εἴτε φιλογύνης
35 εἴη, θυγατέρα πρὸς γάμον. b(BCE³E⁴) T

122—3. ἀπύρους ⟨——— / αἴθωνας⟩: ὡς πρὸς σύγκρισιν τῶν   *ex. | ex.(?)*
ἐμπυριβητῶν. αἴθωνας δὲ τοὺς εἰς πῦρ βαλλομένους· „ὡς δὲ λέβης
ζεῖ ἔνδον" (Φ 362). b(BCE³E⁴) T | αἴθων δὲ ἀπὸ τοῦ ὑπαίθεσθαι
ἤτοι ὑποκαίεσθαι. b(BCE³)

40 122. ἕπτ' ἀπύρους: τοὺς μὴ εἰς πῦρ ——— ἐν τῷ οἴκῳ. A   *D*
τάλαντα: τὰ νῦν †ἑξακισχιλίων λέγει† παρὰ ——— ταῦτα *D*
δὲ χρυσίου †τάλαντα. A

123 a.¹ δώδεκα δ' ἵππους: ἱπποτρόφοι †Θεσσαλοί. καλῶς δὲ *ex.*
ὁ ἄρτιος τῶν ἵππων ἀριθμὸς ἱκανὸς πρὸς ἐπίζευξιν. T

45   a.² καλῶς δὲ καὶ τὸν ἄρτιον τῶν ἵππων ἀριθμὸν τίθησιν· b
(BCE³E⁴)   ἱκανῶς γὰρ ταῦτα πρὸς ἐπίζευξιν τυγχάνει. ἱππο-
τρόφοι δὲ οἱ Θεσσαλοὶ ἀεί. b(BE³E⁴)

124 a. πηγούς {ἀθλοφόρους}: μέλανας· τούτους γὰρ ἀρί- *ex.*
στους φασὶν οἱ περὶ ἵππων γράψαντες. b(BCE³E⁴) T   ὁμοίως καὶ
50 „κύματι πηγῷ" (ε 388.ψ 235), εἴγε ἀλλαχοῦ φησι „μέλαν τέ ἑ κῦμ'
ἐκάλυψεν" (Ψ 693, cf. ε 353). T   τινὲς δὲ μεγάλους, εὐτραφεῖς,
ὑψαύχενας. b(BCE³) T

λοιγός fort. e scholio a (Ariston.) depromptum   **122—56** cf. Ge (e T ut vid.),
relatum ad I 122: διήρηνται αἱ δόσεις, ἵν' εἰ μὲν φιλότιμος ὁ Ἀχιλλεύς, διὰ τῶν
ἵππων ⟨ἐπ⟩αχθῇ, εἰ δὲ (εἰ δὲ Nicole, εἴτε Ge) φιλοχρήματος, διὰ τοῦ πολλοῦ χρυσοῦ,
εἰ δὲ (εἰ δὲ Nicole, εἴτε Ge) φιλογύνης, διὰ τῆς τοῦ Ἀγαμέμνονος θυγατρός. Vide ad
I 135—41 (ex.)   διήρηται (31) — χρόνους (32) cf. app. crit.   εἴτε φιλότιμος
(33) sq. cf. Eust. 739, 19 (quem plura legisse negaverim): λέγουσι δὲ οἱ παλαιοὶ
ἐν τούτοις ὡς, εἰ μὲν φιλοχρήματος ὁ Ἀχιλλεύς, πολλὰ τὰ ἐξ Ἀγαμέμνονος δῶρα, εἰ
δὲ φιλογύνης, ἔχει τῶν βασιλέως θυγατέρων, ἣν ἂν ἕλοιτο, εἰ δὲ φιλότιμος, ἔχει καὶ
τὸ τιμᾶσθαι διά τε τὸ βασιλικὸν κῆδος καὶ τὰς πόλεις, ἃς προῖκα λήψεται   **122—3**
cf. Eust. 739, 57; — ἐμπυριβητῶν (37) aliter Paus. 4, 32, 1; Bacher 81   αἴθω-
νας (37) sq. cf. D, Ap. S. 40, 33. 154, 30; Athen. 2, 37 f; vide sch. α 184   **124 a**
cf. sch. ε 388. ψ 235; EM. 669, 25 (fort. e libro Περὶ πολυσημάντων λέξεων, cf.
Reitzenstein, Gesch. 336, 3); — ἐκάλυψεν (51) cf. Porph. 1, 57, 23; brevius Eust.
740, 50; vide ad Γ 197   εὐτραφεῖς (51) cf. D, Et. Gen. (p. 242 Mill.), Et. Gud.

31—5 pone sch. I 124 a (coni. cum v. ὑψαύχενας, l. 52) in T, sine le. relatum ad
I 122 in b   31 le. addidi   32 τόπ. καὶ χρόν. Ma. (sc. 122—34. 135—56),
τόπους χρόνους T εἴς τε τόπους καὶ χρόνους b   τῆς om. T   33 θηρεύσειν b,
fort. rectius   36 le. T supplevi, ἀπύρους δὲ τρίποδας pone sch. I 122—56 (coni.
cum v. γάμον) b   37 ἐμπυρ. T ἐν πυρὶ λεβήτων b   αἴθ. δὲ τοὺς T, τοὺς b
(altera parte scholii ad versum 123 relata)   43 debuit ἱππ. οἱ θεσσ., cf. sch. a²
45—7 καλῶς δὲ καὶ sq. pone sch. I 122—3 (coni. cum v. ὑποκαίεσθαι) BCE³
45 δὲ καὶ om. E⁴   48 (le.) ἀθλοφ. T (V) del. Bk. (le. om. b)   49 ἱππικῶν
Nck. (Mus. Rhen. 6, 1848, 340, 2), ἱππικῆς Porph.

ex.   b. οἳ ἀέθλια ποσ⟨σ⟩ὶν ἄροντο: οὐκ ἐν Πελοποννήσῳ εἰσὶν
οἱ ἵπποι ἠγωνισμένοι (εἶεν γὰρ ἂν ἤδη γέροντες), ἀλλ᾽ ἐν Ἰλίῳ νενική-
κασιν ἐπιταφίους ἀγῶνας b(BCE³E⁴) T   ἀγωνιζόμενοι. T   55

ex.   125—7. οὖ κεν ἀλήϊος εἴη ⟨——— μώνυχες ἵπποι⟩: διακό-
πτει τὸ ὁμοειδὲς τοῦ καταλόγου, τῶν δώρων τὸ ὁμοειδὲς ἐκκλίνων.
ἅμα δὲ καὶ ἑκάστην μερίδα σπουδαίαν ἀποδείκνυσι καὶ δῶρα δώροις
προστίθησι καὶ τὴν ἔπειτα χάριν αὔξει. b(BCE³) T

ex. | D(?)   125 a.¹ ἀλήϊος: πένης, ἄπορος· ἤτοι δὲ ἀπὸ τοῦ μὴ ἔχειν χώραν 60
σιτόσπορον, ἣν λήϊον καλεῖ, | ἢ ἀπὸ τοῦ μὴ ἔχειν λείαν· λείας δὲ λέγει
τὰς ἀγέλας τῶν θρεμμάτων. A

ex.   a.² ἀλήϊος δὲ λέγεται ὁ μὴ ἔχων λήϊα. b(BCE³E⁴)

ex.   128 a. δώσω δ᾽ ἑπτὰ γυναῖκας: ἐντέχνως τῶν δώρων μέσας
ἔταξε τὰς γυναῖκας, ἵνα μὴ ὑπόνοιαν παράσχῃ ὡς ἀκρασίαν κατα- 65
ψηφιζόμενος αὐτοῦ. b(BCE³E⁴) T   καὶ περὶ μὲν ὧν οἶδε, μαρτυρεῖ·
περὶ δὲ τῶν Ἰλιάδων „αἵ κε μετ᾽ Ἀργείην Ἑλένην b(BE³E⁴) T
κάλλισται ἔωσιν" (I 140). T

Ariston.   b. {δώσω δ᾽ ἑπτὰ γυναῖκας} ἀμύμονα: ὅτι χωρὶς τοῦ σ̄
γραπτέον· οὐ γάρ ἐστι κατὰ τῶν γυναικῶν, ἀλλὰ κατὰ τῶν ἔργων. 70
ὕστερον δὲ (sc. I 270) ἐπὶ τῶν γυναικῶν, „αἳ κάλλει ἐνίκων" (I 130). A

Did.   c.¹ ⟨ἀμύμονα:⟩ οὕτως Ἀρίσταρχος, Ζηνόδοτος δὲ „ἀμύ-
μονας". T

                c.² Ἀρίσταρχος μετὰ τοῦ σ̄ „ἀμύμονας". AⁱᵐAⁱⁿᵗ

466, 51; Schem. Hom. 84   **125** a¹ Et. Gen. (AB) ἀλήϊος cum subscriptione (A,
om. B) οὕτως εὗρον ἐν ὑπομνήματι Ἰλιάδος, cf. D, sch. a²; Beiträge 129. Vide
Bechtel, Lex. 30   **128** b ad Ψ 263 (Ariston.). Vide ad T 245   ὕστερον δὲ (71)
cf. Wecklein, Zen. Ar. 29   c cf. Eust. 740, 60 (κατὰ δὲ ἑτέραν γραφήν); Lehrs ap.
Friedl., Ariston. 156: Sch. c² „minus curaremus, nisi rediret ad v. (I) 270 . . . Ita
videri hic quoque potest scholae Aristarcheae error a Didymo correctus" (respicit
notam Didymi ad B 111), cf. Ludwich, A. H. T. 1, 300, 24; at vide ad T 245;

---

53 le. T suppl. V, om. **b**   **54** ἂν om. E³   **56** le. T supplevi, om. **b** (qui sch.
ad I 125 rettulit)   **57** τὸ ὁμ. τοῦ καταλ. T, τὸ τοῦ καταλόγου ὁμοιόσχημον **b** (fort.
rectius)   **59** πρτίθησι supra ρ litt. ο scripta E³   ἔπειτα T εἰς ἔπειτα **b**   **60** δὲ
om. Et. Gen.   ἔχει Et. Gen. (B)   **60** sq. χώρ. σιτόσπ. A λήϊον ἤγουν σιτοφόρον
χωρίον Et. Gen.   **61** sq. λείας δὲ λέγ. τὰς A ἤγουν Et. Gen.   **62** τῶν θρ. A τῶν
προβάτων Et. Gen. (A), προβάτων Et. Gen. (B)   **63** pone sch. I 125—7 (coni.
cum v. αὔξει) in **b**   δὲ λέγ. om. E⁴   **64** τῶν ἄλλων δώρων **b**, fort. rec-
tius   **65** τὰς] τὰς ξυνούσας αὐτῶι C   ἵνα — παράσχῃ om. E³   ὑπ.] ἀπόνοι-
αν T   **65** sq. αὐτοῦ καταψηφ. **b**   **67** κεν T   **68** κάλλιστ᾽ T em. Ma. (auctore
Vill.)   **69** (le.) δώσω — γυν. del. Bk.   ὅτι A, ἡ διπλῆ, ὅτι Vill.   **72** le. add.
Vᶜ   **74** ἀρίστ. Aⁱᵐ Aⁱⁿᵗ, ἀριστοφάνης bis ci. Cob., at cf. test.; ζηνόδοτος Wecklein
(Zusätze 75, 1)

75   129—30. ⟨ἃς ὅτε Λέσβον ἐϋκτιμένην ἕλεν αὐτός / ἐξελό-   *Nic.*
μην:⟩ τὸ αὐτός βέλτιον ἐπὶ τοῦ Ἀχιλλέως †ἄκουσον† καὶ τοῖς ἄνω
συναπτέον. A
     Λεσβίδας: παρὰ Λεσβίοις ἀγὼν ——— †μιθύμνην πυρίαν   *D*
μιτυλήνην. A

80   129. ἃς ὅτε Λέσβον: πιθανῶς ἔπαινον Ἀχιλλέως παρέμιξε καὶ   *ex.*
μόνον οὐχὶ παραχωρήσειν αὐτῷ τῶν αὐτοῦ σκύλων φησίν. ἅμα δὲ καὶ
ὑπ' ὄψιν αὐτῷ τὴν δωρεὰν ἄγει, ἐμφαίνων ὅτι ἃ οἶδεν ἐκεῖνος δίδωσιν.
ἁπλοῦν δὲ τὸ ἦθος, καὶ πάντα πρὸς πειθώ. b(BCE³E⁴)   T

130 *a*. ἐξελόμην: Ἀρίσταρχος ψιλοῖ καὶ πρόθεσιν παραδέχεται   *Hrd.*
85 ὥστε εἶναι ἓν μέρος λόγου. A
     b. ἐξελόμην: Ζηνόδοτος δασύνει τὸ εξ, ἀριθμὸν αὐτὸ ἐκ-   *ex. (Ariston.?)*
δεχόμενος, οὐχ ὑγιῶς· φησὶ γὰρ „ἀτὰρ ὀγδοάτη⟨ν⟩" (T 246). ἄλλως
τε οὐ δῶρον Βρισηΐς. T

131. μετὰ δ' ἔσσεται: ὅτι ἐντεῦθεν πλανηθεὶς Ζηνόδοτος συνα-   *Ariston.*
90 ριθμεῖσθαι ἐν ταῖς ἑπτὰ (cf. I 128) καὶ τὴν Βρισηΐδα ἔδοξεν· καὶ ἐν ἄλ-
λοις γράφει „ἐκ δ' ἄγεν ἑπτὰ γυναῖκας ἀμύμονα ἔργ' εἰδυίας / ἕξ, ἀτὰρ
ἑβδομάτην Βρισηΐδα καλλιπάρηον" (cf. T 245—6). ἔστι δὲ ἐκτὸς ἡ
Βρισηΐς. A

132 *a*.¹ ⟨κούρην Βρισῆος· καὶ ἐπὶ μέγαν ὅρκον ὀμοῦμαι:⟩   *Did.*
95 Ἀρίσταρχος „κούρη Βρισῆος· ἐπὶ δὲ μέγαν ὅρκον ὀμοῦμαι". Aⁱⁿᵗ
1   *a*.² ⟨κούρην Βρισῆος:⟩ Αὐτόχθων δίχα τοῦ ν̅ „κούρη   *Did.(?)*
Βρισῆος". Tⁱˡ
     a.³ δίχα τοῦ ν̅ τὸ „κούρη". b(BCE³)

Beccard 47; Duentzer, Zen. 88; Cobet, Miscell. crit. 288; Roemer, Philol. 70, 1911,
188; Valk I 567. Vide Von der Muehll in app. crit. ad ω 278   129—130 cf. Eust.
740, 62   129 (D = A) vide test. a D. L. Page (Sappho and Alcaeus, Oxon. 1955,
168,4) collecta, quibus addas Athen. 13, 565 f, sch. Ap. Rh. 1, 865—68 b; Usener,
Vorträge und Aufsätze (Lips.1907) 145; B. Snell, Ges.Schriften (Gottingae 1966), 62
130 nullum signum ante versum in A, tamen censeo sch. Aristonici de coniectura
Zenodoti (ἐξ ἐλόμην) exstitisse, vide sch. *b*   *b* ad I 271 (Ariston.); vide ad I 131.
T 246; cf. Duentzer, Zen. 123   131 cf. Eust. 741, 5; ad I 638 (Ariston.). Vide ad
B 690. I 130 *b*. T 245   συναριθμεῖσθαι (89) cf. D   132 *a*¹ ad I 274 (Did.)   *a²/a³*

75 sq. le. add. Frdl.   76 ἀκούειν Frdl., malim ἀκουστέον   77 συνάπτειν propos.
Frdl.   80 ἔπαινον T τὸν ἔπαινον b   κατέμιξε B   81 μονονουχὶ b   φησίν om.
T   82 αὐτοῦ C   ἃ οἶδεν T οὐδὲν b   83 πειθώ (πειθῶ BE⁴) ἐστιν b   87
αὐτὰρ ὀγδοάτη T em. Ma. (duce Vill.)   89 le. Bk., τὰς μέν οἱ δώσω: A   ὅτι
A, ἡ διπλῆ περιεστιγμένη, ὅτι Vill.   91 fort. ἄγον (ut Hom.)   ἑπτὰ] αἶψα
Hom.   fort. ἀμύμονας (vide ad I 128 *c*)   91 sq. ἑπτ', ἀτὰρ ὀγδοάτην Hom.
94 le. add. Vill.   1 le. add. Vᶜ   αὐτόχθων susp., fort. ἀρίσταρχος

ex.   *b.* ὅρκον ὀμοῦμαι: διὰ τοῦ ὅρκου τὸν ζῆλον τοῦ ἔρωτος
τοῦ Ἀχιλλέως θεραπεύει καὶ τὸ σῶφρον ἑαυτοῦ ἐνδείκνυται, διὰ φιλο- 5
τιμίαν, οὐκ ἀκρασίας ἕνεκεν ἀφελόμενος Βρισηΐδα. b(BCE³E⁴) T

Ariston.   **133** *a.*¹ μήποτε τῆς εὐνῆς ἐπιβήμεναι: ὅτι ἔξωθεν δεῖ λαβεῖν
τὸ ἄρθρον· τὸ γὰρ τῆς νῦν ἀντὶ τοῦ ταύτης παρείληπται, καὶ ἔστιν ὁ
λόγος 'μήποτε τῆς ταύτης εὐνῆς ἐπιβήμεναι'. A

         *a.*² λείπει τὸ ἄρθρον. καὶ „εἵνεκα τῆς ἀρετῆς ἐριδαίνομεν" 10
(β 206). T^il

Hrd. | Nic.   **134** *a.*¹ ἢ θέμις ⟨ἀνθρώπων πέλει, ἀνδρῶν ἠδὲ γυναι-
κῶν⟩: τὸ η̄ τὸ πρῶτον δασυντέον· ἔστι γὰρ ἰσοδυναμοῦν τῷ ὡς·
διὸ καὶ ὁ τέ προστίθεται σύνδεσμος πολλάκις· ὡς γὰρ λέγομεν „ὡς
τε γὰρ ἢ παῖδες νεαροί" (Β 289), οὕτως „ἢ τε ξείνων θέμις ἐστίν" (ι 15
268). τὸ δὲ ἠδέ ψιλωτέον· σύνδεσμος γάρ ἐστιν ἰσοδυναμῶν τῷ καί,
ὁμοίως τῷ „ἠδ' εὔφρονα καρπὸν ἀμᾶσθαι" (Hsd. opp. 775). | βραχὺ
δὲ διασταλτέον ἐπὶ τὸ πέλει· σαφέστερος γὰρ γίνεται ὁ νοῦς· 'ὅπερ
ἐστὶν ἔθος ἀνθρώποις, ἀνδράσιν τε καὶ γυναιξίν'. A

Hrd.   *a.*² δασυντέον τὸν η̄ καὶ ὀξυντέον, ἰσοδυναμοῦντα τῷ ὡς. 20
b(BE³) T^il

ex.   *b.* ἢ θέμις ἀνθρώπων: θαυμασίως φύσεως νόμῳ τὴν αἰ-
σχρὰν λέξιν ἐκάλυψε, τὰ τῆς συμπλοκῆς ταπεινὰ καὶ ἀνθρώπινα τι-
μιωτάταις προσηγορίαις ἐπισκιάζων. b(BE³E⁴) T

ex.   **135—41** *a.*¹ ⟨ταῦτα μὲν αὐτίκα——ἱκοίμεθ':⟩ εἰς τρεῖς 25
δὲ χρόνους ἡ διαίρεσις γέγονεν, εἰς τὸ αὐτίκα πάντα (135), εἰς τὸ εἰ
δέ κεν αὖτε/ ἄστυ μέγα (135—6) καὶ εἰς τὸ εἰ δέ κεν Ἄργος ἱκοί-
μην (141). b(BE³E⁴)

         *a.*² ὥστε εἰς τρεῖς καιροὺς ἡ διαίρεσις. T^il

δίχα τοῦ v̄ = Eust. 741, 36   **133** ad Τ 105 (Ariston.), cf. Su. τ 536: τῆς· ἀντὶ τοῦ
ταύτης. οὐκ ἔστι δὲ ἄρθρον. Ὅμηρος· „μήποτε τῆς εὐνῆς ἐπιβήμεναι", ἀντὶ τοῦ
ταύτης. καὶ ἐν Ὀδυσσείᾳ· „εἵνεκα τῆς ἀρετῆς", ἀντὶ τοῦ ταύτης, sch. β 206, Ap. S.
152, 8. Vide ad Β 576 (Ariston.)   **134** *a* — δασυντέον (13) ad Β 73   τῷ ὡς
(13) cf. D; Bk., H. Bl. 1, 55   τὸ δὲ ἠδὲ (16) — καί (16) cf. sch. ε 391   *b* cf.
Eust. 741, 39; Hirzel, Them. 19, 1. 43, 2   **135—41** cf. Eust. 741, 49; vide ad

---

4—6 διὰ δὲ τοῦ sq. pone sch. *a*³ (coni. cum v. κούρη) b   6 βρισ. T αὐτήν b
7 ὅτι A, ἡ διπλῆ, ὅτι Vill.   ἔξοθεν A em. Vill.   10 le. μήποτε τῆς εὐνῆς
add. V^c   12 le. A suppl. Vill.   13 τῷ Bk., τὸ A   15 ξεῖνον A em. Vill.
16 τῷ Bk., τὸ A   17 ἀμᾶσθαι Lehrs, ἀμεῖσθαι A   20 τὸν η̄ post ὀξ. b   τῷ
b τῷ T   22—4 θαυμασίως δὲ sq. pone sch. *a*² (coni. cum v. ὡς) BE³   23 sq.
τιμ. ἐπισκ. ταῖς λέξεσιν b   25 le. addidi   25—8 εἰς τρεῖς δὲ χρόνους sq.
coni. cum sch. I 134 b (v. λέξεσιν) in b, distinxi   27 sq. ἱκοίμεθ(α) Hom.   29
sch. supra versum 135 scriptum in T

30 137 a. νῆα ἅλις χρυσοῦ ⟨——— νηησάσθω⟩: ὅτι παρετυ- *Ariston.*
μολογεῖ τὴν ναῦν ἀπὸ τοῦ νῆσαι, ὅ ἐστι σωρεῦσαι. καὶ ἐν Ὀδυσσείᾳ τὰ
ὀνόματα ἀπὸ τοῦ ἑτοίμου λαμβάνει, Τερπιάδην τὸν Φήμιον (cf. χ
330—1) ἀπὸ τοῦ τέρπειν τὸν κιθαρῳδόν· ὁ αὐτὸς ἄρα ποιητής. A
  b. ⟨νῆα ἅλις χρυσοῦ καὶ χαλκοῦ νηησάσθω:⟩ ἄδηλον, *ex.*
35 πότερον δύο ἢ μίαν. πολύχρυσοι δὲ ἐξ ἀρχῆς οἱ βάρβαροι. Tⁱˡ
  139. αὐτὸς ἑλέσθω: τὴν δωρεὰν ἡ ἐκλογὴ ποιεῖ μείζω μακράν *ex.*
τε αὐτὸν τίθησι τοῦ γυναικείου πόθου. b(BCE³E⁴) T
  140 a. αἴ κε μετ᾽ Ἀργείην ⟨Ἑλένην κάλλισται ἔωσιν⟩: ὅτι *Ariston.*
ἔνιοι ὑποτάσσουσι στίχον ,,τὴν γὰρ ἀπ᾽ αὖτις ἐγὼ δώσω ξανθῷ
40 Μενελάῳ᾽᾽, εὐήθως πάνυ. A
  b. ⟨αἴ κε:⟩ τὸ αἴ ⟨κεν⟩ ἀντὶ τοῦ ἐάν, ἐπεὶ καὶ τὸ ἔωσιν *ex.*
ὑποτακτικόν. Tⁱˡ
  c. αἴ κε μετ᾽ Ἀργείην Ἑλένην ⟨κάλλισται ἔωσιν⟩: *ex.*
οὐχ ὡς αἰχμάλωτον, ἀλλ᾽ ὡς πρεσβεύουσαν ἁπασῶν ἐν κάλλει. A
45 b(BCE³E⁴) T
  141 a. εἰ δέ κεν Ἄργος ⟨ἱκοίμεθ᾽ Ἀχαιϊκόν⟩: ὅτι τὴν Πελό- *Ariston.*
πόννησον Ἀχαιϊκὸν Ἄργος λέγει καὶ Ἴασον, ,,εἰ πάντες σε ἴδοιεν
ἀν᾽ Ἴασον Ἄργος᾽᾽ (σ 246), Πελασγικὸν δὲ Ἄργος τὴν Θεσσα-
λίαν. A
50 b.¹ ⟨οὖθαρ ἀρούρης:⟩ τρόφιμον τῆς γῆς. Tⁱˡ *ex.*
  b.² τῆς γῆς τὸ τροφιμώτερον. b(BCE³E⁴)

I 122—56 137 a ad E 60—2 (Ariston.), cf. sch. χ 330; — σωρεῦσαι (31) Et.
Gen. (AB) ναῦς, fort. ex hyp. Iliad., cf. Eust. 741, 60; Or. 107, 11 παρετυμο-
λογεῖ (30) ad Z 194 b (Ariston.); cf. Fehling, Die Wiederholungsfiguren (Berol.
1969) 155 b cf. Eust. 742, 6; vide ad I 402 140 diple (non periestigm.) ante
versum in A a v. I 140 a fort. a Zenodoto adiectus, cf. Duentzer, Zen. 159, 4;
Lehrs, Ar.³ 340 n. 244; Wecklein, Zusätze 8; aliter Bolling, Ext. Ev. 119. Vide ad
N 808 εὐήθως πάνυ (40) vide ad I 159 141 a cf. Eust. 742, 15; Strab. 8, 6, 5
(p. 369); — Ἀχαιϊκὸν Ἄργος (47) ad Δ 171 d; cf. Strab. 8, 5, 5, (p. 365) καὶ
Ἴασον (47) ad Γ 75 b Πελασγικὸν δὲ (48) cf. sch. Ap. Rh. 1, 14 b cf. D,
Eust. 742, 16 (τὸ πιότατον καὶ τροφιμώτατον); sim. He. o 1603. Vide sch. Pind.

---

30 le. A suppl. Vill. ὅτι A, ἡ διπλῆ, ὅτι Vill. 31 σορεῦσαι A em Vill. 34 le.
addidi, ἅλις χρυσοῦ καὶ χαλκοῦ: add. Vᶜ 36 τὴν T τὴν γὰρ b μείζονα b
37 τε αὐτὸν T δὲ ἑαυτὸν b τίθ. ante πόθου b 38 le. A suppl. Frdl. (auc-
tore Vill.) ὅτι A, ἡ διπλῆ, ὅτι Frdl. (Vill.) 41 le. addidi (αἴ κε μετ᾽ ἀρ-
γείην: iam Vᶜ) κεν (κε) add. Bk. 43 le. T supplevi (auctore Vill.), αἴ κε
μετ᾽ ἀργείην: A, om. b 44 ἀλλ᾽ AT συγκαταλέγει, ἀλλ᾽ b ἐν κάλλει post
ὡς b ἁπασῶν om. b κάλει T 46 le. A suppl. Frdl. ὅτι A, ἡ διπλῆ,
ὅτι Vill. 50 le. add. Vᶜ τροφιμώτατον ci. Wil. (cf. test.)

428   Ι 143 a—147 a¹

ex.   143 *a.* τηλύγετος: μονογενής, ἢ μεθ' ὃν οὐ παιδοποιεῖ τις. τι-
νὲς δέ φασι λείπειν τὸ ὥς. b(BCE³E⁴) T

ex.(?)   *b.* ⟨τηλύγετος:⟩ ὅτι ἀγαπητὸς μόνος ἐπὶ ταῖς θηλείαις.
A^im   55

D   {ὅς μοι} τηλύγετος: ἀγαπητός, ——— Κλυταιμνήστρας. A
D   θαλίη ἔνι πολλῇ: ἐν πολλῇ ——— τοὺς εὐωχουμένους. A

ex.   144. τρεῖς δέ μοί εἰσι θύγατρες: εἰς ὃ μάλιστα λυπεῖ αὐτὸν
λέγων· „κούρην δ' οὐ γαμέω Ἀγαμέμνονος" (Ι 388). T

Ariston.   145 *a.* ⟨Χρυσόθεμις καὶ Λαοδίκη καὶ Ἰφιάνασσα:⟩ ὅτι οὐκ 60
οἶδε τὴν παρὰ τοῖς νεωτέροις σφαγὴν Ἰφιγενείας. A^im

ex.   *b.* Χρυσόθεμις καὶ Λαοδίκη καὶ Ἰφιάνασσα: οἰκεῖα θυ-
γατράσι βασιλέως τὰ ὀνόματα· τρία γὰρ συνέχει τὴν ἀρχήν, νόμος
ὀρθός, ἔπειτα κρίσις καὶ ἰσχύς. A b(BCE³E⁴) T

ex.   146 *a.* τάων ἥν κε θέλησι ⟨——— ἀγέσθω⟩: διὰ τῆς ἐπιγα- 65
μίας πιστοῦται τὴν φιλίαν, ὅπως μὴ δοκῇ πρὸς τὴν χρείαν κολακεύειν
b(BCE³E⁴) T   ὑπούλως ἔχων. T

Ariston.   *b.* ⟨ἀνάεδνον:⟩ ὅτι ἔδνα ἐδίδοσαν οἱ νυμφίοι ταῖς παρθέ-
νοις. A^int

Hrd.   147 *a.*¹ ἐπιμείλια {δώσω}: Ἀρίσταρχος ἓν μέρος λόγου παρέ- 70
λαβεν ὡς ἐπιφέρνια. Ἀπολλόδωρος (FGrHist. 244, 248) δὲ διαλύει,

P. 4, 14   143 a cf. D ad Γ 175, Ap. S. 152, 16, sch. Ap. Rh. 1, 718—19, Porph.
1, 303, 1; Eust. 742, 25. Vide ad N 470   b cf. Eust. 742, 27: ... καὶ ἐπὶ τοῦ ἐν
θηλείαις μόνου ἄρρενος παιδός, καὶ μὴν καὶ ἐπὶ τῆς ἐν ἄρρεσι μιᾶς μόνης θυγατρός, D
145 b cf. Eust. 742, 46; Roemer, Ar. 143. De v. Λαοδίκη vide et Ael. v. h. 4, 26
146 b cf. Eust. 742, 55; ad N 366 a. 382 a. Π 178 c (Ariston.), sim. sch. α 276. 277.
β 53. 196, D, D ad X 472, Ap. S. 62, 16, Or. 57, 3 (Et. Gud. 400, 17 Stef. c. test.);
vide ad Ι 147. Λ 244 (Ariston.), Z 394. K 315 c; Poll. 2, 36; aliter sch. Eur. Andr.
873; vide Cobet, Miscell. crit. 240; Lehrs Ar.³ 195; Hofmann, Ar. 14 et cetera
test. ad Π 178 c collecta; vix recte Lotz 26   147 a¹ Eust. 742, 60: ... Ἀρίσταρ-
χος μὲν ἓν μέρος λόγου λαμβάνει τὸ „ἐπιμείλια" ὡς τὸ ἐπιφέρνια, Ἀπολλόδωρος δὲ
διαλύει λέγων· ἐπιδώσω μείλια ... Τρύφων δὲ περὶ τοῦ τόνου ζητεῖ, πότερον ἀνα-
γνωστέον ὡς ποίμνια προπαροξυτόνως ἢ παροξυτόνως ὡς „πεδία" (M 283; at fort.
voluit παιδία). Ἀπίων δὲ καὶ Ἡρόδωρός φασιν ὅτι ἡμῖν δοκεῖ προπαροξύνεσθαι·

52 ἢ om. b   53 λείπειν φασὶ b   54 le. supplevi   ὅτι Vill., Ddf., o ss. τ A, fort.
ὁ   ἐπὶ A, fort. ἐν (cf. test.)   56 (le.) ὅς μοι eieci   58 (le.) εἰσὶν T emendavi
60 le. add. Vill.   ὅτι A, ἡ διπλῆ, ὅτι Vill.   62 le. A (coni. cum scholio Ι 143
[A = D], v. εὐωχουμένους), T, om. b   63 γὰρ AT γὰρ εἰσιν & b   65 le. T
supplevi (auctore Vill.), om. b   68 le. add. Bk.   ὅτι A, ἡ διπλῆ, ὅτι
Vill.   ταῖς A, ἐπὶ ταῖς Lotz (cf. test.)   70 (le.) δώσω del. Ddf.   71 ἀπολλ.]
ἀπολλώνιος Michaelis (fr. 18), cf. D ad Θ 284, sch. μ 22

„ἐπί", εἶτα „μείλια"· οὕτως δὲ καὶ Ἀλεξίων (fr. 36 B.). καὶ ἔστι τὸ
ἑξῆς ἐπιδώσω μείλια. Τρύφων (fr. 98 V.) δὲ ζητεῖ περὶ τοῦ τόνου, πό-
τερον ὡς ποίμνια ἢ ὡς παιδία. ἡμῖν δὲ δοκεῖ τὸ προπαροξυνόμενον
75 πλέον εἶναι, σπάνιον δὲ τὸ παροξυνόμενον, εἰ οὕτως ὁρισαίμεθα· τὰ
διὰ τοῦ ιου οὐδέτερα μονογενῆ τρισύλλαβα, μὴ ὄντα ὑποκοριστικά,
εἰ ἔχοι τὴν τρίτην ἀπὸ τέλους φύσει μακρὰν διὰ τοῦ ῑ ἐκφερομένην ἤτοι
μόνου ἢ καὶ σὺν ἑτέρῳ φωνήεντι, προπαροξύνεται, „Ἴλιον" (A 71 al.),
ποίμνιον †σίγιον† λείριον αἴτιον· οὕτως καὶ μείλιον. σπάνια δὲ τὰ
80 παροξυνόμενα, ὥσπερ τὸ „ἰνίον" (E 73)· τὸ γὰρ „τειχίον" (π 165.
343) ὑποκοριστικὸν καὶ τὸ κλειδίον. A

     a.² {ἐπιμείλια δώσω:} Ἀρίσταρχος ὑφ' ἓν ὡς ἐπιφέρνια,
Ἀπολλόδωρος κατὰ διάλυσιν. T

     b. ⟨ἐγὼ δ' ἐπὶ μείλια δώσω:⟩ ὅτι καὶ ὑπὸ τῶν πατέρων   *Ariston.* | D |
85 ἐπεδίδοτο ταῖς θυγατράσιν, οὐχ ὑπὸ τῶν ἀνδρῶν μόνον ἐπέμπετο, ἃ   *Hrd.*
λέγει ⟨∗∗∗⟩. | μείλια δέ εἰσιν, οἷς μειλίσσονται τοὺς ἄνδρας. τὴν
προῖκα δὲ λέγει τὴν ἡδέως διατιθεμένην τὴν ψυχήν. | Ἀρίσταρχος δὲ
⟨∗∗∗⟩ ἐπιφέρνια. A

     148. ⟨ὄσσ' οὔ πώ τις . . . ἐπέδωκε:⟩ ὅτι οὐ λέγει ʻὅ τι πρῶτος   *Ariston.*
90 ἐπιδέδωκα'. Aⁱᵐ

εὐλογώτερον γὰρ εἶναι τὸ τοιοῦτον ἢ τὸ παροξυνόμενον, ἐὰν οὕτως ὁρισώμεθα·
τὰ διὰ τοῦ ιου οὐδέτερα μονογενῆ τρισύλλαβα μὴ ὄντα ὑποκοριστικά, εἰ ἔχει τὴν
τρίτην ἀπὸ τέλους (ἤτοι τὴν προπαραλήγουσαν) φύσει μακρὰν διὰ τοῦ ῑ ἐκφερομένην
ἢ μόνου ἢ σὺν ἑτέρῳ φωνήεντι, προπαροξύνεται, οἷον Ἴλιον, „εἴριον" (M 434),
ποίμνιον †σίγειον† λείριον. οὕτω καὶ μείλιον, σπάνια δὲ τὰ παροξύτονα ὡς τὸ
ἰνίον (cf. Γ 261 al.)· τὸ γὰρ τειχίον, κλειδίον καὶ τὰ τοιαῦτα ὑποκοριστικά, fort. ex
hyp. Iliad; cf. Lehrs Ar.³ 110   ἐπιφέρνια (71) cf. Eust. 1417, 14: φερνὴ δὲ τὰ τῆς
νύμφης, τὰ δὲ ὑπὸ τῆς νύμφης ἐπιφέρνια (vox aliunde ignota)   καὶ ἔστι τὸ
ἑξῆς (72) — μείλια (73) cf. D, Ap. S. 110, 20   τὰ διὰ τοῦ ιου (75) sq. cf. canones
ap. Arcad. 137, 5   *b* — λέγει (86) ad X 51. 88, cf. Eust. 743, 3, D ad Z 394; sch.
Ap. Rh. 3, 146. Vide ad I 146 *b*; Valk I 588   Ἀρίσταρχος δὲ (87) sq. cf. Cobet,
Miscell. crit. 240   **148** diple ante versum in A (cf. app. crit.)   ὅτι οὐ λέγει ad

---

72 ἐπί, εἶτα μείλια h. e. ἐπιμειλιά (non ἐπιμειλια)   **79** ποίμν. Eust., πύμνον
A   σίγειον Eust., σίγριον Lehrs, αἴγιον Mein. (ad Steph. B. 48, 19), possis et
σφίγγιον, φήγιον   αἴτιον A, ἴτριον Lehrs, fort. εἴριον, cf. Eust.   **80** τειχεῖον A em.
Vill.   **82** le. delevi   **84** le. add. Frdl. (Vill.)   ὅτι A, ἡ διπλῆ, ὅτι Vill.   **86** lac.
stat. Lehrs v. ἐπιμείλια supplens; μείλια add. Cob.   **87** προῖκα (= D) Vill., πρύκα A
88 lac. indicavi, e. g. ὑφ' ἓν ὡς suppleam   **89** le. addidi, sch. Aristonico dub. attri-
bui   ὅτι A, fort. ἡ διπλῆ, ὅτι   οὐ A, οὕτω (tum ὅτι pro ὅ τι) Cob. (fort. recte)

ex. **149.** ἑπτὰ δέ οἱ δώσω ⟨————⟩ πτολίεθρα: ἄδηλον, εἴτε
φερνὴν ἐπὶ τῇ θυγατρὶ καὶ ταύτας δίδωσι τὰς πόλεις, ἢ ἔξωθεν, ὡς καὶ
τὰ ἄλλα δῶρα. b(BCE³) T   ἄμεινον δὲ ἀντὶ φερνῆς αὐτὰς ἡγεῖσθαι.
b(BE³)

ex. **150—2.** Καρδαμύλην Ἐνόπην τε ⟨———— Πήδασον ἀμπε-95
λόεσσαν⟩: Μεσσηνίδες αὗται πόλεις, ἡ δὲ Μεσσήνη εἰς τὸν Λακεδαι-1
μονίων †νόμον† πάλαι συνετέλει. πῶς οὖν, φασίν, Ἀγαμέμνων ταύτας
δίδωσιν οὐκ οὔσας ἑαυτοῦ; καὶ οἱ μὲν Κλυταιμνήστρας εἶναι, ἢ ὅτι κοινὰ
ἡγεῖται τὰ τοῦ ἀδελφοῦ ὡς κἀκεῖνος τὴν Αἴθην (cf. Ψ 295)· b(BCE³E⁴)
T   εἰ δὲ ὑπὸ Μενελάῳ εἰσί, καὶ Μενέλαος αὐτὸν ἱκετεύει. διὰ τί δὲ οὐ 5
μέμνηται αὐτῶν ἐν τῷ Καταλόγῳ; ὅτι νεωστὶ ὑπὸ τῶν Διοσκούρων
ἦσαν πορθηθεῖσαι, τῶν δὲ πεπορθημένων οὐ ποιεῖ συμμαχίαν, ὡς
οὐδὲ Νηρίκου (cf. ω 377)· φύσει γὰρ εἰσι πολέμιοι τοῖς πορθήσασιν·
ἢ περὶ αὐτῶν φησιν, ἐν οἷς λέγει ,,Αἰγιαλόν τ' ἀνὰ πάντα καὶ ἀμφ'
Ἑλίκην εὐρεῖαν'' (Β 575). T   μεγάλη δὲ ἡ δόξα Ἀχιλλεῖ, ὅταν καὶ 10
τῶν πόρρω χωρίων ἄρχῃ, διὰ δὲ τῶν ἐπιθέτων σεμνοποιῶν μικροῦ
δεῖν τῆς Πηλέως ἀρχῆς μείζους φησὶν αὐτάς· διάφοροι μὲν γάρ εἰσι τοῖς
καρποῖς, ποικίλαι δὲ ταῖς φύσεσι τῶν ζῴων, φιλάνθρωποι ταῖς κατοι-
κίαις, εὐνομώταται ταῖς ἀγωγαῖς (cf. I 154—6). b(BCE³E⁴) T

Hrd. **150 a.¹** Ἱρήν: Ἀρίσταρχος ὀξύνει ὁμοίως τῷ ἐπιθετικῷ τῷ 15
,,ἱρήν'' (Δ 416 al.). εἰσὶ δὲ οἳ βαρύνουσιν εἰς ἰδιότητα, ὥσπερ ἐδηλώ-
σαμεν ἐπὶ τοῦ ,, Ῥίπην τε Στρατίην τε'' (Β 646), ,,Ὄρθην'' (Β 739).
ἡ δὲ αὐτὴ ἀναλογία ἐχώρει καὶ ἐπὶ τῶν εἰς ος. καὶ πάλιν ἐπ' ἐκείνων

I 446 al.   **149** ἄμεινον δὲ (93) sq. cf. Eust. 743, 8   **150—2** — τὰ τοῦ ἀδελ-
φοῦ (4) cf. Strab. 8, 4, 1 (p. 359); — συνετέλει (2) cf. Strab. 8, 5, 8 (p. 367/8); —
πόλεις (1) cf. Strab. 8, 4, 5 (p. 360/1), Steph. B. 357, 15; Paus. 3, 26, 8. 4, 31, 1.
4, 35, 1; Bacher 53; vide R. Hope Simpson, The Annual of the British School at
Athens 61, 1966, 128   διάφοροι μὲν (12) sq. cf. Eust. 743, 46   **150 a¹** ad Σ 39
(Hrd.), cf. Lehrs Ar.³ 279; — ὀξύνει (15) ad I 292 (Hrd.)   εἰσὶ δὲ (16) — ἰδιό-
τητα cf. Eust. 743, 20: εἰ δὲ καὶ βαρύνεται ἡ πόλις . . . κατὰ πολλὰ τῶν ἀντιγρά-
φων, οὐκ ἀνάγκη ζητεῖν   Ὄρθην (17) ad Β 739 (Hrd.)   ἡ δὲ αὐτὴ ἀναλογία

91 le. T suppl. Ma., om. b   92 διδ. — ἔξωθεν T δίδωσιν εἴτε ἐκτὸς b   95 sq. le.
T supplevi, om. b (ubi sch. ad I 150 relatum est)   1 μεσηνίδες TV (σ ss. Vᶜ),
μεσσηνίδι(ς) E⁴   μεσήνη TV, σ ss. Vᶜ   τὸν T τὸν τῶν b   2 νομὸν
Bk.   φη(σὶν) CE³   3 ἑαυτοῦ T αὐτοῦ BE³E⁴ αὐτοῦ C   καὶ οἱ — εἶναι T φασὶ δὲ
αὐτὰς κλυταιμνήστρας εἶναι b   5 εἰ δὲ ὑπὸ μεν. εἰσί Wil., ὑπομένει ὡς T   9 τ'
ἀνὰ πάντα Hom., τ' ἅπαντα T   10 ὅτ' ἂν E³   καὶ om. T   12 πηλ. T
πόλεως b   13 δὲ om. b   13 sq. φιλ. τ. κατ. T διαφερόντως δὲ ταῖς κατοικίαις
φιλάνθρωποι b   14 ταῖς δὲ ἀγ. εὐνομ. b   15 τῷ² (ante ἱρήν) del. Vill.   18
ἐπ' A, ὡς ἐπ' Bk.

ἐλέγομέν τινα ὁμοτόνως μένειν, οὕτως καὶ ἐπὶ τούτων. καὶ ἔστιν ὁρί-
20 σασθαι τὰ μείναντα ⟨ὅτι⟩ ἐπαίνων ὀνόματά ἐστιν, οὐκ ἀντιστρέφον-
τος τοῦ κανόνος· οὐ γὰρ τὰ ἐπὶ ἐπαίνου μένει. καὶ τῶν μὲν τρεπόντων
ἀρητή, ,,Ἀρήτη‘‘ (η 54), τῶν δὲ μεινάντων Πινυτή· ,,μήτηρ πινυτή‘‘
(υ 131), ,,Ἀγαυή‘‘ (Σ 42). οὕτως καὶ Ἰρή. **A**

> *a*.² Ἀρίσταρχος ὀξύνει τὸ Ἰρήν ὁμοίως τῷ ἐπιθέτῳ. **T**ⁱˡ

25   **153** *a*.¹ ⟨πᾶσαι δ' ἐγγὺς ἁλός:⟩ ἵνα καὶ τῶν ἐκ θαλάσσης ἀπο-   *ex.*
λαύ⟨σ⟩ειεν ἀγαθῶν παραλίων οὐσῶν. **T**ⁱˡ

> *a*.² παράλιοι δέ εἰσιν, ἵνα καὶ τῶν ἐκ θαλάσσης ἀγαθῶν ἀπο-
λαύωσι παρακείμεναι αὐτῇ. **b**(BCE³E⁴)

> *b*. ⟨νέαται:⟩ ὅτι ἀντὶ τοῦ ναίονται. ἔνιοι δὲ ἀντὶ τοῦ ἔσχα-   *Ariston.*
30 ται, οὐκ εὖ. **A**ⁱᵐ

> *c*. νέαται: ὡς ,,κέαται‘‘ (Λ 659 al.). σημαίνει δὲ τὸ ναίονται,   *Hrd.* | *Did.(?)*
γενόμενον παρὰ τὸ νῶ, οὗ παράγωγον ναίω. ὅσοι δὲ παροξύνουσιν, ὡς
ἐπὶ τοῦ ἔσχαται κατὰ τὸ νοητὸν παραλαμβάνουσιν· οὐδ' ἐνθάδε δὲ
ὑγιῶς παροξύνουσιν· ὀφείλει γὰρ ὁμοτονεῖν τῷ νέατοι. | Ἀπολλώνιος
35 (Frg. p. 110, 15) δὲ διὰ τοῦ k̄ γράφει ,,κέαται‘‘. **A**

> *d*.¹ νέαται: ὡς ,,κέαται‘‘ (Λ 659 al.). καὶ σημαίνει τὸ οἰκοῦν-   *Hrd.* | *Nic.* |
ται ἀπὸ τοῦ νῶ γεγονός, οὗ παράγωγον τὸ †νεάω. | ὁ δὲ Νικάνωρ   *Did.(?)*
(p. 199 Friedl.) ὄνομά φησι τὸ νέαται καὶ πρὸς ἄμφω χωρεῖν δύνα-
σθαι, ὡς ,,τηλοῦ ἐπ' Ἀλφειῷ νεάτη Πύλου ἠμαθόεντος‘‘ (Λ 712). |
40 Ἀπολλόδωρος (FGrHist 244, 306) δὲ γράφει ,,κέαται‘‘. **T**

> *d*.² ὁμοίως τῷ ,,κέαται‘‘. σημαίνει δὲ τὸ οἰκοῦνται ἀπὸ τοῦ   *Hrd.*
νῶ τοῦ δηλοῦντος τὸ οἰκῶ, οὗ παράγωγον νέω καὶ πλεονασμῷ νεάω.
b(BCE³E⁴)

---

(18) sq. ad O 445 (Hrd.)   Πινυτή et πινυτή (22) ad H 289 (Hrd.), cf. Arcad.
131, 16; Lehrs, Hrd. 250   **153** *a*¹ Ge (e T)   *b*/*c* ναίονται (29. 31) cf. D   c
cf. Eust. 743, 40; — ναίω (32) cf. Ep. Hom. (An. Ox. 1, 300, 1, sim. ΕΜ. 599, 19) ἔ-
σχαται (33) ad E 857 *a*; cf. Schulze, Quaest. ep. 467, 2; Bechtel, Lex. 231   Ἀ-
πολλώνιος (34) cf. Michaelis p. 22, 2;   Valk II 143 n. 275   κέαται (35) cf.

---

20 ὅτι add. Bk.   **22** ἀρήτη ἀρητή A em. Bk.   **22** sq. μήτηρ δὲ πιστή ἁγνή.
οὕτως A em. Lehrs   **25** le. add. Ma.   **25** sq. ἀπολαύσειεν T suppl. Ma. (sc.
Achilles), ἔχῃ ἀπολαύειν Ge   **27—8** pone sch. *d*² (coni. cum v. νεάω) **b**   **29**
le. addidi (auctore Vill.)   ὅτι A, ἡ διπλῆ, ὅτι Vill.   νέονται A em. Bk.   **31**
τὸ νέονται A em. Vill.   **33** ἐσχάται A em. Bk.   ἐνθάδε A, εὐθεῖαν Lehrs (vix
recte)   **34** ὑγειῶς A em. Vill.   τῷ Bk., τὸ A   ἀπολλ. susp., cf. test.   **37**
νεάω T, ναίω Ma. (cf. sch. *c*)   **38—9** dicere vid. scholiasta vocem νέαται aut
cum v. πύλου ἠμ. aut cum v. ἁλός (ita ut πύλου ἠμ. a voce ἐγγύς pendeat)
coniungi, cf. Valk II 143 n. 275   **41** τῷ] τὸ E³

Did.   **154.** ⟨πολύρρηνες:⟩ διὰ τοῦ ἑτέρου ρ̄ τὸ πολύρρηνες αἱ
'Αριστάρχου. Α^int   45

ex.   **155** *a.*¹ θεὸν ὡς τι⟨μή⟩σουσιν: ὡς θεῷ τὰς τῶν ὄντων προσά-
γοντες ἀπαρχάς. Τ
            *a.*² ὡς θεῷ, φησί, προσάγοντες τὰς ἀπαρχὰς τῶν ὄντων. b
(BCE³E⁴)

Did.   *b.* ⟨τιμήσουσι:⟩ 'Αρίσταρχος „τιμήσονται". Α^int   50
ex. | D | **156** *a.* καὶ οἱ ὑπὸ σκήπτρῳ ⟨λιπαρὰς τελέουσι θέμιστας⟩:
Ariston.   καὶ ὑπ' αὐτοῦ βασιλευόμενοι εἰρηνικῶς βιώσονται. | ὅσα δεῖ βασιλέα
───── λαμπροὺς φόρους τελέσουσιν. | ἡ διπλῆ δέ, ὅτι χρόνος ἐνήλλα-
κται, τελέουσι ἀντὶ τοῦ τελέσουσιν. Α

ex. | *Ariston.* | *b.* καὶ οἱ ὑπὸ σκήπτρῳ λιπαρὰς τελέουσι θέμιστας: 55
ex.   οὐ στασιαζόντων, ἀλλὰ πειθαρχούντων ἀνδρῶν ἄρξει. b(BCE³E⁴)
Τ | τελέουσι δὲ ἀντὶ τοῦ τελέσουσιν. | λιπαρὰς δὲ τὰς θέμιστας κα-
λῶν τοῦτο δηλοῖ ὅτι τὸ κρίνειν καλῶς εὐδαιμονίαν ἄγει. b(ΒΕ³Ε⁴) Τ

Did.   **158** *a.*¹ ⟨δμηθήτω:⟩ παρὰ Ζηνοδότῳ καὶ 'Αριστοφάνει „καμ-
φθήτω". Α^im   60
            *a.*² 'Αριστοφάνης „καμφθήτω". Τ^il

ex.   *b.* δμηθήτω· ⟨Ἀΐδης τοι ἀμείλιχος ἠδ' ἀδάμαστος⟩:
διὰ τί οἱ μὲν ἄλλοι θεοὶ στρεπτοὶ λέγονται, τὸν δὲ Ἅιδην ἀνελεήμονά
φησιν; ὅτι ἐκεῖνοι μὲν περὶ τῶν εἰς ἑαυτοὺς χαλεπαίνουσιν ἁμαρτημά-
των (διὸ καὶ συγγινώσκουσιν), ὁ δὲ περὶ τῶν ἰδίων καὶ ἀλλοτρίων· 65
διὸ ἀνελὴς ἐστιν· ὅθεν ἐν οὐδεμιᾷ πόλει Ἅιδου βωμός ἐστιν. Αἰσχύ-
λος (fr. 161 N.² = 279 b¹ Μ.)· „μόνος θεῶν γὰρ θάνατος οὐ δώρων
ἐρᾷ, / οὐδ' ἄν τι θύων οὐδ' ἐπισπένδων λάβοις, / οὐδ' ἔστι βωμός, οὐδὲ
παιωνίζεται". Α b(BCE³E⁴) Τ

───────────────

Choer. Th. 2, 198, 11   **154** ad Κ 216 *b* (Did.)   διὰ τοῦ ἑτέρου (44) ad Ι 78 *a*
(Aristarchus igitur πολύρρηνες scripsit, cf. Ludwich, A. H. T. 1, 301, 16)   **156** *a*
ἡ διπλῆ (53) sq. ad Α 163 *a*. Β 286 (Ariston.)   **158** *a* παρὰ Ζηνοδότῳ (59) cf.
Duentzer, Zen. 123   *b* τὸν δὲ Ἅιδην (63) sq. at vide Plut. mor. 761 f   ὅθεν
(66) sq. cf. Eust. 744, 3   ὅθεν (66) — βωμός ἐστιν at vide Paus. 6, 25, 2

44 le. addidi (auctore Ldw.)   **46** le. Τ suppl. Ma., om. b   **50** le. add. Ldw.
51 le. Α suppl. Vill.   **53** sq. ἐννήλακται Α em. Vill.   **56** στασ. — ἄρξ. Τ
στασιαζ. φησὶ (δὲ φησι Ε⁴) ἄρξαι ἀνδρῶν ἀλλὰ πειθαρχούντων καὶ τῷ σκήπτρῳ
ὑπεικόντων b   **57** τελ. δὲ ἀντί] τὸ δὲ τελέουσι ἀντὶ Ε⁴   τελέσουσιν Τ ἀεὶ
τελοῖεν b   **58** καλ. πρὸς εὐδαιμ. Ma. (improbabiliter)   **59** le. add. Vill. (ante
sch. *a*² add. Vᶜ)   **62** le. Α supplevi (auctore Vill.), om. bΤ   **63**—9 διὰ τί δὲ
οἱ sq. pone sch. Ι 158—60 (coni. cum v. διὰ μέσου) Τ   **63** ἅδην ΑCΕ³Ε⁴   **64**
φησιν εἶναι Vill.   **65** ὁ δὲ] οἱ δὲ Α   περὶ] καὶ περὶ ΒC   **66** ἀνελὴς C ἀνη-
λὴς ΒΕ³Ε⁴ αἰτεγγὴς Τ καὶ ἄκαμπτοί Α, ἀτεγγὴς Ma.   ἐστιν] εἰσιν Α   ἐν om.
Α   οὐδὲ μιᾷ BCE³   ἅδου ΑΕ⁴   **66** sq. αἰσχ. φησίν Α, om. b   **67** θεῶν
γὰρ Τ γὰρ θεῶν b θεῶν Α   **68**—9 οὐδ' ἄν τι — παιωνίζεται] οὐδ' (οὐδὲ C) ἐπιθυμεῖ
σπονδῶν b   οὐδὲ παιων. Τ οὐδ' ἐπαγωνίζεται Α

70   c. ἀμείλιχος ἠδ' ἀδάμαστος: ἀμείλιχος ἀγοήτευτος, *ex.*
ἀδάμαστος ἀτεράμων, ὅ ἐστιν ἀκαμπής· δύο γάρ εἰσιν, οἷς πείθομεν,
λόγῳ καὶ βίᾳ. διὰ δὲ τοῦ Ἅιδου ἐδήλωσεν ὡς, †ἐάν τίς ἐστιν ἀμείλιχος,
βδελυρὸς ἔσται πᾶσιν. b(BCE³E⁴) T

158—60. δμηθήτω ⟨———/ καί μοι ὑποστήτω⟩: ἀναγκαῖον *ex.* | *Nic.*
75 μετὰ τὰ δῶρα παράκλησιν ἐπαγαγεῖν διὰ τὸ ὑπεκκλίνειν τὸ ἀλαζονι-
κόν. b(BCE³E⁴) T | τὸ ἑξῆς δμηθήτω καί μοι ὑποστήτω, τὸ δὲ
Ἅιδης τοι ⟨ἀμείλιχος ——— ἀπάντων⟩ (158—9) διὰ μέσου. T

159. τούνεκα καί τε βροτοῖσι ⟨θεῶν ἔχθιστος ἁπάντων⟩: *Did.*
φησὶν ὁ Ἀρίσταρχος ὅτι A   ἔνιοι ὑποτάσσουσι τούτῳ „οὕνεκ'
80 ἐπεί κε λάβῃσι πέλωρ ἔχει οὐδ' ἀνίησιν‟· AT   οὐκ εἶναι δὲ ἀναγ-
καῖον. A

160—1. καί μοι ὑποστήτω, ὅσ⟨σ⟩ον βασιλεύτερός εἰμι / *ex.*
ἠδ' ὅσσον γενεῇ προγενέστερος: ὡσανεὶ δέησιν προσάγει τὴν
ἡλικίαν καὶ τὸ σκῆπτρον, οἷς εἴκουσι καὶ μεγαλόφρονες. ἐξέφυγε δὲ τὸ
85 ἐλεεινόν, εἴκειν αὐτὸν ἀξιῶν τοῖς μείζοσιν ἀξιώμασιν. b(BCE³E⁴) T

160. ὅσσον βασιλεύτερός εἰμι: ὅτι τὸ ὅσσον οὐκ ἔστι πλή- *Ariston.*
θους, ἀλλ' ἀντὶ τοῦ καθ' ὅσον εἰμὶ βασιλικώτερος. A

161. ⟨ἠδ' ὅσσον γενεῇ προγενέστερος:⟩ καὶ ὁ Νέστωρ *ex.*
„ἄμφω ⟨δὲ⟩ νεωτέρω ἐστὸν ἐμεῖο‟ (A 259). Tⁱˡ

90 164. διδοῖς: ὡς ὀρθοῖς. οὕτως καὶ Ἀρίσταρχος· καὶ γὰρ τὸ τρί- *Hrd.*
τον „εἰ μὲν γὰρ μὴ δῶρα διδοῖ‟ (I 515 + 519). A

---

c — βίᾳ (72) cf. Eust. 744,2; — ἀκαμπής (71) cf. D, sch. Theocr. 2,33—34 e/f
158—60 τὸ ἑξῆς (76) sq. cf. Eust. 743, 59; Classen, Beob. 15   **159** ἔνιοι ὑποτάσ-
σουσι (79) sq. cf. Duentzer, Zen. 159, 4 (versus fort. a Zenodoto adiectus); Valk
II 478   **160—1** ad I 392 c   **160** ἀντὶ τοῦ καθ' ὅσον (87) ad Ƶ 249 b (Hrd.),
cf. sch. λ 189; sch. Hsd. opp. 40 a. Vide ad M 258 c (ex.), N 506 b. 613 a (ex.),
Ƶ 249 (Hrd.), 450. 488 a (ex.), O 166 (Ariston.), 642 a (ex.)   **164** — ὀρθοῖς

70—3 ἀμείλιχος² sq. pone sch. I158—60 (coni. cum v. ἀλαζονικόν) b   **70** ἀγοήτ.
T δὲ ὁ ἀγοήτευτος καὶ b   **71** ἀτερ. — ἀκαμπής om. b   **72** malim λόγος καὶ βία
(cf. Eust.) ἐάν] εἴ Ma.   τίς om. b   ἐστιν] fort. ἦ   **73** ἔστ. πᾶσιν T τοῖς πᾶσιν
ἔσται b   **74** le. T supplevi, om. b   **74—7** δμηθήτω: ἀν. sq. pone sch. I159 (coni.
cum v. ἀνίησιν) T, ἀναγκ. δὲ τὸ μετὰ pone sch. I 158 b (coni. cum v. σπονδῶν) b,
huc traxi   **75** τὴν παρακλ. b   ὑποκλίνειν T   **77** τοι Ma., τι T   ἀμείλ. —
ἀπάντων addidi   **78** le. A suppl. Vill., δμηθήτω· αιδης τοι ἀμείλιχος T (scholio
pone sch. I156b transposito)   **79** ὑπ. τούτῳ A τοῦτο ὑποτάσσουσιν T   **82** sq.
le. καὶ μ. ὑπ. ὅσον βασ. εἰμι καὶ γεν. προγ. T em. Ma., om. b (ubi sch. ad I160
relatum est)   **85** ἀξιῶν T ἀπαιτῶν b   **86** ὅτι A, ἡ διπλῆ, ὅτι Vill.   **87**
βασιλεύκότερος (super ευ ss. ῖ) A em. Bk.   **88** le. addidi (ἠδ' — γεν. add. Bk.,
προγ. add. Vᶜ)   **89** δὲ addidi   **91** εἰ — δῶρα (φέροι) Hom. (I 515), (νῦν δ'
ἅμα τ' αὐτίκα πολλὰ) διδοῖ Hom. (I 519)

Ariston.   **165** *a*. {ἀλλ' ἄγετε} κλητοὺς ⟨ὀτρύνομεν⟩: ὅτι τοὺς ἀπὸ τοῦ
καλεῖσθαι αἱρουμένους. καὶ ἐν Ὀδυσσείᾳ (ρ 386)· ,,οὗτοι γὰρ κλητοί
γε''. καὶ τὸ ὀτρύνομεν ἀντὶ τοῦ ὀτρύνωμεν. Α

ex.   *b*.[1] κλητοὺς ὀτρύνομεν: τοὺς ἐξ ὀνόματος πρέσβεις. κα- 95
λῶς δὲ πρέσβεις πέμπει, ὅπως ἢ πείσωσιν ἢ πρᾳότερον αὐτὸν ἀπερ- 1
γάσωνται. b(BCE³E⁴) T

ex. | D   *b*.[2] πρέσβεις | ἐπιλέκτους ἢ ἐξ ὀνόματος †καλέσαντες. Aint

ex.   *c*. τάχιστα: διὰ τὸν ἐπείγοντα καιρὸν τῆς νυκτός. b
(BCE³E⁴) T   5

Did.   **167** *a*. ⟨ἐγώ:⟩ Ἀρίσταρχος ἐγώ, ἄλλοι δὲ ,,ἐγών''. Aim

ex.(?)   *b*. ⟨ἐπιόψομαι:⟩ φησὶν ἐπικρινῶ τοὺς ἀποσταλησομένους.
Til

Hrd. | D   *c*. οἱ δέ: βαρυτονητέον· δύο γὰρ μέρη λόγου, ἀντὶ τοῦ οὗ-
τοι δέ. εἰσὶ δὲ οἳ προπεριέσπασαν, οὐκ εὖ· χρεία γάρ ἐστι τοῦ δέ συν- 10
δέσμου. | ἐζήτηται δέ, πῶς μᾶλλον ——— ἕνα καὶ δύο. A

ex. | Did. |Hrd.   *d*. εἰ δ' ἄγε, τοὺς ἂν ἐγὼ ἐπιόψομαι, ⟨οἱ δὲ πιθέ-
σθων⟩: αὐτὸς οὐκ ἄπεισιν ἢ διὰ τὸ γῆρας — ,,Νεστορέη'' γοῦν ,,πα-
ρὰ νηΐ'' (Β 54) —, ἢ καὶ ὑποπτεύεσθαι παρὰ τῷ Ἀχιλλεῖ νομίζει ὡς
ἐκπληρῶν τὴν αὐτοῦ ἀπουσίαν, τοῦτο μὲν τῇ διατάξει τοῦ στρατοῦ, 15
,,ὡς φρήτρη φρήτρηφιν ἀρήγῃ'' (Β 363), τοῦτο δὲ τάφρον περιβαλ-
λόμενος καὶ τεῖχος, ὃ καὶ Ἀχιλλεὺς ὀνειδίζει ,,ἦ μὲν δὴ μάλα πολλὰ
πονήσατο νόσφιν ἐμεῖο, / καὶ δὴ τεῖχος ἔδειμε'' (I 348—9)· b(BCE³E⁴)
T   ἢ ὅτι εἶπεν ,,τούσδε δ' ἔα φθινύθειν ἕνα καὶ δύο'' (Β 346). εἰ δὲ
ἐν τῷ ἐπιταφίῳ (cf. Ψ 616—50) φιάλην αὐτῷ ἐδωρήσατο, οὐδὲν θαυ- 20
μαστόν, εἰ τὴν ἔχθραν καταθέμενος τὴν πρὸς τὸν Ἀγαμέμνονα λύει καὶ
τὴν πρὸς Νέστορα ὑποψίαν. ἢ ἀδήλου ὄντος, εἰ πείσειε, καλῶς ἑτέρους
ἔπεμψεν· πεισάντων γὰρ ἤμελλεν αὐτὸς ἔχειν τὴν δόξαν †ὡσεὶ ἡγησά-

(90) cf. Eust. 744, 20, vide sch. α 313   **165** *a* καὶ τὸ ὀτρύνομεν (94) sq. ad
A 141 (Ariston.)   **167** *b* ἐπικρινῶ (7) = D, cf. Wackernagel II 1238   *c* —
οὗτοι δὲ (9) ad Π 445 *c*, vide ad Π 85 *a/b* (Hrd.)   εἰσὶ δὲ οἳ προπεριέσπασαν (10)

92 (le.) ἀλλ' ἄγετε delevi, ὀτρ. add. Vill.   ὅτι A, ἡ διπλῆ, ὅτι Vill.   1 πρέσβ.
πέμπει T πρεσβείαν ἀποστέλλει b   ὅπως T ἵνα b   αὐτὸν post πείσ. b   1 sq.
ἐργάσωνται b   3 καλ.] κεκλημένους D   4 le. scripsi, τάχιστα ἔλθωσι T, τάχιστα
δὲ (pone sch. *b*[1], coni. cum v. ἐργάσωνται) b   καιρ. post νυκτός b   6 le. (= Acont)
add. Vill.   ἐγών = vulg.   7 le. add. Bk.   12 sq. le. T supplevi (auctore Vill.),
om. b   13 sq. νεστ. — νηΐ om. b   14 καὶ om. b   18 ἔδειμεν b   19 τούσδε b
τοὺς T   21 ἀποθέμενος b (cf. Valk I 520)   τὸν om. b, fort. recte   23 ἔμελλεν b
23 sq. ὡς ἡγησάμενος T, ὡς εἰσηγησάμενος Bk. (recte)

μενος†, ἀποτευχθείσης δὲ τῆς ἱκεσίας αἰτίαν εἶχον οἱ πρέσβεις ἐνδεῶς
25 διειλεγμένοι. b(BE³E⁴) **T**   ἢ συμπεριλαμβάνοι ἑαυτὸν 'Αγα-
μέμνονι ἐντευξόμενον. | τὸ δὲ ἐγὼ ἄνευ τοῦ ν̄. | δύο δὲ μέρη λόγου τὸ
οἱ δέ, ἵν' ᾖ οὗτοι δέ. **T**

     e. ⟨οἱ δὲ πιθέσθων:⟩ λεληθότως ἑαυτὸν τῆς πρεσβείας *ex.*
ὑπεξέκλεψεν. **T**ⁱˡ

30   **168** *a.* **Φοῖνιξ μὲν πρώτιστα** ⟨**Διΐ φίλος ἡγησάσθω**⟩: ὅτι ὁ *Ariston.*
Φοῖνιξ προέρχεται καὶ οὐ συμπρεσβεύει τοῖς περὶ τὸν 'Οδυσσέα ὥστε
μὴ συγχεῖσθαι διὰ τῶν ἑξῆς τὰ δυϊκά. **A**

     b. **Φοῖνιξ μὲν** ⟨**πρώτιστα Διΐ φίλος ἡγησάσθω**⟩: ἀπὸ *ex.*
τῆς 'Αχιλλέως σκηνῆς δεῖ νοεῖν ἥκειν τὸν Φοίνικα ὡς ἐπὶ θέαν τῆς
35 μάχης, ὅτι ἐδόκουν ἐν ἐσχάτοις εἶναι κινδύνοις συνελασθέντες εἰς τὸ
τεῖχος, κἀνταῦθα γενόμενον κατασχεθῆναι ὑπὸ τῶν ἀριστέων εἰς τὴν
εὐωχίαν· b(BCE³E⁴) **T**   ἐθεράπευον γὰρ αὐτὸν ὡς τροφέα 'Αχιλ-
λέως. ἴσως δὲ καὶ συμβιβάσαι αὐτοὺς θέλων παρῆν καὶ ἰάσασθαι τὴν
ὀργὴν 'Αχιλλέως. πέμπεται οὖν ὁ Φοῖνιξ οὐχ ὡς πρεσβευτής — δύο
40 γὰρ ἦν ἔθος πρεσβεύειν, ὡς ,,ἄνδρε δύω κρίνας" (ι 90) καὶ ,,ἀγγελίην
ἐλθόντα σὺν ἀντιθέῳ 'Οδυσῆι" (Λ 140) —, ἀλλ' ἵνα τοῖς πρεσβευταῖς
συλλάβηται· διό φησιν Φοῖνιξ ἡγησάσθω, ὡς ἐκεῖθεν ἥκοντος αὐ-
τοῦ καὶ πάλιν ἐπανελθεῖν ἀνάγκην ἔχοντος, ὅπου καὶ μὴ πρεσβεύσαν-
τός φησιν· ,,Ἀτρείδῃ ἥρωϊ φέρων χάριν" (Ι 613) καὶ ,,Φοῖνιξ δ' αὖθι
45 παρ' ἄμμι μένων κατακοιμηθήτω" (Ι 427), ὡς μέλλοντος αὐτοῦ ἐπαν-
ιέναι πρὸς 'Αγαμέμνονα καὶ ἀπαγγεῖλαι, ἃ ἤκουσεν. b(BE³E⁴) **T**

    169 *a.* **αὐτὰρ ἔπειτ' Αἴας τε μέγας** ⟨**καὶ δῖος 'Οδυσσεύς**⟩: *Ariston.*
ἡ διπλῆ, ὅτι τὸ ἔπειτα 'Αρίσταρχος ἀντὶ χρονικοῦ παραλαμβάνει,
ἀντὶ τοῦ μετὰ ταῦτα, ὡς καὶ ,, Ἑρμείας μὲν ἔπειτα" (κ 307)· βούλεται
50 γὰρ πρῶτον τὸν Φοίνικα ἀπεληλυθότα εἰς τὸ σκήνωμα, εἶτα τὸν
'Οδυσσέα καὶ τὸν Αἴαντα ὡς πρεσβεύοντας. ὁ δὲ Κράτης τὸ ἔπειτα ἀντὶ
τοῦ δή συνδέσμου λαμβάνει. **A**

---

cf. sch. ξ 89   *d* brevius Eust. 745, 7   **168** *a* ad Ι 182 (Ariston.)   *b* multo
brevius Eust. 744, 50, cf. D ad Ι 167   ἀλλ' ἵνα (41) — συλλάβηται (42) ad
Ι 182 (Ariston.)   **169** fort. exstabat sch. Didymi notam Aristarchi de verbo
μέγας continens, quam ille etiam ad Β 111 in testimonium vocavit   *a* ad Λ 93.

---

24 ἀποπεμφθείσης Τ   ἔσχον b   ὡς ἐνδεῶς Ma.   25 συμπεριλαμβάνει Bk.,
nescio an rectius   26 ἐντευξάμενον Bk., del. Ma.   28 le. add. Ma.   30 le.
A suppl. Vill.   ὅτι A, ἡ διπλῆ, ὅτι Vill.   33 le. T supplevi (auctore Vill.),
om. b   35 ἐν ἐσχάτ. — κινδ. T εἶναι ἐν δεινοῖς b   36 ἀρίστων Β   39 ὀργὴν Τ
ἀργίαν BE³ ἀρ[(absc.) E⁴   40 ὡς om. b   ἄνδρ̄ Τ   41 ἀντ. ὀδ. (ὀδυσσῆι TV
em. Bk.) Τ, ἀρηϊφίλῳ μενελάῳ BE³ ἀ[...]φιλ(ω) μενελ[(absc.) E⁴   42 φοῖνιξ om. b
44 φησιν sc. Achilles   45 ἄμμι b ἄμιν Τ   46 πρὸς ἀγαμέμνονα om. BE⁴   ἃ absc.
in E⁴   47 le. A supplevi (τε Vill., τὸ A)

ex.   *b.* Αἴας τε μέγας καὶ δῖος Ὀδυσσεύς: καὶ τούτων ἠπείλησεν Ἀγαμέμνων τὸ γέρας λαβεῖν, b(BCE³E⁴) T   „ἢ τεὸν ἢ Αἴαντος ἰὼν γέρας ἢ Ὀδυσῆος“ (A 138). T   πρεσβεύουσιν οὖν οἱ 55 συνυβρισθέντες καὶ μὴ μνησικακήσαντες, ἵνα δυσωπήσωσιν αὐτόν. b(BCE³E⁴) T

ex.   *c.* Αἴας τε μέγα⟨ς καὶ δῖος Ὀδυσσεύς⟩: ἕκαστον ὑποθωπεύει τῶν ἀπιόντων. b(BCE³E⁴) T

ex.   170 *a.* κηρύκων δ᾽ Ὀδίος τε καὶ Εὐρυβάτης: ἵνα δηλωθῇ 60 ὅτι δημοσία ἡ πρεσβεία. Ταλθύβιος δὲ οὐ πέμπεται ὡς Ἀγαμέμνονος ὤν. b(BE³E⁴) T

Ariston.   *b.* {κηρύκων ὁδίος τὲ καὶ} Εὐρυβάτης: ὅτι οὐ τὸν Ἀγαμέμνονος (cf. A 320) ὑποληπτέον νῦν λέγεσθαι, ἀλλὰ τὸν Ὀδυσσέως (cf. B 184), ἐπεὶ κἂν ἐξωργίσθη τῆς δι᾽ αὐτοῦ γενομένης ἀφαιρέσεως 65 ὑπομνησθείς. A

Ariston. | Did.   *c.* ⟨ἐπέσθων:⟩ ἀντὶ τοῦ ἐπέσθωσαν. | γράφεται δὲ καὶ χωρὶς τοῦ v̅. Aⁱᵐ

Ariston.   171. ⟨φέρτε:⟩ ὅτι συγκέκοπται ἀντὶ τοῦ φέρετε. Aⁱⁿᵗ

ex.   172. ὄφρα Διῒ ⟨——⟩ ἀρησόμεθα: ὅτι δεῖ ἐν παντὶ καιρῷ ἐκ 70 θεῶν ἄρχεσθαι, μάλιστα δὲ ἐν κινδύνοις· οὕτω γὰρ ἥδιον ἐπὶ τὴν πρᾶξιν ὁρμῶμεν καὶ οὐδὲν ἑαυτοῖς ἀποτυχόντες ἐγκαλοῦμεν. ὕψωσε δὲ τὸ πρᾶγμα, εἴ γε συμπρεσβευτὴν αἱροῦνται Δία. b(BCE³E⁴) T

Ariston.   180 *a.* δενδίλλων ⟨ἐς ἕκαστον, Ὀδυσῆϊ δὲ μάλιστα⟩: ὅτι παρόντος τοῦ Φοίνικος ἔτι ταῦτα ὁ Νέστωρ ποιεῖ· διὸ καὶ ἁρμόσει 75 τὸ ἐς ἕκαστον πληθυντικῶς εἰσενηνεγμένον (καὶ οὐκ εἰς ἑκάτερον, ὅπερ ἐπὶ δύο τίθεται) καὶ τὸ μάλιστα ὑπερθετικῶς εἰρημένον. A

ex.   *b.* δενδίλλων ἐς ἕκαστον, ⟨Ὀδυσῆϊ δὲ μάλιστα⟩: ἀντὶ

N 586. Ψ 551; cf. Lehrs Ar.³ 150; vide ad Ξ 129   *b* πρεσβεύουσιν (55) sq. cf. Eust. 745, 3   170 *a* — πρεσβεία (61) cf. Eust. 745, 15   *b* fort. excidit pars scholii Aristonici de nomine Ὀδίος, ad B 856 (Ariston.)   τὸν Ὀδυσσέως (64) ad A 320. B 184 (Ariston.)   *c* ad B 438 (Ariston.)   171 συγκέκοπται ad B 582. Ω 174 (Ariston.), cf. Eust. 745, 25   φέρετε = D   180 *b* ad Γ 1 *b* (ex.)

53 sq. ἠπείλ. ἀγαμ. — λαβεῖν T ἠπείλησε τὸ γέρας ἀφελέσθαι ἀγαμέμνων b   55 ὀδυσῆος T em. Ma.   οἱ T, ὡς b (fort. rectius)   58 le. T (coni. cum scholio *b*) supplevi, om. b   58—9 ἕκαστον δὲ sq. coni. cum scholio *b* (v. αὐτόν) b   ὑποθωπ. pone ἀπιόντων b   60 ἵνα T καὶ κήρυκες συμπαραγίνονται ἵνα b   61 πρεσβεία ἐστί b   61 sq. οὐ πεμπ. sq. T οὐδέποτε (οὐ E⁴) παραγίνεται, ὅτι ἀγαμέμνονός ἐστιν ὑπηρέτης b   63 (le.) κηρ. ὀδ. τὲ καὶ damn. Bk.   ὅτι A, ἡ διπλῆ, ὅτι Vill. 64 λέγ. κήρυκα Roe. (non necessarium)   67 le. add. Vill.   69 le. add. Ddf.   ὅτι A, fort. ἡ διπλῆ, ὅτι   70 le. T suppl. Ma., om. b   71 ἥδιον T, προθυμότερον b (fort. rectius)   73 αἱρ. T ἔχουσι b   74 le. A suppl. Vill.   75 ὅτι A, ἡ διπλῆ, ὅτι Vill.   76 εἰσενηνεγμένον A em. Vill., ἐξενηνεγμένον Frdl.   78 le. T supplevi, om. A b   ἀντὶ T, ἕκαστον δὲ ἀντὶ sq. pone sch. *c* (coni. cum v.

τοῦ ἑκάτερον· b(BE³E⁴) Τ   οὐ γὰρ παρῆν Φοῖνιξ, ἐπεὶ καταισχύ-
80 νεται διὰ τοῦ Ὀδυσσῆϊ δὲ μάλιστα. Α b(BE³E⁴) Τ

c. ἄλλως· δενδίλλων: κατὰ τὸ δέον διαστρέφων τοὺς   ex.
ὀφθαλμοὺς καὶ οἷον τῇ ὄψει ἱκετεύων ὡς ἐπὶ σωτηρίᾳ τοῦ παντὸς
στελλομένους. b(BCE³E⁴) Τ

⟨δενδίλλων:⟩ διανεύων τοῖς ὀφθαλμοῖς. Αⁱⁿᵗ   D

85 182. τὼ δὲ βάτην: ὅτι ἐπὶ Ὀδυσσέως καὶ Αἴαντος τὸ δυϊκόν·   Ariston. | D
κεχώρισται γὰρ ὁ Φοῖνιξ μετὰ τὴν Νέστορος ἐντολήν, οὗτοι δὲ μετὰ
ταῦτα. | ζητοῦμεν δὲ εἰ καὶ Φοῖνιξ ——— „τὼ κούρω κριθέντε
†δύο† καὶ πεντήκοντα‟ (θ 48). Α

183 a. εὐχομένω γαιηόχῳ: τὸ γὰρ παρὸν εἰς μνήμην ἕτοιμον.   ex.
90 καὶ Εὔμαιος θύει ταῖς Νύμφαις (cf. ξ 435—6) καὶ Ἕλληνες ἐπικαλοῦνται
τὸν Ἰδαῖον Δία (cf. Γ 320. Η 202), καὶ νῦν δὲ Ποσειδῶνα, ὅτι ἐπίκου-
ρος τῶν Ἀχαιῶν· ἢ ὅτι Νηρηΐδος παῖς ἐστιν Ἀχιλλεύς, τῶν δὲ ἐνα-
λίων θεῶν οὗτός ἐστι βασιλεύς. b(BCE³E⁴) Τ

b. ⟨εὐχομένω γαιηόχῳ:⟩ ἐπεὶ παρὰ θάλασσαν ἐβάδιζον,   ex.
95 διὰ τοῦτο τῷ Ποσειδῶνι εὔχονται. Αⁱⁿᵗ

1 184. ῥηϊδίως πεπιθεῖν ⟨μεγάλας φρένας Αἰακίδαο⟩: περι-   Hrd. | ex.
σπαστέον· δεύτερος γὰρ ἀόριστός ἐστιν. Αⁱᵐ b(BCE³) Τ | τὸ δὲ με-
γάλας φρένας εὐκαίρως· οὐ γὰρ ἔπεισαν. b(BCE³) Τ

---

c — ὀφθαλμοὺς (82) cf. Ap. S. 57, 15; sch. Ap. Rh. 3, 281 a; Et. Gen. (= EM.
255, 50, Et. Gud. 345, 10 Stef.); vide Poll. 2, 52   διαστρέφων (81) cf. Schem.
Hom. 33   182 ad Ι 168. 192. 197. 520. 656 b. 657 b (Ariston.), cf. D, Ep. Hom.
(An. Ox. 1, 96, 10): βάτην· ὥσπερ τὸ „κούρω δὲ κριθέντε δύω καὶ πεντήκοντα‟
(θ 48) πρὸς τὸ δύω τὸ δυϊκόν, οὐ πρὸς τὸ πεντήκοντα (cf. sch. θ 48), οὕτως καὶ τὸ
„τὼ δὲ βάτην παρὰ θῖνα‟ πρὸς τὸ Ὀδυσσέα καὶ Αἴαντα· ὁ γὰρ Φοῖνιξ προῆει·
τριῶν γὰρ ἀπεσταλμένων, Φοίνικος Αἴαντος Ὀδυσσέως, δυϊκῶς εἶπε τὸ βάτην.
ὅτι δὲ τὸν Φοίνικα πρῶτον ἀπελθεῖν ἐκέλευσεν, δῆλον, „Φοῖνιξ μὲν πρώτιστα Διῒ
φίλος ἡγησάσθω‟ (Ι 168)· εἰ γὰρ καὶ μετ' αὐτῶν ἦν, οὐ προηγήσατο ἂν αὐτὸς
Ὀδυσσεύς· οἰκειότερος γὰρ Ἀχιλλῆϊ ὁ ἥρως· ἐπάγει γὰρ „ἡγεῖτο δὲ δῖος Ὀδυσ-
σεύς‟ (Ι 192). φασὶν οὖν ὅτι οὐ πρὸς τὸ τρεῖς τὸ δυϊκόν, ἀλλὰ πρὸς τοὺς δύο· τούτου
οὖν ἤδη ἀπελθόντος λοιπὸν περὶ τῶν δύο εἶπεν (cf. Ariston.). ὑπέλαβον δέ τινες
ταῦτα τὰ δυϊκὰ εἰλῆφθαι ἀντὶ τῶν πληθυντικῶν (cf. D)   184 — ἐστιν (2) ad
Α 100. Ο 26 b (Hrd.), cf. Choer. Th. 2, 134, 24. 224, 32, Ep. Hom. (An. Ox. 1, 377,

---

ἐσταλμένους) b   79 οὐ γὰρ sq. pone sch. a (coni. cum v. εἰρημένον) Α   80
τοῦ] τὸ Α   81 ἄλλως et le. om. b (ut semper)   82 σωτηρίαν (cp.) b   83
ἐσταλμένους b   84 le. add. Ddf.   85 ὅτι Α, ἡ διπλῆ, ὅτι Vill.   89 ἕτοι-
μον b (susp.; an ab auctore hyparchetypi b additum?), om. T, fort. ἄγει sim.
90 θύει b, om. T   91 νῦν δὲ ποσ. b, om. T   92 ἦ] καὶ C   νηρεῖδος Τ
94 le. addidi (auctore Vill.)   95 τῷ Vill., τὸ Α   1 le. T supplevi (auctore
Vill.), om. Ab   1 sq. περισπ. τὸ πεπιθεῖν b   2 γὰρ ἐστιν ἀόρ. b   3 φρέ-
νας om. b

Did.(?)　　**185.** ⟨ἱκέσθην:⟩ γράφεται „ἵκοντο". **A**[il]

ex.　　**186.** φρένα τερπόμενον ⟨φόρμιγγι λιγείῃ⟩: οὐκ ἀνοίκειον 5
τῷ ἥρωϊ νυκτὸς οὔσης γυμνάζεσθαι μᾶλλον τὰ μουσικὰ καὶ μὴ δια-
παννυχίζειν· παραμυθία γὰρ τοῦτο θυμοῦ καὶ λύπης. ἔστι δὲ νέος καὶ
φιλόμουσος καὶ λάφυρον ἔχων τὴν κιθάραν· καὶ οὐ θηλυδριώδη μέλη,
ἀλλὰ κλέα ἀνδρῶν ᾄδει, **b(BCE³E⁴) T**　　καὶ ἑσπέρας καιρός. **T**
ἢ οἰόμενος ἥξειν αὐτοὺς σοβαρεύεται. καλῶς δὲ ἀπούσης τῆς ἐρωμένης 10
ᾄδει, ὅπως μὴ δοκοίη κωμάζειν. ἢ ὅτι πεφρόντικε μὲν τῆς τῶν Ἑλλή-
νων ἀσφαλείας, προσποιεῖται δὲ καταφρονεῖν· φησὶ γοῦν· „δῖε Μενοι-
τιάδη, / νῦν ὀΐω περὶ γούνατ' ἐμὰ στήσεσθαι Ἀχαιούς" (Λ 608—9),
καὶ πάλιν· „ὄρσεο, διογενὲς Πατρόκλεις, ἱπποκέλευθε. / λεύσσω δὴ
παρὰ νηυσὶ πυρὸς δηΐοιο ἐρωήν" (Π 126—7). **b(BCE³E⁴) T**　　οὐκ 15
ἤθελε δὲ ἀργῶν σώματι καὶ ψυχῇ ἀργεῖν, ἀλλ' ἡτοίμαζεν αὐτὴν πρὸς
τὰς πράξεις καὶ ἐπ' εἰρήνης τὰ τοῦ πολέμου μελετᾷ, ὡς καὶ οἱ Μυρμι-
δόνες (cf. Β 773—9). **b(BE³E⁴) T**

D　　**187.** ζυγόν: ζυγὸς ὁ πῆχυς ——— παρὰ τὸ κεκολλῆσθαι. **A**
Ariston.　　**188** a. τὴν ἄρετ' ἐξ ἐνάρων: ὅτι ἀστεῖον τὸ μὴ οἴκοθεν κομίσαι 20
ὥσπερ μέλλοντα ἐν πολέμῳ ἄνεσιν ἔχειν, ἀλλ' ἐκ τῶν λαφύρων ἀνη-
ρῆσθαι ἁρμόνιον καὶ οὐκ ἄμουσον. **A**

D | ex.(?) | D　　b. ἄλλως· πιθανῶς ἔφη ἐκ λαφύρων κεκτῆσθαι τὴν κιθάραν
τὸν Ἀχιλλέα· | ἀνοίκειον γὰρ εἰς πόλεμον ἥκοντα κιθάραν ἐπικο-
μίζεσθαι. | εὑρόντα οὖν, φησίν, παρελθεῖν ὡς ἄμουσον ἀπρεπὲς ἦν. **A** 25

ex.　　c. τὴν ἄρετ' ἐξ ἐνάρων: ἵππον διὰ πόλεμον, δίσκον (cf.
Ψ 826—9) καὶ κιθάραν πρὸς σωματικὴν καὶ ψυχικὴν γυμνασίαν εἶχεν.
σύντροφον δὲ ὄργανον εὑρὼν οὐ παρῆκεν· οὐ γὰρ οἴκοθεν εἵλετο. καὶ
ἴσως Ἑλληνικὸν ἄνδρα εὑρὼν Ἠετίωνα σὺν τοῖς ὅπλοις ἐκήδευσε (cf.
Ζ 418) καὶ τοῖς ἐκείνου χρῆται. **b(BCE³E⁴) T** 30

10. 348, 8)　　**186** cf. Porph. 1, 134, 25　　παραμυθία (7) — θυμοῦ cf. Sext.
Emp. adv. math. 6, 10, Athen. 14, 624 a (= Chamael. fr. 4 We.), Ael. v. h. 14, 23;
Hor. epod. 13, 17　　καὶ οὐ θηλυδριώδη (8) — ᾄδει (9) cf. Eust. 745, 48, aliter
Stat. silv. 4, 4, 35　　ἡτοίμαζεν (16) sq. Stat. silv. 4, 4, 36　　**188** c — εἶχεν (27)

4 le. add. Vill.　　γράφ. cp. (γρ) A　　5 le. T supplevi (auctore Bk.), om. **b**;
πορφυρίου errore inductus praefixit Le (cf. Porph. 1, 134, 29), sed om. ante fr.
Porph. 1, 134, 25　　οὐκ ἀν. T οἰκεῖον **b**　　6 καὶ μὴ T ἀλλὰ μὴ **b**　　7 πα-
ραμύθια Bk.　　τοῦτο T ταῦτα **b**　　11 δοκῇ Ma., at vide ad H 114b²/a²　　13
στήσ. ἀχ. T, λίσσεσθαι ἀχαιούς **b**, στήσεσθαι ἀχαιούς / λισσομένους Hom.　　14
λεύσω T　　δὴ] γὰρ C　　15 πυρὸς om. T　　20 ὅτι A, ἡ διπλῆ, ὅτι Vill.
27 εἶχεν Ma., εἶχον **b**, om. T

189 a. ⟨ἔτερπεν:⟩ ἀντὶ τοῦ ἔτρεπεν. Τ^il   *ex.*

b. κλέα ἀνδρῶν: ὅτι ἀειμνήστους δεῖ τοὺς ἀγαθοὺς εἶναι· *ex.*
οἱ γὰρ ἀοιδοὶ διὰ τῶν παλαιῶν ἱστοριῶν τοὺς ἀκούοντας ἐσωφρόνι-
ζον. προσέθηκε δὲ τὸ ἀνδρῶν, ἐπειδὴ καὶ θεῶν ᾄδουσι γάμους. A· b
35 (BCE³E⁴) T

190 a. Πάτροκλος δέ οἱ ⟨οἷος ἐναντίος ἧστο σιωπῇ⟩: ὅτι *Ariston.*
οὐ μόνος ἐν τῇ κλισίᾳ, ἀλλὰ μόνος Αἰακίδην δεδεγμένος ἀντίος ἧστο·
καὶ γὰρ Αὐτομέδων ἐπὶ τῆς κλισίας ἦν (cf. Ι 209), ὁμοίως καὶ ὁ Φοῖ-
νιξ (cf. Ι 223). A

40   b. Πάτροκλος δέ ⟨οἱ⟩ οἷος ⟨ἐναντίος ἧστο σιωπῇ⟩: *ex.*
ἡδεῖα γὰρ ἐπίδειξις ἡ ἐπὶ τῶν φίλων. ἤτοι δὲ μόνον αὐτὸν καθέζεσθαι
λέγει ἢ μόνον ἐναντίον παρὰ τοὺς ἄλλους Μυρμιδόνας. καὶ ὅτι ἐν
ἡσυχίᾳ δεῖ ἀκροᾶσθαι μουσικῆς. b(B, C [bis], E³E⁴) T

191. ⟨δέγμενος:⟩ γράφεται καὶ „δέχμενος" διὰ τοῦ χ. A^im   *Did.*
45 192 a. τὼ δὲ βάτην ⟨προτέρω, ἡγεῖτο δὲ δῖος Ὀδυσ- *Ariston.*
σεύς⟩: ὅτι ἐπὶ Ὀδυσσέως καὶ Αἴαντος τὸ δυϊκόν· παρόντος γὰρ τοῦ
Φοίνικος ἀπίθανον λέγειν ἡγεῖτο δὲ δῖος Ὀδυσσεύς. A

b. βάτην προτέρω: καὶ ἐπὶ χρόνου „καί νύ κ' ἔτι προτέ- *ex.*
ρω" (Ψ 490). δίχα τοῦ ῑ δὲ τὸ προτέρω· ἀπὸ γὰρ τοῦ προσωτέρω
50 συγκέκοπται. T

193 a. ταφὼν ⟨δ' ἀνόρουσεν Ἀχιλλεύς⟩: ἢ διὰ τὸ φίλον ἢ *ex.*
διὰ τὸ χαίρειν ἐπὶ τῇ προσδοκωμένῃ πρεσβείᾳ ἢ διὰ τὸ νυκτὸς αὐτοὺς
παρεῖναι. b(BCE³E⁴) T

b. ταφών: Ἰωνικῶς λέγεται κατὰ τροπὴν τοῦ θ εἰς τὸ τ· *Ep. Hom. (?)* |
55 αὐτοὶ γὰρ τὰ δασέα εἰς ψιλὰ τρέπουσιν, οἷον θαπών ταφών, δευτέρου   D
ἀορίστου ἀπὸ τοῦ θήπω ἐνεστῶτος, καὶ τὰ ψιλὰ εἰς δασέα, ὡς τὸ
ἐπιορκῆσαι †φησίν†. οἱ αὐτοὶ δὲ καὶ τὸ Ἀθάμας κατ' ἀφαίρεσιν τοῦ ᾱ

cf. Eust. 745, 60; Roemer, Ar. 187   189 a cf. Eust. 745, 64   b cf. Dion. Chrys.
or. 2, 31   190 a — ἧστο (37) cf. Eust. 745, 56   καὶ γὰρ Αὐτομέδων (38) sq.
ad Ι 209   ἐπὶ τῆς κλισίας (38) vide ad Χ 378   b καὶ ὅτι ἐν ἡσυχίᾳ (42) sq. cf.
Eust. 745, 66   191 ad Θ 296 b   192 a ad Ι 182 (Ariston.)   b δίχα τοῦ ῑ
(49) sq. ad Γ 400 b   ἀπὸ γὰρ τοῦ (49) sq. ad E 672 a²   193 b — Αἴτίων (59) eadem
fere Et. Gud. 522, 36 (pone D: ἐκπλαγείς, θαυμάσας. ἐκ τῶν τάφων — δεινόν), quod
pendere vid. ex Ep. Hom. (cf. An. Ox. 1, 396, 31. 2, 417, 17; EM. 748, 54); —
θαπών ταφών (55) cf. Eust. 746, 14; — θήπω (56) et ἐκ τῶν τάφων (59) sq. Et.

31 le. add. V^c   32 le. AE⁴T, om. BCE.   34 ἐπεὶ b   36 le. A suppl. Vill.   ὅ-
τι A, ἡ διπλῆ, ὅτι Vill.   40 le. T supplevi (auctore Vill.), om. b   43 ἀκρ.
μουσ. T τῆς μουσικῆς ἀκούειν b   44 le. add. Vill.   γράφ. cp. (γρ) A   δεχόμενος
A corr. Vill.   45 sq. le. A suppl. Vill.   46 ὅτι A, ἡ διπλῆ, ὅτι Vill.   ὀδυσσέος
A em. Vill.   48 (le.) βάτην fort. delendum   κ' ἔτι] κε δὴ Hom., cf. Ψ 526
51 le. T supplevi (auctore Vill.), om. b   ἢ prius om. b   52 αὐτούς T αὐτοὺς
ἤδη οὔσης μέσης b   57 φησιν A, ἐφιορκῆσαί φασιν Et. Gud. (recte ut vid.)

καὶ τροπῇ τοῦ θ̄ εἰς τὸ τ̄, Τάμμας λέγουσι· ,,Τάμμεω θυγατέρος‟ Καλ-
λίμαχος ἐν δευτέρῳ Αἰτίων (fr. 49). | ἐκ τῶν τάφων δὲ ἡ ――― τὸ
μέλλον δεινόν. **A**							60

D | Nic. = D		**194** *a.* αὐτῇ σὺν φόρμιγγι: στικτέον μετὰ τὸ φόρμιγγι ὡς
ἔκπληξιν Ἀχιλλέως ὁρᾶσθαι ⟨ἀνα⟩πεπηδηκότος σὺν τῇ κιθάρᾳ. | τὸ
ἡμιστίχιον δὲ δύναται καὶ τοῖς ἄνω καὶ τοῖς ἑξῆς προσδίδοσθαι, τό τε
ἀναπηδῆσαι σὺν αὐτῇ τῇ κιθάρᾳ καὶ ἀπολιπόντα τὴν καθέδραν καὶ
τὴν κιθάραν συναντῆσαι. βέλτιον δὲ τὸ πρότερον ὥστε τοῖς ἄνω συν- 65
άπτειν. **A**

ex.(Nic.)		*b.*¹ αὐτῇ σὺν φόρμιγγι: ὧδε στικτέον· ὑπὸ γὰρ φιλοφρο-
σύνης ἀπήντησεν αὐτοῖς οὕτως ὡς εἶχε, σὺν τῇ κιθάρᾳ. **b**(BCE³E⁴)
T	τινὲς δὲ ὑφ’ ἓν αὐτῇ σὺν φόρμιγγι λιπὼν ἕδος, καὶ τὴν
φόρμιγγα λιπὼν ὡς αἰδούμενος. **b**(BCE³) **T**					70
			*b.*² διχῶς ἡ στιγμή. **T**ⁱˡ

ex.		**195.** ⟨ἐπεὶ ἴδε:⟩ ὅτε εἶδεν Ἀχιλλεύς. **T**ⁱˡ
Did.(?)	**196** *a.* ⟨τώ:⟩ γράφεται καὶ ,,τούς‟. **A**ⁱᵐ
ex.		*b.* τὼ καὶ δεικνύμενος: δεξιούμενος λόγοις. ἐν ἄλλοις δὲ
ἀντὶ τοῦ δεικνύς, ,,δεικνύμενος Δαναοῖσι‟ (Ψ 701). **T**			75
D		*c.* ⟨δεικνύμενος:⟩ δεξιούμενος, φιλοφρονούμενος. **b**(BCE³
E⁴)

Hrd.|Ariston.	**197** *a.* χαίρετον· ἦ φίλοι ἄνδρες ἱκάνετον· ἦ τι μάλα
χρεώ: ἀμφοτέρους τοὺς συνδέσμους περισπαστέον· βεβαιωτικοὶ γάρ.
A b(BCE³E⁴) **T**ⁱˡ | ἡ διπλῆ δέ, ὅτι χωρὶς τοῦ δυϊκῶς ἐσχηματίσθαι 80
πρὸς Ὀδυσσέα καὶ Αἴαντα, καὶ τὰ τῆς διαθέσεως οὐκ ἐμφαίνει συμ-
παρόντα τὸν Φοίνικα· οὐ γὰρ ἂν οὕτως ἐκπλαγεὶς ἀνεπήδησεν, ἢ
ἐδεξιοῦτο ὡς αἰφνιδίως παραγενομένους. **A**ⁱⁿᵗ

Gen. (AB) ταφών· . . . ἔστι δὲ δεύτερος ἀόριστος (ἀόρ. δευτ. B) ἐκ τοῦ θήπω
ἔθαπον καὶ (καὶ om. B) ἔταφον καὶ ταφών (B, ταφόν A) Ἰωνικῶς. ἡ δὲ μεταφορὰ ἐκ
τῶν τάφων κτλ., fort. ex hyp. Iliad., cf. Eust. 746, 11	θαπών ταφών (55) cf. Ap.
S. 149, 32 (Apion. fr. 131 B.); Schem. Hom. 98	**194** *a* totum sch. Nicanori
attr. Valk I 215 n. 75; at cf. Friedl., Nic. p. 200. Ceterum alterum le. (sc. αὐτῇ
σὺν φόρμιγγι) ante verba τὸ ἡμιστίχιον δύναται (62) sq. in D exstat	**196** *b* ad
Ψ 701, cf. Et. Gen. (AB) δεικνύμενος, sch. *c*	δεικνύς (75) cf. EM. 260, 52	*c* cf.
Eust. 746, 26; sch. δ 59	**197** *a* ἡ διπλῆ δὲ ὅτι (80) sq. ad I 182 (Ariston.)	·

58 καὶ τροπῇ — τ̄ A, καὶ διπλασιασμῷ τοῦ μ̄ καὶ τροπῇ τοῦ θ̄ εἰς τ̄ Et. Gud.	**59**
αἰτίων Et. Gud., αἰτίω A	**62** πεπηδ. A suppl. Vill. (cl. D)	**63** προσδ. A,
προσδίδοσθαι καὶ λόγον ἔχει ἀμφότερα Frdl.	**64** κιθ. D (Vill.), καθέδρᾳ A	**67** ὑπὸ
γὰρ **b** ὑπὲρ T	**70** λιπὼν T, φησὶν (cp., φασὶν Bk.) ἐκεῖσε καταλιπὼν **b** (fort. rectius)
72 le. add. Ma.	**73** le. add. Bk. (Vill.)	γράφ. cp. (γρ) A	**76** le. addidi
(auctore Bk.)	καὶ δεξ. E⁴	φιλοφρ. om. E⁴	**78** sq. le. Vill., ἦ φίλοι ἦ τι
μάλα χρεώ: A, om. **b**T (ἦ φίλοι ἄνδρες Li Vᶜ)	**79** βεβ. γάρ A βεβαιωτικοὶ (βε-
βαιοτικοὶ T) γάρ εἰσιν (εἰσι **b**) **b**T	**82** ἀνεπίδησεν A em. Vill.

b. ⟨ἱκάνετον· ἦ τι μάλα χρεώ:⟩ Παρμενίσκος (fr. 3 B.)   *Did.*
85 προφέρεται „ἱκάνετον ἡμέτερον δέ". **A**ᶦⁿᵗ

c. ἦ τι μάλα χρεώ: ἀντὶ τοῦ τινά. „τί νύ μοι μήκιστα;"   *ex.*
(ε 299) ἀντὶ τοῦ τίνα. **T**

d. ἄλλως· ἦ τι μάλα χρεώ: τί ἀντὶ τοῦ τινός. b(BCE³E⁴)   *ex.*
T   οἱ δὲ ἀντὶ τοῦ ὄντως. **T**   δυσωπεῖ δὲ αὐτοὺς ὡς παρὰ τὸν
90 τῶν φίλων θεσμὸν δι' ἀνάγκην ἐλθόντας. οὐχ ὁμολογεῖ δὲ εἰδέναι τὰ
περὶ τῆς ἐντεύξεως b(BCE³E⁴) **T**   ἐναβρυνόμενος. **T**

198 a. ⟨οἵ μοι σκυζομένῳ περ Ἀχαιῶν φίλτατοί ἐστον:⟩   *ex.*
εἴωθε γὰρ ὁ θυμὸς παρορᾶν καὶ τὸ πρὸς φίλους δίκαιον. **T**ᶦˡ

b. ⟨φίλτατοι:⟩ καὶ ἐνθάδε τινὲς δυϊκῶς, „φιλτάτω". **A**ᶦˡ   *Did.*
95 199. ⟨ὡς ἄρα φωνήσας προτέρω ἄγε δῖος Ἀχιλλεύς:⟩   *ex.*
1 Ἑλληνικὰ πάντα, καὶ τὸ μὴ ἐκείνους πρῶτον ἐνάρξασθαι. **T**ᶦˡ

202 a. καθίστα: ὡς καθίστανε τὸ πλῆρες, οὕτως καὶ ἐπὶ τῆς   *Hrd.*
ἀποκοπῆς. εἰσὶ δὲ οἳ ἐκτείνουσιν, ἀπὸ τοῦ ἱστῶ τὴν κλίσιν παραλαμ-
βάνοντες. **A**

5 b. καθίστα: κίρνα, ὅμοιον τῷ „κρητῆρα στήσασθαι ἐλεύ-   *ex.*
θερον" (Ζ 528). φιλοφρονεῖται δὲ αὐτοὺς καταισχύνων Ἀγαμέμνο-
να. **T**

203 a. ζωρότερον: ἀκρατότερον, παρὰ τὸ ζῆν. οἱ δὲ ἀντὶ τοῦ   *ex.*
ταχύτερον. ἦ ἴσως, b(BCE³E⁴) **T**   ἐπεὶ οἱ ξένοι ὕδωρ μὲν αἰτοῦσιν,
10 οὐκέτι δὲ οἶνον, ἦ **T**   ὡς μουσικὸς καὶ ὑδαρέστερον πίνων, ἀφ' ὧν
ὀνειδίζει Ἀγαμέμνονι οἰνοφλυγίαν (cf. Α 225). b(BCE³E⁴) **T**   ἦ

b cf. Ludwich, A. H. T. 1, 302, 9   ἡμέτερον δέ (85) ad Σ385. 424 (Did.)   d οἱ δὲ
ἀντὶ τοῦ ὄντως (89) cf. Eust. 746, 34: περιττὸν δὲ συνήθως τὸ τῑ ἐν τῷ „ἦ τι μάλα
χρεώ", καθὰ καὶ ἐν τῷ οὔτι καὶ μήτι ἐγώ καὶ ἀλλ' εἴτι χαίρεις καὶ τοῖς ὁμοίοις, origi-
nis incertae; Eust. 747, 6   198 b ἐνθάδε cf. I 197   202 a cf. Hrd. (παθ.) 2,
209, 5   b — κίρνα (5) = D ad I 203   203 a — οἰνοφλυγίαν (11) cf. Eust.
746, 41; — ταχύτερον (9) cf. Ap. S.(?) ap. He. ζ 257; — ζῆν (8) cf. Or. 68, 5
(unde Et. Gen. = EM. 414, 33); Bechtel, Lex. 149; vide Schulze, Quaest. ep. 25,
5   ἀκρατότερον (8) cf. Ap. S. 81, 17, Plut. mor. 677 c. 678 b, imprimis 677 e (Zoil.
fr. 12 Frdl. = FGrHist 71, 4), sch. Ar. Plut. 1132; I. Bernays, Theophrastos'
Schrift über Frömmigkeit, Berol. 1866, 178; M. R. Arundel, Cl. Rev. 76, 1962,
109; D. O' Brien, ibid. 79, 1965, 2; M. L. West, ibid. 80, 1966, 135   οἱ δὲ ἀντὶ
(8) — οἰνοφλυγίαν (11) cf. Porph. 1, 135, 13: ἀπρεπές· ὡς γὰρ ἐπὶ κῶμον ἤκουσιν

84 le. addidi (auctore Ldw.)   85 δέ A, δέ ὡς ἀριστάρχειον γραφήν add. Schm.,
probavit Ldw. (vide ad Θ513)   86 (le.) ἦ et μ. χρεώ fort. delenda   τινά T, τινός
Wil. (improbabiliter)   μήκιστα γένηται Hom.   88 ἄλλως et le. om. b   τί T,
τὸ δὲ τί pone sch. a (coni. cum v. γάρ εἰσι) b   89 οἱ δὲ T, οἱ δὲ τὸ ἦ τι Ma.
(fort. recte)   92 le. addidi   93 εἴωθε Ma., οἶδε T   94 le. addidi (auctore
Ddf.)   δυικ°/ A em. Vill.   95 le. addidi, ὡς ἄρα φωνήσας add. Vᶜ   2 ὡς
A, εἰ Lehrs   3 ἱστῶ A em. Bk.   κλήσιν A em. Bk.   8 ἀκρ.] τάχιον ἀκρα-
τότερον E⁴   ἀντὶ τοῦ om. b   11 καὶ οἰνοφλ. ἀγαμέμν. b

τὸν ἀκρατότερον, ὃν εἶχεν ἐν τῷ ἀμφορεῖ Διονύσου (cf. ω 74—5)· οὐ
γὰρ εἰκὸς δεδόσθαι κενόν, ἀπαρχὴν δὲ ἔχοντα τῶν ἐκείνου εὑρημάτων
οἶνον θαυμάσιον. τοῦτον δὲ οἱ ἥρωες ἀπεδέχοντο· ,,ἓν δέπας ἐμπλήσας‟
(ι 209). T　　　　　　　　　　　　　　　　　　　　　　　　　　　　　15

ex.(?)　　　　　*b.* ζωρότερον: τὸ ἄκρατον, παρὰ τὸ μηδέπω ἐσβέσθαι τὴν
ἰσχὺν τοῦ οἴνου ὑπὸ τῆς τοῦ ὕδατος κράσεως. A

Did. | ex.　　　　*c.* ζωρότερον ⟨δὲ⟩ κέραιε: δίχα τοῦ ρ̄ Ἀριστοφάνης,
κέραιε. | οὐκ ἄτοπον δὲ νυκτὸς οὔσης ζωρότερον πίνειν. T

Did. | Hrd.　　　*d.* ⟨κέραιε:⟩ οὕτως κέραιε χωρὶς τοῦ ρ̄. | μέμνηται καὶ 20
καϑ.　　　Ἡρωδιανός (1, 453, 9). A[im]

ex.(?)　　　　**204.** ⟨μελάθρῳ:⟩ νῦν σκηνῇ, κυρίως δὲ οἴκῳ. A[int]

Ariston. | Hrd.　**206 *a*.[1]** αὐτὰρ ὅ γε κρεῖον ⟨μέγα κάββαλεν ἐν πυρὸς
αὐγῇ⟩: ὅτι Εὐφορίων (fr. 155 Pow.) κρεῖον τὸ κρέας ἐξεδέξατο,

ἀκρατότερον διδόναι παρακελεύεται· οἱ μὲν γὰρ ἀπὸ τῆς λέξεως λύουσι· τὸ γὰρ
,,ζωρότερον‟ εἶναι τάχιον· οἱ δὲ ἀπὸ τοῦ καιροῦ, ὅτι νύξ· οἱ δὲ ἀπὸ τοῦ ἔθους· τοὺς
γὰρ ἥρωας, ἄλλως καταπονουμένους, δαψιλεστέροις τοῖς πρὸς τὴν δίαιταν κεχρῆ-
σθαι εἰκός· ἢ ἴσως ὡς μουσικὸς καὶ ὑδαρέστερον πίνων, ἀφ’ ὧν ὀνειδίζει καὶ οἰνοφλυ-
γίαν Ἀγαμέμνονι　　οἱ δὲ ἀντὶ τοῦ ταχύτερον (8) cf. Aristot. poet. 25 p. 1461 a 14,
Schem. Hom. 56, Theogn. 20, 8　　ὡς μουσικὸς (10) — οἰνοφλυγίαν (11) cf.
Plut. mor. 678 b　　b cf. Athen. 10, 423 e/f (sim. Et. Gen. = EM. 414, 30); —
ἄκρατον (16) cf. sch. *a*; vide Athen. 1, 10 c　　παρὰ τὸ μηδέπω (16) sq. cf. D,
Ecl. (An. Ox. 2, 443, 1), fort. fr. Seleuci (vide Reitzenstein, Gesch. 172)　　c/d cf.
Eust. 746, 48: ἰστέον δὲ ὅτι τῶν τινα ἀντιγράφων τὸ κέραιε ,,κέραιρε‟ φασίν, ὀλίγα
μέντοι καὶ οὐδὲ τὰ ἀκριβέστερα, Eust. haud plura legisse videatur; cf. Valk II 592
204 οἴκῳ = D, cf. D ad B 414, sch. θ 280　　**206** Et. Gen. (AB) κρεῖον· παρὰ
τὸ κρέας γέγονε κρέον καὶ (κρ. καὶ om. B) ,,κρεῖον‟ διὰ τῆς ει (τῆς ει om. B) διφθόγ-
γου. λέγει (λέγεται A) δὲ ὁ (ὁ om. B) Ὧρος (Ἡρωδιανὸς Ritschl, at cf. Beiträge
103) ἐν τῇ Ἰλιακῇ προσῳδίᾳ ὅτι τὸ κρεῖον ὅμοιόν ἐστι τῷ (τῷ EM., τὸ AB) θεῖον.
ἰστέον δὲ ὅτι ἡ μὲν κοινὴ δόξα ἔχει ὅτι τὸ ,,κρεῖον‟ κρεοδόχον ἀγγεῖον σημαίνει (σημ.
A, ἐστὶν B), ὁ δὲ Εὐφορίων τὸ κρέας λέγει αὐτὸ εἶναι, ὡς καὶ Ὅμηρος· ,,αὐτὰρ ὅγε
κρεῖον μέγα κάββαλε‟. ὁ δὲ Ἡρωδιανὸς τὴν ἐκ τῶν ὤμων κρεάτων πεπληρωμένην
τράπεζαν. ὁ δὲ Πτολέμαχος (fort. Πολέμαρχος, vide ad Ψ 269, Erot. 58, 17, Et.
Gud. 222, 13 Stef.; Πτολεμαῖος Lentz, Gaede) τὸν ἀπὸ στέατος πλακοῦντά φησιν
αὐτὸ σημαίνειν. Χοιροβοσκός (σημ. καὶ ὁ χοιρ. B), cf. Choer. O. 231, 17 et 33; Phi-
let. fr. 37 K.; Meineke 145　　ὅτι Εὐφορίων (24) — ἀγγεῖον (25) cf. Eust. 747, 15:
,,κρεῖον‟ τὸ κρεωδόχον ἀγγεῖόν φασιν οἱ πλείους τῶν παλαιῶν. Εὐφορίων δὲ
,,κρεῖον‟ αὐτὸ τὸ κρέας νοεῖ, ὥς φησιν Ἀπίων καὶ Ἡρόδωρος (διὰ τὸ τὸν
ποιητὴν κατωτέρω μηδαμοῦ μεμνῆσθαι κρεῶν ἐφθῶν ἐν ἀγγείῳ, ἀλλὰ μόνων ὀπτῶν,

---

13 κοινὸν T em Ma.　　**18** le. T suppl. Ma.　　ἀριστ.] ἀρίσταρχος mavult Ldw.
20 le. add. Vill.　　οὕτως Vill., οὐ A, del. Bk.　　**22** le. add. Vill.　　**23** sq.
le. A suppl. Vill.　　**24** ὅτι A, ἡ διπλῆ, ὅτι Vill.

25 Ὅμηρος δὲ τὸ κρεοδόχον ἀγγεῖον. καὶ πρὸς τὸ ἐν πυρὸς αὐγῇ τὸ
ἀπὸ τοῦ πυρὸς φωτιζόμενον. | κρεῖον δὲ ὡς „θεῖον" (Ζ 180 al.). γέ-
γονε δὲ παρὰ τὸ κρέας. Α

    *a.*² ὡς „θεῖον". | οἱ νεώτεροι κρεῖον τὸ κρέας φασίν. Τ^il   *Hrd.|Ariston.*

    b. αὐτὰρ ὅ γε κρεῖον ⟨μέγα κάμβαλεν⟩: εἰς ταπεινὴν   *ex.*
30 τάξιν μαγειρικὴν κατερχόμενος οὐδὲν ἧττον τὴν ἡρωϊκὴν διαφυλάττει
σεμνότητα. αἰτία δὲ ἡ ἐκλογὴ τῶν ὀνομάτων· πρῶτον μὲν οὐκ εἶπε
κατέθηκεν, ἀλλὰ κάμβαλεν ἔπειξιν ἐμφαίνων τοῦ διακονουμένου,
ἔπειτα τροπικὸν εἰσήνεγκεν ὄνομα τὸ „τεθαλυῖα" (cf. Ι 208). b(BCE³
E⁴) Τ

35   *c.* ἐν πυρὸς αὐγῇ: καὶ „Ἡελίου τ' αὐγή" (μ 176)· ἥλιος δὲ   *ex.*
τὸ ἄστρον· ἡμεῖς δὲ ἀφυῶς φαμεν ἐν ἡλίῳ καθῆσθαι. b(BCE³E⁴)
Τ   ἐνταῦθα οὖν ἐν τῇ αὐγῇ τοῦ λύχνου τέθεικε τὸ κρεῖον, ἐπεὶ
νὺξ ἦν, οἷον 'παρὰ τῷ λύχνῳ'. Τ

    207. ὅϊος: ὡς „πόλιος" (Ε 791 al.)· εἰ μὴ διὰ μέτρον γάρ, οὔ   *Hrd.(?)*
40 φησιν „οἷός". Τ

    208 *a.*¹ σιάλοιο ⟨ῥάχιν τεθαλυῖαν ἀλοιφῇ⟩: †ἐντροφίου†,   *ex.*
„ἀπαλοτρεφέος σιάλοιο" (Φ 363)· b(BCE³E⁴) Τ   „α⟨ἰ⟩εὶ ζατρε-
φέων σιάλων" (ξ 19). Τ

    *a.*² {σιάλοιο:} †ἐντροφίου†, ἀπαλοτρεφοῦς, ὡς „ζατρεφέων   *ex. | ex.(?)*
45 σιάλων". | ἢ σεσιτευμένου. Α

quae verba Eust. de suo addidisse videatur)   κρεοδόχον ἀγγεῖον (25) cf. D, Ap.
S. 103, 35, sch. φ 61, Choer. O. 231, 18, Theogn. 121, 15, Arcad. 137, 3, Eust. 747,
52, Tz. Ar. Plut. 227; vide Paus. att. κ 43 (test.)   καὶ πρὸς τὸ (25) — φωτιζόμε-
νον (26) cf. D; sch. σ 44 (ad verba ἐν πυρί):... ὁ δὲ Ἀριστοφάνης „ἐν πυρί" ἐν τῷ
καταφωτιζομένῳ τόπῳ, ὡς ἐν Ἰλιάδι „αὐτὰρ ὅγε κρεῖον μέγα κάββαλεν ἐν πυρὸς
αὐγῇ", sch. τ 55. ψ 89; Roemer, Ar. 50   207 οἱός (40) vide Μ 451. Ν 599. 716,
praeterea ad Γ 198 a (Hrd.); aliter ad Ο 373 (ex.)   208 cf. sch. β 300; —
ἐντροφίου (41) cf. Eust. 747, 53; D, sch. υ 163, Ap. S. 141, 18; Or. 144, 10 (unde

25 ἀγγίον em. Vill.   ἐν Vill., ἐμ Α   25 sq. τὸ ἀπὸ Α, τόπον ἀπὸ (vel ὑπὸ)
Lehrs cl. sch. σ 44   28 ὡς Τ κρεῖον μέγα: κρεῖον ὡς Vᶜ   29 le. Τ supplevi
(auctore Vill.), om. b   30 μαγειρικῆς b   31 αἰτ. δὲ Τ ἔμφασιν δὲ ἔχει καὶ b
32 κάμβ. Τ κάββαλεν b (cf. Valk II 310 n. 172)   33 τεθαλυῖαν Hom.   35
ἠελ. τ' αὐγή Ma., ἡλίου αὐγή Τ ἐπὶ ἡλίου αὐγή (αὐγῆι Ε³) λέγεται b   ἥλιον Τ
35 sq. δέ ἐστι τὸ b   36 καθίσθαι Τ   40 οἱός Bk., ὅϊος Τ   41 le. Τ suppl.
Ma., om. b   εὐτραφοῦς D   42 ἀπαλ.] ὅθεν καὶ τὸ ἀπαλοτρεφέος (ἀπαλο/////|
τρεφεος Β, ras. 2,5 cm) b   ἀεὶ Τ suppl. Ma.   44 le. delevi   ἐντροφ. vide
sch. a¹   45 σιάλων Vill., ἀπαλῶν Α

Ariston.   **209** *a.* τῷ δ᾽ ἔχεν ⟨Αὐτομέδων⟩: ὅτι Αὐτομέδοντος ὄντος κατὰ τὴν κλισίαν ἄνω εἶπεν· ,,Πάτροκλος δέ οἱ οἶος ἐναντίος ἧστο‟ (Ι 190). **A**

ex. | ex.   *b.* τῷ δ᾽ ἔχεν Αὐτομέδων: τούτῳ δὲ (τῷ Ἀχιλλεῖ) ὑπηρέτει τὰ κρέα ὁ Αὐτομέδων, οἶον ὑπεῖχεν αὐτά, ἐκεῖνος δὲ διέτεμνεν. 50 **T** | ἐν σχήματι ἔδειξεν ὡς καὶ Αὐτομέδων ἔνδον ἦν **b**(BCE³E⁴) **T** μετὰ Πατρόκλου, ὡς καὶ αὐτὸς φίλτατος (cf. Ψ 563). **b**(BCE³E⁴)

ex.   *c.* τάμνεν δ᾽ ἄρα δῖος Ἀχιλλεύς: τὸν τῦφον ἡμῶν ἐκβάλλει ἑαυτῷ ὑπηρετούμενος ὁ Ἀχιλλεύς. **A b**(BCE³E⁴) **T**

Did. | ex.   **210.** μίστυλε: διὰ τοῦ ἑτέρου λ τὸ μίστυλε. | γίνεται δὲ παρὰ 55 τὸ μεῖον ἢ μεῖστον. **T**

ex.   **212** *a.* αὐτὰρ ἐπεὶ κατὰ πῦρ ἐκάη ⟨καὶ φλὸξ ἐμαράνθη⟩: εἰς ταπεινὴν ἀπαγγελίαν οὐδεὶς ἂν τοσαύτην ἐπέθηκε σεμνότητα καὶ λέξεις ⟨τοιαύτας⟩. **T**

Ariston.   *b.* αὐτὰρ ἐπεὶ κατὰ πῦρ ἐκάη ⟨καὶ φλὸξ ἐμαράνθη⟩: 60 ὅτι ἔν τισι γράφεται ,,αὐτὰρ ἐπεὶ πυρὸς ἄνθος ἀπέπτατο, παύσατο δὲ φλός‟. γελοῖον δὲ πυρὸς ἄνθος ὡς ρόδων ἄνθος, τοῦ ποιητοῦ τὸ πῦρ δεινοποιήσαντος. **A**

Did.   *c.* ἄλλως· αὐτὰρ ἐπεὶ κατὰ πῦρ ἐκάη καὶ φλὸξ ἐμαράνθη: ἔνιοι γράφουσιν ,,αὐτὰρ ἐπεὶ πυρὸς ἄνθος ἀπέπτατο, παύσα- 65 το δὲ φλός‟. ὁ δὲ Ἀρίσταρχος ταύτην προέκρινεν. ἔνιοι δὲ γράφουσιν ,,αὐτὰρ ἐπεὶ κατὰ πῦρ ἐμαρήνατο, παύσατο δὲ φλός‟. γράφεται δὲ καὶ ἐκάη. **T**

Et. Gen. = EM. 712, 8), Su. σ 352; Bechtel, Lex. 297   **209** *a* ad I 190 (Ariston.)   *c*
cf. Athen. 1, 18 b, Ael. v. h. 7, 5; Eust. 747, 59   **210** ad K 258 (Did.), vide ad
I 78 *a* (at cf. Ap. Dysc. adv. 155, 11)   γίνεται δὲ (55) ad A 465, cf. Or. 98, 4
212 *b/c* αὐτὰρ (61 et 65) — φλός (62 et 66) cf. Plut. mor. 934 b; sch. Aesch. Prom.
7; Wilamowitz, Il. Hom. 67 not.; Pasquali, Storia 245; Valk, Text. Crit. 84;
Lloyd-Jones, Harv. Stud. Class. Philol. 73, 1968, 101   *b* cf. Eust. 748, 41: καὶ
ὅτι τινὲς τὸ ,,αὐτὰρ ἐπεὶ κατὰ πῦρ ἐκάη καὶ φλὸξ ἐμαράνθη‟ μεταγράφουσιν οὕτως·
,,αὐτὰρ ἐπεὶ πυρὸς ἄνθος ἀπέπτατο, παύσατο δὲ φλός‟· δοκεῖ δὲ γελοία τοῖς παλαιοῖς ἡ τοιαύτη γραφή· οὐκ ἂν γὰρ ὁ ποιητὴς ἀεὶ τὸ πῦρ δεινοποιῶν ἄνθος εἴποι

---

46 le. A supplevi   ὅτι A, fort. ἡ διπλῆ, ὅτι   ὄντως A em. Cob.   53 le. Bk.,
τάμνεν δ᾽ ἄρα ἀχιλλεύς T, τῶιδ᾽ ἔχεν: A, om. **b**   53 sq. τῦφον post ἐκβάλλει
b   ἡμ. ἐκβ. T ἐκβάλλει ἡμῶν A τῶν πολλῶν ἐκβάλλει (ἐκάλει C) **b**   54 ὑπηρετού////
μενος B (ras. 1 cm)   ὁ om. AE⁴   56 ἢ T, καὶ Wil.   57 le. T supplevi
59 τοιαύτας add. Wil.   60 le. A suppl. Vill.   61 ὅτι A, fort. ἡ διπλῆ, ὅτι
64—8 ἄλλως. αὐτὰρ κτλ. coni. cum scholio *a* (v. λέξεις) T, dist. Ma. (Bk.)   65
ἀπέπτατο Bk., ἀπέπαυτο T   66 ταύτην sc. vulg. (cf. test.)   68 ἐκάη susp.,
an ἐκάη καὶ ἐπαύσατο ?

214 a. πάσσε δ' ἁλὸς θείοιο: ἢ ὅτι τὰ ἁλίπαστα διαμένει, b ex. | D
70 (BCE³) T   ἢ ὅτι τὰς φιλίας συνάγει. b(BCE³E⁴) T | θείους δὲ
λέγει τοὺς ἅλας διὰ τὸ ἄσηπτα τηρεῖν τὰ πασσόμενα. AT

　　　b.¹ ἄλλως· πάσσε δ' ἁλὸς ⟨θείοιο⟩ κρατευτάων ἐπαεί- ex.
ρας: ἵνα μὴ εἰς τὸ πῦρ πάττων ἐνοχλῇ. τὸ δὲ ἑξῆς· κρατευτάων
ἐπαείρας πάσσε. T

75　　　b.² ἐκβάλλει δὲ ἐκ τοῦ πυρός, ἵνα μὴ ἐκεῖσε πάττων ἐνοχλῇ.
b(BCE³E⁴)

　　　c.¹ κρατευτάων: οἱ μὲν τῶν ἁλοθηκῶν, τουτέστι τῶν ἀγ- ex.
γείων, ἐν οἷς οἱ ἅλες εἰσίν. οἱ δὲ τῶν ἐξοχῶν τῆς ἐσχάρας, αἷς ἐπιτίθεν-
ται οἱ ὀβελοί. T

80　　　c.² κρατευτάων δὲ τῶν ἢ ἁλοθηκῶν ἢ τῶν ἐξοχῶν τῆς
ἐσχάρας. b(BCE³E⁴)

　　　κρατευτάων: τῶν βάσεων ——— εἶπον, κακῶς. A   D

　　　d.¹ ⟨ἐπαείρας:⟩ Ἀρίσταρχος „ἀπαείρας", ἀπὸ τῶν κρα- Did.
τευτάων ἄρας. Aⁱᵐ

85　　　d.² διὰ τοῦ α̅. Tⁱˡ

215 a. εἰν ἐλεοῖσιν: ἐπιμήκεσι τραπεζίοις ἐξ ἐλείων ῥάβδων ex. | D
πεπλεγμένοις. b(BCE³E⁴) T | δασύνεται δὲ τὸ „ἐλεοῖσιν"· τινὲς γὰρ
παρὰ τὸ ἐλεῖν. T

πυρὸς ὡς εἰ καὶ ῥόδου ἄνθος ἤ τινος τοιούτου, vide ad Ψ 228   214 a cf. Eust.
748, 59; Plut. mor. 685 b; aliter Phot. bibl. cod. 190, p. 152 a 26 (= Ptolem. Ch.
VI 7 p. 40 Ch.), cf. Eust. 748, 50; vide Tomberg 59 et 188   b h (M¹ P¹¹ V³ V¹⁵,
pone D): . . . ἔθος δὲ τοῦτο τοῖς στρατιώταις, ἐπὰν ἴδωσιν θερμανθέντων τῶν κρεῶν
ζωμὸν ἀναπηδῶντα, τηνικαῦτα αἴρειν τὸ ὀπτώμενον καὶ ἅλατι (ἴg. ἅλας) ἐπιπάσ-
σειν, originis incertae   c Ap. S. 103, 24: κρατευτάων· τῶν ἅπαξ εἰρημένων. ὁ
Ἀρίσταρχος τῶν βάσεων, ἐφ' ὧν οἱ ὀβελίσκοι τίθενται, ἀπὸ τοῦ διακρατεῖσθαι τοὺς
ὀβελίσκους ἐπὶ τούτων κειμένους· „πάσσε δ' ἁλὸς θείοιο κρατευτάων", fort. e scholio
deperdito (an ex Aristonico?), cf. D; Poll. 6, 89; Paus. att. κ 41   215 a ἐξ

69 le. AT, om. b   70 ὅτι om. T   70 sq. δὲ λέγει T κέκληκεν A (= D)   71 ἄση[. . .]
T   πασθέντα A (= D)   72 le. T suppl. Ma.   75 ἐκβάλλει δὲ sq. pone sch.
c² (coni. cum v. ἐσχάρας) b   δὲ fort. delendum   ἐκ τοῦ] ἐκτὸς C   80—1
κρατ. δὲ sq. pone sch. a (coni. cum v. συνάγει) in b   80 δὲ fort. delendum   83
le. add. Ddf.   86 sq. ταῖς ἐξ ἐλ. ῥάβδων πεπλεγμέναις ἐπιμ. μαγειρικαῖς τραπέζαις
E⁴   86 τραπέζαις b   (μαγειρικαῖς ss. *B, cf. E⁴)   87 πεπλεγμέναις b   ἐλεοῖσιν
Ma., ἐλείοισι T   γὰρ Ma. (cl. D), Γ ss. ρ (= γράφουσι) T

ex. | *D* | *ex.*   *b.* εἰν ἐλεοῖσιν: ἐπιμήκεσι τραπεζίοις | ἤτοι μαγειρικοῖς.
δασύνεται δέ· ἀπὸ γὰρ τοῦ ἐλεῖν. ἢ ὅτι ἐξ ἐλείων ῥάβδων ἦσαν πε- 90
πλεγμέναι. | ἢ ἐπεὶ ἐλιπαίνετο ἐκ τῆς πιμελῆς. A

Did.(?)   *c.*¹ ⟨ἔχευεν:⟩ διχῶς, καὶ „ἔθηκεν". T^il
            *c.*² ἐν ἄλλῳ „ἔθηκεν". A^int

ex.   **217.** ⟨κανέοισιν:⟩ ὡς ὀστέοισιν. T^il

ex.   **218.** ἀντίον ἷζεν Ὀδυσσῆος: ὡς διαλεξόμενος· οἶδε γὰρ ὡς 95
αὐτὸς τὴν πρεσβείαν πεπίστευται. b(BCE³E⁴) T   1

ex.   **219** *a.* ⟨τοίχου τοῦ ἑτέροιο:⟩ ὡς „ὄϊστευσον Μενελάου" (Δ
100). T^il

Ariston.   *b.* θῦσαι {ἀνώγει}: ὅτι θῦσαι οὐ σφάξαι, ⟨ὡς⟩ ὁ Τιμόθεος (fr.
7 P. = P. M. G. fr. 783) ὑπέλαβεν καὶ Φιλόξενος (cf. fr. 10 P. = P. 5
M. G. fr. 823) ὁμοίως τῇ ἡμετέρᾳ συνηθείᾳ, ἀλλὰ θυμιᾶσαι. καὶ ὅτι
„θυηλάς" (I 220) τὰς ἐπιθυομένας ἀπαρχάς. καὶ ἐν Ὀδυσσείᾳ (sc.
ξ 446)· „ἦ ῥα καὶ ἄργματα θῦσε θεοῖσ᾽ αἰεὶ γενέτῃσιν". A

D | *ex.*   *c.* θεοῖσι δὲ θῦσαι ἀνώγει: ἀπάρξασθαι. A | δεισιδαί-
μων, ὃς καὶ τροφῆς τοῖς θεοῖς ἀπάρχεται καὶ ἀποπλεύσεσθαι λέγει 10
„αὔριον ἱρὰ Διῒ ῥέξας" (I 357), A b(BCE³E⁴) T   καὶ „χηλοῦ δ᾽
ἀπὸ πῶμ᾽ ἀνέῳγεν" (Π 221). AT

ἐλείων (86) — πεπλεγμένοις (87) cf. D (vide sch. *b*)   *b* μαγειρικοῖς (89) — πε-
πλεγμέναι (90) cf. sch. ξ 432, Et. Gen. (AB) εἰν ἐλεοῖσιν, aliter Or. 53, 25 (unde Et.
Gen. [AB] ἐλεόν); Choer. O. 203, 7 (Et. Gud. 415, 19 Stef.)   δασύνεται δὲ (90)
— πεπλεγμέναι cf. He. ε 2005 (Diog.): καὶ οἱ μὲν δασύνουσιν, ἵνα ᾖ τοῖς ἐκ λύγων
πεπλεγμένοις τῶν ἐξ ἕλους ληφθέντων. οἱ δὲ ψιλοῦσιν, ἐξ ἐλαίνων εἶναι ξύλων τὰς
τραπέζας λέγοντες, fort. partim e scholio ubetiore   ἐξ ἐλείων (90) — πεπλεγμέναι
et ἢ ἐπεὶ ἐλιπαίνετο κτλ. cf. Ecl. (An. Ox. 2, 434, 28, Et. Gud. 453, 20 Stef.):
ἐλεοὶ καὶ εἰλεοί· οἱ ἀπὸ τῆς πιμελῆς ἠλαιωμένοι· ἢ ἐξ ἐλείων κατεσκευασμένοι, in
sede Seleuci; cf. Reitzenstein, Gesch. 172   *c* cf. D (ἔθηκε ... ἄλλοι ἔχευε, ἔχ.
= vulg.) ᾽   **219** *b* et *d* θυμιᾶσαι (6 et 14) = D   *b* cf. sch. I 231. ξ 446; Amm.
456 (et ib. 235), Phryn. praep. soph. 74, 3, sch. Hsd. opp. 336—41 (Procl.), Eust.
1767, 12; Su. ε 336; Lehrs Ar.³ 82   Φιλόξενος (5) cf. Schmidt in Did. p. 345, 1;
Wilamowitz, Textgesch. d. griech. Lyriker (Berol. 1900) 19, 1   ἀπαρχάς (7) cf.
Athen. 5, 179 b; Wilamowitz, Sitz. Ber. Preuss. Ak., Berol. 1904, 634   *c* χηλοῦ
(11) — ἀνέῳγεν (12) scholiasta spectat ad versus Π 220—48, imprimis ad Π 231

---

90 sq. πεπλ. A, πεπλ. αἱ μαγειρικαὶ τράπεζαι (= D) Vill.   **91** πιμελῆς A em. Vill.
92 le. add. V^c   **94** le. add. Ma., ἐν καν. add. V^c   **95** ὡς T ὅτι b   **2** le. add. V^c
4 (le.) ἀνώγει eiecit Bk.   ὅτι A, ἡ διπλῆ, ὅτι Vill.   ὡς add. Lehrs   ὁ Vill.,
οὐ A   **8** post αἰεὶ verba τῇ ἡμετέρᾳ — ὀδυσσεία iterantur ab ipso scriba ex-
puncta   αἰειγενέτῃσιν Hom.   **9** le. T, θῦσαι ἀνώγει: A, om. b   **9—11**
δεισ. — ἱερὰ διῒ ῥέξας αὔριον sch. ad I 220 relatum in b   **9** sq. δεισ. δὲ ὃς A
10 κ. ἐπὶ τροφῇ b   ἀποπλεῦσαι b   post ἀποπλ. lac. stat. Vill. v. μέλλων
supplens   λέγει] θέλει b   **11** αὔρ. post ῥέξας b   ἱερὰ b   χιλοῦ T

   d. θῦσαι: ἀπάρξασθαι, b(BCE³E⁴) T   ὡς τὸ ,,ἦ ῥα καὶ   *ex.*
ἄργματα θῦσε" (ξ 446), T   ἢ θυμιᾶσαι, ὡς τὸ ,,πῦρ κήαντες ἐθύ-
15 σαμεν" (ι 231). b(BCE³E⁴) T   Καλλίμαχος δὲ κακῶς ,,τὸ μὲν θύος
ἤρχετο βάλλειν" (fr. 5). Ὅμηρος δὲ ,,θύου" (ε 60) τοῦ θυμιάματος. T
   220. θυηλάς: ὡς ἀπαρχάς. AT^il τὰ δὲ διὰ τοῦ η̄λη̄ μονογενῆ   *Hrd.*
ὑπὲρ δύο συλλαβὰς καὶ ὀξύνεται, ὥσπερ τὸ γαμφηλή θυηλή, καὶ
βαρύνεται, ὡς τὸ ἀνθήλη. A
20   **221.** οἱ δ' ἐπ' ὀνείαθ' ἑτοῖμα: πῶς παρ' Ἀγαμέμνονι δεδειπνη-   *ex.*
κότες νῦν πάλιν ἐσθίουσιν; ἢ οὖν τὸ Πατρόκλῳ καὶ Ἀχιλλεῖ συμβεβη-
κὸς συλληπτικῶς περὶ πάντων φησίν, ἢ πάλιν ἐσθίουσιν εἰς ἔνδειξιν
τοῦ ἥδεσθαι τῇ παρ' αὐτῷ ἑστιάσει. b(BCE³E⁴) T
   222 a. αὐτὰρ ἐπεὶ πόσιος καὶ ἐδητύος ⟨ἐξ ἔρον ἔντο⟩:   *Ariston.*
25 κυκλικώτερον κατακέχρηται τῷ στίχῳ δεδειπνηκότων αὐτῶν πρὸ
ὀλίγου· οὐ γὰρ ἧρων δαιτός. A
   *b.*¹ αὐτὰρ ἐπεὶ πόσιος καὶ ἐδητύος ⟨ἐξ ἔρον ἔντο⟩:   *Did.*
φαίνονται καὶ παρ' Ἀγαμέμνονι πρὶν ἐπὶ τὴν πρεσβείαν στείλασθαι
δειπνοῦντες· φησὶ γοῦν ,,αὐτὰρ ἐπεὶ σπεῖσάν τ' ἔπιόν θ', ὅσον ἤθελε
30 θυμός, / ὡρμῶντ' ἐκ κλισίης" (I 177—8). ἄμεινον οὖν εἶχεν ἄν, φησὶν ὁ
Ἀρίσταρχος, ⟨εἰ⟩ ἐγέγραπτο ,,ἂψ ἐπάσαντο" ἢ ,,αἶψ' ἐπάσαντο",
ἵν' ὅσον χαρίσασθαι τῷ Ἀχιλλεῖ γεύσασθαι μόνον καὶ μὴ εἰς κόρον
ἐσθίειν καὶ πίνειν λέγωνται. ἀλλ' ὅμως ὑπὸ περιττῆς εὐλαβείας οὐδὲν
μετέθηκεν, ἐν πολλαῖς οὕτως εὑρὼν φερομένην τὴν γραφήν. A

(λεῖβε δ' οἶνον)   *d* cf. Valk I 462 n. 252   **220** cf. Wilamowitz, Sitz. Ber.
Preuss. Ak., Berol. 1904. 635, 1   ὀξύνεται (18) — θυηλή cf. Theogn. 111,
8   ὥσπερ τὸ γαμφηλή (18) cf. Eust. 749, 20   ἀνθήλη (19) cf. Bechtel, Lex. 168
222 diple ante versum in A   *a/b* cf. Cauer 60   *a* κυκλικώτερον (25) = negli-
gentius, cf. Friedl., Ariston. 253; Merkel XXXI; Lotz 21. Vide ad Z 325 *a*   *b* ad
B 665; cf. Lehrs Ar.³ 354; Friedl., Zoil. 68; Naber 112; parum probabiliter Roe-
mer, Ar. 235   ἐπάσαντο (31. 36. 38) cf. Athen. 1, 23 f, An. Par. 4, 247, 19

13—6 cum scholio praecedenti coni. T, ante sch. *c* in b   14 ἄργματα θῦσαι T
em. Ma.   θυμιάσαι bT em. Bk. (cf. sch. *b*)   κήαντες T δὲ κείαντες b   17
le. A, om. T   18 γαμφηλή cf. N 200 al.   20 παρὰ b   21 τὸ] τῷ BE⁴
22 φησίν T εἶπεν b   πάλιν T συλλήβδην b   23 παρ' αὐτῷ T περὶ αὐτὸν b
24 le. A suppl. Vill.   25 κυκλ. Frdl., εἰς δύο στάσεις — ἔλαβεν (= sch. I 228).
κυκλικώτερον δὲ A, fort. ἡ διπλῆ, ὅτι κυκλικώτερον (cf. Valk I 590)   δεδειπνικότων
A em. Vill.   27 le. A suppl. Ddf. (auctore Bk.), fort. rectius ἐξ ἔρον ἔντο: pro
αὐτὰρ — ἐδητύος scribendum   31 εἰ add. Bk.   ἢ — ἐπάσαντο del. Vill.,
fort. recte   αἶψ' Cob., ἐψ' A

b.² ἄμεινον, φησίν, εἶχεν, Ἀρίσταρχος, εἰ ἐγέγραπτο „ἂψ 35
ἐπάσαντο". A

b.³ {αὐτὰρ ἐπεὶ πόσιος καὶ ἐδητύος ἐξ ἔρον ἔντο:} Ἀρίσταρ-
χος γράφει „ἂψ ἐπάσαντο"· ἤδη γὰρ ἦσαν παρ' Ἀγαμέμνονι κορε-
σθέντες· οὐ μετέθηκε δὲ τὴν γραφήν. T

ex. 223. νεῦσ' Αἴας Φοίνικι ⟨νόησε δὲ δῖος Ὀδυσσεύς⟩: οὐχ 40
ἵνα εἴπῃ, ἀλλ' εἰ καιρός ἐστιν· Ὀδυσσεὺς γὰρ προσκεπτόμενος, τί δεῖ
λέγειν, τὸν καιρὸν οὐχ ὁρᾷ. συνεὶς δὲ ταῦτα Ὀδυσσεὺς αὐτὸς λέγειν
ἄρχεται, οὐχ ὑπὸ βασκανίας τοῦ Φοίνικος τὸν λόγον προαρπάζων,
ἀλλὰ τὸ δυσχερὲς ἐφ' ἑαυτὸν φέρων· b(BCE³E⁴) T   οἶδε γὰρ δυνη-
σόμενος ἀντιτάξασθαι Ἀχιλλεῖ. ἴσως δὲ οὐδὲ ἐπιτήδειον εἶναι τὸν Φοί- 45
νικα ἐλογίζετο ἄρχειν τοῦ λόγου, ὅπως μὴ ὡς οἰκείῳ ἀπιστήσας Ἀχιλ-
λεὺς ἀναστείλῃ καὶ τὸν αὐτῶν λόγον. Αἴας δὲ οὐ λέγει· βραδὺς γάρ
ἐστι καὶ μεμψίμοιρος. b(BE³E⁴) T

D | D   νεῦσ' Αἴας Φοίνικι: διενεύσατο —————— λόγων. | ἐνόησε δὲ
Ὀδυσσεύς. ζητεῖται δέ, διὰ τί ——— τοῖς οἰκείοις προσδοθῆναι χάρι- 50
τος. A

Ariston. 224. πλησάμενος δ' οἴνοιο ⟨δέπας δείδεκτ' Ἀχιλῆα⟩: πρὸς
τὸ ἔθος, ὅτι πλήρη καὶ οὐ κενὰ προὔπινον ὀρέγοντες τὰ ποτήρια. δεῖ
δὲ νοῆσαι ὅτι κατὰ τὸ σιωπώμενον ἐδέξατο ὁ Ἀχιλλεύς. ἰδίως δὲ οὐχ
ὑπέθηκε „καί μιν φωνήσας" (e. g. A 201 al.). A   55

Nic. (?) 225—9. χαῖρ', Ἀχιλλεῦ, δαιτὸς μὲν ἐΐσης οὐκ ἐπιδευεῖς /
ἠμὲν ἐνὶ κλισίῃ Ἀγαμέμνονος Ἀτρεΐδαο / ἠδὲ καὶ ἐνθάδε
νῦν ⟨——— ἀλλὰ λίην μέγα πῆμα⟩: τὸ ἑξῆς ἐστι δαιτὸς μὲν
ἐΐσης οὐκ ἐπιδευεῖς (225)· ἀλλ' οὐ δαιτὸς ἐπηράτου ἔργα
μέμηλεν,/ ἀλλὰ λίην μέγα πῆμα (228—9)· ἐκεῖνα γὰρ μεταξὺ 60
τέθειται ἠμὲν ἐνὶ κλισίῃ Ἀγαμέμνονος Ἀτρεΐδαο / ἠδὲ καὶ
ἐνθάδε νῦν (226—7). οὕτως †ἡρωδιανός. A

(Lex. Herm. 323); Lehrs Ar.³ 130   **223** οὐχ ὑπὸ βασκανίας (43) sq. aliter Eust.
749, 26   **224** partem scholii Aristonici esse omissam monuit Friedl., Ariston.
160, cf. sch. ν 57: ὅτι οἱ ἐστιώμενοι παρ' Ὁμήρῳ τοῖς ἐστιῶσι προπίνουσιν, ὡς
Ὀδυσσεὺς Ἀχιλλεῖ καὶ Εὐμαίῳ ὁ αὐτός, brevius sch. ν 25; cf. Athen. 1, 13 f/14 a.
5, 193 a. 11, 498 c/d; Weber 137; Meinel 9   **225—9** aliter sch. Dem. VIII 143, 4—13

35 εἶχεν ἂν φησὶν ἄρ. Ldw.   **37** le. T delevi   **38** ἐπαύσαντο T, em. Ma.; cf. sch.
b¹ et b²   **40** le. T supplevi (auctore Vill.), om. b   **41** ἐστιν b (cf. D = A),
ἔσται T   **42** συν. δὲ T σύννους δὲ ὢν b   ὁ ὁδ. E⁴   αὐτὸς om. C   **43** προαρπ.
om. T   **44** ἐφ' ἑαυτὸν om. C   **49** sq. νόησε δ' ὁδ. le. in D   **52** le. A suppl.
Vill.   πρὸς A, ἡ διπλῆ πρὸς Vill.   **54** ἀχ. A, ἀχιλλεύς, ὡς εὔμαιος ἐν τῇ ξ (sc. 113)
Roe. (Ar. 242)   **55** ὑπέθεικε A em. Bk.   **56—8** le. A supplevi   **56** (le.) ἐπιδευεῖς
scripsi (cf. explicationem), ἐπιδευῆς A, vix ἐπιδευῆ   **59** ἐπιδεύεις Bk. (voluitne
ἐπιδεύῃ ?)   **61** κλισ. Vill., κλ///// A   **62** νῦν A, fort. νῦν· πάρα γὰρ μενοεικέα
πολλά / δαίνυσθ(αι)   ἡρ. A, an νικάνωρ ?

225 *a.* χαῖρ’, Ἀχιλλεῦ, ⟨δαιτὸς μὲν ἐΐσης οὐκ ἐπιδευεῖς⟩: *ex.*
πρὸς τὸ διαχέαι τὸ σκυθρωπὸν αὐτοῦ, ὃν ἦν σκεψάμενος λόγον, ἀφῆκε
65 καὶ ἀπὸ τοῦ καιροῦ ἔλαβε τὸ προοίμιον, ὡς τὸ „ὦ γέρον, οὐχ ἑκὰς
οὗτος ἀνήρ, / ὃς λαὸν ἤγειρα, / b(BCE³E⁴) **T** μητρί τ’ ἐμῇ μνη-
στῆρες“ (β 40. 41. 50). **T**

b. οὐκ ἐπιδεύῃ: ὅτι προστιθέασι τὸ σ̄, „οὐκ ἐπιδευεῖς“, *Ariston.*
κακῶς. οὗτοι δὲ καὶ τὸ ἑξῆς περισπῶσιν „ἦμεν ἐνὶ κλισίῃ“ (I 226), ἵν’
70 ἦ ἦμεν ἐτυγχάνομεν. Ἀρίσταρχος δὲ χωρὶς τοῦ σ̄. **A**

c. ⟨ἐπιδεύῃ:⟩ γράφεται „⟨ἐπιδευ⟩εῖς“. **A**ⁱᵐ *Did.(?)*

d. δαιτὸς μὲν ἐΐσης οὐκ ἐπιδεύῃ: οὐκ ἐπιδεύῃ δαιτός, ὡς *ex.*
τὸ „ἀποιχομένου Ὀδυσῆος / δεύῃ“ (α 253—4)· τὸ γὰρ ἕτερον ὑβρι-
στικόν. ἔνιοι δὲ προστιθεῖσι τὸ σ̄. οὗτοι δὲ καὶ τὸ „ἠμέν“ (I 226)
75 ῥῆμά φασιν. **T**

226. ἠμὲν ἐνὶ κλισίῃ Ἀγαμέμνονος: λεληθότως ἐσήμανεν ὡς *ex.*
ἐξ αὐτοῦ ἐπέμφθησαν, οὐ διαρρήδην, ὅπως μὴ τραχὺς γένηται Ἀχιλ-
λεύς. καλῶς δὲ τὰ περὶ τὴν ἑστίασιν ὅμοια τῇ παρ’ ἐκείνῳ λέγει, ἐν ᾗ

---

225 fort. erat sch. ex. de interpretatione Zenodotea (immo Zenodorea) vocis δαι-
τὸς . . . ἐΐσης, cf. Athen. 1, 12 c: ἐκ τούτων (sc. e versibus θ 98 et I 225, quos paulo
ante laudavit) δ’ ἐπείσθη Ζηνόδοτος (debuit Ζηνόδωρος) δαῖτα ἐΐσην τὴν ἀγαθὴν
λέγεσθαι· ἐπεὶ γὰρ ἡ τροφὴ τῷ ἀνθρώπῳ ἀγαθὸν ἀναγκαῖον ἦν, ἐπεκτείνας, φησίν,
εἴρηκεν ἐΐσην· ἐπεὶ οἱ πρῶτοι ἄνθρωποι, οἷς δὴ οὐ παρῆν ἄφθονος τροφή, ἄρτι φαινο-
μένης ἀθρόον ἐπ’ αὐτὴν ἰόντες βίᾳ ἥρπαζον καὶ ἀφηροῦντο τοὺς ἔχοντας, καὶ μετὰ
τῆς ἀκοσμίας ἐγίνοντο καὶ φόνοι . . . ὡς δὲ παρεγένετο αὐτοῖς πολλὴ (τροφὴ add.
Eust. 1401, 61) ἐκ τῆς Δήμητρος, διένεμον ἑκάστῳ ἴσην, καὶ οὕτως εἰς κόσμον ἦλθε
τοῖς ἀνθρώποις τὰ δόρπα. Cf. He. ε 1175. Vide ad A 468 exstitisse sch. Hero-
diani de scriptura ἐπιδευεῖς ἦμεν ci. Lentz (Hrd. I praef. LXXX not.; vide sub-
scriptionem in sch. I 225—9); qui grammaticum de hac lectione (pro illa Aristar-
chea ἐπιδεύει [resp. ἐπιδεύῃ] ἠμέν posita) propter accentum vocis ἦμεν disseruisse
censet *a* cf. Eust. 749, 31; sim. sch. Pind. N. 3, 132 a *b* cf. Lehrs Ar.³359:
„Quo loco nec ἦμεν placet, quod nonnulli habebant, nec Aristarcheum ἐπιδεύει
(vel potius ἐπιδεύῃ)“; sch. ex Aristonici et Didymi notis coaluisse suspicatur
Friedl., Ariston. 160 (cf. Ludwich, A. H. T. 1, 303, 20), cui non assentior; —
ἐτυγχάνομεν (70) cf. sch. *d*; aliter D: ἐπιδευεῖς· ἐνδεεῖς ἐσμεν. ἄλλοι „ἐπιδεύεις“
(vide et sch. *c*) *d* cf. sch. *b*

---

63 le. T supplevi (auctore Vill.), om. b 65 ἀπὸ τ. καιροῦ post προοίμ. E⁴
66 μητρί τ’ ἐμῇ T, μητέρι μοι Hom. 68 le. scripsi, χαῖρ’ ἀχιλεῦ: A ὅτι A, ἡ
διπλῆ, ὅτι Vill., ἔνιοι Ldw. τὸ A, τινες τὸ Lehrs 70 χωρὶς τοῦ σ̄ sc. „ἐπιδεύει
vel potius ἐπιδεύῃ“ (Lehrs Ar.³ 360, cf. Chantraine, Gr. Hom. I 41) 71 le. ad-
didi εἷς A supplevi 72 le. scripsi, οὐκ ἐπιδευεῖς (ut Tᶜᵒⁿᵗ) T ἐπιδεύῃ² Wil.,
ἐπιδευεῖς T, ἐπιδεύεις Bk. 73 ὀδυσῆος δεύει T em. Bk. 74 τὸ σ̄ Lehrs
(Hrd. 455), δαιτὸς T

οὐδεμίαν ἑώρα φιλοτιμίαν, τὴν δὲ σωτηρίαν ἐν Ἀχιλλεῖ κεῖσθαι μόνῳ
φησίν· b(BCE³E⁴) T   τοῦτο γάρ φησιν ἥκομεν αἰτοῦντες, ὃ ἐξ 80
ἄλλου λαβεῖν οὐ δυνάμεθα. | ὅτι διὰ φιλίαν ἠνέσχοντο τῆς παρ' αὐτῷ
ξενίας. b(BE³E⁴) T

D   ἠμὲν ἐνὶ κλισίῃ ⟨Ἀγαμέμνονος Ἀτρείδαο⟩: διὰ τί τὸν
ἐχθρὸν ——— μετεσχήκαμεν τραπέζης. A

ex.   228. ἀλλ' οὐ δαιτὸς ἐπηράτου ἔργα μέμηλεν: εἰς δύο στά- 85
σεις διεῖλε τὸν λόγον, τὴν παρορμητικήν, τραγῳδήσας τὰς συμ-
φοράς, εἰς τὸ καλὸν καὶ ἀναγκαῖον καὶ συμφέρον ποιήσας τὴν παρ-
όρμησιν, καὶ εἰς τὴν ἀλλοιωτικήν, ἧς μέρος τὸ ὑπαλλακτικόν· ἀντὶ
γὰρ Ἀγαμέμνονος τὴν †στρατείαν† ἔλαβεν. A b(BCE³E⁴) T

D | Hrd.   230 a. ἐν δοιῇ: ἐν δισταγμῷ, ἐν διχοστασίᾳ. | περισπαστέον 90
δέ· δοτικὴ γὰρ ἀκόλουθος εὐθείᾳ τῇ δοιός, οὗ τὸ θηλυκὸν δοιή. A

ex.   b.¹ ⟨ἐν δοιῇ:⟩ παρὰ τὸ δύο· καὶ „†δοιάσατο†" (Ν 458 al.)
τὸ ἓν τῶν δύο ἐξελέξατο. Tⁱⁱ

b.² παρὰ τὸ δέω τὸ διαχωρίζω δοή καὶ δοιή· ἐξ οὗ καὶ τὸ
„δοάσσατο θυμῷ" ἀντὶ τοῦ τῶν δύο τὸ ἓν ἐξελέξατο. b(BCE³E⁴) 95

ex. | ex.   230—1. ⟨σαωσέμεν⟩ ἢ ἀπολέσθαι / νῆας: τὸ πρῶτον κεφά- 1
λαιον τὸν κίνδυνον· τῶν νεῶν περιέχει, b(BCE³E⁴) T   ὃ καὶ τῷ
Ἀχιλλεῖ ἐλογίζετο πᾶν δέος· ὅθεν καὶ πολλάκις ἐπὶ τοῦτο καταφέρε-
ται· „ἐγγὺς γὰρ νηῶν καὶ τείχεος αὖλιν ἔθεντο" (I 232), „ἀλλ' ἐν
νηυσὶ ⟨μελαίνῃσιν⟩ πεσέεσθαι" (I 235), „στεῦται γὰρ νηῶν ἀπο- 5
κόψειν ἄκρα κόρυμβα" (I 241). T | τεχνικῶς ἐξαίρει δεικνὺς ὡς ἐπὶ
τηλικούτοις τὴν χάριν τίσουσιν Ἕλληνες. b(BCE³E⁴) T

228 στάσεις (85) cf. Schrader, Herm. 37, 1902, 539, 2 et 564   230 a eadem
fere EM. 289, 24 (fort. e Ven. A), cf. Beiträge 166   b aliter ad Ν 458   230—1
τὸ πρῶτον (1) — δέος (3) cf. Ge (e T ut vid.): ἀπὸ τοῦ τῶν νηῶν (νεῶν Nicole)
ἄρχεται κινδύνου· τοῦτο γὰρ καὶ τῷ Ἀχιλλεῖ δέος παρεῖχεν, licentius opinor quam
rectius   τὸ πρῶτον κεφάλαιον (1) ad I 252 b. 261 a. 300 a

---

79 ἐν] ἐν τῷ C   80 φησίν¹] φησί b   φησιν² T λέγει b   83 le. A suppl. Vill.
85 le. T, om. Ab   85—9 εἰς δύο στ. — ἔλαβεν post le. scholii I 222 a (ante verba
κυκλικώτερον δὲ sq.) ins. A   86 τήν] εἰς τὴν b   87 εἰς τό] καὶ εἰς τὸ b   89
στρατιὰν Bk.   92 le. add. Ma. (ἐν δοιῇ δέ add. Li Vᶜ)   δοιάσατο cf. sch. b²
95 θυμῷ] κέρδιον εἶναι Hom. (semper)   δύο] δύο τῶν ἀναγκαίων C   1 le. T suppl.
Ma., om. b (qui sch. ad I 230 rettulit)   2 fort. ᾧ καὶ τῷ (h. e. quo effecit, ut ante
oculos Achillis omnis timor Graecorum versaretur)   5 μελ. addidi (auctore
Ma.)   6 τεχν. δὲ ἐξ. b

231 a.¹ εἰ μὴ σύ γε δύσεαι ἀλκήν: ὡς νῦν ἐκδεδυμένου αὐτὴν　ex.
δυσωπεῖ· „θόρε φρεσὶν εἱμένος ἀλκήν" (Υ 381). τὴν δὲ πάντων σωτη-
10 ρίαν εἰς αὐτὸν ἀνάγει, †ἵνα μᾶλλον ἁπάντων ὁ φιλότιμος ἕλοιτο. Τ
　　　a.² ὡς νῦν ἐκδεδυμένου αὐτήν. λέγει δὲ τὴν εἰς τὸν πόλεμον
ὁρμήν. τὴν δὲ πάντων σωτηρίαν εἰς αὐτὸν ἀνάγει, †ἵνα πεισθῆναι ὡς
φιλότιμος ἕλοιτο. b(BCE³E⁴)

232 a. ⟨ἐγγὺς γὰρ νηῶν:⟩ ἔνθεν ἡ διήγησις. τῷ δὲ τόπῳ τὸν　ex.
15 κίνδυνον ηὔξησεν, ὃ περιέμενεν Ἀχιλλεύς· b(BCE³E⁴) Τⁱˡ　　„τοὺς
δὲ κατὰ πρύμνας" (Α 409). Τⁱˡ

　　　b. αὖλιν ἔθεντο: ὡς ἐπὶ ἀγρίων, ἴσως ὑποφαίνων ὅτι ὁ　ex.
ποιμὴν Πάρις ἀριστεύει. Τ　　δι' ὧν δὲ οἱ ἱκέται μείζονα τὴν χρείαν
ποιοῦνται, τὴν προθυμίαν αὔξουσι τῶν ἐπικούρων. b(BCE³E⁴) Τ

20 233. τηλεκλειτοί τ' ἐπίκουροι: ὀνειδίζει ὅτι καὶ ἀδικοῦσιν αὐ-　ex.
τοῖς παραμένουσιν οἱ σύμμαχοι, ὁ δὲ Ἀχιλλεὺς τῆς Ἑλλήνων συμ-
μαχίας ἀπέστη, καὶ διὰ λόγον μόνον. b(BCE³E⁴) Τ

235 a. ⟨σχήσεσθ', ἀλλ' ἐν νηυσὶ μελαίνῃσιν πεσέεσθαι:⟩　Ariston.
ὅτι ἐπὶ τῶν Τρώων ἐστίν· ἐμπεσοῦνται ταῖς ναυσίν, ἐνσείσουσι. Αⁱᵐ

25 　　　b. ⟨ἀλλ' ἐν νηυσὶ —— πεσέεσθαι:⟩ ἀλλ' ἐμπεσεῖσθαι　ex.(?)
ταῖς ναυσὶ διώκοντες ἡμᾶς. Αⁱⁿᵗ

236 a. Ζεὺς δέ σφιν Κρονίδης ἐνδέξια σήματα ⟨φαίνων⟩:　ex. | Did.
θεραπεύων τὸν Ἀχιλλέα φησὶν ὅτι μηνίσαντος αὐτοῦ καὶ τὸ θεῖον
τοῖς ὑβρίσασιν αὐτὸν συνωργίσθη. b(BCE³E⁴) Τ | τὸ δὲ „σφί" δίχα
30 τοῦ ν̄. Τ

---

231 a — αὐτήν (8) cf. D　　a² λέγει δὲ (11) — ὁρμήν (12) cf. D　　233 aliter
Eust. 750, 15　　235 notes ante hunc versum esse in A diplam pallido atra-
mento pictam　　a fort. excidit pars scholii Aristonici, cf. Eust. 749, 44:
. . . οὐδέ τί φασι σχήσεσθαι, ἀλλ' ἐν νηυσὶ μελαίνῃσι πεσέεσθαι, τουτέστιν οὔ φασιν
ἡμᾶς ὑπομεῖναι καὶ ἀντιστῆναι, ἀλλὰ φεύγοντας ἐμπεσεῖν ταῖς ναυσίν. ἢ καὶ ἑτέρως,
οὔ φασι σχήσεσθαι μάχης ἤγουν ἐφέξειν ἑαυτούς, ἀλλὰ διώκοντας ἐμπεσεῖσθαι ταῖς
ναυσί, ib. 750, 17 (ὅτι ἀμφίβολον ἔννοιαν ἔχει); vide ad Ρ 639 (Ariston.)　　ὅτι ἐπὶ
(24) sq. ad Λ 824. Μ 107. 126. Ο 56 a. Ρ 639 (Ariston.); vide ad Λ 311. Ο. 63 (ex.)
236 diple ante versum in A, sch. Aristonici de v. ἐνδέξια fuisse ci. Wismeyer 23　　a

---

10 ἵνα Τ, ἢν ἂν Wil., malim ἢν　　12 sq. ἵνα — ὡς cf. sch. a¹　　14 le. add. Li
(νηῶν καὶ τείχεος add. Vᶜ)　　15 ὁ Τ ὁ καὶ b, ὃν propos. Nickau　　18—9 δι'
ὧν δὲ sq. pone sch. a (coni. cum v. ἀχιλλεύς) in b　　20 le. Vill., τηλέκλητοι Τ,
om. b　　22 λόγων μόνων b, λόγους μόνον Ma. (vide Valk I 508 n. 520)　　23
le. add. Frdl.　　24 ὅτι A, erat fort. ἡ διπλῆ, ὅτι　　25 le. addidi　　27 le. Τ
supplevi, om. b　　28 μηνίσ. αὐτοῦ om. b　　29 αὐτὸν Τ αὐτὸν Ἕλλησι b　　29
sq. fort. τὸ δὲ σφίν σφί δίχα τοῦ ν̄?

32•

Hrd.   b. ἐνδέξια ⟨σήματα φαίνων⟩: Ἀρίσταρχος ὑφ' ἓν μέρος
λόγου τὸ ἐνδέξια ἐπὶ τὴν δε συλλαβὴν τὴν ὀξεῖαν ποιῶν. ὁ δὲ Ἀ-
σκαλωνίτης (p. 49 B.) κατὰ παρολκὴν παραλαμβάνει τὴν ἔν πρόθεσιν
ὥστε εἶναι δεξιὰ σήματα φαίνων. ἄμεινον δὲ τὸ πρότερον. A

ex.   237—9. Ἕκτωρ δὲ μέγα ⟨——— λύσσα δέδυκεν⟩: ὀνομάζων 35
αὐτὸν κινεῖ τὸν Ἀχιλλέα. τὸ δὲ μαίνεται (238) καὶ λύσσα (239)
δηλοῖ εὐχερῶς κρατηθήσεσθαι τὸν ἀπροαιρέτως κινδυνεύοντα. b
(BCE³E⁴) T

ex.   237. βλεμεαίνων: βρέμω βρεμαίνω βλεμαίνω, ὡς κρίβανος κλί-
βανος. T   40

ex.   238—9. οὐδέ τι τίει ⟨/ ἀνέρας οὐδὲ θεούς⟩: εὐτελίζει, φησίν,
οὐ μόνον ἀνθρώπους, ἀλλὰ καὶ θεούς. τῇ δὲ ὑπερβολῇ τὸ μέγεθος τῆς
ὑπερηφανίας αὐτοῦ ἐδήλωσεν. A

ex.   238. ⟨πίσυνος Διΐ:⟩ αὐτὸς γάρ φησι „γιγνώσκω δ' ὅτι μοι
Κρονίδης Ζεὺς κῦδος" (Θ 175 + 141). Tⁱˡ   45

Nic.   239 a. ⟨ἀνέρας οὐδὲ θεούς:⟩ βραχὺ διασταλτέον ἐπὶ τὸ ἀνέ-
ρας, AⁱᵐTⁱˡ   ἵνα μείζων ἔμφασις γένηται. Tⁱˡ

ex. | ex.   b.¹ κρατερὴ δέ ἑ λύσσα δέδυκεν: τὸ ἐναντίον· αὐτὸς γὰρ
αὐτὴν ἐνδέδυται. πολλὴ δὲ ἡ τοῦ θράσους ἔμφασις, b(BCE³E⁴)
T   ἐρεθισμός τε ἱκανὸς ὁ τῶν ἐχθρῶν ἔπαινος. b(BE³E⁴) T | λύσ- 50
σα δὲ παρὰ τὸ λύειν τὸν νοῦν. T

D | ex. | ex.   b.² λύσσα· μανία. | τὸ ἐναντίον· αὐτὸς γὰρ αὐτὴν ἐνδέδυ-
ται. | εἴρηται δὲ παρὰ τὸ λύειν τὸν νοῦν. | ἐρεθισμὸς δὲ ὁ τῶν ἐχθρῶν
ἔπαινος. A

τὸ δὲ σφί (29) sq. ad N 713 a, cf. sch. ι 145   b cf. sch. ρ 365; — ποιῶν (32) ad
H 184 (Hrd.), cf. Eust. 902, 17   ὁ δὲ Ἀσκαλωνίτης (32) vide ad Φ 163 (Hrd.)
237—9 — Ἀχιλλέα (36) ad I 241 b   237 vide ad M 42. Y 36; D, D ad Θ 337   βρέ-
μω (39) cf. Eust. 892, 2, aliter Schem. Hom. 27   238 a αὐτὸς γάρ (44) sq.
cf. D   γιγνώσκω (44) — μοι = Θ 175   Κρονίδης (45) — κῦδος = Θ 141
239 b παρὰ τὸ λύειν (51) ad Φ 542 (T), cf. Or. 91, 24: λύσσα· παρὰ τὴν λύσιν
τῶν κατὰ ψυχὴν λογισμῶν καὶ τοῦ παλαιοῦ τῶν φρενῶν καταστήματος (scripsi,
καταπέρματος cod.)· ἢ παρὰ τὸ ἀφέτους εἶναι τοὺς κατεχομένους ἐξ αὐτῆς, ambi-
gitur an haec e scholiis fluxerint   b² brevius Et. Gen. (A, om. B; cf. EM. 572, 4,
Et. Gud. 375, 19): λύσσαν· μανίαν. εἴρηται παρὰ τὸ λύειν τὸν νοῦν, fort. ex hyp.

31 le. A supplevi   35 le. T supplevi, om. b (qui sch. ad I 237 rettulisse vid.)
36 λύσσα T λυσσαῖ b   37 αὐτοπροαιρέτως C   41 le. A supplevi   43 ὑπερι-
φανίας A em. Vill.   44 le. add. Vᶜ   46 le. add. Frdl. (ἀνέρας iam Vᶜ)   ἐπὶ
A εἰς T   48 le. Vill., λύσσα δέδυκεν T, om. b   49 αὐτὴν] ἑαυτὸν C   50
τε] δὲ Vill., Bk., Ddf. (cf. sch. b²).

55 **240.** ἠῶ {δίαν}: τὴν ἠῶ κατ' αἰτιατικὴν πτῶσιν περισπαστέον *Hrd.*
καὶ τὴν „αἰδῶ" (Β 262 al.), οὐ μὴν καὶ τὸ „Λητώ" (Α 36 al.) καὶ τὰ
τοιαῦτα πάντα. ἀλλὰ τὰ μὲν εἰς ω̄ λήγοντα θηλυκὰ ἐπ' εὐθείας καὶ
αἰτιατικῆς ὁμοτονήσει ὀξυνόμενα, τὸ δὲ ἠώς καὶ αἰδώς μόνα ἕξει ἐπ'
αἰτιατικῆς τὴν περισπωμένην τάσιν. **Α**

60 **241** *a.* στεῦται {γὰρ νηῶν}: διορίζεται· στάσιν γὰρ ψυχῆς ση- *Ariston.*
μαίνει ἡ λέξις. ἡ δὲ ἐπαναφορὰ τῆς σημειώσεως πρὸς τὸ ἐν Ὀδυσσείᾳ
(λ 584)· „στεῦτο δὲ διψάων". **Α**

    b. ⟨ἀποκόψειν⟩ ἄκρα κόρυμβα: οὐκ ἀγαπᾶν αὐτόν φη- *ex. | ex.*
σιν, εἰ μόνον ἐμπρήσειε τὰς ναῦς, ἀλλὰ καὶ τὰ κόρυμβα ἀποκόψαι θέ-
65 λειν, ὥσπερ τρόπαιον τῆς κατὰ τῶν Ἑλλήνων νίκης ἀναθεῖναι θέλον-
τα. | ἵνα γοῦν καὶ αὐχῇ ὡς τηλικούτων ῥυσάμενος καὶ τὸν πολέ-
μ⟨ι⟩ον μεγάλης ἐλπίδος ἀποκόψῃ. καὶ ἄλλως δὲ τὰ ἄκρα ἀποκόπτει
Ἕκτωρ διὰ τὸ ἔχειν θεοὺς ἐντετυπωμένους, ὅπως μὴ κατακαέντες ὑπὸ
τοῦ πυρὸς ὀργισθῶσιν αὐτῷ. b(BCE³E⁴) **T**

70   ἄκρα κόρυμβα: τὰ τῶν νεῶν ἀκροστόλια. διὰ τί δὲ ——— *D*
τοῦτο ποιεῖ. **Α**

242 *a.* ⟨ἐμπρήσειν:⟩ Ἀρίσταρχος „ἐμπλήσειν". **Α**ⁱᵐ *Did.*
    b. ⟨μαλεροῦ πυρός:⟩ σημειοῦνταί τινες, ⟨ὅτι⟩ ἀντὶ τοῦ *Ariston.*
μαλερῷ πυρί. **Α**ⁱⁿᵗ

Iliad. **240** ad Β 262 (Hrd.) **241** *a* ad Β 597 (test.) *b* ἀλλὰ καὶ (64) sq.
cf. Ge (e T ut vid.): ἢ ὡς ἀναθήσων αὐτὰ τρόπαια τῆς κατὰ τῶν Ἑλλήνων νίκης, ἢ
ὅπως καὶ αὐτὰ μὴ συγκαύσει (possis συγκαύσῃ) ταῖς ναυσὶ διὰ τὸ ἐντετυπωμένους
ἔχειν θεούς, Eust. 750, 32 ἵνα γοῦν (66) — ἀποκόψῃ (67) ad I 237—9 καὶ
ἄλλως δὲ τὰ ἄκρα (67) sq. cf. D, He. κ 3700 **242** *a* ad Β 415 (Did.)· *b* cf. sch.
ε 130. I 2 (καὶ ἡ γενικὴ κεῖται ἀντὶ δοτικῆς); at vide ad Ζ 331. Λ 667 *b*. Π 81; Friedl.,
Ariston. p. 21: „Hi tres loci ab Aristarcho propter omissam praepositionem ὑπό
notati esse dicuntur. Aut igitur Aristarchus inter duas explicandi rationes optio-
nem fecit, quarum his locis unam, illo alteram epitomator excerpsit: aut signum
ad I 242 appictum a discipulis non prorsus ex mente praeceptoris explicatum est".
Tamen iusto iure conicias Aristarchum secundis curis hunc locum alia ratione

55 (le.) δίαν del. Bk. 60 (le.) verba γὰρ νηῶν in mg. relegavit Bk. (sch. om.
Vill.) 61 ἀναφορὰ Cob. 63 le. T suppl. Ma., om. **b** 63 sq. οὐκ ἀγ. — ἀλλὰ]
ὑπισχνεῖται (= D) γὰρ καὶ τὰς ναῦς ἐμπρῆσαι διὰ καυστικοῦ πυρὸς E⁴ αὐτὸν —
ἐμπρήσειε T φησιν αὐτὸν μόνον ἐμπρῆσαι BCE³ 64 sq. ἀποκ. θέλ.] ἀποκόψειν E⁴
65 τρόπαια **b**, fort. melius (cf. test.) 65 sq. θέλοντα T, σπεύδοντα (σπεύδων
E⁴) **b** (fort. rectius) 66—9 ἵνα — αὐτῷ T ταῦτα δὲ πάντα κινητικά **b** 66 αὐχῇ
sc. Achilles τηλικ. scripsi, τηλικοῦτον T, ἐκ τηλικούτων Wil. 66 sq. πόλεμον
T suppl. Ma. (auctore Bk.) 72 le. add. Ddf. (Bk.) 73 le. addidi, αὐτάς τ'
ἐμπρήσειν μαλεροῦ πυρός: add. Vill., Ddf. ὅτι add. Lehrs

ex.　　**243.** ⟨ὀρινομένους ὑπὸ καπνοῦ:⟩ δίκην σφηκῶν. **T**[il]　　75

Nic.　　**244—5.** ⟨ταῦτ' αἰνῶς δείδοικα κατὰ φρένα, μὴ οἱ ἀπειλάς/
ἐκτελέσωσι θεοί, ἡμῖν δὲ δὴ αἴσιμον εἴη:⟩ διασταλτέον βραχὺ
φρένα (244) καὶ θεοί (245). **A**[im]

ex.　　**245.** ἡμῖν δὲ δὴ αἴσιμον εἴη: ἀπὸ κοινοῦ τὸ 'δέδοικα' καὶ τὸ
„μή" (I 244). **T**[il]　　80

Ariston.　　**246.** ⟨Ἄργεος ἱπποβότοιο:⟩ σημειοῦνταί τινες, ὅτι τὴν ὅλην
Πελοπόννησον †οὐκ οἶδεν ὁ ποιητής, Ἡσίοδος δέ (fr. 189 M.-W.).
A[im]

ex.　　**247.** καὶ ὀψέ περ: καλῶς τὸ ὀψέ· εἰ γὰρ καὶ δύο γεγόνασιν αἱ
ἡμέραι τῆς μάχης, ἀλλ' οὖν γε τοῖς κεκακωμένοις ὁ τῆς δυστυχίας χρό-　　85
νος, κἂν ἐπ' ὀλίγον γένηται, πολὺς εἶναι δοκεῖ. καὶ τοῦ χρόνου ἡ
αὔξησις ἔνδειξίς ἐστιν ὡς ἱκανῶς πο⟨ι⟩νηθέντων Ἑλλήνων. **b**(BCE³
E⁴) **T**　　τάχα δὲ καὶ τοιοῦτός ἐστιν ὁ λόγος· εἰ μέλλεις ὀψὲ ἀμύνειν,
νῦν ἄμυνον. συνάδει καὶ τὸ ἐξῆς (sc. I 249—50) ὅτι νῦν μὴ ἐπαμύνας
οὐχ εὑρήσεις τοῦ κακοῦ ἴασιν. **b**(BE³E⁴) **T**　　90

ex. | Nic.　　**249—50** *a.* οὐδέ τι μῆχος / ῥεχθέντος κακοῦ ἔστ' ἄκος
εὑρεῖν: οὐδεμία ἐστὶ μηχανὴ τοῦ κακοῦ ῥεχθέντος θεραπείαν
εὑρεῖν. πρὸς τὸ παρὸν δὲ ἡ γνώμη· τινὰ γὰρ τῶν κακῶν ἰάσεως
τυγχάνει. **A b**(BE³E⁴) **T** | ἐπὶ τὸ μῆχος (249) βραχὺ διασταλτέ-
ον· σαφέστερον γὰρ οὕτω παρίσταται. **A**　　95

enarravisse atque illos tres. Vide praeterea ad O 265 *c* (ex.)　　**243** Ge (e T), cf.
Eust. 750, 38; Koerner, Bienenk. 75　　**246** ad Δ 171 *d* (Ariston.), cf. D and A 30;
Allen, Halliday and Sykes, The Homeric Hymns (Comm. ed. alt., Oxon. 1936)
p. 240　　**247** de v. ἄνα cf. D, Ap. Dysc. adv. 136, 25; synt. 6, 11; Hrd. παθ.
(2, 207, 16) in Et. Gen. (AB) ἄνα. Neque tamen verisimile est sch. ex. talis argu-
menti exstitisse. Vide ad Z 331. Σ 178　　**249—50** — εὑρεῖν (93) cf. D, sim. *B,
E⁴ (m. pr., sch. alt.): ῥεχθέντος γὰρ τοῦ κακοῦ τούτου καὶ τῶν νηῶν ἐμπρησθεισῶν
οὐκ ἔστι μηχανὴν εὑρεῖν καὶ „ἀμηχανίη δ' ἔχε θυμόν" (ι 295), sch. Pind. Ol. 2,
31 ἐπὶ τὸ μῆχος (94) sq. cf. Friedl., Nic. p. 85　　**249** de accentu vocis τοι vide ad

---

75 le. addidi (auctore Nicole), ὀρινομένους add. V^c, ἀτυζομένους add. Bk. (vix
recte)　　δίκην] ὀρινομένους δίκην Bk. (improbabiliter)　　σφηκ. δίκην Ge　　76
sq. le. add. Frdl. (duce Vill.)　　79 le. scripsi, ἡμῖν δέ· (pars explicationis)
T　　fort. δείδοικα　　80 μήπως T em. Ma.　　81 le. add. Bk.　　82 post πελο
πόννησον interpunxit Frdl.　　οὐκ οἶδεν A, τὸ δὲ ὄνομα οὐκ οἶδεν Frdl., malim οὐκ
οἶδεν οὕτω καλουμένην (cf. Ariston. ad I 395a, ad rem Ariston. ad I 141)　　84 εἰ b
καὶ T　　γεγόνασι b　　84 sq. αἱ — μάχης T, τῆς μάχης ἡμέραι b (fort. bene)
86 κἂν T καὶ εἰ b　　ὀλίγον b ὀλίγον χρόνον T　　86 sq. καὶ ἡ τοῦ χρ. δὲ αὔξησις b
87 πον. ἑλλ. T suppl. Ma., ἐποινήθησαν ἕλληνες b　　88 ὀψὲ T ποτὲ b　　89 συνάδει
δὲ καὶ b, fort. verum　　νῦν μὴ ἐπ. T εἰ μὴ νῦν ἐπαμύνῃ b　　90 εὑρ. T εὑρήσει BE³
εὑρῃ E⁴ (εὑρήσῃ Le)　　τοῦ T οὐδαμοῦ τὴν τοῦ b　　91 sq. le. T, οὐδέ τι μῆχος: A,
τὸ δὲ οὐδὲ τι μῆχος ἔσται pone sch. b (coni. cum v. καιρόν) b　　92 ἐστὶ T ἔσται
A b　　ῥεχθ.] πραχθέντος A　　94 ἔτυχεν A

1　　*b.* ⟨οὐδέ τι μῆχος / ρεχθέντος κακοῦ ἔστ' ἄκος εὑ-　*ex.*
ρεῖν:⟩ τὸ „οὐδέ τι οἶδε νοῆσαι ἅμα πρόσσω καὶ ὀπίσσω" (A 343)
ἐντέχνως αὐτῷ προβάλλεται· τοῦτο γὰρ περὶ Ἀγαμέμνονος ἔλεγε
τοῖς κήρυξιν. ἐφ' ἕτερον δὲ κεφάλαιον ἔρχεται ὡς καὶ αὐτῷ συμφέρον
5 καὶ ὠφέλιμον τὸ μὴ παριδεῖν τὸν νῦν καιρόν. b(BE³E⁴)

251. ⟨Δαναοῖσιν:⟩ οὐκ Ἀγαμέμνονι· τοῦτο γὰρ κατακρύπτει　*ex.*
b(BCE³E⁴) Tⁱˡ　　διὰ τὸ μὴ αἴφνης παροξῦναι αὐτόν. b(BCE³E⁴)

252 *a.* ὦ πέπον: ὀτὲ μὲν τὸν εὐδιάλυτον δηλοῖ καὶ ἀσθενῆ, ὀτὲ　*x*
δὲ τὸν προσηνῆ, ἀπὸ τοῦ πεπείρου καὶ ἁπαλοῦ. A

10　　*b.* πατὴρ ἐπετέλλετο Πηλεύς: τοῦτο δεύτερον κεφά-　*ex.*
λαιον, εἰς ἐπιείκειαν καὶ πρᾳότητα προκαλούμενον. τὸ δὲ στασιαστι-
κὸν θέλων ὀνειδίζειν †οὐδὲ† τοῖς ῥήμασιν ἀνακεκαλυμμένως χρῆται
οὔτε ἐξ ἰδίου προσώπου τὴν ἐπιτίμησιν ποιεῖ, ἀλλ' ἐν ἠθοποιίᾳ ἐξ
ἀπόντων προσώπων ταύτην εἰσήγαγεν. ἔστιν οὖν ἀνεπαχθὴς ὡς οὐκ
15 ἰδίας ὑποθήκας εἰσάγων, ἀλλ' ὑπομιμνήσκων τοῦ πατρός. καὶ ὁ Νέ-
στωρ ὁμοίως πρὸς Πάτροκλον (sc. Λ 785—90). b(BCE³E⁴) T

253 *a.* ἐκ Φθίης Ἀγαμέμνονι πέμπε: ὡσανεὶ δευτέρῳ πατρί.　*ex.*
ἐντέχνως οὖν οὐκ εἶπε ᾿σὺν Ἀγαμέμνονι'. b(BCE³E⁴) T

b. ⟨Ἀγαμέμνονι πέμπε:⟩ ἔνδοξόν τι· καὶ πρὸς πειθὼ γὰρ　*ex.*
20 ἐπιτήδειον τοῦτο. Tⁱˡ

254. ⟨τέκνον ἐμόν:⟩ σημειοῦνταί τινες, ὅτι παρεῖται τὸ ᾿τάδε　*Ariston.*
λέγων'. Aⁱᵐ

I 680 (Hrd.)　　**252** *a* Et. Gen. (AB) πέπον, fort. ex hyp. Iliad.; cf. D ad B 235,
Ap. S. 129, 33 (sim. EM. 661, 53), Heracl. Mil. fr. 26 C. (= Eust. 1098, 12), Ep.
Hom. (An. Ox. 1, 353, 11, Et. Gud. 460, 20, EM. 662, 2), Eust. 211, 9. Vide ad
B 235 *a*. N 120 *a*. Verba scholii *a* interpolata esse videantur; Oro fort. recte attri-
buentur, cf. Beiträge 104　　*b* τοῦτο δεύτ. κεφάλαιον (10) ad I 230—1　　**254** ad
I 224 *a* (Ariston.), cf. D. Sch. Aristonici fort. decurtatum; auctorem enim nun-
tiavisse censeas Aristarchum lectores hinc ad versus Λ 783—4 delegasse, qui cum

1 sq. le. add. Vill., nisi totum sch. ad versus I 247—51 prosperius referatur (cf.
Eust. 750, 47); ipse hyparchetypus b sch. ad I 249 revocavit　　6 le. add. Ma.
(ὅπως δαναοῖσιν add. Vᶜ), om. b (cuius auctor totum sch. post I 247 positum ad
illum versum [υἶας ἀχαιῶν] rettulit, nescio an recte)　　ἀγαμέμνονι T ἀγαμέμνονά
φησι b　　9 πεπήρου A em. Vill.　　ἀπ. A, ἀσφαλοῦς Et. Gen.　　10 sq. κεφάλ.
cp. in E⁴　　11 ἐπιήκειαν C　　11 sq. στάσιμον b　　12 οὐδὲ] οὔτε Bk., recte ut
vid. ἀνακεκαλυμένως T　　13 ἐπιτ. T ἐπιστήμην b　　19 le. add. Ma.　　21 le.
add. Vill.

ex.   254—8. τέκνον ἐμόν ⟨——— νέοι ἠδὲ γέροντες⟩: συνετῶν τὸ
τὰς φύσεις τῶν υἱῶν καταμαθόντας πρὸς ταύτας ἁρμόττεσθαι τοὺς λό-
γους, ὡς καὶ ὁ Πηλεὺς εἰδὼς Ἀχιλλέα ἀνδρεῖον μέν, ὀργίλον δὲ καὶ 25
πλήρη φιλοτιμίας, παραινεῖ αὐτῷ ἀποθέσθαι τοῦ ἤθους τὸ φιλόνει-
κον, b(BCE³E⁴) T   ὡς ἐκ τούτου μάλιστα τιμῆς τευξόμενον, ἧς
ὀρεγόμενον ἑώρα τὸν Ἀχιλλέα. ἔστι δὲ πιστὸς ὡς πατὴρ καὶ ἐν πολέ-
μοις πολλάκις εὐδοκιμήσας. b(BE³E⁴) T

ex.   255. δώσουσ', αἵ κ' ἐθέλωσι: καλῶς τὸ ἐθέλωσι, ὡς οὐ δω- 30
σόντων, εἰ ἀνάξιος ὀφθείη τῆς δωρεᾶς. A b(BCE³E⁴) Tⁱˡ

D | ex.(?)   256 a. ἴσχειν ⟨ἐν στήθεσσι: ἴσχειν·⟩ ἐπέχειν, παύειν. | τὸ
ἐν τῷ στήθει φησὶ διὰ τὴν καρδίαν· αὕτη γὰρ ἐν τῷ στήθει κεῖται
οὖσα αἰτία τῆς ὀργῆς, ὡς καὶ ὁ τοῦ θυμοῦ ὅρος δηλοῖ· θυμὸς γάρ ἐστι,
φησί, ζέσις τοῦ ἐν καρδίᾳ θερμοῦ πρὸς ὄρεξιν ἀντιλυπήσεως. A   35

ex.   b. ⟨ἴσχειν ἐν στήθεσσι:⟩ διδασκαλία καὶ ἡμῖν, κρατεῖν
ὀργῆς. Tⁱˡ

ex.   257. ἔριδος κακομηχάνου: πρὸς τὴν ἀγαθὴν διέστειλεν. ἐπεί-
περ οἱ ἐρίζοντες κακὰ τοῖς πλησίον μηχανῶνται. δείκνυσι δέ, ὅτι οὐ
τοσοῦτον ὀνίνησιν ἰσχύς, ὅσον ἡ πρὸς τοὺς φίλους ἔρις βλάπτει. b 40
(BCE³E⁴) T

ex.   257—8. ὄφρα σε ⟨μᾶλλον⟩ / τίωσ' ⟨Ἀργείων⟩ ἠμὲν νέοι
ἠδὲ γέροντες: εἰ μὴ ὑποθήκη πατρὸς ἐδόκει τὸ †πρασσόμενον†,

his mandatis pugnare dicebantur, ad Λ 767 a¹; Friedl., Ariston. p. 161   254—8
ὡς (27) — τευξόμενον cf. Eust. 750, 54   256 a τὸ ἐν τῷ στήθει (32) sq. cf. E⁴
(m. pr.): κάρτος (sc. I 254)· τὴν δύναμιν τὴν ἐν τῷ στήθει — δηλοῖ· θυμὸς γάρ
ἐστι ζέσις — ἀντιλυπήσεως, Ge: ἐν στήθεσσι· ἤτοι ἐν τῇ καρδίᾳ· αὕτη γὰρ ἐν τῷ
στήθει κεῖται, ὡς καὶ ὁ τοῦ θυμοῦ ὅρος δηλοῖ· θυμὸς γάρ ἐστι ζέσις τοῦ περικαρδίου
αἵματος, utrumque fort. sch. classis h   θυμὸς γάρ ἐστι (34) sq. ad Σ 110, cf. Ep.
Hom. (An. Ox. 1, 197, 16, Et. Gud. 267, 4); St. V. Fr. II 235, 13 (= Chrys. fr.
878), III 101, 44 (= Chr. fr. mor. 416); Valk I 480   257 — διέστειλεν (38) cf.
Eust. 750, 53; Hsd. opp. 11 cum scholio (11 b)   ἐπείπερ (38) — μηχανῶνται
(39) cf. D   257—8 ad Λ 786—9

23 le. T supplevi, om. b (scholio relato ad I 254)   26 ἀποτίθεσθαι T   τοῦ ἤθ.
τὸ T τὸ τοῦ ἤθους b   26 sq. debuit φιλόνικον, sed vitium antiquum   27 τευξ.
τιμῆς b   28 ἑώρα τ. ἀχ. T αὐτὸν ἑώρα b   30 le. Vill., αἵ κ' ἐθέλωσιν: A (αἵ κε
θέλωσιν Li, αἵ κε θέλωσι Vᶜ), om. bT   καλῶς τὸ T εὖ καὶ τὸ A εὖ τὸ b   ἐθέλωσιν
A   30 sq. ὡς οὐ δωσ.] δηλοῖ γὰρ ὡς οὐ δώσουσιν b   31 post ἀνάξ. add. ὅλως
CE³, ὅλος BE⁴   32 verba ἐν στ. ἴσχ. addidi (auctore Vill.)   36 le. addidi
(ἴσχειν add. iam Vᶜ)   38 post διέστ. sic interpunxit Ma.; fort. rectius διέστειλεν.
κακομηχάνου δέ, ἐπείπερ   40 τοσοῦτον] τοῦτ(ον) C τοιοῦτον E⁴   ὅσον T ὃν b
42 le. ὄφρα σε τίωσι ἠμὲν ν. ἠδὲ γ. T em. et suppl. Ma., om. b (ubi sch. ad I 258
relegatum est)   43 ἐδόκει T ἦν b   πρασσόμ. T λεγόμενον b, fort. προστασ-
σόμενον

κἂν ἠρέθισεν Ἀχιλλέα ὑποσημαίνων ὡς ἀσχημονεῖ νῦν καὶ παρὰ
45 νέοις καὶ παρὰ γέρουσιν. b(BCE³E⁴) T

259. σὺ δὲ λήθεαι: πράως καθήψατο, οὐκ ἀμελεῖν αὐτὸν φήσας, *ex.*
ἀλλ' ἐπιλελῆσθαι. ὄνομα οὖν ἐξελέξατο συγγνώμης ἀξιούμενον.
b(BCE³E⁴) T

259—60. ἀλλ' ἔτι καὶ νῦν / παῦε: καλῶς νῦν (259), ἵνα δη- *ex.*
50 λώσῃ τὸν ἱκέτην. ἅμα δὲ καὶ ὑποφαίνει ὡς οὗτος αὐτῷ ὑποτάττεται,
ᾧ ὁ πατὴρ αὐτὸν ὑπέταξεν. μετὰ δὲ τὸ τοὺς τοῦ πατρὸς λόγους πε-
πᾶναι αὐτὸν προφέρει τὰ δῶρα· b(BCE³E⁴) T   αἰσχροκερδὲς γὰρ
ἦν τὸ ἀπ' ἀρχῆς. b(BE³E⁴) T

261 a. ⟨ἄξια δῶρα δίδωσι:⟩ τρίτον κεφάλαιον τὸ περὶ τῶν *ex.*
55 δώρων. b(BE³E⁴) Tⁱˡ

b. ⟨χόλοιο:⟩ ὅτι ἀντιφράζει τῇ μήνιδι τὸν χόλον. Aⁱᵐ   *Ariston.*

262 a. εἰ δὲ σύ μέυ μευ ⟨ἄκουσον, ἐγὼ δέ κέ τοι καταλέξω⟩: *Nic.|Ariston.|*
οἱ ὑποστίζοντες ἐπὶ τὸ εἰ δέ, ὡς λείποντος τοῦ θέλεις, διηλέγχθησαν   *Hrd. καθ.(?)*
ἐν τοῖς ἐπάνω (sc. ad Ι 46—7 a). καὶ νῦν δέ ἐστιν ὁ λόγος· ἄγε δὴ σὺ
60 μέν μου ἄκουσον'. | ἡ διπλῆ δὲ πρὸς τὸ σχῆμα, ὅτι ἀντὶ τοῦ ἐγὼ δ' ἄν
σοι καταλέξαιμι, ἢ περισσὸς ὁ κέ. | τὸ εἰ παρακελευστικὸν ἐπίρρημά
ἐστιν, ὃν τρόπον ἐπὶ τοῦ Διὸς ,,ἀλλ' εἴ τις καλέσειε θεῶν Θέτιν'' (Ω74).
καὶ τὸ παρακελευστικὸν ἐπίρρημα ἀπὸ τούτου γεγονέναι τοῦ συν-
δέσμου τοῦ ᾱ περιττεύοντος, τοῦ τόνου ἀλλαγέντος εἰς περισπώμενον
65 ἀναγκαίως καὶ τῆς δασείας Ἀττικῶς προσελθούσης. A

---

259 ἐπιλελῆσθαι (47) cf. Eust. 750, 52   **261** fort. erat sch. Didymi de v.
μεταλ(λ)ήξοντι, ad Ι 299   *a* τρίτον κεφάλαιον (54) ad Ι 230—1   *b* ad Δ 513 a
(Ariston.)   **262 a** — ἄκουσον (60) ad Ι 46—7 (Nic.)   ἡ διπλῆ (60) — ὁ κέ
(61) ad A 523 a, imprimis ad B 488—92. Δ 176 (Ariston.)   τὸ εἰ παρακελ. (61) sq.
cf. test. ad D. Thr. p. 82, 1 collecta   τὸ εἰ παρακελ. (61) — Θέτιν (62) ad Ω 74
(ex.)   καὶ τὸ παρακελ. ἐπίρρημα (63) sc. εἶα, cf. Hrd. καθ. 1, 495, 14; Lehrs Ar.³
321; Valk I 598   ἀπὸ τούτου γεγονέναι (63) sq. aliter Choer. Ο. (An. Ox. 2, 213,
15, Et. Gen. [= EM. 294, 42], Eust. 107, 29)

---

45 παρὰ om. b   46 πράως b   αὐτὸν om. b   47 ἀξιούμ. T ἄξιον b   49
(le.) παύεο ci. Ma. (le. om. b, ubi sch. ad v. 259 relatum est)   τὸ νῦν b   49 sq.
ἵνα καὶ τὸν ἱκ. παραδηλώσῃ b   50 καὶ om. b   αὐτῷ νῦν ὑπ. b   51 αὐτὸν om.
b   τὸ om. b   51 sq. πεπᾶναι Ma., πεπτᾶναι vel πεπίαναι T πεπάνας b   52
προσφέρει T   54 le. add. Vᶜ, ὑπέσχετο δῶρα (= Ι263) add. Ma., om. b   54 sq.
τρίτον — δώρων super versum Ι 263 scriptum in T, transposui· τρίτον δὲ κεφάλαιόν
ἐστι τὸ π. τ. δώρων coni. cum scholio Ι 259—60 (v. ἀρχῆς) b   56 le. add.
Bk.   ὅτι A, fort. ἡ διπλῆ, ὅτι   57 le. εἰ δὲ σὺ μέν μου· A em. et suppl. Vill.
61 ἢ Frdl., καὶ A   κέ Vill., καὶ A   εἰ Vill., ε̄ A   62 καλέσειε Vill., κελεύει A
63 fort. γέγονε

ex.   *b.* εἰ δέ, σὺ μέν μευ ἄκουσον: ἀντὶ τοῦ ἄγε δή. δυσχεραί-
νοντος δὲ αὐτοῦ πρὸς τοὔνομα τῶν δώρων δεῖται ἀκουσθῆναι. ἢ τάχα
ἔμφασίς ἐστι τοῦ πλήθους τῶν δοθησομένων. b(BCE³E⁴) T

ex.   **265.** ⟨αἴθωνας δὲ λέβητας:⟩ διαιρεῖ τῶν ἀναθεματιαίων, ἐμπυ-
ριβήτας (cf. Ψ 702) καὶ αἴθωνας αὐτοὺς καλῶν. T^il   70

Did.   **270.** ⟨ἀμύμονας:⟩ οὕτως Ἀρίσταρχος μετὰ τοῦ σ̄ „ἀμύμονας".
A^im

Ariston. **271.** Λεσβίδας: ὅτι τὰς ἑπτὰ Λεσβίδας ὑπισχνεῖται, οὐχ ὡς ὁ
Ζηνόδοτος ἐν ταῖς ἑπτὰ καὶ τὴν Βρισηΐδα τάττει· ἔστι γὰρ Λυρνησ-
σία. A   75

Did.   **274.** ⟨κούρην Βρισῆος· καὶ ἐπὶ μέγαν ὅρκον ὀμεῖται:⟩
Ἀρίσταρχος γράφει „κούρη Βρισῆος· ἐπὶ δὲ μέγαν ὅρκον ⟨ὀμεῖται⟩".
A^im

Ariston. **279.** ⟨νηήσασθαι:⟩ ἀντὶ προστακτικοῦ. A^im

Hrd. καϑ. **292.** ⟨Ἰρήν:⟩ οὕτως Ἰρήν ὀξυτόνως, ὡς ἐν τῇ Καθόλου (1, 80
263, 6). A^im

Ariston. **297.** οἵ κέ σε δωτίνῃσι ⟨θεὸν ὡς τιμήσονται⟩: ἡ διπλῆ, ὅτι
τῷ παθητικῷ ἀντὶ τοῦ ἐνεργητικοῦ ἐχρήσατο· οὕτως γὰρ Ἀρίσταρ-
χος τιμήσονται ὡς ἐλεύσονται. A

Did.   **299.** ⟨μεταλλήξαντι:⟩ διὰ τοῦ ἑτέρου λ̄ τὸ μεταλλήξαντι αἱ 85
Ἀριστάρχου. A^im

---

265 cf. Porph. 1, 136, 19   **270** ad I 128 *c* (Did.)   **271** ad I 131 (Ariston.);
vide ad I 130 *b*   ἔστι γὰρ (74) sq. ad B 690 (Ariston.)   **274** ad I 132 *a*¹ (Did.)
279 deest diple ante versum in A, fort. neglegentia scribae   ἀντὶ προστακτικοῦ
ad A 20 *a*² (Ariston.)   **292** ad I 150 (Hrd.)   **297** excidit pars scholii Aristo-
nici, qui notare solebat talibus in sententiis vocem κέ superfluam esse, ad A 523 *a*;
vide ad A 175   ἡ διπλῆ, ὅτι (82) sq. ad Γ 306 (Ariston.)   **299** aliter D ad
I 261   διὰ τοῦ ἑτέρου λ̄ (85) ad I 78 *a*; cf. Allen, Halliday and Sikes, The

---

66 ἀντὶ — δή T ἄγε σύ b   **67** πρὸς τὸ ὄνομα τῶν δωρεῶν b   **68** ἐστίν (non
ἐστι) pone δοθ. b   **69** le. add. V^c   τὸν ἀναθεματιαῖον T em. Ma.   **71** le. (= A,
vulg.) addidi (duce Vill.)   ἀριστ.] ἀριστοφάνης Cob.   **73** ὅτι A, ἡ διπλῆ, ὅτι
Vill.   **76** le. add. Vill.   **77** γράφει cp. (γρ) in A   κούρης A em. Vill.   βρισ.
Ddf. (cf. sch. I 132 *a*¹), βρησῆῖς A, βρισηῖς Vill.   ὀμεῖται add. Vill.   **79** le.
add. Vill., totum v. 279 add. Frdl.   ἀντὶ A, erat fort. ἡ διπλῆ, ὅτι ἀντὶ   **80**
le. addidi (auctore Vill.)   **82** le. A suppl. Frdl. (τιμήσουσι [pro τιμήσονται]
vulg.)   **84** τιμήσωνται ὡς ἐλεύσωνται A em. Lehrs (Bk.)   **85** le. add. Vill.,
Ldw. (μεταλλήξαντι vulg. ut Aristarchus)

300 *a.* εἰ δέ τοι Ἀτρείδης μὲν ἀπήχθετο: τέταρτον κεφά- *ex.*
λαιον δεητικὸν ὑπὲρ τῶν Ἑλλήνων. ὑποφορᾷ δὲ χρῆται, προλαμβά-
νων αὐτοῦ τὴν ἀντίρρησιν καὶ τῇ Ἀγαμέμνονος ἔχθρᾳ ἀντιτιθεὶς τὸν
90 ἀπάντων ἔλεον καὶ μόνον οὐχὶ πᾶσαν ἱκετεύουσαν παράγων Ἑλλάδα.
ἐπὶ τὴν δευτέραν δὲ μεταβέβηκε στάσιν καὶ πανταχόθεν πείθει· ὑπο-
σχέσει, δεήσει, ὠφελίμῳ, ἐλέῳ. b(BCE³E⁴) T
    b. κηρόθι μᾶλλον: κηρὸς μᾶλλον. T | εἰς δύο δὲ μερίζει τὴν *ex.* | *ex.*
ἱκετείαν, Ἀγαμέμνονα καὶ Ἕλληνας. b(BCE³E⁴) T
95   *c.* κηρόθι μᾶλλον: ἤτοι θανάτου πλέον, παρὰ τὴν κῆρα, *ex.*
1 τουτέστι θανατηφόρον μοῖραν. ἢ ἐν τῇ ψυχῇ μισεῖται μᾶλλον, παρὰ
τὸ κῆρ, ὅ ἐστι ψυχή. A
    302—3 *a.* τειρομένους ἐλέαιρε ⟨κατὰ στρατὸν οἵ σε θεὸν *Nic.*
ὣς / τίσουσι⟩: τὸ κατὰ στρατόν (302) ἀμφοτέροις δύναται
5 συνάπτεσθαι τοῖς μέρεσιν. εἰ μὲν οὖν τοῖς ἄνω συνάπτοιτο, ἔσται τὸ
ἑξῆς· τειρομένους κατὰ στρατόν, οἷον καταπονουμένους ἤδη
ἐν τῷ στρατοπέδῳ καὶ δεδιωγμένους μέχρι θαλάσσης. εἰ δὲ τοῖς ἑξῆς,
ἔσται ὁ λόγος· οἵτινές σε κατὰ πᾶν τὸ στράτευμα τιμήσουσιν ὡς
θεόν, οἷον πάντες ὁμοίως. A
10   *b.* ⟨τειρομένους⟩ ἐλέαιρε κατὰ στρατὸν ⟨οἵ σε θεὸν *Nic.* | *ex.*
ὣς / τίσουσι⟩: τὸ ⟨κατὰ⟩ στρατόν (302) δύναται πρὸς ἄμφω
εἶναι. | αὔξων τὴν εὔκλειαν δείκνυσιν ὡς πρὸς αὐτούς ἐστιν ἡ πρᾶξις. T
    303. ἦ γάρ κέ σφι ⟨μάλα⟩ μέγα κῦδος ἄροιο: ὡς „πᾶσι δέ κε *ex.*
Τρώεσσι χάριν καὶ κῦδος" (Δ 95) ἀντὶ τοῦ παρὰ πάντων ἢ ἐκ πάν-
15 των. T

Homeric Hymns (Comm. ed. alt., Oxon. 1936) p. 167   **300** *a* τέταρτον κεφά-
λαιον (87) ad I 230—1   στάσιν (91) modus dicendi minus usitatus, cf. sch. *b*;
vide ad I 312—3. 316 *a*; Lehnert 104; Schrader, Herm. 37, 1902, 564   *c* ἐν τῇ
ψυχῇ (1) cf. D, Eust. 750, 55   **302—3** *a/b* ad Ψ 285—6 (Nic.)

89 ἀντίρησιν T   ἀντιτίθησι b   τὸν b τῶν T   90 μονονουχὶ b   παράγει b
91 πείθει T πείθειν πειρᾶται b   93 κηρὸς scripsi, κῆρος T (V)   93 sq. εἰς δύο δὲ
sq. cum scholio praecedenti coni. b; fort. suspicaberis alteram partem scholii rectius
ad I 300—2 referendam esse; sed auctor voce μᾶλλον (h. e. 'nimium') significare
potest poetam ad duos supplices spectare   94 ἀγ. T, εἰς ἀγαμέμνονα b (fort.
rectius)   95—02 pone sch. I 302—3 *a* in A, trps. Vill.   95 θάνατος A em.
Vill.   3 sq. le. A suppl. Frdl.   7 στρατοπαίδῳ A em. Vill.   10 sq. le. T
supplevi   11 κατὰ add. Ma.   12 verba αὔξων sq. ad I 301 rettulit Bk., fort.
recte   13 le. T suppl. Ma.   14 κῦδος T, fort. κῦδος ἄροιο (= Hom.)

ex.   **304** *a.* νῦν γάρ ⟨χ'⟩ Ἕκτορ' ἕλοις: τρία ποιεῖ· τῷ μὲν καλῷ τῆς
ἐπικουρίας τὸ φιλότιμον συνάπτει, ἀντὶ δὲ τῆς κατὰ τοῦ ἀδικήσαντος
ὀργῆς τὴν τῶν ἀτυχούντων ἱκετείαν οἰκτίζεται, τὸ δὲ ἀνθέλκον τοῦ
θυμοῦ ἐπιρρεπὲς ποιεῖ φθόνῳ τῶν περὶ τοὺς ἐχθροὺς εὐτυχημάτων.
b(BCE³E⁴) T   20

ex.   *b.* ⟨νῦν:⟩ καλῶς εἶπε νῦν, T   ὡς πρώην αὐτοῦ πτήσσον-
τος ἐν τῷ τείχει· ὥστε μὴ ἀπολέσῃς τὸν καιρόν, ἐν ᾧ μεγάλα δυνήσῃ
ἐπιδείξασθαι κατὰ τῶν πολεμίων. b(BCE³E⁴) T

ex.   **305.** ⟨οὕτινα:⟩ οὐδὲ σέ. ἐρεθιστικὰ δὲ ταῦτα. T^il

ex.   **307—9.** τὸν δ' ἀπαμειβόμενος προσέφη πόδας ὠκὺς 25
Ἀχιλλεύς ⟨/————/⟩ χρὴ μέν: τὸν Ἀχιλλέα παραδίδωσι φιλότι-
μον, ἁπλοῦν, φιλαλήθη, βαρύθυμον, εἴρωνα. καὶ ὅσα μὲν φθέγγεται
συνετά, ταῦτα αὐτῷ ἡ παιδεία δέδωκεν, ὅσα δὲ αὐθάδη καὶ μεγαλό-
φρονα, ταῦτα ὑπὸ τῆς φύσεως λέγειν προάγεται. b(BCE³E⁴) T

ex.   **309** *a.* χρὴ μὲν δὴ τὸν μῦθον ⟨ἀπηλεγέως ἀποειπεῖν⟩: 30
γυμνός ἐστιν ὑπὸ τῆς ὀργῆς καὶ περιπλοκὰς οὐκ οἶδε λόγων· ἔδει γὰρ
δικαιολογεῖσθαι, εἶθ' οὕτω τὴν ἀπόφασιν ἐπαγαγεῖν. ὁ δὲ τοὐναντίον
φησίν· ἔστι γὰρ θυμὸς μεστὸς ἀκοσμήτου παρρησίας, τοσοῦτον δὲ
ἀπέχει πειθοῦς, ὅτι καὶ τῶν ἄλλων προανστέλλει τοὺς λόγους „ὡς
μή μοι τρύζητε παρήμενοι" (Ι 311). πάντες δὲ οἱ παρὰ θυμὸν ἀπει- 35
λοῦντες πίστιν ἐπάγουσι τοῖς ἰδίοις λόγοις, οἱ μὲν λόγῳ, οἱ δὲ δι' ἀπο-
δείξεων, οἱ δὲ διὰ γνωμῶν, ὃ νῦν (sc. Ι 312—3) ποιεῖ. b(BCE³E⁴) T

ex.   *b.* ⟨τὸν μῦθον:⟩ τὸν ἀντικείμενον τοῖς ῥηθεῖσιν. T^il

---

304 diple ante versum in pap. Berol. 7807, cf. Martinazzoli Ι 66; num sch. Aristo-
nici umquam fuerit, dubitatur   *b* Ge (e T), sch. separatum   ὥστε μὴ ἀπολέσῃς
(22) cf. Mayser, Gramm. II 3 (Berol. 1934), p. 97, 22   **307—9** — βαρύθυμον (27)
cf. Eust. 751, 32; vide ib. 751, 1; Plat. Hipp. min. 365 b 3   **309** *a* Ge (e T), cf.
app. crit.   δικαιολογεῖσθαι (32) cf. Lehnert 105   ὃ νῦν ποιεῖ (37) cf. Eust.

---

16 le. T supplevi, om. b   **19** ἐπιρρεπὲς T   **21** le. add. Bk., fort. νῦν γάρ χ'
ἕκτορ' ἕλοις: (Vill.)   καλῶς Ge (e coni.), καλῶς δὲ (coni. cum scholio praecedenti)
T   αὐτοῦ sc. ἕκτορος   **21** sq. πτώσσοντος b   **22** ὥστε T, ὥστε φησὶ (cp.
B) b (fort. recte)   **24** le. add. Ma., ἐπεὶ οὕτινα add. Vᶜ   **25** sq. le. T suppl.
Ma., om. b (ubi sch. ad Ι 308 vel 309 revocatum esse vid.)   **27** φιλαλήθην T   **28**
sq. αὐτῷ ἡ — μεγαλόφρονα ταῦτα om. E³   **30** le. T supplevi (auctore Vill.), om. b
31 ἐστιν ὑπὸ τῆς om. T   **32** οὕτως b   ἔπαγε. T εἰπεῖν b   **33** φησίν T ποιεῖ
b   γὰρ absc. E⁴   **34** ὅτι susp., ὥστε Ge, recte opinor   **35** περίθυμον Ma., at
παρὰ θυμόν = secundum iram, ira commoti   **37** διὰ (ante γνωμῶν) om. b   **38** le.
add. Ma., qui sch. super versum Ι 308 scriptum huc traxit, διογενὲς λαερτιάδη add. Vᶜ

c. ἀπηλεγέως: ἀποτόμως, σκληρῶς· ἢ ἀπαγορευτικῶς, *D | ex.*
40 κεκριμένως. **A** | ἀπαγορευτικῶς, **A** b(BCE³E⁴) **T** διαρρήδην· ἢ
συντόμως ἀπὸ τοῦ λῆξαι, ὅ ἐστιν εἰπόντα παύσασθαι· φιλοσύντομος
γὰρ ὁ θυμός. ἢ ἀσυμπαθῶς καὶ ἀπηλγημένως παρὰ τὸ ἀλέγειν· οἱ γὰρ
λυπεῖν θέλοντες τὰς χρηστὰς ἐκκόπτουσιν ἐλπίδας. ὅρα δὲ ὡς πρὸς μὲν
Ὀδυσσέα ἀπιέναι φησίν (sc. I 356—63), πρὸς Φοίνικα δὲ μένειν (cf. I
45 618—9), μὴ μέντοι πολεμήσειν, πρὸς Αἴαντα δὲ πολεμήσειν, ἀλλ᾽ ὅταν
ἀνάγκη καλῇ (sc. I 650—55). **A** b(BE³E⁴) **T** τοῦτο δὲ θυμώδους
ἀνδρὸς καὶ πρὸς τὸ μὴ καταφρονηθῆναι ἀγωνιζομένου. **T**
    310 *a.* ⟨ᾗπερ δὴ κρανέω:⟩ Ἀρίσταρχος „ᾗπερ δὴ φρονέω". **A**ⁱⁿᵗ *Did.*
    b. ᾗπερ δὴ κρανέω {τε}: αἱ Ἀριστάρχου „φρονέω". | τὸ *Did. | ex.*
50 δὲ κρανέω ἀντὶ τοῦ τελειώσω, πληρώσω. ὁ δὲ ᾗ ἀντὶ τοῦ ὥς. **T**
    311 *a.* ὡς μή μοι τρύζητε ⟨παρήμενοι ἄλλοθεν ἄλλος⟩: αὐ- *ex.*
θαδῶς ἐπισκώπτει τὴν ἐπιτέχνησιν τῶν λόγων Ὀδυσσέως, καὶ Φοί-
νικα προανακόπτει, ὃν ὑποπτεύει παρακεκλῆσθαι ὑπὸ τοῦ Ἀγαμέ-
μνονος. b(BCE³E⁴) **T** τινὲς δὲ διὰ τὸ „καί μ᾽ ᾐτιάασθε ἕκαστος"
55 (Π 202). **T**
    *b.*¹ τρύζητε: παρὰ τὸ τρυγών ἐστιν· ἢ τρύχητε τὴν ἀκοήν, *ex.*
ἢ τονθορύζητε. **T**
    *b.*² τρύζητε ἤτοι τρύχητε τὴν ἀκοὴν καὶ βαρύνητε. b
(BCE³E⁴)

751, 26   *c* — ἐλπίδας (43) Et. Gud. 165, 15 Stef. (paulo brevius peiusque), e
Ven. A ut vid.; cf. Beiträge 167; — ἀλέγειν (42) cf. sch. α 373, Or. 13, 1 (uberius
Et. Gen. [A, om. B] ἀπηλεγέως)   ἀποτόμως (39) = Eust. 751, 4, sch. Ap. Rh.
3, 19. 439   συντόμως (41) cf. sch. Ap. Rh. 1, 785   **310** *a/b* cf. D (γράφεται
καὶ „κρανέω", ἵν᾽ ᾖ τελειώσω); Eust. 751, 3; Nicole, Les scolies Genevoises etc.,
Introd. XXXVIII   **311** *a* τινὲς δὲ (54) sq. ad Π 202 *a*   *b* cf. Eust. 751, 11
(ἔστι δὲ τρύζειν τὸ πολυλογεῖν ἢ πολυφωνεῖν); Pfeiffer ad Call. fr. 1, 1   *b*¹ Ge
(ə T), cf. app. crit.   παρὰ τὸ τρυγών (56) sq. cf. D; Erot. 83, 19; Synag. (Ba.

39 le. AT, ἀπηλεγέως δὲ pone sch. *a* (coni. cum v. ποιεῖ) in b   41 συντόμως
om. A   λῆξαι b, ῥέξαι A (λέξαι Et. Gud., ἀπολέξαι De Stefani), παῦσαι
T   εἰπ. παύσ. AT παῦσαι b   41 sq. φιλοσ. — ἀπηλγημ. bT ἢ ἀπηλγημένως·
φιλοσύντομος γὰρ ἡ δεινοπάθεια A   42 παρὰ τὸ ἀλέγειν om. Ab   43 ἐθέλον-
τες b θέλοντες A   δὲ om. T   44 φασὶν T   δὲ om. Ab   μενεῖν Ma.
44 sq. πρὸς — πολεμήσειν om. E³   45 δὲ om. Ab   45 sq. πολεμήσειν —
καλῇ] ὅτε ἀνάγκη καλεῖ πολεμήσειν A   ἀλλ᾽ om. b   ὅτ᾽ ἂν E⁴   48 le. add.
Vill.   φρονέων A em. Vill.   49 (le.) ᾗπερ T em. Ma., τε eieci   51 le. T
supplevi (auctore Vill.), om. b   51—4 αὐθαδῶς δὲ sq. pone sch. *b*² (coni. cum
v. βαρύνητε) E⁴   53 τοῦ om. b   56—7 sch. cum scholio praecedenti coni.
T   57 τ̔θορύζητε T (ον suppl. m. rec.), τονθορύζητε GeV   58 τρύζ. E⁴
τρύζητε δὲ coni. cum scholio *a* (v. ἀγαμέμνονος) BCE³   τρύχοιτε C

Did.(?)   c. ⟨παρήμενος:⟩ γράφεται „παρήμενοι". **A**^im   60

ex.   **312—3.** ἐχθρὸς γάρ μοι κεῖνος ⟨————/⟩ ὅς ⟨χ'⟩ ἕτερον μὲν
κεύθη ⟨ἐνὶ φρεσίν, ἄλλο δὲ εἴπη⟩: πρὸς τὴν ἀλλοιωτικὴν στάσιν
'Οδυσσέως. τὸ δὲ ἄλλο (313) ἐπὶ τῶν ἑτερογενῶν· „ὄρνεον ἄλλο"
(Ν 64), „φάρμακον ἄλλο" (κ 392). κακῶς οὖν ἔχει νῦν ἀντὶ τοῦ ἕτερον
τὸ ἄλλο δὲ εἴπη (313). **T**   65

ex.   **312.** ὁμῶς 'Αΐδαο πύλησιν: πλέον πάντων 'Αχιλλεὺς μισεῖ
τὸν θάνατον διὰ τὸ ἄπρακτον. τάχα δὲ καὶ ἄλλως χρήσιμόν ἐστι τὸ
διαβάλλειν τὸν θάνατον, ἐπεὶ πῶς ἄν τις τοὺς γονέας σέβοι τοὺς τὸ
ζῆν αὐτῷ παρασχομένους, εἰ μὴ τὸ ζῆν ἀγαθόν ἐστι καὶ κακὸν ἐκ τῶν
ἐναντίων ὁ θάνατος; **A b(BCE³E⁴) T**   70

Ariston.   **313.** ὅς χ' ἕτερον μὲν κεύθη ⟨ἐνὶ φρεσίν, ἄλλο δὲ εἴπη⟩: ὅτι
δοκεῖ συγκεχύσθαι τὸ ⟨ἄλλο πρὸς τὸ⟩ ἕτερον· ἔδει γὰρ 'ἕτερον δὲ
εἴπη', ἑτέρου πρὸς ἕτερον ἀντιδιαστελλομένου· τὸ γὰρ ἄλλο ἐπὶ
πλειόνων τίθεται. **A**

ex.   **314—6.** αὐτὰρ ἐγὼν ἐρέω, ὡς μοι δοκεῖ εἶναι ἄριστα·/ 75
οὔτ' ἐμ⟨έγ'⟩ 'Ατρείδην ⟨'Αγαμέμνονα⟩ πεισέμεν οἴω / οὔτ'
ἄλλους Δαναούς: τὸ καλὸν καὶ ἐλεεινὸν τῶν λόγων 'Οδυσσέως
ἐξέκοψεν· καὶ τὸ μὲν κεφάλαιον τῆς ἀντιρρήσεώς ἐστι τὸ μὴ πεισθή-
σεσθαι τοῖς λεγομένοις. ἀλλ' ἐπεὶ τὸ ἀτιμασθὲν ἀπλήρωτον πρὸς ἀγα-
νάκτησιν, ἀνθέλκεται πρὸς μῆκος λόγων. **b(BCE³E⁴) T**   80

Did.(?)   **314.** ⟨ὡς μοι δοκεῖ εἶναι ἄριστα:⟩ ἐν ἄλλῳ „ὡς καὶ τετελε-
σμένον ἔσται". **A**^int

391, 5, Ph., Su. τ 1100)   **312—3** — 'Οδυσσέως (63) cf. Porph. 2, 1, 1; Eust.
751, 33; vide Plat. Hipp. min. 365 b 4; Schrader, Porph. Quaest. Hom. I (Lip-
siae 1880) p. 387. Vide ad Ι 314—6   τὸ δὲ ἄλλο (63) sq. ad Ι 313 (Aristor..);
vide ad Ν 64 (ex.)   **312** — ἄπρακτον (67) cf. sch. λ 489   τὸν θάνατον (67)
cf. D   διὰ τὸ ἄπρακτον (67) cf. Buehler, Beiträge 40   **313** Su. ε 3292:
ἕτερον· "Ομηρος· ὅς χ' ἕτερον — εἴπη. ἐνταῦθα δοκεῖ — τίθεται, ad Ι 473.
Ν 64 a, sim. ad Μ 93. Ζ 272. Π 179 (Ariston.), cf. sch. η 126 (= Porph.[?]
2, 67, 1), κ 354, Eust. 752, 28. 1573, 48; sch. Theocr. 7, 36 b, Amm. 30. 198
314—6 vide ad Ι 312—3   **314** de origine v. l. (ὡς μοι δοκεῖ εἶναι ἄριστα) vide

60 le. (= A^cont) add. Bk.   γράφ. cp. (γρ) in A   61 sq. le. T supplevi (χ' add.
Ma.)   62 (le.) κεύθει T em. Ma.   66 le. T, ἀΐδαο πύλησιν: A, om. **b**   ὅτι
πλέον A   68 γονεῖς A   68 sq. σέβοι τοὺς τὸ ζῆν om. T   69 κακῶν AT
71 le. οἵ χ' ἕτ. μὲν κεύθηι· A em. et suppl. Vill.   ὅτι A ἐνταῦθα Su., ἡ διπλῆ,
ὅτι Vill.   72 τὸ ἕτερον A suppl. Lehrs, τὸ δυϊκόν Su.   73 ἄλλος Su.   75—7
le. T suppl. Ma., om. **b** (qui sch. ad Ι 315 revocavit)   77 καλὸν καὶ om. **b**   78
ἐξέκοψε **b**   79 πρὸς] εἰς C   80 εἰς μῆκος ἐξέλκεται λόγων **b**   81 le. add.
Vill.   81 sq. ὡς καὶ τ. ἔσται = vulg.

316 a. οὔτ' ἄλλους Δαναούς: πρὸς τὸ „εἰ δέ τοι Ἀτρείδης *ex.*
μὲν ἀπήχθετο, σὺ δ' ἄλλους περ ⟨Παν⟩αχαιούς" (cf. I 300—1)· ἀνέ-
85 τρεψεν οὖν καὶ ταύτην τὴν στάσιν. τάχα δὲ καὶ βουλόμενος εἰπεῖν
'οὔτε ὑμεῖς πείσετε οἱ πρέσβεις', εὐπρεπῶς τῷ κοινῷ ὀνόματι τῶν
Ἑλλήνων αὐτοὺς περιέλαβεν. καλῶς δὲ οὔ φησιν 'οὐκ ἐλεῶ αὐτούς',
ἀλλ' 'οὐ πείσουσί με' (cf. I 315). b(BE³E⁴) T

b. ἐπεὶ ⟨οὐκ⟩ ἄρα τις χάρις ἦεν: πρὸς τὸ „οἵ ⟨κέ⟩ σε *ex.*
90 ⟨δωτίνῃσι⟩ θεὸν ὡς τι⟨μή⟩σουσιν" (I 297). χάρις οὖν ἡδονή. T

317. ⟨μετ' ἀνδράσιν:⟩ Ἀρίσταρχος „ἐπ' ἀνδράσι". AⁱᵐAⁱⁿᵗ *Did.*

318 a. ⟨ἴση μοῖρα:⟩ παρ' ὑμῖν δηλονότι. Tⁱˡ *ex.*

b. ἴση μοῖρα μένοντι, καὶ εἰ μάλα τις πολεμίζοι: τοῦτο *ex.*
μάλιστα τοὺς χρηστοὺς λυπεῖ, ὅταν μὴ κατ' ἀξίαν τιμῶνται. b
95 (BCE³E⁴) T   ἔφυγε δὲ τὸ ὁμοειδές· οὐ γὰρ εἶπε 'πολεμίζοντι'. T

319 a. ⟨ἐν δὲ ἰῇ τιμῇ ἠμὲν κακὸς ἠδὲ καὶ ἐσθλός:⟩ ἐν δὲ τῇ *ex.*
1 αὐτῇ τιμῇ καὶ ὁ δειλὸς καὶ ὁ ἀνδρεῖος. Aⁱⁿᵗ

b. ἐν δὲ ἰῇ τιμῇ ⟨ἠμὲν κακὸς ἠδὲ καὶ ἐσθλός⟩: ἀλλάξας *ex.*
τὸ ὄνομα τὸ αὐτὸ εἶπεν. T

320. κάτθαν' ὁμῶς ⟨ὅ τ' ἀεργὸς ἀνὴρ ὅ τε πολλὰ ἐορ- *ex.*
5 γώς⟩: ὅρον οὐκ ἔχει κατηγορίας θυμός. τοῦτο δὲ πρὸς τὸ „τύμβον δ'
ἀμφὶ πυρήν" (Η 336)· οὐ γὰρ πρὸς τὰς πράξεις ὁ τάφος. b(BCE³E⁴) T

Valk II 311   316 a στάσιν (85) ad I 300 a   τῷ κοινῷ (86) — περιέλαβεν (87)
cf. Eust. 752, 40   318 b — τιμῶνται (94) cf. Aristot. pol. 2, 7 p. 1267 a 1   ἔ-
φυγε δὲ (95) sq. cf. Eust. 753, 23   319 a cf. D   b cf. Eust. 752, 52 (qui
spectat ad versus I 318—20: τὸ αὐτὸ νόημα μεταχειρίζεται καὶ τρισάκις αὐτὸ
στρέφει παραφράζων καὶ μεταποιῶν ἐν σχήματι ἐνδιαθέτου γοργότητος κτλ.), pau-
lo aliter ib. 753, 34   320 — θυμός (5) cf. Eust. 752, 61; vide ad A 287—9 a

83 le. Vill., οὔτ' ἄλλους ἀχαιούς T, om. b   84 ἀπήχθετο κηρόθι μᾶλλον / αὐτὸς καὶ
τοῦ δῶρα, σὺ δ' ἄλλους Hom.   περ ἀχαιούς b supplevi, om. T   86 οὔτε T ὅτι
οὔτε b, οὐδὲ Bk.   86 sq. ὀνόματι post ἑλλ. b   87 συμπεριέλαβε καὶ αὐτούς b,
fort. rectius   δὲ οὐκ εἶπεν b, nescio an melius   89 le. T suppl. Ma.   89 sq. οἵ σε
θ. ὡς τίσουσιν T suppl. Ma.   91 le. add. Bk.   92 le. add. Ma., μένοντι add. Vᶜ,
Bk. (improbabiliter)   94 μάλ. E⁴T μάλιστα γὰρ BCE³   95 ἔφυγε — πολ. cum
scholio a (v. δηλονότι) coni. Bk., haud inepte   δὲ Bk., γὰρ T   96 le. add. Vill.
2 le. T supplevi   3 τὸ ὄνομα h. e. τιμῇ dicens pro μοῖρα   τὸ αὐτὸ sc. idem
atque in versu praecedenti   4—6 pone sch. I 321 b in T   4 sq. le. T supplevi
(auctore Vill.), om. b   6 πυρήν ἕνα χεύομεν ἐξαγαγόντες Hom. (ad totum ver-
sum scholiastam spectasse censeo)   πρός om. b

Hrd.　　**321 a.** {οὐδέ τί μοι} περίκειται: ὁ Ἀσκαλωνίτης (p. 50 B.)
δύο ποιεῖ, ,,περί" εἶτα ,,κεῖται", καὶ προπερισπᾷ· σημαίνει δέ, φησί,
τὸ περισσῶς κεῖται. εἰσὶ δὲ οἳ ὑφ' ἓν ἀναγινώσκουσι περίκειται ὡς
ἀντίκειται, οἷς συγκατατίθεμαι· τί γάρ ἐστι τὸ κωλῦον καὶ ἐν τῇ συν- 10
θέσει τὸ αὐτὸ νοεῖν; A

ex.　　　　*b.* περίκειται: περισσὸν τῶν ἄλλων ἀπόκειται. b(BCE³E⁴)
T

ex.　　**321—32.** ἐπεὶ πάθον ἄλγεα ⟨θυμῷ / ——— / Ἀτρείδη⟩: διὰ
μὲν τοῦ πάθον ἄλγεα (321) τὸ ἐπίπονον ἑαυτοῦ παρίστησι, διὰ δὲ 15
τῆς μάστακος (cf. 324) τὸ κηδεμονικόν, διὰ δὲ τοῦ ἀγρυπνεῖν καὶ νύ-
κτας οὐκ ὀλίγας (cf. 325) τὴν πρόνοιαν καὶ ἐπιμέλειαν, διὰ δὲ τοῦ
τὰ ποριζόμενα ἐκ τῆς μάχης ἐπὶ τὸν βασιλέα ἅπαντα ἀναφέρειν (cf.
331—2) τὸ ἐλεύθερον τῆς ψυχῆς, διὰ δὲ τῶν πόλεων, ὧν ἐχειρώσατο
(cf. 328—9), τὸ ἀνδρεῖον ἑαυτοῦ φησιν. b(BCE³E⁴) T　　　　　 20

Did.　　**322.** ⟨πολεμίζειν:⟩ οὕτως Ἀρίσταρχος πολεμίζειν κατὰ τὸ
ἀπαρέμφατον. Aⁱⁿᵗ

ex.　　**323 a.** ὡς δ' ὄρνις ἀπτῆσι ⟨νεοσσοῖσι προφέρησι⟩: εἰς τὸ
ἐπιδεικτικὸν ἐρχόμενος διὰ τῆς κηδεμονίας αὔξει τὴν ῥώμην, τοσοῦ-
τον προὔχειν φάσκων Ἑλλήνων ὅσον μήτηρ νεοσσῶν. b(BCE³E⁴) 25
T　　εὖ δὲ τὸ μηδὲν τῶν τετραπόδων λαβεῖν εἰς τέκνου φιλοστορ-
γίαν· ταῦτα γὰρ τρέφοντα τῷ γάλακτι οὐδὲν ἧττον ὠφελεῖται τῶν
τρεφομένων· εἰ γὰρ μὴ ἀμελχθείη, καὶ ἀνιᾶται· ,,οὔθατα γὰρ σφαρα-
γεῦντο" (ι 440). ἡ δὲ ὄρνις τὴν ἑαυτῆς τροφὴν εἰς τοὺς νεοσσοὺς ἀνα-
λίσκει· ὅθεν καὶ πιθανῶς ἐπήνεγκε τὸ ,,κακῶς δέ τέ οἱ πέλει αὐτῇ" (I 30
324). εὖ δὲ καὶ τὸ ἀπτῆσιν· οἱ γὰρ πετόμενοι, κἂν ὀλίγον, προσπο-
ρίζονται. b(BE³E⁴) T　　καὶ διὰ τὸ περιϊέναι (cf. I 326—9) καὶ
ληζόμενον πάντα φέρειν (cf. I 330—2) ⟨✳✳✳⟩. T

ex.　　　　*b.* προφέρησι: ὡς τὸ ,,οἱ δὲ προπεσόντες ἔρεσσον" (μ
194). T　　　　　　　　　　　　　　　　　　　　　　　　 35

---

321 a περισσῶς (9) ad B 831 (Hrd.)　　b cf. D, Eust. 753, 37　　**322** πολεμίζειν
,,alii opinor πολεμίζων" Wolf, Proll. 187 n. 28　　**323** a εὖ δὲ τὸ μηδὲν (26) —

---

7 (le.) οὐδέ τί μοι eiecit Bk.　　10 κωλύων A em. Vill.　　12 le. Bk., οὐδέ τι μοι
περίκειται (le. et sch. pone sch. I 319 b posita sunt) T, om. b　　14 le. T supplevi,
om. b (scholio ad I 321 relato)　　15 μὲν T μὲν οὖν b　　αὐτοῦ b　　17 τὴν om. C
18 πάντα b　　20 τὸ ἑαυτ. ἀνδρ. b　　φησιν om. b　　21 le. add. Bk.　　23 le. T
supplevi (auctore Vill.), om. b; (le.) ἀπτῆσι Ma., fort. recte　　26 τέκνων Ma., τὴν
τέκνου Vill., utrumque inutile　　27 sq. ὠφελ. post τρεφ. E⁴　　28 εἰ γὰρ — ἀνιᾶται
T αἱ γὰρ ἀνάμελκτοι καὶ νοσώδεις b　　γὰρ² T γάρ φησι b　　29 νεοττοὺς b
30 δέ τέ T δ' ἄρα b　　31 ἀπτῆσι Hom.　　33 ληζόμενος ci. Wil.　　lac. ind.
Wil. verba ὄρνει ἑαυτὸν παραβάλλει supplens

324 *a*. ⟨μάστακ':⟩ ὅτι οἱ Γλωσσογράφοι μάστακα τὴν ἀκρίδα, *Ariston.*
δέον μάσημα καὶ βρῶμα. ἐνίοτε δὲ καὶ αὐτὸ τὸ στόμα ὁμωνύμως, κα-
θάπερ χοίνικα τὸ μετροῦν καὶ τὸ μετρούμενον· „ἀλλ' 'Οδυσσεὺς ἐπὶ
μάστακα χερσὶ πίεζεν" (δ 287). **A**

40   *b*. ⟨μάστακ':⟩ Νίκανδρος (th. 802) τὴν ἀκρίδα. ὁμώνυμος   *ex.(Ariston.?)*
⟨δὲ⟩ τῷ στόματι, ὡς καὶ χεῖλος. **T**ⁱˡ

     c.¹ κακῶς δέ τέ οἱ πέλει αὐτῇ: διὰ τοῦ „ἄρα" γράφουσι   *Did.*
καὶ αἱ 'Αριστάρχου, „κακῶς δ' ἄρα οἱ πέλει αὐτῇ". αἱ δὲ εἰκαιότεραι
κακῶς δέ τέ οἱ πέλει αὐτῇ. **A**

45   *c*.² 'Αρίσταρχος „κακῶς δ' ἄρα οἱ". **A**ⁱⁿᵗ

     d. κακῶς δ' ἄρα οἱ πέλει αὐτῇ: ἵνα ἡ εὐεργησία μὴ ἐξ   *ex.*
ἀκινδύνου περιουσίας προσεῖναι δοκῇ. **T**

325 *a*.¹ ἴαυον: ἐμονομάχουν. | παρὰ τὸ αὔω τὸ κοιμῶμαι | ἢ   *ex. | Or. | ex. |*
παρὰ τὴν ἴαν τὴν μίαν. | ἢ διετέλουν. **A**   *D*

πέλει αὐτῇ (30) cf. Eust. 753, 44   **324** nullum signum ante versum in A, fort.
neglegentia scribae   *a* cf. sch. δ 287. ψ 76 (Ariston.); Or. 98, 20 (unde EM.
574, 223), partim ex Aristonico; He. μ 347 (Diog.), Melet. 99, 13   οἱ Γλωσ-
σογράφοι (36) cf. Lehrs Ar.³ 37   ἀκρίδα (36) cf. sch. Nic. th. 802, Et. Gen.
βροῦχος (= EM. 216, 7), sim. Soph. fr. 650 N.² (= 716 P.) in Ph. 248, 18, Eust.
1496, 53 (ῥητ. λεξ, vide Ael. D. μ 9)   μάσημα (37) — μετρούμενον (38) brevius
Su. μ 255 (μάστακα . . . λέγεται καὶ τὸ στόμα καὶ τὸ μάσημα· ὁμωνύμως κτλ.)   μά-
σημα (37) Synag. (Ba. 295, 23, Ph., Su. μ 255), cf. Schem. Hom. 76   στόμα
(37) et ἀλλ' 'Οδυσσεὺς (38) sq. cf. Eust. 753, 63; vide Poll. 2, 98: ὑπὸ δὲ ἐνίων . . .
κέκληται καὶ μάσταξ (sc. τὸ στόμα), ὃ καὶ "Ομηρόν φασι δηλοῦν λέγοντα „ἀλλ'
'Οδυσσεὺς ἐπὶ μάστακα χερσὶ πίεζεν". καὶ μέντοι καὶ τὸ „μάστακ' ἐπεί κε λάβῃσι"
'μάστακι' φασὶν εἰρῆσθαι, ἵν' ᾖ ἐπειδὰν λάβῃ τῷ στόματι   στόμα (37) cf. Ap. S.
110, 2: μάσταξ· τὸ στόμα· „μάστακ' ἐπεί κε λάβῃσι". τὸ δὲ πλῆρες 'μάστακι'
Neque Pollucis neque Apollonii Soph. interpretationibus in scholiis, quae hodie
legimus, quicquam respondet; vide et Leaf ad l.   χοίνικα (38) — μετρούμενον
ad Φ 502 (Ariston.)   *c* cf. Valk II 609   **325** diple ante versum in A, fort.
erat sch. Aristonici de v. ἴαυον, ad Τ 71 (Ariston.), cf. Wismeyer 23   *a* παρὰ
τὴν ἴαν (49 et 50) cf. Orionem in Et. Gen. (AB) ἰαύων (vide test. ad sch. *a*¹ ex-
scripta)   *a*¹ παρὰ τὸ αὔω τὸ κοιμῶμαι (48) cf. Or. in Et. Gen. (AB) ἰαύων·
κοιμώμενος, παρὰ τὸ αὔω καὶ πλεονασμῷ τοῦ ῑ ἰαύω. ἢ παρὰ τὸ ἴον, ὃ δηλοῖ τὸ (B,
τόν A) μόνον· ἰάω τὸ μονάζω καὶ πλεονασμῷ τοῦ ῡ ἰαύω . . . 'Ωρίων, Beiträge 100   παρ-
ρὰ τὸ αὔω (48) est doctrina Herodiani, cf. Hrd. παθ. (2, 172, 8) in Et. Gen.
(AB) ἰαύων (post locum modo laudatum)   κοιμῶμαι (48) cf. Ap. S. 89, 27   δι-

---

36—9 pone sch. *c*¹ in A, trps. Bk.   **36** le. addidi (auctore Vill.), cf. Su.   ὅτι A,
fort. ἡ διπλῆ, ὅτι   **37** sq. καθάπερ Frdl., καθάπερ τὸ A, ὡς Su.   **38** τὸ¹ A
καὶ τὸ Su.   μετροῦν Frdl., μέτρον A   **39** πίεζε Hom.   **40** le. addidi (auc-
tore Ma.), μάστακ', ἐπεί κε· add. Vᶜ   ὁμών. scripsi, ὁμωνύμως T   **41** δὲ add.
Nickau   **42** le. Vill., μάστακ' ἐπεί κε λάβησι: A   **42** sq. γράφουσιν αἱ
Vill., fort. melius   **43** κακῶς — αὐτῇ Vill., οὕτως δέ A; οὕτως δὲ ante καὶ αἱ ἀρ.
trps. Ldw.; possis l. 42—3 sic scribere κακῶς δ' ἄρα οἱ πέλει αὐτῇ: οὕτω διὰ
τοῦ ἄρα γράφουσιν αἱ ἀριστάρχου (αἱ δὲ sq.)   **44** αὐτή A em. Vill.   **48—9**
pone sch. Ӏ 327 *b*² in A, trps. Vill.

ex.　　　*a*.² ἐμονομάχουν· παρὰ τὴν ἴαν. Tⁱˡ

ex.　326 *a.* ἤματα δ᾽ αἱματόεντα ⟨διέπρησσον πολεμίζων⟩:
διὰ φόνων ἦν ὁ βίος, οὐ δι᾽ ἐμὴν ἡδονήν· „οὐ γὰρ ἐγὼ Τρώων ἕνεκ᾽
ἤλυθον" (A 152), ἀλλὰ διὰ τὸ γύναιον Μενελάου· τοῦτο γὰρ δηλοῖ
τὸ „ὄαρων ἕνεκα σφετεράων" (1 327). ἢ τολμηρῶς πολεμῶν πρὸς ἄν-
δρας ὑπὲρ παίδων καὶ γυναίων ῥιψοκινδύνως ἀγωνιζομένους. b 55
(BCE³E⁴) T

ex.　　　*b.* ⟨αἱματόεντα:⟩ ἐν αἵματι ἢ ἐν μόχθῳ. Aⁱⁿᵗ

Ariston.　327 *a.* ⟨ὄαρων:⟩ ὅτι ὄαροι αἱ τῶν ἀνδρῶν καὶ γυναικῶν ὁμι-
λίαι. νῦν δὲ λέγει τῶν γυναικῶν. Aⁱⁿᵗ

ex.　　　*b.*¹ ὄαρων {ἕνεκα}: γράφεται καὶ „ὠρέων". ὄαρων μὲν 60
†τοὺν ἄορσιν†, ὅ ἐστι τῶν γυναικῶν τῶν αἰχμαλωτίδων, παρὰ τὸ
ἄορ, ὅ ἐστι ξίφος, ὅτι διὰ πολέμου καὶ αἰχμῆς καὶ φασγάνου ἐλήζοντο.
„ὠρέων" δὲ τῶν συμβίων παρὰ τὸ ξυνωρεῖν, ὅθεν καὶ ξυνωρίδας τὰς
συζυγίας τῶν ἵππων φαμέν. T

　　　*b.*² ὄαρων: γράφεται καὶ „†ὀρέων†". ἐν δὲ ἐξ ἀμφοτέρων τὸ 65
σημαινόμενον, τῶν γυναικῶν. ὄαρων μὲν ἀπὸ τοῦ ὀαρίζειν, „ὠρέων"
δὲ ὡς ἄν τις εἴποι συναόρων, ἀπὸ τοῦ συνωρεῖν, καθὸ καὶ συνωρίδας
ἐπὶ τῶν ἵππων. A

ετέλουν (49) cf. Eust. 754, 3; Bechtel Lex. 171　　**326** *a* τοῦτο γὰρ (53) —
σφετεράων (54) cf. Eust. 754, 16　　ἢ τολμηρῶς (54) sq. auctor huius sententiae
pro μαρνάμενος legisse videtur μαρναμένοις (= Ald.)　　**327** *a* ad X 128 (Ariston.),
cf. sch. *b*¹; vide ad E 486 *b*. X 127 (ex.)　　αἱ τῶν ἀνδρῶν (58) sq. cf. sch. Ap. Rh.
1, 45—47 f　　(τῶν) γυναικῶν (58) = D, cf. D ad X 127　　*b* cf. Eust. 754, 24;
Valk I 431 (qui Cobetio assentitur); de v. l. ὠρέων num iam Didymus disserue-
rit, ambigitur　　ὠρέων δὲ (63. 66) sq. cf. Or. 169, 2 (ex Orione Et. Gen. ὤρεσσι
= EM. 823, 37, cf. Et. Gud. 580, 53): ὦρες· . . . ἀπὸ τοῦ ὀαρίζειν ἢ συναρηρέναι
ἀνδρί (Larcher, ἢ συναρ. ῥεσσία cod. Or., ἀπὸ τοῦ ὁμοῦ ἀρηρέναι καὶ συνηρμόσθαι
ἀνδρί EM.)· ἔνθεν καὶ συνωρίς, παρὰ τὸ συνηρμόσθαι. ἔστι δὲ ὄαρ καὶ ὑπέρθεσις ἄορ
καὶ (καὶ EM., om. cod. Or.) συναλοιφῇ ὦρ, in sede scholiorum; sim. Or. 114, 24
(Et. Gen. = EM. 823, 40), cf. Or. in Et. Gen. (AB) ἄωρες (brevius Or. 17, 25)　　πα-
ρὰ τὸ ξυνωρεῖν (63, resp. ἀπὸ τοῦ συνωρεῖν, 67) sq. cf. D ad E 486　　*b*² ἀπὸ

51 le. T suppl. Ma., om. b　　52 φόνον T　　ἐμὴν T ἐμὴν δὲ b　　53 ἦλθον T　　μεν.]
μενˬ | ἐλαου C ἀγαμέμνονος T　　53—5 τοῦτο γὰρ sq. cf. test.　　54 τὸ ὄαρων b ὁ
ἄρων T　　πολ. T φησὶ πολεμῶν b　　57 le. addidi　　58 le. addidi (auctore
Vill.)　　ὅτι ἄροι (ipse delevit) ὅτι ὄαροι A, ἡ διπλῆ, ὅτι ὄαροι Vill.　　59 τῶν γυν.
sc. ἕνεκα　　60 (le.) ἕνεκα delevi　　ὠρέων cf. sch. *b*²　　61 συναόρων Valk (cf.
sch. *b*²), malim ὡς ἀόρων (cf. sch. ρ 222, He. α 5678)　　65—8 pone sch. 1 324 *a* in
A, trps. Vill.　　65 le. ὁ ἄρων: A em. Vill.　　voluit ὠρέων (cf. sch. *b*¹), ἀόρων
Cob. (contra veriloquium in scholiis *b*¹ et *b*² usurpatum)　　ἐν Bk., αἱ A　　66 ὁ
ἄρων A em. Vill.　　ὠρέων A, ἀόρων Cob. (improbabiliter)　　68 ἐπὶ del. Ddf.

328. δώδεκα δὴ σὺν νηυσὶ ⟨πόλεις ἀλάπαξ᾽ ἀνθρώπων⟩: *ex.*
70 ἐντέχνως τὰς πράξεις ἐπάγει, πίστιν τοῖς προειρημένοις (sc. I 321—7)
φέρων. εὖ δὲ καὶ τὸ μὴ κατ᾽ ἄνδρα τὰ πραχθέντα φράζειν, ἀλλὰ κατὰ
πόλεις καὶ ταύτας ἀθρόας. ἅμα δὲ καὶ συμπληροῖ τὴν ὑπόθεσιν.
Σηστὸν δὲ καὶ Ἄβυδον οὐ πορθεῖ ὡς ἠσφαλισμένας· λαφύρων γὰρ
ἔδει, οὐ κατορθωμάτων. b(BCE³E⁴) T
75 329. ⟨πεζὸς δ᾽ ἔνδεκά φημι:⟩ ὡς ἐν ἀμφισβητησίμῳ διορίζε- *ex.*
ται. Tⁱˡ

332. ὁ δ᾽ ὄπισθε μένων: ἐμοῦ ἀποδημοῦντος. τὴν δειλίαν δὲ *ex.*
Ἀγαμέμνονος ἐμφαίνει τὸ ὄπισθε. b(BCE³E⁴) T

333 *a.* δεξάμενος διὰ παῦρα δασάσκετο, πολλὰ δ᾽ ἔχε- *ex.*
80 σκεν: ἀμφοτέρωθεν ηὔξηται ἡ ἀχαριστία τοῦ βασιλέως, ὅτι τοιαῦτα
καὶ τοσαῦτα λαβὼν καὶ βραχὺ δοὺς γέρας τῷ κομίσαντι καὶ τοῦτο
ἀφῄρηται. b(BCE³E⁴) T

⟨δεξάμενος διὰ παῦρα δασάσκετο:⟩ †ὁ δὲ† λαμβάνων D
ὀλίγα διένειμε καὶ ἐδίδου. Aⁱⁿᵗ

85 *b.* πολλὰ δ᾽ ἔχεσκεν: τεχνικῶς ἐνδείκνυται ὅτι καὶ τὰ νῦν *ex.*
αὐτῷ διδόμενα δῶρα μέρος ἐστίν, ὧν Ἀγαμέμνων παρ᾽ αὐτοῦ λαμ-
βάνων ἀδίκως ἐσφετερίσατο. b(BCE³E⁴) T

334—6. ἄλλα δ᾽ ἀριστήεσσι δίδου ⟨γέρα⟩ καὶ βασιλεῦσι· *ex.*
/ τοῖσιν δ᾽ ἔμπεδα κεῖται, ἐμοῦ δ᾽ ἀπὸ μούνου Ἀχαιῶν /
90 εἵλετο: ἐπιφθόνως φησί ‘τοῖς ἄλλοις ἐφύλαξε τὰ γέρα, ἐμοὶ δὲ οὔ,
b(BCE³E⁴) T δι᾽ οὗ καὶ αὐτοὶ ἐλάμβανον’. T εὐπρεπῶς δὲ
οὐκ εἶπεν ‘ὑμῖν’. ἄτοπον δέ, εἰ πολλὰ μὲν ἔχων, μικρὰ δὲ παρέχων
οὐδὲ ἐπ᾽ ἴσης τῶν ἄλλων ἐᾷ αὐτῷ τὰ δοθέντα. b(BCE³E⁴) T

τοῦ ὀαρίζειν (66) ad E 486 *b*, cf. Eust. 573, 22   328 nullum signum ante ver-
sum in A; tamen Friedl. (Ariston. p. 162) suspicatus est fuisse notam Aristonici
de v. πτολίπορθος, Achillis epitheto, quod versibus I 328—9 facile probari potest,
ad O 56 *a*. Φ 550 (Ariston.), vide ad Φ 371—2 (ex.)   ἐντέχνως (70) — φέρων (71)
cf. Aristid. or. 28, 16 (= II p. 146, 18 K.)   ἀλλὰ κατὰ πόλεις (71) — ἀθρόας (72)
cf. Strab. 13, 1, 7 (p. 584)   329 Ge: ⟨κατὰ Τροίην·⟩ (le. add. Nicole) ἴσας τῇ
Τροίᾳ· ἢ κατὰ τὴν Τροίαν κειμένας, originis incertae, fort. sch. classis h   332

69 le. T supplevi, om. b   71 φέρων om. T   72 καὶ τ. ἀθρόας om. b   75
le. addidi (ἔνδ. φημι iam Vᶜ)   77 ἀποδημ. T φησὶν ἐκδημοῦντος b   78 τὸ ὄπισθεν
ἐμφ. b   80—2 ἀμφ. δὲ ηὔξ. sq. coni. cum scholio praecedenti (v. ἐμφαίνει) b   80
τοῦ βασ. T αὐτοῦ b   81 καὶ¹ (ante τοσαῦτα) absc. E⁴ (hab. Le)   τοῦτο T τοῦτο
ὕστερον b   83 le. addidi   ὁ δὲ A ὅλα D, exspectes πολλὰ   86 εἰσὶν b   86 sq.
παρ᾽ αὐτοῦ sq. T ἐσφετερίζετο παρ᾽ αὐτοῦ λαμβάνων ἀδίκως b   88—90 le. T
suppl. Ma., om. b   (le.) τοῖσιν δ᾽ . . . ἐμοῦ T, τοῖσι μὲν . . . ἐμεῦ Hom.   90—3
ἐπιφθόνως δὲ sq. pone sch. I 336 *b* (coni. cum v. θυμαρέα) b   90 φησὶ b ἢ
T   τοῖς μὲν b   91 οὗ Wil., ὧν T   δὲ om. T   92 μὲν om. T   93 τὰ T τὰ
κοινῇ b

ex. **335—6.** ἐμεῦ δ' ἀπὸ μούνου Ἀχαιῶν ⟨/ εἵλετ'⟩: καλὰ τὰ
μετὰ τὴν καταρίθμησιν τῶν κατορθωμάτων. **Τ** 95

ex. **336** *a.* ⟨εἵλετ', ἔχει δ':⟩ γράφεται δὲ καὶ „εἵλετ' ἔχειν" ἀντὶ τοῦ 1
ἠθέλησεν, ὅπερ ὁ Ἡρωδιανὸς ἀποδέχεται ὡς ἄμεινον. **b**(BCE³E⁴)

ex. *b.* ⟨ἄλοχον θυμαρέα:⟩ ηὔξησε τὴν ὕβριν ἄλοχον αὐτὴν
εἰπὼν καὶ θυμαρέα. **b**(BCE³E⁴) **Τ**

D | Hrd. *c.* θυμαρέα: τῇ ψυχῇ ἀρέσκουσαν, θυμήρη. | σύνθετον δέ 5
ἐστι παρὰ τὸ ἄρω θυμαρής, ὀξυτόνως. καὶ οὕτως ἀνέγνωμεν „Εὔμαιος
δ' ἄρα οἱ σκῆπτρον θυμαρές" (ρ 199) διὰ τοῦ ᾱ· οὐ γάρ ἐστι παρώ-
νυμον διὰ τοῦ ῆρης· τὰ γὰρ διὰ τοῦ ῆρης καὶ ωδης παρώνυμα βαρύ-
νεται, ξιφήρης ὀλιγήρης τοξήρης ὀνώδης καὶ βοώδης. **Α**

ex. *d.* τῇ παριαύων: οὐ συνιαύων, διὰ τὸ βίαιον· φησὶ γοῦν 10
„δμωῇσι δὲ γυναιξὶ †παρευνάζεσθαι† βιαίως" (χ 37). **b**(BCE³E⁴) **Τ**

ex. **337—9.** τί δὲ δεῖ πολεμιζέμεναι Τρῶες⟨σ⟩ι⟨ν/ Ἀργείους;⟩
τί δὲ λαὸν ἀνήγαγεν ⟨ἐνθάδ' ἀγείρας/⟩ Ἀτρείδης; ἢ οὐχ
Ἑλένης ἕνεκα: πρακτικὸς ὁ λόγος, δεικνὺς τὸν Ἀγαμέμνονα ἢ
ἀσύνετον ἢ ἄδικον· εἰ μὲν γὰρ μικρὸν ἡγεῖται τὸ ἀδικηθῆναι περὶ γυ- 15
ναῖκα, πολεμεῖν οὐκ ἔδει περὶ Ἑλένης· ἀσύνετος οὖν ἐστι περὶ μικρᾶς

sim. Eust. 754, 42 **335—6** cf. Eust. 754, 56 **336** *a* recens esse sch. con-
tendit Valk I 171: tamen conicere licet v. l. antiquam Herodiano temere esse
attributam *b* cf. Eust. 754, 59; — εἰπών (4) cf. Dachs 31 *c* — ὀνώδης
(9) Et. Gen. (AB) θυμαρέα, fort. ex hyp. Iliad.; vide Bechtel, Lex. 109; — θυμήρη
(5) cf. Eust. 754, 61 τὰ γὰρ διὰ τοῦ ῆρης (8) sq. cf. Arcad. 27, 23. 135, 3
337—9 cf. sch. Aesch. Eum. 586 πρακτικὸς ὁ λόγος (14) de t. t. rhetorico vide

─────────

94 le. T supplevi, fort. rectius ἐμεῦ δ' ἀπὸ μ. ἀχ. ⟨—θυμαρέα⟩: καλὰ] καίρια?
Nickau τὰ Τ, fort. ταῦτα **1** le. addidi γράφ. scripsi, γράφεται δὲ
pone sch. I 334—6 (coni. cum v. δοθέντα) **b** **2** ἠρωδ. susp. **3** le. addidi
(ἔχει δ' ἄλοχον θυμαρέα· iam Li, ἔχει δ' ἄλοχον Vᶜ) **4** εἰπών] καλῶν C **5**
ἀρέσκ. θυμ. Et. Gen. (Α, ὅ ἐστιν ἀρέσκοντα θυμήρη Β), ἀρέσκουσα θυμήρει
Α θυμήρη, ὅ ἐστιν ἀρέσκοντα Et. Gen. **6** ἐστι om. Et. Gen. παρὰ Α,
παρὰ τὸ θυμὸς καὶ Et. Gen. τὸ] τοῦ Et. Gen. (Α) θυμ. ὀξ. scripsi, γίνεται
θυμαρής ὀξυτόνως Et. Gen., θυμαρής Α **6** sq. καὶ οὕτ. — οἱ om. Et. Gen.
7 ἄρα Bk. (= Hom.), ἄρ Α διὰ τοῦ ᾱ] διὰ ᾱ Et. Gen. (Α) **8** ῆρης (utrol
que loco) Α **8** sq. βαρύνονται Et. Gen. **9** οἷον ξιφ. Et. Gen. ὀλιγ. τοξ. om.
Et. Gen. **10** οὐ] οὐκ εἶπε δὲ (pone D) E⁴ γοῦν Τ γοῦν τὸ **b** **11** δμωῇσ
C παρευνάζεσθε Hom. βιαίως Τ ἀνάγκῃ **b** **12—20** pone sch. I 338 in A
12—4 le. T suppl. Ma., ἢ οὐχ ἑλένης ἐνεκ' A, om. **b** (qui sch. ad I 339 revocavit)

αἰτίας πολεμῶν. εἰ δὲ χαλεπὸν καὶ μέγα, πῶς ἅπερ παθὼν ὑπ' ἀλλοφύ-
λων ἀγανακτεῖ, ταῦτα εἰς τοὺς φίλους ποιῶν οὐκ ἀδικεῖν νομίζει;
καὶ πρῶτον μὲν ἀπηρίθμηται τὸ ἀχάριστον, εἶτα τὴν ὕβριν. A
20 b(BE³E⁴)   T

338. τί δὲ λαὸν ἀνήγαγεν ἐνθάδ': ὅτι οὕτως εἴωθε λέγειν   *Ariston.*
ἀναγωγὴν καὶ ἀνάπλουν τὸν ἐκ τῆς Εὐρώπης εἰς τὴν Ἀσίαν πλοῦν,
διὰ τὸ τὰ πρὸς ἄρκτους ὑψηλότερα εἶναι. A

339. ⟨Ἑλένης:⟩ αὐξητικῶς τῇ Διὸς εἴκασε τὴν Βρισηΐδα.   T^il   *ex.*

25   340—3. ἢ μοῦνοι φιλέουσ' ἀλόχους ⸻ περ ἐοῦσαν: τὸ   *ex.*
τοιοῦτον ἐπιμονὴ λέγεται, ὅταν τις ἔχων αἰτίαν ἐπί τινι μὴ φεύγῃ τὸ
ἔγκλημα. καὶ Ἀχιλλεὺς οὖν, ἐπεὶ διαβολὴν εἶχεν ὡς γυναικὸς χάριν ὀρ-
γισθείς, οὐ φεύγων τὴν ὁμολογίαν εἰς τὸ ὅτι δικαίως ἐχαλέπηνεν ἔρχε-
ται, b(BCE³E⁴)   T   καὶ πρῶτον μὲν διέστρεψε δυσαπόκριτον προ-
30 βαλλόμενος ἢ μοῦνοι φιλέουσ' ἀλόχους μερόπων ἀνθρώπων/
Ἀτρεῖδαι; (340—1), εἶτα πανδήμῳ κρίσει τὴν γνώμην ἐπεσφραγί-
σατο· b(BE³E⁴)   T   ἐπεὶ ὅστις ἀνὴρ ἀγαθὸς καὶ ἐχέφρων
(341). b(BE³E⁴)

341. ⟨ἀγαθὸς καὶ ἐχέφρων:⟩ τεχνικῶς τὸ ἄνομον ἰᾶται διὰ τοῦ   *ex.*
35 παρὰ τοῖς σπουδαίοις ἰσότιμον εἶναι τὸν γάμον. b(BE³E⁴)   T

342 a.¹ τὴν αὐτοῦ φιλέει: ὁ Ἀσκαλωνίτης (p. 50 B.) δασύνει,   *Hrd.*
σύνθετον ἐκδεχόμενος τὴν ἀντωνυμίαν ⟨***⟩· διὸ καὶ τὰς τοιαύτας

Anon. fig. 115, 15   **338** ad Γ 48 (Ariston.)   **339** h(M¹ P¹¹): ἢ οὐχ Ἑλένης
(P¹¹, le. om. M¹)· εἰ μὲν περισπῷτο, ἐρωτηματικῶς ἀναγνωστέον, εἰ δὲ μή, κατὰ
†κρεμαστὴν† (fort. διαστολήν), οὐκ ἐρωτηματικῶς, fort. sch. vetus   **340—3**
ἐπιμονὴ (26) cf. Anon. fig. 176, 8; [Longin.] De subl. 12, 2 al.   καὶ Ἀχιλλεὺς
οὖν (27) sq. cf. Eust. 755, 5   δυσαπόκριτον προβαλλόμενος (29) cf. D   εἶτα
πανδήμῳ (31) sq. vide Eust. 755, 22   **340** h(M¹ P¹¹): ἢ μοῦνοι (P¹¹, le. om. M¹)·
τὸ ἢ εἰ μὲν περισπῷτο, ἀντὶ τοῦ ἆρα ἐστίν, εἰ δὲ βαρύνοιτο, σύνδεσμος διασαφητι-
κός, fort. sch. vetus   **342** ad A 271 b (Hrd.), cf. sch. δ 244, Ap. Dysc. pron. 78,

---

17 παθῶν A   ὑπὸ b   18 ποιῶν absc. E⁴ (hab. Le)   19 πρῶτα T   ἀπα-
ριθμεῖται A ὑπέφηνε b   21 le. scripsi (duce Frdl.), ἀργείους τί δὲ λαὸν ἀνίγα-
γον: A, ἀνήγαγεν: Bk.   ὅτι A, ἡ διπλῆ, ὅτι Vill.   24 le. add. Ma. (ἢ οὐχ
ἑλένης add. Vᶜ)   25 le. scripsi, ἢ μοῦνοι φιλέουσ' ἀλόχους T, om. b (ubi sch. ad
v. 340 relatum est)   26 ἔχων αἰτ. T αἰτίαν ἔχων BCE³ ἔχων E⁴   27 ἐπεὶ]
ἐπὶ E⁴   τὴν διαβ. b   28 οὐ — ὁμολογίαν om. b   ἐχαλέπαινεν C   29
διατρέψαι T   29 sq. δυσαπόκριτα προβαλόμενος Ma., vix recte (δυσαπόκριτον
sc. ἐρώτημα)   30 ἢ b ἢ T   30 sq. μερ. ἀνθρ. ἀτρεῖδαι om. T   31 κρίσει
T ψήφῳ b   32 fort. ἐχέφρων, τὴν αὐτοῦ φιλέει καὶ κήδεται (I 341—2)   34
le. add. Ma., ἐπεὶ ὅστις ἀνὴρ add. Vᶜ   34—5 τεχνικῶς δὲ τὸ sq. cum scholio
praecedenti (v. ἐχέφρων) coni. b   35 τῷ γάμῳ Ma. (inepte)   37 lac. stat.
Bk. his verbis explendam νομίζων — ἀντωνυμίᾳ (cf. sch. a²; vide Ludwich, B. ph.
W. 22, 1902, 806), fort. rectius Lehrs qui addit ἀγνοῶν ὅτι ὅμηρος οὐδέποτε
συνθέτῳ κέχρηται ἀντωνυμίᾳ

κατὰ διάλυσιν ἀναγινώσκομεν· „καὶ μαχόμην κατ᾽ ἔμ᾽ αὐτὸν ἐγώ" (Α 271) καὶ „πυκάσασα ἓ αὑτήν" (Ρ 551)· τί οὖν ἔστιν ἐνθάδε λέγειν ἢ ὅτι λείπει ἡ ἕο; ὡς τὸ „ἕο τ᾽ αὐτοῦ πάντα κολούει" (θ 211), οὕτως καὶ 40 ἐνθάδε 'τὴν ἕο αὐτοῦ φιλέει'. Α

*a.*² Πτολεμαῖος δασύνει νομίζων τὸ πλῆρες εἶναι ἑαυτοῦ, ἀγνοῶν ὅτι Ὅμηρος οὐδέποτε συνθέτῳ κέχρηται ἀντωνυμίᾳ. λείπει οὖν ἡ ἕο, ὡς τὸ „ἕο τ᾽ αὐτοῦ". Τ

Hrd.   **343** *a.*¹ δουρικτήτην: δουρικτήτη ὡς „ἀριγνώτη" (ζ 108), 45 ἵνα τοῦ δουρικτήτος παρώνυμον ᾖ· οὕτως γὰρ φιλεῖ σχηματίζειν ὁ ποιητής, ἀμφιρύτη (cf. α 50 al.), περιξέστη (cf. μ 79). Α

*a.*² ὡς ἀμφιρύτη, περιξέστη. Τ^{il}

ex.   **344** *a.* νῦν δ᾽ ἐπεὶ ἐκ χειρῶν γέρας εἵλετο: ὁ νῦν πολλὰ ὑπισχνούμενος καὶ τὸ βραχὺ ἀφήρηται. ὥσπερ δὲ σπινθὴρ κεκρυμμέ- 50 νος ὕστερον τὸ πᾶν τῆς ὕλης καταναλώσας ἔκδηλος γίνεται, οὕτως ὁ ἥρως τοὺς ἐπιπλάστους λόγους ἀποσειόμενος διάδηλος γίνεται. b (BCE³E⁴) Τ

ex.   *b.* ⟨καί μ᾽ ἀπάτησεν:⟩ ἴσως ὑποσχόμενος αὐτὸν ἐντίμως πέμψειν οἴκαδε ἠπάτησεν. b(BCE³E⁴) Τ   55

ex.   **345** *a.* ⟨μή μευ πειράτω εὖ εἰδότος· οὐδέ με πείσει:⟩ τὰ σκυθρωπὰ οὐκ ἐπὶ τὸν Ὀδυσσέα τείνει. Τ^{il}

ex.   *b.* ⟨εὖ εἰδότος:⟩ καλῶς ἐπισταμένου μου ὅτι ἀπατεών ἐστιν. Α^{im}

ex.   **346** *a.* ἀλλ᾽ Ὀδυσσεῦ: οὔτε γὰρ ἔδει Φοίνικα εἰρωνεύεσθαι ὡς 60 τροφέα οὔτε Αἴαντα ὡς ἀνδρεῖον, Ὀδυσσέα δὲ ὡς φυγόντα. b(BCE³ E⁴) Τ

ex.   *b.* ⟨σὺν σοί τε καὶ ἄλλοισιν βασιλεῦσιν:⟩ διὰ τὸ „παρ᾽ ἔμοιγε καὶ ἄλλοι" (Α 174). b(BCE³E⁴) Τ

30, synt. 195, 7. 196, 16   **343** *a*¹ ad Ζ 372 *a* (Hrd.)   περιξέστη (47) cf. Eust. 1714, 16   **346** *a* εἰρωνεύεσθαι (60) ad Ι 348; cf. Anon. fig. 140, 27   φυγόντα (61) cf. Θ 97—8; vide ad Θ 97 *b*   *b* cf. Eust. 755, 33; Anon. fig. 141, 13

---

38 et 39 ἐμαυτὸν et ἑαυτὴν Α dist. Bk.   **39** λέγειν; (λέγειν· Α) edd., at cf. Schneider, Comm. in Ap. Dysc. Scripta min. (= Gramm. Gr. II 1, 2) p. 106   **40** ἕο τ᾽ αὐτοῦ Bk., ἑαυτοῦ Α   **43** λείπει Ma. (cf. sch. *a*¹), λέγει Τ   **44** ἡ ἕο ὡς τὸ ἕο τ᾽ Ma. (cl. sch. *a*¹), ἤέ οἱ μὴ ἵες Τ   **47** ἀμφιρύτη Α em. Bk.   **49** ὁ νῦν om. b   **50** καὶ om. Τ   **51** τὸ Τ δὲ τὸ b   **51** sq. ὁ ἥρως b ἔρως Τ   **52** διάδ. γίν. Τ πεφανέρωται b   **54** le. add. Ma.   **54—5** ἴσως δὲ sq. coni. cum scholio praecedenti in b   ὑποσχώμενος αὐτὸν C αὐτὸν ὑποσχόμενος Ε³   **55** πέμψ. οἴκ. Τ ἀποπέμψειν καὶ μετὰ δόξης νῦν b   **56** le. addidi, μή μευ πειράτω· add. Vᶜ   **58** le. add. Bk. (Vill.)   ἀπαταίων Α em. Vill.   **60** φοιν. ἔδει b   **61** οὔτε μὴν αἴαντα b   **63** le. addidi (σοί τε —ἄλλ. iam Vᶜ)   διὰ Τ τοῦτο δὲ διὰ pone sch. *a* (coni. cum v. φυγόντα) b

65   347 a. φραζέσθω: πρὸς τὸ ἐν Ὀδυσσείᾳ (θ 75) ζητούμενον   *Ariston.*
„νεῖκος Ὀδυσσῆος καὶ Πηλείδεω Ἀχιλῆος", ὅτι ἐμφαίνει καὶ νῦν ἀναι-
ρῶν τὴν ἐπιχείρησιν τῶν περὶ Ὀδυσσέα, λεγόντων βουλῇ καὶ λόγῳ
αἱρεθήσεσθαι τὴν πόλιν· νῦν γὰρ οἷον ἐπισαρκάζων λέγει. **Α**
         b. ⟨ἀλεξέμεναι:⟩ ἀντὶ τοῦ ὅπως ἀλεξήσῃ. **Τ**[il]   *ex.*
70   348. ἢ μὲν δὴ μάλα πολλὰ πονήσατο ⟨νόσφιν ἐμεῖο⟩: εἰρω-   *ex.*
νικὸς ὁ λόγος· ὧν γὰρ καταφρονοῦμεν, ταῦτα αὔξομεν. ἔοικε δὲ τὴν
βουλὴν Νέστορος εὐτελίζειν. **b**(BCE³E⁴) **Τ**
         349—50. καὶ ἤλασε τάφρον ἐπ' αὐτῷ / ... ἐν δὲ σκόλοπας   *Did.*
κατέπηξεν: ἐν τῷ Περὶ Ἰλιάδος καὶ Ὀδυσσείας ὁ Ἀρίσταρχος προ-
75 φέρεται „καὶ ἤλασεν ἔκτοθι τάφρον" (349) καὶ ἐν τῷ ἑξῆς (sc. 350)
„περὶ δὲ σκόλοπας κατέπηξεν". εἰσὶ δὲ οὐκ ἄτοποι αἱ γραφαί. **Α**
         349. καὶ ἤλασε τάφρον ⟨ἐπ' αὐτῷ⟩: ἐξέτεινεν, ἀπὸ τοῦ σιδή-   *ex.* | *Did.*
ρου· ἢ ὤρυξεν, **b**(BCE³E⁴) **Τ**   ἀπὸ τοῦ παρεπομένου. **Τ** | Ἀρί-
σταρχος „καὶ ἤλασεν ἔκτοθι τάφρον". **Α**[im]**Τ**
80   350 a.¹ ⟨εὐρεῖαν, μεγάλην:⟩ βραχὺ διασταλτέον ἐπὶ τὸ εὐ-   *Nic.*
ρεῖα⟨ν⟩ πρὸς ἔμφασιν. **Α**[int]
         a.² ὀλίγη διαστολὴ εἰς τὸ εὐρεῖαν. **Τ**[il]
         b. ἐν δὲ σκόλοπας: Ἀρίσταρχος „περὶ δὲ σκόλοπας". **Τ**   *Did.*
         351—2. ⟨ἀλλ' οὐδ' ὣς δύναται σθένος Ἕκτορος ἀνδροφό-   *ex.*
85 νοιο / ἴσχειν:⟩ οὐχ ὅτι περιγράφειν, ἀλλ' ⟨οὐδ'⟩ ἴσχειν. **Τ**[il]

---

347 a — τὴν πόλιν (68) cf. θ 76—8   τὸ ἐν Ὀδ. ζητούμενον (65) cf. sch. θ 75. 77,
Porph. 2, 72, 19; Lehrs Ar.³ 174; Von der Muehll in: Westöstliche Abhandlungen
(Ad Fontes Mattiacos 1954) p. 2; W. Marg, Das erste Lied des Demodokos, in:
Navicula Chiloniensis, Lugd. Bat. 1956, 16; K. Rueter, Odysseeinterpretationen
(Hypomnemata 19), Gottingae 1969, 250   ἀναιρῶν (66) — πόλιν (68) „i. e.
elevans objecta sibi ab Ulixe, qui consilio et ratione urbem expugnatum iri affir-
maret" (Friedl., Ariston. p. 162)   **348** ad Ι 346 a; — αὔξομεν (71) cf. Anon.
fig. 141, 4; — λόγος (71) cf. Hrd. rhet. fig. 92, 9   ἔοικε δὲ (71) sq. cf. Eust. 755,
35   **349—50** Περὶ Ἰλιάδος καὶ Ὀδυσσείας (74) de titulo obscuro (quem, ni fal-
lor, ipse excerptor invenit) cf. Ludwich, A. H. T. 1, 305, 1 not.   **349** — παρ-
επομένου (78) cf. Valk. I 522; — ὤρυξεν (78) cf. D   ἀπὸ τοῦ σιδήρου (77) cf. e.
g. Μ 296. Υ 270 al.

65—8 pone sch. Ι349—50 in A, trps. Vill.   **65** πρὸς A, ἡ διπλῆ πρὸς Vill.   **66**
sq. ἀναίρων A em. Bk.   **67** ὀδυσσέως A corr. Frdl.   **68** αἱρεθίσεσθαι A em. Bk.,
ἐρεθίσεσθαι Vill.   **69** le. add. Vᶜ   **70** le. Τ supplevi (auctore Vill.), om. **b**
73 sq. le. scripsi, καὶ δὴ τεῖχος ἔδειμε· A   **77** le. Τ suppl. Ma., om. Ab   ἐξέτ.]
fort. rectius ἤλασε· ἐξέτεινεν   post ἐξέτ. interpunxit Bk.   **78** ἢ μᾶλλον
ὤρυξεν **b**   **79** καὶ A δὲ καὶ Τ   **80** le. add. Vill.   **80** sq. εὐρεῖα A suppl.
Bk.   **84** sq. le. add. Ma.   **85** sch. supra v. Ι352 scripsit Τ   οὐδ' add. Ma.

ex.   352—3. ὄφρα δ' ἐγὼ ⟨μετ' Ἀχαιοῖσιν⟩ πολέμιζον, / οὐκ
ἐθέλεσκε μάχην ⟨... ὀρνύμεν Ἕκτωρ⟩: μείζων τείχους Ἀχιλλεύς,
εἴ γε τούτῳ μὲν ἐπαυλίζεται Ἕκτωρ, ἐκεῖνον δὲ ἔφευγε. Ὀδυσσέως δὲ
εἰς Δία φέροντος τὴν αἰτίαν τῆς εὐημερίας τῶν Τρώων Ἀχιλλεὺς ἐπὶ
τὴν αὑτοῦ ἀπουσίαν τρέπει. b(BCE³E⁴) T   90

ex.   353 a. οὐκ ἐθέλεσκε μάχην: ἐθέλεσκε T   ἐδύνατο. καὶ
ἀνάπαλιν „οὔτε τελευτήν / ποιῆσαι δύναται" (α 249—50). b(BCE³
E⁴) T

Hrd.   b. ἀπό {τείχεος ὀρνύμεν}: δύναται τῇ γενικῇ συντάσσεσθαι
καὶ μὴ πάντως σημαίνειν τὸ ἄπωθεν. A   95

ex.   c. ἀπὸ τείχους: τινὲς 'ἐπάνω τοῦ τείχους', ὑπερβολή. εἰ 1
δὲ σημαίνει τὸ ἄπωθεν, βαρύνεται ὡς τὸ ἄνα ἔπι. T

Ariston.   354 a. {ἀλλ' ὅσον ἐς} Σκαιάς τε πύλας: ὅτι πληθυντικῶς εἶπε
τὴν πύλην μίαν οὖσαν. Σκαιαὶ δὲ καὶ Δαρδάνιαι αἱ αὐταί. ἡ δὲ δρῦς
πρὸ τῆς Ἰλίου ἦν. A   5

ex.   b. καὶ φηγὸν ἵκανεν: δύο εἰσὶ φηγοί· ὑφ' ᾗ μὲν ἱερὸν
Διός (cf. H 60), ὑφ' ᾗ δὲ Ἴλου τάφος (cf. Λ 166—7). T

ex.   356 a. νῦν δ' ἐπεὶ οὐκ ἐθέλω: τινὲς εἰρωνικῶς 'οὐ δύναμαι δι'
Ἀγαμέμνονα'· „καὶ δ' Ἀχιλεὺς τούτῳ γε μάχῃ ἐνὶ κυδιανείρῃ / ἔρριγ'
ἀντιβολῆσαι" (Η 113—4). b(BCE³E⁴) T   10

Did.(?)   b. ⟨πολεμιζέμεν:⟩ γράφεται καὶ „πολεμίζειν". Aⁱᵐ

ex.   357—61 a.¹ αὔριον ἱρὰ Διὶ ῥέξας ⟨—————/ νῆας ἐμάς⟩: δι-
δάσκει πρὸ ἁπάσης πράξεως ἡγεμόνας θεοὺς ἐπικαλεῖσθαι. ἵνα δὲ καὶ
μὴ λαθραῖον δοκῇ ποιῆσαι τὴν ἀποπομπήν. πρὸς δὲ τὸ „ἄραται

---

353 *a* — ἐδύνατο (91) ad I 356 *a*. 359, cf. D, Eust. 755, 48. 64   *b* ad B 162 (Hrd.),
cf. Ep. Hom. (An. Ox. 1, 67, 29); vide ad E 322 *a* (Hrd.)   *c* εἰ δὲ σημαίνει (1) sq. ad
Δ 77   354 *a* ad H 339 *a* (Ariston.)   Σκαιαὶ δὲ καὶ (4) sq. ad E 789 (Ariston.)
356 fort. erat sch. ex. de voce δίῳ Hectori attributa, ad I 651   *a* — Ἀγαμέμνονα
(9) cf. Anon. fig. 141, 6   δύναμαι (8) ad I 359; vide ad I 353 *a*   357—61 τὸ
(δὲ) ἐξῆς (16 et 18) cf. Eust. 755, 54

---

86 sq. le. T supplevi (auctoribus Ma. et Vill.), om. b   87—90 μείζ. δὲ ἄρα τοῦ
τείχους sq. pone sch. I 353 *a* (coni. cum v. δύναται) in b, fort. μείζων τοῦ τείχους
(murum dicit castrorum Graecorum)   88 ὁ ἕκτωρ b, fort. recte   ὅδ. δὲ T
νῦν δὲ ὀδυσσέως b   89 εὐήμ. b εὐμερίας T (super litt. ευμ ss. η m. rec.)   90
ἑαυτοῦ b   τρέπει om. T   92 οὔτε] οὔ C   94 (le.) τείχ. ὀρν. in mg. relegavit
Bk.   1 ὑπερβολῇ Ma.   2 fort. τὸ ἀπό τὸ ἄπωθεν   ἄνα Ma., ἄνα T   ἔπι
Bk., ἐπεῖ T   3 (le.) ἀλλ' ὅσ. ἐς damn. Bk.   ὅτι A, ἡ διπλῆ, ὅτι Vill.   8
sq. οὐ δύν. δι' ἀγ. T, ἀντὶ τοῦ οὐ δύναμαι, διὰ τὸν ἀγαμέμνονος λόγον b (nescio an
melius)   9 ἀχιλεὺς cp. T   κυδιαν. om. T   ἔριγ' T   11 le. (= Aᶜᵒⁿᵗ) add. Bk.
(Vill.)   12 le. T supplevi   13—4 ἵνα — ἀποπομπήν sc. ταῦτα τὰ ἔπη προλέγει

15 ⟨δὲ⟩ τάχιστα φανήμεναι Ἠῶ δῖαν‟ (I 240) ἀποκόπτει αὐτῶν τὴν
ἐλπίδα. τὸ δὲ ἑξῆς· ἐπὴν αὔριον ἱρὰ Διῒ ῥέξας καὶ νηήσας τὰς ναῦς
προερύσω, ὄψεαι ἡμᾶς πλέοντας. Τ

   α.² τὸ ἑξῆς οὕτως· ἐπὴν αὔριον ἱρὰ Διῒ ῥέξας καὶ νηήσας τὰς
ναῦς ἅλα δὲ προερύσσω, ὄψεαι, ἢν ἐθέλησθα, πλέοντας ἡμᾶς. διδάσκει
20 δὲ πρὸ ἁπάσης πράξεως ἡγεμόνας θεοὺς ἐπικαλεῖσθαι. καὶ ἵνα μὴ λάθρα
δοκῇ ὑποχωρεῖν, προλέγει αὐτοῖς καὶ τῶν ἐλπίδων ἀποτειχίζει πασῶν.
b(BCE³E⁴)

   358. ⟨ἐπὴν . . . προερύσσω:⟩ ἀντὶ τοῦ κινήσαντος. Aⁱᵐ   *ex.*

   359 a.¹ ὄψεαι, ἢν ἐθέλησθα: ἐθέλησθα δυνηθῇς, ἐὰν ὑμῖν *ex.*
25 ἐπιτρέψωσιν οἱ πολέμιοι. ἠθικῶς δὲ εἰρώνευεται. Τ

   α.² δυνηθήσῃ. ἐὰν οἱ πολέμιοι, φησίν, ἐπιτρέπωσί σοι.
ἠθικῶς δὲ εἰρωνεύεται. b(BCE³E⁴)

   360—1. ἦρι μάλα ⟨———⟩ πλεούσας / νῆας ἐμάς, ἐν δ' *ex.*
ἄνδρας: πιθανῶς προσέθηκε καὶ τοῦτο, ἵνα ἀπελπίσωσι καὶ τὴν παρὰ
30 τῶν Μυρμιδόνων ἐπικουρίαν ὡς συναχθομένων αὐτοῦ τῇ ἀτιμίᾳ.
b(BCE³E⁴) Τ

   360. Ἑλλήσποντον: ἀντὶ τοῦ δι' Ἑλλησπόντου. Ἑλλήσπον- D
τος δέ ἐστιν ——— Φρίξου ἀδελφῆς. A

   {ἐπ'} ἰχθυόεντα: καὶ ἀλλαχοῦ ταῦτα τὰ μέρη ἰχθυώδη ἀνα- *ex.*
35 γράφονται, ὅ τε Εὔξεινος πόντος καὶ ὁ Ἑλλήσποντος, ἀλλὰ καὶ ὁ
Βόσπορος. A

   361. ⟨ἐρεσσέμεναι μεμαῶτας:⟩ τὸ περὶ τὸν ἀπόπλουν πρό- *ex.*
θυμον αὐτῶν δηλοῖ. b(BCE³E⁴) Τⁱˡ

   363 a. ἤματί κεν τριτάτῳ ⟨Φθίην ἐρίβωλον ἱκοίμην⟩: ἐμ- *ex.*
40 πείρως· τοσοῦτος γάρ ἐστιν ὁ ἀπὸ Ἑλλησπόντου εἰς τὴν Φθίαν
πλοῦς ἀνέμῳ χρωμένῳ οὐρίῳ. b(BCE³E⁴) Τ

---

359 cf. Ge (fort. ex **h**): ἀπορία· πῶς οὐκ ἠδύνατο Ὀδυσσεὺς ὁρᾶν τὴν ὑποχώρη-
σιν τοῦ Ἀχιλλέως; εἰρωνικῶς οὖν τοῦτό φησιν ὅτι αὔριον, τῶν Τρώων ἐπικειμένων
καὶ καταπονουμένων ὑμῶν, οὐκ οἴομαί σε τὴν ἐμὴν ἰδεῖν ἀναχώρησιν, Eust. 756,
7   a¹ δυνηθῇ (24) ad I 356 a; vide ad I 353 a; cf. sch. a²   **360** de v. ἦρι vide ad
Θ 66 b   καὶ ἀλλαχοῦ (34) sq. Ge: σημείωσαι ὅτι ὁ Ἑλλήσποντος καὶ ὁ Εὔξεινος
καὶ ὁ Βόσπορος ἰχθυόεντες, fort. sch. classis **h**; ad rem cf. Athen. 1, 9 d   **361** cf.
Eust. 756, 15   **363** a sim. Eust. 756, 16   ἀπὸ Ἑλλησπόντου (40) cf. Strab.

---

15 δὲ (= Hom.) add. Ma.   ἀποκόπτῃ αὐτῶν τὴν ἐλπίδα, προλέγει Ma., virgula
post v. ἀποπομπὴν posita, at cf. sch. a²; Valk I 527   18—21 sch. ad I 357 ret-
tulit b   19 ἐθέλησθα CE⁴   23 le. addidi, non sine aliqua dubitatione   28
sq. le. T suppl. Ma., om. b (qui sch. ad I 360 revocasse vid.)   30 αὐτῶν b   34
(le.) ἐπ' del. Vill.   36 ἄσπορος A em. Vill.   37 le. add. Ma.   37 sq. αὐτῶν
πρόθ. b   38 δηλοῖ T, διὰ τούτου ἐδήλωσεν b (fort. melius)   39 le. T supplevi
(auctore Vill.), om. b   39 sq. ἐμπ. τοῦτό φησι b   40 τὴν om. C   41
ἀπόπλους τοῖς ἀνέμῳ χρωμένοις οὐρίῳ b

ex.   *b.* ⟨ἤματί κε τριτάτῳ —— ἱκοίμην:⟩ πρὸς τὸ „ἐπεὶ
μάλα πολλὰ μεταξύ / οὔρεά τε ⟨—— θάλασσά τε ἠχήεσσα⟩" (Α
156—7). T^il

ex.   **364** *a.* ἔστι δέ μοι μάλα πολλά: ἀντίθεσιν ποιεῖται τῶν δώρων 45
Ἀγαμέμνονος, ὅτι μοι οὐ χρεία αὐτῶν ἔχοντι πολλά, A b(BCE³E⁴)
T   τοῦτο μὲν τὰ τοῦ Πηλέως, τοῦτο δὲ ἅπερ ἐκ τῶν Τρωϊκῶν λα-
φύρων ἐδέξατο. A b(BE³E⁴) T

Ariston.   *b.* ἐνθάδε ἔρρων: ὅτι τὸ ἔρρων οὐ λέγει ψιλῶς παραγινό-
μενος, ἀλλὰ δυσαρεστῶν τῇ παρουσίᾳ φησίν, ἐνθάδε μετὰ φθορᾶς πα- 50
ραγινόμενος. A

ex. (Ariston.?)   *c.* ἐνθάδε ἔρρων: τοῦτό φησι δυσαρεστῶν τῇ στρατείᾳ.
b(BE³E⁴) T

ex.   **365.** ἄλλον δ' ἐνθένδε χρυσὸν ⟨καὶ χαλκὸν ἐρυθρόν⟩: ταῦ-
τα ἀντιτίθησι πρὸς τὸ „νῆα ἅλις χρυσοῦ καὶ χαλκοῦ νηησάσθω" 55
(I 279). b(BCE³E⁴) T

ex.   **366** *a.* ⟨γυναῖκας ἐϋζώνους:⟩ πρὸς τὸ „Τρωϊάδας δὲ γυναῖ-
κας ἐείκοσιν b(BCE³E⁴) T^il   αὐτὸς ἑλέσθω" (I 281). T^il

ex.   *b.* πολιόν· ἢ ἔντιμον διὰ τὰς γεωργίας, ἢ πολιτικὸν διὰ τὰ
ὅπλα, ἢ μέλανα κατὰ ἀντίφρασιν. b(BCE³E⁴) T   60

D   πολιόν: λαμπρόν· ὀξυνθεὶς —— γίνεται. A

7 fr. 58; vide ad B 844   **364** *b/c* δυσαρεστῶν (50 et 52) cf. Eust. 756, 24   *b* ad
Θ 239 *a* (Ariston.), cf. D   **366** *b* ad T 267 (ex.). Fort. plura legit Et. Gen. (AB,
in A pone D): πολιόν τε (τε A τὸν Β) σίδηρον· ἔνιοί φασιν ὅτι πυρωθεὶς ὁ σίδη-
ρος λαμπρότερος γίνεται· καὶ ἄλλα δὲ πολλὰ ταὐτὸ πάσχει. ἀλλὰ πολιὸν ἀντὶ τοῦ
ἔντιμον διὰ τὰς χρείας· ἢ ὅτι λαμπρυνθεὶς καὶ ἀκονηθεὶς λευκὸς (λ. om. B) φαίνεται
καὶ „πολιὴν (πολιὰν A) ἅλα" (Ο 190) τὴν λευκήν. καὶ „πολιοκροτάφους" (Θ 518)
τοὺς ἐντίμους καὶ λαμπροὺς ταῖς διανοίαις, cf. D, D ad A 350. Θ 518. Ο 190, Ap.
S. 132, 33; — μέλανα (60) cf. Eust. 756, 44; — γεωργίας (59) cf. Ge (e T ut vid.):

42 le. addidi, ἄλλως· ἤματι κεν· add. V^c   πρὸς τὸ T, fort. ἡ ἀναφορὰ πρὸς τὸ
43 θάλ. τε ἠχ. addidi   45 le. T, ἔστι δέ μοι: (coni. cum scholio I 360, v. ἄσπο-
ρος) A, om. b   46 μοι] μοι φησὶν b   48 ἐδεξάμην Hornei   49 ὅτι A, fort.
ἡ διπλῆ, ὅτι   52 τοῦτό φησι T, τὸ δὲ ἔρρων φησὶ pone sch. *a* (coni. cum v.
ἐδέξατο) b   στρατιᾷ b   54 le. T supplevi, om. b   54 sq. ταῦτα ἀντίτ.
om. T, fort. recte   55 χαλκοῦ καὶ χρυσοῦ C   57 le. addidi (γυναῖκας iam
V^c)   πρὸς T, καὶ πρὸς (coni. cum scholio praecedenti) b   δὲ om. T   59
le. Ddf., πολιὸν δὲ σίδηρον (ἢ sq.) pone sch. I 365 (coni. cum v. νηησάσθω) T, τὸ
δὲ πολιὸν pone sch. *a* (coni. cum v. ἐείκοσιν) E⁴, om. BCE³   ἔντιμον T τὸν τί-
μιον b   γέρσιας T   ἢ τὸν πολιτ. b   60 ἢ τὸν μέλ. b

367 *a.* ἄσσ' ἔλαχόν γε: ὅτι παραπλησίως καὶ κατ' ἀρχὴν τῆς *Ariston.*
μήνιδος λέγει „τῶν δ' ἄλλων, ἅ μοί ἐστι" (Α 300)· τὰ μὲν γὰρ ἄλλα
κατὰ κλῆρον ἔλαβεν, τὴν δὲ Βρισηΐδα ἐξαίρετον παρ' Ἀγαμέμνονος. Α
b. ⟨ἄσσ' ἔλαχόν γε:⟩ γράφεται καὶ „ἄσσα λέλογχα". Α[im] *Did.(?)*
c. ἄσ⟨σ'⟩ ἔλαχόν γε: ἔλαχον ὁμοίως τῷ ψιλῷ πλήθει. *ex.*
λέγει γοῦν „τῶν δ' ἄλλων, ἅ μοί ἐστι" (Α 300)· ταῦτα γὰρ οὐκ εἰλή-
φει παρ' Ἀγαμέμνονος· τὸ γὰρ γέρας ἐξαίρετον καὶ τοῦ διδόντος ἦν.
διὰ τοῦτο γοῦν κἀκεῖνος, ὡς ἐξόν, ὃ δέδωκε, λαβεῖν, ἀφαιρεῖται. b
(ΒΕ³Ε⁴) Τ
d. γέρας δέ μοι, ὥσπερ ἔδωκεν: πάλιν τὸ κυμάζον πάθος *ex.*
εἵλκυσεν αὐτοῦ τὴν μνήμην ἐπὶ τὸν Ἀγαμέμνονα. δεινοποιῶν δὲ τὴν
ὕβριν Ἀγαμέμνονός φησιν ὥσπερ ἔδωκεν. ἐκεῖ δὲ ἐπανιστὰς τὸ πλῆ-
θος „δόσαν δέ μοι υἷες Ἀχαιῶν" (Α 162) φησιν. b(ΒΕ³Ε⁴) Τ
368 *a.*¹ ⟨ἐφυβρίζων:⟩ καὶ „ἐνυβρίζων". Α[int] *Did.(?)*
*a.*² ⟨ἐφυβρίζων:⟩ „ἐνυβρίζων", διχῶς. Τ[il]
369. Ἀτρείδης· τῷ πάντ' ἀγορευέμεν, ⟨ὡς ἐπιτέλλω⟩: πι- *ex.*
θανῶς ἵνα μὴ τὸν Ἀγαμέμνονα εὐφράνωσιν ἀφελόντες τι τῶν τραχύ-
τερον εἰρημένων, αὐτὸν δὲ ταπεινὸν ἀποφήνωσι, πραότερον τῆς ἀπει-
λῆς ἀποπρεσβεύσαντες. ἔστι δὲ καὶ χαρακτηριστικὸν τῶν ὀργιζομένων
τὸ ἀξιοῦν αὐτὰς τὰς φωνὰς τοῖς ἐχθροῖς διακομίζειν καὶ τὸ ἐπὶ πολλῶν
ταῦτα λέγειν· b(ΒCΕ³Ε⁴) Τ   οὐ γὰρ μόνον τὸ κακόν τι τὸν ἐ-
χθρὸν εἰπεῖν τοῖς ὀργιζομένοις ἡδύ, ἀλλὰ καὶ τὸ παρόντων πολλῶν
μαρτύρων. ἴσως δὲ καὶ τῆς παρὰ τοῖς Ἕλλησιν αἰτίας ἀπολυθῆναι θέ-
λει, ἵνα μὴ αὐτῷ δυσχεραίνωσι τὴν συμμαχίαν ἐγκαταλιπόντι, ἀλλὰ
τῷ τὸν ἄριστον τῶν Δαναῶν ἀτιμάσαντι. ἅμα δὲ καὶ ὡς δίκαια λέγων
ἐπὶ πλειόνων αὐτὰ βούλεται ἐξετάζεσθαι. b(ΒΕ³Ε⁴) Τ

πολιὸς δὲ ὁ σίδηρος, διότι ἔντιμός ἐστι διὰ τὴν σπουδήν   **367** Aristonicus
fort. etiam de v. ἄξομαι egit, cf. Eust. 756, 41: ὅρα ὅτι τε τὸ „ἄξομαι" κυριολε-
κτεῖται μὲν ἐπὶ γυναικῶν ὡς ἐμψύχων, συλληπτικῷ δὲ τρόπῳ ἐξακούεται καὶ ἐπὶ
χρυσοῦ καὶ χαλκοῦ καὶ σιδήρου τῶν ἀνωτέρω (sc. I 365 et 366) ῥηθέντων, vide ad
Θ 507 (ex.), Λ 632 b (Ariston.)   ὅτι παραπλησίως (62) sq. vide ad Α 300
(test.)   d — Ἀγαμέμνονα (72) ad I 736

62 le. scripsi (duce Bk.), ἄξομαι: A   ὅτι A, ἡ διπλῆ, ὅτι Vill.   **65** le. add.
Bk.   λέλο ss. χ A em. Bk.   **66** le. T suppl. Ma., om. b   ὁμοίως T φησὶν ὁμοίως b
67 δὲ ἄλλων b   ἐστι T εἰσι b   **68** παρ' T παρὰ τοῦ b   **69** ἔδωκε b (fort. me-
lius)   **71**—4 πάλιν δὲ τὸ sq. coni. cum scholio praecedenti (v. ἀφαιρεῖται) b
71 κυμάζον „inusitata verbi forma pro κυμαῖνον" Ddf.   **73** φησιν T φησὶ τὸ
b   ἐπανιστᾷ b   **74** υἷες ἀχ. om. T   φησίν om. b   **75** le. add. Vill.   καὶ A,
γράφεται καὶ Vill.   **76** le. add. V[c]   **77** le. T supplevi (auctore Vill.), om. b
78 ἀφελῶντες T   **78** sq. τῶν τραχ. b τῶν τατραχύτερον T   **80** ἀποπρε-
σβεύσαντα C   **81** διακ. τοῖς ἐχθροῖς b   **82** ταύτας Ma., fort. nimia diligentia
inductus; possis τοιαῦτα   **82** sq. τῶι ἐχθρῶ b   **85** δυσχεραίνωσιν ὡς
τὴν b, fort. rectius   **86** τῶν δαν. τὸν ἄριστον b

ex. **371—3.** εἴ τινά που Δαναῶν ἔτι ἔλπεται ἐξαπατήσειν
⟨——— ἰδέσθαι⟩: εἴ γε οἴεται περὶ ἐμοῦ λέγων ἀπατήσειν τοὺς
Ἀχαιούς· ἐμὲ γὰρ οὐ πείθειν, ἀλλ' οὐδὲ ὁρᾶν (cf. 373) διὰ τὴν συνεί- 90
δησιν τῶν μεγίστων ἀδικημάτων ἐκείνων δυνήσεται. b(BCE³E⁴) T

ex. **371.** {εἴ τινά που δαναῶν ἔτι ἔλπεται} ἐξαπατήσειν: διὰ τί
ἐξηπατῆσθαί φησιν ὁ Ἀχιλλεὺς ὑπὸ τοῦ Ἀγαμέμνονος, ἀφαιρεθεὶς δὲ
τοῦ γέρως; ἥκιστα γὰρ ἡ ὕβρις ἀπάτη. ἢ ὅτι τέως φίλος ὢν ἀνεφάνη
ἐχθρός, ταύτην λέγει τὴν ἀπάτην, παρακελευόμενος τῷ Ὀδυσσεῖ φυ- 95
λάττεσθαι καὶ μὴ προσέχειν ὡς φίλῳ. καὶ τὸ δόντα μέντοι ἔπειτα ἀφε- 1
λέσθαι ἀπάτη ἐστίν· ὃ γὰρ ἔφησεν, οὐκ ἐποίησεν. A

Nic. **372 a.** αἰὲν ἀναιδείην ⟨ἐπιειμένος⟩: δύναται μὲν συνάπτε-
σθαι τῷ ἐπάνω στίχῳ, ὡς καὶ τέτριπται. βέλτιον δὲ καθ' αὑτὸ προφέ-
ρεσθαι· μᾶλλον γὰρ ἐμφαίνει τὸν ὀργιζόμενον. A 5

ex. **b.** ⟨αἰὲν ἀναιδείην ἐπιειμένος:⟩ τοῦτο καθ' αὑτόν, ἵν' ᾖ
κομματικὴ ἡ ἀπαγγελία, τὸν θυμούμενον δηλοῦσα. b(BCE³E⁴) T^il

Nic. | ex. **374—9.** οὐδέ τί οἱ βουλὰς συμφράσσομαι ⟨——— τόσα
δοίη⟩: ἐμφαντικώτεροι γίνονται οἱ λόγοι θᾶττον διακοπτόμενοι· ἐν
γοῦν τέτρασι στίχοις ὀκτώ εἰσιν αὐτοτελεῖς στιγμαί, ἀπὸ τοῦ ἐκ 10
γὰρ δή με (375) ἕως τοῦ αἴση (378). | τὸ δὲ ἑξῆς· οὐ συμφράσομαι
αὐτῷ οὐδὲ ἀπατήσει με, οὐδὲ ἐάν μοι δεκάκις τόσα δοίη. ἐντεῦθεν δὲ
δῆλον ὅτι οὐ μόνον τὰ πολεμικὰ ἤσκητο Ἀχιλλεύς, ἀλλὰ καὶ βουλεύειν
ἄριστος ἦν· καὶ γοῦν καὶ διδάσκαλον ἔπεμψεν αὐτῷ ὁ πατήρ, „μύθων
τε †ρητῆρα† ἔμεναι πρηκτῆρά τε ἔργων" (I 443). b(BCE³E⁴) T 15

Nic. **375—8.** ἐκ γὰρ δή μ' ἀπάτησε, καὶ ἤλιτεν· ⟨——— ἐνκαρὸς
αἴση⟩: παρατηρητέον ὅτι ἐμφαντικώτεροι γίνονται οἱ λόγοι θᾶσσον

---

371 sch. Porphyrio (cf. Porph. 1, 136, 25) nulla probabili causa
attr. Schrader **374—9** ἐμφαντικώτεροι (9) — αἴση (11) vide ad
I 375—8 (Nic.) ἐντεῦθεν δὲ δῆλον (12) — ἄριστος ἦν (14) cf. Eust.
756, 63 **375—8** ad I 374—9, cf. Eust. 756, 52: τὸ ἐντεῦθεν δὲ ὀργίλον
ἦθος, ὡς καὶ οἱ παλαιοὶ σημειοῦνται, διαγράφων ὁ ποιητὴς ἐγκόπτει συχνὰ τὸν λό-

---

88 sq. le. T supplevi, om. b (scholio ad I371 relato) **89** περὶ T φησὶ περὶ b **90**
sq. δυνήσ. post ὁρᾶν b **90** διὰ T, καίπερ ὢν ἀναιδὴς διὰ b (fort. recte) **91**
ἀδικ. ἐκ. (ἐκ. om. b)] ἀδικ. ἐκεῖνος Wil., malim ἐκείνων ἀδικ. **92** (le.) εἴ τινα —
ἔλπ. del. Bk. **3** le. A suppl. Vill. **4** ὡς καὶ τέτρ. h. e. ‚ut fieri solet' **6**
le. addidi (αἰὲν ἀν. add. iam V^c) τοῦτο καθ' αὑτόν T, ταῦτα δὲ καθ' ἑαυτὸν
νοητέον λέγειν (pone sch. I 371—3, coni. cum v. ἀδικημάτων) b, insipienter **8**
sq. le. T supplevi, om. b (ubi sch. ad I 375 revocatum est) **9** διακοπτ. b δὲ
κοπτόμενοι T **10** τέσσαρσι Ddf. (cf. sch. I 375—8) στιχίοις b ἀπὸ τοῦ
b ἀπὸ τοῦ γὰρ T **11** συμφράσσομαι T **12** οὐδέ' T οὐδ¹ b ἐάν] εἴ Ma. (haud
necessarium) τόσα CT τόσσα BE³E⁴ **12** sq. ἐντεῦθεν — τὰ T οὐ μόνον δὲ
τὰ b **13** ὁ ἀχ. b **14** αὐτῷ T ἅμα αὐτῷ b **15** ῥητῆρ' Hom. ἔμμεναι
b τε b τ' T **16** sq. le. A suppl. Frdl. **16** (le.) ἤλιτον A em. Vill.

διακοπτόμενοι· ἡ γὰρ ὀργὴ μᾶλλον παρίσταται διὰ τοῦ τοιούτου. ἐν
γοῦν τοῖς τέσσαρσι στίχοις ἐφεξῆς ὀκτώ εἰσιν αὐτοτελεῖς λόγοι καὶ το-
20 σαῦται αἱ στιγμαί, ἕως τοῦ ἐν καρὸς αἴσῃ (378). A

375. ⟨ἀπάτησε:⟩ τὴν φιλίαν στρέψας εἰς ἔχθραν. T^il   *ex.*

376. ἐξαπάφοιτο: ἐξαπατήσειε⟨ν⟩. A | ἀπὸ τῶν ταῖς ἀφαῖς φι- D | *ex.*
λοφρονουμένων· εὐηθείας γάρ ἐστι τὸ ἅπαξ ἀπατηθῆναι ὑπὸ φίλου, τὸ
δὲ δὶς μωρίας. ὅρα δέ, ὡς ἐπιμένει πάλιν τῇ ἀφαιρέσει. A b(BCE³E⁴) T

25 377. ἐρρέτω: ἱκανὴν οἴεται τιμωρίαν παρὰ τοῦ ἐχθροῦ λαμβά- *ex.*
νειν τὸ ἀπαλλάσσεσθαι τῆς φιλίας αὐτοῦ, ὡς εἰώθαμεν λέγειν ‘ἑαυτὸν
ἐχέτω’. b(BCE³E⁴) T

378 a. ἐχθρὰ δέ μοι τοῦ δῶρα: πρὸς τὸ δεύτερον κεφάλαιον *ex.*
(sc. Ι 252—60), τὴν παραίνεσιν τὴν τοῦ Πηλέως, οὐδὲν ἀντειπεῖν
30 ἔχων παρῆλθεν αὐτό. b(BCE³) T

b. τίω δέ μιν ἐν καρὸς αἴσῃ: ὅτι συνέσταλται Ἰακῶς ἐν Ariston. |
καρός ἀντὶ τοῦ ἐν κηρός· A   ὅμοιον γάρ ἐστι τῷ ,,ἴσον γάρ σφιν *ex.* | D

γον τῷ Ἀχιλλεῖ, κομματικῶς προάγων τὴν ἀντιλογίαν, ὅπερ ἔθος τοῖς τραχυνομέ-
νοις. ἐν γοῦν τέσσαρσι, φασί, στίχοις ἀπὸ τοῦ ,,οὐδὲ μὲν ἔργον'' (Ι 374) ἔννοιαι ὀκτὼ
στίζονται αὐτοτελεῖς αὗται· ,,ἐκ γὰρ δή μ' ἀπάτησε'', ,,καὶ ἤλιτεν'' (375), ,,οὐδ' ἂν
ἔτ' αὖτις / ἐξαπάφοιτο ἐπέεσσιν'' (375—6), ,,ἅλις δέ οἱ'' (376), ,,ἀλλὰ ἕκηλος / ἐρ-
ρέτω'' (376—7), ,,ἐκ γὰρ οἱ φρένας εἵλετο Ζεύς'' (cf. 377), ,,ἐχθρὰ δέ μοι τοῦ δῶρα'',
,,τίω δέ μιν ἐν καρὸς αἴσῃ'' (378), ib. 1835, 37. 1855, 54; Carnuth, Nic. p. 64   ἡ
γὰρ ὀργή (18) — τοιούτου ad Ι 388 b; cf. Macrob. sat. 4, 1, 3 et 9   **376** ταῖς
ἀφαῖς (22) cf. Eust. 757, 6   εὐηθείας (23) — μωρίας (24) cf. Eust. 757, 3   ὅρα
δὲ (24) sq. ad Ι 367 d   **377** incertum, num sch. de vocibus εὖ et οἱ exstiterit, cf.
Eust. 757, 15: διπλῆ δὲ ἐνταῦθα γραφή ,,ἐκ γὰρ οἱ φρένας εἵλετο'' καὶ ,,ἐκ γὰρ εὖ
(malim γὰρ εὖ), ἤγουν αὐτοῦ (ἥγ. αὐτοῦ add. Eust.) φρένας εἵλετο''   **378** a τὸ
δεύτερον κεφάλαιον (28) vide ad Ι 252 b   b plura Eust. 757, 18—31; quae eum
non in hyp. Iliad. legisse, sed ap. Porphyrium invenisse veri haud est dissimile
(cf. Porph. 1, 137, 5 c. nota). Apio, quem Eust. 757, 23 in testimonium vocat (ὥς
φησιν Ἀπίων), ille grammaticus Alexandrinus est, cuius operā Porph. complu-
riens usurpavit (vide Beiträge 52); cf. Meineke 359   ὅτι συνέσταλται (31) —
κηρός (32) cf. D, Eust. 757, 49, Porph. 1, 137, 15 (= Heracl. Mil. fr. 9); Choer. Th.
1, 297, 26. 321, 1   συνέσταλται Ἰακῶς (31) ad Ζ 25. Π 776 a; cf. sch. η 8. μ 27.
85. Vide test. ad Μ 469   ὅμοιον (32) — φθεῖρα (34) Ge (fort. e T): ὅμοιον τῷ

21 le. add. Bk., δή μ' ἀπάτησε· add. Vᶜ   **22** le. AT, om. b   ἐξαπατήσειε A
suppl. Bk., ἐξαπατήσοι D   ἀπό] ἡ μεταφορὰ ἀπὸ A, fort. recte   **24** ὥρα A
28—30 πρὸς τὸ δεύτ. δὲ sq. pone sch. b (coni. cum v. μελαίνη) in b   **29** τὴν τοῦ
πηλ. παραίν. b   μηδὲν b   **30** παρῆκεν αὐτὸ ἀμνημόνευτον b   **31** le. T,
ἐχθρὰ δέ μοι τοῦ δῶρα, τίω δέ μιν ἐν καρός· A, om. b   ὅτι A, ἡ διπλῆ, ὅτι Vill.
32 γάρ A, δὲ E⁴ (scholio cum nota Porphyrii coniuncto), om. BCE³T   τῷ] τὸ
E⁴   γάρ σφιν (= Hom.) BCE³, γάρ σφισι A γάρ σφι T, om. E⁴

πᾶσιν ἀπήχθετο κηρὶ μελαίνη" (Γ 454). Α b(BCE³E⁴) Τ | οἱ δὲ ἔγκαρ τὸν φθεῖρα. οἱ δὲ ἀπὸ τῶν Καρῶν, οὓς ἀεὶ λοιδορεῖ ὁ ποιητής. ἢ ὅτι Ἀθηναῖοι τὸν ἐγκέφαλον οὔτε ἤσθιον οὔτε ὠνόμαζον· „ἔγκαρος" 35 οὖν τοῦ ἐγκεφάλου. ΑΤ | ἄλλως· ἢ ὡς ἔνιοι, ἐν τάξει —— ἀτιμότατοι. Α

Nic.   379—87. οὐδ' εἴ μοι δεκάκις τε καὶ εἰκοσάκις ⟨τόσα δοίη —— λώβην⟩: ἤτοι καθ' ἑαυτὰ προενεκτέον ταῦτα, ἵνα ἄνωθεν κοιναὶ λαμβάνωνται ἀρνήσεις· „οὐδέ τί οἱ βουλὰς συμφράσσομαι" 40 (Ι 374), „οὐδ' ἂν ἔτ' αὖτις / ἐξαπάφοιτ' ἐπέεσσιν" (Ι 375—6), οὐδ' εἴ μοι δεκάκις τε καὶ τὰ ἑξῆς διασταλτέον καθ' ἕκαστον· ἢ ὑποστικτέον πάντα ἕως τοῦ ψάμαθός τε κόνις τε (385), ἵνα ἀνταποδίδωται οὐδέ κεν ὡς ἔτι θυμὸν ἐμὸν πείσῃ (386). Α

ex.   379—86. οὐδ' εἴ μοι δεκάκις τε ⟨—— θυμὸν ἐμὸν πεί- 45 σει'⟩: πλείσταις ὑπερβολαῖς λόγων εἰώθασιν οἱ ὀργιζόμενοι χρῆσθαι. ἵνα δὲ μὴ ὑπόνοιαν δῷ ὡς πλειόνων ὀρεγόμενος ἢ ὅτι δώροις αὐτὸν πείσουσιν, ἀπεριορίστῳ ἀριθμῷ δώρων ἐχρήσατο καὶ οὐδὲ οὕτω πεισθήσεσθαι ἐπαγγέλλεται. b(BE³E⁴) Τ

„Ἴσον γάρ σφιν ἀπήχθετο κηρὶ μελαίνη". οἱ δὲ κάρα τὸν φθεῖρά φασιν   τὸν φθεῖρα (34) cf. E. Fraenkel, Glotta 35, 1956, 87   οἱ δὲ ἀπὸ τῶν Καρῶν (34) — ποιητής cf. D, Porph. 1, 137, 5; sch. Theocr. 17, 89; sch. Lyc. 1384; sch. Ael. Aristid. 521, 28 (vide Lenz, Unters. zu den Aristeides-Scholien [= Problemata 8], Berol. 1934, 33); Tz. Ar. Plut. 1002 (p. 206, 23); vide Zenob. 3, 59 (C. P. G. I p. 70, 14 c. test.); Cratin. fr. 16 K.; Polyb. 10, 32, 11; Diog. ap. He. κ 823; Paus. att. ε 40; sch. Plat. Lach. 187 b, Euthyd. 285 c; Sen. Quaest. nat. IV b, 5, 3 al.   οὓς ἀεὶ λοιδορεῖ ὁ ποιητής (34) cf. Friedl., Zoil. 83   ἢ ὅτι Ἀθηναῖοι (34) — ἐγκεφάλου (36) cf. Eust. 757, 35: ἄλλοι δὲ γράφουσι μὲν καὶ αὐτοὶ προπαροξυτόνως „ἔγκαρος" καὶ κλίνουσιν ἔγκαρ, ἔγκαρος, τὴν δὲ λέξιν ἐπὶ ἐγκεφάλου νοοῦσιν, ὃν φασιν ὑπὸ Ἀθηναίων μὴ ἐσθίεσθαι (textum supra impressum ante oculos habebat), Plut. mor. 733 e, Athen. 2, 65 f   379—87 οὐδ' εἴ μοι δεκ. τε καὶ τὰ ἑξῆς (41) cf. Eust. 758, 32. Vide ad Ι 385 a   379—86 — χρῆσθαι (46) cf. Aristot. rhet. 3, 11 p. 1413 a 30; Hintenlang 38; vide ad Ι 388—90   ἵνα δὲ μὴ (47) sq. cf. Eust.

33 πᾶσιν om. CT   33 sq. ἔγκαρ scripsi (cf. test.), ἔνκαρα Τ κάρα A Ge, ἔγκαρα Ma.   34 καρῶν τοῦ ἔθνους A, fort. recte   ἢ om. A   35 ἀθ.] οἱ ἀρχαῖοι propos. Wackernagel (cf. test.)   ἴσθιον A   36 ἐγκεφάλου: — A (sequitur spatium 1,2 cm)   36 sq. ἀτιμότατοι A em. Vill.   36 sq. le. A suppl. Frdl.   39 ἑαυτὸν A em. Bk.   42 punctum pone v. ἑξῆς in A, sustulit Frdl., recte   43 πάντα sententias negativas dicit inde a versu Ι 379   44 fort. πείσειε   45 sq. le. T supplevi, om. b (qui sch. ad Ι 379 rettulit)   48 πείσωσιν Τ   οὕτως b

50   381 a. ⟨ἠδ᾽ ὅσ᾽ ἐς Ὀρχομενὸν... ἠδ᾽ ὅσα Θήβας:⟩ γράφε-   Did.(?)
ται „οὐδ᾽ ὅσ᾽ ἐ⟨ς Ο⟩ρχομενόν" καὶ „οὐδ᾽ ὅσα Θήβας". Aᵢᵐ

    b.¹ Ὀρχομενόν: τὸν τῆς Βοιωτίας φησίν, ὃν †μηνύαι† κατ-   ex.
ῴκησαν· πολὺ γὰρ τούτῳ παράκειται πεδίον, εἰ πιστός ἐστιν Ἔφο-
ρος (FGrHist 70, 152), πολλὰ δὲ καὶ ταῖς Χάρισι ταῖς αὐτόθι τιμωμέ-
55 ναις δῶρα πέμπεται. κἂν τὸν „πολύμηλον" (B 605) δὲ λέγῃ, οὐδὲν
ἧττον πλούσιον· φησὶ γοῦν „ἐν δ᾽ ἄνδρες ναίουσι πολύ⟨ρ⟩ηνες πολυ-
βοῦται" (I 296). T

    b.² Ὀρχομενὸν δὲ τὸν τῆς Βοιωτίας φησίν, ὃν †μηνῦαι† κατ-
ῴκησαν. b(BCE³)   πολὺ δὲ τούτῳ παράκειται πεδίον, εἰ πιστός
60 ἐστιν Ἔφορος, πλῆρες πολλῶν ἀγαθῶν, ὧν ταῖς ἐκεῖσε τιμωμέναις
Χάρισι πέμπουσιν οἱ περίοικοι. b(BE³)

    381—2. οὐδ᾽ ὅσ᾽ ἐς Ὀρχομενὸν ποτινίσσεται οὐδ᾽ ὅσα   ex.
Θήβας / Αἰγυπτίας: δύο πόλεις συνήγαγεν ἐν Εὐρώπη καὶ Ἀσίᾳ
κομώσας πλούτῳ καὶ οὐδὲ τούτοις ἠρκέσθη μόνον, ἀλλὰ καὶ ἐπὶ τὸν
65 ἀόριστον ἀριθμὸν ψάμμου τε καὶ κόνεως τὴν ὑπερβολὴν ἀνήνεγκε τοῦ
λόγου (cf. I 385—6), ὡς εἰ ἔλεγεν 'ὑπὲρ τὰ τῆς οἰκουμένης ἀγαθά'. b
(BCE³) T

    382. ⟨ὅθι:⟩ γράφεται καὶ „ᾗ" ἀντὶ τοῦ ὅθι. Aⁱⁿᵗ   Did.(?)

    383 a. αἵ θ᾽ ἑκατόμπυλοί εἰσι, διηκόσιοι δ᾽ ἀν᾽ ἑκάστας: Ariston.
70 ὅτι ἀν᾽ ἑκάστας πληθυντικῶς τὰς πύλας, A   ὡς εἶναι ἑκατὸν τάγ-
ματα. οὕτω δὲ ἀν᾽ ἑκάστας δεῖ γράφειν· οὐδέποτε γὰρ ἑνικῶς Ὅμη-
ρος πύλην φησίν, ἀλλὰ πύλας. AT

    b. ⟨αἵ θ᾽ ἑκατόμπυλοι —— ἑκάστην:⟩ τὸ ἱστορικὸν   ex.
τῆς παιδείας ἐνδείκνυται καὶ πρὸς Πρίαμον (sc. Ω 602—7). Tⁱˡ

757, 57   381 b¹ cf. Strab. 9, 2, 40 (p. 414); — πέμπεται (55) cf. sch. λ 459
381—2 cf. Eust. 757, 62; — πλούτῳ (64) cf. Eust. 758, 21; vide Paus. 9, 38, 8   καὶ
οὐδὲ τούτοις (64) sq. ad I385 b   383 a cf. Eust. 758, 10; ad H 339 a (Ariston.)   οὕ-
τω δὲ (71) sq. cf. sch. e (Did.)   b τὸ ἱστορικὸν τῆς παιδείας (73) cf. Eust. 758,

50 le. addidi (duce Vill.)   51 ἐρχομενὸν A suppl. Vill.   52 erat μινύαι (Bk.)
55 κἂν — οὐδὲν T, οὐκ ἂν τὸν πολύμηλον δὲ λέγοι, οὗ τῶν ὑπ᾽ ἀγαμέμνονος
δοθησομένων οὐδὲν Wil., at versus I296 vocis πολύμηλον enarrandae causa laudatur;
cf. Valk I516   τὸν T, malim αὐτὸν   56 πολύρηνες T suppl. Bk.   58—61 pone
sch. sq. (coni. cum v. ἀγαθά) in b   58 μηνῦαι cf. sch. b¹   62—6 le. et sch.
cum scholio I 381 b¹ coni. T   62 (le.) ποτινείσεται T em. Ma. (le. om. b)
63 post πόλεις spatium ca. 2 cm vacuum in B   64 τούτοις... μόνον T ταύταις
b, fort. ταύταις... μόναις (Ma.)   65 ἀνήν. T ἐποιήσατο b   68 le. add.
Bk.   γράφ. cp. (γρ) in A   ᾗ Bk., ῇ (sic) A   69 le. Vill., αἵ θ᾽ ἑκ. εἰσι, διηκ.
δ᾽ ἀν᾽ ἑκάστην T, αἵ θ᾽ ἑκατόμπυλοι A   70 ὅτι A, ἡ διπλῆ, ὅτι Vill.   71 οὕτως
A   γὰρ A γράφει (corruptela e compendio mediaevali orta) T   71 sq. ὅμ. ἑνικῶς T
73 le. addidi (ἑκατόμπυλοί εἰσι iam Vᶜ)

Porph. 	 *c.* διηκόσιοι δ' άν' ἑκάστην: οὐ τὸ πλάτος τῶν πυλῶν 75
θέλει σημαίνειν (οὐδὲ γὰρ ἅμα πάντας ἐξιέναι φησίν), ἀλλὰ τὸ μέγεθος
τῆς πόλεως καὶ τὸ πλῆθος τῶν ἀνδρῶν, εἴ γε πύλας μὲν ἑκατὸν ἔχει,
ἄνδρας δὲ ἁρματοφόρους δισμυρίους. **b**(BCE³) **T** 	ἐν ταύτη δὲ ἦν
πρότερον τὰ βασίλεια τῆς Αἰγύπτου, εἰς ἃ πολλοὺς ἔφερον φόρους Λί-
βυες, Αἰγύπτιοι, Αἰθίοπες, νῦν δὲ Διόσπολις ὀνομάζεται. **b**(BE³) **T** 80
εἶχε δὲ κώμας μὲν τρισμυρίας τρισχιλίας τριάκοντα· τὸ δὲ ἄστυ εἶχεν
ἀρούρας τρισχιλίας ἑπτακοσίας καὶ πύλας ἑκατόν, **b**(BCE³) **T** 	ἀν-
δρῶν δὲ μυριάδας ἑπτακοσίας. ταύτην ἐτείχισεν ὁ βασιλεὺς Ὄσιρις. ἐξ
ἑκάστης δὲ πύλης ἐστράτευον ὁπλῖται μὲν μύριοι, ἱππῆες δὲ χίλιοι, ἁρ-
ματηλάται δὲ διακόσιοι. ταύτην Ἕλληνες Θήβην ὠνόμαζον ἀπὸ τῆς 85
Νείλου ἢ Ἀσωποῦ ἢ Πρωτέως θυγατρός. ἐπορθήθη δὲ ὑπὸ Περσῶν.
b(BE³) **T**

ex. 	 *d.* διηκόσιοι δ' άν' ἑκάστην: ὡς τεταγμένου ἑκάστου τάγ-
ματος ἰδίᾳ πύλῃ ἐξιέναι. **T**

Did. 	 *e.* ⟨ἑκάστας:⟩ Ἀρίσταρχος ἑκάστας, ἄλλοι δὲ ,,ἑκάστην‘‘. 90
Aint

Nic. | *Ariston.* 	**385 a.**[1] οὐδ' εἴ μοι τόσα δοίη, ⟨ὅσα ψάμαθός τε κόνις τε⟩:
καὶ οὗτος ὁ στίχος δύναται καθ' ἑαυτὸν λέγεσθαι, ἢ σὺν τῷ ἑξῆς ὑπο-
στιζόμενος κατὰ τὸ τέλος. | ἡ διπλῆ πρὸς τὴν διαφορὰν τῆς ψαμάθου
καὶ ἀμάθου, ὅτι ἡ παραθαλάσσιος ψάμαθος, κόνις δὲ ἡ πεδιὰς ἄμ- 95
μος· καὶ οὐ δὶς τὸ αὐτὸ λέγει. **A**

5; vide Strab. 1, 1, 16 (p. 9) 	*c* Porph. 1, 137, 22 (fr. multo fusius quam textus
scholii ab auctore archetypi **c** in angustum coactus), cf. Eust. 758, 7 et 12; Diod.
1, 45, 4—1, 46; Strab. 17, 1, 46 (p. 815—6); Bidder 32; vide praeterea Paus. 1, 9,
3; Isid. orig. 15, 1, 35 	νῦν δὲ Διόσπολις (80) cf. D 	εἶχε δὲ (81) — τριάκοντα
cf. Wilamowitz IV 32 (qui coniecit Porphyrium τρισμ. τρισχ. τριακοσίας τριάκον-
τα scripsisse), ib. 123, 3; vide sch. Theocr. 17, 82—84 a 	τὸ δὲ ἄστυ (81) —
τρισχ. ἐπτάκοσίας (82) deest in fr. Porph. (cf. Porph. 1, 138, 21) 	*e* cf. sch. *a*
(Ariston.); Valk II 175 	**385** incertum, an sch. (fort. Didymi) fuerit de v. l.
ὅσα ψεύδονται ὄνειροι, cf. sch. Theocr. 9, 16—17 a: . . . καὶ παρ' Ὁμήρῳ ἔνιαι
ἐκδόσεις οὕτως ἔχουσιν· ,,οὐδ' εἴ μοι τόσα δοίη, ὅσα ψεύδονται ὄνειροι‘‘ 	*a* καὶ
οὗτος (93) — τέλος (94) ad I 379—87 	ἡ διπλῆ (94) sq. ad E 587 *b* (ex.), I 593 *a*

75—87 lectiones plurimae, quibus textus Porphyrii et scholii inter se differunt, non
notantur (cf. test.) 	78 δισμ. Τ ψ' μυριάδας (ψ μοιριάδας C) **b** 	81 τρισμοιρίας
C 	τρισχ. τριάκ. Τ, .γ̅λ̅ **b** 	τὸ δὲ ἄστυ εἶχεν om. **b** 	82 ἀρούρας Τ ἀρούρας
δὲ **b** 	τρισχ. ἐπτακ. scripsi, γ̅ψ̅ codd. 	ἑκατόν Τ ρ' **b** 	83 ἑπτακ. scripsi, ψ'
codd. 	83 sq. ταύτην sq. Τ Θήβη δὲ ὠνόμαστο ὑπὸ ἑλλήνων, ὑπὸ δὲ περσῶν ὕστερον
ἐπορθήθη **b** 	86 ἀσωποῦ Τ ἐπάφου Porph. 	88 sq. le. et sch. cum scholio
praecedenti coni. Τ 	90 le. (= Acont) addidi (auctore Ldw.) 	92 le. A suppl.
Vill. 	96 οὐ δὶς Lehrs (Quaest. ep. 334 not.), οὐδεὶς A

1   *a.*² δύναται καὶ καθ' ἑαυτὸν εἶναι ὁ στίχος μὴ ὑποστιζόμε- *Nic.*
νος. T^{il}

b. ὅσα ψάμαθός τε κόνις τε : οὐδὲ ἐπὶ τοῖς προειρημένοις *ex.*
ἔστησε τὸ τίμημα τῆς ὕβρεως. καλῶς δὲ ἀμφοτέρας συμπεριέλαβε τῷ
5 λόγῳ, τήν τε θαλαττίαν καὶ τὴν πεδιάδα. b(BCE³) T

387. ⟨πρίν γ' ἀπὸ πᾶσαν ἐμοὶ δόμεναι θυμαλγέα λώβην:⟩ *ex.*
ἠρέμα ὑπώλισθεν εἰς τὸ ἀληθὲς καὶ ἐκκόψας τὴν ἐλπίδα πάλιν ὥρισεν
αὐτοῖς πρόστιμον τὴν ποινὴν τοῦ ἐχθροῦ. b(BCE³E⁴) T^{il}

388—91. κούρην δ' οὐ γαμέω Ἀγαμέμνονος Ἀτρείδαο *Nic.*
10 ⟨/——/ οὐδέ μιν ὣς γαμέω⟩: ἤτοι στικτέον ἐπὶ τὸ Ἀτρείδαο
(388) καὶ ἀπ' ἄλλης ἀρχῆς τὰ ἄλλα ἀναγνωστέον, εἶτα ὑποστικτέον
ἐπὶ τὸ ἐρίζοι (389) καὶ ἰσοφαρίζοι (390), τῆς ἀνταποδόσεως οὔσης
οὐδέ μιν ὣς γαμέω (391)· ἢ διασταλτέον βραχὺ ἐπὶ τὸ Ἀτρείδαο
(388). A

15 388 *a.* κούρην δ' οὐ γαμέω: τοῦτο ἐδόκει ὀχυρὸν ἔχειν ὡς *ex.*
ἀξιῶν γαμβρεύσειν αὐτῷ. τοῦτον δὲ πλεῖον λυπεῖ τὸ εὐτελίζεσθαι τὸν
γάμον Βρισηΐδος. b(BCE³E⁴) T

b. Ἀγαμέμνονος Ἀτρείδαο: μᾶλλον δεῖ στίζειν εἰς τὸ *ex.*
Ἀτρείδ[αο]· ὁ γὰρ κομματικὸς λόγος τοῖς θυμουμένοις ἁρμόζει. T

20 389—90. οὐδ' εἰ χρυσείη Ἀφροδίτῃ κάλλος ἐρίζοι, / ἔργα *ex.*
δ' Ἀθηναίῃ: ὑπερβολῇ χρῆται. δύο δὲ οἶδεν ἀρετὰς γυναικός, κάλλος
τε καὶ „ἀγλαὰ ἔργ' εἰδυῖα" (ο 418 al.), ἀνδρὸς δὲ „μύθων τε †ῥητῆρα
ἔμμεναι† πρηκτῆρά τε ἔργων" (I 443). b(BCE³E⁴) T

(Ariston.), cf. Ap. S. 169, 18; sch. Nic. th. 154. 887; Amm. 522   ἡ παραθαλάσ-
σιος (95) cf. Ge (fort. ex h): σημείωσαι· ψάμμος μέν ἐστιν ἡ παραθαλασσία, ἄμμος
δὲ ἡ τῆς πεδιάδος   κόνις δὲ (95) sq. cf. Apion. 74, 244, 5 (vide 75, 116)   b —
ὕβρεως (4) ad I 381 *c*   388—391 vide ad I 388*b*   388 *a* — αὐτῷ (16) hoc dicit:
Agamemno fieri non posse credebat, quin actiones de reconciliandis invicem ini-
micitiis feliciter sibi evenirent, quod Achillem dignum nominabat, quocum iun-
geret affinitatem   *b* vide ad I 388—91   τοῖς θυμουμένοις (19) ad I 375—8
389—90 ὑπερβολῇ χρῆται (21) cf. Tryph. fig. 198, 31; ad I 379—86; vide
Macrob. sat. 4, 6, 15   δύο δὲ οἶδεν (21) sq. Ge (e T ut vid.)   δύο δὲ οἶδεν (21)
— εἰδυῖα (22) ad A 115 (ex.)   ἀνδρὸς δὲ (22) sq. ad I 443

1 μὴ susp., cf. sch. *a*¹   3 τοῖς προειρ. T τῶν προειρημένων b   4 ἀμφότερα
b   ἐμπεριέλαβε T   5 θαλ. b θετταλίαν T, ἐφάλιον Hornei   τὴν² om. b   6
le. add. Vill. (πρίν γ' ἀπὸ π. iam V^c)   7 ὑπώλισται T   7 sq. αὐτοῖς ὥρισε b
8 τὴν τοῦ ἐχθροῦ ποινήν b   9 sq. le. A suppl. Frdl.   17 γάμ. βρισ. T τῆς βρισ.
γάμον b   19 Ἀτρείδ[..] T suppl. m. sec.   21 (le.) fort. ἀθηναίῃ γλαυκώπιδι
ἰσοφαρίζοι (le. om. b, ubi sch. ad I 389 revocatum est)   ὑπ. χρῆτ. T, μεγίστη
χρῆται τῇ ὑπερβολῇ b (fort. rectius)   δὲ om. Ge   21—2 κάλλος τε — εἰδυῖα]
κάλλος καὶ τὸ πρὸς ἔργα ἐπιτήδειον, „καλή τε καὶ ἀγλαὰ ἔργ' εἰδυῖα" Ge, fort. e
coniectura   κάλλος b Ge κάλλη T   22 τε om. b Ge   ἀγλ. ἔργ' εἰδ. T ἔργα
φρονήσεως b   22 sq. ῥητ. ἔμμ. Ge T ῥητῆρα b, ῥητῆρ' ἔμεναι Hom.   23 τ' ἔργων T

482   I 392 a—393 a[1]

Hrd. | Hrd.   **392**   *a.* ὅς τις οἵ τ᾽ {ἐπέοικε}: εἰς ἁπλῆν μεταλαμβάνεται ἡ ἀν-
pron. (?)   τωνυμία, ὅστις αὐτῷ. ⟨✳✳✳⟩ περισπασθήσεται οὖν. | δείκνυται δὲ 25
ἐν τοῖς Περὶ ἀντωνυμιῶν (fr. 2 = Hrd. 2, 845, 6) ὡς ὅτι ἡ ἐμοί ἐπὶ δο-
τικῆς καὶ ἔτι ἡ σοί ὀξύνονται, ἡ δὲ οἵ περιεσπάσθη ἀνακολούθως. **A**
ex. | Hrd.   *b.*[1] ⟨οἵ τ᾽ ἐπέοικε:⟩ ἄξιος αὐτοῦ ἐστιν. | εἰς μὲν ἁπλῆν μετα-
λαμβάνεται ἡ οἵ, φυλάσσει δὲ τὸν ἴδιον τόνον διὰ τὸν τέ. **T**[il]
ex.   *c.*[1] βασιλεύτερός ἐστιν: ἐμοῦ ἢ πάντων ἀνθρώπων, ἐπεὶ 30
αὐτὸς ἔλεγε· „καί μοι ὑποστήτω, †ὅσον† βασιλεύτερός εἰμι" (I 160).
διδάσκει δὲ ὡς οὐδὲν ὀνίνησι τυραννὶς ἐπὶ ἀδίκῳ γνώμῃ. **T**
ex. | ex.   *b*[2]/*c.*[2] ὅστις ἄξιος, φησίν, αὐτοῦ ἐστι, | καὶ ὅστις ἐμοῦ ἢ πάν-
των ἀνθρώπων βασιλεύτατός ἐστι· ἔλεγε γάρ· „καί μοι ὑποστήτω,
†ὅσον† βασιλεύτερός εἰμι". διδάσκει δὲ ὡς οὐδὲν ὀνίνησι τυραννὶς ἐπὶ 35
γνώμῃ ἀδίκῳ. **b**(BCE³E⁴)
Hrd.   **393**   *a.*[1] σόωσι {θεοὶ καὶ οἴκαδ᾽ ἵκωμαι}: Τυραννίων (fr. 17 P.)
προπερισπᾷ ὡς νοῶσιν, ὡς ἀπὸ τοῦ σοῶ περισπωμένου, ἐπεί, φησί,
καὶ τὸ εὐκτικὸν κατὰ ἀποκοπὴν εἶπεν, „ἤ κέ σφιν νῆάς τε σοῷ καὶ
λαὸν Ἀχαιῶν" (I 424)· καὶ τὸ δεύτερον „ὅππως κεν νῆάς τε σοῷς καὶ 40
λαὸν Ἀχαιῶν" (I 681). Ἀπίων (fr. 5 B.) δὲ διὰ τοῦ α̅ γράφει, ἐπεὶ καὶ
ἐν ἄλλοις οὕτως εὑρίσκεται· „σάωσε δὲ νυκτὶ καλύψας" (Ε 23)
καὶ „τὸν μὲν ἐγὼ⟨ν⟩ ἐσάωσα" (ε 130) καὶ „ἀλλὰ σάω μὲν ταῦτα, σάω
δ᾽ ἐμέ" (ν 230). καὶ ἐπὶ μέλλοντος „κερδαλέης, εἴ τίς κεν ἐρύσ⟨σ⟩εται
ἠδὲ σαώσει" (Κ 44). ἡ δὲ πλείων χρῆσις, ὧν ἐστι καὶ ὁ Ἀσκαλωνίτης 45
(p. 50 B.), ὡς σώζωσι. καὶ δῆλον ὅτι τοῦ σόωσι συστολὴν αὐτοὺς δεῖ
παραδέξασθαι. πρόδηλον κἀκ τῆς μετοχῆς· „τὼ δ᾽ ἑτέρω ἑκάτερθεν
ἴτην σώοντες ἑταίρους" (ι 430). **A**

---

392 diple ante versum in A; fort. error scribae, nisi credas Aristonicum verba
Achillis καὶ ὃς βασιλεύτερός ἐστιν enarrasse; haec enim Agamemnonis (sc. I. 160)
similia sunt, quamquam ille ea non audivit, cf. Wismeyer 23   *a* — οὖν (25) ad
A 368. T 384 (Hrd.); cf. Ap. Dysc. 43, 19, synt. 200, 14; Lehrs, Quaest. ep. 118   δεί-
κνυται δὲ (25) sq. haec verba fort. non ex Herodiani libro prorsus obscuro, sed ex Ap.
Dysc. pron. 80, 24 fluxerunt, cf. Beiträge 85   c — βασιλεύτερός εἰμι (31) ad I 160—1
393 a ad I 681 (Did.), Π 252 a (Hrd.), vide ad A 117 (Did.)   Ἀπίων (41) —
σαώσει (45) cf. Lehrs, Quaest. ep. 28   καὶ δῆλον ὅτι (46) sq. aliter Eust. 758, 51

---

24 (le.) οἵ scripsi, οἵ A   ἐπέοικε eieci   25 lac. indic. Lehrs verba ὅμως δὲ ὀρθοτονεῖται
(vel ὠρθοτονήθη) inserens   28 le. add. Ma. (ὅστις οἵ τ᾽ ἐπ. add. V^c)   29 διὰ
τὸν τέ susp.   31 ὅσσον Hom.   34 βασιλεύτερός E⁴ (e coniectura)   λέγει
E⁴   35 ὅσον vide sch. *c*[1]   37 (le.) θεοὶ — ἵκ. del. Bk.   38 σοῶ Vill., σωῶ
A   39 κέ Vill., καί A   40 σοῷς Bk., σώωις A   43 ἐγὼ A suppl. Lehrs   σά-
ω μὲν Bk., σαώσωμεν A   44 εἴ A, ἤ Hom.   ἐρύσεται A suppl. Vill.   47
τὼ δ᾽ ἑτ. Lehrs, τὸ δ᾽ ἕτερος A

*a.*² ἀπὸ τοῦ σόω, κατὰ συστολήν. Τ^il

50   **394** *a.*¹ Πηλεὺς θήν μοι ἔπειτα γυναῖκα ⟨γαμέσσεται αὐ-   *ex.*
τός⟩: φιλοπάτωρ καὶ σώφρων κἀκεῖνον κυρῶν γάμον, ὃν ὁ πατὴρ
ἕλοιτο. ἐντεῦθεν ἔλαβε Μένανδρος τὸ „ἐγάμησεν, ἣν ἐβουλόμην
ἐγώ" (fr. 781 Koe.). Τ

*a.*² φιλοπάτορα καὶ σώφρονα ἑαυτὸν ἀποδείκνυσι κἀκεῖνον
55 κρείττονα γάμον, ὃν ὁ πατὴρ ἕλοιτο. b(BCE³E⁴)

*b.*¹ ⟨γυναῖκα γαμέσσεται:⟩ Ἀρίσταρχος „γυναῖκά γε   *Did.*
μάσσεται". Α^im

*b.*² τὸ δὲ γαμέσσεται πᾶσαι εἶχον „⟨γε⟩ μάσσεται", ἀντὶ
τοῦ ζητήσει. Τ

60   **395** *a.* {πολλαὶ ἀχαιίδες εἰσὶν ἀν'} Ἑλλάδα {τε φθίην τε}: ὅτι   *Ariston.*
τὴν Θετταλικὴν οὕτως λέγει μόνην, τὴν δὲ ὅλην ἤπειρον οὐκ οἶδεν οὕ-
τως καλουμένην. νόθα οὖν ἐκεῖνα „ἐγχείη δ' ἐκέκαστο Πανέλληνας καὶ
Ἀχαιούς" (Β 530)· „καθ' Ἑλλάδα καὶ μέσον Ἄργος" (δ 726). Α

b. †μόνω† παρὰ τῷ Ὁμήρῳ. Τ^il   *D*

65   ⟨Ἑλλάδα:⟩ Ἀρίσταρχος παρ' Ὁμήρῳ Θεσσαλίαν μόνην   *D*
τὴν Ἑλλάδα φησὶν εἶναι ——— εὐρυχόροιο (Ι 478). Α

396. κοῦραι ἀριστήων: μήποτε ὀνειδίζῃ ἀνανδρίαν τῷ Ἀγα-   *ex.*
μέμνονι, γενναίων κηδεστῶν, οὐχὶ τοιούτων δεῖσθαι λέγων. ἐν ᾧ οὖν
προὔχει, τὴν κρίσιν ποιεῖται. b(BCE³E⁴) Τ

70   **397** *a.* ⟨τάων, ἥν κ' ἐθέλοιμι, φίλην ποιήσομ' ἄκοιτιν:⟩   *ex.*
τοῦτό φησιν ὡς πολλῶν ἐπιδικασομένων γαμβρεύσειν αὐτῷ διὰ τὴν
ἀρετήν. b(BCE³E⁴)

b. ⟨ἐθέλοιμι:⟩ Ἀρίσταρχος „ἐθέλωμι". Α^im   *Did.*

---

394 *b* γε μάσσεται (56) cf. Valk II 204   *b*² cf. Cobet, Miscell. crit. 407 (vide app.
crit.)   **395** *a* ad Β 529—30. Ι 447 *a*. 478 (Ariston.), cf. sch. α 344. δ 726. λ 496.
ο 80, D; vide ad Β 684; aliter Ge (σχόλιον· περὶ Ἑλλάδος τῆς πόλεως τῆς Θεσσαλι-
κῆς νῦν εἴρηται, οὐ τῆς χώρας, fort. sch. h), Eust. 758, 55; sch. Ap. Rh. 1, 904—06
a; Strab. 9, 5, 6 (p. 431), Steph. B. 268, 3; vide ad Β 683   Θετταλικὴν (61) (sc.
χώραν) cf. Roemer, Krit. Ex. 586, 1; Valk II 256   **397** *b* ad Ι 112 (Did.); vide

---

49 σόω Τ, debuit σώωσι   50 sq. le. Τ supplevi (auctore Vill.)   56 le. addidi
(duce Ldw.)   58—9 τὸ δὲ γαμέσσεται sq. pone sch. *a*¹ (coni. cum v. ἐγώ) in Τ,
transposui   58 γε add. Ma., ὁ δ' ἀρίσταρχος γυναῖκά γε add. Cob.   60 (le.)
πολλαὶ — ἀν' et τε φθίην τε del. Bk.   ὅτι Α, ἡ διπλῆ, ὅτι Vill.   64 super versum
Ι 394 scriptum in Τ, trps. Ma.   μόνω Τ θετταλίαν μόνην Wil. (cf. D)   65 le.
add. Bk.   ὁμήρῳ: Α   67 μήπ. ὀν. (ὀνειδίζει Ma.) Τ ὀνειδίζει τὴν b   ἀνανδρείαν
Ε⁴   68 οὖν Τ δὲ b   69 τὴν κρ. π. Τ ἐν τούτῳ ποιεῖται τὴν κρίσιν b   70 le. add.
Vill.   71 sq. διὰ τὴν ἀρ. om. Ε⁴   73 le. add. Bk. (Vill.)   ἐθέλωμαι Α em. Bk.

Hrd.   398. ἔνθα δέ {μοι}: δύο μέρη λόγου· „ἔνθα δέ τοι θάνατος" (Υ 390), „ἔνθα δέ κ' αὖθι μένων" (ε 208), „ἔνθα δὲ νῦν τρέψας ἀπὸ τείχε- 75 ος" (Χ 16). **A**

Did.   399 *a.* ⟨γήμαντι:⟩ οὕτως Ἀρίσταρχος κατὰ δοτικήν. ἄλλοι δὲ „γήμαντα". **A**[im]

ex.   *b.* γήμαντι μνηστὴν ἄλοχον εἰκυῖαν ἄκοιτιν: γάμου γὰρ τέλος οὐ κάλλος, οὐ κτῆσις, οὐκ ἄλλο τι τῶν τοιούτων, εἰ μὴ τῶν 80 συνόντων ἡ ὁμόνοια καὶ τὸ ἁρμόδιον, ὅπερ φησὶν „οὐ μὲν γὰρ τοῦ γε κρεῖσσον καὶ ἄρειον, / ἢ ὅθ' ὁμοφρονέοντε" (ζ 182—3). ἢ εἰρωνεύεται ὡς γαμήσων κατὰ τὸ ἑαυτοῦ ἀξίωμα **b**(BCE³) **T**   †ἢ τι τῷ† τῆς Ἀγαμέμνονος· **T**   φησὶ γοῦν· „ὁ δ' Ἀχαιῶν ἄλλον ἑλέσθω, / ὅστις οἵ τ' ἐπέοικεν" (I 391—2). **b**(BCE³) **T**   85

ex. | Did.   *c.* γήμαντι μνηστήν: τὴν γὰρ Ἀγαμέμνονος οὐ λογίζεται μνηστήν, ἐπεὶ δῶρον δίδοται. **A b**(BCE³E⁴) **T**[il] | δοτικὴ δὲ †τῷ† γήμαντι. **b**(BCE³) **T**[il]

ex.   400. κτήμασι τέρπεσθαι, τὰ γέρων ἐκτήσατο Πηλεύς: „πατρῷα ἔχειν δεῖ τὸν καλῶς εὐδαίμονα" (Men. com. fr. 577, 1 90 Koe.). φησὶν οὖν ὡς μᾶλλον αἱροῦμαι πατρίδος καὶ τῶν ἐμῶν κτημάτων ἀπολαύειν ἢ πολεμεῖν. **A b**(BCE³E⁴) **T**

Ariston.   401 *a.* οὐ γὰρ ἐμοὶ ψυχῆς: ὅτι τινὲς γράφουσιν „οὐ γὰρ ἐμῆς ψυχῆς". ἀλαζονικὸς δὲ ὁ λόγος, οὐδὲν τῆς ἐμῆς ψυχῆς ἄξιόν ἐστιν. ἄμεινον οὖν ἐμοὶ γράφειν. **A**   95

Did.   *b.* ⟨ἐμοὶ ψυχῆς:⟩ ἐνίους φησὶν ὁ Ἀρίσταρχος γράφειν 1 „ἐμῆς ψυχῆς", οὐκ εὖ. **A**[int]

ad A 549   398 aliter Hrd. ad Υ 390; patet grammaticum de versibus Υ 390 et ε 208 diverse iudicasse, cf. sch. ξ 103 (Hrd.): διχῶς ἐνθάδε καὶ ἔνθα δέ   399 *a* γήμαντα (78) cf. Valk II 162   *c* μνηστὴν (87) — δίδοται cf. D   401 *a/b* cf. Ludwich, A. H. T. 1, 126. 127   *a* ἄμεινον (95) sq. Aristarchum γάρ μοι scripsisse

74—6 pone sch. I 399 *c* in A, trps. Vill.   74 (le.) μοι damn. Bk.   75 ἔνθα δέ²] ἐνθάδε Hom.   77 le. add. Bk.   78 γήμαν ss. τ (= γήμαντα) A   79—85 γάμου δὲ τέλος sq. pone sch. *c* (coni. cum v. γήμαντι) in b   80 οὐ κάλλος οὐ κτ. Ma., οὐκ ἄλλως οὐ κτῆσις Τ οὐ κτῆσις οὐ κάλλος (οὐ κάλλ. om. E³) b   82 γε b δὲ Τ   ὅτ' E³   83 ἑαυτῆς E³   83 sq. ἤ τι — ἀγ. del. Ma., καὶ οὐ κατὰ τὸ τοῦ ἀγ. Valk (I 526); exspectes καταφρονῶν vel ὀλιγωρῶν (ἠτιμωμένης ci. Holwerda [Mnemos. 1966, 289], perbene) τῆς ἀγαμέμνονος   84 δ' b δὲ (ep.) Τ   86 le. V^c, μνηστὴν ἄλοχον: A, om. bΤ   87 δῶρον Τ δῶρον αὐτῷ b   δοτ. (ep.) Τ δοτικῆς b, δοτικῶς propos. Ldw.   88 τῷ] τὸ Ddf.   89 le. Τ, τὰ γέρων: A, om. b   90 πατρ.] λέγει ὅτι πατρῶα b, πατρῷ' Men.   εὐδαιμονοῦντα b   91 φησὶ γοῦν Ab   91 sq. ἀπολ. κτημ. b   92 πολεμεῖ E⁴   93 ὅτι A, fort. ἡ διπλῆ, ὅτι   1 le. addidi (auctore Ldw.)

c. οὐ γὰρ ἐμοὶ ψυχῆς ἀντάξιον: δυσωπεῖ τοὺς παρόντας,   *ex.*
εἴ γε δώρων προήσεται τὴν ψυχήν, αὐτῶν δῶρα διδόντων ὑπὲρ σω-
5 τηρίας τῆς ἑαυτῶν ψυχῆς· καὶ ὅτι πρώην κατεφρόνει ψυχῆς ἀχαρίστῳ
χαριζόμενος ἀνδρί. ὅτι δὲ οὐ φιλοψυχεῖ, πρὸς τὴν μητέρα φησίν· ,,αὐ-
τίκα τεθναίην'' (Σ 98). b(BCE³E⁴) T

402. ⟨"Ιλιον ἐκτῆσθαι:⟩ πρὸς τὸ ,,νῆα ἅλις χρυσοῦ καὶ χαλ-   *ex.*
κοῦ ⟨νηήσασθω⟩'' (Ι 137). T^il

10   404 a. οὐδ' ὅσα λάϊνος ⟨οὐδὸς ἀφήτορος ἐντὸς ἐέργει⟩:   *Ariston.*
πρὸς τοὺς Γλωσσογράφους ἀφήτορος τοῦ στροφέως ἀποδιδόντας.
καὶ Ζηνόδοτος δὲ οὕτως ἐκδέδεκται· τὸν γὰρ ἑξῆς μετέγραφε· ,,νηοῦ
Ἀπόλλωνος''. ἀφήτορα δὲ τὸν Ἀπόλλωνα ἐπιθετικῶς, οὐ κοινότερον,
ἀλλὰ τὸν Πύθιον, οἷον ὁμοφήτορα, διὰ τὸ εἰς λόγους ἔρχεσθαι τοῖς
15 χρησμῳδουμένοις. A

    b.¹ ἀφήτορος: οἱ μὲν ἀσαφήτορος, οἱ δὲ τοῦ στροφέως παρὰ   *ex.*
τὸ τοὺς εἰσιόντας προσκυνεῖν ἐφαπτομένους· AT   τινὲς δὲ τοξό-
του· ἀλλ' ἐπὶ τοῦ θεοῦ φησιν ,,ἑκηβόλον {δὲ}'' (A 21) παρὰ τὸ καὶ
ἐπιτυγχάνειν, ,,οὐκ ἔβαλες τὸν ξεῖνον'' (υ 305), ὡς καὶ ,,ποδάρκην''
20 (cf. A 121 al.) τὸν τοῖς ποσὶν ἐπαρκοῦντα. T

    b.² οἱ μὲν ἀσαφήτορος, οἱ δὲ τοξότου. b(BCE³)
ἢ ὁμοφήτορος, ὁμοίως πᾶσι ——— ἀφέσεως. A   D

ci. Bk., H. Bl. 1, 73   c — ἀνδρί (6) ad I 410—6   **402** vide ad I 137 b   **404**
a/b aliter Strab. 9, 3, 8 (p. 421)   a — ἀποδιδόντας (11) cf. Ap. S. 49, 17 (pone
D): ἀφήτορος· . . . | οἱ δὲ Γλωσσογράφοι ἀφήτορα ἔδοξαν λέγεσθαι τὸν στροφέα
τῆς θύρας   πρὸς τοὺς Γλωσσογράφους (11), cf. Lehrs Ar.³ 37; Pusch 189; Valk
I 281   ἀφήτορος τοῦ στροφέως (11) cf. h(Ag Ge, cf. An. Par. 3, 173, 6), pone
D: . . . | ἢ τοῦ τῆς πυλίδος (πυθίας Ge) στροφέως (τροφέως Ag)   τὸν γὰρ ἑξῆς
(12) — Ἀπόλλωνος (13) ad I 405 (Ariston.)   ἀφήτορα δὲ (13) sq. cf. Su. α 4608:
ἀφήτορος· οὐ κοινότερον, ἀλλὰ τοῦ Πυθίου, οἷον ὁμοφήτορος, διὰ τὸ οἷον εἰς λό-
γους ἔρχεσθαι τοῖς χρησμῳδουμένοις (glossa ex exemplo codicis A profecta, cf.
Beiträge 174)   ὁμοφήτορα (14) cf. D (unde Schem. Hom. 15); Eust. 759, 63;
Porph. 1, 190, 17   b¹ — τοξότου (17) cf. D, Et. Gen. (AB) ἀφήτωρ (glossa Me-
thodii, qui Philoxenum usurpavit) ἐπιτυγχάνειν (19) ad E 17 (Ariston.)   ποδ-

3 δυσωπ. τ. παρ. T ἐμφαίνει τι (τι om. C) τοῖς παροῦσιν b   4 εἴγε — ψυχήν h. e. si
ei moriendum est, ut divitiae Troianorum capiantur   αὐτῶν b τῶν T   5 ψυχῆς
ἑαυτῶν BCE³   ψυχῆς² T αὐτῆς b   6 μητέρα αὐτοῦ φ. E⁴   7 τεθνέειν T
8 le. add. V^c   9 νηησ. addidi   10 le. A suppl. Vill., fort. rectius solum
ἀφήτορος: scribendum   11 πρὸς A, ἡ διπλῆ πρὸς Vill.   14 εἰς A οἷον εἰς Su.
16 le. T, ἀφίτορος A   στροφέος A   17 ἐφαπτομένου T   18 δὲ T del. Bk.
22 pone sch. b¹ (coni. cum v. ἐφαπτομένους, l. 17) in A

Ariston.   **405.** ⟨Φοίβου Ἀπόλλωνος: ἡ διπλῆ περιεστιγμένη, ὅτι⟩ γρά-
φει Ζηνόδοτος „νηοῦ Ἀπόλλωνος". Α^{im}

D   Πυθοῖ ἔνι: πόλις Πυθὼ Φωκίδος, ἧς ──── σαπῆναι. Α   25

ex.   **406—9.** ⟨ληϊστοὶ μὲν γάρ τε ──── ὀδόντων:⟩ ἕκαστον
ἀγωνιστὴν δύσθυμον ποιεῖ εἰς τὸν ἐπταισμένον πόλεμον. b(ΒCΕ³) Τ^{il}

ex.(?)   **406.** ληϊστοί: ἀπὸ λ⟨ε⟩ίας κτητοί. λ⟨ε⟩ία δὲ λέγεται κυρίως τὰ
τῶν πολεμικῶν λαφύρων κτήματα. Α

ex.   **407.** ⟨ἵππων ξανθὰ κάρηνα:⟩ ἡδεῖα ἡ περίφρασις καὶ πλήρης 30
ἐναργείας. b(ΒCΕ³) Τ^{il}

ex.(?)   **409.** ⟨οὔθ᾽ ἑλετή:⟩ ἀντὶ τοῦ οὐ δεκτική. Α^{im}

D   ἐπεὶ ἄρ κεν ἀμείψεται ἕρκος ὀδόντων: ἐπὰν ἅπαξ
φθάσῃ ──── τὸ ψυχικὸν πνεῦμα. Α

ex.   **410—6.** μήτηρ γάρ τέ μέ φησι ⟨──── θανάτοιο κιχείη⟩: 35
τὸ ἀμφίβολον τῆς μοίρας καὶ ἐν ἄλλοις οἶδε, δι᾽ ὧν Τειρεσίας φησὶν
Ὀδυσσεῖ· „τὰς εἰ μέν κ᾽ ἀσινέας ἐᾷς ⟨.../⟩, εἰ δέ κε σίνηαι" (λ
110—2)· b(ΒCΕ³Ε⁴) Τ   καὶ ἀλλαχοῦ, ὡς ἐπὶ τοῦ Εὐχήνορος·
„πολλάκι γάρ οἱ ἔειπε γέρων ἀγαθὸς Πολύϊδος/ νούσῳ ὑπ᾽ ἀργαλέῃ
φθίσθαι οἷς ἐν μεγάροισιν, / ἢ μετ᾽ Ἀχαιῶν νηυσίν" (Ν 666—8), καὶ 40
ἐπὶ Αἰγίσθου· „μήτ᾽ αὐτὸν κτείνειν μήτε μνάασθαι ἄκοιτιν" (α 39). Τ
εἰπὼν δὲ μήτηρ ⟨γάρ τέ μέ⟩ φησι (410) δηλοῖ ὅτι ὑπογύως· b
(ΒCΕ³Ε⁴) Τ   οὐ γὰρ ἂν Πηλεὺς ηὔξατο „σοί τε κόμην κερέειν"
(Ψ 146). Τ   εὖ δὲ τὴν τῆς μητρὸς ἐδήλωσε πρόρρησιν. ἐμφαίνεται

ἄρκην (19) sq. cf. D ad Α 121, Ap. S. 132, 23 al.   **405** diple periestigm. ante
versum in Α (cf. app. crit.)   γράφει sq. ad Ι 404 a (Ariston.)   **406—9** ad
Ι 417 a (cf. app. crit.)   **406** cf. D, D ad Ι 138. **408**; Eust. 760, 4; — κτητοί (28)
cf. Et. Gen. λ 197 Alp.   **407** ad Α 3 b (test.)   **409** fort. exstabat sch. vetus
de v. ἀμείψεται, cf. Ge (fort. nota classis h)· ἐνταῦθά τινες τῶν ἀρχαίων φασὶν ὅτι
ἐκλαμβάνουσι τὸ „ἀμείψεται" (Nicole, ἀμείψῃ Ge) ἀντὶ τοῦ ἀνάψῃ καὶ δήσῃ· ἡ γὰρ
ψυχὴ τοῦ σώματος χωριζομένη δεσμεῖ καὶ φράττει τὰ (τὰ Nicole, τὰ τὰ Ge) χείλη.
οὕτω δεῖ λέγειν   ἀντὶ τοῦ sq. cf. D; Eust. 760, 8   **410—6** cf. Eust. 760, 10   τὸ
ἀμφίβολον (36) — οἶδε cf. sch. α 34 (= Porph. 1, 105, 35)   καὶ ἀλλαχοῦ
(38) — νηυσίν (40) ad Ν 663 a; cf. G. Strasburger, Die kleinen Kämpfer der
Ilias, Francofurti ad Moen. 1954, 75   ἐμφαίνεται (44) — τελευτᾶν (47) ad Ι 401 c

23 φοίβ. — ὅτι add. Vill.   24 νήου Α em. Bk.   26 le. addidi (ληϊστοὶ μὲν
γάρ τε add. V^c; sch. supra versum Ι 406 exaravit Τ)   **26—7** ἕκ. δὲ ἀγων. pone
sch. Ι 404 b² (coni. cum v. τοξότου) in b; sch. ad versum Ι 417 trps. Bk., fort.
recte   27 εἰς τὸν — πολ. Τ τὸ ἐπταισμένον ὑποδηλῶν τοῦ πολέμου b (fort.
rectius)   28 λίας et λία Α em. Vill.   30 le. add. Ma.   ἡδεῖα ἡ Ma., ἡδεῖ(α)
Τ, ἡδεῖα δὲ ἡ pone sch. Ι 406—9 (coni. cum v. πολέμου) in b   32 le. addidi   35
le. Τ supplevi, om. b (qui sch. ad Ι 410 revocavit)   **36—7** τὸ ἀμφίβολον δὲ —
κε σίνηαι in fine scholii (coni. cum v. χάριν) in b   37 κ᾽ Τ κεν b   ἐᾷς ΒΕ³Ε⁴
ἐᾶς C   σίναι b σίνειε Τ   39 πολλάκις Τ em. Ma. (Bk.)   42 εἰπὼν — φησι
Τ (suppl. Ma.), διὰ τοῦ φησί b   ὑπογ.] ὑπογύως (ὑπογυίως Ε³Ε⁴) αὐτῷ
εἴρηκεν b   43 κειρέειν Τ em. Bk.   44 πρόρησιν Τ

45 δὲ ὡς ἔστιν ἀνοήτου χρημάτων ἕνεκεν εἰς πρόδηλον ἑαυτὸν ἐμβαλεῖν
θάνατον καὶ ὅτι ἄφρονές εἰσιν οἱ δεόμενοι ὑπὲρ τῆς ἑαυτῶν σωτηρίας
ἕτερον ἐπὶ δώροις τελευτᾶν· καὶ ἵνα ἀποπλέοντι αὐτῷ συγγινώσκωσι
καὶ βοηθοῦντι μεγίστην ὁμολογοῖεν χάριν. b(BCE³E⁴) Τ

411. ⟨διχθαδίας κῆρας φερέμεν:⟩ ὑπὸ δύο μοιρῶν ἄγεσθαι. ex.
50 Τⁱˡ

413. ⟨ὤλετο μέν μοι νόστος, ἀτὰρ κλέος ἄφθιτον ἔσται:⟩ ex.
ἁπλῶς ἐκφέρει τὰ ὑπὸ τῆς μητρὸς εἰρημένα πρὸς αὐτόν. Τⁱˡ

416 a. ἔσσεται, ⟨οὐδέ κέ μ' ὦκα τέλος θανάτοιο κιχείη⟩: Ariston.
ἀθετεῖται, ὅτι νομίσας τις κρέμασθαι τὸν λόγον προσέθηκεν αὐτόν·
55 καὶ γὰρ κατὰ τὸ περισσὸν ἐπιλέγεται οὐδέ κέ ⟨μ'⟩ ὦκα. δεῖ οὖν κοι-
νὸν λαβεῖν τὸ ἔσται ἀπὸ τοῦ προκειμένου τοῦ „ἄφθιτον ἔσται" (Ι
413). A

b. ⟨ἔσσεται, οὐδέ κέ μ' ὦκα τέλος θανάτοιο κιχείη:⟩ Did.
οὐδὲ παρὰ Ζηνοδότῳ ἐφέρετο. AⁱⁿᵗΤⁱˡ

60 417 a.¹ καὶ δ' ἂν τοῖς ἄλλοισιν ἐγὼ παραμυθησαίμην: ex.
τοσοῦτον ἀπέχει πειθοῦς. τεχνικῶς δὲ καὶ τοὺς ἄλλους ἀφίστησι, τὸ
ἀδύνατον τῆς ἁλώσεως προβαλλόμενος. ΑΤ

a.² τοσοῦτον ἀπέχει πειθοῦς ὥστε καὶ τοὺς λοιποὺς ὑποχω-
ρεῖν βούλεται. πιθανῶς δὲ ἀφίστησιν αὐτοὺς τοῦ πολέμου, τὸ ἀδύνα-
65 τον τῆς ἁλώσεως προβαλλόμενος. b(BCE³E⁴)

b. ⟨παραμυθησαίμην:⟩ ὡς τὸ παρειπεῖν. Τⁱˡ ex.

---

411 cf. Eust. 760, 21; vide ad Π 687 (ex.) 414 nescio an sch. fuerit de v. l.
ἴκωμι (in nonnullis codicibus pro lectione vulg. ἴκωμαι tradita), cf. Brugman,
Probl. 70; Bolling, Language 23, 1947, 33 416 a/b cf. Duentzer, Zen. 165 a
— αὐτόν (54) ad Η 353 a (Ariston.); cf. G. Jachmann, Der Platontext
(= Nachr. Ak. Gött. 1941, 7), Gottingae 1942, 245 417 ad Ι 406—9 b cf.

---

45 δὲ om. Τ 46 αὐτῶν Τ 47 αὐτῷ Τ, μὲν αὐτῷ b (fort. melius) 48 καὶ βοηθ.
Τ, βοηθοῦντι δὲ b (fort. rectius) ὁμολογῶσι Ma. (at vide ad Η 114 b²/a²) 49
le. add. Ma. (διχθ. add. Vᶜ) δύο scripsi, β' Τ, fort. potius δυοῖν 51 le. ad-
didi (ὤλετο μέν μοι add. Vᶜ); nescio an sch. super versum 413 scriptum ad versus
Ι 412—6 referendum sit 53 le. A suppl. Vill. 55 περισσὸν (fort. per cp.
scriptum) Lehrs (Hrd. 459), κοινὸν A; an κενόν? μ' add. Vill. 58 le. add.
Ldw. 60 le. Τ, καὶ δ' ἂν τοῖς ἄλλοισι: A (nisi sch. ad versus Ι 417—9 revoca-
dum est) 61 τοσοῦτον — πειθοῦς h. e. tantum non obsequitur (πειθώ = oboe-
dientia, cf. Xen. Cyr. 2, 3, 19 al.) καὶ om. A 62 ἁλώσεως A (λ alterum
ipse delevit) 66 le. add. Vᶜ fort. ὡς τὸ παρείποιμι

ex. **418.** ἐπεὶ οὐκέτι δήετε τέκμωρ: τεχνικῶς ἀπέστρεψε πρὸς
αὐτὸν τὸν λόγον, ἐπεὶ καὶ ἔλεγε „Ζεὺς δέ σφιν Κρονίδης" (I 236)· εἰ
τοίνυν, ὡς φής, πολέμιον ἔχετε τὸν θεόν, ὑπόλοιπον ὑμῖν ἐστιν ἀπο-
πλεῖν. b(BCE³E⁴) T   70

Ariston. **419** *a.* ⟨Ἰλίου αἰπεινῆς:⟩ ὅτι θηλυκῶς τὴν Ἴλιον. Aⁱᵐ

ex. *b.* ⟨εὐρύοπα:⟩ ἀπὸ τοῦ εὐρυόπης. Tⁱˡ

ex. **420.** χεῖρα ἑὴν ὑπερέσχε: ὑπερασπίζει· ἐν χερσὶ γὰρ αἱ
ἀσπίδες. μεγάλη δὲ ἡ φαντασία ὡς οὐ μόνον συλλαμβάνοντος τοῦ
Διός, ἀλλὰ καὶ τὴν χεῖρα ὑπερέχοντος. A b(BCE³E⁴) T 75

ex. **421—2.** ἀριστήεσσιν Ἀχαιῶν / ἀγγελίην ἀπόφασθε: νῦν
οὐδὲ λόγον ποιεῖ Ἀγαμέμνονος καίτοι πρώην λέγων· „τῷ πάντ' ἀγο-
ρευέμεν, ὡς ἐπιτέλλω" (I 369). ἢ ὡς μὴ τοῦ Ἀγαμέμνονος μόνου πέμ-
ψαντος, ἀλλὰ καὶ τῶν βασιλέων. b(BCE³E⁴) T ἢ τῷ θυμῷ
ὑπερκαείς. b(BCE³E⁴)   80

ex. **425** *a.* ⟨ἐπεὶ οὔ σφισιν ἥδε γ' ἑτοίμη:⟩ ἐπεὶ τό γε τεῖχος νῦν
οὐδὲν ἐπήμυνεν αὐτοῖς. Tⁱˡ

ex.(?) *b.* ⟨ἑτοίμη:⟩ πρόχειρος. Tⁱˡ

D ἑτοίμη: εὔληπτος, φανερά, ἕτοιμος. λέγει δὲ ——— ὡς δυ-
νάμενος με πεῖσαι. A   85

Hrd. **426.** {ἐμεῦ} ἀπομηνίσαντος: ἕν ἐστιν ὡς ἀπομανέντος· καὶ γὰρ
τὴν εὐθεῖαν οὕτως οἶδεν „ἀπομηνίσας" (B 773). οὕτως οἶδεν καὶ ὁ
Ἀσκαλωνίτης (p. 56 B.) καὶ Ἀλεξίων (fr. 37 B.). καὶ εἰ παρέλκει δὲ ἡ
ἀπό, οὕτως ἀναγνωστέον. A

ex. **427.** Φοῖνιξ δ' αὖθι ⟨παρ' ἄμμι μένων κατακοιμηθήτω⟩: 90
τοῦτο εἰς πίστιν τοῦ ἦρι ἀποπλεύσεσθαι. προσκρούει δὲ Φοίνικι ὡς
παρ' Ἀγαμέμνονι διατρίψαντι· καὶ ἐξῆς· „Ἀτρείδη ἥρωϊ φέρων χά-
ριν" (I 613). ἅμα δὲ καὶ προεκκόπτει αὐτὸν τῆς λιτῆς. b(BCE³E⁴) T

D, *a* Eust. 760, 24 **419** *a* ad Γ 305 *b* (Ariston.) *b* de significatione v. εὐρύοπα
vide ad A 498; cf. D ad Ζ 203 **420** ἀλλὰ καὶ τὴν χεῖρα (75) sq. cf. Eust. 760, 36
421—2 paulo aliter Eust. 760, 38 **425** *a* Ge (e T ut vid.) *b* cf. D **426**
καὶ εἰ παρέλκει δὲ·(88) sq. ad Δ 423 (Hrd.) παρέλκει (88) cf. Eust. 760, 46; vide
ad Λ 94 *b* (Ariston.) **427** προσκρούει δὲ Φοίνικι (91) vide ad I 434 *a*

---

67 (le.) δήεται T emendavi (auctoribus Vill. Bk. Ddf.; le. om. b) τεχνικῶς δὲ (?)
E⁴ **67** sq. ἀπέστρεψε ante τὸν λόγον b πρὸς αὐτὸν sc. τὸν ὀδυσσέα (Ma.)
69 ἐστὶν ὑμῖν C **69** sq. πλεῖν T **71** le. add. Vill. ὅτι A, ἡ διπλῆ, ὅτι Vill.
72 le. add. Vᶜ τοῦ εὐρ. Ma., τῆς εὐρυοπῆς T **73** le. AT, om. b ὑπερ-
ασπ. om. E⁴ **73** sq. αἱ ἀσπ.] ἡ πᾶσα δύναμις b **74** δὲ om. T **76—80**
sch. ad I 421 rettulit b **78** ὡς ἐπιτέλλω om. T τοῦ ἀγ. T αὐτοῦ b **79**
βασ. T λοιπῶν b **81** le. add. Ma. τό γε Ge τότε T, τὸ Ma. **83** le. add.
Vᶜ **86** (le.) ἐμεῦ del. Vill. **90** le. T supplevi (duce Vill.), om. b **91** τοῦ
τῷ ἦρι b ἀποπλ. Ma., ἀποπλεύσεται T ἀποπλεῦσαι b (utrumque mendum e
compendio ab hyparchetypo c adhibito ortum esse videtur) δὲ om. T (fort.
recte) **93** προκόπτει b

429 *a*. ἦν ἐθέλησιν: ἦν ἐθέλησι προέσθαι Ἀγαμέμνονα· διό   *ex.*
95 φησι· „πῶς ἂν ἔπειτ' ἀπὸ σεῖο, φίλον τέκος;" (Ι 437). b(BCE³)   T
1   *b*. ἀνάγκη δ' οὔ τί μιν ἄξω: πῶς γὰρ εἰκὸς βιάζεσθαι, ᾧ   *ex.*
πειθαρχεῖν ὁ πατὴρ ἐκέλευσεν; b(BCE³E⁴)   T

431. μάλα γὰρ κρατερῶς ἀπέειπεν: ἐμαρτύρησεν ἑαυτῷ ὁ   *ex.*
ποιητὴς ὅτι ἀπότομον λόγον τῷ Ἀχιλλεῖ περιέθηκεν· ἄκρως γὰρ διέ-
5 θηκε τὸν Ἀχιλλέως λόγον, φύσει φρονήματι ἀξιώματι ἤθει. A b
(BCE³E⁴)   T

432. ὀψὲ δὲ δὴ μετέειπε: φρονίμως τὸ μὴ εὐθέως τοῖς Ὀδυσ-   *ex.*
σέως λόγοις τοὺς ἑαυτοῦ ἐπιβαλεῖν, ἀλλ' ἀντειπεῖν πρῶτον ἐᾶσαι τὸν
Ἀχιλλέα καὶ ἐκχέαι τὸν θυμόν. ἀλλ' οὐδὲ παυσαμένου Ἀχιλλέως εὐ-
10 θὺς ἄρχεται οὐδὲ ἀρξάμενος εὐθὺς τὴν συμβουλίαν προσάγει, ἀλλὰ
δακρύσας προσοχὴν καὶ ἔλεον ἐπισπᾶται· b(BCE³E⁴)   T   οἴκτῳ
γὰρ τὸ πλέον ἀγωνίζεται καὶ διηγήμασιν οἰκείων ἀτυχημάτων. τὸν
δὲ λόγον οὐκ ἐπὶ ἱκετείαν ἀνάγει, ἀλλ' ἐπὶ τὸ συμφέρον Ἀχιλλεῖ. τὸ
ὀψέ δὲ ὡς πάντων ἀπορησάντων ἀντειπεῖν. b(ΒΕ³Ε⁴)   T
15   433. ⟨δάκρυ' ἀναπρήσας:⟩ καὶ θέλων, Tⁱˡ φησίν, οὐκ ἔστεξε   *ex.*
τὸ δάκρυον. b(BCE³)   Tⁱˡ

434—5. μετὰ φρεσὶ ⟨.../⟩ βάλλεαι: κατὰ νοῦν ἔχεις. Aⁱⁿᵗ   D

---

431 nullum signum ante versum in A, exspectes asteriscum et sch. Aristonici
docentis versum hoc loco recte se habere, inculcatum esse Ι 694; nisi forte credis
Aristarchum nota ad Η 404 tradita contentum fuisse. Vide ad Η 404. Ι 694 *b*
(Ariston.)   **432** ἀλλὰ δακρύσας (10) — ἀτυχημάτων (12) cf. Eust. 760, 62.
761, 18   **433** quae in scholio D traduntur de accentu vocis περί (πέρι· περισ-
σῶς γὰρ ἐφοβεῖτο. γράφεται καὶ περί, „περὶ νηυσί"), a regula Herodiani (vide ad
Β 831 *b*) abhorrent. Ceterum nihil habebat, quod illam hoc loco commemoraret;

---

94 le. Bk., αὔριον ἦν ἐθέλησι T, om. b   ἐθέλ.² Vill., ἐθέλησι T ἐθέλησι φησί b   διό
T διὸ καὶ αὐτός b (fort. verum)   **95** φίλ. τέκ. om. T   **1** (le.) ἀνάγκη T em. Bk. (le.
om. b)   πῶς T οὐ b   εἰκός T, ἦν εἰκός b (fort. rectius)   **2** πειθ. ante ἐκέλ. b
3 le. T, μῦθον ἀγασσάμενοι: A, om. b   **4** λόγον om. E³   γὰρ] δὲ Bk. (recte
opinor)   **5** ἀξ. ἤθ.] ἤθει ἀξ. E⁴ ἀξίωμα περιθεὶς A   **7** le. ὀψὲ — μετ. γέρων
ἱππηλάτα φοῖνιξ: Vill., fort. melius   φρονίμως sc. μετέειπε, φρόνιμον Ma.   **8**
ἐπιβάλλειν T   **10** εὐθὺς T αἴφνης b   συμβουλὴν b   προάγει b, edd.   **13**
τὸ¹ (ante συμφέρον) om. b   **13—4** τὸ ὀψέ sq. T ὀψὲ δὲ τοῦτο ποιεῖ, ὅτι πάντες
ἠπόρησαν b   **15** le. add. Li (ἀναπρήσας add. Vᶜ)   **17** le. A supplevi

ex.   **434** *a*. εἰ μὲν δὴ νόστον γε: καὶ οὗτος ἀπὸ τοῦ καιροῦ τὸ προοί-
μιον δέχεται · T   οὐ γὰρ ὡς συμβουλεύσων παρελήλυθεν, ἀλλ' ὡς
διδοὺς ἀπόκρισιν πρὸς τὸ ,,Φοῖνιξ δ' αὖθι παρ' ἄμμι μένων'' (I 427). 20
b(BCE³) T

ex.   *b*. εἰ μὲν δὴ νόστον: συνείκει αὐτῷ ἀπ' ἀρχῆς, εἶτα ἐπάγει
τὴν λιτήν. τὸ δὲ εἰ μὲν δή ὡς παραδόξου τῆς κρίσεως οὔσης· 'προσε-
δόκων γάρ', φησίν, 'ὡς παρακληθεὶς μενεῖς.' ὥσπερ δὲ Ὀδυσσεὺς ἐκ
τοῦ παρόντος ἔλαβε τὸ προοίμιον (cf. I 225—8), οὕτω καὶ οὗτος. b 25
(BCE³) T

ex.   *c*. ⟨φαίδιμ' Ἀχιλλεῦ:⟩ ἀποσπῶν τῆς φυγῆς φαίδιμ'
Ἀχιλλεῦ φησίν. Tⁱˡ

ex.   **435—6.** οὐδέ τι πάμπαν ἀμύνειν νηυσὶ θοῇσι / πῦρ
ἐθέλεις ἀίδηλον: τὸ ἀνεπίφθονον τῶν ὀνομάτων καὶ τὸ ἔσχατον 30
τῶν κινδύνων ἐδήλωσε, τὸ τοῦ Ἀγαμέμνονος πρόσωπον σιωπήσας
ὡς καὶ Ὀδυσσεύς. b(BE³E⁴) T

ex.   **435.** ⟨ἀμύνειν νηυσί:⟩ τοῦτο γὰρ ἦν δίκαιον. Tⁱˡ

ex.   **436.** ἐπεὶ χόλος ἔμπεσε θυμῷ: ὅτι διὰ θυμὸν καταφρονεῖ τοῦ
δικαίου, οὗ μάλιστα δεῖ τὸν πεπαιδευμένον κρατεῖν. b(BE³E⁴) T   35

ex.   **437** *a*. πῶς ἂν ἔπειτ' ἀπὸ σεῖο: φάσκων ἀποπλευσεῖσθαι μετ'
αὐτοῦ, διότι ὁ Πηλεὺς ὡς διδάσκαλον συνέπεμψεν αὐτόν, τεχνικῶς
ἐνέφηνεν ὅτι προσῆκόν ἐστι τὸ μὴ ἀπιστεῖν τῷ διδασκάλῳ. εἰ δὲ ὡς δι-
δασκάλῳ ἐκέλευσε πείθεσθαι, χαλεπῶς ἂν ἤνεγκεν Ἀχιλλεύς. νῦν δέ, δι'
ἃς αἰτίας ἐκεῖνον τὸ κελευόμενον ποιεῖν ἔδει, διὰ ταύτας αὐτὸς 40
ἀκολουθήσειν φησίν, †ὡς ἂν τὸ† μὴ φάναι ὡς οὐ χωρισθείη τοῦ Ἀχιλ-
λέως, ἀλλ' ὡς πυνθανόμενον λέγειν· διαγανακτοῦντος γὰρ ἦθος ἐμφαί-
νεται. ἅμα δὲ καὶ τὸν Ἀχιλλέα εὐμενῆ ἀπεργάζεται, οὐδεμίαν ἄλλην
λέγων ὑπολείπεσθαι αὐτῷ ἐλπίδα. b(BE³) T

nam περί idem est quod περισσῶς   **434** *a/b* ad I 625 *a*   *a* cf. Eust. 761, 10   ἀλλ'
ὡς διδοὺς (19) sq. vide ad I 427   **436** cf. Eust. 761, 47 (αἰσχύνων τὸν ἥρωα ὡς
ὀργίλον)   **437** *a* νῦν δέ (39) sq. ad I 438 *b*

19 οὐχ ὡς συμβ. δὲ παρ. sq. pone sch. *b* (coni. cum v. οὗτος) in b   **20** διδοὺς T
δώσων b   ἄμμι] ἄλλοισι CE³   μένων om. T   **22**—5 le. et sch. cum scholio
praecedenti coni. T   συνείκει μὲν οὖν ἀπ' ἀρχῆς sq. cum scholio I 433 (v. δάκρυον)
coni. b   **23** ἀποκρίσεως Wil. (haud urguet)   **24** φησίν et δὲ om. T, fort. recte
25 [. .]τω T suppl. m. rec.   **27** le. addidi (νόστον γε· add. Vᶜ)   **29** sq. le.
scripsi, οὐδέ τι νηυσὶν ἀμύνειν πῦρ ἐθέλεις T, οὐδέ τι πάμπαν Li, om. b (ubi sch. ad
I 435 revocatum est)   **30** τὸ¹ b νηυσὶ τὸ T   **31** τοῦ om. b   **33** le. add. Ma.
(Bk.), πάμπαν add. Vᶜ   **34** ὅτι T, δείκνυσι ὅτι b (fort. rectius)   καταφρ. b, οὐ
κρατεῖ T   **35** μάλιστα om. T   **37** ὁ om. b   ὡς om. T   **38** ἀπιστ. T ἀπειθεῖν b
40 τὸ] τὸν B   **41** ὡς ἂν τὸ non intellegitur, πρὸς τῷ Bk., ἕως τοῦ ,,ὡς ἂν'' (I 444)
⟨✷✷✷⟩ τὸ propos. Nickau, malim διὰ τοῦ   **43** sq. ἄλλην ante ἐλπίδα b

45 b. φίλον τέκος: προσαγωγὰ ταῦτα, ὅτι διὰ τὴν φιλοστορ- *ex.*
γίαν καὶ παρὰ τὸ δέον αὐτῷ πείσεται. Aⁱᵐ b(BE³) Tⁱˡ

438 a. σοὶ δέ μ᾽ ἔπεμπε ⟨γέρων ἱππηλάτα Πηλεύς⟩: ἔδει εἰ- *ex.*
πεῖν διδάσκαλον. ἀλλ᾽ ἵνα μὴ ἀγριάνῃ ὡς διδασκάλου δεόμενον, σιω-
πᾷ, τῇ δὲ νεότητι (cf. I 439—40) προσῆψε τὴν διδασκαλίαν. T

50 b. σοὶ δέ μ᾽ ἔπεμπε ⟨γέρων ἱππηλάτα Πηλεύς⟩: ὡς *ex.*
ὀπάων οὖν, φησίν, οὐκ ὀφείλω ἀπολείπεσθαι. διὰ τοῦτο δὲ δυσωπεῖ
αὐτόν· τὸν γὰρ διδάσκαλον δεῖ κελεύειν. b(BE³E⁴) T

439. ⟨ὅτε σ᾽ ἐκ Φθίης Ἀγαμέμνονι πέμπε:⟩ λεληθότως δεί- *ex.*
κνυσιν ὅτι ἀπειθεῖ τῷ πατρὶ τούτου ἀποστάς, ᾧ καὶ πόρρωθεν αὐ-
55 τὸν ἀπέστειλεν. b(BE³E⁴) Tⁱˡ

440. ⟨νήπιον:⟩ εἰ νηπίου ὄντος οὐ προπεφάσισται πρὸς τὴν *ex.*
αἴτησιν ὁ πατήρ, πῶς νῦν, φησί, τελειωθεὶς οὐ πολεμεῖς; b(BCE³) Tⁱˡ

441. ⟨ἵνα τ᾽ ἄνδρες ἀριπρεπέες τελέθουσι:⟩ ἄμφω τὰς ἀρε- *ex.*
τὰς κυδιανείρας φησί. νῦν δὲ μᾶλλον ἐχρῆν ἐπαινεῖν τὰ ψυχικά. b
60 (BCE³) Tⁱˡ

442 a. διδασκέμεναι τάδε πάντα: εἰ οὖν σύμβουλος ἐπέμφθη, *ex.*
νῦν δὲ βοᾷ τὸ πρᾶγμα δεόμενον συμβουλῆς, πῶς αὐτῷ πείθεσθαι οὐ
δεῖ; b(BCE³) T

b. ⟨διδασκέμεναι⟩ τάδε πάντα: τάδε, εἰς ἃ νῦν ἁμαρ- *ex.*
65 τάνεις. καὶ ὅτι οὔπω τετέλεσται τὴν μάθησιν, διὰ τῆς παρατάσεως
ἐδήλωσεν· οὐ γὰρ εἶπε διδάξαι. b(BCE³E⁴) T

---

438 b ad I 437 a   τὸν γὰρ διδάσκαλον (52) sq. cf. Eust. 761, 56   439 vide Eust.
761, 64   439—40 Eust. 762, 5: τὸ δὲ „πέμπε“ (439) δέεται πάντως ὑποδιαστολῆς
βελτιούσης διάνοιαν ἐν τῷ „πέμπε / νήπιον“ (439—40), ἵνα μή τις ὡς τοῦ ν̄ ἡνωμένου
τῷ ῥήματι νοήσῃ ὅτι ἔπεμπεν οὐ νήπιον, ἀλλὰ ἤπιον, mea quidem sententia non
sch. vetus, sed explicatio ab ipso Eustathio excogitata, vide ad Θ 206—7 (Nic.)

---

45 le. Aⁱᵐ (contra morem), om. bT   προσαγ. τ. ὅτι AT, προσαγωγὸν δὲ καὶ
τὸ φίλον τέκος· λέγει γὰρ ὅτι (ὅτι om. E³) coni. cum scholio praecedenti in b
47 le. T supplevi   47 sq. ἐπειπεῖν Ma., fort. recte   48 δεόμενος T corr. Ma.
50 le. T supplevi (auctore Vill.), om. b   (le.) δέ μ᾽ Vill., δέμ᾽ T, δ᾽ ἔμ᾽ Iacobs
51 φησίν om. T (fort. recte)   ἀπολιπέσθαι b   διὰ om. b   53 le. add.
Vill. (ὅτε σ᾽ ἐκ φθίης iam Li, ἤματι τῷ ὅτε σ᾽ ἐκ φθίης Vᶜ)   53—5 λεληθ. δὲ sq.
coni. cum scholio praecedenti E⁴   56 le. add. Vᶜ   προπεφ. b προσεφασίσα-
το T, προεφασίσατο Ma.   57 φησὶ νῦν b   πολεμ[...] T suppl. m. rec.   58
le. add. Vill. (οὐδ᾽ ἀγορέων add. Vᶜ); sch. fort. ad versus I 440—1 referendum est
59 φησίν T   61—3 pone sch. b (coni. cum v. διδάξαι) in b   61 ἐπέμφθην T
62 δεόμ. T βοᾷ δὲ δεόμενον b   αὐτῷ οὐ πείθ. BE³ οὐκ αὐτῷ πείθ. C   64 le.
T (coni. cum scholio a) supplevi, om. b   τάδε² T τὸ δὲ τάδε pone sch. c (coni.
cum v. λέξεως) BCE³, om. E⁴   65 ὅτι om. C   ἡ μάθησις b

ex.　　*c.* ⟨διδασκέμεναι:⟩ ἶαται τῇ ἡλικίᾳ τὸ τρανὸν τῆς λέξεως.
b(BCE³) Τ^il

ex.　　*d.* τάδε πάντα: ἐπὶ δύο· ,,προμνηστῖνοι ἐσέλθετε, μηδ᾽
ἅμα πάντες‘‘ (φ 230). Τ　　　　　　　　　　　　　　　　　　70

ex.　　**443** *a.* μύθων τε ῥητῆρ᾽ ἔμεναι πρηκτῆρά τε ἔργων: ὅτι δι-
δακτὸν ἡ ἀρετή. εἵπετο δὲ αὐτῷ Φοῖνιξ ὑποδείξων ἅ τε λεκτέον καὶ ἃ
χρὴ πράττειν. b(BCE³) Τ　　φαίνεται οὖν καὶ τὸ τῆς ῥητορικῆς
ὄνομα εἰδώς· φησὶ γοῦν ,,ὅτε κοῦροι ἐρίσ⟨σ⟩ειαν περὶ μύθων‘‘ (Ο 284),
ἀλλὰ καὶ ,,βουλῇ καὶ μύθοισι‘‘ (Δ 323) καὶ ,,δικαζόμενος παρὰ νηυ- 75
σίν‘‘ (λ 545). οἱ περὶ Κόρακα δὲ καὶ Τισίαν (Art. Script. A III 8. V 21
Rad.) ὕστερον ἐξεκόσμησαν τὴν ῥητορικήν. Τ　　εἰ ὑπὸ Φοίνικος
οὖν πεπαίδευται, τί παρὰ Χείρωνος ἐδιδάχθη; δηλονότι δικαιοσύνην
καὶ ἰατρικήν. b(BCE³) Τ

ex.　　*b.* ⟨μύθων τε ῥητῆρ᾽ ἔμεναι πρηκτῆρά τε ἔργων:⟩ τὸ 80
τῶν λόγων ῥήτορα διδάσκειν σε εἶναι καὶ δραστήριον ἐν τοῖς ἔργοις.
Α^im

ex.　　*c.*¹ μύθων τε ῥητῆρ᾽ ἔμεναι ⟨πρηκτῆρά τε ἔργων⟩:
σημείωσαι ὅτι τὸ ὁμοιοτέλευτον ἔφυγε μεταβαλὼν τὴν φράσιν· οὐ γὰρ
εἶπε ‘μύθων τε ῥητῆρα καὶ ἔργων πρακτῆρα’. καὶ ὅτι πάντων διδα- 85
κτικὸν εὐβουλία. ΑΤ

　　*c.*² σημείωσαι ὅτι τὸ ὁμοιοτέλευτον ἔφυγε μεταβαλὼν τὴν
φράσιν· οὐ γὰρ εἶπε ‘μύθων τε καὶ ἔργων ῥητῆρα’ ἀπὸ κοινοῦ, ἀλλ᾽
ἐνήλλαξεν. καὶ ὅτι δὲ πάντων κρείττων ἡ εὐβουλία δηλοῖ διὰ τούτου.
b(BCE³)　　　　　　　　　　　　　　　　　　　　　　　　90

ex.　　**444.** ⟨ὡς ἂν ἔπειτ᾽ ἀπὸ σεῖο:⟩ ἐπεὶ παρακαταθήκην ἐκ νηπίου
σε εἴληφα παρὰ τοῦ πατρός. Τ^il

---

442 *d* cf. Eust. 762, 14　　**443** *a* ἡ ἀρετή. εἵπετο (72) — πράττειν (73) ad I 388—90,
cf. sch. δ 818; vide sch. *b*　　εἰ ὑπὸ Φοίνικος (77) sq. cf. Eust. 762, 54; vide ad
I 486. 489　　*b* cf. D; vide sch. *a*　　*c* cf. Eust. 761, 58　　*c*² sch. ex. ab auctore
hyparchetypi **b** ad arbitrium retractatum

---

67 le. add. Bk. (προέηκε διδασκέμεναι add. V^c)　　τρανὸν Τ τραχὺ **b**　　**69** ἐπὶ Τ m.
sec., ἐπεὶ Τ　　εἰσέλθετε Τ em. Ma.　　**71** le. Ma., μύθ. τε ῥητῆρα πρακτῆρα τε ἔργων
Τ, om. **b**　　ὅτι Τ δείκνυσιν ὅτι **b**　　**72** ὁ φοῖν. **b** (fort. melius)　　ἅ τὲ **b**　　**74**
ὁππότε Hom.　　ἐρίσειαν Τ suppl. Ma.　　**76** τισίαν Bk., κτησίαν Τ, τεισίαν Ma.
78 δικαιοσ. Τ πολεμικήν **b**　　**80** le. add. Vill.　　τὸν (τ̀) A corr. Nickau　　**83**
le. A supplevi, om. Τ　　**84**—6 σημείωσαι δὲ ὅτι sq. pone sch. *a* (coni. cum v.
ἰατρικήν) Τ, fort. recte　　**84** ἐφ.] ἔφυγεν ὁ ποιητής A　　μεταβάλλων A (λ pri-
mum ipse delevit)　　**85** εἶπεν A　　**87**—9 pone sch. I 442 *a* (ante sch. I 443*a*)
in **b**　　**89** ἐνήλλαξε C　　**91** le. add. Ma. (ὡς ἂν ἔπειτ᾽ iam V^c)

446 a. γῆρας ἀποξύσας: γῆρας, φησί, τὸ μάλιστα νῦν μοι   ex.
ἐνοχλοῦν. διὰ δὲ τοῦ ἀποξύσας ἐδήλωσε προσπεπλασμένην ἀσθέ-
95 νειαν παλαιῷ σώματι. τῷ δὲ χρόνῳ τῆς συλλαβῆς τὸ δυσαφαίρετον
τοῦ γήρως δηλοῖ. Ἀττικὴ δὲ ἡ ἔκτασις. b(BCE³) T   Παρθένιος
1 γοῦν ἐν Βίαντι (fr. 5 M. = 3 D.²) συνέστειλεν· „ὅστις ἐπ' ἀνθρώπους
ἔξυσεν αἰγανέας". T

b. {γῆρας ἀποξύσας θήσειν} νέον ἡβώοντα: ὅτι οὐ λέγει   Ariston.
νέον κατὰ τὴν ἡλικίαν, ἀλλὰ κατὰ μεσότητα, ἀντὶ τοῦ νεωστὶ ἡβῶν-
5 τα. A

c. ⟨θήσειν νέον ἡβώοντα:⟩ νέον· νεωστί. οὐχ ἁπλῶς   ex.
ἀπαλλάξειν γήρως, ἀντισηκῶσαι δὲ ἀρχὴν πολυχρονίου ἥβης. T^il

d. ⟨ἡβώοντα:⟩ οὕτως διὰ τοῦ ω̄ καὶ ō αἱ Ἀριστάρχου. A^int   Did.

447 a. οἷον ὅτε πρῶτον λίπον Ἑλλάδα {καλλιγύναικα}: ὅτι   Ariston.
10 πάλιν τὴν Θετταλικὴν πόλιν οὕτως εἶπεν· καὶ ὅτι Ζηνόδοτος „τοῖον
ὅτε πρῶτον", ἐξ οὗ φανερός ἐστι τὸ „νέον" (I 446) ὀνοματικῶς δεδεγ-
μένος. A

446 a cf. Meineke 263; Schulze, Quaest. ep. 330   b Su. ν197: νέον· ᾿Όμηρος νέον
ἡβώοντα οὐ λέγει—ἡβῶντα   ὅτι οὐ (3) sq. ad I527. M336b. O538a (Ariston.), cf.
sch. α209. β 46. 257. γ 496. δ 112. ζ 163. θ 38. κ 409. 573. μ 379. ξ174. π 255. 431.
ψ 225; Polyb. barb. 286, 6; Lehrs Ar.³ 150. Vide ad A 99 a   ἀντὶ τοῦ νεωστὶ
ἡβῶντα (4) cf. Ap. S. 115, 25: νέον·... | ὅθεν τὸ „γῆρας ἀποξύσας θήσειν νέον
ἡβώοντα" μεταφράζει Ἀρίσταρχος 'νεωστὶ ἀκμάζοντα', vide sch. c   c — νεωστὶ
(6) vide sch. b   d alios legisse ἡβώοντα censuit Ludwich (A. H. T. 1, 306, 8), cf.
Chantr., Gr. Hom. I 77   447 diple (non periestigm.) ante versum in A, fort. negle-
gentia scribae (cf. app. crit.). Fort. exstabat sch. ex. (vel Didymi?) de v. l. a De-
metrio Scepsio tradita vel inventa, cf. Apollod. ap. Strab. 9, 5, 18 (p. 438/9, unde
Eust. 762, 35, brevius ibid. 332, 2): φησὶ δ' ὁ Σκήψιος (fr. 68 G.) ἐκ τοῦ Ὀρμενίου τὸν
Φοίνικα εἶναι καὶ φεύγειν αὐτὸν ἐνθένδε παρὰ τοῦ „πατρὸς Ἀμύντορος Ὀρμενίδαο"
(I 448) εἰς τὴν Φθίαν „ἐς Πηλῆα ἄνακτα" (I 480)· ἐκτίσθαι γὰρ ὑπὸ Ὀρμένου τὸ
χωρίον τοῦτο τοῦ Κεκάφου τοῦ Αἰόλου. παῖδας δὲ τοῦ Ὀρμένου γενέσθαι τόν τε
Ἀμύντορα καὶ Εὐαίμονα, ὧν τοῦ μὲν εἶναι Φοίνικα, τοῦ δ' Εὐρύπυλον. φυλαχθῆναι δὲ
τῷ Εὐρυπύλῳ τὴν διαδοχὴν κοινήν, ἅτε ἂν ἀπελθόντος τοῦ Φοίνικος ἐκ τῆς οἰκείας. καὶ
δὴ καὶ γράφει οὕτως· „οἷον ὅτε πρῶτον λίπον Ὀρμένιον πολύμηλον" (πολύπυρον
Eust. 332, 6) ἀντὶ τοῦ „λίπον Ἑλλάδα καλλιγύναικα", vide Bidder 24; ad K 266;
Valk II 256   a ad B 529—30, vide ad Π 595 a (Ariston.)   πάλιν (10) cf. ad
I 395a (Ariston.)   ὀνοματικῶς (11) „i. e. ut nomen" Friedl., Ariston. p. 164

93 φησὶ om. T, fort. recte   νῦν μοι T με νῦν b   95 τῷ δὲ — συλλ. T καὶ αὐτῷ
δὲ τῷ τῆς συλλαβῆς χρόνῳ b   96 ἀττική] ἰακὴ Mein.   δὲ T τέ ἐστιν b   3 (le.)
γῆρας ἀπ. θήσ. eieci   ὅτι A, ἡ διπλῆ, ὅτι Frdl. (Vill.)   4 τὴν om. Su.   ἀντὶ
τοῦ A, οἷον Su.   6 le. add. Ma.   7 ἀντισηκῶσαι Ma., fort. verum   ἀρχὴν
Bk., ἄρχειν T   8 le. add. Bk.   9 (le.) καλλ. damnavi   ὅτι A, ἡ διπλῆ,
ὅτι Vill.   10 καὶ ὅτι A, exspectes καὶ ⟨ἡ διπλῆ⟩ περιεστιγμένη, ὅτι

ex.　　　　b. οἷον ὅτε πρῶτον λίπον Ἑλλάδα: μυθολόγοι οἱ γέ-
ροντες καὶ παραδείγμασι παραμυθούμενοι. ἄλλως τε ψυχαγωγεῖ τὴν
ὀργὴν ὁ μῦθος. εἰπεῖν δὲ θέλει τὰς εὐεργεσίας Πηλέως, εἴ πως πείσειεν 15
ὡς εὔνους τῷ οἴκῳ· καὶ ὅτι λιταῖς οὐ πεισθεὶς ἐν ἀλλοδαπῇ ἄπαις διή-
γαγεν. ἡδεῖα δὲ ἡ ἀκρόασις τῶν οἰκείας συμφορὰς διηγουμένων. καὶ ὁ
κυνικὸς Διογένης τοῖς συνοῦσιν †ὁμολογεῖ† (fr. deest F. P. G. II
299 sq.), οἵας εἶχεν ὁρμὰς πρὸ τοῦ φιλοσοφεῖν, ὡς ἄρχειν αὐτοῦ μὴ δυ-
νάμενος τῶν ἄλλων ἤθελεν. ἀκριβὴς δὲ διδασκαλία ἡ πεῖρα· διὸ καὶ το- 20
σαῦτα ἡμαρτηκότι τῷ Φοίνικι καὶ ἐν προσκρούσει τοῦ πατρὸς γεγο-
νότι τὸν υἱὸν ἐπιτρέπει ὁ Πηλεύς· ἑώρα γὰρ αὐτὸν αἰσθόμενον τῆς
ἁμαρτίας, δι’ ὧν ἑαυτῷ τὴν ἑκούσιον ἐπήγαγε φυγήν. b(BE³) T

D　　448. φεύγων νείκεα: Φοῖνιξ ὁ Ἀμύντορος ἐξέπεσε ——— παρα-
δίδωσιν. ἡ ἱστορία παρὰ τῷ ποιητῇ· παρὰ γὰρ τοῖς τραγικοῖς παραλ- 25
λάσσει (cf. T.G.F. p. 621 N.²). A

ex.　　449 a. ὅς μοι παλλακίδος πέρι χώσατο: οἰκείως ταῦτα πρὸς
τὸν ἕνεκα τῆς Βρισηίδος χαλεπαίνοντα, ὅτι συγγνωστέος ἁμαρτήσας
περὶ κόρην Ἀγαμέμνων, εἴ γε καὶ αὐτὸς ἁμαρτὼν συγγνώμης ἠξίωται
παρὰ Πηλέως. b(BE³) T　　　　　　　　　　　　　　　　　　30

ex. | *ex.(?)*　　　b. ὅς μοι παλλακίδος: οὐ τῆς ἤδη μιγείσης, ἀλλὰ τῆς εἰς
τοῦτο τρεφομένης· φησὶ γοῦν „προμιγῆναι“ (Ι 452). οὐκ ἀντίκειται δὲ
τὸ ὅτι τὴν μὲν ἐφίλει, ἠτίμαζε δὲ τὴν γυναῖκα· ἔπραττε γὰρ ταῦτα ἐν
νῷ ἔχων ἤδη τὴν πρὸς αὐτὴν ὁμιλίαν. τοῦτο οὖν ὁ Φοῖνιξ ἐποίησεν εἰς
ὁμόνοιαν τῶν γονέων. b(BE³) T | ἦν δὲ Κλυτία καὶ ἡ μήτηρ Ἱπποδά- 35
μεια ἡ Ἀλκιμέδη. T

---

b μυθολόγοι οἱ γέροντες (13) cf. Demetr. eloc. 7; Aristot. fr. 668 R.; Ps.-Longin.
De subl. 9, 11 sq.; Buehler, Beiträge 51　τὰς εὐεργεσίας Π. (15) cf. D　διὸ καὶ
τοσαῦτα (20) sq. cf. Porph. 1, 139, 15; vide ad l 453 a et b. 480 b　448 de Or-
menidis cf. sch. Call. h. 6, 74 sq. (c. test.); de quibus num sch. ex. hoc loco um-
quam fuerit, nescitur　449 a Ge (e T ut vid.); cf. Porph. 1, 139, 18; — χαλε-
παίνοντα (28) cf. Porph. 1, 139, 6　αὐτὸς ἁμαρτὼν (29) cf. Clem. Alex. paed.
I 7, p. 122, 28 Stä.　b — προμιγῆναι (32) cf. Eust. 762, 47　c¹ — περισσῶς

---

16 ὡς — οἴκῳ T ὅτι εὔνους αὐτῷ ἐστι b　18 κυν. T κυνικὸς δὲ b　συναινοῦσιν
T　ὡμολόγει Bk., recte　19 αὐτοῦ b　27 (le.) fort. περιχώσατο (= vulg.); le.
om. b　27—30 οἰκείως δὲ ταῦτα sq. pone sch. b (coni. cum v. ὁμόνοιαν) in b
27 οἰκεῖα Ge　29 περὶ τὴν b　ἠξιώθη Ge　33 γὰρ b δὲ T　34 ὁ
φοιν. om. T　34 sq. εἰς τῶν γονέων τὴν ὁμόνοιαν b　36 ἢ Wil., καὶ T, ἢ καὶ
Ma.　ἀλκιμήδη T em. Wil. (cf. A. P. 3, 3, 1)

c.¹ {ὅς μοι παλλακίδος} περιχώσατο: οἱ μὲν ἀνέστρεψαν, *Hrd.*
ἵνα γένηται περὶ παλλακίδος· οἱ δὲ περιχώσατο ἀνέγνωσαν, ἵνα ση-
μαίνηται τὸ περισσῶς. καὶ οὕτως μᾶλλον ἐπεκράτησεν ἡ παράδοσις.
⁴⁰ οὕτως δὲ καὶ Ἀλεξίων (fr. 38 B.). **A**

c.² τὸ δὲ περιχώσατο ἀντὶ τοῦ περισσῶς ὠργίσθη. **b**
(BE³)

452 a. ⟨προμιγῆναι:⟩ πρὸ τοῦ πατρὸς μιγῆναι. ἢ περισσεύει *Hrd.*
ἡ πρόθεσις. **Aⁱᵐ**

⁴⁵ b.¹ ἵν’ ἐχθήρειε γέροντα: ῥᾶστα γὰρ ἀφίσταται γυνὴ γέ- *ex. | Did.*
ροντος νέα πειραθεῖσα ἀνδρὸς νέου. | τινὲς „γέροντι“ γράφουσιν, ‘ἵνα
μισηθῇ τῷ γέροντι’. **T**

b.² ῥᾶστα γὰρ ἀνδρὸς ἀφίσταται γέροντος γυνὴ νέα πειρα- *ex.*
θεῖσα νέου καὶ ἰσχυροτέρου ἀνδρός· ἧττον γὰρ οἱ γέροντες ἀφροδι-
⁵⁰ σιάζειν δύνανται. **b**(BE³)

453 a. τῇ πιθόμην καὶ ἔρεξα: ἐν ἤθει δεῖ ἀναγινώσκειν ὡς με- *ex.*
τανοοῦντος αὐτοῦ· διὸ καὶ ἐμπεπίστευται Ἀχιλλέα· „ὁ γὰρ πταίσας τι
καὶ φυλάττεται“ (Men. Asp. 28). καὶ Σοφοκλῆς (fr. 814 N.² = 900 P.)·
„ὃς μὴ πέπονθε τἀμά, μὴ †βουλεύεται“. **b**(BCE³E⁴) **T**

⁵⁵ b. ἄλλως· τῇ πιθόμην καὶ ἔρεξα: ὡς πρὸς ὁμόνοιαν γο- *ex.*
νέων τὰ παρὰ προαίρεσιν ἐποίησε· φησὶ γοῦν „ἡ δ’ αἰὲν ἐμὲ λισσέσκε-
το“ (I 451). καὶ πάλιν τῆς διχοστασίας αὐτῶν κρείττονα τὴν φυγὴν
ἡγήσατο. οἱ δὲ εὖ πρὸς γονεῖς ἔχοντες ἐπ’ ἴσης μὲν αὐτοὺς ἀγαπῶσιν,
ἐπαμύνουσι δὲ τῷ καταπονουμένῳ. ἢ τάχα βούλεται λέγειν ὅτι οὐ
⁶⁰ πάντα πειστέον μητρί — Θέτις γοῦν ἔλεγεν· „ἀλλὰ σὺ μὲν νῦν νηυσὶ

(39) Ecl. (An. Ox. 2, 463, 5), cf. Reitzenstein, Gesch. 170   περισσῶς (39) ad
B 831 (Hrd.)   c² ὠργίσθη cf. D   **452** a ἢ περισσεύει (43) sq. ad Γ 3 c (ex.)   b¹
— νέου (46) Ge (e T ut vid.)   **453** a διὸ καὶ ἐμπεπίστευται (52) ad I 447 b   b
aliter Plut. mor. 25 f   καὶ πάλιν (57) — ἡγήσατο (58) ad I 463   ἢ τάχα
βούλεται λέγειν (59) sq. cf. Eust. 763, 12   Θέτις (60) — Ἀχαιοῖσιν (61) vide ad

37 (le.) ὅς μοι παλλ. del. Lehrs   38 sq. σημαίνει (fort. σημαίνῃ) Ecl.   41 pone
sch. a (coni. cum v. πηλέως) in b, transposui   43 le. add. Bk.   45 ἀφί[.....]
T, renovavit ipse ut vid.   45 sq. γέροντος γυνὴ Ge   51—4 ἐν ἤθει δὲ δεῖ
sq. scholio b (post verba τὴν φυγὴν ἡγήσατο, vide l. 58) inseruit b   51 ἀναγιν. T
τὸν στίχον ἀναγινώσκειν b   ὡς] ὡς καὶ E³   51 sq. μετ. αὐτοῦ b μετανοοῦντα
T   52 γὰρ πτ. τι T γάρ τι πταίσας b   53 καὶ¹ T, πάντως καὶ b   φυλ.
b φυλάττεται συγγνωστός T   54 τὰ μὰ T   βουλεύηται b, βουλεύετω Bk.
55—67 ἄλλως et le. et sch. cum scholio a coni. T   55 ἄλλως et le. om. b   ὡς
b ὃς T   56 τὰ. π. προαίρ. T τὸ τοιοῦτον b   ἐποίει T   56 sq. λισέσκετο T
57 αὐτῶν sc. τῶν γονέων   58 δὲ εὖ b εὖ δὲ T   60 νῦν om. CE³

παρήμενος ὠκυπόροισι / μήνι' Ἀχαιοῖσιν" (Α 421—2) —, ἀλλὰ μᾶλ-
λον πατρὶ τῷ λέγοντι· „φιλοφροσύνη γὰρ ἀμείνων" (Ι 256). b(BCE³
E⁴) **T**   ἀγαθοὶ δὲ διδάσκαλοι, οἳ ἐν πείρᾳ παθημάτων γεγόνασιν·
καὶ Χείρωνα γάρ φασι τρωθέντα τὴν χεῖρα τὴν περὶ βοτανῶν ἐπιτη-
δεῦσαι ἰατρικήν, τὴν δὲ περὶ τὰς διαίτας τὸν Σηλυμβριανὸν Ἡρόδικον 65
τὸν παιδοτρίβην, ὃς ἐμπεσὼν διὰ τοὺς πόνους εἰς φθόην ἐμελέτησε τὴν
τέχνην. b(BE³E⁴) **T**

ex. vel Porph.   c. τῇ πιθόμην ⟨καὶ ἔρεξα⟩: Ἀριστόδημος ὁ Νυσαιεύς,
ῥήτωρ τε ἅμα καὶ γραμματικός (cf. F.H.G. III 307), φεύγων τὸ ἔγ-
κλημα, ἐπενόησε γράφειν „τῇ οὐ πιθόμην †οὐδὲ ἔρεξα†". καὶ οὐ μόνον 70
γε ηὐδοκίμησεν, ἀλλὰ καὶ ἐτιμήθη ὡς εὐσεβῆ τηρήσας τὸν ἥρωα. πρὸ
δὲ αὐτοῦ Σωσιφάνης (fr. 6, T.G.F. p. 820 N.²) τὴν τοιαύτην εὗρε
γραφήν. καὶ Εὐριπίδης δὲ ἀναμάρτητον εἰσάγει τὸν ἥρωα ἐν τῷ Φοί-
νικι (cf. T.G.F. p. 621 N.²). ταῦτα ἱστορεῖ Ἁρποκρατίων ὁ Δίου
διδάσκαλος ἐν ὑπομνήματι τῆς Ι. **A**   75

ex.(?)   454. ⟨Ἐρινῦς:⟩ οὐκ οἶδε τὸν ἀριθμὸν αὐτῶν ὁ ποιητής. **T**ⁱˡ
D | D(~)   Ἐρινῦς: καταχθόνιαι ——— Μέγαιρα. | εἴρηνται δὲ πα-
ρὰ τὸ ἐκ τῆς ἔρας, ὅ ἐστι τῆς γῆς, εἶναι. **A**

A 421—2 (ex.)   ἀγαθοὶ δὲ διδάσκαλοι (63) sq. vide ad I 447 b   τὴν δὲ περὶ τὰς
διαίτας (65) ad Λ 515. 624 (ex.)   c brevius Eust. 763, 9 (e commentario Ap. H.
hauriens): Ἀπίων δέ φησιν ὅτι Ἀριστόδημος ὁ Νυσσαεὺς ῥήτωρ τε καὶ γραμματι-
κὸς μετέγραψεν ἀντὶ τοῦ „τῇ πιθόμην καὶ ἔρεξα" „τῇ οὐ πιθόμην †οὐδὲ ἔρεξα", καὶ
εὐδοκιμήσας ἐτιμήθη ὡς εὐσεβῆ τιμήσας τὸν ἥρωα. πρὸ δὲ αὐτοῦ Σωσιφάνης τὴν
τοιαύτην εὗρε γραφήν. καὶ Εὐριπίδης δὲ ἐν Φοίνικι ἄπταιστον τὸν ἥρωα συντηρεῖ,
cf. Villoison XXXIX; Leeuwen, Ench. 34; — ἥρωα (71) cf. L. Robert, Hellenica I
(Lemovici 1940), 146; — Νυσαιεύς (68) cf. Strab. 14, 1, 48 (p. 650)   Ἁρ-
ποκρατίων ὁ Δίου (74) cf. H. Schultz, R. E. 7,2 (1912), 2416, 52, s. v. Harpo-
kration nr. 6   454 οὐκ οἶδε (76) sq. haec verba e nota deperdita Aristonici
fluxisse censet Roemer, Jhbb. class. Philol. 25, 1879, 91   Ἐρινῦς· καταχθόνιοι
(77) — εἶναι (78) = Et. Gud. 524, 14 Stef. (fort. e Ven. A, cf. Beiträge 167)   εἴ-
ρηνται (77) sq. fort. e D ad I 571: εἴρηνται δὲ Ἐριν(ν)ὺς ἤτοι παρὰ τὸ ἐν τῇ ἔρα
ναίειν καὶ οἰκεῖν, ὅ ἐστι τῇ γῇ   ἐκ τῆς ἔρας (78) cf. Eust. 763, 56; sch. Hsd. th.

63 οἱ ἐν παθημάτων πείρᾳ γενόμενοι b   64 φησι b   65 σηλυβριανὸν b, Eust.
66 τὸν παιδοτρ. om. b (παιδοτρ. ante ἡροδ. Eust.)   συμπεσὼν T   66—7
ἐμελ. sq. T ἐπιπόνως τὴν τέχνην ταύτης ἐμελέτησε b   68 le. A suppl.
Vill.   νυσαεὺς Vill. (at cf. Steph. B. 479, 14)   69 ἅμα Clinton, Mein., ἀλλὰ
A   70 γράφειν Cob., γραφὴν τὴν A   τῇ Eust., τί A   οὐδὲ ἔρεξα A Eust.,
οὐδ' ἔρξα Cob.   75 ὑπομν. Bast, ποιήμᾶτι A   ῑ A, Ἰλιάδος Heyne (fort.
verum)   76 le. add. Ma.   77—8 pone sch. I 456 b in A, trps. Vill.

455 a. ⟨μήποτε γούνασιν οἶσιν ἐφέζεσθαι φίλον υἱόν:⟩ ex.
80 ἐοικυῖα κατάρα τῷ ἀτιμάσαντι πατέρα, τὴν ἀπὸ παίδων μὴ δέξασθαι
τιμήν. b(BCE³E⁴) Tⁱˡ   πᾶς δὲ εὖ φρονῶν πατὴρ υἱῷ εὔχεται πάπ-
πος γενέσθαι. b(BCE³) Tⁱˡ

   b. ⟨γούνασιν οἶσιν:⟩ ὅτι τινὲς γράφουσιν ,,⟨γούνασ’⟩   Ariston.
ἐμοῖσιν‘‘. λέγει δὲ οὐ περὶ ἑαυτοῦ ὁ Φοῖνιξ, ἀλλὰ περὶ τοῦ Ἀμύντο-
85 ρος. Aⁱⁿᵗ

   c. ⟨ἐφέσσεσθαι:⟩ οὕτως διὰ τοῦ ε̄ ἐφέσσεσθαι. Aⁱᵐ   Did.

456 a. θεοὶ δ’ ἐτέλειον ἐπαράς: ὡς μηδὲ ἄκοντας ἀδικεῖν γο- ex.
νεῖς· διὸ οὐδὲ περὶ τοῦ φόνου τῆς Κλυταιμνήστρας φησίν (sc. γ
309—10). ATⁱˡ

90   b. ἐπαράς: εἴτε παρέλκει ἡ ἐπί, φυλαχθήσεται ὁ τόνος ὁ αὐ- Hrd.
τός, ὡς ,,ἐπιβουκόλος ἀνήρ‘‘ (γ 422) καὶ ,,ἐπισμυγερῶς‘‘ (γ 195)·
εἴτε τὸ ἑξῆς ἐστιν ἐπετέλουν, οὐκ ἀναστραφήσεται πάλιν, καθότι αἱ
συναλειφθεῖσαι οὐκ ἀναστρέφονται, σεσημειωμένου ἐκείνου ,,στεῦτο
γὰρ Ἡφαίστοιο πάρ’ οἰσέμεναι‘‘ (Σ 191). A

95 457 a. ⟨Ζεύς τε καταχθόνιος:⟩ ὅτι καταχθόνιον Δία τὸν Ariston.
¹ Ἀίδην λέγει. Aⁱᵐ

   b. Ζεύς τε καταχθόνιος καὶ ἐπαινὴ Περσεφόνεια: πῶς ex. | Did.

185; Choer. O. (An. Ox. 2, 198, 10, Et. Gud. 524, 1 Stef.)   455 b v. οἶσι idem
significare quod ἐμοῖσι negavit Aristarchus, cf. Brugman, Probl. passim, imprimis
65; vide sch. 1 28   λέγει δὲ (84) sq. cf. interpretationem Eustathii (762, 51)   c
alii scripserunt ἐφέσσασθαι, cf. Ludwich, A. H. T. 1, 306, 15 (ἐφέζεσθαι = vulg.;
vide Eust. 763, 43)   ἐφέσσεσθαι cf. Valk II 169   456 diple ante versum in
A, fort. exstabat sch. Aristonici de iunctura ἐξ ἐμέθεν γεγαῶτα (in qua praepo-
sitio non significat, vide ad Θ 19) vel de voce ἐπαράς (vide ad Ζ 19 a; Lehrs Ar.³
108); cf. Wismeyer 24   a — γονεῖς (87) cf. Plat. lgg. 931 c 1   διὸ οὐδὲ (88)
sq. cf. sch. γ 309—10   b παρέλκει (90) sq. Ecl. (An. Ox. 2, 433, 4), cf. Reitzen-
stein, Gesch. 170; — ἐπισμυγερῶς (91) ad E 178 (Hrd.); — ἐπιβουκόλος (91) cf.
Eust. 763, 47   παρέλκει (90) ad Δ 423. Vide ad I 516 a (Hrd.)   καθότι αἱ
συναλειφθεῖσαι (92) sq. ad B 6 (Hrd.)   457 incertum an sch. (Didymi?)
fuerit de v. l. Φερσεφόνεια, cf. Eust. 763, 60: ἰστέον δὲ καὶ ὅτι ἐν πολλοῖς τῶν πα-
λαιῶν ἀντιγράφων ,,Φερσεφόνη‘‘ (voluit Φερσεφόνεια) φέρεται   a cf. Eust. 763,

79 le. add. Vill. (μήποτ’ ἐγγούνασιν οἶσιν add. Vᶜ, ἐφίζεσθαι φίλον υἱὸν· add. Li)
80 τὴν ἀπὸ T τὸ τὴν ἀπὸ τῶς b   81 υἱῷ T υἱῶν υἱοῖς b (perperam)   82 γεν.
μᾶλλον b   83 le. addidi   ὅτι A, ἡ διπλῆ, ὅτι Vill.   γούνασ’ addidi   86 le.
add. Vill.   87 le. A, om. T   malim ἄκοντα   92 εἴτε A εἴτα Ecl.   ἐστιν om. Ecl.
92 sq. αἱ συν. Vill., αἱ συναλειφθῆσαι A αἱ συλλαβαὶ ἀναλειμμέναι Ecl.   94 οἰσέμεν
ἔντεα καλά (= Hom.) Ecl.   95 le. add. Ddf.   ὅτι A, fort. ἡ διπλῆ, ὅτι

ὁ μὲν εὔχεται ταῖς Ἐρινύσι, τὰς δὲ εὐχὰς αὐτῷ ἐκτελεῖ Ἅιδης καὶ Περσεφόνη; ὅτι αὐτοκράτορες τῶν τιμωριῶν ὄντες τὴν τοῦ κολάζειν ἐξουσίαν τοῖς ἄλλοις δαίμοσι παρέχονται. b(BCE³E⁴) T   ἐπαινὴ ⁵ δὲ κατὰ ἀντίφρασιν, ὡς τὸ „νῆ᾽ ὀλίγην αἰνεῖν" (Hsd. opp. 643). | οἱ δὲ γράφουσι „καὶ ἐπ᾽ αὐτῷ Περσεφόνεια", οἱ δὲ ἐν πλεονασμῷ τὴν ἐπί. T

D   {καὶ} ἐπαινή: ἐπίφοβος, δεινή· αἰνὸν ——— παραιτήσαιτο. A   10

Did.(?)   462. ⟨ἔνθ᾽ ἐμοί:⟩ γράφεται „ἔνθα μοι". Aⁱᵐ

ex.   463 a.¹ ⟨πατρὸς χωομένοιο κατὰ μέγαρα στρωφᾶσθαι:⟩ ὅτι ἐν ταῖς ἀδιαλλάκτοις ἔχθραις κρεῖττον τὸ φεύγειν. Tⁱˡ

           a.² ἐδήλωσεν ὅτι ἐν ταῖς ἀδιαλλάκτοις ἔχθραις οὐδέν ἐστι τοῦ φεύγειν ἄμεινον. b(BCE³E⁴)   15

ex. | ex. 464 a. ⟨ἢ μὲν πολλὰ ἔται καὶ ἀνεψιοί:⟩ ὅτι πᾶσιν ἠγαπημένος ἦν διὰ τὴν σπουδήν· ὁ δὲ πατὴρ ἦν ὀργιζόμενος διὰ τὸν ἔρωτα. A b(BCE³E⁴) Tⁱˡ | ἀνεψιὸς δὲ Φοίνικος Εὐρύπυλος (cf.

50   b τὰς δὲ εὐχὰς (3) — Περσεφόνη cf. D   ἐπαινὴ (5) — αἰνεῖν (6) cf. D, sch. Hsd. opp. 643 a; Plut. mor. 22 f (Pertusi, Aevum 25, 1951, 155); Bechtel, Lex. 128; Leumann, H. W. 72   οἱ δὲ γράφουσι (6) sq. cf. Ludwich, A. H. T. 1, 306, 18; Buttmann II 103   458—61 sch. (Didymi? vel Aristonici?) fuisse, cuius auctor docuit Aristarchum versus I 458—61 repudiasse, paene constat, cf. Plut. mor. 26 e: καὶ μὴν ὁ Φοῖνιξ διὰ τὴν παλλακίδα κατάρατος ὑπὸ τοῦ πατρὸς γενόμενος „τὸν μὲν ἐγώ", φησί, „βούλευσα κατακτάμεν ὀξέϊ χαλκῷ· / ἀλλά τις ἀθανάτων παῦσεν χόλον, ὅς ῥ᾽ ἐνὶ θυμῷ / δήμου θῆκε φάτιν καὶ ὀνείδεα πόλλ᾽ ἀνθρώπων, / ὡς μὴ πατροφόνος μετ᾽ Ἀχαιοῖσιν καλεοίμην". ὁ μὲν οὖν Ἀρίσταρχος ἐξεῖλε ταῦτα τὰ ἔπη φοβηθείς (h. e. ‚timens Phoenicis moribus, qui Achillis paedagogus factus est', Lehrs; vocem φοβηθείς corruptam esse suspicatur Naber 118). ἔχει δὲ πρὸς τὸν καιρὸν ὀρθῶς, τοῦ Φοίνικος τὸν Ἀχιλλέα διδάσκοντος, οἷόν ἐστι ὀργή καὶ ὅσα διὰ θυμὸν ἄνθρωποι τολμῶσι μὴ χρώμενοι λογισμῷ μηδὲ πειθόμενοι τοῖς παρηγοροῦσι, ib. 72 b, eund. v. Coriol. 32,5; Villoison XXXIX; Wolf, Proll. 29 not. et 202; Lehrs Ar.³ 335; Friedl., Ariston. 164; Ludwich, A. H. T. 1, 306, 26; Gudeman, Aristoteles Περὶ ποιητικῆς (Berol. 1934) p. 428; Pasquali, Storia 231; Valk II 483. Sunt qui Aristarcho assentiantur, cf. Leaf ad l.; Helck 54, 2; Bolling, Ext. Ev. 47, eund. A. L. 26   463 cf. Eust. 764, 56; vide ad I 453 b   464 supra hunc versum (i. e. versum primum columnae, fol. 121ʳ) hoc sch. exaratum est: ⟨ἔται·⟩ (add. Vill.) ἑταῖροι, πολῖται (= D), κατὰ ἀποκοπήν, quod non in numero scholiorum intermarginalium (Aᵗ), sed interlinearium (Aⁱˡ), h. e. minorum, habendum esse puto; cf. sch. Ap. Rh. 1, 305   a ἀνεψιὸς (18) sq. ad I 447

———

3 ἐρινύσι C   6 νῆα T em. Bk.   7 αὐτῷ T (V), αἰνὴ Buttmann   7 sq. τὴν ἐπί ἐκδέχονται Ma.   9 καὶ damn. Vill.   11 le. add. Bk.   γράφ. cp. (γρ) A   12 le. addidi, κατὰ μ. στρωφ. add. Ma. (duce Vill.)   16 le. addidi (auctore Vill.), ἢ μὲν πολλά· add. Vᶜ   16—9 ὅτι sq. pone sch. b (coni. cum v. ἐόντες) in A   16 πᾶσιν om. A   17 τὴν σπουδήν AT τε τὸ κάλλος καὶ φρόνημα BCE³ τε τὸ φρόνημα καὶ τὸ κάλλος E⁴   ὀργιζόμενος ἦν b   18 ἔρωτα AT τῆς παλλακίδος ἔρωτα b

Β 736). **A**

20   *b*. ἀμφὶς ἐόντες: Διονύσιος **ΑΤ**   ὁ Θρᾷξ ἐν τῷ Πρὸς   *Did.*
Κράτητα (fr. 5 Schm.) διὰ τῆς ἱπποδρομίας (sc. Ψ 330 vel 393) **A**
φησὶ γεγραμμένου „ἀντιόωντες" μεταθεῖναι τὸν Ἀρίσταρχον ἀμφὶς
ἐόντες. **ΑΤ**

      c. ⟨ἀμφὶς ἐόντες:⟩ ἐν ἄλλῳ „ἐγγὺς ἐόντες". **Α**im   *Did.(?)*

25   **466.** ⟨εἰλίποδας:⟩ εἰλήσει ὅμοια πάσχοντας· κεχάλασται γὰρ   *ex.*
αὐτῶν τὰ νεῦρα, ὡς Ἱπποκράτης φησίν (cf. art. 8 [II p. 123, 5 Kueh-
lew.]). **Τ**il

      468. ⟨τανύοντο:⟩ ἐκτείνονται γὰρ τῷ πυρί. **Α**int**Τ**il   *ex.*

      469. ⟨πολλὸν δ' ἐκ κεράμων μέθυ πίνετο:⟩ ἀναφορικῶς τοῦ   *ex.*
30 προειρημένου (sc. Ι 466. 467). **Τ**il

      470. ⟨εἰνάνυχες δέ μοι ἀμφ' αὐτῷ παρὰ νύκτας ἴαυον:⟩   *Hrd.* | *ex.*
εἰνάνυχες ὡς μονώνυχες ἀπ' εὐθείας τῆς εἰνάνυξ. | εἰ δέ τινα τὸ ἐπι-
φερόμενον ταράσσει παρὰ νύκτας ἴαυον, ἴστω ὅτι σύνηθες οὕτως
πολλὰ λέγειν τῷ ποιητῇ, „ποδάνιπτρα ποδῶν" (τ 343), „οἶνον
35 ἐνοινοχοεῦντες" (γ 472). **Α**

      472 a. πῦρ, ἕτερον μέν: ἕτερον **Α**int'**Τ**   ἄλλο παρὰ τὸ   *ex.*
τοῦ θαλάμου, **Α**int b(BCE³) **Τ**   ὅπου αὐτὸς ἦν. τρίτον δὲ τὸ ἐν
τῇ στοᾷ καιόμενον. b(BCE³) **Τ**   λείπει δὲ τὸ 'ἄπτον'. **Τ**

(test.), cf. Valk I 65   *b* cf. Ludwich, A. H. T. 1, 306, 34; vix recte M. Schmidt,
Philol. 7, 1852, 371; Wachsmuth, Crat. 19; vide praeterea Valk II 86   πρὸς
Κράτητα (20) cf. Wachsmuth, Crat. p. 7   **466** Ge (e T ut vid.); — πάσχοντας
(25) ad O 547 *b*, cf. D ad Ζ 424. Φ 448, sch. α 92   **468** ἐκτείνονται cf. D; Porph.
1, 140, 18; Eust. 764, 18   **469** cf. Eust. 764, 20   **470** — ποδῶν (34) Et.
Gen. (AB) εἰνάνυχες, fort. ex hyp. Iliad., cf. sch. γ 472   ἀπ' εὐθείας τῆς εἰνάνυξ
(32) cf. Eust. 764, 37; Choer. Th. 1, 294, 32; Wackernagel, Vorl. über Syntax II
(Basil. 1928) 66   **472** *a* ad Ι 473 *a* (Ariston.)

20 Θρᾷξ A em. Vill.   τῷ Bk., τῆι ss. ὦι A, τῇ Vill.   **22** φησὶ γεγρ. A φησιν
T   μεταθ. A εἶναι μεταθεῖναι T   **24** le. addidi   **25** le. add. Ma.   κεχαλᾶσθαι
Ge T em. Ma.   **26** ὡς om. Ge   **28** le. add. Bk., εὐόμενοι τανύοντο add. Vill.
29 le. addidi (μέθυ πίνετο add. Vᶜ, πολλῶν δ' ἐκ κεράμων add. Ma.)   **31** le. add.
Vill.   **32** ἀπ' — τῆς] ἡ εὐθ Et. Gen. (B)   εἰνάνυξ. εἰνάνυχες δέ μοι ἀμφ'
αὐτὸν περὶ νύκτας ἴαυον, εἰ δὲ Et. Gen.   **32** sq. ἐπιφέρεσθαι Et. Gen.   **33**
παρὰ A, Et. Gen. (B), τὸ παρὰ Et. Gen. (A)   ἰστέον Et. Gen. (B)   συνηθῶς
Et. Gen. (A)   **34** ποιητῇ οἷον Et. Gen.   ποδ. ποδ. om. Et. Gen. (B)   **35** ἐνοινοχοεύοντες A emendavi   **36** le. T, om. Ab   τὸ om. b   **37** τοῦ
θαλ.] τῷ θαλάμῳ B

Did. | *D* | *D*
ad I 473

　　　　　b.¹ {πῦρ ἕτερον μὲν} ὑπ' αἰθούσῃ: διὰ τῆς ἐν προθέσεως „ἐν αἰθούσῃ" αἱ Ἀριστάρχου. συνᾴδει καὶ τὸ ἑξῆς „ἄλλο δ' ἐνὶ προδόμῳ" 40 (Ι 473). | αἴθουσαι δὲ αἱ ὑπὸ ἡλίου —— αἴθεσθαι, ὅ ἐστι καίεσθαι. | διέχεεν δὲ τὴν τάξιν. θάλαμος μὲν γὰρ —— τετραμμένη στοά. A

Did.

　　　　　b.² ἐν ἄλλῳ „ἐν αἰθούσῃ". Aⁱᵐ

Ariston.

　　　　　473 a. ἄλλο δ' ἐνὶ προδόμῳ ⟨πρόσθεν θαλάμοιο θυράων⟩: 45 ὅτι πάλιν δοκεῖ τὸ ἄλλο πρὸς τὸ „ἕτερον" (Ι 472) συγκεχύσθαι. πιθανεύονται δὲ ⟨οἱ⟩ λέγοντες τρία φῶτα εἶναι, ἓν μὲν ὑπὸ ταῖς αἰθούσαις, ἕτερον δὲ ἐν τῷ οἴκῳ, ἄλλο δὲ ἐν τῷ προδόμῳ τοῦ οἴκου· ἀπίθανον γάρ φασιν ⟨εἶναι⟩ ἐν μὲν τῷ προδόμῳ πῦρ εἶναι, ἐν δὲ τῷ οἴκῳ ἐλλείπειν. A　　50

D

　　　　　b. ἄλλο δ' ἐνὶ προδόμῳ ⟨πρόσθεν⟩ θαλάμοιο θυράων: μετήγαγε τὴν τάξιν· θάλαμος μὲν γὰρ ὁ ἔσω οἶκος τῆς αὐλῆς, τὸ δὲ πρὸ αὐτοῦ πρόδομος. αἴθουσα δὲ τὸ περίστυλον, τουτέστιν πρὸς ἥλιον τετραμμένη στοά, παρὰ τὸ αἴθεσθαι. b(BCE³) T

Ariston.

　　　　　475. ⟨θύρας:⟩ ὅτι πληθυντικῶς θύρας ἀντὶ τοῦ θύραν. Aⁱᵐ 55

ex.

　　　　　476. ⟨ῥήξας ἐξῆλθον:⟩ τῷ μὲν Φοίνικι ἡ μεταβολὴ ἀδύνατος διὰ τὴν ὀργὴν τοῦ πατρός, τῷ δὲ Ἀχιλλεῖ καὶ ἔνδοξος διὰ τὴν παραίνεσιν τοῦ πατρός. b(BCE³) Tⁱˡ

---

473 a ὅτι (46) — πιθανεύονται δὲ cf. Su. ε 3292 (pone sch. I 313): πιθανεύονται δὲ ὅτι ἐπὶ τῶν ὁμοειδῶν τὸ „ἕτερον"　　ὅτι (46) — συγκεχύσθαι cf. Eust. 764, 57　　πάλιν (46) ad I 313 (Ariston.)　　πιθανεύονται δὲ (46) sq. ad I 472 (ex.)　　ὑπὸ ταῖς αἰθούσαις (47) cf. Friedl., Ariston. p. 165: „Apparet Aristonicum ante oculos habere ὑπ' αἰθούσῃ, sed Didymus ἐν αἰθούσῃ Aristarcheam esse dicit"; vide Eust. 764, 59: τὸ δὲ „ὑπ' αἰθούσῃ" δοκεῖ ταὐτὸν εἶναι τῷ ἐν αἰθούσῃ, ὡς δηλοῖ ἐπαχθὲν τὸ „ἄλλο δ' ἐνὶ προδόμῳ", ἵνα ᾖ 'ἐν αἰθούσῃ καὶ ἐν προδόμῳ'　　b θάλαμος μέν γὰρ (52) sq. paulo brevius Ge (e T ut vid.); e D pendent E⁴ (fol. 81ʳ) et Et. Gud. 44, 15 Stef. (EM. 32, 38); sim. Et. Gud. 44, 1 Stef.; cf. D ad Z 243, sch. o 146, Porph. 1, 139, 12; Eust. 764, 44　　τὸ δὲ πρὸ αὐτοῦ πρόδομος (52) cf. Porph. 2, 134, 8 ·　　**475** ad H 339 a (Ariston.)　　**476** cf. Eust. 764, 52

---

39 (le.) πῦρ ἕτ. μὲν exulare iussit Bk.　　**40** αἰθούσσῃ A em. Vill.　　**41** αἴθουσσαι A em. Vill.　　**44** αἰθ. scripsi, αἰθούσσῃ A　　**45** le. A suppl. Frdl. (Bk.)　　**46** ὅτι A, ἡ διπλῆ, ὅτι Vill.　　ἄλλο Vill., ἄλλω A　　**47** οἱ add. Frdl.　　**47** sq. αἰθούσσαις A em. Vill.　　**48** ἄλλο Vill., ἀλλ˜ A　　**49** εἶναι add. Vill.　　**51** le. T suppl. Ma., προδόμῳ (= D) E⁴, om. BCE³　　**52** μετήγ. — μὲν γὰρ BCE³T τῷ προστόῳ τοῦ θαλάμου· διέχεε τὴν τάξιν· θάλαμος γὰρ E⁴ (~D)　　τῆς αὐλῆς om. BCE³　　**53** δὲ τὸ περίστ. om. E⁴　　**53** sq. πρὸς ἥλ. T (= D), τὸ πρὸς ἥλιον BC τὸ προσήλιον E³, (αἱ πρὸς ἥλιον E⁴), ἡ πρὸς ἥλιον Ge (Ma.)　　**54** τετρ. στοά T (= D), τετραμμένον BCE³ (τετραμμέναι στοαί E⁴)　　αἴθ. T (= DE⁴), ἀεὶ αἴθεσθαι BCE³　　**55** le. add. Ddf.　　ὅτι A, fort. ἡ διπλῆ, ὅτι　　**56** le. add. Li, ἀλλ' ὅτε δή add. Vᶜ (nam sch. in T supra versum I 474 scriptum est, fort. ad versus I 474—6 revocandum)　　ἡ om. T　　**57** καὶ om. T　　**57** sq. παραίν. post πατρός b

476—7. καὶ ὑπέρθορον ⟨ἑρκίον αὐλῆς / ῥεῖα λαθὼν φύ-   Nic.(?) | ex.
60 λακας): τῷ ὑπέρθορον (476) συναπτέον τὸ ῥεῖα (477)· λαθεῖν
γὰρ ῥαδίως ἀδύνατον ἦν οὕτω φυλαττόμενον. | ῥεῖα (477) δὲ διὰ
τὴν νεότητα. b(BCE³E⁴) T

478 a. ⟨δι᾽ Ἑλλάδος:⟩ πρὸς τὴν Ἑλλάδα, ὅτι Φθιωτικὴ πό-   Ariston.
λις. A^int

65   b. δι᾽ Ἑλλάδος: Ἑλλὰς πόλις ὁμώνυμος τῇ χώρᾳ· „Μυρ-   ex. (Ariston.)
μιδόνες δὲ καλεῦντο καὶ Ἕλληνες“ (Β 684). AT

480 a. ⟨ἐς Πηλῆα ἄνακτα:⟩ γράφεται „ἐς Πηλῆα ἄναχθ᾽“. A^im   x
     b.¹ ⟨ἄναχθ᾽:⟩ ἐμὸν ἄνακτα, διὰ τὴν ἐμὴν εὔνοιαν. T^il   ex.
     b.² ἐμόν, φησίν, ἄνακτα, διὰ τὴν παρ᾽ αὐτοῦ γεγονυῖαν εὔ-
70 νοιαν. b(BCE³E⁴)

481 a.¹ καί μ᾽ ἐφίλησ᾽, ⟨ὡς εἴ τε πατὴρ ὃν παῖδα φιλήσῃ⟩:   Ariston.
ὅτι τὸ ἐφίλησε κατὰ τὴν ἡμετέραν χρῆσιν· καὶ ὅτι πρεσβύτερος
Πηλεὺς Φοίνικος. A
     a.² ὅτι νεώτερος Πηλέως, οὐχ ὡς οἱ τραγικοί. T^il
75   b. καί μ᾽ ἐφίλησ᾽, ὡς εἴ τε πατὴρ ὃν παῖδα ⟨φιλήσῃ⟩:   ex.
δυσωπητικὰ Ἀχιλλέως, ὅτι μὴ πεισθεὶς ἀτιμάσει τοῦτον, ὃν ὁ πατὴρ
ἐτίμησεν. ἅμα δὲ καὶ ὅτι ἐν ταῖς φυγαῖς οὐδὲν οὕτω συμβάλλεται ὡς
φρόνησις καὶ παιδεία, δι᾽ ἃς ὁ Φοῖνιξ ὑπὸ Πηλέως ἐτιμήθη. A b(BCE³
E⁴) T

80 481—2. ὡς εἴ τε πατὴρ ὃν παῖδα φιλήσῃ / μοῦνον ⟨τηλύ-   ex.
γετον πολλοῖσιν ἐπὶ κτεάτεσσι⟩: εὖ τὸ μὴ ἀρκεσθῆναι τῇ τῶν

476—7 — φυλαττόμενον (61) at vide Bk., H. Bl. 1, 177   478 a ad Β 529—30.
Ι395a (Ariston.), cf. D   b cf. sch. a, vide ad Β684 (Ariston.)   480a fort. sch.
rec.   b vide ad Ι447b   481 a¹ — χρῆσιν (72) ad Γ207 (Ariston.)   καὶ ὅτι
πρεσβύτερος (72) sq. cf. Lehrs Ar.³185   a² οὐχ ὡς οἱ τραγικοί (74) fort. ad Euri-
pidem spectat, cf. fr. 804 sq. N.²   b brevius Ge (e T ut vid.): δυσωπεῖ τὸν
Ἀχιλλέα μὴ ἀτιμάσαι τοῦτον, ὃν ὁ πατὴρ ἐτίμησε, cf. Eust. 765, 42

---

59 sq. le. T supplevi, om. b (qui sch. ad Ι 477 rettulisse vid.)   60 τῷ b τὸ
T   τὸ b τῷ T   61 ἦν om. b   62 τὴν ν. T τὸ τῆς νεότητος ἄνθος b   63
le. addidi   πρὸς A, fort. ἡ διπλῆ πρὸς   65 le. T, δι᾽ ἑλλάδος εὐρυχόροιο: A
67 le. add. Vill.   68 le. add. Ma.   διὰ τὴν sq. verba super alteram partem
versus scripta sunt (a praecedentibus separata) in T   71 le. A suppl. Frdl.
72 ὅτι A, ἡ διπλῆ, ὅτι Vill.   75 le. T supplevi (ἐφίλησεν T em. Ma.), μοῦνον
τηλύγετον: A, om. b   76—8 δυσωπητικὰ δὲ ἀχ. sq. pone sch. Ι 481—2 (coni.
cum v. τιθεμένων) in b   76 ὅτι AT ταῦτα καὶ ὅτι b, ταῦτα ὅτι Bk.   77 ἠτίμησεν
A   οὕτως Ab   80 sq. le. T supplevi (φιλήσει em. Ma.), om. b (scholio ad Ι 482
relato)   81 sq. τῶν πατ. post υἱοὺς b

πατέρων πρὸς τοὺς υἱοὺς φιλοστοργίᾳ καίτοι ὑπερβολὴν μὴ δεχο-
μένῃ, ἀλλ᾽ ἐπενέγκαι τὸ μοῦνον (482)· μᾶλλον γὰρ οἱ μονογενεῖς φι-
λοῦνται, μὴ μεριζομένης εἰς πολλοὺς τῆς φιλοστοργίας. καὶ οὐδὲ
τούτῳ ἀρκεσθεὶς προσέθηκε τὸ τηλύγετον (482). †ταὐτὸς† δέ ἐστιν ὁ 85
τῆς γονῆς τέλος ἔχων, μεθ᾽ ὃν ἕτερος οὐ γίνεται· ἐπὶ τούτοις γὰρ τὴν
τῶν γονέων συμπάθειαν ἔστιν ἰδεῖν, ἅπασαν τὴν ἐλπίδα ἐν τῇ τούτων
σωτηρίᾳ τιθεμένων. b(BCE³E⁴) T   καὶ ἔτι πλέον αὔξων ἐπιφέρει
τὸ ἐπὶ πολλοῖς κτήμασιν (cf. 482)· ὧν γὰρ συνήγαγεν, εἰδὼς †αὐτὸν
φύλακα ἀγωνιᾷ. T   90

ex. (Ariston.?)   **484.** Δολόπεσσιν ἀνάσσων: Δολόπων. μέρος τῆς Φθιώτιδος
χώρας· διὸ καὶ παραλέλοιπεν αὐτοὺς ἐν τῷ Καταλόγῳ. A

Hrd.   **485** *a*. καί σε {τοσοῦτον}: οὐκ ἀναγκαῖον ἐνθάδε ὀρθοτονεῖν·
οὐδὲ γὰρ ἀντιδιαστολὴ πρὸς ἕτερον πρόσωπον. ἀπολελυμένως οὖν
ἀναγνωστέον. A   95

ex.   *b*. καί σε τοσοῦτον ἔθηκα: δυσωπητικὸν τὸ τῆς δείξεως·
καὶ Σοφοκλῆς „κἀξεθρεψάμην / τοσόνδ᾽ ἐς ἥβης" (El. 13—4). b 1
(BCE³E⁴) T

ex.   *c*. θεοῖς ἐπιείκελε: διὰ βραχέος τὸν ὑπεραίροντα εὐφυοῦς
σώματος καὶ ψυχῆς ἀρετῇ ἐσήμανεν. T

ex.   **486.** ἐπεὶ οὐκ ἐθέλεσκ⟨ες⟩ ἅμ᾽ ἄλλῳ: οὐκ οἶδεν ὁ ποιητὴς 5
παρὰ Χείρωνι τραφέντα αὐτόν, ἀλλ᾽ οἱ νεώτεροι. δεινὸν οὖν τὸν ἐν τῇ
πρώτῃ ἡλικίᾳ τοσοῦτον στέρξαντα ἀπειθεῖν τελειωθέντα. b(BCE³E⁴)
T

481—2 μᾶλλον γὰρ οἱ μονογενεῖς (83) — τιθεμένων (88) cf. Eust. 766, 11   τηλύγετον
(85) — τιθεμένων (88) ad E 153 *b*. N 470 (ex.), cf. Plut. mor. 94 a   **484** nullum
signum ante versum in A; tamen verisimile est sch. Aristonici de iunctura
Δολόπεσσι ἀνάσσων exstitisse, ad A 71. N 217 (Ariston.). Utrum alteri quoque
sententiae scholii exegetici aliqua nota Aristonici responderit necne, in dubio
relinquo   μέρος (91) — χώρας (92) cf. sch. Ap. Rh. 1, 67—68 *b*, Strab. 9, 5, 11
(p. 434), Steph. B. 388, 18   διὸ καὶ παραλέλοιπεν (92) cf. Strab. 9, 5, 5 (p. 431);
He. δ 2160 (vide Theogn. p. 33 Alp.); Lehrs Ar.³ 227, Bachmann 17; vide ad Π 196 *b*
(ex.)   **485** *a* ad E 252 *b* (Hrd.), vide ad B 190 *a*   *b* cf. D; vide G. Kaibel, Sopho-
kles' Elektra (Lipsiae 1896) p. 69   **486** ad I 443 *a*, vide ad I 489. Λ 832. Π 222 *b*.
Σ 57. 438 (Ariston.), sch. Pind. N. 3, 76 *b*, sch. Ap. Rh. 1, 558; Lehrs Ar.³ 188

---

83 τὸ b τὸν T   85 οὗτος Bk., recte   87 ἔστιν om. T   89 sq. αὐτὸν ὄντα φ. Ma.,
malim αὐτὸν ἐσόμενον φ.   93 (le.) τοσοῦτον eiecit Bk.   1 καὶ T ὡς καὶ b   κἀξ.
(= Soph.) T, καὶ σ᾽ ἐθρεψάμην b   3 εὐφυέος T em. Ma.   4 σώμ. Bk., ὀνόματος
T   5 (le.) ἐθέλεσκ᾽ T suppl. Ma. (le. om. b)   οἶδ. ὁ π. b οἶδε T   6 αὐτὸν
τραφ. b   ἀλλ᾽ οἱ νεώτ. om. T   τὸν E⁴T τὸ BCE³

488 *a.*¹ ⟨γούνεσσι:⟩ οὕτως διὰ τοῦ ε̄ γούνεσσι. ἔχει μέντοι   *Did.*
10 λόγον καὶ ἡ διὰ τοῦ ἄλφα. **A**ⁱⁿᵗ

    *a.*² γούνεσσι διὰ τοῦ ε̄. **T**ⁱˡ

489 *a.* ὄψου {ἄσαιμι}: ὅτι πᾶν τὸ προσεσθιόμενον ὄψον ἔλεγον   *Ariston.*
οἱ παλαιοί· καὶ ὅτι οὐχ ὑπὸ Χείρωνος ἐτράφη ὁ Ἀχιλλεύς, ἀλλὰ τὴν
ἰατρικὴν μόνον ἐπαιδεύθη. **A**

15   *b.*¹ ὄψου {ἄσαιμι}: ὄψον πᾶν τὸ ἐσθιόμενον. ὅμοια δὲ καὶ   *ex.*
ταῦτα· „Ἀστύαναξ, ὃς πρὶν μὲν ἐοῦ" (Χ 500). **T**

    *b.*² πᾶν τὸ ἐσθιόμενον ὄψον καλεῖται. **b**(BCE³E⁴)

    c. ὄψου ἄσαιμι προταμὼν καὶ οἶνον ἐπισχών: ἐπὶ τὰ   *ex.*
εὐτελέστερα καταβὰς ἔδειξε τὴν ἰσχὺν τοῦ λόγου διὰ τοῦ προταμών
20 (πρῶτον γὰρ τέμνοντες παρέχουσι) καὶ ἐπισχών, ὡς „λαθικηδέα
μαζὸν ἐπέσχον" (Χ 83). **b**(BCE³E⁴) **T**   οὐκ ἂν δὲ διὰ κοινοῦ ὀνό-
ματος ἑτέρως αὐτὸ φράσειας. **b**(BCE³) **T**

491—5. οἴνου ἀποβλύζων ——— λοιγὸν ἀμύνῃς: ὀνομα-   *ex.*
τοπεποίηται ἀφράστως. καλῶς δὲ προδανεισθείσας ἀπαιτεῖ χάριτας,
25 εἶτα ἐπάγει ἵνα μοί ποτ' ἀεικέα λοιγὸν ἀμύνῃς (495), ἰδιούμενος
τὴν σωτηρίαν τῶν Ἑλλήνων. **b**(BCE³E⁴) **T**

492. ⟨πόλλ' ἔπαθον καὶ πόλλ' ἐμόγησα:⟩ Ἀρίσταρχος   *Did.*
„πολλὰ πάθον καὶ πολλὰ μόγησα". **A**ⁱᵐ

494 *a.* ἀλλὰ σὲ παῖδα: ἐνθάδε ὀρθοτονητέον· ἔμφασις γὰρ   *Hrd.*
30 δείξεως. **A**

    *b.*¹ ἀλλὰ σὲ παῖδα: ἀλλὰ σέ ὀρθοτονεῖται διὰ τὴν δεῖξιν. **T**   *ex. (Hrd.)*

---

489 nullum signum ante versum in A, fort. neglegentia scribae   *a* — οἱ παλαιοί
(13) ad Λ 630 *c* (Ariston.), cf. D, Ap. S. 126, 2, Or. Koes. 181, 26; Hofmann, Ar. 12;
Fellner 80   καὶ ὅτι οὐχ ὑπὸ (13) sq. ad I 443 *a*; vide ad I 486 (c. test.)   **491—5**
— ὀνοματοπεποίηται (23) cf. Eust. 767, 12; D, Ap. S. 39, 14 (He. α 6261)
492 ad A 162 (Did.); vide v. l. ad ω 207 annotatam   **494** *a/b* ad E 252 *b*

---

⁹ le. add. Bk. (Vill.)   γούνεσσι:— A (exspectes γούνεσσιν)   **10** ἡ διὰ τοῦ ἄλφα
h. e. γούνασσι (= vulg.)   **12** et **15** (le.) ἄσαιμι damn. Bk.   **12** ὅτι, fort. ἡ
διπλῆ, ὅτι   **13** χείρονος A em. Vill.   **15** προσεσθιόμενον mavult Ma.   **17**
πᾶν] πᾶν δὲ post sch. *c* (coni. cum v. ἐπέσχον) E⁴   **18—22** ἐπὶ τὰ εὐτελέστερα
δὲ κ. sq. pone sch. *b*² (coni. cum v. καλεῖται) in BCE³, sola verba ἐπὶ τὰ — προτα-
μών (19) pone sch. *b*² (coni. cum v. καλεῖται) in E⁴ (ubi sch. *c* a verbis πρῶτον γὰρ
[20] incipit)   **20** καὶ] καὶ τοῦ Ma.   **23** le. scripsi, οἴνου ἀποβλύζων. ὡς ἐπὶ
σοὶ πόλλ' ἔπαθον T, om. **b** (qui sch. ad I 491 rettulit)   **23** sq. ὀνομ. (sc. verbis
οἴνου ἀποβλύζων) CT, ὠνοματοπεποίηται BE³E⁴ (cf. Eust.)   **24** προδ. T
προδανεισθεὶς ὃς **b**   **25** ἵνα T τὸ ἵνα **b**   λοιγὸν ἀμ. om. T   ἰδ. T, νῦν
ἰδιούμενος **b** (fort. recte)   **26** σωτηρίαν om. **b**   ἑλλήνων πάντων **b**   **27**
le. add. Vill.

b.² ὀρθοτονεῖται τὸ σέ, ὅτι δεικτικόν ἐστιν. b(BCE³)

ex. 496. δάμασον θυμὸν μέγαν: ἅπερ Ὀδυσσεὺς εἰπεῖν ἐφυλάξατο (πικρὸν γὰρ ἦν), ἐπὶ δὲ τὸν Πηλέα ἀνήνεγκε (cf. I 252—60), ταῦτα Φοίνικι δίδωσιν ἡ τῆς ἀνατροφῆς παρρησία. b(BCE³E⁴) T ἐμ- 35 φαντικῶς δὲ τὸ ἀδάμαστον ἐνέφηνε τοῦ θυμοῦ· καὶ ὁ Ἀγαμέμνων φησὶ „δμηθήτω“ (I 158). AT

ex. 497 a. στρεπτοὶ δέ τε καὶ θεοὶ αὐτοί: ἀποφθεγματικόν, ὅταν βιωφελές τι δι' ὀλίγης ἐκφέρηται λέξεως. b(BCE³E⁴) T ἐπίφθονος δὲ ὁ λόγος· T ὡς θεοῦ γὰρ ἧκον δεησόμενοι. καὶ λεληθότως δι- 40 δάσκει ὅτι μὴ πειθόμενος Λιταῖς, αἷς καὶ θεοὶ πείθονται, ἀσεβεῖ καὶ εἰς θεοὺς καὶ εἰς τὴν ἑαυτοῦ μητέρα. b(BCE³E⁴) T

D | *ex (?)* b. ⟨στρεπτοί:⟩ εὐμετάστρεπτοι | καὶ ἵλαοι τοῖς μετα- νοοῦσι. Aⁱⁿᵗ

D στρεπτοὶ δέ τε: εὐμετάστρεπτοι, εὐμετάβλητοι, εὔπ⟨ε⟩ι- 45 στοι. ἐναντίον δέ ἐστι τὸ ——— καὶ τοὺς θεοὺς πείθεσθαι. A

ex. 498 a.¹ ⟨τῶν περ καὶ μείζων ἀρετὴ τιμή τε βίη τε:⟩ καὶ †ἀναντίρητον† τὸ τῆς ἐπιχειρήσεως. Tⁱˡ

a.² καὶ ἀναντίρρητος ἄρα ἡ ἐπιχείρησις αὐτῶν. b(BCE³E⁴)

ex. 499—500. ⟨καὶ μὲν τοὺς θυέεσσι ——— / λοιβῇ τε κνίσῃ τε 50 παρατρωπῶσ' ἄνθρωποι:⟩ ἕτοιμον αὐτὸν ποιεῖ πρὸς τὴν τῶν δώρων λῆψιν διὰ τούτων. b(BCE³E⁴) Tⁱˡ

ex. 499—501. καὶ εὐχωλῇσ' ἀγανῇσι ⟨/———⟩ παρατρωπῶσ' ἄνθρωποι ⟨/ λισσόμενοι, ὅτε κέν τις ὑπερβήῃ καὶ ἁμάρτῃ⟩: λαθεῖν μὲν γὰρ ἀδύνατον τοὺς πάντα ἐφορῶντας, ἀλλ' οὐδὲ βιάσασθαι 55 τοὺς ἰσχυροτέρους. μία τοίνυν ὁδὸς ἐκφυγῆς ἡ ἱκετεία. b(BCE³E⁴) T

(Hrd.); vide ad B 190 a	496 καὶ ὁ Ἀγαμέμνων (36) sq. cf. Eust. 767, 36 497 a — λέξεως (39) cf. Eust. 767, 43 b εὐμετάστρεπτοι (43) = D, D ad O 203	l. 46 ἐναντίον δέ ἐστιν sq. D = Porph. 1, 140, 24; eadem fere Et. Gen. (A, deest B) νηλεές (ed. Reitzenstein, Gesch. 15 in nota ad gl. 18), cf. sch. γ 147

33 le. T, ἀλλ' ἀχιλλεῦ δάμασον: A, om. b	ὅπερ C	34 ἀνην. T ἀνήγαγε b	36 δὲ om. A	θυμοῦ T δεσμοῦ A	37 φασὶ A	38 ὅταν T, ἔστιν ὅταν b (fort. rectius) 43 le. add. Ddf.	45 εὔπιστοι A em. Vill.	47 le. addidi (auctore Ma., τῶν περ καὶ μείζων iam Vᶜ)	48 ἀναντίρ. vide sch. a²	50 sq. le. addidi (καὶ μὲν τοὺς add. Vᶜ); sch. supra v. 499 exaravit T (de b vide notam sq.)	51—2 ἕτ. δὲ αὐτὸν sq. cum scholio praecedenti coni. b	διὰ τούτων ante πρὸς b	53 sq. le. T supplevi (partim auctore Ma.), om. b (ubi sch. ad v. 500 revocatum est)	55 μαθεῖν C	56 τοίνυν T οὖν b

500. ⟨λοιβῇ τε κνίσῃ τε:⟩ ἐν ἄλλῳ „λοιβῆς τε κνίσης τε". **A**[im] *Did.(?)*

502. καὶ γάρ τε Λιταί εἰσι, Διὸς κοῦραι: πρὸς ἐντροπὴν Διὸς *ex.*
κούρας αὐτάς φησιν· ἢ διὰ τὸ „Ζεὺς †ἐπιτιμήτωρ ἱκετάων" (ι 270)· ἢ
60 παρόσον ὁ Ζεὺς „πατὴρ ἀνδρῶν τε θεῶν τε" (Α 544 al.) λέγεται.
b(ΒCΕ³Ε⁴) **T**   μυθικῶς δὲ ὡς γέρων ὑποβάλλει ὅτι 'τόρμήσοι†
διὰ τὴν ὑπεροψίαν ἔσται τι δεινόν'. **b**(ΒΕ³Ε⁴) **T**

    καὶ γάρ τε Λιταί εἰσι, Διὸς κοῦραι: ἀνειδωλοποιεῖ τὰς *D*
λιτὰς ———— προηδικηκότες ὦσιν:— ῥυσάς τε καὶ ———— ὥστε σεβα-
65 σμιωτέρας φαίνεσθαι. **A**

502—3. ⟨Διὸς κοῦραι μεγάλοιο,/⟩ χωλαί τε ῥυσαί τε ⟨πα- *ex.*
ραβλῶπές τ' ὀφθαλμώ⟩: ὅσα κρατεῖ τῆς ἡμετέρας δυνάμεως, θεῖα
ὠνόμαζον. χωλαί (503) δὲ διὰ τὸ μόγις εἰς δεήσεις ἔρχεσθαι· ῥυσαί
(503) δὲ διὰ τὸ σκυθρωπάζειν· παραβλῶπες (503) δέ, ὅτι παριδόν-
70 τες τι τῶν ἀναγκαίων παρακαλοῦμεν ὕστερον. **b**(ΒCΕ³Ε⁴) **T**

503 *a.* παραβλῶπες: διάστροφοι τοὺς ὀφθαλμούς, ἐπειδὴ *D | Hrd.*
———— τὰς θέας ἔχοντες. | προπερισπαστέον δὲ ὁμοίως τῷ
τυφλῶπες· ἀπὸ γὰρ ὀξυνομένης εὐθείας ἐγένετο τῆς παραβλώψ. τὰ
δὲ τοιαῦτα καὶ βαρυνόμενα εὑρέθη καὶ ὀξυνόμενα, ὥσπερ τὸ „ἑλίκωπες"
75 (Α 389) καὶ „Κύκλωπες" (η 206 al.), περὶ ὧν ἐντελέστερον λέγεται
ἐν τοῖς Περὶ σχημάτων (fr. 1 = Hrd. 2, 847, 3). **A**

    b. παραβλῶπές τ' ὀφθαλμώ: ἀπὸ τῶν συμβαινόντων *ex.*
περὶ τοὺς ἱκετεύοντας παθημάτων τὰς Λιτὰς διετύπωσεν. **b**(ΒCΕ³
Ε⁴) **T**

(= Porph. 2, 34, 1; vide Choriz. fr. 16 K.)   **500** cf. Eust. 767, 45   **501** fort.
exstabat sch. Herodiani de accentu vocis ἁμάρτῃ, cf. Et. Gen. (ΑΒ) ἁμάρτη·
⟨παρὰ τὸ⟩ (add. Reitzenstein) ἁμάρτω, βαρύτονον· ἡ χρῆσις εἰς τὸ Νηλεές (ubi
tale quid deest, cf. Reitzenstein, Gesch. 15 not. 18). Hrd. docuisse videatur vocem
ἁμάρτῃ ab adverbio ἁμαρτῇ distinguendam esse, ad Ε 656 (Hrd.)   **502** — φησιν
(59) ad I 508 (ex.)   πρὸς ἐντροπὴν (58) cf. D   **503** *a* ὁμοίως τῷ τυφλῶπες
(72) et τὰ δὲ τοιαῦτα (73) sq. cf. Eust. 768, 37   *b* Ge (e T ut vid.), cf. D, sch.
Eur. Or. 256; Porphyrii fr. ined. (Ε⁴ fol. 81ʳ, unde Le fol. 197ʳ): πῶς ἂν τοῦτο
συμφέροι τῷ τῶν ἀνθρώπων γένει πεπεῖσθαι ὅτι τοῦ (fort. τὰ) Διὸς τέκνα ταῦτά
ἐστι ἀνάπηρα καὶ ἐλεεινά; λύεται δ' ἀπὸ τῆς λέξεως· οὐ γὰρ ταῦτα (Le, ταύτας Ε⁴)
φασὶ λέγειν (fort. λέγειν αὐτόν), ἀλλ' εἰς τὸ δέον †χλωρὸν (καὶ χλωρὸν Le; fort.

57 le. addidi   possis λοιβῆς τε κνίσης τε (cf. test.)   59 δ' ἐπιτιμήτωρ Hom.
61 ὡς γέρων ὑποβ. om. T   ὁρμ. T μή σοι **b**, ὅρα μή σοι Bk. (recte)   62 τι
om. T   66 sq. le. T supplevi (auctore Vill.), om. **b**   67—70 ὅσα δὲ κρατ. sq.
pone sch. I 503 *b* (coni. cum v. διετύπωσεν) in **b**   72 τῷ Vill., τὸ Α   73 τυφλῶπες
= Nic. th. 493   74 ἑλικ. Α Eust., ἑλικῶπες Bk., at cf. Hrd. 2, 751, 1   77 le.
scripsi (cl. sch. D; at vide test.), χωλαί τε ῥυσαί τε: (coni. cum scholio I 502—3)
T, om. **b**   78 περὶ τ. ἱκ. T περὶ τοὺς ἱκέτας **b** τοῖς ἱκετεύουσι Ge   μαθημάτων
ss. π Β   λιτὰς T μορφὰς τῶν αἰτήσεων **b**

ex.   504 *a.* αἶ ῥά τε καὶ μετόπισθ᾽ Ἄτης ἀλέγουσι κιοῦσαι: 80
ἁμαρτόντες γὰρ καὶ βλαβέντες ὕστερον παρακαλοῦμεν, φροντίζομεν
δὲ τῶν ὑπὸ τῆς Ἄτης πεπραγμένων· ἕπονται οὖν αὐτῇ αἱ Λιταί.
b(BCE³E⁴) T

ex.   *b.* ⟨ἀλέγουσι:⟩ τῶν ἀνθρώπων δηλονότι. ἀλέγουσι·
φροντίζουσιν, ἵνα ἰάσωνται τὰ ὑπὸ τῆς Ἄτης γινόμενα. Aⁱⁿᵗ   85

ex.   505 *a.* ἡ δ᾽ Ἄτη σθεναρή τε καὶ ἀρτίπος: εἰκότως διὰ τὸ ἐξ
ὑπεροχῆς καὶ ἰσχύος τὰς βλάβας γίνεσθαι. οὐκ ἔστι δὲ ἐναντίον τῷ
ἑτέρωθι (sc. T 92) λεγομένῳ ὅτι τῆς Ἄτης ἁπαλὼ τὼ πόδε· ἐκεῖ γὰρ
ὡς λεληθότως αὐτῆς ἐπιούσης τοῖς ἀνθρώποις ἀκούσιον θέλει δεῖξαι τὸ
πταῖσμα. b(BCE³E⁴) T   90

D(~) | Hrd.   *b.* ἀρτίπος: ὁ τοὺς πόδας ὁλόκληρος. | πρὸ τέλους ἡ
ὀξεῖα, ὁμοίως τῷ ,,ἀελλόπος" (Θ 409 al.) καὶ ,,τρίπος" (Χ 264). A

Ariston.   *c.* ⟨οὕνεκα:⟩ ὅτι οὕνεκα ἀντὶ τοῦ τούνεκα. Aⁱᵐ

Ariston.   506. ⟨φθάνει:⟩ ὅτι Ζηνόδοτος γράφει {ὅτι} ,,φθανέει". Aⁱᵐ

ex.   507. ⟨αἱ δ᾽ ἐξακέονται ὀπίσσω:⟩ ἃ ἐκείνη βλάπτει. Tⁱˡ   95

τὸ χλωρὸν vel ἡ χλωρότης), ὅτι χλωροὺς (χλωροὺς γὰρ Le) ποιεῖ καὶ χωλοὺς οἷόν
τι (οἷόν τι susp., possis οἷους τινὰς) ἱκέτας, παρεχομένους βραδεῖς (fort. παρεπομένους
βραδέως). ἢ ὅτι ⟨αὐ⟩τοὺς ἀπεχθανομένους τὰ κακὰ διατίθησι   504 *b* ἀλέγουσι· φρον-
τίζουσιν (= D), cf. Ep. Hom. (An. Ox. 1, 85, 32); vide ad Π 388 (ex.)   505 *a*
cf. Eust. 767, 64; — γίνεσθαι (87) cf. sch. Aesch. Pers. 95   *b* — ὁλόκληρος (91)
cf. D: ἄρτιος καὶ ὑγιὴς τοῖς ποσίν, ὁλόκληρος; vide Bechtel, Lex. 65   πρὸ τέλους
(91) sq. vide ad Θ 409 (test.)   ὁμοίως τῷ (92) sq. cf. Eust. 720, 53. 768, 19 et
47. 1264, 27; sch. Paul. N. 10, 114 *a* (c. test.)   *c* ad E 266 *b* (Ariston.), cf.
Eust. 768, 19   τούνεκα (non τούνεκα) e τοῦ et ἕνεκα coaluit, cf. Ap. Dysc. de
coni. 238, 3; Pfeiffer ad Call. fr. 474   506 fort. excidit pars scholii Aristonici
de syllaba prima vocis φθάνει secundum doctrinam Aristarchi producenda, ad
Φ 262 (Ariston.); verba, quae editionem principem secuti editores (praeter Din-
dorfium) venditant (ἐκτατέον τὸ ,,φθάνει" διὰ τὸ μέτρον, ἡ δὲ διπλῆ περιεστιγμένη
ὅτι κτλ.), in bonis quidem codicibus non leguntur   φθανέει cf. Bk., H. Bl. 1, 49
507 nullum signum ante versum in A; tamen erat fort. sch. Aristonici, qui ad-
notavisse videatur e versu 507 versum T 94, quem Aristarchus spurium existima-
vit, effectum esse, ad T 94 (Ariston.); cf. Friedl., Ariston. p. 165   ἃ ἐκείνη βλά-

---

81 ἁμαρτάνοντες Vill. (improbabiliter)   82 δὲ b οὖν T   ἄτης b, V (α in ras.
ut vid.), αὐτῆς T   συνέπονται b   αὐτῇ T αὐταῖς b   84 le. add. Bk.   85
ἰάσονται A em. Bk.   86—90 ex parte absc. in E⁴   87 [.]περοχῆς E⁴   καὶ ἰσχύος
om. b, τῆς ἰσχύος Bk. (fort. verum)   οὐκ [......].ἐν. E⁴   88 ἑτέρωθ[.] E⁴   τῆς
[....] ἁπα[....] πόδε· [.]κεῖ E⁴   89 ὡς absc. E⁴   ἐ[......] τοῖς et θ[....]
δεῖξαι E⁴   90 πταῖσ[..] E⁴   92 τῷ ἀελλ. Bk., τὸ ἀλλόπος A   93 le. ad-
didi (auctore Vill.)   ὅτι A, fort. ἡ διπλῆ, ὅτι   94 le. addidi (auctore Vill.)   ὅ-
τι A, ἡ διπλῆ περιεστιγμένη, ὅτι Vill.   ὅτι alt. eiecit Vill.   95 le. add. Ma.
(αἱ δ᾽ ἐξακέονται add. Vᶜ)

1   **508.** ⟨κούρας Διός:⟩ πάλιν πρὸς ἐντροπὴν Διὸς κούρας φη-   *ex.*
σίν. T^il

     509 *a.* τὸν δὲ μέγ' ὤνησαν: ὅτι περισσὸς ὁ δέ σύνδεσμος· διὸ   *Ariston.*
οὐ δεῖ συνεγκλίνειν τῷ ἄρθρῳ τὸν σύνδεσμον. **A**

5   *b.* τὸν δὲ μέγ' ὤνησαν καί τ' ἔκλυον εὐξαμένοιο: ὑπὲρ   *ex.*
αὐτοῦ οὖν ἐστιν, ὅπως ἐν ἀσφαλείᾳ διάγοι ἐπικούρους ἔχων· εἰκὸς γὰρ
καὶ αὐτὸν ἁμαρτῆσαι καὶ εὐμενεῖς τοὺς ἱκετευομένους ἕξειν. φυσιολογεῖ
οὖν μὴ θέλων εἰπεῖν ἐξ ὀνόματος ὡς καὶ αὐτὸς βλαβήσεται μὴ πεισθείς.
ἐπάγει οὖν· „ἀλλ' Ἀχιλεῦ, πόρε καὶ σύ" (I 513). b(BE³E⁴) **T**

10   *c.*¹ ⟨εὐξαμένοιο:⟩ Ἀρίσταρχος „εὐχομένοιο". A^int   *Did.*
     *c.*² τὸ δὲ εὐξαμένοιο ἀντὶ τοῦ „εὐχομένοιο". **T**

     512 *a.* ἵνα βλαφθεὶς ἀποτίσῃ: ἵνα καὶ αὐτὸς ἐν ἄτῃ γεγονὼς   *ex.*
ἐπὶ τὰς Λιτὰς καταφύγῃ. b(BCE³E⁴) **T**

     b. ⟨ἀποτίσῃ:⟩ γράφεται „ἀποτίνῃ". A^int   *Did.(?)*

15   **514.** ἥ τ' ἄλλων περ ἐπιγνάμπτει νόον ἐσθλῶν: καὶ ἄλλοι,   *ex.*
φησίν, εἰσὶν ἀγαθοὶ ἀδικηθέντες, αἰδούμενοι δὲ τὰς Λιτάς. b(BCE³E⁴) **T**

     515 *a.* εἰ μὲν γὰρ μὴ δῶρα φέροι: ταῦτα τὴν ἱκετείαν δηλοῖ καί   *ex.*
τὸν ἐνυποπίπτοντα Ἀγαμέμνονα. καὶ διὰ τοῦ φέροι αὐτὸν παρέστη-
σεν· καὶ τὸ μὲν ὀργίζεσθαι δικαίως συγχωρεῖ, τὸ δὲ ἀτιμάζειν τὰ δι-
20 δόμενα καὶ τοὺς ἥκοντας ἀνάξιον Ἀχιλλέως φησίν. b(BCE³E⁴) **T**

     b. ⟨εἰ μὲν γὰρ μὴ δῶρα φέροι:⟩ εὐθὺς δηλονότι. A^int   *ex.(?)*

     516 *a.* ἐπιζαφελῶς: ὡς „χαλεπῶς" (Η 424. Υ 186). παρέλκει   *Hrd.*
δὲ πάλιν ἡ ἐπί. ἐχρῆν δέ, εἰ παρὰ τὸ ζάφελος γέγονε, καὶ ζαφέλως

πτει cf. Eust. 768, 55   **508** πάλιν (1) vide ad I 502 (ex.)   **509** *a* ad Α 41 *c*
(Ariston.). Verba διὸ οὐ δεῖ (3) sq. Herodiano attribuenda esse non sine aliqua
dubitatione contendit Lehrs (Hrd. 253); vide ad Β 189 (Ariston.)   *b* — ἕξειν
(7) cf. Eust. 769, 5   *c*¹ ad Γ 295 (Did.)   **515** *a* τὸ δὲ ἀτιμάζειν (19) sq. vide
ad I 518; Plat. rep. 3, 390 e 4   **516** *a* παρέλκει (22) ad Δ 423 (c. test.)   πάλιν
(23) ad I 456 *b* (Hrd.)   ἐχρῆν δὲ (23) sq. cf. Io. Alex. 39, 18 (Hrd. [= 1, 514, 6]

---

1 le. add. V^c   **3** (le.) μέγ' ὤνησαν fort. delenda   ὅτι Α, ἡ διπλῆ, ὅτι Vill.   **4**
συνεγκλίνειν Α em. Bk., συγκλίνειν Vill.   τῶι συν ss. δ Α em. Vill.   **5** ὑπὲρ]
πρὸς Wil.   **6** ἐν [........] διάγο[E⁴ (absc.)   διάγοι˝ T   **6** sq. ἔχων et γὰρ
καὶ absc. in E⁴   **7** ἁμαρτῆσαι ΒΕ³T, ἁ[........] E⁴, ἁμαρτήσειν Ma. (vix
recte)   εὐμ. T θυμὸν εἰς ΒΕ³ θυμὸν[...] E⁴ (absc.)   **7** sq. τοὺς et οὖν μὴ absc. in E⁴
8 θελων [.....]ἐξ ὁ[......] ὡς καὶ [....] βλα[......] μὴ π[.....] E⁴
(absc.)   **9** ἐπ. T ὅθεν ἐπάγει ΒΕ³ ὅθε[......] E⁴ (absc.)   οὖν om. b   ἀχιλεῦ sq.
absc. in E⁴   ἀχιλεῖ T   **10** le. add. b (Vill.)   **11** sch. *c*² post sch. *b* (coni. cum
v. σύ) in T, distinxi et transposui   **12** ἵνα² om. T   **14** le. add. Vill.   **15** sch.
fort. ad versus I515—23 revocandum   **17** τὴν b γὰρ τὴν T   **18** sq. παρέστησε b
19 δὲ] δ' E⁴   **20** ἀχ. ἀνάξιόν φησιν b   **21** le. addidi   **23** ἐχρῆν Bk., ἐχθρ Α

ἡμᾶς ἀνεγνωκέναι βαρυτόνως, ἢ καὶ ἐκεῖνο κατ' ὀξὺν προφέρεσθαι τό-
νον. ἀλλὰ μήποτε τὸ μὲν ζάφελος προπαροξύνεται λόγῳ τοιούτῳ· τὰ 25
εἰς ὅς λήγοντα συγκείμενα παρὰ τὸ ζα προπαροξύνεται, ζάθεος ζάκο-
τος· οὕτως οὖν καὶ ζάφελος. τὸ δὲ ζαφελῶς περισπᾶται, ἐπεὶ τὰ διὰ
τοῦ λως ἐπιρρήματα, παραληγόμενα τῷ ε, ὡς ἐπὶ τὸ πλεῖστον φιλεῖ
περισπᾶσθαι, οἷον εὐτελῶς ἐπιμελῶς, οἷς καὶ τὸ ζαφελῶς συνεξέδραμε.
πρόσκειται 'ὡς ἐπὶ τὸ πλεῖστον' διὰ τὸ εὐτραπέλως ἱκέλως. A   30

ex. (Hrd.) | ex.   b.[1] {ἀλλ' αἰὲν} ἐπιζαφελῶς: περισπωμένως, εἰ καὶ τὸ
†ζάφελες† βαρύνεται. | τὸ δὲ ζαφελῶς γίνεται ἐκ τοῦ ζα ἐπιτατικοῦ
καὶ τοῦ ὀφέλλω τὸ αὔξω, τὸ πάνυ ηὐξημένως. T

ex. (Hrd.)   b.[2] περισπωμένως. τὸ δὲ ζάφελος ὄνομα βαρύνεται. A[int]

ex.   518. χατέουσί περ ἔμπης: ὅτι καὶ δώρων ἄνευ ἐχρῆν βοηθεῖν 35
διὰ τὴν ἀνάγκην. T

Ariston.   520. ἄνδρας δὲ λίσσεσθαι ⟨ἐπιπροέηκεν ἀρίστους⟩: ὅτι
οὐ συμπεριλαμβάνει ἑαυτὸν ὁ Φοῖνιξ ὡς ἂν μηδὲ χώραν ἔχων
πρεσβευτοῦ. A

ex. | ex.   520—1 a[1]/b.[1] ἄνδρας ⟨———⟩ ἀρίστους / κρινάμενος: ὁ 40
μὲν γὰρ συνέσει, ὁ δὲ ἰσχύϊ πρωτεύει. | ἐκ τούτου δῆλον ὅτι οὐκ ἔστι
πρεσβευτὴς ὁ Φοῖνιξ· ἐπεὶ πῶς ἑαυτὸν ἐπαινεῖ; T

---

laudatur)   τὸ μὲν ζάφελος (25) sq. Et. Gen. (AB) ζαφελῶς (pone notam Orionis),
fort. ex hyp. Iliad., cf. Et. Gud. 579, 14 Stef.   τὸ μὲν ζάφελος (25) — συνεξέ-
δραμε (29) Eust. 769, 26 : καί φασιν 'Απίων καὶ 'Ηρόδωρος ὅτι τὸ ζάφελος κτλ. ;
eadem fere sed ordine mutato h(M[1] P[11] V[3] V[15])   τὸ μὲν ζάφελος (25) — ζάφελος
(27) cf. fr. Hrd. καθ. in cod. Vindob. hist. Graec. 10 rescripto (ed. H. Hunger in :
Jahrbuch der Österreichischen Byzantinischen Gesellschaft 16, 1967, 22); Hrd.
καθ. 161, 11   ζαφελῶς συνεξέδραμε (29) cf. sch. ζ 330, Eust. 769, 22. 1565, 7   b[1]
τὸ δὲ ζαφελῶς (32) sq. cf. Ap. S. 80, 34, Or. 66, 3 (ex Orione pendet Et. Gen.
[AB] ζάφελος, cf. Et. Gen. [AB] ζαφελῶς, Et. Gud. 579, 13 Stef.)   τοῦ ὀφέλλω
τὸ αὔξω (33) cf. h(P[11]): ἀπὸ τοῦ ὀφέλλω τὸ αὔξω (coni. cum scholio a, v. ζάφελος);
sim. Hrd. (2, 251, 13) ap. Or. 65, 1   ηὐξημένως (33) = D, cf. Eust. 769, 24
518 vide ad I 515 a   **520** ad I 182 (Ariston.), cf. Eust. 769, 35   **520—1** —
πρωτεύει (41) cf. Ge (e T ut vid.): ὁ μὲν γὰρ ἰσχύϊ διαφέρει, ὁ δὲ συνέσει

---

24 ἢ Bk., εἰ A   25 τὸ μὲν A, καὶ τὸ μὲν Et. Gen., τὸ Eust.   προπαροξ.] βαρύνεται
Et. Gen.   τοιούτῳ] τούτῳ ὡς A   26 συγκ. om. Eust.   προπαροξύνονται
Eust.   οἷον ζάθεος Et. Gen.   ζάθεος cf. A 38 al.   ζάκοτος cf. Γ 220   27
οὕτως — ζάφελος om. Eust.   οὖν καὶ om. A, fort. recte   ἐπειδή Et. Gen.   27 sq.
διὰ τοῦ] εἰς Eust.   28 τῷ Eust., τὸ A, Et. Gen.   τὸ om. Eust.   29 οἷον om. A
(fort. recte)   ἐντελῶς A, fort. verum   συνεξέδραμεν Et. Gen.   30 ἱκέλως (ad v.
cf. B 478 al.) A, εἰκέλως. ἀλλ' αἰὲν ἐπιζαφελῶς χαλεπαίνοι (χαλεπαίνου Et. Gen. A)
Et. Gen.   31 (le.) ἀλλ' αἰὲν damnavi   32 ζάφελες cf. sch. a   37 le. A suppl.
Vill.   ὅτι A, ἡ διπλῆ, ὅτι Vill.   38 μὴ δὲ A em. Vill.   40 le. T suppl. Ma.

b.² οὗτος πρεσβευτὴς οὐκ ἔστιν, ἐπεὶ οὐκ ἂν ἑαυτὸν ἐπήνει. *ex.*
b(BCE³E⁴)

45   *a*.² ὁ μὲν γὰρ συνέσει, ὁ δὲ ἰσχύϊ προΰχει. b(BCE³)   *ex.*

521—2 *a*.¹ οἵ τε σοὶ αὐτῷ / φίλτατοι: ὡς καὶ δίχα Ἀγαμέ- *ex.*
μνονος ὀφείλοντος αὐτοῖς πείθεσθαι. τοῦτο δὲ ἐλεγκτικῶς ὅτι εἰπὼν
„οἱ γὰρ φίλτατοι ἄνδρες ἐμῷ ὑπέασι μελάθρῳ" (Ι 204) νῦν ἀπειθεῖ
τοῖς φιλτάτοις. Τ

50   *a*.² λέγει δὲ ὅτι καὶ δίχα Ἀγαμέμνονος ὤφειλεν αὐτοῖς πείθε-
σθαι. b(BCE³)

    a.³ ἐλεγκτικῶς ὅτι εἰπὼν „οἱ γὰρ φίλτατοι ἄνδρες ἐμῷ ὑπέασι
μελάθρῳ" νῦν ἀπειθεῖ τοῖς φιλτάτοις. b(BCE³E⁴)

522 *a*. τῶν μὴ σύ γε μῦθον ἐλέγξῃς: μὴ ὀνειδίσῃς· b(BCE³ *ex.*
55 E⁴)   Τ   „τὰ δ' ἐλέγχεα πάντα λέλειπται" (Ω 260)· ὡς τῆς αἰσχύ-
νης τοῦ μὴ πείθειν ἀνατρεχούσης εἰς αὐτούς. b(BCE³) Τ

    b. τῶν μὴ σύ γε μῦθον ἐλέγξῃς: μὴ ἀποδοκιμάσῃς μηδὲ *ex.*
ἀποδείξῃς ἀσθενεῖς αὐτοὺς ἐν τοῖς λόγοις καὶ μὴ ποιήσῃς ἐπονειδί-
στους αὐτοὺς ὡς μὴ πείσαντας. A

60 **523.** ⟨μηδὲ πόδας:⟩ μηδὲ τὴν ἐνθάδε ἄφιξιν. Aⁱⁿᵗ   D

    a. πρὶν δ' οὔ τι νεμεσσητὸν κεχολῶσθαι: τὸ πρώην *ex.*
μηνίειν ἀνεμέσητον εἰπὼν ἐκ τοῦ ἐναντίου τὸ νῦν νεμεσητόν φησιν,
b(BCE³E⁴) Τ   ὅτι τὸ πρὶν καὶ ἀρχὴ τῆς μάχης καὶ ὁ Ἀγαμέμνων
μαινόμενος καὶ πρεσβεία οὐδαμοῦ οὐδὲ δῶρα, νῦν δὲ καὶ τῆς μήνιδος ὁ
65 χρόνος παρήκμασε καὶ ὁ βασιλεὺς ἱκέτης καὶ πρεσβεία φιλτάτων ἀν-
δρῶν καὶ δώρων ἀριθμὸς πολὺς καὶ ἀνάγκη τοῦ ἁλῶναι. Τ

    b. ⟨πρὶν δ' οὔ τι νεμεσσητὸν κεχολῶσθαι:⟩ ἐπὶ δὲ τῆς *ex.(?)*
προτέρας ὀργῆς οὐ μέμψεως ἄξιος. Aⁱⁿᵗ

521—2 *a*¹ — πείθεσθαι (47) cf. Ge (e Τ ut vid., coni. cum scholio Ι 520—1, v.
συνέσει): οἷς καὶ δίχα Ἀγαμέμνονος ὀφείλεις σὺ πιθέσθαι   **522** *a* — λέλειπται (55) cf.
Eust. 769, 43   ὀνειδίσῃς (54) = Sch. min. ε 300, cf. Ap. S. 66, 3; vide Call. fr.
329   τοῦ μὴ πείθειν (56) cf. sch. *b*; Eust. 769, 43   *b* cf. D   ὡς μὴ πείσαντας
(59) cf. sch. *a*   **523** *a* sim. Eust. 769, 54   *b* fort. sch. rec., factum e scholio

---

43—5 sch. *b*² ad versum 520, sch. *a*² ad versum 521 rettulit b (fort. recte)   **47**
πιθέσθαι Ge   **50—1** λέγει δὲ sq. pone sch. Ι 520—1 *a*² (coni. cum v. προΰχει)
in b   **52—3** sch. *a*³ ad versum 522 rettulit b (fort. recte)   **52** οἵ E³   **54**
μὴ ὀν. Ma., ὀνειδίσεις Τ, τὸ δὲ ἐλέγξῃς ἀντὶ τοῦ ὀνειδίσῃς (coni. cum scholio
praecedenti, v. φιλτάτοις) in b   **57** μηδὲ Vill., μὴ δὲ A   **60** le. add. Ddf.   μηδὲ —
ἄφιξιν pone sch. *b* in A, trps. Ddf.   ἄφηξιν A em. Ddf.   **67** le. addidi (duce
Ddf.)   **68** ἄξιος sc. ἦσθα

ex.   **524 a.¹ οὕτω καὶ τῶν πρόσθεν ἐπευθόμεθα**: ὅτι πάντως δεῖ
βοηθῆσαι αὐτόν, ὅπερ ἐσκέπασε τῇ διηγήσει. Τ   70
          a.² περισκέπων δὲ διὰ τῆς διηγήσεως τὸν λόγον δείκνυσιν ὡς
πάντως δεῖ βοηθῆσαι. b(ΒΕ³Ε⁴)

ex.   **526 a. δωρητοί τ' ἐπέλοντο ⟨παραρρητοί τ' ἐπέεσσι⟩**:
περὶ πάντων τοῦτο, εἶτα τὸν Μελέαγρον ἐπὶ τῇ ἰσότητι Τ   παρέλα-
βεν· οὐ γὰρ ἂν ἐφάνη τὸ δεινὸν τοῦ μὴ πεισθῆναι, εἴ τινα παρέλαβε 75
τῶν πεισθέντων. b(ΒCΕ³Ε⁴) Τ

Hrd.   **b. παραρρητοί**: ὡς παραμυθητοὶ καὶ νοητοὶ κατ' ὀξεῖαν
τάσιν. Α

ex.   **527 a. μέμνημαι τόδε ἔργον**: ὁμοίαν μῆνιν παραγράφει.
᾿Αχιλλεὺς οὐκ ἐπαμύνει τοῖς ῞Ελλησι διὰ τὸν ᾿Αγαμέμνονα καὶ ὁ Με- 80
λέαγρος τοῖς Αἰτωλοῖς διὰ τὴν μητέρα. ἀρχὴ μήνιδος ᾿Αχιλλεῖ χόλος
᾿Απόλλωνος καὶ τῷ Μελεάγρῳ ᾿Αρτέμιδος ὀργή. ᾿Αχιλλεῖ Βρισηΐδος
ὕβρις, Μελεάγρῳ δὲ ᾿Αταλάντης. πρὸς ἑκάτερον πρεσβεύουσι δῶρα
δώσειν ὑπισχνούμενοι. τὰ λοιπὰ ὁ Φοῖνιξ εὔχεται ὅμοια μὴ γενέσθαι.
ὅμως γεγόνασιν. οὐδέτερος αὐτῶν εἶξε τοῖς δεομένοις· τὸν Μελέαγρον 85
ἐποίησεν ἡ γυνὴ ἐξελθεῖν τοῦ πολέμου ἐπὶ θύραις ὄντος, καὶ ὁ Πάτρο-
κλος πλησίον τῶν πολεμίων ὄντων δεηθεὶς προελθεῖν, ἔπειτα ἀποθανὼν
ἠνάγκασε τῆς ἔχθρας παύσασθαι τὸν ᾿Αχιλλέα· b(ΒCΕ³, Le) Τ
ὅπερ καὶ Μελέαγρος πέπονθεν. b(ΒCΕ³, Le)

ex.   **b. μέμνημαι τόδε ἔργον**: ἀναλογεῖ ἡ μὲν τὸν κάπρον ἐπι- 90
πέμψασα ῎Αρτεμις τῷ ἐπιπέμψαντι λοιμὸν ᾿Απόλλωνι, οἱ δὲ Κουρῆτες

D (πρότερον δὲ οὐ μεμπτὸς ὑπῆρχες ὀργιζόμενος)   527 sch. fuisse de construc-
tione verbi μέμνημαι veri dissimile est; cf. tamen sch. Eur. Andr. 1164: ἐμνημό-
νευσε δ'... παλαιὰ νείκη· πρὸς αἰτιατικὴν τὸ „ἐμνημόνευσεν" ὡς „μέμνημαι τόδε
ἔργον". καὶ ὁ ῾Ησίοδός φησι (opp. 422)· „τῆμος ἄρ' ὑλοτομεῖν μεμνημένος ὥριον
ἔργον", καὶ πολλαχοῦ εὑρήσεις παρὰ ποιηταῖς συντασσόμενον αἰτιατικῇ τὸ μέμνη-
μαι, sch. Aeschin. 3, 154: ⟨ἀναμνησθεὶς⟩... ἐκεῖνό γε· ᾿Αττικῶς εἶπε δέον εἰπεῖν
ἀναμνησθεὶς ἐκείνου, ὡς καὶ παρὰ τῷ ποιητῇ κεῖται ἐκεῖνο „μέμνημαι τόδε ἔργον
ἐγὼ πάλαι οὔ τι νέον γε"   a cf. sch. b; fusius Eust. 771, 11, at cf. eund. 770, 15   καὶ

71—2 περισκέπων (περισκέπτων Ε⁴) sq. pone alteram partem scholii Ι 529 a²
(coni. cum v. ἐπικουρία) in b (vide app. crit. ad Ι 527 c)   72 δεῖ supra lineam
B (m. pr.)   73 le. T supplevi, om. b   77 le. Bk., δωρητοί τε πέλοντο: A
79—89 abs. in Ε⁴ (hab. Le)   79 ὁμοίαν δὲ μῆνιν b, ubi praecedunt verba
ὑποδιήγησις τὸ τοιοῦτον καλεῖται (cf. sch. Ι 529 a³)   80 τοῖς ἕλλησιν οὐκ
ἐπαμ. b   δι' ἀγαμέμνονα b   81 τοῖς om. Τ   82 ὀργή om. b   83 ὕβρις]
ἀφαίρεσις Le   μ. δι' ἀταλάντην Τ   86 ἡ γυνὴ ἐπ. Le   86 sq. πάτροκλος]
πρόκλος C   88 ἠνάγκ. b ἔπεισε Τ   89 ὅπερ sq. i. e. facere finem irascendi
coactus est   90—3 pone sch. Ι 529 d in A, transposui

τοῖς Τρωσίν, ὁ δὲ Μελέαγρος τῷ Ἀχιλλεῖ τῷ νῦν μὲν δεήσεσι μὴ πει-
θομένῳ, δι᾿ ἀνάγκην δὲ ἴσως βοηθήσοντι διὰ τὰς ναῦς. A

    c. μέμνημαι τόδε ἔργον ἐγὼ πάλαι: ὅτι ἀειμνήστους ἐπὶ   ex.
95 κακῷ ποιεῖ τοὺς ὀργιζομένους ὁ θυμός. οἰκεῖον δὲ διδασκάλῳ ἐκ τῶν πα-
1 λαιῶν σωφρονίζειν τοὺς νέους. ποικίλλει δὲ τὴν δέησιν πιστούμενος
τὰς ἱστορίας διὰ τῶν παλαιῶν προσώπων. b(ΒΕ³Ε⁴) T

    d. ⟨νέον:⟩ ὅτι νέον νεωστί. Aⁱᵐ   *Ariston.*

    528 a. ὡς ἦν: τὸ ὡς ἦν δύναται καὶ τοῖς ἄνω καὶ τοῖς ἑξῆς συ-   *Nic.*
5 νάπτεσθαι. ἐὰν δὲ τοῖς ἄνω συνάπτηται, ἔσται „μέμνημαι" (l 527) ὡς
ἦν· ἐὰν δὲ τοῖς ἑξῆς, ἔσται ὑπερβατόν ῾ὡς δὲ ἦν, ἐν ὑμῖν ἐρῶ᾿. A

    b. ⟨ἐν δ᾿ ὑμῖν ἐρέω πάντεσσι φίλοισι:⟩ ὅτι ἠθικῶς καθ᾿   ex.
ὑπεξαίρεσιν λέγει ἐν δ᾿ ὑμῖν ἐρέω πάντεσσι φίλοισι, οἷον οὐδεὶς
ξένος πάρεστι, διὰ τὸ κατ᾿ Ἀχιλλέως παραδείγματι χρῆσθαι τῷ κατὰ
10 τὸν Μελέαγρον. A

    c. ἐν δ᾿ ὑμῖν ἐρέω πάντεσσι φίλοισι: ἐπεὶ κατὰ τοῦ   ex.
Ἀχιλλέως ἐκφέρει τὸ παράδειγμα, φησὶν ῾ἐπὶ φίλων γάρ μοί ἐστιν ὁ
λόγος᾿. b(ΒCΕ³Ε⁴) T

    529 a.¹ Κουρῆτές τ᾿ ἐμάχοντο ⟨καὶ Αἰτωλοὶ μενεχάρ-   ex. | ex. | ex.
15 μαι⟩: ψυχαγωγεῖ μὲν ἡ ἱστορία τὸν θυμόν. δύο δέ φησι· μὴ ἀτιμάζειν
ἱκέτας, καὶ ὡς ἄτιμος ἡ μετὰ δέησιν αὐτόκλητος ἐπικουρία. | καλοῦσι
δὲ ὑποδιήγησιν τὸ σχῆμα, ὅταν †ἱερόν† τι λάβωμεν ὅμοιον. †διό
ἐστιν ὁ λόγος ὡς νηλέα τινὰ πελίαν τε†. | ἀντὶ δὲ τοῦ εἰπεῖν Κουρῆ-
τες καὶ Καλυδώνιοι ἐπὶ τὸ γενικώτερον ἦκεν· διχῇ δὲ διήρηται ἡ Αἰτω-
20 λία, καὶ τῆς μὲν Καλυδωνίας ἦρχεν Οἰνεύς, τῆς δὲ Πλευρωνίας ὁ Θέ-
στιος. T

ὁ Μελέαγρος (80) sq. cf. D ad l 529   b cf. sch. a   d ad l 446 b (Ariston.),
cf. D   528 diple ante versum in A; sch. b, quod Friedl. (Ariston. p. 166) omi-
sit, Aristonico attribuere vereor; fort. scriba codicis A erravit, cum videret
sch. b a voce ὅτι coepisse   b/c παραδείγματι (resp. παράδειγμα, 9. 12) cf. Hrd.
rhet. fig. 104, 11   b καθ᾿ ὑπεξαίρεσιν (7) cf. Alexandr. De figuris 1, 7 (= Rh.
Gr. 3, 16, 20), Zonaeum De figuris 5 (= Rh. Gr. 3, 162, 1)   529 a¹ ὑποδιήγη-
σιν (17) cf. Eust. 770, 2. 771, 9; Rufi art. rhet. 25 (= Rh. Gr. 1, 404, 1 Sp.-H.
= Artium script. B XII 9, p. 108 Raderm.), aliter Tryph. II p. 245   ἀντὶ δὲ
τοῦ (18) — ἦκεν (19) cf. Eust. 772, 8; D; Strab. 9, 4, 18 (p. 429), eund. 10, 3, 1

94—02 le. (et sch.) cum scholio praecedenti coni. T, le. om. b   94 ὅτι T, καὶ τὰς
ἱστορίας δέ φησι παλαιὰς ὅτι pone sch. l 524 a² (coni. cum v. βοηθῆσαι) in b   94—5
hoc vult ῾ira facit, ut irascentes a posteris inhonestissima memoria digni
existimentur᾿   3 le. addidi (auctore Vill.)   ὅτι A, ἡ διπλῆ, ὅτι τὸ Vill.   5 ἐὰν
δὲ bis in A, primo loco ipse expunxit   7 le. addidi   12 φέρει b   14 sq. le. T
supplevi   17 ἱστορικόν (τι) Wil., malim ἱκανόν (τι)   17 sq. διό — πελίαν τε verba
nondum expedita, δίχα ἐστιν (malim δισσός ἐστιν) ὁ λόγος ὡς „πελίην τέκε καὶ
νηλῆα· πελίης μέν, ὁ δ᾿ ἄρ᾿" (cf. λ 254—7) propos. Ma.

ex. | *ex.*   a.² ἀντὶ τοῦ εἰπεῖν Κουρῆτες καὶ Καλυδώνιοι ἐπὶ τὸ γενικώ-
τερον ἧκε. διχῇ δὲ διῄρηται ἡ Αἰτωλία, καὶ τῆς μὲν Καλυδωνίας ἦρχεν
Οἰνεύς, τῆς δὲ Πλευρωνίας Θέστιος. | ψυχαγωγεῖ δὲ ἡ ἱστορία τὸν
θυμόν. b(BCE³E⁴)   δύο δέ φησι· μὴ ἀτιμάζειν ἱκέτας, καὶ ὡς ἄτι- 25
μος ἡ μετὰ δέησιν αὐτόκλητος ἐπικουρία. b(BE³E⁴)

ex.   a.³ ὑποδιήγησις τὸ τοιοῦτον καλεῖται. b(BCE³E⁴)

Hrd.   b. Κουρῆτες: οὕτως ἀνεγνώσθη ὡς ἀβλῆτες, πρὸς διαστο-
λὴν τοῦ „κούρητες Ἀχαιῶν" (Τ 248). οὐκ ἐχρῆν δέ, καθότι οὐ φιλεῖ τὰ
εἰς ῆς λήγοντα ἐθνικὰ ὑπὲρ μίαν συλλαβὴν ὀξύνεσθαι. ἐλέγχεται δὲ 30
καὶ ἡ κλίσις τοῦ Κουρῆτες ἐν τῇ Κλίσει τῶν ὀνομάτων (fr. 16 =
Hrd. 2, 640, 23). A

ex.   c. ⟨Κουρῆτες:⟩ τὸ ἐθνικόν, κούρητες δὲ οἱ νεανίαι, ὡς
Μάγνης καὶ Ἵγνης· „ἅμα δ’ ἄλλοι †ῆσαν† κούρητες" (Τ 248). Τⁱˡ

Ap. S.   d. ⟨ΚΟΥΡΗΤΕΣ:⟩ τῆς μέσης συλλαβῆς περισπωμένης οἱ 35
τὴν Πλευρῶνα κατοικοῦντες· Κουρῆτές τ’ ἐμάχοντο. τῆς δ’ αὐτῆς
συλλαβῆς βαρυτονουμένης οἱ νεανίαι· „ἅμα δ’ †ἄλλοις ἦσαν† κουρη-
τες Ἀχαιῶν" (Τ 248). A

ex.   e. Κουρῆτες: οἱ τὴν Πλευρῶνα οἰκοῦντες ἄποικοι Εὐβοέων.
οὕτω δὲ ἐκαλοῦντο ἢ ἀπὸ Κουρίου ὄρους ἢ Κουρέως· ἢ ἐπεὶ στολὰς καὶ 40
κόμας κορῶν εἶχον. Στράβων (10, 3, 6, p. 465) δὲ οὕτως· „Ἀρχέμαχος
ὁ Εὐβοεὺς (FGrHist 424, 9) φησὶ τοὺς Κουρῆτας ἐν Χαλκίδι οἰκῆσαι.

(p. 463). Vide ad Ν 218. Ζ 116 *b*   *b* cf. Eust. 771, 36; vide ad Ε 9 *b* (Hrd.)   *c*
cf. Strab. 10, 3, 8 (p. 467)   *d* Ap. S. 103, 14: ΚΟΥΡΗΤΕΣ· προπερισπωμέ-
νως μὲν σημαίνει τοὺς τὴν Πλευρῶνα κατοικοῦντας, „Κουρῆτές τ’ ἐμάχοντο", προ-
παροξυνόμενον δὲ νεανίας, „ἅμα δ’ ἄλλοι †ἐσαν† κούρητες Ἀχαιῶν", sim. He.
κ 3845: ΚΟΥΡΗΤΕΣ· τῆς μὲν δευτέρας συλλαβῆς περισπωμένης οἱ τὴν Πλευρῶνα
κατοικοῦντες, διὰ τὸ κουρικῶς ἀναδεδέσθαι τὰς κόμας. κούρητες δέ, προπαροξυνο-
μένου τοῦ ὀνόματος, νεανίαι, cf. Et. Gen. (EM. 534, 12, sim. Et. Gud. 342, 4)   *e*
— Εὐβοέων (39) cf. Eust. 771, 35   οὕτω δὲ ἐκαλοῦντο (40) — εἶχον (41) cf.
Eust. 771, 38; Steph. Β. 57, 12   ἀπὸ Κουρίου ὄρους (40) cf. Strab. 10, 2, 4 (p.
451), ib. 10, 3, 6 (p. 465)   ἢ Κουρέως (40) cf. Strab. 10, 3, 6 (p. 465)   ἢ
ἐπεὶ στολὰς (40) — εἶχον (41) cf. Strab. 10, 3, 8 (p. 466), Athen. 12, 528 c (Aesch.
fr. 313 N.² = 620 M.; FGrHist 81, 23)   Ἀρχέμαχος (41) — κουρᾶς κληθῆναι

24 δὲ] δὲ καὶ C   27 ante sch. Ι 527 a (sequuntur verba ὁμοίαν δὲ sq.) in b   28
ἀβλῆτες cf. Δ 117   33 le. addidi (κουρῆτες τ’ ἐμάχοντο add. Vᶜ)   τὸ Τ κουρῆτες
τὸ Vᶜ   34 ῆσαν] δῶρα φέρον Hom., ἔσαν Ap. S., fort. ἴσαν (cf. sch. *d*)   35 le.
addidi   35—8 pone sch. Α (= D) ad Ι 529 (αἰτωλοί· οἱ καλ. sq., coni. cum v.
αἰτωλίας) in A, trps. Ddf.   37 ἄλλοι δῶρα φέρον Hom. (cf. test. et sch. *c*)
39—47 κουρῆτες: οἱ sq. cum scholio a¹ (v. θέστιος) coni. Τ, dist. Ma.   40 ἐκαλεῖτο
Τ em. Ma. (Vill., qui hoc sch. e Li descripsit)   ἐπεὶ] ἐπὶ Τ suppl. m. sec.   42 ὁ
Τ δ’ ὁ Strab.   συνοικῆσαι Strab.

συνεχῶς δὲ πολεμοῦντας περὶ τοῦ Ληλάντου πεδίου, ἐπειδὴ οἱ πολέμιοι
κομῶν δραττόμενοι κατέσπων αὐτούς, ὀπισθοκόμους γενέσθαι, τὰ δὲ
45 ἔμπροσθεν κείρεσθαι· διὸ καὶ Κουρῆτας ἀπὸ τῆς κουρᾶς {γενέσθαι}
κληθῆναι. †κατοικοῦντας† δὲ εἰς Αἰτωλίαν τοὺς πέραν οἰκοῦντας διὰ
τὸ ἀκούρους φυλάσσειν τὰς κεφαλὰς Ἀκαρνᾶνας ὠνόμαζον." T

     Κουρῆτες: οἱ ἐν Πλευρῶνι οἰκοῦντες, πόλει τῆς Αἰτωλίας. D
ὠνομάσθησαν δὲ ——— τὰς κάρας. A

50   Οἰνεὺς Αἰτωλίας δεσπότης ——— μετανοήσασα ἑαυτὴν D
ἀναιρεῖ. A

     Αἰτωλοί: οἱ Καλυδώνιοι, ἐπεὶ ——— τῆς Αἰτωλίας. A   D

     531. Αἰτωλοὶ μὲν ἀμυνόμενοι ⟨Καλυδῶνος ἐραννῆς⟩: ἡ   *Ariston.*
διπλῆ, ὅτι πρὸς τὸ δεύτερον πρότερον ἀπήντησεν, καὶ ὅτι λείπει ἡ
55 περί, περὶ Καλυδῶνος. A

     533. ⟨τοῖσι κακόν:⟩ ὡς καὶ ὑμῖν τὴν μῆνιν. T^{il}   *ex.*

     534 a. ⟨χωσαμένη ὅ οἱ οὔ τι θαλύσια:⟩ ὅτι δεῖ μεμνῆσθαι   *ex.*
θεῶν· b(BCE³E⁴) T^{il} ἅπαξ δὲ κεῖται ἡ λέξις. ἃ ἡμεῖς συγκομιστή-
ριά φαμεν. b(BCE³) T^{il}

60   **b.** ⟨θαλύσια:⟩ ἑορτή, ἐν ᾗ τὰς ἀπαρχὰς τοῖς θεοῖς ἐπιθύουσι   *ex.*
τῶν καρπῶν. A^{int}

(45) eadem fere (ex ipso Strabone transcripta) in b ad B 542 συνεχῶς δὲ πολε-
μοῦντας (43) cf. sch. Eur. Phoen. 138 ἀπὸ τῆς κουρᾶς κληθῆναι (45) cf. D Ἀ-
καρνᾶνας (47) cf. sch. Lyc. 671, vide sch. Thuc. 2, 102, 6 **531** — ἀπήντη-
σεν (54) ad B 621 (Ariston.) καὶ ὅτι λείπει (54) sq. ad A 65 b (Ariston.) **534 a**
ἅπαξ δὲ (58) sq. cf. Eust. 772, 23 b cf. D; Eust. 772, 22, Ap. S. 86, 9; sch.

43 πολεμ. post πεδίου Strab. ληλ. Strab., λίλαντος T 44 κομῶν — ὀπισθοκ. T
τῆς κόμης ἐδράττοντο τῆς ἔμπροσθεν καὶ κατέσπων αὐτούς, ὄπισθεν κομῶντας
Strab. δὲ T δ' Strab. 45 γεν. del. Ma. (Vill.) 46 κατ. T μετοικῆσαι Strab.,
μετοικήσαντας Ma. δὲ εἰς T δ' εἰς τὴν Strab. τοὺς πέραν T καὶ κατασχόντας
τὰ περὶ πλευρῶνα χωρία τοὺς πέραν Strab. διὰ T τοῦ ἀχελῴου διὰ Strab. 47
φυλάττειν Strab. ὠνόμ. T καλεῖσθαι codd. Strab. (corruptum, καλέσαι Kramer),
ὀνόμασαι Ma. 53 le. A suppl. Vill. 54 fort. ἀπήντηκε 56 le. add. V^c (καὶ γὰρ
τοῖσι κακόν· add. Ma.) 57 le. addidi (χωσαμένη add. V^c, οὔτι θαλύσια add.
Li) ὅτι δεῖ T, δηλοῖ (διδάσκει E⁴) ὅτι ἀεὶ δεῖ b 58 θεῶν T θεοῦ b ἃ T δηλοῖ
δὲ ἃ b 58 sq. φαμεν συγκομιστήρια b 60 le. add. Vill. ἐν ᾗ Vill., ἐπὶ A

ex. | Ariston.   **537 a.** ἢ λάθετ' ⟨ἢ οὐκ ἐνόησεν⟩: ἐλάθετο· ἑκὼν παρεπέμψα-
το. οὐκ ἐνόησεν· οὐκ ἔλαβεν εἰς νοῦν. | ἡ διπλῆ δέ, ὅτι Ζηνόδοτος
γράφει ,,ἐκλάθετ' οὐδ' ἐνόησεν'' ὥστε τὸ αὐτὸ διλογεῖσθαι. οὐκ ἐνόησε
δὲ ὅτι διαφέρει· τὸ μὲν γὰρ ἐλάθετο ἑκὼν παρέπεμψεν, τὸ δὲ οὐκ 65
ἐνόησεν οὐδὲ τὴν ἀρχὴν κατὰ νοῦν ἔσχεν. **A**

ex.   **b.** ⟨ἢ λάθετ' ἢ οὐκ ἐνόησεν:⟩ ἀπὸ μετοχῶν εἰς ῥήματα μετ-
ῆλθεν. **b(BCE³) Tⁱˡ**

ex.   **c.** ἢ λάθετ' ἢ οὐκ ἐνόησε: ἐλάθετο· ἑκὼν παρεπέμψατο,
οὐκ ἐνόησε δὲ οὐκ ἔλαβεν εἰς νοῦν. ἀξιόπιστον δὲ τὸ διστάσαι, ὡς 70
ἔχει καὶ τὸ ,,ἢ δρυὸς ἢ πεύκης'' (Ψ 328). ἀσύγγνωστον δὲ τὴν εἰς
θεοὺς παράβασιν ὑποτίθεται, εἴθ' ἑκὼν μὴ τιμῶν εἴτε ἀκουσίως, καὶ εἰ
μὴ πάντας τιμῶν. **b(BCE³E⁴) T**

D   ἄλλως· ἢ λάθετ' ἢ οὐκ ἐνόησεν: ἤτοι ἐννοήσας θῦσαι ἐπε-
λάθετο, ἢ οὐδὲ ὅλως †ἐπελάθετο. **A**   75

ex.   **538.** δῖον γένος: πρὸς Ἀχιλλέα· οὐδέποτε γὰρ ἐπὶ θεοῦ τάσσει
τὴν λέξιν. ὁ δὲ Νικάνωρ ἐπὶ Ἀρτέμιδος· **b(BCE³) T**   καὶ γὰρ λέ-
γει, φησίν (p. 202 Friedl.), ,,αἶψά κ' ἐγὼν ἔρξαιμι, διοτρεφές, ὡς ἀγο-
ρεύεις'' (ν 147), ἀγνοῶν ὅτι ,,κελαινεφές'' ἐστίν. **T**

Hrd.   **539 a.**¹ ὦρσεν ἐπὶ ⟨χλούνην⟩: οἱ μὲν ἀναστρέφουσιν, ἵν' ᾖ 80
ἐπῶρσεν. οἱ δὲ ἐκδεξάμενοι χλούνην τὴν χλόην ἐνέκλιναν, ἵνα γένηται
τὸ ἑξῆς ἐπὶ τὴν χλούνην. **A**

Theocr. 7, 3 a et c; Solmsen, Unters. 37   **537 a** — εἰς νοῦν (63) cf. sch. *c*; D;
neglegenter haec verba (vel sch. *c*) exposuisse vid. Eust. 772, 39: τὸ δὲ ,,ἢ λάθετο ἢ
οὐκ ἐνόησεν'' οἱ μὲν οὕτω φασίν· ἢ ἑκὼν ἠμέλησεν ἢ οὐδ' ὅλως ἔγνω θεὸν εἶναι τὴν
Ἄρτεμιν· διὸ καὶ ἐβλάβη. οἱ δὲ (cf. D) ὅτι ἢ ἐνθυμηθεὶς τὴν Ἄρτεμιν αὖθις ἐξελάθετο
ἢ οὐδ' ὅλως ἐπὶ νοῦν αὐτὴν ἔλαβε   Ζηνόδοτος (63) sq. cf. Duentzer, Zen. 141   *c*
— εἰς νοῦν (70) cf. sch. *a*; vide ad Ξ 1 *c*¹   **538** nescio an nota Nicanoris
fuerit docentis verba δῖον γένος neque accusativum neque vocativum esse, sed no-
minativum subiecto appositum virgulaque a voce ἰοχέαιρα separandum, cf. sch.
ex.; Friedl., Nic. 105, 1; Carnuth, Nic. 59; Martinazzoli I 46 n. 111; Valk II 275
(at vide app. crit.)   **539** non liquet, num versus subditicius l 539 a in scholio
quodam deperdito commemoratus sit, quem Eust. apud Strabonem (fort. in
libro septimo) se legisse contendit, cf. 772, 46: τὸ δὲ ,,ὦρσε'' καὶ ἑξῆς εὕρηται παρὰ

---

62 le. A suppl. Vill.   **62 et 65** pro ἐλάθετο fort. λάθετο scribendum (cf. sch. *c*)   **63**
διπλῆ sc. περιεστιγμένη   **64** διλογ. Lehrs, δεῖ λογίζεσθαι A   **67** le. addidi
(auctore Vill., οὐκ ἐνόησεν add. Vᶜ, λάθετο Ma.)   ῥῆμα b   **67** sq. μετῆλθε b
69 λάθετο Ma., λάθετο δὲ (coni. cum scholio praecedenti) BCE³, om. E⁴ T   ἑ-
κών] ἀντὶ τοῦ ἑκὼν b   **70** οὐκ ἐλ. εἰς ν.] ἀντὶ τοῦ εἰς νοῦν οὐκ ἔλαβεν E⁴   **71**
ἢ¹ om. b   **72** τιμῶν T, τιμῷ b (fort. rectius)   **73** τιμῶν om. b (nescio an
recte)   **75** ἐπελάθετο A ἐπενόησεν D   **77** νικάνωρ mihi quidem susp., an
νικίας?   **80** le. A suppl. Nickau

$a.^2$ ἐπῶρσεν χλούνην. T^{il}

$b.$ χλούνην: οἱ μὲν τὸν ἐντομίαν· κνώμενοι γὰρ πρὸς τὰ   ex. | D
85 φυτὰ παρατρίβονται καὶ ἀγριώτεροι γίνονται. οἱ δὲ τὸν ἐν χλόη διά-
γοντα· τὸν γὰρ οἰκοτραφῆ σίαλόν φησιν (cf. I 208. Φ 363 al.). οἱ δὲ
τὸν εἰς γῆν καταβάλλοντα τὰ φυτά. A b(BCE³E⁴) T | ἄλλοι δὲ τὸν
ἐπὶ Χλούνη, χωρίῳ οὕτω καλουμένῳ, ἐνδιατρίβοντα. A
540 $a.^1$ ἔρδεσκεν ἔθων: Ἀμμώνιος ἐν τῷ Περὶ τῶν ὑπὸ Πλάτω-   Did. | ex.
90 νος μετενηνεγμένων ἐξ Ὁμήρου διὰ τοῦ ξ προφέρεται, ,,ἔρεξεν''. |
ἔθων δὲ εἰθισμένος τοῖς τόποις διατρίβειν. οἰκεία δὲ τιμωρία τῷ περὶ
καρποὺς ἡμαρτηκότι. A

τῷ γεωγράφῳ ,,θρέψεν ἐπὶ χλούνην σῦν'' (539), παρ' ᾧ καὶ στίχος εὕρηται οὗτος
ἐπηγμένος ,,οὐδὲ ἐῴκει / θηρί γε σιτοφάγῳ ἀλλὰ ῥίῳ ὑλήεντι'' (I 539—539a). καὶ
σημείωσαι καὶ τοῦτο εἰς τὸ περὶ στίχων λειπόντων ἐκ τοῦ Ὁμήρου. Strabo autem
hos versus apud Aristotelem (h. an. 6, 28 p. 578 b 1) invenisse putandus est, cf.
Eust. 772, 55. Vide praeterea M. Van der Valk in editione Eustathii I (Lugd. Ba-
tavorum 1971), praef. § 82   a nimia diligentia commotus sch. Herodano
attribuere veritus est Lehrs, cf. Hrd. I, praef. LXXX not.; at vide ad E 138 c
(Hrd.)   χλούνην τὴν χλόην (81) cf. Eust. 772, 2 (χλόη . . ., ἀφ' ἧς εἴρηται ὁ
χλούνης); vide sch. Ar. Lys. 835   b cf. sch. *B: ⟨χλούνην·⟩ (suppl. Vill.) οἱ
μὲν ἀφριστήν (cf. Eust. 772, 50)· χλούδειν γὰρ τὸ ἀφρίζειν τινὲς Δωριέων ἔλεγον.
ἄλλοι δὲ κακοῦργον· καὶ γὰρ τῶν ἀρχαίων ἰαμβοποιῶν τινα φάναι (sc. Hippon. fr.
64 D.³ = 29 M. = 3 F. = 180 De S. M.)· ,,ἀνὴρ ὅδ' ἑσπέρης καθεύδοντα /
†ἄπουν ἔδησε†ἔ χλούνην''. Ξενοφῶντα (Ξενοφάνην Herm.; at vide Wilamowitz,
Aisch.-Interpr., Berol. 1914, 218) δὲ γένος τι Ἰνδῶν (Σινδῶν Bgk.) φάναι τὸν
χλούνην εἶναι, καθάπερ καὶ παρ' Αἰσχύλῳ ἐν Ἠδωνοῖς (fr. 62 N.² = 74 M.)·
,,μακροσκελὴς μὲν †ἄρα μὴ χλούνης τις ἦ†''. τινὲς δὲ τῶν τὰ Αἰολικὰ ἀναγεγραφότων
Χλούνην τόπον τινὰ καλεῖσθαί (κα, tum 1 cm vac., tum λεῖσθαι *B) φασι περὶ Κα-
λυδῶνα, ἐν ᾧ τὸν κάπρον διατρίβειν, καὶ διὰ τοῦτο χλούνην προσαγορευθῆναι (cf.
D). τινὲς δὲ ἐπὶ τὸ αὐτὸ (ante αὐτὸ spat. 1 cm) παρατείνοντα τὸν (ante τὸν spat.
ca. 1 cm) ποιητὴν ,,σῦν ἄγριον'' εἰρηκέναι, originis incertae, fort. fr. Porphyrii   οἱ
μὲν (84) — γίνονται (85) cf. Aristot. h. an. 6, 28 p. 578 b 4 (cf. Eust. 772, 56; vix
recte Duentzer, Zen. 45); — ἐντομίαν (84) cf. D, Eust. 772, 51; sch. Aesch. Eum.
188; Aelian. fr. 10 (p. 191, 25 H.); aliter Ar. Byz. p. 118   οἱ δὲ τὸν ἐν χλόη διά-
γοντα (85) cf. D (unde Ap. S. 168, 9; sch. Opp. hal. 1, 12 Vári; sch. D. Thr. [Σ¹]
ex Heliodoro 469, 13), Choer. Th. 1, 408, 30; Meineke 232   τὸν εἰς γῆν (87) —
φυτά cf. Ar. Byz. p. 118. 120   540 a Ἀμμώνιος (89) — Ὁμήρου (90) cf. Ps.-
Longin. De subl. 13, 3; Schmid, Gesch. der griech. Lit. I 1 (Monaci 1929), 130, 4;
Buehler, Beiträge 96   ἔρεξεν (90) cf. Valk II 169   ἔθων δὲ (91) sq. aliter
Heracl. Mil. ap. Eust. 773, 30: Ἡρακλείδης (fr. 25 C.) δέ φησιν ὡς τῶν τινες κριτι-
κῶν (ὅ ἐστιν ἀκριβεστέρων γραμματικῶν), ὧν ἐστι καὶ Τισίας, ὑπερβατὸν ἔλεγον

84 le. BE³E⁴T χλοῦνιν C, om. A   84—8 οἱ μὲν τὸν sq. coni. cum scholio a^1 (v.
χλούνην) in A   85 φῦτά A   ἀγριότεροι A   89 le. scripsi, ὃς κακὰ πολλά:
A   90 ξ Vill., ζ (ut vid.) A (quod probaverunt Bk. et Ddf.)   ἔρεζεν Bk.,
fort. ἔρρεξεν   91 ἐνδιατρίβειν Nickau   92 ἡμαρτικότι A em. Vill.

a.² {ἔρδεσκεν:} Ἀμμώνιος „ἔρεξεν". | ἔθων δὲ Τ εἰθι-
σμένος τοῖς τόποις· „ἐριδμαίνωσιν ἔθοντες" (Π 260). οἰκεία δὲ τιμω-
ρία τῷ περὶ καρποὺς ἡμαρτηκότι. b(BCE³) Τ   95

Ariston.   *b.* ⟨ἔθων:⟩ ὅτι οἱ Γλωσσογράφοι τὸ ἔθων ἀποδιδόασι
βλάπτων. ἔστι δὲ ἐξ ἔθους ἐπιφοιτῶν. A^{int}   1

Hrd.   *c.* ⟨ἔθων:⟩ ψιλῶς τὸ ἔθων, καθότι ἐδιδασκόμεθα καὶ ἐκ τῆς
συναλιφῆς, „ἥ ἑ μάλιστ' εἴωθε" (E 766). καὶ ἄλλως τὸ ε̄ πρὸ τοῦ θ̄ οὐ
δασύνεται, εἰ μὴ εἴη ἀντωνυμικὸν ἐξ ἀποβολῆς τοῦ σ̄, „σέθεν" (Α 180
al.), „ἔθεν" (Α 114 al.)· τὴν γὰρ ὑπό τινων φερομένην „ἔδων" παρ-   5
αιτητέον. Α

Ariston.   **541 a.** ⟨προθέλυμνα:⟩ ὅτι ἄλλα ἐπ' ἄλλοις. ἔνιοι δὲ πρόρριζα.
A^{im}

ex.   *b.* προθέλυμνα: τὰ ἄλλα ἐπ' ἄλλοις προτιθέμενα, ὅ ἐστι
συνεχῆ· φησὶ γοῦν καὶ „σάκος σάκεϊ προθελύμνῳ" (Ν 130) καὶ 10
„τετραθέλυμνον" (Ο 479). b(BCE³E⁴) Τ

εἶναι τὸ „ἔθων", ἵνα ᾖ ἀντὶ τοῦ καταθέων, κατατρέχων, ῥητορικῶς εἰπεῖν, ὑπερβα-
τὸν λέγοντες ἐκεῖνοι τὴν τῶν στοιχείων μετάθεσιν, δι' ἧς τὸ θέων „ἔθων" γίνεται, ὃ
καὶ σημείωσαι. αὐτὸς δὲ ἐκ τοῦ ἔδω φησὶ γενέσθαι κατὰ Δωριεῖς τὸ ἔθω, οἳ καὶ τὸν
μαδὸν ... μα⟨σ⟩θὸν (suppl. Cohn, cf. Eust. 452, 21) λέγουσι καὶ τὸ ψεῦδος ψύθος
κτλ., brevius Eust. 1562, 2; cf. sch. *c*   εἰθισμένος τοῖς τόποις διατρίβειν (91) cf.
sch. *b*   *a²* ἔθων (93) — ἔθοντες (94) cf. Ap. S. 63, 17   *b* ad Π 261 *a* (Ariston.)   τὸ
ἔθων (96) sq. cf. He. ε 632   οἱ Γλωσσογράφοι cf. Lehrs Ar.³ 37   βλάπτων
(1) = D, Eust. 773, 27; cf. Call. fr. 55, 2   ἐξ ἔθους ἐπιφοιτῶν (1) cf. sch. *a*, D;
Ap. S. 63, 16; Bechtel, Lex. 108; Leumann, H. W. 213, 5; vide He. ε 636. 708   *c*
καὶ ἄλλως τὸ ε̄ (3) sq. cf. Lex. spir. 215   σέθεν ἔθεν (4) cf. Ep. Hom. (An. Ox.
1, 142, 20; Et. Gud. 404, 2 Stef.)   τὴν γὰρ ὑπό τινων (5) sq. cf. sch. *a* (test.)
541 *a/b* fort. plura legit sch. Ar. pac. 1210: προθέλυμνον· φαίνεται δὲ καὶ οὗτος
καὶ ἄλλοι τὸ „προθέλυμνον" ἀντὶ τοῦ πρόρριζον ἀκούειν. καὶ παρ' Ὁμήρῳ „πολλὰ
δ' ὅ γε προθέλυμνα" (καὶ παρ' — προθ. om. cod. Ven.). Ἀρίσταρχος δὲ τὸ
συνεχὲς καὶ ἄλλο ἐπ' ἄλλῳ δηλοῦσθαί φησι· „φράξαντες δόρυ δουρί, σάκος σάκεϊ
προθελύμνῳ" (Ν 130) καὶ „σάκος θέτο τετραθέλυμνον" (Ο 479), τουτέστι τέσσαρας
ἐπ' ἀλλήλων ἔχον πτύχας   *a* — ἄλλοις (7) ad Ν 130, cf. D, D ad Κ 15. Ν 130.
Ο 479, Ap. S. 134, 20   πρόρριζα (7) = D, D ad Κ 15, Eust. 773, 46; cf. Bech-
tel, Lex. 283; Diller, Philol. 97, 1948, 362; Taillardat, Les images d' Aristophane
(Lut. Par. 1962) 478; aliter Wackernagel, S. U. 237; Lorimer 183, 3   *b* cf.

93 le. Τ delevi, om. b   ἔρεξεν cf. sch. *a¹*   94 ἐριδμ. ἔθ. Ma., ἐριδμένωσιν ἔθ. Τ,
om. b   94 sq. ἡ τιμωρία propos. Ma.   96 le. addidi (auctore Frdl.)   ὅτι Α,
fort. ἡ διπλῆ, ὅτι   2 le. add. Lehrs   2—6 ψιλῶς sq. pone sch. *a¹* (coni. cum
voce ἡμαρτικότι) in A, dist. Bk.   5 ἔδων Lehrs, ἔδον Α   7 le. add. Bk.   ὅ-
τι Α, ἡ διπλῆ, ὅτι Vill.   10 σάκκος Τ   10 sq. καὶ τετραθ. om. Ε⁴

542 a. ⟨αὐτῆσιν ῥίζῃσι καὶ αὐτοῖς⟩ ἄνθεσι μήλων: ὅτι　*Ariston.*
μῆλα πάντα τὰ ἀκρόδρυα ἔλεγον οἱ παλαιοί, οὐχ ὡς ἡμεῖς ⟨ε⟩ἰδικῶς·
καὶ ὅτι εἴωθεν ἡ σύν πρόθεσις ἐλλείπειν. Α

15　　　b. καὶ αὐτοῖς ἄνθεσι μήλων: ἐξ ἑνὸς τὸ πᾶν· ,,καὶ μη-　*ex.*
λέαι" γὰρ ,,ἀγλαόκαρποι" (η 115). μηλοφόρον δὲ τιμῶσι τὴν Δη-
μήτραν. b(BCE³E⁴) Τ

543. τὸν δ᾽ υἱὸς Οἰνῆος ἀπέκτεινε⟨ν⟩ Μελέαγρος: ἴσως ὅτι　*ex.*
πρῶτος ἔβαλεν· ἅμα δὲ καὶ ἡ Ἀταλάντη. Μελέαγρος δὲ παρὰ τὸ
20 μέλειν τῆς ἄγρας· κυνηγοὶ γὰρ οἱ Αἰτωλοί. b(BCE³E⁴) Τ

546 a. πολλοὺς δὲ πυρῆς ἐπέβησ᾽ ἀλεγεινῆς: ὅτι ἐκ τοῦ　*Ariston.*
παρακολουθοῦντος σημαίνει ἀνεῖλεν. καὶ ὅτι διὰ πυρὸς ἔθαπτον. Α

b. πυρῆς ἐπέβησ᾽: ἀντὶ τοῦ ἀποκτείνας καυθῆναι ἐποίη-　*ex.(?)*
σεν. Α

25　　　c. πολλοὺς δὲ πυρῆς ἐπέβησ᾽ ⟨ἀλεγεινῆς⟩: οὐ ζῶν　*ex.*
μόνον, ἀλλὰ καὶ τελευτήσας διὰ τὴν ἐπ᾽ αὐτῷ μάχην. ἀλεγεινῆς δὲ
πυρῆς, ἐπεὶ ἀλγοῦμεν ἐπὶ τοῖς τεθνεῶσιν. b(BCE³E⁴) Τ

547—8. ἡ δ᾽ ἀμφ᾽ αὐτῷ καὶ ἑξῆς ἀμφὶ συὸς κεφαλῇ: δείκνυσιν　*ex.*
ὅτι οἱ θεοβλαβεῖς περὶ τῶν οὐδενὸς ἀξίων διαφέρονται πρὸς μάχην.
30 b(BCE³E⁴) Τ

Eust. 773, 47　　**542** ambigitur, num sch. fuerit de iunctura ἄνθεσι μήλων, cf. Et.
Gen. (AB) μῆλα·... ὁ δὲ καρπὸς κατ᾽ ἐξοχήν· πᾶς γὰρ οὕτως ἐλέγετο, οἷον ,,καὶ
αὐτοῖς ἄνθεσι μήλων". ἀντεστραμμένως (scripsi, ἀντιστραμαίνως AB) δ᾽ εἴρηται·
ἔδει γὰρ εἰπεῖν 'ἀνθέων μήλοις' (scripsi, μήλων AB), vide Beiträge 158　　a —
εἰδικῶς (13) cf. Ap. S. 34, 19; Diog. ap. He. α 5125; Lehrs Ar.³ 101　　πάντα τὰ
ἀκρόδρυα (13) cf. sch. Theocr. 3, 13, b; vide ad Ζ 124　　καὶ ὅτι εἴωθεν (14) sq. ad
Ο 24 (Ariston.), cf. Eust. 773, 47; sch. Ι 68; vide ad Γ 2 a　　b Ge (e Τ ut vid.):
ἐξ ἑνὸς καρποῦ ἐδήλωσεν, cf. Eust. 773, 49; sch. Pind. Ol. 1, 19 d; Ap. S. 112, 19
(unde EM. 584, 9); Or. 102, 32　　**543** Μελέαγρος (19) sq. cf. Eust. 773, 56
546 a — ἀνεῖλεν (22) ad Β 417 (Ariston.)　　ἀνεῖλεν (22) = D　　καὶ ὅτι διὰ
πυρὸς ἔθαπτον (22) ad Η 79 b (Ariston.); cf. D ad Α 52. Δ 99; Ep. Hom. (An. Par.
3, 321, 29 [Et. Gud. 487, 60], An. Ox. 1, 352, 11)　　b cf. D, Eust. 773, 60　　c
ἀλεγεινῆς δὲ (26) sq. cf. D ad Κ 402, Meth. (An. Ox. 1, 78, 3, Et. Gen. = EM. 58,

---

12 le. A suppl. Vill.　　ὅτι A, fort. ἡ διπλῆ, ὅτι　　13 ἰδικῶς A suppl. Vill.　　15 sq.
καὶ² — ἀγλαόκ. om. E⁴　　16 sq. μηλ. δὲ καὶ τὴν δήμητραν τιμῶσιν b　　δημ.
scripsi, δήμητραν bΤ　　18 (le.) ἀπέκτεινε TV suppl. Ma. (le. om. b)　　20
μέλειν (μέλλειν Τ em. Ma.) τῆς ἄγρ. Τ ἐν μελέτη τῆς ἄγρας εἶναι b　　21 le. scripsi
(duce Vill.), τόσσος ἔην: A　　ὅτι A, ἡ διπλῆ, ὅτι Vill.　　23 (le.) ἐπίβησ᾽ A em.
Bk.　　ἀποκτήνας A em. Bk.　　25 le. πολλοὺς δὲ πυρῆς ἐπέβησε Τ, emendavi et
supplevi, om. b　　26 sq. δὲ πυρῆς ἐπεὶ Τ δὲ ὅτι b　　27 τεθν. Τ ἀποθνήσκουσιν
b　　28 verba ἡ δ᾽ — κεφαλῇ (Τ, om. b) lemmatis loco scripsi (sch. ad Ι 548 re-
vocavit b)　　δείκνυσιν b δείκνυσι δὲ Τ　　29 μάχην Τ ἀλλήλους b (cf. Valk I 519)

ex.   **548.** ἀμφὶ συὸς κεφαλῇ ⟨καὶ δέρματι λαχνήεντι⟩: ἐσιώπησε
τὴν Ἀταλάντην αἰδούμενος τὸν Ἀχιλλέα. b(BCE³E⁴) T

D   ἀμφὶ συὸς κεφαλῇ καὶ δέρματι: ὡς καὶ τῆς κεφαλῆς
———— ᾧ συνδιεφθάρη καὶ ὁ Μελέαγρος. A

Did.   **551** *a.*¹ οὐδ' ἐδύναντο: ἐν τῇ Ἀριστοφάνους „οὐδ' ἐθέλεσκον" 35
καὶ ἔστιν Ὁμηρικόν· „οὐδ' ἔθελε προρέειν" (Φ 366). A

         *a.*² Ἀριστοφάνης δὲ „οὐδ' ἐθέλεσκον", Ὁμηρικόν. T

ex.   *b.* οὐδὲ δύναντο: ὡς καὶ οὐδέποτε Τρῶες. T

ex.   **553—4.** ὅς τε καὶ ἄλλων / οἰδάνει: οἰδαίνεσθαι ποιεῖ, ὡς
„μελάνει" (Η 64). A b(BCE³E⁴) T   καὶ ὅτι μὲν ἀνθρώπινον τὸ πά- 40
θος οἶδεν, ἀλλὰ περιγίνεσθαι παραινεῖ· καὶ ἡμᾶς μὲν αὐτῆς ἐκτρέπει,
Ἀχιλλεῖ δὲ συγγινώσκει. A b(BCE³) T

Ariston.   **554.** ⟨οἰδάνει:⟩ ὅτι ἀντὶ τοῦ οἰδάνειν ποιεῖ, ὅμοιον τῷ „πάντας
μέν ῥ' ἔλπει" (β 91) ἀντὶ τοῦ ἐλπίζειν ποιεῖ. Aⁱᵐ

ex.   **555.** ἤτοι ὁ μητρὶ φίλη: καθόλου· οὐ γὰρ ἦν αὐτῷ τότε φίλη ἡ 45
μήτηρ. b(BCE³E⁴) T

ex.   **556.** ⟨κεῖτο:⟩ ὡς τὸ „κεῖτ' ἀπομηνίσας" (Β 772. Η 230). Tⁱˡ

D   καλῇ Κλεοπάτρῃ: Κλεοπάτρα Ἴδα ———— γυνὴ δὲ Με-
λεάγρου. A

ex.   **557—8.** κούρη Μαρπήσ⟨σ⟩ης ⟨καλλισφύρου Εὐηνίνης / 50
Ἴδεώ θ'⟩: Ἴδας ὁ Ἀφαρέως μὲν παῖς κατ' ἐπίκλησιν, γόνος δὲ Ποσει-
δῶνος, Λακεδαιμόνιος δὲ τὸ γένος, ἐπιθυμήσας γάμου παραγίνεται εἰς

50)   **551** sch. vetus de iunctura κακῶς ἦν nullum fuisse videatur; nam quae le-
guntur in Li (κακῶς ἦν· ἐλλειπτικόν. ἴσως ἀντὶ τοῦ κακῶς ἦν ἔχοντα τὰ πράγματα
τοῖς Κουρήτεσσιν) ex Eustathio (774, 43) profluxerunt, qui illam constructionem
diserte defendit   *a* ad Ο 164 (Did. ?), vide ad Φ 366 (Ariston.); cf. Lehrs Ar.³ 147;
Merkel CXI   **553—4** — μελάνει (40) ad Ζ 73 *b* (ex.), vide ad I 554   **554**
brevius Ap. S. 119, 24; ad Ε 37 *b* (Ariston.), cf. sch. β 91. ν 380. Vide ad I 553—4.
Ο 15 *c*   **555** Et. Gen. (AB) Ἀλθαία· μήτηρ Μελεάγρου (= D), | γυνὴ δὲ
Οἰνέως, originis incertae, fort. sch. rec.   καθόλου (45) sq. cf. M. Landfester, Das
griech. Nomen „philos" und seine Ableitungen, Hildeshemii 1966, 5   **556** cf.

31 le. T supplevi (cl. D), om. b   **31—2** ἐσιώπησε δὲ τὴν coni. cum scholio
praecedenti (v. ἀλλήλους) in b   **32** αἰδ. τ. ἀχ. abs. in E⁴   **37** ἀριστοφάνης δὲ sq.
post sch. *b* (coni. cum v. τρῶες) in T, distinxi et transposui   **39** le. T, οἰδάνει ἐν
στήθεσσι: A, om. b (qui sch. ad I 554 rettulit)   ὡς AT ὡς τὸ b   **41—2**
παραινεῖ—συγγινώσκει om. C   **41** αὐτῆς (sc. τῆς μήνιδος)] αὐτοῦ ci. Ma.   **42** τῷ
δὲ ἀχ. συγγ. b   **43** le. add. Bk.   ὅτι A, ἡ διπλῆ, ὅτι οἰδάνει Vill.   **45** (le.) ἤτοι
ὁ μητρὶ fort. delendum (le. om. b)   καθόλου τὸ φίλη b   **47** le. addidi, κεῖτο παρὰ
μνηστῇ· add. Vᶜ   κεῖτ' Hom., κεῖτο T   **50** sq. le. κούρη μαρπήσης T supplevi,
om. b (scholio ad I 557 relato)   **52** παραγίν.] εὐθὺς παραγίνεται C

Ὀρτυγίαν τὴν ἐν τῇ Χαλκίδι καὶ ἐντεῦθεν ἁρπάζει τὴν Εὐηνοῦ θυγατέ-
ρα Μάρπησσαν. ἔχων δὲ ἵππους Ποσειδῶνος ἠπείγετο. ὁ δὲ Εὐηνὸς
55 εἰς ἐπιζήτησιν ἐξῆλθε τῆς θυγατρός, ἐλθὼν δὲ κατὰ τὸν Λυκόρμαν πο-
ταμὸν τῆς Αἰτωλίας, μὴ καταλαβών, ἑαυτὸν εἰς τὸν ποταμὸν καθῆκεν·
ὅθεν ὁ Λυκόρμας Εὐηνὸς μετωνομάσθη. κατὰ δὲ τὴν Ἀρήνην ἀπαντή-
σας Ἀπόλλων τῷ Ἴδᾳ λαμβάνεται τῆς Μαρπήσσης. ὁ δὲ ἔτεινε τὸ
τόξον καὶ διεφέρετο περὶ τοῦ γάμου· οἷς κριτὴς ὁ Ζεὺς γενόμενος αἵρε-
60 σιν τοῦ γάμου ἐπὶ τῇ Μαρπήσσῃ τίθεται. ἡ δὲ δείσασα, μὴ ἐπὶ γήρᾳ
καταλίπῃ αὐτὴν ὁ Ἀπόλλων, αἱρεῖται τὸν Ἴδαν. οὕτως δὴ Σιμωνίδης
(fr. 58 = P.M.G. fr. 563) τὴν ἱστορίαν περιείργασται. b(BCE³) T

557 a.¹ καλλισφύρου: σημεῖόν ἐστι συμμετρίας σώματος· ὡς ex.
ἐπίπαν γὰρ παχεῖαι τὰ κάτω αἱ γυναῖκες. T

65 b.¹ ⟨καλλισφύρου:⟩ κάτωθεν γὰρ ὁρᾶται τὸ θῆλυ εἶδος. ex.
T^il

a²/b.² σημεῖόν ἐστι συμμετρίας σώματος· αἱ γὰρ παχεῖαι τοῖς ex. | ex.
ἐρῶσιν οὐκ ἀγαθαί. | τὸ δὲ θῆλυ εἶδος ἐκ τῶν σφυρῶν καὶ τῆς ζώνης καὶ
τῆς ὄψεως ὁρᾶται. b(BCE³E⁴)

70 558—9 a.¹ ὃς κάρτιστος ⟨ἐπιχθονίων⟩ γένετ' ἀνδρῶν / ex.
τῶν τότε: ἐπαινετέον τὸ ἀκριβὲς περὶ τὴν ἑκάστου ἠθοποιΐαν· ὁ
μὲν Φοῖνιξ κάρτιστον εἰπὼν τὸν Ἴδαν, ἵνα μὴ δόξῃ καὶ τοῦ Ἀχιλλέως
αὐτὸν προτετιμηκέναι, ἐπήνεγκε τῶν τότε (559). τῷ δὲ Νέστορι
ἀθωπεύτως εἴρηται· ,,οὐ γάρ πω τοίους ἴδον" (A 262). b(BCE³E⁴) T

Eust. 774, 51   557—8 cf. D, [Apoll.] bibl. 1, 60; — μετωνομάσθη (57) cf.
Bacchyl. fr. 20 A; Snell, Ges. Schriften (Gottingae 1966) 106   Λυκόρμας (57) —
μετωνομάσθη cf. sch. Lyc. 1012, Steph. B. 421, 17   ἔτεινε τὸ τόξον (58) cf. Li-
ban. apol. Socr. 178   ἡ δὲ δείσασα (60) — Ἴδαν (61) cf. h(M¹ P¹¹ V¹⁵): ἐπεὶ
(ἐπειδὴ V¹⁵) τὰ μὲν θεῖα πρὸς ὀλίγον ἔχει τοὺς ἔρωτας, τὰ δὲ θνητὰ ὁμοιοπαθῶς
ἔχοντα παραμένει, originis incertae   οὕτως δὴ Σιμωνίδης (61) at cf. C. Robert,
Oedipus II (Berol. 1915) 51 n. 42; Preller-Robert, Griech. Heldensage I (Berol.
1920) 312, 2   557 a¹/b¹ Ge (e T ut vid.): ὡς ἐπίπαν γὰρ κάτωθεν ἀπὸ τῶν
σφυρῶν ὁρᾶται τὸ θῆλυ γένος· σημεῖον γάρ ἐστι ταῦτα συμμετρίας σώματος· παχεῖαι
γὰρ ὡς ἐπὶ τὸ πλεῖστον ⟨τὰ κάτω⟩ (add. Nicole) αἱ γυναῖκες   a σημεῖον (63 et
67) — σώματος cf. D ad I 560   a¹ ὡς ἐπίπαν (63) sq. cf. sch. λ 603   558—9

53 τῇ om. b (fort. rectius)   54 μάρπησαν T   55 λυκορμᾶν b   56 μὴ καταλ. om.
b   εἰς τὸν ποτ. T ἐκεῖ b   57 λυκορμᾶς b   ὠνομάσθη b   58 ὁ ἀπόλλων b   μαρ-
πήσης T   59 οἷς b ἕως T   60 μαρπήσῃ T   60 sq. αὐτὴν post μὴ b   61 οὕτως
δὴ σιμ. b ὡς διάσιμον (διάσημον V) οὖν T (et V)   65 le. add. V^c   70 sq. le. T
supplevi, om. b   71 ἐπαινετὸν b   72 μὲν T, μὲν οὖν b (fort. rectius)   74 εἶδον b

a.² ἵνα μὴ καταισχύνη Ἀχιλλέα μεγαλοφρονοῦντα ἐπὶ κρά- 75
τει, εἶπε τῶν τότε. Tⁱˡ

ex.   560. ⟨νύμφης:⟩ τῆς Μαρπήσ⟨σ⟩ης. Tⁱˡ

ex.   561 a.¹ ⟨τὴν δέ:⟩ τὴν Κλεοπάτραν. Tⁱˡ

ex.   b.¹ ⟨πατὴρ καὶ πότνια μήτηρ:⟩ ὁ Ἴδας καὶ ἡ Μάρπησ-
⟨σ⟩α. Tⁱˡ   80

a²/b.² τὴν Κλεοπάτραν ὁ Ἴδας καὶ ἡ Μάρπησσα. b(BCE³E⁴)

ex. | *D*   561—2 a.¹ τὴν δὲ τότ' ἐν μεγάροισι ⟨———/⟩ Ἀλκυόνην
καλέεσκον: ἀντὶ τοῦ ἀλκυόνα, παρὰ τὸ ἐν ἁλὶ κύειν. T | ἀπὸ τῶν
αὐτοῖς συμβεβηκότων τὴν Κλεοπάτραν οὕτως ἐκάλουν, ὡς Μεγαπέν-
θη (cf. δ 11) καὶ Ὀδυσσέα (cf. τ 407—9). ἔκλαιεν οὖν ἡ Μάρπησσα 85
καλοῦσα τὸν ἄνδρα Ἴδαν, ὅτε αὐτήν, τὴν Μάρπησσαν, ἥρπασεν ὁ
Ἀπόλλων. b(BCE³) T

ex.   a.² ἀντὶ τοῦ ἀλκυόνα. b(BCE³E⁴)   γίνεται δὲ παρὰ τὸ ἐν
ἁλὶ κύειν. b(BCE³)

Ariston.   562. ⟨Ἀλκυόνην καλέεσκον ἐπώνυμον:⟩ ὅτι οὐ τὴν Μάρ- 90
πησσαν, ἀλλὰ τὴν Κλεοπάτραν. Aⁱᵐ

D   Ἀλκυόνην καλέεσκον: Κῆυξ ὁ Φωσφόρου ——— αὐτὴν
ἀνήρπασεν Ἀπόλλων· ἢ ἡ μήτηρ Ἀλθαία. A

D   ἐπώνυμον: ἀντὶ τοῦ φερώνυμον ——— ὅτε ἀφηρεῖτο αὐ-
τὴν ὁ Ἀπόλλων. A   95

τῶν τότε (73) cf. E. Fraenkel ad Aesch. Ag. 532 (II p. 268)   560 Ge (e T)
561—2 παρὰ τὸ ἐν ἁλὶ κύειν (83 et 88) cf. Eust. 776, 23; Or. 13, 5 (= Or. Werf.
612, 2), in sede scholiorum (unde Et. Gen. [AB] ἀλκυών); sch. Theocr. 7, 57 b; Et.
Gud. 91, 24 Stef.; Ba. 69, 4   a¹ ἀπὸ τῶν αὐτοῖς συμβεβηκότων (83) cf. D ad I
562: οἱ οὖν γονεῖς ἀπὸ τῶν αὐτοῖς συμβεβηκότων ἐκάλουν αὐτὴν τὴν Κλεοπάτραν
(τὴν κλ. οὕτως ἐκάλουν A) ὡς Μεγαπένθη καὶ Εὐρυσάκη ⟨καὶ⟩ (add. Vill.) Ὀδυσσέα
(ὀδ. A, om. D, vulg.) καὶ Νεοπτόλεμον· ,,οὔπω'' γὰρ ,,εἰδόθ' ὁμοίου πτολέμοιο''
(I 440; οὔπω — πτολ. A, om. D, vulg.). ἔκλαιεν οὖν τὸν ἄνδρα Ἴδαν, ὅτε αὐτὴν
ἥρπασεν Ἀπόλλων (ἢ ἡ μήτηρ Ἀλθαία add. A, vide l. 93)   Ὀδυσσέα (85) cf.
Eust. 776, 46   ἔκλαιεν οὖν (85) sq. cf. D; sch. Ar. av. 250; sch. Theocr. 7, 57 b;
Paus. att. α 68 (c. test.); vide et Serv. Verg. G. 1, 399, Isidor. orig. 12, 7, 25

---

75 sq. sch. super versum 559 scriptum in T   77 le. add. Ma.   μαρπήσης T (et V)
suppl. Ge   78 le. add. Ma., τὴν δὲ τότ· add. Vᶜ   79 le add. Vᶜ   79 sq. μάρπησσα
T suppl. Ma.   81 τὴν b, τὴν δὲ τότ': τὴν Li   82 sq. le. T suppl. Ma., om. b
83—87 ἀπὸ τῶν αὐτοῖς sq. pone sch. I 561 a²/b² (coni. cum v. μάρπησσα) in b
84 sq. μεγαπένθης et ὀδυσσεύς b   85 ἔκλαιε δὲ b   μάρπησα T   86 τὴν μάρπ.
in mg. relegavit Ma.   88—9 sch. a² ad v. 562 relatum in b, nescio an recte
90 le. add. Vill.   ὅτι A, ἡ διπλῆ, ὅτι Vill.

(96)　**563.** ⟨μήτηρ:⟩ ἡ Μάρπησ⟨σ⟩α. Tⁱˡ　　　　　　　*ex.(?)*

1　**564 a.** κλαῖ' ὅτε μιν: οὕτω Ζηνόδοτος χρονικῶς· AⁱᵐT　　*Did.*
'Αρίσταρχος δὲ „κλαῖεν ὅ μιν", ὅτι αὐτήν. AⁱⁿᵗT

　　b. ⟨μιν:⟩ αὐτὴν τὴν Μάρπησ⟨σ⟩αν, ὅτε ἥρπασεν ὁ 'Απόλ-　*ex.*
λων. Tⁱˡ

5　　**c.** ⟨ἀφήρπασε:⟩ γράφεται „ἀνήρπασε". Aⁱᵐ　　　　*Did.(?)*
　　567 a. κασιγνήτοιο {φόνοιο}: ὡς „'Αδμήτοιο" (Β 713. Ψ 532).　*Hrd.* | *D*
τινὲς δὲ προπερισπῶσιν ὡς „λευκοῖο" (ι 246), ἵνα γένηται κασιγνητι-
κοῦ· ἡ γὰρ 'Αλθαία, φασίν, οὐχ ἕνα εἶχεν ἀδελφόν. δύναται μέντοι καὶ
τὸ βαρυνόμενον ἑνικὸν ἰσοδυναμεῖν τῷ κασιγνητικοῦ. | ἀδελφοὶ δὲ
10　'Αλθαίας "Ιφικλος, Πολυφάντης, Φάνης, Εὐρύπυλος, Πλήξιππος. A
　　b. κασιγνήτοιο φόνοιο: κασιγνήτοιο ὡς „γυναῖκά τε　*ex.*
θήσατο μαζόν" (Ω 58), εἰ μήποτε καθ' "Ομηρον εἷς ἐστιν. δύο δὲ ἦσαν,
Κλυτίος καὶ Προκάων. T
　　c.¹ ⟨κασιγνήτοιο:⟩ οὕτως 'Αρίσταρχος, τοῦ ἀδελφικοῦ.　*Did.*
15　Aⁱⁿᵗ
　　d.¹ ⟨κασιγνήτοιο φόνοιο:⟩ ὅτι ἐλλείπει ἡ περί. δύναται　*Ariston.*
δὲ καὶ ἑνὸς καὶ πλειόνων ἀδελφῶν. Aⁱᵐ
　　c²/d.² τοῦ ἀδελφικοῦ. b(BCE³E⁴) T | λείπει δὲ ἡ περί.　*Did.|Ariston.*
b(BCE³) T
20　**568.** πολλὰ δὲ καὶ γαῖαν ⟨πολυφόρβην χερσὶν ἀλοία⟩:　*Ariston.*
ὅτι οἱ τοὺς χθονίους θεοὺς ἐπικαλούμενοι ταῖς χερσὶ τὴν γῆν ἐπέκρουον.
A
　　　χερσὶν ἀλοία: ταῖς χερσὶν ἔπληττεν· ὅθεν ——— ὡς ἐν-　*D*
θάδε φησίν. A

---

564 a cf. Valk II 121　　ὅ μιν (2) vide ad A 120 *c.* N 166 *c*　　*b* Ge (e T ut vid.):
⟨μιν·⟩ (le. add. Nicole) τὴν Μάρπησσαν　　αὐτὴν τὴν sq. cf. D ad I 562　　**567 a**
κασιγνητικοῦ (7) = D　　*b* — εἷς ἐστιν (12) ad Ω 58 (Ariston.), cf. Lesbon. 48,
18　　δύο δὲ ἦσαν (12) sq. cf. Stesich. fr. 45 (= P. M. G. fr. 222), col. I 5; Bac-
chyl. c. 25, 29; aliter D (vide sch. *a*), sch. Ap. Rh. 1, 199/201 b　　·*c¹* ad I 632　　τοῦ
ἀδελφικοῦ (14) cf. Eust. 774, 65　　*d¹* — περί (16) (cf. *d²*) ad A 65 *b* (Ariston.)
568 cf. D, sch. λ 423 (p. 513, 26 Ddf.); Paus. 8, 15, 3; Cic. Tusc. 2, 25, 60; Serv.

---

96 le. addidi et μάρπησα (cf. Ge, test. ad I 564 *b*) supplevi　　**1** le. T,
om. A　　οὕτω — χρονικῶς supra versum 564 (qui primus columnae est)
scriptum in A　　χρον. om. T　　**2** δὲ om. A　　κλαῖε A　　ὅτι αὐτήν om. T
3 le. addidi　　μάρπησαν T supplevi　　**5** le. (= Aᶜᵒⁿᵗ) add. Bk.　　γράφ. cp.
(γρ) A　　ἀνήρπασε = vulg.　　**6** (le.) φόνοιο damn. Bk.　　**8** φασίν Lehrs, φησίν
A　　**9** τῷ scripsi, τοῦ A　　**14** le. addidi　　**16** le. addidi (auctore Frdl.)　　ὅ-
τι A, ἡ διπλῆ, ὅτι Bk.　　**18** τοῦ ἀδ. **b** κασιγνήτοιο φόνοιο: τοῦ ἀδελφοῦ T
20 le. A suppl. Vill.　　**21** ὅτι A, ἡ διπλῆ, ὅτι Vill.　　**23** sq. pone sch. I 571
(A = D) in A, trps. Vill.　　**23** (le.) asteriscus ante le. (v. χερσὶν) A

Ariston. **569.** κικλήσκουσ᾽ Ἀΐδην ⟨καὶ ἐπαινὴν Περσεφόνειαν⟩: 25
ὅτι ἐπικαλεῖται μὲν τὸν Ἀΐδην καὶ τὴν Περσεφόνην, ὑπακούουσι
δὲ αἱ Ἐρινύες ὡς ὑπηρέτιδες. **A**

ex. **570.** πρόχνυ καθεζομένη: παντελῶς καθημένη, ὅλη παρειμένη,
ἵνα πλέον ᾖ τὸ πάθος. οἱ δὲ Γλωσσογράφοι 'ἐπὶ γόνυ'. **T**

Ariston. **571** *a.* παιδὶ δόμεν θάνατον· τῆς δ᾽ ἡεροφοῖτις Ἐρινύς: 30
ὅτι αἱ Ἐρινύες ὥσπερ ὑπηρέτιδες ὑπακούουσι, καὶ οὐ μάχεται τὸ
„κικλήσκουσ᾽ Ἀΐδην καὶ ἐπαινὴν Περσεφόνειαν" (I 569). **A**

Did.(?)   *b.* ⟨ἡεροφοῖτις:⟩ γράφεται καὶ †ἑεροφοῖτος†, ἡ διὰ τοῦ
σκότους ἐρχομένη. **A**ⁱᵐ

ex. | ex.   *c.* ἡεροφοῖτις: ἡ ἐν τῷ σκότῳ φοιτῶσα· αἱ ποιναὶ γὰρ 35
ἀπροοράτως ἔρχονται. **A** b(BCE³E⁴) **T** | πῶς δὲ Ἀΐδην ἐπικαλεῖ-
ται, ἡ δὲ Ἐρινὺς ἔρχεται; δηλονότι ὡς ὑπηρέτις. b(BCE³E⁴) **T**

Hrd.   *d.* ⟨ἡεροφοῖτις:⟩ τὰ εἰς ῑϲ παρώνυμα θηλυκά, παρακείμενα
τοῖς εἰς ῆϲ ἀρσενικοῖς βαρυνομένοις, προπερισπᾶται, εἰ φύσει μακρᾷ πα-
ραλήγοιτο, πρωθῆβις πολῖτις ἀλεῖτις πλανῆτις πρεσβῦτις. οὕτως δὲ 40
καὶ ἡεροφοῖτις. ὅσα δὲ παρὰ τὸ πωλεῖν ἐστιν, ἀνεβίβασε τὸν τόνον,

auct. Verg. A. 4, 205; Macrob. sat. 1, 10, 21. 3, 9, 12   **569** ad I 571 (Aɪiston.),
cf. Lehrs Ar.³ 182   ὑπακούουσι δὲ (26) sq. ad I 571   **570** nullum signum ante
versum in A; tamen tuo iure suspiceris sch. Aristonici de v. πρόχνυ olim ex-
stitisse, cf. sch. ex., Lehrs Ar.³ 37; Valk I 277   παντελῶς (28) sq. Ap. S. 135, 17,
sim. sch. rec. in *B ad l. (fol. 126ʳ): τὸ πρόχνυ σημαίνει δύο· τὸ πρόγονυ, ὡς ἐν-
ταῦθα, καὶ τὸ παντελῶς, ὡς τὸ „πρόχνυ, ἐπεὶ πολλῶν ἐπὶ (πολλῶν ἀνδρῶν ὑπὸ
Hom.) γούνατ᾽ ἔλυσε" (ξ 69), fort. ex Ori libro depromptum, qui Περὶ πολυση-
μάντων λέξεων inscriptus erat, cf. Reitzenstein, Gesch. 336, 3   παντελῶς (28)
cf. D ad Φ 460, sch. Ap. Rh. 1, 1117—19 b   ἐπὶ γόνυ (29) cf. D, Eust. 775, 12;
Or. 126, 10 (unde Et. Gen., cf. EM. 691, 50, brevius Et. Gud. 483, 37): πρόχνυ·
οἷον πρόγονυ (Larcher, προύγη cod.) κατὰ συγκοπήν, ὅ ἐστι ὀκλάσαι. καὶ ἡ πρό
ἀντὶ τῆς ἐπί, ἐπὶ γόνυ, in sede scholiorum; Antim. fr. 5 W.   **571** *a* ad I 569
(Ariston.), cf. sch. *c*   *b/d* ἡεροφοῖτις cf. Schulze 402, 3   *b/c* διὰ τοῦ σκότους
ἐρχομένη (33) resp. ἐν τῷ σκότῳ φοιτῶσα (35) cf. D, D ad T 87; Eust. 775, 15;
Porph. 2, 114, 23. Vide ad T 87; sch. Eur. Or. 322; He. η 200 (vide Ap. S. 82, 28
[gl. mutilata]); Bechtel, Lex. 151   *c* πῶς δὲ (36) sq. ad I 569 (Ariston.), cf. sch.

25 le. A suppl. Vill.   26 ὅτι A, ἡ διπλῆ, ὅτι Vill.   ἄδην A em. Bk.   30 (le.)
ἱεροφοῖτις A em. Vill.   31 ὅτι A, ἡ διπλῆ, ὅτι Vill.   33 le. addidi   γράφ. cp.
(γρ) A   fort. ἡερόφοιτος   35 le. T, ἡεροφοῖτις δὲ pone sch. *a* (coni. cum v.
περσεφόνειαν) A, om. b   36 ἄρχονται A   37 δηλονότι T δῆλον b   38 le.
add. Vill.   ῑϲ Vill., ῆϲ A   40 πλανῖτις A em. Bk.   πρεσβύτης A em. Vill.
41 ἡεροφ. Vill., ἱεροφοῖτις A

ἀρτόπωλις ἀλφιτόπωλις. ἀλλ᾽ οὖν καὶ ὅσα παρὰ τὸ κοῖτος, „παράκοι-
τις" (Δ 60 al.), „ἄκοιτις" (Γ 138 al.), τὸ μέντοι „δολόμητις" (γ 250 al.)
οὐκ ἔστι θηλυκόν, ἀλλὰ καὶ ἀρσενικόν· καὶ ἴσως τὸ μῆτις ἔγκειται·
45 ὡς τὸ „πολύμητις" (Α 318 al.), „δολόμητις". καὶ ἔστι σύνθετον. **A**
      Ἐρινὺς παρὰ τὸ ἐν τῇ ἔρᾳ ναίειν ——— καὶ ἐκτελέουσα. **A**   *D*

   572. ⟨ἀμείλιχον:⟩ ἀπαραίτητον. **T**[il]   *ex.(?)*

   573 *a.*[1] ⟨ὅμαδος καὶ⟩ δοῦπος: δοῦπος ψόφος δέος ἐμποιῶν, *ex.*
b(BCE³E⁴) **T**   ὅ ἐστι φόβον. ὅμαδος δὲ παρὰ τὸ πάντας ὁμοῦ
50 ᾄδειν, ὅ ἐστι βοᾶν. **T**
     a.[2] δοῦπος παρὰ τὸ δέος ἐμποιεῖν. **A**[int]

   574. ⟨τὸν δὲ λίσσοντο:⟩ οὕτως Ἀρίσταρχος ⟨τὸν⟩ δὲ λίσ- *Did.*
σοντο δι᾽ ἑνὸς λ̄. **A**[im]

   575 *a.*[1] πέμπον δὲ θεῶν ἱερῆας ἀρίστους: ὅτι ἐντεῦθεν Σο- *Ariston.*
55 φοκλῆς ἐν τῷ Μελεάγρῳ (p. 219 N.², sim. II p. 66 P.) τὸν χορὸν ἀπὸ
ἱερέων παρήγαγεν. **A**
     a.[2] {θεῶν ἱερῆας:} ἐντεῦθεν καὶ Σοφοκλῆς τὸν χορὸν †οἰδί-
ποδος† ἐξ ἱερέων ποιεῖ. **T**

   576. ἐξελθεῖν καὶ ἀμῦναι, ⟨ὑποσχόμενοι μέγα δῶρον⟩: *Nic.*
60 βραχὺ διασταλτέον ἐπὶ τὸ ἀμῦναι, στικτέον δὲ κατὰ τὸ τέλος τοῦ
στίχου. ἀπ᾽ ἄλλης δὲ ἀρχῆς „ὁππόθι πιότατον" (Ι 577), καὶ ὑποστι-
κτέον ἐπὶ τὸ „ἐραννῆς" (Ι 577). **A**

   578. ⟨ἑλέσθαι:⟩ ὅτι συντελικῶς ἑλέσθαι. **A**[im]   *Ariston.*

---

a   d cf. Arcad. 38, 15   **572** cf. D (ἀπηνές, σκληρόν), Synag. (Ba. 158, 16,
Su. α 4329); Wilamowitz ad Eur. Her. fur. 833   **573** *a*[1] — ἐμποιῶν (48) cf. Or.
43, 11 (ὁ δέος ἐμποιῶν ψόφος [Larcher, ψόφου cod.]), fort. e scholiis   **574** τὸν
δὲ λίσσοντο (52) ad Α 374; cf. Ribbach 18. Vide ad Α 162 (Did.)   δι᾽ ἑνὸς λ̄ (53)
ad Ι 78 *a*; ceterum haec verba indicant quosdam legisse δ᾽ ἐλλίσσοντο vel δελλίσ-
σοντο, cf. Ludwich, A. H. T. 1, 308, 5   **575** *a*[2] notam codicis T (vel exempli, e
quo T pendet) sagaciter mutavit Eust. 775, 22: ὅθεν ὁ Σοφοκλῆς λαβὼν ἐν Οἰδί-
ποδι τοιαύτην πλάττει πρεσβείαν Θηβαϊκήν   **578** cf. Friedl., Ariston. p. 5:
„I. e. (quantum quidem e tam decurtato fragmento colligi potest) infinitivum
aoristi hoc loco proprie accipiendum esse, ut actionem cito transeuntem signi-

---

42 ἀρτόπολις ἀλφιτόπολις Α em. Bk.   **44** fort. θηλυκὸν μόνον, cf. λ 422
(κλυταιμνήστρη δολόμητις)   **47** le. add. V^c   **48** le. T supplevi   δοῦπ. ψόφ.
scripsi, δοῦπός ἐστι ψόφος **b** ψόφος **T**   ἐμποιῶν τοῖς ἀκούουσι **b**, fort. rectius
52 le. add. Bk. (Vill.)   τὸν² addidi   **52** sq. δὲ λίσσοντο Heyne, ἐλίσσοντο Α (cf.
test.)   **54** le. Frdl., αἰτωλῶν: Α   ὅτι Α, fort. ἡ διπλῆ, ὅτι   **55** χορῶν Α em.
Vill.   **57** le. T delevi   **57** sq. οἰδ. lapsum calami absurde defendit Valk Ι 419
(cf. test.)   **59** le. A suppl. Vill.   **63** le. add. Vill.   ὅτι Α, ἡ διπλῆ, ὅτι Vill.

ex.   579 a.¹ πεντηκοντόγυον: ἐπίτηδες, ἵνα δείξῃ μείζονα τὰ ᾿Αγα-
μέμνονος δῶρα. †γύης† δὲ μέτρον γῆς· „τὰς πολυχρύσους γύας‟ 65
(Eur. Bacch. 13) ἀντὶ τοῦ ἀρούρας. Τ

         a.² ἐπίτηδες καὶ τοῦτο λέγει, ἵνα τὰ ᾿Αγαμέμνονος δῶρα
δείξῃ μείζονα. b(BCE³E⁴)   †γύης† δέ ἐστι μέτρον γῆς, μικρῷ τῶν
δέκα ὀργυιῶν ἔλασσον. b(BCE³)

D   πεντηκοντόγυον: πεντήκοντα πλέθρων· γύη γὰρ μέτρον 70
γῆς. οἱ δὲ πεντήκοντα ζευγῶν. Α

Did.   580 a.¹ ἥμισυ δὲ ψιλὴν ⟨ἄροσιν⟩: διὰ τοῦ σ̄, „ψιλῆς‟ γῆς.
οὕτως αἱ ᾿Αριστάρχου. δῆλον δὲ ὅτι ἐλλείπει ἡ εἶς, ἵν᾿ ᾖ εἰς ἄροσιν. Α

ex. (Did.) | D   a.² ψιλὴν ἄροσιν: διὰ τοῦ τ̄ι, ψιλὴν γῆν†. λείπει δὲ ἡ εἶς,
εἰς ἄροσιν. | ψιλὴν δὲ ἀντὶ τοῦ ἄδενδρον. Τ 75

ex. (Did.)   a.³ ψιλὴν διὰ τοῦ τ̄ι, ἤτοι γυμνὴν† φυτῶν. λείπει δὲ ἡ εἶς,
ἵν᾿ ᾖ ἥμισυ δὲ ψιλὴν εἰς ἄροσιν. b(BCE³E⁴)

Hrd.   582. οὐδοῦ ἐπ᾿ ἐμβεβαώς: εἴτε ἓν μέρος λόγου „ἐπεμβεβαώς‟,
ὡς „ἐμμεμαώς‟ (Ε 142 al.), εἴτε τῇ οὐδοῦ γενικῇ συνάπτεται, οὐ
δύναται ἀναστρέφεσθαι· συνήλειπται γάρ. Α 80

ex.   583 a.¹ σείων κολλητὰς ⟨σανίδας⟩: διὰ τὸ ἐπικίνδυνον, ὡς καὶ
τοῖς πολεμίοις μέσον ἦν τὸ τεῖχος. σείων δὲ πράως κινῶν διὰ τὸ γῆ-
ρας. Τ

ex. | D   a.² {σείων:} πράως κινῶν διὰ τὸ γῆρας· ἢ διὰ τὸ ἐπικίνδυ-
νον, ὡς καὶ τοῖς πολεμίοις μέσον ἦν τὸ τεῖχος. | κολλητὰς δὲ σανί- 85
δας περιφραστικῶς τὰς θύρας, ἀπὸ τοῦ καλῶς συνηρμόσθαι. Α

ex.   a.³ πράως κινῶν διὰ τὸ γῆρας. τοῦτο δὲ ἐποίει, ὅτι ἤδη οἱ πο-
λέμιοι τὸ τεῖχος ἀμφέβαινον. b(BCE³E⁴)

ficet‟; vide ad Φ 33 (Ariston.)   συντελικῶς ad Α 600 (Τ)   579 — δῶρα (65
[resp. μείζονα, 68]) cf. Eust. 775, 26   γύη(ς) cf. sch. η 113, He. γ 979   a¹
ἀρούρας (66) cf. Valk. I 452 n. 203   πεντήκοντα πλέθρων (70) sq. (= D) cf.
Eust. 776, 60; vide Diog. ap. He. γ 980   580 a¹ verba δῆλον δὲ (73) sq. a
Didymo abiudicavit Lehrs, cf. Ludwich, A. H. T. 1, 308, 8   582 ἐπεμβεβαώς
(78) = vulg.   εἴτε τῇ οὐδοῦ (79) sq. ad Β 6 (Hrd.)   583 κινῶν (82) == D, cf.
Eust. 775, 29: ... σείειν μὲν σανίδας ὡς ἐκ τοῦ παρακολουθοῦντος τὸ θυροκρουστεῖν
λέγει καὶ πρὸς βίαν αὐτὰς κόπτειν ὡς καὶ σείεσθαι   a¹ et a² μέσον ἦν τὸ τεῖχος (82
et 85) cf. Valk I 434 n. 109   a¹ (cf. a²) e duabus partibus originis diversae (διὰ
[81] — τεῖχος [82] et σείων [82] — γῆρας) hoc sch. esse compositum inconsulte

65 γύης Τ, debuit γύη, cf. D; Dodds ad Eur. Bacch. 13   68 γύης vide sch.a¹
70 πλέθρων (πεθρῶν ss. λ Α, em. Bk.) Α, γυιῶν ὅ ἐστι πλέθρων D   γύη Α γυίη
γὰρ καὶ γύη D   72 le. A suppl. Bk. (Vill.)   73 εἶς Bk. (Vill.), ῆς Α   74 τ̄ ψιλ.
γῆν et 76 τ̄ ἤτοι γυμνὴν cf. sch. a¹   76 τ̄] ἰῶτα C   78 (le.) οὐδοῦ del. Bk.,
fort. recte   79 οὐδοῦ scripsi, ὁδοῦ Α   80 συνήλ. Bk., συνείληπται Α   81
le. Τ supplevi (duce Vill.)   84 le. A eieci   ἢ inseruisse vid. auctor exempli
codicis Α (debuit σείων vel κινῶν δὲ διὰ τὸ κτλ., cf. sch. a³)

584 a.¹ {πολλὰ δὲ τόν δε} κασίγνηται: κατὰ τὸ θηλυκὸν κα-   *Did.*
90 σίγνηται αἱ Ἀριστάρχου. ἔχει δὲ λόγον καὶ ἡ διὰ τοῦ σ̄· κατὰ γὰρ
"Ομηρον πλείους εἰσὶν ἀδελφοὶ τῷ Μελεάγρῳ· ,,οὐ γὰρ ἔτ᾽ Οἰνῆος με-
γαλήτορος υἱέες ἦσαν, / οὐδ᾽ ἄρ᾽ ἔτ᾽ αὐτὸς ἔην, θάνε δὲ ξανθὸς Με-
λέαγρος" (Β 641—2). καὶ συλληπτικῶς μετὰ τῶν ἀρσένων καὶ τὰς
ἀδελφὰς ἀκουστέον Γόργην καὶ Δηϊάνειραν. **Α**

95   a.² {πολλὰ δὲ κασίγνηται:} οὕτως Ἀρίσταρχος. ἔχει δὲ λόγον
καὶ τὸ ,,κασίγνητοι"· πλείους γάρ εἰσιν αὐτῷ ἀδελφοὶ καθ᾽ "Ομηρον·
1 ,,†οἵ τ᾽† ἔτ᾽ Οἰνῆος μεγαλήτορος υἱέες ἦσαν". †δύναται† δὲ συλ-
ληπτικῶς μετὰ τῶν ἀρσένων καὶ αἱ θήλειαι ἀκούεσθαι, Γόργη καὶ
Δηϊάνειρα, Πολυξὼ καὶ Αὐτονόη. **Τ**

        a.³ γράφεται καὶ κασίγνηται κατὰ Ἀρίσταρχον, δύναται
5 δὲ μᾶλλον ,,κασίγνητοι"· πλείους γὰρ αὐτῷ οἱ ἀδελφοὶ ἦσαν· ,,οὐ
γὰρ ἔτ᾽ Οἰνῆος μεγαλήτορος". δύνανται δὲ συλληπτικῶς μετὰ τῶν ἀρ-
σένων καὶ αἱ θήλειαι ἀκούεσθαι. **b(BCE³E⁴)**

        a.⁴ οὕτως κασίγνηται θηλυκῶς. ἔχει δὲ λόγον καὶ ἡ διὰ τοῦ
σ̄. **Aⁱᵐ**

10   b.¹ καὶ πότνια μήτηρ: ἡ αἰτία τῆς ὀργῆς, ὡς καὶ Ἀγα-   *ex.*
μέμνων. **Τ**

        b.² παρακαλεῖ δὲ καὶ ἡ μήτηρ, ἡ αἰτία τῆς Μελεάγρου ὀργῆς,
ὡς καὶ Ἀγαμέμνων. **b(BCE³E⁴)**

586 a. {οἳ οἷ} κεδνότατοι: ὅτι σωφρονέστατοι. ὁ δὲ Σιμωνίδης   *Ariston.*
15 (fr. 117 = P.M.G. fr. 622) κεδνοὺς τοὺς φίλους. **Α**

        b. οἳ οἱ κεδνότατοι: ὡς οἱ νῦν. πᾶν δὲ εὗρε πρόσωπον ἱκα-   *ex.*
νὸν πρὸς πειθώ. **b(BCE³E⁴) Τ**

        588. ⟨ὅτε δὴ θάλαμος πύκ᾽ ἐβάλλετο:⟩ ὅτε καὶ αὐτοῦ ἥψατο   *ex.*
τὸ δεινόν. **Τⁱˡ**

---

ci. Valk I 434   **584** a¹/a³ καὶ τὰς ἀδελφὰς (93) resp. καὶ αἱ θήλειαι (2 et 7) cf. D
586 a cf. sch. Eur. Or. 1138   φίλους (15) cf. D

---

89 (le.) πολλὰ δὲ τόν δε (sic) A del. Bk.   **94** γόργην Vill., γὰρ (ss. o) γῆν A
95 le. T delevi   **1** οἵ τ᾽ ἄρ T, cf. sch. a¹ et a³   δύναται T, cf. sch. a³   **2**
γόργη Ma. (cf. sch. a¹), ὀργῇ T   **12—3** sq. παρακαλεῖ δὲ sq. coni. cum scholio
a³ (v. ἀκούεσθαι) in b   **14** (le.) οἳ οἱ delevi   ὅτι A, fort. ἡ διπλῆ, ὅτι   **16**
πᾶν δὲ εὗρε πρ. T τοιοῦτον δὲ εὗρε παράδειγμα τὸ b   **17** πειθῶ B   **18** le.
add. Ma.   ἥψατο Ma., ἄψεται T

ex.　　**590.** παράκοιτις: καὶ πῶς οὐκ ἄτοπον μόνη γυναικὶ πείθεσθαι; 20
ἢ ὅτι ὁ καιρὸς ἦν ὁ πείθων, οὐχ ἡ γυνή· ὅτι γὰρ οὐ γυναικοκρατεῖται,
δῆλον· οὐ γὰρ ἐρωτικοῖς αὐτὴ ἐχρήσατο ῥήμασι, καὶ πεφθέντος τοῦ
θυμοῦ παρακαλεῖ. A b(BCE³E⁴) T

Ariston.　　**593** *a.* {ἄνδρας μὲν κτείνουσι, πόλιν δέ τε πῦρ} ἀμαθύνει: ὅτι
ἄμαθον ποιεῖ. οὕτως δὲ λέγει τὴν πεδιάσιμον κόνιν. ὁ δὲ Αἰσχύλος (fr. 25
244 N.² = 422 M.) ἐπὶ τοῦ διαφθείρειν ψιλῶς τέταχε, περὶ τοῦ
Ἀκταίωνος λέγων· „κύνες διημάθυνον ἄνδρα δεσπότην". A

ex.　　*b.* πῦρ ἀμαθύνει: σποδὸν καὶ κόνιν ἐργάζεται, ἣν ἄμαθον
εἶπεν· b(BCE³E⁴) T　　„τύχε γάρ ⟨ῥ᾽⟩ ἀμάθοιο βαθείης" (E 587).
T　　　　　　　　　　　　　　　　　　　　　　　　　　　　　　30

Ariston.　　**594** *a.*¹ ⟨τέκνα δέ τ᾽ ἄλλοι ἄγουσι:⟩ ὅτι Ζηνόδοτος γράφει
„τέκνα δὲ δήιοι ἄγουσι". Aⁱᵐ
*a.*² ἔνιοι γράφουσι „τέκνα δὲ δήιοι ἄγουσι". Tⁱˡ

Ariston.　　**598** *a.* εἴξας ᾧ θυμῷ: ὅτι οὐ τῷ θυμικῷ πάθει λέγει, ἀλλὰ τῇ
ἐπιθυμίᾳ. ὑποχωρήσας, ἀντὶ τοῦ οὐκ ἀντιταξάμενος. A　　　　35

ex.　　*b.* εἴξας ᾧ θυμῷ: εἴξας πάλαι, ὅτε ὠργίζετο, οὐ νῦν, ὅτε
ἤμυνεν. ἢ θυμὸν τὸν ἐπιλογισμόν φησι. b(BCE³E⁴) T

ex.　　*c.* τῷ δ᾽ οὐκέτι δῶρ᾽ ἐτέλεσ⟨σ⟩αν: τοὺς γὰρ ἀναγκαίους
παρεὶς πέπεισται γυναικί. b(BCE³E⁴) T

ex.　　**600.** ⟨ἀλλὰ σὺ μή μοι ταῦτα νόει φρεσί:⟩ μόγις παρρησιάζε- 40
ται· ὡς μέγα δὲ κακὸν ἀπεύχεται †αὐτῷ. b(BCE³E⁴) T

---

590 — γυνή (21) cf. Porph. 1, 141, 5; — πείθεσθαι (20) cf. Friedl., Zoil. 60
593 *a* — κόνιν (25) vide ad E 587 *b*, cf. Eust. 777, 22; Ap. S. 27, 11; Or.(?) in
Et. Gen. (AB) ἀμαθύνειν (Reitzenstein, Gesch. 17, 6); sch. Theocr. 2, 23—26 d;
vide Amm. 39. 522, Or. 13, 3 (Et. Gud. 104, 25 Stef.); Meth. in Et. Gen. (AB)
ἄμαθος (Reitzenstein, Gesch. 12, 9); Ba. 78, 20; — ποιεῖ (25) eadem fere
D　　πεδιάσιμον κόνιν (25) ad I 385 *a* (Ariston.), cf. Lehrs Ar.³ 123　　*b* ἣν ἄμαθον
εἶπεν (28) ad E 587 *b*　　**594** diple (non periestigm.) ante versum in A, fort.
neglegentia scribae　　*a* cf. Duentzer, Zen. 44 et 118　　**598** *a* τῇ ἐπιθυμίᾳ (34) cf.
D, Apion. 74, 241, 22　　ὑποχωρήσας (35) sq. aliter Porph. 1, 144, 35

---

20 le. Bk., εὔζωνος παράκοιτις T, καὶ τότε δὲ μελέαγρον: A, om. b　　γυναικὶ μόνη
A　　**21** ἡ γυνή T ὁ ἔρως b ὁ ὄνειρος A　　**22** αὐτὴ om. AT (fort. recte)　　ῥήμασιν
Ab　　καὶ AT ἀλλὰ b　　πεφθ. Ab (vide ad I 637—8 b), παυθέντος T (a narratione
abhorrens)　　**23** τότε ante παρακ. add. b　　**24** (le.) ἄνδρας — πῦρ del. Bk.　　ὅτι
A, ἡ διπλῆ, ὅτι Vill.　　**28** ἦν T ἦν καὶ b　　**29** ῥ᾽ add. Bk.　　**31** le. add. Vill.　　ὅτι
A, ἡ διπλῆ (sc. περιεστιγμένη), ὅτι Vill.　　**34** ὅτι A, ἡ διπλῆ, ὅτι Vill.　　**35** post
ἐπιθυμίᾳ interpunxit Bk.　　ὑποχ. A, fort. εἴξας ὑποχωρήσας　　**36** εἴξ. πάλαι T
πάλαι b　　ὅτ[.] B, ε renovavit m. rec.　　**37** φησι om. T　　**38** le. T suppl. V, om. b
38—**9** τοὺς γὰρ sq. coni. cum scholio praecedenti (v. φησι) in b　　**39** τῇ γυν.
πέπ. b　　**40** le. add. Vill. (μή μοι ταῦτα νόει iam Li, σὺ μή μοι ταῦτα add. Vᶜ)
41 ὡς μέγα δὲ T καὶ ὡς μέγα b　　αὐτῷ b, om. T, fort. αὐτό

601—2. κάκιον δέ κεν εἴη / νηυσὶν καιομένῃσιν ἀμύνειν: *ex.*
ἐλέγχει ὅτι καὶ ἄκων ὕστερον αὐτόκλητος ἐπικουρήσει. b(BCE³E⁴) T

601. ⟨χαλεπόν:⟩ γράφεται „κάκιον". Aⁱᵐ   *Did. (?)*

45 602—3. ἀλλ' ἐπὶ δώροις / ἔρχεο: ἐπὶ δώροις T   ἀντὶ *ex.*
τοῦ μετὰ δώρων, b(BCE³) T   λαβὼν τὰ δῶρα οὕτως ἔξελθε συμ-
μαχήσων. T

602. ⟨ἐπὶ δώροις:⟩ Ἀρίσταρχος „ἐπὶ δώρων", ὅ ἐστι μετὰ δώ- *Did.*
ρων. Aⁱᵐ

50 605 a. οὐκέθ' ὁμῶς τιμῆς ἔσεαι: ὅτι τινὲς προφέρονται τιμῆς *Ariston.* | D
ὡς φωνῆς, ἵν' ᾖ τιμήεις. Ὁμηρικὸν δὲ τὸ τιμῆς ἔσεαι ἀντὶ τοῦ τιμῆς
μεθέξεις. καὶ ὁ Ἀχιλλεὺς ἀποκρινόμενός φησιν „οὔ τί με ταύτης /
χρεὼ τιμῆς" (I 607—8) | ἀντὶ τοῦ οὐ χρείαν ἔχω τήν τε τῶν Ἑλλή-
νων καὶ Ἀγαμέμνονος τιμήν. καὶ ἔστι σολοικισμὸς παρὰ τὰς πτώ-
55 σεις. A

     b. τιμῆς ἔσεαι: τιμηθήσῃ ἢ τίμιος ἔσῃ. | τινὲς τὸ τιμῆς D | Hrd.
διὰ τοῦ ῑ γράφουσιν· ἀπὸ γὰρ τοῦ τιμήεις. οὕτως καὶ τὴν αἰτιατικὴν
εἶπε· „καὶ χρυσὸν τιμῆντα" (Σ 475). καίτοι λόγος ἐστὶν ὡς πᾶσα εὐ-
θεῖα ἀρσενικοῦ ὀνόματος ἐν τῇ τελευταίᾳ δύο ἔχουσα φωνήεντα ταῦτα
60 ἐκφωνεῖ χωρὶς τοῦ Θρᾷξ. οὐκ ἐπείσθη δὲ ἡ παράδοσις· Ἀρίσταρχος
γὰρ ἄνευ τοῦ ῑ. οὐχ ὑγιῶς δὲ γενικὴν ἐκδέχεται, λειπούσης φράσεως·
'τιμῆς γάρ', φησίν, 'ἄξιος ἔσῃ'. ὁ δὲ Χαῖρις (fr. 4 B.) βοηθῶν αὐτῷ
φησιν ὅτι ἐπιφέρει „οὔ τί με ταύτης / χρεὼ τιμῆς" (I 607—8). A

---

601 incertum an sch. fuerit de v. φίλος, cf. D: φίλος· φίλε, Ἀττικῶς, unde Aⁱˡ (Ἀτ-
τικῶς φίλος) et Eust. 775, 37 (ὁ νοῦς μὲν γὰρ κλητικὴν Ἀττικὴν ἔχει τὸ „φίλος", ἀντὶ
τοῦ ὦ φίλε); T. Hedberg, Eustathios als Attizist, Uppsalae 1935, 74   **602** ad Λ 38
(Did.). Vide ad E 249 a/c. N 12 (Did.); cf. Friedl., Ariston. p. 28   **605 b** τινὲς τὸ (56)
sq. eadem fere Et. Gen. (AB) τιμῆς· σὺν τῷ ῑ τινές, οἷον „οὐκέθ' ὁμῶς τιμῆς (B,
τιμῆι A) ἔσεαι", ἀντὶ τοῦ τιμήεις συνείληπται (lg. συνήλειπται vel συναλήλειπται),
ἐξ οὗ καὶ ἡ αἰτιατικὴ „καὶ χρυσὸν τιμῆντα". καίτοι λόγος ἐστὶν ὅτι πᾶσα εὐθεῖα
ἀρσενικοῦ ὀνόματος εἰς σ̄ λήγουσα οὐ θέλει ἔχειν πρὸ τοῦ σ̄ τί ποτε ἀνεκφώνητον. οὐκ
ἐπείσθη δὲ ἡ παράδοσις· οὐχ ὑγιῶς δὲ Ἀρίσταρχος γενικὴν ἐκδέχεται, λειπούσης τῆς
φράσεως· 'τιμῆς γάρ, φησίν, ἄξιος ἔσῃ'. λέγει δὲ ὁ †χάρηστ† (lege Χαῖρις) βοηθῶν
αὐτῷ ὅτι ἐπιφέρει ὁ ποιητής· „οὔ τί με ταύτης/χρεὼ τιμῆς", fort. ex hyp. Iliad.; ad
M 201 (Hrd.); Herodianum voluisse τιμῆς sine ῑ subscripto, sed pro adiectivo
accepisse e scholio M 201 recte collegit Lehrs, Hrd. 255. De forma τιμῆς cf. Arcad.
27, 3, Io. Alex. 8, 30   τινὲς (56) — χρυσὸν τιμῆντα (58) cf. Eust. 775, 47   καίτοι
λόγος (58) — Θρᾷξ (60) cf. Choer. Th. 1, 240, 1   οὐχ ὑγιῶς δὲ (61) sq. at cf.
Wackernagel II 1210; aliter Valk II 184   ὁ δὲ Χαῖρις (62) sq. cf. Berndt 6 et 9

---

43 ἐλέγχει δὲ sq. pone sch. I 602—3 (coni. cum v. δώρων) in b   44 le. add. Bk.
(Vill.)   γράφ. cp. (γρ) A   κάκιον = vulg.   45 sq. verba ἀντὶ τοῦ μετὰ
δώρων ad I 602 revocavit b   48 le. add. Bk.   50 (le.) οὐκέθ. ὁμῶς eiecit
Bk.   ὅτι A, ἡ διπλῆ, ὅτι Vill.   53 τήν τε A τῆς τε D   54 καὶ¹ A καὶ τῆς
D   τιμῆς D   60 θρᾷξ A em. Vill.   61 τῆς φράσεως Et. Gen.

ex.　　　c.¹ τιμῆς ἔσεαι: οἱ μὲν ὡς ἀναλώσας ἔχω ἀνήλωκα, ἀντὶ τοῦ τιμηθήσῃ καὶ ἔσῃ τιμήεις· καὶ περισπᾶται διὰ τὸ „καὶ χρυσὸν 65 τιμῆντα καὶ ἄργυρον" (Σ 475). Ἀρίσταρχος δέ, τῆς τιμῆς· διὸ ἐπάγει „χρεὼ τιμῆς" (I 608)· τοῖς γὰρ ἔμπροσθεν ἀντειπεῖν οὐκ ἔχων ἐκ τοῦ ἐσχάτου ἄρχεται. T

　　　c.² οἱ μὲν ἀντὶ τοῦ τιμήεις κατὰ συναίρεσιν. Ἀρίσταρχος δέ, τῆς τιμῆς, φησίν, ἔσῃ· διὸ καὶ ἐπάγει „οὐ χρεὼ τιμῆς"· τοῖς γὰρ 70 ἔμπροσθεν ἀντειπεῖν οὐκ ἔχων ἐκ τοῦ ἐσχάτου ἄρχεται. b(BCE³E⁴)

Hrd.　　　d. ἀλαλκών: ὀξυτονητέον· δευτέρου γὰρ ἀορίστου ἐστίν. ὡς „ἀγαγών" (Θ 490. δ 175) καὶ ἀγαγεῖν, οὕτως καὶ ἀλαλκών καὶ „ἀλαλκεῖν" (Τ 30). A

Ariston.　　607. ⟨ἄττα:⟩ ὅτι τὸ ἄττα προσφώνησίς ἐστι πρὸς τροφέα ἀμε- 75 τάφραστος. Aⁱᵐ

ex.　　607—8. οὔ τί με ταύτης / χρεὼ τιμῆς: πρὸς τὸ εἰρημένον ὑπὸ Φοίνικος „ἶσον γάρ σε θεῷ τίσουσιν Ἀχαιοί" (I 603) φησὶν Ἀχιλλεύς· οὔ τί με ταύτης / χρεὼ τιμῆς, b(BCE³E⁴) T   „ἦ μ' ἕξει" (I 609), ὅ ἐστιν, οὐκ ἀγαθόν μοι τοιαύτη τιμή, δι' ἣν ἐγὼ μέχρι 80 θανάτου ταῖς ναυσὶν ἐνδιατρίψω· b(BE³E⁴) T   εἶπε γὰρ „εἰ μέν κ' αὖθι μένω⟨ν ——/⟩, ὤλετο μέν μοι νόστος" (I 412—3). T

ex.　　608. ⟨φρονέω δὲ⟩ τετιμῆσθαι Διὸς αἴσῃ: πιθανῶς τῇ παρὰ τοῦ Ἀγαμέμνονος τιμῇ ἀντέθηκε τὴν παρὰ τοῦ Διός. οὐ καλῶς δὲ χρῆ-ται ταῖς εὐτυχίαις. b(BE³E⁴) T   85

---

c¹ τιμηθήσῃ (65) = D (cf. sch. b)   c² κατὰ συναίρεσιν (69) cf. Choer. Th. 1, 153, 37   d δευτέρου γὰρ ἀορίστου (72) cf. Meth. (An. Ox. 1, 87, 22; Et. Gen. ἤλαλκον, cf. EM. 55, 55)   607 ad Z 518 (test.); vide ad Δ 412 (Ariston.); cf. Ap. S. 46, 33 (plura He. α 8174); Eust. 777, 56; D, D ad P 561, sch. π 31, Et. Gen. (AB) ἄττα; vide Ar. Byz. p. 152 et 155 N.   607—8 — χρεὼ τιμῆς (79) cf. Eust. 778, 18;

---

64 ἠνάλωκα T (V) em. Nickau   67 χρεὼ τιμῆς cf. sch. b   70 οὐ cf. sch. b (l. 63)   χρεὼ] χρὴν E⁴   75 le. addidi, φοῖνιξ, ἄττα γεραιέ add. Vill.   ὅτι A, ἡ διπλῆ, ὅτι Vill.   78 ἶσον E³E⁴   τίσουσ' T   78 sq. φησὶν ὁ ἀχ. b   79 τιμῆς ἤ] debuit τιμῆς, .../ἤ   82 μένω T suppl. Ma.   83 le. T supplevi, om. b   83—5 πιθανῶς δὲ sq. coni. cum scholio praecedenti (v. ἐνδιατρίψω) in b   83 et 84 παρὰ utrumque om. b   84 sq. κέχρηται b

609. ⟨ἥ μ' ἕξει παρὰ νηυσί:⟩ ἀπόμαχον δηλονότι. Α^int   *ex.*

612 *a.* μή μοι σύγχει θυμόν: ὁμολογεῖ μὲν ἡττῆσθαι τῷ ἐλέῳ,   *ex.*
τὴν δὲ ἀφορμὴν διαβάλλει. b(BCE³E⁴) T

    b. ὀδυρόμενος καὶ ἀχεύων: ὅτι Ζηνόδοτος γράφει ,,ὀδυ-   *Ariston.| Did.*
90 ρόμενος, κινυρίζων", οἷον θρηνῶν. ἔστι δὲ οὐχ Ὁμηρικὸν καὶ παρὰ τὸ
πρόσωπον. Α | Ἀρίσταρχος δὲ ,,ἐνὶ στήθεσσιν ἀχεύων". ΑΑ^im

    c. ὀδυρόμενος καὶ ἀχεύων: ,,ἐν⟨ὶ⟩ στήθεσ⟨σ⟩ιν ἀχεύων",   *ex. (Did.)*
οὕτως ἡ γραφή, οὐχὶ ὀδυρόμενος ⟨καὶ ἀχεύων⟩. T

614 *a.*¹ ἵνα μή μοι: ὁ Ἀσκαλωνίτης (p. 50 B.) ἀναγινώσκει ,,ἵνα   *Hrd.*
95 μὴ μοῖ", τὰς δύο βαρυτόνως, οἷον ἵνα μὴ ἐμοί, κατ' ὀρθὴν τάσιν· συγ-
1 κριτικὴ γάρ ἐστι, φησίν, ὡς πρὸς τὸν Ἀγαμέμνονα. καὶ ὑγιῶς φησιν. ἡ
μέντοι παράδοσις ἐγκλιτικῶς ἀνέγνω, ἐπὶ τὴν μή τὴν ὀξεῖαν τιθεῖσα
ὁμοίως τῷ ,,μή μοι οἶνον ἄειρε" (Ζ 264), τῷ μὴ εἶναι ἐν τῇ ἀντωνυμίᾳ
τὸ ε, ἀλλ' ἀποβεβλῆσθαι. καὶ ὁμοία ἐστὶν ἡ πλάνη τῷ ,,ἤ μ' ἀνάειρ' ἤ
5 ἐγὼ σέ" (Ψ 724) καὶ τῷ ,,τάχα δή με διαρραίσουσι καὶ αὐτόν" (α 251),
εἴ γε ἐχρῆν καὶ ταῦτα ὀρθοτονεῖσθαι. ἀλλὰ τῷ μὴ ὁρᾶσθαι κατ' ἀρχὴν
τὸ ε οὕτως ἀνέγνωσαν· τοῦτο γὰρ ἐπακολουθεῖ ταῖς πρωτοτύποις.
ἐχρῆν δὲ αὐτοὺς ἐπιγνῶναι ὅτι κρᾶσις δύναται ἐπακολουθεῖν, καὶ
οὕτως ῥῶσαι τὴν ὑγιῆ ἀνάγνωσιν. Α

10   *a.*² {ἵνα μή μοι ἀπέχθηται φιλέοντι:} ,,μήμοί" ἐχρῆν ὀρθοτο-
νεῖν, ἵνα ἀντιδιαστέλ⟨λ⟩ηται Ἀγαμέμνονι. T

615. καλόν τοι σὺν ἐμοὶ τὸν κήδειν: δεῖγμα, ὅπως χρὴ δια-   *ex.*
κεῖσθαι τοὺς φίλους συναιρομένους ἀλλήλοις. b(BCE³E⁴) T

616 *a.* ἴσον ἐμοὶ βασίλευε ⟨καὶ ἥμισυ μείρεο τιμῆς⟩: κοινὰ   *ex.*
15 γὰρ τὰ τῶν φίλων. ἅμα δὲ καὶ ἀντὶ τῆς χάριτος, ἣν λαβεῖν βούλεται ὁ
Φοῖνιξ, ἑτέραν αὐτῷ μείζονα δίδωσι, τὴν δέησιν ἀποκρουόμενος
αὐτοῦ. b(BCE³E⁴) T

vide Max. Tyr. 12, 10 e   **609** fort. sch. rec.   **612** *b* lectionem Zenodoti de-
fendit Duentzer, Zen. 131; cf. Wecklein, Zen. Ar. 41   *c* — γραφή (93) cf. Eust.
778, 12 (ἢ καὶ ἄλλως ,,μή μοι σύγχει θυμὸν ἐνὶ στήθεσσιν ἀχεύων")   **614** ad
Ψ 724 (test.), cf. Ap. Dysc. pron. 40, 26, synt. 175, 7; Lehrs, Quaest. ep. 112; Bei-
träge 402   ἡ μέντοι παράδοσις (1) — τιθεῖσα (2) ad Α 542 *c* (Hrd.); vide Eur.
I. A. 499   ἐχρῆν δὲ (8) sq. ad Α 277 (Hrd.)   **616** diple pura ante versum in A,
vix erat diple periestigm. (cf. app. crit.)   *a* — φίλων (15) cf. Eust. 778, 16;

86 le. addidi   ἀπόμ. δηλ. cf. Ludwich, Mus. Rhen. 32 (1877), 4   87 (le.)
σύγχη T em. Ma. (Vill.; le. om. b)   88 δ' E⁴   89 ὅτι Α, ἡ διπλῆ περιεστιγ-
μένη, ὅτι Vill.   91 δὲ scripsi, δὲ μή μοι θυμόν Α, om. Α^im   ἀχ. om. Α   92
ἐν T suppl. Ma.   στήθεσι TV, σ alterum add. V^c   93 καὶ ἀχ. addidi   4
ἀνάειρ' (=Hom.) Nickau, ἀνάειρε Α, edd.   4—6 τῷ (ter) Bk., τὸ Α   9 ὑγιεῖ
A em. Vill.   10 le. T delevi   μήμοί h. e. μήμοὶ (= μὴ ἐμοί)   11 ἀντιδια-
στέληται T suppl. Ma.   12 δεῖγμά ἐστιν ὅπως b · 13 συν. ἀλλ. T συναι-
ρουμένους (συναιρυμένοις E³) ἀλλήλοις τὰ φίλα b   14 le. T supplevi
(auctore Vill.), om. b   15 ἐβούλετο b   16 μείζω b   16 sq. αὐτοῦ ἀποκρ. b

Ariston.　　　　　b. καὶ ἥμισυ μείρεο τιμῆς: ὅτι τὸ μείρεο ἀντὶ τοῦ με-
ρίζου, πρὸς Ζηνόδοτον μεταγράφοντα „ὁππότε μειρόμενος μέγα δ'
ἔστενεν" (cf. Η 127) ἀντὶ τοῦ „μέγ' ἐγήθεεν" (Η 127), ἵν' ᾖ στερισκό- 20
μενος τῆς στρατείας. οὐ τίθησι δὲ τὸ μείρεσθαι ἀντὶ τοῦ στερίσκεσθαι,
ἀλλ' ἀντὶ τοῦ μερίζεσθαι. A

ex.　　　　　c. καὶ ἥμισυ μείρεο τιμῆς: ἐδήλωσε τὸ ἶσον ἐμοί. Τ

D　　　617. οὗτοι δ' ἀγγελέουσι, ⟨σὺ δ' αὐτόθι λέξεο μίμνων⟩:
διὰ τί τὸν Φοίνικα οὐκ ἀπολύει —— αὐτὸν κατέχει. A　　　25

Ariston.　　　619 a. ⟨φρασσόμεθ' ἤ κε νεώμεθ' ἐφ' ἡμέτερ' ἤ κε μένωμεν:⟩
ὅτι οὐδέν ἐστιν μαχόμενον, ἀλλ' αἰδεσθεὶς παραπέπεισται. Aᶦⁿᵗ

ex.　　　　　b. φρασσόμεθ' ἤ κε νεώμεθ' ⟨ἐφ' ἡμέτερ' ἤ κε μένω-
μεν⟩: ὀργῆς ἴδιον μὴ ἐφ' ἑνὶ τὴν γνώμην ἐρείδειν· b(BCE³E⁴) Τ
ἔφη γοῦν „ἤ μ' ἔξει" (Ι 609). Τ　εὔελπιν δὲ ποιεῖ τὸν γέροντα, 30
σκοπήσειν τὸ συμφέρον λέγων. b(BCE³E⁴) Τ

ex.　　　621—2. ὄφρα τάχιστα / ἐκ κλισίης νόστοιο μεδοίατο: παρ-
ενοχλεῖσθαι ἐπὶ πλέον οὐ θέλει ταῖς νουθεσίαις· οἶδε γὰρ ὅτι παρόντες
δυσωπήσουσιν. καὶ πάλιν τραχέως ἐκδιώκειν οὐχ Ἑλληνικόν. b
(BCE³E⁴) Τ　　　35

Ariston.　　　621. ⟨ὄφρα:⟩ τὸ ὄφρα νῦν ἀντὶ τοῦ ἵνα κεῖται. Aᶦᵐ

Ariston.　　　622 a. νόστοιο μεδοίατο: ὅτι νόστοιο μεδοίατο λέγει νό-
στου ἐπιμελοῖντο, πάλιν τῆς ἀφόδου μνείαν λάβοιεν οἱ περὶ τὸν
Ὀδυσσέα. A

ex.　　　　　b. τοῖσι δ' ἄρ' Αἴας: οἱ τέσσαρές εἰσι ῥήτορες· Ὀδυσσεύς 40
συνετός, πανοῦργος, θεραπευτικός· Ἀχιλλεὺς θυμικός, μεγαλόφρων·

Zenob. 4, 79 (C. P. G. 1, 106, 5 c. test.)　b ad Η 127 a (Ariston.)　μερίζου
(18) = D　619 a ἀλλ' αἰδεσθεὶς παραπέπεισται (27) vide Eust. 778, 20. 779,
9　621 incertum est, an sch. fuerit de verbis πυκινὸν λέχος, cf. Ap. S. 137, 23:
πυκινὸν λέχος· τὸ ἐπιμελῶς ἠσκημένον. | ὁ δὲ Ἀπίων (fr. 111 B., cf. D) διὰ τὸ ἐκ
πολλῶν ἱματίων τὰ στρώματα συντίθεσθαι　622 a ἐπιμελοῖντο (38) cf. D　b

18 le. scripsi, ἶσον ἐμοὶ βασίλευε καὶ ἥμισυ μείρεο: A　ὅτι A, fort. ἡ διπλῆ
vide test ad. Τ 15), ὅτι　18 sq. μερίζωι A em. Bk.　19 πρὸς A, ἡ δὲ διπλῆ
πρὸς Vill.　debuit ὅς ποτε (et sic fort. Ariston.)　20 μέγ' A, fort. ὅς ποτέ
μ' εἰρόμενος μέγ'　23 fort. ἶσον ἐμοὶ βασίλευε　24 le. A supplevi　26
le. add. Vill.　27 ὅτι A, ἡ διπλῆ, ὅτι Vill.　28 sq. le. Τ supplevi, om. b
29 μὴ Τ τὸ b　31 λέγων τὸ συμφ. b　32—5 sch. ad Ι 622 revocavit b
32 sq. παρενοχλ[. .]σθαι B, εἶ renovavit m. rec.　34 πάλιν Τ πάλιν γὰρ b　δι-
ώκειν b　36 le. addidi, ὄφρα τάχιστα add. Vill.　τὸ A, ἡ διπλῆ, ὅτι τὸ
Vill., ὅτι τὸ Ddf.　37 le. scripsi (duce Vill.), ἐκ κλισίης νόστοιο: A　ὅτι A, ἡ
διπλῆ, ὅτι Vill.　40 οἱ om. b　τεσσ. b δ' Τ　εἰσὶ Τ εἰσὶ καὶ ἄμφω b　41
θεραπευτι[. . . . .]κός E³ (cod. laesus est)

Φοῖνιξ ἠθικός, πρᾶος, παιδευτικός· Αἴας ἀνδρεῖος, σεμνός, μεγαλό-
φρων, ἁπλοῦς, δυσκίνητος, βαθύς. εἰ δέ που κινηθείη ἐπικαίρως, εὐ-
στόχως καὶ διὰ βραχέων φησίν· νῦν γοῦν οὐκ ἐκινήθη, πρὶν ὁ Ἀχιλ-
45 λεὺς αὐτὸν ἐπὶ παντὶ δυσχεραίνων παρώξυνεν. ἐλευθερίως οὖν ἄρχεται
ὡς οὐδὲ πρεσβεύσασθαι πρὸς τὸν τοιοῦτον ἐχρῆν· ἐκείνου δὲ Πατρό-
κλῳ διαλεχθέντος (sc. Ι 620), καὶ αὐτὸς πρὸς τὸν συμπρεσβευτήν. ἄτο-
πον δὲ ἦν μετὰ Φοίνικα καὶ Ὀδυσσέα πείθειν· τὸ δὲ μὴ λαλεῖν περισ-
σὴν αὐτῷ τὴν πάροδον †ἐνεποίει†. b(BCE³E⁴) T ὅτι δὲ πάν-
50 τοθεν ἰσότιμος αὐτῷ· διὸ ὀργίζεται. T

625 a. ἴομεν· οὐ γάρ μοι δοκέει: εὖ τὸ μὴ ἀπὸ δεήσεως ἄρξα- ex. | ex.
σθαι, ἀλλὰ ἀγανακτοῦντα. πολλὴν δὲ ἐμφαίνει τὴν μεγαλοφροσύνην
κελεύων ἀπαλλάσσεσθαι. b(BCE³E⁴) T | ἴομεν ὅμοιόν ἐστι τῷ „εἰ
μὲν δὴ νόστον γε μετὰ φρεσίν" (Ι 434). T

55 b. ⟨μύθοιο:⟩ τῆς πρεσβείας, οἱ δὲ τῆς στάσεως. Tⁱˡ ex.

626—7 a. ἀπαγγεῖλαι δὲ τάχιστα / χρὴ μῦθον ⟨Δαναοῖ- ex.
σι⟩: τάχιστα ὑποκνίζει, μὴ καὶ πορισάμενοι μηχανὴν σωτηρίας οὐ
δεηθῶσιν αὐτοῦ. ἅμα δὲ καὶ τὸ πλῆθος τῶν καραδοκούντων δυσω-
πεῖ Ἀχιλλέα· b(BE³E⁴) T φησὶ γάρ· ἀπαγγεῖλαι ⟨δὲ⟩
60 τάχιστα / χρὴ μῦθον Δαναοῖσι. T

b. ⟨ἀπαγγεῖλαι ——— Δαναοῖσιν:⟩ ἔοικε δηλοῦν ὡς ὅτι ex.
δευτέρας ἁπάντων δεήσει πρεσβείας. b(BE³E⁴) Tⁱˡ

627. ⟨καὶ οὐκ ἀγαθόν:⟩ ἐλέγχει τὸ ἀπηνὲς διὰ τοῦ καὶ οὐκ ex.
ἀγαθόν. b(BE³E⁴) Tⁱˡ

---

fusius Eust. 778, 60 Αἴας (42) — φησίν (44) ad Ι 642. 645—6 (ex.) **625**
diple ante versum in A; fort. exstabat sch. Aristonici de correptione vocis
ἴομεν, ad Α 141 (Ariston.); cf. Wismeyer 24 *a* ἴομεν (53) ad Ι 434

---

42 sq. μεγαλ. ἁπλ. absc. in E³ 43 εὐκαίρως b 44 καὶ om. T (fort. rectius) διὰ —
νῦν absc. in E³ γοῦν T τ᾽ οὖν BCE⁴,]οῦν (cp.) E³ 45 παντὶ T πάντη(ι)
b πα[................] δὲ ἄρχ. E³ οὖν T δὲ b 46 οὐ δὲ E³E⁴ ἐχρῆν T
ἐχθρὸν b 46 sq. ἐκεί[................]λεχθέντος E³ 48 φοίν. καὶ ὀδ. absc.
in E³ 49 ἐνεπ. T ἐποίει b, ἂν ἐποίει Ma. (recte ut vid.) 52 ἀλλ᾽ b 55
le. add. Bk. (μύθοιο τελευτή· add. Vᶜ) 56 sq. le. T supplevi, om. b (scholio ad
Ι 626 relato) 57 τάχ. T, om. b, fort. τῷ τάχιστα καὶ T ποτε b 59 δὲ
addidi 61 le. addidi, τῆιδέ γ᾽ ὁδῷ add. Vᶜ (sch. in T supra v. 626 scrip-
tum est) 61—2 sq. ἔοικε δὲ δηλ. sq. coni. cum scholio *a* (v. ἀχιλλέα) in b
62 δεῖ b 63 le. add. Vᶜ 63—4 ἢ ἐλέγχει τὸ sq. coni. cum scholio Ι 626—7b
(v. πρεσβείας) in b 63 διὰ τοῦ T αὐτοῦ b, αὐτοῦ διὰ τοῦ Bk.

ex.   **628.** ⟨οἵ που νῦν ἕαται ποτιδέγμενοι:⟩ κοινοποιεῖ τὴν ὕ- 65
βριν. **T**ⁱʲ

ex.   **628—9.** ⟨αὐτὰρ Ἀχιλλεύς / ἄγριον ἐν στήθεσσι θέτο με-
γαλήτορα θυμόν:⟩ ἴδιον τῶν θυμουμένων μὴ πρὸς τοὺς μεμφομέ-
νους ἀποτείνεσθαι. **b**(BE³) **T**ⁱˡ

ex.   **630.** ⟨σχέτλιος, οὐδὲ μετατρέπεται φιλότητος ἑταίρων:⟩ 70
παρρησιάζεται καὶ οὐκ Ἀγαμέμνονος μέμνηται· ἀλλ’ ὡς Φοῖνιξ· „οἵ
τέ σοι αὐτῷ“ (I 521). **b**(BCE³E⁴) **T**ⁱˡ

Did. | ex.   **632 a.** ⟨καὶ μέν τίς τε κασιγνήτοιο:⟩ Ἀρίσταρχος διὰ τοῦ
γέ, „καὶ μέν τίς γε“. | κασιγνήτοιο δὲ κασιγνητικοῦ. **A**ⁱᵐ

Ariston.   **b.** νηλής· ⟨καὶ μέν τίς τε κασιγνήτοιο φονῆος⟩: ὅτι 75
παρεῖται πρόθεσις, καὶ πτῶσις ἐνήλλακται, ἀντὶ τοῦ καὶ μέν τίς τε
παρὰ κασιγνήτου φονέως. καὶ πρὸς τὸ ἡρωϊκὸν ἔθος. **A**

ex.   **632—3 a.** καὶ μέν τίς τε κασιγνήτοιο φονῆος ⟨/ ποινὴν …
ἐδέξατο⟩: ἔθος γὰρ ἦν τοῖς συγγενέσι διδόναι πρὸς τὸ μὴ πλέον τοῦ
ἐνιαυτοῦ φεύγειν. ἔλεγεν οὖν μὴ λαβὼν ἐκεῖνος οὐ παρήσειν μόνον 80
ἐνιαυτὸν φυγεῖν. **b**(BCE³E⁴) **T**

ex.   **b.** κασιγνήτοιο φόνοιο ⟨/ ποινήν⟩: ἀδελφικοῦ· ἢ φό-
νοιο φονέως· ἢ φόνοιο ποινήν. διασύρει δὲ τὴν αἰτίαν τῆς ἔχθρας. **T**

Did.   **633.** ⟨τεθνειῶτος:⟩ διὰ τοῦ η̄ αἱ Ἀριστάρχου. **A**ⁱᵐ

---

632 a κασιγνήτοιο δὲ (74) sq. ad I632—3b, cf. Eust. 780, 2   b — πρόθεσις (76) et
ἀντὶ τοῦ (76) — φονέως (77) ad A 596 (Ariston.); vide Valk I 547   καὶ πτῶσις
ἐνήλλακται (76) ad B 353 (Ariston.)   **632—3** a — ἐνιαυτοῦ φεύγειν (80) cf.
Eust. 779, 60. Vide ad B 665 b   ἔθος (79) — διδόναι cf. sch. Thuc. 3, 40, 1   b
ἀδελφικοῦ (82) ad I 632 a; cf. D (ὑπὲρ ἀδελφικοῦ φόνου)   **633** nullum signum
ante versum in A; tamen sch. Aristonici exstitisse putaverim docentis v. ποι-

---

65 le. add. Ma. (οἵ που νῦν· add. Vᶜ)   67 sq. le. addidi, ἄγριον ἐν στήθεσι add. Vᶜ,
σχέτλιος add. Li   70 le. addidi, σχέτλιος add. Vᶜ   71 παρρ. T παρρησίᾳ λέγει **b**
72 fort. αὐτῷ / φίλτατοι ἀργείων   73 le. addidi (auctore Bk.)   74 κα-
σιγνήτοιο δὲ κασ. ad lectionem vulg. (sc. κασιγνήτοιο φόνοιο) spectat   75 le. A
suppl. Frdl.   ὅτι A, ἡ διπλῆ, ὅτι Vill.   76 καὶ πτῶσ. ἐνήλλ. del. Frdl., at
scholiasta vid. ad nominativum νηλής spectare   77 περὶ κασιγνήτου φόνου
Cob. (improbabiliter)   78 sq. le. T supplevi, om. **b** (ubi sch. ad I 633 relatum
esse vid.)   79 τοῦ del. Ma., fort. recte   80—1 ἔλεγεν οὖν sq. sententiam sic
intellego ‘ergo si propinquus eius, qui necatus erat, summam pecuniae accipere
nolebat, negabat se concessurum esse, ut homicida in solum unum annum rele-
garetur’. Constructionem auctor hyparchetypi **b** simpliciorem quam correctiorem
vid. reddidisse   80 ἔλεγεν T, λέγει **b**   οὐ παρήσ. T οὐκ ἐᾷ **b**, οὐ παρίησι Wil.
81 φυγ. T, φεύγειν **b** (fort. melius)   82 le. T suppl. Ma.   83 ἢ φόν. ποινήν
dicere vid. haec nomina arte coniungenda esse   84 le. (= vulg.) add. Vill.

85   **636.** σοὶ δ' ἄληκτόν τε κακόν τε: ἐντέχνως ἡ μετάβασις ἐκ τοῦ   *ex.*
περὶ αὐτοῦ λόγου εἰς τὸν πρὸς αὐτὸν ἐγένετο. παρρησίᾳ δὲ χρῆται ὡς
ἀνδρεῖος ἢ ὡς συγγενής. b(BCE³E⁴) T

    637—8 a. εἵνεκα κούρης / οἵης: ἵνα μὴ διὰ ἀκολασίαν, ἀλλὰ   *ex.*
διὰ γέρας μικρὸν δοκῇ λυπεῖσθαι. b(BCE³E⁴) T

90   **b.** ⟨εἵνεκα⟩ κούρης / οἵης: ἦν ὁ Ἀχιλλεὺς εἰς γυναῖκα ἠδι-   *ex.*
κῆσθαι ἔφη (cf. I 335—7), οὗτος κούρην αὐτήν φησι b(BCE³E⁴) T
διασύρων αὐτοῦ τὴν πρότασιν. καλῶς δὲ ταῦτα μετὰ τὴν πέψιν τοῦ
θυμοῦ. b(BE³E⁴)

    638. οἵης· νῦν δέ τοι ἑπτὰ ⟨παρίσχομεν ἔξοχ' ἀρίστας⟩:   *Ariston.*
95 ὅτι Ζηνόδοτος ἐλέγχεται γράφων ,,ἕξ, ἀτὰρ ἑβδομάτη⟨ν⟩ Βρισηΐδα''
(T 246)· χωρὶς γὰρ εἰσιν αἱ ἑπτά. A

1   **639 a.** ⟨ἐπὶ τῇσι:⟩ οὕτως ,,ἐπὶ τῇσι'' ἐν ἁπάσαις, ἐπὶ ταῖς Λε-   *Did.*
σβίσι. Aⁱᵐ

    b. σὺ δὲ ἵλαον ⟨ἔνθεο θυμόν⟩: μεγαλοφυῶς θωπείας μετ-   *ex.*
έχει ὁ λόγος· θεοποιεῖ γὰρ αὐτὸν διὰ τοῦ ἵλαον. b(BCE³E⁴) T

5   **640 a.** αἴδεσσαι δὲ μέλαθρον: ἀξιολόγῳ ὀνόματι ἱκετεύει· τὸ   *ex.*
γὰρ αἴδεσσαι μέλαθρον 'τοὺς πρόσφυγας τῆς ἑστίας' αἴδεσσαι.
b(BCE³E⁴) T   τὸ δὲ ὁμοτράπεζον καὶ ὁμόστεγον προτείνας b

νήν hoc loco proprie usurpatam esse (h. e. pretium pro caede solutum significan-
tem), ad E 266 b (Ariston.), cf. Eust. 779, 63: καὶ σημείωσαι ὅτι ἐνταῦθα κυριολε-
κτεῖται ἡ ποινή, φοινή τις οὖσα, ὡς διὰ φόνου διδομένη. Vide sch. Soph. El. 210   διὰ
τοῦ η̄ sq. ad Z 71 a² (c. test.)   **638** diple ante versum in A, fort. recte
(cave exspectes diplen periestigm.)   ὅτι Ζηνόδοτος (95) sq. ad I 131 (Ari-
ston.), T 246 (T)   **639 a** quosdam legisse ἐπὶ τοῖσι apparet; hanc lectionem de-
fendit Valk II 584 (frustra opinor)   b aliter Eust. 780, 15

---

86 αὐτοῦ] αὐτ[. .] B (litt. ov a m. rec. renovatae sunt)   ἐγένετο om. T (si recte,
exspectaverim ἔντεχνος pro ἐντέχνως)   χρῆται δὲ παρρ. b   **87** ἀνδρ. ἢ ὡς om.
T   ὡς (ante συγγενής) om. E³E⁴   **88—9** sch. ad I 637 revocavit b   **88** ἀκολ.
T νεκροστασίαν b   **89** μικρὸν om. T (fort. recte)   **90—3** le. et sch. cum
scholio praecedenti coni. T, dist. Ma.   **90** le. T supplevi, om. b   ἦν — εἰς T,
καὶ ὁ μὲν ἀχ. εἰς (coni. cum scholio a, v. λυπεῖσθαι) in b, fort. εἰς ἦν ὁ ἀχ. ὡς εἰς
91 οὗτος δὲ κ. b   κόρην E⁴, κ[.]ην B (litt. ουρ novavit m. rec.)   **92** πρόφα-
σιν b (cf. Valk I 521)   ταῦτα et τὴν (ante πέψιν) om. T, fort. recte   **94** le.
A suppl. Frdl.   **95** ὅτι A, ἡ διπλῆ (vix δ. περιεστιγμένη), ὅτι Vill.   ἐβδο-
μάτη A suppl. Bk. (ed. Vill. mendum typographicum continet)   **1** le. addidi
(auctore Vill.)   **3** le. T supplevi, om. b   μεγ. τῆς θωπ. b   **3** sq. μετ. pone
λόγος b   **4** θεοποιεῖ γὰρ sq. cf. e. g. Plat. Euthyd. 273 e 6   **6** αἴδ.¹ ⟨. . .⟩
μέλ. Ma.   ἑστ. λέγει αἴδ. Vill.   αἴδεσσαι² b αἴδεσαι T

(ΒΕ³Ε⁴) Τ　καὶ πολέμιον ἂν ἐκίνησεν ὡς καὶ τοῦ οἴκου συμπρε-
σβεύοντος. b(ΒCΕ³Ε⁴) Τ

ex.　　　*b.* ⟨ὑπωρόφιοι δέ τοί εἰμεν:⟩ ὁ δέ ἀντὶ τοῦ γάρ. Τⁱˡ　10

Ariston.　　641. πληθύος ἐκ Δαναῶν: ὅτι Ζηνόδοτος γράφει ,,ἀθρόοι ἐκ
Δαναῶν". πῶς δὲ ἀθρόοι ἐληλυθέναι δύνανται δύο ὄντες; Α

ex.　　642. κήδιστοί τ' ἔμ{μ}εναι ⟨καὶ φίλτατοι⟩: ἐκ τοῦ πλήθους
φήσας τοὺς εὐνουστάτους καὶ συγγενικωτάτους ἥκειν πολλὰ δι' ὀλί-
γων ἐσήμανεν, ὑπεροψίας ἐπιτίμησιν, μετριότητος ὑπόμνησιν, αἰδῶ　15
τῶν ἀνθρωπίνων παθῶν, ἔλεον ἱκεσίας, ἐντροπὴν συγγενείας· καὶ οἷος
ἂν ἔοι ἀνήρ, ἀρετῇ μὲν ἴσος, ἀνθρωπισμῷ δὲ βελτίων, λόγῳ δὲ σύμ-
βουλος, b(ΒCΕ³Ε⁴) Τ　συγγενὴς δὲ γενναῖος ὥστε μηδ' ὁτιοῦν
ἀντειπεῖν Ἀχιλλέα. b(ΒΕ³Ε⁴) Τ

ex.　　645 a. πάντα τί μοι κατὰ θυμόν: ὅτι ἰσχυρὸς ὁ λόγος, δείξει　20
τὸ ,,οὐ γὰρ πρὶν πολέμοιο" (Ι 650). b(ΒCΕ³Ε⁴) Τ

Did.　　　*b.* ⟨ἐείσω:⟩ ἔν τισι τῶν ὑπομνημάτων διῃρημένως ,,ἐεί-
σαο". Αⁱᵐ

ex.　　645—6. πάντα τί μοι κατὰ θυμὸν ⟨———/⟩ ἀλλά μοι οἰδά-
νεται: ὁμολογεῖ θυμῷ κρατεῖσθαι διὰ τὸ δεινὸν τῆς ῥητορικῆς ἢ τὸ　25
σύντομον. b(ΒCΕ³Ε⁴) Τ

ex.　　646—7. ἀλλά μοι οἰδάνεται κραδίη ⟨χόλῳ⟩, ὁππότ' ἐκεί-
νων / μνήσομαι: πάλιν τῆς ἐξ Ἀγαμέμνονος ὕβρεως μέμνηται, δει-
κνὺς ὡς βούλεται μὲν εἴκειν, τὸ δὲ μέγεθος τῆς ὕβρεως οὐκ ἐπιτρέπει.
b(ΒCΕ³Ε⁴) Τ
　　　　　　　　　　　　　　　　　　　　　　　　　　　30

---

640 *b* ad Z360*b* (Ariston.)　　641 lectionem Zenodoti defendit Duentzer, Zen. 119:
,,Aut utrumque in libris [sc. quos grammatici Alexandrini adhibebant] legebatur,
aut Aristarchus infelicem coniecturam [sc. πληθύος ἐκ Δαναῶν] dedit"　　642 —
ἐσήμανεν (15) ad Ι 622 *b* (ex.)　　συγγενικωτάτους (14) cf. D, Sch. min. ε 988
645 *b* διῃρημένως (22) cf. Eust. 781, 5; Bk., H. Bl. 1, 46　　645—6 ad Ι 622 *b* (ex.)

---

8 κ[...]ολέμιον (litteris αιπ scidula obductis) Ε³　ἂν τοῦτο ἐκίνησε C　8 sq. ὡς καὶ
sq.] πρὸς οἶκτον· ἐκ τοῦ πλήρους οὖν θυμοῦ οὐχ ὑπήχθη ὁ ἀχιλεὺς τοῖς λόγοις αὐτῶν
C　10 le. addidi (δέ τοί εἰμεν· add. Vᶜ)　11 ὅτι Α, ἡ διπλῆ περιεστιγμένη, ὅτι Vill.
13 le. T supplevi, om. b (ubi sch. ad versum Ι 641 relatum est)　13—7 litterae
[λήθους φησ], [ὑπεροψίας ἐ], [ον ἱκεσίας ἐ], [βελτίων λόγῳ] scidula obductae non
iam leguntur in Ε³　17 ἔοι] δῖ Ε⁴, fort. εἴη　20—1 ὅτι δὲ ἰσχ. sq. pone sch.
Ι 645—6 (coni. cum v. σύντομον) in b　20 δείξειν T em. Ma., δηλοῖ b　21
litterae [ὐ γὰρ πρὶν πολέμοι] scidula obductae in Ε³　22 le. add. Bk. (Vill.)
24 sq. le. (coni. cum scholio Ι 645 a) T, dist. et suppl. Ma., om. b (ubi sch. ad v.
646 relatum est)　25 ὁμολογεῖ δὲ (pone sch. D, coni. cum v. οἴδημα) Ε⁴　lit-
terae [ολογεῖ θυμῷ κρατεῖ] scidula inductae sunt in Ε³　τὸ² (ante σύντομον) om.
b　27 sq. le. T suppl. Ma., om. b (ubi sch. ad v. 647 relatum est)　29 lit-
terae [νὺς ὡς βούλεται μ] scidula inductae sunt in Ε³　τῆς ὕβρεως] αὐτῆς b

647. ἀσύφηλον ⟨... ἔρεξεν⟩: ἀντὶ τοῦ ἐπιρρήματος, 'μετὰ πα-   ex. | x
ραλογισμοῦ ἔβλαψεν'. A b(BCE³E⁴) T | ἔστι δὲ ἀσύφηλος καὶ ὁ
ἀπαίδευτος. ἐγένετο δὲ ἀπὸ τοῦ σοφός σοφηλός· σύνθες μετὰ τῆς ᾱ
στερήσεως, ἀσόφηλος· μετάβαλε τὸ ō εἰς τὸ ū, καὶ γίνεται ἀσύφηλος,
35 ὡς ἄγυρις καὶ ἄγορις. A

649 a. ἀλλ' ὑμεῖς ἔρχεσθε: σκληρὸν ἦν τὸ μετὰ τῆς προθέσεως   ex.
εἰπεῖν 'ἀπέρχεσθε'. b(BE³E⁴) T

b. καὶ ἀγγελίην ἀπόφασθε: ἔχει τινὰ ἐλπίδα· νῦν γάρ,   ex.
φησίν, ἀποπρεσβεύσασθε, ὕστερον δὲ ταῦτα ποιήσω. b(BCE³E⁴) T

40 651—2. πρίν γ' υἱὸν Πριάμοιο ⟨——— ἱκέσθαι⟩: πρὸς μὲν   ex.
Ὀδυσσέα ἀποπλεύσεσθαί φησιν (ἔτι γὰρ αὐτὸν σφόδρα ἡ ὀργὴ ἐξέ-
μαινε), πρὸς δὲ Φοίνικα· ἤδη πραϋνόμενος σκέψασθαι περὶ τοῦ μένειν,
τὸν δὲ Αἴαντα αἰδεσθεὶς τότε ἐπαμυνεῖν, ἡνίκα ἂν πλησίον γένωνται οἱ
πολέμιοι, b(BCE³E⁴) T   οὔτε ἀνέλπιστον τὴν συμμαχίαν τοῖς
45 Ἕλλησι καταστῆσαι θέλων οὔτε ἕτοιμον, ἵνα μὴ μέτρια δοκῇ πεπον-
θέναι. b(BE³E⁴) T

651. Ἕκτορα δῖον: οὐχ Ὁμηρικὸν τὸ ἐπίθετον, ἀλλ' ὁ Ἀχιλ-   ex.
λεὺς πεποίηκεν αὐτὸ λυπῶν τοὺς Ἀχαιούς. καὶ Ὀδυσσεῖ ἔλεγε ,,νῦν
δ' ἐπεὶ οὐκ ἐθέλω πολεμίζειν Ἕκτορι δίῳ'' (I 356), b(BCE³E⁴) T
50 ἐπαινῶν καὶ μεγαλύνων τὸν πολέμιον. T

---

647 Ge: οἱονεὶ βλαπτικῶς †διετέθη† (διετίθει vel διέθηκεν Nicole)· παρὰ τὸ ἆσαι
καὶ τὸ φηλῶσαι, οἷον μετὰ ἄτης ἔβλαψεν, originis incertae, fort. sch. h, cf. Or. 13, 6
(unde h[P¹¹ V³, post D]), Et. Gen. (= Et. Gud. 221, 8 Stef.), Eust. 781, 10   ἀν-
τὶ (31) — ἔβλαψεν (32) et ἀπαίδευτος (33) cf. D   ἔστι δὲ ἀσύφηλος (32) sq.
originis incertae, fort. verba e glossa Orionis uberiore inculcata, aliter Or. 13, 6:
ἀσύφηλον· παρὰ τὸ ἆσαι καὶ φηλῶσαι (ἤτοι κακῶσαι), ἢ ἀπαίδευτον καὶ ἀνόητον·
καὶ Αἰολικῶς ἀσύφελον ὡς ὄνομα ὄνυμα, cf. Ep. alph. in An. Ox. 2, 347, 15; Eust.
1374, 53; Beiträge 100   ἀπαίδευτος (33) cf. Synag. (Ba. 156, 20, Su. α 4292);
He. α 7959   ἐγένετο δὲ (33) sq. Et. Gen. (AB) ἀσύφηλον (unde Et. Gud. 221,
14 Stef.):... | ἢ παρὰ τὸ σοφός γίνεται σόφηλος καὶ μετὰ τοῦ στερητικοῦ ᾱ ἀσό-
φηλος, καὶ μεταβολῇ τοῦ ō εἰς ū, ὡς ἄγορις ἄγυρις, γίνεται (γίν. om. B) ἀσύφηλος,
fort. ex hyp. Iliad. aut e glossa Orionis, cf. Eust. 781, 8; vide Bechtel, Lex. 69
649 a ad Λ 271. M 470 a. Ζ 9. 129. Ψ 741, cf. Ap. Dysc. adv. 136, 18. 199, 23, de
coni. 233, 10, synt. 5, 11. 164. 3, Ep. Hom. (An. Ox. 1, 362, 30), sch. D. Thr.
(Σᵛ) 270, 9; vide ad E 397   651—2 eadem fere Ge (e T ut vid.), cf. Plat. Hipp.
min. 370 a — 371 e   651 cf. Cauer³ 56

---

31 le. AT suppl. Ma., om. b   ἐπιρρ. A ἐπιρήτως T ἀσυφήλως BCE⁴ (in E³
litterae [ντι τοῦ ἀσυφήλως] scidula obductae sunt)   μετά] δηλοῖ δὲ τὸ μετά b
(litt. [δη] scidula inductae in E³)   32 βλάπτειν b   36—7 σκληρὸν δὲ ἦν sq.
pone sch. b (coni. cum v. ποιήσω) in b   40 le. T supplevi, om. b (ubi sch. ad
v. I 650 relatum est)   41 ἀποπλεύσασθαι BE⁴   41 sq. ἔτι — ἐξέμαινε om.
C   ἡ ὀργή om. T (hab. Ge)   42 σκέψεσθαι Ma. (nimis diligenter)   περὶ]
φησὶ περὶ T   περὶ τ. μέν. om. b   43 ἐπαμύνειν φησίν T   ἂν om.
b   45 μὴ
om. b   μετρία E⁴   45 sq. πεπονθ. δοκῇ b   48 τοὺς om. E⁴

ex.　　　**652.** ⟨Μυρμιδόνων ἐπί τε κλισίας καὶ νῆας:⟩ ἔσχαται γὰρ αὖται. Τ^{il}

Did.　　　**653** *a.* ⟨σμῦξαι:⟩ οὕτως σμῦξαι Ἀρίσταρχος. οἶδε ⟨δὲ⟩ καὶ τὴν „φλέξαι" γραφήν. Α^{im}

Ariston.　　　*b.* ⟨κατά τε σμῦξαι:⟩ ὅτι γράφεται καὶ „κατά τε φλέξαι". 55 Α^{int}

ex. | *x*　　　*c.* σμῦξαι: σμύχειν ἐστὶ τὸ καπνὸν διὰ τοῦ πυρὸς ἀνίεσθαι, ὃ καὶ τύφεσθαι καλεῖται. Α b(ΒCΕ³Ε⁴) Τ | σμύζω δὲ τὸ θέμα ἢ σμύσσω ἢ σμύγω. Α

Nic.　　　**655** *a.* ⟨Ἕκτορα καὶ μεμαῶτα μάχης σχήσεσθαι ὀίω:⟩ τὸ 60 μάχης ἑκατέροις δύναται προσδίδοσθαι. Α^{im}

ex.　　　*b.* {σχήσεσθαι} ὀίω: ⟨τὸ⟩ ὀίω ἦθος ἐμφαίνει καὶ διὰ τὸ ἄδηλον τῶν μελλόντων ἀσφαλῶς εἴρηται. Τ

ex.　　　**656** *a.* ὡς ἔφαθ᾽, οἱ δὲ ἕκαστος: Πάτροκλος οὐ λαλεῖ, ἵνα μὴ νῦν προσκρούσας Ἀχιλλεῖ ὕστερον μὴ πείση. b(ΒCΕ³Ε⁴) Τ　　65

Ariston.　　　*b.* {ὡς ἔφαθ᾽ οἱ δὲ} ἕκαστος: ὅτι ἥρμοζεν ἐπὶ τῶν δύο λέγειν ἑκάτερος, διὰ δὲ τὸ μέτρον, ἵνα τηρηθῇ τὸ τῆς λέξεως, οὕτως εἴρηται· οὐ γὰρ ἁρμόζει τῷ μέτρῳ τὸ ἑκάτερος. ἢ δεῖ λέγειν ὅτι καὶ ἐπὶ τῶν κηρύκων λέγει ἕκαστος. Α

Did.　　　**657** *a.* σπείσαντες: ἐν τῇ ἑτέρᾳ τῶν Ἀριστάρχου „λείψαντες" 70 Α^{im}Τ　　καὶ ἐν πολλαῖς τῶν ἀρχαίων. Α^{im}

---

653 vix credas v. l. „ἐπί τε σμῦξαι πυρὶ νῆας" umquam exstitisse; nam auctor scholii γ 195 mea quidem sententia erravit: ἐπισμυγερῶς·... μετῆκται δὲ ἐπίρρημα ἀπὸ τῶν ἐπισμυχομένων· καὶ „†ἐπισμύξαι† πυρὶ νῆας". δηλοῖ δὲ τὸ ἐπισμυγερῶς τὸ ἐπιπόνως, ἀξίως　　*a* — Ἀρίσταρχος (53) ad Χ 411 (Did.)　　*b* sch. Aristonico attribui (ceterum diple ante versum in A)　　*c* — καλεῖται (58) cf. Eust. 781, 35; sch. Ap. Rh. 2, 445　　**656** *a* Ge (e Τ ut vid.)　　*b* — λέγειν ἑκάτερος (66) ad Ι 182; vide ad Ι 168 *a* (Ariston.); Wackernagel, Vorl. über Syntax II (Basil. 1928) 122　　**657** *a* cf. σ 426 (cum v. l.)

---

51 le. addidi, μυρμ. ἐπί τε add. V^c, μυρμ. ἐπί τε κλ. add. Ma.　　**53** le. addidi (auctore Vill.)　　σμῦξαι² scripsi, σμύξαι Α　　σμυξαι. ἀρισταρχος Vill. (Βk.)　　δὲ add. Lehrs　　**55** le. addidi　　ὅτι Α, fort. ἡ διπλῆ, ὅτι　　γράφ. cp. (γρ supra lineam additum) Α　　**57** le. scripsi, σμύξαι Α σμῦξαι πυρὶ νῆας Τ, om. b　　σμ. ἐστὶ b, σμύξαι ἐστὶ Τ, om. Α　　διά] μόνον διά b　　**58** καλ.] λέγεται b　　**60** le. add. Vill.　　**62** (le.) σχήσ. delevi (auctore Vill.)　　τὸ add. Li (Vill.)　　**64** (le.) verba οἱ δὲ ἑκ. fort. delenda (le. om. b, πάτροκλος [cf. Ι 658] le. in Li)　　οὐ λαλ. Τ νῦν σιωπᾷ Ge　　**65** μὴ (ante πείση) om. b　　**66** (le.) ὡς — δὲ eiecit Βk.　　ὅτι Α, ἡ διπλῆ, ὅτι Vill.　　**67** ἵνα — λέξεως seclusit Frdl., sensum esse ratus „ut servetur propria vis vocabuli ἕκαστος", perperam opinor　　**70** le. Τ, om. Α

b. ἦρχε δ' Ὀδυσσεύς: ὅτι καὶ ἐν τοῖς ἔμπροσθεν ἡγεῖτο *Ariston.*
Ὀδυσσεύς· „ἡγεῖτο δὲ δῖος Ὀδυσσεύς" (Ι 192). καὶ ὅτι οὐ συμπρε-
σβεύει ὁ Φοῖνιξ, ἐπεί τοι κἂν ἀποπρεσβεύων ἡγεῖτο. A

75 **658.** ⟨Πάτροκλος δ' ——— κέλευσε:⟩ καλῶς, οὐ παρόντων *ex.*
ἐκείνων. T[il]

660. {στόρεσαν λέχος} ὡς ἐκέλευσε: Ζηνόδοτος „ἐγκονέου- *Did.*
σαι". T

661 a. κώεά τε ῥῆγός τε λίνοιό ⟨τε⟩ λεπτὸν ἄωτον: οἰκεία *ex.*
80 κοίτη γέροντι. καὶ ὁ Νέστωρ καθεύδει „εὐνῇ ἔνι μαλακῇ" (Κ 75).
b(BCE³E⁴) T   οἱ δὲ ἑταῖροι τοῦ Διομήδους „ὑπὸ κρασὶν ⟨δ'⟩ ἔχον
ἀσπίδας" (Κ 152), καὶ αὐτὸς ῥινὸν ὑπέστρωτο „βοὸς ἀγραύλοιο" (Κ
155). T

b. ῥῆγος: ῥῆξαι τὸ βάψαι· βαπτὸν οὖν περιβόλαιόν φησιν. *ex.*
85 οἱ δὲ τάπητα. A b(BCE³E⁴) T

---

b ad Ι 182 (Ariston.)   **660** cf. Duentzer, Zen. 133   **661 a** ad Κ 75 a, cf. Athen.
1, 17 b; Weber 167; — γέροντι (80) cf. Eust. 782, 22   καὶ αὐτὸς ῥινὸν (82) sq.
cf. Dion. Chrys. or. 2, 45   b cf. sch. γ 349. ζ 38. κ 352; sim. Or. 139, 1: ῥῆγος·
τὸ βαπτὸν στρῶμα· ῥέξαι γὰρ τὸ βάψαι. οἱ δὲ τὸν τάπητα· †κατὰ τῶν μαλλῶν
διακρίσεις† (καὶ γὰρ τῶν μαλλῶν αἱ διακρίσεις Coray ap. Larcher) οἱονεὶ διερρώγασι.
καὶ ῥηγεῖς ἔλεγον τοὺς βαφεῖς οἱ παλαιοί (cf. D). Ἐπίχαρμος Ὀδυσσεῖ (fr. 107 K.)·
„ἀλλὰ καὶ ῥέζει τι χρῶμα", ἀντὶ τοῦ βάπτει. ῥέγος οὖν ἐστι καὶ ῥῆγος, ὡς παρὰ τὸ
ῥέζω ῥεξήνωρ καὶ ῥηξήνωρ (cf. Η 228 al.), in sede scholiorum. Est tamen originis
incertae. Vide Et. Gen. (AB) ῥῆγος· τὸ πορφυροῦν περιβόλαιον· ῥέξαι γὰρ τὸ
βάψαι (βαῦσαι A) καὶ οἱονεὶ (οἶον B) μεταποιῆσαι. ὅτι δὲ ῥηγεῖς (ῥεγεῖς B) ἔλεγον
τοὺς βαφεῖς καὶ ῥέγος (ῥέγον A) τὸ βάμμα (βάμα B), σαφὲς Ἀνακρέων ποιεῖ
(fr. 102 P. = P. M. G. fr. 447; fr. 129 G.)· „ἀλιπόρφυρον ῥέγος". καὶ (ὡς B) παρ'
Ἰβύκῳ (fr. 35 P. = P. M. G. fr. 316)· „ποικίλα ῥέγματα ⟨καὶ⟩ (add. Bgk.)
καλύπτρας / περόνας τ' ἀναλυσαμένα (ἀναλυσόμενα A)", fort. pars glossae
Orionis   ῥῆξαι (84) — φησιν cf. Eust. 782, 20   ῥῆξαι (84) cf. Valk
Ι 415   βαπτὸν (84) — φησιν cf. D   τάπητα (85) cf. Ap. S. 138, 22

---

72 le. Bk., σπείσαντες παρὰ νῆας ἴσαν πάλιν ἦρχ' ὀδυσσεύς: A   ὅτι A, ἡ διπλῆ,
ὅτι Vill.   **75** le. add. Ma. (πάτροκλος δ' ἑτάροισιν· add. iam V[c])   **77** (le.)
στόρ. λέχ. delevi; ἐκέλευσε Ldw., ἐκέλευεν T   **79** (le.) τε alt. add. V[c]   **79—80**
οἰκεία δὲ ἡ κοίτη sq. pone sch. b (coni. cum v. τάπητα) in b, οἰκεία ἡ κοίτη Ma.
80 τῷ γέροντι b   ἐνὶ B   **81** δ' add. Ma.   **84** le. A, ῥῆγός τε (le. et sch.
coni. cum scholio praecedenti) T, om. b   ῥῆξαι cf. test.   ῥῆξαί ἐστι τὸ
b   βαπτ. — φησ.] λέγει οὖν βαπτὸν περιβόλαιον A

Ariston.　**664** *a.* τῷ δ' ἄρα παρκατέλεκτο ⟨γυνή, τὴν Λεσβόθεν
ἦγε⟩: ὅτι Ζηνόδοτος γράφει „τῷ δὲ γυνή παρέλεκτο Κάειρ', ἣν Λε-
σβόθεν ἦγε". πῶς δὲ δύναται ἡ Καρίνη Λεσβία εἶναι, εἰ μὴ ἄρα ῥη-
τέον ὅτι τὴν Λέσβον τότε Κᾶρες κατῴκουν; **A**

ex.　　　*b.* ⟨παρκατέλεκτο γυνή:⟩ ὡς τούτου νενομισμένου. **T**il　90
ex.　　**665.** ⟨Φόρβαντος:⟩ Φόρβας βασιλεὺς Λέσβου. **T**il
Ariston. | *D*　**668** *a.* Σκῦρον ἑλών: ὅτι διὰ τούτων καὶ τὴν Σκῦρον πεπο-
λιορκημένην ὑπὸ 'Αχιλλέως μετὰ τῶν ἄλλων πόλεων παραδίδωσιν. |
Σκῦρος δέ ἐστι νῆσος καὶ πόλις τῆς νῦν μὲν Φρυγίας, πρότερον δὲ Κιλι-
κίας, μία δὲ τῶν Κυκλάδων ――― ἐλαφυραγώγησεν. **A**　95
ex.　　　*b.* Σκῦρον ἑλών: οἱ μὲν νεώτεροι ἐκεῖ τὸν παρθενῶνά φασιν,
ἔνθα τὸν 'Αχιλλέα ἐν παρθένου σχήματι τῇ Δηιδαμείᾳ †κατακλίνου-
σιν†, ὁ δὲ ποιητὴς ἡρωϊκῶς πανοπλίαν αὐτὸν ἐνδύσας εἰς τὴν Σκῦρον　1
ἀπεβίβασεν οὐ παρθένων, ἀλλ' ἀνδρῶν διαπραξόμενον ἔργα, ἐξ ὧν
καὶ τὰ λάφυρα δωρεῖται τοῖς συμμάχοις. εἷλε δὲ τὴν Σκῦρον, ὅτε εἰς
Αὐλίδα ἐστρατολόγουν διὰ τὸ εἶναι ἐκεῖ Δόλοπας ἀποστάντας τῆς　5
Πηλέως ἀρχῆς· „ἔπλεον εἰς Σκῦρον Δολοπηίδα" (fr. epic. auctoris
ignoti). τότε δὲ καὶ τὸν Νεοπτόλεμον ἐπαιδοποιήσατο. εἴκοσι δὲ ἔτη
ἐστὶ πάσης τῆς παρασκευῆς τοῦ πολέμου, ὥστε δύναται ὁ Νεοπτόλε-
μος ὀκτωκαιδεκαέτης στρατεύειν. **T**

664 *a* cf. Duentzer, Zen. 148: „Suspicor Zenodotum in libris invenisse τῷ δ'
ἄρα παρκατέλεκτο Κάειρ', ἣν Λεσβόθεν ἦγεν, sequente versu omisso, ubi quum non
intelligeret, Κάειρα sive potius Κάβειρα ... nomen proprium esse, ut voc. γυνή in-
truderet, initium versus immutavit. Aristarchi scriptura emendatio fuisse vide-
tur diu ante Alexandrinos tentata et in multis libris recepta, sed illi, quam Zeno-
dotum in libris invenisse diximus, posthabenda". Quae omnia demonstrari non
possunt　**668** *a/c* cf. Valk II 248　*b* ad Τ 326 (ex.); cf. Lehrs Ar.³ 174; Roe-
mer, Ar. 123; Severyns 285　οἱ μὲν νεώτεροι (96) — συμμάχοις (04) et εἷλε δὲ τὴν
Σκῦρον (04) sq. cf. Eust. 782, 41 (ordine mutato)　οἱ μὲν νεώτεροι (96) — κα-
τακλίνουσιν (01) cf. D ad Τ 332; Valk I 369　ἔπλεον (6) — Δολοπηίδα cf. O.
Schneider ad Call. fr. an. 333: „Putaverim autem fragmentum esse ex cyclo epico.
Δολοπηίς agnoscit etiam Steph. B. 235, 20". Fragmentum iam a Bekkero publici

86 le. A suppl. Vill.　**87** ὅτι A, ἡ διπλῆ περιεστιγμένη, ὅτι Vill.　**90** le. add.
Vᶜ　νενομισμένον T (V) em. Bk.　**91** le. add. Vᶜ　**92** ὅτι A, ἡ διπλῆ, ὅτι Vill.
94—**5** σκῦρος — κυκλάδων A, σκῦρος πόλις τῆς νῦν μὲν φρυγίας, πρότερον δὲ
κιλικίας. ἔστι καὶ νῆσος τῶν κυκλάδων D　**94** sq. κιλ. Bk., ἡλικίας A　**1** sq.
συγκατακλίνουσιν Ma., παρακλίνουσιν Hornei　**2** ἡρωϊκὴν Wil.　**3** διαπραξάμενον
T em. Bk.　**7** εἴκ. scripsi, κ' T　**9** ὀκτὼ καὶ δέκα ἔτη T corr. Vill.

10   c. Σκῦρον ἑλὼν ⟨αἰπεῖαν⟩, Ἐνυῆος πτολίεθρον: *ex.*
⟨Ἐνυεὺς⟩ Διονύσου καὶ Ἀριάδνης, ὃς Κρῆτας ἀγαγὼν ἔκτισε τὴν πό-
λιν. οἱ δὲ ὁμωνύμως δύο Σκύρους φασίν, ὅτι περὶ Αὐλίδα ἡ Σκῦρος. Τ
        671. ἀναστάδόν, ἔκ τ' ἐρέοντο: πάντες αὐτὸν ἐξερωτῶσι, *ex.*
b(BCE³E⁴)   προσδοκῶντες χρηστόν τι b(BCE³E⁴) Τ   καὶ τῆς
15 σφῶν σωτηρίας παρ' αὐτοῦ τεκμήριον ἐναργὲς ἀκούσεσθαι. b(BCE³
E⁴)
        673—4. εἴπ' ἄγε μ' —— ἀλεξέμεναι δήϊον πῦρ: ἤτοι στι- *Nic.*
κτέον κατὰ τὸ τέλος τοῦ στίχου (sc. 673), ἵνα ἀφ' ἑτέρας ἀρχῆς ἀναγι-
νώσκωμεν ἦ ῥ' ἐθέλει νήεσσι (674) καὶ ὁ λόγος ᾖ πευστικός· 'ἆρα
20 βούλεται βοηθεῖν;'. ἢ διασταλτέον ἐπὶ τὸ Ἀχαιῶν (673), ἵνα ᾖ
τοιοῦτος ὁ λόγος· 'ἄγε εἰπέ μοι, εἰ βούλεται βοηθῆσαι'. Α
        673. ⟨πολύαιν' Ὀδυσεῦ:⟩ διὰ τὸ φρονιμώτερον εἶναι τῶν *ex.*
ἄλλων τὸ πλεῖστον αὐτῷ τῆς πρεσβείας ἐπετέτραπτο· ὅθεν b(BCE³
E⁴)   καὶ ὁ Νέστωρ ,,Ὀδυσσῆϊ δὲ μάλιστα'' (1 180) b(BCE³E⁴)
25 Τ   φησί, καὶ οὗτος αὐτὸν πρὸ τῶν ἄλλων ἐρωτᾷ· οὐ γὰρ φρόνη-
σις, ἀνδρείας οὐ τόσον φροντίς. b(BCE³E⁴)
        674 a.¹ ⟨ἦ ῥ' ἐθέλει νήεσσιν ἀλεξέμεναι δήϊον πῦρ:⟩ οὐ πε- *ex.*
ρὶ τῆς ἀποδοχῆς καὶ τῆς δεξιώσεως αὐτὸν ἐρωτᾷ ἢ περὶ τῆς τῶν δώρων
λήψεως, ἀλλὰ τὸ καιριώτερον πάντων προμαθεῖν ἐπείγεται. b(BCE³
30 E⁴)
        a.² {ἦ ῥ' ἐθέλει νήεσσιν ἀλεξέμεναι:} ἐμιμήσατο τὸν σπου-
δάζοντα τὸ καίριον μαθεῖν. Τ
        b. ⟨ἀλεξέμεναι:⟩ ἐν ἄλλῳ ,,ἀμυνέμεναι''. Αⁱᵐ   *Did.(?)*
        678 a. σβέσαι χόλον: πυρώδης γὰρ ὁ θυμός. ΑΤⁱˡ   ἐν- *ex.*
35 τεῦθεν δὲ καὶ ὡρίσαντο οἱ φιλόσοφοι (St. V. Fr. III fr. 416, p. 101, 44)·
,,θυμός ἐστι ζέσις τοῦ περὶ καρδίαν αἵματος''. Α

---

iuris factum spreverunt Kinkel, Allen, Bethe   c — πόλιν (11) cf. D (ὑπὸ
Ἐνυέος βασιλευθεῖσαν. ἦν δὲ οὗτος υἱὸς Διονύσου), Eust. 782, 38   οἱ δὲ (12) sq.
cf. D (= A)   678 a πυρώδης (34) cf. D, Eust. 783, 7   θυμός ἐστι (36) sq.

---

10 le. T (coni. cum scholio praecedenti), dist. et suppl. Ma.   11 ἐνυεὺς add. Ma.
(duce Vill. [Li])   12 ὁμωνύμους Ma.   13 le. T, om. b   14 χρηστ. τι Vill.,
χρηστόν τι ἀκούειν Τ χρηστότητι ΒCE³, om. E⁴   17 le. Frdl. (duce Vill.), εἴπ'
ἄγε μ˙ εν: Α; sch. fort. rectius ad v. l 673 referendum   22 le. add. Li   22 sq.
φρονιμώτερος (αὐτῷ ante τῆς πρεσβ. deleto) Bk.   24 ὁ om. b   δὲ om. Τ   25
οὗτος] οὕτως C   26 ἀνδρίας Β m. rec. (lectione B oblita), E³   27 le. add. Vill.
29 καιριώτατον Bk. (recte ut vid.)   31 le. Τ delevi   33 le. add. Bk.
(Vill.)   34 le. A Li Vᶜ, om. T, fort. σβέσσαι χόλον   πυρ. Α σβέσαι πυρώδης Τ

ex.   b. ⟨σβέσαι χόλον:⟩ καλῶς τὸ σβέσαι· δίκην γὰρ πυρὸς ὁ θυμὸς τὰ ἐντὸς ὑποσμύχει. b(BCE³E⁴)

ex.   679. σὲ δ' ἀναίνεται: εὐσχημόνως οὐ κατήσχυνε τὴν κόρην· διὰ γὰρ τοῦ σέ 'τὴν συγγένειάν σου' δηλοῖ. T   40

Hrd.   680 a. αὐτόν σε {φράζεσθαι}: ὁ Ἀσκαλωνίτης (p. 50 B.) ὀρθοτονεῖ τὴν σέ, ἐπεί, φησίν, ἀεὶ μετὰ τῆς ἐπιταγματικῆς αἱ πρωτότυποι φιλοῦσιν ὀρθοτονεῖσθαι. ἐχρῆν δὲ αὐτὸν ἐπὶ τοῦ πρώτου καὶ δευτέρου προσώπου ὁρίσασθαι, παραιτήσασθαι δέ τινα Ὁμηρικὰ ἄλλως ἀνεγνωσμένα δι' αἰτίαν τινά· „κελεύετέ μ' αὐτὸν ἑλέσθαι" (Κ 242), „ἦ μή   45 τίς σ' αὐτόν" (ι 406). ἄλλως τε αἱ πρὸ τῆς αὐτός εἰσιν αἱ ὀρθοτονούμεναι, οὐχ αἱ μετὰ τῆς αὐτός. ἐγκλιτικῶς οὖν ἀναγνωστέον. Α

Ariston.   b. ⟨αὐτόν σε φράζεσθαι:⟩ ὅτι ἀποτομώτατον τὸ τῆς ἀφόδου, ὅπερ ἐν πρώτοις εἶπεν (sc. I 356—63), ἀπαγγέλλει, τὸ δὲ τελευταῖον, ὅτι, ἐὰν συνελασθῶσιν ἕως ⟨τῶν⟩ αὐτοῦ νεῶν, συμμαχήσει   50 (cf. I 650—5), παραλέλοιπεν, ἵνα μὴ ἀμελῶσι τοῦ βοηθεῖν. Α

ex.   c. ⟨αὐτόν σε φράζεσθαι:⟩ ταῦτα γὰρ αὐτῷ εἶπεν (sc. I 346—7). Tⁱˡ

Did.   681 a.¹ {ὅππως κεν νῆάς τε} σόῃς: ἐν τῇ ἑτέρα τῶν Ἀριστάρχου διὰ τοῦ ᾱ „σαῶς", τάχα παρὰ τὸ „σαωσέμεν" (I 230) καὶ „ἠὲ σαω-   55 θῆναι" (Ο 503). χρῆται δὲ καὶ ἐκείνῳ· „σόον δ' ἀνένευσεν" (Π 252). διχῶς οὖν. Α

a.² Ἀρίσταρχος „σοῶς" καὶ „σαῶς". Aⁱᵐ

eadem fere Ep. Hom. (An. Ox. 1, 197, 16; Et. Gud. 267, 4); vide ad K 10 (c. test.)   *b* potest esse sch. rec. ope scholii *a* effictum   **680** *a* ad K 242. Ω 569 (Hrd.)   ὀρθοτονεῖ τὴν σέ (41) et ἐγκλιτικῶς (47) sq. cf. Ap. Dysc. synt. 192, 1   ὀρθοτονεῖ τὴν σέ (41) cf. sch. π 128. Vide ad B 190 *a*. E 252 *b*   ἐχρῆν δὲ αὐτὸν (43) sq. vide ad I 249 (test.), O 226 *b*¹ (Hrd.)   παραιτήσασθαι (44) — ἑλέσθαι (45) cf. Ap. Dysc. pron. 46, 5   ἦ μή τίς σ' αὐτόν (45) aliter iudicat Ap. Dysc. pron. 46, 3   ἄλλως τε (46) sq. cf. sch. δ 667 (p. 229, 1—2 Ddf.); Ap. Dysc. pron. 8, 23, imprimis 37, 13 et synt. 190, 1   *b* ἵνα μὴ ἀμελῶσι (51) sq. ad I 682—3   **681** ad A 117 (Did.); vide ad I 393 (Hrd.); Lehrs, Hrd. 252; Aristarchum in commentariis non lectiones σοῶς et σαῶς, sed σόης (= vulg.) et σαῶς commemorasse ac probasse

37 le. add. Vill., fort. σβέσσαι χόλον   **41** (le.) φράζεσθαι eiecit Bk.   **45** ἦ scripsi, εἰ Α   **46** σαυτόν Α dist. Lehrs   **48** le. addidi; sch. rectius ad v. 680—3 referretur, nisi obstaret diple ante v. 680 posita   ὅτι Α, fort. ἡ διπλῆ, ὅτι   **49** ἀπαγγέλλειν Α em. Vill.   **50** τῶν add. Bk.   **52** le. add. Ma. (αὐτόν σε add. Vᶜ)   **54** (le.) ὅπως — τε del. Ddf.   **56** δὲ bis in Α   ἐκεῖνο σῶον Α em. Bk.   **58** σόως καὶ σάως Α em. Bk. (Vill.)

682—3. αὐτὸς δ' ἠπείλησεν ⟨——— ἑλκέμεν ἀμφιελίσσας⟩: *ex.*
60 καὶ μὴν Φοίνικι μὲν ἔλεγε „φρασσόμεθ', ἤ κε νεώμεθ' ἐφ' ἡμέτερα" (Ι
619), Αἴαντι δὲ „οὐ γὰρ πρὶν πολέμοιο μεδήσομαι / πρίν γ' υἱὸν
Πριάμοιο" (Ι 650—1). ἀλλ' ἴσως Ὀδυσσεὺς τὰ πρὸς αὐτὸν μόνον
ῥηθέντα ἀγγέλλει, ἀνακόπτει δὲ τὰ Αἴαντος εἰπὼν „εἰσὶ καὶ οἵδε τάδ'
εἰπέμεν" (Ι 688), ὅπως μὴ αἰσχύνοιτο Αἴαντος πλέον κατορθώσαντος.
65 ἢ ἵνα ἐκκόψῃ αὐτῶν τὴν ἐλπίδα καὶ εὐψύχως μαχέσωνται· b(BCE³E⁴)
T   ὅθεν καὶ παραινεῖ ὁ Διομήδης „καρπαλίμως πρὸ νεῶν ἐχέμεν
λαόν τε καὶ ἵππους" (Ι 708)· ὅπερ ἀγνοήσαντές τινες ὠβέλισαν τὰ
ἔπη. b(BE³E⁴) T
682. ⟨αὐτὸς δ' ἠπείλησεν:⟩ ὅτι τὸ ἠπείλησε νῦν κατὰ τὴν *Ariston.*
70 ἡμετέραν χρῆσιν. Aⁱⁿᵗ

contendit Valk II 95 n. 50 (improbabiliter)   682—3 ἀλλ' ἴσως (62) — μαχέ-
σωνται (65) cf. Eust. 783, 14   ἀλλ' ἴσως (62) — κατορθώσαντος (64) cf. Porph.
1, 141, 18:... προεβλήθη οὖν (sc. ἐν τῷ μουσείῳ τῷ κατὰ Ἀλεξάνδρειαν), πῶς
τοῦ Ἀχιλλέως τοῖς πρὸς αὐτὸν ἐλθοῦσι πρέσβεσι ταύτην δεδωκότος ἀπόφασιν (lau-
dantur versus Ι 650—2. 654—5) Ὀδυσσεὺς ἐρωτώμενος τὰ περὶ τῆς πρεσβείας
τοῦτο μὲν οὔ φησιν, ἀλλὰ τὸ „αὐτὸς δ' ἠπείλησεν ἅμ' ἠοῖ φαινομένηφι / νῆας ἐϋσ-
σέλμους ἅλαδ' ἑλκέμεν ἀμφιελίσσας"· παραπρεσβείας γὰρ εἶναι τὸ μὴ τἀληθῆ ἀπαγ-
γέλλειν. — πρὸς τοῦτο ὁ λύων ἔφασκε τἀληθῆ μὲν ἐπαγγεῖλαι τὸν Ὀδυσσέα, οὐχ ἃ
πρὸς ἄλλους εἴρηκεν εἰπόντα, ἀλλ' ἃ πρὸς αὐτὸν καὶ ἃ ἤκουσε παρ' Ἀχιλλέως. ἣν
δὲ πρὸς αὐτὸν ῥηθέντα (laudantur versus Ι 356—61). ὅταν μὲν οὖν εἴπῃ ὁ μὲν
αὔριον πορεύεσθαι (cf. Ι 357), ὁ δ' Ὀδυσσεὺς „ἅμ' ἠοῖ φαινομένηφι" (Ι 682), τἀλη-
θὲς μὲν εἴη ἀπηγγελκώς. οὐ μέντοι ἁπλῶς ἔφη, ὅτι ταῦτα εἴρηκεν Ἀχιλλεύς, ἀλλ'
ὅτι ἠπείλησεν, ἀπειλὴν τὸ πρᾶγμα καὶ οὐκ ἔργον ἀποφαίνων, δι' ἃ ἤκουσε πρὸς
τοὺς ἄλλους ὑπ' αὐτοῦ λεγόμενα, ὧν πρὸς μὲν τὸν Φοίνικα „φρασσόμεθ', ἤ κε νεώ-
μεθ' ἐφ' ἡμέτερ' ἤ κε μένωμεν" (Ι 619), πρὸς δὲ τὸν Αἴαντα, πρίν γ' υἱὸν Πριάμοιο
ἐλθεῖν ἐπὶ τὴν σκηνήν, οὐ πρότερον ἐξίεσθαι εἰς τὸν πόλεμον (cf. Ι 650—2). τί οὖν
ἔδει τὰ πρὸς τοὺς ἄλλους λέγειν, ἀλλ' οὐχὶ μόνον ἐπικρίνειν τὰ πρὸς αὐτὸν ῥηθέντα;
ἀπειλαὶ δὲ ἦσαν, ἐξ ὧν πρὸς τοὺς ἄλλους μετὰ ταῦτα ἔφη. εἰ δ' αὕτως καὶ τὰ πρὸς
Αἴαντα φθάσας εἴπε ῥηθέντα, ὕβρις ἂν ἦν τοῦ Αἴαντος, ⟨ὡς⟩ μὴ δυναμένου λέγειν, ἃ
ἀκήκοε· διὸ ἐπήγαγεν· εἰσὶ καὶ οἵδε ἀπαγγέλλειν οἷοί τε τὰ ῥηθέντα πρὸς αὐτούς (cf.
Ι 688—9), originis ignotae. Num sch. similis argumenti vel ultimis quidem verbis
(εἰ δ' αὕτως sq.) respondens exstiterit, ambigitur   ἀλλ' ἴσως (62) — ἀγγέλλει
(63) cf. D ad Ι 679   ἢ ἵνα ἐκκόψῃ (65) sq. ad Ι 680 b   τὰ ἔπη (67) i. e. Ι 682—3
ut vid.; cf. Schrader ad Porph. 1, 142, 27: „V. 688—92 ab Aristarcho obelo nota-
tos fuisse ... constat; idem de iis qui antecedunt non innotuit"; Bolling, A. L.
117   682 cf. D (διωρίσατο, εἶπε), D ad N 143. Φ 161; vide Ariston. ad Ψ 863.

59 le. T supplevi, om. b (ubi sch. ad v. Ι 681 revocatum est)   60 ἔλεγεν
T   ἐφ' ἡμέτερα om. b   61 μεδήσομαι αἱματόεντος Hom.   61 sq. πρίν γ' —
πριάμοιο om. b   62 ἑαυτὸν b   63 sq. τάδ' εἰπέμ. om. b   64 αἰσχύνηται
Ma. (at vide ad Η 114 b²/a²)   65 μαχ. Ma., μαχέσονται T, πολεμήσωσιν
b   69 le. add. Vill.   ὅτι Α, ἡ διπλῆ, ὅτι Vill.   τὸ ἠπήλησε Α em. Vill.

Did. 684. ⟨παραμυθήσεσθαι:⟩ παραμυθήσεσθαι διὰ τοῦ ε. Τ^{il}

Ariston. 685 a. οἴκαδ' ἀποπλείειν, ⟨ἐπεὶ οὐκέτι δήετε τέκμωρ⟩: ὅτι ἀπέστροφε τὸν λόγον· οὐ γὰρ εἶπε δήουσιν, ἀλλὰ δήετε. Α

ex. b.¹ οὐκέτι δήετε: οὐ δήομεν· μιμητικῶς γὰρ ἀπαγγέλλει.
Τ
75
b.² ἀπὸ τοῦ διηγηματικοῦ ἐπὶ τὸ μιμητικὸν μετέβη. Α^{int}

Ariston. 686. Ἰλίου αἰπεινῆς: ἡ διπλῆ, Α ὅτι θηλυκῶς τὴν Ἴλιον ΑΑ^{im}

Ariston. 688—92 a. ὡς ἔφατ'· εἰσὶ καὶ οἴδε ⟨——— ἀνάγκη δ' οὔ τί μιν ἄξει⟩: ἀθετοῦνται στίχοι πέντε ἕως τοῦ αὔριον, ἢν ἐθέλησιν 80 (692), ὅτι †καὶ νεώτεροι† τοῖς νοήμασι καὶ τῇ συνθέσει πεζότεροι, καὶ ὅτι ὡς ἀπιστησόμενος μάρτυρας ἐπισπᾶται. Α

Did. b. ὡς ἔφατ'· εἰσὶ καὶ οἴδε ⟨——— ἄξει⟩: τούτους τοὺς στίχους Ἀριστοφάνης ἠθέτει, Ζηνόδοτος τὸν αὔριον (692) μόνον. ΑΤ
85

Nic. 688 a. ὡς ἔφατ'· ⟨εἰσὶ καὶ οἴδε τάδ' εἰπέμεν⟩: στικτέον ἐπὶ τὸ ἔφατο. δύναται δὲ καὶ ὑποστίζεσθαι, ἵν' ᾖ ὁ λόγος· ὡς εἶπεν, καὶ οὗτοι μαρτυρήσουσιν. εἰ δὲ ἐπιτετήδευται ἡ ἀνάγνωσις, οὐ θαυμαστόν· καὶ γὰρ ὅλοι ἀπρεπεῖς οἱ στίχοι. Α

ex. b. ὡς ἔφατ'· εἰσὶ καὶ οἴδε: συντέμνει τὸ ἀηδὲς τῆς ὑποθέ- 90 σεως· ἄλλως τε ἵνα μὴ δοκῇ ἀτιμάζειν τοὺς λοιπούς. Α b(BCE³E⁴) Τ

D ἀπορία. ζητεῖται, διὰ τί †μετὰ† τὴν πρὸς Αἴαντα ——— ἀλλ' οὗτοι, ὅτι καὶ αὐτοὶ ἐδόκουν. Α

872 (ubi ἀπειλεῖν = vovere); Ap. S. 38, 2; Lehrs Ar.³ 146   684 alii legerunt παραμυθήσασθαι (= vulg.)   685 a ad Δ 303 a (Ariston.), cf. Ps. Longin. De subl. 9, 13; Usener, Kl. Schr. II (Lipsiae 1913) 292 n. 73. Vide ad O 425—6 (ex.)   686 ad Γ 305 b (Ariston.)   688—92 a/b cf. Duentzer, Zen. 186; Wilamowitz, Il. Hom. 64, 3; Bolling, A. L. 117; Von der Muehll 180; Reinhardt 240; Valk II 450   a ad I 688 a (Nic.); cf. Nauck, Ar. Byz. p. 31   b cf. Ludwich, A. H. T. 1, 310, 18; Valk I 74   688 a καὶ γὰρ ὅλοι (89) sq. ad I 688—92 a   b aliter

71 le. (= Τ^{cont}) add. V^c   72 le. A suppl. Frdl.   73 ὅτι A, fort. ἡ διπλῆ, ὅτι 77 le. A, om. A^{im}   79 sq. le. A suppl. Frdl. (Vill.)   81 καὶ νεώτ. A, κοινότεροι Lehrs, καὶ νεωτερικοὶ Nck.   82 ἀπιστηθησόμενος Nck. (non necessarium) 83—4 pone sch. I 688 b in Τ, trps. Bk.   83 le. Τ supplevi (auctore Vill.), om. A   83 sq. τούτ. τ. στ. scripsi, τούτους δὲ τὸ (sic) στίχους (pone sch. I 688 b, coni. cum v. λόγους) A, τούτους Τ   84 καὶ ἀριστοφάνης Ldw.   τὸν] δὲ τὸν Nickau   μόνον] μόνον οὐ γράφει τοὺς ἄλλους ἀθετήσας Bolling (parum proba-biliter)   86 le. A supplevi (auctore Vill.)   88 δὲ A, δὲ μὴ Frdl. (perperam) 90 le. Τ, om. Ab   90—1 συντέμνει sq. cum scholio praecedenti (v. στίχοι) coni. A   τὸ] διὰ τὸ b   91 καὶ ἄλλως ἵνα μὴ.δόξῃ A   λοιπούς] λόγους A   92—3 pone sch. I 709 a in A, ad hunc versum traxit Bk.   92 ἀπορία cp. (m. pr.) in mg. extremo A   μετὰ A καὶ D

690. Φοῖνιξ δ' αὖθ' ὁ γέρων κατελέξατο: οὐχ ὡς πρεσβεύ-   *ex.*
95 σαντος τοῦ Φοίνικος, ἀλλ' εἰς πίστιν τοῦ ἀποπλευσεῖσθαι. b(BCE³
E⁴) T

1   694 *a.*¹ ⟨μῦθον ἀγασσάμενοι:⟩ γράφεται καὶ „φρασσάμε-   *Did.*
νοι". Ζηνόδοτος δὲ τὸν στίχον οὐκ ἔγραφεν, Ἀριστοφάνης δὲ ἠθέτει.
Aⁱᵐ

     *a.*² μῦθον ἀγασσάμενοι: Ζηνόδοτος τὸν στίχον οὐ γρά-
5 φει. Ἀρίσταρχος δὲ ἀθετεῖ. AT

     b. μῦθον ἀγασσάμενοι: ὅτι ἐξ ἄλλων τόπων (sc. Θ 29)   *Ariston.*
ἐστὶν ὁ στίχος· νῦν γὰρ οὐχ ἁρμόζει· τότε γὰρ εἴωθεν ἐπιφωνεῖσθαι,
ὅταν ὁ αὐθεντῶν τοῦ λόγου καταπληκτικά τινα προενέγκηται. νῦν δὲ
πῶς ἂν ἐπὶ Ὀδυσσέως λέγοιτο τοῦ μηνύοντος τὰ ὑπ' Ἀχιλλέως εἰρη-
10 μένα; A

     c. ⟨ἀγόρευσε:⟩ γράφεται „ἀπέειπε". Aⁱⁿᵗ   *Did. (?)*

697. Ἀτρείδη κύδιστε: οὐδὲ ὅλως ἐσχημάτισε τὸν λόγον πρὸς   *ex.*
Νέστορα εἰπόντα „ἀτὰρ οὐ τέλος ἵκεο μύθων" (I 56), ἀλλ' ὡς συναλ-
γῶν Ἀγαμέμνονι ταῦτά φησιν. b(BCE³E⁴) T

15   698 *a.* ⟨μὴ ὄφελες λίσσεσθαι ἀμύμονα Πηλείωνα:⟩ ὅτι ταῦ-   *Ariston.*
τα κατὰ τὸ σιωπώμενον ὁ Ἀχιλλεὺς ἀκήκοεν. Aⁱⁿᵗ

     b. ⟨μὴ ὄφελες:⟩ διὰ τοῦ δε. οὕτως Ἀρίσταρχος, „μηδ'   *Did.*
ὄφελες". A

Eust. 783, 30   **690** Ge (confusum e T et b ut vid.)   **694** *a/b* cf. Duentzer,
Zen. 165: „. . . versum temere e versu (I) 431 inlatum . . . a Zenodoto eiectum
Aristophanes et Aristarchus proscripserunt"   *a*¹ — φρασσάμενοι (1) ad Θ 29
(Did.); vide ad I 711   *a*² cf. Valk I 75   Ἀρίσταρχος (5) cf. sch. *b*   *b* ad
H 404 (Ariston.). Vide test. ad I 431   ἐξ ἄλλων τόπων (6) cf. I 431, praeterea
H 404 = I 711   **698** *a* ad I 709 *a* (Ariston.). Sch. 698 *a* fort. ex illa nota repe-
titum est; num diple in A ante versum 698 posita probari possit, dubites, cum
scriba (aut Veneti A aut archetypi) praecepta scholiorum secutus esse videatur
(cf. Mnemos. 1953, 28). Vide ad Π 74 *a* (Ariston.)   *b* cf. Ludwich, A. H. T. 1,

---

94 sq. τοῦ φοίν. συμπρεσβεύσαντος Ge   95 τοῦ² b ὅτι T, τοῦτο προφέρει τοῦ ὅτι
Ge   πλευσεῖσθαι T ἀποπλευσεῖται Ge   1 le. add. Vill.   2 ἀριστοφάνης A,
ἀρίσταρχος Wecklein (infacete)   4 le. T (fort. delendum), καὶ τὸ (τὸν Ddf.) μῦ-
θον ἀγασσάμενοι post sch. I 688—92 b (coni. cum v. μόνον, l. 84) in A   τὸν
στίχον T μὲν A   4 sq. οὐκ ἔγραφεν Bolling   5 ἠθέτει Bolling   6 ὅτι A,
ὀβελὸς σὺν ἀστερίσκῳ, ὅτι Vill.   11 le. add. Bk.   12 le. Vill., ἀτρείδη κύ-
διστε μὴ ὄφελες λίσσεσθαι T, om. b   15 le. addidi   ὅτι A, fort. ἡ διπλῆ, ὅτι
(at vide test.)   17 le. addidi (auctore Bk.)   οὕτως ἀρ. διὰ τοῦ δέ, μηδ' ὄφ.
Ldw., fort. recte

D   μὴ ὄφελες: ἀντὶ τοῦ οὐκ ὄφελες. ἀεὶ δὲ ἀντιστασιώτης τοῦ
'Αχιλλέως ὁ Διομήδης εὑρίσκεται. A   20

ex.   699 a. μυρία δῶρα διδούς: ἐπαινεῖ αὐτοῦ τὴν προαίρεσιν ὡς
ὑπὲρ τῶν 'Αχαιῶν πολλὰ παρασχόντος. b(BCE³E⁴) T

Ariston.   b. {μυρία δῶρα διδούς, ὁ δ'} ἀγήνωρ: ὅτι ἐνίοτε μὲν ἐπὶ
ἐπαίνου ὁ ἀγήνωρ, ὁ ἄγαν τῇ ἠνορέῃ καὶ τῇ ἀνδρείᾳ χρώμενος, νῦν
δὲ ἐπὶ ψόγου, ὁ ἄγαν ὑβριστικὸς καὶ διὰ τῆς ἀνδρείας ὑπερπεπτωκὼς 25
εἰς ὕβριν. A

Did. (?) | ex.   c. καὶ ἄλλως: γράφεται „καὶ αὕτως". AⁱⁿᵗT | τὸ δὲ ἄλ-
λως ἀντὶ τοῦ φύσει. T

Did.   700 a.¹ ἐνῆκας: ἔν τισι τῶν ὑπομνημάτων διὰ τοῦ ᾱ „ἀνῆκας"·
καὶ ἔστιν Ὁμηρική πως ἡ γραφή· „σοὶ δ᾽ ἐπὶ τοῦτον ἀνῆκε" (E 30
405). A

        a.² {ἀγηνορίησιν ἐνῆκας:} τινὲς „ἀνῆκας". καὶ ἔστιν Ὁμή-
ρου· „ἄφρονα τοῦτον †ἀνῆκαν" (E 761). T

ex.   708—9. πρὸ νεῶν ἐχέμεν ⟨λαόν τε καὶ ἵππους / ὀτρύνων⟩:
ἀπὸ τοῦ „κοιμήσασθε" (I 705) πληθυντικοῦ ἐπὶ τὸ ἑνικὸν μετῆλθε 35
σχηματίζων· ἐπὶ γὰρ 'Αγαμέμνονα μετήγαγε τὸν λόγον. b(BCE³
E⁴) T

ex.   708. ⟨ἐχέμεν:⟩ ἀντὶ τοῦ 'ἔχε σύ', ὦ βασιλεῦ δηλονότι. Tⁱˡ

108   sch. D = A Aristonico dubitanter attribuit Friedl. (Ariston. p. 170).
Cui non assentior; neque enim sch. O 41 (ubi Aristonicus docet negationem μή
pro οὐ usurpatam esse) cum hac nota apte comparatur   ἀντὶ (19) — ὄφελες
cf. sch. Eur. Med. 1 (p. 141, 5 Schw.)   699 a Ge (e T ut vid.)   b sim. Meth.
in Et. Gen. (Sym., om. B, deest A) ἀγήνωρ, Ecl. (An. Ox. 2, 431, 4); Ap. S. 7, 16;
cf. D, D ad B 276, sch. β 103. σ 43; Apion. 74, 211, 20; Sch. min. α 35; sch. Hsd.
opp. 7; Lehrs Ar.³ 145   c τὸ δὲ ἄλλως (27) sq. eadem fere sch. Dem. or. 2, 10
(p. 97, 25)   700 cf. Ludwich, A. H. T. 1, 311, 1   708—9 cf. Eust. 784, 17
708 ad I 709 a (Ariston.)

19 οὐκ (οὐδ᾽ Frdl.) ὄφ. A μὴ ὤφειλες D (cf. Eust. 783, 63)   21 αὐτοῦ om. T
(ἀγαμέμνονος post προαίρ. Ge)   22 τῶν om. Ge   παρασχ.] δόντος Ge   23 (le.)
μυρία — ὁ δ᾽ del. Bk.   ὅτι A, ἡ διπλῆ, ὅτι Vill.   27 le. Bk., ὁ δ᾽ ἀγήνωρ ἐστὶ καὶ
ἄλλως T, om. A   αὕτως A αὐτός T   30 σὺ δ᾽ ἐπὶ τούτων A em. Ldw. (τοῦτον
iam. Vill.)   32 le. T delevi   33 ἀνῆκαι V, ἀνέντες Hom.   34 le. T supplevi, om.
b (ubi sch. ad versum I 709 relatum est)   35 sq. μετ. σχημ. T μετεσχημάτισε
τὸν λόγον b   36 μετήγ. τ. λόγον T μετῆλθε b   38 le. add. Vᶜ

709 a. ὀτρύνων· καὶ δ' αὐτὸς ⟨ἐνὶ πρώτοισι μάχεσθαι⟩:   *Ariston.*
40 ὅτι τὸν λόγον τοῦτον ἀκήκοεν κατὰ τὸ σιωπώμενον ὁ Ἀχιλλεύς· διό
φησιν· „οὐ γὰρ Τυδείδεω Διομήδεος ἐν παλάμῃσι / μαίνεται ἐγχείη"
(Π 74—5). καὶ ὅτι τῷ ἀπαρεμφάτῳ ἀντὶ τοῦ προστακτικοῦ κέχρηται.
καὶ ὅτι τῇ ἐχομένῃ Ἀγαμέμνων ἀριστεύει. A
     b. καὶ δ' αὐτὸς ἐνὶ πρώτοισι μάχεσθαι: στρατηγικῶς,   *ex.*
45 πρὸς τὸ καταπλῆξαι τοὺς ἐναντίους τῷ πρόθυμον γενέσθαι τὸν βασι-
λέα. b(BCE³E⁴) T
    711. ⟨ἀγασσάμενοι:⟩ γράφεται „φρασσάμενοι". Tⁱˡ   *Did. (?)*
    712. ⟨σπείσαντες:⟩ Ἑρμῇ δηλονότι. Tⁱˡ   *ex.*

     Παράκειται τὰ Ἀριστονίκου σημεῖα καὶ τὰ Διδύμου Περὶ τῆς Ἀρι-
50 σταρχείου διορθώσεως, τινὰ δὲ καὶ ἐκ τῆς Ἰλιακῆς προσῳδίας Ἡρω-
διανοῦ καὶ ⟨ἐκ⟩ τῶν Νικάνορος Περὶ στιγμῆς. A

---

709 a — Ἀχιλλεύς (40) ad I 698 a (Ariston. ?), Π 74 a (Ariston.); vide ad E 231 b
(Did., test.); cf. Lehrs Ar.³ 336; Naber 9   καὶ ὅτι (42) — κέχρηται ad I 708
(ex.). Vide ad A 20 a²   καὶ ὅτι τῇ ἐχομένῃ (43) sc. ἡμέρᾳ vel μάχῃ (non
ῥαψῳδίᾳ), cf. Bachmann 18; Ludwich, B. ph. W. 22, 1902, 37; Wilamowitz,
Il. Hom. 38; Cauer³ 117; Bolling, Ext. Ev. 31, 1   **711** ad Θ 29 (Did.)

---

39 le. A suppl. Vill.   **40** ὅτι A, ἡ διπλῆ, ὅτι Vill.   **41** παλάμαις A em.
Vill.   **42** τῷ ἀπαρεμφάτῳ sc. μάχεσθαι. Idem valet de v. ἐχέμεν (I 708), cf.
test.   **43** ἐχομένῃ sc. ἡμέρᾳ Ldw. (cf. test.)   **44** στρατ. T, στρατηγικῶς δὲ
καὶ αὐτὸν βούλεται πολεμεῖν coni. cum scholio I 708—9 (v. μετῆλθε) in b   **45**
ἐναντ.] πολεμίους C   τῷ πρόθ. γεν. T καὶ προθυμοποιηθῆναι b   **47** le. add. Ma.
48 le. add. Vᶜ   **49—51** sub ipso textu Iliadis exaravit A   **51** ἐκ add. Bk.

ADDENDA ET CORRIGENDA

I. In volumine primo corrigenda

XIII n. 6:

post libros laudatos addas quaeso: ,,Scholia ad eundem auctorem pertinentia, sed e diversis recensionibus ducta iam initio medii aevi, h. e. saeculis p. Chr. n. quinto et sexto in (latis) marginibus codicum conscripta esse, aut inter se non coniuncta aut solo verbo ἄλλως dirempta, probavit N. G. Wilson, A Chapter in the History of Scholia, Class. Quart. 59, 1967, 244—256. Cui animo prompto paratoque assentiar, dummodo liceat scholia in Iliadem excipere; nam haec nono demum saeculo conglutinata esse inveniuntur, ita quidem in marginibus librorum aetatis Photianae exarata et disposita, ut ex hypomnematibus veteribus profecta esse, non e scholiis marginalibus pendere videantur''

XLIII:

pap. XIV = pap. Mich. 3688 nunc primum edidit A. Henrichs in periodico, cui est titulus Zeitschrift für Papyrologie und Epigraphik IV (Bonnae 1969), 23—30. Editor doctissimus cognovit versibus 1—16 Callimachi fr. 18,6—8 soluta oratione enuntiari necnon fr. 17,8—10 ad verba describi. Auctorem totius capituli de vi vocis ἀμιχθαλόεσσα agere patet; neque tamen discerni potest, utrum commentarius ad Homerum (Ω 753) an ad Callimachum pertineat. Equidem hoc veri similius esse puto quam illud, reliquasque in papyro servatas commentarii Epaphroditi esse coniecerim. Nihilominus, cum res nondum iudicata sit, huius fragmenti editionem principem infra (sc. in quinto volumine) repetere cogito

LX:
LXIII
LXXVIII n. 124:

(I 2, l. 4.) pro ,,nostri'' lege ,,nostris''
(I 12, l. 3) pro ,,pertinentes'' legas ,,pertinentia''
pro ,,E. Flower'' legas ,,B. Flower''

ad A 22 *b*

(p. 15, 67—70, app. crit.): huius scholii etiam priorem partem familiae D attribuendam et totam explicationem ad A 30 (ἐν Ἄργει, ubi altera pars inde a I. Lascari edi solet) transponendam esse censuit A. Kleinlogel (per litteras). Qui in l. 69 ⟨Ἀρ⟩καδικήν pro Ἀχαϊκήν elegantissime coniecit cll. sch. Thuc. 1,10,2 et Paus. 5,1,1. Tamen existimaverim iam auctorem Ap. H. ordinem turbasse, non scribam Veneti A

ad A 104

(p. 38, 82): πέττω] πέπτω W. Ribbeck (Mus. Rhen. 35, 1880, 469), recte

ad A 126 *a*
ad A 219 *a*

(p. 46,78): pro Τυραννίῳ scribas quaeso Τυραννίων
(p. 70, 65): τῇ ἐμῇ σῇ] τῇ ἐμή σή W. Ribbeck (l. c. 469), perbene

ad A 275 *b*

(p. 86,45): deleas signa corruptelae; vide ad B 186 *a*, praeterea W.-D. Lebek, Herm. 97,1969,63,2

ad A 339—40   (p. 101,21): ἀνθρωπίνην] βασιλικὴν W. Ribbeck (l. c. 469),
                      sine necessitate

ad A 473 a   (p. 132, test.): pro „sch. δ 321" legas quaeso „sch. δ 232"

ad A 473 b²   (p. 133, 21): pro ὕμνοί εἰσιν (in textu et in app. crit.)
                      legas ὕμνοι εἰσὶν

ad A 534—5 a   (p. 145, 56—7): λέγουσι γέροντας (γέρ. W. Ribbeck,
                      l. c. 470, μέρος A) τιμῆσαι τὸν Λυκοῦργον . . . γράψαντα.
                      Deleas quaeso elaboratas coniecturas Holwerdae, quas
                      quod receperim hodie me paenitet

ad B 12 b   (p. 180, test.): cf. sch. D. Thr. (Σʰ) 97,4 (Kleinlogel)

ad B 96   (p. 197, test.): pro „Vide ad H 307—8" lege „Vide
                      ad H 306—7"

ad B 111 b   (p. 202,77): opinionem communem secutus (cf. I. U.
                      Powell, Collectanea Alexandrina, Oxon. 1925,90) hic et
                      infra Φιλίτ-, non Φιλήτ- scripsi, fortasse falso; nam
                      forma Φιλίτ- ne in exemplum quidem Veneti A (sc.
                      commentarium Ap. H.) bene convenire videatur; recen-
                      seas quaeso varias lectiones in codice A traditas: ad B 111
                      φιλίταν, ad B 269 φιλιτᾶς, ad Z 459 φιλητά, ad H 171
                      φιλίταν, ad Φ 126 et X 308 φιλήτας. Apparet φιλητ-
                      facilius in φιλιτ- abiisse quam φιλιτ- in φιλητ-. Praeterea
                      notes haecce: Non quia vox Φιλιτ- iam tertio a. Chr.
                      n. saeculo in titulis Cois occurrit (cf. W. R. Paton and
                      E. L. Hicks, The inscriptions of Cos, Oxon. 1891, 10 b 37
                      et 54), idcirco cogimur, ut eam pro genuina habeamus.
                      Argumenta haudquaquam exilia, quae Kuchenmueller
                      (Philetae Coi Reliquiae, Bornae 1928,15) attulit, usque ad
                      hunc diem nondum refutata esse optimo iure monet Nickau

ad B 225 c   (p. 232,60, app. crit.): paronomasiam intercedere inter
                      nom. pr. Ἀγαμέμνων et verbum ἐπιμέμφεαι suspicatus
                      est Buehler (per litteras)

ad B 229 b   (p. 233, 81): pro καὶ (in le.) scribendum esse τοῦ censet
                      W. Ribbeck (l. c. 470). Equidem dissentio

ad B 278   (p. 245, 84, app. crit.): ἀνὰ δ' ὁ add. Ldw. (praeeunte
                      Pluyg., qui πτολίπορθος del.)

ad B 557   (p. 303, test.): nil supplendum; nam consulto neglexi
                      Eust. 284,41: ἕτεροι δὲ γράφουσιν „ἐκ Σαλαμῖνος ἄγε
                      τρισκαίδεκα νῆας", πρὸς ὅπερ παρῴδηται τὸ „ἐκ Σαλαμῖνος
                      ἄγε τρισκαίδεκα νήσσας" (Matro 95 ap. Athen 4,136 e).
                      Negare licet talem variam lectionem, quae in omnibus
                      codicibus deest, umquam fuisse; nam Eust. e solo
                      Athenaeo pendere potest, Matro autem iocatur. Ceterum
                      verba, quae l. c. apud Eustathium sequuntur (καὶ ὅρα,
                      ὅπως πάνυ ἀπεστένωσεν ὁ ποιητὴς τὸν περὶ τοῦ μεγάλου
                      Αἴαντος λόγον, μονονουχὶ λέγων ὅτι ὃν ἐν τοῖς μετὰ ταῦτα
                      σεμνυνοῦσιν αἱ ἀνδραγαθίαι, τί ἄν τις ἐνταῦθα περι-
                      εργάζοιτο, τυχὸν δὲ καὶ διὰ τὸ μηδέν τι ἀξιόλογον ἔχειν
                      εἰπεῖν περὶ τῶν κατὰ τὴν Σαλαμῖνα), ipsius archiepiscopi
                      sunt, qui mox Athenaeum (sc. 15,695 c), postea Strab.
                      9,1,10 (p. 394) et Porphyrium exscripsit. Errat E. Heitsch,
                      Herm. 96,1968,651,5 et 652

ad B 558   (p. 304, test.): pro verbis „nullum signum ante versum in
                      A; excidit" scribas quaeso „deest versus in A; tamen
                      fuisse potest". Dormitavi

ad B 570   (p. 306, test., 1. 8): pro „Sym." legas „EM."

ad B 760   (p. 333, test.) Eust. 338,34: ἠρίθμησε γὰρ ἀρχοὺς μὲν κατὰ τοὺς παλαιοὺς εἰπεῖν εἰκοσιέξ, νῆας δὲ χιλίας ἑκατὸν ὀγδοηκονταέξ, ὥστε ὀπηνίκα εἴποι τις ὡς „χιλιόναυς" (cf. Eur. Or. 353) ἦν ὁ 'Ελληνικὸς οὗτος στόλος, ὥς που λέγει ὁ καλέσας τὸν 'Αγαμέμνονα „χιλίαρχον τοῦ πτολιρραίστου στρατοῦ" (cf. Lyc. Al. 210), οὐ τὸ πᾶν λέγει, ἀλλ' ἀρκεῖται τῷ πληρεστάτῳ ἀριθμῷ τῇ χιλιάδι. His verbis sch. contineri suspicatur A. Kleinlogel cl. sch. Thuc. 1,10,4. Vide sch. Eur. Andr. 106, Or. 353. — Ceterum indicem eorum locorum Eustathii, quibus commentarios archiepiscopi eleganter loquacis iterum excutiens reliquias scholiorum supra (sc. in testimoniis) omissas investigasse mihi videor, in fine editionis dabo

ad B 765*d*   (p. 335, 94): λαοξοϊκῷ iam W. Ribbeck (l. c. 470)

ad Γ 336   (p. 419, test.): cf. Harp. 94,17; sch. Aeschin. or, 1,29, sch. Thuc. 2,2,4 (Kleinlogel)

ad Γ 384   (p. 426,27): signa corruptelae delenda esse censet Buehler cl. Eust. 427,38. 1146,49

ad Γ 402 *b*[1]   (p. 430,11): pro nota marginali „Nic." legas quaeso „Did."

ad Δ 2*b*[2]   (p. 443, 29): αὐτῷ] αὐτῷ W. Ribbeck (l. c. 470), recte

ad Δ 539*a*   (p. 537, 31): οἶμαι] οἱ μὲν W. Ribbeck (l. c. 470), fort. genuinius

II. Huic volumini addenda

TEST.:

ad E 401—2 *b*   ad Ɛ 899 (Ariston.)

ad E 451   cf. praeterea sch. Ael. Aristid. 150,35

ad E 899   ad E 401—2*b* (Ariston.)

ad Z 325*a*   cf. A. W. H. Adkins, Journ. Hell. Stud. 89, 1969, 8 et 20

ad H 47*b*   (ἀφ' ὧν ἕκαστος) τιμᾶται (Nickau, τιμᾷ Ag), ἀπὸ τούτων κτλ.

ad H 404   aliter W. Ribbeck (Mus. Rhen. 35, 1880, 471), qui codicem A secutus sch. ad H 398—9 referendum esse censet, κόλον μάχην (cf. Θ 28 et 30) pro voce ἀποπρεσβείαν scribens (improbabiliter)

ad Θ 19   καὶ ὅτι ἡ ἓξ περισσή (47) ad P 548 (T)

ad Θ 441   τοῖς ἀναβαθμοῖς (61) vide et Zenod. p. 407 Mill.

ad I 539   οἱ μὲν τὸν ἐντομίαν (84) — ἀγριώτεροι γίνονται (85) cf. pap. Ox. 2744, col. I 1 sq. Ceterum vide FGrHist 301

APP. CRIT.:

ad E 571—2   (l. 44): αἰδὼς και φιλαλληλία δύνανται propos. Nickau

ad E 112*b*   (l. 34, le.): ⟨διαμπερὲς⟩ ἐξέρυσ' ὤμου: Nickau, recte

ad E 621   (l. 24): ἆρα τἄλλα: τινὲς ὡς τὸ ὤλλοι (cf. ad B 1*a*), κακῶς W. Ribbeck (Mus. Rhen. 35, 1880, 470), audacius quam rectius

ad E 664	(l. 40): le. T suppl. Nickau
ad E 863	(l. 77): le. ἔβραχε T emendavi et supplevi
ad Z 62	(l. 89): αὐτῷ mavult Nickau
ad Z 227—9b	(l. 79—81): sch. ad v. 228 rettulit b
ad H 53b	(l. 24): ὁ τυχὼν ἀκούσας] ὁ ταύτης τυχὼν ἀκοῦσαι propos. W. Ribbeck (l. c. 471)
ad H 232	(l. 7): ἢ — φησιν] ἢ καὶ αὐτὸν εὐτελίζων τοῦτό φησιν εἰρωνικῶς cum b scribendum esse satis scite censet Nickau („secundum interpretem Aias cum ironia et quasi dissimulans Hectorem velut puerum infirmum ad pugnam provocare putandus est; huc spectat qui in testimonium vocatur versus H 235")
ad Θ 206—7a[1]	(l. 80): ἔφατ' (= Hom.) Nickau, ἔφαθ' A, edd.
ad I 52c	(l. 77—80): le. et sch. cum scholio b coni. T
ad I 453a	(l. 52 sq.): versum Menandri agnovit Nickau
ad I 456b	(l. 90, le.): ⟨ἐτέλειον⟩ ἐπαράς Nickau (Lehrs)
ad I 554	(l. 43): οἰδάνειν A, οἰδαίνειν vel οἰδεῖν Nickau, at cf. Ap. S. 119, 24
ad I 619b	(l. 28, le.): νεώμεθα T emendavi
ad I 642	(l. 13, le.): ἔμμεναι T emendavi
ad I 688—92	(l. 81): καὶ νεώτεροι A, fort. κυκλικώτεροι

Pap. IV = Pap. Ox. 445 (saec. II/III p. Chr.)

Duo fragmenta continentia reliquias versuum Z 134—199 et 445—529
In col. I (fr. *a*) exstant scholia ad Z 128 et 148, in col. III (fr. *b*) scholia ad Z 449.
464. 478. 479, in col. IV (fr. *b*) scholium ad Z 494

Pap. V = Pap. Cair. Journal 60 566 (saec. II p. Chr.)

Scholia ad Z 240—57 (fr. *a*) et ad Z 277—85 (fr. *b*). Accedit fr. *c*, incertae sedis,
nunc in sinistra parte collocatum

Pap. VI = Pap. Ox. 1087 (fort. saec. Ia. Chr.)

Scholia ad H 75—83

Pap. VII = Pap. Lit. Lond. 142 (saec. II p. Chr.)

Versus l 447 laudatur et explicatur